बारहवीं पंचवर्षीय योजना
(2012–2017)

तीव्र, अधिक समावेशी और धारणीय विकास

खण्ड I

निम्नलिखित द्वारा सर्वप्रथम 2013 में प्रकाशित

सेज पब्लिकेशंस इंडिया प्रा. लि.
बी1/ I–1 मोहन कॉपरेटिव इंडस्ट्रियल एरिया
मथुरा रोड, नई दिल्ली 110044, भारत
www.sagepub.in

सेज पब्लिकेशंस इंक
2455 टेल्लर रोड
थाउजैन्ड ओक्स, कैलीफोर्निया 91320, यूएसए

सेज पब्लिकेशंस लि.
1 ऑलिवर्स यार्ड, 55 सिटी रोड
लंदन ईसी1वाई 1एसपी यूनाइटिड किंगडम

सेज पब्लिकेशंस एशिया-पैसिफिक प्रा. लि.
33 पेकिन स्ट्रीट
#02–01 फार ईस्ट स्क्वेअर
सिंगापुर 048763

सेज पब्लिकेशंस इंडिया प्रा. लि. के लिए विवेक मेहरा द्वारा प्रकाशित, रेक्टो ग्राफिक्स द्वारा 11/13 पीटी मिनिअन प्रो में फोटोटाइपसेट और सौरभ प्रिंटर्स प्रा. लि. द्वारा मुद्रित।

लाइब्रेरी ऑफ कांग्रेस कैटालॉगिंग-इन-पब्लिकेशंस डेटा
भारत, योजना आयोग
बारहवीं पंचवर्षीय योजना (2012/2017)/योजना आयोग, भारत सरकार
वोल्यूम्स सीएम
1. भारत–आर्थिक नीति–1991–92. वित्त, पब्लिक–इंडिया. I.टाइटल
एचसी435.3. I39 338.954009'0512–डीसी23 2013 2013009870

आईएसबीएनः 978–81–321–1369–0 (पीबी)

सेज टीमः रूद्र नारायण, अर्चिता मंडल, राजीव चटर्जी और डैली वर्गीस

बारहवीं पंचवर्षीय योजना
(2012–2017)
तीव्र, अधिक समावेशी और धारणीय विकास

खण्ड I

सत्यमेव जयते

योजना आयोग
भारत सरकार

सेज उत्पाद चुनने के लिए धन्यवाद! यदि आपकी कोई टिप्पणी, प्रेक्षण अथवा प्रतिक्रिया हो, तो मैं, व्यक्तिगत रूप से जानना चाहूंगा।

कृपया contactceo@sagepub.in पर मुझे लिखें।

–विवेक मेहरा, प्रबंध निदेशक और सीईओ,
सेज पब्लिकेशंस इंडिया प्रा. लि., नई दिल्ली

थोक बिक्री

सेज इंडिया थोक में पुस्तकों की खरीद पर विशेष छूट देती है। हम मांग अनुसार अपनी पुस्तकों से उद्धरण और विशेष इम्प्रिंट्स भी उपलब्ध कराते हैं।

आर्डर और जानकारी के लिए, हमें निम्न पते पर लिखें:

विपणन विभाग
सेज पब्लिकेशंस इंडिया प्रा. लि.
बी1/I–1, मोहन कॉपरेटिव इंडस्ट्रियल एरिया
मथुरा रोड, पोस्ट बैग 7
नई दिल्ली 110044, भारत
हमें ई–मेल भेजें marketing@sagepub.in

सेज के बारे में और अधिक जानने, सेज समारोहों का निमंत्रण पाने के लिए हमारी डाक–सूची में शामिल हों। आज ही लिखें marketing@sagepub.in

यह पुस्तक ई–पुस्तक के रूप में भी उपलब्ध है।

सत्यमेव जयते

प्रधान मंत्री

Prime Minister

प्राक्कथन

बारहवीं योजना, चुनौतियों एवं अवसरों, दोनों ही से भरपूर है। यह योजना एक ऐसे समय में शुरू हुई है, जब वैश्विक अर्थव्यवस्था ऐसे दूसरे वित्तीय संकट का सामना कर रही थी, जो ग्यारहवीं योजना के अंतिम वर्ष में यूरोजोन पर आए ऋण संकट के कारण शुरू हुआ। इस वित्तीय संकट का भारत सहित सभी देशें पर असर पड़ा। वर्ष 2011–12 में हमारी विकास दर गिरकार 6.2 प्रतिशत हो गई और यह गिरावट बारहवीं योजना के पहले वर्ष तक जारी रही, जिसमें अर्थव्यवस्था की विकास दर मात्र 5 प्रतिशत रह जाने का अनुमान लगाया गया है।

अतः इस समय हमारे सामनें सबसे बड़ी चुनौती यही है कि अर्थव्यवस्था की उच्च विकास दर को फेर से कैसें प्राप्त किया जाए। विकास दर में गिरावट की स्थिति से थोड़े–बहुत समय के लिए सभी अर्थव्यवस्थाओं को गुज़रना पड़ता है। यह ज़रूरी नहीं कि इससे विकास की क्षमताओं का संकेत मिले, किंतु ऐसी स्थिति को सुधारने के लिए तत्काल कदम उठाया जाना ज़रूरी होता है। अतः बारहवीं योजना में इस बात पर जोर दिया गया है कि हमारी पहली प्राथमिकता यह होनी चाहिए कि अर्थव्यवस्था की विकास दर को फिर से तीव्र किया जाए और साथ में यह भी सुनिश्चित हो कि हमारी विकास प्रक्रियाएं समावेशी और धारणीय रहें।

ग्यारहवीं योजना के अनुभव से स्पष्ट है कि अर्थव्यवस्था में इससे कहीं अधिक तेज़ी से विकसित होने की क्षमता है। इस अवधि अर्थात् 2007–08 से 2011–12 के दौरान हमारी औसत विकास दर 8 प्रतिशत रही। यह ग्यारहवी योजना के 9 प्रतिशत के लक्ष्य से तो कम थी, परन्तु दसवीं योजना की 7.6 प्रतिशत की उपलब्धि से ज्यादा थी। यह अब तक किसी भी अन्य योजना अवधि में भारतीय अर्थव्यवस्था द्वारा दर्ज की गई दर से ज्यादा थी। 12वीं योजना के प्रथम वर्ष में जो मंदी देखी गई है, वह कुछ हद तक वैश्विक वातावरण के कारण है, जिसका असर सभी देशों पर पड़ा है। और कुछ हद तक घरेलू बाध्यताओं के कारण भी। हम वैश्विक मंदी के बारे में ज्यादा कुछ नहीं कर सकते, परन्तु हम घरेलू समस्याओं का समाधान कर सकते हैं और इसे ही सबसे ज्यादा प्राथमिकता दी जानी चाहिए।

हमारी अर्थव्यवस्था आर्थिक असंतुलनों का सामना कर रही है क्योंकि 2008 के बाद राजकोषीय घाटा तेजी से बढ़ा है। साथ में हमारे चालू खाता घाटे का भी विस्तार हुआ है और इसके 20012–13 में सकल घरेलू उत्पाद (जीडीपी) का करीब 5 प्रतिशत तक पहुंच जाने की संभावना है। इस पर, जितनी जल्दी संभव हो, नियंत्रण पाना जरूरी है। कई अवसंरचना परियोजनाओं पर अमल को लेकर आ रही दिक्कतों के साथ–साथ, औद्योगिक देशों के निवेशकों में निराशजनक माहौल के कारण निवेशकों के उत्साह पर विपरीत असर पडा है।

अतः बारहवीं योजना में द्वि–उद्देश्यीय कार्यनीति का प्रस्ताव किया गया है, जिसमें शुरूआत में अर्थिक असंतुलनों को नियंत्रण में लाने और मंदी के दौर के उबरने की जरूरत पर ध्यान दिया गया है। इसके साथ ही कई क्षेत्रों में संरचनात्मक सुधारों पर जोर दिया गया है, जो मध्यम अवधि में विकास को बनाए रखनें के लिए आवश्यक है।

सरकार ने आर्थिक संतुलन फिर से बनाने की प्रक्रिया शुरू की है। हम राजकोषीय घाटे को नियंत्रण में लाने के लिए संकल्पित हैं और इसके लिए मध्यम–अवधि की कार्य योजना की घोषणा कर दी गई है। इसका लक्ष्य योजना अवधि के अंत तक केन्द्र सरकार के घाटे को 3 प्रतिशत के अंदर लाना है। यह योजना लगाए गए अर्थिक अनुमानों के अनुरूप है।

चालू खाता घाटे का अधिक होना, हमारी अर्थव्यवस्था के असंतुलन का ही एक पहलू है। हमारे विदेशी मुद्रा भंडार की स्थिति अच्छी है, परंतु इनसे लंबे समय तक घाटों के लिए धन नहीं जुटाया जा सकता। अतः यह ज़रूरी है कि चालू खाता घाटे को कम करके ऐसे स्तर पर लाया जाए जहां उससे निपटना अधिक आसान हो। चालू खाता घाटा बढ़ने की एक वजह राजकोषीय घाटे में वृद्धि है और चालू खाता घाटे को नियंत्रित करने का एक महत्वपूर्ण साधन यह है कि राजकोषीय घाटे में लक्ष्य के मुताबिक कमी लाई जाए। इसमें वर्ष 2013–14 में कमी आने की उम्मीद है, हालांकि यह तब भी ज्यादा ही रहेगा। परंतु यह धीरे–धीरे कम होता जाएगा, और अगले दो वर्षों में यह संतोषजनक स्तरों तक पहुंच जाएगा।

इससे कुछ हद तक बढ़े हुए घाटे को दो और वर्षों के लिए वित्तपोषण सुनिश्चित करने की चुनौती उत्पन्न होती है। यह लंबे अरसे वाले विदेशी पूंजी निवेश, और विशेष रूप से प्रत्यक्ष विदेशी निवेश के जरिए ही होना होगा। विदेशी निवेशकों को भरोसा दिलाने के लिए इस बात के साफ संकेत दिए गए हैं कि सरकार चालू खाता घाटे को कम करने के प्रयासों के साथ चालू खाता घाटे का वित्तपोषण करने के लिए प्रत्यक्ष विदेशी निवेश और विदेशी संस्थागत निवेश–दोनों को आकर्षित करना चाहती है। अनेक क्षेत्रों में प्रत्यक्ष विदेशी निवेश की अधिकतम सीमा में ढील दी गई है तथा विदेशी निवेश को आसान बनाने के लिए नीतियों की व्यापक समीक्षा की जा रही है।

सरकार ने बड़ी अवसंरचना परियोजनाओं पर अमल से जुड़ी समस्याओं के समाधान के लिए आपूर्ति के पहलू पर भी कार्रवाई की है। निवेश संबंधी मंत्रिमंडल समिति उन परिस्थितियों से निपटने के लिए बनाई गई है, जिसमें मंजूरी देने में अनावश्यक देरी होती है, तथा यह समिति कई बाधाओं को दूर करने में सफल रही है। इससे परियोजनाओं को मंजूरी देने तथा निवेश की गति बहाल करने में मदद मिलेगी, जिससे मंदी से उबरने में आसानी होनी चाहिए।

बारहवीं योजना में पांच वर्षों की अवधि यानी 2012–13 से 2016–17 तक के लिए 8 प्रतिशत विकास का लक्ष्य रखा गया हैं। प्रथम वर्ष में केवल 5 प्रतिशत की विकास दर तथा दूसरे वर्ष में संभवतः 6.5 प्रतिशत की विकास दर के कारण पूरी योजना अवधि में 8 प्रतिशत की औसत हासिल करने के लिए बाद के वर्षों में विकास दर में काफी तेज़ी लानी होगी। अंतिम दो वर्षों में विकास दर को बढ़ाकर 9 प्रतिशत से अधिक करना होगा। वर्ष 2008 से पहले के पांच वर्षों में अर्थव्यवस्था की विकास दर 9 प्रतिशत से अधिक थी, लेकिन यह वह दौर था जब वैश्विक अर्थव्यवस्था मज़बूत स्थिति में थी। यह देखते हुए कि आने वाले वर्षों में वैश्विक अर्थव्यवस्था को लेकर अनिश्चितता है, अगले दो वर्षों में इस स्तर को हासिल करना चुनौतियों से भरा होगा। इसीलिए, योजना में इस बात पर जोर दिया गया है कि योजना अवधि के अंत तक 9 प्रतिशत की विकास दर हो हासिल करना आसान नहीं होगा।

योजना दस्तावेज में यह एकदम स्पष्ट कर दिया गया है कि विशेष प्रयास किए बगैर उच्च विकास दर को फिर से हासिल करना संभव नहीं होगा। इसके लिए केंद्र और राज्य सरकारों–दोनों को कई मोर्चों पर नीतिगत कार्रवाई करने की ज़रूरत होगी। योजना में प्रत्येक क्षेत्र के लिए ज़रूरी महत्वपूर्ण कदमों की विस्तार से चर्चा की गई है। कुछेक ज़रूरी नीतिगत बदलाव मुश्किल हैं, लेकिन यदि हम चाहते हैं कि हमारा विकास समावेशी और धारणीय हो, तो ये बदलाव अनिवार्य होंगे। हमें कृषि विकास में तेज़ी लानी होगी ताकि ग्यारहवीं योजना में शुरू की गई पहल को जारी रखा जा सके। हमें विनिर्माण के विकास को तीव्र करना होगा, ताकि हम ऊंची आशाओं और आकांक्षाओं से भरपूर अपने युवाओं और पढ़े–लिखे लोगों की तेज़ी से बढ़ती आबादी को रोज़गार उपलब्ध करा सकें। हमें अपने अवसंरचना क्षेत्रों को व्यवस्थित करने की चुनौती से निपटना होगा, ताकि यह सुनिश्चित किया जा सके कि विकास में मदद करने के लिए इन क्षेत्रों का पर्याप्त विस्तार हो सके। हमें शहरीकरण के कारण पैदा हुई अनेक चुनौतियों का सामना भी करना होगा।

इस सब में हमें यह बात भी ध्यान में रखनी होगी कि विकास न केवल तेज़ हो, बल्कि समावेशी और धारणीय भी हो। विकास का लाभ अनुसूचित जातियों, अनुसूचित जनजातियों, अन्य पिछड़े वर्गों, अल्पसंख्यकों और हमारे समाज के अन्य वंचित समूहों तक पहुंचना ज़रूरी है। इन

सभी समूहों की विकास के लाभ में उचित भागीदारी होनी चाहिए और उन्हें विकास की प्रक्रिया में साझेदार भी बनाया जाना चाहिए। पर्यावरणीय धारणीयता के मुद्दे की अनदेखी नहीं की जा सकती। हमारी विकास प्रक्रिया ऐसी होनी चाहिए, जो पर्यावरण की सुरक्षा के हमारे उद्देश्य के अनूरूप हो।

पूर्व में हमारी योजनाओं की एक समस्या यह रही है कि उनमें आकर्षक भविष्य की रूपरेखा पर तो ध्यान केन्द्रित किया गया, किंतु उसके लिए ज़रूरी कार्रवाई और इस कार्रवाई की असफलता के नतीज़ों पर पर्याप्त ध्यान नहीं दिया गया। यह स्वीकार करते हुए कि जैसी पहल होगी, परिणाम वैसे ही होगा, बारहवीं योजना में पहली बार अलग–अलग प्रकार की कार्रवाई के प्रभावों से उत्पन्न होने वाले परिदृश्यों को दर्शाया गया है। हमारा लक्ष्य ''सुदृढ़ समावेशी विकास'' को हासिल करना होना चाहिए, जिसमें जीडीपी की औसत विकास दर 8 प्रतिशत के आसपास हो तथा समावेशिता के सूचकों में उल्लेखनीय सुधार हो सके। योजना में यह चेतावनी दी गई है कि यदि हम वह नहीं करते हैं जो आवश्यक है, तो ''नीतिगत अवरोध'' की स्थिति उत्पन्न हो सकती है, जिससे विकास दर 5 से 5.4 प्रतिशत तक रह जाएगी। समावेशिता के लिहाज से इसके परिणाम और भी बुरा होगा।

बारहवीं योजना के उद्देश्य महत्वकांक्षी हैं और इन्हें हासिल करना कठिन होगा। यह हमारे लोकतांत्रिक व्यवस्था के लिए एक चुनौती है। हमें यह साबित करना है कि एक लोकतंत्र की प्रतिस्पर्धा वाली राजनीति के माहौल में ऐसी सहमति बनाई जा सकती है जिससे हम कठिन किंतु आवश्यक नीतिगत निर्णय ले सकें। यह एक राष्ट्रीय चुनौती है, जिसका हमारे देश के समूचे राजनीतिक और बौद्धिक नेतृत्व को सामना करना होगा। यह केन्द्र सरकार और राज्य सरकारों के लिए भी चुनौती है।

पिछले दशक की महत्वपूर्ण उपलब्धियों में से एक यह है कि भारत लंबी अवधि तक जारी धीमे विकास के दौर से बाहर निकल चुका है और उसने दिखा दिया है कि वह अधिक तेजी से विकास कर सकता है। ग्यारहवीं योजना का अनुभव यह भी दर्शाता है कि पहले की तुलना में विकास और अधिक समावेशी हो सकता है।

यदि हम अगले बीस वर्षों तक इस विकास दर को जारी रख सके, तो हम यह सुनिश्चित कर सकेंगे कि भारत विश्व की एक महत्वपूर्ण आर्थिक शक्ति के रूप में फिर से उभरे। एक ऐसी शक्ति जो लोकतांत्रिक, धर्मनिरपेक्ष तथा बहुलतावादी परम्पराओं के प्रति वचनबद्ध हो। हम यह दिखा सकेंगे कि भारत की यह प्राचीन भूमि एक लोकतांत्रिक संविधान के ढांचे के भीतर और कानूनों की व्यवस्था के दायरे में, लाखों लोगों को निर्धनता से उबारते हुए अपने नागरिकों को सशक्त बनाते हुए, व्यक्तिगत प्रतिभा को उन्मुक्त करते हुए तथा उद्यम को प्रोत्साहित करते हुए, एक आधुनिक राष्ट्र के रूप में अपने को फिर से स्थापित कर सकती है। हमें बहुत लम्बा रास्ता तय करना है, लेकिन मेरा विश्वास है कि भारतीयों की सृजनात्मक ऊर्जा, अर्थव्यवस्था को उससे तेज़ी से आगे बढ़ा सकती है जितना पहले संभव माना जाता था और उसे पहले की तुलना में अधिक समावेशी भी बना सकती है। मुझे पूर्ण विश्वास है, नये भारत का उभरना संपूर्ण विश्व के लिए लाभकारी सिद्ध होगा। इससे दुनिया भर के, और ख़ासकर एशिया, अफ्रीका और लैटिन अमेरिका के, लाखों लोगों को एक बहुलतावादी, धर्मनिरपेक्ष और उदारतपूर्ण लोकतांत्रिक व्यवस्था में अपना भविष्य खोजने की प्रेरणा मिलेगी।

मनमोहन सिंह

(मनमोहन सिंह)

नई दिल्ली
10 मई, 2013

योजना मंत्रालय

(27 जुलाई, 2013 की स्थिति के अनुसार)

डॉ. मनमाहेन सिंह प्रधान मंत्री	अध्यक्ष
श्री मनटेक सिंह आहलुवलिया	उपाध्यक्ष
श्री पी. चिदम्बरम, वित्त मंत्री	सदस्य
श्री शरद पवार, कृषि एवं खाद्य प्रसंस्करण उद्योग मंत्री	सदस्य
श्री सुशील कुमार शिंदे, गृह मंत्री	सदस्य
श्री मल्लिकार्जुन खड़गे, रेल मंत्री	सदस्य
श्री गुलाब नबी आजाद, स्वास्थ्य एवं परिवार कल्याण मंत्री	सदस्य
श्री कमल नाथ, शहरी विकास एवं संसदीय कार्य मंत्री	सदस्य
श्री कपिल सिब्बल, संचार एवं सूचना प्रोद्यौगिकी मंत्री और विधि एवं न्याय मंत्री	सदस्य
श्री एम.एम. पल्लम राजू, मानव संसाधन विकास मंत्री	सदस्य
श्री जयराम रमेश, ग्रामीण विकास मंत्री	सदस्य
श्री राजीव शुक्ल, संसदीय कार्य और योजना राज्य मंत्री	सदस्य
श्री बी.के. चतुर्वेदी	सदस्य
डॉ. सौमित्र चौधरी	सदस्य
डा. (सुश्री) सईदा हमीद	सदस्य
डा. नरेन्द्र जाधव	सदस्य
प्रो. अभिजीत सेन	सदस्य
डॉ. मिहिर शाह	सदस्य
डॉ. के. कस्तूरीरंगन	सदस्य
श्री अरूण मायरा	सदस्य

सत्यमेव जयते

प्रस्तावना

राष्ट्रीय योजना, राष्ट्रीय लक्ष्यों को निर्धारित करने तथा ऐसे कार्यक्रमों एवं नीतियों को तैयार करने की प्रक्रिया है जो उन लक्ष्यों को हासिल करने में सहायक हो। नीतियाँ एवं कार्यक्रम न केवल एक दूसरे के अनुरूप होने चाहिए बल्कि वित्तीय एवं वास्तविक दोनों ही तरह के राष्ट्रीय संसाधनों के इष्टतम उपयोग को सुनिश्चित करने वाले होने चाहिए तथा इन अंतःक्षेपों के संबंध में अर्थव्यवस्था की प्रतिक्रिया की समझ पर आधारित होने चाहिए। यह प्रक्रिया समय के साथ विभिन्न कारणों से अधिक जटिल हो गई है। पहला, लक्ष्यों का निर्धारित किया जाना मात्र एक तकनीकी प्रक्रिया नहीं है। इसे अधिकाधिक जागरूक होती जनता एवं मुखर सिविल सोसायटी की भावनाओं को परिलक्षित करना चाहिए ताकि यथासंभव, सामाजिक और राजनैतिकक समर्थन हासिल किया जा सके। दूसरा, योजना में उल्लिखित कार्यनितियों को अर्थव्यवस्था की बढ़ती जटिलता और परिपक्वता के साथ–साथ, शेष दुनिया के साथ बढ़ते एकीकरण तथा सार्वजनिक एवं निजी क्षेत्रकों की बदलती भूमिका को भी परिलक्षित करना चाहिए। अंततः, योजना कार्यनितियों उतनी ही अच्छी होती हैं जितनी उन्हें कार्यन्वित करने की हमारी क्षमता तथा इसलिए कार्यान्वयन क्षमता बहुत ही महत्वपूर्ण हो जाती है।

इन सभी कारकों को ध्यान में रखकर बारहवीं पंचवर्षीय योजना तैयार की गई है। उक्त तीन पहलुओं में से प्रत्येक पहलू पर कुछ विचार इस प्रस्तावना में प्रस्तुत किए गए हैं।

योजना के लक्ष्यों का बहु–आयामी स्वरूप

पारंपरिक रूप से योजना के लक्ष्यों पर सार्वजनिक बहस सकल घरेलू उत्पाद (जीडीपी) के लक्ष्यों तक सीमित रह जाती है तथा इस बात की आचोलना होती है कि योजना बनाने वाले यह मानते हैं कि अर्थिक वृद्धि अपने आप में एक लक्ष्या है। परन्तु भातीय योजनाओं के बारे में यह कभी भी सत्य नहीं रहा है और बारहवीं पंचवर्षीय योजना के बारें में भी यह निश्चित रूप से सही नहों है। हमारी योजनाओं में नियमित रूप से इस बात पर जोर दिया गया है कि जीडीपी विकास की उच्चतर दरें जरूयी हैं, परन्तु यह संपूर्ण जनसंख्या के रहन–सहरन के स्तर को ऊँचा उठाने के लिए पर्याप्त नहीं है।

बारहवीं योजना उपरोक्त परंपरा पर दृढ़ता के आधारित है। तेज विकास को आवश्यक शर्त माना गया है क्योंकि इससक अर्थव्यवस्था की उत्पादक क्षमता में विस्तर होता है, जिसके बिना रहन–सहन के स्तरों में व्यापर उन्नति संभव नहीं है। तथापि, इसमें यह भी स्वीकार किया गया है कि अधिक तेज विकास पर्याप्त शर्त नहीं है क्योंकि विकास की प्रक्रिया ऐसी भी हो सकती है जो अधिक जनसंख्या तक लाभ को पहुँचाने के लिए संभवतः पर्याप्त रूप से समावेशी नहीं हो। उदाहरण के लिए ऐसी कोई भी विकास प्रक्रिया जिसमें कृषि पर ध्यान नहीं दिया गया हो, उसमें अधिकांश जनसंख्या की आमदनी में सुधार के अवसर नहीं होंगे। इसलिए बारहवीं योजना में जीडीपी के तेज विकास को बढ़ाने के लक्ष्य के साथ–साथ कृषि के जीडीपी के विकास को बढ़ाने के लिए भी विशिष्ट लक्ष्य शामिल हैं। बारहवीं योजना का लक्ष्य ऐसी विकास प्रक्रिया को प्रोतसाहित करना है, जिसमें समावेशिता को बढ़ावा देनो की संरचनात्मक विशेषताएं हों। ग्यारहवीं योजना में कृषि विकास को तीव्र करने की प्रक्रिया शुरू करते हुए दसवीं योजना के 2.4 प्रतिशत के विकास घटक की तुलना में 3.6 प्रतिशत विकास घटक हासिल किया। बारहवीं योजना में कृषि विकास को 4 प्रतिशत तक बढ़ाने को लक्ष्या रखा गया है।

मुख्य रूप से कृषि पर निर्भर जनसंख्या के अनुपात में कमी आई है, परन्तु जीडीपी के प्रतिशत के रूप में कृषि के घटते योगदान को देखते हुए यह अभी भी काफी अधिक है। इसलिए हमें वर्तमान में कृषि कार्य में लगे अधिकांश को उच्चतर उत्पादकता वाले गैर–कृषि व्यवसायों में लगाने की योजना बनानी चाहिए। यह तभी हो सकता है जब गैर–कृषि क्षेत्रक न केवल उन लोगों को लाभप्रद रोजगार प्रदान करने में समर्थ हों जो श्रमिक बनना चाहते हैं, बल्कि उन लोगों को भी लाभकर रोजगार प्रदान करने में समर्थ हों जो कृषि कार्य छोड़कर आए हैं। इस प्रकार, विकास की प्रक्रिया को वास्तव में समावेशी होने के लिए, इसे रोजगार पैदा करने वाली होना चाहिए। अत्यधिक पूँजी गहन क्षेत्रक जैसे पेट्रोकैमिकल्स, इस्पात, खनन इत्यादि, अथवा उच्च कौशल पर आधारित क्षेत्र अर्थात सॉफ्टवेयर, सूचना प्रौद्योगिकी इत्यादि के माध्यम से मध्यम दर्जे के कौशल वाले बहुसंख्यक श्रमिक, जिन्हें बेहतर रोजगार के अवसरों की जरूरत है, को पर्याप्त रोजगार मुहैया नहीं कररवाया जा कसले। इसके लिए विनिर्माण क्षेत्रक, जिसमें विशेषकार लघु एवं मध्यम उद्ययम शामिल है, को संतुलित विकास की आवश्यकता है। अतः बारहवीं योजना में विनिर्माण क्षेत्र में, मध्यम, लघु और सूक्ष्म उद्यमों, जो कम उत्पादकाता वाले व्यवसायों में लगे श्रमिकों को रोजगार का अच्छा अवसर मुहैया कराते हैं, पर विशेष जोर देते हुन तेज विाकस हासिल करन की कोशिश की गई है।

रोजगारपरक विकास की प्रक्रिया में आधारित आमदनी तो होगी ही, परन्तु इसमें अन्य महत्वपूर्ण लक्ष्यों जैसे शिक्षा, स्वास्थय, सफाई और स्वच्छ पेयजल की पहुंच को सार्वजनिक करना अपने आपर सुनिश्चित नहीं होता है। यह न केवल कल्यण के लिए, अपितु स्वस्थ एवं उत्पादकता बढ़ाने की उपलब्धता को सुनिश्चित करने हेतु भी आवशक है। बारवहीं योजना में इन सेवाओं की पहुंच का विस्तार करने पर विशेष जोर दिया गया है, एवं ऐसे विकास की प्रक्रिया में सरकार की भूमिका को अहम माना गया है।

निजी क्षेत्रक अब अर्थव्यवस्था के कई क्षेत्रों में निवेश करने और विकास को प्रोत्साहित करने की सुस्पष्ट क्षमता है, अतः अब इन क्षेत्रों में सार्वजनिक क्षेत्र की पह की कोई आवश्यकता नहीं है। तथापि, अधिकांश जनता के लिए शिक्षा, स्वास्थ्य औन अनिवार्य सेवाएं उपलब्ध कराने का दायित्व सरकार का ही होगा। अतः सरकार को उन क्षेत्रों से हट जाना चाहिए, जहां निजी क्षेत्रक अच्छी तरह से सेवाएं प्रदिान करने में समर्थ है। यह अवश्य ही सरकार की भूमिका को कम करने की अनुशंसा करने जैसा है, परन्तु वस्तुतः जरूरत इस बात की है कि सरकार की भूमिका की पुनर्संचना करते हुए, इसकी भूमिका को कुछ क्षेत्रों में कम करते हुए, अन्य क्षेत्रों में इसे बढ़ाया जाए।

समावेशिता के उद्देश्य को हाासिल करने के लिए सक्रिय अन्तःक्षेप भी आवश्यक है, ताकि हमारे समाज को विभाजित करने वाले अनेक ''विभेदों'' को दूर किया जा सके। योजना को गरीबी कम करने के अपने परम्परगत केन्द्र बिंन्दु पर ध्यानकेन्द्रित करना जारी रखना चाहिए–यह एक ऐसा है जहां ग्यारहवीं योजना में परिणाम उत्साहजनक रहे हैं। इसे युवाओं की आकांक्षाओं को पुरा करने के लिए लाभकारी रोजगार को बढ़ावा देने पर भी ध्यानकेन्द्रित करनो चाहिए। इसे अनुसूचित जातियों/अनुसूचित जनजातियों/अन्य पिछड़े वर्गों, अल्पसंख्यकों जैसे विशिष्ट समूहों, तथा अन्य उपेक्षित समूहों, जो ऐतिहासिक रूप से बहष्किरण क्षेल रहे हैं, का उत्थान सुनिश्चित करना चाहिए। इसे लैंगिक अंतर, जो हमारे सामाजिक ढांचे पर एक कलंक हैं, को क्रमबद्ध रूप से समाप्त करना चाहिए। इसे सभी क्षेत्रों का संतुलित विकास भी सुनिश्चित करना चाहिए। अन्ततः इस यह सुनिश्चित करना चाहिए कि विकास की कार्यनिति, धारणीयता की चिंताओं, जिन्हें अब अधिकाधिक महत्व दिया जा रहा है, के अनुरूप हो।

ये बहु–आयामी उद्देश्य, बारहवीं योजना में 25 निगरानी–योग्य लक्ष्यों को अंगीकरण में परिलक्षित होते हैं, जिनमें सक एक लक्ष्या जीडीपी का विकास करना है। अन्य लक्ष्या विकास के कई पहलुओं से जुड़े हैं जो समावेशिता और धारणीयता को मापते हैं। पृथक–पृथक राज्यों को, इन्हीं क्षेत्रों में राज्य–विशेष के लक्ष्य निर्धारित करने के लिए भी प्रोत्साहित किया गया है।

योजन प्रक्रिया में भागीदारी

योजना लक्ष्यों को निर्धारित करने तथा योजना कार्यनितियों को परिभाषित करने की प्रक्रिया को अब पूर्णतः तकनीकी कार्य नहीं माना जा सकता। कई सहभागियों की इस प्रक्रिया में भाग लोने की व्यापाक इच्छा है। अतः योजना आयोग ने न केवल केन्द्रीय मंत्रालयों और राज्य सरकारों के साथ, अपितु क्षेत्रक विशेषज्ञों, अर्थशास्त्रियों, समाजशास्त्रियों, राजनैतिक वैज्ञानिकों तथा सिविल सोसाईटी संगठनों के साथ भी व्यापक परामर्श किया है। संबंधित मंत्रालय के सचिव की अध्याक्षता में लगभग 146 कार्यदल गठित किए गए थे, जिनमें सरकारी और गैर–सरकारी क्षेत्रक

विशषज्ञ भी शामिल थे। योजना अयोग संबंधित सदस्या की अध्यक्षता में गठित किए गए संचालन समूह द्वारा इनकी रिपोर्टों की समीक्षा भी की गई। प्रत्येक संचालन समूह में विभिन्न मंत्रालयों के प्रतिनिधि, गैर–सरकारी विशेषज्ञ तथा अन्य सबद्ध पक्ष शामिल थे। योजना तैयार करते समय इन संचालन समूहों की रिपोर्टों का इनपुट के रूप में उपयोग किया गया तथा ये रिपोर्टें, योजना अयोग की वेबसाई पर भी उपलब्ध हैं।

राज्य सरकारों की राय लोने के लिए राज्यों के मुक्ष्यमंत्रियों के साथ क्षेत्रीय बेठकें भी की गईं इन क्षेत्रीया बैठकों का उपयोग सिविल सोसाईटी समूहों के साथ विचार–विनिमय करने हेतु भी किया गया। विभिन्न तरीकों से लगभग 900 सिविल सोसाईटी संगठनों के साथ भी परामर्श किया गया।

योजना कि विभिन्न पहलुओं पर तथा प्रचार–प्रसार के एक साधन के रूपमें में, सोशल मीडिया का भी उपयोग किया गया, जा विगत योजनाओं की तुना में अग्रणी कदम है। युवाओं के बीच योजना प्रक्रिया के बारे में जागरूकता बढ़ाने के लिए योजना आयोग ने विभिन्न कार्यक्रमों का भी आयोजन किया। गूगल हैंगआउट के दौरान, जिसका टेलीविजन पर व्यापरक प्रसारण किया गया था, अयोगन के वरिष्ठ अधिकारयों ने शासन, उद्योगीकरण, कृषि, अवसंरचना तथा योजना आयोग की प्रसंगिकता जैसे विषयों पर सोशल मीडिया उपयोगकत्ताओं द्वारा सीधे प्रसारण में पूछे गए विभिन्न प्रकार के प्रश्नों का भी उत्तर दिया।

तत्पश्चात, बारहवीं योजना को ''हैक'' करने एवं जनता तक इसका संदेश पहुंचाने के सृजनात्मक तरीकों का विकास करने के लिए एक हजार से अधिक युवा छात्र, छात्राओं और व्यवसायिकों ने देश–भर में दस स्थलों पर एकजुट होकर कार्य किया। ये पहलें, योजना आयोग की सहभागियों के साथ और अधिक प्रत्यक्ष रूप से विचार–विनिमय करने की हार्दिक इच्छा को परिलक्षित करती हैं। अधिक व्यापर रूप में कहे तो यह योजना आयोग के विकास से भी जुड़ा है क्योंकि आयोग अपनी अनुशंसाओं को विश्वासोत्पादक प्रक्रिया से ही निर्धारित करने हेतु प्रयासशील है।

कार्यक्रमों की भूमिका

परम्परागत रूप से, हमारी योजनाओं को किसी न किसी योजनागत उद्देश्य को बढ़ावा देने के लिए तैयार किए गए सरकारी कार्यक्रमों के संग्रह के रूप में देखा जाता है। इस संदर्भ में, योजना के कुल आकार में, तथा विभिन्न क्षेत्रकों और कार्यक्रमों के वित्तीय संसाधनों के आबंटन कमें काफी रूचि दर्शायी जाती है। परिवारों और व्यवसाय–प्रतिष्ठानों द्वारा लिए गए निर्णयों को प्रभावित करके, योजनागत उद्देश्यों को हासिल करने एवं नीतियों की भूमिका पर पर्याप्त ध्यान केन्द्रित नहीं किया जाता है। इस मुद्दे को अगले खण्ड में परिलक्षित किया गया है।

बारहवीं योजना व्यापा सरकारी कार्यक्रमों पर आधारित है जिसमें कई क्षेत्रकों के लिए बनाए गए विभिन्न प्रकार के कार्यक्रम शामिल हैं, ताकि समावेशी तथा संधरणीय विकास का लक्ष्य हासिल किया जा सके। इनमें मुख्यतः स्वास्थय, शिक्षा, पेयजल तथा स्वच्छता संबंधी कार्यक्रम, ग्रामीण तथा शहरी क्षेत्रों में महत्वपूर्ण अवसंरचना संबंधी प्रावधान, कमज़ोर वर्गों के लिए आजीविका सहयोग संबंधी कार्यक्रम, तथा ऐतिहासिक रूप से वंचित वर्गों जैसे–अनुसूचित जातियों, अनुसूचित जनजातियों तथा अन्य पिछड़े वर्गों, अल्पसंख्यकों तथा हशिए पर जी रहे अन्य समूहों के लिए विशेष कार्यक्रम शामिल हैं। योजना कार्यक्रमों को तीन समूहों में वर्गीकृत किया जा सकता है। ऐसे कई केन्द्रीय क्षेत्रक कार्यक्रम हैं, जो प्रत्यक्ष रूप से केन्द्र सरकार अथवा इसकी एजेंसियों द्वारा संचालित किए जातें हैं। दूसरे वर्ग में राज्य क्षेत्रक कार्यक्रम आते हैं, जो राज्य एजेंसियों द्वारा संचालित किए जाते हैं और जो राज्य योजना का हिस्सा हैं। ऐसी केन्द्र प्रयोजि स्कीमें (सीएसएस) भी हैं जो ऐसे क्षेत्रों में चलाई जा रहीं हैं, जो संवैधानिक रूप से राज्य के दायरे में आते हैं, किन्तु जिनके लिए केन्द्र सरकार राज्यो को संसाधन उपलब्ध कराती हैं ताकि इन कार्यक्रमों का समर्थन किया जा सके, हालांकि इन कार्यक्रमों का कार्यान्वयन स्वयं राज्य सरकार अथ उसकी एजेंसियों द्वारा किया जाता है।

हमारे विकास प्रयासों का यह सार्वजनिक क्षेत्रक संघटक, जिसमें केन्द्र तथा राज्य दोनों शाम्लि हैं, सकल घरेलू उत्पाद का लगभग 12 प्रतिशत है। इसका आधा हिस्सा पूंजी व्यय अथवा निवेश के रूप में है, शेष हिस्सा सेवाओं की प्रदायगी के लिए वेतन अथवा विशुद्ध अंतरण के लिए है, जैसे कि स्कूली बच्चों के लिए मध्याह्न भोजन, प्री–स्कूल बच्चों के लिए पोषण, वंचित समूहों के लिए छात्रवृत्तियों, गरीबों के लिए

पेंशन आदि का प्रावधान। पारम्परिक रूप से, अर्थशास्त्रियों ने निवेश को ही विकास के महत्वपूर्ण वाहक साबित होते हैं, यह स्पष्ट हो गया कि इन क्षेत्रकों में गैर–निवेश व्यय करके ही अपेक्षित लक्ष्य को प्राप्त किया जा सकता है।

ये कार्यक्रम तो महत्वपूर्ण हैं ही, परन्तु यह स्वीकार किया जाना भी महत्वपूर्ण है कि इन कार्यक्रमों पर व्यय बढ़ाने मात्र से योजना के लक्ष्य प्राप्त हो जाएंगे, यह आवश्यक नहीं है। हमें व्यय पर केन्द्रित न रहकर, प्राप्त परिणामों पर ध्यान देना होगा। इसके लिए हमे अपेक्षित परिणामों को प्राप्त करने में अपने कार्यक्रमों की प्रभावशीलता तथा उसकी कमियों का सूक्ष्म तथा स्वतंत्र मूल्यांकरन भी करना होगा। अपेक्षित परिणाम न कर पाने की एक आम व्याख्या यह होती है कि कार्यक्रमों के लिए पर्याप्त धन उपलब्ध नहीं कराया जाता। प्रायः, यह सच भी होता है, किंतु अन्य समस्याऐं भी है जो संरचना की कमियों तथा जमीनी स्तर पर कार्यान्वयन में रह गई कमियों से जुड़ी हैं एवं जिनमें सुधार कर ही परिणाम को बेहतन बनाया जा सकता है। केन्द्र और राज्यों, दोनों को प्रणालीबद्ध तरीके से और विशेषतः प्रत्येक योजना के अंत में, ऐसे मूल्यांकरन करने चाहिए।

नीति पुनर्संरचना की भूमिका

कार्यक्रमों के साथ–साथ, योजना के नितिगत पहलू पर भी अधिक ध्यान दिए जाने की जरूरत है। एक ऐसी अर्थव्यवस्था जिसमें निजी क्षेत्रक का विकास काफी हुआ हो, व्यक्तियों तथा प्रतिष्ठाानों द्वारा लिए गए निर्णयों से ही बई महत्वपूर्ण अर्थिक परिणाम निर्धारित होते हैं और इसीलिए इन निर्णयों को प्रभावित करने वाली महत्वपूर्ण हैं। ऐसा खासकर इसलिए कि किसानों, असंगठित उद्यमों एवं निगमित क्षेत्रकों का निजी निवेश हमारी अर्थव्यवस्था के कुल निवेश का 75 प्रतिशत है।

प्रधानमंत्री के प्राक्कथन में हमारी नीति के इस पहलू पर बल दिया गया है कि हमारे वृहद्–आर्थिक ढांचे की उपलब्धि अच्छी रही है। इसका अर्थ यह है कि राजकोषीय घाटा तर्कसंगत हो, चालू खाते का घाटा वित्तापोषण–योग्य हो, मुद्रास्फीति की दर संतुलित हो तथा घरेलू बचत दर ज्यादा हो। बारहवीं योजना एक ऐसे समय में शुरू हुई है जब नइ क्षेत्रों में कई कमियों हैं जिनमें सुधार के लिए वृहद अर्थिक कार्यनिति की आवश्यकता है। इन प्रयासों की सफलता एक ऐसे माहौल के सृजन के लिए आवश्यक होगी जिसमें उच्च विकास के लिए ज़रूरी निवेश स्तर तथा उच्च पूंजी प्रवाह को बनाए रखा जा सके।

यदि हम योजना लक्ष्यों को प्राप्त करने की दिश में प्रगति करना चाहते हैं, तो वृहद् आर्थिक स्थिरता से संबंधित नीतियों के अलावा, कई क्षेत्रकों में नीतिगत पुनर्संरचना की आवश्यकता होगी। योजना दस्तावेज में नीतिगत परिवर्तन के लिए महत्वाकांक्षी एजेंडें का ब्यौरा दिया गया है। इसमें वे नितियों शामिल हैं जिनका उद्देश्य कृषि के विविधीकरण और कृषि उत्पाद के विपणन में निजी क्षेत्र की अधिक भागीदारी के लिए समर्थन देना है। इसमें वे नितीयां भी शामिल हैं जो ऊर्जा मूल्य–निर्धारण तथा प्राथमिक ऊर्जा स्रोतों का पता लगाने, और उनके विकास में निजी क्षेत्रक की अधिक भागीदारी से संबंधित हैं। कारोबार करने को आसान बनाने वाली तथा छोटे तथा मध्यम उद्योगों–दोनों में जोखिम पूंजी और ऋण के प्रवाह को प्रोत्साहित करने वाली नीतियों लाकर औद्योगिक विकास में काफी तेजी लाई जा सकती है। कर नीतियो को युक्तिसंगत बनाना तथा खाकर जीएसटी को लागू करना एक अन्य महत्वपूर्ण क्षेत्र है क्योंकि सब्सिडी नीति को युक्तिसंगत बनाकर ही अकार्यात्मक सब्सिडियों में कमी लाई जा सकती है और जरूरी सब्सिडियों को 'आधार' के प्रयोग से बेहतर तरीके के लक्षित किया जा सकता है। योजना में इस बात पर भी बल दिया गया है विनियमन के संयोजन तथा समुचित मूल्य–निर्धाररण के ज़िरए जल के कुशल उपयोग के संबंध में नीतियों की रूपरेखा तय करने की ज़रूरत है। इन नीतियों के समर्थन के लिए सुनियोजित सार्वजनिक निवेश होना चाहिए ताकि जल के प्रभावी संरक्षण को प्रोत्साहन मिल सके। शहरीकरण के प्रभावी प्रबंधन की नीतियां भी महत्वपूर्ण होती जा रही हैं यह हमारी अर्थव्यवस्था के लिए एक नई चुनौती है।

चूंकि सरकार के पास उपलब्ध संसाधन सीमित हैं तथा स्वास्थ्य एवं शिक्षा जैसे क्षेत्रकों से इस प्रकार के संसाधनों की भारी मांग है, इसलिए सार्वजनिक लक्ष्य को प्राप्त करने के लिए निजी संसाधनों का भी लाभ उठाने की आवश्यकता है। यह अवसंरचना विकास के क्षेत्र में विशेष महत्वपूर्ण है, जहाँ कुछ महत्वपूर्ण नीतियों में बदलाव की आवश्यकता है। इस प्रकार का बदलाव ग्याहरवीं योजना में अवसंस्चना के विकास हेतु सार्वजनिक–निजी भागीदारी को कार्यनीति के रूप में अपनाना है।

पारंपरिक रूप से, अवसंरचना सृजन हेतु सार्वजनिक क्षेत्र का उपयोग किया जाता रहा है, परंतु पूरे विश्व में सार्वजनिक–निजी भागीदारी के विभिन्न रूपों पर प्रयोग हुआ है। विशेषकर ऐसी स्थिति में, जाह उपभोक्ता, उपभोक्ता–शुल्क का भुगतना करने के इच्छुक हैं, जिससे संभावित राजस्व का सृजन हो सकता है। परन्तु, जहाँ कहीं संभव हो, सार्वजनिक–निजी भागीदारी पर बल देना, इसे अवसंरचना परियोजअनाओं के एकमात्र साधन के रूप में अंधानुसरण को नही दर्शाता है। निजी निवेशकों की देश के दूरस्थ और पिछड़े हिस्सों में निवेश करने में रूचि निराशाजनक है और इन हिस्सों में अवसंरचना के विकास से सार्वजनिक निवेश में प्रभावी रूप से विश्वास बढ़ेगा। तथापि, सड़कों, विमनापत्तनों, बंदरगाहों, विद्युत सृजन और वितरण इत्यादि में अनेक परियोजनाओं के लिए सार्वजनिक–निजी भागीदारी के विकल्प का अनुसरण करना संभव है। केन्द्र सरकार ने प्रक्रियाएं और बिल्डिंग दस्तावेज तैयार किए हैं, जो सार्वजनिक–निजी भागीदारी परियोजनाओं के लिए पारदर्शिता और संतुलित प्रस्पिस्पर्धात्मिक बिल्डिंग के उद्देश्य को प्राप्त करने की कोशिश करते हैं। राज्य सरकारों को भी इस आधार पर आगे बढ़ने के लिए प्रोत्सहित किया गया है।

केन्द्र सरकार और अनेक राज्य सरकारों, दोनों ने सार्वजनिक–निजी भागीदारी के माध्यम के विकासित हो रहे अवसंरचना के महत्वाकांक्षी कार्यक्रमों की शुरूआत की है। परिणामस्वरूप अब सभी उभरते बाजार वाले देशों की तुलना में भारत नें सबसे अधिक कार्यक्रमों की शुरूआत की है। परिणामस्वरूप अब सी उभरते बाजार वाले देशों की तुलना में भारत में सबसे अधिक सार्वजनिक–निजी भागीदारी परियोजनाएं हैं। तथापि, जैसे–जैसे सार्वजनिक–निजी भागीदारी परियोजनाओं की संख्या में वृद्धि होगी, कार्यान्वयन की दिशा में असंभावित समस्याएं बढ़ेंगी। केन्द्र और राज्यों, दोनों को सार्वजनिक–निजी भागीदारी परियोजनओं की ध्यानपूर्वक निगरानी करने के लिए प्रणाली अवश्य तैयार करनी चाहिए ताकि यह सुनिश्चित किया जा सके कि वे सेवा प्रदायगी के अपेक्षित मानकों को पूरा करेंगी एवं परियोजना कार्यान्वयन में समस्याओं की पहचान भी करेंगी, ताकि यह सुनिश्चित किया जा सके कि वे सेवा प्रदायगी के अपेक्षित मानकों को पूरा करेंगी एवं परियोजना कार्यान्वयन में समस्याओं की पहचान भी करेंगी, ताकि इनकों, निष्पक्ष और पारदर्शी तरीके से कार्यान्वित किया जा सके।

योजना में रेखांकित नीतिगत कार्यसूची पर कई नितियों केन्द्र सरकार के क्षेत्राधिकार में आती हैं, परंतु कई नीतियां राज्यों के क्षेत्राधिकार में आती हैं। कुछेक, जैसकि की जीएसटी का कार्यान्वयन, जो कि नितान्त महत्वपूर्ण पहल है।, संयुक्त कार्रवाई पर निर्भर करता है, क्योंकि इसमें संवैधानिक संशाधन शामिल है। विभिन्न क्षेत्रों में सिफारिश किए गए नीतिगत बदलावों के कार्यान्वयन के मामले में राज्यों की रफ्तार भिन्न हो सकती है, क्योंकि दूसरे की तुलना में एक विशेष राज्य के लिए कुछ क्षेत्रों में कार्रवाई करना आसान हो सकता है। तथापि, योजना में दर्शाए गए व्यापक निर्देशों में पर्याप्त प्रयास का कई राज्यों में परिणामों और सफलता के अनुभव पर महत्वपूर्ण प्रभाव होगा, जो अन्य राज्यों को इसका अनुसरण करने के लिए प्रोत्साहित करेगा।

कार्यान्वयन ही कुंजी है

किसी योजन की सफलता मुख्य रूप से कार्यान्वयन की गुणवत्ता पर निर्भर करती है और यहीं पर हमारी योजन प्रक्रिया शायद सबसे कमजोर है। प्रायः यह कहा जाता है कि हमारी योजना बहुत अच्छी है और कार्यान्वयन बहुत कमजोर है। वास्तव में यह विरोधाभास है। यदि योजना कार्यनिति के हिस्से के रूप में, कार्यान्वयन क्षमता बढ़ाना, मूर्त प्रस्तावों के कार्यान्वयन किए जा सकने वाले वास्तविक मूल्यांकन पर आधारित हो, तभी इसे अच्छा कहा जा सकता है।

जहाँ तक योजना कार्यक्रमों का संबंध है, प्रायः यह कहा जाता है कि कार्यक्रमों के लिए पर्याप्त रूप से निधियाँ नहीं दी जाती हैं और इस प्रकार से उपलब्ध निधियों का प्रायः सही तरीके से व्यय नहीं किया जाता है। न्यून वित्तपोषण के तहत कुछ तत्व अपरिहार्य है, क्योंकि संसाधनों की गणना राजस्व की संभावित वृद्धि के आधार पर की जाती है, जो कि अर्थव्यवस्था के समग्र विकास पर निर्भर करता है। जब विकास लक्ष्य से कम होता है तो संसाधन के भी अनुमानित लक्ष्य से कम होने की संभावना रहती है। इसक समाधान विभिन्न कार्यक्रमों के लिए अनुपतिक अल्प वित्तापोषण हेतु एक महत्वपूर्ण पूर्व–शर्त आवधिक स्वतंत्र मूल्यांकन और स्थायी समवर्ती मूल्यांकरन के आधार पर सर्वाधिक प्रभावी कार्यक्रमों का निष्पक्ष मूल्यांकन है। मूल्यांकन की भूमिका को हमारी योजना प्रक्रिया में सुदृढ़ किए जाने की आवश्यकता है। योजना आयोग ने एक तंत्र तैयार किया है, जिसमें योजना अयोग के सदस्य के स्तर के महानिदेशक की अध्यक्षता में एक स्वतंत्र मूल्यांकन कार्यालय होगा।

कार्यान्वयन के कमजोर होने का एक कारण यह है कि प्रचालनात्मक स्तर पर कार्यान्वयन की क्षमता कम है। ऐसे क्षेत्रों में, जहाँ विकास कार्यक्रमों को संवैधानिक रूप से पंचायती राज संस्थानों या शहरी स्थानीय निकायों को सौंप दिया गया है, कार्यक्रम की रूपरेखा और बुनियादी स्तर पर उसका वास्तविक कार्यान्वयन, दोनों में इन संस्थानों को ''कार्य'' तो सौंप दिये हैं, लेकिन उन्होंने 'निधि' उपलब्ध कराने की दिश में बहुत कम काम किया है। बहुत से मामलों में, इन संस्थाओं को प्रभावी बनाने के लिए जिन स्तरों ''पदाधिकारियों'' की उलबधता होनी चाहिए, वह भी नहीं है। पीआरआई संस्थाओं में कार्यक्रमों को डिजाइन, कार्यान्वित और नियेत्रित करने की क्षमता भी नहीं है। यह केवल ग्रामीण क्षेत्रों की पंचायतों के बारे में ही सत्य नहीं है, बल्कि शहरी स्थानीय निकायों की स्थिति भी ऐसी है जैसा कि जेनएएनयूआरएम के अनुभव से विदित होता है। इसीलिए बारहवीं योजन में बहुत से कार्यक्रमों के लिए कोष के एक अंश का प्रावधान किया गया है, जिसका उपयोग कार्यान्वयन क्षमता विकसित करने में किया जाएगा। पंचायतों की क्षमता को सुदृढ़ करने हेतु राजीव गांधी पंचायत सशक्तिकरया अभियान नामा एक नयी केन्द्र प्रयोजित योजना शुरू की गई है।

केन्द्र प्रायोजित योजनाओं के कार्यान्वयन में सुधर के लिए बारहवीं योजना में शुरू की गई एक बड़ी पहल यह है कि केन्द्र प्रायोजित स्कीमों को युक्तिसंगत बनाते हुए उनकी संख्या 142 से घटाकर 66 कर दी गई है। और दिशा–निर्देशों को भी काफी लचीला बनाया गया है। इस तथ्य को ध्यान में रखते हुए कि राष्ट्रीय दिशानिर्देशों में, 'एक आकार सबका आधार' सिद्धांत अपनाने से, विभिन्न राज्यों की अलग–अलग स्थितियों के लिए उपयुक्त दिशानिर्देश नही बन पाते, दो महत्वपूर्ण परिवर्तनों के साथ एक नई व्यवस्था शुरू की गई है। प्रथम, प्रत्येक राज्य राष्ट्रीय दिशानिर्देशों में अपनी विशेष परिस्थितियों के अनुरूप आशोधन का प्रस्ताव भेज सकेंगे। द्वितीय, प्रत्येक राज्य को प्रत्येक योजना के लिए अपने आवंटन में से दस प्रतिशत के लिए पूर्ण लचीलापन प्रदान किया जाएगा, जिसका उपयोग उन परियोजनाओं के लिए किया जा सकेगा, जो राज्य विशिष्ट के लिए आशोधित दिशानिर्देशों से भी अलग हों। एकमात्र अपेक्षा यह होगी कि परियोजना, स्कीम के व्यापक उद्देश्यों के दायरे में आती हो। इसकी रूपरेखा इस प्रकार बनाई गई है कि राज्य स्तर पर नवप्रर्वनों को प्रोत्साहन मिले।

योजना की नीति कार्यसूची पर अमल में भी कार्यान्वयन की समस्याएँ सामने आती हैं। प्रायः, नीतिगत परिवर्तन के प्रति समझ में कमी और निहित स्वार्थों के दबाव के कारण भी इसमें अपेक्षित प्रगति नहीं हो पाती है। फिर भी, उत्पादकता में वृद्धि से ही उच्च विकास दर हासिल की जा सकती है, और इस लक्ष्य को प्राप्त करने हेतु इन नीतिगत परिवर्तनों का प्रभावी कार्यान्वयन अत्यन्त आवश्यक है। बारहवीं योजना की मध्यवधि समीक्षा में इस क्षेत्र में प्राप्त उपलब्धियों पर विशेष ध्यान दिया जाना चाहिए। प्रत्येक राज्य पर समानान्तर रूप से विचार करते हुए नीति पुनर्संसरचना के कार्यान्वयन में केन्द्र की सफलतओं का मूल्यांकन किया जाना चाहिए।

परिदृश्य विश्लेषण

बारहवीं योजना का एक महत्वपूर्ण नवप्रवर्तन है–परिदृश्य का विश्लेषण करना। सांकेतिक लक्ष्य–समूह को अपनाने, और उन्हें प्राप्त करने के लिए आवश्यक उपायों को दर्शाने की बजाए, योजना में तीन परिदृश्य रखे गए हैं। प्रथम परिदृश्य वह है जिसमे हम कार्यक्रमों और प्ररूपित नीतियों को योजना के अनुसार कार्यान्वित करने में सफल होते है। यह ''सुदृढ़ समावेशी विकास'' का परिदृश्य है, जिससे योजना अवधि में लगभग 8 प्रतिशत की औसत वृद्धि दर हासिल होगी, और जो 25 अनुवीक्षणीय सूचकों में से प्रत्येक में उल्लिखित प्रगति को दर्शाने की दृष्टि से पर्याप्त समावेशी भी होगा। इससे बारहवीं योजना के लिए निधारित लक्ष्यों की बहु–आयामीयता परिलक्षित होती है। यही वह परिणाम है जिस पर हमें ध्यान केंद्रित करना चाहिए।

योजना में यह भी कहा गया है कि तकनीकी रूप से संभाव्य होते हुए भी, परिदृश्य–1 के परिणाम के प्रति किसी भी सूरत में आश्वस्त नहीं हुआ जा सकता। सफलता इस बात पर निर्भर करेगी कि हम वृहद् आर्थिक स्थायित्व बनाये रखते हुए, योजना कार्यक्रमों को अभिकल्पित पैमाने पर निधि प्रदान करने में सक्षम हैं या नहीं और व्याप नीतिगत परिवर्तनों को क्रियान्वित किया जाता है या नहीं जो उच्च उत्पादकता और आवश्यक निवेश के लिए ज़रूरी हो। यदि इस कार्यसूची को आंशिक रूप से क्रियान्वित किया गया, तो अर्थव्यवस्था परिदृश्य–2 के अनुसार करेगी जिसमें वृद्धि दर 6.0 प्रतिशत के आसपास रहेगी और समावेशिता का स्तर भी कम होगा। योजना में इस बात का भी उल्लेख हुआ है

कि उल्लेखनीय प्रगति न कर पाने के परिणाम क्या होंगे। परिदृश्य–3 का जिक्र किया गया है जिसे ''नीतिगत अवरोध'' कहा गया है। इस परिस्थिति में, विकास दर गिरकर करीब 5 प्रतिशत रह जाएगी और समावेशिता के मोर्चे पर भी प्रगति बहुत कम होगी।

बारहवीं योजना के परिदृश्य–1 को प्राप्त करने के लिए कई अपेक्षाओं को अनिवार्य रूप से पूरा करना होगा, और वह भी एक ऐसे समय में, जब बाहरी परिस्थितियां अत्याधिक अनिश्चितता भरी हों। फिर भी, योजना के आरंभिक दो वर्षों को प्रभावित करने वाली इन समस्याओं को अल्पकालिक बाधा के रूप में ही देखा जाना चाहिए। यदि वृहद्–आर्थिक असंतुलनों को सही करने तथा योजना में उल्लिखित नीतियों को प्रभावपूर्ण ढंग से क्रियान्वित करने के प्रति दृढ़ प्रयास किए जाएं, तो अर्थव्यवस्था को फिर से 8 प्रतिशत की विकास दर लाने की संभावना प्रबल रहेगी और यही इस योजना बुनियादी अपेक्षा भी है। राष्ट्रीय स्तर पर सुदृढ़ प्रयासों के बल पर, हम अर्थव्यवस्था को उस मार्ग पर लाने में समर्थ होंगे, जिससे देश में अपेक्षित परिवर्तन हो सके।

मनटेक सिंह आहलुवालिया

(मनटेक सिंह आहलुवालिया)

नई दिल्ली
10 मई, 2013

विषय सूची

चित्र

तालिकाएं

बॉक्स

परिवर्णी शब्द

आईएमएफ	अंतर्राष्ट्रीय मुद्रा कोष
एमएसएमईज	सूक्ष्म, लघु और मध्यम उद्यम
जीडीपी	सकल घरेलू उत्पाद
मनरेगा	महात्मा गांधी राष्ट्रीय ग्रामीण रोजगार गारंटी अधिनियम
पीआरआई	पंचायती राज संस्थान
यूएलबी	शहरी स्थानीय निकाय
सीएसओ	सिविल सोसाइटी संगठन
एसएसए	सर्व शिक्षा अभियान
एमडीएम	मध्याह्न भोजन
पीएमजीएसवाई	प्रधानमंत्री ग्राम सड़क योजना
आईसीडीएस	एकीकृत बाल विकास स्कीम
एनआरएचएम	राष्ट्रीय ग्रामीण स्वास्थ्य मिशन
एनडीसी	राष्ट्रीय विकास परिषद
एसएण्डटी	विज्ञान एवं प्रौद्योगिकी
एनएसएसओ	राष्ट्रीय प्रतिदर्श सर्वेक्षण कार्यालय
एससी	अनुसूचित जाति
एसटी	अनुसूचित जनजाति
ओबीसी	अन्य पिछड़े वर्ग
जीएचजी	ग्रीन हाउस गैस
आईएमआर	शिशु मृत्यु दर
एमएमआर	मातृ मृत्य–दर
आरटीई	शिक्षा का अधिकार अधिनियम
आरएमएसए	राष्ट्रीय माध्यमिक शिक्षा अभियान
आईटीआई	औद्योगिक प्रशिक्षण संस्थान
पीपीपी	सार्वजनिक निजी भागीदारी
यूएचसी	सार्वजनिक स्वास्थ्य देखभाल
यूआईडी	विशिष्ट पहचान संख्या
यूएसओएफ	सार्वभौमिक सेवा दायित्व निधि
बीओटी	बनाओ–चलाओ–हटाओ
एएआई	भारतीय विमानपत्तन प्राधिकरण
आर एंड डी	अनुसंधान और विकास
जीएम	जेनेटिकली मोडीफाइड
एएसईएएन	दक्षिण–पूर्व एशियाई राष्ट्र संघ
एफडीआई	प्रत्यक्ष विदेशी निवेश
सार्क	दक्षिण एशियाई क्षेत्रीय सहयोग संघ
यूएनएफसीसीसी	संयुक्त राष्ट्र जलवायु परिवर्तन फ्रेमवर्क सम्मेलन
आरबीआई	भारतीय रिजर्व बैंक
एनपीए	गैर–निष्पादक परिसम्पत्ति
एनईएलपी	नयी गवेषण लाइसेंस नीति
जीएसटी	सामान और सेवा कर
एलपीजी	लिक्विफाइड पेट्रोलियम गैस
एलएनजी	लिक्विफाइड नैचुरल गैस
जेएनएनयूआरएम–II	जवाहरलाल नेहरू शहरी नवीकरण मिशन–II
एफडीआई	प्रत्यक्ष विदेशी निवेश
टीएफपी	सकल कारक उत्पादकता
जीएससीएफ	सकल नियत पूंजी निर्माण
जीडीपी	सकल घरेलू उत्पाद
एफआईआई	विदेशी सांस्थानिक निवेशक
एसएमई	लघु एवं मध्यम उद्यम
केवाईसी	ग्राहक को जानो
ईसीबी	यूरोपियन सेंट्रल बैंक
एलटीआरओ	दीर्घावधिक पुनर्वित्तपोषण प्रचालन
एमएफए	मल्टी फाइबर एग्रीमेण्ट
एफटीपी	विदेश व्यापार नीति
बीटीआईए	व्यापार और निवेश करार
साफ्टा	दक्षिण एशिया मुक्त व्यापार क्षेत्र समझौता
टीएलपी	टैरिफ उदारीकरण कार्यक्रम
डीटीएए	कराधान बचाव समझौता
एफएमएस	फोकस मार्केट स्कीम
एमएलएफपीएस	मार्केट लिंक्ड फोकस उत्पाद स्कीम
पीटीए	प्राथमिकतापूर्ण व्यापार समझौता
आईएबीसी	भारत–अफ्रीका व्यापार परिषद्

टीआरआईपीएस	बौद्धिक सम्पदा अधिकारों के व्यापार संबंधित पहलू
पीएल	गरीबी रेखा
यूआरपी	यूनिफॉर्म रिकॉल पीरियड
एमआरपी	मिश्रित रिकॉल अवधि
एमपीसीई	मासिक पूंजी उपभोग व्यय
ईसीबी	यूरोपियन सेंट्रल बैंक
बीटीआईए	व्यापक आधार वाले व्यापार और निवेश करार
जीबीएस	सकल बजटीय सहायता
सीए	केन्द्रीय सहायता
पीएसई	सार्वजनिक क्षेत्र के उद्यम
बीसीआर	चालू राजस्वों से शेष
एएजीआर	औसत वार्षिक विकास दर
एनपीआरई	गैर–योजना राजस्व व्यय
आईईबीआर	आंतरिक और अतिरिक्त–बजटीय संसाधन
आईआर	आंतरिक संसाधन
ईसीबी	बाह्य व्यावसायिक ऋण
एफआरबीएमए	राजकोषीय दायित्व एवं बजट प्रबंधन
जीएसटी	एकीकृत वस्तु और सेवा कर
एचएलईसी	उच्च–स्तरीय कुशल सार्वजनिक व्यय प्रबंधन अधिनियम
सीबीएस	कोर बैंकिंग सोल्यूशन
सीपीएसएमएस	केन्द्रीय योजना स्कीम मॉनीटरिंग प्रणाली
आईएलसीएस	एकीकृत कम लागत स्वच्छता
सीओआई	अवसंरचना समिति
आईआईपीडीएफ	भारत अवसरंचना परियोजना विकास निधि
वीजीएफ	व्यवहार्यता अंतराल निधिकरण
आईआईएफसीएल	भारत अवसंरचना वित्त कंपनी लिमिटेड
आईडीएफ	अवसंरचना विकास निधि
एमसीए	माडल रियायत समझौता
ईपीसी	इंजीनियरिंग, प्रापण और निर्माण
डीबीएफओटी	डिजाइन, निर्माण, वित्त, प्रचालन और हस्तांतरण
यूएमपीपी	अल्ट्रामेगा विद्युत परियोजना
डीएफसीसीआईएल	समर्पित रेलभाड़ा कॉरीडोर निगम लिमिटेड
एमआईएस	लघु सिंचाई प्रणाली
वीजीएफ	व्यवहार्यता अंतराल निधियन
वीएसएफ	व्यवहार्यता सहायता निधि
एडीबी	एशियाई विकास बैंक
सीआईटीईएस	अंतरराष्ट्रीय व्यापार संबंधी सम्मेलन
सीबीडी	जैविक विविधता संबंधी सम्मेलन
यूएनएफसीसीसी	यूनाइटिड नेशन्स फ्रेमवर्क कन्वेंशन ऑन क्लाइमेट चेंज
डब्ल्यूबीसीएसडी	धारणीय विकास हेतु विश्व व्यवसाय परिषद
एपीएम	मूल्यनिर्धारण तंत्र
एमएसएमई	सूक्ष्म, लघु तथा मध्यम उद्यम
एनसीईएफ	राष्ट्रीय स्वच्छ ऊर्जा कोष
आरईसी	नवीकरणीय ऊर्जा प्रमाण पत्र
एनईपी	राष्ट्रीय पर्यावरणीय नीति
एनएपी	राष्ट्रीय कृषि नीति
एनईपी	राष्ट्रीय विद्युत नीति
आईईपी	एकीकृत ऊर्जा नीति
ईआईपी	पर्यावरणीय औद्योगिक पार्क
एचएडीपी	पहाड़ी क्षेत्र विकास कार्यक्रम
डब्ल्यूजीडीपी	पश्चिमी घाट विकास कार्यक्रम
एसएसए	सर्व शिक्षा अभियान
एनएचएम	राष्ट्रीय स्वास्थ्य मिशन
जीबीपीआइएचईडी	जीबी पन्त हिमालय पर्यावरण एवं विकास संस्थान
जेएफएम	संयुक्त वन प्रबंधन
आईआईडी	एकीकृत बुनियादी ढांचा विकास
एनएचडीपी	राष्ट्रीय राजमार्ग विकास पारियोजना
एनकेएन	राष्ट्रीय ज्ञान नेटवर्क
डब्ल्यूएमसी	और कचरा न्यूनीकरण परिमण्डलों
जीएचजी	ग्रीन हाउस गैस
सीईआरसी	केन्द्रीय बिजली विनियामक आयोग
एमटीओई	मिलियन टन तेल के समतुल्य
ईआईए	अंतरराष्ट्रीय ऊर्जा एजेंसी
सीएजीआर	मिश्रित वार्षिक विकास दर
सीएसटीईपी	विज्ञान प्रौद्योगिकी और नीति अध्ययन केन्द्र
एसईसी	विशिष्ट ऊर्जा खपत
सीसीएल	जलवायु परिवर्तन लेवी
एनएमईईई	राष्ट्रीय वर्धित ऊर्जा दक्षता मिशन
बीईई	ऊर्जा दक्षता ब्यूरो
ईयू	यूरोपीय संघ
डीएफसीसीआईएल	डेडीकेटेड फ्रेट कोरीडोर कॉर्पोरेशन ऑफ इंडिया लिमिटेड
बीएलवाई	बचत लैम्प योजना
एलइडी	लाइट एमिटिंग डायोड
एचवीएसी	हीटिंग, वायु–संचालन और एयरकंडीशनिंग
ईसीबीसी	ऊर्जा संरक्षण भवन कोड
एनबीसी	राष्ट्रीय कोड
आईजीबीपी	भारतीय हरित भवन कार्यक्रम
बीसीएम	बिलियन क्यूबिक मीटर
एनडब्ल्यूएम	राष्ट्रीय जल मिशन
ईआरएम	विस्तार, नवीनीकरण, आधुनिकीकरण

एआईबीपी	त्वरित सिंचाई लाभ कार्यक्रम
आईपीसी	सृजित सिंचाई क्षमता
डब्ल्यूयूए	जल प्रयोक्ता संघ
पीआईएम	सहभागी सिंचाई प्रबंधन
सीएडी एण्ड एम	कमान क्षेत्र विकास और प्रबंधन
डब्ल्यूएएलएमआई	जल और भूमि प्रबंधन संस्थान
आईएसएफ	सिंचाई सेवा शुल्क
एनआईएमएफ	राष्ट्रीय सिंचाई प्रबंधन कोष
एमआईएस	सूक्ष्म सिंचाई प्रणाली
सीपीआर	सामान्य पूल संसाधन
डब्ल्यूएएसएसएएन	जलागम समर्थन सेवा और कार्यकलाप नेटवर्क
एपीडीएआई	सूखा अनुकूलन पहल
एफईएस	पारिस्थितिकीय सुरक्षा हेतु नींव
एसीडब्लयूएडीएएम	उन्नत जल संसाधन विकास और प्रबंधन केन्द्र
एचवीडीएस	उच्च वोल्टेज वितरण प्रणाली
डब्ल्यूयूजी	जल प्रयोक्ता समूह
आईडब्ल्यूएमपी	समेकित जलागम प्रबंधन कार्यक्रम
डीडीपी	मरूभूमि विकास कार्यक्रम
डीपीएपी	सूखा प्रवण क्षेत्र कार्यक्रम
आईडब्ल्यूडीपी	अपशिष्ट भूमि विकास कार्यक्रम
सीएलएनए	केंद्रीय स्तर की नोडल एजेंसी
सीपीएचईईओ	केंद्रीय जन स्वास्थ्य एवं पर्यावरण अभियांत्रिकी संगठन
टीसीसी	त्रिची नगर निगम
डब्ल्यूआईए	जल उद्योग अधिनियम
आरबीए	राष्ट्रीय बाढ़ आयोग
सीडब्ल्यूसी	केंद्रीय जल आयोग
एनडीएमए	राष्ट्रीय आपदा प्रबंधन अभिकरण
एनडब्ल्यूए	राष्ट्रीय जल अकादमी
डीईएम	डिजिटल एलिवेशन मॉडल
आईएमडी	भारतीय मौसम विभाग
सीडब्ल्यूसी	केंद्रीय जल आयोग
सीजीडब्ल्यूबी	केंद्रीय भू–जल बोर्ड
सीपीसीबी	केंद्रीय प्रदूषण नियंत्रण बोर्ड
एचआईएस	राष्ट्रीय आंकड़ा नेटवर्क
एमडब्ल्यूआरआरयू	महाराष्ट्र जल संसाधन विनियामक प्राधिकरण
एनडब्ल्यूसी	राष्ट्रीय जल आयोग
आईएसडब्ल्यूपी	एकीकृत राज्य जल योजना
डीडब्ल्यूआर	डॉप्लर मौसम रेडार
एनडब्ल्यूआर–आईसी	राष्ट्रीय जल संसाधन सूचना केन्द्र
सीएमआईएस	समुद्रतट प्रबंध सूचना प्रणाली
एसआईडब्ल्यूईए	राज्यीय स्वतंत्र जल विशेषज्ञ प्राधिकरण
एपीपीआरसी	मानदण्डों की तैयारी हेतु कार्य योजना
एसएचजी	स्वयं सहायता समूह
पीएलबी	सार्वजनिक भूमि बैंक
जेएनजी	संयुक्त देयता समूह
एचवीडीएस	उच्च वोल्टेज वितरण प्रणाली
नाबार्ड	राष्ट्रीय कृषि और ग्रामीण विकास बैंक
एपीएमएसएस	आंध्र प्रदेश महिला समस्त सोसाइटी
यूएनडीपी	संयुक्त राष्ट्र विकास कार्यक्रम
पीएएफ	परियोजना प्रभावित परिवार
टीपीएस	टाउन प्लानिंग योजना
आरएवाय	राजीव आवास योजना
ईडब्ल्यूएस	आर्थिक रूप से दुर्बल वर्ग
एलआईजी	अल्प आय समूह
आरओआर	अधिकारों के अभिलेख
एनएलआरएमपी	राष्ट्रीय भूमि अभिलेख आधुनिकीकरण कार्यक्रम
जीसीपी	भूमि नियंत्रण बिन्दु
एमओईएफ	पर्यावरण और वन मंत्रालय
जीडीपी	सकल घरेलू उत्पाद
यूएनईपी	संयुक्त राष्ट्र पर्यावरण कार्यक्रम
यूआईडीएसएसएमटी	लघु और माध्यम नगरों के लिए शहरी आधार ढांचा विकास स्कीम
जेएनएनयूआरएम	जवाहरलाल नेहरु राष्ट्रीय शहरी नवीकरण मिशन
एनआरसीपी	राष्ट्रीय नदी संरक्षण कार्यक्रम
केएनएन	कानपुर नगर निगम
जीपीएस	ग्लोबल पोजिशनिंग सिस्टम
आरडीएफ	रिफ्यूज डिराइव्ड फ्यूल
सीडीएम	स्वच्छ विकास प्रक्रिया
सीपीसीबी	केन्द्रीय प्रदूषण नियंत्रण बोर्ड
एमएलडी	मिलियन लीटर्स प्रति दिन
जीएपी–1	गंगा कार्ययोजना–1
एनएएक्यूएस	राष्ट्रीय परिवेशी वायु गुणवत्ता मानक
एनएपीसीसी	जलवायु परिवर्तन पर राष्ट्रीय कार्य योजना
एनएमईईई	संवर्धित ऊर्जा दक्षता पर एक राष्ट्रीय मिशन
ईआईए	पर्यावरण संबंधी आकलन
ईएमपी	पर्यावरण प्रबंधन योजना
सीआरजेड	तटीय विनियमन क्षेत्र
आईएनसीसीए	जलवायु परिवर्तन आकलन पर भारतीय नेटवर्क
एनजीआरबीए	राष्ट्रीय गंगा नदी बेसिन प्राधिकरण
एनएएक्यूएस	राष्ट्रीय परिवेशी हवाई गुणवत्ता मानक
एनजीटी	नेशनल ग्रीन ट्रिब्यूनल
एनडब्ल्यूएफएल	राष्ट्रीय जल रूपरेखा कानून

एनईएएमए	राष्ट्रीय पर्यावरण मूल्यांकन और निगरानी प्राधिकरण
सीएएमपीए	वनरोपण निधि प्रबंधन और योजना प्राधिकरण
सीवीआईपीएम	औद्योगिक प्रदूषण प्रबंधन परियोजना के लिए क्षमता निर्माण
नीरी	नेशनल एनवार्यनमेंटल इंजीनियरिंग रिसर्च इंस्टीट्यूट
एनएईबी	राष्ट्रीय वनरोपण और पारिस्थितिकी विकास बोर्ड
पीआरआई	पंचायती वन योजना के माध्यम से वनरोपण
ईएनवीआईएस	''स्टेट ऑफ एनवायर्नमेंट'' संघटक का पर्यावरण सूचना प्रणाली
बीई	पर्यावरण और वन मंत्रालय को व्यय
जेएफएम	संयुक्त वन प्रबंधन
एमपीएफ	लघु वन उत्पाद
एनटीएफपी	गैर काष्ठ वनोपज
एनईएफसी	राष्ट्रीय पर्यावरण एवं वानिकी परिषद
एनईपी	राष्ट्रीय पर्यावरण नीति
एसईएफसी	राज्य पर्यावरण एवं वन परिषद
एनईपीए	राष्ट्रीय पर्यावरण संरक्षण प्राधिकरण
सीबीडी	जैविक विविधता संबंधी कन्वेन्शन
एनईएएमए	राष्ट्रीय पर्यावरण मूल्यांकन एवं अनुवीक्षण प्राधिकरण
एनईएमपी	राष्ट्रीय पर्यावरणीय निगरानी कार्यक्रम
सीएएक्यूएमएस	सतत परिवेशी वायु गुणवत्ता निगरानी केन्द्र
सीईएमएस	सतत उत्सर्जन निगरानी प्रणाली
सीईटीपी	सतत निःस्रावी शोधन संयंत्र
एनईआरएफ	राष्ट्रीय पर्यावरण पुनरुद्धार कोष
बीएसआई	भारतीय वानस्पतिक सर्वेक्षण
जेडएसआई	भारतीय प्राणीविज्ञान सर्वेक्षण
आईबीआईएस	भारतीय जैवविविधता सूचना पद्धति
आईबीआईएन	भारतीय जैव–संसाधन सूचना पद्धति
आईबीपी	भारतीय जैव–विविधता पोर्टल
आईओसीएमएल	भारतीय समुद्री जीवन सागर जनगणना
ईआरआई	पारिस्थितिकी अनुसंधान संस्थान
एसएसीईपी	दक्षिण एशिया सहकारी पर्यावरण कार्यकम
सीओई	उत्कृष्ट केन्द्र
एनटीएफपी	गैर–इमारती वन उपज
जीआईएस	भौगोलिक सूचना प्रणाली
सीबीएफ	राष्ट्रीय वानिकी बोर्ड
आईसीएआर	भारतीय कृषि अनुसंधान परिषद
आईसीएफआरई	भारतीय वानिकी अनुसंधान एवं शिक्षण परिषद
आईडीडब्ल्यूएच	समेकित वन्य जीवन अधिवास विकास
एनईसीए	राष्ट्रीय हाथी संरक्षण प्राधिकरण
एनएलसीपी	राष्ट्रीय झील संरक्षण योजना
आईएफएमएस	वन प्रबंधन स्कीम का तीव्रीकरण
डीआईपीपी	औद्योगिक नीति और संवर्धन विभाग
एनआरसीपी	राष्ट्रीय नदी संरक्षण योजना
एनजीआरबीए	राष्ट्रीय गंगा नदी घाटी अधिकरण
एसटीपी	सीवेज उपचार संयंत्र
एनडब्ल्यूसीपी	राष्ट्रीय नमभूमि संरक्षण कार्यक्रम
एनपीसीए	जलीय पारिस्थितिकीय तंत्र
ईपीआई	पर्यावरणीय निष्पादन निर्देशिका
एनओएक्स	नाइट्रोजन ऑक्साइड
एसओएक्स	सल्फर ऑक्साइड
एसएपीसीसी	मौसम परिवर्तन पर राज्य कार्य योजना
एलआईएसएस	ऊंचे विघटन सेटेलाइट प्रतिबिम्ब
वीएसएस	वन संरक्षण समिति
एसएमसी	मिट्टी में नमी संरक्षण
सीडीएम	स्वच्छ विकास प्रक्रिया
एनएपीसीसी	जलवायु परिवर्तन पर एक राष्ट्रीय कार्य योजना
नैप	राष्ट्रीय कार्य योजना
आईसीजेडएम	समेकित तटीय मण्डल प्रबंधन
इसरो	भारतीय अंतरिक्ष अनुसंधान संगठन
आईसीएमआर	भारतीय चिकित्सा अनुसंधान परिषद
एमटीईई	ऊर्जा दक्षता के लिए बाजार रूपांतरण
ईईएफपी	ऊर्जा, दक्षता वित्त–पोषण प्लेटफार्म
एफईईईडी	ऊर्जा दक्षता आर्थिक विकास के लिए रूपरेखा
आईएनसीसीए	जलवायु परिवर्तन निर्धारण के लिए एक भारतीय नेटवर्क
नैटकॉम	राष्ट्रीय संचार
सीसीएएस	जलवायु परिवर्तन के मूल्यांकन का अध्ययन
जीएचजी	ग्रीन हाउस गैस
एनईसीएफ	राष्ट्रीय स्वच्छ ऊर्जा निधि
एनएएमए	राष्ट्रीय विशिष्ट अल्पीकरण कार्रवाई
सीईआर	प्रमाणित उत्सर्जन कटौती
एनसीडीएमए	राष्ट्रीय सीडीएम प्राधिकरण
आईयूसी	अंतर–विश्वविद्यालय केंद्र
आईआईसी	अंतर सांस्थानिक केंद्र
आईपी	बौद्धिक संपत्ति
सीएसआईआर	वैज्ञानिक तथा औद्योगिक अनुसंधान परिषद
आईसीएमआर	भारतीय चिकित्सा अनुसंधान परिषद
डीआरडीओ	रक्षा अनुसंधान और विकास संगठन
डीबीटी	जैव प्रौद्योगिकी विभाग
एमओईएस	पृथ्वीविज्ञान मंत्रालय

जीआईएस	राष्ट्रीय भौगोलिक सूचना प्रणाली
डीएई	परमाणु ऊर्जा विभाग
जीएम	आनुवंशिक रूपांतरण
बीआरएआई	भारतीय जैव प्रौद्योगिकी विनियामक प्राधिकरण
एलटीटीडी	निम्न तापमान तापीय अप लवणता
आरओर	रिवर्स ओसमोसिस
ओएसडीडी	मुक्त स्रोत औषध अन्वेषण
सीईआरएन	यूरोपियन ऑर्गनाइजेशन फॉर न्यूक्लियर रिसर्च
आईटीईआर	इंटरनेशनल थर्मोन्यूक्लियर एक्सपेरीमेंटल रिएक्टर
एलआईजीओ	गुरुत्वाकर्षण लहर वेधशाला
आईएनओ	भारत आधारित न्यूट्रिनो वेधशाला
टीएमटी	तीस मीटर टेलीस्कोप
एसकेए	वर्ग किलोमीटर एरे
एलएचसी	विशाल हैड्रॉन कोलाइजर
सीएमएस	कॉम्पेक्ट म्योन सोलेनायड
आईटीईआर	इंटरनेशनल थर्मोन्यूक्लियर एक्सपेरीमेंटल रिएक्टर
एसईआरबी	राष्ट्रीय विज्ञान और अभियांत्रिकी अनुसंधान बोर्ड
एसईआरसी	विज्ञान और अभियांत्रिकी अनुसंधान परिषद
एनआईएफ	राष्ट्रीय नवाचार फाउंडेशन
पीयूआरएसई	विश्वविद्यालय अनुसंधान एवं वैज्ञानिक उत्कृष्टता का संवर्धन
सीयूआरआईई	विश्वविद्यालय अनुसंधान, नवाचार तथा उत्कृष्टता का सुदृढ़ीकरण
एआरसीआई	अंतरराष्ट्रीय चूर्ण धातुकर्म और नवीन पदार्थ उन्नत अनुसंधान केन्द्र
एफबीआर	फास्ट ब्रीडर रिएक्टर
आरआरआई	रमन अनुसंधान संस्थान
जेएनसीएएसआर	जवाहरलाल नेहरु उच्च वैज्ञानिक अनुसंधान केंद्र
टीईएम	ट्रांसमिशन इलेक्ट्रॉन माइक्रोस्कोप
सीकेएमएनटी	सेंटर फॉर नॉलेज मैनेजमेंट ऑफ नैनो साइंस एण्ड टेक्नोलॉजी
यूवीआईटी	अल्ट्रावायलेट छविकरण टेलीस्कोप
एचएजीएआर	उच्च अल्टीट्यूड गामा रे
डीएसटी	विज्ञान और प्रौद्योगिकी विभाग
एसईआरबी	विज्ञान और इंजीनियरी अनुसंधान बोर्ड
एससीआई	विज्ञान उद्धरण सूचकांक
एसईआरसी	विज्ञान एवं इंजीनियरी अनुसंधान
एफटीई	पूर्ण कालिक समतुल्य
एनएटीएमओ	राष्ट्रीय एटलस और विषय क्षेत्र संगठन
टीडीबी	प्रौद्योगिकी विकास बोर्ड
टाइफैक	प्रौद्योगिकी सूचना पूर्वानुमान और आकलन परिषद
वीपी	विज्ञान प्रसार
एनएबीएल	राष्ट्रीय परीक्षण प्रयोगशाला प्रत्यायन बोर्ड
जीएलपी	उत्तम प्रयोगशाला प्रथा
एनजीआईएस	राष्ट्रीय भौगोलिक सूचना प्रणाली
एसबीआईआरआई	लघु व्यापार नवप्रवर्तनकारी अनुसंधान पहल
बीआईपीपी	जैव–प्रौद्योगिकी उद्योग साझेदारी कार्यक्रम
जीएमपी	जेनेटिकली मोडीफाइड उत्पाद
जीएम	जेनेटिक मोडीफिकेशन
टीएचएसटीआई	ट्रांसलेशनल हैल्थ साइंस एण्ड टेक्नोलॉजी इंस्टीच्यूट
एमओईएस	पृथ्वी विज्ञान मंत्रालय
ईएसएसओ	पृथ्वी तंत्र विज्ञान संगठन
आईएमडी	भारत मौसम विभाग
ओसीएम	ओशियन कलर मॉनीटर
एलटीटीडी	लो टेम्परेचर थर्मल डिसैलीनेशन
सीएटी	वायुमंडलीय प्रौद्योगिकी केन्द्र
सीसीसीआर	जलवायु परिवर्तन अनुसंधान केन्द्र
डीएसआईआर	वैज्ञानिक एवं औद्योगिक अनुसंधान विभाग
एसओपी	विकसित पोटास सल्फेट
आईजीवीडीवी	भारतीय जेनोम वैरिएशन डाटाबेस
ईपीओ	यूरोपीय पेटेंट कार्यालय
यूएसपीटीओ	अमरीकी पेटेंट तथा ट्रेडमार्क कार्यालय
सीईएल	केन्द्रीय इलेक्ट्रोनिक्स लिमिटेड
डीओसीएस	वितरित आर्गनिक रासायनिक संश्लेषण
एनसीएडी	राष्ट्रीय नागरिक वायुयान विकास कार्यक्रम
पीएसएलवी	ध्रुवीय उपग्रह प्रक्षेपण यान
जीएसएलवी	जियोसिंक्रॉनस उपग्रह प्रक्षेपण यान
आरएसडीपी	दूरस्थ संवेदन डेटा नीति
आईआईएसटी	भारतीय अन्तरिक्ष विज्ञान और प्रौद्योगिकी संस्थान
इनसैट	भारतीय राष्ट्रीय उपग्रह प्रणाली
एसएनपी	उपग्रह संचालन कार्यक्रम
जीएनएसएस	वैश्विक नेवीगेशन उपग्रह प्रणाली
एसबीएएस	उपग्रह आधारित अभिवर्धन प्रणाली
आईआरएनएसएस	भारतीय क्षेत्रीय उपग्रह संचालन प्रणाली
एसपीएस	मानक अवस्थिति सेवा
आरएस	प्रतिबंधित सेवा
सीडीएमए	कोड डिविजन मल्टीपल एक्सेस
एनएनआरएमएस	राष्ट्रीय प्राकृतिक संसाधन प्रबंधन प्रणाली

एसआईएस–डीपी	विकेन्द्रित आयोजना के लिए अन्तरिक्ष आधारित सूचना समर्थन
एनयूआईएस	राष्ट्रीय शहरी सूचना प्रणाली
डीएमएस	आपदा प्रबंध सहायता
एनडीईएम	आपातकालीन प्रबंध के लिए राष्ट्रीय डेटाबेस
एएलटीएम	वायु जनित लेजर स्थलाकृति मानचित्रक
जीटीओ	जीयो स्टेशनरी अंतरण कक्षा
डीएमआरजे	दोहरे मोड वाले रैम जैट
आरएलवी	पुनः उपयोग योग्य अवतरण वाहन
पीएफबीआर	प्रोटोटाइप फास्ट ब्रीडर रिएक्टर
बार्क	भाभा परमाणु अनुसंधान केन्द्र
आईजीसीएआर	इंदिरा गांधी परमाणु अनुसंधान केन्द्र
टीडीईएम	टाइम डोमेन इलेक्ट्रोमैग्नेटिक
पीएचडब्ल्यूआर	दाबीकृत भारी जल रिएक्टर
बारकॉम	बार्क कन्टेनमेंट मॉडल
आईईआरएमओएन	भारतीय पर्यावरणीय विकिरण निगरानी नेटवर्क
एमओएक्स	मिश्रित ऑक्साइड
सीआईसीसी	केबल–इन–कन्ड्यूइट–कण्डक्टर
आरआरसीएटी	राजा रमन्ना उन्नत प्रौद्योगिकी केन्द्र
आरएफ	रेडियो आवृत्ति
ईएमसीसीआर	एन–मास कूलेंट चैनल रिप्लेसमेंट
बीआरएनएस	नाभिकीय विज्ञान अनुसंधान बोर्ड
एचबीएनआई	होमी भाभा राष्ट्रीय संस्थान
एचएजीएआर	हाइ एल्टीट्यूड गामा रे
टीआईएफआर	टाटा मूल भूत अनुसंधान संस्थान
एनआईएसईआर	राष्ट्रीय विज्ञान शिक्षा अनुसंधान संस्थान
एलडब्ल्यूआर	लाइट वाटर रिएक्टर
एएचडब्ल्यूआर	उन्नत भारी पानी रिएक्टर
सीएचटीआर	कम्पैक्ट उच्च तापमान रिएक्टर
एचएफआरआर	हाई फ्लक्स अनुसंधान रिएक्टर
टीबीएम	टेस्ट ब्लैंकेट मॉड्यूल
एफएआईआर	एन्टी–प्रोटॉन एवं ऑयन अनुसंधान सुविधा
आईआईआईएफ	भारतीय समावेशी नावाचार निधि
आईएनओ	भारत–आधारित न्यूट्रिनो वेधशाला
वीईसीसी	परिवर्ती ऊर्जा साइक्लोट्रॉन सेंटर
जीसीएनईपी	वैश्विक नाभिकीय ऊर्जा भागीदारी केन्द्र
टीसीआईएस	टीआईएफआर अन्तर्विषयी विज्ञान केन्द्र
एफआईएसटी	विज्ञान और प्रौद्योगिकी अवसंरचना में सुधार के लिए निधि
एनआरडीएमएस	प्राकृतिक संसाधन डेटा प्रबंधन प्रणाली
एनएसडीआई	राष्ट्रीय स्थानिक डेटा अवसंरचना
एसटीआई	प्रौद्योगिकी और नवाचार सूचक
जीएमपी	उत्तम विनिर्माण प्रथा
जीएलपी	उत्तम प्रयोगशाला प्रथा
बीआईआरएसी	जैवप्रौद्योगिकी उद्योग अनुसंधान सहायता परिषद
एएएस	एग्रोइटेरोलॉजिकल परामर्श सेवा
सीआईसी	क्लस्टर नवाचार केन्द्र
एसपीवी	सौर फोटोवोल्टाइक
एसटी	सौर थर्मल
एनडीईएम	राष्ट्रीय आपदा प्रबंध डेटाबेस
एटीटीएफ	एएचडब्ल्यूआर थर्मल हाइड्रॉलिक टेस्ट फेसिलिटी
एफएमटीएफ	एएचडब्ल्यूआर फ्यूअलिंग मशीन टेस्ट फेसिलिटी
एसओटीईएफ	प्रयोगात्मक सौर परीक्षण सुविधा
सीएसआईआर	वैज्ञानिक तथा औद्योगिक अनुसंधान परिषद
ओएसडीडी	औषधि प्रदायगी खोज
आईसीटी	सूचना तथा संचार प्रौद्योगिकी
एनआईटी	राष्ट्रीय प्रौद्योगिकी संस्थान
एनसीएसएम	राष्ट्रीय विज्ञान संग्रहालय परिषद
एनएमएनएच	राष्ट्रीय प्राकृतिक इतिहास संग्रहालय
आईपीआर	बौद्धिक संपत्ति अधिकार
डीआईपीपी	औद्योगिक नीति और संवर्धन
मनरेगा	महात्मा गांधी राष्ट्रीय ग्रामीण रोजगार गारंटी अधिनियम
एलपीजी	तरल पेट्रोलियम गैस
एनजीआईएस	राष्ट्रीय भौगोलिक सूचना प्रणाली
आरएफडी	परिणाम रूपरेखा दस्तावेज
एएससीआई	प्रशासनिक स्टाफ कॉलेज ऑफ इंडिया
एसजीएसवाई	स्वर्ण जयंती ग्राम स्वरोजगार योजना
एनआरएलएम	राष्ट्रीय ग्रामीण आजीविका मिशन
एफआरए	वन अधिकार अधिनियम
सीएफटी	क्लस्टर फेसिलिटेशन टीम
सीजीपी	ग्राम पंचायतों के क्लस्टर
बीआरएलएफ	भारत ग्रामीण आजीविका प्रतिष्ठान
सीएसआर	कुशल नैगम सामाजिक दायित्व
सीएसएस	केंद्रीय स्तर पर प्रायोजित योजना
पीईओ	कार्यक्रम मूल्यांकन संगठन
आईईओ	स्वतंत्र मूल्यांकन कार्यालय
एआरसी	प्रशासनिक सुधार आयोग
टीक्यूएम	समग्र गुणवत्ता प्रबंधन
एचएडीपी	पर्वतीय क्षेत्र विकास कार्यक्रम
डब्ल्यूजीडीपी	पश्चिमी घाट विकास कार्यक्रम
बीएडीपी	सीमावर्ती क्षेत्र विकास कार्यक्रम
आरएसवीवाय	राष्ट्रीय सम विकास योजना

आईएपी	एकीकृत कार्रवाई योजना
पीसीआई	प्रति व्यक्ति आय
जीएसडीपी	सकल राज्य घरेलू उत्पाद
यूएनडीपी	संयुक्त राष्ट्र विकास कार्यक्रम
बीआईएमएआरयू	बिहार, मध्य प्रदेश, राजस्थान और उत्तर प्रदेश
एसएनडीपी	निवल राज्य घरेलू उत्पाद
आईएमआर	शिशु मृत्यु दर
एचडीआई	मानव विकास सूचक
जीडीडीपी	सकल जिला घरेलू उत्पाद
एचसीआर	शीर्ष गणना अनुपात
एनएसएस	राष्ट्रीय नमूना सर्वेक्षण
सीएमआईई	भारतीय अर्थव्यवस्था मॉनीटरिंग केन्द्र
एनआरएचएम	राष्ट्रीय ग्रामीण स्वास्थ्य मिशन
एमओपीआर	पंचायत राज मंत्रालय
डीपीसी	जिला योजना समिति
यूएलबी	शहरी स्थानीय निकाय
पीएमजीएसवाई	प्रधानमंत्री ग्राम सड़क योजना
पीएचसी	प्राथमिक स्वास्थ्य केन्द्र
डीडीजी	विकेन्द्रित वितरित उत्पादन
पीडीएस	सार्वजनिक वितरण प्रणाली
पीआईएम	प्रतिभागिता सिंचाई प्रबंधन
पीईएसए	आदिवासी क्षेत्रों में पंचायत अधिनियम
एनएचएआई	भारतीय राष्ट्रीय राजमार्ग प्राधिकरण
एसएआरडीपी	विशेष त्वरित सड़क विकास कार्यक्रम
एएलजी	उन्नत लैंडिंग भूमि
एनएलयूपी	राज्य के नई भूमि उपयोग नीति
एनईआईपी	पूर्वोत्तर औद्योगिक नीति
बीपीसीएल	भारत पेट्रोलियम कॉर्पोरेशन लि.
आईडब्ल्यूटी	अंतरदेशीय जल परिवहन
एलसीएस	भूमि सीमा शुल्क स्टेशन

अनुबंध

1

बारहवीं योजनाः अवलोकन

परिचय

1.1. भारत के 1.25 बिलियन नागरिकों को आज अपने भविष्य के बारे में पहले से कहीं अधिक उम्मीदें हैं। उन्होंने विगत दस वर्षों में अर्थव्यवस्था को पहले की तुलना में कहीं अधिक तेजी से बढ़ते हुए और बहुत–से लोगों को प्रत्यक्ष लाभ देते हुए देखा है। अतः स्पष्ट है कि इससे सभी वर्गों की उम्मीदें बढ़ गई हैं विशेषकर उनकी जिन्हें कम लाभ हुआ है। हमारी जनता को अब संभावनाओं की पहले से कहीं अधिक जानकारी है और वे इससे कम के लिए राजी नहीं होंगे। बारहवीं पंचवर्षीय योजना को इन ऊंची उम्मीदों को पूरा करने की चुनौती पर खरा उतरना होगा।

प्रारंभिक परिस्थितियां

1.2. हालांकि उम्मीदें बढ़ी हैं, तथापि, जिन परिस्थितियों में बारहवीं योजना शुरू हुई है, वे 2007–08 में ग्यारहवीं योजना के आरंभ के समय की परिस्थितियों से कम अनुकूल हैं। उस समय अर्थव्यवस्था का सुदृढ. तरीके से विकास हो रहा था, वृहद–आर्थिक संतुलन सुधर रहा था और वैश्विक आर्थिक घटनाक्रम समर्थनकारी था। आज की परिस्थिति कहीं अधिक विकट है। वैश्विक अर्थव्यवस्था दीर्घकालिक मंदी से गुजर रही है। घरेलू अर्थव्यवस्था अनेक आंतरिक बाधाओं का भी सामना कर रही है। अर्थव्यवस्था को राजकोषीय प्रोत्साहन देने के लिए 2008 के बाद किए गए राजकोषीय विस्तार के परिणामस्वरूप वृहद–आर्थिक असंतुलन उत्पन्न हो गए हैं। स्फीतिकारी दबाव उत्पन्न हो गए हैं। विभिन्न प्रकार की कार्यान्वयन संबंधी कठिनाइयों की वजह से ऊर्जा और परिवहन क्षेत्र की प्रमुख निवेश परियोजनाओं की प्रगति में मंदी आ गई है। 2012–13 में कर व्यवस्था में कुछ परिवर्तनों से निवेशकों में अनिश्चितता उत्पन्न हुई है।

1.3. इन घटनाओं के फलस्वरूप निवेश की दर में कमी आई है और 2011–12, जो ग्यारहवीं योजना का अंतिम वर्ष था, में आर्थिक विकास की दर कम हो कर 6.2 प्रतिशत हो गई है। बारहवीं योजना के पहले वर्ष अर्थात 2012–13 के पूर्वार्द्ध में विकास दर इससे भी कम है। इस गिरावट की प्रवृत्ति के लिए तत्काल सुधारात्मक कार्रवाई अपेक्षित है, तथापि, इसके फलस्वरूप मध्यम–काल के बारे में अनावश्यक निराशावाद उत्पन्न नहीं होना चाहिए। भारत के आर्थिक मूलाधारों में अनेक आयामों में सुधार हो रहा है और यह इस तथ्य से परिलक्षित होता है कि 2011–12 में मंदी के बावजूद ग्यारहवीं योजना अवधि में अर्थव्यवस्था की औसत विकास दर 8 प्रतिशत रही। यह 9 प्रतिशत के योजना लक्ष्य से कम थी परंतु यह दसवीं योजना में 7.8 प्रतिशत की उपलब्धि से बेहतर थी। यह तथ्य कि यह विकास उस अवधि में प्राप्त किया गया जिसके दौरान दो वैश्विक संकटों का सामना करना पड़ा था, एक 2008 में और दूसरा 2011 में, अर्थव्यवस्था द्वारा विकसित की गई समुत्थानशीलता का सूचक है।

नीतिगत चुनौती

1.4. अतः बारहवीं योजना में नीतिगत चुनौती द्वि–स्तरीय है। तात्कालिक चुनौती यह है कि निवेश का यथाशीघ्र पुनरूद्धार करके विकास में देखी गई मंदी की प्रवृत्ति को पलट दिया जाए। इसके लिए अवसंरचना में कार्यान्वयन संबंधी बाधाओं, जो बड़ी परियोजनाओं को रोक रही हैं, से निपटने हेतु तात्कालिक कार्रवाई के साथ ही कर संबंधी मुद्दों, जिन्होंने निवेश के माहौल में अनिश्चितता उत्पन्न कर दी है, से निपटने के लिए तत्काल कार्रवाई करने की आवश्यकता है। दीर्घकालिक परिप्रेक्ष्य से, इस योजना को ऐसी नीतियां लागू करनी होंगी जो अर्थव्यवस्था को पुनः इसकी वास्तविक विकास क्षमता तक पहुंचाने के लिए अर्थव्यवस्था की अनेक योग्यताओं का लाभ उठा सकें। इसमें समय लगेगा परंतु लक्ष्य यह होना चाहिए कि बारहवीं योजना अवधि के अंत तक पुनः 9 प्रतिशत विकास हासिल कर लिया जाए।

1.5. देश के लिए पंचवर्षीय योजना की तैयारी, पीछे हटने, "व्यापक तस्वीर" का जायजा लेने, उन शक्तियों, जिनका लाभ उठाकर देश को आगे बढ़ाने में समर्थ बनाया जा सकता है, तथा उन बाधाओं, जो इसकी प्रगति को रोक सकती हैं, की पहचान करने और इसके आधार पर कार्यनीतिक एजेंडा तैयार करने का अवसर है। ऐसा एजेंडा विकसित करते समय, योजना आयोग ने चार प्रमुख तत्वों का आश्रय लिया है।

- सर्वप्रथम, यह कार्यनीति अर्थव्यवस्था में और विश्व में हो रहे बदलावों को स्वीकारते हुए भारत के समक्ष विकास संबंधी चुनौतियों की जटिलताओं की ठोस समझ पर आधारित होनी चाहिए। वास्तविकता की इस समझ का उपयोग महत्वपूर्ण उन्नयन बिंदुओं की पहचान करने हेतु किया जाना चाहिए, जहां सरकार की कार्रवाई का अधिकतम प्रभाव पड़ेगा। हर जगह सब कुछ व्यवस्थित करने के बजाय कार्यनीतिक उन्नयन बिंदुओं की पहचान करने पर ध्यानकेंद्रित किया जाना चाहिए जहां सफल कार्रवाई से अनेक समर्थनकारी प्रतिक्रियाएं स्वतः आरंभ हो सकती हैं।
- दूसरे, नीतियों और सार्वजनिक कार्यक्रमों, दोनों में सरकार की कार्रवाई तथा अनेक निजी पात्रों, जो अर्थव्यवस्था के लिए महत्वपूर्ण हैं, के प्रयासों के संयोजन के माध्यम से प्रगति की जा सकेगी। अधिकांश समावेशी विकास, जिसे हम हासिल करने की आशा रखते हैं, निजी क्षेत्रक में निवेश पर निर्भर करता है जो कुल निवेश में 70 प्रतिशत से अधिक योगदान देता है। इसमें न केवल संगठित कारपोरेट क्षेत्रक शामिल है अपितु सूक्ष्म, लघु और मध्यम उद्यम (एमएसएमईज), किसान और बड़ी संख्या में छोटे–छोटे व्यवसायी भी शामिल हैं जो सकल घरेलू उत्पाद (जीडीपी) में योगदान देते हैं और रोजगार सृजित करते हैं। इस क्षेत्रक की गतिशीलता और आर्थिक अवसरों का लाभ उठाने की इसकी क्षमता समावेशी विकास के लिए महत्वपूर्ण है और इस योजना को इन सभी निजी पात्रों द्वारा बेहतर परिणाम हासिल करने में झेली जा रही बाधाओं का निवारण करना चाहिए।
- तीसरे, सरकारी कार्यक्रमों पर परिव्यय को कई क्षेत्रों में बढ़ाना होगा परंतु इसके साथ ही कार्यान्वयन को भी सुधारना होगा। इसके लिए, प्रणाली बदलाव सहित क्षमता निर्माण और शासन सुधारों पर ध्यानकेन्द्रित करना आवश्यक है जिससे सार्वजनिक क्षेत्रक में जवाबदेही बढ़ेगी। बारहवीं योजना को सरकार की बेहतर तरीके से कार्य करने की क्षमता को सुधारने के लिए विशेष आवंटन करके इस ध्यानकेंद्रण का समर्थन करना चाहिए।
- अन्ततः, योजना प्रक्रिया को महत्वपूर्ण मुद्दों पर व्यापक मतैक्य हासिल करने के लिए विभिन्न पणधारियों को एक साथ मिलाकर काम करवाने के जरिए के रूप में कार्य करना चाहिए। इन पणधारियों में शामिल हैं (i) सरकारी क्षेत्रक के विभिन्न स्तरः केन्द्र, राज्य, और पंचायती राज संस्थान (पीआरआई)/शहरी स्थानीय निकाय (यूएलबी), (ii) निजी क्षेत्रक, बड़ी कंपनियां और छोटे कारोबार, दोनों, जिनका निवेश हमारे विकास को बढ़ावा देगा, तथा (iii) नागरिक समूह और स्वैच्छिक क्षेत्रक जो लोगों की सहभागिता के महत्वपूर्ण तत्व को लाते हैं और सरकारी कार्रवाई की गुणवत्ता को सुधारने में बहुत मदद कर सकते हैं।

1.6. योजना आयोग ने विगत दो वर्षों के दौरान अन्य मंत्रालयों, राज्य सरकारों, विशेषज्ञों और सिविल सोसाइटी संगठनों (सीएसओ) के साथ व्यापक रूप से परामर्श किया है। कार्यशालाओं और अन्य मंचों के माध्यम से लगभग 900 सिविल सोसाइटी संगठनों से परामर्श किया गया है। अर्थव्यवस्था के विभिन्न पहलुओं पर सलाह देने के लिए अनेक विशेषज्ञ समूह गठित किए गए थे और उनकी रिपोर्टें महत्वपूर्ण इनपुट हैं। इनमें स्वास्थ्य संबंधी उच्चस्तरीय विशेषज्ञ समूह, परिवहन पर उच्चस्तरीय विशेषज्ञ समूह, अवसंरचना वित्तपोषण पर विशेषज्ञ समूह, लो कार्बन इकॉनोमी पर विशेषज्ञ समूह तथा जोखिम पूंजी और एंजल निवेशकों संबंधी विशेषज्ञ समूह, सार्वजनिक उद्यमों के प्रबंधन संबंधी विशेषज्ञ समूह शामिल हैं।

1.7. यह अध्याय अधिशासी सारांश नहीं है। वस्तुतः, यह योजना के बुनियादी तर्काधार और मध्यस्थता के प्रमुख क्षेत्रों की रूपरेखा प्रस्तुत करता है। इस अध्याय को निम्नानुसार तैयार किया गया हैः

- भाग 1.2 बुनियादी विजन और आकांक्षाओं को प्रस्तुत करता है जो योजना को प्रेरित करते हैं और जिन्हें उप–शीर्षक "तीव्र, धारणीय और अधिक समावेशी विकास" में प्रस्तुत किया गया है।
- भाग 1.3 में इस विजन को प्राप्त करने के लिए मानवीय और संस्थागत, दोनों क्षमताओं के विकास पर ध्यानकेंद्रित किया गया है।
- भाग 1.4 में हमारे राष्ट्रीय संसाधनों के विवेकपूर्ण प्रबंधन की चुनौती पर ध्यानकेंद्रित किया गया है जो कि आयोजना के लिए एक महत्वपूर्ण क्षेत्र है यदि हम धारणीय विकास प्राप्त करना चाहते हैं।
- भाग 1.5 बारहवीं पंचवर्षीय योजना में और इसके बाद भारत की विश्व के साथ संलिप्तता से संबंधित है।
- भाग 1.6 में कुछ प्रमुख नीतिगत पहलों का सारांश दिया गया है जो एक साथ मिलकर अधिक तीव्र, अधिक समावेशी और धारणीय विकास हासिल करने की कार्यनीति में योगदान करेंगी।

विजन और उम्मीदें

1.8. व्यापक विजन और उम्मीदें, जिन्हें बारहवीं योजना पूरा करने का प्रयास करती है, इसके उपशीर्षक : "तीव्र, धारणीय और अधिक

समावेशी विकास" में परिलक्षित होती हैं। इनमें से प्रत्येक तत्व की एक ही साथ प्राप्ति इस योजना की सफलता के लिए महत्वपूर्ण है।

तीव्र विकास की आवश्यकता

1.9. जीडीपी विकास पर अत्यधिक ध्यानकेंद्रित करने के लिए योजनाकारों की कई बार आलोचना की जाती है, जबकि वास्तविक उद्देश्य, आर्थिक और गैर–आर्थिक आयामों, दोनों ही दृष्टि से लोगों के जीवन की गुणवत्ता में सुधार हासिल करना होना चाहिए। बारहवीं योजना इस बात को पूर्णतः स्वीकार करती है कि विकास का उद्देश्य हमारी जनता की आर्थिक और सामाजिक परिस्थितियों में व्यापक सुधार करना है। तथापि, इस उद्देश्य की प्राप्ति के लिए जीडीपी का तीव्र विकास अनिवार्य जरूरत है।

1.10. समावेशिता के उद्देश्य के लिए जीडीपी विकास क्यों महत्वपूर्ण है, इसके दो कारण हैं। पहला, जीडीपी के तीव्र विकास से सकल आय और उत्पादन में काफी विस्तार होता है जो, यदि विकास प्रक्रिया पर्याप्त रूप से समावेशी है, हमारी जनता के एक बड़े भाग को रोजगार और आय बढ़ाने के अन्य कार्यकलाप उपलब्ध करवाकर उनके जीवन–स्तर में प्रत्यक्ष बढ़ोतरी करेगा। हमारा ध्यानकेंद्रण केवल जीडीपी विकास पर नहीं होना चाहिए अपितु, यथासंभव समावेशी विकास प्रक्रिया हासिल करने पर होना चाहिए। उदाहरण के लिए वह तीव्र विकास, जिसमें कृषि में अधिक तीव्र विकास शामिल है, विशेषकर वर्षा–सिंचित क्षेत्रों में जहां अधिकांश गरीब रहते हैं, निर्यात हेतु खनिजों के खनन अथवा निष्कर्षण द्वारा पूर्ण रूप से संचालित जीडीपी विकास की तुलना में कहीं अधिक समावेशी होगा। इसी प्रकार, सूक्ष्म, लघु और मध्यम उद्यम (एमएसएमई) सहित समग्र रूप से विनिर्माण क्षेत्रक के तीव्र विकास पर आधारित तीव्र विकास, रोजगार और आय अर्जन के अवसरों का अधिक व्यापक प्रसार सृजित करेगा और इसलिए यह मुख्यतया निष्कर्षणात्मक उद्योगों द्वारा प्रेरित विकास से अधिक समावेशी है।

1.11. समावेशिता के लिए तीव्र विकास क्यों महत्वपूर्ण है, इसका दूसरा कारण यह है कि इससे और अधिक राजस्व अर्जन होता है जिससे समावेशिता के महत्वपूर्ण कार्यक्रमों का वित्तपोषण करने में मदद मिलती है। ऐसे अनेक कार्यक्रम हैं जो गरीबों को और वंचित समूहों को या तो सीधे ही लाभान्वित करते हैं या विकास प्रक्रिया द्वारा सृजित रोजगार और आय के अवसरों तक पहुंचने में उनकी क्षमता को बढ़ाते हैं। ऐसे कार्यक्रमों के उदाहरण हैं–महात्मा गांधी राष्ट्रीय ग्रामीण रोजगार गारंटी अधिनियम (मनरेगा), सर्व शिक्षा अभियान (एसएसए), मध्याह्न भोजन (एमडीएम), प्रधानमंत्री ग्राम सड़क योजना (पीएमजीएसवाई), एकीकृत बाल विकास सेवाएं (आईसीडीएस), राष्ट्रीय ग्रामीण स्वास्थ्य मिशन (एनआरएचएम), इत्यादि। यह धारणीयता के उद्देश्य के लिए भी प्रासंगिक है क्योंकि विकास को अधिक धारणीय बनाने के उद्देश्य वाले कार्यक्रमों में अतिरिक्त व्यय भी शामिल होता है।

विकास–संभावनाएं

1.12. बारहवीं योजना के दृष्टिकोण–पत्र, जिसे राष्ट्रीय विकास परिषद (एनडीसी) द्वारा 2011 में अनुमोदित किया गया था, ने योजना अवधि में जीडीपी के लिए 9 प्रतिशत औसत विकास लक्ष्य निर्धारित किया था। यह उस वर्ष में यूरोजोन संकट द्वारा वैश्विक आर्थिक संभावनाओं में तीव्र गिरावट को प्रवर्तित करने से पहले और घरेलू अर्थव्यवस्था में मंदी का विस्तार ज्ञात होने से भी पहले किया गया था। बारहवीं योजना अवधि में अर्थव्यवस्था की विकास संभावनाओं का वास्तविक आकलन अध्याय 2 में दिया गया है। इसका निष्कर्ष यह है कि जीडीपी विकास में वर्तमान मंदी को सुदृढ़ सुधारात्मक कार्रवाई से प्रतिवर्तित किया जा सकता है जिसमें विशेष रूप से स्फीतिकारी दबावों को नियंत्रण में रखने के लिए निवेश के विस्तार के साथ ही बचतों में तदनुरूपी वृद्धि शामिल होनी चाहिए। तथापि, जबकि हमारी पूर्ण विकास क्षमता लगभग 9 प्रतिशत के आसपास रहती है परंतु इस स्तर तक का गतिवर्द्धन चरणबद्ध तरीके से ही संभव है विशेषकर जब योजना अवधि के पूवार्द्ध में वैश्विक अर्थव्यवस्था कमजोर रहने की उम्मीद है। इन सभी कारकों को ध्यान में रखते हुए, बारहवीं योजना को योजना के अंतिम दो वर्षों में जीडीपी विकास को पुनः समावेशी 9 प्रतिशत तक लाने की दिशा में कार्य करना चाहिए जिससे संपूर्ण योजना अवधि में लगभग 8 प्रतिशत की औसत विकास दर प्राप्त होगी। यह परिणाम अनेक नीतिगत कार्रवाइयों पर निर्भर करता है जैसा कि परिदृश्य एक में वर्णन किया गया है।

1.13. इस एकीकृत जीडीपी विकास लक्ष्य के भीतर, दो उप–लक्ष्य, समावेशिता के लिए विशेष रूप से महत्वपूर्ण हैं। ये हैं–बारहवीं योजना अवधि के दौरान कृषि क्षेत्रक के लिए 4 प्रतिशत की विकास दर तथा योजना के अंतिम दो वर्षों में विनिर्माण क्षेत्रक के लिए लगभग 10 प्रतिशत की विकास दर का लक्ष्य। इन क्षेत्रकीय लक्ष्यों को हासिल करने के लिए आवश्यक नीतियों का सार भाग 1.6 में दिया गया है।

1.14. विकास के लिए बारहवीं योजना की कार्यनीति विकास के महत्वपूर्ण प्रेरकों के रूप में उत्पादकता लाभों पर निर्भर करती है। पूंजी संचयन और श्रम–वृद्धि के प्रभाव को ध्यान में रखने के

बाद उत्पादकता, विकास में अतिरिक्त योगदान है। विकास के ये परम्परागत स्रोत आगामी वर्षों में भारत के लिए संभवतः पर्याप्त नहीं होंगे और इसलिए हमें सभी घटकों में यथा बड़े व्यवसायों, एमएसएमईज, किसानों और यहां तक कि सरकार की भी उत्पादकता को सुधारने पर और अधिक ध्यानकेन्द्रण करना चाहिए। इसे व्यवसाय नियामक माहौल के सुधार, राज्यों की अभिशासन क्षमता के सुदृढ़ीकरण, सब्सिडी के बजाय अवसंरचना में अधिक निवेश द्वारा तथा नवप्रवर्तन को प्रेरित करने के लिए विज्ञान एवं प्रौद्योगिकी (एसएण्डटी) के उपयोग द्वारा पूरा किया जा सकता है।

वैकल्पिक परिदृश्य

1.15. बारहवीं योजना अवधि में 8 प्रतिशत विकास के अनुमान को एक "सामान्य" निष्पादन, जिसे अपेक्षाकृत कम प्रयास से हासिल किया जा सकता है, के रूप में नहीं देखना चाहिए। वस्तुतः यह इस बात का अनुमान है कि यदि हम वर्तमान मंदी को प्रतिवर्तित करने के लिए शीघ्र कदम उठाते हैं तथा अन्य प्रमुख बाधाओं, जो अन्यथा अर्थव्यवस्था को उच्चतर विकास मार्ग पर लौटने से रोकेंगी, का समाधान करने के लिए अन्य आवश्यक नीतिगत कार्रवाइयां भी करते हैं तो इससे क्या संभव हो सकता है। इन नीतियों पर दृढ़ता से कार्रवाई करने में विफलता से कम विकास होगा तथा समावेशिता के संबंध में भी अपेक्षाकृत कमजोर परिणाम हासिल होंगे।

1.16. महत्वपूर्ण विकास प्रेरक नीतियों पर निष्क्रियता के परिणामों को स्पष्ट करने के लिए योजना आयोग ने भारत की प्रगति को साकार करने वाली प्रमुख ताकतों, आंतरिक और बाह्य, के पारस्परिक प्रभाव को समझने के लिए विविध विचारों और विषयों पर आधारित "परिदृश्य आयोजना" की एक क्रमबद्ध प्रक्रिया शुरू की है। यह विश्लेषण भारत की अर्थव्यवस्था के संभावित विकास के संबंध में तीन वैकल्पिक परिदृश्यों का सुझाव देता है जिनका शीर्षक है– "सुदृढ़ समावेशी विकास", "अपर्याप्त कार्रवाई" और "नीतिगत अवरोध"।

1.17. पहला परिदृश्य "सुदृढ़ समावेशी विकास" उन परिस्थितियों का उल्लेख करता है जो तब प्रकट होंगी यदि प्रणाली में महत्वपूर्ण उत्तोलक बिंदुओं पर हस्तक्षेप करने वाली सुकल्पित कार्यनीति को कार्यान्वित किया जाता है। वास्तव में यह परिदृश्य बारहवीं योजना के लिए 8 प्रतिशत के विकास अनुमानों, अर्थात् पहले वर्ष में 6 प्रतिशत से कम से शुरू हो कर अंतिम दो वर्षों में 9 प्रतिशत तक पहुंचने की नींव है। दूसरा परिदृश्य "अपर्याप्त कार्रवाई" निरूत्साही कार्रवाई के परिणामों का उल्लेख करता है जिसमें नीति की दिशा का समर्थन किया जाता है, परंतु पर्याप्त कार्रवाई नहीं की जाती है। इस परिदृश्य में विकास घटकर लगभग 6 प्रतिशत से 6.5 प्रतिशत रह जाता है। तीसरा परिदृश्य "नीतिगत अवरोध" अधिक लम्बे समय तक नीतिगत निष्क्रियता के परिणामों को दर्शाता है। इस परिदृश्य में विकास दर घटकर 5 प्रतिशत से 5.5 प्रतिशत तक हो सकती है।

1.18. इन परिदृश्यों पर अध्याय 2 में विस्तृत रूप से विचार–विमर्श किया गया है और इन्हें योजना के एक अन्य पूरक दस्तावेज में प्रस्तुत किया गया है। इन परिदृश्यों पर सार्वजनिक विचार–विमर्श से बारहवीं पंचवर्षीय योजना के मानदंडों से आगे व्याख्या देने में मदद मिल सकती है और यदि भारत के भविष्य को हमारी इच्छानुसार साकार करना है, तो उसके लिए आवश्यक नीतियों के बारे में राष्ट्रीय सर्वसम्मति बनाने में सहायता मिल सकती है। इस बात पर जोर देना महत्वपूर्ण है कि ये परिदृश्य कोई विकल्प प्रस्तुत नहीं करते हैं जिसमें से हम चुन सकते हैं। वस्तुतः, केवल एक परिदृश्य ही लोगों की उम्मीदों को पूरा कर सकता है और वह है परिदृश्य एक। अन्य परिदृश्यों को केवल, कार्रवाई न किए जाने के परिणामों को स्पष्ट करने के लिए प्रस्तुत किया गया है।

1.19. हमारा समाज विविधता से भरा है और तर्कवितर्क करने वाला भी है। जब हमें प्रभावित करने वाले निर्णय पारदर्शी तरीके से नहीं लिए जाते हैं तो हम शंकालु हो जाते हैं और हम निर्णय लेने की प्रक्रिया के अत्यधिक केंद्रीकरण का बुरा मानते हैं। परंतु हम सब लोकतंत्र में विश्वास रखते हैं, हम दूसरों के विचारों का सम्मान करते हैं और, हालांकि, हम असहमत हो सकते हैं परंतु हम उनकी प्रशंसा करते हैं और उनसे सीख लेते हैं जो एक बेहतर भारत के विजन के लिए मिलकर कार्य करते हैं। हमें साझे राष्ट्रीय लक्ष्य के लिए और अधिक मतैक्य बनाने का प्रयास करने की जरूरत है।

1.20. बारहवीं योजना को एक ऐसी विकास प्रक्रिया को लक्षित करना चाहिए जो विकास पर अधोगामी प्रभावों को न्यूनतम करते हुए समावेशन और धारणीयता पर जोर बनाए रखे। योजनाओं को पारंपरिक तौर पर इस रूप में देखा जाता है कि सरकारों को क्या करना चाहिए परंतु यह एक संकीर्ण विचार है क्योंकि आज अधिकांश निवेश निजी है और यह अधिकांशतया कारपोरेट है। बारहवीं योजना को एक ऐसा स्पर्धामय माहौल प्रदान करना चाहिए जिसमें कारपोरेट क्षेत्रक सहित निजी क्षेत्रक और सभी भारतीय, अलग–अलग व्यक्तियों के रूप में और सामूहिक रूप से अपनी पूर्ण क्षमता तक पहुंचने में समर्थ हो सकें। इसका उद्देश्य मौजूदा सूक्ष्म, लघु और मध्यम उद्यमों (एमएसएमई) को समर्थ बनाते हुए नई उद्यमिता, जिसमें कृषि क्षेत्रक भी शामिल है, को अधिक निवेश करने और अधिक तीव्रता से विकास

करने के लिए प्रेरित करना होना चाहिए। इसके लिए, हमें उनकी अवसंरचना संबंधी तथा पूंजी की सुगम, सस्ती एवं तीव्र उपलब्धता संबंधी जरूरतों को पूरा करना होगा।

1.21. भारत इस दृष्टि से भाग्यशाली है कि यह उद्यमिता संबंधी प्रतिभा से संपन्न है। एक मोटे अनुमान के अनुसार, देश में गैर–कृषि प्रतिष्ठानों की संख्या प्रत्येक 10 वर्षों में लगभग 8 मिलियन बढ़ जाती है। जबकि इनमें से कई उद्यम बहुत छोटे हैं और उत्तरजीविता की बुनियादी कार्यनीतियों को परिलक्षित करते हैं परंतु इनमें से कई उद्यम छोटे नहीं हैं। विगत दशक ने उस गतिशीलता को दर्शाया है जो उचित परिस्थितियों में इस क्षेत्रक में संभव है। आज के अनेक अग्रणी कारपोरेट इस शताब्दी के आरंभ में एमएसएमई श्रेणी से संबंधित थे। इस परिप्रेक्ष्य में, बारहवीं योजना में मानव पूंजी के विकास पर सर्वोपरि प्राथमिकता, अवसंरचना के उचित प्राथमिकता–निर्धारण के साथ तथा प्रौद्योगिकी एवं वित्त के नवप्रवर्तनकारी उपयोग के साथ, वास्तव में एक समावेशी विकास की कहानी को प्रवर्तित कर सकती है।

1.22. इस समावेशी कार्यनीति में, पूर्णतः कारपोरेट के पथप्रदर्शन वाली विकास कार्यनीति की तुलना में, राज्यों की बहुत अधिक भूमिका और केन्द्र व राज्यों के बीच और अधिक निकटता से समन्वय, शामिल है। इसका कारण यह है कि लघु और मध्यम उद्यमी के नेतत्व में होने वाले विकास के लिए अपेक्षित अधिकांश नीतिगत उपाय और संस्थागत सहायता, राज्य सरकारों और स्थानीय निकायों के कार्यक्षेत्र में आती है। केन्द्र का योगदान मुख्यतया उचित वृहद–आर्थिक ढांचे, वित्तीय क्षेत्रक की नीतियों तथा राष्ट्रीय स्तर की अवसंरचना का सृजन करने में होगा।

समावेशिता का अर्थ

1.23. समावेशिता के कई अलग–अलग अर्थ हैं तथा समावेशिता का प्रत्येक पहलू, नीति के लिए अपनी–अपनी चुनौतियां प्रस्तुत करता है।

गरीबी उपशमन के रूप में समावेशिता

1.24. वितरण संबंधी चिंताओं को पारंपरिक रूप से, गरीबों और सर्वाधिक उपांतिक लोगों तक पर्याप्त रूप से लाभ की पहुंच सुनिश्चित करने के रूप में देखा गया है। बारहवीं योजना में भी यह एक महत्वपूर्ण नीतिगत ध्यानकेंद्रण होना चाहिए। उल्लेखनीय है कि समावेशिता के इस आयाम का रिकॉर्ड उत्साहजनक है। सरकारी गरीबी रेखा से नीचे रह रही जनसंख्या के प्रतिशत में गिरावट आ रही है परंतु, इसके होते हुए भी, गरीबी रेखा से नीचे रहने वालों की संख्या बहुत बड़ी है। तेंदुलकर समिति की गरीबी रेखा पर आधारित गरीबी के नवीनतम सरकारी अनुमानों के अनुसार, 2009–10 में 29.8ः जनसंख्या अर्थात 350 मिलियन लोग गरीबी रेखा से नीचे थे। तेंदुलकर गरीबी रेखा के औचित्य के बारे में प्रश्न उठाए गए हैं जो ग्रामीण क्षेत्रों में 3,900 रू0 प्रति माह तथा शहरी क्षेत्रों में 4,800 रू0 प्रतिमाह के परिवार उपभोग स्तर के सदृश है (दोनों मामलों में पांच सदस्यों के परिवार के लिए)। इसमें कोई संदेह नहीं है कि तेंदुलकर समिति की गरीबी रेखा उपभोग के अत्यंत कम स्तर को दर्शाती है और इसके आधार पर भी गरीबी का अनुपात काफी अधिक है। अंतरराष्ट्रीय पद्धतियों को ध्यान में रखते हुए, गरीबी रेखा से संबंधित सभी मुद्दों की समीक्षा करने के लिए डा. सी. रंगराजन की अध्यक्षता में एक विशेषज्ञ समिति गठित की गई है।

1.25. विगत समय से, गरीबी को कम करने के संबंध में की जा रही प्रगति के बारे में अध्याय 2 में बताया गया है। यह सुप्रमाणित है कि गरीब जनसंख्या के प्रतिशत में लगातार गिरावट आ रही है परंतु गिरावट की दर बहुत धीमी थी। 2004–05 से 2009–10 तक की अवधि में गरीबी में गिरावट की दर 1.5 प्रतिशतांक प्रतिवर्ष थी, जो कि 1993–94 से 2004–05 के बीच देखी गई 0.74 प्रतिशतांक प्रतिवर्ष की गिरावट दर से दुगुनी है। सामान्यतया, गरीबी के सरकारी अनुमानों के लिए उपयोग किए जाने वाले वृहद प्रतिदर्श सर्वेक्षण प्रत्येक पांच वर्ष में करवाए जाते हैं परंतु, चूंकि 2009–10 सूखे का वर्ष था, राष्ट्रीय प्रतिदर्श सर्वेक्षण कार्यालय (एनएसएसओ) ने यह महसूस किया कि इससे गरीबी की अतिरंजना की संभावना रहेगी और इसलिए अगला वृहद प्रतिदर्श सर्वेक्षण 2011–12 में कराने का निर्णय लिया गया। इस सर्वेक्षण के परिणामों से 2011–12 में अर्थात् ग्यारहवीं योजना अवधि के अंत की स्थिति के अनुसार गरीबी के विस्तार का सरकारी अनुमान हासिल होगा परंतु यह 2013 के मध्य तक ही उपलब्ध हो पाएगा। तथापि, इस सर्वेक्षण के प्रारंभिक अनुमान प्रकाशित किए जा चुके है और वे संकेत देते हैं कि गरीबी में रहने वाली जनसंख्या के प्रतिशत में 2009–10 की तुलना में काफी गिरावट आएगी। कुछ गैर–सरकारी अनुमानों के अनुसार, 2004–05 और 2011–12 के बीच गरीबी में गिरावट की दर 2 प्रतिशत प्रतिवर्ष के आसपास होगी जो कि ग्यारहवीं योजना का लक्ष्य था। यदि ऐसा होता है तो यह कहा जा सकता है कि ग्यारहवीं योजना ने समावेशिता के संबंध में वास्तव में अच्छे परिणाम दिए हैं।

समूह समानता के रूप में समावेशिता

1.26. समावेशिता का अर्थ, सरकार द्वारा निर्धारित गरीबी रेखा से नीचे जीवनयापन कर रहे लोगों को इससे ऊपर ले जाने तक ही

सीमित नहीं है। यह एक ऐसी विकास प्रक्रिया के लिए भी है जिसे हमारे समाज के विभिन्न समाजार्थिक समूहों द्वारा "न्यायसंगत" के रूप में देखा जाता है। गरीब निश्चित रूप से एक लक्षित समूह है, परंतु समावेशिता को अन्य समूहों जैसे कि अनुसूचित जातियों (एससी), अनुसूचित जनजातियों (एसटी), अन्य पिछड़े वर्गों (ओबीसी), अल्पसंख्यकों, अशक्त व्यक्तियों तथा अन्य उपांतिक समूहों की चिंताओं को भी सम्मिलित करना चाहिए। इन उद्देश्य के लिए महिलाओं को भी एक वंचित समूह के रूप में लिया जा सकता है। कई बार इन सुस्पष्ट ''पहचान समूहों'' का आय के वर्गों के साथ सहसंबंध स्थापित किया जाता है – उदाहरण के लिए अ.जा. और अ.ज.जा. निम्न आय की श्रेणी में हैं – और गरीबी उपशमन की सभी कार्यनीतियां उन्हें प्रत्यक्ष रूप से मदद करती हैं। दूसरी ओर, महिलाएं आय के समस्त वर्गों में शामिल हैं परंतु समावेशिता के लिंग आधारित मुद्दे होते हैं जो कि आय के सभी वर्गों के लिए प्रासंगिक हैं।

1.27. किसी समूह के परिप्रेक्ष्य की दृष्टि से समावेशिता, स्पष्ट रूप से, गरीबी को कम करने के परिप्रेक्ष्य से आगे जाती है तथा सामान्य जनसंख्या की तुलना में इस पूरे समूह की स्थिति को ध्यान में रखती है। उदाहरण के लिए, अ.जा. अथवा अ.ज.जा. तथा सामान्य जनसंख्या के बीच अंतर को कम करना, समावेशिता की किसी भी तर्कसंगत परिभाषा का एक भाग होना चाहिए और यह गरीबी अथवा असमानता की चिंता से काफी भिन्न है। उदाहरण के लिए, गरीबी–रोधी कार्यनीतियों के लिए यह पूर्णतः संभव है कि वे अ.जा. और अ.ज.जा. के समूहों तथा सामान्य जनसंख्या के बीच आय के अंतर को कम किये बिना ही अ.जा. और अ.ज.जा. के बीच आय संबंधी गरीबी को कम करती रहें।

1.28. बालिकाओं व महिलाओं के विरूद्ध लिंग आधारित असमानताओं, भेदभाव तथा सभी प्रकार की हिंसा की समाप्ति को 12वीं योजना में अधिभावी प्राथमिकता दी जा रही है। यह महिलाओं को विकास प्रक्रियाओं में पूर्णतया भाग लेने हेतु समर्थ बनाने तथा अधिक समावेशी विकास के लिए उनके सामाजिक, आर्थिक, नागरिक और राजनैतिक अधिकारों को पूरा करने का मूलाधार है।

क्षेत्रीय संतुलन के रूप में समावेशिता

1.29. समावेशिता का एक अन्य पहलू इस बात से संबंधित है कि क्या सभी राज्य और वास्तव में सभी क्षेत्र, विकास प्रक्रिया से लाभान्वित होते हैं। हाल ही के वर्षों में, क्षेत्रीय आयाम का महत्व बढ़ा है। जैसा कि अध्याय 11 में लेखबद्ध किया गया है, सकारात्मक पक्ष यह है कि अनेक पूर्ववर्ती पिछड़े राज्यों ने विकास संबंधी कार्यनिष्पादन में काफी सुधार दर्शाना आरंभ किया है और विभिन्न राज्यों में विकास दरों में भिन्नता कम हो गई है। तथापि, बेहतर कार्यनिष्पादन करने वाले तथा अन्य राज्य, दोनों ही अपने पिछड़े क्षेत्रों अथवा जिलों जहां संभवतः अन्यत्र की तरह जीवनस्तर मानकों में सामान्य सुधार नहीं देखा गया है, के बारे में अधिकाधिक चिंतित हैं। इनमें से कई जिलों की विशिष्ट विशेषताएं हैं जिनमें वन क्षेत्रों में जनजातीय जनसंख्या की अत्यधिक बहुलता अथवा शहरी क्षेत्रों में अल्पसंख्यक, शामिल हैं। कुछ जिले वामपंथी उग्रवाद से भी प्रभावित हैं जिससे विकास कार्य बहुत कठिन हो जाता है।

1.30. बारहवीं योजना में हमें उन राज्यों, जो पिछड़ रहे हैं, में विकास को तीव्र करने की संभावना पर विशेष ध्यान देना होगा। इसके लिए राज्यों को योजना बनाने, कार्यान्वित करने संबंधी अपनी क्षमताओं का सुदृढ़ीकरण करने तथा अपने प्रशासन में और केन्द्र सरकार के साथ और अधिक सहक्रियाशीलता लाने की आवश्यकता होगी। पहले कदम के रूप में, योजना आयोग सभी राज्य सरकारों में अपने सदृश योजना बोर्डों और योजना विभागों की क्षमताओं को सुधारने के लिए उनके साथ कार्य कर रहा है। देश में पिछड़े क्षेत्रों के विकास की राह में एक प्रमुख बाधा अवसंरचना, विशेषकर सड़क संपर्कता, विद्यालय और स्वास्थ्य सुविधाएं और बिजली की उपलब्धता, की खराब स्थिति है जो सभी मिल कर विकास को बाधित करते हैं। अतः अवसंरचना का सुधार, किसी भी, क्षेत्रीय दृष्टि से समावेशी विकास कार्यनीति का एक महत्वपूर्ण घटक होना चाहिए।

समावेशिता और असमानता

1.31. समावेशिता का अर्थ आय असमानता की ओर अधिक ध्यान देना भी है। असमानता के विस्तार को गिनी–गुणांक जैसे सूचकांकों द्वारा मापा जाता है जो वितरण में असमानता का माप, समग्र रूप से अथवा ऐसे उपायों द्वारा जो कि विशिष्ट आय खंडों पर ध्यानकेंद्रित करते हैं जैसे कि शीर्षतम 10 प्रतिशत अथवा 20 प्रतिशत जनसंख्या और निम्नतम 10 प्रतिशत अथवा 20 प्रतिशत जनसंख्या के उपभोग के अनुपात की दृष्टि से अथवा शहरी और ग्रामीण क्षेत्रों में औसत उपभोग के अनुपात की दृष्टि से प्रदान करते हैं। वित्तीय संकट के परिणामस्वरूप, औद्योगिकृत देशों में असमानता के जिस पहलू ने स्पष्ट रूप से ध्यानकेंद्रित किया है, वह शीर्षतम स्तर पर अर्थात शीर्षतम 1 प्रतिशत के पास आय के अत्यधिक संकेन्द्रण की समस्या है और भारत में सार्वजनिक बहस में भी यही चिंता परिलक्षित होती है।

1.32. पूर्ण समानता कहीं नहीं पाई जाती है और इसके कई कारण हैं कि यह संभवतः एक व्यवहार्य उद्देश्य क्यों नहीं हो सकता है।

बॉक्स 1.1

प्रधान मंत्री डॉ. मनमोहन सिंह - एनडीसी की 57वीं बैठक के अवसर पर

"लिंग असमानता एक ऐसा पहलू है जिस पर विशेष ध्यान देने की आवश्यकता है। आवादी की आधी संख्या महिलाओं व बालिकाओं की है तथा हमारा समाज इनके प्रति निष्पक्ष नहीं रहा है। इनकी सामाजार्थिक स्थिति में सुधार हो रहा है, परन्तु अब भी अंतराल व्याप्त है। आधी आबादी की सक्रिय सहभागिता के बगैर, कोई सार्थक विकास नही हो सकता और सहभागिता तब तक नहीं हो सकती जब तक वे सुरक्षा और संरक्षा के प्रति आस्वस्त न हो जायें। मैं सभी मुख्य मंत्रियों से अनुरोध करता हूँ कि वे अपने–अपने राज्य में इस महत्वपूर्ण पहलू पर ध्यान दें।

तथापि, इस तथ्य के संबंध में कोई दो राय नहीं हो सकती है कि असमानता को सहनीय सीमाओं में रखा जाना चाहिए। तीव्र विकास और परिवर्तन की अवधि के दौरान किसी विकासशील देश में असमानता में कुछ वृद्धि अपरिहार्य हो सकती है और इसे सहन भी किया जा सकता है यदि इसके साथ ही गरीबों के जीवन–स्तर में पर्याप्त रूप से तीव्र सुधार भी हो रहा हो। तथापि, गरीबों के जीवन–स्तर में अत्यंत कम सुधार होने अथवा कोई सुधार न होने के साथ असमानता में वृद्धि होना सामाजिक तनावों का नुस्खा है। असमानता के स्थिर माप, अवसर की समानता के परिदृश्य को नहीं दर्शाते हैं जिसकी ओर विशेष ध्यान देने की आवश्यकता है। परिणामों की असमानता का कोई निश्चित स्तर सामाजिक रूप से कहीं अधिक स्वीकार्य होता है यदि यह किसी ऐसी प्रणाली का परिणाम हो जो अवसर की अधिक समानता प्रदान करती हो। अतः एक समाज के रूप में हमें भारत में प्रत्येक बच्चे को जीवन में उचित अवसर देने के आदर्श की ओर यथासंभव तीव्रता से आगे बढ़ने की आवश्यकता है जिसका अर्थ प्रत्येक बच्चे के लिए उत्तम स्वास्थ्य और गुणवत्तापूर्ण शिक्षा की उपलब्धता सुनिश्चित करना है। हालांकि, इसे एक योजना अवधि में हासिल कर पाना शायद संभव न हो, तथापि, बारहवीं योजना को इस आयाम के संबंध में पर्याप्त प्रगति करने का लक्ष्य रखना चाहिए।

अधिकारिता के रूप में समावेशिता

1.33. अन्ततः, समावेशिता केवल लाभ अथवा आर्थिक अवसरों का व्यापक प्रवाह सुनिश्चित करने के बारे में ही नहीं है अपितु यह अधिकारिता और भागीदारी के बारे में भी है। यह सहभागितापूर्ण लोकतंत्र का निर्माण करने में हमारे द्वारा हासिल की गई सफलता का ही माप है कि लोग अब सरकार द्वारा दिए जा रहे लाभ के निष्क्रिय प्राप्तकर्ता बने रहने को तैयार नहीं हैं। उन्होंने धीरे–धीरे इन लाभ और अवसरों को अधिकार के रूप में मांगना शुरू कर दिया है और वे इस बात का भी अधिकार चाहते हैं कि उन्हें किस प्रकार प्रशासित किया जाता है। इससे अभिशासन, जवाबदेही और लोगों की भागीदारी के मुद्दे पहले की अपेक्षा काफी अधिक हद तक आगे आते हैं। इसमें सरकारी स्कीमों के बारे में सूचना की उपलब्धता, संगत कानूनों की जानकारी और न्याय प्राप्त करने के तरीके जैसे क्षेत्र भी शामिल हैं। अभिशासन के संबंध में बढ़ती चिंता ने भ्रष्टाचार पर भी ध्यानकेंद्रित किया है। भ्रष्टाचार से कैसे निपटा जाए, यह मामला अब नीतिगत बहस का केंद्रबिंदु बन गया है।

रोजगार कार्यक्रमों के माध्यम से समावेशिता

1.34. ग्यारहवीं योजना के दौरान समावेशन को प्रोत्साहित करने के लिए एक सर्वाधिक महत्वपूर्ण मध्यस्थता थी–महात्मा गांधी राष्ट्रीय ग्रामीण रोजगार गारंटी अधिनियम (मनरेगा)। हालांकि, गरीबी उपशमन में तथा सूखे के समय घोर विपत्ति को रोकने में इसकी उपलब्धियां दर्ज की गई हैं और उनकी सराहना की गई है, तथापि, मनरेगा के विरूद्ध कुछ शिकायतें भी हैं जो मुख्यतया इस आधार पर हैं कि यह एक खैरात है जिसमें अत्यधिक व्यय शामिल है जिसे अधिक उपयोगी तौर पर खर्च किया जा सकता है। यह शिकायतें भी हैं कि इसके फलस्वरूप कृषि श्रमिकों और निर्माण–कार्य में लगे मजदूरों की दिहाड़ी में वृद्धि हो रही है।

1.35. यह राय कि बढ़ती मजदूरी अपने आप में एक समस्या की द्योतक है, विश्वसनीय नही है क्योंकि यही वह एकमात्र तंत्र है जिसके माध्यम से भूमिहीन कृषि श्रमिकों को आर्थिक विकास का लाभ मिल सकता है। यदि बढ़ती मजदूरी कृषि की लाभप्रदता को निचोड़ रही है तो इसका समाधान यह है कि उच्चतर मजदूरी को समायोजित करने के लिए कृषि उत्पादकता को बढ़ाया जाए। इस संबंध में अध्याय 12 में अनेक पहलों पर विचार–विमर्श किया गया है। बहरहाल, देश के बड़े भागों में ग्रामीण श्रम संबंध अभी भी सामंती हैं तथा कृषि और निर्माण, दोनों के लिए प्रवासी श्रमिकों का अत्यधिक शोषण किया जा रहा है। ये असमानताएं स्वयं ठीक नहीं होंगी। हमें एक ऐसी स्थिति को स्थायी बनाने का विचार नहीं करना चाहिए जहां सस्ता श्रम किसानों के लिए आवश्यक लाभ प्रदान करता है और दक्षता सुधार में निवेश करने के प्रोत्साहनों को दूर करता है।

1.36. ध्यान देने योग्य मुख्य बिंदु यह है कि भारत में रोजगार स्कीमें कोई नई बात नहीं है और इनका गरीबी को कम करने का प्रभाव सुप्रमाणित है। राष्ट्रीय प्रतिदर्श सर्वेक्षण द्वारा मनरेगा के बाद सार्वजनिक निर्माण कार्यों में रोजगार में आठ–गुणा वृद्धि दर्शाए जाने के साथ इस बात में कोई संदेह नहीं है कि ग्रामीण मजदूरी आय अर्जन और गरीबी पर इसका प्रभाव सभी पिछली ग्रामीण रोजगार स्कीमों की तुलना में कहीं अधिक रहा है। इस बात की ओर कम ध्यान दिया गया है कि यह उपलब्धि सकल केन्द्रीय योजना व्यय में से ग्रामीण रोजगार स्कीमों पर किए गए व्यय के हिस्से में मामूली वृद्धि के साथ हासिल की गई है। यह मनरेगा से पहले के तीन वर्षों (2002–03 से 2004–05) में 11.8 प्रतिशत की औसत से बढ़कर विगत तीन वर्षों (2009–10 से 2011–12) में 13.3 प्रतिशत हो गया है। इसका अर्थ यह है कि यद्यपि मनरेगा चूक–रहित नहीं है, तथापि, इसमें काफी हद तक कमी आई है। अतः एक अथाह खाई खोल दिए जाने, जैसा कि कुछ आलोचक अभी भी दावा कर रहे हैं, के विपरीत, एक कानूनी अधिकार के रूप में रोजगार का प्रावधान करने से सरकार द्वारा ग्रामीण क्षेत्रों के विकास पर व्यय की गई राशि में लक्षित लाभार्थियों के हिस्से में बहुत सुधार हुआ है।

1.37. इस बात का भी प्रमाण है कि जहां कहीं भी भूमि उत्पादकता में सुधार हुआ है और अधिक जल सुरक्षा उपलब्ध कराई गई है, वहां मनरेगा कार्यस्थलों पर कार्य करने वाले छोटे और हाशिए वाले किसान पुनः कृषि और सम्बद्ध आजीविकाओं की ओर लौट आए हैं। इस बात का भी प्रमाण है कि जहां कहीं भी इसका कृषि विभागों की स्कीमों के साथ पर्याप्त रूप से अभिसारण किया गया है, वहां मनरेगा फसल विविधीकरण को संभव बना रही है विशेषकर बागबानी में। इस अनुभव का एक महत्वपूर्ण सबक यह है कि सृजित की गई परिसम्पत्तियों की गुणवत्ता ही यह तय करेगी कि क्या मनरेगा एक सुरक्षा–तंत्र की भूमिका से आगे बढ़कर, सबसे कम आय वाले स्तरों पर भी, उद्यमिता के लिए एक प्रेरणास्रोत बन सकता है।

बॉक्स 1.2

समावेशी विकास के संबंध में ग्यारहवीं योजना की उपलब्धियां

समावेशी विकास के उद्देश्य को पूरा करने में ग्यारहवीं योजना किस हद तक सफल रही है, इसे दर्शाने वाले कुछ महत्वपूर्ण संकेतक निम्नानुसार हैं (कुछ मामलों में, जहां डेटा एनएसएसओ सर्वेक्षणों से संबंधित है, वहां तुलना के लिए समय अवधि 2004–05 से पहले और बाद की है)।

- ग्यारहवीं योजना (2007–08 से 2011–12) में जीडीपी विकास 8 प्रतिशत था जबकि इसकी तुलना में दसवीं योजना (2002–03 से 2006–07) में यह 7.6 प्रतिशत और नौवीं योजना (1997–98 से 2001–02) में मात्र 5.7 प्रतिशत था। ग्यारहवीं योजना अवधि में 7.9 प्रतिशत की विकास दर उस अवधि, जिसमें दो वैश्विक संकट देखे गए थे, में किसी भी देश की तुलना में सबसे अधिक है।
- ग्यारहवीं योजना में कृषि जीडीपी विकास तीव्र होकर 3.7 प्रतिशत की औसत दर तक पहुंच गया जबकि इसकी तुलना में यह दसवीं योजना में 2.4 प्रतिशत और नौवीं योजना में 2.5 प्रतिशत था।
- गरीबी रेखा से नीचे जनसंख्या के प्रतिशत में 2004–05 से 2009–10 तक की अवधि में 1.5 प्रतिशतांक (पीपीटी) प्रतिवर्ष की दर से गिरावट आई जो 1993–94 से 2004–05 तक की पिछली अवधि में इसकी गिरावट की दर से दुगनी थी। (जब 2011–12 के लिए नवीनतम एनएसएसओ सर्वेक्षण का डेटा उपलब्ध हो जाएगा तो गिरावट की दर लगभग 2 प्रतिशतांक प्रतिवर्ष होने की संभावना है)।
- 2004–05 से 2011–12 तक की अवधि में ग्रामीण क्षेत्रों में प्रति व्यक्ति वास्तविक खपत की विकास दर 3.4 प्रतिशत प्रतिवर्ष थी जो कि 1993–94 से 2004–05 तक की पिछली अवधि की दर से चार गुणा थी।
- बेरोजगारी की दर 2004–05 में 8.2 प्रतिशत से घटकर 2009–10 में 6.6 प्रतिशत हो गई और इसने पिछली अवधि में देखी गई प्रवृत्ति को उलट दिया जब यह 1993–94 में 6.1 प्रतिशत से वास्तव में बढ़कर 2004–05 में 8.2 प्रतिशत हो गई थी।
- ग्यारहवीं योजना (2007–08 से 2011–12) में ग्रामीण वास्तविक मजदूरी में प्रतिवर्ष 6.8 प्रतिशत की वृद्धि हुई जबकि इसकी तुलना में पिछले दशक में इसकी औसत 1.1 प्रतिशत प्रतिवर्ष थी और यह वृद्धि मुख्यतया सरकार की ग्रामीण नीतियों और पहलों की वजह से संभव हुई।
- 2002–04 और 2007–08 के बीच पूर्ण टीकाकरण में 2.1 पीपीटी प्रतिवर्ष की दर से वृद्धि हुई जबकि इसकी तुलना में 1998–99 और 2002–04 के बीच प्रतिवर्ष 1.7 पीपीटी की गिरावट देखी गई थी। इसी प्रकार, 2002–04 और 2007–08 के बीच सांस्थानिक प्रसूतियों में 1.6 पीपीटी प्रतिवर्ष की वृद्धि हुई जो 1998–99 और 2002–04 के बीच 1.3 पीपीटी प्रतिवर्ष की वृद्धि की तुलना में अधिक है।
- 2009–10 में प्राथमिक स्तर पर निवल नामांकन दर बढ़ कर 98.3 प्रतिशत यानी लगभग सर्वव्यापकता के करीब पहुंच गई। स्कूल छोड़ने की दर (कक्षा I-VIII) में भी सुधार दिखाई दिया, 2003–04 और 2009–10 के बीच इसमें 1.7 पीपीटी प्रतिवर्ष की गिरावट आई जो 1998–99 और 2003–04 के बीच 0.8 पीपीटी की गिरावट से दुगनी थी।

1.38. समावेशिता का प्रत्येक आयाम, जिस पर ऊपर चर्चा की गई है, प्रासंगिक है और अलग–अलग समय पर जनता का ध्यान एक न एक आयाम पर प्रायः केंद्रित होता है। हमें इनमें से प्रत्येक आयाम के संबंध में सतत प्रगति हासिल करने का लक्ष्य रखना चाहिए। हाल ही के वर्षों में तीव्र विकास ने अनेक लोगों को स्पष्ट रूप से लाभान्वित किया है और इसके फलस्वरूप हुई समृद्धि सभी को दिखाई दे रही है जिससे जनसंख्या के सभी वर्गों के लोगों की उम्मीदें बढ़ी हैं और विकास के लाभ में उचित हिस्सेदारी के लिए तर्कसंगत मांग उत्पन्न हुई है। नीति–निर्माताओं को निष्पक्षता के प्रत्येक आयाम से संबंधित घटनाओं के बारे में सजग रहना होगा और आवश्यकतानुसार त्वरित रूप से सुधारात्मक कदम उठाने होंगे। बॉक्स 1.2 में कुछ महत्वपूर्ण चरों की प्रवृत्ति का आकलन प्रस्तुत किया गया है जो हाल के वर्षों में अधिक समावेशी विकास की ओर इंगित करते हैं।

पर्यावरणीय धारणीयता

1.39. तीव्र और अधिक समावेशी विकास के लिए प्रयास करते समय बारहवीं योजना को धारणीयता की समस्या की ओर भी ध्यान देना चाहिए। कोई भी विकास प्रक्रिया आर्थिक कार्यकलाप के पर्यावरणीय परिणामों को अनदेखा नहीं कर सकती है और न ही प्राकृतिक संसाधनों के असंधारणीय रिक्तीकरण और ह्रास की अनुमति दे सकती है। दुर्भाग्यवश, अनेक देशों में विकास का अनुभव और कुछ मामलों में हमारा अपना विगत अनुभव यह संकेत देता है कि यदि प्रारंभिक चरणों में ही उचित सुधारात्मक कदम नहीं उठाए जाते हैं तो यह आसानी से संभव हो सकता है। बारहवीं योजना को विकास की ऐसी कार्यनीति तैयार करनी चाहिए जो विकास के उद्देश्य तथा पर्यावरण को सुरक्षित रखने के उद्देश्य के बीच प्रभावी रूप से सामंजस्य स्थापित कर सके।

1.40. अतिरिक्त ऊर्जा के बिना विकास नहीं हो सकता है और विकास की ऊर्जा जरूरत तथा पर्यावरण सुरक्षा के उद्देश्य के बीच सामंजस्य स्थापित करना होगा। अर्थव्यवस्था अपनी ऊर्जा जरूरतों को पूरा करने के लिए मुख्यतया कोयला और जलविद्युत पर निर्भर करती है और इनमें से प्रत्येक ऊर्जा स्रोत के विकास में वनों के संरक्षण तथा लोगों के विस्थापन से बचने के उद्देश्य के बीच सौदेबाजी की संभावना रहती है। विस्थापित लोगों के लिए पर्याप्त मुआवजे तथा वन आवरण के अपरिहार्य नुकसान के लिए प्रतिपूर्ति हेतु उचित उपचारात्मक उपायों के साथ हमें इन परस्पर–विरोधी उद्देश्यों का प्रबंधन अधिक दक्षता से करने की जरूरत है। नाभिकीय ऊर्जा देश के लिए एक अन्य महत्वपूर्ण ऊर्जा स्रोत है और इसमें अगले बीस वर्षों में, कोयला आधारित बिजली के लिए अनुकल्प प्रदान करने की बड़ी क्षमता है। तथापि, यहां भी, विशेष रूप से फुकुशीमा दुर्घटना के बाद पर्यावरण और सुरक्षा संबंधी मुद्दे उत्पन्न हो गए हैं। इन चिंताओं का समाधान किया जा रहा है।

1.41. पर्यावरणीय धारणीयता की उपलब्धि कई आयामों में समुदायों के जीवन को प्रभावित करेगी। इसके लिए, ऊर्जा की मांग में वृद्धि को नियंत्रित करने के लिए, शहरी आवासों और परिवहन में नई ऊर्जा–कुशल पद्धतियों का विकास करने की आवश्यकता होगी। इसका अर्थ कोयला आधारित विद्युत उत्पादन में अत्यधिक ऊर्जा दक्ष प्रौद्योगिकियों का उपयोग करना होगा जैसे कि सुपर क्रिटिकल और अल्ट्रा सुपर क्रिटिकल बॉयलरों का उपयोग शुरू करना। इसके लिए उद्योगों, खेतों और कार्यालयों में ऊर्जा दक्षता को सक्रिय रूप से बढ़ावा देना तथा ब्रांड और अनिवार्य मानकों की नीतियों के माध्यम से अधिक ऊर्जा दक्ष उपकरणों को बढ़ावा देना अपेक्षित होगा। अधिक ऊर्जा दक्ष वाहनों के लिए परिवहन नीतियों और संबद्ध प्रौद्योगिकियों को विकसित करने और अपनाने की आवश्यकता होगी।

1.42. मनुष्य के कार्यकलापों की वजह से वायुमंडल में कार्बन डाईऑक्साइड तथा अन्य ग्रीन हाउस गैसों (जीएचजी) के जमा होने के फलस्वरूप जलवायु परिवर्तन के जोखिम की वजह से धारणीयता के मुद्दे का एक वैश्विक आयाम भी है। चूंकि किसी भी देश में जीएचजी उत्सर्जन वैश्विक तापन की प्रक्रिया को तीव्र कर देता है, इसलिए, इस क्षेत्र में स्पष्ट रूप से वैश्विक सहयोग से समाधान करने की जरूरत है। जब तक कि इसे वैश्विक समझौते का एक भाग न बनाया जाए तब तक किसी भी देश के लिए अपने उत्सर्जनों को नियंत्रित करने के लिए पर्याप्त प्रोत्साहन नहीं होगा। ऐसा समझौता तभी संभव है जब भार का उचित वितरण किया जाए। विकासशील देशों ने हमेशा यह तर्क दिया है कि चूंकि औद्योगिकृत देशों ने जीएचजी गैसों के संचित भंडार में ऐतिहासिक रूप से अधिकांश योगदान दिया है, और वे भुगतान करने की सबसे बेहतर स्थिति में भी हैं, इसलिए, वैश्विक उपशमन और समायोजन का भार उन्हें ही वहन करना चाहिए। भारत, जलवायु परिवर्तन पर संयुक्त राष्ट्र फ्रेमवर्क सम्मेलन के तहत जारी अंतरराष्ट्रीय समझौता वार्ताओं में भाग ले रहा है परंतु अब तक की प्रगति बहुत ही कम है।

1.43. तथापि हम कोई अंतरराष्ट्रीय समाधान पाए जाने तक जलवायु परिवर्तन से निपटने के लिए कार्रवाई करने से परहेज नहीं कर सकते हैं। सभी जानते हैं कि यदि वैश्विक तप्तता अनियंत्रित रूप से बढ़ता रहता है तो भारत सर्वाधिक गंभीरता से प्रभावित होने वाले देशों में से एक होगा और इसलिए उचित घरेलू कार्रवाई करना आवश्यक है। जलवायु परिवर्तन के लिए राष्ट्रीय कार्य योजना विकसित की गई है जिसके आठ घटक मिशन हैं। इन मिशनों को कार्यान्वित करना बारहवीं

योजना का एक अभिन्न अंग होना चाहिए। यह सुनिश्चित करने के लिए नीतियों की कड़ी निगरानी करनी चाहिए कि हम अपनी जीडीपी की उत्सर्जन तीव्रता को 2005 से 2020 के बीच 20 प्रतिशत से 25 प्रतिशत तक कम करने के निर्धारित उद्देश्य को हासिल कर सकें।

1.44. लागत के बिना ऊर्जा और पर्यावरण के बीच विवाद का समाधान करना संभव नहीं है। इसमें, पर्यावरण पर प्रतिकूल प्रभाव के उपशमन तथा अधिक महंगे नवीकरणीय ऊर्जा स्रोतों को अपनाने, दोनों की अतिरिक्त प्रत्यक्ष लागतें शामिल हैं। इन लागतों को उत्पादित ऊर्जा की लागत और मूल्य निर्धारण में शामिल किया जाना चाहिए। इन लागतों को वहन करने की अनिच्छा मुख्यतया इस वजह से उत्पन्न होती है कि पर्यावरणीय क्षति की लागत का उचित निर्धारण नहीं किया जाता है। ऐसा किए जाने पर ही ऐसी क्षति से बचने की लागत की तुलना पर्यावरणीय लाभों से की जा सकती है और इस तर्कसंगत निर्णय तक पहुंचा जा सकता है कि क्या ये लागतें इसके योग्य हैं। इस समस्या का एक भाग यह है कि उत्पादन की दृष्टि से जीडीपी को मापने के पारंपरिक तरीकों में कतिपय सामान के उत्पादन के फलस्वरूप हुई पर्यावरणीय क्षति को ध्यान में नहीं रखा जाता है जिसे जीडीपी में से घटाते हुए उचित रूप से परिलक्षित किया जाना चाहिए। जीडीपी में पर्यावरणीय लागतों को इस प्रकार समायोजित करने के बाद ही समंजित जीडीपी के उस विकास को अर्थव्यवस्था में कुल उत्पादन में वृद्धि का माप कहा जा सकता है। पर्यावरण लागत हेतु यदि जीडीपी इसी तरीके से समायोजित की जाती है, तो समायोजित जीडीपी के विकास को अर्थव्यवस्था में कुल उत्पादन में वृद्धि का माप कहा जा सकता है। इस समस्या को महसूस करते हुए योजना आयोग ने हरित राष्ट्रीय लेखा का अनुमान लगाने हेतु खाका तैयार करने हेतु प्रो. पार्थ दासगुप्ता की अध्यक्षता में एक विशेषज्ञ समूह का गठन किया है जो राष्ट्रीय संसाधनों पर नकारात्मक प्रभाव को बरकरार रखते हुए राष्ट्रीय उत्पादन का माप करेगा।

1.45. सारांश में बारहवीं योजना भारत को आगे बढ़ाने के विजन से दिशा निर्देशित होनी चाहिए जो यह सुनिश्चित करेगा कि सभी वर्गों के लोगों के जीवन स्तर में विकास प्रक्रिया के माध्यम से व्यापक सुधार हो जो कि विगत की तुलना में तीव्र, अधिक समावेशी तथा पर्यावरणीय दृष्टि से और अधिक धारणीय है। इस उद्देश्य की प्राप्ति के लिए आवश्यकता संबंधी उल्लेख, इस अध्याय के भागों में किया गया है।

क्षमता विकसित करना

1.46. इस भाग में तीव्र, अधिक समावेशी और धारणीय विकास के उद्देश्य की प्राप्ति के लिए आवश्यक क्षमताओं पर ध्यानकेंद्रण किया जाएगा। सर्वप्रथम हम मानव क्षमताओं के विकास पर विचार करेंगे जो कई मामलों में अति महत्वपूर्ण है। तत्पश्चात् हम संस्थागत क्षमताओं और अवसंरचना विकास पर फोकस करेंगे जो कि सभी अभिकरणों की क्षमता में सामान्य उत्प्रेरक है। इन क्षमताओं को विकसित करने में केन्द्रीय व राज्य सरकारों दोनों की बड़ी भूमिका है तथा केन्द्रीय व राज्य स्तर पर बारहवीं योजना में इस प्रयास को उच्च प्राथमिकता दी जानी चाहिए।

मानव क्षमताओं का विकास

1.47. मानव क्षमताओं के विकास को तीन कारणों से पहली प्राथमिकता दी जानी जरूरी। पहला, ये क्षमताएं वास्तव में स्वयं में ही होती है। दूसरा, हमारी अर्थव्यवस्था की उत्पादन क्षमता बढ़ाने हेतु दूसरों के साथ सकारात्मक रुप से अंतःक्रिया करने वाली ये महत्वपूर्ण यंत्र भी है। अतः हमारी आबादी की भौतिक आवश्यकताओं को पूर्ण करने की इसकी क्षमता है। तीसरा, मानव क्षमताओं का समुचित विकास यह भी सुनिश्चित करेगा कि हमारा विकास इस अर्थ में और अधिक समावेशी हो जिससे कि हमारे समाज के उपांतिक और लाभ से वंचित वर्गों को विकास प्रक्रिया से उत्पन्न अवसर का और लाभ मिल सके।

जीवन एवं दीर्घायु

1.48. सभी मानव क्षमताओं का मूल स्वयं जीवन ही है तथा देश में जीवन प्रत्याशा में लगातार वृद्धि से लगता है कि इस आयाम में काफी प्रगति हुई है। स्वतंत्रता के समय जीवन प्रत्याशा मात्र 32 वर्ष थी और अब यह 67 वर्ष है। दूसरे शब्दों में स्वतंत्रता के समय की तुलना में प्रत्येक भारतीय अब दुगुना जीने की आशा कर सकता है। फिर भी, भारत में जीवन प्रत्याशा कई उभरती हुई विपणन अर्थ–व्यवस्थाओं की तुलना में कम है तथा इस महत्वपूर्ण आयाम में और अधिक सुधार हेतु योजना बनाना उपयुक्त होगा।

1.49. शिशु मृत्यु दर(आईएमआर) मानव क्षमता का दूसरा आयाम है जहां हम प्रगति पर हैं। आईएमआर वर्ष 1991 में 80 से घटकर 2001 में 66 हो गई तथा इसके बाद तीव्र गति से घटकर 2010 में 47 पर आ गई। पहली अवधि में गिरावट दर 14 थी तथा दूसरी अवधि में 19। फिर भी, आईएमआर स्तर अधिक बना हुआ है तथा हमें अपने बच्चों के लिए और बेहतर करना है। हमें बारहवीं योजना की समाप्ति तक आईएमआर को घटाकर 28 तक लाने के प्रयास करने चाहिए। मातृ मृत्य–दर (एमएमआर) हमारे निष्पादन में कमजोरी का दूसरा संकेत है। एमएमआर में पिछले वर्षों से गिरावट आ रही है, इसके लिए राष्ट्रीय ग्रामीण स्वास्थ्य मिशन के अंतर्गत संस्थागत प्रसव को

बढ़ावा देने हेतु पहले बधाई के पात्र है। कुशल जन्म परिचारकों के लाभ से संस्थाओं में जन्म देने वाली महिलाओं की प्रतिशत में 2005 में 53 प्रतिशत से 2009 में 73 प्रतिशत तक वृद्धि हुई है। हमें और बेहतर करने की आवश्यकता है तथा बारहवीं योजना में योजना अवधि की समाप्ति तक एमएमआर 1 प्रति 1000 तक लाना है।

1.50. जबकि उपर्युक्त चर्चित आयामों में प्रगति हुई है, बाल लिंग अनुपात में गिरावट खतरे की घंटी है। यह गंभीर चिंता का विषय है क्यूंकि इसका अर्थ है कि समाज बालिकाओं को नही चाहता है तथा बालिका भ्रूण हत्या बढ़ती जा रही है। डायगनॉस्टिक और चिकित्सा सुविधाओं के विस्तार से स्थिति विकृत हुई है क्योंकि बाल लिंग दर में गिरावट के मामले अधिक विकसित क्षेत्रों व शहरों में अधिक पाए जा रहे है।

शिक्षा

1.51. भारत की आबादी युवा है और इस तरह चीन सहित अधिकांश विकसित देशों में श्रमबल में गिरावट की संभावना है जब कि भारत में।आगामी बीस वर्षों तक इसके बढ़ने की आशा है। इस "जनांकिकी लाभ" से श्रम आपूर्ति पर इसके प्रभाव के माध्यम से तथा घरेलू बचत दर पर गिरते हुए निर्भरता अनुपात के माध्यम से हमारी विकास संभावनाओं में वृद्धि हो सकती है। इसके अतिरिक्त, युवा आबादी से युवाओं की आकांक्षाएं तथा अधैर्यता भी बढ़ती है जिससे परिवर्तन और नवीनता लाने में वे मजबूत माध्यम बन सकते है। इस जनांकिकी लाभ का फायदा लेने हेतु हमें यह सुनिश्चित करना चाहिए कि श्रम बल से जुड़ने वाले हमारे युवा नागरिकों की शिक्षा और कौशल उच्च स्तर की हो जो कि तीव्र विकास के लिए आवश्यक है। सर्व शिक्षा अभियान (एसएसए) से हम प्राथमिक शिक्षा के सार्वजनीकरण के लक्ष्य के नजदीक है तथा शिक्षा का अधिकार अधिनियम (आरटीई) 2009 सभी बच्चों के लिए आठ वर्षों की प्राथमिक शिक्षा का मूल अधिकार प्रदान करता है। मध्याहन भोजन स्कीम से यह सुनिश्चित हुआ है कि बच्चों की स्कूल में उपस्थिति बढ़ी है। तथापि, अधिकांश बच्चों के शिक्षण परिणाम अभी भी निराशाजनक हैं। मानव क्षमता का प्रभावी विकास तथा समान अवसरों का उद्देश्य हासिल करने हेतु हमारे स्कूलों में गुणवत्ता का मुद्दा महत्वपूर्ण है। शिक्षकों की गुणवत्ता तथा उससे भी अधिक उनकी प्रेरणा एवं जवाबदेही में सुधार आवश्यक होगा। स्कूलों में वर्तमान में पढ़ने वाले अधिकांश बच्चे पहली–पीढ़ी के शिक्षार्थी हैं और इन बच्चों को अनुपूरक अनुदेशों की आवश्यकता है। देश भर में कई स्कूलों में गुणवत्ता शिक्षकों की कमी के कारण यह कार्य सरल नहीं है। तमिलनाडु में सफलतापूर्वक प्रयोग किए गए नए एवं नवीन पहलों जैसे कि मल्टी ग्रेड शिक्षण को ऐसे मामलों में अपनाया जा सकता है।

1.52. सर्वशिक्षा अभियान की सफलता के माध्यमिक स्कूलों की क्षमता विस्तार पर दबाव बढ़ा है तथा इसके लिए राष्ट्रीय माध्यमिक शिक्षा अभियान (आरएमएसए) चलाया गया है। यद्यपि माध्यमिक स्कूलों तक पहुंच पर काफी ध्यान केन्द्रण है, प्राथमिक एवं माध्यमिक स्कूलों के बीच ड्राप–आउट दर काफी अधिक है तथा माध्यमिक और माध्यमिकोत्तर स्तर पर उससे भी अधिक है। विशेष रूप से बालिकाओं के लिए यह गंभीर समस्या है जिन्हें माध्यमिक स्कूलों के लिए लम्बी यात्रा तय करनी पड़ती है। माध्यमिक स्कूलों में पाठ्यक्रम एवं परीक्षा सुधार पर विशेष ध्यान दिया जाएगा जिसका उद्देश्य महत्वपूर्ण सोच एवं विश्लेषणात्मक कौशल का विकास तथा आगे की शिक्षा हेतु छात्रों को तैयार करना होगा। इन सबके लिए नवीन पहलों की आवश्यकता है जिनमें से कुछ कतिपय राज्यों में पहले से ही लागू है।

1.53. पिछले दशक में उच्च शिक्षा की मांग में काफी वृद्धि देखी गई है तथा और अधिक बच्चों की स्कूल शिक्षा पूरी करने से और वृद्धि होने की आशा है तथा अधिक से अधिक नौकरियों के लिए उच्च स्तर की अर्हता अपेक्षित है। तथापि, हमारी उच्चतरशिक्षा संस्थाएं भी गुणवत्ता की समस्या से ग्रस्त है। कई विश्वविद्यालयों से ऐसें विषयों में छात्र स्नातक बन रहे है जो बदलती हुई नौकरी के बाजार के अनुरुप नही है तथा अपेक्षित गुणवत्ता भी नही है। उच्चतर शिक्षा नीति को तीन सूत्रों की आवश्यकता है। विस्तार, साम्यता और उत्कृष्टता। इसमें से तीसरा उत्कृष्टता हासिल करना अत्यधिक कठिन है। भारत बढ़ते हुए ज्ञान आधारित विश्व में प्रतिस्पर्धी नही बन सकता है यदि हमारे उच्चतर शिक्षा संस्थान वैश्विक रुप से प्रतिस्पर्धा करने के लिए आवश्यक उत्कृष्टता का उच्च मानक निर्धारित नही करते है। भारत में किसी भी विश्वविद्यालय का स्थान विश्व के शीर्ष 200 विश्वविद्यालयों की नवीनतम सूची में नही है। हमें यह सुनिश्चित करना चाहिए कि बारहवीं योजना की समाप्ति तक कम से कम पांच विश्वविद्यालयों का नाम इसमें शामिल हो जाए। इसके लिए, उच्च गुणवत्ता की शीर्षता में आने वाले विश्वविद्यालयों की पहचान की जानी चाहिए तथा उदारता से सहयोग देना चाहिए जिससे कि वे शीर्ष की सूची में शामिल हो सकें। वर्तमान विश्वविद्यालयों में उत्कृष्टता केन्द्र स्थापित किए जाने चाहिए। अस्थायी शिक्षण कार्यो के लिए विश्व भर से उच्च क्षमता वाले फैकल्टी को आकर्षित करने के लिए विशेष अभियान चलाया जाना चाहिए। इन सभी पहलों को बारहवीं योजना में भारत उत्कृष्टता पहल के रुप में एकीकृत करना चाहिए।

कौशल विकास

1.54. कौशल विकास मिशन को बारहवीं योजना की समाप्ति तक कम से कम 50 मिलियन लोगों को कुशल करने के लिए शुरू किया

गया है। विगत में कौशल विकास कार्यक्रम मुख्य रुप से सरकार द्वारा ही चलाया जाता रहा है जिसका बाजार मांग से सम्पर्क अपर्याप्त रहा है। कौशल मांग के अनुरुप हो यह सुनिश्चित करने के लिए विशेष प्रयास करने की आवश्यकता है जिससे कि औद्योगिक प्रशिक्षण संस्थान (आईटीआई) प्रबंधन तथा संकाय विकास सहित व्यावसायिक प्रशिक्षण कार्यक्रमों की अवधारणा एवं कार्यान्वयन में नियोक्ता एवं उद्यम अभिन्न भूमिका निभा सकें। एक सुलभ ढांचे की आवश्यकता है जिससे कि सार्वजनिक निजी भागीदारी (पीपीपी) के माध्यम से व्यावसायिक प्रशिक्षण में निजी निवेश आकर्षित हो सके। हमे कौशल विकास में शामिल सार्वजनिक और निजी क्षेत्रक निकायों की ताकतों को अधिक से अधिक बढ़ाना चाहिए। अपेक्षित निवेश जुटाना, प्रथम श्रेणी के आईटीआई की स्थापना करना, संचालन और प्रबंधन में क्षमता हासिल करना तथा प्रशिक्षणोपरांत रोजगार सुलभ कराना निजी क्षेत्रक निकायों की प्रमुख जिम्मेदारी होगी जबकि सरकार सुलभ ढांचा एवं विशेष रुप से एससी, एसटी, अल्पसंख्यकों तथा विकलांगों एवं समाज के अन्य वंचित समूहों को अपेक्षित वित्तीय सहायता प्रदान करेगी।

पोषाहार

1.55. हमारे विद्यालयों में शिक्षण में खराब परिणाम कुछ तो शिक्षा की खराब गुणवत्ता के कारण है, परंतु बच्चों में कुपोषण भी एक कारण है जिससे सीखने की क्षमता कम होती है। भारत में एकीकृत बाल विकास स्कीम (आईसीडीएस) के रुप में विश्व में सबसे बड़ा बाल विकास कार्यक्रम चल रहा है परंतु कुपोषण की समस्या विकराल बनी हुई है। दुर्भाग्यवश, बाल कुपोषण पर नवीनतक आंकड़ा वर्ष 2005–07 में कराए गए एनएफएचएस–3 सर्वेक्षण से है जो कि ग्यारहवीं पंचवर्षीय योजना से पहले की है। इस प्रकार मानव क्षमता के इस पहलू पर ग्यारहवीं योजना कार्यक्रमों के पूर्ण प्रभाव की अभी जानकारी नही है। राज्य सरकारों द्वारा शुरु किए गए सर्वेक्षणों से यह प्रतीत होता है कि कई राज्यों में कुपोषण में गिरावट आई है। वर्ष 2012–13 की अगली वार्षिक स्वास्थ्य सर्वेक्षण में कुपोषण के आंकड़े शामिल होंगे तथा ये आंकड़े यह मूल्यांकन करने के लिए विश्वसनीय आधार होंगे कि एनएफएचएस–3 के पश्चात क्या हुआ है। बारहवीं योजना में आईसीडीएस कार्यक्रम को अधिक कारगर बनाने के लिए इसका विस्तार किया जाएगा और इसकी व्यापक पुनर्संरचना की जाएगी।

1.56. वयस्कों में भी कुपोषण एक समस्या है, विशेषकर महिलाओं में। देश में महिलाओं में निम्न बॉडीमास और रक्त अल्पता के मामले बहुत अधिक है। लगातार कुपोषण के कारण को ठीक से समझा नही गया है। भोजन की उपलब्धता विशेषकर, बेहतर गुणवत्ता खाद्य उत्पाद जैसे फल, सब्जी एवं दुग्ध उत्पाद विगत की तुलना में अब काफी बेहतर है। तथापि, कुपोषण के मामले उच्च स्तर पर बने हुए हैं। नीतिगत ध्यान केन्द्रण पर मानव क्षमता के इस आयाम को सामने लाए जाने की आवश्यकता है। विचाराधीन खाद्य सुरक्षा बिल में इन मुद्दों पर ध्यान दिया गया है परंतु पोषाहार की समस्या वास्तव में अधिक जटिल है तथा एक बहु–आयामी पहल आवश्यक है।

स्वास्थ्य

1.57. स्वास्थ्य मानव क्षमता का दूसरा महत्वपूर्ण आयाम है जिस पर बारहवीं योजना में बहुत ध्यान दिए जाने की आवश्यकता है। वर्तमान में, देश की 30 प्रतिशत से कम बहिरंग और आधी से कम अंतरंग स्वास्थ्य देखभाल क्षमता सार्वजनिक क्षेत्रक में है तथा अधिकांश आबादी निजी स्वास्थ्य देखभाल प्रावधानों पर निर्भर है जिससे कि अत्यधिक वित्तीय बोझ पड़ता है। अतः यह आवश्यक है कि स्वास्थ्य देखभाल विशेषकर ग्रामीण क्षेत्रों में सार्वजनिक क्षेत्रक क्षमता का विस्तार किया जाए। दसवीं योजना के दौरान शुरु किए गए राष्ट्रीय ग्रामीण स्वास्थ्य मिशन से ग्रामीण क्षेत्रों में स्वास्थ्य देखभाल सुविधाओं के विस्तार में महत्वपूर्ण पहल हुआ है। जबकि अतिरिक्त अवसंरचना सृजित हुई है, कार्मिकों की व्यापक कमी हुई है विशेषकर ग्रामीण स्वास्थ्य सुविधाओं में विशेषज्ञों कीय जो यह दर्शाता है कि स्वास्थ्य में प्रशिक्षित मानव संसाधन की काफी कमी है तथा अपेक्षित संख्या में डाक्टरों को प्रशिक्षित करने हेतु नए मेडिकल कालेजों की स्थापना करने में वर्षों लग जाते हैं।

1.58. उच्च आय समूह वाले व्यक्तियों की निजी स्वास्थ्य देखभाल के प्रति वरीयता को देखते हुए सार्वजनिक स्वास्थ्य देखभाल प्रणाली का विस्तार किया जाना चाहिए जिससे कि अधिकांश नागरिकों की स्वास्थ्य संबंधी आवश्यकताओं को पूरा किया जा सके। अतः बारहवीं योजना में राष्ट्रीय ग्रामीण स्वास्थ्य मिशन को बदलकर राष्ट्रीय स्वास्थ्य मिशन किया जाएगा जिसमें ग्रामीण व शहरी दोनों क्षेत्र शामिल होंगे। ग्रामीण निवासियों के विपरीत शहरी क्षेत्रों के लोगों की निजी स्वास्थ्य देखभाल प्रदाताओं तक पहुंच है, परंतु निजी स्वास्थ्य देखभाल मंहगे है तथा अधिकांश शहरी निवासी, विशेषकर झुग्गी झोपड़ी में रहने वाले इसे वहन नही कर सकते। गरीबों हेतु शहरी स्वास्थ्य पहल राष्ट्रीय स्वास्थ्य मिशन का एक महत्वपूर्ण घटक होगा जिसमें चयनित निम्न आय वाले शहरी क्षेत्रों में सार्वजनिक क्षेत्रक प्राथमिक देखभाल सुविधाएं प्रदान की जाएगी। इसके लिए केन्द्र और राज्य व शहरों के बजट से सार्वजनिक क्षेत्र में अतिरिक्त संसाधनों की आवश्यकता होगी।

1.59. देश में स्वास्थ्य देखभाल व्यावसायिकों की व्यापक कमी है और यदि हमें इस क्षेत्रक में अपनी प्रतिबद्धताओं को पूरा करना है तो व्यावसायिकों की संख्या तेजी से बढ़ानी होगीं। अतः स्वास्थ्य देखभाल व्यावसायिकों के शिक्षण और प्रशिक्षण कार्यक्रम के विस्तार की, विशेष रुप से सार्वजनिक क्षेत्र के संस्थानों में योजना अवश्य बनानी चाहिए।

1.60. अंततः अच्छे स्वास्थ्य परिणामों की प्राप्ति मात्र उपचारात्मक देखभाल करने का मामला नहीं है। हमे सार्वजनिक स्वास्थ्य पर ज्यादा ध्यान देने की आवश्यकता है जिन्हें उपेक्षा के कारण परम्परागत रुप से नुकसान हुआ है। हमें स्वच्छ पेयजल और स्वच्छता के प्रावधान पर भी अधिक ध्यान देने की आवश्यकता है जिससे कि बेहतर स्वास्थ्य में पर्याप्त योगदान हो सके। सौ वर्ष पहले औद्योगिकीकृत देशों का यही अनुभव था, तथा आज यही हमारे लिए सत्य है।

1.61. स्वास्थ्य नीति का दीर्घावधिक उद्देश्य सार्वजनिक स्वास्थ्य देखभाल (यूएचसी) का प्रबंधन होना चाहिए जिसके द्वारा किसी भी इच्छुक व्यक्ति को एक सुव्यवस्थित स्वास्थ्य देखभाल हकदारी हासिल हो सके। यूएचसी प्रणाली स्थापित करने में समय लगेगा परंतु हमें एक उपयुक्त ढांचे का निर्माण करने की आवश्यकता है।

पेयजल और स्वच्छता

1.62. सुरक्षित पेयजल उपलब्ध कराने की समस्या ग्रामीण क्षेत्रों में विशेष रुप से गंभीर है। उत्तरोत्तर योजनाओं में ग्रामीण पेयजल के कवरेज का विस्तार हेतु कार्यक्रमों पर बल दिया गया है परंतु उन्हे अपेक्षित सफलता नही मिली है। छूट गए आवासों की संख्या बढ़ती जा रही है तथा कई क्षेत्रों में जल गुणवत्ता की गंभीर समस्या है। एक समस्या यह है कि ग्रामीण पेयजल स्कीमें राष्ट्रीय जलीय प्रबंधन प्रणाली के साथ पूरी तरह एकीकृत नही है। सिंचाई के लिए भू–जल के अत्यधिक निकासी के कारण जल स्तर नीचे जा रहा है जिसके कारण पेय जल हैण्डपम्प सूख रहे हैं तथा जल स्तर कम होने से लवणता व रासायनिक प्रदूषण भी हो रहा है व जल पीने योग्य नहीं रह पाता है। जलीय प्रबंधन हेतु समग्र पहल के रुप में ग्रामीण पेयजल समस्या का धारणीय समाधान करने की आवश्यकता है।

1.63. स्वच्छता एवं स्वच्छ पेयजल स्वास्थ्य के महत्वपूण निर्धारक तत्व हैं तथा एक दूसरे के पूरक हैं। समुचित स्वच्छता के बगैर प्रदूषित पेयजल के कारण डायरिया जैसी बीमारी कम नही होगी तथा पर्याप्त जलापूर्ति के बगैर उन्नत स्वच्छता आमतौर पर संभव नही है। अतः यह आवश्यक है कि स्वच्छता के लिए आवास पहल अपनाया जाए तथा प्रत्येक आवास में जलापूर्ति को स्वच्छता से एकीकृत करने को संस्थागत बनाया जाए। शहरी क्षेत्रों में भी स्वच्छता की समस्या गंभीर है क्योकि राज्य की राजधानियों एवं प्रमुख मैट्रो सहित लगभग सभी शहरों में अधिकांश आबादी (दिल्ली में 45 प्रतिशत) सीवर प्रणाली से नही जुड़ी है। शहरी विकास के लिए जल, शौचालय एवं सीवरेज को समग्र रुप से ध्यान में रखते हुए उच्च प्राथमिकता जी जानी चाहिए।

सूचना प्रौद्योगिकी के माध्यम से मानव क्षमता में वृद्धि

1.64. सूचना की पहुंच का सामर्थ्य एक महत्वपूर्ण संस्थागत क्षमता है जिसे हमें विकसित करने की आवश्यकता है। तुरंत सूचना उपलब्ध न होने से अक्सर लोगों के कल्याण में सुधार के प्रयासों में बाधा आती है। साक्षरता एवं शिक्षा तथा विकास एवं सूचना प्रौद्योगिकी में सुधार होने से हम लोगों को जन्म के संबंध में दस्तावेज, भूमि दस्तावेज, उपयोगिताओं हेतु भुगतान के दस्तावेज आदि सहित सूचना उपलब्ध कराने की स्थिति में है।

1.65. मोबाइल टेलीफोनी में ग्रामीण क्षेत्रों सहित तीव्र विस्तार हुआ है जिससे कई नई–नई चीजे सुलभ हुई है जो आम नागरिकों को प्रत्यक्ष लाभ प्रदान करती है। देश के कुछ भागों में किसान व्यावसायिक सेवाएं ले पा रहे है जिससे एसएमएस के माध्यम से उन्हें किसी विशेष फसल के बारे में संगत सूचना मिल जाती है। बंगलुरु में नगरपालिका अस्पताल में जन्मे नवजात शिशुओं के माता–पिता को एसएमएस अलर्ट के माध्यम से यह सूचना मिल जाती है कि अगला टीका कब लगाना है। इस प्रकार के नव प्रवर्तनों को बढ़ावा देने की आवश्यकता है। मानव क्षमता का दूसरा महत्वपूर्ण पहलू है सरलता एवं प्रभाविता से पहचान स्थापित करना। आधार परियोजना एक प्रमुख कदम है जो पहचान स्थापित करने हेतु बायोमिट्रीक आंकड़े हासिल करते हुए विशिष्ट पहचान संख्या (यूआईडी) प्रदान करता है। पहचान स्थापित करना कठिन कार्य है, विशेषकर गरीबों के लिए जब वे अपने मूल स्थान से स्वेच्छा से अथवा मजबूरी में किसी अन्यत्र स्थान पर जाते है। यूआईडी परियोजना में पहले ही 200 मिलियन व्यक्तियों का नामांकन हो चुका है। 51 जिलों में एमजीएनआरईजीएस के अंतर्गत इलैक्ट्रानिक रुप से नो फ्रिल बैंक अकाउण्ट में भुगतान करने हेतु आधार के उपयोग का प्रयोग शुरु हो चुका है जिसे मोबाइल फोन के माध्यम से जाना जा सकता है। शीघ्र ही लोगों को सीम रहित इलैक्ट्रानिक रुप से भिन्न प्रकार के सरकारी भुगतान करने में आधार प्लेटफार्म का व्यापक प्रयोग संभव हो सकेगा जिससे कि दुरुपयोग व लीकेज की समस्या से बचा जा सके।

1.66. आधार प्लेटफार्म से पीडीएस के माध्यम से सब्सिडाइज्ड सामग्री की वास्तविक डिलीवरी से यदि आवश्यक हुआ तो नगद

भुगतान प्रणाली अपनाई जा सकती है। कुछ राज्यों ने संकेत दिया है कि वे इस प्रकार के परिवर्तन के इच्छुक हैं। बारहवीं योजना अवधि के अंत तक, प्रमुख सब्सिडियों और लाभार्थी भुगतानों को आधार से जुड़े नकद अंतरण तक ले जाने के लक्ष्य को अपनाना, कुशलता की दिशा में एक बड़ा कदम होगा।

संस्थागत क्षमताओं का विकास

1.67. बारहवीं योजना में हमारी संस्थाओं से बढ़ती हुई जटिलता एवं आवश्यक कार्यो को पूरा करने हेतु उनकी क्षमता विकसित करने पर भी ध्यान देने की आवश्यकता है। शासन के तीन स्तंभ है (विधायिका, कार्यपालिका एवं न्यायपालिका) तथा तीन स्तरीय सरकार है (केन्द्र, राज्य और पंचायत/शहरी स्थानीय निकाय)। अपने अधिदेश को पूरा करने में इन संस्थाओं की क्षमता में व्यापक सुधार करने की आवश्यकता है। पीआरआई और यूएलबी स्तर पर काफी अंतर देखे जा सकते हैं जहां प्रशिक्षित कार्मिकों की कमी है तथा प्रशिक्षण प्रणाली अपर्याप्त भी है। उच्च स्तर पर भी यही स्थिति है जहां प्रशिक्षित कार्मिक उपलब्ध हो सकते हैं परंतु प्रणाली की क्षमता खराब है क्योंकि वे निष्पादन आधारित नहीं है तथा अभिप्रेरणा की कमी है।

कार्यान्वयन क्षमता

1.68. बारहवीं योजना तैयार करते समय योजना आयोग द्वारा लिए गए परामर्श से यह मालूम हुआ कि सार्वजनीन अवधारणा यह है कि कार्यान्वयन क्षमता सभी सरकारी स्तरों पर कम है। सरकार उस कार्यकुशलता से बिल्कुल की कार्य नही कर रही है जितनी की 21वीं सदी के लिए आवश्यक है। कुछ हद तक यह विभिन्न स्तरों पर प्रेरणा की कमी के कारण है, परंतु प्रमुख रुप से यह सरकारी प्रणालियों एवं प्रक्रियाओं के कारण वह जो कि एक लम्बी प्रक्रिया होती है। ये परिणामोन्मुखी नही है। जबावदेही को प्रक्रिया से जोड़ कर देखा जाता है तथा बेहतर परिणाम पाने के लिए प्रक्रिया से हटने का कोई पुरस्कार नही है। जब तक इस कमजोरी को दूर नही कर लिया जाता है मात्र अधिक निधियों से पुराने तरीको से कार्यक्रमों के कार्यान्वयन में सफलता नही मिलेगी।

1.69. जहां कार्यान्वयन किसी एक मंत्रालय पर निर्भर है, वहां निम्नलिखित समस्याएं है (i) नीतियों एवं कार्यक्रमों के आकार के साक्ष्य आधारित विश्लेषण पर अपर्याप्त ध्यान (ii) अपर्याप्त समवर्ती मूल्यांकन जो हासिल किए गए परिणामों के बारे में फीडबैक दे सके तथा (iii) परिणामों में सुधार के लिए आवश्यक प्रणालीबद्ध परिवर्तन के लिए इच्छा एवं योग्यता की कमी। यह ज्ञात होने के बाद भी कि प्रक्रिया में परिवर्तन से लाभ होगा, परिवर्तन होने में बहुत समय लग जाता है। समस्या कई गुनी तब हो जाती है जब किसी कार्यक्रम की प्रभावोत्पादकता पर कार्रवाई जैसा कि अक्सर होता है, विभिन्न मंत्रालयों द्वारा करना होता है। अंतर मंत्रालयी विचार–विमर्श में बहुत समय लगता है, और उससे भी महत्वपूर्ण कि वे समस्या के समाधान के प्रति तत्परता नही दिखाते है। ऐसा इसलिए है कि प्रत्येक मंत्रालय एक निश्चित ढांचे में काम करता है, अपने ही नियम और प्रक्रिया को लागू करता है। यदि संभव हो तो सहमति के लिए प्रयास होना चाहिए तथा समग्र समस्या समाधान पहल के हित में किसी मंत्रालय द्वारा लिए गए निर्णय का कम से कम प्रतिरोध होना चाहिए। सहमति के आधार पर विवादास्पद मुद्दों का समाधान करना निश्चय ही वांछनीय है यदि संभव हो तो, परंतु एक सीमा के बाद यह संभव नही हो सकता तथा विवादास्पद समाधान के लिए कुछ प्रणालियों की आवश्यकता है।

1.70. इन समस्याओं के कारगर समाधान के लिए सरकारी निर्णय निर्धारण प्रणाली को पुनः आकार देने की आवश्यकता हो सकती है। आर्थिक सुधारों के कारण नए परिवेश में निजी क्षेत्रकों में व्यापक स्तर पर प्रणालियों को नए तरीके से तैयार किया गया है। ऐसी ही रीडिजाइन सरकारी प्रणालियों के लिए भी आवश्यक है। उदाहरण के लिए, बड़ी अवसंरचना परियोजनाओं की प्रोसेसिंग को तीव्र करने का एक तरीका यह है कि प्रधान मंत्री की अध्यक्षता में राष्ट्रीय निवेश अनुमोदन बोर्ड स्थापित कर दिया जाए जिसमें सभी महत्वपूर्ण मंत्री शामिल हों और कार्य संपादन नियमावली को संशोधित कर दिया जाए ताकि सभी मंत्रालयों की राय को ध्यान में रखते हुए बोर्ड द्वारा एक निश्चित आकार से बड़ी अवसंरचना परियोजनाओं के लिए विभिन्न अधिनियमों के तहत सांविधिक मंजूरियां दी जा सकें। कार्य आवंटन नियमावली में यह प्रावधान किया जा सकता है कि ऐसी मंजूरियों को, बोर्ड के निर्णय के आधार पर, मंत्रिमंडल सचिवालय द्वारा जारी किया जाएगा। यह एक क्रमबद्ध परिवर्तन होगा जो जटिल मुद्दों पर समग्र रूप से विचार सुनिश्चित करेगा और निर्णय लेने की प्रक्रिया को अत्यंत तीव्र कर देगा। अध्याय 6 में अनेक अन्य परिवर्तनों पर चर्चा की गई है जिसमें विशेष रूप से, क्षेत्र की जानकारी रखने वाले उद्योग विशेषज्ञों पर और अधिक निर्भरता की जरूरत भी शामिल है।

सार्वजनिक सेवाओं की डिलीवरी

1.71. कई राज्यों में सार्वजनिक सेवाओं की डिलीवरी कमजोर संस्थागत क्षमता के कारण बाधित है। अतः यद्यपि सरकारी अस्पतालों में प्रशिक्षित डाक्टर व नर्स मिलेंगे, सरकारी स्कूलों में प्रशिक्षित शिक्षक मिलेंगे परंतु इनमे से किसी भी संस्थान में प्रशासक ऐसा नही होगा जो स्वास्थ्य देखभाल अथवा शैक्षिक संस्था में प्रशिक्षित हो। सार्वजनिक सेवा डिलीवरी का प्रबंधन करने के लिए अधिकांश ज्ञान

कार्य करने से प्राप्त होते है जो कि संस्थान के प्रभावी कार्यकरण के लिए जरुरी है।

1.72. सार्वजनिक सेवा डिलीवरी में सुधार हेतु पहला कदम है–सार्वजनिक सेवाओं से लोगों की संतुष्टि के माप हेतु मैकेनिज्म तैयार करना तथा परिणामों को सार्वजनिक करना। बंगलुरु स्थित सार्वजनिक मामले केन्द्र ने सार्वजनिक अवधारणा के प्रणालीबद्ध सर्वेक्षण कराने अथवा विभिन्न प्रकार की सार्वजनिक सेवाओं जैसे जल व स्वच्छता, स्वास्थ्य एवं शिक्षा, सार्वजनिक परिवहन, पुलिस आदि से जनता की संतुष्टि हेतु उत्कृष्ट कार्य किया है। समय–समय पर कराए गए ऐसे सर्वेक्षणों से राजनीतिक नेतृत्व के लिए महत्वपूर्ण सूचना मिलती है कि कहां निष्पादन खराब है और कहां सुधार है।

1.73. नागरिक संगठनों की व्यापक सहभागिता से भी इन समस्यामूलक क्षेत्रकों पर सरकार का ध्यान केन्द्रण करने में सहायता मिल सकती है। दिल्ली सरकार की भागीदारी कार्यक्रम रेजीडेंट वेलफेयर एसोसएिशन के माध्यम से चलाई जा रही नागरिकों की सहभागिता एवं परामर्श का एक उदाहरण है।

विनियामक संस्थान

1.74. वह क्षेत्र जहां संस्थागत क्षमता की कमी महसूस की जाने लगी है वह है हमारी नियामक निकायों की विस्तार प्रणाली। जहां पहले सरकारी क्षेत्रों का वर्चस्व था उन्हें अब निजी प्रचालकों के लिए खोल दिया गया है जिनमें आपस में अथवा वर्तमान सरकारी प्रचालकों में अक्सर प्रतिस्पर्धा होती रहती है, प्रणाली में प्रचालकों के कार्य पर निगरानी करने हेतु स्वतंत्र विनियामक संस्थानों की स्थापना की गई है। विनियामक संगठनों की प्रभावोत्पादकता संस्थान चलाने वाले कार्मिकों की गुणवत्ता एवं उन्हें दी गई स्वतंत्रता पर निर्भर करती है। कई नियामक एजेंसियों में पूर्व नौकरशाह कार्यरत है तथा डोमेन ज्ञान वाले विशेषज्ञों को पर्याप्त रुप में शामिल नही किया गया है। विभिन्न क्षेत्रकों में स्थापित नियामक प्रणाली की पूरी तरह समीक्षा करने की आवश्यकता है जिससे कि वर्तमान कमियों की पहचान कर उसमे सुधार करने के तरीकों का सुझाव प्राप्त हो सके। आगामी दो पंचवर्षीय योजनाओं में विश्व अर्थव्यवस्था में तीव्र विकास देखने को मिलेगा तथा भारतीय अर्थव्यवस्था के ढांचे में भी, अतः यह विशेष रुप से उचित है।

अवसंरचना विकास

1.75. अवसंरचना अर्थव्यवस्था के अन्य क्षेत्रकों के लिए बुनियादी सहायता प्रणाली प्रदान करती है तथा उनकी क्षमताओं का सर्वत्र विस्तार करती है। अवसंरचना की एक विशिष्ट विशेषता यह है कि मांग और आपूर्ति के बीच अंतराल को आयात से पूरा किया जा सकता है, परंतु अवसंरचना में कमियों को आयात के माध्यम से पूरा नही किया जा सकता। अवसंरचना आवश्यकताओं को घरेलू अर्थव्यवस्था में संगत अवसंरचना के क्षमता के विकास के माध्यम से ही पूरा किया जा सकता है। इसके अलावा, अच्छी गुणवत्ता की अवसंरचना न केवल तीव्र विकास के लिए महत्वपूर्ण है बल्कि यह भी सुनिश्चित करने के लिए है कि विकास समावेशी हो। पूरे देश में फैले छोटे व्यापार के लिए अच्छी गुणवत्ता और विश्वसनीय अवसंरचना सेवाओं तक पहुंच की आवश्यकता है जिससे कि प्रभावी तरीके प्रतिस्पर्धा हो सके। बड़े उद्यम अक्सर अपनी अवसंरचना तैयार कर सकते है क्योंकि वे अपनी कैप्टिव मजबूती के कारण ऐसा कर सकते है तथा बड़े होने के नाते प्रारंभ मे ही बेहतर अवसंरचना वाले स्थानों पर जा सकते है अर्थात पत्तनों नजदीक और परिवहन केंद्रो के नजदीक। दूसरी तरफ छोटे उद्यम देश भर में फैले हैं तथा उन्हें सामान्य अवसंरचना उपलब्धता पर निर्भर करना पड़ता है। सफलतापूर्वक प्रतिस्पर्धा करने की उनकी क्षमता, जो कि रोजगार सृजन एवं समावेशी विकास के लिए महत्वपूर्ण है, इस अवसंरचना की गुणवत्ता पर निर्भर करती है।

विद्युत

1.76. सभी प्रकार के आर्थिक कार्यकलापों में विद्युत एक महत्वपूर्ण इनपुट है तथा तीव्र व समावेशी विकास तभी संभव है जब विश्वसनीय विद्युत सर्वत्र उपलब्ध कराया जाए। यह न केवल कृषि, उद्योग और वाणिज्यिक व्यापार के लिए आवश्यक है बल्कि बुनियादी घरेलू प्रकाश के लिए भी जरुरी है। विद्युतीकरण वाले घरों का प्रतिशत वर्ष 2001 में 56 से 2011 में 67 तक बढ़ा है परंतु ऐसा होने पर भी 45 प्रतिशत ग्रामीण परिवारों के पास बिजली कनेक्शन नहीं है। इसके अतिरिक्त, शहरी क्षेत्रों में भी लोग सुनिश्चित बिजली के प्रति आशावान नहीं हैं।

1.77. ग्यारहवीं योजना में विद्युत सृजन क्षमता में 55,000 मेगा वॉट की वृद्धि हुई, जो यद्यपि लक्ष्य से कम थी, परंतु दसवीं योजना की तुलना में दुगुनी वृद्धि थी। बारहवीं योजना का लक्ष्य अतिरिक्त 88,000 मेगा वाट जोड़ना है। अतिरिक्त क्षमता का यह स्तर अव्यवहार्य नहीं है परंतु विद्युत की प्रदायगी ईंधन उपलब्धता की गंभीर समस्याओं के समाधान पर निर्भर है, जो कोयला और प्राकृतिक गैस के संबंध में उत्पन्न हुई हैं। ईंधन उपलब्धता में अनिश्चितता निवेश कार्यकलापों पर गंभीर रुप से प्रभाव डालेगी क्योंकि लगभग आधी सृजन क्षमता निजी क्षेत्रकों से मिलने की अपेक्षा है तथा यदि ईंधन आपूर्ति के मुद्दें का समाधान नहीं कर लिया जाता है तो उन्हें वित्त पोषण

हासिल नहीं हो सकता। समस्या यह नही है कि ईंधन उपलब्ध नही कराया जा सकता है क्योंकि घरेलू कमियों को आयात से पूरा किया जा सकता है परंतु चूंकि आयात अत्यधिक मूल्यों पर होता है अतः विद्युत उत्पादक स्वीकार करने में हिचकते हैं। इस समस्या का, मूल्य की किसी प्रकार की पूलिंग द्वारा समाधान किया जा सकता है और इसका पता लगाया जाना चाहिए। विद्युत क्षेत्रक की वितरण खण्ड की वित्तीय कमजोरियों को दूर करना भी समान रुप से आवश्यक है। लगभग सभी वितरण कंपनियां उच्च पारेषण एवं वितरण घाटे तथा बढ़ती हुई लागत के अनुरुप टैरिफ बढ़ाने में अनिच्छा के कारण वित्तीय घाटे में चल रही है। कई वर्षों बाद कुछ कंपनियों ने हाल ही में टैरिफ बढ़ाए है जो कि स्वागत योग्य है परंतु अधिकांश को अभी ऐसा करना है। इन समस्याओं से निपटने के लिए कुछ महत्वपूर्ण नीतिगत सुधारों के बारे में खण्ड 1.6 में बताया गया है।

1.78. नवीकरणीय ऊर्जा विशेषकर पवन ऊर्जा और सौर ऊर्जा परम्परागत फासिल ईंधन आधारित विद्युत ऊर्जा के संभावित विकल्प है। वर्तमान में ये अधिक महंगे है परंतु विश्वभर में फॉसिल ईंधन के मूल्यों के रुझान को देखते हुए इन क्षेत्रकों में प्रौद्योगिकीय विकास हेतु इन क्षेत्रकों के योगदान का विस्तार करने की आवश्यकता है। अध्याय 10 में इसके विस्तार पर विस्तृत चर्चा की गई है।

दूरसंचार

1.79. दूर संचार में काफी विस्तार हुआ है तथा विगत कई वर्षों में अधिक निवेश होने से टेली–घनत्व में 2008 में 26.2 प्रतिशत से 2012 में 78.7 प्रतिशत तक वृद्धि हुई है। विस्तार निजी क्षेत्र के सेवा प्रदाताओं के कारण हुआ है जिनका मार्केट शेयर (कनेक्शन के मामले में) इस अवधि में 73.5 प्रतिशत से 86.3 प्रतिशत तक बढ़ा है। दुर्भाग्यवश वर्ष 2008 में स्पेक्ट्रम के आवंटन में कथित अनियमितता का मुद्दा सार्वजनिक चर्चा में छाया रहा। 2008 में आवंटित कई 2जी लाइसेन्स एवं उससे जुड़े स्पेक्ट्रम को 2011 में सुप्रीम कोर्ट द्वारा रद्द कर दिया गया तथा न्यायालय ने सरकार को स्पेक्ट्रम की नीलामी का आदेश दिया। नीलामी की यह प्रक्रिया अभी चल रही है तथा जनवरी, 2013 तक पूरी कर लेने की आशा है।

1.80. दूरसंचार में आगे भी विस्तार की अपार संभावनाएं है, विशेषकर 3जी सेवाएं शुरु होने के बाद से। दूरसंचार तथा इंटरनेट कनेक्टिविटी से जुड़ी वृद्धि स्पष्ट रुप से उत्पादकता वृद्धि का विकास है और भारत को इससे लाभ होने वाला है। पहले ही, आम लोगों के लाभ के लिए कई प्रकार सेवाएं उपलब्ध है। कम शुल्क में एक किसान किसी सेवा प्रदाता से नजदीकी बाजारों में विपणन मूल्यों पर एसएमएस के माध्यम से ग्राहक विशिष्ट सूचना परिस्थितियों के बारे में तथा किसान के हित वाले विशेष फसल में संभावित रोग के बारे में जानकारी प्राप्त कर सकता है। एजेण्ट के रुप में काम करने वाले व्यापार संवाददाता के माध्यम से मोबाइल बैंकिंग गावों में आम आदमी को ईट गारे से बने बैंक ब्रांचों से दूर वस्तुतः सीधे साधारण बैंकिंग सेवा उपलब्ध करा रही है।

1.81. मोबाइल टेलीफोन तक पहुंच बढ़ाने के लिए सृजनात्मक रुप से सार्वभौमिक सेवा दायित्व निधि (यूएसओएफ) के प्रयोग की गुंजाइश है, जिसमें ग्रामीण क्षेत्रों में अल्प लाभ वालों को विभिन्न सेवाओं की डिलीवरी हेतु प्लेटफार्म उपलब्ध कराना विशेष रुप से शामिल है।

सड़क परिवहन

1.82. परिवहन क्षेत्र, सड़क क्षेत्र, राष्ट्रीय राजमार्ग विकास तथा ग्रामीण सड़कें दोनो में कुछ प्रगति हुई है परंतु अभी काफी कुछ करने की आवश्यकता है। बनाओ–चलाओ–हटाओ (बीओटी) आधार पर टोल रोड के निर्माण के लिए राष्ट्रीय राजमार्ग विकास कार्यक्रम को पीपीपी के सहयोग से पुरजोर तरीके से तेजी लाने के प्रयास किया जाना चाहिए। राज्यों को भी सभी क्षेत्रों में अच्छी गुणवत्ता वाली सम्पर्कता उपलब्ध कराने के लिए अपने सड़क कार्यक्रमों का विस्तार करने की आवश्यकता है। सड़क विकास के माध्यम के रुप में कई राज्यों ने पीपीपी को सफलतापूर्वक अपनाया है।

1.83. जम्मू व कश्मीर, पूर्वोत्तर और अन्य विशेष श्रेणी राज्यों में सड़क सम्पर्कता में तेजी लाने हेतु विशेष प्रयास किए जाने चाहिए। ग्यारहवीं योजना में एसएआरडीपीएनई में अच्छी शुरुआत की गई है तथा इसे बारहवीं योजना में और भी मजबूती से लागू करने की आवश्यकता है। पूर्वोत्तर की सम्पर्कता में वृद्धि उच्च प्राथमिकता होनी चाहिए। वाम पंथ उग्रवाद से प्रभावित क्षेत्रों के लिए भी यह सही है।

रेलवे

1.84. रेलवे में क्षमता विकास करना बारहवीं योजना की दूसरी तत्काल प्राथमिकता है। रेलवे में क्षमता काफी पीछे है जो कि विशेषकर ऊर्जा क्षमता में सुधार, और हमारे विकास में कार्बन के उपयोग को कम करने हेतु सड़क परिवहन से रेल परिवहन परिवर्तन की आवश्यकता को देखते हुए आवश्यक और संभाव्य है। प्रणाली के विस्तार के साथ–साथ प्रौद्योगिकीय आधुनिकीकरण, सुरक्षा पर अधिक ध्यान तथा वित्तीय व्यवहार्यता सुनिश्चित करने हेतु उपाय अवश्य होने

चाहिए। कई महत्वपूर्ण नई पहलें है जिसे बारहवीं योजना के दौरान साकार किया जाएगा। इनमें पश्चिमी और पूर्वी फ्रेट कॉरीडोर, मुम्बई एलिवेटिड रेल कॉरीडोर और हाई स्पीड कॉरीडोर जैसी फ्लैगशिप परियोजनाएं शामिल है। संसाधनों की कमी देखते हुए, इस क्षेत्रक में अध्याय 9 में दिए गए के अनुसार पीपीपी पहलों के लिए प्रयास करने की आवश्यकता तथा व्यापक दायरा भी है।

हवाई अड्डा

1.85. सम्पर्कता हेतु हवाई अड्डा मूलभूत अवसंरचना का विकास जरूरी है, विशेषकर जब हवाई यात्रा की मांग तीव्रता से जोर पकड़ने की संभावना बढ़ेगी। ग्यारहवीं योजना में इस क्षेत्र में आमूल चूल परिवर्तन हुए है जिसमें पीपीपी मोड में निजी भागीदारी से चार नए हवाईअड्डों (बंगलुरु, हैदराबाद, दिल्ली और मुम्बई) का विकास, भारतीय विमानपत्तन प्राधिकरण (एएआई) (चैन्नै और कोलकाता) द्वारा दो मेट्रो हवाईअड्डों का उन्नयन तथा एएआई द्वारा 35 नॉन मेट्रो हवाईअड्डों का विकास हुआ है। बारहवीं योजना में जहां तक संभव हो सके पीपीपी के सृजनात्मक प्रयोग से और अधिक विस्तार करने की आवश्यकता है। बारहवीं योजना में कई परियोजनाएं शुरु की जानी है। इनमें नवी मुम्बई हवाईअड्डा, गोवा हवाईअड्डा तथा कन्नौर हवाईअड्डा शामिल है। हमारे कुछ हवाईअड्डों को अंतरराष्ट्रीय केन्द्र बनाए जाने की नीति पर भी विचार किया जा रहा है।

पत्तन

1.86. अंतरराष्ट्रीय व्यापार सम्पर्कता के लिए पत्तन एक अन्य महत्वपूर्ण क्षमता है। जहां तक प्रमुख पत्तन का सवाल है इस क्षेत्र में ग्यारहवीं पंचवर्षीय योजना में प्रगति निराशाजनक थी क्योंकि प्रस्तावित पीपीपी विस्तार योजनाओं के लिए कई संस्थागत मुद्दों का समाधान किया जाना था। अब इनका समाधान कर लिया गया है और आशा की जाती है कि बारहवीं योजना में अधिक विस्तार हो सकेगा। इसके विपरीत लघु पत्तनों (जो राज्य सरकारों के अंतर्गत आती है) ने ग्यारहवीं योजना में काफी प्रगति की हैं। बारहवीं योजना में पीपीपी आधार पर प्रमुख पत्तनों के पत्तन क्षमता का प्रभावशाली तरीके से विस्तार आवश्यक है। इसके अतिरिक्त, केन्द्र सरकार द्वारा दो पूर्णतः नए पीपीपी पत्तनों का प्रस्ताव किया गया है, एक पश्चिम बंगाल में तथा दूसरा आंध्र प्रदेश में।

अवसंरचना का वित्तपोषण

1.87. आमतौर पर अवसंरचना विकास सार्वजनिक क्षेत्रक के माध्यम से होते है। तथापि, सार्वजनिक संसाधनों की कमी को देखते हुए, अवसंरचना विकास में निजी भागीदारी को शामिल करने का प्रयास किया गया है। 31 मार्च 2012 की स्थिति के अनुसार, 390 पीपीपी परियोजनाएं अनुमोदित की गई है जिसमें 3,05,010 करोड़ रुपये का निवेश हुआ है। विश्व बैंक द्वारा प्रकाशित एक रिपोर्ट के अनुसार, वर्ष 2006 से भारत में पीपीपी का सर्वोच्च निवेश हुआ है तथा विकासशील देशों में वर्ष 2011 के पूर्वार्द्ध में कार्यान्वित की गई नई पीपीपी परियोजनाओं में लगभग आधा निवेश हुआ है। एशियन विकास बैंक रिपोर्ट में कहा गया है कि पीपीपी परियोजनाओं के कार्यान्वयन में भारत विकसित अर्थव्यवस्थाओं जैसे दक्षिण कोरिया और जापान की श्रेणी में आता है तथा भारत में तैयार किए गए तथा हमारी पीपीपी परियोजनाओं में प्रयोग किए जाने वाले मॉडल रियायत समझौतों की प्रसंशा भी की गई है।

1.88. बारहवीं योजना में अवसंरचना क्षेत्रकों में कुल निवेश 55.7 लाख करोड़ रु. अनुमानित किया गया है जो वर्तमान विनिमय दरों पर लगभग एक ट्रिलियन डॉलर के बराबर है। अवसंरचना में कुल निवेश में निजी निवेश का शेयर दसवीं योजना में 22 प्रतिशत से बढ़कर ग्यारहवीं योजना में 36.61 प्रतिशत हो गया है। यदि अवसंरचना निवेश के लक्ष्य को पूरा किया जाना है तो बारहवीं योजना के दौरान लगभग 48 प्रतिशत की वृद्धि करनी होगी। श्री दीपक पारेख की अध्यक्षता में गठित की गई अवसंरचना संबंधी उच्च स्तरीय समिति द्वारा भी इन अनुमानों का समर्थन किया गया है। तथापि, समिति ने अपने अनुमानों को विभिन्न नीतिगत पहलों पर निर्भर किया है जो इस स्तर का निवेश सुनिश्चित करने के लिए सरकार को करनी होंगी।

1.89. सामाजिक क्षेत्रकों के मानव विकास एवं जीवन गुणवत्ता पर प्रभाव को देखते हुए उनके विकास पर बारहवीं योजना में विशेष बल देने की आवश्यकता है। अन्य अवसंरचना मामलों के विपरीत, सामाजिक क्षेत्रक में पीपीपी का प्रयोग अधिक सीमित रहा है। कई राज्यों ने स्वास्थ्य एवं शिक्षा में पीपीपी का प्रयोग किया है। केन्द्र सरकार ने पीपीपी पद्धति से 2500 मॉडल स्कूलों की स्थापना करने के लिए अनुमोदन दे दिया है तथा पीपीपी के माध्यम से 3000 आईटीआई स्थापित करने का प्रस्ताव विचाराधीन है। इन पहलों को बारहवीं योजना में सुदृढ़ किया जाएगा।

1.90. सामाजिक क्षेत्रक में पीपीपी अपनाए जाने से अक्सर सेवाओं के वाणिज्यीकरण के बारे में चिन्ताएं उठती है जबकि आम तौर पर सेवाएं निशुल्क अथवा अत्यधिक सब्सिडाइज्ड दरों पर दी जानी चाहिए। ये चिन्ताएं महत्वपूर्ण है परंतु इनका समाधान सुविचारित रियायत समझौतों एवं कड़ो निगरानी से किया जा सकता है जिससे

कि यह सुनिश्चित हो सके पीपीपी समनुदत्ती अपनी प्रतिबद्धताओं का पालन कर सके। अनुपालन न करने के लिए दण्ड लगाया जाना चाहिए। सामाजिक एवं शहरी क्षेत्रक की परियाजनाओं के लिए पीपीपी को शामिल करते समय पीपीपी स्कीमों के आकार में लोगों की भागीदारी की आवश्यकता तथा मॉनीटरिंग महत्वपूर्ण हो जाती है। अतः कुछ शहरों व राज्यों ने लोग–सार्वजनिक–निजी–भागीदारी (पीपीपीपी) के रुप में सामाजिक एवं शहरी क्षेत्रों में पीपीपी को आकार देना शुरु कर दिया है। यह एक बहुमूल्य नवप्रवर्तन है जिसकी सराहना की जानी चाहिए।

बैंकिंग एवं बीमा की पहुंच

1.91. अवसंरचना के समान वित्तीय सेवाओं की एक सक्षम प्रणाली क्षमताओं का एक प्रमुख सुलभकर्ता है जिसका प्रभाव यह है कि कैसे एक व्यक्ति अपने जीवन चक्र की आवश्यकताओं का बढ़िया तरीके से प्रबंध कर सकता है तथा इसका प्रभाव उद्यमों के कार्यप्रणाली और विकास की संभावनाओं पर भी है। व्यापक रुप से इसका उद्यमशीलता और प्रतिस्पर्धा पर भी प्रभाव है। सभी माप दण्डों में भारत में वित्तीय सेवाएं कम है। 40% से अधिक परिवार बैंकिंग सेवाओं का बिल्कुल ही लाभ नही लेते है। कुल बैंक क्रेडिट बकाया जीडीपी की मात्र 57 प्रतिशत है जबकि ईस्ट एशिया और पेसिफिक में यह 140 प्रतिशत है। बीमा प्रीमियम जीडीपी के 1 प्रतिशत से भी कम है जो कि अंतर्राष्ट्रीय औसत का मात्र लगभग एक तिहाई है। संगठित वित्तीय क्षेत्रक की पहुंच आबादी के बड़े वर्ग तक नही है, यदि कोई पहुंचता भी है तो वे अनौपचारिक वित्तीय ईकाइया होती है जो अपने तरीकों से शर्तो एवं लागत के अनुसार सेवा प्रदान करती है जिसके कारण विकास संभावनाएं धीमी पड़ जाती है।

1.92. बीमा उत्पादों की कमी वित्तीय सेवाओं की अल्प आपूर्ति का एक उदाहरण है। यह कोई मामला नही है कि भारतीय अर्थव्यवस्था पर अन्य देशों की तुलना में कम जोखिम है अथवा लाइफ कवर कम महत्वपूर्ण है। बजाय इसके कवर प्रदान करने तथा दावे का आकलन करने की लागत कवर से इतनी अधिक है कि इससे या तो प्रीमियम–कवर अनुपात बहुत अधिक हो जाता है अथवा उपयुक्त बीमा उत्पाद सृजित नही हो पाते। लेखों के आकार के अनुपात में उच्च लेन–देन लागत भी निम्न बैंकिंग कवरेज का मुख्य कारण है तथा यह बीमा की कमी के कारण आंशिक रुप से बैंकों की अत्यधिक जोखिम अवधारणा से दुगुनी हो जाती है। कृषि एवं एमएसएमई के अन्य रुपों में सुविधा खराब है तथा सहकारिता बैंकिंग क्षेत्रक की समस्याओं के कारण पिछले दो दशकों में किसी न किसी तरीके से स्थिति बिगड़ी है।

1.93. हाल के वर्षों में, वित्तीय समावेशन पुनः फोकस में आया है क्योंकि प्रौद्योगिकी (जैसे आईटी अवसंरचना, कोर बैंकिंग नेटवर्क की स्थापना, मोबाइल फोन, उपग्रह फोटो तथा स्वचालित मौसम केन्द्र) से अब समाधान होने लगा है जैसे बैंकिंग संवाददाता और मौसम बीमा जो उपरिलागत में।कटौती करती है तथा आंशिक रुप से सहकारिता के बल पर, एसएचजी–बैंक लिंकेज, संयुक्त देयता समूह अथवा पुरानी प्राथमिक कृषि सहकारिता सोसाइटी को पुनः पुनर्जीवित किया जा रहा है।सहकारी समितियों की अभी भी उधार की व्यापक पहुंच है तथा उनका ज्ञान और जोखिम की क्षमता भी वित्तीय क्षेत्रक के लिए परिसम्पत्ति है, जिसका पूरी तरह से दोहन नहीं किया गया है। इन्हें बारहवीं योजना के दौरान अधिक महत्व दिया जाना चाहिए क्योंकि क्षमता लाभ और असक्रियता की लागत बहुत अधिक हैं। वह क्षेत्र जिस पर सरकार को पहल करनी चाहिए, वह आसान संपार्श्विक तथा सही वास्तविक परिकलनों दोनों के लिए रजिस्ट्री सूचना के उचित डेटाबेसों का सृजन करना है। यूआईडी परियोजना इसमें सहायता कर सकती है किन्तु और भी मूलभूत आवश्यकताएं हैं, जैसे उचित भूमि अभिलेख और सम्पत्ति नाम करना जिन्हें उसी अंतिम परिणाम को पूरा नहीं करना चाहिए क्योंकि पंजीकरण जन्मों और मौतों पर अभिलेख निराशाजनक हैं।

1.94. औद्योगिक क्षेत्रक में लघु फर्मों को नियंत्रित उधार दिया जाता है। भारत में फर्मों का आकार वितरण दर्शाता है कि बहुत सी बड़ी फर्में हैं जैसे कि अन्य देशों में है, किन्तु 100 से 500 कर्मचारियों वाली मध्य दायरे की पर्याप्त फर्में नहीं हैं। इसकी बजाय 50 कर्मचारियों से कम वाले लघु उद्देश्य पर अत्यधिक फर्मों पर ध्यान केन्द्रित किया गया है। इससे सुझाव मिलता है कि हमारी लघु फर्मे ऐसे परिवेश में कार्य न करें जिसमें वे मध्यम श्रेणी को क्रम में रख सकती हैं। एक प्रतिबंध वित्त से संबंधित है। बैंकों तथा अन्य वित्तीय संस्थानों को तीव्र विकास की क्षमता वाले गतिशील उद्यमियों की आवश्यकताओं के लिए अधिक सृजनात्मक होना पड़ेगा। भारतीय बैंकिंग उधार सीमाओं को एक ऐसे तरीके में बढ़ाने के लिए निर्णय नहीं लेती, जिससे कंपनियों के लिए विकास करने की अधिक संभावना हो।

1.95. पूंजी बाजार बड़ी कंपनियों के निधियन का एक महत्वपूर्ण स्रोत रहा है और हाल ही के वर्षों में विदेशी संस्थागत निवेशकों से अर्थव्यवस्था के संविभाग प्रवाहों में मुक्त होने से पूंजी बाजार में महत्वपूर्ण प्रभाव पड़ा है, जहां कंपनियों ने नए निर्गमों के माध्यम से अत्यधिक निधियां जुटायी गई हैं। तथापि, इस व्यवस्था का उपयोग निधि जुटाने के लिए मुख्य रूप से बड़ी कंपनियों द्वारा किया गया है। हमारे पास प्रभावी संस्थान नहीं है जो इक्विटी निधियन को लघु

कंपनियों और स्टार्ट–अप में लगा सके। ज्ञान अर्थव्यवस्था में हमें उद्यम पूंजी निधियों और एंजेल निवेशकों के विकास को प्रोत्साहित करने के लिए अधिक काम करने की आवश्यकता है। योजना आयोग ने एंजेल निवेश और प्रारंभिक उद्यम पूंजी के संबंध में एक समिति नियुक्त की थी जिसने अपनी रिपोर्ट प्रस्तुत कर दी है। समिति ने अनेक सिफारिशें की हैं जिन पर अध्याय 2 में चर्चा की गई है और जिन पर गंभीर विचार किए जाने की आवश्यकता है।

विज्ञान और प्रौद्योगिकी

1.96. विज्ञान और प्रौद्योगिकी (एस एंड टी) राष्ट्रीय योग्यता का एक महत्वपूर्ण पहलू है। विज्ञान विभागों/एजेंसियों ने समाजार्थिक मुद्दों के समाधान में महत्वपूर्ण भूमिका निभायी है। अंतरिक्ष विभाग ने उपग्रह आधारित प्रणाली के माध्यम से प्राकृतिक संसाधनों के प्रबंधन हेतु राष्ट्र व्यापी भूमि उपयोग/भूमि आवरण मैपिंग, राष्ट्रीय शहरी सूचना प्रणाली के लिए विषयक मैपिंग, वन और बंजर भूमि के माप की प्रक्रिया उपलब्ध करायी है, संभावी पेयजल क्षेत्रों का पता लगाने और संभाव्य मत्स्य क्षेत्र और फसल उत्पादन की भविष्यवाणी की है। बारहवीं पंचवर्षीय योजना में पहले की योजनाओं द्वारा सृजित वैज्ञानिक आधार पर कार्य करना चाहिए तथा सृजनात्मक और संगत अनुसंधान तथा नवप्रर्वतन पर बल देने के लिए नई प्रेरणा देनी चाहिए। केन्द्रीय ध्यानकेन्द्रण यह सुनिश्चित करने पर होना चाहिए कि विज्ञान और प्रौद्योगिकी राष्ट्रीय विकास की प्रक्रिया में प्रमुख संचालक बन गया है।

1.97. भारतीय विज्ञान के बारहवीं योजना कार्यक्रमों का लक्ष्य तीन परिणामों पर होना चाहिए:

1. प्रगतिशील विज्ञान में वैश्विक अग्रणी के रूप में उभरने के लिए भारतीय दृष्टिकोण की प्राप्ति,
2. खाद्य सुरक्षा, ऊर्जा तथा पर्यावरणीय आवश्यकताओं जैसी देश की प्रमुख विकासात्मक आवश्यकताओं का समाधान, जल चुनौतियों का समाधान करना तथा वहनीय स्वास्थ्य एक बार आवश्यकताओं के लिए प्रौद्योगिकीय हल उपलब्ध कराने के लिए भारतीय विज्ञान को प्रोत्साहित करना और सुगम बनाना, तथा
3. अच्छी तरह से डिजाइन किए गए नवप्रर्वतन पारिस्थितिकी तंत्र के माध्यम से वैश्विक प्रतिस्पर्धा प्राप्त करना, भारत में स्थापित किए जाने वाले बहु राष्ट्रीय कंपनियों के वैश्विक अनुसंधान केन्द्रों को प्रोत्साहित करना।

1.98. इन उद्देश्यों को प्राप्त करने के लिए यह आवश्यक होगा कि प्रौद्योगिकीय समाधानों, डिजाइन, विकास तथा प्रदायगी के नए मॉडलों के माध्यम से राज्यों तथा समाजार्थिक मंत्रालयों के साथ प्रौद्योगिकी भागीदारी की जाए। बारहवीं योजना अवधि के अंत तक एक प्रबल वैज्ञानिक शक्ति के रूप में उभरने की भारत की आकांक्षा के लिए अतिरिक्त निधियन तथा इसके साथ उपलब्ध संसाधनों को परस्पर जोड़ने और प्रतिस्पर्धा के लिए प्रयास करने की आवश्यकता होगी। भारतीय शोधकर्ताओं को भी दीर्घ वैश्विक अनुसंधान और विकास (आर एंड डी) अवसंरचना तक पहुंच हासिल करनी चाहिए और आवश्यक स्वदेशी योग्यताओं के विकास के लिए दूसरों के साथ कार्य करना चाहिए। हमें विश्वविद्यालयों, निजी तथा सार्वजनिक क्षेत्रक के उपक्रमों तथा वैश्विक अनुसंधान केन्द्रों के साथ सहकार्यता को प्रोत्साहित करने की आवश्यकता है। बारहवीं योजना में वैज्ञानिक अनुसंधान के निधियन के नए मॉडलों का भी प्रयोग करना चाहिए। विभिन्न वैज्ञानिक विभागों के बजट में आवंटित की जा रही सभी सरकारी अनुसंधान निधियों की बजाय, एक नया राष्ट्रीय अनुसंधान कोष सृजित करने का मामला है जो विभिन्न अनुसंधान संस्थानों या संस्थानों के संयोजनों से प्रतिस्पर्धात्मक अनुसंधान प्रस्ताव प्राप्त कर सकते हैं और परियोजना आधार पर अधिक आशाजनक परियोजना को निधि उपलब्ध कराने के लिए इन प्रस्तावों में से चुन सकते हैं। विशेष परियोजनाओं के लिए अनुसंधान निधियन आवधिक सावधानीपूर्वक की गई समीक्षाओं के आधार पर जारी रखना चाहिए जो इस बात की तरफ इशारा करे कि प्रगति संतोषजनक है और सुधारात्मक कदमों का भी सुझाव दे जिनसे सहायता मिल सके।

1.99. विज्ञान और प्रौद्योगिकी के पिछले दशक के प्रयासों ने समाज के विकास में योगदान देने और नागरिकों की जीवन गुणवत्ता में सुधार करने पर अधिक बल दिया है। इन नयी पहलों ने कुछ मामलों में स्वास्थ्य एवं पर्यावरणीय सुरक्षा जैसे मुद्दों से निकले समाज संबंधी प्रतिक्रियाएं भी दी हैं। हाल ही में जेनेटिकली मोडीफाइड (जीएम) फूड तथा न्यूक्लीयर एनर्जी ऐसे दो उदाहरण हैं। बारहवीं योजना में आउटरीच कार्यनीतियों के माध्यम से विज्ञान एवं प्रौद्योगिकी को समाज से जोड़ने में एक प्रभावी संस्थागत ढांचे की परिकल्पना की है। इसे दोनों वैज्ञानिक संस्थानों तथा शैक्षणिक कार्यक्रमों के माध्यम से किया जाना प्रस्तावित है जिनमें गैर सरकारी संगठनों की पहलें शामिल हैं।

प्राकृतिक संसाधनों का प्रबंधन तथा पर्यावरण

1.100. तीव्र और संधारणीय विकास की प्राप्ति प्रभावी ढंग से हमारे प्राकृतिक संसाधनों का प्रबंध करने की हमारी योग्यता पर निर्भर है। भारत उदार रूप से प्राकृतिक संसाधनों से लाभान्वित नहीं है। वास्तव में हम विश्व में प्रति व्यक्ति आधार पर संसाधन उपलब्धता के लगभग

सभी उपायों में न्यूनतम हैं। हाल ही के वर्षों में जिस तरह से हम प्राकृतिक संसाधनों का प्रबंधन करते हैं, उसमें आई कमियों की गंभीर समीक्षा हुई है। भूमि अधिग्रहण, वनों की कटाई, जल के उपयोग, वायु तथा जल प्रदूषण के लिए विरोध तथा प्राकृतिक आपदाओं के प्रति हमारा जवाब अत्यधिक सामान्य हो गया है। ये अब क्षेत्रीय मुद्दे नहीं रहे हैं, ये ऐसे मुद्दे हैं जो मुख्य धारा के ध्यानकेंद्रण की मांग करते हैं और ऐसी चुनौतियां हैं जिनका इस योजना में अवश्य ही समाधान होना चाहिए।

मृदा स्वास्थ्य तथा उत्पादकता

1.101. मृदा मूलभूत प्राकृतिक संसाधनों में एक है जो पृथ्वी पर जीने में सहायता करती है तथा भारत में यह संसाधन वनों की कटाई द्वारा प्राकृतिक कारकों के कारण हुए मृदा अपरदन से जोखिम में है, वनों की कटाई से वनीय क्षेत्र में कमी हो रही है और रासायनिक उर्वरकों का भी अधिक उपयोग किया जा रहा है। मृदा पारिस्थितिकी तंत्र एक सजीव आत्मसंतुलन प्रणाली है और मिश्रित रासायनिक उर्वरकों के अधिक उपयोग से यह संतुलन बिगड़ जाता है जिससे मृदा को प्रायः दीर्घकालिक क्षति होती है।

1.102. रासायनिक उर्वरक, विशेषकर यूरिया, पर अत्यधिक सब्सिडी दी जाती है और उर्वरक सब्सिडी पिछले तीन दशकों में अत्यधिक बढ़ गई है। कुछ उर्वरकों पर इन भारी सब्सिडियों से सब्सिडी वाले रासायनिक उर्वरकों के अति उपयोग को बढ़ावा मिलता है जिसके परिणामस्वरूप सूक्ष्म पोषक तत्वों का अत्यधिक ह्रास और देश के अनेक हिस्सों में मृदा के डीग्रेडेशन हुआ है। रासायनिक उर्वरकों का उपयोग अधिक देखभाल और मृदा के पोषण के लिए अन्य जैविक स्रोतों के उपयोग के अन्य साधनों के साथ किया जाना चाहिए। भावी मार्ग मृदा को पुनर्जीवित करने तथा अत्यधिक मात्रा में जैविक तत्व मिलाकर मृदा के स्वास्थ्य को पुनःस्थापित करने का है। जैविक खादों के उपयोग से धीरे–धीरे रासायनिक उर्वरकों पर निर्भरता कम होगी तथापि, जैविक खादों के उपयोग को बढ़ावा नहीं दिया जाता क्योंकि इनके ऊपर कोई सब्सिडी नहीं होती जबकि यूरिया के ऊपर अत्यधिक सब्सिडी होती है। यह मूल्य विरूपण एक महत्वपूर्ण कारक है जो शिफ्ट को बढ़ावा नहीं देता है।

1.103. अधिक सामान्य रूप से, पारिस्थितिकीय और जैविक उर्वरता के लिए विभिन्न स्कीमों के तहत सहायता दी जाती है और इसलिए इसका सही लाभ प्राप्त नहीं हो रहा है। मृदा उर्वरता प्रबंधन के सर्वोत्तम तरीकों को अपनाये जाने की आवश्यकता है जिनमें उचित मृदा स्वास्थ्य कायम रखने के लिए मृदा में जैविक तत्व की अत्यधिक मिलावट के लिए बायोगैस का निर्माण, हरित खाद फसलों की सोल क्रोपिंग/इंटर क्रोपिंग/बंड क्रोपिंग के माध्यम से बायोगैस का निर्माण नहीं करना, खाद निर्माण, क्षेत्रीय और स्थानीय स्तरों पर जैविक उर्वरकों का उत्पादन, बायो डायनेमिक खेती के तरीकों को अपनाना तथा मृदा के संवर्धन के लिए फसल चक्रों जैसे सघन पौष्टिक तत्व रीसायक्लिंग तरीकों के उपयोग से खेत तथा घरेलू अपशिष्ट पदार्थों की रीसायक्लिंग शामिल है।

भूमि का तर्कसंगत उपयोग

1.104. भूमि एक निश्चित संसाधन है और भारत में प्रति व्यक्ति आधार पर इसकी उपलब्धता अधिकांश देशों की तुलना में कम है। इसके अतिरिक्त देश की आबादी के कम से कम 2040 तक लगातार बढ़ने की संभावना है जबकि भूमि वास्तव में बढ़ते तटीय अपरदन और जलवायु परिवर्तन के कारण बाढ़ आने से कम हो सकती है। इन परिस्थितियों में भूमि का तार्किक और योजनाबद्ध उपयोग एक मुद्दा होना चाहिए जिसमें उच्च वरीयता की आवश्यकता है और इसे हमारी संसाधन आयोजना का केन्द्र बिन्दु बनाया जाना चाहिए। भूमि एक राज्य विषय है किन्तु मुद्दे इतने गंभीर है कि राष्ट्रीय स्तर पर बेहतर समन्वय की आवश्यकता है।

1.105. विवाद के तीन प्रमुख क्षेत्र हैं जिनका समाधान किए जाने की आवश्यकता है। प्रथम क्षेत्र का संबंध कृषि, उद्योग तथा शहरी उपयोग के बीच उपलब्ध भूमि का आवंटन है। दूसरा संभाव्य विवाद इस तथ्य से उभरता है कि विभिन्न उपयोगों के लिए आवंटन केवल बाजार प्रक्रियाओं से ही उभरकर नहीं आता तथा इसलिए कुछ भूमि का अधिग्रहण आवश्यक है किन्तु जिन शर्तों पर यह विगत में किया जाता था, वे स्वीकार्य नहीं हैं। तीसरा संभाव्य विवाद इस कारण से होता है कि हमारे अधिकांश खनिज संसाधन उन क्षेत्रों में हैं जो वन्य क्षेत्र हैं तथा इस संसाधनों के प्रभावी दोहन के लिए भूमि अधिग्रहण की आवश्यकता होती है जिससे कुछ जनजातीय समुदाय तितर–बितर हो जाते हैं।

1.106. जहां तक वैकल्पिक क्षेत्रों के लिए आवंटन का संबंध है, यह पहचानना आवश्यक है कि किसी भी विकास प्रक्रिया में कृषि से गैर कृषि उपयोगों के लिए भूमि परिवर्तन आवश्यक है क्योंकि उद्योग का विस्तार आवश्यक है और नगरों का विस्तार भी आवश्यक है तथा इन दोनों मामलों में इस विस्तार के लिए आवश्यक भूमि केवल कृषि से ही आ सकती है। खाद्य सुरक्षा पर प्रभाव के बारे में इस संबंध में प्रायः मुद्दा उठाया जाता है। यह समस्या अत्यधिक बढ़ जाती है क्योंकि वर्तमान में कृषि में भूमि की उत्पादकता बहुत कम है और कृषि से

गैर कृषि उपयोग में कुछ भूमि का परिवर्तन उत्पादकता बढ़ाकर आसानी से पूरा किया जा सकता है, जो व्यवहार्य है तथा कई अन्य विकासशील देशों में ऐसा हुआ है। हमें अनाज, बागवानी उत्पाद तथा नकदी फसलों के उचित मिश्रण के कृषि उत्पादों की आपूर्ति में निरंतर वृद्धि सुनिश्चित करते हुए ऐसे परिवर्तनों का निपटान करने की कार्यनीति की आवश्यकता है। कृषि में उत्पादकता वृद्धि हासिल करने के दायरे पर अध्याय 12 में विस्तार से चर्चा की गई है।

1.107. यदि कृषि से गैर कृषि उपयोग में भूमि परिवर्तन बिना किसी अनिवार्य अधिग्रहण के हो सकता है तो इससे बड़ी समस्या नहीं होगी क्योंकि ऐसे सभी परिवर्तन स्वैच्छिक होंगे। दुर्भाग्यवश, ऐसा हमेशा संभव नहीं है। सड़क या रेल लाईन या एक बांध के निर्माण के लिए आवश्यक भूमि स्थान विशिष्ट होनी चाहिए तथा यह भू–स्वामी को प्रभावी रूप से परियोजना पर वीटो अधिकार प्रदान करती है। अधिक भू–स्वामी शामिल होने के कारण समस्याएं हो सकती हैं चाहे अधिकांश भू–स्वामियों की पर्याप्त रूप से क्षतिपूर्ति कर दी जाए, और यह इसलिए होता है क्योंकि अनिवार्य अधिग्रहण प्रावधानों से नहीं बचा जा सकता और ये प्रत्येक देश में विद्यमान होते हैं। अनिवार्य अधिग्रहण से बचा नहीं जाता जहां अवसंरचना विकास के लिए भूमि अधिग्रहण जैसा वास्तविक सार्वजनिक प्रयोजन होता है। निजी सुविधाओं वाली कुछ भूमियों के अधिग्रहण करने का मामला भी हो सकता है जिनका सार्वजनिक प्रयोजन होता है किन्तु जिसे अच्छी तरह से परिभाषित किए जाने की आवश्यकता है। उपनिवेशवाद के समय से भूमि अधिग्रहण के लिए मौजूदा कानून की कमियों में समाधान करने हेतु सरकार ने संसद में भूमि अधिग्रहण राहत तथा पुनर्वास विधेयक प्रस्तुत किया है जिससे एक अधिक संतुलित संरचना का सृजन होना अपेक्षित है जो उन लोगों के अधिकारों की रक्षा करेगा जिनकी भूमि का अधिग्रहण किया जा रहा है तथा जिनकी आजीविका तितर–बितर हो जाएगी।

1.108. हमारे खनिज संसाधनों की पहुंच तथा वनों के उपद्रवों को कम करने के बीच तीसरे संभाव्य विवाद की मुश्किल समस्याएं भी हैं। वनों द्वारा जो सेवाएं प्रदान की जाती हैं, वे अनूठी हैं और इन्हें आसानी से प्रतिस्थापित नहीं किया जा सकता है। इनमें आदिवासियों के जीवन स्तरों को कायम रखना शामिल है किन्तु महत्वपूर्ण पारिस्थितिकीय सेवाओं जैसे कार्बन सिंक के रूप में कार्य करना तथा बढ़ी हुई भू–जल रिचार्जिंग के माध्यम से जल के प्राकृतिक संग्रहकर्ता की सेवाओं को शामिल करना है। खनन से वन भूमि का अतिक्रमण होता है तथा इससे जनजातियों का प्रतिस्थापन होता है किन्तु विवाद का निपटारा किया जा सकता है, यदि खनन को वैज्ञानिक रिप्लांटिंग या पुनःउत्पादन के साथ–साथ बड़े पैमाने पर क्षतिपूर्ति के लिए वृक्षारोपण से जोड़ा जाए, जिससे कुल वन आवरण में वास्तविक वृद्धि के साथ हमारे खनिज संसाधनों का प्रभावी दोहन हो सके। वनों के कुछ ऐसे क्षेत्र भी हो सकते हैं जिन्हें हम पवित्र मानते हैं जैसे विशेष आरक्षित क्षेत्र तथा जैव विविधता के आकर्षण केन्द्र जहां इनके सिवाय और किसी घुसपैठ की अनुमति नहीं है, इन दोनों विवादपूर्ण उद्देश्यों – मूल्यवान खनिज प्राप्त करना तथा वनों की रक्षा करना को वन आवरण का संरक्षण करने तथा इसे और बढ़ाने के उपायों के साथ दोहन के वैज्ञानिक तरीकों के माध्यम से निपटाया जाना संभव होना चाहिए।

1.109. इस विवाद का समाधान देश द्वारा झेली जा रही ऊर्जा चुनौती की दृष्टि से विशेषकर आवश्यक है। हमारे अधिकांश कोयले के संसाधन और जलीय क्षमता पारिस्थितिकी रूप से संवेदनशील क्षेत्रों में हैं तथा इन समस्याओं का सफल समाधान महत्वपूर्ण है यदि हमें अपने संभाव्य ऊर्जा संसाधनों का दोहन करने के योग्य बनना है। इसका विकल्प विकास की न्यून दर स्वीकार करना या आयात की गई ऊर्जा पर निर्भर होना है जिसका प्रभाव भुगतान संतुलन और ऊर्जा सुरक्षा दोनों पर पड़ता है।

1.110. विभिन्न नवीकरणीय ऊर्जा स्रोतों सहित वैकल्पिक ऊर्जा स्रोत विशेषकर लंबे समय में ऊर्जा सुरक्षा का दूसरा मार्ग उपलब्ध कराते हैं। तथापि, अगले 10 वर्षों में इनकी मात्रात्मक क्षमता वर्तमान में लघु है, यद्यपि बारहवीं योजना के अंत तक इसे 50,000 मेगा वाट तक बढ़ाना अपेक्षित है। इन स्रोतों की लागतें भी बहुत उच्च हैं, हालांकि ये नीचे गिर रही हैं। यह और अनुसंधान के लिए संभावी लाभप्रद क्षेत्र है जिसका हमारे लिए विशेष हित है।

1.111. कोयला आधारित विद्युत के महत्वपूर्ण संभाव्य विकल्प के रूप में परमाणु ऊर्जा के विस्तार की जापान में फुकुशिमा दुर्घटना को देखते हुए चिंताएं हैं जिस दुर्घटना ने रेडियो किरणों के लीकेज से संभाव्य दुर्घटनाओं के भय को बढ़ा दिया है। इसने देश के कुछ हिस्सों में परमाणु ऊर्जा के खिलाफ विरोधों को बढ़ावा दिया है किन्तु यह एक विकल्प है जिसे बंद नहीं किया जा सकता यदि हम देश की आवश्यक ऊर्जा आवश्यकताओं को पूरा करना चाहते हैं। तथापि, अधिक ध्यान लोगों के विश्वास में सुधार करने और विशेषकर इस प्रकार की ऊर्जा से जुड़े जोखिमों से लड़ने वाली वैश्विक प्रणालियां मुहैया कराने में देना होगा।

अपर्याप्त प्राकृतिक संसाधन के रूप में जल

1.112. जल निश्चित आपूर्ति में दूसरा महत्वपूर्ण प्राकृतिक संसाधन है और इसकी उपलब्धता अब लगभग औसत मांग के बराबर स्तर

पर है। कुछ क्षेत्रों में उपलब्धता मांग की तुलना में अधिक है किन्तु कुछ ऐसे क्षेत्र हैं जिनमें जल का गंभीर संकट है। जबकि भू–जल के सघन उपयोग ने हरित क्रान्ति में बहुत बड़ा योगदान दिया है, आज पश्चिम, मध्य तथा दक्षिण भारत के बड़े हिस्सों में जल स्तरों के नीचे गिरने का मानव निर्मित संकट है। प्रतिवर्ष 8 से 9 प्रतिशत के बीच आर्थिक विकास केवल तभी संभव होगा जब बढ़ते शहरीकरण के साथ बढ़ती हुई आबादी की जल की जरूरतें तथा बढ़ती हुई जीडीपी की जल की जरूरतें पूरी हो सकेंगी। विस्तृत अध्ययन सुझाव देते हैं कि सामान्य व्यापार आधार पर वर्ष 2031 तक जल की कुल मांग आज की तुलना में 50 प्रतिशत से अधिक होने की संभावना है। इस अंतराल को पाटना होगा यदि अनुमानित जीडीपी विकास को अवरूद्ध नहीं करना है। यह अनुमान लगाया गया है कि लगभग 20 प्रतिशत अंतराल को अतिरिक्त भंडारण तथा भू–जल प्रतिधारण के माध्यम से उपलब्ध आपूर्ति को तेज करने के कदम उठाकर पाटा जा सकता है। बाकी कमी को बेहतर जल उपयोग क्षमता के माध्यम से पाटा जाना है।

1.113. सौभाग्य की बात है कि हमारी अर्थव्यवस्था में जल उपयोग क्षमता में सुधार की अधिक गुंजाइश है। वर्तमान में कृषि लगभग हमारे उपलब्ध जल संसाधनों में 80 प्रतिशत का उपभोग करती है और इसकी जल उपयोग क्षमता विश्व में सबसे न्यून है। नहर जल के लिए उचित मूल्य निर्धारण का अभाव जिसे कृषि के लिए मुफ्त या अत्यधिक सस्ती विद्युत के साथ जोड़ा गया है, ने अत्यधिक अपव्ययी कृषि प्रथाओं को बढ़ावा दिया है। सस्ती विद्युत ने भू–जल के अधिक निकास को बढ़ावा दिया है जिससे देश के बड़े हिस्सों मे जल स्तर गिर रहा है। तथापि, मनुष्य द्वारा उत्पन्न किया गया जल स्तरों के गिरने का संकट कुछ बदलाव ला रहा है जैसे किसान जल की मितव्ययी प्रौद्योगिकियों को अपनाने की आवश्यकताओं की पहचान करने लगे हैं।

1.114. बारहवीं योजना को नीति निर्माण के अग्र भाग में हमारी जलीय परतों के संधारणीय प्रबंधन में नए आधार शुरू करने चाहिए। हालांकि भू–जल स्रोतों की रिचार्जिंग के लिए प्रयास किए जा रहे हैं, फिर भी इन्हें देश के अधिकांश भागों में संधारणीय परिणाम दिखाने हैं। जलीय परत मैपिंग कार्यक्रम जिससे अधिक सूचित भागीदारी प्रबंधन और देश में जल उपलब्धता के लिए फसलीय शैलियों का बेहतर संरेखण होगा, उसे हमारे प्रयासों का प्रारंभिक बिन्दु बनाने की आवश्यकता है। इसे एक बड़े भू–जल कार्यक्रम के साथ जोड़ा जाना चाहिए जो जल संभर विकास और जल निकायों के पुनःस्थापन संबंधी कार्यक्रमों के साथ पुनःनिर्मित एमजीएनआरईजीएस को समेकित करने पर आधारित होगा।

1.115. इस पर विचार करना भी आवश्यक है कि हमारे जल संसाधनों का बेहतर ढ़ंग से प्रबंधन करने में सहायता करने के लिए नए विधिक ढांचा आवश्यक है। अन्तर–राज्यीय नदियों को छोड़कर जल एक राज्य विषय है और यह विचार करना मुख्य रूप से राज्यों पर है कि इस समस्या के स्थिर सघनीकरण से बचने के लिए कौन सी पहलें व्यवहार्य हैं। एक ढांचागत कानून अर्थात केन्द्र, राज्यों और स्थानीय शासन संस्थानों द्वारा प्रयोग की जाने वाली विधायी और/या कार्यकारी (या सौंपी गई) शक्तियों के उपयोग को नियंत्रित करने वाले सामान्य सिद्धांतों का अम्ब्रेला विवरण विकसित किए जाने की आवश्यकता है। ऐसा ढांचागत कानून से किसी भी तरह से जल प्रबंधन को केन्द्रीकृत करने या केन्द्र–राज्य संबंधों में परिवर्तन करने या जल पर संवैधानिक स्थिति में परिवर्तन करने का विचार नहीं है। यह इस तरह से उचित हो कि पास किए गए कानून, केन्द्र या राज्य सरकारों द्वारा की कार्यकारी कार्रवाई तथा पंचायती राज संस्थानों द्वारा प्रयोग किए गए सौंपे गए कार्य ढांचागत कानून में निर्धारित सामान्य सिद्धांतों और वरीयताओं की पुष्टि करते हैं, और इनसे अलग जाने पर किसी भी न्यायालय में चुनौती दी जा सकती है। ये वास्तव में संवेदनशील मुद्दे हैं और उन पर कार्रवाई पर राज्यों में संभावी सहमति द्वारा पीछे हटा जा सकता है। तथापि, इन महत्वपूर्ण मामलों पर आगे बढ़ने की आवश्यकता पर विवाद नहीं हो सकता है।

1.116. भू–जल के बचाव, संरक्षण, प्रबंधन और नियंत्रण के लिए नए मॉडल कानून की आवश्यकता है। वर्तमान मॉडल बिल मौजूदा उपयोगों की ग्रेंडफादरिंग करने से कुछ अधिक है। महत्वपूर्ण बात यह है कि आज भू–जल को नियंत्रित करने वाले महत्वपूर्ण विधिक सिद्धांतों में से कुछ जिन्हें 19वीं शताब्दी के मध्य में ब्रिटिश कॉमन लॉ में निर्धारित किए गए थे, उन्हें तब से अद्यतन नहीं किया गया है। नए मॉडल बिल में इसको मान्यता देने की आवश्यकता है कि पिछले दो दशकों से भारत में न केवल भू–जल परिस्थिति में संकट पैदा हुआ है, क्षेत्राधिकार में नयी प्रगतियों से भू–जल के उपयोग हेतु विधिक ढांचे को पुनःपरिभाषित करने का आधार और आवश्यकता का सृजन हुआ है। इनमें सर्वोच्च न्यायालय द्वारा घोषित सार्वजनिक ट्रस्ट सिद्धांत, पर्यावरणीय कानून के सिद्धांत तथा संविधान का 73वां और 74वां संशोधन शामिल हैं। इन मुद्दों पर अध्याय 4 में विस्तार से चर्चा की गई है।

1.117. सतही जल के प्रदूषण तथा भू–जल के दूषित होने पर नियंत्रण करने के लिए समानांतर प्रयासों की आवश्यकता है जो प्रदूषण गंभीर अनुपातों पर पहुंच रहा है। उद्योग को जल उपयोग क्षमता में सुधार करने के लिए सर्वोत्तम अंतर्राष्ट्रीय तरीके अपनाने के लिए प्रेरित किया जाना चाहिए। ताजा जल की खपत को जल सक्षम प्रौद्योगिकियों के

उपयोग या विभिन्न विनिर्माण कार्यकलापों में परिवर्तित प्रक्रियाओं के उपयोग के माध्यम से तथा जल उपयोग औद्योगिक प्रक्रियाओं से बेकार जल के पुनःउपयोग और रिसाइक्लिंग के द्वारा तथा उद्योग में या इससे बाहर के अन्य कार्यकलापों में उपयोग के लिए पुनः दावा किए गए जल को उपलब्ध कराकर अत्यधिक कम किया जा सकता है। जहां बहु उत्पादक लघु हैं और व्यापक रूप से तितर–बितर हैं वहां प्रदूषण नियंत्रण उपायों को लागू करना आसान नहीं है। तथापि, नीति डिजाइन में यह एक चुनौती है जिसकी उपेक्षा नहीं की जा सकती है। राज्यों को यह सुनिश्चित करना होगा कि इसे स्थानीय आयोजना में पूरी तरह से समेकित कर लिया गया है।

1.118. बढ़े हुए शहरीकरण से भी जल प्रबंधन के लिए अतिरिक्त समस्याएं होंगी क्योंकि शहरी आबादी को उपलब्ध 24×7 आधार पर पाइप वाली जल प्रणाली से सेवा देने की आवश्यकता है तथा इन प्रणालियों में सीवरेज प्रणालियां साथ होनी चाहिए जिससे यह सुनिश्चित हो सके कि केवल स्वच्छ पानी ही वापस नदियों या अन्य निपटान स्थलों पर जाता है। वर्तमान में कोई भी भारतीय नगर इस स्थिति में नहीं है कि वह पूर्ण निकास प्रणाली की डींग मारता हो। हमारे पास मानव द्वारा उत्सर्जित केवल 30 प्रतिशत अपशिष्ट का उपचार करने की क्षमता है। केवल दिल्ली और मुंबई दो नगर हैं जो देश के शहरी निकास के लगभग 17 प्रतिशत का उत्सर्जन करते हैं, उनमें देश की स्थापित क्षमता का लगभग 40 प्रतिशत है। बारहवीं योजना में यह सुनिश्चित करना चाहिए कि शहरी भारत में कोई भी जल स्कीम समेकित निकास उपचार घटक के बिना मंजूर न की जाए जिससे यह सुनिश्चित होगा कि नगर के अपशिष्ट से हमारे ताजा जल स्रोत प्रदूषित नहीं होंगे।

विश्व के साथ भागीदारी

1.119. पिछले दो दशकों में हुए आर्थिक सुधारों ने भारत को अधिक मुक्त अर्थव्यवस्था बना दिया है। कुल जीडीपी में वस्तुओं तथा सेवाओं के आयातों का हिस्सा 1991 में 6.9 प्रतिशत से बढ़कर 2012 में 24.6 प्रतिशत हो गया है। जीडीपी के प्रतिशत के रूप में वस्तुओं और सेवाओं का आयात भी उसी अवधि में 8.3 प्रतिशत से बढ़कर 29.8 प्रतिशत हो गया है। ये बदलाव अर्थव्यवस्था को मुक्त बनाने के लिए सजग प्रयासों के परिणाम हैं। आयात शुल्कों में कमी की गई है तथा अनेक वरीयता प्राप्त व्यापार व्यवस्थाओं को व्यक्तिगत देशों और देश समूहों विशेषकर दक्षिण–पूर्व एशियाई राष्ट्र संघ (एएसईएएन), जापान, कोरिया, सिंगापुर तथा श्रीलंका के साथ व्यापक आर्थिक भागीदारी व्यवस्थाओं के रूप में शुरू किया गया है। ऐसी ही और व्यवस्थाओं पर यूरोपीय संघ तथा आस्ट्रेलिया के साथ चर्चा की जा रही है। भारत में निवेश और भारत से अन्य देशों में निवेश भी बढ़ा है। इन सभी कारणों से आगामी वर्षों में भारत के विकास की संभावनाओं को विश्व अर्थव्यवस्था में हो रही हलचल से अलग करके नहीं देखा जा सकता है।

वैश्विक आर्थिक संभावनाएं

1.120. वैश्विक अर्थव्यवस्था वर्तमान समय में बहुत मुश्किल चरण से गुजर रही है। वर्ष 2008–09 के वित्तीय संकट ने वैश्विक विकास की लम्बी अवधि को अवरूद्ध कर दिया। प्रारंभ में, वैश्विक अर्थव्यवस्था वर्ष 2009 में अनेक देशों द्वारा शुरू की गई राहत नीतियों का अच्छी तरह से जवाब देती हुई प्रतीत हुई, किन्तु क्षितिज पर फिर से यूरोजोन संकट के बादल छा गये जिसे इस समय विश्व अर्थव्यवस्था में प्रमुख त्रुटि लाइन के रूप में देखा जाता है। अनेक यूरोपीय देश वित्तीय अनुशासन को शुरू करने में अपने प्रयासों में गंभीर सामाजिक और आर्थिक कष्ट का सामना कर रहे हैं, जिस वित्तीय अनुशासन का लक्ष्य बाजार विश्वास को पुनः प्राप्त करना था। अंतर्राष्ट्रीय मुद्रा कोष (आईएमएफ) वर्ष 2012 यूरोजोन में शून्य विकास तथा इसके बाद केवल थोड़े सुधार का अनुमान लगाता है, यह अनुमान लगाया गया है कि अव्यवस्थित परिणाम से बचा जाए।

1.121. जी–20 में शिखर वार्ता स्तर पर हुई बैठक में शामिल प्रमुख औद्योगिक और विकासशील देशों ने बार–बार अव्यवस्थित परिणामों से बचने के महत्व तथा विश्व अर्थव्यवस्था को फिर से संधारणीय विकास के मार्ग पर लाने के लिए सभी देशों द्वारा एक साथ कार्य करने और सहयोग की आवश्यकता पर बल दिया है। यह आशा की जा सकती है कि वैश्विक आर्थिक सहयोग कठोर लेंडिंग से बचने के लिए पर्याप्त रूप से मजबूर सिद्ध होगा। यद्यपि अनिश्चितता बहुत अधिक है तथा नकारात्मक जोखिम अत्यधिक हैं, सबसे तार्किक अनुमान जिस पर योजना बनाई जाती है, वह यह है कि वैश्विक अर्थव्यवस्था धीरे–धीरे रिकवर हो जाएगी। तथापि, ढांचागत बदलाव जो कुछ समय से हो रहा है, औद्योगिक देशों में अधिक धीरे विकास हो रहा है जबकि उभरते हुए बाजार देशों का विशेषकर एशिया में तीव्र विकास होना प्रत्याशित भविष्य में जारी रहेगा। इसलिए हमें विश्व के लिए एक ऐसी योजना बनानी चाहिए, जिसमें वैश्विक जीडीपी का हिस्सा वर्तमान के औद्योगिक देशों से तेजी से विकास कर रही उभरती हुई अर्थव्यवस्थाएं विशेषकर एशिया में स्थिर रूप से परिवर्तित होगा।

चालू खाते पर शेष के निहितार्थ

1.122. औद्योगिक देशों में धीमे विकास का अभिप्राय होगा कि इन देशों में हमारे निर्यातों पर भी प्रतिकूल असर पड़ सकता है।

अप्रैल– दिसम्बर 2012 के दौरान यूरोप के साथ हमारे निर्यात में 9 प्रतिशत की गिरावट आ गयी जो निस्संदेह वहां की आर्थिक परिस्थितियों का प्रभाव था। सौभाग्यवश, भारत का निर्यात बास्केट तुलनात्मक रूप से विविधिकृत है और चूंकि उभरते हुए मंडी देशों से आने वाले वर्षों में और तेज गति से विकास करना अपेक्षित है, हमें इससे लाभ पहुंच सकता है। चीन जैसे देशों जो अपने घर में बढ़ती हुए श्रम लागतों के कारण प्रतिस्पर्धा की हानि का अनुभव करेंगे, से अधिक आक्रामक रूप से प्रतिस्पर्धा करके औद्योगिक देशों के बाजारों में अपनी हिस्सेदारी बढ़ाने की भी गुंजाइश है। यह विशेषकर सेवाओं के मामले में सत्य है जहां भारत की बढ़ती हुई कृत्रिमता, लागत सजग विकसित देशों से अधिक व्यापार करने की अनुमति देगी। तथापि शालीनता के लिए कोई जगह नहीं है क्योंकि अन्य विकसित देश जैसे फिलीपिंस अपनी योग्यताओं में सुधार कर रहे हैं और "ऑन शोर" सेवाओं के लिए विकसित देशों में कदम उठाए गए हैं जिन सेवाओं को अब तक आउटसोर्स किया जाता था। इन सभी कारकों के विशुद्ध प्रभाव का बताना कठिन है किन्तु यह उचित है कि व्यापारिक वस्तुओं के निर्यात को ग्यारहवीं पंचवर्षीय योजना में 20.7 प्रतिशत की तुलना में बारहवीं पंचवर्षीय योजना में लगभग 15 प्रतिशत औसत वार्षिक दर पर बढ़ाने की योजना बनाई जाए। पर्यटन से होने वाली कमाई और विप्रेषणों में भी मंदी की संभावना है।

1.123. विशेषकर हमारी वृद्धिशील ऊर्जा आवश्यकताओं के कारण, आयात पक्ष पर प्रतिवर्ष 8 प्रतिशत जीडीपी विकास का लक्ष्य प्राप्त करने के लिए आयात के तीव्र विकास की आवश्यकता होगी। निःसंदेह रूप से भुगतान संतुलन पर प्रभाव तेल और गैस के मूल्यों पर निर्भर करेगा, किन्तु लघु और मध्यम अवधि में इनके अत्यधिक उदार होने की संभावना नहीं है और विश्व अर्थव्यवस्था के धीरे–धीरे वैश्विक संकट से रिकवर होने या मध्य–पूर्व में किसी अचानक आने वाले झटकों के कारण वास्तव में इनमें वृद्धि भी हो सकती है। उदार निर्यात वृद्धि के साथ जुड़े हुए उच्च आयात भुगतानों का अभिप्राय है कि चालू खाता घाटा आने वाले वर्षों में दबाव का महत्वपूर्ण स्रोत होगा।

1.124. दूसरी प्रासंगिकता जिसे ध्यान में रखना है, वह वैश्विक खाद्य कीमतों में संभावी प्रवृत्ति है। अनेक कारणों से विशेषकर उभरती हुई मंडियों की बढ़ती हुई मांग जैसे उनकी आय का विस्तार, अनेक उभरते हुए मंडी देशों में कृषि उत्पादकता का पिछड़ना तथा औद्योगिक देशों में नवीकरणीय ऊर्जा के उत्पादन के लिए संभावी भूमि परिवर्तन, वैश्विक खाद्य कीमतों का आने वाले वर्षों में अधिक रहने की संभावना है। सौभाग्य की बात है हमारा घरेलू खाद्य अनाज उत्पादन बढ़ रहा है किन्तु खाद्य सुरक्षा के लिए कुछ निश्चित स्थितियों में आयात की आवश्यकता हो सकती है। घरेलू आयात तथा निर्यात नीतियों तथा हमारे बफर स्टॉक नीति को ठीक करना होगा जिससे कि वैश्विक मंडियों में हुई प्रगतियों के जबाव में घरेलू मांग की पूर्ति की जा सके।

1.125. भारत का चालू खाता घाटा वर्ष 2003–04 में जीडीपी का 2.3 प्रतिशत अधिशेष था। उसके बाद इसमें घाटा आकर वर्ष 2010–11 में जीडीपी का 2.7 प्रतिशत और वर्ष 2011–12 में 4.2 प्रतिशत पहुंच गया। जैसाकि अध्याय 2 में कहा गया है, वर्ष 2011–12 में अधिकांश वृद्धि सोने के आयात के कारण थी जिसे पुनः दोहराना अपेक्षित नहीं है। फिर भी बारहवीं योजना के प्रथम वर्ष में चालू खाता घाटा लगभग 5 प्रतिशत रहेगा जो बढ़कर एक पारंपरिक संधारणीय स्तर पर पहुंच सकता है। अध्याय 2 में वृह्द आर्थिक विश्लेषण यह निर्धारित करता है कि नीतियों को इस तरह से ठीक किया जाना चाहिए जिससे यह सुनिश्चित हो सके कि बारहवीं योजना अवधि में चालू खाता घाटा लगभग 2.9 प्रतिशत की औसत पर रहेगा। वर्तमान संभावनों पर इसकी थोड़ा अधिक होने की संभावना है। अतः स्थिर पूंजीगत प्रवाहों के माध्यम से इस घाटे को वित्तपोशित करने की योग्यता अत्यंत महत्वपूर्ण है।

पूंजी प्रवाह

1.126. भारत ने पूंजी प्रवाहों की प्रकृति के अनुसार अंतर स्थापित करते हुए पूंजीगत खाता खोलने के लिए सटीक नीति का अनुसरण किया है। प्रत्यक्ष विदेशी निवेश (एफडीआई) को सबसे अधिक स्थायी पूंजी प्रवाह माना जाता है जो प्रौद्योगिकी और विपणन सम्पर्क भी मुहैया कराता है तथा इसलिए इसकी बड़े स्वतंत्र रूप से अनुमति दी गई। संविभाग प्रवाह एफडीआई के जितने स्थायी नहीं हैं किन्तु ये भी लघु आवधिक ऋणों की भांति परिवर्तनशील नहीं हैं और योग्य विदेशी संस्थागत निवेशकों से इनकी स्वतंत्र रूप से अनुमति दी गई है। विदेशों से लघु आवधिक ऋण पूंजी प्रवाह का सबसे कम स्थायी रूप है और इसलिए व्यापार उधार को छोड़कर इसे अत्यधिक नियंत्रित किया जाता है। दीर्घावधिक विदेशी उधार की अधिक उदारता के साथ अनुमति है लेकिन इस पर भी सीमा निर्धारित है। इस नीति ने ग्यारहवीं योजना में अच्छे परिणाम दिए और ग्यारहवीं योजना के दौरान वार्षिक औसत निवल पूंजी प्रवाह जीडीपी का 4.1 प्रतिशत रहा। चूंकि औसत चालू खाता घाटा जीडीपी का 2.7 प्रतिशत था, निवल पूंजी प्रवाह बढ़ गए जिनकी आवश्यकता चालू खाता घाटे का वित्तपोषण करने के लिए पड़ी और विदेशी मुद्रा भंडार का निर्माण करने में योगदान दिया।

1.127. भविष्य को देखते हुए यदि हम यह मान लें कि बुरे परिणामों से बचा जा सकेगा, चाहे यूरोप आने वाले वर्षों में धीरे–धीरे विकास करे, वैश्विक वित्तीय बाजारों से स्थायी होने की अपेक्षा की जा सकती है। इस अनुमान पर यह मानना उचित है कि भारत जीडीपी के लगभग 2.5 प्रतिशत चालू खाता घाटे का वित्तपोषण कर सकता है और इसके लिए वह मुख्य रूप से दीर्घावधिक उधार के कुछ सहारे के साथ एफडीआई और एफआईआई निधि प्रवाह पर निर्भर करेगा। चूंकि 8 प्रतिशत विकास के लिए अनुमानित चालू लेखा घाटा कुछ अधिक है, इसलिए आगामी वर्षों में इस घाटे का वित्तपोषण करना दबाव का बिंदु होगा। यूरोप से आने वाले पूंजी प्रवाह में मंदी हो सकती है, किन्तु अन्य बाजारों विशेषकर जापान पर पकड़ बनाने के लिए विविधिकरण करने तथा मध्य–पूर्व में सर्वोत्तम धन निधियों की गुंजाइश है। महत्वपूर्ण तत्व जिनसे यह संभव होगा वह यह है कि भारत वृह्द आर्थिक संतुलनों को मध्यावधि में नियंत्रित कर उच्च विकास मार्ग पर देखा जाना चाहिए तथा विदेशी निवेश के लिए नीतियों को सहायक के रूप में देखा जा रहा है। इस परिणाम को हासिल करने के लिए विशेष नीतिगत आवश्यकताओं की चर्चा खण्ड 1.6 में की गई है।

विदेशी भागीदारी के अन्य पहलू

1.128. विश्व अर्थव्यवस्था के साथ भागीदारी के अनेक अन्य पहलू हैं जो हमारे समग्र विकास उद्देश्यों को हासिल करने के लिए महत्वपूर्ण हैं। प्रथम और सबसे महत्वपूर्ण पहलू ऊर्जा आपूर्ति और ऊर्जा सुरक्षा से संबंधित है। आयातित ऊर्जा पर भारत की निर्भरता अत्यधिक है तथा सामान्यतः इसका बढ़ना अपेक्षित है। तेल आयातों पर हमारी पारंपरिक निर्भरता के अतिरिक्त, प्राकृतिक गैस और कोयले का आयात में अत्यधिक वृद्धि की आवश्यकता होगी। आयातित ऊर्जा के मूल्य का हमारी विकास क्षमता पर स्पष्ट रूप से प्रभाव होगा कि उच्च ऊर्जा मूल्य अर्थव्यवस्था पर एक लागत थोपते हैं तथा निवेश के लिए घरेलू अधिशेष ऊर्जा का उत्पादन करना अधिक कठिन हो जाता है। ऊर्जा आयातों पर निर्भरता ऊर्जा सुरक्षा की चिंता भी बढ़ाती है। हमें पर्याप्त लचीलेपन की आवश्यकता होगी जिससे हम ऊर्जा कीमतों में होने वाली हलचलों के प्रत्युत्तर के लिए अपनी ईंधन संरचना को बदल सकें। हमें विभिन्न भौगोलिक परिस्थितियों वाले देशों के साथ दीर्घावधिक आपूर्ति करारों पर निर्भर रहते हुए और विदेशों में परिसम्पत्ति अधिग्रहण के माध्यम से विभिन्न ईंधनों की आपूर्ति के स्थायी दीर्घावधिक स्थिर स्रोतों को विकसित करने की आवश्यकता है।

1.129. द्वितीय, विश्व के साथ भारत की भागीदारी के गैर वित्तीय पहलूओं को सुदृढ़ करने की आवश्यकता है। विज्ञान और प्रौद्योगिकी विश्व के साथ भारत की भागीदारी का अनुमान लगाने के लिए महत्वपूर्ण क्षेत्र है। भारत के पास प्रमुख वैज्ञानिक शक्ति के रूप में उभरने की क्षमता है, बशर्ते कि सही नीतियों और ढांचों का कार्यान्वयन हो। विश्वविद्यालयों, अनुसंधान संस्थानों और निगम क्षेत्रक के लिए अनुसंधान में अधिक वैश्विक सहयोग और भागीदारी की आवश्यकता का पहले उल्लेख किया जा चुका है। इस प्रकार के कार्यकलाप को मजबूती से प्रोत्साहित करने की आवश्यकता है।

1.130. अन्ततः भारत को वैश्विक समुदाय से द्विपक्षीय, क्षेत्रीय और बहुपक्षीय स्तरों पर अधिक अग्रसक्रिय रूप से भागीदारी करने की आवश्यकता है। पिछले दस वर्षों में भारत ने अनेक द्विपक्षीय करार किए हैं– इनमें प्रभाव दिखाने में समय लगता है तथा इनके सकारात्मक प्रभाव जल्दी हो दिखाई देना शुरू होंगे। हमारे नजदीक पड़ोसियों पर विशेष ध्यान देने की आवश्यकता है। दक्षिण एशियाई क्षेत्रीय सहयोग संघ (सार्क) व्यवस्था, इसे अभी भी विशेषता की आवश्यक डिग्री हासिल करनी है। द्विपक्षीय प्रयास निश्चित रूप से अधिक फलदायी हुए हैं किन्तु अधिक बल क्षेत्रीय सहयोग एजेंडा पर देने की आवश्यकता है क्योंकि लाभ द्विपक्षीय मार्ग से परे जा सकते हैं। जबकि यह मुख्य रूप से राजनीतिक मुद्दा है, पड़ोसी देशों की शीर्ष आयोजना एजेंसियों के बीच वार्ता शुरू करने की प्रक्रिया को प्रारंभ करना वांछनीय हो सकता है।

1.131. हमारे नजदीक पड़ोस से दूर दृष्टि डालते हुए भारत को पारंपरिक बहुपक्षीय मंचों जैसे संयुक्त संघ में अग्रसक्रिय होने तथा नए महत्वपूर्ण उभरने वाले मंचों जैसे जी–20, आईबीएसए, बीएएसआईसी आदि में भी अग्रसक्रिय रुप से भाग लेने की आवश्यकता है। इसके लिए हमें कई बार अपने सुविधा क्षेत्र से परे जाने की आवश्यकता होगी और भागीदारी के आउट ऑफ बॉक्स मोड के लिए तैयार होना पड़ेगा। भारत को गतिरोध खत्म करने और आर्थिक रूप से महत्वपूर्ण दो बहुपक्षीय मंचों–विश्व व्यापार संगठन तथा संयुक्त राष्ट्र जलवायु परिवर्तन फ्रेमवर्क सम्मेलन (यूएनएफसीसीसी) पर प्रगति सुनिश्चित करने में सक्रिय भूमिका निभाने की भी आवश्यकता होगी।

आवश्यक महत्वपूर्ण नीतिगत पहलें

1.132. इस खण्ड में, हम तेज, अधिक समावेशी और संधारणीय विकास हासिल करने के लिए आवश्यक कुछ प्रमुख नीतिगत पहलों पर विचार करेंगे। मानवीय योग्यताओं, संस्थागत योग्यताओं में सुधार करने के लिए तथा अवसंरचना का विकास करने के लिए नीतियों और कार्यक्रमों की चर्चा खण्ड 1.3 में की गई है। ये सभी बारहवीं योजना के उद्देश्यों को हासिल करने के लिए आवश्यक हैं तथा इन्हें उच्च वरीयता दी जानी चाहिए।

तात्कालिक वरीयताएं: निवेशकों की भावनाओं में जान डालना

1.133. योजना के पहले ही वर्ष में तात्कालिक नीतिगत उद्देश्य पाश्विक भावनाओं में जान डालना होना चाहिए, जिन्होंने विभिन्न कारणों से कष्ट सहन किया है। निवेशक की भावना में कमी आने के अनेक कारणों को आसानी से ठीक किया जा सकता है। उदाहरण के लिए निवेशकों में यह अनुभूति कि बजट में प्रस्तुत किए गए कुछ कर परिवर्तन निवेशक विरोधी हैं और उनका जितना जल्दी हो सके समाधान करने की आवश्यकता है। वित्त मंत्रालय ने इन मुद्दों की जांच के लिए दो विशेषज्ञ समितियां नियुक्त की हैं और यह आशा की जाती है कि इन समितियों की सिफारिशें इन मुद्दों पर निवेशकों के विश्वास को पुनर्जीवित करने के लिए उचित आधार प्रदान करेंगी। समिति की सिफारिशों पर एक दृढ़ निर्णय जितना जल्दी हो सके घोषित करना चाहिए।

1.134. अगला महत्वपूर्ण तात्कालिक कार्य अवसंरचना विशेषकर ऊर्जा के क्षेत्र में परियोजनाओं के कार्यान्वयन में आने वाली बाधाओं को दूर करना होना चाहिए। निम्नलिखित कदम विशेष रूप से जरूरी हैं।

विद्युत स्टेशनों के लिए ईंधन की आपूर्ति

1.135. ईंधन आपूर्ति समस्या जो उन इलेक्ट्रिक विद्युत उत्पादन स्टेशनों को प्रभावित कर रही है जिन्हें अधिकृत तो कर दिया गया है किन्तु जिन्हें कोयले या गैस की आपूर्ति का पर्याप्त आश्वासन प्राप्त नहीं है और वर्तमान में कार्यान्वयनाधीन विद्युत स्टेशनों की समस्याएं जिनके लिए ईंधन आपूर्ति करारों को टाई अप करना है, को तत्काल हल करने की आवश्यकता है। कोल इंडिया राष्ट्रीयकरण के कारण प्रभावी घरेलू उत्पादक है। इसे सभी विद्युत संयंत्रों को कोयला उपलब्ध कराने की जिम्मेदारी लेनी चाहिए जिन संयंत्रों का नियंत्रण विनियमित टेरिफ द्वारा किया जाता है या जिन्होंने टेरिफ के लिए प्रतिस्पर्धात्मक बोली के आधार पर पीपीए किया है। कोल इंडिया को जितना संभव हो सके अपनी घरेलू उत्पादन क्षमता को बढ़ाने के लिए कदम उठाने चाहिए जिनमें संविदा आधार पर कार्य कर रहे खनन विकास ऑपरेटरों के साथ संभाव्य पीपीपी करार करना शामिल है। तथापि, लघु अवधि में कमी की पूर्ति केवल आयात से की जा सकती है। अतिरिक्त आयात संभव हैं किन्तु यह तथ्य कि आयातित कोयला केवल अधिक उच्च कीमतों पर ही उपलब्ध होता है, संभाव्य उपभोक्ताओं को हतोत्साहित करता है। इस समस्या का समाधान करने का एक तरीका कीमत पूलिंग व्यवस्था के माध्यम से है। इसे खोजा जाना चाहिए और तत्काल आधार पर क्रियान्वित किया जाना चाहिए।

वितरण कंपनियों की वित्तीय समस्याएं

1.136. अनेक वितरण कंपनियों ने अपनी बड़ी वर्तमान हानियों का वित्तपोषण करने के लिए अत्यधिक ऋण संग्रहित किया है। वाणिज्यिक बैंक और हानियों का वित्तपोषण करने के लिए अधिक इच्छुक नहीं है। इससे उन विद्युत उत्पादन परियोजनाओं का वित्तपोषण करने के लिए बैंकों की अनिच्छा उत्पन्न हुई है, जिन्हें स्थापित किया जा रहा है क्योंकि इसमें संदेह है कि उनका भुगतान वितरण कंपनियों द्वारा किया जाएगा। मंत्रिमंडल ने, ऋण पुनर्संरचना योजना, जिसमें राज्य सरकारें ऋण के पुनर्भुगतान के भार के अत्यधिक भाग की जिम्मेदारी लेती हैं, को अनुमोदित कर दिया है और सभी प्रभावित राज्यों द्वारा इसे कार्यान्वित किया जाना चाहिए। वाणिज्यिक बैंकों को ऋणों के पुनर्संरचना द्वारा होने वाले भार के हिस्से को सहन करना होगा, तथा भारतीय रिजर्व बैंक (आरबीआई) कुछ विनियामक क्षमा की अनुमति दे सकता है जिससे बैंकों को पुनर्संरचित ऋणों को गैर–निश्पादक परिसम्पत्तियों (एनपीए) के रूप में मानने में कुछ राहत मिल सके और उनके लिए उचित प्रावधान किया जा सके। जैसा कि इस पैकेज में परिकल्पित किया गया है, इन कदमों को राज्य सरकारों तथा वितरण कंपनियों द्वारा उठाए गए विश्वसनीय कदमों के साथ मिलाया जाना चाहिए, जिससे कि भविष्य में वितरण कंपनियों की प्रचालनात्मक व्यवहार्यता फिर से स्थापित करना सुनिश्चित हो सके। मुक्त पहुंच के शीघ्र कार्यान्वयन से एक ऐसा वातावरण उत्पन्न होने में सहायता मिलेगी जो कार्यकुशलता और प्रतिस्पर्धा को बढ़ावा देगा।

एनईएलपी संविदाओं के मामले में स्पष्टता

1.137. मौजूदा नई गवेशण लाइसेंस नीति (एनईएलपी) संविदाओं विशेषकर विकास योजना पर होने वाले व्यय को अनुमोदित करने की प्रक्रिया तथा गैस कीमतों के अनुमोदन से संबंधित संविदाओं की व्याख्या करने में अनेक समस्याएं उत्पन्न हुई हैं। यह अनिश्चितता ऊर्जा क्षेत्रक के इस महत्वपूर्ण भाग में निजी निवेश को आकर्षित करने के अनुरूप नहीं है। भावी एनईएलपी संविदाओं के संबंध में सिफारिश करने के लिए डॉ. सी. रंगराजन की अध्यक्षता में एक समिति गठित की गई है, जो अनिश्चितता से बचेगी और भावी एनईएलपी क्षेत्रों से तेल और गैस के मूल्य निर्धारण के संबंध में स्पष्ट नियम बनाएगी। इस मुद्दे पर शीघ्र निर्णय कलेंडर वर्ष 2012 के अंदर लिया जाना चाहिए।

सार्वजनिक क्षेत्रक योजना का आकार

1.138. यद्यपि योजना में सरकारी और निजी क्षेत्रक, दोनों के सभी कार्यकलाप कवर होने चाहिए, भारत में योजना के संबंध में अत्यधिक

सार्वजनिक चर्चा सार्वजनिक क्षेत्रक योजना के आकार के बारे में होती है। बारहवीं पंचवर्षीय योजना सरकारी कार्यक्रमों का एक महत्वाकांक्षी सेट प्रस्तुत करती है जिससे तेज और समावेशी विकास के उद्देश्य को हासिल करने में सहायता मिल सके। ये कार्यक्रम केन्द्र के 43,33,739 करोड़ रूपए के कुल योजना आकार में वृद्धि करते हैं जिसमें दोनों बजट संसाधन और सार्वजनिक क्षेत्रक के उपक्रमों के संसाधन शामिल हैं, जो जीडीपी का लगभग 6.35 प्रतिशत है। इसकी तुलना ग्यारहवीं योजना के 2025130 करोड़ रूपए से की जाती है जो जीडीपी का 5.96 प्रतिशत था। राज्यों का कुल योजना आकार 3716385 करोड़ रूपए अथवा जीडीपी का 5.45 प्रतिशत है, इसकी तुलना में ग्यारहवीं योजना में कुल योजना आकार 17,25,848 करोड़ रूपए था जो जीडीपी का 5 प्रतिशत था।

1.139. यद्यपि प्रस्तावित योजना आकार बड़ा है, विभिन्न क्षेत्रकों की मांग भी बहुत अधिक है। तथापि, संसाधन प्रतिबंध एक सच्चाई है और अनुमानित योजना आकार भी राजस्व की उच्च वृद्धि दर तथा सब्सिडियों पर अत्यधिक नियंत्रण की शर्त पर है। यदि किसी कारण से ये अनुमान आशावादी सिद्ध हो जाते हैं, योजना के आकार को भी मध्यावधि समीक्षा के समय कम करना पड़ सकता है।

1.140. संसाधनों के अभाव की दृष्टि से योजना कार्यक्रमों के माध्यम से सार्वजनिक व्यय की कार्यकुशलता में सुधार करने के लिए साहसी कदम उठाना अनिवार्य है। इस लक्ष्य के लिए योजना आयोग ने सदस्य बी.के. चतुर्वेदी की अध्यक्षता में एक समिति गठित की थी जिससे कि केन्द्र प्रायोजित स्कीमों को तर्कसंगत बनाने और उनकी कार्यकुशलता बढ़ाने तथा उनकी कार्यकुशलता में सुधार करने के लिए सिफारिशें दी जा सकें। वर्षों से सीएसएस का प्रसार हुआ है, जिनमें से कुछ बहुत लघु हैं। चतुर्वेदी समिति ने सिफारिश की थी कि सीएसएस की संख्या को अत्यधिक कम किया जाना चाहिए और उन दिशा–निर्देशों को और अधिक लचीला बनाया जाए जिनके तहत स्कीमों को क्रियान्वित किया जाता है। सिफारिशों पर मंत्रालयों तथा राज्यों के साथ चर्चा की गई है और सामान्यतः इनका स्वागत किया गया है। इन सिफारिशों को वर्ष 2013–14 से क्रियान्वित करना प्रस्तावित है।

बचत और निवेश दरों में दीर्घकालिक वृद्धि

1.141. बारहवीं योजना के अंत तक, अर्थव्यवस्था की विकास दर को पुनः 9 प्रतिशत पर लाने के लिए,योजनावधि के अंत तक, नियत निवेश दर को बढ़ाकर सकल घरेलू उत्पाद के 35 प्रतिशत के बराबर करना होगा। इसके लिए निजी निवेश में दोबारा जान डालनी होगी जिनमें निजी कॉरपोरेट निवेश तथा सार्वजनिक निवेश बढ़ाने के लिए कार्रवाई भी करनी होगी– ख़ासकर ऊर्जा, परिवहन, जलापूर्ति और जल संसाधन प्रबंधन जैसे मुख्य अवसंरचनात्मक क्षेत्रों में।

1.142. अवसंरचना विस्तार की कार्यनीति से, वैश्विक मंदी के कारण बाहरी मांग में कमी की समस्या का मुक़ाबला करने में मदद मिलेगी। यह महत्वपूर्ण है कि घरेलू मांग का विस्तार उपभोग के रूप में न होकर निवेश में अधिक वृद्धि के रूप में हो। इससे उत्पादन की मांग में तो अल्पकालिक वृद्धि होती ही है, अर्थव्यवस्था की दीर्घकालिक विकास संभाव्यता भी सुदृढ होती है। हमें यह भी सुनिश्चित करना चाहिए कि निवेश में हो रहे निवेश का एक बड़ा हिस्सा अवसंरचना में लगे, क्योंकि इसका अन्य क्षेत्रकों में निवेश बढ़ाने पर सकारात्मक असर पड़ेगा तथा निर्यात संबंधी अवरोध कम होंगे जिसके कारण भावी विकास सीमित होकर रह जाता है। ग्यारहवीं योजनों, अवसंरचना में निवेश को 10वीं योजना में जीडीपी के 5.04 प्रतिशत से बढ़ाकर ग्यारहवीं योजना में जीडीपी का 7.2 प्रतिशत करने में सफल रही। बारहवीं योजना में इसे 2016–17 तक बढ़ाकर जीडीपी का 9 प्रतिशत करने का लक्ष्य रखा गया है।

1.143. निवेश में वृद्धि के लिए घरेलू बचतों में भी पर्याप्त विस्तार करना होगा, ताकि निवेश बचत कमी(जो चालू खाता घाटा भी है) को एक ऐसे स्तर पर रखा जा सके जिसे बाहरी पूंजी से माध्यम से वित्तपोषित किया जा सके। भारत की घरेलू बचत क्षमता अर्थव्यवस्था की एक मज़बूत शक्ति है, हालांकि इस क्षेत्र में हाल के वर्षों में में, सरकारी तथा कॉरपोरेट बचतों–दोनों में कमी आने के कारण काफी ह्रास हुआ है। तथापि,घरेलू बचत की स्थिति मज़बूत रही है और इसके भविष्य में बढ़ने की ही संभावना है–एक तो हमारी उम्र संरचना के कारण और दूसरे, बढ़े हुए वित्तीय समावेशन के कारण। परन्तु, सरकारी तथा कॉरपोरेट बचतों–दोनों में ह्रास को समाप्त करने को हमारी कार्यनीति का अहम हिस्सा बनाना होगा।

वित्तीय सुधारों की आवश्यकता

1.144. पिछले कुछ वर्षों में सार्वजनिक बचतों में कमी मुख्यतः प्रोत्साहन नीतियों को दर्शाती है जो वित्तीय घाटे में विस्तार में परिलक्षित हैं। 2011–12 में, केंद्रीय सरकार का वित्तीय घाटा सकल घरेलू उत्पाद का 5.9 प्रतिशत था। राज्यों के लिए वित्तीय घाटा 3 प्रतिशत से मामूली नीचे रखने की अनुमति देने के कारण, केंद्र और राज्य सरकारों का जो संयुक्त घाटा 2007–08 में 4.7 प्रतिशत था, वह 2011–12 में बढ़कर लगभग 9 प्रतिशत तक पहुंच गया। इसे फिर से पटरी पर लाने के लिए मध्यावधि के दौरान विश्वसनीय सुधार करने

होंगे। वित्त मंत्रालय ने वित्तीय सुधार के लिए, विश्वसनीय मध्यावधि दिशानिर्देश के संबंध में सलाह देने हेतु एक स्वतंत्र विशेषज्ञ पैनल गठित किया है। समिति ने बारहवीं योजना के अंत तक केन्द्र सरकार के घाटे को कम करके 3 प्रतिशत पर लाने के लिए राजकोशीय घाटे को कम करने हेतु एक नए रोडमैप की सिफारिश की है। इसके लिए दो मोर्चों पर कार्रवाई करनी होगीः

1. केंद्र को कर संरचना में सुधारों पर अडिग रहना चाहिए–ख़ासकर जीएसटी लागू करने पर, जो अप्रत्यक्ष कर प्रणाली के बड़े आधुनिकीकरण का प्रतिनिधित्व करेगा। सामान और सेवा कर (जीएसटी) से व्यवस्था काफी सरल होगी तथा राजस्व जुटाने में तेज़ी आएगी–ख़ासकर कमियों को दूर करने के कारण। चूंकि जीएसटी को लागू करने के लिए संवैधानिक संशोधन की आवश्यकता होगी, इसलिए व्यापक राजनीतिक समर्थन ज़रूरी होगा, जिसमें काफी समय लगा है। तथापि,यदि इसे जल्दी लागू किया जा सके, तो इससे दक्षता में वृद्धि होगी तथा दर बढ़ाए बगैर ही, राजस्व में बढ़ोत्तरी होगी।
2. इसके लिए, सकल घरेलू उत्पाद के प्रतिशत के रूप में बढ़ने हेतु, केंद्रीय सरकार की सब्सिडियों के लिए हाल के वर्षों में देखे गए रुझान के विपरीत जाना होगा। ग़ौरतलब है कि लक्ष्य सब्सिडी को समाप्त करना नहीं है। यहां तक कि सकल घरेलू उत्पाद में वृद्धि के साथ–साथ सब्सिडियों में वृद्धि भी हो सकती है, परन्तु उसमें सकल घरेलू उत्पाद के प्रतिशत के रूप में हर हाल में कमी लाई जानी चाहिए। लक्ष्य ऐसी सब्सिडियों का होना चाहिए जिनसे समावेशिता का प्रयोजन पूरा होता हो, किंतु ऐसी सब्सिडियों को पूर्व–निर्धारित अनुसार सुलभ सीमा के दायरे में रखा जाना चाहिए। कुछ सब्सिडियां पूर्व–निर्धारित अनुसार रहेंगी, जैसे–प्रस्तावित खाद्य सुरक्षा अधिनियम। अन्य को(जैसे–उर्वरक) कम लागत पर उपयोगी बनाए रखने के लिए नया रूप दिया जाएगा। पेट्रोलियम उत्पादों पर सब्सिडियों को अलक्षित रखा गया है और उनसे गरीबों तथा सबसे अधिक ज़रूरतमंदों को लाभ मिलता। उनमें कमी लानी होगी।

1.145. राज्य सरकारों को सब्सिडियों के बढ़ते बोझ को कम करने के लिए कदम उठाने की आवश्यकता है–खासकर बड़े और तेज़ी से घाटे में जा रहे बिजली क्षेत्रक में।

चालू खाता घाटे का प्रबंधन

1.146. सरकारी बचतों तथा कॉरपोरेट बचतों में वृद्धि के लिए ऊपर उल्लिखित पहलों से चालू खाता घाटे को सकल घरेलू उत्पाद के 2.5 प्रतिशत पर रखने के लिए अनुकूल परिस्थितियां सृजित हो सकेंगी। घाटे के स्तर को दीर्घकालिक पूंजी प्रवाह के माध्यम से तब तक वित्तपोषित किया जा सकता है जब तक भारत के सूक्ष्म–आर्थिक मानदंडों में बेहतरी होती रहे और सकल घरेलू उत्पाद की विकास दर 7 प्रतिशत से ऊपर न चली जाए। भारत के आर्थिक आकार तथा विकास क्षमता और विकास के फिर से पटरी पर लौटने के प्रति सकारात्मक संकेत को देखते हुए तथा यह ध्यान रखते हुए भी कि सूक्ष्म–आर्थिक संतुलनों को बेहतर बनाने का इसका वायदा भरोसेमंद तथा विदेशी निवेश की दृष्टि से स्वागत–योग्य है जिनसे मौजूदा लेखा घाटे को 2.5 प्रतिशत के स्तर पर बनाए रखने की आवश्यकता के लिए आवश्यक वित्तपोषण किया जा सकेगा, भारत अब भी वैश्विक मौजूदगी के लिहाज से पीछे है।

1.147. प्रत्यक्ष विदेशी निवेश को उदार बनाने के संबंध में उठाए गए कदमों से अच्छा संकेत जाएगा–खासकर उन क्षेत्रों में जिनमें निवेशक का हित स्पष्टतः शामिल है, जैसे–खुदरा में प्रत्यक्ष विदेशी निवेश। हमें अन्य क्षेत्रों में पूर्व में किए गए प्रत्यक्ष विदेशी निवेश संबंधी उदारीकरण की सफलता को जारी रखना चाहिए, जैसे–बीमा और उससे पूर्व दूरसंचार क्षेत्र में।

आर्थिक सुधार तथा संसाधनों का कुशल उपयोग

1.148. तीव्र विकास के लिए उच्चतर निवेश तो आवश्यक है ही, यह सुनिश्चित करना भी उतना ही महत्वपूर्ण है कि सार्वजनिक और निजी–दोनों क्षेत्रों में संसाधनों का उपयोग कुशलतापूर्वक हो। ऊपर उल्लिखित केंद्रीय प्रायोजित स्कीमों से जुड़े सुधारों पर अमल से, सार्वजनिक क्षेत्र में कार्यान्वयन करने के लिए अधिक कुशलता हासिल करने में मदद मिलेगी।

1.149. कुल निवेश के 70 प्रतिशत से ज्यादा निवेश निजी क्षेत्र में हुआ है और इस क्षेत्र में संसाधन उपयोग की बेहतर कुषलता के लिए आर्थिक सुधारों को जारी रखना होगा, जिससे व्यवस्था में प्रतिस्पद्ध ात्मक दबाव बढ़े तथा उत्पादकों को प्रौद्योगिकी के स्तरोन्नयन तथा अपनी क्षमता बढ़ाने के लिए ज़रूरी लचीलापन और आज़ादी मिल सके। इस परिप्रेक्ष्य में, गौरतलब है कि आर्थिक संकट के प्रति वैश्विक अनुभव तथा इसके कारण नीतिगत फैसलों पर पुनर्विचार की जो आवश्यकता महसूस हुई है, उसे देखते हुए वित्तीय क्षेत्रक में बाज़ार आधारित सुधार के खिलाफ़ माहौल बन सकता है। हमें उन विवक्षाओं पर विचार करना होगा कि जिनका आर्थिक सुधारों की हमारी नीतियों पर क्या प्रभाव पड़ेगा।

1.150. इसमें संदेह नहीं कि अमरीका, ब्रिटेन तथा यूरोप के आर्थिक संकट ने इन देशों की वित्तीय व्यवस्था की गंभीर खामियों को उजागर

किया है और इसी के कारण ''वॉल स्ट्रीट,'' ''लालची पूंजीवाद'' तथा सामान्यतः ''बाज़ारों'' के प्रति भी गुस्सा भड़का है। लिहाजा, इस बात पर सतर्कतापूर्वक विचार होना चाहिए कि बाज़ार आधारित उभरते देशों में आर्थिक सुधारों को किस हद तक बढ़ावा दिया जाए। वैश्विक आर्थिक संकट का मुख्य सबक यह है कि अगर आंतरिक नियंत्रण कमज़ोर हो, प्रोत्साहन व्यवस्था जोखिम से जुड़े व्यवहार को प्रोत्साहित नहीं करती और अगर विनियमन ढांचा तथा पर्यवेक्षण की गुणवत्ता ख़राब हो, तो वित्तीय व्यवस्था चरमरा सकती है। चूंकि वित्तीय एकीकरण के कारण वित्तीय प्रणाली अत्यधिक अंतर–निर्भर हो गई है, अतः,एक पक्ष में आई कमज़ोरी दूसरे पक्ष पर भी जल्दी ही असर डाल सकती है। यह कमजोरी कितनी गंभीर हो सकती है, इसका पता औद्योगिक देशों के संकट से चलता है। किंतु, इन समस्याओं के कारण हमारी वित्तीय प्रणाली पर अधिक असर नहीं पड़ा– कुछ हद तक इसलिए कि वैश्विक वित्तीय बाजारों के साथ हमारा एकीकरण उतना ज्यादा नहीं हुआ था (मसलन, पूंजी नियंत्रण बना हुआ ही था जिसके कारण सीमापार बैंकिंग क्रियाकलाप सीमत रहा) और कुछ हद तक इसलिए भी कि बैंकिंग प्रणाली का विनियमन कहीं अधिक सख़्त था। दोनों ही मुद्दों पर, पूंजी खाता उदारीकरण के प्रति भारत सरकार और भारतीय रिज़र्व बैंक की सतर्कता तथा बैंकों पर विनियामक नियंत्रण काम आए।

1.151. हमें जो मुख्य सबक सीखना चाहिए, वह यह कि हमें वित्तीय क्षेत्र को क्रमशः उदार बनाने की अपनी कार्यनीति पर क़ायम रहना चाहिए। क्रमिक उदारीकरण की प्रक्रिया को वापस लेने अथवा इसे रोकने का कोई प्रश्न ही नहीं है। जिन देशों ने काफी समय तक हल्के विनियमन की नीति अपनाई, उनके द्वारा भी विनियामक मानदंडों को सख्त बनाया जाना बिल्कुल सही है,यद्यपि इस पर भी ध्यान दिया जाना चाहिए कि इन देशों में इस बात पर चिंता व्यक्त की जा रही है कि यह प्रक्रिया कुछ ज्यादा ही लम्बी खिंच रही है। भारत भी दूसरे छोर पर खड़े देशों की सूची में कभी नहीं रहा। वस्तुतः, हम उस छोर पर तब थे, जब बैंकों और वित्तीय संस्थानों पर नियंत्रण अन्य की तुलना में कहीं अधिक सख़्त और कुछ मामलों में तो ज़्यादा ही था।

1.152. तथापि, एक दिशा में ध्यान देने की आवश्यकता है। वैश्विक वित्तीय संकट के प्रभाव के कारण, वैश्विक वित्तीय सिद्धांतों के पालन के प्रति नैतिक समस्या पैदा हो गई है जिसके कारण वाणिज्यिक और निवेश बैंकिंग कार्य–प्रणालियों को अलग करने का मुद्दा एक बार फिर महत्वपूर्ण बन गया है। वित्तीय क्षेत्रक को उदार बनाने की हमारी पूर्व की कोशिशों का यही नतीज़ा निकला है कि आज भारतीय बैंकों को निवेष उधार आरंभ करना होगा–सिर्फ डिजाइन के रूप में नहीं, बल्कि बुनियादी तौर पर। विकास वित्त संस्थानों की समाप्ति के साथ ही, वाणिज्यिक बैंकिंग क्षेत्रक में समय विशेष के लिए ऋण प्रदान करने का काम बढ़ा है और संभव है,यह इस कार्य के लिए पूरी तरह तैयार न हो। सबसे पहली बात तो यह कि यह स्पष्ट ही नहीं है कि आवधिक ऋणों के लिए, भारतीय क्षेत्रक बैंकों के पास अपेक्षित जोखिम आकलन तथा परियोजना मूल्यांकन कौशल है अथवा नहीं क्योंकि इनके बगैर दीर्घावधिक परियोजनाओं का वित्तपोषण जोखिम भरा हो सकता है। दूसरी बात यह कि अब सम्पूर्ण क्षेत्रक ही परिसम्पत्ति देयता असंतुलन का शिकार हो सकता है जिसके लिए अधिक शीघ्रता से पुनर्पूंजीकरण की आवश्यकता होगी–खासकर इसलिए कि संकट के बाद वैश्विक विनियामक मानक सख्त हो गए हैं। तीसरे, चूंकि उन स्रोतों में कोई परिवर्तन नहीं हुआ है जिनके माध्यम से बैंक अपने संसाधन जुटाते हैं, लिहाजा, आवधिक ऋणों में किसी भी प्रकार की वृद्धि कार्यशील पूंजी के प्रयोजन से उपलब्ध निधियों की लागत पर ही हुई है। इसके कारण, जब कभी मानदंड कड़े किए जाते हैं अथवा निवेश बढ़ता है, छोटे और कमज़ोर ग्राहक ऋण नहीं ले पाते। इसके कारण हमारी बैंकिंग प्रणाली कम समावेशी बन पाती है जो अन्यथा अधिक समावेशी होती। अतः,यह बिल्कुल सही समय है कि वैश्विक उदारीकरण के साथ हमारी बैंकिंग क्षेत्रक की डिजाइन पर व्यापक रूप से विचार किया जाए तथा यह सुनिश्चित किया जाए कि हमारे क़ानून हमारे उद्देश्यों के अनुरूप बने रहें।

1.153. वित्तीय क्षेत्रक से आगे, रियल क्षेत्रक पर नज़र डालें, तो दक्षता हासिल करने हेतु बाज़ार तंत्र के उपयोग अथवा प्रत्यक्ष विदेशी निवेश सहित खुली अर्थव्यवस्था से पीछे लौटने का कोई कारण नहीं है। दुनिया में कहीं भी ऐसा नहीं हो रहा और हमें भी इससे इतर नहीं जाना चाहिए। बेशक, औद्योगिक देशों में उठ रहे संरक्षणवादी स्वर चिंता का विषय हैं किंतु इस दिशा में अब तक सीमित कदम ही उठाए जा सके हैं। जी–20 ने, जिसका भारत सदस्य है, अपने शिखर–सम्मेलनों में नियमित रूप से कहा है कि नए संरक्षणकारी उपाय न अपनाए जाएं। आशा की जानी चाहिए कि अति उच्च स्तर पर बनी इस सहमति को कार्यरूप दिया जाएगा। जहां तक हमारा सवाल है, इनमें से किसी भी बात से अंतरराष्ट्रीय खुलेपन से वापस लौटने की पुष्टि नहीं होती। औद्योगिक देशों में जो लोग संरक्षणवाद की वकालत कर रहे हैं, वे उभरते बाज़ारों के कारण उत्पन्न प्रतिस्पर्द्धात्मकता से हुई हानि से अपनी अर्थव्यवस्था को बचाना चाहते हैं। ऐसी आवाज़ों का साथ देना भारत के हित में नहीं होगा, क्योंकि अन्यथा हमें भी अपनी नीतियों को उनकी ही दिशा में ले जाना होगा। इसके विपरीत, हमारे हित में यह है कि हम यह सुनिश्चित करें कि विश्व बाज़ार खुले रहें क्योंकि प्रतिस्पर्द्धात्मकता हमारे लिए लाभप्रद रही है।

अपर्याप्त प्राकृतिक संसाधनों के आवंटन में पारदर्शिता

1.154. आर्थिक सुधारों ने विवेकाधिकारी निर्णयों को औद्योगिक लाइसेंस तथा आयात लाइसेंस के मामलों में सफलतापूर्वक समाप्त कर दिया है। वाणिज्यिक प्रयोजनों के लिए कंपनियों को दुर्लभ प्राकृतिक संसाधनों के आवंटन में पारदर्शी नीतियां और तंत्र लागू करने की प्रक्रिया भी षुरू की गई है। यह एक अत्यंत महत्वपूर्ण लाभ है। बारहवीं योजना के दौरान इसे और बढ़ाया जाएगा।

कृषि विकास

1.155. यह सर्वविदित है कि यदि कृषि में तीव्र विकास होता है, तो समग्र विकास अधिक समावेशी हो पाता है। एक सकारात्मक अनुभव यह है कि 11वीं योजना में कृषि विकास बढ़कर 3.7 प्रतिशत हो गया जो 10वीं योजना में 2.4 प्रतिशत ही था। यदि यह बढ़कर 4 प्रतिशत हो जाए तभी समावेशिता सुनिश्चित हो सकेगी।

1.156. कई मोर्चों पर कार्रवाई की आवश्यकता है, जिनमें प्रौद्योगिकी और सिंचाई अवसंरचना,ऋण उपलब्धता, अच्छे और भरोसेमंद बीज तथा बेहतर कटाई–पश्च प्रौद्योगिकी जैसी बुनियादी समर्थन सेवाओं के प्रावधान शामिल हैं। उत्तरवर्ती खास तौर से महत्वपूर्ण है क्योंकि विकास में तेज़ी काफी हद तक बागवानी, पशुपालन तथा मात्स्यिकी में विविधीकरण पर निर्भर करेगी। उत्पादकता बढ़ाने की सबसे ज्यादा संभावना वर्षासिंचित क्षेत्र में है जो निवल बुआई क्षेत्र का 55 प्रतिशत है और जहां सर्वाधिक गरीब लोग रहते हैं। इन क्षेत्रों में भू–उत्पादकता कम है किंतु प्रभावी जल प्रबंधन के साथ बेहतर बीजों की उपलब्धता, मृदा–स्वास्थ्य तथा कृषिभूमि में बेहद आवश्यक निवेश के साथ अवसंरचना विकास हेतु सार्वजनिक क्षेत्रक प्रयासों से काफी फर्क पड़ सकता है। वर्षासिंचित कृषि के लिए प्राकृतिक संसाधन प्रबंधन को अपनाते हुए ऐसा कृषि प्रणाली दृष्टिकोण अपनाना होगा जिसमें विविध उत्पादों पर बल दिया गया हो ताकि वे एक दूसरे के लिए सहायक हों और प्रणाली को स्थिर कर सकें। ये क्षेत्र पारिस्थितिक रूप से कमज़ोर हैं और जलवायुगत अनिश्चितताओं के प्रति अत्यधिक संवेदनशील हैं। इसलिए, प्रणाली के लचीलेपन को बढ़ाना होगा। उनके लिए ज्ञान तथा संस्थागत निवेशों की आवश्यकता है ताकि मृदा का नमी प्रबन्धन बढ़े, मृदा उत्पादकता में वृद्धि हो, सामान्य पूल संसाधनों में फिर से जान डाली जाए, समुचित बीज उपलब्ध तथा अल्प बाह्य इनपुट प्रणालियों और कृषि मशीनीकरण के साथ आजीविका के विभिन्न(जैसे–पशुपालन तथा मात्स्यिकी) विकल्प उपलब्ध कराए जाएं। समावेशिता को बढ़ावा देने वाले सरकार के कुछेक कार्यक्रम भूमि उत्पादकता को बढ़ाने में बड़ा योगदान कर सकते हैं, जैसे–मनरेगा, बशर्ते इसके अंतर्गत परियोजनाओं की रूपरेखा इस प्रकार बनाई जाए कि उनसे कृषिभूमि की उत्पादकता बढ़े। यदि मनरेगा की रूपरेखा ठीक से बनाई जाए तथा इसका समेकन उचित प्रकार से किया जाए, तो यह कृषि विकास के साथ सकारात्मक सहयोजन सृजित कर सकता है।

1.157. इसके अतिरिक्त, बारहवीं योजना में कुछेक बुनियादी असंतुलनों का समाधान भी अवश्य किया जाना चाहिए। पहले, पूर्वी भारत में चावल उत्पादकता बढ़ाने तथा साथ ही उत्तर–पश्चिम भारत में इस जलसघन फसल के कारण होने वाले भू–जल संकट से राहत देने के लिए। दूसरे, पोषक–तत्व के उपयोग में बढ़ते ऐसे असंतुलन पर ध्यान देने के लिए जिनसे उत्पादकता को गंभीर नुक़सान पहुंच सकता है। तीसरे, तिलहनों तथा दालों जैसी फसलों और चावल तथा गेहूं जैसी फसलों के लिए खरीद प्रचालनों में पर्याप्त समानता रहे ताकि हम मौजूदा परिस्थितियों से बच सकें जिनके कारण एक तरफ तो चावल और गेहूं का विशाल भंडार बना हुआ है और दूसरी तरफ तिलहन और दालों का भारी आयात करना पड़ रहा है। चौथे, हमें अपनी कृषिगत नीतियों को केंद्र में रखना होगा। इन मामलों पर अध्याय 12 में चर्चा की गई है।

विनिर्माण

1.158. गुणवत्तापूर्ण रोज़गार सृजन के मामले में, सर्वोत्तम अवसर विनिर्माण क्षेत्रक में हैं जिसके लिए कौशल की आवश्यकता होती है जो उस व्यक्ति को अपेक्षाकृत अधिक सरलता से प्रदान किया जाता है जिसने माध्यमिक शिक्षा पूरी कर ली है। तथापि,यह एक ऐसा क्षेत्र भी है जहां सामान्य कारोबार से तीव्र विकास नहीं होगा तथा आमूलचूल बदलाव आवश्यक है। भारत में विनिर्माण में तीव्र विकास न होने तथा औपचारिक क्षेत्रक में अपेक्षानुरूप अधिक रोजगार सृजित न होने के कारणों की व्याख्या अध्याय 9 में की गई है। इस निष्पादन में सुधार के लिए कुछेक आवश्यक पहलें निम्नवत हैं–

- पहली, कारोबार में सरलता की दृष्टि से, भारत अंतरराष्ट्रीय तुलना के स्तर पर निचले पायदान पर है। देश में कारोबारी विनियामक परिदृश्य विनिर्माताओं और ख़ासकर छोटे उद्यमों के लिए हतोत्साहित करने वाला है। इससे उनकी उत्पादकता घटती है तथा और अधिक निवेश नहीं हो पाता। योजना में कुछेक पहलें हैं ताकि भारत में कारोबारी विनियामक परिदृश्य बेहतर बन सके। अधिकतर आवश्यक पहलें राज्य सरकारों द्वारा की जानी हैं।
- दूसरी है–वास्तविक अवसंरचना–खासकर बिजली और परिवहन की स्थिति, जिन पर विनिर्माण उद्यम सूचना–प्रौद्योगिकी आधारित सेवा उद्यमों से कहीं अधिक निर्भर करते हैं। अवसंरचना में सुधार

के लिए कार्यनीति,योजना का मुख्य पहलू है और उनसे विनिर्माण के निष्पादन को समग्र रूप से प्रभावित करेंगे।

- तीसरी, भारत को अपने विनिर्माण क्षेत्रक की प्रौद्योगिकीय गहराई बढ़ाने की आवश्यकता है ताकि इसकी प्रतिस्पर्द्धा बढ़े और देश का व्यापार–संतुलन भी। भारत में उच्च–प्रौद्योगिकी तथा पूंजीगत वस्तुओं का आयात लगातार बढ़ता जा रहा है तथा इसके बदले में भारत कच्चे माल का आयात करता है। भारत के विनिर्माण क्षेत्रक में अधिक गहराई लाने तथा इसे अधिक मूल्य–संवर्द्धित बनाने के लिए ऐसी कार्यनीतियों को तैयार करने की आवश्यकता है जो "संरक्षणवादी" न हों तथा जिनसे प्रत्यक्ष विदेशी निवेश बढ़े और जो खुली विश्व व्यापार व्यवस्था के अनुकूल हो।
- चौथी, हमें विनिर्माण में मानव संसाधनों की भूमिका पर पुनर्विचार करना होगा। सफल विनिर्माण के लिए प्रौद्योगिकियों को जानना तथा उन्हें अपनाना और उन्हें बेहतर बनाना ज़रूरी होता है और यह मुख्यतः, उद्यम के मानवीय पक्षविशेषता के माध्यम से हो पाता है। संधारणीय प्रतिस्पर्द्धा के लिए भारत के पुराने पड़ चुके श्रम कानूनों को नया रूप देने की भी आवश्यकता है, परन्तु औद्योगिक संबंधों औद्योगिक संबंधों की बेहतरी तथा कर्मचारियों और प्रबंधन के बीच आवश्यक सामंजस्य केवल कानून बदल देने से ही नहीं हो जाएगा। इसके लिए ऐसे नए सामाजिक अनुबंध की आवश्यकता होगी जो विकासोन्मुखता की नींव पर हो तथा भारत के विनिर्माण और औद्योगिक क्षेत्रकों में साझेदारी पर तथा उनके भीतर के उद्यमों पर निर्भर हो।
- पांचवीं पहल यह कि सूक्ष्म, लघु तथा मध्यम उद्यम क्षेत्रक का विकास भारत की विनिर्माण कार्यनीति का केंद्रीय बिंदु होना चाहिए। यह क्षेत्रक उस सशक्त विनिर्माण क्षेत्रक की आधारशिला है जो कम पूंजी के बावजूद अधिक रोज़गार उपलब्ध कराता है। बड़े उद्योगों के साथ इसका संबंध पूरक है, क्योंकि यह उन्हें घटक तथा इनपुट्स उपलब्ध कराता है। यह उन श्रमिकों तथा उद्यमियों के लिए प्रारम्भ–बिंदु है जो इसके जरिए बड़े उद्यमों की ओर जाते हैं। सरकार बड़े उद्यमों के साथ परामर्श तथा बड़े उद्यमों की समस्याओं के समाधान पर अधिक बल देती है, परन्तु सूक्ष्म, लघु तथा मध्यम उद्यम क्षेत्र का विकास भारतीय उद्योग तथा भारतीय अर्थव्यवस्था की चुनौतियों के बारे में चर्चाओं का मुख्य बिंदु होना चाहिए। इसे एक ऐसा स्थिर तथा कमज़ोर क्षेत्रक नहीं माना जाना चाहिए जिसे निरन्तर समर्थन तथा संरक्षण की आवश्यकता है, बल्कि यह औद्योगिक व्यवस्था का आंतरिक हिस्सा है जिसमें अलग–अलग इकाइयों के लिए ऊपर उठने की संभावना है।
- अंतिम रूप से कारोबारी विनियामक परिदृश्य में, विनिर्माण के लिए माहौल को बेहतर बनाने के लिए अपेक्षित नीतिगत और कार्यान्वयनगत परिवर्तनों में से कई को अवसंरचना परियोजनाओं में, औद्योगिक संबंधों में कार्यान्वित किया जा रहा है तथा लघु व मध्यम उद्यमों की आवश्यकताएं राज्यों के दायरे में आती हैं। इसमें बिजली आपूर्ति की गुणवत्ता, काफी हद तक सड़क सम्पर्क, बिक्री कर प्रशासन का कार्यान्वयन, सुरक्षा, प्रदूषण नियंत्रण और श्रम तथा औद्योगिक पार्कों संबंधी कानूनों का कार्यान्वयन शामिल हैं। रेल परिवहन, आयकर, निर्यात विनियमन तथा वित्तीय प्रणाली के कार्यकरण जैसे क्षेत्रों में भी केंद्र की भूमिका अत्यन्त महत्वपूर्ण है।

1.159. ये मुद्दे भारत के समग्र कारोबारी परिदृश्य के लिहाज से भी प्रासंगिक हैं जिसमें विनिर्माण के अतिरिक्त सेवाएं तथा कृषीतर ग्रामीण उद्यम शामिल हैं। इन सबसे बेहतर कारोबारी विनियमन तथा अवसंरचना को लाभ पहुंचेगा।

दीर्घकालिक विकास के लिए ऊर्जा नीतियां

1.160. सकल घरेलू उत्पाद में 8 प्रतिशत की विकास दर के लिए सभी स्रोतों से कुल ऊर्जा उपयोग में लगभग 6 प्रतिशत की विकास दर अपेक्षित है। दुर्भाग्यवश, इस मांग को पूरा करने के लिए घरेलू मांग ऊर्जा आपूर्तियों के मामले में हमारी क्षमता बेहद सीमित है। हमारे पास ऊर्जा के संसाधन अधिक नहीं हैं–सिवाए कोयला के–और नीतिगत कमियों के कारण मांग तथा आपूर्ति का प्रबंधन और अधिक कठिन हो जाता है। इनमें से कुछ समस्याओं पर इस अध्याय में, निवेशकों में विश्वास बहाल करने की तात्कालिक आवश्यकता के संबंध में चर्चा की जा चुकी है। दीर्घकालिक बाधाएं भी हैं जिनका समाधान किए जाने की आवश्यकता है।

कोयला उत्पादन

1.161. देश में कोयले की उपलब्धता ऊर्जा साधन के रूप में सबसे ज्यादा है, परन्तु देश के अधिकतर कोयला संसाधन वन–क्षेत्र में हैं, जिनमें पारम्परिक रूप से जनजातीय लोग रहते हैं। तीसरे पक्षों को आपूर्ति के लिए कोयले का उत्पादन राष्ट्रीयकृत कर दिया गया है किंतु कुछ क्षेत्रकों में परियोजनाओं की अनुमति है ताकि कैप्टिव कोयला खानें उपलब्ध हो सकें। ग्यारहवीं योजना में, कोल इंडिया अपने कोयला उत्पादन लक्ष्यों को प्राप्त करने में सफल नहीं रही और जैसा कि पहले उल्लेख किया जा चुका है, बारहवीं योजना में कोयला आधारित बिजली परियोजनाओं के लिए घरेलू कोयला आपूर्ति के प्रति आश्वस्त नहीं किया गया है। यह सुनिश्चित करना नितान्त आवश्यक है कि कोयले का घरेलू उत्पादन 2011–12 के 540 मिलियन टन से बढ़कर,योजना के अंत तक 795 मिलियन टन हो जाए। 255 मिलियन टन की इस बढ़ोत्तरी में कैप्टिव क्षमता में 64 मिलियन टन

की वृद्धि शामिल है तथा शेष की पूर्ति कोल इंडिया लिमिटेड द्वारा की जानी है। किंतु, इस वृद्धि के बावजूद, हमें 2016–17 में 185 मिलियन टन कोयला आयात करने की आवश्यकता होगी। कोयला परियोजनाओं के लिए पर्यावरण तथा वन संबंधी मंजूरी में दिक्कतें आई हैं। अंतर–मंत्रालयी समन्वयन के लिए विशिष्ट तंत्र बनाए जाने की आवश्यकता है ताकि इन परियोजनाओं के प्रसंस्करण में चरणबद्ध रूप में तेज़ी लाई जा सके। जब तक ऐसा नहीं हो जाता, भारत की ऊर्जा ज़रूरतें पूरी नहीं की जा सकतीं और निवेशक की भावना इतनी कमज़ोर हो जाएगी कि उनमें फिर से विश्वास बहाल करना कम से कम बारहवीं योजना के दौरान तो असंभव होगा। दीर्घकालिक दृष्टि से, कोयले के राष्ट्रीयकरण की नीति की ही समीक्षा करने की आवश्यकता है जैसा कि ग्यारहवीं योजना में भी उल्लेख किया गया था। यदि पेट्रोलियम जैसे कहीं अधिक महत्वपूर्ण संसाधन में निजी क्षेत्र के उत्पादकों को अनुमति दी जा सकती है, तो कोयले में भी ऐसी अनुमति न देने का कोई कारण नहीं है। मेघालय में उन्हें काफी सीमित अनुमति दी गई है जहां कोयला निजी स्वामित्व में है क्योंकि वहां जनजातीय भूमि सरकारी भूमि नहीं है।

पेट्रोलियम मूल्य में विकृति

1.162. पेट्रोलियम क्षेत्रक में उत्पाद मूल्यों में गंभीर विकृतियां हैं जिनके कारण वसूली बेहद कम हो पाती हैं और निजी निवेश हतोत्साहित होता है। तेल विपणन कंपनियों (ओएमसी) द्वारा डीजल के लिए लिया जाने वाला मूल्य, हाल ही के मूल्य समायोजन से पहले, व्यापार समतुल्यता मूल्यों से 35.3 प्रतिशत कम था। कैरोसिन तथा लिक्विफाइड पेट्रोलियम गैस (एलपीजी) की क़ीमतें क्रमशः 72.6 प्रतिशत तथा 53.6 प्रतिशत कम हैं।

1.163. यदि मौजूदा व्यवस्थाओं को बिना किसी बजटीय सब्सिडी के अनंत काल तक जारी रखा जाता है, तो इससे पेट्रोलियम उद्योग को गंभीर नुक़सान पहुंचेगा, नए तेल साधनों की खोज और विकास में निवेश करने की क्षमता सीमित होगी तथा सभी नए निजी निवेशक हतोत्साहित होंगे। दूसरी तरफ,यदि इस कमी को बजटीय सब्सिडी से पूरा किया जाता है, तो इससे बजट पर ऐसा बोझ पड़ जाएगा जिसे वहन करना संभव नहीं होगा जिसके कारण अन्य सरकारी व्ययों में काफी कमी लानी होगी अथवा वित्तीय घाटा अत्यधिक बढ़ जाएगा। इसी परिप्रेक्ष्य में, अंतर को कम करने के लिए डीजल की कीमतों को बढ़ाना पड़ा था और सब्सिडाइज्ड सिलेंडरों की संख्या सीमित की गई थी। बारहवीं योजना में, पेट्रोलियम उत्पादों की क़ीमतों को अधिक युक्तिसंगत बनाना सुनिष्चित करना होगा। सभी प्रकार की खामियों को तुरन्त समाप्त करना शायद संभव न हो, किंतु चरणबद्ध रूप से इस प्रकार मूल्य समायोजन करने की आवश्यकता है जिससे सब्सिडी घटकर प्रबंधनीय स्तरों पर पहुंच जाए। सामान्य नियम के तौर पर, समय के साथ–साथ लागू की गई कीमतों में थोड़ी–थोड़ी वृद्धि से अंतर को कम करके प्रबंधनीय स्तरों तक लाने में मदद मिल सकती है।

प्राकृतिक गैस मूल्य–निर्धारण

1.164. प्राकृतिक गैस में भी मूल्य विसंगति की समस्या देखी गई है। फिलहाल,घरेलू उत्पादकों को गैस की क़ीमत प्रति एमएमबीटीयू 4.25 डॉलर दी जाती है जबकि स्पॉट आयातित लिक्विफाइड नैचुरल गैस (एलएनजी) की कीमत लगभग 11–14 डॉलर प्रति एमएमबीटीयू है। उत्पादकों का कहना है कि जब तक उन्हें अंतरराष्ट्रीय मूल्यों के अनुसार मूल्य रखने के प्रति आश्वस्त नहीं किया जाता, तब तक इस क्षेत्रक में कोई निवेश नहीं होगा। सरकार ने डॉ. सी. रंगराजन की अध्यक्षता में एक विशेषज्ञ समिति का गठन किया है ताकि वह एनईएलपी ठेकों के स्वरूप के बारे में सलाह दे सके। समिति द्वारा शीघ्र ही अपनी रिपोर्ट दिए जाने की संभावना है और आशा की जाती है कि यह उन उपायों की सिफारिश करेगी, जिनसे गैस के मूल्य निर्धारण के संबंध में नीति स्पष्ट हो सके जिसके बिना नया निवेश बाधित हो सकता है।

शहरीकरण

1.165. देश में शहरीकरण प्रक्रिया का अधिक प्रभावी प्रबंधन अधिक समावेशी, अधिक संधारणीय तथा तीव्र आर्थिक विकास के लिए बेहद महत्वपूर्ण है। शहरीकरण विकास प्रक्रिया का स्वाभाविक अंग है, क्योंकि नगरों से बड़े पैमाने पर अर्थव्यवस्था को तथा बस्तियों को संबल मिलता है। भारत में, नगर भी समावेशिता के प्रभावी वाहक हैं क्योंकि बेहतर आजीविका अर्जित करने के लिए निवासियों के अंतर–निर्भर प्रयासों से जाति, पंथ और भाषा की बाधाएं समाप्त हो जाती हैं। फिलहाल, लगभग 31 प्रतिशत आबादी, अर्थात् लगभग 380 मिलियन लोग शहरी क्षेत्रों में रहते हैं और 2030 तक यह संख्या बढ़कर लगभग 600 मिलियन हो जाएगी। बढ़ती शहरी आबादी को स्तरीय सेवाएं उपलब्ध कराना एक बड़ी चुनौती है। शहरी सेवाएं बेहद ख़राब हैं–ख़ासकर सफाई, ठोस कचरे को हटाने, पानी, सड़क और सार्वजनिक परिवहन की स्थिति। सभी भारतीय शहरों में, सस्ते तथा अच्छे मकानों की कमी चिंताजनक है, क्योंकि इसके कारण ही झुग्गियों का विकास होता है तथा खराब जल और स्वच्छता सेवाओं के कारण स्वास्थ्य और जीवन–दशाएं बिगड़ जाती हैं।

1.166. जवाहरलाल नेहरू शहरी नवीकरण मिशन–II (जेएनएनयूआरएम–II) एक महत्वपूर्ण पहल थी क्योंकि इसने भारत

के शहरी एजेंडे को केंद्र में ला दिया। इसने राज्यों को संसाधन उपलब्ध कराने की शुरूआत की जो सुधार–संबद्ध प्रोत्साहन के तौर पर था और ताकि नगरों तथा शहरों में सुधार पर ज़ोर दिया जाए। जवाहरलाल नेहरू शहरी नवीकरण मिशन का सात वर्षों का अनुभव काफी सीख देने वाला रहा है क्योंकि इससे शासन प्रणाली में तथा नगरों, राज्यों और यहां तक कि केंद्र में भी,शहरीकरण प्रक्रिया के प्रबंधन में कई कमज़ोरियां भी उजागर हुई हैं। शहरी शासन बहुत कमज़ोर है, इसमें विभिन्न एजेंसियों के बीच तालमेल अच्छा नहीं है क्योंकि इसके बगैर अच्छी बस्तियों का निर्माण और उन्हें अच्छा बनाए रखना संभव नहीं है। शहरी प्रबंधन के लिए कार्मिक तथा संस्थागत क्षमताओं को देश भर में व्यापक स्तर पर विकसित करना होगा। स्थानीय आयोजना चिंताजनक रूप से अपर्याप्त है, जिसके कारण परियोजनाएं स्थानीय ज़रूरतों के मुताबिक़ नहीं हैं और विभिन्न पहलों में तालमेल अच्छा नहीं है।

1.167. चूंकि समग्र सरकारी संसाधन सीमित हैं और इन्हें स्वास्थ्य तथा शिक्षा जैसे अन्य प्राथमिक क्षेत्रकों हेतु उपयोग किया ही जाना चाहिए, अतः, यह आवश्यक है कि शहरों–ख़ासकर बड़े शहरों तथा प्रगतिशील रूप से यहां तक कि छोटे शहरों को बाज़ार तथा निजी क्षेत्र से संसाधन जुटाने के लिए प्रोत्साहित किया जाए तथा सक्षम बनाया जाए। इसके लिए, उन्हें शासन तथा परियोजनाओं के कार्यान्वयन की अपनी क्षमता को बेहतर बनाना ही होगा। उन्हें अपने भू–संसाधनों का प्रबंधन भी और अधिक सोच–समझकर करना होगा, ताकि भूमि का बेहतर उपयोग हो सके तथा उसे सुरक्षित किया जा सके जो उनकी भावी वित्तीय आवश्यकताओं के लिए बुनियादी संसाधन बनेगा। उन्हें निवासियों से समुचित सेवा प्रभारों की समान रूप से वसूली में सक्षम बनना होगा, जिसके लिए उन्हें यह दिखाना होगा कि वे बेहतर और अधिक विश्वसनीय सेवाएं दे पाने में सक्षम हैं। लोक–सार्वजनिक–निजी साझेदारी(पीपीपीपी) की अवधारणा को लागू किया जाना चाहिए क्योंकि इससे स्थानीय नागरिकों की साझेदारी व्यवस्थित तरीक़े से होती है।

1.168. शहरीकरण प्रबंधन में सुधार की कार्यनीतियों की व्याख्या अध्याय–14 में की गई है। जेएनएनयूआरएम–।।, जिसमें जेएनएनयूआरएम–। की सीख को शामिल किया गया है, बारहवीं योजना की एक मुख्य विशेषता है। इसमें मानव तथा सांस्थानिक क्षमताओं को मज़बूत बनाने, स्थानीय आयोजना तथा शासन में सुधार को प्राथमिकता दी जानी चाहिए क्योंकि ये वित्तीय तथा पर्यावरणीय रूप से संधारणीय और अधिक समावेशी शासन प्रक्रिया की आधारशिलाएं हैं।

योजना के लिए मॉनीटरणीय लक्ष्य

1.169. इस अध्याय में बारहवीं योजना की आकांक्षाओं तथा चुनौतियों की चर्चा की गई है तथा इन आकांक्षाओं की पूर्ति संबंधी कार्यनीतियों का उल्लेख योजना के अलग–अलग अध्यायों में किया गया है। विकास में सरकार तथा अन्य पक्षों की क्षमता पर ध्यान केंद्रित करने के लिए, मॉनीटरणीय संकेतकों की पहचान करना वांछनीय है जिनका उपयोग हमारे प्रयासों की प्रगति की जांच के लिए हो सके। देश तथा विकास प्रक्रिया की जटिलता को देखते हुए,ऐसे लक्ष्यों की संख्या काफी ज्यादा है जिनका प्रयोग किया जा सकता है और किया जाना चाहिए। इनमें से अधिकतर की चर्चा क्षेत्रकीय अध्यायों में की गई है। तथापि,ऐसे कुछ मुख्य संकेतक हैं जो सभी विकास मानकों पर लागू हो सकते हैं जिनमें न सिर्फ केंद्रीय और राज्य सरकारें, बल्कि स्थानीय सरकारें, सिविल सोसायटी तथा अंतरराष्ट्रीय एजेंसियां भी शामिल हैं।

1.170. नीचे सूचीबद्ध किए गए पच्चीस मुख्य संकेतक तीव्र, संधारणीय तथा अधिक समावेशी विकास के परिचायक हैं–

आर्थिक विकास

1. सकल घरेलू उत्पाद का 8 प्रतिशत की दर से वास्तविक विकास।
2. 4.0 प्रतिशत की दर से कृषि विकास।
3. 10.0 प्रतिशत की दर से विनिर्माण विकास।
4. प्रत्येक राज्य द्वारा ग्यारहवीं योजना की तुलना में बारहवीं योजना में अधिमानितः उच्चतर औसत विकास दर हासिल की जानी चाहिए।

गरीबी और रोजगार

5. बारहवीं पंचवर्षीय योजना के अंत तक, पूर्ववर्ती आकलनों की तुलना में, प्रति व्यक्ति उपभोग गरीबी में 10 प्रतिशत अंकों की कमी।
6. बारहवीं पंचवर्षीय योजना में, गैर–कृषि क्षेत्रक में 50 मिलियन नए कार्य अवसरों का सृजन तथा इतनी ही संख्या में कौशल प्रमाण–पत्र प्रदान करना।

शिक्षा

7. बारहवीं पंचवर्षीय योजना के अंत तक, स्कूल शिक्षा के औसत वर्षों की संख्या को बढ़ाकर सात वर्ष करना।
8. अर्थव्यवस्था में कौशल आवश्यकता के अनुरूप, प्रत्येक उम्र के लिए दो मिलियन अतिरिक्त सीटों का सृजन कर उच्चतर शिक्षा तक पहुंच बढ़ाना।

9. विद्यालय पंजीकरण में लैंगिक तथा सामाजिक कमी (लड़कियों तथा लड़कों के बीच और अनुसूचित जातियों, अनुसूचित जनजातियों, मुसलमानों तथा शेष आबादी के बीच) को बारहवीं पंचवर्षीय योजना के अंत तक दूर करना।

स्वास्थ्य

10. बारहवीं पंचवर्षीय योजना के अंत तक, नवजात मृत्यु दर को घटाकर 25 तथा मातृ मृत्यु दर को घटाकर प्रति 1000 जीवित प्रसव पर 1 तक लाना तथा बाल लिंग अनुपात (0–6 वर्ष) को सुधार कर 950 तक लाना।
11. बारहवीं पंचवर्षीय योजना के अंत तक, कुल प्रजनन दर को घटाकर 2.1 करना।
12. बारहवीं पंचवर्षीय योजना के अंत तक,0–3 वर्ष तक के बच्चों में अल्पपोशण को घटाकर एनएफएचएस–3 स्तरों के आधे पर लाना।

ग्रामीण अवसंरचना सहित अवसंरचना

13. बारहवीं पंचवर्षीय योजना के अंत तक, अवसंरचना में निवेश को बढ़ाकर सकल घरेलू उत्पाद के 9 प्रतिशत पर लाना।
14. बारहवीं पंचवर्षीय योजना के अंत तक, सकल सिंचित क्षेत्र को 90 मिलियन हेक्टेयर से बढ़ाकर 103 मिलियन हेक्टेयर करना।
15. बारहवीं पंचवर्षीय योजना के अंत तक, सभी गांवों को बिजली उपलब्ध कराना तथा एटी एंड सी नुकसानों को कम कर 20 प्रतिशत पर लाना।
16. बारहवीं पंचवर्षीय योजना के अंत तक, सभी गांवों को बारहमासी सड़कों से जोड़ना।
17. बारहवीं पंचवर्षीय योजना के अंत तक, राष्ट्रीय और राज्य राजमार्गों को न्यूनतम दो लेन के मानदंड पर लाना।
18. बारहवीं पंचवर्षीय योजना के अंत तक, पूर्वी तथा पश्चिमी समर्पित माल ढुलाई गलियारे को पूरा करना।
19. ग्रामीण टेली–डेंसिटी को बढ़ाकर बारहवीं पंचवर्षीय योजना के अंत तक 70 प्रतिशत करना।
20. बारहवीं पंचवर्षीय योजना के अंत तक,यह सुनिश्चित करना कि ग्रामीण आबादी के 50 प्रतिशत को नल द्वारा 40 एलपीसीडी पेयजल की आपूर्ति सुलभ हो तथा 50 प्रतिशत ग्राम पंचायतों को निर्मल ग्राम का दर्ज़ा मिले।

पर्यावरण और धारणीयता

21. बारहवीं पंचवर्षीय योजना के अंत तक, हरित–क्षेत्र (उपग्रह की तस्वीरों से की गई माप के अनुसार) में प्रतिवर्ष 1 मिलियन हेक्टेयर की वृद्धि।
22. बारहवीं योजना में नवीकरणीय ऊर्जा क्षमता में 30,000 मेगावाट की वृद्धि।
23. सकल घरेलू उत्पाद की उत्सर्जन सघनता को 2020 तक 20 से 25 प्रतिशत घटाने (2005 के स्तरों की तुलना में) का लक्ष्य।

सेवा प्रदायगी

24. बारहवीं योजना के अंत तक,90 प्रतिशत भारतीय परिवारों तक बैंकिंग सेवाएं उपलब्ध कराना।
25. बैंक खातों से जुड़े आधार प्लेटफार्म का उपयोग करके बारहवीं योजना के अंत तक, मुख्य सब्सिडियों और कल्याण संबंधी लाभार्थी भुगतानों को प्रत्यक्ष नकद हस्तांतरण के रूप में कार्यान्वित करना।

1.171. राज्यों को उक्त के संबंध में, शुरूआती स्थिति के अनुपात में हुई प्रगति को ध्यान में रखते हुए, अपनी विशिष्ट ज़रूरतों के अनुरूप लक्ष्य निर्धारित करने के लिए प्रोत्साहित किया जाता है। प्रत्येक राज्य के क्षेत्रक–वार विकास लक्ष्य अध्याय 11 में दिये गये हैं।

2

वृहद आर्थिक ढांचा

प्रस्तावना

2.1. ग्यारहवीं योजना (2007–2012) ने 9 प्रतिशत औसत वार्षिक विकास का लक्ष्य रखा था जो दसवीं योजना (2002–2007) में हासिल की गई 7.6 प्रतिशत की दर से काफी अधिक था परंतु यह मोटे तौर पर 2004–05 के बाद देखे गए आर्थिक कार्यकलाप और विकास की तीव्रता के अनुरूप था। योजना ने 2007–08 में 9.3 प्रतिशत विकास के साथ अच्छी शुरूआत की, परंतु 2008 के वैश्विक वित्तीय संकट ने 2008–09 में विकास को कम करके 6.7 प्रतिशत कर दिया। अर्थव्यवस्था ने प्रारंभ में अच्छा पुनरूद्धार करते हुए 2009–10 में 8.6 प्रतिशत और फिर 2010–11 में 9.3 प्रतिशत विकास दर्ज किया। तथापि, यूरोप में स्वर्णमुद्रा ऋण संकट की वजह से 2011 में वैश्विक अर्थव्यवस्था में अधोगामी प्रवृत्ति के साथ ही अवसंरचना में निवेश में घरेलू बाधाओं ने 2011–12 में जीडीपी विकास को कम करके 6.2 प्रतिशत कर दिया। इसके परिणामस्वरूप, ग्यारहवीं योजना के पांच वर्षों के दौरान औसत विकास केवल 8.0 प्रतिशत ही रहा।

2.2. ऐसी अवधि, जिसके दौरान दो वैश्विक संकट देखे गए, एक 2008 में और दूसरा 2011 में, के दौरान 8 प्रतिशत विकास की उपलब्धि सराहनीय है। तथापि, मंदी भी चिंता का विषय है विशेषकर इस वजह से कि 2011–12 में विकास ने वर्ष के दौरान तिमाही–दर–तिमाही लगातार मंदी दर्शायी है और 2011–12 की अंतिम तिमाही में केवल 5.3 प्रतिशत वर्ष–दर–वर्ष विकास दर दर्ज की गई। 2012–13 की पहली छमाही के लिए प्रारंभिक अनुमान 5.4 प्रतिशत विकास दर्शाते हैं, जो मामूली–सा अधिक है, जिससे यह संकेत मिलता है कि बारहवीं योजना के पहले वर्ष में अपेक्षाकृत कम विकास गति देखी जाएगी। तथापि, अल्प अवधि में कमजोर निष्पादन से मध्यम अवधि के बारे में निराशा उत्पन्न नहीं होनी चाहिए। यह विश्वास करने का ठोस कारण है कि भारतीय अर्थव्यवस्था के मूलाधार सुदृढ़ हैं तथा वैश्विक अर्थव्यवस्था की स्थिति और विकास संबंधी बाधाओं को दूर करने के लिए घरेलू नीति की प्रतिक्रिया के आधार पर अर्थव्यवस्था 8 से 9 प्रतिशत विकास के मार्ग तक पुनः पहुंच सकती है।

विकास के निर्धारक

2.3. पांच वर्ष की अवधि में अर्थव्यवस्था की विकास क्षमता अनेक कारकों पर निर्भर करती है। इनमें पूंजी का लाभकारी उपयोग सुनिश्चित करने के साध ही निवेश की उच्च दरें कायम रखने में अर्थव्यवस्था की क्षमत शामिल है और यह क्षमता निवेशकों की उम्मीदों तथा निवेश के लिए वित्तपोषण जुटाने के सामर्थ्य पर निर्भर करती है। उद्यमिता और प्रबंधन के क्षेत्र में एक गतिशील वर्ग की विद्यमानता, जो जोखिम उठाने और प्रतिस्पर्धा के दबाव को झेलने में समर्थ है, हमारी अर्थव्यवस्था की एक महत्वपूर्ण सकारात्मक विशेषता है। यह सार्वजनिक क्षेत्र, जो अर्थव्यवस्था के कई क्षेत्रों में महत्वपूर्ण है, में निवेश और उत्पादकता के लिए जिम्मेवार सार्वजनिक क्षेत्र के प्रबंधकों की गुणवत्ता पर भी निर्भर करती है। हमें इन सभी बिंदुओं पर आशावान बने रहने का ठोस कारण है जैसा कि इस तथ्य से प्रमाणित होता है कि हमने 2003–04 और 2008–09 के बीच तीव्र प्रगति की थी और भारतीय उद्यम ने अपनी वैश्विक उपस्थिति को विस्तारित करना भी आरंभ कर दिया है।

2.4. विकास पर्याप्त मात्रा में श्रम की उपलब्धता तथा तीव्र विकास के लिए सही दक्षताओं पर भी निर्भर करता है। हमारे पास जनसांख्यिकीय लाभ है क्योंकि जनसंख्या का आयु–ढांचा यह सुनिश्चित करता है कि भारत में श्रम बल में वृद्धि होगी, जबकि यह चीन सहित अधिकांश औद्योगीकृत देशों में कम हो रहा है। तथापि, श्रम बल की दक्षता के स्तर को बढ़ाने की आवश्यकता है। हमारी उच्च विकास की अवधि के दौरान दक्षता की कमी देखी गई थी और सरकार इस क्षेत्र को उच्च प्राथमिकता प्रदान कर रही है।

2.5. विदेशी माहौल भी विकास की संभावना को प्रभावित करता है क्योंकि यह निर्यात की बढ़ोतरी की गुंजाइश निर्धारित करता है और इस प्रकार घरेलू आर्थिक कार्यकलाप के विस्तार में योगदान देता है। यह उस सीमा को भी निर्धारित करता है जिस सीमा तक अर्थव्यवस्था गैर–ऋण पूंजी, विशेषकर प्रत्यक्ष विदेशी निवेश (एफडीआई), जो अक्सर प्रौद्योगिकीय क्रमोन्नयन और आधुनिकीकरण के साधन के रूप में कार्य करता है, के माध्यम से चालू लेखा घाटे का वित्तपोषण कर सकती है।

2.6. कई अध्ययनों में आर्थिक विकास की तीव्रता की विस्तारपूर्वक जांच की गई है। पूंजी और श्रम भंडार का संग्रह तथा इन भंडारों के उपयोग का तरीका यानी उत्पादकता, गहन अध्ययन का विषय रही है। वैश्विक अनुभव से यह पता चलता है कि विभिन्न देशों ने अपनी–अपनी विकास तीव्रता कारक संचय से तथा सकल कारक उत्पादकता (टीएफपी) से कुछ–कुछ भिन्न अनुपातों में हासिल की है। सकल कारक उत्पादकता शेष भाग है जिसकी व्याख्या कारक संचय द्वारा नहीं की जाती है और यह प्रौद्योगिकी (पूंजी के रूप में सम्मिलित और पृथक, दोनों) से लेकर शिक्षा और दक्षता, संस्थानों और सार्वजनिक नीति तक के तत्वों की व्याख्या को दर्शाती है।

2.7. यह सर्वविदित है कि उभरते बाजार वाले देशों में सकल कारक उत्पादकता में विकास को तीव्र करके, विकास को काफी हद तक तीव्र करने की क्षमता है क्योंकि वे सामान्यतया उत्पादकता की अगली पंक्ति में नहीं होते हैं हालांकि ऐसा करने की उनकी क्षमता निवेश की दर से मुक्त नहीं है। टीएफपी जितना अधिक होगी, श्रम और पूंजी भंडार का उपयोग उतना ही बेहतर होगा। आर्थिक सुधारों ने कई क्षेत्रकों में संसाधनों के उपयोग की दक्षता को भी बढ़ाया है और अध्ययनों से यह पता चलता है कि समय के साथ भारतीय अर्थव्यवस्था में टीएफपी में वृद्धि हुई है और यह सुधार विगत दो दशकों में, विशेषकर विगत दशक में, पिछली अवधियों की तुलना में अधिक था। और अधिक दक्षता लाभ प्राप्त करने की भी काफी गुंजाइश है, विशेषकर आईटी आधारित प्रौद्योगिकी के उपयोग से, जैसे कि जीआईएस आधारित प्रणालियां, जिनके उपयोग से हम सार्वजनिक निवेश जुटाने और संचालित करने की अपनी दक्षता में वृद्धि कर सकते हैं। भारत में भावी विकास के बारे में आशावान होने के ये महत्वपूर्ण कारण हैं।

बारहवीं योजना में विकास संभावनाएं

2.8. आदर्श स्थिति में, हमें मात्रात्मक आर्थिक मॉडलों, जो विभिन्न नीतिगत विकल्पों के प्रभाव की व्याख्या कर सकते हैं, के उपयोग के माध्यम से विकास के विभिन्न निर्धारकों की पारस्परिक क्रिया का पता लगाने में सक्षम होना चाहिए। तथापि, यह सर्वमान्य है कि कोई भी एक मॉडल सभी संभव पारस्परिक क्रियाओं का पता नहीं लगा पाएगा। अतः योजना आयोग विभिन्न अनुसंधान संस्थानों द्वारा निर्मित विभिन्न प्रकार के अनेक मॉडलों पर निर्भर करता है जो विकास चरों के मध्य पारस्परिक क्रिया के विभिन्न पहलुओं पर जोर देते हैं। इस कार्रवाई से तथा आयोग में आंतरिक चर्चाओं से जो मिलीजुली राय प्रकट होती है, वह यह है कि अर्थव्यवस्था के लिए वर्तमान मंदी से बाहर निकलने का रास्ता ढूंढ़ना और पुनः उच्च विकास प्राप्त करना संभव है परंतु इसमें समय लगेगा और इसके साथ ही अनेक कठोर नीतिगत निर्णय भी लेने होंगे। इस कवायद से प्रकट होने वाले वृहद–आर्थिक निष्कर्षों का सार इस अध्याय में दिया गया है।

2.9. चूंकि योजना के पहले वर्ष में विकास लगभग 6 प्रतिशत के आसपास रहने की संभावना है और अगले दो वर्षों में अंतरराष्ट्रीय अर्थव्यवस्था भी कमजोर रहने की संभावना है, इसलिए, हमें आगामी दो वर्षों में उच्च विकास को धीरे–धीरे प्राप्त करने और तत्पश्चात योजना के अंतिम वर्ष में तीव्रता को बढ़ाते हुए अर्थव्यवस्था को पुनः 9 प्रतिशत विकास पर ले जाने के लिए योजना बनाने की आवश्यकता है। योजना के अंत में तीव्रता के इस पथ का अर्थ यह है कि बारहवीं योजना अवधि में कुल मिलाकर औसत विकास अधिक से अधिक 8.0 प्रतिशत के आसपास होगा। अब निर्धारित किए गए किसी भी लक्ष्य को कुछ अनिश्चितता और गिरावट के जोखिमों को अवश्य झेलना होगा, परंतु यह कहा जा सकता है कि विकास के पिछले रिकॉर्ड को देखते हुए 8.0 प्रतिशत का लक्ष्य निश्चित रूप से व्यवहार्य है, बशर्ते कि वैश्विक अर्थव्यवस्था के बारे में बदतर मामले के पूर्वानुमान साकार न हों और तीव्र एवं समावेशी विकास हासिल करने के लिए आवश्यक कठोर निर्णय लेने की हमारी क्षमता के बारे में सकारात्मक पूर्वानुमान साकार हो जाएं।

2.10. उच्च विकास को पुनः हासिल करने के लिए कठोर निर्णय लेने की आवश्यकता इस तथ्य की वजह से है कि हम यह नहीं मान सकते हैं कि पूर्व में देखा गया तीव्र विकास भविष्य में पुनः प्रकट हो जाएगा। इसकी वजह यह है कि अनेक गंभीर बाधाओं, जो अर्थव्यवस्था की तीव्रता के साथ ही प्रकट हुई थी और जो स्पष्ट रूप से हमारी विकास क्षमता को बाधित करती हैं, का प्रभावी रूप से निवारण करना होगा। इन में वृहद आर्थिक बाधाएं भी शामिल हैं जो निवेश और बचत को बढ़ाने और चालू लेखा घाटे, जो इन दोनों के बीच अंतर है, का वित्तपोषण करने की हमारी क्षमता को

सीमित करती हैं। इस अध्याय में इन पर अधिक विस्तारपूर्वक चर्चा की गई है। ऊर्जा, परिवहन, जल, भूमि और नियोज्यता संबंधी दक्षता की उपलब्धता से संबंधित क्षेत्रकीय बाधाएं तथा कारोबार माहौल से संबंधित बाधाएं भी हैं। इन पर योजना दस्तावेज के अन्य अध्यायों में चर्चा की गई है।

2.11. वृहद – आर्थिक बाधाओं अथवा 8 प्रतिशत विकास हासिल करने के बारे में चर्चा करने से पहले यह इंगित करना उपयोगी होगा कि विकास सामाजिक और राजनैतिक ताकतों, जिनकी मात्रा निर्धारित करना आसान नहीं है, से भी होता है। ये ताकतें आर्थिक नीतियों की स्वीकार्यता और इसके परिणामस्वरूप इन्हें कार्यान्वित करने की गति भी निर्धारित करती हैं, और ये सभी विकास के निर्धारकों, जैसे कि निवेश दरों और उत्पादकता सुधार की गति, को प्रभावित करते हैं। वस्तुतः हाल ही के वर्षों में निवेश और विकास में गिरावट की वजह से देश का जो सामाजिक और राजनैतिक माहौल है वह भारत को शुद्ध अर्थशास्त्र की भाषा में इसकी पूरी विकास क्षमता को प्राप्त करने से रोक रहा है। इन प्रभावों को मात्रात्मक मॉडलों के रूप में निर्मित करना आसान नहीं है। तथापि, योजना आयोग ने 'परिदृश्य आयोजना' की तकनीक का उपयोग करके इन ताकतों के प्रभाव को परिलक्षित करने का पहली बार प्रयास किया है।

वैकल्पिक परिदृश्यों को परिभाषित करना

2.12. परिदृश्य आयोजना की अभिकल्पना उन ताकतों का गुणात्मक आकलन करने के लिए की जाती है जो अर्थव्यवस्था को प्रभावित करती हैं परंतु जिनकी मात्रा निर्धारित करना आसान नहीं होता है, जैसे कि सामाजिक और राजनैतिक ताकतें और संस्थानों की स्थिति। परिदृश्य आयोजना द्वारा विभिन्न परिदृश्यों के सटीक संख्यात्मक परिणामों की भविष्यवाणी नहीं की जा सकती है परंतु इसके द्वारा प्रमुख समाज – राजनैतिक ताकतों की रूपरेखा के आधार पर अर्थव्यवस्था की प्रवृत्तियों का अनुमान लगाया जा सकता है।

2.13. चित्र–2.1 विभिन्न परिदृश्यों में भारत की अर्थव्यवस्था को मूर्त रूप देने वाली प्रमुख ताकतों की व्याख्या करने के लिए विश्लेषित किए गए कुछ अंतरसंबंधों का ग्राफीय प्रस्तुतीकरण है। तीर के निशान प्रभाव की प्राथमिक दिशा को इंगित करते हैं, हालांकि, कई मामलों में, यह प्रभाव समय के साथ वृत्ताकार है और प्रणाली के अंदर 'फीडबैक लूप्स' बनाता है। 'संस्थानों के प्रति विश्वास की कमी', 'अधीरता और विरोध' और 'राजनीतिक अवरोध' के मध्य परस्पर – क्रियाओं पर विचार करें। संस्थानों के प्रति विश्वास की कमी देश में विशेषकर युवाओं में उत्तरोत्तर अधीरता उत्पन्न कर सकती है और इसके फलस्वरूप विरोध होते हैं जो कई बार हिंसक रूप धारण कर लेते हैं (मीडिया की सर्वव्यापकता और सूचना का तीव्र प्रसार बढ़ती अधीरता और विरोध को और भड़का देते हैं)। विश्वास में कमी राजनीतिक अवरोध पैदा कर सकता है जिसके फलस्वरूप प्रणाली के लिए अपेक्षित सुधार करना उतना ही कठिन हो जाता है। इससे निष्पादन में कमी आती है जिसके फलस्वरूप अधीरता बढ़ती है तथा देश के संस्थानों की विश्वसनीयता और उनके प्रति विश्वास और भी कम हो जाता है।

2.14. इस प्रकार के प्रणाली विश्लेषण से 'उन्नयन बिंदुओं' का पता लगाने में मदद मिलती है जहां निर्णय–कर्ताओं द्वारा प्रणाली को इसके नकारात्मक सुदृढ़ परिपथ से बाहर निकालने के लिए कार्रवाई की जा सकती है। उदाहरण के लिए, नागरिकों को अधिक धैर्य रखने और अपने नेताओं पर विश्वास रखने के लिए कहने मात्र से ही विश्वास और धैर्य में वृद्धि नहीं होगी। तथापि, सरकार (और व्यवसाय) संस्थानों के व्यवहार में विश्वसनीय सुधार से नागरिकों के विश्वास में वृद्धि, विरोध में कमी, राजनीतिक अवरोध में नरमी संभव हो सकती है तथा नीतिगत सुधार संभव हो सकते हैं जो कि सरकार के वित्त की स्थिति को सुधारने और आर्थिक विकास को प्रेरित करने के लिए अपेक्षित हैं। अतः विश्लेषण से उन्नयन बिंदुओं के साथ–साथ उन ताकतों का भी पता चलता है जिन पर कार्रवाई करके दूसरों की स्थिति को प्रभावित किया जा सकता है। इन्हें नीचे दिए गए चित्र 2.1 के मध्य में देखा जा सकता है:

2.15. चित्र–2.1 दर्शाता है कि वर्तमान स्थिति में एक प्रमुख उन्नयन बिंदु शासन और व्यवसाय के संस्थानों की अभिकल्पना और प्रबंधन में निहित है जिसमें व्यवसाय को संचालित करने वाला नीतिगत ढांचा और वे संकेत भी शामिल हैं जिनका यह प्रत्युत्तर देता है। इन उन्नयन बिंदुओं पर परिवर्तन से प्रणाली की अन्य परिस्थितियां सकारात्मक रूप से प्रभावित हो सकती हैं और सकारात्मक प्रतिक्रिया परिपथ सृजित कर सकती हैं। नोबल पुरस्कार से सम्मानित डगलास्स नॉर्थ और इलीनॉर ओस्ट्रॉम जैसे अर्थशास्त्रियों ने स्पष्ट किया है कि "संस्थान" न केवल समाज के मार्गदर्शी विचार और मानदण्ड हैं अपितु शासन में महत्वपूर्ण भूमिकाओं वाले 'संगठन' भी हैं। अपने विश्लेषण में हमने इन संयोजनों को 'शासन मॉडलों' और 'व्यवसाय मॉडलों' के रूप में वर्णित किया है। भारत के लिए परिदृश्यों के विश्लेषण से शासन और व्यवसाय मॉडलों की तीन महत्वपूर्ण विशेषताओं का पता चला है जो समावेशन की गति, हमारे प्राकृतिक संसाधनों के न्यायसंगत उपयोग, पर्यावरणीय धारणीयता और आर्थिक विकास को प्रभावित कर रही हैं। ये हैं:

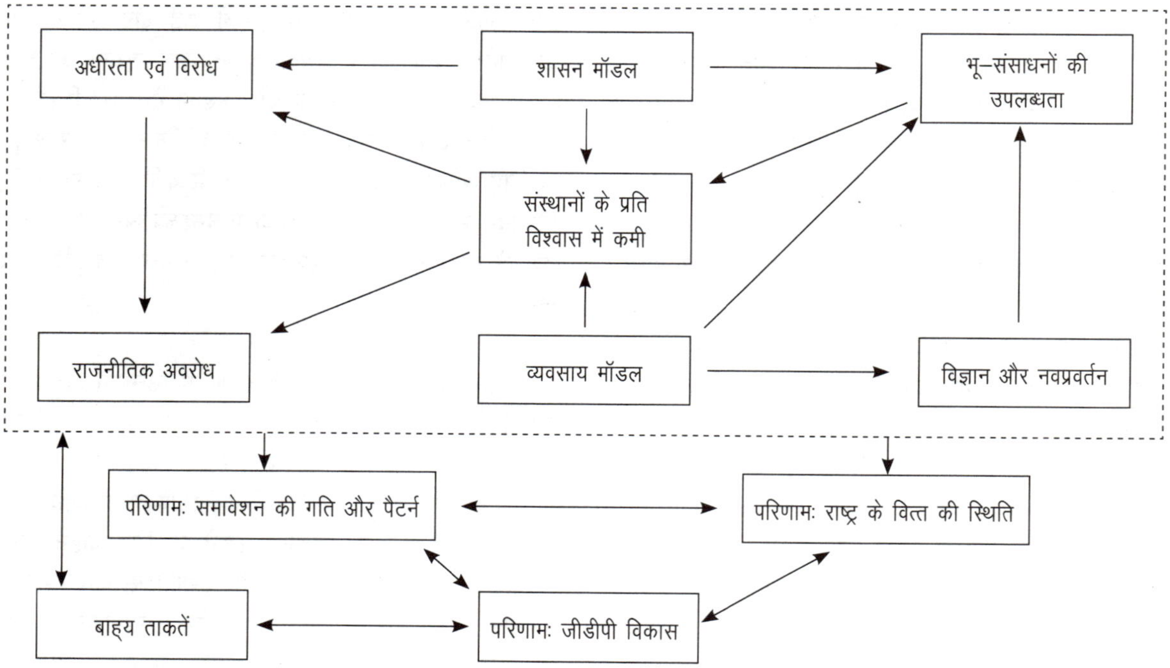

चित्र 2.1: बारहवीं योजना परिदृश्यों के लिए प्रणाली का विश्लेषण

1. "समावेशन" के प्रति हमारा दृष्टिकोणः आर्थिक सब्सिडी या बेहतर आजीविकाओं के लिए अवसरों का अधिक व्यापक सृजन?
2. "शासन" के प्रति हमारा दृष्टिकोणः क्या हम स्थानीय, समुदाय आधारित और सहयोगी शासन को तीव्रता से सुदृढ़ करेंगे?
3. ऊर्जा और पर्यावरण के संबंध में हमारे द्वारा अपनाई जाने वाली कार्यनीतियां (कार्यक्रमों और उद्यमों के ढांचे सहित): बड़ी परियोजनाएं और केन्द्रीकृत कार्यक्रम या और अधिक समुदाय–आधारित समाधान और उद्यम?

2.16. परिदृश्य, भविष्यवाणियां नहीं हैं। ये वैकल्पिक कार्रवाई के युक्तियुक्त परिणामों के अनुमान हैं। ये उन कार्यनीतियों को इंगित करते हैं जिनसे वांछित परिणाम प्राप्त होने की अधिक संभावना है। अतः हमारे द्वारा चुनी गई और कार्यान्वित की गई कार्यनीतियों के आधार पर हम देश की प्रगति के लिए विभिन्न परिणामों की परिकल्पना कर सकते हैं। तीन वैकल्पिक परिदृश्यों की व्याख्या नीचे के पैराग्राफों में दी गई है।

परिदृश्य 1

2.17. सुदृढ़ समावेशी विकासः यदि हम अर्थव्यवस्था को बाधित करने वाले प्रमुख अवरोधों का समाधान करने वाली सुकल्पित कार्यनीति को कार्यान्वित कर सकें तो यह परिदृश्य भारत का भविष्य हो सकता है। कार्यान्वयन और शासन की समस्याओं से निपटने के लिए उचित कदम उठाए जाने पर सरकार के पहिए सभी स्तरों पर और सहजता से चलने लगते हैं। स्थानीय शासन संस्थानों और लघु उद्यमों को बड़े उद्यमों के साथ–साथ प्रोत्साहित किया जाता है और उन्हें प्रभावी रूप से विकास करने का अवसर मिलता है। पर्यावरणीय मुद्दों का समाधान करने के लिए समुदाय–आधारित समाधानों और उद्यमों के साथ ही आजीविका के अवसर सृजित होते दिखाई देते हैं। इस परिदृश्य में कई समर्थकारी वृत्त कार्य करना आरंभ कर देते हैं जिससे विश्वास और भरोसे में वृद्धि होती है। इस परिदृश्य में औसत विकास 8 प्रतिशत होना संभव है और समावेशिता सुनिश्चित होगी।

परिदृश्य 2

2.18. अपर्याप्त कार्रवाईः यह परिदृश्य अपर्याप्त नीतिगत कार्रवाई के परिणाम को परिलक्षित करता है। यद्यपि नीति की व्यापक दिशा को विभिन्न स्तरों पर समर्थन मिल सकता है तथापि कार्रवाई अधूरी होती है या कार्यान्वयन कमजोर होता है जिसके फलस्वरूप परिणाम प्रत्याशा से कम रहते हैं। केंद्रीकृत सरकारी तंत्र विकेंद्रीकरण की मांग का सामना करने के लिए पर्याप्त लचीलापन प्रदान नहीं करते हैं।

लघु उद्यमों और नए उद्यमियों को प्रोत्साहित करने की आवश्यकता है परंतु जब तक उनके फलने–फूलने के लिए आवश्यक व्यवसाय माहौल को प्रभावी रूप से बदला नहीं जाएगा तब तक परिणाम, उम्मीदों से कम रहेंगे। सब्सिडी और अर्थव्यवस्था के वित्तीय स्थायित्व के बीच नीतिगत विरोध का समाधान नहीं होता है। इस परिदृश्य में 8.2 प्रतिशत विकास हासिल करना व्यवहार्य नहीं है। विकास दर कम होकर 6 और 6.5 प्रतिशत के बीच हो सकती है और समावेशिता में कमी आएगी।

परिदृश्य 3

2.19. नीतिगत अवरोधः यह परिदृश्य उस स्थिति को परिलक्षित करता है जहां बारहवीं योजना में चिह्नित की गई कई नीतिगत प्राथमिकताओं पर किसी न किसी वजह से बहुत ही कम कार्रवाई की जा सकती है। यदि ऊर्जा और परिवहन से संबंधित महत्वपूर्ण आपूर्ति संबंधी अवरोधों को दूर नहीं किया जाता है तो विकास में तीव्रता लाना कठिन हो जाएगा। निवेशकों के विश्वास में गंभीर रूप से कमी आने की संभावना है और इसके परिणामस्वरूप समावेशिता में कमी की वजह से अधीरता और राजनीतिक अवरोध में और अधिक वृद्धि होगी जिससे अर्थव्यवस्था गंभीर दबाव में आ जाएगी। कुचक्रों का प्रचालन आरंभ हो जाता है और समावेशिता की गंभीर हानि के साथ विकास दर गिर कर 5 से 5.5 प्रतिशत हो सकती है। कुछ मामलों में यदि अपर्याप्त कार्रवाई का परिदृश्य अधिक लम्बे समय तक बना रहता है, तो इसके विकृत हो कर नीतिगत अवरोध के परिदृश्य का रूप धारण करने का खतरा रहता है।

2.20. स्पष्ट है कि देश के लिए एकमात्र रास्ता परिदृश्य 1ः सुदृढ़ समावेशी विकास का है और इस योजना में निर्धारित की गई नीतिगत कार्यसूची की अभिकल्पना इस उद्देश्य को हासिल करने के लिए की गई है। समावेशन की गति, देश के संस्थानों के प्रति लोगों के विश्वास, सरकार की वित्तीय स्थिति और जीडीपी की दृष्टि से उपर्युक्त तीनों परिदृश्यों के परिणामों की मात्रा निर्धारित करना आसान नहीं है परंतु उनकी व्यापक दिशा को स्पष्ट रूप से देखा जा सकता है। इस योजना दस्तावेज के साथ संलग्न 'भारत के भविष्य को मूर्त रूप देने वाले परिदृश्य' नामक दस्तावेज में और अधिक सूचना उपलब्ध है और इसे योजना आयोग की वेबसाइट पर भी उपलब्ध कराया गया है।

2.21. गरीबी पर विभिन्न परिदृश्यों के सटीक प्रभाव की भविष्यवाणी करना कठिन है। तथापि, विगत प्रवृत्तियों से इस बात का संकेत मिलता है कि 'सुदृढ़ समावेशी विकास' द्वारा इस क्षेत्र में क्या उपलब्धि हासिल की जा सकती है। भारत में उपभोग गरीबी को पंचवार्षिक रूप से (प्रत्येक पांच वर्ष के अंतराल पर) कराए जाने वाले परिवार उपभोक्ता सर्वेक्षण के आधार पर मापा जाता है। साक्ष्य से यह संकेत निलता है कि 2004–05 और 2009–10 के बीच प्रतिव्यक्ति गरीबी अनुपात में गिरावट, 1993–94 और 2004–05 के बीच आई गिरावट से दो गुणा तीव्र थी। विवरण के लिए अनुबंध–2.1 पर 'गरीबी–उपाय और उसमें परिवर्तन' पर विश्लेषणात्मक नोट देखें।

विकास का क्षेत्रकीय पैटर्न

2.22. 8 प्रतिशत विकास परिदृश्य से संबद्ध विकास के क्षेत्रकीय पैटर्न का सार तालिका 2.1 में दिया गया है। कृषि, वानिकी और मत्स्य–उद्योग क्षेत्रक का 4 प्रतिशत की दर से विकास होने का अनुमान है जो ग्यारहवीं योजना में हासिल की गई 3.7 प्रतिशत की दर की तुलना में सुधार दर्शाता है। इस क्षेत्रक में विकास और नीतिगत अनिवार्यताओं से संबंधित अवरोधों का विस्तृत विश्लेषण अध्याय–12 में दिया गया है जिसका निष्कर्ष यह है कि 4 प्रतिशत विकास व्यवहार्य है।

2.23. ग्यारहवीं योजना में खनन और उत्खनन क्षेत्रक में केवल 3.2 प्रतिशत की दर से विकास हुआ क्योंकि विकास दर में, 2011–12 में 0.6 प्रतिशत की ऋणात्मक वृद्धि की वजह से गिरावट आ गई थी जो कि लौह अयस्क क्षेत्रक, गैस उत्पादन और कोयला क्षेत्रक की कठिनाइयों को परिलक्षित करती है। बारहवीं योजना में 5.7 प्रतिशत की औसत विकास दर के साथ पर्याप्त सुधार होने की परिकल्पना की गई है। इसके लिए, इस क्षेत्रक में विकास को बाधित करने वाले कई अवरोधों की ओर गंभीरतापूर्वक ध्यान केंद्रित करना होगा।

2.24. 2011–12 में विनिर्माण क्षेत्रक की विकास दर घटकर केवल 2.7 प्रतिशत रह गई है। विकास दर में तेजी लाने और खासकर समावेशी विकास के लिए इस क्षेत्रक के विकास में त्वरित तेजी लानी होगी क्योंकि विनिर्माण में रोजगार के अवसरों में वृद्धि इसी पर निर्भर करती है। योजना में, अंतिम दो वर्षों में क्रमिक वृद्धि के साथ, विकास दर 10 प्रतिशत के आसपास रहने का अनुमान है। बाहरवीं योजना में औसत विकास दर 7 प्रतिशत से अधिक रहने का अनुमान है जो 2011–12 तथा 2012–13 की स्थिति की तुलना में उल्लेखनीय रूप से अधिक है। विनिर्माण मे 7 प्रतिशत की विकास दर अपेक्षाकृत कम है किंतु यह इस तथ्य को दर्शाता है कि बारहवीं योजना 2011–12 में महज 2.7 प्रतिशत के आधार वर्ष विकास के साथ शुरू हो रही है।

तालिका 2.1

स्थिर मूल्यों (२००४-०५) पर मूल उद्योग द्वारा जीडीपी की वार्षिक विकास दर

यूनिटः प्रतिशत

		ग्यारहवीं योजनावधि						बारहवीं योजनावधि					
		2007–08	2008–09	2009–10	2010–11	2011–12	औसत	2012–13	2013–14	2014–15	2015–16	2016–17	औसत
1	कृषि, वानिकी एवं मत्स्य पालन	5.8	0.1	0.8	7.9	3.6	3.7	2.0	4.5	4.5	4.5	4.5	4.0
2	खनन एवं उत्खनन	3.7	2.1	5.9	4.9	–0.6	3.2	1.0	5.0	7.0	7.0	8.5	5.7
3	विनिर्माण	10.3	4.3	11.3	9.7	2.7	7.7	2.2	6.0	8.5	9.5	9.5	7.1
4	विद्युत, गैस और जलापूर्ति	8.3	4.6	6.2	5.2	6.5	6.1	5.2	7.5	8.0	8.0	8.0	7.3
5	निर्माण	10.8	5.3	6.7	10.2	5.6	7.7	8.0	8.0	8.5	10.0	11.0	9.1
6	व्यापार, होटल एवं रेस्तरां	10.1	5.7	7.9	11.5	6.2	8.3	5.5	6.0	8.0	8.7	8.7	7.4
7	परिवहन, भंडारण एवं संचार	12.5	10.8	14.8	13.8	8.4	12.0	7.3	11.1	13.0	13.6	14.1	11.8
8	वित्तपोषण, बीमा, रियल एस्टेट और व्यापार सेवाएं	12.0	12.0	9.7	10.1	11.7	11.1	9.8	9.5	10.0	10.0	10.0	9.9
9	सामुदायिक, सामाजिक एवं वैयक्तिक सेवाएं	6.9	12.5	11.7	4.3	6.0	8.3	7.3	7.2	7.2	7.2	7.2	7.2
	कुल जीडीपी	9.3	6.7	8.6	9.3	6.2	8.0	5.8	7.3	8.5	9.0	9.2	8.0
	उद्योग (2–5)	9.7	4.4	9.2	9.2	3.5	7.2	4.0	6.6	8.4	9.4	9.8	7.6
	सेवाएं (6–9)	10.3	10.0	10.5	9.8	8.2	9.7	7.6	8.3	9.4	9.7	9.9	9.0

आगे चलकर, लक्ष्य यह होना चाहिए कि विनिर्माण क्षेत्रक में लगातार दोहरे अंकों की विकास दर बनाए रखी जाए।

2.25. बिजली, गैस और जलापूर्ति में ग्यारहवीं योजना में 6.1 प्रतिशत की उपलब्धि की तुलना में औसतन 7.3 प्रतिशत की दर से वृद्धि होने का अनुमान है। निर्माण, जिसमें ग्यारहवीं योजना में 7.7 प्रतिशत की दर से विकास हुआ था, द्वारा 9.1 प्रतिशत की औसत दर से विकास करने का अनुमान है। अन्य सेवा क्षेत्रकों द्वारा काफी हद तक सुदृढ़ तरीके से विकास करने का अनुमान लगाया गया है जैसे कि व्यवसाय होटलों और रेस्तरांओं द्वारा 7.4 प्रतिशत, परिवहन, भंडारण और संचार द्वारा 11.8 प्रतिशत और अन्ततः बीमा और व्यवसाय सेवा द्वारा 9.9 प्रतिशत तथा सामुदायिक और व्यक्तिगत सेवाओं द्वारा 7.2 प्रतिशत की दर से।

निवेश

2.26. निवेश की दर, जीडीपी की तुलना में सकल नियत पूंजी निर्माण (जीएससीएफ), में वृद्धि की क्षमता को उच्च विकास दर हासिल करने की दृष्टि से अत्यन्त आवश्यक माना जाता है। जैसा कि चित्र 2.2 में दर्शाया गया है, 2003–04 के बाद तथा 2007–08 तक अर्थव्यवस्था में तीव्र विकास की अवधि वह थी जब निवेश दर में वृद्धि हुई। नियत निवेश दर (वर्तमान मूल्यों पर) 2003–04 के बाद बढ़ी तथा 2007–08 में यह लगभग 34 प्रतिशत हो गई। उस वर्ष कुल पूंजी निर्माण –जिसमें वैल्येबल्स में इन्वेंट्रीज और निवेश शामिल हैं – 39 प्रतिशत के उच्च स्तर पर थी किंतु विकास के लिए मायने यही रखता है कि नियत निवेश कितना हुआ।

2.27. प्रारंभ में वैश्विक कारकों और बाद में घरेलू क्षेत्र में कठिनाइयों, जिन्होंने परियोजनाओं के कार्यान्वयन की गति को प्रभावित किया, की वजह से 2007–08 के बाद नियत निवेश दर में गिरावट आ गई। स्थिर कीमतों पर 2011–12 में जीएफसीएफ दर के लिए अनुमान 33.7 प्रतिशत है। सकल घरेलू पूंजी निर्माण की दर, जिसमें स्टॉक और मूल्यवान सामग्री शामिल है, परंतु अन्य भूल–चूक शामिल नहीं हैं, 37.9 प्रतिशत है जिसमें मूल्यवान सामग्री जीडीपी का 2.4 प्रतिशत है।

2.28. बारहवीं योजना में 8.0 प्रतिशत की औसत वार्षिक आउटपुट विकास दर हासित करने तथा अंतिम वर्ष में इसे बढ़ाकर 9 प्रतिशत के पार ले जाने के लिए, अनुमान है कि नियत निवेश दर में 2011–12 के स्तर की तुलना में जीडीपी के लगभग 1.5 प्रतिशत अंकों की बढ़ौतरी करनी होगी। योजना अवधि के दौरान नियत निवेश की परिणामी गति तालिका 2.2 में दर्शाई गई है। बारहवीं योजना के अंत तक, नियत निवेश दर बढ़कर जीडीपी (वर्तमान मूल्यों पर) का 35 प्रतिशत हो जानी चाहिए जो बारहवीं योजना के दौरान, समग्र रूप से, जीडीपी के 34 प्रतिशत से अधिक औसत नियत निवेश दर का परिणाम होगी। ये स्तर ग्यारहवीं योजना में हासिल से तो थोड़े अधिक हैं, किंतु वे 8 प्रतिशत से थोड़े अधिक की औसत

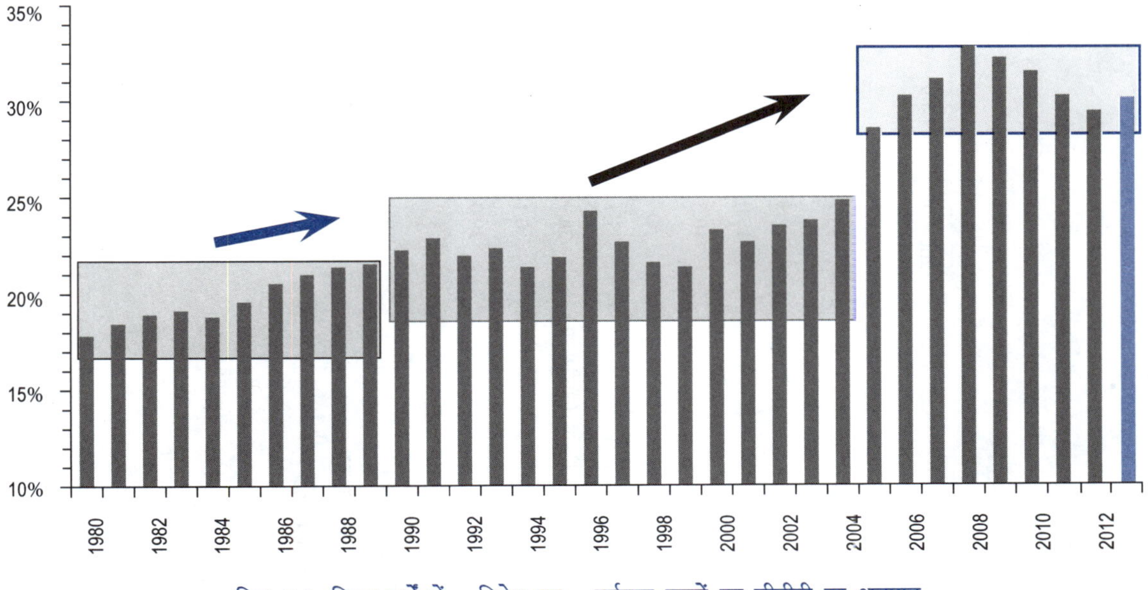

चित्र 2.2: विगत वर्षों में - निवेश दर - वर्तमान मूल्यों पर जीडीपी का अनुपात

तालिका 2.2

स्थिर 2004–05 मूल्यों पर जीडीपी के अनुपात के रूप में निवेश और उपभोग व्यय

	ग्यारहवीं योजनावधि						बारहवीं योजनावधि					
	2007–08	2008–09	2009–10	2010–11	2011–12	औसत	2012–13	2013–14	2014–15	2015–16	2016–17	औसत
जीडीपी का प्रतिशत में अनुपात												
स्थायी निवेश दर	33.7	33.5	33.3	34.3	33.7	33.7	33.0	33.9	34.4	34.5	35.0	34.2
सार्वजनिक	8.2	8.8	8.6	8.1	7.8	8.3	8.0	8.4	8.4	8.5	8.5	8.4
निजी कॉरपोरेट	15.0	11.3	11.3	12.8	11.6	12.4	11.3	12.5	14.0	14.5	15.0	13.5
परिवार	10.5	13.5	13.4	13.4	14.3	13.0	13.5	13.0	12.0	11.5	11.5	12.3
स्टॉक	4.1	1.9	3.0	3.5	2.3	3.0	2.3	2.9	3.1	3.1	3.1	2.9
मूल्यवान वस्तुएं	1.1	1.4	2.0	2.4	2.4	1.8	2.2	1.9	1.6	1.6	1.6	1.8
सकल घरेलू पूंजी निर्माण (जीडीसीएफ)	38.9	36.8	38.3	40.2	38.4	38.5	37.5	38.7	39.1	39.2	39.7	38.8
गलतियां एवं चूक	0.1	–1.3	0.2	–0.2	–0.5	–0.3						
निवेश दर	39.0	35.6	38.4	40.0	37.9	38.2	37.5	38.7	39.1	39.2	39.7	38.8
वार्षिक वास्तविक विकास दर प्रतिशत												
निजी उपभोग व्यय	9.4	7.2	7.4	8.6	8.0	8.1	6.5	7.5	7.5	8.0	8.0	7.5
सरकारी उपभोग व्यय	9.6	10.4	13.9	5.9	8.6	9.7	5.1	5.5	5.5	5.5	5.5	5.4
कुल उपभोग व्यय	9.7	7.7	8.4	8.1	8.1	8.3	6.3	6.8	7.3	7.8	7.8	7.2
जीडीपी का प्रतिशत में अनुपात												
निजी उपभोग व्यय	58.1	60.0	59.4	58.3	59.2	59.0	59.5	59.1	58.8	58.3	57.8	58.7
सरकारी उपभोग व्यय	10.3	11.0	11.5	11.0	11.3	11.0	11.2	10.9	10.6	10.3	10.0	10.6
कुल उपभोग व्यय	68.5	71.0	70.9	69.4	70.5	70.0	70.6	70.0	69.4	68.6	67.8	69.3

वास्तविक विकास दर की प्राप्ति के अनुरूप हैं जिससे योजना अवधि के दौरान विकास में वृद्धि होती है तथा उन भौतिक बाधाओं में खासी कमी आती है जिनके कारण अवसंरचना तथा अन्य महत्वपूर्ण क्षेत्रकों में अर्थव्यवस्था सीमित होती हैं।

2.29. पिछले डेढ़ दशक के दौरान, पूंजीगत माल में मूल्य वृद्धि, समग्र अर्थव्यवस्था में मूल्य वृद्धि से कम रही है। इसके परिणामस्वरूप, स्थिर कीमतों पर पूंजी निर्माण की दरों की प्रवृत्ति, वर्तमान कीमतों पर मापे जाने पर, इनसे अधिक रहने की है। बारहवीं योजना के आधार वर्ष में, स्थिर कीमतों पर निवेश दर, वर्तमान कीमतों पर निवेश दर की तुलना में लगभग 1.2 प्रतिशतांक अधिक है। निस्संदेह, बचत निवेश का संतुलन वर्तमान कीमतों पर ही हासिल किया जाना चाहिए।

निवेश की संरचना

2.30. स्रोत की दृष्टि से, नियत निवेश की संरचना को तालिका 2.2 में भी दर्शाया गया है। ग्यारहवीं योजना में सार्वजनिक नियत निवेश दर (अधिकांशतया सार्वजनिक उद्यमों द्वारा निवेश) का औसत 8.3 प्रतिशत रहा और यह 7.8–8.8 प्रतिशत के दायरे में रही। बारहवीं योजना अवधि में 8.4 प्रतिशत की औसत के साथ इसका मोटे तौर पर इसी दायरे में रहने का अनुमान है। ग्यारहवीं योजना में परिवार नियत निवेश (जिसमें अनिगमित व्यवसाय शामिल हैं) का औसत 13.0 प्रतिशत रहा और यह 10.5–14.3 प्रतिशत के दायरे में रहा। बारहवीं योजना के लिए, परिवार नियत निवेश समग्र योजना अवधि के लिए औसतन 12.3 प्रतिशत होने का अनुमान है, यह पहले दो वर्षों में 13.5 प्रतिशत के उच्चतर स्तर पर शुरू होता है और योजना के अंतिम दो वर्षों में कारपोरेट क्षेत्रक के हिस्से में विस्तार के साथ–साथ यह धीरे–धीरे कम हो कर 11.5 प्रतिशत हो जाएगा।

2.31. हाल ही के वर्षों में निजी कारपोरेट निवेश, निवेश का प्रमुख प्रेरक रहा है। 2003–04 में, निजी कारपोरेट नियत निवेश (1999–2000 की स्थिर कीमतों पर) जीडीपी का मात्र 6.2 प्रतिशत था जबकि समग्र नियत निवेश दर 27.1 प्रतिशत थी। यह 2004–05 में बढ़कर 9.1 प्रतिशत (2004–05 की स्थिर कीमतों पर) तथा 2005–06 में 11.9 प्रतिशत हो गया था। समग्र नियत निवेश दर 2004–05 में बढ़कर 28.7 प्रतिशत और 2005–06 में 30.5 प्रतिशत हो गई थी। ग्यारहवीं योजना में निजी कारपोरेट निवेश की औसत 12.4 प्रतिशत थी परंतु यह 2007–08 में अर्थात ग्यारहवीं योजना के पहले वर्ष में 15.0 प्रतिशत के उच्चतम स्तर पर था और बाद के वर्षों में कम होकर 2011–12 में 11.6 प्रतिशत हो गया था। यदि बारहवीं योजना में समग्र नियत निवेश दर को बढ़ाना है तो निजी कारपोरेट नियत निवेश का पुनरूद्धार करना आवश्यक है। तालिका 2.2 दर्शाती है कि निजी कॉरपोरेट निवेश में क्रमिक वृद्धि हुई है और यह 2012–13 के 11.3 प्रतिशत से बढ़कर बारहवीं योजना के अंतिम वर्ष में क्रमशः 15.0 प्रतिशत के 2007–08 के चरम मूल्य पर पहुंच जाएगा। यह समग्र रूप से, बारहवीं योजना के लिए 13.5 प्रतिशत के औसत के बराबर होगा जो ग्यारहवीं योजना में 12.4 प्रतिशत के औसत से अधिक है।

2.32. उल्लेखनीय है कि अब निजी कारपोरेट निवेश का अधिकांश हिस्सा अवसंरचना–विद्युत उत्पादन, सड़क, पत्तन, हवाईपत्तन और दूरसंचार–के क्षेत्र में है और यह अधिकांशतया सार्वजनिक – निजी भागीदारी (पीपीपी) के रूप में है। निजी कारपोरेट निवेश में सुदृढ़ वृद्धि अवसंरचना में निवेश को बढ़ाने की कार्यनीति और इस मान्यता को परिलक्षित करती है कि इसमें निजी निवेश को एक महत्वपूर्ण भूमिका निभानी होगी। अवसंरचना में निवेश को बढ़ाना निवेश के माहौल के पुनरूद्धार के लिए अत्यंत महत्वपूर्ण है क्योंकि इसके फलस्वरूप विनिर्माण में निवेश में वृद्धि होगी।

सकल पूंजी निर्माण

2.33. जीएफसीएफ से सकल पूंजी निर्माण की ओर बढ़ने के लिए, हमें वैल्येबल्स में इन्वेन्ट्री और निवेश को बढ़ाना होगा। ग्यारहवीं योजना में निवेश में वृद्धि स्थिर (2004–05) मूल्यों पर, जीडीपी के औसतन 3.0 प्रतिशत के बराबर हुई। यदि संकट वर्ष 2008–09 को छोड़ दिया जाए (संकट अवधि में इन्वेंट्रीज का काफी ज्यादा ड्राविंग डाउन हुआ है जैसा कि 2008–09 में वास्तव में हुआ था), तो ग्यारहवीं योजनावधि के लिए औसत, जीडीपी का 3.2 प्रतिशत है। बारहवीं योजनावधि के लिए, इन्वेंट्रीज में वृद्धि लगभग 3.0 प्रतिशत रहने का अनुमान है।

2.34. परिवारों द्वारा मूल्यवान वस्तुओं में निवेश का संबंध मुख्यतया स्वर्ण और चांदी से है। 2011–12 में स्वर्ण और चांदी के आयात का सकल मूल्य लगभग 60 बिलियन डॉलर था जो अधिकांशतया परिवारों द्वारा किया गया 'निवेश' था। 2007–08 तक यह जीडीपी के लगभग 1.0–1.3 प्रतिशत को दर्शाता था और 2008–09 के संकट के वर्ष में भी यह अनुपात 1.4 प्रतिशत था। तत्पश्चात्, इसमें बहुत तीव्रता से वृद्धि हुई है जो संभवतः इस आकलन को परिलक्षित करता है कि मुद्रास्फीति बढ़ गई थी और रूपए के दबाव में आने की संभावना थी, साथ ही अन्य वित्तीय बचत उत्पादों के प्रभाव में कमी आने की वजह से स्वर्ण एक आकर्षक परिसम्पत्ति बन गया था। यह 2011–12 में स्थिर कीमतों पर जीडीपी का 2.4 प्रतिशत होने का अनुमान है। विनिमय दर में कमी, वित्तीय बचत उत्पादों की

उपलब्धता को सुधारने के लिए पहलों तथा मुद्रास्फीति में प्रत्याशित मंदी के फलस्वरूप मूल्यवान वस्तुओं में निवेश का अनुपात सतत रूप से कम होकर 2016–17 में जीडीपी का 1.6 प्रतिशत होने की उम्मीद है। बारहवीं योजनावधि के लिए औसत लगभग 1.8 प्रतिशत रहने का अनुमान है जो लगभग ग्यारहवीं योजनावधि जितना ही है।

2.35. जैसा कि तालिका 2.2 में दर्शाया गया है, 2004–05 की स्थिर कीमतों पर, ग्यारहवीं योजना में सकल घरेलू पूंजी निर्माण, समेकित रूप से, जीडीपी का 38.2 प्रतिशत था [(–) 0.3 प्रतिशत की भूलचूक मद सहित]। बारहवीं योजना के लिए उपर्युक्त अनुमानों के फलस्वरूप जीडीपी के 38.8 प्रतिशत की उच्चतर औसत प्राप्त होगी। तथापि, योजना के पहले वर्ष में, यह अनुपात ग्यारहवीं योजना औसत से कम रहने की संभावना है किंतु पुनः बारहवीं योजना के अंत तक इसके बढ़कर लगभग 40 प्रतिशत हो जाने का अनुमान है। वर्तमान मूल्यों पर, जीडीसीएफ में वृद्धि थोड़ी कम रहेगी और यह ग्यारहवीं योजना के जीडीपी के 36.1 प्रतिशत से बढ़कर बारहवीं योजनावधि में 36.9 प्रतिशत हो जाएगी। यही अनुपात वित्तपोषण हेतु प्रासंगिक है।

विकास तीव्रता में अवसंरचना निवेश की भूमिका

2.36. नियत निवेश की दर को बढ़ाने के लिए समग्र कार्यनीति का एक प्रमुख घटक अवसंरचना में सार्वजनिक और निजी निवेश में वृद्धि है। इसकी वजह यह है कि अवसंरचना में निवेश में बढ़ोतरी से विकास को बाधित करने वाली आपूर्ति संबंधी कुछ प्रमुख बाधाएं शिथिल हो जाएंगी और यही वह भी क्षेत्र है जहां प्रगति करने से निवेशक के विश्वास में बढ़ोतरी होने की सबसे अधिक संभावना है। इसे सुसाध्य बनाने के लिए विभिन्न बातों को पूरा करने की जरूरत है।

2.37. अवसंरचना का सबसे महत्वपूर्ण क्षेत्रक विद्युत क्षेत्रक है। लगभग 90 जीडब्ल्यू की क्षमता, निर्माण के विभिन्न चरणों में है और इन परियोजनाओं से संबंधित बकाया मुद्दों के समाधान को उच्च प्राथमिकता दी जानी चाहिए। तथापि, विद्युत परियोजनाओं के कार्यान्वयन में लगने वाले समय अंतराल को देखते हुए, अब यह सुनिश्चित करने का सही समय है कि जिन परियोजनाओं को तेरहवीं योजना में चालू किया जाना है, वे भी संतोषजनक रूप से आगे बढ़ती रहें। बारहवीं योजना में लगभग आधी क्षमता निजी क्षेत्रक से प्राप्त होने का अनुमान है और तेरहवीं योजना में भी यही स्थिति रहने की संभावना है। हाल ही में विद्युत उत्पादन में निजी क्षेत्रक के निवेशकों ने अनेक समस्याओं का सामना किया है। इनमें शामिल हैं– (i) स्वदेशी कोयले की अपर्याप्त आपूर्ति और आयातित कोयले की कीमतों में अप्रत्याशित वृद्धि, (ii) कैप्टिव खानों और उत्पादन केन्द्रों के लिए मंजूरियां प्राप्त करने में कठिनाइयां, (iii) भूमि की उपलब्धता (iv) कुछ राज्य बिजली वितरण कंपनियों की खराब वित्तीय स्थिति जो प्रमुख ग्राहक हैं और जिन्हें अपर्याप्त शुल्क समायोजन और संग्रहण संबंधी अकुशलताओं को झेलना पड़ता है, (v) घरेलू प्राकृतिक गैस की अपर्याप्त उपलब्धता, (vi) कोयले के लिए अपर्याप्त ईंधन आपूर्ति समझौता तथा (vii) बाह्य तथा घरेलू– दोनों स्रोतों से वित्त प्राप्त करने में हाल में महसूस की गई कठिनाइयां। बिजली क्षेत्रक में नए निजी निवेश पर नकारात्मक असर डालने वाली समस्याओं के समाधान हेतु कई क़दम उठाए गए हैं। इन सभी उपायों को हासिल करने के लिए समय–सीमा का कड़ाई से पालन किए जाने की आवश्यकता है। इन मुद्दों पर अध्याय–14 में चर्चा की गई है।

2.38. सड़क विकास में निवेश केंद्रीय तथा राज्य– दोनों क्षेत्रकों में सफल रहा है। 2011–12 में स्थिति फिर काफी अच्छी रही जब 7,300 किलोमीटर के लक्ष्य के स्थान पर लगभग 8,000 किलोमीटर के ठेके दिए गए। हमें आने वाले वर्षों में, प्रगति की गति तेज़ करने में सक्षम बनना होगा। रेलवे में भी, आवश्यक क्षमता विस्तार को हासिल करने तथा इसके आधुनिकीकरण और इसकी सुरक्षा बढ़ाने के लिए काफी निवेश की ज़रूरत है। दिल्ली–मुंबई माल ढुलाई गलियारे के लिए अतिरिक्त धन उपलब्ध कराया जा रहा है, किंतु रेलवे के पास आंतरिक संसाधन कम होने के कारण निवेश बाधित है जिसका एक बड़ा कारण यात्री मार्गों में किराए में बढ़ोत्तरी न होना तथा इसका लाभकर न होना है। जहां तक माल ढुलाई की बात है, रेलवे को इससे अतिरिक्त आमदनी होती है किंतु परिवहन सेवाओं को ग्राहकों की ज़रूरतों के अनुरूप बनने की आवश्यकता है। रचनात्मक परिवर्तन की संभावना और आवश्यकता काफी अधिक है।

2.39. कई महासागरीय पत्तन परियोजनाएं सरकार से मंज़ूरी तथा अन्य निर्णयों के कारण लंबित हैं। यह बहुत ज़रूरी है कि हम पत्तन क्षेत्रक के लिए आगे के रास्ते को सहज बनाएं। न्यू मुंबई अंतरराष्ट्रीय विमानपत्तन के लिए बोली लगाई जानी अब भी शेष है। इसके साथ कई समस्याएं जुड़ी हैं किंतु हमें प्रक्रिया की शुरूआत तो करनी ही होगी। ऐसे कई छोटे–बड़े विमानपत्तन हैं जिन्हें बारहवीं योजना में विकसित किए जाने की जरूरत है। विमानपत्तन प्राधिकरण ने कई टर्मिनलों का निर्माण पूरा कर लिया है और इन विमानपत्तनों का आधुनिकीकरण किया है। शेष कार्य को भी शुरू किये जाने की ज़रूरत है–यदि संभव हो, तो निजी भागीदारों के साथ। इसके अतिरिक्त,ऐसे कई छोटे विमानपत्तन और लैंडिंग स्ट्रिप्स हैं जिनमें कनेक्टिविटी विस्तार तथा व्यावसायिक अवसरों को बढ़ाने के प्रयोजन

से संभावना है। तथापि, हमें इन परियोजनाओं को कार्यान्वित करने तथा इन बिखरे तथा छोटे विमानपत्तनों को विमान परिवहन लिंकेज से जोड़ने के लिए एक उप–मॉडल विकसित करने की भी आवश्यकता है।

2.40. अंतर्देशीय जल परिवहन उपेक्षित रहा है और इसे बढ़ाने की ज़रूरत है। यदि हम कुछेक नदी–मार्गों का सार्थक रूप में उपयोग कर सकें, तो इनकी क्षमता का काफी लाभ उठा सकते हैं। तटीय पोत परिवहन में भी काफी संभावना है।

2.41. हमारे पूर्वोत्तर क्षेत्र के लिए सम्पर्कता खास तौर से ज़रूरी है– न सिर्फ इस क्षेत्र को आपस में जोड़ने के लिए, बल्कि म्यामां और बांगलादेश से जोड़ने के लिए भी। हम बंगलादेश में आशुगंज के रास्ते त्रिपुरा तक और मिज़ोरम में सित्वे–कलादन जल परियोजना से लुंगलेई तक मल्टीमॉडल कनेक्शन पर काम कर रहे हैं। हमें मोरे (मणिपुर) और लेडो (असम) के रास्ते म्यामां तक अन्य सड़क नेटवर्कों की दशा सुधारने तथा उन्हें फिर से जोड़ने के लिए काम करने की ज़रूरत है। फिर इसे वहां से थाईलैंड तक और दक्षिण–पूर्व एशिया में सड़क सम्पर्क प्रणाली से जोड़ा जा सकता है। संभावना है कि आसियान और एशियाई विकास बैंक सहित हमारे विकास भागीदार इसे समर्थन देंगे।

2.42. कार्यान्वयन संबंधी समस्याओं के कारण अवसंरचना क्षमता सृजन पर प्रतिकूल प्रभाव पड़ा है। यह बहुत महत्वपूर्ण है कि सरकार यह सुनिश्चित करने के लिए हरसंभव उपाय करे कि अवसंरचना में निजी निवेश फिर शुरू हो जाए। यदि यह लक्ष्य हासिल हो जाता है तो इसे कई विनिर्माण क्रियाकलापों में संतुलित निवेश को बढावा मिलेगा तथा अर्थव्यवस्था की नियत निवेश दर (तथा भारतीय अर्थव्यवस्था की समग्र विकास दर भी) धीरे–धीरे 2008 से पूर्व की स्थिति में लौट सकेगी। कई बार, देखा गया है कि अवसंरचना में निवेश पर्यावरणीय संकट में फंस गया। इन लक्ष्यों को प्राप्त करने के लिए कहीं ज़्यादा निवेश की आवश्यकता होगी, किंतु अनुपालन की यह अतिरिक्त लागत संभवतः एक आवश्यक लागत है जिसे वहन करना ही होगा तथा अन्यत्र इसे अधिक सक्षमता के बूते काफी हद तक कम किया जा सकता है।

बचत

2.43. बारहवीं योजना में अनुमानित उच्च निवेश स्तरों का वित्तपोषण घरेलू बचतों और निवल विदेशी इनफ्लो– दोनों के माध्यम से करना होगा। बारहवीं योजनावधि तथा अनुमानित निवेश स्तर को सुविधाजनक बनाने में इन दोनों घटकों में से प्रत्येक की अनुमानित भूमिका की संभावनाओं पर नीचे चर्चा की गई है।

घरेलू बचतों के रुझान

2.44. कई वर्षों से अच्छी घरेलू बचत भारतीय अर्थव्यवस्था में मज़बूती का एक कारक रही है। जैसा कि चित्र 2.2 से स्पष्ट है, बचत दर में काफी प्रगति हुई है। 1980 में यह सकल घरेलू उत्पाद के 20 प्रतिशत से कम थी जो नवें दशक में बढ़कर लगभग 25 प्रतिशत और पिछले दशक के उत्तरार्ध में 30 प्रतिशत से अधिक हो गई। 2007–08 में यह 36.8 के चरम मूल्य पर पहुंच गया परंतु उसके बाद 2009–10 में गिरकर 33.7 हो गया। 2010–11 में यह फिर से बढ़कर 34.0 प्रतिशत हो गया। 2011–12 में यह गिरकर 30.8 प्रतिशत हो गया। इस प्रकार, 2007–08 और 2011–12 के बीच कुल बचत दर में 6.0 प्रतिशत अंकों की कमी आई।

2.45. 2007–08 तक,घरेलू बचतों में वृद्धि के लिए मुख्यतः दो कारक उत्तरदायी रहे। पहला, सरकारी वित्त में जबरदस्त वृद्धि तथा दूसरा, निजी कॉरपोरेट क्षेत्रक की रिटेन्ड आय के स्तर में वृद्धि। 2001–02 तथा 2007–08 के बीच, सरकारी प्रशासन की बचत सकल घरेलू उत्पाद के –6.0 से बढ़कर 0.5 गई जो 6.5 प्रतिशत अंकों की बढ़ोत्तरी को दर्शाता है। यह समग्र बचत दर में 13.4 प्रतिशत अंकों की वृद्धि के लगभग आधे के बराबर था। निजी कॉरपोरेट क्षेत्रक की रिटेन्ड आय सकल घरेलू उत्पाद के 3.4 प्रतिशत से बढ़कर 9.4 प्रतिशत हो गई जो 6.0 प्रतिशत अंकों की बढ़ोत्तरी को दर्शाता है। परिवारों तथा सार्वजन्कि क्षेत्र उद्यमों की बचत में भी मामूली वृद्धि हुई। परिवार बचत में वित्तीय बचत तथा वास्तविक बचत शामिल हैं जो सीधे परिवारों तथा गैर–शामिल उद्यमों द्वारा ही की जाती हैं, जैसे–भवन निर्माण,कृषि–संवर्द्धन तथा गैर–शामिल व्यवसायों द्वारा परिसम्पत्ति सृजन। परिवारों की सकल वित्तीय बचतों में 2.3 प्रतिशत अंकों की बढ़ोत्तरी हुई, परन्तु क्षेत्रक की देयताएं भी बढ़ गईं (मॉर्टगेज, ऑटोमोबाइल तथा अन्य प्रकार की लेनदारी), इसलिए परिवार क्षेत्रक की निवल वित्तीय बचतो में वृद्धि केवल 0.7 प्रतिशत अंकों की रही। तथापि, परिवार क्षेत्रक द्वारा वित्तीय परिसम्पत्ति में की गई प्रत्यक्ष बचतों में 0.5 प्रतिशत अंकों की कमी आई। अतः, इस अवधि के दौरान, सकल घरेलू उत्पाद के प्रतिशत के रूप में, इस क्षेत्रक की कुल बचत कमोबेश अपरिवर्तित रही।

2.46. 2008 के संकट के बाद, घरेलू बचत दरों में कमी मुख्यतः दो तत्वों में ह्रास को दर्शाती है जिन्होंने इससे पहले वृद्धि में योगदान दिया था। 2007–08 और 2011–12 के बीच, संकट से उबरने के

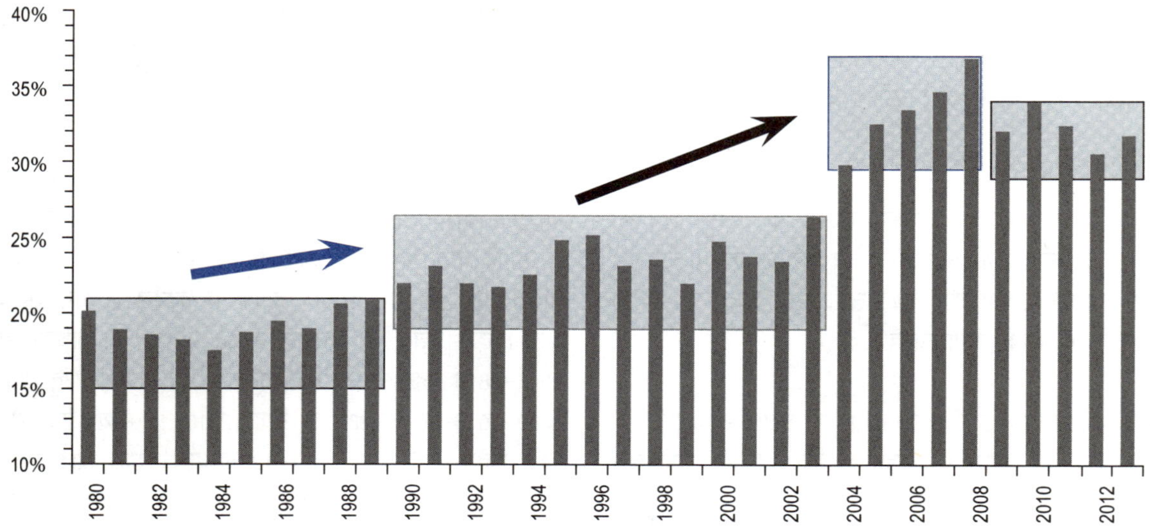

चित्र 2.3: सकल घरेलू उत्पाद के अनुपात में विगत वर्षों की घरेलू बचत दर

लिए दिए गए वित्तीय प्रोत्साहन के कारण सरकार की बचतों में आई कमी 2.5 प्रतिशत अंकों की रही। विभागीय तथा गैर–विभागीय उद्यमों की कमतर प्रतिधारित आय को मिलाने के बाद, सार्वजनिक क्षेत्रक की बचत घटकर सकल घरेलू उत्पाद का 3.7 प्रतिशत रह गई जो घरेलू बचत दर में 6.0 प्रतिशत अंकों की गिरावट का लगभग दो–तिहाई है। निजी कॉरपोरेट क्षेत्रक की बचतों में 2.2 प्रतिशत अंकों की गिरावट आई जबकि परिवार बचतें प्रायः अपरिवर्तित रहीं।

बारहवीं योजना के लिए बचत की कार्यनीति

2.47. बारहवीं योजना की बचत कार्यनीति ऐसी होनी चाहिए जिससे 2007–08 के बाद बचत में आई कमी की स्थिति दुहराई न जा सके, ताकि बारहवीं योजनावधि के लिए अनुमानित निवेश दर में वृद्धि को वित्तपोषित किया जा सके। बारहवीं योजना के लिए बचत संबंधी कार्यदल ने आर्थिक विकास तथा मुद्रास्फीति के लिए वैकल्पिक मूल्यों के आधार पर कई अनुमान किए थे। इसने बारहवीं योजनावधि के दौरान सकल घरेलू बचत दर सकल घरेलू उत्पाद के 36–37 प्रतिशत रहने का अनुमान किया जो इस पर निर्भर होगा कि सकल घरेलू उत्पाद की विकास दर 8 प्रतिशत रहेगी अथवा 9 प्रतिशत। इन अनुमानों की समीक्षा करने पर यह महसूस किया गया कि यदि योजना के अंतिम वर्ष में बचत दर 36.0 प्रतिशत हो जाए, जैसा कि तालिका 2.3 में दर्शाया गया है, तो यह पर्याप्त होगा। बारहवीं योजना के लिए घरेलू बचत दर का अनुमानित औसत स्तर 33.6 प्रतिशत है जो ग्यारहवीं योजना में प्राप्त 33.5 प्रतिशत से थोड़ा ज्यादा है।

2.48. जीडीपी के 3.4 प्रतिशत के अनुमानित चालू खाता घाटे को पूरा करने के लिए, विदेश से पूंजी प्रवाह को देखते हुए, बारहवीं योजनावधि के लिए जिस औसत निवेश दर को बनाए रखा जा सकता है, वह जीडीपी का लगभग 36.9 प्रतिशत है। मोटे तौर पर, यह चालू मूल्यों पर सकल घरेलू पूंजी निर्माण दर 36.8 प्रतिशत के समान ही है।

पारिवारिक बचत

2.49. बारहवीं योजना में परिवार क्षेत्रक की सकल वित्तीय बचत औसतन 14.7 प्रतिशत रहने का अनुमान है जो 2010–11 के 13.9 प्रतिशत (और 2011–12 में 11.1 प्रतिशत) तथा बारहवीं योजना के अंत (2016–17) के 16.4 प्रतिशत से अधिक है। वित्तीय प्रणाली से परिवार क्षेत्रक की लेनदारियां 2010–11 के 3.6 प्रतिशत और 2011–12 के 3.1 प्रतिशत से बढ़कर 2016–17 में 4.5 प्रतिशत हो जाने का अनुमान है। इस प्रकार, परिवार क्षेत्रक की निवल वित्तीय बचत 2010–11 के 10.4 प्रतिशत तथा 2011–12 के 8.0 प्रतिशत से बढ़कर 2016–17 में 11.9 प्रतिशत हो जाने की संभावना है जबकि योजनावधि के लिए औसत 10.7 प्रतिशत रहने की संभावना है। बारहवीं योजना में भौतिक परिसम्पत्तियों में पारिवारिक निवेश जीडीपी का औसतन 12.3 प्रतिशत रहने की संभावना है। इस प्रकार, बारहवीं योजनावधि में, निवल वित्तीय तथा भौतिक परिसम्पत्तियों– दोनों सहित कुल परिवार बचतें 23.0 प्रतिशत रहने का अनुमान है जो ग्यारहवीं योजनावधि जितनी ही है।

तालिका 2.3
चालू मूल्यों पर जीडीपी के प्रतिषत में घरेलू बचतें और उनके घटक

	ग्यारहवीं योजनावधि						बारहवीं योजनावधि					
	2007–08	2008–09	2009–10	2010–11	2011–12	औसत	2012–13	2013–14	2014–15	2015–16	2016–17	औसत
वित्तीय परिसम्पत्तियों में सकल बचतें	15.4	13.0	15.1	13.9	11.1	13.7	12.4	13.8	15.0	16.1	16.4	14.7
वित्तीय देनदारियों में वृद्धि	3.8	2.9	3.1	3.6	3.1	3.3	3.4	3.8	4.2	4.5	4.5	4.1
निवल परिवार वित्तीय बचतें	11.6	10.1	12.0	10.4	8.0	10.4	9.0	10.0	10.8	11.6	11.9	10.7
भौतिक परिसम्पत्तियों में परिवार बचत	10.5	13.5	13.4	13.4	14.3	13.0	13.2	12.7	12.2	11.7	11.7	12.3
कुल परिवार बचत	22.4	23.6	25.2	23.5	22.3	23.4	22.8	22.7	23.0	23.3	23.6	23.0
निजी कॉरपोरेट क्षेत्रक द्वारा बचतें	9.4	7.4	8.4	7.9	7.2	8.1	7.3	7.7	8.0	8.5	8.5	8.2
सार्वजनिक क्षेत्रक द्वारा बचतें	5.0	1.0	0.2	2.6	1.3	2.0	1.5	2.0	2.5	3.1	3.9	2.7
सरकारी प्रशासन की बचतें	0.5	–2.8	–3.1	–0.6	–2.0	–1.6	–1.8	–1.5	–1.2	–0.9	-0.3	–1.2
विभागीय उद्यमों की बचतें	0.6	0.4	0.4	0.3	0.4	0.4	0.3	0.4	0.4	0.5	0.5	0.4
गैर–विभागीय उद्यमों की बचतें	3.9	3.3	2.8	2.9	3.0	3.2	3.0	3.1	3.3	3.5	3.7	3.3
सकल घरेलू बचतें	36.8	32.0	33.7	34.0	30.8	33.5	31.0	32.4	33.5	34.9	36.0	33.6
विदेश से निवल बचतें	1.3	2.3	2.8	2.8	4.2	2.7	4.8	3.8	3.0	2.8	2.5	3.4
निवेश के लिए वित्तपोषण	38.1	34.3	36.5	36.8	35.0	36.1	35.8	36.2	36.5	37.7	38.5	36.9

निजी कॉरपोरेट बचत

2.50. निजी कॉरपोरेट क्षेत्रक में सर्वाधिक बचत 2007–08 में रही जब यह सकल घरेलू उत्पाद के 9.4 प्रतिशत के बराबर थी किंतु संकट के दौरान लाभ में कमी काहोने से इसमें भी कमी आई क्योंकि विकास धीमा पड़ गया तथा इनपुट लागत बढ़ गई। ग्यारहवीं योजनावधि का औसत 8.1 प्रतिशत था। अनुमान है कि निजी कॉरपोरेट क्षेत्रक की बचत दर क्रमिक वृद्धि के साथ 2010–11 के 7.9 प्रतिशत से बढ़कर योजना के अंतिम तीन वर्षों में 8.0–8.5 प्रतिशत हो जाएगी और पूरी योजनावधि के लिए यह औसत 8.2 प्रतिशत रहेगी। यह ग्यारहवीं योजना जितनी ही है।

सार्वजनिक क्षेत्रक बचतः

2.51. सार्वजनिक क्षेत्रक बचत में सरकारी प्रशासन की बचतें, विभागीय उपक्रमों के अधिशेष तथा सार्वजनिक क्षेत्रक उद्यमों की रिटेन्ड आय शामिल हैं। इनमें से प्रथम दो तो सरकारी वित्त में घाटे के प्रचालन की सीमा से संबंधित हैं और तीसरे पर, बढ़ती लागतों के अनुरूप विक्रय मूल्यों में वृद्धि ने होने के कारण हो रहे घाटे का बहुत बुरा असर पड़ा है। अधिक स्पष्ट रूप में कहें तो सरकार के स्वामित्व वाली पेट्रोलियम कम्पनियों तथा राज्य के स्वामित्व वाली बिजली वितरण कम्पनियों के मामले में यही बात लागू हुई है। बचत संबंधी कार्यदल का अनुमान था कि सार्वहोनेजनिक क्षेत्रक की बचत 2012–13 में लगभग 2 प्रतिशत रहेगी तथा बारहवीं योजनावधि के दौरान यह औसतन 3.5 प्रतिशत रहेगी। परन्तु, अब ऐसा प्रतीत होता है कि सार्वजनिक क्षेत्रक की बचत 2012–13 में काफी घटकर लगभग 1.5 प्रतिशत रह जाएगी जिसके 2016–17 तक क्रमिक रूप से बढ़कर 4 प्रतिशत से अधिक रहने की संभावना है जिससे योजना का औसत 2.7 प्रतिशत रहेगा। बेहतर निष्पादन से संभावित विकास अधिक सकारात्मक हो सकते हैं क्योंकि अर्थव्यवस्था में सकारात्मक उपयोग हेतु संसाधनों को मुक्त रखते हुए, सरकार की लेनदारी में कटौती की जा सकती है। यह केवल तब संभव है, जब हम ख़ासकर परिशोधित पेट्रोलियम उत्पादों से जुड़े सब्सिडी बिल पर रोक लगाएं क्योंकि यह इतना बड़ा हो गया है कि इसके कारण, सामाजिक रूप से अधिक महत्वपूर्ण क्रियाकलापों पर खर्च करने की सरकार की वित्तीय क्षमता पर प्रतिकूल असर पड़ रहा है।

2.52. समग्र घरेलू बचत दर 2011–12 के 30.8 प्रतिशत से बढ़कर 2016–17 में 36.0 प्रतिशत हो जाने और बारहवीं योजनावधि के दौरान औसतन 33.6 प्रतिशत रहने का अनुमान है। यह ग्यारहवीं योजनावधि में प्राप्त 33.5 प्रतिशत की दर से थोड़ा अधिक है। चूंकि बारहवीं योजना (वर्तमान मूल्यों पर) में अनुमानित औसत निवेश दर (जीडीसीएफ भूल–चूक सहित) 36.9 प्रतिशत तथा अनुमानित सकल घरेलू बचत 33.6 प्रतिशत है, इसलिए मैक्रो–इकनॉमिक संतुलन हेतु निवल आवश्यक बाह्य वित्तपोषण औसतन 3.4 प्रतिशत होना चाहिए। यह ग्यारहवीं योजना के अंतिम वर्ष 2011–12 के 4.2 प्रतिशत तथा 2012–13 के अनुमानित उच्च स्तर में योजनावधि के दौरान उल्लेखनीय कमी को दर्शाता है।

अनुमानित चालू खाता घाटा

2.53. इस भाग में, हम बाह्य क्षेत्रक की प्रवृत्तियों की समीक्षा कर यह देखेंगे कि भुगतान संतुलन पक्ष से नज़र आ रही वित्तीय कमी व्यापक रूप से, ऊपर उल्लिखित निवेश बचत अंतर के अनुरूप है अथवा नहीं। भारतीय अर्थव्यवस्था को खोलने के कारण अर्थव्यवस्था में व्यापार की भूमिका काफी बढ़ी है। सकल घरेलू अनुपात की तुलना में वाणिज्य व्यापार का अनुपात 1999–2000 में 8.3 प्रतिशत तथा आयात की तुलना में 12.3 प्रतिशत था जबकि निवल सेवा निर्यात 0.9 प्रतिशत था। उस वर्ष इन तीनों मदों का योग (जिसका कई बार खुलेपन के उपाय के तौर पर उपयोग किया गया है) 21.5 प्रतिशत था। शेष विश्व के साथ व्यापार एकीकरण 1999–2000 से काफी बढ़ा है। दसवीं योजनावधि (2002–2007) के लिए समग्र रूप से, सकल घरेलू उत्पाद की तुलना में निर्यात और आयात क्रमशः 11.7 और 15.7 प्रतिशत बढ़ा तथा निवल सेवा निर्यात 2.1 प्रतिशत बढ़ा जिससे बाह्य व्यापार क्रियाकलाप का योग सकल घरेलू उत्पाद के 29.5 प्रतिशत के बराबर हो गया। ग्यारहवीं योजना में, वाणिज्यिक निर्यात तथा आयात में हिस्सेदारी में क्रमशः 14.4 तथा 22.7 प्रतिशत की बढ़ोत्तरी हुई। ग्यारहवीं योजनावधि में सकल घरेलू उत्पाद में बाह्य व्यापार का समानुपात बढ़कर 40.3 प्रतिशत हो गया जिससे निवल सेवा निर्यात में वृद्धि हुई। ग्यारहवीं योजना के अंतिम वर्ष में, अर्थात् 2011–12 में, यह आंकड़ा सकल घरेलू उत्पाद के 45.8 प्रतिशत के बराबर हो गया।

2.54. भारत कच्चे पेट्रोलियम के आयात पर बहुत अधिक निर्भर है और कुछ समय से तरल प्राकृतिक गैस पर भी निर्भर है, इसलिए हमारे बाह्य भुगतान इसकी वजह से विशेषकर असुरक्षित लगते हैं। यद्यपि, पिछले दशक में कच्चे तेल की कीमत चौगुनी (25 डॉलर प्रति बैरल से वर्तमान में 115 डॉलर प्रति बैरल) से अधिक हो गई है, हमारे माल निर्यातों और अन्य आयातों में इसकी प्रवृत्ति बनी हुई है। आयात के मामले में संपूर्ण माल आयात के अनुपात में कुल तेल आयात की कीमत कम होने से पहले वर्ष 2003–04 और 2004–05 में 27 प्रतिशत से बढ़कर वर्ष 2007–08 में 31.7 प्रतिशत हो गई और एक बार फिर वर्ष 2011–12 में 31.7 प्रतिशत से संभवतः बढ़कर वर्ष 2012–13 में 34 प्रतिशत हो गई है। भारत भारी मात्रा में परिष्कृत पेट्रोलियम उत्पादों

का निर्यात करता है और शुद्ध तेल आयात बिल (तेल आयात बिल से निर्यात किए गए परिष्कृत पेट्रोलियम उत्पादों की कीमत को कम करने के पश्चात) सुसंगत होना चाहिए। शुद्ध तेल आयात बिल वर्ष 2004–05 में कुल माल आयात के 21 प्रतिशत से कम थी और इसमें केवल थोड़ी सी वृद्धि होकर यह वर्ष 2008–09 में 22 प्रतिशत हो गया तथा वर्ष 2012–13 में यह लगभग 23 प्रतिशत होना अपेक्षित है।

2.55. तथापि, धारणीयता की दृष्टि से मुख्य मुद्दा वह अनुपात है, जो इस तेल आयात का माल निर्यात के संबंध में है। परिष्कृत पेट्रोलियम उत्पादों को छोड़कर माल निर्यात की तुलना में शुद्ध तेल आयात की कीमत वर्ष 2003–04 और 2004–05 में 28 से 30 प्रतिशत थी और तत्पश्चात इसमें निरंतर वृद्धि होकर यह वर्ष 2007–08 और 2008–09 में 40 प्रतिशत हो गई। इसमें थोड़ी सी कमी आई, परंतु वर्ष 2011–12 में यह लगभग इसी स्तर तक पहुंच गई। मौजूदा वर्ष (2012–13) में पहले दस माह में यह अनुपात बढ़कर 48.7 प्रतिशत हो गया है। यह स्पष्ट है कि व्यापार में हमारे संतुलन में विपरीत परिस्थिति विशेष रूप से अन्य उत्पादों का निर्यात करने की हमारी क्षमता की तुलना में शुद्ध तेल आयात के बढ़ते अनुपात से उत्पन्न तनाव के कारण है।

2.56. चूंकि व्यापार एकीकरण बढ़ गया है, इसलिए वाणिज्य व्यापार घाटा 2004–05 में जी.डी.पी के 4.7 प्रतिशत से बढ़कर 2006–07 में 6.5 प्रतिशत और बाद के दो वर्षों में और अधिक बढ़कर क्रमशः 7.1 और 9.5 हो गया। उत्तरवर्ती वर्षों में इसमें थोड़ी कमी आई किंतु 2011–12 में यह 9.9 पर पहुंच गया। भारी व्यापार घाटा सेवा व्यापार संबंधी निवल शेष में वृद्धि तथा प्रेषित धन में बढ़ोत्तरी के कारण समाप्त हुआ। ग्यारहवीं योजनावधि में, औसत वाणिज्यिक व्यापार घाटा सकल घरेलू उत्पाद का 8.3 प्रतिशत, निवल सेवा निर्यात 3.2 प्रतिशत तथा निजी प्रेषित धन सकल घरेलू उत्पाद का 3.5 प्रतिशत था। इस प्रकार, निवल सेवा निर्यात तथा निजी प्रेषित धन सकल घरेलू उत्पाद का औसतन 6.7 प्रतिशत रहा जिससे वाणिज्यिक व्यापार घाटे के 80 प्रतिशत को वित्तपोषित किया गया। तथापि, यह अवश्य ध्यान में रखा जाना चाहिए कि भारत में विदेशी निवेश बढ़ने के साथ ही निवल निवेश आय लगातार एक विशाल नकारात्मक संख्या बनता जा रहा है क्योंकि यह 2004–05 में सकल घरेलू उत्पाद के (–) 0.6 प्रतिशत से बढ़कर 2011–12 में (–) 0.9 प्रतिशत हो गया। परन्तु, यह नोट किया जाना चाहिए कि आवश्यक नहीं कि इस नकारात्मक मद का परिणाम केवल वास्तविक आउटफ्लो नहीं होता। भुगतान संतुलन लेखा में, यदि आय बढ़े किंतु उसे विदेश में जमा न कराया जाए और उद्यम में ही लगाए रखा जाए तो यह सकारात्मक प्रत्यक्ष विदेशी निवेश इनफ्लो के रूप में नज़र आएगा।

2.57. इन तमाम परिणामों का निवल प्रभाव यह रहा है कि 2005–06 में चालू खाता घाटा सकल घरेलू उत्पाद के 1.2 प्रतिशत से बढ़कर 2007–08 में 1.3 प्रतिशत हो गया। 2008–09 के बाद प्रत्येक वर्ष यह और बढ़कर 2.5 प्रतिशत से ज्यादा रहा। 2011–12 में, चालू खाता घाटा सकल घरेलू उत्पाद के 4.2 प्रतिशत की रिकार्ड ऊंचाई पर पहुंच गया, हालांकि यह अत्यधिक स्वर्ण के निर्यात को भी परिलक्षित करता है। समग्र रूप में, ग्यारहवीं योजना के लिए चालू खाता घाटा सकल घरेलू उत्पाद का 2.7 प्रतिशत रहा।

2.58. बारहवीं योजनावधि के लिए व्यापार तथा अन्य संतुलन के अनुमान तालिका 2.4 में दर्शाए गए हैं। बारहवीं योजना के दौरान, जीडीपी के समानुपात के रूप में माल निर्यात जीडीपी के 16.0 प्रतिशत के आसपास बने रहने का अनुमान है। 2016–17 में, निर्यात 570 बिलियन डॉलर से अधिक का रहेगा। बारहवीं योजना का औसत 16 प्रतिशत रहेगा। अनुमान है कि योजनावधि के दौरान, माल आयात से जीडीपी का एक समानुपात औसतन जीडीपी के लगभग 25 प्रतिशत पर स्थिर हो जाएगा। अतः, माल व्यापार घाटा जीडीपी के 9 प्रतिशत से थोड़ा अधिक रहेगा।

2.59. सेवाओं में व्यापार पर सकारात्मक संतुलन ग्यारहवीं योजना के 3.2 प्रतिशत से मामूली तौर पर बढ़कर सकल घरेलू उत्पाद का 3.5 प्रतिशत रहने का अनुमान है। दसवीं योजना में, निजी प्रेषित धन सकल घरेलू उत्पाद का औसतन 3.1 प्रतिशत रहा था जो ग्यारहवीं योजना में बढ़कर 3.5 प्रतिशत हो गया। दसवीं योजना में निवल निवेश आय (–) 0.4 प्रतिशत रहा जो ग्यारहवीं योजना में (–) 0.6 प्रतिशत हो गया किंतु जैसा कि पूर्व में उल्लेख किया गया, यह 2010–11 तथा 2011–12 में बढ़कर लगभग (–) 0.9 प्रतिशत हो गया। बारहवीं योजना में, निजी जमा राशि जीडीपी के 3.4 प्रतिशत के लगभग अपरिवर्तित स्तर पर रहने का अनुमान है जबकि निवल निवेश आय थोड़ी नकारात्मक संख्या (–) 1.1 प्रतिशत की दर से बढ़ने का अनुमान है।

2.60. इन अनुमानों से उत्पन्न परिणामी चालू खाता घाटा बारहवीं योजनावधि के दौरान समग्र रूप से जीडीपी का 3.4 प्रतिशत रहने का अनुमान है। यह पहले दो वर्षों में अधिकत तथा तदुपरान्त योजना के अंत में मध्यम रहने का अनुमान है। अनुमानित चालू खाता घाटा सामान्य सहज स्तर से अधिक है जिसके अनुसार इसे

तालिका 2.4
बाह्य भुगतान - चालू एवं पूंजी खाता
(चालू मूल्यों पर जीडीपी के प्रतिशत के रूप में सभी आंकड़ें)

	ग्यारहवीं योजनावधि						बारहवीं योजनावधि					
	2007–08	2008–09	2009–10	2010–11	2011–12	औसत	2012–13	2013–14	2014–15	2015–16	2016–17	औसत
व्यापार निर्यात	13.2	14.9	13.1	14.7	16.3	14.4	15.7	16.0	16.1	16.0	15.9	16.0
व्यापार आयात	20.3	24.4	21.1	21.6	26.1	22.7	26.5	25.8	25.1	24.5	24.0	25.2
व्यापार व्यवसाय घाटा	–7.1	–9.5	–8.0	–6.9	–9.9	–8.3	–10.8	–9.7	–9.0	–8.5	–8.1	–9.2
निवल सेवा निर्यात	3.1	4.4	2.6	2.6	3.4	3.2	3.5	3.5	3.5	3.4	3.4	3.5
व्यापार निर्यात (एक्स) + आयात (एम)	33.4	39.3	34.1	36.3	42.4	37.2	42.2	41.8	41.2	40.5	39.9	41.1
कुल एक्स, एम और निवल सेवा आयात	36.6	43.8	36.7	38.8	45.8	40.3	45.7	45.3	44.7	43.9	43.3	44.6
निजी विप्रेषण	3.4	3.6	3.8	3.1	3.4	3.5	3.6	3.6	3.5	3.4	3.4	3.4
निवल निवेश आय	–0.4	–0.5	–0.4	–0.9	–0.9	–0.6	–1.2	–1.1	–1.1	–1.1	–1.0	–1.1
चालू खाता बकाया	–1.3	–2.3	–2.8	–2.8	–4.2	–2.7	–4.8	–3.8	–3.0	–2.8	–2.5	–3.4
निवल एफडीआई	1.3	2.1	1.4	0.4	1.2	1.3	1.4	1.4	1.3	1.1	1.0	1.3
आंतरिक एफडीआई	2.8	4.2	2.4	1.4	1.8	2.5	2.0	1.9	1.8	1.7	1.6	1.8
बाह्य एफडीआई	1.5	2.1	1.0	0.9	0.6	1.2	0.5	0.5	0.5	0.5	0.6	0.5
संविभाग ईक्विटी	2.4	–1.7	2.4	1.8	0.9	1.2	1.3	1.2	0.9	0.6	0.5	0.9
ऋण	3.4	0.5	1.0	1.6	1.0	1.5	1.3	1.3	1.1	0.9	0.8	1.1
बैंकिंग	0.9	–0.4	0.1	0.3	0.9	0.4	1.3	1.1	0.9	0.7	0.5	0.9
अन्य	0.7	0.5	–1.0	–0.6	–0.4	–0.1	–0.3	–0.2	–0.2	–0.1	–0.1	–0.2
पूंजी खाता बकाया	8.7	1.0	3.9	3.6	3.7	4.2	4.9	4.8	3.9	3.2	2.7	3.9

जीडीपी के 2.5 प्रतिशत के स्तर पर सीमित किया जाना चाहिए। इससे घरेलू तथा विदेशी निवेशकों– दोनों के लिए बाह्य वित्तपोषण की अनुपलब्धता की परिस्थितियों का जोखिम कम होगा। चालू खाता घाटे का स्तर सामान्य से बेहतर होने का, कम से कम पहले दो वर्षों में, पूंजी प्रवाह को प्रबंधित करने पर प्रभाव पड़ेगा।

बाह्य वित्त के गतिशीलन की संभावनाएं

2.61. सकल घरेलू उत्पाद (जीडीपी) के 3.4 प्रतिशत के अनुमानित औसत चालू खाता घाटे को वित्तपोषित करने हेतु अपेक्षित पूंजी प्रवाह कई प्रकार का हो सकता है जिनमें प्रत्यक्ष विदेशी निवेश, विदेशी सांस्थानिक निवेशक (एफआईआई) प्रवाह तथा अल्पावधि व्यापार घाटा और सरकारी बाह्य सहायता सहित विभिन्न प्रकार के ऋण शामिल हैं। हमारा लक्ष्य यह होना चाहिए कि स्थिर विदेशी प्रवाह के साथ, यथासंभव घाटे को वित्तपोषित किया जाए। इसका अर्थ यह हुआ कि प्रत्यक्ष विदेशी निवेश (एफडीआई) पर ज़ोर दिया जाए तथा खासकर अल्पावधि ऋण को कम से कम रखा जाए। ग्यारहवीं योजनावधि में पूंजी प्रवाह की पद्धति तथा बारहवीं योजना के लिए अनुमानों का सार तालिका 2.3 में संक्षिप्त रूप में है।

2.62. ग्यारहवीं योजना में,एफडीआई के माध्यम से प्रवाह जीडीपी के 1.4 से 4.2 प्रतिशत के बीच रहा, अर्थात् औसतन जीडीपी का 2.5 प्रतिशत। इसी अवधि में, आउटफ्लो भी रहे क्योंकि भारतीय कम्पनियों ने विदेशी परिसम्पत्तियों का अधिग्रहण किया तथा यह विभिन्न वर्षों में 0.6 तथा 2.1 प्रतिशत के बीच रहा जिसमें 2007–08 तथा 2008–09 में आउटफ्लो काफी अधिक था जिसके कारण ग्यारहवीं योजना में समग्र रूप से औसत 1.2 प्रतिशत रहा। 2011–12 में, बाहर के लिए निर्धारित एफडीआई काफी कम अर्थात् सकल घरेलू उत्पाद का सिर्फ 0.6 प्रतिशत रहा।

2.63. ग्यारहवीं योजनावधि में पोर्टफोलियो इक्विटी प्रभाव काफी उतार–चढ़ाव के साथ, जीडीपी के (–) 1.7 से 2.4 प्रतिशत तक रहा जिसका औसत समग्र योजनावधि के दौरान जीडीपी का 1.2 प्रतिशत रहा। यह उल्लेखनीय है कि ये वित्तीय संकट के वर्ष 2008–09 में (–)1.7 प्रतिशत के सबसे निचले स्तर पर थे किंतु अन्यथा ये प्रत्येक वर्ष में सकारात्मक तथा पर्याप्त थे। इससे स्पष्ट है कि प्रत्यक्ष विदेशी निवेश की तुलना में एफआईआई प्रवाह अधिक वोलेटाइल है औरयह "हॉट मनी" नहीं रह गया है।

2.64. प्रायः,ऋण पूंजी प्रवाह भारतीय निजी तथा सार्वजनिक क्षेत्रक कम्पनियों तथा गैर–निवासी बैंक जमाओं की बाह्य वाणिज्यिक लेनदारी के माध्यम से होता है। अल्पावधि व्यापार ऋण तथा भारत सरकार में एफआईआई निवेश और कॉरपोरेट ऋण प्रतिभूतियां भी महत्वपूर्ण हैं। निवल इनबाउंड सरकारी सहायता अब पूंजी प्रवाह का सापेक्षिक रूप से एक छोटा घटक है। ये सभी स्रोत मिलकर, ग्यारहवीं योजना के दौरान सकल जीडीपी का 1.5 प्रतिशत थे। ग्यारहवीं योजना के दौरान बैंकिंग चैनलों के मध्यम से निवल इनफ्लो जीडीपी का केवल 0.4 प्रतिशत था।

2.65. इस प्रकार, ग्यारहवीं योजनावधि में, समस्त स्रोतों से कुल पूंजी प्रवाह जीडीपी का औसतन 4.2 प्रतिशत रहा। पूंजी प्रवाह की यह मात्रा 2.7 प्रतिशत के चालू खाता घाटे के लिए अपेक्षित वित्तपोषण से कहीं अधिक है तथा अतिरिक्त को भारतीय रिज़र्व बैंक की विदेशी मुद्रा परिसम्पत्ति (एसडीआर तथा स्वर्ण सहित) में जोड़ दिया गया था।

2.66. बारहवीं योजना के लिए बेसलाइन अनुमान (जैसा कि तालिका 2.4 में दिखाया गया है) पारम्परिक अनुमानों पर आधारित हैं जिनके लिए विश्व आर्थिक परिदृश्य में मौजूदा अनिश्चितताओं को ध्यान में रखा गया है। इस अनिश्चितता के कारण जोखिम की संभावना रहती ही है तथा मौजूदा परिस्थितियों में वैश्विक पूंजी के लिए गंतव्य के रूप में भारत के प्रति सापेक्षिक आकर्षण का मूल्यांकन भी पारम्परिक तौर पर ही होता है। इस आधार पर, ग्यारहवीं योजना की तुलना में आगम एफडीआई प्रवाह थोड़ा कम अर्थात् सकल घरेलू उत्पाद का औसतन 1.8 प्रतिशत रहने का अनुमान है। संभावना यही है कि बाहर जाने वाला एफडीआई भी ग्यारहवीं योजना के स्तर से कम रहेगा और यह जीडीपी का 0.5 प्रतिशत रहने का अनुमान है जिसके परिणामस्वरूप एफडीआई का निवल इनफ्लो लगभग अपरिवर्तित रहते हुए जीडीपी का 1.3 प्रतिशत रहेगा।

2.67. पोर्टफोलियो इक्विटी इनफ्लो अस्थिर हैं और कुछ समय से जारी वैश्विक परिस्थितियों को देखते हुए, हमारा अनुमान यह है कि इस प्रकार का कुल इनफ्लो जीडीपी का महज 0.9 प्रतिशत रहेगा जो ग्यारहवीं योजना के 1.2 प्रतिशत से कम है। यह अनुमान निश्चय ही चिंताजनक है। भारत में विदेशी निवेशकों के मन में पैदा हुई अनिश्चितताओं का पूर्व में समाधान किए जाने के कारण तथा 2013–14 में विकास की गति को फिर से पटरी पर लाकर, शेष वर्षों में अधिक प्रवाह का मार्ग सुनिश्चित किया जा सकता है। योजनावधि के दौरान जीडीपी का 1 प्रतिशत से अधिक का औसत बिल्कुल व्यवहार्य नहीं है।

2.68. ऋण और बैंकिंग पूंजी प्रवाह (प्रवासी भारतीयों से प्राप्त जमाराशि सहित) तथा निवल पुनर्भुगतान मिलकर जीडीपी का

तालिका 2.5
केंद्र और राज्यों की वित्तीय स्थिति तथा सब्सिडी की मात्रा

	सकल घरेलू उत्पाद में सकल वित्तीय घाटे का प्रतिशत		
	केंद्र	राज्य	कुल
2007–08	2.54	1.49	3.97
2008–09	5.99	2.26	8.17
2009–10	6.48	3.02	9.46
2010–11	4.87	2.15	6.99
2011–12 (एलई)*	5.68	2.32	8.00
कुल ग्यारहवीं योजना	5.29	2.25	7.54

नोटः *(एलई): 2011–12 के आंकड़े केंद्र के लिए बजट अनुमान और राज्यों के लिए संशोधित अनुमान हैं।

1.1 प्रतिशत रहने का अनुमान है जो ग्यारहवीं योजना के 1.3 प्रतिशत से कम है। सभी प्रवाहों को मिला दिया जाए, तो बारहवीं योजना में कुल पूंजी प्रवाह जीडीपी का 3.9 प्रतिशत रहने की संभावना है जो ग्यारहवीं योजना के 4.2 प्रतिशत से कम है किंतु 3.4 प्रतिशत के चालू खाता घाटे के वित्तपोषण हेतु लगभग पर्याप्त है। इससे यही स्पष्ट होता है कि बाह्य भुगतानों के मद में ढिलाई नहीं रही है।

2.69. संक्षेप में कहें, तो जिस पूंजी आगम के अनुमान पर बारहवीं योजना आधारित है, उसे जान–बूझकर पारम्परिक रखा गया है। यह निष्कर्ष निकालना पूरी तरह असंगत नहीं होगा कि यदि परिदृश्य 1 में नियोजित अनुसार ही विकास को बढ़ावा दिया गया विदेशी निवेश के प्रति नीतियां भी सकारात्मक रहीं, तो हम सकल घरेलू उत्पाद में कम से कम 0.5 प्रतिशत के अतिरिक्त प्रवाह की उम्मीद कर सकते हैं। इससे हमारे लिए, बढ़ते व्यापार तथा बाह्य देयता स्तरों के अनुरूप विदेशी मुद्रा भंडार बनाना सरल होगा। हालांकि, इस नतीज़े को हासिल करने के लिए, हमें देश में निवेश की परिस्थितियों को बेहतर बनाना होगा तथा अधिक पूंजी आगम को प्रोत्साहित करना होगा और साथ ही, चालू खाता घाटे को नियंत्रित रखने पर भी काम करना होगा।

वित्तीय समेकन का महत्व

2.70. चूंकि बारहवीं योजना कार्यनीति में, चालू खाता घाटे को पूरा करने के लिए बाह्य वित्तपोषण को गतिशील करना शामिल है जो जीडीपी के 2.5 प्रतिशत के सामान्य स्तर से पर्याप्त अधिक होने की संभावना है, अतः इस बात पर बल देना महत्वपूर्ण है कि अंतरराष्ट्रीय

तालिका 2.6
सकल घरेलू उत्पाद के प्रतिशत रूप में सामान्य सरकारी संतुलन तथा सरकार का ऋण

	जीडीपी के प्रतिशत के रूप में सामान्य सरकारी संतुलन 2011	जीडीपी के प्रतिशत के रूप में सामान्य सरकारी ऋण 2011
सभी विकसित	**–7.2**	**110.3**
यूरो क्षेत्र	–4.1	88.1
स्पेन	–8.5	68.5
जर्मनी	–1.0	81.5
यूके	–8.7	82.5
फ्रांस	–5.3	86.3
यूएस	–9.6	102.9
आयरलैण्ड	–9.9	105.0
पुर्तगाल	–4.0	106.8
इटली	–3.9	120.1
जापान	–10.1	229.8
सभी उभरते	**–2.2**	**37.0**
ब्राजील	–2.6	66.2
रूस	1.6	9.6
भारत	***–8.7***	***68.1***
चीन	–1.2	25.8

स्रोतः वित्तीय मॉनीटर, (आईएमएफ, अप्रैल 2012)

विश्लेषक वित्तीय स्थिति को ही मैक्रोइकनॉमिक संतुलन का मुख्य सूचक मानते हैं। भारत के घरेलू मैक्रोइकनॉमिक संतुलनों को अंतरराष्ट्रीय बाज़ार में आत्मविश्वास जगाने वाले के रूप में देखा जाना चाहिए। इस परिप्रेक्ष्य में मुख्य सूचक वित्तीय घाटा है। तालिका 2.5 में केंद्र तथा राज्यों – दोनों की वित्तीय स्थिति को दर्शाया गया है।

2.71. केंद्र का घाटा ग्यारहवीं योजना के प्रथम वर्ष में सकल घरेलू उत्पाद के 2.5 प्रतिशत से बढ़कर अंतिम वर्ष में 5.7 प्रतिशत हो गया जिसमें योजना का औसत 5.3 प्रतिशत रहा। केंद्र और राज्यों के वित्तीय घाटे को मिला दिया जाए, तो यह 2007–08 के लगभग 4 प्रतिशत से बढ़कर 8 प्रतिशत से थोड़ा ज्यादा हो गया जो 4 प्रतिशत अंकों की कमी को दर्शाता है।

2.72. 2007–08 में, वित्तीय घाटे में प्रारम्भिक वृद्धि इस आधार पर ठीक लगती है कि सभी देश प्रतिचक्रण (काउंटर साइकल) के लिए

वित्तीय विस्तार पर ही निर्भर थे। तथापि, भारत का वित्तीय घाटा संकट के बाद भी बढ़ना जारी रहा और हालांकि 2011–12 में इस स्थिति में सुधार के प्रयास किए गए, किंतु 2011–12 में वित्तीय घाटे को सकल घरेलू उत्पाद के 5.1 प्रतिशत के स्तर पर रखने का अनुमानित लक्ष्य काफी ज़्यादा था। 2008–09 के बाद केंद्र के वित्तीय घाटे में वृद्धि दो कारणों से हुई। पहला, विकास में कमी जिसके कारण कर–संग्रहण पर प्रतिकूल प्रभाव पड़ा तथा सरकार को वैश्विक संकट के दौर में कम उत्पाद–शुल्क तथा सेवा कर दरों को कम रखकर वित्तीय रियायतें देनी पड़ीं। दूसरा कारण था सब्सिडियों में वृद्धि। सब्सिडी का बोझ ख़ास तौर से चिंता का विषय है क्योंकि पेट्रोलियम उत्पादों पर सब्सिडी का एक बड़ा हिस्सा केंद्र के बजट में परिलक्षित नहीं होता, ठीक वैसे ही, जैसे बिजली क्षेत्रक के वास्तविक नुक़सानों को राज्य सरकारों के बजटों में नहीं दर्शाया जाता।

2.73. तालिका 2.6 में, जीडीपी अनुपात की तुलना में भारत के वित्तीय घाटे और ऋण की तुलना प्रमुख औद्योगिक तथा विकसित देशों से की गई है। हालांकि भारत का वित्तीय घाटा कुछेक औद्योगिक देशों जितना अधिक नहीं है, मगर यह अन्य उभरते बाज़ारों की तुलना में काफी ज्यादा है। सकल घरेलू उत्पाद की तुलना में भारत का ऋण भी कई औद्योगिक देशों की तुलना में तो कम है, मगर उभरते बाज़ार वाले देशों से ज्यादा है। एक सीमा तक, भारत में वित्तीय दबाव जितना दिखता है, उससे कम है क्योंकि भारत की संभावित विकास दर चीन के अतिरिक्त अन्य देशों द्वारा अनुमानित से कहीं ज़्यादा है। फिर भी, यह देखते हुए कि वर्ष 2008 से पूर्व, वित्तीय स्थिति में सुधार हुआ था और अवसंरचना में निवेश के लिए संसाधों को जारी करने की ज़रूरत है, इसमें संदेह नहीं कि बारहवीं योजना में वित्तीय समेकन का ऐसा विश्वसनीय मार्ग लक्षित होना चाहिए जिससे केंद्र सरकार के वित्तीय घाटे को फिर से सामान्य स्तरों पर लाया जा सके।

2.74. घाटे में कम्प्रेशन को तुरन्त प्रकाशित करने की आवश्यकता नहीं है। वित्त मंत्रालय के मूल वित्तीय समेकन में, वित्तीय घाटे को 2011–12 में जीडीपी के 5.1 प्रतिशत के लक्ष्य से 2014–15 तक जीडीपी के 3 प्रतिशत तक लाना है जो प्रतिवर्ष 0.6 प्रतिशत अंकों से थोड़े अधिक के समायोजन को दर्शाता है। अंतिम बिंदु तक पहुंचना मौजूदा परिदृश्य में शायद ही संभव हो, किंतु योजनावधि के अंत तक जीडीपी के 3 प्रतिशत के लक्ष्य को प्राप्त करना संभव होना चाहिए। जैसा कि अध्याय 3 में उल्लेख किया गया है, इसके लिए कर राजस्वों में खासी वृद्धि करनी होगी तथा जीडीपी के प्रतिशत के रूप में सब्सिडियों में कमी भी करनी होगी।

2.75. ग्यारहवीं योजनावधि में, जीडीपी की तुलना में केंद्र सरकार के राजस्वों के अनुपात में 2 प्रतिशत अंकों से ज्यादा की गिरावट आई। विकास में तेज़ी के लिए कर राजस्व में वृद्धि आवश्यक थी। इसलिए, जीडीपी अनुपात की तुलना में कर राजस्व को कुछ प्रतिशत अंक बढ़ाने की आवश्यकता है ताकि यह 2007–08 के स्तर से थोड़ा ऊपर पहुंच सके। यह मुश्किल नहीं होना चाहिए तथा इसे मुख्यतः कर प्रशासन को बेहतर बनाने के प्रयास कर हासिल किया जा सकता है। इस संबंध में, जीएसटी का कार्यान्वयन सर्वाधिक संभावना लिए हुए है। इससे अप्रत्यक्ष कर–प्रणाली आधुनिक होगी तथा इसकी दक्षता बढ़ेगी और कारोबार करना भी अधिक आसान तो होगा ही, केंद्र और राज्यों–दोनों के राजस्व में भी बढ़ोत्तरी होगी।

2.76. जहां तक सब्सिडियों का संबंध है, इसके लिए सब्सिडियों में कमी लाने की आवश्यकता है जो 2011–12 में जीडीपी का लगभग 2.4 प्रतिशत है किंतु जिसे बारहवीं योजना के अंतिम वर्ष में जीडीपी का लगभग 1.5 प्रतिशत करना होगा। इस बात पर बल देना आवश्यक है कि सब्सिडियों को समाप्त नहीं किया जा रहा, बल्कि इसे केवल जीडीपी के प्रतिशत के रूप में कम किया जा रहा है ताकि योजना व्यय को समायोजित किया जा सके जो अब काफी हद तक समावेशिता को बढ़ावा देने वाली स्कीमों पर निर्देशित है तथा जिसे अधिकतर मौजूदा सब्सिडियों की तुलना में बेहतर ढंग से लक्षित किया जा सकता है।

2.77. वित्तीय समेकन प्राप्त न करने के नतीज़ों पर सावधानीपूर्वक विचार करने की आवश्यकता है। इस गफलत को दूर करना ज़रूरी है कि वित्तीय समेकन शुद्ध रूप से एक तकनीकी मामला है जिसे यदि आवश्यक सुधारात्मक कदम राजनीतिक रूप से कठिन हों, तो नज़रंदाज़ किया जा सकता है। यह ध्यान में रखना आवश्यक है कि पूंजी प्रवाह बनाए रखने के लिए हमारे मैक्रो आर्थिक स्थिरता के संबंध में विश्वव्यापी अव्धारणा महत्वपूर्ण है तथा जैसा कि ऊपर कहा गया है, राजकोषीय घाटा निष्पादन का अति महत्वपूर्ण मापदण्ड है। राजकोषीय समेकन के लिए विश्वसनीय कार्रवाई नही करने से विश्वास में कमी आएगी जिसके कारण पूंजी प्रवाह कम होगा तथा विनिमय दर में अधिक गिरावट आएगी, जिससे पेट्रोलियम के मूल्यों में व्यापक समायोजन के लिए हम बाध्य होंगे अथवा राजकोषीय घाटे में और वृद्धि होगी।

प्रभावी वित्तीय मध्यस्थता

2.78. जबकि कुल में बचत की उपलब्धता वृहद आर्थिक संतुलन का एक महत्वपूर्ण भाग है, एक सक्षम वित्तीय प्रणाली भी उतनी ही

महत्वपूर्ण है जो बचत को अत्यधिक उत्पादक प्रयोग हेतु सुचारु बना सके तथा समावेशिता भी सुनिश्चित कर सके। पिछले दो दशकों में देश की बैंकिंग प्रणाली और पूंजी बाजार की विशेषताएं एवं ढांचे में काफी परिवर्तन हुए है। इस परिवर्तनों से क्रेडिट जोखिम का प्रबंधन, बकाया ऋणों की स्थिति में प्रावधान तथा शुल्क आधारित आय पर अधिक ध्यानकेंद्रण हुआ है। अत्यधिक विनियमित की जाने वाली ब्याज दर की व्यवस्था को चरणबद्ध तरीके से व्यावसायिक ढांचे से प्रतिस्थापित किया गया जिससे मूल्य–क्रेडिट गुणवत्ता, समयावधि एवं जोखिम विविधीकरण में सहायता मिली। उपलब्ध ऋण उत्पादों के प्रकार एवं इनका व्यावसायिक क्षेत्रकों के लिए सुलभ होना भी अधिक प्रभावी हुआ है। खुदरा बैंकिंग अर्थात् घर एवं अन्य टिकाऊ परिसम्पत्तियों के लिए व्यक्तिगत ऋण और भुगतान व निपटान सुविधाएं बैंकिंग की महत्वपूर्ण एवं तीव्र विकास वाले घटक है। स्व–सहायता समूहों (एसएचजी) द्वारा वर्गीकृत छोटे ऋण प्राप्तकर्ताओं को ऋण देना तथा सूक्ष्म वित्त से वित्तीय समावेशन को अर्थपूर्ण बनाने में हम कुछ आगे बढ़े है।

2.79. इन परिवर्तनों से कारपोरेट ऋण ग्राहियों के व्यवहार में भी परिवर्तन हुआ है। कई मामलों में वर्ष 1991 से पूर्व के वर्षों में वित्तीय जोखिम अर्थपूर्ण नही था। तत्पश्चात् इसमें परिवर्तन हुआ तथा स्पष्ट क्रेडिट रिकार्ड बनाने तथा निम्न लीवरेज का लाभ प्राप्त हुआ। उत्पादन लाइसेंस प्रणाली को समाप्त करने, निम्न आयात दर तथा आयात पर मात्रात्मक प्रतिबंधों को हटाने से भारत में प्रतिस्पर्धा को एक वास्तविक रुप मिलाः घरेलू प्रतिस्पर्धा तथा वैश्विक उत्पादकों दोनो से। इससे भारतीय कारपोरेट जगत में व्यापार जोखिम की अवधारणा पैदा हुई। अंततः सरकारी एवं अर्ध–सरकारी एजेंसियों के स्वामित्व वाले कार्यकलापों में गिरावट आई तथा वित्त मजबूत करने में पूंजी बाजार की अधिक भूमिका से शेयर धारकों के हितों में वृद्धि हुई है, विशेषकर, अल्पसंख्यको को इनके महत्व के कारण। इससे जुड़ी चुनौती है कारपोरेट नियंत्रण जिसे सक्रिय अधिग्रहण तथा विक्रय के लिए भी और चुनौतियों का सामना करना है।

2.80. ये सभी विकास 1997 और 2003 के बीच पूरी तरह होते रहे। आर्थिक उदारीकरण को तत्काल अपनाने में भारतीय उद्योग जगत द्वारा व्यापक पैमाने पर विस्तार में कुछ कमियां थी। चूंकि सभी परिसम्पत्तियां उत्पादन में आ गई, अतः जरूरी सामानों के मूल्यों पर विश्वव्यापी दबाव पड़ा, पहला कारण रूस से कम मूल्य पर आपूर्ति तथा बाद में एशियन करेंसी संकट। वर्ष 1997 से पहली बार भारत में बड़े पैमाने पर कारपोरेट डिफाल्ट हुए। इससे कई बार पुनर्संरचना की गई, जहां परिसम्पत्तियां बेची गई तथा कारपोरेट स्वामित्व बदले गए। प्रक्रिया पूरी हो जाने के बाद, व्यापार और वित्तीय जोखिम को दूर करने के लिए तथा कारपोरेट नियंत्रण की चुनौतियों को सामना करने के लिए और विश्वव्यापी प्रतिस्पर्धा हेतु कारपोरेट विनिर्माण क्षेत्रक पूरी तरह तैयार था। पिछले दशक के इस अनुभव से जो कि काफी कष्टप्रद थी, भारतीय विनिर्माण क्षेत्र पुनर्जीवित हो गया। सूचना प्रौद्योगिकी क्षेत्रक को उदारीकरण के बाद विकसित किया गया तथा इक्विटी से अधिकांश वित्तपोषण करते हुए निर्यात व्यापार पर ध्यानकेंद्रण किया गया। अतः विनिर्माण क्षेत्रक के विपरीत इसका विकास पूर्णतः अलग वातावरण में हुआ और इस प्रकार सदैव विश्वव्यापी प्रतिस्पर्धी था, नए विचारों वाला था तथा इसके बैलेंस शीट पर बहुत कम लीवरेज था।

2.81. आज की अधिकांश विनिर्माण ईकाइयां (सेवा क्षेत्रक से भी कुछ) प्रारंभ में लघु उद्योगों (एसएसआई) से शुरू हुई थी तथा काफी बड़े प्रतिष्ठानों में तब्दील हो गई है, जिसमें इंजीनियरिंग; रसायन, भेषज और कपड़ा शामिल है। कई मामलों में भारत में आधुनिक कारपोरेट प्रतिष्ठान्न को उभरने में एसएसआई यूनिटों के विगत वर्षों में समानान्तर विस्तार से लाभ मिला। लघु एवं मध्यम उद्यम (एसएमई) जो काफी अंतरों से एसएसआई की वर्तमान परिभाषा से भी आगे है, किसी भी हालत में उद्यमी क्षमता का सतत् स्रोत तथा आने वाले वर्षों में भारतीय अर्थव्यवस्था के लिए बहुत बड़े बल का स्रोत बना रहेगा।

बैंकिंग एवं वित्त

2.82. यद्यपि भारत में वित्तीय क्षेत्रक का हाल के वर्षों में तीव्र विकास हुआ है, यदि परम्परागत वित्तीय गहराइयों–जैसे कि कुल वित्तीय दावे का अनुपात अथवा जीडीपी के लिए बैंक ऋण का प्रयोग किया जाए तो भारत अन्य उभरते हुए बाजारों से पीछे प्रतीत होता है। पूरी तरह से निश्चित नहीं है कि क्या आंकड़ों का अर्थ लगाया जा सकेगा, तथा क्या हमें जो बड़ा है वो बेहतर है की धारणा को आवश्यक रूप से अपनाना चाहिए। श्रेष्ठ अर्थशास्त्री पूंजी के समय तत्व से सदैव अवगत रहते थे। श्रम के समान पूंजी को भी रि–साइकल किया गया तथा जितना छोटा साइकल उतना प्रभावी वैसी पूंजी का प्रयोग। जीडीपी अनुपात का ऋण, जिसका प्रयोग बैंकिंग की भूमिका के उपाय के रूप में किया जाता है, समाप्ति बैलेंसशीट योग दर्शाता है, तथा वर्ष के दौरान टर्न ओवर के बारे में हमें कुछ भी नहीं बताता है।

2.83. तथापि, यह नहीं कहा जा सकता है कि भारतीय वित्तीय क्षेत्रक के विकास के सामने चुनौतियां नहीं है। संभवतः वर्तमान परिप्रेक्ष्य में

सबसे अधिक समस्या प्रत्येक परिवार की बचत के रूप में सोने में निवेश करने की वरीयता है। विगत में सोना एवं भूमि ही निवेश के साधन थे। स्वतंत्रता के बाद से, हमने न केवल मितव्ययिता को बढ़ावा दिया बल्कि वित्तीय उत्पादों में भारतीय नागरिकों के विश्वास को भी बढ़ाया जिससे कि उनकी बचतें शेष अर्थव्यवस्था के प्रयोग हेतु उपलब्ध हो सके। बाद के छह दशकों में, बचत के लिए सोना अत्यन्त प्राथमिक साधन के रूप में उभरेगा जिससे पता चलता है कि इसके वितरण तथा संभवतः हमारे वित्तीय फ्रेमवर्क के विनियामक ढांचे में कितनी कमियां हैं जो हमारे पारिवारिक बचतों का माध्यम हैं।

2.84. यह दीर्घावधिक बचतों के साधन के व्यापक मुद्दों से जुड़ा है—जीवन बीमा, पेंशन, भविष्य निधि आदि। जैसे–जैसे व्यक्तिगत प्रयोज्य बचतों एवं जीवन प्रत्याशा में वृद्धि होती है, एक ऐसे सुरक्षित साधन की आवश्यकता महसूस होती है जो कि विवेकपूर्ण वास्तविक लाभ दे सके तथा देश की एवं इसके नागरिकों की वित्तीय स्थिति में सतत् महत्वपूर्ण भूमिका अदा करती रहे। इस उद्योग के विकास को समुचित रूप से लम्बे समय–सीमा, अंतर्निहित वित्तीय धारणीयता तथा आश्वासन गुणवत्ता के रूप में देखना चाहिए जिससे निवेशकों को उनकी चिन्ताओं से मुक्त कर सके। सरकार बीमा क्षेत्र में एफडीआई की सीमा बढ़ाने पर विचार कर रही है परंतु राजनीतिक असहमति से यह परिवर्तन अभी रूका हुआ है।

2.85. दीर्घावधिक बचत उत्पादों की आवश्यकता अन्य महत्वपूर्ण आवश्यकताओं का प्रतिबिम्ब है अर्थात वास्तविक अवसंरचना जैसे दीर्घ वहनीय उत्पादों के लिए दीर्घावधिक वित्त पहले के बगैर दूसरा कठिन है। व्यावसायिक बैंकों के पास अधिकांशतः अल्पावधिक देयताएं हैं तथा उनकी परिसम्पत्तियों में इस अवधि को भी दर्शाया जाना चाहिए। तथापि, दीर्घावधिक वित्त के पर्याप्त स्रोत के वगैर अधिकांश अवसंरचनात्मक ऋण बैंकों से मिल रहे हैं। प्रतिभूति में परिवर्तन के माध्यम से बैंक ऋणों के लिए द्वितीयक बाजार बैंकों को वगैर अत्यधिक परिसम्पत्ति–देयता मिस–मैच के एक मार्ग देता है। नीति का एक महत्वपूर्ण लक्ष्य यह है कि अवसंरचना ऋण कोष को बढ़ावा दिया जाए जो अब अस्तित्व में आने के करीब है।

2.86. कारपोरेट बांड के लिए द्वितीयक बाजार अभी महत्वपूर्ण विशेषकर मध्यम से दीर्घावधिक तरीके से शुरू होनी है, इस मामले की प्राथमिकता के आधार पर बहुत पहले ही पहचान कर ली गई थी तथा कई विनियामक मुद्दों का समाधान भी कर लिया गया है। संभवतः अनुषंगी विपणनों का विकास न होना अथवा लगातार अत्यधिक मात्रा में उत्कृष्टता की उपलब्धता इस बाजार को उठने से रोक रही है। अवसंरचना ऋण हेतु बाजार व्यापक रूप से कारपोरेट बॉड बाजार से संबंधित है तथा कारपोरेट बॉड बाजार में गतिशीलता के बगैर अवसंरचना ऋण बाजार में गतिशीलता संभव नहीं है। वित्तीय क्षेत्रक में, सुदृढ़ बाज़ार से बाज़ार (अवधि, लिक्विडिटी तथा अन्य) जोखिम में कमी आती है जिससे अंततः लेनदार के लिए पूंजी की लागत घटती है। कई स्वतंत्र तथा अंतर–सम्बद्ध कारणों से, बारहवीं योजना में यह सुनिश्चित करने के लिए विशेष प्रयास अवश्य किए जाने चाहिए कि कॉरपोरेट बॉड बाज़ार में तेज़ी आए।

2.87. पहुंच की समस्या भी एक मुद्दा है। छोटे कारोबारियों को धन जुटाना कठिन महसूस होता है तथा गरीब परिवारों के लिए संगठित बचतों और ऋण उद्योग तक पहुंच मुश्किल होती है। यह भारत की अथवा विकासशील देशों की ही समस्या नहीं है। विकसित देशों में भी ये चुनौतियां हैं। विश्व के अधिकांश देशों के विपरीत भारतीय बैंक छोटे क्रेडिट के लिए व्यापक रूप से खुले हुए हैं तथा ऐसे खुलेपन में कार्य करने का अनुभव है। यह कृषि क्षेत्र तथा लघु उद्योगों को ऋण देने के अधिदेश के कारण हुआ है।

2.88. अपने वृहद ऊपरिशीर्ष सहित बैंकिंग प्रणाली शायद लघु क्रेडिट के उपयुक्त नहीं है। यहां स्व–सहायता समूहों (एसएचजी) और इसी प्रकार की सामूहिक गारंटी क्रेडिट स्कीम की बड़ी भूमिका है। दूसरा साधन है सूक्ष्म वित्त संस्थान। सूक्ष्म वित्त के मामले में विकास कुछ दुर्भाग्यपूर्ण है परंतु हमें खतरों के प्रति सजग रहने की आवश्यकता है। संसद में प्रस्तुत सूक्ष्म–वित्त विनियामक अधिनियम से एक विनियामक ढ़ांचा स्थापित होगा जो सभी भ्रमों को दूर करेगा तथा समुचित विनियामक दृष्टि सहित उद्योगों का अबाध विकास करेगा। हमें निचले स्तर की वित्तीय एजेंसियों–एसएचजी, सूक्ष्म वित्त, सहकारिता की आवश्यकता है जो बैंकों को छोटे क्रेडिटदाताओं की पूंजी आवश्यकता के वित्तपोषण हेतु आसान तरीके अपनाने की छूट देते हैं।

2.89. अच्छे इरादे से शुरू की गई–अपने ग्राहक को जानो (केवाईसी) आवश्यकताओं ने गरीबों को हमारे बैंकों में प्रवेश करना और कठिन कर दिया है। यह स्वीकार्य नहीं है। आम लोगों के लिए आधार संख्या एक पास–पोर्ट के रूप में होनी चाहिए जिससे कि वे हमारी बैंकिंग प्रणाली की अथवा अन्य सभी विनियमित बचत उत्पाद–म्युचुअल फंड, बीमा आदि की बचत एवं भुगतान सुविधाओं का प्रयोग कर सकें।

2.90. क्रेडिट जोखिम की उच्च अवधारणा के कारण लघु व्यापार का वित्तपोषण एक अंतर्निहित चुनौती है। क्रेडिट सूचना डेटाबेस के प्रयोग सहित सिड्बी जैसी सरकारी एजेंसियों के माध्यम से

पुनः वित्तपोषण की प्रणाली समस्या का कुछ समाधान करती है। स्वेच्छा से दोषी लोगों के लिए लागत बढ़ाना नैतिक खतरों जो कि अच्छे इरादे से सरकारी अनुकंपा के कारण उपजी हो, से निपटने में अंतर्निहित है। अन्यथा अपने प्रतिस्पर्धियोंकी अनुशासनहीनता के कारण सक्षम लघु व्यापारियों की लागत क्षीण होती है।

2.91. तथापि, अधिकांश समस्याएं क्षेत्रक में इक्विटी की अपर्याप्तता के कारण है। इक्विटी तक पहुंच बढ़ाने के लिए विशेषकर छोटे व्यापारों के लिए उद्यम पूंजी, निजी इक्विटी वित्त तथा समान एजेंसियों को बढ़ावा दिया गया है। तथापि, इस प्रकार के कार्यकलापों में तीव्र वृद्धि पर ध्यान न देते हुए मात्र सतही कार्य हुए हैं। अतः छोटे व्यापार को इक्विटी देने वालों के लिए विनियामक प्रोत्साहन आवश्यक है।

उद्यमी पूंजी

2.92. हमारे वर्तमान वित्तीय ढांचे में सबसे अधिक महत्वपूर्ण अंतराल पर्याप्त रूप से वृह्द उद्यम पूंजी और एंजेल निवेशक समुदाय की कमी है जिसकी वित्तपोषण के प्रारंभ में महत्वपूर्ण भूमिका है, विशेषकर उन क्षेत्रों में जहां सफलता के लिए प्रौद्योगिकी महत्वपूर्ण है तथा जोखिम पूंजी की आवश्यकता है। इस अंतराल को भरने के लिए योजना आयोग ने पूर्व वित्त सचिव श्री सुनील मित्रा की अध्यक्षता में एंजेल निवेश तथा प्रारंभिक उद्यम पूंजी संबंधी एक समिति का गठन किया है। समिति में परम्परागत वित्तीय निकायों, उद्यम/पीई पूंजी, परामर्शी फर्म्स एवं नसाकाम के सदस्यों को शामिल किया गया है। समिति की रिपोर्ट योजना आयोग की वेबसाइट पर लिंक 'reports' के अंतर्गत उपलब्ध है। समिति ने कई सिफारिशें की है जिससे नवप्रवर्तन हेतु सुदृढ़ पारिस्थिति की प्रणाली के सृजन तथा प्रारंभिक उद्यमशीलता को बढ़ाने में सहायता मिलेगी। सिफारिशों में कर संबंधी प्रोत्साहन तथा विनियामक पक्ष में विभिन्न छूटों की सिफारिश की गई है जिससे बैंकों एवं बीमा कंपनियों को इस क्षेत्र में और कार्यशील होने में सहायता मिलेगी। इसमें सार्वजनिक निजी भागीदारी के माध्यम से प्रौद्योगिकी पार्कों तथा विभिन्न प्रकार के इन्क्यूबेटर्स की स्थापना की सिफारिश भी की गई है।

विदेशी परिवेश

2.93. खुली अर्थव्यवस्था में वृहद् आर्थिक संतुलन पर बाह्य परिवेश का काफी असर पड़ता है। यह बारहवीं योजना की शुरूआत के संदर्भ में खासतौर से प्रासंगिक है क्योंकि अब भारतीय अर्थव्यवस्था विश्व के साथ कहीं अधिक एकीकृत और कुछेक बुनियादी दीर्घकालिक बदलावों के मध्य में, विश्व अर्थव्यवस्था अल्पावधिक गंभीर कठिनाइयों का सामना कर रही है।

तालिका 2.7
वैश्विक जीडीपी विकास में रूझान

जीडीपी विकास (स्थिर मूल्य)	1980 का दशक	1990 का दशक	2000–2007	2008–2011
विश्व	3.2	3.0	4.2	2.8
उन्नत अर्थव्यवस्थाए	3.1	2.7	2.6	0.3
उभरती हुई तथा विकासशील अर्थव्यवस्थाए	3.5	3.6	6.5	5.6
विकासशील एशिया	6.7	7.2	8.4	8.1
भारत	5.4	5.6	7.1	7.7
ब्राजील	3.0	1.7	3.5	3.8
चीन	9.8	10.0	10.5	9.6
रूस	–	–	7.2	1.5

स्रोत: डब्ल्यूईओ डाटाबेस (आईएमएफ, अक्टूबर 2012)।

2.94. जैसाकि तालिका 2.6 में दर्शाया गया है, जिस दर से विश्व अर्थव्यवस्था का विस्तार हुआ है उसमें आठवें दशक की तुलना में नौवें दशक में कोई अधिक परिवर्तन नहीं हुआ। तथापि, वर्ष 2000 में पश्चात् तथा वैश्विक संकट के ठीक पहले विश्व आऊटपुट में औसत वार्षिक वृद्धि दर 1.2 प्रतिशत बिंदु तक बढ़ी। वर्ष 2000–07 की अवधि में वैश्विक विकास में यह वृद्धि अव्यवस्थित दिखाई देती है। अग्रिम अर्थव्यवस्थाओं में 1990 के दशक में 2.7 प्रतिशत से 2000–07 में प्रतिवर्ष 2.6 प्रतिशत की औसत विकास में मामूली गिरावट आई। तथापि, विकासशील देशों की विकास दरों में 1990 के दशक में 3.6 प्रतिशत में तेजी से वृद्धि होकर प्रतिवर्ष 6.5 प्रतिशत हो गई। यद्यपि अधिकांश विकास एशिया में ही हुए, अफ्रीका और लैटिन अमरीका के शेष विकासशील देशों को भी फायदा हुआ। यह अवधि समूचे विश्व तक आर्थिक अवसरों के विस्तार को दर्शाती है तथा लगभग सभी देशों ने इस सुअवसर का लाभ लेना चाहा। यह अनुकूल अवधि 2008 में समाप्त हो गई।

2.95. वर्ष 2008 और 2011 के बीच अमरीका और यूरोजोन अर्थव्यवस्थाएं लगभग स्थिर पड़ी रही। जबकि अमरीकी अर्थव्यवस्था उठ रही है, सुधार, जैसा कि बहुतों ने अपेक्षा की थी, में कमी है, तथा निश्चित ही राजकोषीय आकार और मौद्रिक प्रोत्साहन में विषमता है। संकट के कारण यूरोपीय मौद्रिक संघ और राजकोषीय बोझ से दबी सरकारों में अंतर्निहित समस्याएं बढ़ी थी। यद्यपि कुछ समय के लिए मामला शांत दिख रहा है परंतु यह स्पष्ट है कि यूरोजोन अर्थव्यवस्था को पुनः सुदृढ़ होने में कई वर्ष लगेंगे। वैश्विक विकास में रूझान तालिका 2.7 में दर्शाई गई है।

2.96. वैश्विक परिदृश्य का सकारात्मक पहलु यह है कि कई विकासशील तथा कुछ ठोल विकसित अर्थव्यवस्थाओं ने अपने आप एक स्वायत्त गति पकड़ ली है। तथापि, व्यापार प्रभावों, विश्व वित्तीय बाजारों में संभावित उथल–पुथल तथा इन सभी का बिजनेस में विश्वास पर संभावित असर के मामले में वे इस बात से अनभिज्ञ नहीं है कि अमरीका और यूरोजोन में क्या होता है। अतः इसी में बुद्धि मानी है कि भिन्न समय खण्डों के मामले में सामान्य वैश्विक आर्थिक आउटलुक अपनाया जाए–अल्पावधि (2 वर्ष तक) तथा मध्यम से दीर्घावधिक (3–15 वर्ष तक)।

लघु आवधिक संभावनाएं

2.97. अंतरराष्ट्रीय मुद्रा कोष के वर्ल्ड इकनॉमिक आउटलुक, अक्टूबर 2012 में भी इस बात पर बल दिया गया है कि ख़ासकर यूरोज़ोन से क्या नकारात्मक जोखिम सामने आ सकते हैं। हमारा विचार है कि विकसित देशों में गंभीर संकट जारी है तथा रहने की संभावना है, डाउनसाइड जोखिम में 2011 की तुलना में काफी कमी आई है। जिस तरीके से 2012 में यूरोप में मामलों का समाधान किया गया है, वह अत्यधिक सार्वजनिक जांच तथा अत्यधिक अपेक्षाओं के माहौल में कठिनाइयों से निपटने की सीख दर्शाता है, मुद्दों को काफी हद तक क्रिस्टलाइज कर लिया गया है तथा फ्रांस में राजनीतिक नेतृत्व में परिवर्तन होने के बावजूद फ्रांस–जर्मनी सहकारिता नेतृत्व की दिशा में कोई महत्वपूर्ण परिवर्तन प्रतीत नहीं होता है। यूरोपियन सेंट्रल बैंक (ईसीबी) ने दीर्घावधिक पुनर्वित्तपोषण प्रचालन (एलटीआरओ) के माध्यम से बैंकिंग प्रणाली को वित्तपोषण हेतु अधिक राशि प्रदान की है तथा आईएमएफ के साथ 1 ट्रिलियन डॉलर से अधिक का "फायरवाल" तैयार किया है। इतने व्यापक स्तर पर अंतःक्षेप करने की कटिबद्धता वास्तव में महत्वपूर्ण है। इससे संभावित जोखिम कम हो जाती है जो अधिकांशतः यूरोपियन बैंकों द्वारा अनुमानित 2.6 ट्रिलियन डॉलर के डी–लिवरेजिंग के कारण पैदा हो सकती थी। नुकसान कम करने हेतु कई अनुकूली परिवर्तन की अपेक्षा स्वाभाविक है। विकसित देशों में राजकोषीय घाटा तथा सार्वजनिक ऋण आमतौर पर अधिक बने रहे जैसा कि तालिका 2.6 से स्पष्ट है।

2.98. यूरोजोन के सदस्य देशों द्वारा राजकोषीय संघ के लिए समन्वित कार्रवाई की आवश्यकता महसूस की जा रही है, यद्यपि यह स्पष्ट नहीं है कि क्या अंतिम विश्लेषण में यह राजकोषीय संघ वास्तव में साकार हो पाएगा। तथापि, अत्यधिक संभावना है कि वे इस रास्ते पर अगले कुछ वर्षों तक चलेंगे, जिस दौरान अन्य दो वृहद यूरोजोन अर्थव्यवस्थाएं –इटली और स्पेन के स्थिर होने की संभावना है। यह संभव है कि ग्रीस को मॉनीटरी संघ छोड़ना पड़े परंतु इससे यूरोजोन प्रभावित नहीं होगा क्योंकि इससे इटली और स्पेन स्थिर हो सकते हैं।

2.99. अमरीका में, वसूली अनुमान की तुलना में कम रही है। तथापि, इस बात के स्पष्ट संकेत हैं कि अर्थव्यवस्था में सुधार हो रहा है तथा अंतरराष्ट्रीय मुद्रा कोष ने 2012 के लिए इसकी विकास दर 2.3 प्रतिशत रहने का अनुमान लगाया है। यह स्थिति 2013 में स्थिर होने की संभावना है। तथापि, अमरीका के समक्ष वित्तीय समेकन के लिए आंतरिक रूप से सुदृढ़ तथा अबाधक मार्ग अपनाने और अत्यन्त विस्तारित मौद्रिक नीति को वापिस लेने की समस्या बनी रहेगी।

2.100. यह संभव है कि अमरीका तथा यूरोपीय संघ की अप्रत्याशित खुली मौद्रिक नीति कुछ वर्षों तक जारी रहे तथा इससे दूसरों के लिए समस्या हो जाए, जैसा कि विशेष रूप से सामग्रियों के मूल्यों में वास्तव में हुआ है। तथापि, मुख्य चिंता है उथल–पुथल की इन अर्थव्यवस्थाओं में लगातार कमियों की नहीं। उथल–पुथल होने की संभावना नहीं है क्योंकि (i) यूरोजोन में जर्मनी और फ्रांस के नेतृत्व में सदस्य देशों ने जो दिशा अपनाई है उसका मंतव्य अगले कुछ वर्षों तक चीजों को नियंत्रित करके रखना है; (ii) अधिकांश तरलता अमरीकी फेडरल रिजर्व तथा हाल ही में ई सी बी से पैदा हुई है, जिससे किसी भी प्रकार का वित्तीय संकट दोबारा नहीं हो पाएगा। तथापि, यूरोपीय संघ की परिस्थितियों के कारण यूरोपीय बैंक के वित्तपोषण पर नकारात्मक प्रभाव पड़ना जारी रहेगा जो पूर्व में भारतीय निजी क्षेत्रक अवसंरचना परियोजनाओं के लिए महत्वपूर्ण रही हैं।

2.101. यह आकलन करना कठिन है कि कैसे यह माहौल हमें प्रभावित करेगा। अमरीकी और यूरोपीय संघ में धीमे विकास से इन देशों में निर्यात हेतु हमारे सामानों एवं सेवाओं दोनों के लिए विपणन के विस्तार पर निःसंदेह विपरीत प्रभाव पड़ेगा। तथापि, जहां पश्चिमी सरकारों व उपभोक्ताओं का निष्पादन अच्छा नहीं रहा हो रहा है, वहीं अधिकांश कंपनिया, विशेषकर अमरीका में, लाभ में रही है। वे उत्पादकता बढ़ाने तथा लागत कम रखने की कोशिश तथा आईटी के प्रयोग में सुधार जारी रखेंगे। कुछ हद तक इससे हमारी आईटी से संबंधित व्यापारों में सहायता मिलेगी। दूसरा तथा और वास्तविक, ईयू में परिस्थितियां यूरोजोन बैंक वित्तपोषण पर नकारात्मक प्रभाव डालती रही है तथा डलती रहेंगी जो कि भारतीय निजी क्षेत्रक अवसंरचना परियोजनाओं के लिए महत्वपूर्ण रही है। अतः संक्षेप में, उच्चतर व्यापार घाटे तथा औसत जीडीपी के लगभग 2.9 प्रतिशत अनुमानित चालू लेखा घाटा से अधिक के रूप में भुगतान शेष पर लगातार दबाव पड़ने की संभावना है।

मध्यम और दीर्घ अवधि

2.102. मध्यम एवं दीर्घावधिक स्वरूप बेहतर है। यह मान लेना संगत है कि अमरीका और यूरोज़ोन की अर्थव्यवस्थाएं कुछ समय के बाद उबर जाएगी तथा खतरनाक परिणाम अर्थात् उथल–पुथल होने की संभावना कम है क्योंकि प्रमुख कंपनियों को बहुत बड़ी हानि हो सकती है तथा उस प्रकार की स्थिति से बचने के लिए काफी हद तक आधार तैयार कर लिया गया है। तथापि वित्तीय बाजारों में समय–समय पर काफी उतार–चढ़ाव होंगे तथा कुछ चीजें गलत होंगी एवं कुछ अप्रत्याशित विकास होंगे। जबकि इन सब पर प्रबंध एवं नियंत्रण कर लिया जाएगा, वित्तीय बाजारों में छिटपुट अस्थिरता की संभावना तथा विकसित देशों से मिलने वाले खराब समाचारों के कारण निवेश धारणाएं प्रभावित होना संगत है।

2.103. चीन, भारत तथा एशिया एवं अफ्रीका के भी अन्य उभरते हुए बाजारों में तीव्र विकास होना निश्चित है। इक्कीसवीं शताब्दी को "एशियन सेंचुरी" के रूप में कहा जा रहा है तथा ऐसा है भी परंतु यह उल्लेख करना आवश्यक है कि यह पूर्व–नियोजित नहीं है। यह इस बात पर निर्भर करेगा कि एशिया की उभरती हुई विपणन अर्थव्यवस्थाएं अवरोधों को दूर करने का प्रयास कर पाती है जो उन्हें अपने ही प्रयासों से प्राप्त करना है। अवसर है, परंतु अवसर का लाभ उठाने में हम अक्सर असफल हो जाते हैं। यह बहुत महत्वपूर्ण है कि हम परिणामों के प्रति आश्वस्त होकर अवसरों को न जाने देने का संकल्प लें।

2.104. इस परिप्रेक्ष्य में यह स्मरण करना संगत होगा कि वर्ष 2004 में मल्टी फाइबर एग्रीमेण्ट (एमएफए) की समाप्ति पर क्या हुआ। एमएफए की समाप्ति से पहले नीतिगत सर्किल में यह विश्वास था कि भारत और चीन को पूरा लाभ हासिल होगा तथा कम विकसित देशों को कम लाभ होगा। वास्तव में, चीन प्रमुख लाभार्थी थाः वस्त्र निर्यात का शेयर वर्ष 2000 में 18.3 प्रतिशत था जो 2010 में दुगुना होकर 36.9 प्रतिशत हो गया। बंगलादेश, वियतनाम और कम्बोडिया जैसे कम विकसित देशों को महत्वपूर्ण लाभ हुआ[1] जैसा कि नीति में वांछित था। तथापि, भारत का शेयर 2000 में 3.0 प्रतिशत से बढ़कर 2010 में मात्र 3.2 प्रतिशत हुआ। दूसरे शब्दों में, अवसर आते हैं, परंतु उसका लाभ उठाने में देश पिछड़ सकते हैं।

बदलता हुआ वैश्विक आर्थिक ढांचा

2.105. भारत, चीन तथा एशिया की अन्य अर्थव्यवस्थाएं विश्व आर्थिक आऊटपुट में अपने सापेक्ष शेयर में भारी गिरावट को पलटने वाली है। 1,500 से 1,700 के बीच, भारत और चीन का शेयर विश्व आर्थिक आऊटपुट का लगभग एक तिहाई था, जबकि एशिया का हिस्सा कुल मिलाकर 60 प्रतिशत2 से अधिक था। उपनिवेशीय युग की समाप्ति पर 1950 में भारत, चीन तथा शेष एशिया (जापान को छोड़कर) का विश्व आउटपुट के शेयर क्रमशः 5.1, 4.8 और 3.6 प्रतिशत3 था। वर्ष 1950 और 1980 के बीच, आऊटपुट शेयर में कोई विशेष परिवर्तन नहीं हुआ, सिवाय जापान में युद्धोपरांत तेजी तथा बाद में कोरिया, हांगकांग, ताइवान तथा सिंगापुर में तीव्र विकास के। 1980 तथा 2000 के बीच दो दशकों में, जबकि पूर्व एवं दक्षिण–पूर्व एशियन अर्थव्यवस्थाओं का तीव्र गति से विस्तार हुआ तथा विश्व आर्थिक कार्यकलापों के अपने शेयरों में सफलतापूर्वक सुधार किया, विकसित देशों में भी सुधार हुआ जहां विकसित अर्थव्यवस्थाओं में विश्व आउटपुट के शेयर में 73 से 80 प्रतिशत तक वृद्धि हुई। यह ज्यादातर पूर्व के सोवियत ब्लॉक की वजह से हुआ। तथापि, पश्चिम की विकसित अर्थव्यवस्थाओं में विकास दर में तेजी अस्सी के दशक में इन अर्थव्यवस्थाओं द्वारा अपनाई गई आर्थिक नीतियों में व्यापक परिवर्तन के कारण हुआ जिससे उनमें पुनः मजबूती आ गई। पूर्व के सोवियत ब्लॉक में भारी गिरावट के अतिरिक्त, लैटिन अमरीका, मध्य–पूर्व तथा उप–सहारा अफ्रीका के शेयरों में हल्की गिरावट भी दर्ज की गई।

2.106. वर्ष 2000 के पश्चात् कहानी बिल्कुल ही भिन्न हो गई। विकसित अर्थव्यवस्थाओं का शेयर वर्ष 2000 में 80 प्रतिशत से गिरकर 2011 में 64 प्रतिशत हो गया जबकि विकासशील देशों का 20 प्रतिशत से बढ़कर 36 प्रतिशत हो गया। विश्व की आर्थिक ध्रुवीकरण में यह विकास न केवल एक महान क्षण है बल्कि विश्वास करने का हर कारण है कि आगे और भी प्रगति होगी। कुछ अनुमानों में 2025–2030 के आसपास विकसित और विकासशील देशों के बीच समान रूप से बंटने की परिकल्पना की गई है।

2.107. आर्थिक ध्रुवीकरण में परिवर्तन का रूझान जारी रहेगा। जैसाकि पहले उल्लेख किया गया है, विश्व जीडीपी में विकसित अर्थव्यवस्थाओं के शेयर 2025–2030 तक आगे भी 50 प्रतिशत तक गिरने की संभावना है विश्व जीडीपी के परिवर्तित शेयर के मामले में सबसे बड़े लाभार्थी चीन के विश्व आउटपुट शेयर में 2020 तक लगभग 15 प्रतिशत तथा 2025 तक लगभग 18 प्रतिशत तक वृद्धि होने की संभावना है। इससे वह अमरीका की अनुमानित जीडीपी के पास पहुंच जाएगा।

2.108. वर्ष 2000 में विश्व जीडीपी में भारत का शेयर 1.5 प्रतिशत था जो 2011 में बढ़कर 2.4 प्रतिशत हो गया। वर्ष 2017 तक हम 3.5 प्रतिशत (3.3 ट्रिलियन डालर), वर्ष 2020 तक 4.2–4.5 प्रतिशत (4.5–5.0 ट्रिलियन डालर), तथा 2025 तक 5.5–6.0 प्रतिशत

(8 ट्रिलियन डॉलर) तक पहुंच सकते हैं। यह मोटे अनुमानों पर आधारित है। यह स्वतः स्पष्ट है कि इस प्रकार के समय काल में दिए गए अनुमान संभवतः कम ही रह जाते हैं। तथापि, किसी क्रांतिकारी घटना के बगैर भावी अर्थव्यवस्था का व्यापक भौगोलिक आकार लगभग उतना ही रहने की संभावना है।

2.109. इस बात पर गौर करना बहुत जरूरी है कि विकासशील देशों में अपनी आर्थिक संभाव्यताएं हासिल करने के बावजूद भी वे अगले दस अथवा बीस वर्षों में समृद्ध अर्थव्यवस्था नहीं बन सकते। उदाहरण के लिए चीन ने अपनी आय और आउटपुट के मामले में काफी अधिक विकास किया है जिससे उसके 34 वर्ष के तीव्र आर्थिक विकास (10 प्रतिशत का औसत वार्षिक दर) के अनुभवों ने उसे वर्ष 2000 में छठे सबसे बड़ी अर्थव्यवस्था से विश्व की दूसरी सबसे बड़ी अर्थव्यवस्था तक पहुंचा दिया। तथापि, वर्ष 2011 में चीन की प्रति व्यक्ति आय 6,000 डालर थी जो कि भारत के 1,600 डालर से काफी अधिक थी फिर भी पूर्वी यूरोप और लैटिन अमरीका में मध्यम आय की अर्थव्यवस्था से काफी पीछे है। विस्तार की तीव्र गति कायम रखने के बावजूद, वर्ष 2025 तक चीन काफी प्रयासों के बाद शीर्ष 60–65 अर्थव्यवस्थाओं में पहुंच पाएगा परंतु फिर भी पूर्वी यूरोप, लैटिन अमरीका और एशिया में कई अर्थव्यवस्थाओं की तुलना में प्रति व्यक्ति आय नीचे ही रहेगी। भारत अधिक से अधिक मध्यम आय वाला देश हो सकता है परंतु महत्वपूर्ण अंतर यह है कि वर्तमान में परिभाषित गरीबी की समस्या हमारे साथ बनी रहेगी।

पूंजी प्रवाह की विशेषता में परिवर्तन

2.110. अंतरराष्ट्रीय पूंजी बाजार के ढांचे में व्यापक परिवर्तन हुआ है तथा आने वाले वर्षों में इसका असर भारत की कार्यनीति पर पड़ेगा। विकसित देश, विशेषकर अमरीका में लगातार चालू लेखा में घाटा हो रहा है जिसकी मैचिंग तेल निर्यातक देशों, जापान, चीन और अन्य कई पूर्वी व दक्षिण पूर्व एशियाई अर्थव्यवस्थाओं में लगातार चालू लेखा सरप्लस से की जा रही है।

2.111. चालू लेखा घाटा तथा सरप्लसीज का योग वर्ष 1990 में विश्व जीडीपी का 2.2 प्रतिशत था जो 2006 में 5.8 प्रतिशत के शीर्ष मूल्य तक पहुंच गया; वहां से इसमें 2010 में 4.1 प्रतिशत की गिरावट आई। संपूर्ण अर्थों में चालू लेखा घाटा तथा सरप्लसेज की कुल वैश्विक योग वर्ष 2000 में 1.2 ट्रिलियन डालर से बढ़कर 2006 और 2007 में 2.8 ट्रिलियन डालर तथा 2011 में अब 2.9 ट्रिलियन डालर हो गई है[4]। इसका अर्थ है राष्ट्रीय अर्थव्यवस्था के सरप्लस और घाटा के बीच निवल प्रभाव का योग। तथापि, सकल प्रवाह का आकार इन निवल प्रभावों से काफी अधिक है। इसके अतिरिक्त हाल के वर्षों में क्रास–बॉर्डर पूंजी प्रवाह एकल हो गया है तथा क्रास–बॉर्डर पूंजी का स्टाक आज 100 ट्रिलियन डालर अनुमानित की गई है[5]।

2.112. अंतरराष्ट्रीय पूंजी बाजार में ऋण तथा गैर–ऋण दोनों में व्यापक साधनों का उभरना एक महत्वपूर्ण घटना है। इक्विटी के रूप में बॉड इश्यूएंस तथा जोखिम पूंजी तथा कुछ हाईब्रिड साधन भी पूंजी प्रवाह का महत्वपूर्ण घटक बन गए हैं। इसके अतिरिक्त, इन पूंजी प्रवाहों की प्रकृति व दिशा अब परम्परागत उत्तरी–दक्षिणी रूप नहीं अपनाती है तथा एकल मार्गी भी नहीं है। पूंजी का प्रवाह विकसित से विकासशील अर्थव्यवस्थाओं तथा विकासशील से विकसित अर्थव्यवस्था की ओर भी होती है तथा विकासशील अर्थव्यवस्थाओं में आपस में भी होती है।

2.113. वर्ष 1990 में विकसित देशों से 95 प्रतिशत एफडीआई आऊटफ्लो की गई। वर्ष 2011 में यह शेयर गिरकर 73 प्रतिशत पर आ गया, हालांकि प्रवाह के कुल मूल्य में 242 बिलियन डालर से 1.7 ट्रिलियन डालर तक वृद्धि हुई। एफडीआई आउटफ्लों का आकार 2.2 ट्रिलियन डालर अथवा वैश्विक संकट के पहले 2007 में विश्व जीडीपी का 4 प्रतिशत तक पहुंच गया। दूसरी तरफ, विकासशील अर्थव्यवस्थाओं के शेयर में वर्ष 1990 में 17 प्रतिशत से 2011 में 45 प्रतिशत तक तीव्र बढ़ोतरी हुई थी जिसमें से एशिया में अंतर्प्रवाह पिछले दो दशकों में 11 से 28 प्रतिशत तक बढ़ गई। विकासशील देशों में कुल एफडीआई के अनुपात में 1990 में 4.5 प्रतिशत से 2011 में 23 प्रतिशत की व्यापक वृद्धि का अर्थ 11 बिलियन डालर से 384 बिलियन डालर की वृद्धि बताता है जिसमें से 280 बिलियन डालर की वृद्धि विकासशील एशिया[6] से थी। यह नोट किया जाना चाहिए कि विकसित देशों से एफडीआई प्रवाह में वर्ष 2008 के पश्चात् काफी कमी आई है, जब कि वहीं विकासशील एशिया में यह अबाध रूप से बड़ी है।

2.114. चालू लेखा संतुलन में क्षेत्रीय अंतर सवंर्धित देशों की राष्ट्रीय बचत दरों में प्रमुख अंतरों का परिणाम है। यह संभव है कि इन विभेदकों के परिमाण में कुछ कमी आई होगी। तथापि, यह संभव है कि भविष्य में एशिया तथा अन्य विकासशील देशों में आवधिक बचत का परिमाण विकसित देशों की तुलना में अनुपातिक रूप से अधिक होगा। बहुत हद तक एशिया पूंजी प्रवाह का बड़ा केन्द्र बनता जा रहा है जहां बहुत से केन्द्रों को वित्तीय मध्यस्थता के रूप में व्यापक महत्व दिया गया है।

2.115. पूंजी प्रवाह तथा उनकी मध्यस्थता दोनों की ध्रुविता एवं भौगोलिकता में परिवर्तन इतनी सशक्त एवं उत्तम होंगे जितनी कि

उत्पादन एवं अंतरराष्ट्रीय व्यापार के भौगोलिकता में परिवर्तन। न्यूयॉर्क, लंदन और फ्रैंकफर्ट में पारम्परिक केन्द्रों का प्रभाव विकासशील विश्व, विशेषकर एशिया में, केन्द्रों की बढ़ती भूमिका पर होगा। हांगकांग और सिंगापुर ने पहले ही वित्तीय गतिशीलता के केन्द्रों के रूप में अत्यधिक महत्वपूर्ण भूमिकाएं ली है। साथ ही साथ एशिया बचत और निवेश के वित्तपोषण की मांग का प्रमुख स्रोत है। धीरे–धीरे कौशलों में प्रशिक्षण दिया गया है, और नियमन तथा बाजार संरचनाएं इन दोनों द्वीपीय केन्द्रों का और विस्तार करने में सहायक प्रतीत होती हैं। यह निश्चित नहीं है कि संघाई और मुम्बई जैसे मुख्य केन्द्र किस सीमा तक गति के साथ आगे बढ़ सकेंगे। किसी भी परिस्थिति में पहले ही एशिया के भीतर वित्तीय नेटवर्क मौजूद है और यह महत्वपूर्ण भूमिका निभाएगा। विकसित देशों की बचतों के स्टॉक की बड़ी वृद्धि इस नेटवर्क में शामिल हो रही है और यह प्रक्रिया जारी रहेगी और गहन होती जाएगी।

2.116. वैश्विक पूंजी बाजारों का बदलता ढांचा और पूंजी प्रवाह का वित्तपोषण करने की आवश्यकता पूंजी प्रवाहों के प्रति भारत की नीति के मुद्दे को उठाती है। भारत ने पूंजीगत प्रवाहों के लिए ठीक ढंग से मुक्त करने की नीति का अनुसरण किया है, जिस नीति ने देश की अच्छी तरह से सेवा की है। एफडीआई को पूंजी प्रवाह का सबसे स्थायी रूप माना जाता है, जो अपने साथ प्रौद्योगिकी, उत्पादकता संवर्धन और अन्तरराष्ट्रीय बाजार–सम्पर्क बनाता है। संविभाग प्रवाह एफडीआई की अपेक्षा अधिक परिवर्तनशील हैं किंतु पिछले अनुभव बताते हैं कि ये कम परिवर्तनशील होते हैं जितना कि सामान्य रूप से भय होता है। भेद्यता का वास्तविक क्षेत्र विदेशी मुद्रा में ऋण, विशेषकर लघु अवधि का ऋण है। भारत की नीति में एफडीआई में अधिक मुक्त वातावरण और लघु अवधि ऋण पर मजबूत नियंत्रण के साथ, यह सौपानिक वरीयता परिलक्षित हुई है। पूंजी खाते को ठीक ढंग से खोलने की यह मूल नीति जारी रहनी चाहिए।

2.117. भविष्य को देखते हुए, यह ध्यान में रखा जाना चाहिए कि भारतीय उद्योग के वैश्विकृत रूप लेने और विदेशों में परिसम्पत्तियां हासिल करने से, भारतीय फर्मों को विशेषकर जोखिम प्रबंधन साधनों की पहुंच सहित पूंजीगत लेन–देन में अधिक लचीलेपन की आवश्यकता होगी। घरेलू बाजार में ऐसे साधनों के विकसित करने की अनुमति की अनिच्छा ही इसे विदेशों में सक्रिय रूप से धकेलती है और लम्बी अवधि में यह वित्तीय लेन–देन के संभाव्य केन्द्र के रूप में सेवा करने की भारत की योग्यता को कमजोर बनाती है। वर्तमान नीति की व्यापक समीक्षा करने और बारहवीं योजना अवधि या उसके बाद के वर्षों के लिए उचित उदारीकरण के लिए स्पष्ट रूपरेखा तैयार करने का मामला है।

व्यापार पद्धतियों में बदलाव

2.118. ऊपर वर्णन किए गए आर्थिक कार्यकलाप के पद्धति में वृहत चालू बदलाव व्यापारिक वस्तुओं और सेवाओं, और पूंजी के सीमा पार प्रवाह में व्यापार की पद्धति में किए गए बदलावों में नजर आए हैं। उपनिवेश शासन के बाद वाले दशकों में विश्व व्यापारिक आयात में विकासशील अर्थव्यवस्थाओं की हिस्सेदारी 1948 में 34 प्रतिशत थी जो 1973 में गिरकर 24 प्रतिशत हो गई क्योंकि विकसित देशों से विनिर्माण वस्तुओं का आयात तेज गति से बढ़ रहा है। तत्पश्चात् चूंकि अनेक विकासशील देश निर्मित वस्तुओं के महत्वपूर्ण आयातक बन गए, व्यापारिक वस्तुओं के कुल आयात में उनकी हिस्सेदारी जो 2003 में 33 प्रतिशत थी, उसमें सुधार होकर 2010 में 44 प्रतिशत हो गई।[7]

2.119. सबसे अधिक नाटकीय वृद्धि एशिया (जापान को छोडकर) के लिए वैश्विक व्यापारिक वस्तुओं के आयात की हिस्सेदारी में हुई है जो 1993 और 2010 के बीच 17 प्रतिशत से 25 प्रतिशत हो गई है। यदि हम एशिया (जापान को छोडकर), लेटिन अमेरिका, अफ्रीका और मध्य पूर्व को एक साथ मिलाते हैं तो हम पायेंगे कि वैश्विक आयातों की उनकी हिस्सेदारी 1993 और 2010 के बीच 28 प्रतिशत से बढ़कर 38 प्रतिशत हो गई है। विकसित पश्चिमी अर्थव्यवस्थाओं और जापान की हिस्सेदारी इसी अवधि में 71 प्रतिशत से गिरकर 59 प्रतिशत हो गई। यह प्रक्रिया आने वाले दशकों में और गहन ही होगी। सेवाओं जैसे परिवहन, यातायात, आईटी संबंधित व्यापार के अतिरिक्त वित्तीय और दूरसंचार व्यापार का बाजार में व्यापारिक वस्तुओं के बाजार की अपेक्षा अधिक विस्तार हुआ है जिनमें विकसित अर्थव्यवस्थाएं आयात बाजार का लगभग आधा हैं। तथापि, यहां भी विकासशील अर्थव्यवस्थाओं में आईटी संबंधित व्यापार में आनुपातिक रूप से अधिक तेज विस्तार होगा।

2.120. अंतर्राष्ट्रीय व्यापार में दूसरी महत्वपूर्ण प्रगति व्यापारिक वस्तुओं के व्यापार की बढ़ती हुई क्षेत्रकीय सघनता है। 2010 में दूसरा सबसे बड़ा क्षेत्रीय व्यापार एशिया (मध्य पूर्व को छोडकर) में अवस्थित किया गया जिसका मूल्य यूरोप की क्षेत्रीय व्यापार सघनता का 2.9 ट्रिलियन या 63 प्रतिशत है, जो 4.7 ट्रिलियन डॉलर तक बढ़ गया है। आशा के अनुरूप, एशियाई मूल आयात का अन्य एशियाई बाजारों में अनुपात 1999 में 47 प्रतिशत से बढ़कर 2011 में 53 प्रतिशत हो गया है। न केवल सम्पूर्ण विकासशील विश्व तथा विशेष रूप से एशिया अंतर्राष्ट्रीय व्यापार में आनुपातिक रूप से सबसे महत्वपूर्ण बन रहा है बल्कि क्षेत्र के अंदर व्यापार तथा संभवतः अफ्रीका और लेटिन अमेरिका में भविष्य में व्यापार के और फैलने की संभावना है।

2.121. इसका हमारी दीर्घावधि कार्यनीति पर भी प्रभाव पड़ा है। यद्यपि औद्योगिक विश्व में हमारे बाजार शायद तेज गति से विकास न कर सके और अन्य बाजारों में अधिक विस्तार होगा तथा लाभ उठाने के लिए हमें इन बाजारों में उपस्थित होने की आवश्यकता है।

चार सबक

2.122. इस संक्षिप्त समीक्षा से अनेक सबक उभरकर सामने आते हैं जो विकासशील अर्थव्यवस्थाओं के लिए महत्वपूर्ण हैं।

- प्रथम, अवसर मौजूद हैं और घरेलू परिस्थितियां अब तक सहायक रही हैं तथा इसलिए इनसे विस्तार की तेज गति में सहायता जारी रखना उचित रूप से अपेक्षित हो सकता है।
- द्वितीय, प्रारंभिक परिस्थितियां इतनी निराशाजनक हैं कि संधारणीय उच्च आर्थिक विकास के अनेक दशक केवल अंतराल के एक हिस्से को ही पाट सकते हैं।
- तीसरा, सभी विकासशील अर्थव्यवस्थाओं के तेज गति से विस्तार करने के साथ अलग–अलग देश अपने तुलनीय देशों के साथ फेल हो सकते हैं।
- चौथा, कोई राज्य कुछ दशकों में विकास कर सकता है और अत्यधिक संभावना है कि यह कुछ तरह से नई आर्थिक सौपान बन जाएगी। तत्पश्चात् लचीलापन और अवसर में कमी हो सकती है। हमें इन अवसरों के रहते हुए इनका अधिकाधिक उपयोग करने की आवश्यकता है।

व्यापार और वाणिज्य की कार्यनीति

2.123. सरकार का दीर्घावधि विजन भारत को 2020 तक विश्व में प्रमुख देश बनाना तथा भारत की बढ़ती हुई आर्थिक और जनांकिकी प्रोफाइल के साथ अंतर्राष्ट्रीय व्यापार संगठनों में नेतृत्व की भूमिका ग्रहण करना है। व्यापार के संधारणीय त्वरित विकास को सुनिश्चित करने और भारत को विश्व व्यापार का प्रमुख देश बनाने के अपने विजन के अनुरूप सरकार प्रत्येक पांच साल में विदेश व्यापार नीति (एफटीपी) की घोषणा करती है। विदेश व्यापार नीति की वार्षिक रूप से समीक्षा की जाती है जिससे कि उभरते हुए दोनों घरेलू और वैश्विक आर्थिक परिदृश्यों के लिए आवश्यक बदलाव समाहित किए जा सकें।

2.124. भारत की विदेश व्यापार नीति संबंधी नीचे दिया गया दर्शनशास्त्र 7 व्यापक सिद्धांतों पर आधारित है:

1. रोजगार सघन उद्योगों के आयात के लिए ध्यानकेंद्रित बल देना।
2. आयात उद्योग के इनपुटों के लिए घरेलू विनिर्माण को प्रोत्साहित करना तथा आयात पर निर्भरता कम करना।
3. वैश्विक बाजार में प्रतिस्पर्धात्मक लाभ के लिए आयातों के प्रौद्योगिकीय उन्नयन को बढ़ावा देना।
4. वैश्विक अनिश्चितता के विरूद्ध जोखिमों को रोकने के लिए मजबूत बाजार विविधिकरण कार्यनीति को जारी रखना।
5. पूर्वोत्तर क्षेत्र से आयात प्रोत्साहित करना जिसे भारत की अर्थव्यवस्था में विशेष स्थान दिया गया है।
6. पर्यावरणीय संधारणीयता के लिए क्षमताओं के निर्माण की आवश्यकता की पहचान करते हुए पर्यावरण अनुकूल वस्तुओं के विनिर्माण के लिए प्रोत्साहन देना।
7. प्रक्रिया के सरलीकरण और मानव इंटरफेस में कमी के माध्यम से लेन–देन लागत में कमी करने का प्रयास करना।

2.125. निर्यात को बढ़ावा देने के लिए सहायक उपाय आवश्यक हैं जैसे पर्याप्त अवसंरचना आवश्यक होती है। इसके साथ–साथ वस्तुओं के उत्पादन में घरेलू क्षमता का सृजन करने के लिए संयुक्त प्रयासों की आवश्यकता है जहां भारत की आयात निर्भरता अधिक और वृद्धिशील है। इस पृष्ठभूमि के कारण बारहवीं योजना के लिए निर्यात संबंधी उद्देश्य निम्नानुसार हैं:

- व्यापार घाटे को संतुलित करने के लिए निर्यात में अत्यधिक वृद्धि
- उच्च मूल्य संवर्धन प्राप्त करने के लिए निर्यात बास्केट (वर्तमान में 61.5 प्रतिशत) में विनिर्माण के अनुपात को बढ़ाना।

ये उद्देश्य मध्यम और दीर्घावधिक दृष्टिकोण के साथ देश की रूपरेखा और आवश्यक वस्तु विशिष्ट कार्यनीति बनाने के लिए आवश्यक हैं। उत्पादों की कार्यनीतियों पर अध्याय 9 में चर्चा की गई है।

निर्यात के लिए प्रादेशिक कार्यनीति

2.126. दक्षिण में व्यापार प्रवाह धारणीय रूप से बढ़ा है। तथापि, यद्यपि भारत की हिस्सेदारी तेज गति से बढ़ रही है, फिर भी यह चीन और विशेष रूप से दक्षिण और दक्षिण पूर्व एशिया के देशों की तुलना में बहुत कम है। इस प्रकार दक्षिण और लेटिन अमेरिका, अफ्रीका तथा सीआईएस के साथ भारत के व्यापार को बढ़ाने की अत्यधिक संभावना है।

2.127. ग्यारहवीं योजना के दौरान, अमेरिका और यूरोप भारतीय निर्यात के महत्वपूर्ण लक्ष्य रहे, यद्यपि उनकी संयुक्त हिस्सेदारी 39.8 प्रतिशत से गिरकर 35.4 प्रतिशत हो गई। भारत यूरोपीय संघ

से व्यापक आधार वाले व्यापार और निवेश करार (बीटीआईए) पर चर्चा कर रहा है और इसके समाप्ति पर दो व्यापार भागीदारों के बीच द्विपक्षीय व्यापार और निवेश प्रवाह में वृद्धि होगी। स्थिर वृद्धि दर्शाने के बाद एशिया और एशियन की हिस्सेदारी ने ग्यारहवीं योजना के पिछले दो वर्षों के दौरान कुछ गिरावट दर्शाई है और यह क्षेत्र अभी भी योजनावधि के दौरान भारत के आधे से अधिक निर्यात के लिए जिम्मेदार है। अफ्रीका के निर्यात में भी योजना के प्रारंभिक वर्षों में कुछ गिरावट दर्शाने के बाद स्थिर वृद्धि दर्ज की।

2.128. भारत बाजार विविधीकरण की नीति का अनुसरण कर रहा है जिसमें फोकस मार्केट पहलों और द्विपक्षीय व्यापार करारों के माध्यम से एशिया और एशियन, लेटिन अमेरिका और अफ्रीका में अपने निर्यात संवर्धन प्रयासों को निर्देशित कर रहा है।

वाणिज्यिक संबंध तथा व्यापार समझौते

2.129. जबकि बहुपक्षीय व्यापार चर्चाओं में धीरे–धीरे प्रगति हुई, भारत ने जोश के साथ क्षेत्रीय और द्विपक्षीय व्यापार चर्चाओं का अनुसरण किया। इसकी 'पूर्व की ओर देखो नीति' के अनुसरण में एशियन और दक्षिण पूर्व एशिया के देशों के साथ शिखर वार्ता स्तरों पर निरंतर चर्चा की गई है। भारत–एशियन वस्तु व्यापार करार पर हस्ताक्षर करने के बाद सेवा और निवेश में व्यापार संबंधी करारों पर चर्चा 2012 के अंत तक समाप्त होने की दृष्टि से जारी रही।

2.130. हाल ही में समाप्त हुए कुछ प्रमुख द्विपक्षीय करार–कोरिया गणराज्य के साथ सीईपीए, मलेशिया के साथ सीईसीए, भारत– थाईलैंड मुक्त व्यापार समझौता, जापान के साथ सीईपीए की समाप्ति, यूएस के साथ निरंतर संबंधों में यूएसए भारत का प्रमुख व्यापार भागीदार रहा है तथा भारत–ईयू व्यापक आधार वाले व्यापार और निवेश करार (बीटीआईए) चर्चाएं आदि में संबंधित ध्यानकेंद्रित क्षेत्र निम्नानुसार हैं।

दक्षिण एशियाई क्षेत्रक सहयोग संगठन (सार्क)

2.131. एक प्रमुख पहल के रूप में भारत सरकार ने साफ्टा में एलडीसीज के लिए नकारात्मक सूची को हटा दिया, जिसमें केवल तंबाकू और अल्कोहल को सूची में छोड़ा है। इससे दक्षेस एलडीसी देशों से भारत में निर्यात को बड़ा प्रोत्साहन मिलना अपेक्षित है। भारत ने एनएलडीसी के लिए साफ्टा द्वारा तैयार साफ्टा संवेदनशील सूची में से 30 प्रतिशत (264 टैरिफ लाइन) और कम कर दिया जिससे साफ्टा की टैरिफ उदारीकरण प्रक्रिया के अनुसार तीन वर्षों में शीर्ष टैरिफ दरें 5 प्रतिशत तक कम हो जाएंगी। इससे पाकिस्तान के लिए भारत की संवेदनशील सूची 878 से घटकर 614 टैरिफ लाइन हो जाएगी। दक्षिण एशिया मुक्त व्यापार क्षेत्र समझौता (साफ्टा) में अन्य बातों के साथ–साथ चरणबद्ध टैरिफ उदारीकरण कार्यक्रम (टीएलपी) निर्धारित किया गया है, जिसके अनुसार भारत द्वारा संवेदनशील सूची में शामिल मदों को छोड़कर अन्य सभी मदों के लिए तैयार की गई शीर्ष टैरिफ दर 8 प्रतिशत है जो 1 जनवरी, 2013 से 5 प्रतिशत तक कम हो जाएगी।

2.132. *भारत–बंगलादेश व्यापार संबंधः* वर्ष के दौरान भारत–बंगलादेश के संबंध गहरे हुए। मेघालय, भारत–बंगलादेश सीमा पर बलियामारी–कलाईछर (स्तम्भ सं. 1072) और लौवाघर–बलात (स्तम्भ सं. 1213) पर सीमा हाटों की स्थापना के संबंध में समझौता ज्ञापन पर 2010 में हस्ताक्षर किए गए। कलाईछर में पहला सीमा हाट का उद्घाटन 2011 को किया गया और दोनों ही सीमा हाट अब चालू हैं।

2.133. *भारत–नेपाल व्यापार संबंधः* भारत और नेपाल के विशेष संबंध हैं और दोनों सरकारों के बीच नियमित परामर्श होते रहते हैं। नेपाल के साथ दोहरा कराधान बचाव समझौते (डीटीएए) पर हस्ताक्षर किए गए जिससे दोनों देशों को निर्यातकों और निवेशकों को पारस्परिक व्यापार संबंधों में और सुधार करने में सहायता मिलेगी।

लैटिन अमेरिकी देशों के कार्यक्रम पर ध्यानकेन्द्रण

2.134. एक समेकित कार्यक्रम "एलएसी पर ध्यानकेन्द्रण" जिसे नवंबर, 1997 में शुरु किया गया था, उसे मार्च, 2014 तक बढ़ा दिया गया है जिससे कि विगत वर्षों के लाभों को समेकित किया जा सके और एलएसी क्षेत्र के साथ भारत के व्यापार को अत्यधिक बढ़ाया जा सके। हमारी व्यापार बास्केट को विविधीकृत करने और हमारे निर्यातकों की अंतर्निहित हानियों जैसे उधार जोखिम, उच्च भाड़ा लागत आदि को ऑफ्सेट करने के लिए लैटिन अमेरिका को विशेष ध्यानकेन्द्रण दर्जा दिया गया है। नई एफटीपी (2009–1014) एलएसी पर विशेष ध्यान देती है और एलएसी क्षेत्र के 16 नए बाजारों को फोकस मार्केट स्कीम (एफएमएस) के तहत मिलाया गया है जो कुल मिलाकर 231 पर पहुंच गई हैं। मार्केट लिंक्ड फोकस उत्पाद स्कीम (एमएलएफपीएस) के तहत, 13 बाजारों की पहचान की गई है जिनमें ब्राजील शामिल है। मर्कोसर और चिली के साथ प्राथमिकतापूर्ण व्यापार समझौतों (पीटीए) को बढ़ाया जा रहा है।

'फोकस अफ्रीका' कार्यक्रम

2.135. फोकस अफ्रीका कार्यक्रम को प्रारम्भ में उप–सहारा अफ्रीकन (एसएसए) क्षेत्र के सात देशों अर्थात् दक्षिण अफ्रीका, नाईजीरिया, मौरिशस, तंजानिया, कीनिया, घाना और इथोपिया पर ध्यानकेन्द्रण करने के साथ शुरू किया गया था। अफ्रीका के साथ भारत के व्यापार

को व्यापक और गहन बनाने की दृष्टि से, कार्यक्रम के दायरे को और बढ़ाकर इसमें उत्तरी अफ्रीका के 6 देशों अर्थात् मिश्र, लीबिया, तुनिसिया, सुडान, मोरोक्को और अल्जीरिया के साथ अंगोला, बोत्सवाना, आइवरी कोस्ट, मडगास्कर, मोजांबिक, सेनेगल, सेशल्स, युगांडा, जांबिया, नामिबिया और जिम्बाब्वे को शामिल किया गया है। भारत और एसएसीयू (दक्षिण अफ्रीकी कस्टम संघ) बेहतर व्यापार समझौता (पीटीए) पर भी चर्चा कर रहे हैं। एसएसीयू में पांच देश शामिल हैं जैसे बोत्सवाना, लेसोथो, नामिबिया, स्वाजीलैंड और दक्षिण अफ्रीका।

2.136. अब तक, अफ्रीका में तीन ष्भारत प्रदर्शनीष प्रतियोगिताओं का आयोजन किया गया है। प्रथम भारत प्रदर्शनी वर्ष 2010 में दक्षिण अफ्रीका में आयोजित की गई, अगली अद्दीस अबाबा, इथोपिया में वर्ष 2011 में आयोजित की गई और चालू वर्ष में ष्भारत प्रदर्शनीष का आयोजन अक्करा, घाना में किया गया।

2.137. भारत ने वर्ष 2008 में नई दिल्ली में प्रथम भारत–अफ्रीका मंच शिखर वार्ता की मेजबानी की। दूसरी अफ्रीका–भारत मंच शिखर वार्ता का आयोजन 24–25 मई, 2011 में अद्दीस अबाबा में किया गया। ये शिखर वार्ताएं भारत और अफ्रीका के बीच मौजूद ऐतिहासिक संबंधों की नींव पर आधारित हैं, और इन्होंने ढ़ांचागत कार्य, आपसी विचार–विमर्श और 21वीं शताब्दी में भारत तथा अफ्रीका के बीच सहयोग की नई संरचना तैयार की है।

2.138. भारत अफ्रीका व्यापार मंत्रियों की पहली बैठक दूसरी भारत अफ्रीका मंच शिखर वार्ता से बिल्कुल पहले मई, 2011 में अद्दीस अबाबा में बुलाई गई। भारत और अफ्रीका के व्यापार मंत्रियों की दूसरी बैठक मार्च, 2012 में नई दिल्ली में आयोजित की गई जिसमें अफ्रीकी देशों से 12 मंत्रियों ने भाग लिया। इस बैठक के दौरान मंत्रियों ने भारत–अफ्रीका व्यापार परिषद् (आईएबीसी) की शुरूआत की। परिषद् भारत और अफ्रीका के बीच आर्थिक और वाणिज्यिक संबंधों को बढ़ाने के संबंध में आगे के मार्ग पर सुझाव देगी और उन मुद्दों की पहचान और समाधान भी करेगी जो भारत और अफ्रीका के बीच आर्थिक भागीदारी के विकास में बाधा है।

डब्ल्यूटीओ वार्ताएं

2.139. वर्ष 2001 में विश्व व्यापार संगठन में शुरू की गई चर्चाओं का दोहा दौर अभी जारी है। चर्चाओं के दायरे में कृषि, गैर–कृषि उत्पादों के लिए बाजार की पहुंच, सेवा व्यापार, बौद्धिक सम्पदा अधिकारों (टीआरआईपीएस) के व्यापार संबंधित पहलू, नियम (एटी डम्पिंग और सब्सिडियों को कवर करते हुए), व्यापार सुविधा आदि शामिल हैं। आयोजन, निष्कर्ष तथा वार्ताओं के परिणाम की प्रविष्टी एकल दायित्व अर्थात सभी बातों पर सहमत होना है, के अंश हैं।

2.140. सदस्यों की अपेक्षाओं में व्यापक अंतरालों के कारण प्रगति बहुत धीमी रही है। फिर से वार्ता शुरू करने और चर्चाओं में पहले से प्राप्त परिणामों को आधार बनाने के अनेक प्रयास किए गए हैं। डब्ल्यूटीओ और जी 20 जैसे अन्य मंचों में गतिरोध का समाधान करने के लिए स्थायी प्रयास किए गए हैं। दिसम्बर, 2011 में आयोजित डब्ल्यूटीओ की मंत्री सम्मेलन के दौरान सदस्यों ने सहमति के माध्यम से एक पारदर्शी तरीके में मुद्दों का हल करने के लिए बहुपक्षीय व्यापार पर आधारित नियमों और उनकी कटिबद्धता में पुनः अपने विश्वास की पुष्टि की।

2.141. विकासशील अर्थव्यवस्थाओं, एलडीसी और कमजोर अर्थव्यवस्थाओं के उचित हितों के लिए अपनी बचनबद्धता को ध्यान में रखते हुए भारत दोहा दौर के शीध्र विकासोन्मुखी निष्कर्ष के लिए डब्ल्यूटीओ में विभिन्न गठबंधन समूहों के साथ घनिष्ठता के साथ कार्य कर रहा है।

2.142. तथापि, विकासशील देश दौर को एकल दायित्व के रूप में समाप्त करने में रूचिकर प्रतीत नहीं होते हैं। वे दीर्घ वित्तीय और आर्थिक संकट और दोहा वार्ता के अधिदेश में परिवर्तन करने और वार्ताओं में खाद्य सुरक्षा और जलवायु परिवर्तन जैसे नए मुद्दों के लिए अपनी मांगों को उचित ठहराने के लिए कुछ विकासशील देशों के तुलनात्मक बेहतर निष्पादन का उपयोग कर रहे हैं। पिछले कुछ महीनों से वे दोहा वार्ताओं के चयनित निष्कर्ष क्षेत्रों के लिए प्रयास कर रहे हैं जिनमें उनका विशेष हित है अर्थात व्यापार सुविधा और सेवाएं।

2.143. दोहा दौर वार्ताओं में दीर्घ शून्य काल चिंता का विषय है यह विकासशील देशों के तरफ से उनके शामिल होने की इच्छा की कमी के कारण नहीं है बल्कि कुछ विकसित देशों में बाह्य अनुभूति का परिणाम है कि उन्हें इस दौर से अधिक लाभ नहीं पहुंचेगा। दोहा दौर की उपेक्षा दुर्भाग्यपूर्ण है और बहुपक्षीय व्यापार नियमों को सुदृढ़ करने के अवसर पर खतरा है। वैश्विक बाजार गतिशीलता द्वारा किसी भी तरह से व्यापार उदारीकरण होगा। भारत सहित अनेक देशों ने स्वायत्ता से टैरिफों को कम किया है और सीमा प्रक्रियाओं को सरल बनाया है। तथापि, बहुपक्षीय व्यापार क्षेत्र व्यापार को आर्थिक वृद्धि और विकास के साधन के रूप में मानता है और न केवल वाणिज्यिक हितों को पूरा करने का साधन मानता है। दोहा दौर इस क्षेत्र को सुदृढ़ करने के लिए अवसर प्रदान करता है।

अनुबंध 2.1

गरीबी – उपाय और उसमें बदलाव

राष्ट्रीय प्रतिदर्श सर्वेक्षण संगठन (एनएसएसओ) के परिवार उपभोग व्यय सर्वेक्षण परिवार उपभोग बास्केटों के बारे में हमारे विश्लेषण तथा निष्कर्षों और उसमें से उपभोग गरीबी के लिए आधार बनाये गए हैं। अब तक गरीबी के सरकारी अनुमान स्वर्गीय प्रो. डी.टी. लाकड़ावाला की अध्यक्षता वाली विशेषज्ञ समिति की सिफारिशों पर आधारित थे जिस समिति ने अपनी सिफारिशें 1993 में प्रस्तुत की थी। इन वर्षों में लाकड़ावाला समिति की पद्धति के अनुसार गरीबी के परिणामों की अति न्यून होने और अर्थव्यवस्था की सामान्य उन्नति के अनुरूप नहीं होने के कारण आलोचना की गई।

वर्ष 2005 में योजना आयोग ने स्वर्गीय प्रो. सुरेश तेंदुलकर की अध्यक्षता में एक नई विशेषज्ञ समिति नियुक्त की जिसने अपनी सिफारिशें 2009 के उत्तरार्द्ध में प्रस्तुत की थी। तेंदुलकर समिति ने मूल्य परिवर्तनों के लिए गरीबी रेखाओं के समायोजन हेतु पद्धति में अनेक गहन परिवर्तन किए और ग्रामीण गरीबी रेखा अर्थात् 1993–94 और 2004–05 के लिए लाकड़ावाला समिति की गरीबी रेखा को अत्यधिक संशोधित किया, जो उस समय उपलब्ध परिवार उपभोग व्यय के संबंध में एनएसएसओ का नवीनतम वृहद सर्वेक्षण था।

उचित गरीबी रेखा का निर्धारण सदैव एक विवादास्पद मुद्दा रहा है। यह मुख्य रूप से इस तथ्य से है कि गरीबी और व्यापक अर्थ में अपवंचन विशेष समयावधि में एक सांस्कृतिक प्रतिबंध है। यह माना नहीं जाता है कि किस चीज से गरीबी का निर्माण होता है, वह अपरिवर्तित रहेगी जब समाज धनी होता है, आय बढ़ती है और आधुनिक सुविधाएं व्यापक रूप से उपलब्ध होती हैं। स्वाभाविक रूप से इसकी प्रकृति द्वारा प्रगति गरीबी और अपवंचन का निर्माण करने वाली अवधारणा को पुनः ठीक करती है और ठीक करनी चाहिए।

स्वर्गीय प्रो. सुरेश तेंदुलकर की अध्यक्षता में विशेषज्ञ समिति की सिफारिशों को योजना आयोग द्वारा स्वीकार कर लिया गया। इस पद्धति को एनएसएसओ के वर्ष 2009–10 के वृहद सर्वेक्षण में उपयोग करते हुए दर्शाया गया कि वर्ष 2004–05 और 2009–10 के बीच सम्पूर्ण देश के लिए गरीबी अनुपात 7 प्रतिशत बिन्दुओं तक कम हो गया था। इस अवधि में गिरावट की वार्षिक दर पिछली अवधियों की तुलना में दोगुनी थी।

इस परिणाम की आलोचना कुछ लोगों द्वारा गरीबी रेखा का उपयोग कर की गई जिसका भिन्न–भिन्न रूप से अति न्यून के रूप में वर्णन किया गया है। इस संबंध में कुछ बिन्दु बनाए जाने की आवश्यकता है। प्रथम, हमारे पास एनएसएसओ आंकड़े हैं जिन्हें परिवार सर्वेक्षणों के आधार पर एकत्रित किया जाता है जो परिवार के व्यय बजट का आकलन करने का प्रयास करते हैं। चूंकि परिवारों का आकार भिन्न–भिन्न होता है, एनएसएसओ प्रति व्यक्ति के मामले में अपने परिणाम व्यक्त कर आंकड़ो को सामान्य बनाता है। इनका संबंध न ही तो एकल सदस्य परिवार से होता है और न ही परिवार की आय से।

दूसरा, यह निष्कर्ष कि वर्ष 2004–05 से 2009–10 की अवधि में गरीबी में तेज गति से गिरावट आई है, वैध है चाहे हम कहीं भी गरीबी रेखा का निर्धारण करें। यदि हम तेंदुलकर गरीबी रेखा (पीएल) का उपयोग करते हैं, तो इस अवधि में गिरावट 7.3 प्रतिशत बिन्दु पाई गई है। यदि हम 30 प्रतिशत उच्च गरीबी रेखा का उपयोग करते हैं, तो गिरावट 7.8 प्रतिशत बिन्दु होगी। इसी तरह 50 प्रतिशत उच्च गरीबी रेखा पर गिरावट 6.5 प्रतिशत बिन्दु है।

वास्तव में, विभिन्न स्तरों के लिए गरीबी अनुपात में गिरावट तेंदुलकर पीएल की तुलना में उच्च और न्यून दर्शाती है कि गिरावट तेंदुलकर पीएल की तुलना में प्रत्येक स्तर पर उच्च या न्यून नहीं है बल्कि पीएल के न्यून स्तरों पर विशेष रूप से गिरावट कम है, विशेषकर ग्रामीण क्षेत्रों में अर्थात् तेंदुलकर पीएल के $\pm$ 30 प्रतिशत के दायरे के अंदर जो उपभोग वितरण के न्यून छोर के बीच है (चित्र 2.4)।

वितरण के बाएं पक्ष पर यह प्रतीत होता है कि ग्रामीण और शहरी दोनों क्षेत्रों में गरीबी के घटने की गति कम है। तथापि, यह इस कारण से है कि गरीबी की कमी की माप गरीबी के प्रतिशतता बिन्दुओं में गिरावट की वार्षिक दर के अनुसार की जा रही है। यदि प्रारंभिक गरीबी अनुपात कम है तो प्रतिशतता बिन्दुओं के मामले में गिरावट लघु से अधिक नहीं हो सकती। न्यूनतम आय समूहों के स्तर पर गिरावट की गति को देखने के लिए, गिरावट की दर को उस पीएल या व्यय श्रेणी के तहत आने वाले लोगों के प्रारंभिक प्रतिशत के अनुपात के मामले में व्यक्त कर सामान्य किया गया है। इसे चार्ट 2.5 पर दर्शाया गया है।

चित्र 2.5 से यह स्पष्ट है कि ग्रामीण क्षेत्रों में न्यूनतम आय समूहों में गिरावट की दर तेज रही है और यह घटनाक्रम शहरी क्षेत्रों में और भी महत्वपूर्ण है। समग्र स्तर पर गरीबी के कम होने के सकारात्मक वितरक प्रभाव और इससे भी ऊपर आय वितरण के न्यूनतम छोर पर तुलनात्मक रूप से गरीबों पर अधिक प्रभाव संतुष्टि का मामला है।

तीसरा, कुल एनएसएसओ उपभोग व्यय और राष्ट्रीय सांख्यिकी (एनएएस) के निजी अंतिम उपभोग व्यय अनुमान में अंतर बड़ा और व्यापक रहा है जो 70 के दशक में 90 प्रतिशत था वह अब 50 प्रतिशत से कम पर आ गया है। इसमें से कुछ उदाहरण योग्य है और कुछ उदाहरण योग्य नहीं है। किसी भी स्थिति में उपलब्ध आंकड़े

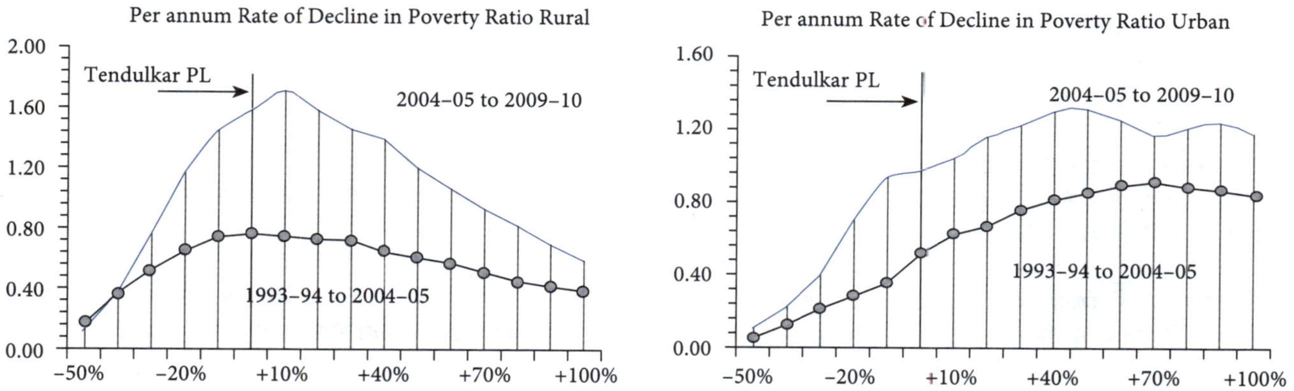

चार्ट 2.4: गरीबी रेखा के वैकल्पिक उपायों के लिए वर्ष 1993–94, 2004–05 और 2009–10 के बीच गरीबी अनुपात के प्रतिशत बिन्दुओं में वार्षिक कमी

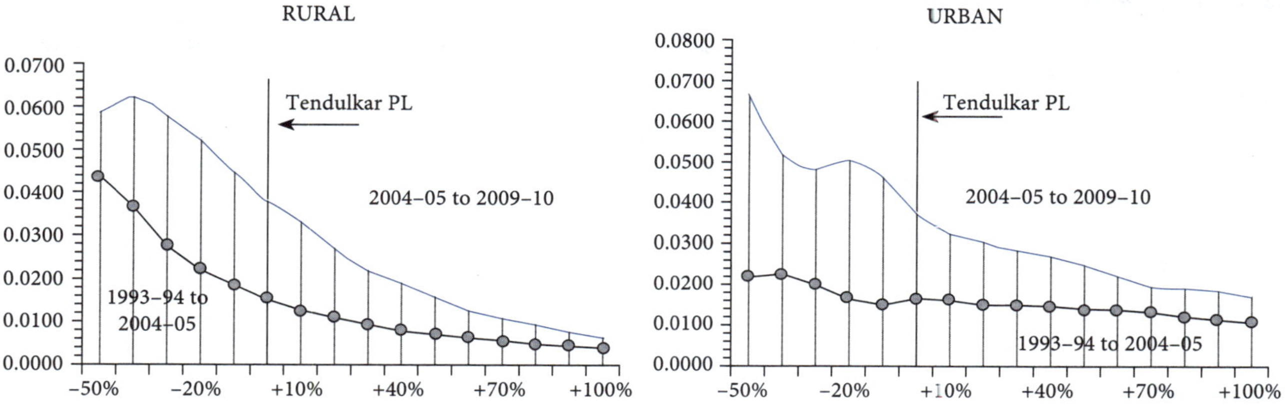

चार्ट 2.5: उस व्यय वर्ग में प्रारम्भिक अनुपात के भाग के रूप में गिरावट की वार्षिक दर

एनएसएसओ द्वारा रिपोर्ट किए गए आंकड़े हैं जिनका उपयोग बिना किसी समायोजन के किया गया है। अंततः ये वास्तविक आंकड़े हैं और वास्तविक परिवारों के बारे में हैं जो इन उपभोग व्यय स्तरों से नीचे जीवनयापन करते हैं।

गरीबी के माप के मुद्दे पर चर्चा की दृष्टि से यह निर्णय लिया गया है कि (i) तेंदुलकर पद्धति का उपयोग कर एनएसएसओ घरेलू उपभोग सर्वेक्षणों से परिकलित गरीबी रेखाओं से गरीबों हेतु अभिप्रेत लाभों को अलग किया जाए और (ii) इस मुद्दे के प्रत्येक पहलू की जांच करने के लिए एक नयी समिति गठित की जाए।

वर्ष 2011–12 के लिए एनएसएसओ परिवार उपभोग व्यय का 68वां दौर हाल ही में पूरा हुआ है। विस्तृत परिवार यूनिट–वार आंकड़े कुछ समय के बाद ही उपलब्ध हो जाएंगे। तथापि, एनएसएसओ ने दोनों चालू और स्थिर मूल्यों पर यूनिफॉर्म रिकॉल पीरियड (यूआरपी) संबंधी कुछ प्रारंभिक सारांश के अनुमान जारी किए हैं। इस समय प्रयुक्त पद्धति तेंदुलकर समिति का अनुसरण करती है जो मिश्रित रिकॉल अवधि (एमआरपी) पर आधारित है। तथापि, दशमक श्रेणियों के द्वारा यूआरपी वितरण उपलब्ध है। जारी किए गए एनएसएसओ सारांश आंकड़ों से यह प्रतीत होता है कि स्थिर मूल्यों (2004–05) पर प्रति व्यक्ति मासिक पूंजी उपभोग व्यय (एमपीसीई) 2009–10 और 2011–12 के बीच दो वर्षों की अवधि में ग्रामीण और शहरी क्षेत्रों में 18.1 तथा 13.3 प्रतिशत बढ़ा है। यह क्रमशः ग्रामीण तथा शहरी क्षेत्रों में 8.7 और 6.5 की वार्षिक वृद्धि के अनुरूप है, जो ग्रामीण तथा शहरी परिवारों में वर्ष 2004–05 और वर्ष 2009–10 में 1.4 और 2.7 प्रतिशत की संबंधित वार्षिक वृद्धि से काफी अधिक है।

68वें दौर में एनपीसीई (यूआरपी) का 30वां शतमक (वितरण के निम्नतम स्तर से तीसरा दशमक) दर्शाता है कि स्थिर मूल्यों पर वर्ष 2009–10 और वर्ष 2011–12 के बीच वृद्धि ग्रामीण और शहरी परिवारों में क्रमशः 14.5 और 15.3 प्रतिशत रही थी जो ग्रामीण तथा शहरी परिवारों के लिए 7.0 और 7.4 प्रतिशत वार्षिक वृद्धि दर को परिवर्तित करती है। ये वर्ष 2004–05 से वर्ष 2009–10 की अवधि के लिए अनुरूप मूल्यों से काफी अधिक हैं जो क्रमशः 1.7 और 1.9 प्रतिशत थी।

हाल ही की अवधि में वास्तविक एमपीसीई ने अत्यधिक उच्च वृद्धि का कारण यह हो सकता है कि वर्ष 2009–10 में परिस्थितियां एक वर्ष पूर्व आए वैश्विक संकट और 2009 में कम मानसून के कारण असाधारण रूप से निराशाजनक थी। 68वें दौर के प्रारंभिक परिणाम वृहत प्रतिदर्श सर्वेक्षण सामान्य पांच वर्षों के अंतराल में करवाने की बजाय वर्ष 2011–12 (इससे पूर्व 2009–10 के सर्वेक्षण के परिणाम उपलब्ध थे) में कराने को पूरी तरह न्यायोचित ठहराते हैं।

इससे यह निष्कर्ष निकलता है कि वर्ष 2009–10 से वर्ष 2011–12 की अवधि में गरीबी घटने की दर वर्ष 2004–05 से वर्ष 2009–10 की अवधि के लिए एनएसएसओ सर्वेक्षणों से प्राप्त दर से काफी अधिक होगी। या इसे दूसरी तरह कहा जाए तो वर्ष 2004–05 से वर्ष 2011–12 की अवधि में गरीबी घटने की दर वर्ष 1993–94 से 2004–05 की अवधि की दर से अधिक होगी।

जैसाकि तालिका 2.8 में दर्शाया गया है, 1993–94 से 2004–05 और 2004–05 से 2011–12 की अवधियों के लिए वास्तविक एमपीसीई में दशमकवार वार्षिक वृद्धि से पता चलता है कि दशमक में उपभोग में वृद्धि 1993–94 से 2004–05 की अवधि की तुलना में 2004–05 से 2011–12 की अवधि में कहीं अधिक समावेशी थी।

तालिका 2.8
स्थिर मूल्यों (2004–05) पर एमपीसीई (ग्रामीण-शहरी जनसंख्या) में दशमकवार वार्षिक वृद्धि

(प्रतिशत)

(दशमक जनसंख्या का प्रतिशत)	ग्रामीण		शहरी	
	1993–94 से 2004–05	2004–05 से 2011–12	1993–94 से 2004–05	2004–05 से 2011–12
पहला (0–10)	0.70	2.91	0.66	2.96
दूसरा (10–20)	0.49	3.00	0.54	3.28
तीसरा (20–30)	0.56	3.15	0.66	3.39
चौथा (30–40)	0.55	3.17	0.91	3.42
पांचवा (40–50)	0.54	3.17	1.00	3.41
छठा (50–60)	0.55	3.30	1.24	3.35
सातवां (60–70)	0.52	3.40	1.36	3.30
आठवां (70–80)	0.61	3.45	1.35	3.40
नवां (80–90)	0.71	3.48	1.47	3.45
दसवां (90–100)	1.61	3.71	2.30	4.52
औसत	0.85	3.40	1.49	3.72

नोट

1. 2010 में बंगलादेश, वियतनाम तथा कम्बोडिया की हिस्सेदारी 2.6,0.9 तथा 0.5 प्रतिशत से बढ़कर क्रमशः 4.5,3.1 तथा 0.9 प्रतिशत हो गई (अंतरराष्ट्रीय व्यापार सांख्यिकी, 2011, विश्व व्यापार संगठन)
2. एंगस मेडिसन, कोंटूर्स ऑफ द वर्ल्ड इकॉनोमी 1–2030 एडी (ऑक्सफोर्ड यूनिवर्सिटी प्रेस, 2007)। क्षेत्रीय आइडेंटिफायर "एशिया" में मध्य–पूर्व/पश्चिम एशिया शामिल नहीं है जैसा कि पारम्परिक रूप से था।
3. तुलना के प्रयोजन से, 1950 में भारत के योग में भारत, पाकिस्तान तथा बांगलादेश (तत्कालीन पूर्वी पाकिस्तान) शामिल हैं तथा चीन के योग में मुख्यभूमि चीन, हांगकांग तथा ताईवान शामिल हैं।
4. वर्ल्ड इकनॉमिक आउटलुक में भुगतान शेष के आंकड़ों से परिगणित, आईएमएफ का डेटाबेस।
5. स्टीफन जी. केशेटी, ग्लोबल इम्बैलेंसेजः करेंट अकाउंट्स एंड फाइनेंशियल फ्लोज (माइरन स्कोल्स ग्लोबल मार्केट्स फोरम, यूनिवर्सिटी ऑफ शिकागो, सितम्बर, 2011)
6. विश्व निवेश रिपोर्ट (अंकटाड 2011)
7. इस खंड के व्यापार प्रवाह संबंधी आंकड़े अंतरराष्ट्रीय व्यापार सांख्यिकी (विश्व व्यापार संगठन, 2010) से लिए गए हैं।

3

योजना का वित्तपोषण

प्रस्तावना

3.1. यह अध्याय 8.2 प्रतिशत के जीडीपी विकास दर लक्ष्य के मद्देनजर बारहवीं योजना अवधि के लिए सार्वजनिक क्षेत्र के संसाधनों के बारे में अनुमान प्रस्तुत करता है। ये अनुमान बारहवीं योजना के लिए वर्तमान कीमतों पर केन्द्र और राज्यों के लिए 80,50,123 करोड़ रू. के संसाधनों की उपलब्धता दर्शाते हैं।

3.2. इन अनुमानों का अर्थ है कि योजना के लिए सार्वजनिक क्षेत्र के संसाधन बारहवीं योजना में जीडीपी के 11.80 प्रतिशत होंगे, जबकि ग्यारहवीं योजना में ये 10.96 प्रतिशत थे। तथापि, यह परिणाम अनिवार्य रूप से कर राजस्व में वृद्धि, आर्थिक सहायता पर प्रभावी नियंत्रण तथा केन्द्र और राज्य, दोनों के स्तर पर सार्वजनिक क्षेत्र के उद्यमों (पीएसई) की संसाधन क्षमता में सुधार पर निर्भर करेगा।

ग्यारहवीं योजना में सार्वजनिक क्षेत्र के संसाधन

3.3. इस भाग में ग्यारहवीं योजना अवधि में केन्द्र और राज्यों के संसाधनों की रूपरेखा प्रस्तुत की गई है।

केन्द्रीय योजना हेतु संसाधन

3.4. 2006–07 की कीमतों पर ग्यारहवीं योजना में सकल बजटीय सहायता (जीबीएस) 14,21,711 करोड़ रू. अनुमानित की गई थी। इसमें राज्यों और संघ राज्य–क्षेत्रों के लिए 3,24,851 करोड़ रू. की केन्द्रीय सहायता (सीए) शामिल थी। चूंकि केन्द्रीय सार्वजनिक क्षेत्र के उद्यमों (सीपीएसई) के ग्यारहवीं योजना हेतु संसाधन 10,59,711 करोड़ रू. के अनुमानित किए गए थे, इसलिए, केन्द्रीय योजना के लिए कुल संसाधन उपलब्धता 21,56,571 करोड़ रू. निर्धारित की गई थी।

3.5. जैसा कि तालिका 3.1 में दर्शाया गया है, ग्यारहवीं योजना के लिए प्राप्त जीबीएस, अनुमानित राशि का 89.23 प्रतिशत था। राज्यों और संघ राज्य–क्षेत्रों को 3,38,913 करोड़ रू. की केन्द्रीय सहायता अनुमानित स्तर की 104.33 प्रतिशत थी। सकल बजटीय सहायता (जीबीएस) के प्रतिशत के रूप में यह 22.85 प्रतिशत से बढ़कर 26.72 प्रतिशत हो गई थी। राज्यों और संघ राज्य–क्षेत्रों के लिए केन्द्रीय सहायता में यह वृद्धि, सरकार द्वारा प्रति–चक्रीय उपायों के रूप में दिए गए प्रोत्साहन पैकेजों को परिलक्षित करती है जिसके फलस्वरूप स्वास्थ्य, शिक्षा और ग्रामीण विकास संबंधी सीएसएस, जिनमें मूल अनुमान की तुलना में काफी अधिक विस्तार हुआ था, के माध्यम से राज्यों को संसाधन अंतरण में वृद्धि हुई। केन्द्रीय सार्वजनिक क्षेत्र के उद्यमों (सीपीएसई) ने योजना में अनुमानित संसाधनों के 64.57 प्रतिशत की उपलब्धि हासिल की। इस कमी का प्रमुख कारण यह है कि सरकार द्वारा लागू किए गए बाजार मूल्य नियंत्रणों की वजह से सार्वजनिक क्षेत्र के उद्यमों (पीएसई) को कम प्राप्तियां हुई थी।

3.6. केन्द्रीय योजना, जिसमें केन्द्रीय योजना के लिए सकल बजटीय सहायता और सार्वजनिक क्षेत्र के उद्यमों के संसाधन शामिल हैं, के लिए कुल संसाधन उपलब्धता, अनुमानित स्तर का 74.84 प्रतिशत थी अर्थात 2006–07 की कीमतों पर 16,13,882 करोड़ रू.।

3.7. ग्यारहवीं योजना में वास्तव में प्राप्त सकल बजटीय सहायता (जीबीएस) की संरचना, योजना अनुमानों की तुलना में गैर–ऋण अंशदान में काफी कमी को परिलक्षित करती है। जीबीएस में, चालू राजस्वों से शेष (बीसीआर) का हिस्सा 46 प्रतिशत होने का अनुमान था परंतु यह तेजी से कम हो कर (–) 14.01 प्रतिशत हो गया। अतः इस कमी को पूरा करने के लिए उधार प्राप्ति के हिस्से को 54.00 प्रतिशत के अनुमानित हिस्से की तुलना में बढ़ाकर 108.92 प्रतिशत करना पड़ा।

तालिका 3.1
केन्द्र की योजना परिव्यय के वित्तपोषण का पैटर्न-अनुमानित और इसकी तुलना में प्राप्ति

(2006–07 की कीमतों पर करोड़ रू.)

वित्तपोषण के स्रोतों का अनुमान		ग्यारहवीं योजना (2007–12)		
		अनुमान	प्राप्ति	% प्राप्ति
1	बीसीआर	6,53,989	–1,77,679	–27.17
		(46.00)	(–14.01)	
2	निवल एमसीआर* सहित उधार	7,67,722	13,81,639	179.97
		(54.00)	(108.92)	
3	विदेश से निवल प्राप्ति	0	64,563	
4	योजना हेतु सकल बजटीय सहायता (1+2+3)	14,21,711	12,68,523	89.23
5	राज्यों और संघ राज्य–क्षेत्रों की योजना के लिए केन्द्रीय सहायता	3,24,851	3,38,913	104.33
		(22.85)	(26.72)	
6	केन्द्रीय योजना के लिए जीबीएस (4–5)	10,96,860	9,29,610	84.75
		(77.15)	(73.28)	
7	सार्वजनिक क्षेत्र के उद्यमों के संसाधन	10,59,711	6,84,272	64.57
8	केन्द्रीय योजना के लिए संसाधन (6+7)	21,56,571	16,13,882	74.84

नोटः कोष्ठक में दिए गए आंकड़े, योजना के लिए सकल बजटीय सहायता (क्रम सं. 4) का प्रतिशत हैं। *एमपीआररू विविध पूंजी प्राप्तियां

3.8. ग्यारहवीं योजना के दौरान काफी हद तक धनात्मक बीसीआर के अनुमान की तुलना में समग्र रूप से ऋणात्मक बीसीआर होने की आंशिक वजह वैश्विक वित्तीय संकट के कारण आर्थिक विकास में मंदी और आंशिक वजह प्रति–चक्रीय राजकोषीय उपाय और छठे वेतन आयोग को लागू करना था। दसवीं योजना के अंतिम वर्ष में बीसीआर धनात्मक हो गया था और ग्यारहवीं योजना के पहले वर्ष में इसमें और सुधार हो गया था। तथापि, अगले दो वर्षों में और ग्यारहवीं योजना के अंतिम वर्ष में बीसीआर ऋणात्मक हो गया था।

राजस्व प्राप्तियां

3.9. केन्द्र का सकल कर राजस्व, जो दसवीं योजना में 20.5 प्रतिशत की औसत वार्षिक विकास दर (एएजीआर) से बढ़ा था, ग्यारहवीं योजना में गिर कर 14.23 प्रतिशत हो गया। राज्यों के हिस्से को घटाने के बाद, केन्द्र के कर राजस्व में 13.31 प्रतिशत की दर से वृद्धि हुई। गैर–कर राजस्व दसवीं योजना में 4.31 प्रतिशत की तुलना में ग्यारहवीं योजना में 16.55 प्रतिशत की एएजीआर से बढ़ा है। तथापि, अधिकांश बढ़ोतरी 2010–11 में 3जी/बीडब्ल्यूए दूरसंचार स्पेक्ट्रम की नीलामी से एक विशिष्ट प्रकार की प्राप्तियों की वजह से हुई थी। ग्यारहवीं योजना के दौरान केन्द्र सरकार की राजस्व प्राप्तियों की औसत वार्षिक वृद्धि 13.08 प्रतिशत थी।

3.10. ग्यारहवीं योजना में संसाधन जुटाने में खराब निष्पादन का एक महत्वपूर्ण कारक यह तथ्य था कि केन्द्र की राजस्व प्राप्तियों में जीडीपी के 2.20 प्रतिशतांक की कमी होकर यह 2007–08 में 10.87 प्रतिशत से 2011–12 में 8.66 प्रतिशत हो गई थी। 2007–08 और 2011–12 के बीच, जीडीपी के अनुपात के रूप में सकल कर राजस्व में लगभग 1.71 प्रतिशतांक की कमी आई जिसमें राज्यों के हिस्से में 0.16 प्रतिशतांक की कमी आई थी। सकल कर जीडीपी अनुपात में लगातार कमी आती रही, यह 2007–08 में 11.89 प्रतिशत से 2010–11 में 10.33 प्रतिशत और 2011–12 में 10.18 प्रतिशत हो गया। कर राजस्वों (राज्यों के हिस्से को घटाने के बाद) में लगभग 1.56 प्रतिशतांक की कमी आई, यह 2007–08 में 8.81 प्रतिशत से घटकर 2011–12 में 7.25 प्रतिशत हो गया। गैर–कर राजस्व में लगभग 0.64 प्रतिशतांक की कमी आई, यह 2007–08 में जीडीपी के 2.05 प्रतिशत से कम हो कर 2011–12 में जीडीपी का 1.41 प्रतिशत हो गया। गैर–कर राजस्व में कमी मुख्यतया ब्याज प्राप्तियों में लगभग दो प्रतिशतांक की अत्यधिक गिरावट की वजह से थी जो ऋण समेकन और ब्याज दरों के पुनर्निर्धारण तथा 12वें एफसी के निर्णय से उधार में मध्यस्थता की कमी की वजह से हुई थी।

गैर–योजना राजस्व व्यय

3.11. गैर–योजना राजस्व व्यय (एनपीआरई) में 0.77 प्रतिशतांक की वृद्धि हुई, यह 2007–08 में जीडीपी के 8.44 प्रतिशत से बढ़कर 2011–12 में जीडीपी का 9.21 प्रतिशत हो गया (तालिका 3.2 देखें)। यह मुख्यतया छठे वेतन आयोग के निर्णय की वजह से वेतन भुगतानों में वृद्धि तथा सब्सिडियों में जीडीपी के 1.02 प्रतिशत की तीव्र वृद्धि की वजह से हुआ था। सब्सिडियों में 2007–08 में जीडीपी के 1.42 प्रतिशत से 2011–12 में जीडीपी के 2.44 प्रतिशत तक की तीव्र वृद्धि हुई थी।

तालिका 3.2
गैर-योजना राजस्व व्यय (एनपीआरई) और इसके घटक

मद		2007-08	2011-12
		वास्तविक	संशोधित अनुमान
1	ब्याज	1,71,030	2,75,618
		(3.43)	*(3.11)*
2	पेंशन	24,261	56,190
		(0.49)	*(0.63)*
3	वेतन	44,361	99,716
		(0.89)	*(1.13)*
4	सब्सिडी	70,926	2,16,297
		(1.42)	*(2.44)*
5	अन्य एनपीआरई	1,10,283	1,67,919
		(2.21)	*(1.90)*
6	(कुल) एनपीआरई	4,20,861	8,15,740
		(8.44)	*(9.21)*

स्रोत: योजना आयोग।
नोट: कोष्ठक में दिए गए आंकड़े जीडीपी का प्रतिशत हैं।

3.12. ग्यारहवीं योजना के दौरान, सब्सिडियों पर व्यय में 205 प्रतिशत की वृद्धि हुई और यह 2007–08 में 70,926 करोड़ रू. से बढ़कर 2011–12 में 2,16,297 करोड़ रू. हो गया। इसी अवधि के दौरान, खाद्य सब्सिडी और पेट्रोलियम सब्सिडी में क्रमशः लगभग 139 प्रतिशत और 1445 प्रतिशत की वृद्धि हुई। पेट्रोलियम सब्सिडियों में तीव्र वृद्धि, अंतरराष्ट्रीय कच्चा तेल कीमतों में वृद्धि, रूपए के अवमूल्यन और वृद्धि को खुदरा कीमतों में अपर्याप्त रूप से जोड़ने की वजह से हुई थी। प्रतिभूतियों के रूप में सब्सिडियां प्रदान करने की पद्धति के उन्मूलन तथा सब्सिडियों को, विशेषकर पेट्रोलियम और उर्वरकों के लिए, नकद सब्सिडियों के रूप में पारदर्शी तरीके से बजट लेखा–विधि में शामिल किया जाना भी सब्सिडी व्यय में वृद्धि का एक अन्य महत्वपूर्ण कारक है। सब्सिडी को युक्तियुक्त बनाना, जिसमें गरीबों को नकद सब्सिडी का सीधे अंतरण करना शामिल है, सरकार का एक प्राथमिक नीतिगत उद्देश्य है और कुछ पहलों पर विचार किया जा रहा है।

3.13. वैश्विक वित्तीय संकट के कारण उत्पन्न आर्थिक मंदी की वजह से केन्द्र सरकार के उधार, केन्द्र के लिए अनुमानित उधार से काफी अधिक रहे हैं। ब्याज भुगतान और राजस्व प्राप्तियों का प्रतिशत 2007–08 में 31.56 प्रतिशत से बढ़कर 2009–10 में 37.2 प्रतिशत हो गया और 2011–12 नें मामूली–सा कम होकर 35.94 प्रतिशत हो गया। तथापि, केन्द्र के ऋण भार में लगभग दो प्रतिशतांक की कमी आई है, यह 2007–08 में 46.2 प्रतिशत से गिरकर 2011–12 के बजट अनुमान के अनुसार जीडीपी का 44.2 प्रतिशत हो गया है।

राजकोषीय घाटा

3.14. जीडीपी के प्रतिशत के रूप में, केन्द्र का सकल राजकोषीय घाटा, 2007–08 में 2.54 प्रतिशत से बढ़कर 2011–12 (संशोधित अनुमान) में 5.89 प्रतिशत हो गया। दूसरी ओर, राज्य स्तर पर राजकोषीय स्थिति मुख्यतया इस वजह से सुस्थिर थी कि राज्यों की उधारों को केन्द्र द्वारा नियंत्रित किया जाता है। जीडीपी के प्रतिशत के रूप में, राज्यों का सकल राजकोषीय घाटा, 2009–10 को छोड़कर, अनुमानित सीमा के भीतर ही रहा है। तथापि, केन्द्र और राज्यों का सम्मिलित राजकोषीय घाटा 2007–08 में 3.97 प्रतिशत से बढ़कर 2011–12 (संशोधित अनुमान) में 8.09 प्रतिशत हो गया। ग्यारहवीं योजना के लिए औसत सम्मिलित राजकोषीय घाटा, जीडीपी के प्रतिशत के रूप में, 7.34 प्रतिशत था जिसमें केन्द्र का 5.15 प्रतिशत और राज्यों का 2.23 प्रतिशत था। राजकोषीय घाटे के वर्षवार आंकड़े तालिका 3.3 में दिए गए हैं।

तालिका 3.3
सकल राजकोषीय घाटा

वर्ष	केन्द्र	राज्य	सम्मिलित
2007-08	2.54	1.49	3.97
2008-09	5.99	2.26	8.17
2009-10	6.48	3.02	9.46
2010-11	4.87	2.15	6.99
2011-12 (आर.ई)	5.89	2.21	8.09
ग्यारहवीं योजना औसत (2007-12)	5.15	2.23	7.34

स्रोत: भारतीय सार्वजनिक वित्त सांख्यिकी 2010–11 (वित्त मंत्रालय) और वार्षिक वित्तीय विवरणी 2012–13

नोट: आरई का अर्थ संशोधित अनुमान है।

3.15. बाह्य सहायता–प्राप्त परियोजनाओं के लिए विदेश से निवल प्राप्ति, योजनागत वित्तपोषण का एक अन्य स्रोत है। दसवीं योजना में, विदेश से निवल प्राप्ति का हिस्सा, इस माध्यम से जीबीएस का 2.2 प्रतिशत था। महंगे ऋण के शीघ्र पुनर्भुगतान की वजह से इसमें कमी आने की उम्मीद थी। ग्यारहवीं योजना के लिए कोई विशिष्ट लक्ष्य निर्धारित नहीं किया गया था। परंतु ग्यारहवीं योजना में, विदेश से निवल प्राप्ति ने जीबीएस के लगभग 5.09 प्रतिशत का योगदान दिया जो जीडीपी का 0.24 प्रतिशत था।

केन्द्रीय सार्वजनिक क्षेत्र के उद्यम

3.16. सीपीएसई के आईईबीआर से 10,59,711 करोड़ रू. प्राप्त होने का अनुमान लगाया गया था परंतु वास्तविक प्राप्ति केवल 6,84,272 करोड़ रू. थी जो अनुमानित राशि की 64.57 प्रतिशत थी। इसके परिणामस्वरूप, केन्द्रीय योजनागत संसाधनों में आईईबीआर से प्राप्त हिस्सा मात्र 42.4 प्रतिशत था जो 49.14 प्रतिशत के अनुमानित हिस्से की तुलना में काफी कम था।

3.17. सीपीएसई(ज) द्वारा निवेश को केन्द्र सरकार से प्रदान की गई बजटीय सहायता के माध्यम से वित्तपोषित किया जाता है जो जीबीएस तथा सीपीएसई द्वारा अपने स्तर पर जुटाए गए आंतरिक और अतिरिक्त–बजटीय संसाधनों (आईईबीआर) का एक हिस्सा होती है। आईईबीआर में आंतरिक संसाधन (आईआर) और अतिरिक्त–बजटीय संसाधन (ईबीआर) शामिल होते हैं। आंतरिक संसाधनों में, सरकार को लाभांश भुगतान, अवमूल्यन संबंधी प्रावधान, आगे ले जाई गई आरक्षित और अधिशेष राशियों को घटाने के बाद प्रतिधारित लाभ शामिल होता है। ईबीआर में बंध–पत्र, डिबेंचर जारी करने से प्राप्तियां, बाह्य व्यावसायिक ऋण (ईसीबी), आपूर्तिकर्ताओं की जमा राशि, जमा प्राप्तियां, तथा वित्तीय संस्थानों से सावधि ऋण शामिल हैं।

3.18. ग्यारहवीं योजना के दौरान आईईबीआर ने सीपीएसई के योजनागत परिव्यय में 64.3 प्रतिशत का योगदान दिया और शेष हिस्सा बजटीय सहायता का था। इसमें आंतरिक संसाधनों का योगदान 55.28 प्रतिशत और अतिरिक्त बजटीय संसाधनों का योगदान 44.72 प्रतिशत था। मूल अनुमानों के अनुसार आंतरिक संसाधनों (आईआर) द्वारा 45.53 प्रतिशत का योगदान और ईबीआर द्वारा लगभग 54.47 प्रतिशत का ही योगदान दिया जाना था। ग्यारहवीं योजना में आईआर की प्राप्ति ईबीआर की तुलना में बेहतर

तालिका 3.4
राज्यों और संघ राज्य-क्षेत्रों के ग्यारहवीं योजना के संसाधन

(2006–07 की कीमतों पर करोड़ रू.)

	वित्तपोषण के स्रोत	अनुमान	प्राप्ति	% प्राप्ति
1	चालू राजस्वों से शेष	3,85,050	2,74,400	71.26
		(25.87)	*(20.36)*	
2	पीएसई के संसाधन	1,28,824	1,34,234	104.20
		(8.66)	*(9.96)*	
3	निवल एमसीआर सहित उधार	6,49,422	6,00,295	92.44
		(43.64)	*(44.54)*	
4	राज्य के अपने संसाधन (1+2+3)	11,63,296	10,08,929	86.73
		(78.17)	*(74.86)*	
5	राज्यों एवं संघ राज्यक्षेत्रों की योजना को केन्द्रीय सहायता	3,24,851	3,38,913	104.33
		(21.83)	*(25.14)*	
6	समेकित योजनागत संसाधन (4+5)	14,88,147	13,47,842	90.57
7	योजना के लिए जीबीएस (6–2)	13,59,323	12,13,608	89.28
8	जीडीपी के प्रतिशत के रूप में जीबीएस	**5.06**	**4.51**	

स्रोतः योजना आयोग
नोटः कोष्ठक में दिए गए आंकड़े, समेकित योजनागत संसाधनों का प्रतिशत हैं।

रही है। इसके परिणामस्वरूप, ईबीआर ग्यारहवीं योजना के 54.47 प्रतिशत के लक्ष्य के भीतर ही रहे हैं।

ग्यारहवीं योजना में राज्यों के संसाधन

3.19. राज्यों और संघ राज्य–क्षेत्रों के ग्यारहवीं योजना के संसाधन 2006–07 की कीमतों पर 14,88,147 करोड़ रू. अनुमानित किए गए थे। 2006–07 की कीमतों पर प्राप्ति 13,47,842 करोड़ रू. है जो अनुमानित स्तर का 90.57 प्रतिशत है। वित्तपोषण की प्राप्ति का पैटर्न अनुमानित स्तरों की तुलना में काफी हद तक कमी दर्शाता है (जैसा तालिका 3.4 में दर्शाया गया है)। बीसीआर की प्राप्ति, अनुमानित स्तर का लगभग 71.26 प्रतिशत ही थी। पीएसई के संसाधन लगभग 4.2 प्रतिशत अधिक होने तथा उधारों को अनुमानित स्तर के 92.44 प्रतिशत तक सीमित कर दिए जाने की वजह से समेकित योजना संसाधनों में राज्यों के अपने संसाधनों के हिस्से ने 78.17 प्रतिशत के अनुमान की तुलना में 74.86 प्रतिशत होकर मामूली–सी गिरावट दर्शायी है।

3.20. राज्यों के निष्पादन का विश्लेषण, मोटे तौर पर, तीन घटकों की दृष्टि से किया जा सकता है अर्थात, गैर–ऋण संसाधनों को परिलक्षित करने वाला बीसीआर, ऋण आधारित वित्तपोषण को परिलक्षित करने वाले राज्य की उधार तथा केन्द्रीय सहायता, जो अब पूर्णतः अनुदान है।

3.21. राज्यों का बीसीआर 3,85,050 करोड़ रू. होने की उम्मीद थी और वास्तविक प्राप्ति इस राशि की मात्र 71.26 प्रतिशत ही रही। मूल्य–वर्धित कर (वीएटी) लागू करने के द्वारा संभव हुए सुधारों की वजह से राज्यों के अपने कर राजस्वों में वृद्धि हुई है। केन्द्रीय करों में से राज्यों को सौंपे गए हिस्से में भी सुधार हुआ है जो 13वें वित्त आयोग द्वारा इनके हिस्से में वृद्धि करने की सिफारिश की वजह से है। तथापि, गैर–योजनागत व्यय को उम्मीद के अनुसार कम नहीं किया जा सका। यह मुख्यतया छठे वेतन आयोग के लागू होने के बाद राज्य/संघ राज्य–क्षेत्र सरकार के कर्मचारियों के वेतन में वृद्धि की वजह से हुआ।

3.22. इसके परिणामस्वरूप, उधार पर निर्भरता में मामूली वृद्धि हुई। योजना संसाधनों के 43.64 प्रतिशत के अनुमानित योगदान की तुलना में ग्यारहवीं योजना में उधार इससे मामूली–सा अधिक होकर 44.54 प्रतिशत रहा। ग्यारहवीं योजना में राज्यों और संघ राज्य–क्षेत्रों को केन्द्रीय सहायता, अनुमानित स्तर की 104.33 प्रतिशत थी तथा योजनागत संसाधनों में इसका योगदान लगभग 21.83 प्रतिशत के अनुमान की तुलना में 25.14 प्रतिशत रहा है। यह केन्द्र सरकार द्वारा प्रदान किए गए प्रोत्साहन पैकेज के माध्यम से सामाजिक क्षेत्रक पर व्यय में वृद्धि का परिणाम है।

बारहवीं योजना में सार्वजनिक क्षेत्र के संसाधन

केन्द्र के संसाधन

3.23. ग्यारहवीं योजना के दौरान अनेक महत्वपूर्ण विकास हुए, जिनका निहितार्थ बारहवीं योजना के वित्तपोषण के लिए रहा है। भारतीय अर्थव्यवस्था ने 2008 के वैश्विक वित्तीय संकट का समुत्थानशीलता से सामना किया। तथापि, विकास में मंदी का केन्द्र के संसाधनों, विशेषकर करों, के विकास पर प्रतिकूल प्रभाव पड़ता है। छठे केन्द्रीय वेतन आयोग के निर्णय को लागू कर दिया गया है। 2011–15 के लिए तेरहवें वित्त आयोग के निर्णय को राजकोषीय उत्तरदायित्व और बजट प्रबंधन फ्रेमवर्क लक्ष्यों में कुछ परिवर्तनों के साथ लागू किया जा रहा है। सेवा कर, राजस्व के एक आशाजनक स्रोत के रूप में उभरा है। राज्यों के परामर्श से एकीकृत वस्तु और सेवा कर (जीएसटी) लागू करने के प्रयास किए जा रहे हैं। अप्रत्यक्ष कर प्रणाली का यह एक प्रमुख सुधार होगा।

राजकोषीय दायित्व एवं बजट प्रबंधन अधिनियम (एफआरबीएमए अधिनियम) का प्रभाव

3.24. एफआरबीएमए, 2003 तथा संबद्ध नियमों, जो 5 जुलाई, 2004 से लागू हुए थे, ने केन्द्र सरकार को मध्यम अवधि राजकोषीय नीति विवरण संसद के समक्ष प्रस्तुत करने का व्यादेश दिया था। 2011–12 के दौरान, आर्थिक विकास में कमी, जिसने कर संग्रहण को प्रभावित किया, तथा अंतरराष्ट्रीय बाजार में कच्चे तेल की उच्च कीमतें, जिसके फलस्वरूप सब्सिडी संबंधी व्यय में वृद्धि हुई, की वजह से केन्द्र के राजकोषीय घाटे को पूरा नहीं किया जा सका। अप्रत्यक्ष कर संसाधन के अतिरिक्त संग्रहण के प्रस्ताव के साथ बारहवीं योजना के दौरान राजकोषीय घाटे में कमी आने का अनुमान है। राजकोषीय घाटे को नियमित रूप से कम करने से सरकार, उधार के माध्यम से बड़े सार्वजनिक निवेश करने में अपरिहार्य रूप से बाधित होगी, परंतु दीर्घकाल में इसका निश्चित रूप से लाभ मिलेगा। उधार, जिससे संसाधन उपलब्धता बढ़ती है, उससे बकाया ऋण में भी वृद्धि होती है जिसके फलस्वरूप ब्याज का भार बढ़ता है। उच्च राजकोषीय घाटों से अन्य अवांछनीय परिणाम भी निकलते हैं जैसे कि वृहद मूलाधारों के बारे में अनिश्चितता जिससे निवेशक का विश्वास प्रभावित होने के साथ ही निजी निवेश के लिए माहौल अनुपयुक्त हो सकता है तथा आर्थिक विकास पर प्रतिकूल प्रभाव पड़ सकता है।

3.25. मध्यम अवधि राजकोषीय नीति विवरण 2012–13 पर आधारित राजकोषीय घाटों का अनुमान यह दर्शाता है कि बारहवीं योजना के लिए जीबीएस के वित्तपोषण हेतु ऋण संसाधन प्रारंभ में कुछ अधिक होंगे परंतु इनमें धीरे–धीरे कमी आने का अनुमान लगाया गया है। केन्द्र की निवल उधार, जो 2011–12 (संशोधित अनुमान) में जीडीपी का 5.9 प्रतिशत थी, 2012–13 (बजट अनुमान) में कम होकर जीडीपी की 5.1 प्रतिशत होने का अनुमान है। जीडीपी के प्रतिशत के रूप में राजकोषीय घाटा और कम होकर 2013–14 में 4.5 प्रतिशत, 2014–15 में 3.9 प्रतिशत, 2015–16 में 3.2 प्रतिशत तथा बारहवीं योजना के अंतिम वर्ष में जीडीपी का 3.0 प्रतिशत होने का अनुमान भी लगाया गया है।

14वें वित्त आयोग का प्रभाव

3.26. तेरहवें वित्त आयोग की सिफारिशों का महत्वपूर्ण निहितार्थ योजनागत वित्तपोषण हेतु था। 13वें वित्त आयोग के निर्णय ने विभाज्य संग्रह में से राज्यों को हस्तांतरित किए जाने वाले हिस्से को 30.5 प्रतिशत से बढ़ाकर 32 प्रतिशत कर दिया था। इससे केन्द्र के सकल कर राजस्व में राज्य का हिस्सा (उपकर, अधिशुल्क और संग्रहण की लागत, जो विभाज्य संग्रह के अंतर्गत नहीं आती है, को छोड़कर) लगभग 26 प्रतिशत से बढ़कर 28 प्रतिशत से अधिक हो गया है जिसके फलस्वरूप योजना को वित्तपोषित करने की उनकी क्षमता बढ़ गई है। राज्यों/संघ राज्य–क्षेत्रों के योजनागत संसाधनों का निर्धारण करते समय इस बढ़ी हुई क्षमता को ध्यान में रखा जाता है।

3.27. 13वें वित्त आयोग की सिफारिशें 2014–15 तक की अवधि के लिए हैं जिसमें बारहवीं योजना के पहले तीन वर्ष शामिल हैं। बारहवीं योजना के लिए संसाधनों का अनुमान, सकल कर राजस्व के 28.45 प्रतिशत का कर अंतरण मानते हुए, लगाया गया है। चरणबद्ध रूप से समाप्त किए जा रहे अधिशुल्कों तथा उसी अनुपात को 13वें वित्त आयोग की अवधि के बाद बारहवीं योजना के समाप्ति वर्ष तक रखते हुए यह अनुमान लगाया गया है।

सेवा कर और जीएसटी का प्रभाव

3.28. सेवा कर लागू किए जाने से राजस्व का एक उत्साही स्रोत उपलब्ध हुआ है परंतु बारहवीं योजना के लिए अनुमान लगाने से पहले कुछ चेतावनियों को ध्यान में रखना होगा। पहली, सेवा कर के दायरे को अधिकाधिक सेवाओं तक विस्तारित करने की गुंजाइश इस दायरे के विस्तार के साथ–साथ कम हो जाती है। अतः विस्तारित हो रहे दायरे का योगदान, समय के साथ कम हो जाएगा। दूसरी, कारोबार की कर–योग्य सीमा से नीचे लघु सेवा प्रदाताओं का बाहुल्य, एक निश्चित स्तर से आगे राजस्व संग्रहण की गुंजाइश को बाधित करता है। जीएसटी के लागू होने से केन्द्र और राज्यों में अप्रत्यक्ष करों में प्रमुख सुधारों की शुरूआत होगी। इस संबंध में सर्वसम्मति बनाने के लिए केन्द्र सरकार, राज्यों की अधिकार–प्राप्त समिति के साथ कार्य कर रही है। केन्द्र और राज्यों के कर संसाधनों के बारे में बारहवीं योजना के पूर्वानुमानों में जीएसटी की राजस्व तटस्थता की कल्पना की गई है, हालांकि, मुख्यतया बेहतर कर अनुपालन के माध्यम से जीएसटी के सकारात्मक प्रभाव हो सकते हैं।

3.29. मध्यावधि राजकोषीय नीति विवरण के निहितार्थ तथा सेवा कर सहित करों के उच्चतर संग्रहण की संभावनाओं को ध्यान में रखते हुए केन्द्र की संभावित जीबीएस का आकलन किया गया है। केन्द्र के संसाधनों से संबंधित कार्यदल द्वारा लगाए गए अनुमानों पर आधारित संसाधन अनुमान, जिसमें परिवर्तित आर्थिक परिदृश्य के मद्देनजर कुछ परिवर्तन किए गए हैं, से केन्द्र की जीबीएस का अनुमान प्राप्त होता है जो यह दर्शाता है कि यह 2012–13 में जीडीपी के 5.13 प्रतिशत से बढ़कर 2016–17 में जीडीपी के 5.22 प्रतिशत तक पहुंच जाएगी। बारहवीं योजना अवधि में केन्द्रीय योजना हेतु औसत जीबीएस, जीडीपी का 5.23 प्रतिशत बनती है जबकि इसकी तुलना में ग्यारहवीं योजना में यह जीडीपी का 4.69 प्रतिशत थी।

3.30. जीडीपी के प्रतिशत के रूप में सकल कर राजस्व, 2012–13 बजट अनुमान में 10.62 प्रतिशत से बढ़कर कम–से–कम 2007–08 में हासिल किए गए स्तरों तक पहुंचने का अनुमान है। कर राजस्व (राज्यों के हिस्से को घटाकर) 2012–13 में जीडीपी के 7.60 प्रतिशत से बढ़कर 2016–17 में जीडीपी का 8.79 प्रतिशत हो जाएगा और बारहवीं योजना के दौरान इसकी औसत 8.27 प्रतिशत रहेगी। 2008–09 से प्रत्यक्ष कर का संग्रहण, अप्रत्यक्ष कर के संग्रहण से अधिक रहा है और बारहवीं योजना के दौरान यही प्रवृत्ति रहने का अनुमान है। बारहवीं योजना के दौरान कारपोरेट कर संग्रहण की औसत, प्रत्यक्ष कर संग्रहण का 69.37 प्रतिशत रहेगी। यह 2012–13 में जीडीपी के 4.25 प्रतिशत से बढ़कर 2016–17 में जीडीपी का 4.83 प्रतिशत हो जाएगा और इसकी औसत, जीडीपी का 4.57 प्रतिशत रहेगी अर्थात ग्यारहवीं योजना की औसत प्राप्ति की तुलना में 0.76 प्रतिशतांक की वृद्धि होगी।

3.31. बारहवीं योजना के पहले वर्ष में सब्सिडियों का स्तर 2012–13 के बजट अनुमान के अनुसार रखा गया है जो अंतिम आंकड़े उपलब्ध होने पर इससे कुछ अधिक होने की संभावना है। सुधारों के चलते, जीडीपी के अनुपात के रूप में कुल सब्सिडियां, 2016–17 तक कम

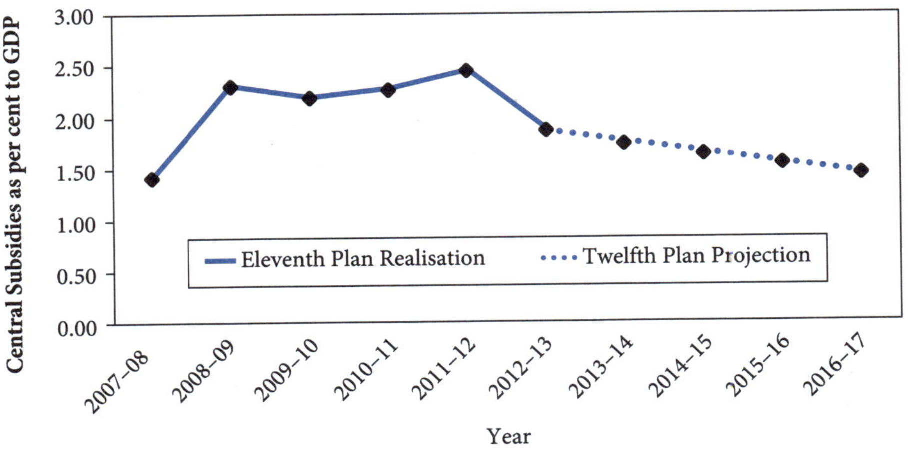

चित्र 3.1: जीडीपी के प्रतिशत के रूप में केन्द्रीय सब्सिडियां

हो कर 1.5 प्रतिशत हो जाने का अनुमान है। तेल की वैश्विक कीमतों में वृद्धि को उपभोक्ताओं पर डालने में असमर्थता की स्थिति का यदि तुरंत समाधान नहीं किया जाता है तो इसका योजना के लिए संसाधनों पर व्यापक प्रभाव पड़ेगा। ग्यारहवीं योजना में वास्तविक सब्सिडियों और बारहवीं योजना के लिए अनुमान को ग्राफ के माध्यम से चित्र 3.1 में दर्शाया गया है:

3.32. केन्द्र के लिए बारहवीं योजना संबंधी संसाधनों और इसके वित्तपोषण का सार नीचे तालिका 3.5 में दिया गया है। योजना के लिए उपलब्ध जीबीएस, वर्तमान कीमतों पर 35,68,626 करोड़ रू. अनुमानित की गई है। राज्यों और संघ राज्य–क्षेत्रों को योजनागत केन्द्रीय सहायता 8,57,786 करोड़ रू. परिकलित की गई है। केन्द्रीय सार्वजनिक क्षेत्रक उद्यम (सीपीएसई) की आईईबीआर 16,22,899 करोड़ रू. अनुमानित की गई है। अतः केन्द्रीय योजना के लिए कुल संसाधन उपलब्धता 43,33,739 करोड़ रू. अनुमानित की गई है। यह केवल सूचक परिव्यय है। वर्ष–दर–वर्ष संसाधनों की स्थिति के आधार पर वास्तविक प्राप्ति में परिवर्तन हो सकता है। मध्यावधि मूल्यांकन के समय वित्तीय स्थिति की समीक्षा की जाएगी।

3.33. नीचे दी गई तालिका 3.6 में बारहवीं योजना में वित्तपोषण पद्धति की तुलना ग्यारहवीं योजना की वास्तविक स्थिति से, जीडीपी के प्रतिशत के रूप में की गई है। ग्यारहवीं योजना में, जीडीपी का बीसीआर प्रतिशत 2.31 प्रतिशत रहने का अनुमान था जो नकारात्मक अर्थात् (–) 0.61 प्रतिशत रहा। तथापि, कर राजस्व में भारी उछाल तथा गैर–योजना व्यय में कमी के कारण, बारहवीं योजना के लिए बीसीआर जीडीपी का 1.88 प्रतिशत रहने का अनुमान है। वित्तीय

तालिका 3.5

बारहवीं योजना के लिए केंद्र के संसाधनों का अनुमान

(वर्तमान मूल्यों पर करोड़ रूपए में)

	वित्तपोषण के स्रोत	अनुमान
1	वर्तमान राजस्वों से शेष	13,87,371 (38.88)
2	निवल एमसीआर सहित लेनदारी	21,81,255 (61.12)
3	योजना को सकल बजटीय समर्थन (1 + 2)	35,68,626 (100)
4	राज्यों तथा संघ शासित प्रदेशों की योजना को केंद्रीय सहायता	8,57,786 (24.04)
5	केंद्रीय योजना हेतु कुल जीबीएस (3–4)	27,10,840 (75.96)
6	उधार लिए गए संसाधन सहित, सार्वजनिक क्षेत्र उद्यम के संसाधन	16,22,899 (45.48)
7	**केंद्रीय योजना हेतु कुल संसाधन** (5 + 6)	43,33,739

स्रोतः योजना आयोग।

नोटः कोष्ठक में दिखाए गए आंकड़े योजना में जीबीएस के प्रतिशत हैं(क्र. सं. 3)।

घाटे की सीमा निर्धारित करने से यह सुनिश्चित होता है कि निवल विविध पूंजी प्राप्तियों सहित समस्त लेनदारियां ग्यारहवीं योजना में जीडीपी के 5.06 प्रतिशत के स्तर से घटकर बारहवीं योजना में 3.35 प्रतिशत रह जाए।

तालिका 3.6
ग्यारहवीं तथा बारहवीं योजना में केंद्र के संसाधनों का प्रक्षेपण

(जीडीपी के प्रतिशत के रूप में)

वित्तपोषण का स्रोत		ग्यारहवीं योजना प्राप्ति	बारहवीं योजना अनुमान	प्रतिशत वृद्धि (+) / कमी ( )
1	वर्तमान राजस्वों से शेष	–0.61	1.88	2.49
2	निवल एमसीआर सहित लेनदारी	5.06	3.35	–1.71
3	विदेश से निवल प्रवाह	0.24	0.00	–0.24
4	योजना को सकल बजटीय समर्थन (1 से 3)	**4.69**	**5.23**	**0.54**
5	राज्यों तथा संघ शासित प्रदेशों की योजना को केंद्रीय सहायता	1.26	1.26	0.00
6	केंद्रीय योजना हेतु कुल जीबीएस (4–5)	**3.43**	**3.97**	**0.54**
7	सार्वजनिक क्षेत्र उद्यमों के संसाधन	2.53	2.38	–0.15
8	केन्द्रीय योजना हेतु संसाधन संसाधन (6 + 7)	**5.96**	**6.35**	**0.39**

स्रोतः योजना आयोग।

राज्य के संसाधन

3.34. ग्यारहवीं योजनावधि के दौरान समग्र रूप से, राज्यों का वित्तीय घाटा जीडीपी के 3 प्रतिशत से नीचे रहा। तेरहवें वित्त आयोग ने राज्यों के लिए अलग–अलग वित्तीय मार्ग निर्धारित करते हुए 2014–15 तक सभी राज्यों के लिए जीडीपी के वित्तीय घाटे को 3 प्रतिशत रखने का लक्ष्य निर्धारित किया। तदनुसार, राज्यों के वित्तीय घाटे की सीमा, जो 2012–13 में जीडीपी के 3 प्रतिशत से थोड़ा अधिक रहने का अनुमान है, बारहवीं योजनावधि के दौरान 2.22 प्रतिशत के आसपास रहने की संभावना है। इससे राज्यों की ऋण संसाधनों के गतिशीलन की संभावना स्पष्टतः सीमित हो गई है और इसलिए राजस्व प्राप्ति में वृद्धि करने तथा गैर–योजना व्यय को नियंत्रित करने पर विचार करना होगा।

3.35. राज्यों तथा संघ राज्य क्षेत्रों (सार्वजनिक क्षेत्र के उद्यम सहित) का अनुमानित कुल संसाधन वर्तमान मूल्यों (देखें तालिका 3.7) पर 37,16,385 करोड़ रूपए है। इसमें अपने संसाधनों (लेनदारी सहित) के 28,58,599 करोड़ रूपए तथा केंद्रीय सहायता के 857786 करोड़ रूपए शामिल हैं। राज्यों तथा संघ राज्य क्षेत्रों के कुल योजना संसाधनों में संघ राज्य क्षेत्र की हिस्सेदारी 3.88 प्रतिशत है।

3.36. जीडीपी के समानुपात के रूप में, राज्यों तथा संघ राज्य क्षेत्रों का कुल योजना संसाधन जीडीपी का 5.45 प्रतिशत है जो ग्यारहवीं योजना में 0.44 प्रतिशत अंकों की वृद्धि को दर्शाता है (देखें तालिका 3.8)। ग्यारहवीं योजना में बीसीआर 2006–07 के मूल्यों पर 2,74,400 करोड़ रूपए था जो वर्तमान मूल्यों पर बढ़कर 9,59,979 करोड़ रूपए हो जाने का अनुमान है। यह ग्यारहवीं योजना में जीडीपी के 0.39 प्रतिशत अंकों की वृद्धि को दर्शाता है। तथापि, सार्वजनिक क्षेत्र उद्यमों के संसाधनों के अनुमान ग्यारहवीं योजना की तुलना में 0.06 प्रतिशत अंकों की वृद्धि को दर्शाते हैं। राज्यों को केंद्रीय सहायता लगभग उसी स्तर पर है जिस स्तर पर जीडीपी का प्रतिशत है।

3.37. बारहवीं योजना के लिए संसाधनों का इतने व्यापक स्तर पर गतिशीलन राज्यों के अपने संसाधनों में उल्लेखनीय वृद्धि को देखते हुए आवश्यक है,ख़ासकर संवर्द्धित बीसीआर के माध्यम से। राज्यों को बेहतर कर–प्रशासन के माध्यम से अपने कर तथा गैर–कर राजस्व संग्रहों में वृद्धि के लिए प्रयास बढ़ाने होंगे तथा किसी भी प्रकार की चूक की संभावना को समाप्त करना होगा और लागत आधारित प्रयोक्ता प्रभारों की वसूली करनी होगी। अनुमान है कि योजनावधि के दौरान, अधिकतर राज्यों के लिए, वेतन आयोग के कारण वेतन वृद्धि संबंधी कोई अतिरिक्त बोझ नहीं होगा। साथ ही, करों का हस्तांतरण योजना के अंतिम दो वर्षों के लिए, 13वें वित्त आयोग स्तर पर अनुमानित है।

3.38. जैसा कि तालिका 3.8 में दर्शाया गया है, बारहवीं योजना में राज्यों को जीडीपी के 1.26 प्रतिशत के बाराबर केंद्रीय सहायता अंतरित की जा रही है जो ग्यारहवीं योजना जितनी ही है। तथापि, केंद्रीय सहायता ही योजना अंतरण का एकमात्र ज़रिया नहीं है। योजना अंतरणों का एक बड़ा हिस्सा केंद्रीय प्रायोजित स्कीमों (सीएसएस) के माध्यम से होता है जिनका बारहवीं योजना में भारी विस्तार किया

तालिका 3.7
राज्यों तथा संघ राज्य क्षेत्रों के बारहवीं योजना संसाधन

(वर्तमान मूल्यों पर करोड़ रू. में)

वित्तपोषण के स्रोत	अनुमान		
	राज्य	संघ राज्य क्षेत्र	कुल
1 वर्तमान राजस्वों से शेष	8,85,939	74,040	9,59,979
	(24.80)	(51.39)	(25.83)
2 सार्वजनिक क्षेत्र उद्यमों के संसाधन	3,76,043	4,276	3,80,319
	(10.53)	(2.97)	(10.23)
3 लेनदारी	14,94,258	24,043	1,518,301
	(41.83)	(16.69)	(40.85)
4 राज्यों के अपने संसाधन (1 से 3)	**27,56,240**	**1,02,359**	**28,58,599**
	(77.16)	(71.05)	(76.92)
5 राज्यों तथा संघ शासित प्रदेशों की योजना को केंद्रीय सहायता	8,16,083	41,703	8,57,786
	(22.84)	(28.95)	(23.08)
6 कुल योजना संसाधन (4 + 5)	**35,72,323**	**1,44,062**	**37,16,385**
	(100.00)	(100.00)	(100.00)

स्रोतः योजना आयोग।
नोटः कुल का प्रतिशत कोष्ठक में दिया गया है।

तालिका 3.8
ग्यारहवीं योजना की प्राप्ति तथा राज्यों और संघ राज्य क्षेत्रों के संसाधनों का बारहवीं योजना अनुमान (जीडीपी का प्रतिशत)

	वित्तपोषण स्रोत	ग्यारहवीं योजना प्राप्ति	बारहवीं योजना अनुमान	% वृद्धि (+) कमी (–)
1	वर्तमान राजस्वों से शेष	1.02	1.41	0.39
2	सार्वजनिक क्षेत्र उद्यमों के संसाधन	0.50	0.56	0.06
3	लेनदारी	2.23	2.22	0.01
4	**राज्य के अपने संसाधन (1 से 3)**	**3.75**	**4.19**	**0.44**
5	राज्यों तथा संघ शासित प्रदेशों की योजना को केंद्रीय सहायता	1.26	1.26	0.00
6	**कुल योजना संसाधन (4 + 5)**	**5.01**	**5.45**	**0.44**

स्रोतः योजना आयोग।

गया है। तदनुसार, राज्यों को केंद्र से कुल योजना संसाधनों से अधिक हस्तांतरण हो सकेगा।

3.39. तालिका 3.9 में, बारहवीं योजना में केंद्र तथा राज्यों के लिए अनुमानित वित्तपोषण ढांचे की तुलना की गयी है जिसमें ग्यारहवीं योजना में वास्तव में हुई प्राप्ति को भी दर्शाया गया है। सर्वाधिक महत्वपूर्ण आंकड़ा यह है कि बारहवीं योजना के अनुमानों में लेनदारी पर निर्भरता कम दिखाई गई है जो कुल योजना संसाधनों का 45.96 प्रतिशत है जबकि ग्यारहवीं योजना में यह 66.77 प्रतिशत था। ग्यारहवीं योजना में लेनदारी पर अधिक निर्भरता का कारण था–वैश्विक वित्तीय संकट के कारण आई आर्थिक मंदी से उबरने के लिए केंद्र द्वारा किए गए वित्तीय उपाय तथा उसके परिणामस्वरूप व्यय में हुई वृद्धि। राजस्व संग्रहण में तेज़ी से आई गिरावट को देखते हुए, केंद्र को लेनदारी के माध्यम से अपने अधिक संसाधनों को गतिशील

तालिका 3.9
समग्र वित्तपोषण पद्धतिः ग्यारहवीं तथा बारहवीं योजनाएं

(वर्तमान मूल्यों पर करोड़ रूपए में)

वित्तपोषण स्रोत	ग्यारहवीं याजना की प्राप्ति			बारहवीं योजना के अनुमान		
	केंद्र	राज्य तथा संघ राज्य क्षेत्र	कुल	केंद्र	राज्य तथा संघ राज्य क्षेत्र	कुल
1 वर्तमान राजस्वों से शेष	–242,390	3,81,536	1,39,146	13,87,371	9,59,979	23,47,350
	(–11.97)	(22.11)	(3.71)	(32.01)	(25.83)	(29.16)
2 निवल एमसीआर सहित लेनदारी	1,75,1691	7,52,815	2,504,506	21,81,255	15,18,301	36,99,556
	(86.50)	(43.62)	(66.77)	(50.33)	(40.85)	(45.96)
3 विदेश से निवल आगम	80,043 (3.95)	0.00	80,043 (2.13)	–	–	–
4 केंद्र का जीबीएस (1 + 2 + 3)	15,89,344	–	15,89,344	35,68,626	–	35,68,626
	(78.48)	–	(42.37)	(82.35)	–	(44.33)
5 सार्वजनिक क्षेत्र उद्यमों/स्थानीय निकायों के संसाधन	8,57,244	1,70,039	10,27,283	16,22,899	3,80,319	20,03,218
	(42.33)	(9.85)	(27.39)	(37.45)	(10.23)	(24.88)
6 श्राजय के अपने संसाधन (1 + 2 + 5)		1,304,390	13,04,390	–	28,58,599	28,58,599
		(75.58)	(34.77)	–	(76.92)	(35.51)
7 राज्यों तथा संघ राज्य क्षेत्रों की योजना को केंद्रीय सहायता	–4,21,458	4,21,458	4,21,458	–8,57,786	8,57,786	8,57,786
	(–20.81)	(24.42)	(11.24)	(–19.79)	(23.08)	(10.66)
8 सार्वजनिक क्षेत्रक योजना के संसाधन (1 + 2 + 3 + 5 + 7)	20,25,130	17,25,848	37,50,978	43,33,739	37,16,385	80,50,123

स्रोतः योजना आयोग।
नोटः कोष्ठक में दिए गए आंकड़े सार्वजनिक क्षेत्रक योजना के संसाधनों के प्रतिशत हैं।

करना पड़ा। इसी के कारण, बारहवीं योजनावधि के दौरान, केंद्र और राज्य– दोनों के लिए अधिक सख़्त मौद्रिक नीति तैयार की गई है। यह अनुमान करते हुए कि अर्थव्यवस्था फिर से उच्च विकास दर को प्राप्त करेगी तथा राजस्व की प्राप्ति भी अच्छी रहेगी, राजस्व संग्रहण औसतन लगभग 17 प्रतिशत की दर से बढ़ने का अनुमान लगाया गया है। इसी कारण बीसीआर में भारी सुधार किया गया है और यह ग्यारहवीं योजना में कुल सार्वजनिक क्षेत्रक योजना संसाधनों के 3.71 प्रतिशत से बढ़कर बारहवीं योजना में केंद्र और राज्यों–दोनों को मिलाकर कुल सार्वजनिक क्षेत्रक योजना संसाधनों का 29.16 प्रतिशत हो जाने की संभावना है।

3.40. उक्त वित्तपोषण योजना से बड़ी चुनौतियां खड़ी होंगी। जैसा कि तालिका 3.10 में दर्शाया गया है, ग्यारहवीं योजना में केंद्र और राज्य योजनाओं में कुल संसाधन जीडीपी का 10.96 प्रतिशत औसतन था, जो बारहवीं योजना में बढ़कर जीडीपी का 11.80 प्रतिशत हो जाने का अनुमान है। योजना के लिए कुल संसाधनों में जीडीपी में 0.84 प्रतिशत की वृद्धि का लक्ष्य लेनदारी को निर्धारित सीमा के भीतर रखते हुए तथा बारहवीं योजना के अंतिम वर्ष में प्रत्येक मद में केंद्र और राज्यों के वित्तीय घाटे को कम कर 3 प्रतिशत रखकर प्राप्त करना होगा। सार्वजनिक क्षेत्रक द्वारा गतिशील किए गए संसाधनों को देखते हुए, केंद्र तथा राज्यों के साझा बीसीआर में,योजना संसाधनों में अनुमानित वृद्धि से अधिक बढ़ोत्तरी करनी होगी।

3.41. ग्यारहवीं योजना में, केंद्र का बीसीआर जीडीपी का औसतन (–)0.61 प्रतिशत था। बारहवीं योजना में,यह जीडीपी का औसतन 1.88 प्रतिशत रहने का अनुमान है जो जीडीपी पर 2.49 प्रतिशत अंकों की बढ़ोत्तरी को दर्शाता है। इसी प्रकार, राज्यों का बीसीआर बारहवीं योजना में जीडीपी का 1.41 प्रतिशत रहने की संभावना है जो

तालिका 3.10
जीडीपी के प्रतिशत के अनुसार योजना संसाधन

क्रम सं.	मद	ग्यारहवीं योजना	बारहवीं योजना	ग्यारहवीं योजना की तुलना में वृद्धि
I	कुल योजना संसाधन			
	केंद्र	5.96	6.35	0.39
	राज्य	5.00	5.45	0.45
	केंद्र और राज्य	10.96	11.80	0.84
II	वर्तमान संसाधनों का शेष			
	केंद्र	−0.61	1.88	2.49
	राज्य	1.02	1.41	0.39
	केंद्र और राज्य	0.41	3.29	2.88

स्रोतः योजना आयोग।

ग्यारहवीं योजना में 1.02 प्रतिशत था। इसलिए, जैसा कि तालिका 3.10 से स्पष्ट है, केंद्र और राज्यों के साझा बीसीआर में अपेक्षित सुधार जीडीपी का 2.88 प्रतिशत रहने का अनुमान किया गया है। इस बात पर ज़ोर दिए जाने की ज़रूरत है कि इन बीसीआर लक्ष्यों को प्राप्त करना योजना के वित्तपोषण के लिए बेहद महत्वपूर्ण है।

3.42. अनुमानित बीसीआर इस संभावना पर आधारित है कि 2012–13 में कर राजस्व (केंद्र को निवल) 7.60 प्रतिशत से बढ़कर 2016–17 में जीडीपी का 8.79 प्रतिशत हो जाएगा। एनपीआरई 2012–13 में 8.53 प्रतिशत रहकर 2016–17 में 7.09 प्रतिशत हो जाने की संभावना है। इस प्रकार, केंद्र के बीसीआर में जीडीपी की 2.49 प्रतिशत की अनुमानित वृद्धि में, करों में वृद्धि की तुलना में,एनपीआरई में कर वृद्धि की बनिस्पत थोड़ी कमी आएगी।

3.43. केंद्र तथा राज्यों के कर राजस्वों में वृद्धि का अनुमान युक्तिसंगत नहीं है। वैश्विक आर्थिक संकट के कारण आई आर्थिक मंदी के चलते हाल के समय में प्राप्त कर राजस्व काफी अंतर है। वार्षिक सकल कर राजस्व संग्रह जो 2008–09 और 2009–10 में गिरकर 2–3 प्रतिशत हो गया था, 2010–11 में बढ़कर 27 प्रतिशत हो गया और 2011–12 में 13.69 प्रतिशत(संशोधित अनुमान) रहा। अर्थव्यवस्था के पटरी पर लौटने तथा अतिरिक्त कर राजस्वों को गतिशील करने के प्रस्ताव को देखते हुए, पिछले वर्ष की तुलना में, 2012–13 (बजट अनुमान) में सकल कर राजस्व लगभग 19.5 प्रतिशत बढ़ने की संभावना है। लक्षित कर–जीडीपी अनुपात को प्राप्त करने के लिए, बारहवीं योजनावधि में प्रयास जारी रहेंगे। तथापि, बीसीआर अनुमान भी एनपीआरई वृद्धि को कम करने की क्षमता पर निर्भर करेगा तथा इन अनुमानों पर अधिक ध्यान देने की ज़रूरत है।

3.44. ये ऐसे कारक हैं जो अनुमानित स्तर तक व्यय को नियंत्रित रखना मुश्किल बना सकते हैं। अंतरराष्ट्रीय बाज़ार में कच्चे तेल की बढ़ती क़ीमतों तथा प्रस्तावित खाद्य सुरक्षा विधान के कारण बढ़ती अनाज क़ीमतों के कारण, सब्सिडियों–खासकर ऊर्वरक और पेट्रोलियम पर व्यय बढ़ाने का दबाव भी है। सब्सिडी व्यवस्था को तुरंत सुधारने की ज़रूरत है ताकि 2016–17 में कुल सब्सिडी को जीडीपी के 1.5 प्रतिशत तक सीमित किया जा सके, जैसा कि संसाधन अनुमानों में कहा गया है।

सार्वजनिक क्षेत्रक के संसाधनों का आवंटन

3.45. बारहवीं योजना के लिए समग्र संसाधनों का अनुमान पूर्वगामी भाग में प्रस्तुत किया गया है। इस भाग में, बारहवीं योजना में केंद्र तथा राज्योंध्संघ राज्य क्षेत्रों के बीच सार्वजनिक क्षेत्रक संसाधनों के आवंटन तथा प्रस्तावित क्षेत्रकवार संसाधन वितरण पर ध्यान केंद्रित किया गया है ताकि त्वरित और समावेशी विकास का लक्ष्य हासिल किया जा सके।

3.46. बारहवीं योजना में, सार्वजनिक क्षेत्रक संसाधन वर्तमान मूल्यों पर 80,50,123 करोड़ का रूपए रहने का अनुमान है जिसमें केंद्र की हिस्सेदारी 43,33,739 करोड़ रूपए तथा राज्योंध्संघ राज्य क्षेत्रों की हिस्सेदारी 37,16,385 करोड़ रूपए रहने की संभावना है। केंद्रीय योजना के लिए संसाधन में जीबीएस घटक का 27,10,840 करोड़ रूपए तथा आईईबीआर घटक का 1622899 करोड़ रूपए शामिल

हैं जो वर्तमान मूल्यों पर है। विभिन्न विकास शीर्षों के अनुसार केंद्रीय क्षेत्रक में संसाधन आवंटन अनुबंध 3.1 में दर्शाया गया है तथा बजटीय समर्थन और आईईबीआर का मंत्रालय/विभागवार ब्यौरा अनुबंध 3.2 में है। तालिका 3.11 में, बारहवीं योजना के लिए केंद्र और राज्यों हेतु सार्वजनिक क्षेत्र परिव्ययों को वित्तपोषित करने के साधनों को दर्शाया गया है।

3.47. राज्यों तथा संघ राज्य क्षेत्रों के बारहवीं योजना संसाधन वर्तमान मूल्यों पर 37,16,385 करोड़ रूपए रहने का अनुमान है जिसमें राज्यों के अपने संसाधन के 28,58,599 करोड़ रूपए तथा राज्यों तथा संघ राज्य क्षेत्रों को केंद्रीय सहायता की 857786 करोड़ रूपए की राशि शामिल है। राज्योध्संघ राज्य क्षेत्रों के लिए विभागवार शीर्ष के साथ राज्यध्संघ राज्य क्षेत्रवार कोर योजना का ब्यौरा अनुबंध 3.3 में दिया गया है।

3.48. ग्यारहवीं तथा बारहवीं योजना में कुल जीबीएस के वितरण की तुलना तालिका 3.12 में दर्शाई गई है। ग्यारहवीं योजना प्राप्ति की तुलना में, बारहवीं योजना के लिए केंद्र हेतु अनुमानित जीबीएस में 132.12 प्रतिशत की वृद्धि हुई है। संघ राज्य क्षेत्र योजनाओं हेतु केंद्रीय सहायता ग्यारहवीं योजना के दौरान प्राप्त अनुदान घटतथाक से लगभग 103.53 प्रतिशत है। बारहवीं योजना के लिए कुल जीबीएस में राज्योंध्संघ राज्य क्षेत्र योजना हेतु केंद्रीय सहायता का अनुमानित अनुदान घटक ग्यारहवीं योजना में प्राप्त स्तर से थोड़ा कम है (26.52 प्रतिशत से 24.04 प्रतिशत है)।

3.49. विभिन्न क्षेत्रकों, मंत्रालयोधविभागों को जीबीएस आवंटन का अनुमान तथा राज्य/संघ राज्य क्षेत्र योजना को सहायक, बारहवीं योजना के लिए अंगीकृत *त्वरित, संधारणीय तथा समावेशी विकास* के दृष्टिकोण के अनुरूप है। बारहवीं योजना का उद्देश्य, योजनावधि के अंत तक, अर्थव्यवस्था को 9.1 प्रतिशत की विकास दर के संधारणीय मार्ग पर लाना है जिसके लिए कृषि में प्रतिवर्ष 4 प्रतिशत की विकास दर रखी जानी है तथा पहले से अधिक तेज़ गति से उत्पादक रोज़गार को सृजित करना है। बारहवीं योजना में गरीबी घटाने, बुनियादी भौतिक अवसंरचना, स्वास्थ्य तथा शिक्षा सुविधाओं की उपलब्धता सुनिश्चित करने पर विशेष ध्यान दिया जाना है तथा क्षेत्रीय/सामाजिकध्लैंगिक असमानताओं को कम करने और वंचितों तथा कमजोर सामाजिक समूहों की समस्याओं पर ध्यान देने को महत्व दिया जाना है। तदनुसार, विभिन्न क्षेत्रकों में बड़े ढांचागत परिवर्तनों का प्रस्ताव किया गया है और इसके लिए, समावेशिता सुनिश्चित करने हेतु चिह्नित प्राथमिकता वाले क्षेत्रों को अधिक संसाधन आवंटित किए जाने हैं। ग्यारहवीं योजना की तुलना में, बारहवीं योजना में केंद्र के बजटीय संसाधनों (बड़े क्षेत्रकवार कार्यक्रमों

तालिका 3.11
बारहवीं योजना के लिए सार्वजनिक क्षेत्रक आवंटन

(वर्तमान मूल्यों पर करोड़ रू. में)

	केन्द्र	
	वित्तपोषण के स्रोत	आवंटन
1	बजटीय समर्थन	27,10,840
2	आईईबीआर	16,22,899
3	कुल केंद्र (1 + 2)	43,33,739
	राज्य तथा संघ राज्य क्षेत्र	
	वित्तपोषण के स्रोत	आवंटन
4	राज्य के अपने संसाधन	28,58,599
5	राज्य/संघ राज्य क्षेत्र योजना को केंद्रीय सहायता	8,57,786
6	कुल राज्य तथा संघ राज्य क्षेत्र (4 + 5)	37,16,385
	कुल सार्वजनिक क्षेत्रक परिव्यय	
7	सकल योग (3 + 6)	80,50,123

स्रोतः योजना आयोग।

तालिका 3.12
ग्यारहवीं तथा बारहवीं योजनाओं में आवंटित जीबीएस

(वर्तमान मूल्यों पर करोड़ रू. में)

मदें	ग्यारहवीं योजना प्राप्ति		बारहवीं योज्ना अनुमान		
	राशि	कुल जीबीएस में प्रतिशत हिस्सा	राशि	कुल जीबीएस में प्रतिशत हिस्सा	ग्यारहवींयोजना की तुलना में प्रतिशत वृद्धि
केंद्रीय योजना (केंद्रीय क्षेत्रक तथा केंद्रीय प्रायोजित स्कीमें)	11,67,886	73.48	27,10,840	75.96	132.12
राज्य योजना को केंद्रीय सहायता	4,21,458	26.52	8,57,786	24.04	103.53
कुल	15,89,344	100.00	35,68,626	100.00	124.53

स्रोत: योजना आयोग।

तालिका 3.13
बड़े क्षेत्रकों में केंद्र के जीबीएस का आवंटन-ग्यारहवीं योजना की प्राप्ति तथा बारहवीं योजना के अनुमान

(वर्तमान मूल्यों पर करोड़ रू. में)

क्रम सं.	प्रमुख क्षेत्र	ग्यारहवीं योजना		बारहवीं योजना		ग्यारहवीं योजना की तुलना में प्रतिशत वृद्धि
		प्राप्ति	हिस्सेदारी प्रतिशत	अनुमान	हिस्सेदारी प्रतिशत	
1	कृषि तथा जल संसाधन	1,16,554	7.33	2,84,030	7.96	143.69
2	ग्रामीण विकास तथा पंचायती राज	3,97,524	25.01	6,73,034	18.86	69.31
3	वैज्ञानिक विभाग	58,690	3.69	1,42,167	3.98	142.23
4	परिवहन तथा ऊर्जा	2,04,076	12.84	4,48,736	12.57	119.89
5	शिक्षा	1,77,538	11.17	4,53,728	12.71	155.57
6	स्वास्थ्य तथा बाल विकास	1,12,646	7.09	4,08,521	11.45	262.66
7	शहरी विकास	63,465	3.99	1,64,078	4.60	158.53
8	अन्य	4,58,849	28.87	9,94,333	27.86	116.70
	कुल योजना आवंटन	15,89,342	100.00	35,68,626	100.00	124.53

स्रोत: योजना आयोग।

को केंद्रीय सहायता सहित जीबीएस) के क्षेत्रकवार आवंटन के संदर्भ में ढांचागत परिवर्तन की एक व्यापक तस्वीर तालिका 3.13 में प्रस्तुत की गई है।

3.50. उल्लेखनीय है कि केंद्र के जीबीएस आवंटन में सबसे ज़्यादा वृद्धि स्वास्थ्य तथा बाल विकास,शहरी विकास तथा शिक्षा के मद में हुई है। स्वास्थ्य तथा बाल विकास में केंद्र के जीबीएस की हिस्सेदारी ग्यारहवीं योजना के 7.09 प्रतिशत से बढ़कर 11.45 प्रतिशत की गई है। बारहवीं योजना में शहरी विकास में हिस्सेदारी 4.60 प्रतिशत है जो ग्यारहवीं योजना में 3.99 प्रतिशत ही थी। बारहवीं योजना में शिक्षा की हिस्सेदारी बढ़ाकर 12.71 प्रतिशत की गई है। वैज्ञानिक विभागों,कृषि तथा जल संसाधनों के लिए भी जीबीएस में उल्लेखनीय वृद्धि की गई है। परिवहन तथा ऊर्जा अवसंरचना क्षेत्रकों के लिए बजटीय समर्थन में प्रभावशाली बढ़ोत्तरी की गई है क्योंकि इन क्षेत्रकों में निवेशों का एक बड़ा हिस्सा केंद्रीय सार्वजनिक क्षेत्रक उद्यमों के संसाधनों से तथा सार्वजनिक–निजी साझेदारी से पूरा किया जाएगा। ग्यारहवीं योजना में आवास, रोज़गार तथा आजीविका के क्षेत्रों में ग्रामीण विकास कार्यक्रमों के लिए संसाधनों की तुलना में, बारहवीं योजना के शुरूआती आवंटनों में ख़ासी वृद्धि की गई है। यहां तक कि यदि बारहवीं योजना में इस उच्च आधार में इन प्रस्तावित कार्यक्रमों के लिए संसाधनों में मामूली बढ़ोत्तरी भी होती है, तो इसका अर्थ यह होगा कि इन कार्यक्रमों के लिए ख़ासी बजटीय समर्थन देना होगा।

3.51. बारहवीं योजना में, राज्यध्संघ राज्य क्षेत्र योजनाओं को केंद्रीय सहायता के रूप में, वर्तमान मूल्यों पर 8,57,786 करोड़ रूपए उपलब्ध कराने का प्रस्ताव है। राज्यों/संघ राज्य क्षेत्रों के संसाधनों में क्षेत्रकवार केंद्रीय सहायता घटक को तालिका 3.14 में दर्शाया गया है। राज्या/संघ राज्य क्षेत्रों को वर्तमान मूल्यों पर 8,57,786 करोड़ रूपए की कुल केंद्रीय सहायता में से 20.84 प्रतिशत (अर्थात् 178739 करोड़ रूपए) गाडगिल फार्मूले वाले एनसीए के लिए निर्धारित किए गए हैं। कुल केंद्रीय सहायता में से 14.31 प्रतिशत राशि, विशेष श्रेणी राज्य के लिए विशेष योजना सहायता तथा सीमा क्षेत्र विकास कार्यक्रम/पर्वतीय क्षेत्र विकास कार्यक्रम/पूर्वोत्तर परिषद् हेतु विशेष केंद्रीय सहायता के लिए है। बारहवीं योजना के लिए राज्यों को दी जाने वाली शेष 64.85 प्रतिशत सहायता निर्धारित प्राथमिकताओं के अनुरूप, विभिन्न फ्लैगशिप कार्यक्रमों तथा अन्य स्कीमों के लिए अतिरिक्त केंद्रीय सहायता के तौर पर है, जैसे–एआईबीपी, राष्ट्रीय सामाजिक सहायता कार्यक्रम, बीआरजीएफ, आरकेवीवाई तथा सांसद स्थानीय क्षेत्र विकास कार्यक्रम सहित जेएनएनयूआरएम।

3.52. राज्यों तथा संघ राज्य क्षेत्रों के लिए समग्र योजना परिव्यय को ग्यारहवीं योजना के 17,25,848 करोड़ से बढ़कर बारहवीं योजना में 37,16,385 करोड़ रूपए रहने का अनुमान है (दोनों वर्तमान मूल्यों पर) जो तुलनात्मक आधार पर 115.34 प्रतिशत वृद्धि को दर्शाता है। पूरी तस्वीर यही बताती है कि समानुपातिक रूप से राज्यों का अधिक आबंटन सामाजिक सेवाओं (41.68 प्रतिशत), परिवहन (11.53 प्रतिशत) तथा कृषि और संबद्ध क्रियाकलापों (6.85 प्रतिशत) पर होगा। यहां यह उल्लेखनीय है कि सम्पूर्ण परिदृश्य में, जीएसडीपी के अनुपात में योजना आकारों की दृष्टि से व्यापक अंतर–राज्यिक भिन्नताओं, प्रति व्यक्ति योजना व्यय तथा प्रतिशत क्षेत्रकवार परिव्ययों को नहीं दर्शाया गया है।

तालिका 3.14
राज्यों/संघ राज्य क्षेत्रों की योजना को बारहवीं योजना में प्रस्तावित केंद्रीय सहायता

(वर्तमान मूल्यों पर करोड़ रूपए में)

क्षेत्रक	कार्यक्रम	आबंटन
राज्य विकास योजना	सामान्य केंद्रीय सहायता	1,78,739
विशेष श्रेणी राज्य	विशेष योजना सहायता	36,436
	विशेष केंद्रीय सहायता (पूर्वोत्तर तथा सिक्किम के लिए किसी भी पूल के साथ एकीकृत	63,858
		6,218
कृषि	राष्ट्रीय कृषि विकास योजना	63,246
	सीमा क्षेत्र विकास कार्यक्रम/पर्वतीय क्षेत्र कार्यक्रम/पूर्वोत्तर परिषद्	10,122
		6,108
सिंचाई	त्वरित सिंचाई लाभ कार्यक्रम	91,435
शहरी/स्थानीय क्षेत्र विकास	जवाहरलाल नेहरू शहरी नवीकरण मिशन	1,01,917
	सांसद स्थानीय क्षेत्र विकास कार्यक्रम	19,775
संतुलित क्षेत्रीय विकास	पिछड़ा क्षेत्र अनुदान निधि	76,677
	बोडोलैंड प्रादेशिक परिषद्	340
बुजुर्ग तथा कमज़ोर वर्ग	राष्ट्रीय सामाजिक सहायता कार्यक्रम	48,642
अवसंरचना	सड़कें तथा पुलें	12,410
बाह्य सहाय्यित परियोजनाएं	विभिन्न बाह्य सहाय्यित परियोजनाएं	81,912
ई–गवर्नेंस	राष्ट्रीय ई–गवर्नेंस कार्य योजना	3,537
जनजातीय विकास	जनजातीय उप–योजना	7,787
	अनुच्छेद 275 (1) के अंतर्गत अनुदान सहायता	6,924
संघ राज्य क्षेत्र योजनाएं		41,073
कुल		8,57,786

योजना वित्तपोषण संबंधी मुद्दे

3.53. ग्यारहवीं योजना दस्तावेज में,ऐसे कई अवधारणात्मक मुद्दों पर चर्चा की गई थी जिनका योजना वित्तपोषण ढांचे तथा सार्वजनिक व्यय प्रबंधन पर असर पड़ता है। इन मुद्दों में व्यय का योजना और गैर–योजना में वर्गीकरण, राजस्व तथा पूंजी, राज्यों को केंद्रीय सहायता की बजाए केंद्रीय योजना के रूप में केंद्रीय प्रायोजित स्कीमों की निधि का अंतरण, राज्यों को निधि अंतरण की पद्धति (समेकित निधि बनाम सोसायटी के माध्यम से), योजना व्यय का मॉनीटरण, सार्वजनिक क्षेत्रक योजना का दायरा तथा पूंजीगत परिसम्पत्तियों के लिए अनुदान सीमित करने हेतु एफआरबीएम फ्रेमवर्क से पैदा समस्याएं।

3.54. योजना आयोग ने ऊपर उल्लिखित विभिन्न मुद्दों की पड़ताल तथा सार्वजनिक व्यय के कुशल प्रबंधन हेतु सुझाव देने के लिए डॉ. सी. रंगराजन की अध्यक्षता में एक उच्च–स्तरीय कुशल सार्वजनिक व्यय प्रबंधन (एचएलईसी) समिति का गठन किया था इस समिति ने पांच विचारार्थ विषयों पर 25 सिफारिशें की हैं।

3.55. एचएलईसी ने बजट में योजना और गैर–योजना के अंतर को समाप्त करने तथा सार्वजनिक व्यय प्रबंधन के दृष्टि से अधिक समग्र दृष्टिकोण, एक वर्षीय अनुभव से बहु–वर्षीय अनुभव और इनपुट आधारित बजटिंग से आउटपुट व आउटकम आधारित बजटिंग में परिवर्तन की सिफारिश की है। एचएलईसी ने वित्त मंत्रालय, योजना आयोग, केन्द्र व राज्य सरकारों के प्रशासनिक मंत्रालयों की भूमिका को व्यापक रूप से पुनः परिभाषित भी किया है। इसने वार्षिक बजटिंग प्रक्रिया में परिवर्तन का प्रस्ताव किया है।

3.56. एचएलईसी ने कार्यों, कार्यक्रमों और स्कीमों के संबंध में केन्द्र व राज्य सरकारों के लिए नई बहु–आयामी बजट एवं लेखा वर्गीकरण शुरू करने के प्रस्ताव का समर्थन किया है। इसने राज्य ट्रेजरी और कोर बैंकिंग सोल्यूशन (सीबीएस) के इंटरफेस के माध्यम से केन्द्रीय योजना स्कीम मॉनीटरिंग प्रणाली (सीपीएसएमएस) के विस्तार की सिफारिश की है, जिससे कि उन सभी स्कीमों की रीयल–टाइम ट्रैकिंग की जा सके, जिसके लिए संसाधन राज्यों तथा उनकी एजेंसियों को अंतरित की जाती है। इन उपायों से राज्यों तथा उनकी एजेंसियों को अंतरित किए गए संसाधनों तथा विभिन्न स्कीमों की उपयोगिता के बारे में व्यापक दृष्टिकोण प्राप्त हो सकेगा।

3.57. एचएलईसी ने स्वायत्त सोसाइटियों/एजेंसियों को प्रत्यक्ष माध्यम से अंतरण को चरणवद्ध तरीके से समाप्त करने की सिफारिश की है जिससे कि बेहतर जवाबदेही के लिए केन्द्रीय योजना निधियों का ट्रेजरी माध्यम से अंतरण सुनिश्चित हो सके। परिवर्तन शुरूआती अवधि में ट्रेजरी माध्यम में पूरी तरह परिवर्तित हो जाने तक सोसाइटियों/एजेंसियों द्वारा लेखा, लेखा परीक्षा एवं उपयोगिता रिपोर्ट प्रस्तुत करने के संदर्भ में कई उपायों की सिफारिश की गई है।

3.58. एचएलईसी राजस्व–पूंजी वर्गीकरण को जारी रखने के पक्ष में है। समिति सिफारिश करती है कि सभी अंतरणों को लेखा में राजस्व व्यय समझा जाए, परंतु एफआरबीएम अनुपालन के उद्देश्य से पूंजी परिसम्पत्तियों की लिए अनुदान को बाहर रखने के कारण थे। समिति सिफारिश करती है कि एफआरबीएम अनुपालन हेतु समूचा नियंत्रण परम्परागत राजस्व घाटे से 'समायोजित राजस्व घाटे' (पूंजी परिसम्पत्ति हेतु अनुदान स्तर तक राजस्व घाटा समायोजित) को सौप दिया जाए। तथापि, यह पूंजी परिसम्पत्ति के परिभाषिक आवश्यकताओं के प्रति सख्त अनुपालन तथा परिसम्पत्ति रिकार्ड/रजिस्टर को सार्वजनिक डोमेन में रखने की शर्तों पर होनी चाहिए।

3.59. सार्वजनिक क्षेत्रक योजना के दायरे के संबंध में एचएलईसी ने केन्द्र की आंतरिक एवं बाह्य बजटीय संसाधनों (आईईबीआर) द्वारा निधिकृत निवेश परिव्ययों को शामिल करने की सिफारिश की गई है। समिति के अनुसार, सार्वजनिक क्षेत्रक योजना के दायरे में स्थानीय निकायों के संसाधनों को भी शामिल किया जाना चाहिए। सार्वजनिक निजी भागीदारी (पीपीपी) परियोजनाओं के बारे में समिति की सिफारिश है कि केवल वार्षिकी प्रतिबद्वताएं अथवा व्यवहार्यता अंतराल वित्त पोषण (वीजीएफ) ही योजना का हिस्सा होना चाहिए, परंतु पीपीपी के लिए व्यापक सूचना देने वाले केन्द्रीय/राज्य बजटों का एक अलग अनुपूरक होना चाहिए।

3.60. एचएलईसी की कुछ सिफारिशों को स्वीकार कर लिया गया है। चालू केन्द्रीय योजना स्कीम मॉनीटरिंग प्रणाली (सीपीएसएमएस) का निधियों के बेहतर ट्रैकिंग व उपयोगिता हेतु विस्तार किया जाना चाहिए। प्रभावी राजस्व 'घाटा' की अवधारणा को सांविधिक पहचान देने तथा एफआरबीएम अधिनियम के अंतर्गत परिकल्पित अन्य तीन विवरणों सहित मध्यावधिक व्यय ढांचा विवरण प्रस्तुत करने के लिए केन्द्र की एफआरबीएम अधिनियम में संशोधन कर लिया गया है। इससे मंत्रालयों/विभागों को प्राथमिकता स्कीमों हेतु संसाधनों का पुनःआबंटन करने तथा अनुपयोगी स्कीमों को हटाने में सहायता मिलेगी। केन्द्र व राज्यों की लेखा शीर्ष की सूची की समीक्षा करने के लिए गठित समिति ने अपनी रिपोर्ट प्रस्तुत कर दी है। केवल समेकित निधि (ट्रैजरी) के माध्यम से राज्यों को योजना संसाधनों के अंतरण संबंधी सिफारिश को संसाधनों की जवाबदेही में सुधार हेतु

अन्य सिफारिशों के साथ कार्यान्वित किया जाएगा। योजना और गैर–योजना वर्गीकरण को समाप्त करने के संबंध में एचएलईसी की सिफारिशें विचाराधीन है जिससे कि इसकी संभाव्यता; विशेषकर राज्यों के साथ इसके परस्पर क्रिया का निर्धारण किया जा सके।

अवसंरचना वित्तपोषणः पीपीपी की ओर परिवर्तन

3.61. व्यापक रूप में सभी की मान्यता है कि विकास अवसंरचना में उच्च विकास के लिए पर्याप्त निवेश पूर्वापेक्षा है। इस परिप्रेक्ष्य में, सरकार द्वारा अवसंरचना में निवेश को बढ़ावा देने के लिए अनुकूल वातावरण तैयार करने हेतु उपाय किए गए है।

ग्यारहवीं योजना की उपलब्धियां

3.62. ग्यारहवीं योजना के प्रारंभ में अवसंरचना घाटे को पूरा करने के लिए भौतिक अवसंरचना निवेश में दसवीं योजना के दौरान हासिल जीडीपी के लगभग 5 प्रतिशत से वर्ष 2011–12 (ग्यारहवीं योजना की समाप्ति वर्ष) तक जीडीपी के लगभग 9 प्रतिशत तक वृद्धि परिकल्पित की गई थी। इसमें ग्यारहवीं योजना के दौरान 20,56,150 करोड़ रूपये के निवेश की आवश्यकता अनुमानित की गई थी जबकि दसवीं योजना के दौरान यह निवेश 9,16,176 करोड़ रूपये थी। इसके अतिरिक्त, अवसंरचना निवेश में निजी क्षेत्रक का योगदान दसवीं योजना में लगभग 22 प्रतिशत से ग्यारहवीं योजना में लगभग 30 प्रतिशत तक बढ़ने की आशा थी।

क्षेत्रक–वार निवेश

3.63. ग्यारहवीं योजना के प्रथम चार वर्षों तथा पांचवें वर्ष के अंतरिम आंकड़ों के लिए वास्तविक निवेश के आंकड़ों के आधार पर आशा की जाती है कि ग्यारहवीं योजना के दौरान अवसंरचना में कुल निवेश वर्ष 2006–07 के मूल्यों पर 19,35,058 करोड़ रूपये होगा (20,56,150 करोड़ रूपये के अनुमानित निवेश की तुलना में)। निजी क्षेत्रक का योगदान ग्यारहवीं योजना के लिए प्रारंभ में अनुमानित 30 प्रतिशत की तुलना में लगभग 36 प्रतिशत होगा जो कि दसवीं योजना में हासिल लक्ष्य 22.04 प्रतिशत से बहुत अधिक है। दसवीं योजना और ग्यारहवीं योजना अवधि में निवेश के ब्यौरे तालिका 3.15 में दर्शाए गए है। ग्यारहवीं योजना अवधि में की गई निवेश प्रारंभिक अनुमानों का लगभग 94 प्रतिशत है जिसमें सार्वजनिक क्षेत्रक का निष्पादन लक्ष्य से कम 86 प्रतिशत तथा निजी क्षेत्रक का निष्पादन लक्ष्य से अधिक अर्थात 113 प्रतिशत है। सभी क्षेत्रकों में उपलब्धियां समान नहीं थी। जबकि दूर संचार, तेल व गैस पाइपलाइन, सड़क एवं पुल क्षेत्रक में निवेश लक्ष्य से अधिक था, पत्तन, रेलवे, जलापूर्ति व स्वच्छता तथा भंडारण में निवेश अपेक्षा से काफी कम था। ग्यारहवीं योजना विभिन्न क्षेत्रकों में निजी निवेश के शेयर चित्र 3.2 में दर्शाए गए हैं।

अवसंरचना निवेश और जीडीपी

3.64. तालिका 3.16 में जीडीपी के प्रतिशत के रूप में अवसंरचना का शेयर दिया गया है। इसमें दसवीं योजना में 5.04 प्रतिशत से ग्यारहवीं योजना में जीडीपी के लगभग 7.21 प्रतिशत की वृद्धि हुई है। यह भी देखा गया है कि उसी अवधि में जीडीपी के प्रतिशत के रूप में निजी क्षेत्रक का शेयर 1.12 प्रतिशत से बढ़कर 2.64 प्रतिशत हो गया है।

3.65. वर्ष 2006–07 में जीडीपी के 5.61 प्रतिशत के आधार से शुरू होकर, अवसंरचना निवेश 2010–11 में जीडीपी के 8.41 प्रतिशत तक

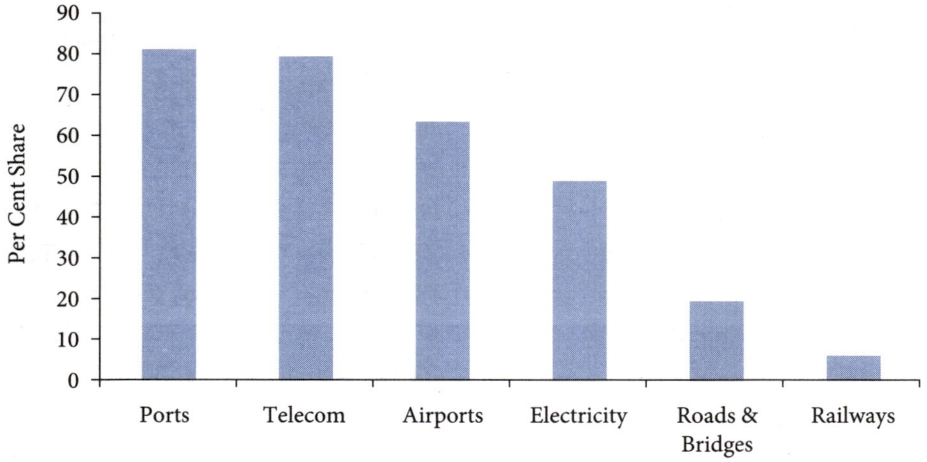

चित्र 3.2: अवसंरचना में निजी क्षेत्रक निवेश (प्रतिशत शेयर)

तालिका 3.15
क्षेत्रक-वार निवेशः दसवीं योजना एवं ग्यारहवीं योजना

(2006–07 मूल्यों पर करोड़ रूपये)

क्षेत्रक	दसवीं योजना	ग्यारहवीं योजना			
	वास्तविक	प्रारंभिक अनुमान	प्रत्याशित	दसवीं योजना के वास्तविक की तुलना में प्रत्याशित ग्यारहवीं योजना में % वृद्धि	प्रारंभिक अनुमानों का प्रत्याशित %
विद्युत (आरई सहित)	2,74,661	6,66,525	6,45,835	135.14	96.90
केन्द्र	1,03,431	2,55,316	1,93,619	87.20	75.84
राज्य	1,02,054	2,25,697	1,48,819	45.94	65.94
निजी	69,176	1,85,512	3,03,396	338.59	163.55
सड़कें व पुल	1,52,616	3,14,152	3,61,822	137.08	115.17
केन्द्र	71,536	1,07,359	1,55,367	117.19	144.72
राज्य	68,143	1,00,000	1,34,246	97.01	134.25
निजी	12,937	1,06,792	72,209	458.14	67.62
दूर संचार	1,44,669	2,58,439	3,09,271	113.78	119.97
केन्द्र	50,626	80,753	68,628	35.56	84.99
निजी	94,042	1,77,686	2,40,643	155.89	135.43
रेलवे (एमआरटीएस सहित)	1,03,493	2,61,808	1,95,340	88.75	74.61
केन्द्र	1,00,077	2,01,453	172,113	71.98	85.44
राज्य	2,743	10,000	11,727	327.44	117.27
निजी	672	50,354	11,501	1,610.14	22.84
सिंचाई (डब्ल्यूएस सहित)	1,21,475	2,53,301	1,95,688	61.09	77.26
केन्द्र	9,661	24,759	11,629	20.37	46.97
राज्य	1,11,814	2,28,543	1,84,059	64.61	80.54
जलापूर्ति एण्ड एसएन	60,577	1,43,730	97,351	60.71	67.73
केन्द्र	21,508	42,003	37,243	73.16	88.67
राज्य	37,958	96,306	59,989	58.04	62.29
निजी	1,111	5,421	119	-89.33	2.20
पत्तन (आईएलडब्ल्यू सहित)	22,351	87,995	35,536	58.99	40.38
केन्द्र	2,630	29,889	4,398	67.24	14.71
राज्य	916	3,627	2,216	141.95	61.10
निजी	18,805	54,479	28,922	53.80	53.09
हवाई अड्डे	7,354	30,968	29,282	298.20	94.56
केन्द्र	3,855	9,288	9,708	151.85	104.52
राज्य	717	50	929	29.64	1,858.00
निजी	2,782	21,630	18,644	570.20	86.20

(Contd)

(Table 3.15 Contd)

क्षेत्रक	दसवीं योजना	ग्यारहवीं योजना			
	वास्तविक	प्रारंभिक अनुमान	प्रत्याशित	दसवीं योजना के वास्तविक की तुलना में प्रत्याशित ग्यारहवीं योजना में % वृद्धि	प्रारंभिक अनुमानों का प्रत्याशित %
भण्डारण	5,591	22,378	14,203	154.03	63.47
केन्द्र	3,065	4,476	4,709	53.64	105.21
राज्य	124	6,713	1,669	1,250.17	24.86
निजी	2,402	11,189	7,825	225.72	69.93
तेल व गैस-पाइपलाईन	23,389	16,855	50,730	116.90	300.98
केन्द्र	21,088	10,327	27,818	31.91	269.37
राज्य	2,279	–	3,335	46.35	–
निजी	23	6,528	19,578	85,737.54	299.91
कुल योग	9,16,176	20,56,150	19,35058	111.21	94.11
केन्द्र	3,87,477	7,65,622	6,85234	76.84	89.50
राज्य	3,26,748	6,70,937	5,46,989	67.40	81.53
निजी	2,01,951	6,19,591	7,29,497	261.23	117.74
कुल योग	9,16,176	20,56,150	19,35058	111.21	94.11
सार्वजनिक	7,14,225	14,36,559	12,32222	72.53	85.78
निजी	2,01,951	6,19,591	7,02,836	248.02	113.43
जीडीपी एमपी	1,82,46,267	27,044,506	2,69,34,373	–	–
जीडीपी कन. एमपी के%के रूप मे निवेश	5.02	7.60	7.18	–	–

तालिका 3.16
जीडीपी के प्रतिशत के रूप में ग्यारहवीं योजना के दौरान निवेश

(चालू मूल्यों पर करोड़ रूपये में)

वर्ष	दसवीं योजना (वास्तविक)	XI वीं योजना का आधार वर्ष (2006–07) (वास्तविक)	2007–08 (वास्तविक)	2008–09 (वास्तविक)	2009–10 (वास्तविक)	2010–11 (वास्तविक)	2011–12 (आरआई)	कुल ग्यारहवीं योजना
जीडीपी$_{एमपी}$	1,65,98,847	42,94,706	49,87,090	56,30,063	64,57,352	76,74,148	88,55,797	3,36,04,450
सार्वजनिक निवेश	6,51136	179,415	2,16,178	2,73,496	2,96,924	3,59,185	3,90,689	15,36,773
निजी निवेश	1,86,023	61,621	96,177	1,40,568	1,44,665	2,85,990	2,20,104	8,87,504
कुल निवेश	8,37,159	2,41,116	3,12,355	4,14,364	4,41,590	6,45,175	6,10,793	24,24,277
जीडीपी के प्रतिशत के रूप में निवेश								
सार्वजनिक निवेश	3.92	4.18	4.33	4.86	4.60	4.68	4.41	4.57
निजी निवेश	1.12	1.43	1.93	2.50	2.24	3.73	2.49	2.64
कुल निवेश	5.04	5.61	6.26	7.36	6.84	8.41	6.90	7.21

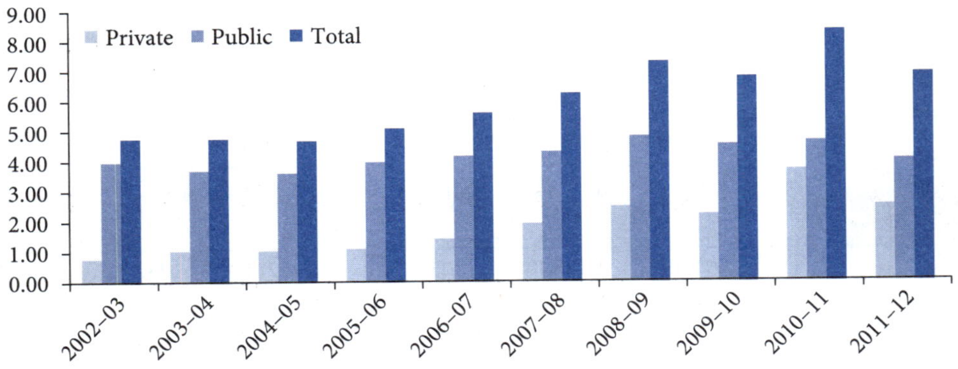

चित्र 3.3: जीडीपी के प्रतिशत के रूप में अवसंरचना में निवेश

पहुंच गए, जो अब तक का सबसे अधिक है, इसमें से कुछ भाग का योगदान 3जी स्पेक्ट्रम की नीलामी में निवेश करने वाले दूरसंचार आपरेटरों द्वारा किया जाएगा। दूरसंचार क्षेत्रक में गिरावट के कारण ग्यारहवीं योजना अवधि की समाप्ति वर्ष में प्रतिशत में गिरावट जीडीपी के 6.90 प्रतिशत तक दर्ज की गई। कुल मिलाकर ग्यारहवीं योजना में दसवीं योजना की तुलना में अवसंरचना निवेश में जीडीपी के लगभग 2.17 प्रतिशत तक वृद्धि होने की संभावना है। इसमें लगभग 70 प्रतिशत की वृद्धि उच्चतर निजी भागीदारी के कारण हुई है। जीडीपी के प्रतिशत के रूप में सार्वजनिक एवं निजी निवेश के सापेक्ष शेयर चित्र 3.3 में दिए गए हैं।

बारहवीं योजना हेतु कार्यनीति

3.66. बारहवीं योजना की कार्यनीति में निजी क्षेत्रकों की भागीदारी को प्रत्यक्ष तथा पीपीपी के विभिन्न प्रारूपों, जहां वांछनीय और संभाव्य हो, के माध्यम से बढ़ावा देना है। अवसंरचना निवेश में निजी क्षेत्रक के शेयर में ग्यारहवीं योजना में अनुमानित लगभग 36.61 प्रतिशत में पर्याप्त बढ़ोतरी करते हुए बारहवीं योजना में लगभग 48 प्रतिशत करनी होगी। यह अपेक्षा की जाती है कि प्रतिस्पर्धा व निजी निवेश से न केवल क्षमता का विस्तार होगा बल्कि अवसंरचना परियोजनाओं के कार्यान्वयन में लागत एवं अधिक समय को कम करने के अलावा सेवा गुणवत्ता में सुधार भी होगा। बारहवीं योजना के लिए वर्ष एवं क्षेत्रकवार अनुमान नीचे तालिका 3.17 में दिए गए हैं:

3.67. समग्र अवसंरचना निवेश के केन्द्रीय शेयर में ग्यारहवीं योजना में 35.34 प्रतिशत से बारहवीं योजना में 28.72 प्रतिशत तक गिरावट आने तथा राज्यों के शेयर में ग्यारहवीं योजना के 28.05 प्रतिशत की तुलना में 23.13 प्रतिशत तक की गिरावट आने की संभावना है। निजी क्षेत्रक के शेयर में ग्यारहवीं योजना में 36.61 प्रतिशत से बारहवीं योजना में 48.14 प्रतिशत तक वृद्धि होने की संभावना है।

बारहवीं योजना में अवसंरचना निवेश का वित्तपोषण

3.68. बारहवीं योजना में अवसंरचना में केन्द्र द्वारा 1,60,1061 करोड़ रूपये तथा राज्यों द्वारा 12,89,762 करोड़ रूपये की कुल सार्वजनिक क्षेत्रक निवेश की परिकल्पना की गई है। निजी क्षेत्रक द्वारा निवेश जिसमें पीपीपी परियोजनाएं शामिल है, में 26,83,840 करोड़ रूपये का शेष है जो कि बारहवीं योजना के दौरान अपेक्षित निवेश का 48.14 प्रतिशत है तथा ग्यारहवीं योजना के प्रत्याशित 36.61 प्रतिशत से काफी अधिक है। केन्द्र सरकार द्वारा अनुमानित 16,01,061 करोड़ रूपये के निवेश में से 9,47,083 करोड़ रूपये का निधिकरण आंतरिक और अतिरिक्त बजटीय संसाधन (आईईबीआर) से किया जाएगा। राज्यों के मामले में तालिका 3.18 में दिए गए ब्यौरे के अनुसार 7,30,569 करोड़ रूपये बजटीय संसाधनों से आने की संभावना है जबकि लगभग 5,59,194 करोड़ रूपये अपने आईईबीआर के माध्यम से आने की संभावना है। इसके लिए सार्वजनिक क्षेत्र उपक्रम को विशेषकर वाणिज्यिक शर्तों पर ऋण जुटाने हेतु काफी प्रयास करने होंगे।

3.69. सार्वजनिक एवं निजी क्षेत्रकों द्वारा ऋण की कुल आवश्यकता 27,75,641 करोड़ रूपये होने की संभावना है। तथापि बारहवीं योजना के दौरान अवसंरचना हेतु ऋण वित्तपोषण की उपलब्धता 22,65,171 करोड़ रूपये अनुमानित की गई है। ऋण घटक के लिए लगभग 5,00,000 करोड़ रूपये के निधिकरण अंतराल की संभावना है जिसके ब्यौरे तालिका 3.19 में दिए गए है। इस अंतराल को पूरा करने हेतु उपाय करना होगा।

तालिका 3.17
अवसंरचना में अनुमानित निवेशः बारहवीं योजना

(वर्तमान मूल्यों पर करोड़ रूपये)

क्षेत्रक	कुल ग्यारहवीं योजना	बारहवीं योजना अनुमान					
		2012–13	2013–14	2014–15	2015–16	2016–17	कुल बारहवीं योजना
विद्युत	728,494	228,405	259,273	294,274	333,470	386,244	**15,01,666**
केन्द्र	233,501	69,059	77,650	87,228	97,616	109,242	440,796
राज्य	184,696	56,338	62,337	68,909	75,888	83,572	347,043
निजी	310,297	103,008	119,286	138,137	159,966	193,429	713,827
नवीकरणीय ऊर्जा	89,220	31,199	42,590	58,125	79,075	107,637	318,626
केन्द्र	9,630	3,631	4,739	6,179	8,027	10,427	33,003
राज्य	1,018	744	886	1,056	1,253	1,487	5,425
निजी	78,572	26,825	36,965	50,890	69,795	95,724	280,198
सड़कें व पुल	453,121	150,466	164,490	180,415	198,166	221,000	914,536
केन्द्र	194,678	61,920	64,567	67,272	69,833	72,502	336,094
राज्य	165,903	47,844	51,222	54,786	58,377	62,204	274,433
निजी	92,540	40,702	48,702	58,357	69,955	86,294	304,010
दूर संचार	384,962	105,949	136,090	176,489	230,557	294,814	943,899
केन्द्र	86,375	15,203	14,827	14,446	14,023	13,611	72,110
निजी	298,586	90,746	121,263	162,042	216,535	281,203	871,789
रेलवे	201,237	64,713	78,570	96,884	121,699	157,355	519,221
केन्द्र	192,147	59,988	70,202	82,078	95,601	111,351	419,221
निजी	9,090	4,725	8,368	14,806	26,098	46,003	100,000
एमआरटीएस	41,669	13,555	17,148	22,298	29,836	41,322	124,158
केन्द्र	21,469	5,889	6,784	7,808	8,953	10,266	39,700
राज्य	14,786	4,732	5,451	6,274	7,194	8,249	31,901
निजी	5,414	2,934	4,912	8,215	13,688	22,806	52,557
सिंचाई (जलसंभर सहित)	243,497	77,113	87,386	99,178	112,506	128,186	504,371
केन्द्र	14,426	4,679	5,952	7,713	10,161	13,666	42,171
राज्य	229,071	72,434	81,434	91,466	102,346	114,520	462,200
जलापूर्ति एवं स्वच्छता	120,774	36,569	42,605	49,728	58,084	68,333	255,319

(Contd)

(Table 3.17 Contd)

क्षेत्रक	कुल ग्यारहवीं योजना	बारहवीं योजना अनुमान					
		2012–13	2013–14	2014–15	2015–16	2016–17	कुल बारहवीं योजना
केन्द्र	46,003	13,999	16,423	19,248	22,473	26,240	98,382
राज्य	74,607	22,335	25,732	29,617	33,959	38,939	150,582
निजी	164	235	451	864	1,651	3,154	6,355
पत्तन (आईएलडब्ल्यू)	44,536	18,661	25,537	35,260	49,066	69,256	197,781
केन्द्र	5,480	2,888	3,415	4,034	4,747	5,586	20,670
राज्य	2,759	794	930	1,089	1,269	1,480	5,563
निजी	36,298	14,979	21,192	30,138	43,050	62,189	171,548
हवाई अड्डे	36,311	7,691	10,716	15,233	21,959	32,116	87,714
केन्द्र	11,873	2,456	2,710	2,988	3,282	3,605	15,041
राज्य	1,030	268	351	458	596	776	2,449
निजी	23,408	4,967	7,655	11,787	18,081	27,735	70,224
तेल व गैस पाइपलाईन	62,534	12,211	16,604	23,833	36,440	59,845	148,933
केन्द्र	35,179	9,335	11,367	13,827	16,757	20,308	71,594
राज्य	4,070	832	985	1,164	1,372	1,616	5,969
निजी	23,284	2,044	4,253	8,842	18,311	37,921	71,370
भण्डारण	17,921	4,480	6,444	9,599	14,716	23,202	58,441
केन्द्र	5,956	1,711	2,026	2,396	2,823	3,326	12,280
राज्य	2,116	623	717	826	947	1,085	4,198
निजी	9,850	2,146	3,701	6,377	10,947	18,791	41,963
कुल योग	2,424,277	751,012	887,454	1,061,316	1,285,573	1,589,308	5,574,663
केन्द्र	856,717	250,758	280,662	315,217	354,296	400,129	1,601,061
राज्य	680,056	206,944	230,045	255,645	283,201	313,928	1,289,762
निजी	887,504	293,310	376,747	490,455	648,077	875,251	2,683,840
कुल योग	2,424,277	751,012	887,454	1,061,316	1,285,573	1,589,308	5,574,663
सार्वजनिक	1,536,773	457,702	510,707	570,862	637,497	714,057	2,890,823
निजी	887,504	293,310	376,747	490,455	648,077	875,251	2,683,840
जीडीपीएमपी	33,604,450	10,150,618	11,645,987	13,358,028	15,347,089	17,661,485	68,163,207
जीडीपीएमपी के: के रूप में निवेश	7.21	7.40	7.62	7.95	8.38	9.00	8.18

1. डीएई (विद्युत) और एनएलसी (विद्युत) हेतु अनुमानों को छोड़कर, परंतु ये ग्यारहवीं योजना में शामिल हैं।
2. पीएमजीएसवाई सहित 3. स्पेक्ट्रम नीलामी प्रभार सहित
4. एकीकृत कम लागत स्वच्छता (आईएलसीएस) योजना हेतु अनुमान सहित 5. जेएनएनयूआरएम सहित

तलिका 3.18
स्रोत-वार अनुमानित निवेश

(वर्तमान मूल्यों पर करोड़ रूपये में)

	2012–13	2013–14	2014–15	2015–16	2016–17	कुल XIIवीं योजना
केन्द्र	250,758	280,662	315,217	354,296	400,129	1,601,061
केन्द्रीय बजट	107,664	117,805	129,245	142,220	157,044	653,978
आंतरिक सृजन	68,200	75,519	83,919	93,145	103,931	424,713
ऋण	74,894	87,338	102,052	118,931	139,154	522,370
राज्य	206,944	230,045	255,645	283,201	313,928	1,289,762
राज्य बजट	127,290	136,027	145,413	155,499	166,340	730,569
आंतरिक सृजन	23,429	27,652	32,422	37,560	43,409	164,472
ऋण	56,225	66,365	77,810	90,142	104,179	394,722
निजी	293,310	376,747	490,455	648,077	875,251	2,683,840
आंतरिक प्राप्तियां/ इक्विटी	87,992	113,024	152,042	200,904	271,328	825,291
ऋण	205,318	263,723	338,413	447,172	603,923	1,858,549
कुल अनुमानित निवेश	751,012	887,454	1,061,316	1,285,573	1,589,308	5,574,663
गैर–ऋण	414,575	470,027	543,041	629,328	742,052	2,799,022
ऋण	336,437	417,426	518,275	656,246	847,256	2,775,641

तलिका 3.19
ऋण के संभावित स्रोत

(वर्तमान मूल्यों पर करोड़ रूपये)

	2012–13	2013–14	2014–15	2015 –16	2016–17	कुल बारहवीं योजना
घरेलू बैंक क्रेडिट	119,066	162,663	216,015	285,513	381,389	1,164,646
एनबीएफसी	56,973	81,027	112,014	154,124	214,325	618,462
पेंशन/बीमा निधि	21,681	25,694	29,602	33,941	39,331	150,248
ईसीबी	46,799	56,020	65,182	75,484	88,349	331,834
संभावित कुल ऋण संसाधन	244,519	325,231	422,590	549,007	723,823	2,265,171
अनुमानित ऋण अपेक्षा	336,437	417,426	518,275	656,246	847,256	2,775,641
अनुमानित एवं संभावित आवश्यकताओं के बीच अंतर	91,918	92,195	95,685	107,239	123,433	510,470

3.70. बारहवीं योजना में अवसंरचना में अनुमानित निवेश हासिल करना तभी संभव होगा जब हम निजी निवेश में ठोस बढ़ोतरी के अतिरिक्त सार्वजनिक क्षेत्र के आंतरिक और बाहय बजटीय संसाधनों में पुख्ता विस्तार करेंगे। निजी निवेश हासिल करने के लिए अनुकूल नीति एवं नियामक वातावरण हेतु ठोस प्रतिस्थापन की आवश्यकता होगी।

पीपीपी के लिए संस्थागत ढांचा

मंत्रिमंडलीय अवसंरचना समिति

3.71. पीपीपी (ज) दृष्टिकोण को पुख्ता रूप से सिद्धांतों पर आधारित होना चाहिए जो यह सुनिश्चित कर सकें कि पीपीपी (ज) तैयार की जाती हैं और वे लोकहित में निष्पादन करती हैं ताकि सार्वजनिक सेवाओं की गुणवत्तापूर्ण सेवाएं ली जा सकें और अतिरिक्त क्षमता

हासिल की जा सके। इन भागीदारियों को अनिवार्य रूप से यह सुनिश्चित करना होगा कि कम होते सार्वजनिक संसाधनों को बढ़ावा देने के लिए निवेश किया जाता है साथ में क्षमताओं में भी सुधार किया जाता है। पीपीपी (ज) के क्षेत्र में सरकार की मौजूदा पहलें इन उद्देश्यों की प्राप्ति के लिए तैयार की गई हैं।

3.72. अवसंरचना क्षेत्रक में निजी निवेश को बढ़ावा देने के लिए निम्नलिखित कदम उठाए गए हैं:

1. पीपीपी (ज) परियोजनाओं के मूल्यांकन एवं अनुमोदन हेतु मजबूत संस्थागत अवसंरचना तैयार करना।
2. अवसंरचना क्षेत्रकों के लिए पारस्परिक रूप से मॉडल कन्सेशन एग्रीमेंट जैसे मानकीकृत दस्तावेज विकसित करना।
3. समर्पित संस्थाएं सृजित करते हुए अंतराल निधिकरण के माध्यम से उन्हें व्यावहारिकता प्रदान करना तथा उनके लिए वित्तीय सुलभता में वृद्धि करना।

3.73. अगस्त, 2004 में प्रधानमंत्री की अध्यक्षता में अवसंरचना समिति (सीओआई) का गठन किया गया था जिसका उद्देश्य था कि ऐसी नीतियों की पहल की जा सके जिनसे वैश्विक श्रेणी स्तर की अवसंरचनाएं समयबद्ध रूप से सुनिश्चित हो सकें, अंतर्राष्ट्रीय मानकों के अनुसार सेवाएं मुहैया कराई जा सकें तथा लक्ष्य हासिल सुनिश्चित करने के लिए प्रमुख अवसंरचना परियोजनाओं की प्रगति के लिए मानीटरण किया जा सके और ऐसी अवसंरचनाओं को विकसित किया जा सके जिससे पीपीपी (ज) की भूमिका को अधिकतम किया जा सके। जुलाई, 2009 में सीओआई के स्थान पर प्रधानमंत्री की अध्यक्षता में मंत्रिमंडलीय अवसंरचना समिति बनाई गई। सीसीआई अवसंरचना क्षेत्रकों के बीच नीतियों की समीक्षा कर उनको अनुमोदित करती है। अवसंरचना क्षेत्रकों में निवेश को बढ़ाने के लिए यह जरूरी वित्तीय, संस्थागत और विधिक उपायों पर विचार कर निर्णय लेती है।

पीपीपी मूल्यांकन समिति एवं अधिकृत मूल्यांकन संस्थान

3.74. सचिव, आर्थिक कार्य विभाग की अध्यक्षता में, योजना आयोग, व्यय विभाग, विधि विभाग और संबंधित प्रशासनिक मंत्रालय के सचिवों को सदस्य के रूप में शामिल करते हुए पीपीपी परियोजनाओं के त्वरित अनुमोदन के लिए एक सार्वजनिक निजी सहभागिता मूल्यांकन समिति (पीपीपीएसी) का गठन किया गया है। योजना आयोग द्वारा परियोजना प्रस्तावों का मूल्यांकन किया जाता है तथा पीपीपीएसी द्वारा उन्हें अनुमोदित किया जाता है। अधिकृत संस्थान (ईआई) राज्य स्तर पर अवसंरचना परियोजनाओं के लिए व्यावहारिक अंतराल निधिकरण उपलब्ध कराने हेतु परियोजनाओं को अनुमोदन देता है।

नियामक रूपरेखा

3.75. हाल ही के वर्षों में स्वतंत्र नियामक प्राधिकरण विद्युत, दूरसंचार और नागरिक उड्डयन क्षेत्रकों में स्थापित किए गए हैं। स्वतंत्र प्राधिकरण द्वारा बंदरगाह क्षेत्रक में किराये का निर्धारण भी किया जाता है। यह प्राधिकरण विभिन्न जिम्मेदारियों का निर्वहन करते हैं जो पहले सरकार के अधिकारक्षेत्र में होती थी। नियामक संरचना और प्रणालियों में और सुधारों संबंधी पहलों के लिए नियामक सुधार विधेयक सरकार के विचाराधीन है।

परामर्शी सेवाएं

3.76. पीपीपी परियोजनाएं दीर्घावधिक संविदाओं पर आधारित है तथा एकाधिकार सेवाओं पर निजी नियंत्रण के अलावा टोल एकत्र करने जैसे सरकारी प्राधिकार प्रदान करना शामिल हो सकता है। अतः पीपीपी परियोजनाओं के कार्यान्वयन के लिए परियोजना समझौते, परियोजनाओं की संरचना आदि तैयार करने के मामले में उपयुक्त परामर्शी सेवाओं की आवश्यकता है। योजना आयोग ने परियोजनाओं के लिए परामर्शदाता नियुक्त करके परियोजना प्राधिकारियों को तकनीकी सहायता प्रदान करने हेतु एक स्कीम प्रचालित किया है। वित्त मंत्रालय ने भी पीपीपी परियोजनाओं हेतु परामर्शदाता नियुक्त करने की लागत सहित विकास व्यय पूरा करने हेतु ऋण प्रदान करने के लिए एक भारत अवसरंचना परियोजना विकास निधि (आईआईपीडीएफ) का सृजन किया है।

व्यवहार्यता अंतराल निधिकरण

3.77. व्यवहार्यता अंतराल निधिकरण (वीजीएफ) स्कीम 2006 में अधिसूचित की गई थी जिससे कि प्रतिस्पर्धी बोली अवसंरचना परियोजनाओं की वित्तीय व्यवहार्यता में वृद्धि की जा सके, जिन्हें आर्थिक लाभ से उचित बताया गया है परंतु वित्तीय लाभ के मानक को पूरा नहीं करते। स्कीम के अंतर्गत केन्द्र सरकार द्वारा पूंजी लागत के 20 प्रतिशत तक की अनुदान सहायता किसी केन्द्रीय मंत्रालय, राज्य सरकार, सांविधिक निकाय अथवा स्थानीय निकाय द्वारा शुरू की गई परियोजनाओं के लिए दी जाती है, जिससे कि बजटीय संसाधनों में व्यापक निजी पूंजी सुलभ हो सके। प्रायोजक मंत्रालय राज्य सरकार अथवा परियोजना प्राधिकरण द्वारा परियोजना लागत की 20 प्रतिशत राशि अतिरिक्त अनुदान के रूप में दी जा सकती है।

बॉक्स 3.1

अवसंरचना ऋण कोस

अवसंरचना परियोजनाएं पूंजी सघन है तथा इसमें लम्बी चुकता (पे बैंक) अवधि रहती है तथा इस प्रकार अपेक्षाकृत कम लागत पर दीर्घावधिक निधियों की आवश्यकता होती हैं। भारत में अवसंरचना परियोजनाएं मुख्यतया वाणिज्यिक बैंकों द्वारा वित्तपोषित की जाती है क्योंकि बीमा और पेंशन निधि आम तौर पर नई परियोजनाओं के लिए ऋण नहीं देते हैं। दीर्घावधिक ऋण की आवश्यकताओं को पूरा करने के लिए वर्तमान बॉण्ड बाजार में अभी क्षमता नहीं है। इन कमियों को दूर करने की दृष्टि से अवसंरचना विकास निधि (आईडीएफ) की स्थापना की जा रही है जिससे कि घरेलू और विदेशी पेंशन व बीमा निधि तथा अन्य स्रोतों से दीर्घावधिक ऋण को सुचारू बनाया जा सके। ये आईडीएफ ऋण के पुनर्भुगतान हेतु अप्रत्यक्ष सरकारी गारंटी के रूप में पर्याप्त क्रेडिट वृद्धि भी कर सकेंगे। भारतीय रिजर्व बैंक और सेबी ने पहले ही आईडीएफ के लिए नियामक ढांचा तैयार कर लिया है।

अवसंरचना वित्तपोषण हेतु ऋण संसाधनों में तेजी लाने के अलावा, आईडीएफ पीपीपी परियोजनाओं का निर्माण पूरा हो जाने तथा प्रचालन स्थिर हो जाने के पश्चात् पुनः उनका वित्तपोषण करेगी। वर्तमान परियोजनाओं के बैंक ऋण का पुनः वित्तपोषण करके, आईडीएफ से वर्तमान बैंक ऋणों के अधिकांश भाग को ले लेने की अपेक्षा है तथा इससे अवसंरचना परियोजनाओं हेतु इसके समतुल्य नए ऋण जारी हो सकेंगे।

भारत अवसंरचना वित्त कंपनी लिमिटेड (आईआईएफसीएल)

3.78. आईआईएफसीएल योजना आयोग के परामर्श से वित्त मंत्रालय द्वारा वर्ष 2006 में उन अवसंरचना परियोजनाओं के वित्तपोषण हेतु दीर्घावधिक ऋण प्रदान करने के लिए शुरू की गई थी जिनमें दीर्घ वहनीय अवधि शामिल थी। आईआईएफसीएल परियोजना लागत की 20 प्रतिशत तक वित्तीय सहायता परियोजना के कंपनियों को प्रत्यक्ष ऋण देने तथा बैंकों व वित्तीय स्थानों का पुनः वित्तपोषण करने के माध्यम से प्रदान करता है। आईआईएफसीएल सरकारी गारंटी के आधार पर घरेलू तथा विदेशी दोनों बाजारों से निधि एकत्र करता है। आईआईएफसीएल ने 229 परियोजनाओं के लिए कुल 40,373 करोड़ रूपये का ऋण संस्वीकृत किया है जिसमें 31 मार्च, 2012 तक 3,52,047 करोड़ रूपये का निवेश तथा 20,377 करोड़ रूपये का भुगतान हुआ है।

3.79. बारहवीं योजना में आईआईएफसीएल की सामान्य ऋणदाता के रूप में वर्तमान भूमिका का विस्तार हो कर एक उत्प्रेरक की हो जाने की आशा है जो अवसंरचना वित्तपोषण हेतु अतिरिक्त संसाधनों का जुटाव करेगी। इसे आईआईएफसीएल द्वारा अपने प्रत्यक्ष ऋण प्रचालन के विस्तार के बजाय निजी अवसंरचना कंपनियों द्वारा जारी बॉड्स के लिए गारंटी प्रदान करके हासिल किया जा सकता है। इससे बीमा व पेंशन निधि, विदेशी कर्ज तथा घरेलू बचत का जुटाव हो सकेगा। आईआईएफसीएल वित्त के अतिरिक्त स्रोत के रूप में संबद्ध ऋण भी उपलब्ध कराएगा। इसके अतिरिक्त, आईआईएफसीएल अपने टेक–आऊट वित्तपोषण स्कीम को अवसंरचना ऋण निधि से बदल भी सकेगा। कृपया बॉक्स 3.1 देखें।

उच्चस्तरीय वित्तपोषण अवसंरचना समिति

3.80. अवसंरचना वित्तपोषण हेतु वर्तमान ढांचे की समीक्षा करने तथा इस संबंध में सिफारिशें देने के लिए एक उच्च स्तरीय वित्तपोषण अवसंरचना समिति गठित की गई है। समिति से 31 मार्च, 2013 तक अपनी रिपोर्ट प्रस्तुत करने की अपेक्षा है।

मानक दस्तावेज एवं प्रक्रियाएं

3.81. सरकार ने बोली लगाने तथा पीपीपी रियायतें देने के लिए मानक दस्तावेज तैयार करने का निर्णय लिया है। मानकीकृत ढांचा अपनाने से जोखिम, लागत तथा बाध्यताओं में पारदर्शिता के साथ–साथ विवादों एवं भ्रष्टाचार की संभावनाओं को कम किया जा सकेगा।

3.82. योजना आयोग के पीपीपी एवं अवसंरचना सचिवालय द्वारा प्रकाशित विभिन्न क्षेत्रकों के लिए माडल रियायत समझौते (एमसीए) बॉक्स–3.2 में सूचीबद्ध है। विद्युत वितरण, विद्युत उत्पादन, आधुनिक भंडारण सुविधाओं, अस्पतालों, स्कूल शिक्षा, ड्रिप सिंचाई तथा औद्योगिक प्रशिक्षण संस्थानों में पीपीपी हेतु एमसीए अभी तैयार किए जा रहे हैं।

बॉक्स 3.2

पीपीपी परियोजनाओं हेतु मॉडल रियायत समझौते

- राष्ट्रीय राजमार्ग
- राज्य राजमार्ग
- राजमार्गो का प्रचालन एवं अनुरक्षण
- राष्ट्रीय राजमार्ग (छः लेन)
- कंटेनर ट्रेनों का प्रचालन
- रेलवे स्टेशनों का पुनर्विकास
- रेल इंजनों प्रापण–सह–अनुरक्षण
- नान–मेट्रो हवाई अड्डे
- ग्रीनफील्ड हवाई अड्डे
- पत्तन टर्मिनल
- विद्युत पारेषण
- शहरी मैट्रो रेल

3.83. मानकीकृत दिशानिर्देश तथा मॉडल दस्तावेज जो पीपीपी परियोजनाओं के लिए बोली प्रक्रिया से संबंधित प्रमुख सिद्धान्तों को शामिल करते हैं, तैयार कर लिए गए हैं। इन्हें नीचे बॉक्स 3.3 में दर्शाया गया है।

बॉक्स 3.3

पीपीपी परियोजनाओं हेतु मॉडल बोली दस्तावेज

- पीपीपी परियोजनाओं हेतु माडल अर्हता अनुरोध (आरएफक्यू) दस्तावेज
- पीपीपी परियोजनाओं के लिए माडल प्रस्ताव हेतु अनुरोध (आरएफपी) दस्तावेज
- तकनीकी परामर्शदाता के चयन हेतु माडल आरएफपी दस्तावेज
- विधि सलाहकारों चयन हेतु माडल आरएफपी दस्तावेज
- वित्तीय परामर्शदाता–ट्रंजेक्शन सलाहकारों के लिए मॉडल आर.एफ.पी. दस्तावेज
- पारेशन परामर्शदाता नियुक्त करने हेतु मॉडल आर.एफ.पी. दस्तावेज

3.84. सरकार ने नीतियों एवं प्रक्रियाओं में सुधार हेतु कई क्षेत्रों की पहचान की है। उपर्युक्त वर्णित पहलों के अनुसरण में कई दिशानिर्देश व मैनुअल जारी किए गए है। नीचे बॉक्स 3.4 में इन्हें सूचीबद्ध किया गया है।

बॉक्स 3.4

दिशानिर्देश एवं मैनुअल

- अवसंरचना में पीपीपी को वित्तीय सहायता हेतु दिशानिर्देश (वीजीएफ स्कीम)
- पीपीपी परियोजनाओं के प्रतिपादन, मूल्यांकन एवं अनुमोदन संबंधी दिशानिर्देश (पीपीपीएसी)
- अवसंरचना में संयुक्त उद्यम स्थापित करने हेतु दिशानिर्देश
- पीपीपी परियोजनाओं की मॉनीटरिंग हेतु दिशानिर्देश
- आई.आई.एफ.सी.एल. के माध्यम से अवसंरचना परियोजनाओं के वित्तपोषण हेतु स्कीम
- दो लेन के राजमार्गों हेतु विनिर्देशों और मानकों का मैनुअल
- चार लेन के राजमार्गों के निर्माण हेतु विनिर्देशों और मानकों का मैनुअल

3.85. सरकार ने पीपीपी परियोजनाओं की मॉनीटरिंग हेतु हाल ही में दिशानिर्देश जारी किए है। इन दिशा निर्देशों में पीपीपी परियोजनाओं की मॉनीटरिंग हेतु दो–स्तरीय संस्थागत व्यवस्था स्थापित करने की बात कही गई है जिससे कि सार्वजनिक राजकोष एवं प्रयोक्ताओं के हित की सुरक्षा की दृष्टि से रियायत समझौते में निहित संविदा ढांचे का अनुपालन सुनिश्चित हो सके। केन्द्रीय मंत्रालयों से समनुदत्ती एवं परियोजना प्राधिकारियों की चूक से संबंधित तिमाही रिपोर्ट प्रस्तुत करने की अपेक्षा है जिससे कि इसे समीक्षा के लिए अवसंरचना संबंधी मंत्रिमंडल समिति के समक्ष रखा जा सके।

इंजीनियरिंग, प्रापण, निर्माण (ईपीसी) संविदा

3.86. परम्परागत वस्तु–दर की संविदाओं में आम तौर पर समय और लागत अधिक लगती है, विशेषकर राष्ट्रीय राजमार्ग क्षेत्रक में, जिसके परिणामस्वरूप राजकोष पर अधिक लागत का बोझ पड़ता है तथा परियोजनाएं पूरा होने भी काफी विलम्ब होता है। विकसित देशों ने इंजीनियरिंग, प्रापण और निर्माण (ईपीसी) संविदा अपनाया है जहां संविदाकार टर्न–की आधार पर तथा निर्धारित मूल्य पर डिजाइन व निर्माण के लिए उत्तरदायी होता है। योजना आयोग ने राजमार्गों के लिए एक मॉडल इंजीनियरिंग, प्रापण और निर्माण (ईपीसी) संविदा प्रकाशित किया है। यह आशा की जाती है कि उस मॉडल के अंतर्गत दो लेन के लगभग 20,000 कि.मी. का राष्ट्रीय राजमार्ग बनाया जाएगा। इसी प्रकार का दस्तावेज भारतीय रेल के डेडिकेटिड फ्रेट कॉरीडोर के लिए भी तैयार किया जा रहा है।

अवसंरचना में सार्वजनिक निजी भागीदारी

3.87. अवसंरचना में निजी निवेश को एक ऐसे परिवेश में बढ़ावा दिया जा रहा है जो प्रतिस्पर्धा एवं पारदर्शिता सुनिश्चित करता है। समुचित प्रयत्न, जांच एवं संतुलन के लिए आवश्यक ढांचे एवं प्रक्रिया को संस्थागत करते हुए सार्वजनिक हितों की सुरक्षा सुनिश्चित की जा रही है। तथापि, यह महसूस किया जा रहा है कि जब तक कि अभिशासन मुद्दों जैसे कि सेवा प्रावधानों में प्रतिस्पर्धा, प्रयोक्ता प्रभार का संग्रहण, संस्थागत क्षमता, विनिमय तथा विवाद निपटान आदि की समस्या का पर्याप्त रूप से समाधान नहीं कर लिया जाता, अपेक्षित अवसंरचना निवेश के लिए पर्याप्त संसाधनों का जुटाव संभव नहीं हो सकता।

3.88. 31 मार्च, 2012 तक पीपीपीएसी ने 2,47,300 करोड़ रूपये के निवेश सहित 285 पीपीपी परियोजनाों की स्वीकृति दे दी है। अधिकार प्राप्त संस्थान ने 57,710 करोड़ रूपये के निवेश से 105 परियोजनाओं का अनुमोदन कर दिया है। (पीपीपी में वैश्विक रैंकिंग के लिए बॉक्स 3.5 देखें)

राजमार्गों में पीपीपी

3.89. देश में राष्ट्रीय राजमार्ग नेटवर्क लगभग 70,548 कि.मी. तक फैला है। राजमार्गो की लगभग 54,000 कि.मी. लम्बाई कवर करते हुए राष्ट्रीय राजमार्ग विकास परियोजना (एनएचडीपी) भारत के इतिहास

बॉक्स 3.5

पीपीपी में वैश्विक श्रेणी

अवसंरचना में निजी भागीदारी संबंधी विश्व बैंक की रिपोर्ट के अनुसार वर्ष 2011 के प्रथम सेमेस्टर में निजी निवेश केवल एक मात्र देश में अधिक था वह है भारत। रिपोर्ट में आगे कहा गया है कि वर्ष 2006 से भारत पीपीआई कार्यकलापों में शीर्ष रहा है तथा 43 नई परियोजनाएं कार्यान्वित की गई है जिसमें वर्ष 2011 में 20.7 बिलियन अमरीकी डालर का कुल निवेश हुआ है। वर्ष 2011 के प्रथम सेमेस्टर में विकासशील देशों में कार्यान्वित की गई नई पीपीआई परियोजनाओं में निवेश का लगभग आधा हिस्सा भारत में लगा है। रिपोर्ट में कहा गया है कि भारत विकासशील देशों में पीपीआई हेतु सबसे बड़ा बाजार है। दक्षिण एशिया क्षेत्र में भारत ने 98 प्रतिशत क्षेत्रीय निवेश आकर्षित किया तथा इस क्षेत्र में 44 नई परियोजनाओं में से 43 को कार्यान्वित किया है।

में सबसे बडा सड़क विकास कार्यक्रम है। सरकार ने देश की प्रमुख सड़कों के नेटवर्क को अपग्रेड करते हुए विश्व स्तरीय बनाने में निजी क्षेत्रक की भागीदारी को बढ़ावा दिया है। पीपीपी के माध्यम से 60 प्रतिशत से अधिक अनुमानित निवेश आवश्यकताओं का वित्तपोषण होने की आशा है। लगभग 45,000 कि.मी. की लम्बाई (4–लेन वाली सड़कों को 6–लेन में, एक्सप्रेसवे तथा पत्तन सम्पर्क परियोजनाओं सहित) कवर करते हुए कई प्रमुख परियोजनाओं एवं राज्य में बड़ी संख्या में परियोजनाओं को देखते हुए, इस क्षेत्रक में घरेलू एवं विदेशी प्लेयरों के लिए व्यापक अवसर है। सरकार ने ईपीसी मोड में दो लेन से कम 20,000 कि.मी. राष्ट्रीय राजमार्गो को दो लेन के मानक में चौड़ा करने का निर्णय लिया है।

नगरिक उड्डयन में पीपीपी

3.90. ग्यारहवीं योजना के दौरान, निजी क्षेत्रक ने पीपीपी के माध्यम से मेट्रो हवाई अड्डों के विकास में प्रमुख भूमिका निभाई थी। इस अवधि के दौरान दिल्ली अंतरराष्ट्रीय हवाई अड्डा के पुनर्विकास सहित हैदराबाद एवं बंगलुरू ग्रीनफील्ड अंतरराष्ट्रीय हवाई अड्डा का सफलतापूर्वक विकास किया गया है। मुम्बई अंतरराष्ट्रीय हवाई अड्डो का विकास भी पीपीपी के माध्यम से शुरू किया गया था, जो अब पूरा होने के अंतिम चरण में है। ग्यारहवीं योजना अवधि के दौरान चार मेट्रो हवाई अड्डों का निवेश 23,187 करोड़ रूपये था। इसके अतिरिक्त, यह देखा गया है कि पीपीपी के लागू होने से राजस्व, विशेषकर गैर–उड्डयन राजस्व के संग्रहण में काफी बढ़ोतरी हुई है।

3.91. भारतीय विमानपत्तन प्राधिकरण ने पीपीपी के माध्यम से दोनों टर्मिनल और एयर साइड के प्रचालन और अनुरक्षण का कार्य करने के लिए 15 प्रचालनरत हवाईअड्डों की पहचान की है। इसे दो चरणों में किया जाएगा। पहले चरण में 9 हवाईअड्डों जैसे गुहावटी, जयपुर, अहमदाबाद, भुवनेश्वर, लखनऊ, गया, उदयपुर, खजुराहो और अमृतसर पर कार्य शुरू किया जाएगा और दूसरे चरण में पीपीपी के माध्यम से प्रचालन और अनुरक्षण हेतु 6 हवाईअड्डों का कार्य शुरू किया जाएगा। कोलकाता और चेन्नई हवाईअड्डों का निर्माण एएआई द्वारा लगभग 4200 करोड़ रूपए के निवेश से किया गया है। हवाईअड्डों के प्रबंधन और प्रचालन में पीपीपी को केवल कार्यकुशलता और बेहतर सेवाओं के कारण ही वरीयता नहीं दी जाती बल्कि निजी संस्थाओं द्वारा गैर उड्डयन राजस्व को प्राप्त करने की योग्यता के कारण जो हवाईअड्डा प्रभारों को और कम कर देता है, के कारण यात्रियों के प्रभारों को कम रखने के लिए भी महत्वपूर्ण है। यह प्रस्ताव अंतर्राष्ट्रीय अनुभव और भारत में पीपीपी मैट्रो हवाईअड्डों के अनुभव से किया गया है। इसलिए यह सिफारिश की गई है कि ये बड़े हवाईअड्डे उनके प्रबंधन और प्रचालन के लिए पीपीपी मोड में उपलब्ध कराए जाएं।

3.92. पीपीपी के माध्यम से विकास हेतु नवी मुंबई, गोवा, कन्नूर, चंडीगढ़ और कोटा सहित पांच ग्रीन फील्ड हवाईअड्डों की पहचान की गई है। पीपीपी आधार पर ग्रीन फील्ड हवाईअड्डे के निर्माण और प्रचालन के लिए ग्रीन फील्ड हवाईअड्डा मॉडल रियायत करार में एक स्पष्ट नीति और विनियामक संरचना का उल्लेख किया गया है।

शहरी अवसंरचना में पीपीपी

3.93. निजी क्षेत्रक भागीदारी को जलापूर्ति और निकास व्यवस्था तथा ठोस अपशिष्ट के प्रबंधन जैसे शहरी अवसंरचना क्षेत्रकों में प्रोत्साहित किए जने की आवश्कता है। शहरी परिवहन में निजी क्षेत्रक अधिक कार्यकुशल परिवहन सेवाएं मुहैया करा सकता है, वाणिज्यिक परिसरों, ओवर ब्रिजों, शहर की सड़कों आदि के साथ आधुनिक बस टर्मिनलों का निर्माण और अनुरक्षण कर सकता है। भारतीय शहरों में मेट्रो रेल व्यवस्थाओं के विकास के लिए पीपीपी पहलें भी की जा रही हैं। (हैदराबाद मैट्रो रेल परियोजना के ब्यौरों हेतु बॉक्स 3.6 देखें)

बंदरगाहों में पीपीपी

3.94. सरकार ने बंदरगाह विकास और प्रचालन में निजी क्षेत्रक की भागीदारी को प्रोत्साहित किया है। बंदरगाह विकास परियोजनाओं के लिए 100 प्रतिशत तक के विदेशी प्रत्यक्ष निवेश की स्वतः अनुमोदित मार्ग के तहत अनुमति दी गई है। कोलकाता, हल्दिया, पारादीप, विजाग, एन्नौर, चेन्नई, तुतिकोरिन, कोचिन, न्यू मैंगलोर, मोरमुगाओ, मुम्बई सीएसटी, जेएनपीटी और कांडला में पीपीपी आधार पर निजी निवेश की परिकल्पना की गई है।

बॉक्स 3.6

हैदराबाद मैट्रो रेल परियोजना

हैदराबाद मैट्रों रेल परियोजना वर्तमान में कुल 12132 करोड़ रूपए की परियोजना लागत के साथ पीपीपी मोड पर निमार्णाधीन है। यह परियोजना 71 किमी की कुल लम्बाई के साथ हैदराबाद के तीन अधिक सघन ट्रैफिक कारीडरों पर फैली हुई है और इसका विकास डिजाइन, निर्माण, वित्त, प्रचालन और हस्तांतरण (डीबीएफओटी) मोड पर किया जा रहा है। यह परियोजना सफल बोली लगाने वाले को 1458 करोड़ रु. के व्यवहार्यता निधियन (वीजीएफ) के लिए दी गई है, जो निधि केन्द्र सरकार द्वारा मुहैया करायी जाएगी जबकि शेष निवेश रियायत प्राप्तकर्ता द्वारा किया जाएगा। यह भारत में पीपीपी परियोजना में एकल सबसे बड़ा निजी निवेश होगा। यह विश्व में कहीं भी निजी संस्था द्वारा निर्मित व प्रचालित सबसे बड़ी मैट्रो रेल परियोजना भी है। परियोजना यह प्रदर्शित करती है कि निजी पूंजी का बड़ा भाग सार्वजनिक परियोजनाओं में एक पारदर्शी, कार्यकुशल और प्रतिस्पर्धात्मक तरीके में कैसे लगाया जा सकता है। रियायत योजना आयोग द्वारा विकसित शहरी ट्रांजिट के लिए मॉडल रियायत करार के आधार पर प्रदान की गई है।

विद्युत क्षेत्रक में पीपीपी

3.95. निजी क्षेत्रक की भागीदारी को आकर्षित करने के लिए सरकार ने निजी क्षेत्रक को स्वतः अनुमोदित मार्ग के तहत 100 प्रतिशत तक विदेशी इक्विटी भागीदारी के साथ कोयला, गैस या तरल आधारित तापीय, हाईडल, पवन या सौर परियोजनाएं स्थापित करने की अनुमति दी है। सरकार ने 160–200 बिलियन निजी निवेश आकर्षित करने के लिए 4000 मेगावॉट की प्रारंभिक क्षमता के साथ अल्ट्रामेगा विद्युत परियोजनाएं (यूएमपीपी) भी शुरू की हैं। कुल 9 यूएमपीपी में से मुंद्रा (गुजरात), सासन (मध्यप्रदेश), कृष्णापत्तनम (आंध्रप्रदेश) और तिलैया बांध (झारखण्ड) में 4 यूएमपीपी पहले ही दी जा चुकी है। शेष 5 यूएमपीपी जैसे सुंदरगढ़ जिला (उड़ीसा), चेय्यूर (तमिलनाडु), गिरी (महाराष्ट्र), दादरी (कर्नाटक), और अकलतारा (छत्तीसगढ़) में प्रदान की जानी है। ट्रांसमिशन सुपर हाईवे के सृजन के लिए सरकार ने पारेषण क्षेत्रक में निजी क्षेत्रक की भागीदारी की अनुमति दी है। हरियाणा में झज्जर में विद्युत के पारेषण के लिए पीपीपी मोड के तहत एक पीपीपी परियोजना प्रदान की गई। इसके अतिरिक्त विद्युत वितरण में निजी भागीदारी विशेषकर सार्वजनिक निजी भागीदारी (पीपीपी) करने के लिए योजना आयोग द्वारा एक मॉडल ढॉचे का विकास किया जा रहा है।

रेलवे में पीपीपी

3.96. समर्पित रेलभाड़ा परियोजना के कार्यान्वयन के लिए भारतीय समर्पित रेलभाड़ा कॉरीडोर निगम लिमिटेड (डीएफसीसीआईएल) स्थापित किया गया है तथा रेल मंत्रालय इस परियोजना के कुछ भागों में निजी निवेश आकर्षित करने की संभावनाओं की तलाश करेगा। भारतीय रेलवे में बड़े नगरों तथा दिल्ली, जयपुर, चंडीगढ़, पटना, बाईपन्नाहल्ली, भुवनेश्वर, मुंबई सीएसटी, हावड़ा आदि प्रमुख पर्यटक केन्द्रों में 50 रेलवे स्टेशनों को पीपीपी के माध्यम से विश्वस्तरीय स्टेशनों के रूप में पुनः विकसित करने का निर्णय लिया है। पीपीपी के माध्यम से मधेपुरा तथा मारहोरा में विद्युत और डीजल के इंजनों तथा कांचरापड़ा में सवारी डिब्बों के लिए विनिर्माण के लिए उत्पादन इकाई स्थापित करने के प्रस्ताव को पहले अनुमोदन दे दिया है। इसके अतिरिक्त कंटेनर गाडियों का संवहन भी निजी क्षेत्रक के लिए पहले ही खोल दिया है और इसने बाजार के 25 प्रतिशत से अधिक भागीदारी को प्राप्त किया है। मुंबई में पीपीपी के माध्यम से एक एलीवेटिड मैट्रो रेल परियोजना का निर्माण किया जा रहा है।

खेलकूद अवसंरचना में पीपीपी

3.97. योजना आयोग, खेलकूद एवं युवा मामले मंत्रालय के परामर्श से पीपीपी के माध्यम से खेलकूद अवसंरचना के प्रचालन और प्रबंधन हेतु एक मॉडल विकसित कर रहा है। वर्ष 2010 में दिल्ली राष्ट्रमंडल खेलों के लिए स्टेडियमों में विश्वस्तरीय सुविधाओं के सृजन के लिए वृहद सार्वजनिक निधियों का निवेश किया गया। पीपीपी के माध्यम से मौजूदा स्टेडियमों के प्रबंधन और प्रचालन तथा नये स्टेडियमों के विकास का कार्य शुरू करने का प्रस्ताव किया गया है। इसका उद्देश्य वर्षभर में इन सुविधाओं का अधिकाधिक उपयोग करना तथा उनके प्रचालन और रखरखाव के लिए राजस्व भी सृजित करना है।

लघु सिंचाई में पीपीपी

3.98. सिंचाई कार्यकुशलता, उत्पादकता बढ़ाने और एकीकृत समूहों में सिंचाई के अधिक कार्यकुशल साधन लगाकर फार्म आय बढ़ाने के सरकार के उद्देश्य के अनुसरण में सार्वजनिक निजी भागीदारी (पीपीपी) के माध्यम से लघु सिंचाई प्रणाली (एमआईएस) स्थापित करने की स्कीम शुरू की जाएगी। कृषि क्षेत्रक में संगठित कार्यों के अभाव पर नियंत्रण प्रत्येक गांव में एकल संस्था के माध्यम से इस स्कीम को कार्यान्वित करने के उद्देश्य के लिए किसानों के एक साथ आने से किया जाएगा। इस स्कीम के तहत ऑन फार्म एमआईएस उपस्कर तथा सौर प्रणालियों के लिए केन्द्र और राज्य सरकारों द्वारा मुहैया करायी जा रही मौजूदा सब्सिडियों का लाभ उठाया जाएगा। इसी तरह अवसंरचना के विकास के लिए मुहैया करायी जाने वाली बजटीय सहायता जारी रहेगी। एमआईएस में पीपीपी से प्रवाह सिंचाई की तुलना में सिंचाई कार्यकुशलता के दोहरीकरण में सहायता मिलेगी।

खाद्यान्नों के भंडारण में पीपीपी

3.99. साईलो के रूप में आधुनिक भंडारण सुविधाओं के 2एमएमटी के सृजन के लिए सरकार के निर्णय के अनुसरण में व्यवहार्यता अंतराल निधियन (वीजीएफ) के तहत सार्वजनिक निजी भागीदारी (के माध्यम से) आधुनिकीकरण भंडारण सुविधाएं स्थापित करने के लिए स्कीम बनाई गई। इससे खाद्य सुरक्षा बढ़ेगी, खाद्यान्न कम खराब होगा और स्टोर किए गए खाद्यान्नों की गुणवत्ता में सुधार होगा।

3.100. अनेक राज्यों में पीपीपी मोड के साथ साइलोज का निर्माण और प्रचालन किया जाएगा। निर्माण के लिए भूमि और साइलोज का प्रचालन निजी संस्था को लाइसेंस पर उपलब्ध करायी जाएगी तथा कुल परियोजना लागत के 20 प्रतिशत तक की राशि व्यवहार्यता अंतराल निधियन (वीजीएफ) के रूप में मुहैया करायी जाएगी। साइलोज में खाद्यान्नों के भंडारण के लिए रियायत प्राप्तकर्ता भंडारण बार–बार होने भंडारण शुल्क को प्राप्त करने का पात्र होगा जिसका भुगतान कार्यनिष्पादन और रख–रखाव मानकों का पालन करने पर किया जाएगा। यह अपेक्षा की जाती है कि प्रथम चरण में साइलो क्षमता की 2 मिलियन मेगा टन की क्षमता का सृजन पीपीपी मोड के तहत किया जाएगा।

सामाजिक क्षेत्रकों में सार्वजनिक निजी भागीदारी

सामाजिक क्षेत्रकों में पी.पी.पी.(ज)

3.101. बारहवीं योजना मानव विकास और जीवन गुणवत्ता विशेषकर अल्पाधिकार प्राप्त वर्गों की जीवन गुणवत्ता पर सामाजिक क्षेत्रकों के प्रभाव को ध्यान में रखते हुए इनके विकास पर विशेष बल देती है। योजना में निर्धारित किए गए भौतिक लक्ष्यों को केवल सार्वजनिक संसाधनों से पूरा नहीं किया जा सकता है इसलिए यह आवश्यक है कि निजी क्षेत्रक से संसाधन प्राप्त किए जाएं जिससे यह सुनिश्चित हो सके कि भौतिक और वित्तीय लक्ष्य बारहवीं योजना अवधि के अंत तक पूरे हो सकें।

3.102. सामाजिक क्षेत्रकों में प्रयोक्ता प्रभार आधारित रियायत अपनाना संभव नहीं हो सकता, हालांकि इन्हें पूरी तरह से नकारा भी नहीं जा सकता है। तथापि, जो रियायत सेवा लागतों की अदायगी मुहैया कराएंगी, वे अत्यधिक निजी निवेश को आकर्षित कर सकती हैं। सामजिक क्षेत्रकों में पीपीपी दृष्टिकोण अपनाने के मुख्य लाभ बढ़ा हुआ निवेश, समय में कमी और अधिक लागत, कार्यकुशलताओं में सुधार तथा बेहतर निष्पादन गुणवत्ता होंगे।

शिक्षा में पीपीपी

3.103. पीपीपी मोड के तहत 2500 विद्यालय स्थापित करने की स्कीम बारहवीं योजना में बनाई जा रही है। इस स्कीम का प्रयोजन अल्पाधिकार प्राप्त बच्चे जो अच्छे निजी स्कूलों द्वारा ली जाने वाली ट्यूशन फीस का भुगतान नहीं कर सकते, उन्हें गुणवत्ता शिक्षा उपलब्ध कराने के लिए विश्व स्तरीय विद्यालय स्थापित करने के सरकार के उद्देश्य को पूरा करना है। यह अपेक्षा की जाती है कि इस स्कीम से 40 लाख बच्चों के लिए गुणवत्ता शिक्षा मुहैया कराने हेतु क्षमता के सृजन करने में सहायता मिलेगी, जिनमें से 25 लाख बच्चे अल्पाधिकार प्राप्त श्रेणी से होंगे।

3.104. निजी संस्था और सरकार के संबंधित अधिकारों और कर्त्तव्यों को एक करार में सांकेतिक किया जाएगा जिसमें निजी संस्था एकात्मक प्रभार के भुगतान पर सहमत सेवा प्रदान करने का सरकार को वचन देगी। अल्पाधिकार प्राप्त श्रेणियों के एक हजार छात्रों तक उतनी राशि के समान बारम्बार ट्यूशन सहायता मुहैया करायी जाएगी, जो केन्द्र सरकार केन्द्रीय विद्यालय में एक छात्र पर खर्च करती है। कोई पूंजीगत सहायता नहीं दी जाएगी और भूमि का प्रापण निजी संस्था द्वारा करना होगा। अवसंरचना सहायता बारम्बार ट्यूशन सहायता के 25 प्रतिशत की दर पर अल्पाधिकार प्राप्त छात्रों के लिए सरकार द्वारा उपलब्ध करायी जाएगी। रियायत 10 वर्षों की अवधि के लिए होगी। कोई वित्तीय बोली नहीं लगायी जाएगी। निजी संस्थाओं के चयन में क्षमता और संबंधित आवेदकों के ट्रैक रिकॉर्ड से संबंधित पूर्व निर्धारित मापदण्डों को ध्यान में रखा जाएगा।

3.105. 2500 पीपीपी विद्यालयों की स्कीम को विशेषकर कम आय वाले परिवारों के बच्चों को विश्वस्तरीय शिक्षा उपलब्ध कराने में लगे गैर–सरकारी निवेशकों को सशक्त और समर्थ बनाने के लिए नवप्रवर्तनकारी तरीकों को विकसित करने के अवसर के रूप में देखा जाना चाहिए। इसका उद्देश्य सभी के लिए अच्छी शिक्षा के साझे लक्ष्य के अनुसरण में एक दूसरे की सहायता करने के लिए सार्वजनिक और निजी क्षेत्रकों की संबंधित शक्तियों को संयुक्त करना होना चाहिए। विशेषकर पीपीपी मोड अपनाने से कम आय वाले परिवारों के लिए विश्वस्तरीय शिक्षा की पहुंच का तीव्र विस्तार होगा।

स्वास्थ्य देखभाल सेवाओं में पीपीपी

3.106. अनेक राज्य सरकारें विभिन्न मॉडलों के माध्यम से स्वास्थ्य सेवाओं की प्रदायगी का प्रयोग कर रही हैं। योजना आयोग भी विभिन्न जिला मुख्यालयों में सार्वजनिक निजी भागीदारी के माध्यम से

माध्यमिक और तृतीयक देखभाल अस्पताल स्थापित करने की स्कीम को तैयार करने के प्रक्रिया में है। इस स्कीम का प्रमुख उद्देश्य स्वास्थ्य देखभाल प्रदायगी तंत्र का सृजन करना है जिसमें गरीबों की बढ़ती हुई स्वास्थ्य देखभाल आवश्यकताओं को पूरा करने के लिए बहु विशेषज्ञता अस्पताल तथा नर्सिंग स्कूल और चिकित्सा कॉलेज स्थापित करके क्षेत्रक में मानव संसाधनों की कमी को पूरा करना शामिल है।

3.107. यह अपेक्षा की जाती है कि बारहवीं योजना में प्रस्तावित स्कीम सरकार द्वारा बनाई जाएगी और 200 बैड वाला जिला स्तरीय अस्पताल लगभग 8–10 लाख की आबादी (300 बेड के तृतीयक देखभाल अस्पताल के लिए 20 लाख) आबादी का कैचमेंट क्षेत्र होगा। यह आर्थिक रूप से वंचित समूहों के परिवारों को इस स्कीम के तहत स्थापित अस्पतालों से गुणवत्ता स्वास्थ्य देखभाल की पहुंच प्राप्त करने में सहायता करेगा, विशेषकर उन लोगों को जिन्हें राष्ट्रीय स्वास्थ्य बीमा योजना (आरएसबीवाई) के तहत कवर नहीं किया जाता है।

कौशल विकास में पीपीपी

3.108. कौशल विकास के कार्यक्रमों को तेज करने की सरकार की पहल के भाग के रूप में प्रधानमंत्री ने सेवारहित ब्लॉकों में सार्वजनिक निजी भागीदारी (पीपीपी) के माध्यम से 1500 आईटीआई स्थापित करने की घोषणा की थी। इसका उद्देश्य विशेषकर कम आय वाले परिवारों के युवाओं के लिए लाभप्रद रोजगार के उनके अवसरों में सुधार करने के लिए व्यावसायिक शिक्षा में उत्कृष्टता केन्द्रों का सृजन करना है। बारहवीं योजना के दौरान कुल 3000 ब्लॉकों को कवर करने के लिए इस कार्यक्रम का विस्तार किया जाएगा।

3.109. आईटीआई द्वारा वहन की गई लागतों का एक बड़ा भार बारम्बार प्रकृति का है तथा इसलिए यह प्रस्ताव किया गया है कि अल्पाधिकार प्राप्त परिवारों के छात्रों का प्रशिक्षण देने के लिए आईटीआई द्वारा वहन किए जाने वाले बारम्बार व्यय के लिए सहायता मुहैया करायी जाए। इसके अतिरिक्त, आईटीआई स्थापित करने के लिए अवसंरचना का सृजन करने के लिए लागत के एक भाग को पूरा करने के लिए पूंजी अनुदान मुहैया कराया जाना प्रस्तावित है। यह अपेक्षित है कि सामाजिक और आर्थिक रूप से वंचित वर्गों के 15 लाख युवाओं सहित 30 लाख युवाओं का व्यावसायिक प्रशिक्षण प्रारंभ किया जाएगा और वे इस स्कीम के तहत स्थापित आईटीआईज के माध्यम से दक्षता प्राप्त करेंगे।

सामाजिक क्षेत्रकों में सार्वजनिक निजी भागीदारियों के लिए वित्तीय सहायता

3.110. सामाजिक क्षेत्रकों में सार्वजनिक निजी भागीदारियों (पीपीपीज) के लिए वित्तीय सहायता हेतु स्कीम बारहवीं योजना की पहल के भाग के रूप में बनायी जा रही है जिससे कि सामाजिक क्षेत्रक में निवेश और कवरेज को बढ़ाया जा सके और निजी भागीदारी की भूमिका का भी विस्तार किया जा सके।

3.111. इस स्कीम में यह परिकल्पना की गई है कि पूंजीगत निवेश और आर्थिक रूप से कमजोर वर्गों के परिवारों को सेवाओं की प्रदायगी के लिए गैर–सरकारी संस्था द्वारा वहन की जाने वाली बारम्बार लागतें, जो सरकार (या सांविधिक प्राधिकरण) तथा गैर–सरकारी संस्था के बीच रियायत करार पर आधारित हैं, संबंधित राज्य सरकारों द्वारा मुहैया करायी जाएंगी, जो बदले में केन्द्र सरकार से व्यवहार्यता सहायता निधि (वीएसएफ) के लिए पात्र होंगी।

राज्यों में क्षमता निर्माण

3.112. राज्य सरकारों के पास सामान्य तौर पर पीपीपी परियोजनाओं को संभालने या आवश्यक क्षमता का निर्माण करने के लिए समर्पित स्टाफ संसाधन नहीं हैं। ऐसो क्षमता परियोजना प्रस्तावों की संकल्पना करने, परामर्शदाता लगाने, परामर्शदाताओं के साथ विचार–विमर्श करने और उन पर पर्यवेक्षण करने, सरकारी अनुमोदनों के लिए उनकी सलाह का विश्लेषण और प्रोसेसिंग करने, संभाव्य निवेशकों के साथ विचार–विमर्श करने, परियोजना दस्तावेजों को पूरा करने तथा कार्यान्वयन का मॉनीटरण करने के लिए महत्वपूर्ण है। इसलिए योजना आयोग को प्रत्येक राज्य में पीपीपी के लिए नोडल सचिवालय स्थापित करने हेतु राज्य सरकारों को वित्तीय सहायता (एसीए) मुहैया कराने की आवश्यकता हो सकती है।

3.113. प्रत्येक राज्य में उपर्युक्त पीपीपी सचिवालय, पीपीपी के प्रति उत्तरदायी संबंधित राज्यों में क्षेत्रों की पहचान करने, परियोजनाओं की संकल्पना करने, व्यवहार्यता अध्ययन शुरू करने और अनुमोदित करने, बोली प्रलेखों का मूल्यांकन और अनुमोदन देने, प्रक्रिया में मार्गदर्शन करने आदि के लिए जिम्मेदार होगा। इससे राज्यों में क्षमता निर्माण होगा। इस स्कीम पर अगले पांच वर्षों के लिए कुल व्यय लगभग 100 करोड़ रूपए तक सीमित रहेगा।

3.114. निष्कर्ष रूप में, सरकार के नीतिगत उद्देश्यों को पूरा करने में निजी भागीदारी के लाभ ग्यारहवीं योजना के दौरान महत्वपूर्ण

बॉक्स 3.7

पीपीपी दौड़ में भारत फ्रंट रनरः एडीबी

एशियाई विकास बैंक (एडीबी) द्वारा अधिकृत अर्थशास्त्रियों की आर्थिक आसूचना यूनिट द्वारा किए गए अध्ययन के अनुसार यू.के और ऑस्ट्रेलिया को परिपक्व अर्थव्यवस्थाओं के रूप में श्रेणीबद्ध किया गया है, भारत को अवसंरचना विकास के लिए सार्वजनिक निजी भागीदारी (पीपीपी) परियोजनाओं के कार्यान्वयन पर कोरिया गणराज्य तथा जापान जैसी विकसित अर्थव्यवस्थाओं की लीग में रखा है। भारत ने एशियाई राष्ट्रों में पीपीपी परियोजनाओं के कार्यनिष्पादन के संबंध में चीन और जापान को पछाड़कर दूसरा स्थान तथा एशिया प्रशांत राष्ट्रों में चौथा स्थान प्राप्त किया है। रिपोर्ट के अनुसार भारत में पीपीपी विकास मजबूत राजनीतिक इच्छा और सार्वजनिक क्षमता तथा प्रक्रियाओं में प्रगति द्वारा हुआ है।

रिपोर्ट में कहा गया हैं कि पीपीपी परियोजनाओं का भारत में समग्र सहमति और उपयोग का ऊंचा स्तर है। इसमें यह कहा गया हैं कि सरकारी एजेंसियां पीपीपी परियोजनाओं में तुलनात्मक रूप से निपुणता का उच्च स्तर रखती हैं और मॉडल रियायत करारों को शुरू करने के परिणामस्वरूप जोखिम आवंटन में सुधार हो रहा है। वित्त के संबंध में, अवसंरचना में निजी वित्त की अधिक भागीदारी करने के लिए विभिन्न पहलों (जैसे व्यवहार्यता अंतराल निधियन का सृजन तथा भारत अवसंरचना वित्त कंपनी लिमिटेड) के साथ मामलों में सुधार हुआ है।

रहे हैं। इन पहलों का बारहवीं योजना के दौरान, विशेषकर निवेश लक्ष्यों को पूरा करने की दृष्टि से सामाजिक क्षेत्रकों जैसे स्वास्थ्य, शिक्षा, कौशल विकास आदि में विस्तार कर इन्हें मजबूती प्रदान की जाएगी तथा साथ ही समावेशिता को सुनिश्चित किया जाएगा। यह परिकल्पना की गई है कि बारहवीं योजना के अंत तक न केवल अवसंरचना क्षेत्रकों में 5574663 करोड़ रूपए का निवेश होगा बल्कि पीपीपीज को सफलतापूर्वक सामाजिक क्षेत्रकों में शामिल किया जाएगा जिससे कि सेवाओं की प्रदायगी में गुणवत्ता सुनिश्चितता करते हुए सार्वजनिक पहुंच को बढ़ाया जा सके।

अनुबंध 3.1
सार्वजनिक क्षेत्रक के संसाधनों हेतु क्षेत्रकीय आवंटन-ग्यारहवीं योजना (2007–12) की प्राप्तियां तथा बारहवीं योजना (2012–17) के अनुमान

(करोड़ रूपए में)

क्र.सं.	विकास शीर्ष	केन्द्र									राज्य और संघ राज्य क्षेत्र			केन्द्र, राज्य एवं संघ राज्य क्षेत्र		
		बजटीय सहायता			आईईबीआर			कुल परिव्यय			बजटीय संसाधन			कुल परिव्यय		
		ग्यारहवीं योजना	बारहवीं योजना	वृद्धि का प्रतिशत	ग्यारहवीं योजना	बारहवीं योजना	वृद्धि का प्रतिशत	ग्यारहवीं योजना	बारहवीं योजना	वृद्धि का प्रतिशत	ग्यारहवीं योजना*	बारहवीं योजना$	वृद्धि का प्रतिशत	ग्यारहवीं योजना	बारहवीं योजना	वृद्धि का प्रतिशत
1	कृषि एवं संबद्ध कार्यकलाप	60,339	1,33,965	122.02	344	671	95.04	60,683	1,34,636	121.87	1,02,422	2,28,637	123.23	1,63,105	3,63,273	122.72
2	ग्रामीण विकास	1,79,925	2,67,047	48.42	0	0	0	1,79,925	2,67,047	48.42	1,08,284	1,90,417	75.85	2,88,209	4,57,464	58.73
3	विशेष क्षेत्र कार्यक्रम	0	0	0	0	0	0	0	0	0	42,817	80,370	87.71	42,817	80,370	87.71
4	सिंचाई एवं बाढ़ नियंत्रण	2,325	17,212	640.30	1	0	0	2,326	17,212	639.98	2,27,008	4,04,800	78.32	2,29,334	4,22,012	84.02
5	ऊर्जा	43,374	98,541	127.19	4,60,709	9,87,456	114.33	5,04,083	10,85,997	115.44	1,80,188	3,52,468	95.61	6,84,271	14,38,466	110.22
6	उद्योग एवं खनिज	50,452	1,20,372	138.59	97,058	1,71,718	76.92	1,47,510	2,92,090	98.01	38,143	85,212	123.40	1,85,653	3,77,302	103.23
7	परिवहन	2,27,637	4,91,713	116.01	1,82,232	3,27,769	79.86	4,09,869	8,19,482	99.94	2,03,316	3,84,690	89.21	6,13,185	12,04,172	96.38
8	संचार	5,308	29,699	459.51	53,208	51,285	–3.61	58,516	80,984	38.40	0	0	0	58,516	80,984	38.40
9	विज्ञान, प्रौद्योगिकी एवं पर्यावरण	50,615	1,30,054	156.95	0	0	0	50,615	1,30,054	156.95	18,682	37,296	99.64	69,297	1,67,350	141.50
10	आर्थिक सेवाएं	45,706	1,81,321	296.71	18	155	761.11	45,724	1,81,476	296.89	43,652	1,24,136	184.38	89,376	3,05,612	241.94
11	सामाजिक सेवाएं	4,92,408	11,90,416	141.75	63,672	83,845	31.68	5,56,080	12,74,261	129.15	6,41,496	13,90,582	116.77	11,97,576	26,64,843	122.52
12	सामान्य सेवाएं	9,795	50,500	415.57	2	0	0	9,797	50,500	415.46	45,800	57,459	25.46	55,597	1,07,959	94.18
	कुल	11,67,884	27,10,840	132.12	8,57,244	16,22,899	89.32	20,25,128	43,33,739	114.00	16,51,808	33,36,068	101.96	36,76,936	76,69,807	108.59

नोट: *राज्यों/संघ राज्य–क्षेत्रों के लिए क्षेत्रकीय परिव्यय, राज्यों द्वारा दिए गए आंकड़ों पर आधारित हैं। क्षेत्रकीय परिव्ययों से परिकलित सभी राज्यों के जोड़ तथा तालिका 3.9 में दिए गए जोड़ में भिन्नता के कई कारण हैं जैसे कि केन्द्रीय सहायता वाली कुछ स्कीमों के लिए लेखाकरण संबंधी अंतर तथा राज्यों द्वारा संसाधन पक्ष और परिव्यय पक्ष के लिए प्रदान किए गए आंकड़ों में अंतर।

$एसपीएसईज और स्थानीय निकायों का आईईबीआर शामिल नहीं है।

अनुबंध 3.2

केन्द्रीय मंत्रालय/विभाग के लिए बजट सहायता, आईईबीआर तथा परिव्यय-ग्यारहवीं योजना (2007–12) की प्राप्तियां तथा बारहवीं योजना (2012–17) के अनुमान

(चालू मूल्यों में करोड़ रूपए)

क्र.सं.	मंत्रालय/विभाग	बजटीय सहायता			आईईबीआर			कुल परिव्यय1		
		ग्यारहवीं योजना	बारहवीं योजना	वृद्धि का प्रतिशत	ग्यारहवीं योजना	बारहवीं योजना	वृद्धि का प्रतिशत	ग्यारहवीं योजना	बारहवीं योजना	वृद्धि का प्रतिशत
1	कृषि और सहकारिता विभाग	38,003	71,500	88.14	0	0		38,003	71,500	88.14
2	कृषि अनुसंधान एवं शिक्षा विभाग	9,989	25,553	155.81	0	0		9,989	25,553	155.81
3	पशुपालन, डेयरी एवं मत्स्यपालन विभाग	4,970	14,179	185.29	0	0		4,970	14,179	185.29
4	स्वास्थ्य एवं परिवार कल्याण विभाग	84,339	2,68,551	218.42	0	0		84,339	2,68,551	218.42
5	आयुर्वेद, योग एवं प्राकृतिक चिकित्सा, यूनानी, सिद्ध तथा होम्योपैथी (आयुष) विभाग	3,032	10,044	231.27	0	0		3,032	10,044	231.27
6	स्वास्थ्य अनुसंधान विभाग	1,894	10,029	429.51	0	0		1,894	10,029	429.51
7	एड्स नियंत्रण विभाग	1,500	11,394	659.60	0	0		1,500	11,394	659.60
8	विद्यालय शिक्षा एवं साक्षरता विभाग	1,37,734	3,43,028	149.05	0	0		1,37,734	3,43,028	149.05
9	उच्च शिक्षा विभाग	39,804	1,10,700	178.12	0	0		39,804	1,10,700	178.12
10	विद्युत मंत्रालय	31,102	54,279	74.52	1,75,090	386517	120.75	2,06,192	4,40,796	113.78
11	सड़क परिवहन एवं राजमार्ग विभाग	77,498	1,44,769	86.80	17,891	64834	262.38	95,389	2,09,603	119.73
12	ग्रामीण विकास विभाग*	2,81,438	4,12,965	46.73	17,707	0		2,99,146	4,12,965	46.73
13	भूमि संसाधन विभाग	10,244	30,296	195.75	0	0		10,244	30,296	195.75
14	पेयजल एवं स्वच्छता मंत्रालय	45,711	98,015	114.42	0	0		45,711	98,015	114.42
15	विज्ञान एवं प्रौद्योगिकी विभाग	8,636	21,596	150.07	0	0		8,636	21,596	150.07
16	वैज्ञानिक एवं औद्योगिक अनुसंधान विभाग	6,941	17,896	157.85	0	0		6,941	17,896	157.85
17	जैव प्रौद्योगिकी विभाग	4,840	11,804	143.89	0	0		4,840	11,804	143.89
18	अंतरिक्ष विभाग	15,836	39,750	151.01	0	0		15,836	39,750	151.01
19	महिला एवं बाल विकास मंत्रालय	47,396	1,17,707	148.35	0	0		47,396	1,17,707	148.35
20	रेलवे	75,976	1,94,221	155.64	1,13,863	2,25,000	97.61	1,89,838	4,19,221	120.83
21	शहरी विकास मंत्रालय	25,133	54,311	116.09	11,002	11,489	117.89	36,135	65,800	82.10

22	डाक विभाग	1,714	5,527	222.55	0	0		1,714	5,527	222.55
23	दूरसंचार विभाग	3,416	20,825	509.54	53,208	51,285	–3.61	56,625	72,110	27.35
24	सूचना प्रौद्योगिकी विभाग	9,634	36,078	274.49	1,810	3,944	4.43	11,444	40,022	249.72
25	गृह मंत्रालय	10,323	52,839	411.83	0	0		10,323	52,839	411.83
26	आवास एवं शहरी गरीबी उपशमन मंत्रालय	3,537	7,850	121.92	41,465	71,355	72.09	45,002	79,205	76.00
27	सूक्ष्म, लघु एवं मध्यम उद्यम मंत्रालय	9,175	24,124	162.93	1,072	1,890	76.34	10,247	26,014	153.87
28	जनजातीय मामले मंत्रालय	4,558	7,746	69.93	0	0		4,558	7,746	69.93
29	सामाजिक न्याय एवं अधिकारिता मंत्रालय	16,271	32,684	100.87	0	0		16,271	32,684	100.87
30	अल्पसंख्यक मामले मंत्रालय	7,283	17,323	137.85	0	0		7,283	17,323	137.85
31	श्रम एवं रोजगार मंत्रालय	4,321	13,223	205.98	0	0		4,321	13,223	205.98
32	सूचना एवं प्रसारण मंत्रालय	2,873	7,583	163.95	0	1,000		2,873	8,583	198.75
33	परमाणु ऊर्जा विभाग	19,211	41,615	116.62	12,601	65,572	420.36	31,812	1,07,187	236.94
34	रसायन एवं पेट्रो रसायन विभाग	2,629	2,890	9.93	12	3	–74.61	2,641	2,893	9.53
35	फार्मास्यूटिकल विभाग	249	2,968	1090.72	0	127		249	3,095	1141.48
36	उर्वरक विभाग	728	1,484	103.78	6,027	15,437	156.14	6,755	16,921	150.50
37	नागरिक उड्डयन मंत्रालय	4,353	16,983	290.15	28,525	16,215	–43.15	32,877	33,198	0.97
38	कोयला मंत्रालय	1,454	4,617	217.59	25,169	1,08,244	330.07	26,623	1,12,861	323.92
39	वाणिज्य विभाग	7,743	15,133	95.43	0	0		7,743	15,133	95.43
40	औद्योगिक नीति एवं संवर्धन विभाग	4,457	12,601	182.74	0	0		4,457	12,601	182.74
41	उपभोक्ता मामला विभाग	761	1,260	65.63	0	0		761	1,260	65.63
42	खाद्य एवं सार्वजनिक वितरण विभाग	323	1,523	370.88	345	671	94.53	668	2,194	228.27
43	कारपोरेट कार्य विभाग	211	233	10.57	0	0		211	233	10.57
44	संस्कृति मंत्रालय	3,098	7,275	134.85	0	0		3,098	7,275	134.85
45	पूर्वोत्तर क्षेत्र विकास मंत्रालय	459	955	108.02	0	0		459	955	108.02
46	पृथ्वी विज्ञान मंत्रालय	3,226	9,506	194.67	0	0		3,226	9,506	194.67
47	पर्यावरण एवं वन मंत्रालय	8,545	17,874	109.17	0	0		8,545	17,874	109.17
48	विदेश मंत्रालय	3,347	18,467	451.80	0	0		3,347	18,467	451.80
49	आर्थिक कार्य विभाग	7,675	21,379	178.54	0	0		7,675	21,379	178.54

(जारी)

(अनुलंग्नक 3.2 जारी)

क्र.सं.	मंत्रालय/विभाग	बजटीय सहायता			आईईबीआर			कुल परिव्यय1		
		ग्यारहवीं योजना	बारहवीं योजना	वृद्धि का प्रतिशत	ग्यारहवीं योजना	बारहवीं योजना	वृद्धि का प्रतिशत	ग्यारहवीं योजना	बारहवीं योजना	वृद्धि का प्रतिशत
50	वित्तीय सेवा विभाग	23,530	1,03,261	338.85	0	0		23,530	1,03,261	338.85
51	व्यय विभाग	24	23	-4.33	0	0		24	23	–4.33
52	खाद्य प्रसंस्करण उद्योग मंत्रालय	1,615	5,990	270.79	0	0		1,615	5,990	270.79
53	भारी उद्योग विभाग	1,153	4,680	305.78	7,636	17,543	129.74	8,790	22,223	152.84
54	सार्वजनिक उद्यम विभाग	45	50	11.41	0	0		45	50	11.41
55	विधि, न्याय तथा कंपनी मामले मंत्रालय	1,555	5,802	273.22	0	0		1,555	5,802	273.22
56	खान मंत्रालय	1,070	2,332	117.95	5,535	18,221	229.22	6,605	20,553	211.19
57	नवीन एवं नवीकरणीय ऊर्जा मंत्रालय	3,605	19,113	430.17	6,025	13,890	130.55	9,630	33,003	242.72
58	पंचायती राज मंत्रालय	636	6,437	912.41	0	0		636	6,437	912.41
59	कार्मिक, लोक शिकायत एवं पेंशन मंत्रालय	788	1,385	75.65	0	0		788	1,385	75.65
60	पेट्रोलियम एवं प्राकृतिक गैस मंत्रालय	126	5,147	3984.92	2,58,953	4,36,541	68.58	2,59,079	4,41,688	70.48
61	योजना मंत्रालय	1,808	14,717	714.21	0	0		1,808	14,717	714.21
62	पोत परिवहन मंत्रालय	2,146	6,960	224.33	15,718	21,990	39.90	17,864	28,950	62.05
63	सांख्यिकी एवं कार्यक्रम कार्यान्वयन मंत्रालय	792	3,709	368.20	0	0		792	3,709	368.20
64	इस्पात मंत्रालय	134	200	49.04	57,572	90,975	58.02	57,706	91,175	58.00
65	कपड़ा मंत्रालय	19,922	25,931	30.16	0	0		19,922	25,931	30.16
66	पर्यटन मंत्रालय	4,913	15,190	209.14	18	155	739.65	4,932	15,345	211.13
67	जल संसाधन मंत्रालय	2,603	18,118	595.98	0	0		2,603	18,118	595.98
68	युवा मामले एवं खेलकूद मंत्रालय	7,830	6,648	–15.10	0	0		7,830	6,648	–15.10
	कुल योग	11,67,885	27,10,840	132.12	8,57,244	16,22,899	89.32	20,25,129	43,33,739	114.00

नोट: *ग्रामीण विकास फलेक्सी निधि (डीओआरडीडीओएलआरडीओडीडब्ल्यूएस) के केन्द्रीय हिस्से के रूप में 28,000 करोड़ रूपए शामिल हैं।

अनुबंध 3.3
बारहवीं योजना में राज्यों और संघ राज्य क्षेत्रों के लिए प्रस्तावित क्षेत्रकीय आवंटन

क्र.सं.	विकास शीर्ष	बारहवीं योजना में राज्यों और संघ राज्य क्षेत्रों के लिए प्रस्तावित क्षेत्रकीय आवंटन (चालू मूल्य) (करोड़ रुपए में)							
		आंध्र प्रदेश	कुल बजटीय योजना का प्रतिशत	अरुणाचल प्रदेश	कुल बजटीय योजना का प्रतिशत	असम	कुल बजटीय योजना का प्रतिशत	बिहार	कुल बजटीय योजना का प्रतिशत
1	2	3		4		5		6	
I	कृषि एवं संबद्ध कार्यकलाप	17,137.88	5.00	1,113.93	5.27	3,272.60	5.90	15,612.62	6.83
II	ग्रामीण विकास	33,706.50	9.83	203.57	0.96	3,674.63	6.62	12,774.42	5.59
III	विशेष क्षेत्र कार्यक्रम	91.98	0.03	855.25	4.05	10,755.61	19.39	7,515.45	3.29
IV	सिंचाई एवं बाढ़ नियंत्रण	75,000.00	21.88	544.40	2.58	8,050.63	14.51	21,784.52	9.54
V	ऊर्जा	40,000.00	11.67	1,332.00	6.31	4,408.27	7.95	17,381.47	7.61
VI	उद्योग एवं खनिज	10,000.00	2.92	104.50	0.49	1,169.89	2.11	4,077.45	1.78
VII	परिवहन	22,351.89	6.52	1,511.70	7.16	5,285.66	9.53	41,437.54	18.14
VIII	संचार	0.00		0.00		0.00		0.00	
IX	विज्ञान, प्रौद्योगिकी एवं पर्यावरण	64.39	0.02	106.80	0.51	1,126.07	2.03	2,418.15	1.06
X	सामान्य आर्थिक सेवाएं	8,736.86	2.55	12,996.92	61.52	2,259.49	4.07	19,729.70	8.64
XI	सामाजिक सेवाएं	1,33,247.35	38.87	2,165.43	10.25	13,369.39	24.10	79,595.51	34.84
1	*शिक्षा*	24,084.32	7.02	539.10	2.55	4,125.29	7.44	29,957.34	13.11
2	*चिकित्सा और सार्वजनिक स्वास्थ्य*	11,795.20	3.44	275.00	1.30	1,332.45	2.40	5,125.57	2.24
3	*जलापूर्ति एवं स्वच्छता*	6,505.30	1.90	500.00	2.37	865.45	1.56	4,334.34	1.90
4	*आवास*	11,755.24	3.43	268.43	1.27	91.50	0.17	10,116.31	4.43
5	*शहरी विकास*	40,000.00	11.67	401.85	1.90	3,951.50	7.12	7,749.48	3.39
6	*अन्य सामाजिक सेवाएं*	39,107.29	11.41	181.05	0.86	3,003.20	5.41	22,312.47	9.77
XII	*सामान्य सेवाएं*	2,505.15	0.73	191.50	0.91	2,108.11	3.80	6,125.16	2.68
XIII	**कुल बजटीय योजना (I से XII)**	3,42,842.00	100.00	2,11,26.00	100.00	55,480.35	100.00	2,28,452.00	100.00
XIV	स्थानीय निकाय संसाधन	0.00		0.00		0.00		0.00	
XV	सार्वजनिक क्षेत्रक उद्यमों के संसाधन	0.00		0.00		0.00		0.00	
XVI	**कुल योजना परिव्यय (XIII+XIV+XV)**	3,42,842.00		21,126.00		55,480.35		2,28,452.00	

नोटः कुछ राज्यों/संघ राज्य–क्षेत्रों के संबंध में क्षेत्रक आवंटन अनन्तिम हैं और संबंधित राज्यों/संघ राज्य–क्षेत्रों के परामर्श से उनमें परिवर्तन हो सकते हैं।

क्र.सं.	विकास शीर्ष	बारहवीं योजना में राज्यों और संघ राज्य क्षेत्रों के लिए प्रस्तावित क्षेत्रकीय आवंटन (चालू मूल्य) (करोड़ रूपए में)							
		छत्तीसगढ़	कुल बजटीय योजना का प्रतिशत	गोवा	कुल बजटीय योजना का प्रतिशत	गुजरात	कुल बजटीय योजना का प्रतिशत	हरियाणा	कुल बजटीय योजना का प्रतिशत
1	2	7		8		9		10	
I	कृषि एवं संबद्ध कार्यकलाप	8,283.74	6.97	1,045.52	3.87	19,711.80	7.79	6,287.97	5.36
II	ग्रामीण विकास	3,668.52	3.09	881.04	3.26	10,919.49	4.32	8,086.95	6.90
III	विशेष क्षेत्र कार्यक्रम	3,313.50	2.79	83.50	0.31	1,276.30	0.50	263.14	0.22
IV	सिंचाई एवं बाढ़ नियंत्रण	11,952.26	10.06	1,586.05	5.88	51,502.27	20.35	10,030.53	8.56
V	ऊर्जा	7,337.03	6.17	2,235.14	8.28	7,890.21	3.12	9,661.88	8.24
VI	उद्योग एवं खनिज	1,972.32	1.66	403.96	1.50	8,926.81	3.53	842.83	0.72
VII	परिवहन	13,017.31	10.95	2,341.05	8.67	29,064.04	11.49	12,844.29	10.96
VIII	संचार	0.00		0.00		0.00		0.00	
IX	विज्ञान, प्रौद्योगिकी एवं पर्यावरण	2,840.14	2.39	727.98	2.70	2,268.98	0.90	1,528.03	1.30
X	सामान्य आर्थिक सेवाएं	5,206.92	4.38	1,685.53	6.24	9,075.94	3.59	2,286.18	1.95
XI	सामाजिक सेवाएं	61,260.26	51.54	13,377.88	49.56	1,12,103.55	44.31	64,448.52	54.97
1	*शिक्षा*	30,013.19	25.25	3,842.29	14.23	15,201.10	6.01	19,581.16	16.70
2	*चिकित्सा और सार्वजनिक स्वास्थ्य*	5,948.67	5.01	1,042.33	3.86	16,706.00	6.60	4,868.07	4.15
3	*जलापूर्ति एवं स्वच्छता*	2,376.07	2.00	1,264.96	4.69	14,435.90	5.71	6,773.87	5.78
4	*आवास*	786.88	0.66	224.60	0.83	9,448.61	3.73	1,094.24	0.93
5	*शहरी विकास*	10,442.26	8.79	2,320.38	8.60	31,906.01	12.61	10,291.07	8.78
6	*अन्य सामाजिक सेवाएं*	11,693.19	9.84	4,683.32	17.35	24,405.99	9.65	21,840.12	18.63
XII	सामान्य सेवाएं	0.00	0.00	2,624.35	9.72	283.62	0.11	959.67	0.82
XIII	**कुल बजटीय योजना (I से XII)**	1,18,852.00	100.00	26,992.00	100.00	2,53,023.00	100.00	1,17,240.00	100.00
XIV	स्थानीय निकाय संसाधन	4,421.00		540.00		0.00		13,190.00	
XV	सार्वजनिक क्षेत्रक उद्यमों के संसाधन	8,455.00		1,067.00		30,600.00		73,570.00	
XVI	**कुल योजना परिव्यय (XIII+XIV+XV)**	1,31,728.00		28,599.00		2,83,623.00		2,04,000.00	

नोट: कुछ राज्यों/संघ राज्य–क्षेत्रों के संबंध में क्षेत्रक आवंटन अनन्तिम हैं और संबंधित राज्यों/संघ राज्य–क्षेत्रों के परामर्श से उनमें परिवर्तन हो सकते हैं।

क्र.सं.	विकास शीर्ष	बारहवीं योजना में राज्यों और संघ राज्य क्षेत्रों के लिए प्रस्तावित क्षेत्रकीय आवंटन (चालू मूल्य) (करोड़ रुपए में)							
		हिमाचल प्रदेश	कुल बजटीय योजना का प्रतिशत	जम्मू एवं कश्मीर	कुल बजटीय योजना का प्रतिशत	झारखण्ड	कुल बजटीय योजना का प्रतिशत	कर्नाटक	कुल बजटीय योजना का प्रतिशत
1	2	11		12		13		14	
I	कृषि एवं संबद्ध कार्यकलाप	2,173.83	9.68	2,843.09	6.45	4,157.42	3.77	19,824.01	8.94
II	ग्रामीण विकास	1,084.93	4.83	1,541.78	3.50	10,657.89	9.67	7,170.73	3.23
III	विशेष क्षेत्र कार्यक्रम	153.36	0.68	1,959.49	4.45	5,507.82	5.00	2,966.35	1.34
IV	सिंचाई एवं बाढ़ नियंत्रण	1,661.50	7.40	1,914.33	4.35	13,620.18	12.36	39,430.95	17.78
V	ऊर्जा	3,549.83	15.81	11,195.82	25.41	8,372.10	7.59	23,165.55	10.45
VI	उद्योग एवं खनिज	227.34	1.01	1,066.82	2.42	1,346.77	1.22	3,649.23	1.65
VII	परिवहन	4,734.45	21.09	4,428.87	10.05	17,281.89	15.68	28,426.51	12.82
VIII	संचार	0.00		0.00		0.00		0.00	
IX	विज्ञान, प्रौद्योगिकी एवं पर्यावरण	841.38	3.75	268.39	0.61	1,285.66	1.17	2,296.95	1.04
X	सामान्य आर्थिक सेवाएं	585.20	2.61	3,216.63	7.30	9,610.32	8.72	5,971.63	2.69
XI	सामाजिक सेवाएं	7,088.23	31.57	13,196.14	29.95	36,293.06	32.92	85,428.94	38.52
1	*शिक्षा*	2,905.73	12.94	6,434.76	14.61	10,709.36	9.71	17,331.06	7.82
2	*चिकित्सा और सार्वजनिक स्वास्थ्य*	131.79	0.59	2,991.54	6.79	3,816.28	3.46	7,899.31	3.56
3	*जलापूर्ति एवं स्वच्छता*	1,777.52	7.92	1,473.40	3.34	2,093.32	1.90	12,606.59	5.68
4	*आवास*	339.78	1.51	71.81	0.16	147.38	0.13	7,031.07	3.17
5	*शहरी विकास*	395.30	1.76	600.09	1.36	6,586.83	5.97	16,620.80	7.49
6	*अन्य सामाजिक सेवाएं*	1,538.11	6.85	1,624.55	3.69	12,939.89	11.74	23,940.11	10.80
XII	सामान्य सेवाएं	349.96	1.56	2,423.63	5.50	2,106.89	1.91	3,433.15	1.55
XIII	**कुल बजटीय योजना (I से XII)**	22,450.00	100.00	44,055.00	100.00	1,10,240.00	100.00	2,21,764.00	100.00
XIV	स्थानीय निकाय संसाधन	0.00		0.00		0.00		0.00	
XV	सार्वजनिक क्षेत्रक उद्यमों के संसाधन	350.00		0.00		0.00		33,486.00	
XVI	**कुल योजना परिव्यय (XIII+XIV+XV)**	22,800.00		44,055.00		1,10,240.00		2,55,250.00	

नोट: कुछ राज्यों/संघ राज्य–क्षेत्रों के संबंध में क्षेत्रक आवंटन अनन्तिम हैं और संबंधित राज्यों/संघ राज्य–क्षेत्रों के परामर्श से उनमें परिवर्तन हो सकते हैं।

क्र.सं.	विकास शीर्ष	बारहवीं योजना में राज्यों और संघ राज्य क्षेत्रों के लिए प्रस्तावित क्षेत्रकीय आवंटन (चालू मूल्य) (करोड़ रूपए में)							
		केरल	कुल बजटीय योजना का प्रतिशत	मध्य प्रदेश	कुल बजटीय योजना का प्रतिशत	महाराष्ट्र	कुल बजटीय योजना का प्रतिशत	मणिपुर	कुल बजटीय योजना का प्रतिशत
1	2	15		16		17		18	
I	कृषि एवं संबद्ध कार्यकलाप	8831.00	11.47	17076.50	8.46	19324.87	7.03	642.98	3.08
II	ग्रामीण विकास	3339.00	4.34	12946.70	6.41	9089.07	3.31	946.89	4.54
III	विशेष क्षेत्र कार्यक्रम	2031.00	2.64	8356.90	4.14	1140.70	0.41	338.58	1.62
IV	सिंचाई एवं बाढ़ नियंत्रण	3327.00	4.32	27313.50	13.53	47990.34	17.45	3219.66	15.44
V	ऊर्जा	8323.00	10.81	20941.90	10.37	20694.87	7.53	1563.00	7.50
VI	उद्योग एवं खनिज	3912.00	5.08	5839.70	2.89	2174.94	0.79	435.31	2.09
VII	परिवहन	8540.00	11.09	24641.00	12.21	33854.78	12.31	1126.12	5.40
VIII	संचार	0.00		0.00		0.00		0.00	
IX	विज्ञान, प्रौद्योगिकी एवं पर्यावरण	3189.00	4.14	569.00	0.28	2761.04	1.00	1148.29	5.51
X	सामान्य आर्थिक सेवाएं	1975.00	2.56	3501.49	1.73	3351.45	1.22	401.97	1.93
XI	सामाजिक सेवाएं	33207.00	43.13	79820.22	39.54	119699.61	43.53	10755.50	51.59
1	*शिक्षा*	4731.00	6.14	20217.00	10.02	14612.18	5.31	754.73	3.62
2	*चिकित्सा और सार्वजनिक स्वास्थ्य*	3534.00	4.59	6314.20	3.13	10200.86	3.71	1301.04	6.24
3	*जलापूर्ति एवं स्वच्छता*	4656.00	6.05	3116.40	1.54	6073.25	2.21	3664.02	17.57
4	*आवास*	412.00	0.54	2002.30	0.99	9376.97	3.41	248.45	1.19
5	*शहरी विकास*	6920.00	8.99	8767.30	4.34	23960.91	8.71	620.98	2.98
6	*अन्य सामाजिक सेवाएं*	12954.00	16.82	39403.02	19.52	55475.44	20.17	4166.29	19.98
XII	सामान्य सेवाएं	326.00	0.42	855.09	0.42	14918.34	5.42	269.72	1.29
XIII	**कुल बजटीय योजना (I से XII)**	77000.00	100.00	201862.00	100.00	275000.00	100.00	20848.00	100.00
XIV	स्थानीय निकाय संसाधन	25000.00		0.00		0.00		0.00	
XV	सार्वजनिक क्षेत्रक उद्यमों के संसाधन	0.00		8291.00		0.00		0.00	
XVI	**कुल योजना परिव्यय (XIII+XIV+XV)**	102000.00		210153.00		275000.00		20848.00	

नोट: कुछ राज्यों/संघ राज्य–क्षेत्रों के संबंध में क्षेत्रक आवंटन अनन्तिम हैं और संबंधित राज्यों/संघ राज्य–क्षेत्रों के परामर्श से उनमें परिवर्तन हो सकते हैं।

क्र.सं.	विकास शीर्ष	बारहवीं योजना में राज्यों और संघ राज्य क्षेत्रों के लिए प्रस्तावित क्षेत्रकीय आवंटन (चालू मूल्य) (करोड़ रूपए में)							
		मेघालय	कुल बजटीय योजना का प्रतिशत	मिजोरम	कुल बजटीय योजना का प्रतिशत	नागालैण्ड	कुल बजटीय योजना का प्रतिशत	ओडिशा	कुल बजटीय योजना का प्रतिशत
1	2	19		20		21		22	
I	कृषि एवं संबद्ध कार्यकलाप	2,114.47	10.74	346.35	2.85	1,795.13	13.81	8,387.40	7.40
II	ग्रामीण विकास	1,116.94	5.68	178.69	1.47	492.07	3.79	2,214.07	1.95
III	विशेष क्षेत्र कार्यक्रम	101.94	0.52	238.06	1.96	834.18	6.42	9,964.07	8.79
IV	सिंचाई एवं बाढ़ नियंत्रण	755.79	3.84	460.20	3.78	1,142.08	8.79	17,597.77	15.53
V	ऊर्जा	2,679.50	13.62	656.20	5.40	748.89	5.76	14,086.59	12.43
VI	उद्योग एवं खनिज	213.34	1.08	1,817.44	14.95	341.70	2.63	478.96	0.42
VII	परिवहन	1,489.01	7.57	3,658.71	30.09	1,271.74	9.78	14,139.76	12.48
VIII	संचार	0.00		0.00		0.00		0.00	
IX	विज्ञान, प्रौद्योगिकी एवं पर्यावरण	335.67	1.71	162.70	1.34	83.39	0.64	2,283.38	2.01
X	सामान्य आर्थिक सेवाएं	4,231.86	21.50	1,154.40	9.49	1,585.58	12.20	2,374.24	2.10
XI	सामाजिक सेवाएं	6,124.98	31.12	3,270.95	26.90	3,932.85	30.25	40,335.83	35.59
1	*शिक्षा*	2,512.03	12.77	1,379.61	11.35	831.32	6.39	15,107.90	13.33
2	*चिकित्सा और सार्वजनिक स्वास्थ्य*	1,427.12	7.25	269.77	2.22	208.43	1.60	2,723.77	2.40
3	*जलापूर्ति एवं स्वच्छता*	873.75	4.44	363.42	2.99	231.69	1.78	3,410.99	3.01
4	*आवास*	67.72	0.34	643.53	5.29	361.73	2.78	1,365.53	1.21
5	*शहरी विकास*	997.53	5.07	399.65	3.29	980.07	7.54	2,634.32	2.32
6	*अन्य सामाजिक सेवाएं*	246.83	1.25	214.96	1.77	1,319.61	10.15	15,093.32	13.32
XII	सामान्य सेवाएं	515.51	2.62	216.29	1.78	772.39	5.94	1,459.92	1.29
XIII	कुल बजटीय योजना (I से XII)	19,679.00	100.00	12,160.00	100.00	13,000.00	100.00	1,13,322.00	100.00
XIV	स्थानीय निकाय संसाधन	0.00		0.00		0.00		0.00	
XV	सार्वजनिक क्षेत्रक उद्यमों के संसाधन	2,321.00		0.00		0.00		11,051.00	
XVI	कुल योजना परिव्यय (XIII+XIV+XV)	22,000.00		12,160.00		13,000.00		1,24,373.00	

नोट: कुछ राज्यों/संघ राज्य–क्षेत्रों के संबंध में क्षेत्रक आवंटन अनन्तिम हैं और संबंधित राज्यों/संघ राज्य–क्षेत्रों के परामर्श से उनमें परिवर्तन हो सकते हैं।

क्र.सं.	विकास शीर्ष	बारहवीं योजना में राज्यों और संघ राज्य क्षेत्रों के लिए प्रस्तावित क्षेत्रकीय आवंटन (चालू मूल्य) (करोड़ रूपए में)							
		पंजाब	कुल बजटीय योजना का प्रतिशत	राजस्थान	कुल बजटीय योजना का प्रतिशत	सिक्किम	कुल बजटीय योजना का प्रतिशत	तमिलनाडु	कुल बजटीय योजना का प्रतिशत
1	2	23		24		25		26	
I	कृषि एवं संबद्ध कार्यकलाप	1,524.19	2.92	7254.82	5.58	469.30	4.14	20,680.00	10.04
II	ग्रामीण विकास	4,733.82	9.08	1,0436.99	8.02	1,302.98	11.51	23,870.00	11.59
III	विशेष क्षेत्र कार्यक्रम	0.00	0.00	2,891.62	2.22	161.02	1.42	0.00	0.00
IV	सिंचाई एवं बाढ़ नियंत्रण	2,985.06	5.73	4,097.46	3.15	912.50	8.06	8,700.00	4.22
V	ऊर्जा	13,850.09	26.57	48,692.80	37.43	681.27	6.02	24,258.00	11.78
VI	उद्योग एवं खनिज	1,437.62	2.76	665.22	0.51	412.63	3.64	5,470.00	2.66
VII	परिवहन	5,215.42	10.00	7,042.65	5.41	65.29	0.58	20,850.00	10.12
VIII	संचार	0.00		0.00		0.00		0.00	
IX	विज्ञान, प्रौद्योगिकी एवं पर्यावरण	259.95	0.50	1,245.18	0.96	455.02	4.02	410.00	0.20
X	सामान्य आर्थिक सेवाएं	829.16	1.59	2,467.21	1.90	681.53	6.02	3,880.00	1.88
XI	सामाजिक सेवाएं	20,529.21	39.38	44,126.56	33.92	5,241.30	46.28	97,400.00	47.28
1	*शिक्षा*	6,647.36	12.75	9,886.80	7.60	2,014.56	17.79	18,090.00	8.78
2	*चिकित्सा और सार्वजनिक स्वास्थ्य*	1,598.75	3.07	4,999.62	3.84	812.43	7.17	10,830.00	5.26
3	*जलापूर्ति एवं स्वच्छता*	3,671.84	7.04	9,786.27	7.52	1,319.69	11.65	11,310.00	5.49
4	*आवास*	34.47	0.07	1,588.22	1.22	93.25	0.82	3,380.00	1.64
5	*शहरी विकास*	1,192.42	2.29	10,469.87	8.05	978.45	8.64	10,690.00	5.19
6	*अन्य सामाजिक सेवाएं*	7,384.36	14.16	7,395.77	5.69	22.93	0.20	43,100.00	20.92
XII	सामान्य सेवाएं	769.47	1.48	1,164.48	0.90	942.16	8.32	470.00	0.23
XIII	**कुल बजटीय योजना (I से XII)**	52,134.00	100.00	1,30,085.00	100.00	11,325.00	100.00	2,05,988.00	100.00
XIV	स्थानीय निकाय संसाधन	5,863.00		5,978.00		0.00		2000.00	
XV	सार्वजनिक क्षेत्रक उद्यमों के संसाधन	27,362.00		60,929.00		0.00		3262.00	
XVI	**कुल योजना परिव्यय (XIII+XIV+XV)**	85,359.00		1,96,992.00		11,325.00		2,11,250.00	

नोटः कुछ राज्यों/संघ राज्य–क्षेत्रों के संबंध में क्षेत्रक आवंटन अनन्तिम हैं और संबंधित राज्यों/संघ राज्य–क्षेत्रों के परामर्श से उनमें परिवर्तन हो सकते हैं।

क्र.सं.	विकास शीर्ष	बारहवीं योजना में राज्यों और संघ राज्य क्षेत्रों के लिए प्रस्तावित क्षेत्रकीय आवंटन (चालू मूल्य) (करोड़ रूपए में)							
		त्रिपुरा	कुल बजटीय योजना का प्रतिशत	उत्तर प्रदेश	कुल बजटीय योजना का प्रतिशत	उत्तराखण्ड	कुल बजटीय योजना का प्रतिशत	पश्चिम बंगाल	कुल बजटीय योजना का प्रतिशत
1	2	27		28		29		30	
I	कृषि एवं संबद्ध कार्यकलाप	980.78	6.84	24,354.83	8.51	2,672.88	5.93	8,582.90	5.52
II	ग्रामीण विकास	425.67	2.97	8,322.73	2.91	3,082.42	6.84	11,142.45	7.16
III	विशेष क्षेत्र कार्यक्रम	899.49	6.27	7,753.24	2.71	68.11	0.15	10,849.50	6.97
IV	सिंचाई एवं बाढ़ नियंत्रण	583.54	4.07	30,080.39	10.51	3,604.40	8.00	13,385.80	8.60
V	ऊर्जा	398.28	2.78	39,532.33	13.81	6,036.17	13.39	4,513.00	2.90
VI	उद्योग एवं खनिज	197.25	1.38	20,520.35	7.17	177.99	0.39	5,934.70	3.81
VII	परिवहन	732.03	5.10	30,197.92	10.55	6,923.99	15.36	10,484.10	6.74
VIII	संचार	0.00		0.00		0.00		0.00	
IX	विज्ञान, प्रौद्योगिकी एवं पर्यावरण	317.49	2.21	2,603.71	0.91	1,615.59	3.58	1,859.80	1.20
X	सामान्य आर्थिक सेवाएं	4,921.19	34.32	6,644.83	2.32	1,207.22	2.68	1,079.60	0.69
XI	सामाजिक सेवाएं	4,658.13	32.48	1,14,863.17	40.11	18,522.50	41.09	84,511.75	54.31
1	*शिक्षा*	848.83	5.92	36,876.85	12.88	4,973.78	11.03	22,353.60	14.37
2	*चिकित्सा और सार्वजनिक स्वास्थ्य*	1,048.22	7.31	16,647.76	5.81	3,132.16	6.95	6,925.45	4.45
3	*जलापूर्ति एवं स्वच्छता*	278.45	1.94	7,390.37	2.58	3,093.75	6.86	5,183.00	3.33
4	*आवास*	176.55	1.23	4,529.59	1.58	0.00	0.00	5,534.25	3.56
5	*शहरी विकास*	680.69	4.75	15,326.69	5.35	3,278.18	7.27	20,425.25	13.13
6	*अन्य सामाजिक सेवाएं*	1,625.39	11.33	34,091.92	11.91	4,044.62	8.97	24,090.20	15.48
XII	सामान्य सेवाएं	226.15	1.58	1,466.50	0.51	1,168.74	2.59	3,257.40	2.09
XIII	**कुल बजटीय योजना (I से XII)**	14,340.00	100.00	2,86,340.00	100.00	45,080.00	100.00	1,55,601.00	100.00
XIV	स्थानीय निकाय संसाधन	0.00		0.00		100.00		0.00	
XV	सार्वजनिक क्षेत्रक उद्यमों के संसाधन	0.00		40,613.00		1,400.00		16,194.00	
XVI	**कुल योजना परिव्यय (XIII+XIV+XV)**	14,340.00		3,26,953.00		46,580.00		1,71,795.00	

नोटः कुछ राज्यों/संघ राज्य-क्षेत्रों के संबंध में क्षेत्रक आवंटन अनन्तिम हैं और संबंधित राज्यों/संघ राज्य-क्षेत्रों के परामर्श से उनमें परिवर्तन हो सकते हैं।

क्र.सं.	विकास शीर्ष	बारहवीं योजना में राज्यों और संघ राज्य क्षेत्रों के लिए प्रस्तावित क्षेत्रकीय आवंटन (चालू मूल्य) (करोड़ रूपए में) द्ध							
		अण्डमान व निकोबार द्वीप समूह	कुल बजटीय योजना का प्रतिशत	चंडीगढ़	कुल बजटीय योजना का प्रतिशत	दादर एवं नगर हवेली	कुल बजटीय योजना का प्रतिशत	दमन व दीव	कुल बजट योजना का प्रतिश
1	2	31		32		33		34	
I	कृषि एवं संबद्ध कार्यकलाप	331.80	2.68	7.01	0.13	45.88	1.04	205.49	4.97
II	ग्रामीण विकास	497.42	4.02	27.26	0.51	160.95	3.64	298.27	7.21
III	विशेष क्षेत्र कार्यक्रम	0.00	0.00	0.00	0.00	0.00	0.00	0.00	0.00
IV	सिंचाई एवं बाढ़ नियंत्रण	145.26	1.17	1.60	0.03	356.51	8.05	93.82	2.27
V	ऊर्जा	296.67	2.40	420.26	7.81	893.11	20.18	325.25	7.87
VI	उद्योग एवं खनिज	40.05	0.32	4.77	0.09	8.86	0.20	100.75	2.44
VII	परिवहन	5,093.78	41.16	454.42	8.44	660.32	14.92	937.77	22.68
VIII	संचार	0.00		0.00		0.00		0.00	
IX	विज्ञान, प्रौद्योगिकी एवं पर्यावरण	900.96	7.28	95.98	1.78	94.34	2.13	182.69	4.42
X	सामान्य आर्थिक सेवाएं	277.55	2.24	35.22	0.65	168.49	3.81	103.92	2.51
XI	सामाजिक सेवाएं	3,967.65	32.06	4,287.80	79.64	1,921.02	43.40	1,741.28	42.11
1	*शिक्षा*	1,357.25	10.97	1,026.11	19.06	481.79	10.89	413.88	10.01
2	*चिकित्सा और सार्वजनिक स्वास्थ्य*	672.92	5.44	660.33	12.26	653.35	14.76	850.41	20.57
3	*जलापूर्ति एवं स्वच्छता*	508.04	4.11	199.96	3.71	224.48	5.07	211.55	5.12
4	*आवास*	251.59	2.03	276.50	5.14	240.89	5.44	14.46	0.35
5	*शहरी विकास*	796.17	6.43	2,007.89	37.29	263.67	5.96	170.19	4.12
6	*अन्य सामाजिक सेवाएं*	381.69	3.08	117.01	2.17	56.83	1.28	80.80	1.95
XII	सामान्य सेवाएं	823.86	6.66	49.69	0.92	116.53	2.63	145.75	3.52
XIII	**कुल बजटीय योजना (I से XII)**	12,375.00	100.00	5,384.00	100.00	4,426.00	100.00	4,135.00	100.00
XIV	स्थानीय निकाय संसाधन	0.00		0.00		0.00		0.00	
XV	सार्वजनिक क्षेत्रक उद्यमों के संसाधन	0.00		0.00		0.00		0.00	
XVI	**कुल योजना परिव्यय (XIII+XIV+XV)**	12,375.00		5,384.00		4,426.00		4135.00	

नोट: कुछ राज्यों/संघ राज्य–क्षेत्रों के संबंध में क्षेत्रक आवंटन अनन्तिम हैं और संबंधित राज्यों/संघ राज्य–क्षेत्रों के परामर्श से उनमें परिवर्तन हो सकते हैं।

क्र.सं.	विकास शीर्ष	बारहवीं योजना में राज्यों और संघ राज्य क्षेत्रों के लिए प्रस्तावित क्षेत्रकीय आवंटन (चालू मूल्य) (करोड़ रूपए में)						कुल सभी राज्य व संघ राज्य क्षेत्र
		अण्डमान व निकोबार द्वीप समूह	कुल बजटीय योजना का प्रतिशत	चंडीगढ़	कुल बजटीय योजना का प्रतिशत	दादर एवं नगर हवेली	कुल बजटीय योजना का प्रतिशत	
1	2	35		36		37		
I	कृषि एवं संबद्ध कार्यकलाप	0.00	0.00	227.91	7.84	1,316.07	6.40	2,28,636.99
II	ग्रामीण विकास	882.00	0.98	48.84	1.68	491.22	2.39	1,90,416.89
III	विशेष क्षेत्र कार्यक्रम	0.00	0.00	0.00	0.00	0.00	0.00	80,370.15
IV	सिंचाई एवं बाढ़ नियंत्रण	400.00	0.44	37.21	1.28	532.29	2.59	4,04,799.79
V	ऊर्जा	4,820.20	5.36	130.23	4.48	1,397.47	6.80	3,52,468.37
VI	उद्योग एवं खनिज	199.00	0.22	26.74	0.92	1,015.14	4.94	85,212.39
VII	परिवहन	2,1954.62	24.39	777.91	26.76	1,853.20	9.01	3,84,689.75
VIII	संचार	0.00		0.00		0.00		0.00
IX	विज्ञान, प्रौद्योगिकी एवं पर्यावरण	546.50	0.61	238.37	8.20	164.99	0.80	37,295.98
X	सामान्य आर्थिक सेवाएं	992.50	1.10	118.61	4.08	791.94	3.85	1,24,136.27
XI	सामाजिक सेवाएं	5,7185.50	63.54	1,223.27	42.08	11,680.82	56.82	13,90,581.23
1	*शिक्षा*	12,240.50	13.60	422.10	14.52	2,674.40	13.01	3,45,178.28
2	*चिकित्सा और सार्वजनिक स्वास्थ्य*	13,500.00	15.00	186.05	6.40	2,052.44	9.98	1,52,481.29
3	*जलापूर्ति एवं स्वच्छता*	11,000.00	12.22	86.05	2.96	1,100.55	5.35	1,32,760.24
4	*आवास*	2,700.00	3.00	284.89	9.80	1,169.13	5.69	76,127.87
5	*शहरी विकास*	8,700.00	9.67	143.02	4.92	2,308.37	11.23	2,53,977.19
6	*अन्य सामाजिक सेवाएं*	9,045.00	10.05	101.16	3.48	2,375.93	11.56	4,30,056.38
XII	*सामान्य सेवाएं*	3,019.68	3.36	77.91	2.68	1,315.86	6.40	57,458.63
XIII	कुल बजटीय योजना (I से XII)	90,000.00	100.00	2,907.00	100.00	20,559.00	100.00	33,36,066.44
XIV	स्थानीय निकाय संसाधन	0.00		0.00		0.00		57,092.00
XV	सार्वजनिक क्षेत्रक उद्यमों के संसाधन	4,275.52		0.00	128-141	0.00		3,23,226.52
XVI	कुल योजना परिव्यय (XIII+XIV+XV)	94,275.52		2,907.00		20,559.00		37,16,384.96

नोट: कुछ राज्यों/संघ राज्य–क्षेत्रों के संबंध में क्षेत्रक आवंटन अनन्तिम हैं और संबंधित राज्यों/संघ राज्य–क्षेत्रों के परामर्श से उनमें परिवर्तन हो सकते हैं।

4

धारणीय विकास

प्रस्तावना

4.1. धारणीय विकास, जैसा कि 1987 में ब्रंड्टलैंड आयोग द्वारा परिभाषित किया गया था, 'वह विकास है जो भावी पीढ़ियों की अपनी स्वयं की आवश्यकताओं को पूरा करने की समर्थता से समझौता किए बिना वर्तमान की आवश्यकताओं को पूरा करता है।' आर्थिक प्रगति और विकास का मार्गदर्शन धारणीयता की अनिवार्यता द्वारा किया जाए, क्योंकि हम में से कोई भी उस आर्थिक तथा पर्यावरण ीय खतरे की उपेक्षा नहीं कर सकता जो तीव्र गति से बिगड़ने वाली पर्यावरणीय प्रणाली के कारण हमारे भंगुर ग्रह के सम्मुख है। हम में से कोई भी जलवायु परिवर्तन, पर्यावरणीय आक्रमण, ओजोन परत के रिक्तीकरण और जल संदूषण की वास्तविकता से परिरक्षित नहीं है।

4.2. भारत पर्यावरण संरक्षण से संबंधित अंतरराष्ट्रीय सम्मेलनों में सक्रिय रूप से सम्मिलित होता रहा है और अन्य अनेक करारों के साथ–साथ 94 बहुपक्षीय पर्यावरण करारों का हिस्सा रहा है जैसे कि वैटलैण्ड्स संबंधी रामसर सम्मलेन, वनस्पति एवं पेड़ पौधों की संकटापन्न प्रजातियों में अंतरराष्ट्रीय व्यापार संबंधी सम्मेलन (सीआईटीईएस), जैविक विविधता संबंधी सम्मेलन (सीबीडी)। भारत ने जलवायु परिवर्तन संबंधी संयुक्त राष्ट्र रूपरेखा अभिसमय पर भी हस्ताक्षर किए हैं और 2002 में क्योटो प्रोटोकॉल पर सहमति जताई है। यूनाइटिड नेशन्स फ्रेमवर्क कन्वेंशन ऑन क्लाइमेट चेंज (यूएनएफसीसीसी) के अनुसार कोई बाध्यकारी न्यूनीकरण प्रतिबद्धता न होने के बावजूद भारत ने अपने सकल घरेलू उत्पाद (जीडीपी) की उत्सर्जन तीव्रता को 2020 तक 2005 के स्तर से 20–25 प्रतिशत कम करने की स्वैच्छिक न्यूनीकरण कार्रवाई के बारे में संसूचित किया है। भारत सरकार यूएनएफसीसीसी के साझा परन्तु पृथक उत्तरदायित्व (सीबीडीआर) सिद्धान्त के प्रति भी वचनबद्ध है। सरकार ने जलवायु परिवर्तन के संबंध में राष्ट्रीय कार्रवाई योजना सूत्रबद्ध की है जिसमें देश को जलवायु परिवर्तन के अनुकूल बनने में सहायता करने के लिए आठ मिशनों की व्यवस्था की गई है।

धारणीय आर्थिक विकास

4.3. आम तौर पर यह कहा जाता है कि सकल घरेलू उत्पाद राष्ट्रों के वास्तविक कल्याण नापने का सर्वदा उत्तम रास्ता नहीं होता है क्योंकि आर्थिक विकास पर्यावरण की लागत पर हो सकता है। वास्तव में पर्यावरण और आर्थिक विकास के बीच एक द्विमार्गीय संबंध मौजूद होता है। संसाधनों की संपन्नता और कच्चा माल जैसे कि पानी, लकड़ी और खनिज वस्तुओं और सेवाओं के उत्पादन के लिए सीधे तौर पर इनपुट उपलब्ध कराते हैं। जबकि औद्योगिक विकास, जो जीडीपी की वृद्धि में एक प्रमुख भूमिका निभाता है, कुछ पर्यावरणीय क्षति भी पहुंचाता है। विनिर्माण क्षेत्र, उत्पादन चक्र के सभी चरणों अर्थात (1) प्राकृतिक संसाधनों के प्रापण तथा उपयोग, (2) औद्योगिक प्रक्रियाएं और गतिविधियां और (3) उत्पाद उपयोग तथा निपटान के दौरान पर्यावरणीय अवक्रमण का कारण बन सकता है। अर्थव्यवस्था के एक अन्य महत्वपूर्ण क्षेत्र कृषि में भी कुछ ऐसी परिपाटियां हैं जो पर्यावरण को हानि पहुंचाती हैं। उदाहरण के लिए – वे गतिविधियां जैसे कि रासायनिक उर्वरकों के उपयोग के परिण ाामस्वरूप जल प्रदूषण और भूमि ह्रास दोनों हो सकते हैं। भूमिगत जल की अनियंत्रित निकासी पर्यावरणीय प्रणाली में जल संतुलन को बर्बाद कर सकती है।

4.4. यह भी सत्य है कि उत्पादन के संदर्भ में जीडीपी को नापने के पारम्परिक तरीकों में, वस्तुओं तथा सेवाओं के उत्पादन द्वारा की गई पर्यावरणीय क्षति को ध्यान में नहीं रखा जाता। पर्यावरणीय लागतों के लिए जीडीपी समायोजित करने के बाद ही समायोजित जीडीपी के विकास को अर्थव्यवस्था में कुल उत्पादन में वृद्धि का पैमाना कहा जा सकता है। इस समस्या को मान्यता देते हुए योजना आयोग ने

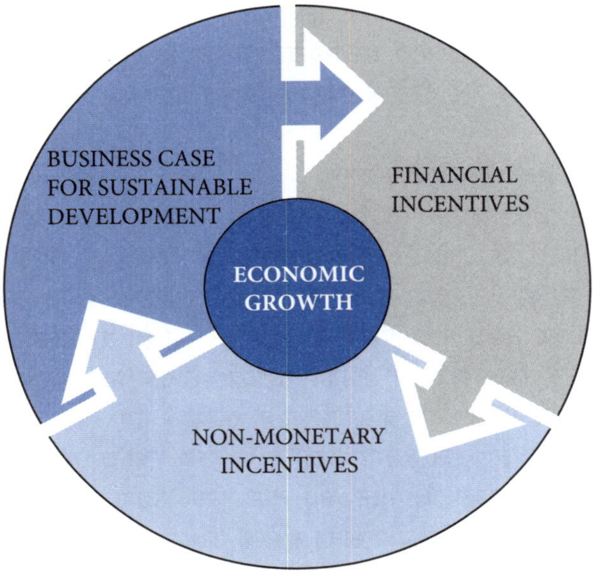

आकृति 4.1: धारणीय विकास के लिए नीतिगत विकल्प

प्रोफेसर पार्थ दासगुप्ता के नेतृत्व में एक विशेषज्ञ दल का गठन किया है जो हरित राष्ट्रीय लेखों का आकलन करने के लिए एक सांचा तैयार करेगा जो राष्ट्रीय संसाधनों पर नकारात्मक प्रभाव को ध्यान में रखते हुए राष्ट्रीय उत्पादन माप सकेगा।

4.5. पर्यावरण एक सार्वजनिक वस्तु है जो प्रतिस्पर्धी और गैर–वर्जनीय है। कोई अकेला व्यक्ति इसका मालिक नहीं है और एक व्यक्ति की खपत अन्य के लिए उपलब्ध इसकी गुणवत्ता को प्रभावित करती है। विभिन्न आर्थिक गतिविधियां पर्यावरण के माध्यम से नकारात्मक बाहरी प्रभाव डालती हैं। प्राकृतिक संसाधनों का उचित मूल्य निर्धारण, प्रदूषण को अधिक मंहगा बनाना और जीवाश्म ईंधन से रियायत हटाना, पर्यावरण के संरक्षण और लम्बे समय तक विकास को स्थायित्व प्रदान के लिए उत्तम होने चाहिए। बेहतर विनियमन मानव स्वास्थ्य तथा पर्यावरण को संरक्षित करने, हरित तकनीकों को प्रोत्साहित करने तथा हरित निजी निवेश तथा रोजगार में वृद्धि करने में सहायक हो सकता है। इस खण्ड में पहले धारणीय विकास के लिए व्यावसायिक मामला तैयार किया गया है और फिर वित्तीय तथा गैर–मौद्रिक प्रोत्साहन पर विचार किया गया है।

धारणीय विकास के लिए एक व्यावसायिक मॉडल

4.6. नब्बे के दशक के मध्य में स्थानीय प्राधिकरण धारणीय विकास हासिल करने की कोशिश करने वाले सम्भवतः सबसे अधिक सक्रिय कारक थे, लेकिन एकाग्रता को हाल ही में एक प्रमुख कारक के रूप में व्यावसाय पर केंद्रित कर दिया गया है। अनेक जिम्मेदार व्यवसाय प्रबंधकों और फर्मों ने पर्यावरणीय दक्षता को अपने मार्गदर्शी सिद्धान्त के रूप में चुन लिया है। पर्यावरणीय दक्षता वह आर्थिक मूल्य होता है जो किसी फर्म द्वारा अपने औसत पारिस्थितिकी प्रभाव के संबंध में जोड़ दिया जाता है। इस विचारधारा को धारणीय विकास हेतु विश्व व्यवसाय परिषद (डब्ल्यूबीसीएसडी) द्वारा लोकप्रिय बनाया गया है और इसे निम्न प्रकार परिभाषित किया गया है :–

> "पर्यावरणीय दक्षता, प्रतिस्पर्धात्मक तौर पर मूल्यांकित वस्तुएं और सेवाएं प्रदान करने से प्राप्त की जाती है जो मानव आवश्यकताओं की पूर्ति करती हैं, जीवन में गुणवत्ता लाती हैं, साथ ही साथ समस्त जीवन चक्र के दौरान पारिस्थितिकी प्रभाव तथा संसाधन तीव्रता को धीरे–धीरे उस न्यूनतम स्तर तक कम करती हैं जो पृथ्वी की वहन क्षमता के अनुरूप हो।"

4.7. पर्यावरणीय दक्षता की अवधारणा के समान, परन्तु जिसकी कॉर्पोरेट जगत में छोटे पैमाने पर खोज की गई है, स्थायित्व सामाजिक–सक्षमता की अवधारणा अर्थात किसी फर्म के मूल्य और उसकी सामाजिक दक्षता के बीच संबंध है। जबकि यह माना जा सकता है कि पर्यावरण पर कॉर्पोरेट प्रभाव आमतौर पर नकारात्मक है परंतु सामाजिक प्रभाव के लिए यह सत्य नहीं हो सकता है। सामाजिक दक्षता पर निर्भर करते हुए किसी मूल्यवर्धित गतिविधि का अनुसरण करते हुए कोई फर्म या तो नकारात्मक सामाजिक प्रभाव को न्यूनतम बनाने या सकारात्मक सामाजिक प्रभाव को अधिकाधिक बनाने का प्रयास कर सकती है। पर्यावरण दक्षता और सामाजिक दक्षता दोनों लंबे समय तक व्यवसाय में स्थायित्व को बढ़ावा देती हैं।

वित्तीय प्रोत्साहन

4.8. धारणीय विकास के वित्तपोषण तथा संवर्धन में आर्थिक माध्यम की भूमिका पूरी तरह मान्यता प्राप्त है। निम्नलिखित आर्थिक माध्यम व्यावहारिक प्रतिमानों पर अपने प्रभाव के माध्यम से धारणीय विकास का लक्ष्य प्राप्त करने में सहायता कर सकते हैं जिसके परिणामस्वरूप अर्थव्यवस्था में निरंतर खपत और उत्पादन हो।

पर्यावरणीय कर

4.9. पर्यावरण को क्षति पहुंचाने वाले किसी उत्पाद (या सम्पूरक उत्पाद) पर एक 'हरित' या 'पर्यावरणीय' कर लगाकर उसके उत्पादन या उसकी खपत को कम करने का प्रयास किया जाता है। भली भांति संकल्पित पर्यावरणीय कर और अन्य आर्थिक साधन ऐसा मूल्य सुनिश्चित करने में महत्वपूर्ण भूमिका निभा सकते हैं जो 'प्रदूषक को

भरपाई करनी होगी' के सिद्धांत पर पर्यावरणीय लागत दर्शाते हैं। पर्यावरणीय कर प्राकृतिक संसाधनों की उत्पादकता में सुधार लाने के लिए सरल और दक्ष वित्तीय साधन हो सकते हैं। पानी और जीवाश्म ईंधनों पर कर सरकार के सामन्य राजस्व का भाग बनाने की जरूरत नहीं है, इसके बजाए इन्हें सीधे इन मोर्चों पर पर्यावरण की दृष्टि से स्थायी कार्यों पर लगाया जा सकता है। कोयला उपकर हाल के समय में भारत सरकार द्वारा लगाए गए पर्यावरणीय कर का एक अच्छा उदाहरण है जिसकी प्राप्तियां राष्ट्रीय स्वच्छ ऊर्जा कोष के रास्ते लाई जाती हैं। पर्यावरणीय कराधान के कुछ लाभों का नीचे वर्णन किया गया हैः–

- ये उन उपायों के लिए प्रोत्साहन प्रदान करते हैं जो पर्यावरण को संरक्षित करते हैं और उन कार्रवाइयों पर रोक लगाते हैं जिनके परिणामस्वरूप पर्यावरण को क्षति पहुंचती है।
- करों जैसे आर्थिक माध्यम पर्यावरणीय लक्ष्यों को न्यूनतम लागत तथा अति सक्षम तरीके से हासिल करने में समर्थ बना सकते हैं।
- मूल्य में पर्यावरणीय लागतें सम्मिलित करने से वे और अधिक स्थायी अर्थव्यवस्था की ओर अग्रसर होने के लिए आवश्यक संरचनात्मक आर्थिक परिवर्तनों की ओर संकेत करने में सहायता प्रदान करते हैं।
- वे परिवर्तन तथा नई प्रौद्योगिकी के विकास को प्रोत्साहित कर सकते हैं।
- पर्यावरणीय करों द्वारा जुटाए गए राजस्व का उपयोग अन्य करों के स्तर को कम करने के लिए किया जा सकता है। इससे दक्षता, जिसके साथ अर्थव्यवस्था में संसाधनों का उपयोग किया जाता है, में वृद्धि करते हुए विकारों को कम करने में सहायता मिल सकती है।

रियायतें

4.10. ऊर्जा, जल तथा कृषि क्षेत्रों में रियायत संबंधी नीतियों के राजकोषीय तथा पर्यावरणीय प्रभावों की मान्यता में वृद्धि होती रही है। इनमें से अधिकांश रियायतें पर्यावरण के लिए खतरा पैदा करती हैं। उदाहरण के लिए, ऊर्जा क्षेत्र में अप्रैल, 2002 में नियंत्रित मूल्यनिर्धारण तंत्र (एपीएम) के भंग होने के साथ तरल पेट्रोलियम तथा केरोसिन, जिनका घरों में उपयोग किया जाता है, को छोड़कर सभी तेल उत्पादों पर रियायतें समाप्त कर दी गई थीं। बाद में, इस नीति को पलट दिया गया है जिससे डीजल पर एक बड़ी और प्रतिगामी रियायतदी गई जिसने परिवहन और तथा औद्योगिक क्षेत्रों में ऊर्जा के उपयोग को विकृत बना दिया और वायु प्रदूषण की समस्या और भी अधिक विकट हो गई। इसी प्रकार, नाइट्रोजन युक्त उर्वरकों का अत्यधिक उपयोग और जल की अत्यधिक निकासी, जिन पर केन्द्र तथा राज्य दोनों स्तरों पर रियायतें दी गई हैं, मिट्टी तथा जल पारिस्थितिक तंत्र, दोनों के स्थायित्व पर बुरा असर पड़ा है।

कोष तथा प्रौद्योगिकी अंतरण

4.11. हरित व्यवसाय के विस्तार के संबंध में एक प्रमुख बाधा वित्तीय संसाधनों की कमी है। हरित प्रौद्योगिकी के विकास का प्राथमिक उद्देश्य अप्रचलित तथा असक्षम प्रणालियों के स्थान पर अधिक ऊर्जा दक्ष तथा स्वच्छ प्रौद्योगिकियों की स्थापना करना है। अनुसंधान और विकास (आर एण्ड डी) वित्तीय सहायता, शैक्षिक तथा अनुसंधान संस्थानों के लिए ऐसी प्रौद्योगिकियों के सृजन के लिए ज्ञान में वृद्धि करने के लिए मार्ग प्रशस्त करती है जिन्हें अत्याधुनिक के रूप में देखा जा सकता है। सूक्ष्म, लघु तथा मध्यम उद्यमों (एमएसएमई) के पास सीमित वित्तीय संसाधन होते हैं और इसलिए उनमें सस्ती लेकिन असक्षम प्रौद्योगिकियों का उपयोग करने की प्रवृति होती है जिसके कारण विनियमों का अनुपालन निःसंदेह नहीं हो पाता है। उद्योगों को अपने स्वयं के परिसरों के अंदर हरित प्रौद्योगिकियां अपनाने के साथ–साथ औद्योगिक क्षेत्रों के अंदर साझे पर्यावरणीय संरक्षण ढांचे के निर्माण के लिए निधियां उपलब्ध कराना आवश्यक होगा। निधियों का आबंटन इस तरीके से किया जाना आवश्यक है जिससे मौजूदा तथा नए संस्थानों को लगातार अपग्रेड किया जा सके।

4.12. भारत सरकार ने ₹50 प्रति टन की प्रभावी दर से कोयले पर उपकर लगाकर 2010 में पहले ही एक **राष्ट्रीय स्वच्छ ऊर्जा कोष (एनसीईएफ)** स्थापित कर लिया है। सरकार को 2015 तक स्वच्छ ऊर्जा कोष के अधीन ₹10000 करोड़ एकत्रित कर लिए जाने की प्रत्याशा है। राष्ट्रीय स्वच्छ ऊर्जा कोष से उन परियोजनाओं, कार्यक्रमों तथा नीतियों को प्रोत्साहित किया जाएगा जो स्वच्छ ऊर्जा प्रौद्योगिकियों को बढ़ावा दें। इस कोष का उपयोग हरित प्रौद्योगिकी तथा पर्यावरण समर्थित व्यवसाय जैसे कि अन्य के अलावा नवीकरण ीय ऊर्जा, हरित परिवहन, जल तथा कचरा प्रबंधन में निवेश करने वाली कंपनियों के लिए एक संकेंद्रित निवेश साधन की स्थापना के लिए किया जा सकता है।

4.13. **प्रतिपूरक वनरोपण कोष** वन क्षेत्र के लिए अतिरिक्त संसाधन आकर्षित करने के लिए एक परिवर्तनशील तंत्र है। उपभोक्ता एजेंसियों से गैर–वनीय उद्देश्य के लिए प्रदान की गई भूमि के बदले प्रतिपूरक वनरोपण के लिए धन एकत्रित किया जाता है जिसकी वर्तमान दर ₹0.8 मिलियन प्रति हैक्टेयर है।

4.14. एक अन्य कोष, राष्ट्रीय जीन कोष भी स्थापित किया गया है जिसका उपयोग देशी फसलों की किस्मों की आनुवांशिक विविधता के यथा–स्थाने संरक्षण के लिए पंचायत स्तर पर क्षमता निर्माण के लिए किया जाएगा।

प्रमाण–पत्र तथा देयताएं

4.15. पारंपरिक ऊर्जा स्रोतों पर बढ़ते दबाव ने ऊर्जा संरक्षण को सरकार के लिए एक केन्द्रीकृत क्षेत्र बना दिया है। निष्पादन, प्राप्ति तथा व्यवसाय (पीएटी) स्कीम ऊर्जा दक्षता को बढ़ावा देने वाली एक प्रमाण पत्र आधारित व्यवसाय स्कीम का उदाहरण है। इसी प्रकार, नवीकरणीय ऊर्जा प्रमाण पत्र (आरईसी) तंत्र बाजार आधारित माध्यम है जिसे नवीकरणीय ऊर्जा को बढ़ावा देने और नवीकरणीय खरीद देयताओं, जिसमें वितरण कंपनियों द्वारा नवीकरणीय ऊर्जा स्रोतों से कुछ प्रतिशत बिजली की खरीद की जानी विधिक तौर पर अनिवार्य है, को सुविधाजनक बनाने के लिए लागू किया गया है। आरईसी तंत्र का उद्देश्य किसी राज्य में नवीकरणीय ऊर्जा स्रोतों की उपलब्धता तथा बाध्य कंपनियों की अपनी नवीकरणीय खरीद देयताओं की पूर्ति की आवश्यकताओं के बीच विसंगति को दूर करना है।

गैर–मौद्रिक प्रोत्साहन

4.16. गैर–मौद्रिक प्रोत्साहन ऐसे नीतिगत माध्यम हैं जिनका विशेष रूप से कोई मौद्रिक मूल्य नहीं होता है लेकिन निश्चित तौर पर उनका वित्तीय प्रभाव पड़ता है जिससे स्थायित्व को बढ़ावा मिलता है। इन प्रोत्साहनों का उपयोग सरकार द्वारा किसी अर्थव्यवस्था में संसाधनों के संरक्षण को प्रोत्साहित करने के लिए मोल–तोल के साधन के रूप में किया जा सकता है। जल के विवेकपूर्ण उपयोग, वृक्षारोपण, कार साझा करने और प्लास्टिक की थैलियों के उपयोग से बचने को प्रोत्साहन जैसी गतिविधियों को पुरस्कृत किया जा सकता है ताकि इसे परिपाटी के रूप में प्रोत्साहन मिले और यह अन्य व्यक्तियों के लिए एक उदाहरण के रूप में कार्य करे। परिवर्तनशील नीतियों और पुरस्कारों की पहल के माध्यम से सरकार एक ऐसी मान्यता प्रदान कर सकती है जो नागरिकों और फर्मों में धारणीय विकास को प्रोत्साहन दे।

धारणीय विकास के लिए कार्यक्रम स्थापित करना

4.17. यह एक आम राय है कि भारत अपनी पर्यावरणीय प्रणाली की धारक क्षमता से कहीं अधिक संसाधनों की खपत कर रहा है। अतः सभी स्तरों पर कार्यक्रमबद्ध अन्तर अनुशासनात्मक योजना बनाने तथा अन्तर–एजेंसी प्रयास करने की आवश्यकता है। अनेक राष्ट्रीय कार्यनीतियां और नीतियां, जो स्थायित्व के सिद्धान्त की भावना पैदा करती हैं, पहले ही स्थापित कर दी गई हैं। राष्ट्रीय पर्यावरणीय नीति (एनईपी) 2006 में यह विचार किया गया है कि केवल ऐसा विकास ही स्थायी होता है जो पारिस्थितिकी बाधाओं और सामाजिक न्याय की अनिवार्यताओं की कद्र करता है। राष्ट्रीय कृषि नीति (एनएपी) देश के प्राकृतिक संसाधनों के तकनीकी तौर पर सही, आर्थिक रूप से व्यवहार्य, पर्यावरणीय तौर पर गैर–अवक्रमणीय और सामाजिक तौर पर स्वीकार्य उपयोग को बढ़ावा देते हुए कृषि के धारणीय विकास पर केन्द्रीकृत है। एनएपी में यह भी उल्लेख किया गया है कि भूमि तथा मिट्टी की गुणवत्ता में सुधार करने, उसके तार्किक उपयोग, जल के संरक्षण और पर्यावरणीय समस्याओं के प्रति कृषक समुदाय को संवेदनशील बनाने के काम को उच्च प्राथमिकता मिलनी चाहिए। राष्ट्रीय विद्युत नीति (एनईपी), 2008, की एकीकृत ऊर्जा नीति (आईईपी) की तरह ऊर्जा के नवीकरणीय स्रोतों के उपयोग को रेखांकित करती हैं। राष्ट्रीय शहरी सफाई नीति 2008 जागरूकता सृजित करने, खुले में मलत्याग को समाप्त करने, एकीकृत संपूर्ण सफाई को बढ़ावा देने, सुरक्षित निपटान और सभी स्वास्थ्य संस्थानों के दक्ष संचालन की मांग करती है। तथापि हमारे लिए अस्पष्ट जल संकट, जिसे निःशुल्क जल तथा बिजली आपूर्ति ने बदतर बना दिया है; और बहुत सस्ते नाइट्रोजनयुक्त उर्वरक के अत्यधिक उपयोग द्वारा पैदा किए गए स्वास्थ्य तथा पर्यावरणीय खतरों को अग्रिम में काबू में करने की आवश्यकता है। हमारे देश में धारणीय विकास की प्राप्ति के लिए कुछ महत्वपूर्ण परिदृश्य नीचे सूचीबद्ध किए गए हैं।

ग्रीन हाउस गैस उत्सर्जन

4.18. अपने सकल घरेलू उत्पाद की उत्सर्जन तीव्रता को कम करने के लिए भारत के निरंतर प्रयासों से यह सुनिश्चित होगा कि देश का प्रति व्यक्ति उत्सर्जन विकसित देशों से कम रहेगा। यह अनुमान लगाया गया है कि 2031 में भारत का प्रति व्यक्ति उत्सर्जन 2005 में वैश्विक प्रति व्यक्ति उत्सर्जन से कम ही रहेगा (2031 में भारत का प्रति व्यक्ति जीएचजी उत्सर्जन 4 टन कार्बन डाइऑक्साइड समकक्ष के अंदर ही रहेगा जो 2005 में विश्व के 4.22 टन कार्बन डाइऑक्साइड समकक्ष प्रति व्यक्ति उत्सर्जन से कम है)। फिर भी भारत ने अपने जीडीपी की उत्सर्जन तीव्रता को 2005 के स्तर से 2020 तक 20–25 प्रतिशत तक कम करने का स्वैच्छिक लक्ष्य स्वयं अपने सामने रखा है।

धारणीय कृषि विकास

4.19. कृषि विकास कार्यक्रमों का मुख्य जोर दुर्लभ प्राकृतिक संसाधनों नामतः भूमि, पानी और ऊर्जा के उपयोग की दक्षता में सुधार लाने पर है। यह लक्ष्य उन्नत उत्पादकता के माध्यम से प्राप्त किया जा सकता

हे जिससे किसानों तथा खेतीहर मजदूरों के कल्याण में सुधार आएगा और ग्रामीण गरीबी के उन्मूलन में सहायता मिलेगी। भू–संसाधनों के संरक्षण से विकास विकल्पों को भूमि क्षमताओं के साथ संतुलित करते हुए भूमि के सही उपयोग को बढ़ावा मिल सकता है। पानी और बिजली के उपयुक्त मूल्यांकन से घटते हुए जल स्रोतों को भरने में सहायता मिलेगी। यूरिया को पोषण आधारित रियायत व्यवस्था में स्थानांतरित करना भी समय की मांग है जिसे और अधिक अनदेखा नहीं किया जा सकता है।

औद्योगिक विकास और शहरीकरण

4.20. उद्योग उन प्रौद्योगिकी नवीनताओं में एक महत्वपूर्ण भूमिका निभाते हैं जो देश के आर्थिक एवं सामाजिक विकास के लिए निर्णायक होती हैं। पर्यावरणीय तौर पर सही प्रौद्योगिकी और प्रबंधन तकनीकों, जो किसी धारणीय विकास कार्यनीति के प्रमुख तत्व होती हैं, जिनके प्रसार तथा अंतरण को सुविधाजनक बनाना भी महत्वपूर्ण है।

4.21. भारत के शहरीकरण में एक बड़ी पर्यावरणीय समस्या जल प्रदूषण के उच्च स्तर से संबंधित है जो कचरे के खराब निपटान, अपर्याप्त मल–निकास तथा जल निकास तथा औद्योगिक कचरे के अनुपयुक्त निपटान के कारण होता है। निचले क्षेत्रों में ठोस कचरा डालने से थलीय तथा भूमिगत जल दोनों प्रकार का प्रदूषण होता है। जवाहर लाल नेहरू राष्ट्रीय शहरी नवीकरण मिशन (जेएनएनयूआरएम) को बारहवीं योजना की अवधि में और अधिक केंद्रीकृत दृष्टिकोण अपनाने की आवश्यकता है ताकि हम इन मुद्दों का शीघ्रातिशीघ्र समाधान कर सकें।

पर्यावरणीय – औद्योगिक केन्द्र

4.22. पर्यावरणीय औद्योगिक पार्क (ईआईपी) या सम्पदा, विनिर्माण तथा सेवा व्यवसायों का एक समूह होता है जो साझी संपत्ति पर एक ही जगह अवस्थित होता है। सदस्य व्यवसाय, पर्यावरणीय तथा संसाधन संबंधी मुद्दों के प्रबंधन में सहयोग के माध्यम से बृहत पर्यावरण ीय, आर्थिक तथा सामाजिक कार्य निष्पादन की चाह रखते हैं। इकट्ठे काम करते हुए व्यवसाय समूह सामूहिक लाभ चाहते हैं जो उस व्यक्तिगत लाभ के योग से अधिक होता है जो प्रत्येक कंपनी को अपने व्यक्तिगत कार्य निष्पादन"[1] को अधिकाधिक बनाने से प्राप्त होगा।

4.23. ईआईपी का लक्ष्य, अपने पर्यावरणीय प्रभावों का न्यूनतम बनाते हुए भागीदार कंपनियों के आर्थिक कार्य निष्पादन में सुधार लाना होता है। इस दृष्टिकोण के घटकों में पार्क ढांचे का अभिनव डिजाइन (नवीन या आधुनिक); स्वच्छतर उत्पादन; प्रदूषण की रोकथाम; ऊर्जा दक्षता और अन्तर–कंपनी भागीदारी करना शामिल होते हैं। ईआईपी पड़ोसी समूहों के लिए भी लाभ की चाह रखता है ताकि यह सुनिश्चित हो सके कि उसके विकास का निवल प्रभाव सकारात्मक है। विशेष रूप से हमें विशेष आर्थिक जानों (एसईजेड), मुम्बई–दिल्ली औद्योगिक गलियारों के नजदीक वाले नगर क्षेत्रों को पर्यावरणीय औद्योगिक केन्द्रों में परिवर्तित करने पर विचार करना चाहिए।

हिमालयी पर्यावरण प्रणाली तथा पश्चिमी घाटों का धारणीय प्रबंधन

4.24. पहाड़ी क्षेत्र विकास कार्यक्रम (एचएडीपी) तथा पश्चिमी घाट विकास कार्यक्रम (डब्ल्यूजीडीपी) को बारहवीं योजना में और मजबूती के साथ जारी रखने की आवश्यकता है ताकि इन दुर्बल क्षेत्रों में प्राकृतिक संसाधनों को संरक्षित रखा जा सके और उनका उपयोग और अधिक लंबे समय तक किया जा सके। इन कार्यक्रमों को जारी रखना इसलिए भी आवश्यक है क्योंकि अधिकांश पहाड़ी क्षेत्रों में बुनियादी ढांचे, विशेष रूप से सड़कों, बिजली, शिक्षण संस्थानों तथा स्वास्थ्य केन्द्रों का अभाव है। ये क्षेत्र ध्वजपोत कार्यक्रमों, विशेष रूप से सर्व शिक्षा अभियान (एसएसए) तथा राष्ट्रीय स्वास्थ्य मिशन (एनएचएम) के अधीन उच्च प्राथमिकता के हकदार हैं। यह भी देखा गया है कि अनेक राष्ट्रव्यापी कार्यक्रम पहाड़ी क्षेत्रों के लिए उपयुक्त नहीं है उदाहरणार्थ मजदूरी उस मजदूरी से अधिक होनी चाहिए जो मजदूरी रोजगार कार्यक्रम के अंतर्गत निर्धारित है। कुछ अन्य कार्यक्रमों के लिए निर्धारित मापदण्डों के लिए भी यह बात सत्य है क्योंकि आवासीय बस्तियां प्रायः बहुत छोटी होती हैं और वे कवरेज के योग्य नहीं होती है या उन्हें कवर करना बहुत ही खर्चीला होता है। स्थानीय समाधानों और निर्णय लेने में जनता की भागीदारी को प्रोत्साहित किए जाने की आवश्यकता है। पारिस्थितिकी तथा जैव विविधता के मुद्दों पर उच्च प्राथमिकता के साथ कार्रवाई की जानी चाहिए। इसलिए कार्यक्रम का दोहरा उद्देश्य होना चाहिए – पारिस्थितिक सन्तुलन का संरक्षण और स्थानीय समुदायों के लिए जीविका के स्थायी अवसर पैदा करना। इसके अलावा, इनमें से अधिकांश क्षेत्रों में राजनैतिक शक्ति का अभाव है और इसके परिण ामस्वरूप पर्याप्त वित्तीय संसाधनों का अभाव है। पश्चिमी घाटों के अति दुर्बल और पिछड़े इलाकों के लिए संबंधित सरकारों द्वारा और अधिक धनराशि निर्धारित की जानी चाहिए।

4.25. दार्जिलिंग गोरखा हिल कौंसिल क्षेत्र को छठी अनुसूची में सम्मिलित करने वाले विधेयक पर शीघ्रतापूर्वक विचार किए जाने की आवश्यकता है। इसके अलावा, जीबी पन्त हिमालय पर्यावरण

एवं विकास संस्थान (जीबीपीआइएचईडी) को अपनी गतिविधियों को नई दिशा देनी चहिए ताकि वह श्रेष्ठता के एक केन्द्र और हिमालयी राज्यों के धारणीय विस्तार के विकास के संबंध में सलाह के एक संसाधन आधार के रूप में विकसित हो जाए। अनुसंधान के केन्द्र बिन्दु में पहाड़ के निवासियों का सामाजिक–आर्थिक विकास सम्मिलित होना चाहिए। जलवायु परिवर्तन के परिप्रेक्ष्य में एल्पाइन बायोम्स की सक्रियता पर काबू पाने के लिए भारतीय एल्पाइन पहल भी आरंभ की जानी चाहिए।

तटीय क्षेत्र प्रबंधन

4.26. तटीय विनियमन क्षेत्र अधिसूचना, मानवीय गतिविधियों के प्रति तटीय क्षेत्रों की संवेदनशीलता पर आधारित गतिविधियों को विनियमित करती है। तटीय क्षेत्रों को विकास गतिविधियों की अनुज्ञात्मकता के विभिन्न स्तरों के साथ इस समय चार श्रेणियों (तटीय क्षेत्र 1–4) वर्गीकृत किया गया है। श्रेणी 1 में पारिस्थितिकी तौर पर संवेदनशील क्षेत्र शामिल हैं, श्रेणी 4 में द्वीप शामिल है, जबकि श्रेणी 2 और 3 संवेदनशीलता पर आधारित निर्माण गतिविधियों की अनुमति देती हैं।

4.27. स्वामीनाथन समिति ने सिफारिश की है कि तटीय क्षेत्र प्रबंधन तथा विनियमों का आधार स्थानीय परिस्थितियां तथा संवेदनशीलता होनी चाहिए। इस प्रयोजन हेतु, तटीय क्षेत्रों के लिए पर्यावरणीय योजना बनाने में वैज्ञानिक तथा स्थानीय जानकारी का उपयोग किया जाना चाहिए। जीव–जन्तुओं (और उनके आवास जैसे कि घोंसले बनाने/अण्डजनन के स्थल) का संरक्षण और मानव कल्याण के साथ उनके पर्यावरण का एकीकरण महत्वपूर्ण है। तटीय क्षेत्र प्रबंधन समितियों में सिविल सोसाइटी तथा स्थानीय मछुआरा/तटीय समुदायों की भागीदारी सुनिश्चित की जानी चाहिए ताकि तटीय क्षेत्र पर्यावरण विनियम संबंधी मुद्दों के बेहतर सामंजस्य का निर्माण किया जा सके।

धारणीय विकास के लिए जन भागीदारी

4.28. संसाधनों के प्रभावी प्रबंधन के लिए सभी हिस्सेदारों द्वारा भागीदारी करना अपेक्षित होता है। राष्ट्रीय धारणीय विकास कार्यक्रम के एक भाग के रूप में भारत सरकार ने ऐसे नीतिगत माध्यम विकसित करने के उपाय किए हैं जो राष्ट्रीय विकास कार्यक्रमों में हिस्सेदारों तथा पर्यावरण संबंधी गैर–सरकारी संगठनों की निम्नतम स्तर पर सक्रिय भागीदारी को प्रोत्साहित करते हैं। एकीकृत आवास मूल्यांकन के लिए हरित रेटिंग (गृहा), संयुक्त वन प्रबंधन (जेएफएम), एकीकृत बुनियादी ढांचा विकास (आईआईडी) के अधीन महिला सशक्तीकरण, राष्ट्रीय ज्ञान नेटवर्क (एनकेएन) और कचरा न्यूनीकरण परिमण्डलों (डब्ल्यूएमसी) जैसे बहु–हिस्सेदार मंचों के नियोजन के परिणामस्वरूप गरीबी उन्मूलन, हरित नगर विकास पहलों, उद्यमिता विकास, महिला सशक्तीकरण और वन तथा संसाधनों के प्रबंधन के क्षेत्रों में नवीनता आई है। साझा प्राकृतिक संसाधनों को तार्किक रूप से प्रबंधित किया जाना अनिवार्य है ताकि उपलब्धता में सुधार हो और उन तक पहुंच में समानता तथा लाभ में हिस्सेदारी सुनिश्चित हो सके। स्थानीय स्तर पर लोकतांत्रिक संस्थाओं को मजबूत बनाने से प्राकृतिक संसाधनों का प्रबंधन बेहतर तथा अविच्छिन्न तरीके से होता रहेगा।

4.29. जैव विविधता और पर्यावरण प्रणाली सेवाएं मुक्त रूप से उपलब्ध सार्वजनिक सम्पत्ति हैं और मानवता, विशेष रूप से गरीब जनता अपनी जीविका के लिए उन पर निर्भर करती है। पर्यावरणीय शिक्षा और जागरूकता कार्यक्रमों का उपयोग आर्थिक व्यवहार को प्रभावित करने तथा फर्मों और स्थानीय प्राधिकरणों/समुदायों के बीच स्वैच्छिक करारों के निर्माण को उत्साहित करने के लिए किया जा सकता है। उद्योगों की प्रदूषक गतिविधियों संबंधी जानकारी के सार्वजनिक प्रकटीकरण से उत्पादों की 'पर्यावरणीय/हरित लेबलिंग' को बढ़ावा मिल सकता है जिसमें बाजार में पर्यावरण अनुकूल उत्पादों के निर्माण के दबाव का सृजन हो सकता है। भारत सरकार ने, पर्यावरण अनुकूल उत्पादों की सरल पहचान के लिए 1991 में 'इकोमार्क' के नाम से जानी जाने वाली इको–लेबलिंग स्कीम आरंभ की थी। इकोमार्क, उन उपभोक्ता वस्तुओं के लिए प्रदान किया जाता है जो विनिर्दिष्ट पर्यावरणीय मापदण्डों को पूरी करते हैं और भारतीय मानकों की अपेक्षाओं पर खरा उतरते हैं।

समावेशी विकास के लिए न्यून कार्बन कार्यनीतियां

4.30. भारत के लिए अपनी विकास प्रक्रिया के स्थायित्व में सुधार करने के उद्देश्य से समावेशी विकास के लिए न्यूनतर कार्बन कार्यनीति अपनाना आवश्यक है जबकि कार्बन का न्यूनीकरण एक महत्वपूर्ण सह–लाभ होगा। भारत की विशाल और प्रसरणशील अर्थव्यवस्था के संरचना द्वारा खड़ी की गई बाधाएं, उसके ऊर्जा संसाधनों की सीमाएं और अपर्याप्त ऊर्जा पहुंच के साथ उसकी विशाल जनसंख्या ऐसी कार्यनीति की रूपरेखा निर्धारित करने में प्रासंगिक घटक होते हैं। ऐसी कार्यनीति में यह सुनिश्चित किया जाना अनिवार्य है कि केन्द्र बिन्दु केवल न्यून कार्बन विकास ही नहीं बल्कि बढ़ती उत्पादकता भी हो जिससे जीवाश्म ईंधनों का उपयोग प्रभावी तरीके से कम होता है।

4.31. समावेशी विकास के लिए न्यून कार्बन कार्यनीतियों के संबंध में योजना आयोग द्वारा एक विशेषज्ञ दल नियुक्त किया गया था। दल ने अपनी अंतरिम रिपोर्ट प्रस्तुत कर दी है जिसमें प्रमुख कार्बन

उत्सर्जन क्षेत्रों नामतः विद्युत, यातायात, उद्योग, भवन और वनों के लिए न्यून कार्बन कार्यनीति को रेखांकित किया गया है। इस दल ने आधिकारिक ग्रीन हाउस गैस (जीएचजी) इन्वेंटरी निर्माण प्रणाली जैसे तरीके से ही इन्वेंटरी निर्माण दृष्टिकोण का उपयोग करते हुए उत्सर्जन कम करने संबंधी आकड़ों को पलटने की गणना भी की है। 'निर्धारित प्रयास' परिदृश्य में उन न्यूनीकरण नीतियों के प्रभावी कार्यान्वयन की कल्पना की गई है जिनमें प्रौद्योगिकी के सतत उन्नयन के साथ–साथ सार्वजनिक तथा निजी दोनों स्रोतों से वित्त की अपेक्षा होती है। 'सामूहिक प्रयास' परिदृश्य में निर्धारित प्रयास के अतिरिक्त उन नीतियों की संरचना और कार्यान्वयन अपेक्षित है जिनका अंतरराष्ट्रीय स्रोतों से प्रौद्योगिकी एवं वित्त के माध्यम से समर्थन किया जाना अपेक्षित है।

4.32. विशेषज्ञ दल की अंतिम रिपोर्ट में अर्थव्यवस्था व्यापी मॉडलिंग और तिरछे ढांचे में सह–लाभों का विश्लेषण सम्मिलित होगा। इसमें 2030 तक न्यून कार्बन कार्यनीतियों को कार्यान्वित करने के लिए अपेक्षित नीतिगत कार्रवाइयों के उल्लेख के साथ–साथ उनके लिए कुछ वित्तीय कार्यनीतियां भी सुझाई जाएंगी। वैकल्पिक नीतिगत दस्तावेजों का मूल्यांकन करने के लिए 'विकास, समावेशन, कार्बन न्यूनीकरण और स्थानीय पर्यावरण लाभ' की एक चार उद्देश्यीय कार्यनीति सूत्रबद्ध की गई है। अर्थव्यवस्था व्यापी मॉडलिंग और सह–लाभ विश्लेषण दोनों मिलकर धारणीय तथा समावेशी विकास के लिए न्यून कार्बन कार्यनीतियां सूत्रबद्ध करने के लिए विश्लेषणात्मक साधन उपलब्ध कराएंगे।

विशेषज्ञ दल ने बारहवीं योजना के लिए बारह केन्द्रीकृत क्षेत्रों का पता लगाया है:

बॉक्स 4.1

बारहवीं योजना के लिए बारह केन्द्रीकृत क्षेत्र

1. आधुनिक कोयला प्रौद्योगिकी
2. राष्ट्रीय पवन ऊर्जा मिशन
3. राष्ट्रीय सौर मिशन
4. लौह एवं इस्पात उद्योग में प्रौद्योगिकी उन्नयन
5. सीमेंट उद्योग में प्रौद्योगिकी उन्नयन
6. उद्योग में ऊर्जा दक्षता कार्यक्रम
7. वाहन ईंधन दक्षता कार्यक्रम
8. माल परिवहन की दक्षता में सुधार
9. बेहतर शहरी सार्वजनिक तथा गैर–मोटर परिवहन
10. प्रकाश–व्यवस्था, लेबलिंग तथा अति–दक्ष उपकरण कार्यक्रम
11. हरित भवन संहिताओं का शीघ्र अंगीकरण
12. वन तथा वृक्षाच्छादित क्षेत्रों के संचय में सुधार

सह–लाभ ढांचा

4.33. अनुलग्नक 4.2 में उन सह–लाभों के संकेतात्मक तथा मात्रात्मक विश्लेषण का उल्लेख किया गया है जो विशेषज्ञ दल द्वारा अभिज्ञात किए गए जोर दिए जाने वाले बारह नीतिगत क्षेत्रों में से प्रत्येक के साथ जुड़े हो सकते हैं। इस प्रारंभिक विश्लेषण में केवल प्रत्यक्ष प्रभावों की जांच की गई है। अंतिम रिपोर्ट में अधिक विस्तृत विश्लेषण से प्रत्यक्ष तथा अप्रत्यक्ष प्रभावों, उन मार्गों जिनके माध्यम से नीतिगत कार्रवाइयां संचालित होती हैं और उनके एक दूसरे पर प्रभाव का मूल्यांकन किया जाएगा जिसके परिणामस्वरूप सहक्रियाओं और व्यवसाय पृथक्करण का और सुविज्ञात विश्लेषण हो सकेगा।

विशेषज्ञ दल द्वारा जिन केन्द्रीकृत क्षेत्रों की पहचान की गई है उन पर नीचे क्षेत्र–वार चर्चा की गई है :

बिजली

4.34. व्यवसाय–यथा–सामान्य परिस्थितियों में भारत बिजली की बढ़ती मांग को पूरा करने के लिए काफी हद तक कोयले पर आश्रित रहेगा। तथापि, इससे एक बहुत बड़ी पर्यावरणीय तथा संसाधन चुनौती सामने आती है क्योंकि विद्युत क्षेत्र भारत का ग्रीन हाउस गैस उत्सर्जन का सबसे बड़ा (38 प्रतिशत) अंशदाता है। अनेक ऐसे प्रयास हैं जिनसे दक्षता में सुधार होगा और इस क्षेत्र में प्रदूषण और कार्बन की मौजूदगी कम होगी। इन पर ऊर्जा संबंधी अध्याय में विस्तारपूर्वक चर्चा की गई है और इसीलिए यहां केवल प्रमुख बिन्दुओं का सार दिया गया है :

आधुनिक कोयला प्रौद्योगिकी

4.35. यह पहले ही घोषित किया जा चुका है कि बारहवीं योजना का 50 प्रतिशत और तेरहवीं योजना में कोयला आधारित क्षमता परिवर्तन अति–क्रान्तिक इकाइयों के माध्यम से किया जाएगा जो प्रति इकाई उत्पादित बिजली के लिए कोयले के उपयोग में कमी लाएंगी। अति–क्रान्तिक (एससी) बिजली संयंत्र, जो 560^0 सेंटीग्रेड/250 बार भाप परिस्थितियों में काम करते हैं, अव–क्रान्तिक बिजली संयंत्रों के लिए 2450 किलो केल/केडब्ल्यूएच ताप दर की तुलना में 2235 किलो केल/केडब्ल्यूएच ताप दर हासिल कर सकते हैं। विशिष्ट कार्बन डाइऑक्साइड उत्सर्जन, अव–क्रान्तिक बिजली संयंत्रों के लिए 0.93 किलोग्राम/केडब्ल्यूएच की तुलना में अति–क्रान्तिक संयंत्रों के लिए 0.83 किलोग्राम/केडब्ल्यूएच है। अति–क्रान्तिक प्रौद्योगिकी अब परिपक्व हो चुकी है और अव–क्रान्तिक बिजली संयंत्रों से केवल थोड़ी महंगी है। इन परिणामों को प्राप्त करने के लिए दृढ़ प्रयासों और अति क्रांतिक प्रौद्योगिकी को अपनाने का प्रोत्साहन देने के लिए कोयला सह संबंधों को प्राथमिकता देने की आवश्यकता है।

4.36. अत्यधिक–क्रान्तिक (यूएससी) इकाइयों (बॉक्स 4.2) के अनुसंधान और विकास में निवेश करना भी आवश्यक है। ये इकाइयां यूएससी भाप परिस्थितियों (620^0 से./300 बार) पर काम करती हैं और 1,986 किलो केल/केडब्ल्यूएच की काफी न्यून ताप दर हासिल कर सकती हैं जबकि विशिष्ट कार्बन उत्सर्जन केवल 0.74 किलोग्राम/केडब्ल्यूएच रहता है। इस प्रौद्योगिकी में उन विशेष सामग्रियों का विकास भी अपेक्षित होता है जो उच्च ताप तथा दबाव को झेल सकें। यूएससी इकाइयों के घरेलू निर्माण को बढ़ावा देने के लिए सरकार को अनुसंधान एवं विकास का समर्थन करना चाहिए। पहले यूएससी संयंत्र, जो बीएचईएल, एनटीपीसी और आईजीसीएआर का संयुक्त उद्यम है, को 2017 में संचालनात्मक बनाया जाना प्रत्याशित है। यूएससी संयंत्रों को 13वीं योजना के दौरान उचित रूप से प्रोत्साहित और लक्षित किया जा सकता है।

4.37. कोयले का गैसीकरण उच्चतर दक्षता के लिए अवसर प्रदान करता है। तथापि, भारतीय कोयले में राख का बहुत अधिक अंश होता है और प्रारंभिक परिणाम यह सुझाते हैं कि अव–क्रान्तिक इकाइयों में दक्षता लाभ बहुत थोड़ा होता है। भूमिगत कोयला गैसीकरण एक महत्वपूर्ण प्रौद्योगिकी है चूंकि यह गहरे कोयला भण्डार के उपयोग में समर्थ बनाती है जिसका पारंपरिक साधनों का उपयोग करते हुए खनन नहीं किया जा सकता क्योंकि वे पर्यावरणीय तौर पर भंगुर क्षेत्रों में अवस्थित हैं। इससे कार्बन को यथा–स्थाने काबू किए जाने की भी संभावना होती है। भारत में कोयले की कमी के चलते इस प्रौद्योगिकी में अधिक अनुसंधान के साथ–साथ कुछ प्रायोगिक परियोजनाएं निष्पादित की जानी चाहिएं। अन्य सम्भावतः आशाजनक प्रौद्योगिकी कोयला तल मिथेन है और यह इस संबंध में कुछ प्रायोगिक कार्रवाई आरंभ करने के लिए वांछनीय हो सकती है।

पवन बिजली

4.38. भारत में पवन बिजली पर आधारित उत्पादन क्षमता जोड़ने की बड़ी संभावित क्षमता है। चूंकि टर्बाइन द्वारा उत्पादित बिजली (और अतः अर्थव्यवस्था) पवन गति के प्रति अत्यधिक संवेदनशील होती है, इसलिए अब सार्वभौमिक परिपाटी 80–120 मीटर ऊंचाई के दायरे में टावर निर्मित करने की है जिससे बिजली उत्पादन की संभावना में सार्थक वृद्धि होती है। साथ ही साथ पवन टर्बाइन का आकार भी बढ़ गया है – पहले के टर्बाइन विशेष रूप से 1 मेगावॉट से भी कम के होते थे, जबकि हाल के डिज़ाइन 5 मेगावॉट से भी अधिक के हैं। इन्हें ध्यान में रखते हुए अब भारत में 80 मीटर धुरी की ऊंचाई के साथ लगभग 103000 मेगावॉट पवन बिजली संभावना का अनुमान लगाया गया है। यह मेसो–मान मौसम मॉडलों पर आधारित है और 2 प्रतिशत भूमि उपयोग भारतीय परिस्थितियों के लिए तर्कसंगत समझा गया है। पवन बिजली के लिए भूमि की आवश्यकता संभावित प्रतिबंधक घटक है, यद्यपि, टावरों, सड़कों और अन्य सुविधाओं के लिए क्षयी भूमि उपयोग पवन फार्म क्षेत्र का एक अंश मात्र होता है। हाल ही के कुछ अध्ययनों में धुरी की और अधिक ऊंचाई और भूमि की अधिक उपलब्धता के आधार पर भारत की पवन बिजली की संभावना 500000 मेगावॉट से भी अधिक होने का अनुमान लगाया

बॉक्स 4.2

स्वच्छ कोयला प्रौद्योगिकी का महत्वः अत्यधिक-क्रान्तिक बिजली संयंत्र

कोयला आधारित अत्यधिक–क्रान्तिक (यूएससी) बिजली संयंत्र की दक्षता अव–क्रान्तिक संयंत्र की 34 प्रतिशत तथा अति–क्रान्तिक (एससी) संयंत्र की 40 प्रतिशत की तुलना में 46 प्रतिशत होती है। इस प्रकार यूएससी या एससी संयंत्र के रहते हुए कोयला खपत में भारी बचत और कार्बन उत्सर्जन में भारी कमी हो सकती है। 10,000 मेगावॉट का एक बिजली संयंत्र लगभग 70 प्रतिशत लोड फैक्टर पर प्रति वर्ष 60 बिलियन इकाई बिजली पैदा करेगा। इसका विशिष्ट ताप अव–क्रान्तिक संयंत्र के 2530 किलो केल/केडब्ल्यूएच की तुलना में 1870 किलो केल/केडब्ल्यूएच होता है। इस प्रकार, यूएससी से उत्पादित प्रत्येक इकाई पर 4000 किलो केल/किलोग्राम के 0.165 किलोग्राम (2530–1870)/4000, कोयले की बचत होगी, और 60 बिलियन इकाइयों पर प्रति वर्ष 9.9 बिलियन टन कोयले की बचत होगी।

जब हम किसी अव–क्रान्तिक कोयला संयंत्र के स्थान पर सौर संयंत्र स्थापित कर देते हैं तो उत्पादित प्रत्येक केडब्ल्यूएच पर हम 0.63 किलोग्राम (2530/4000) कोयले की बचत करते हैं। इस प्रकार, 9.9 मिलियन टन के समान कोयले की बचत के लिए 15.6 बिलियन इकाइयों (1000'9.9/0.63) का उत्पादन करना होगा। चूंकि एक सौर संयंत्र 1500 इकाई प्रति किलोवाट स्थापित क्षमता की दर से उत्पादन करता है तो आवश्यक समतुल्य स्थापित क्षमता लगभग 100,000 मेगावॉट (15.6'1000/15000) होगी। *इसे सरलतापूर्वक कहें तो यूएससी और एससी प्रौद्योगिकी को शीघ्र अपनाने से उतने कोयले की बचत हो सकती है जितना कोयला 10 गुणा सौर बिजली क्षमता की स्थापना द्वारा बचाया जाएगा।* हालांकि दीर्घकालीन परिप्रेक्ष्य में हमें सौर विकल्प की आवश्यकता है जबकि मध्यमकालीन परिप्रेक्ष्य में यूएससी और एससी प्रौद्योगिकी के विकास का उत्साहपूर्वक अनुसरण करना चाहिए।

गया है। तथापि, इस मूल्यांकन को, भारतीय परिस्थितियों के अधीन कार्यरत विशेषज्ञों द्वारा वैध ठहराया जाना बाकी है।

4.39. हाल ही में प्रौद्योगिकी नवीनताएं पवन को भारत के लिए बिजली उत्पादन का एक नवीकरणीय स्रोत बना सकती हैं और हम 2020 तक सुरक्षात्मक तौर पर 30,000 मेगावॉट की पवन क्षमता परिवर्द्धन का लक्ष्य रख सकते हैं। यद्यपि जैसा अध्याय 12 में देखा गया है पवन संभाव्यता देश में असमान रूप से वितरित है; केवल कर्नाटक, तमिलनाडु, आंध्र प्रदेश, महाराष्ट्र और गुजरात में भारी संभावना है, इसलिए पवन संभावना को जुटाने में सुविचारित क्षेत्र स्तरीय आयोजन और समन्वय अपेक्षित होता है।

4.40. पवन बिजली में मौसम और यहां तक दिन के बीच भिन्नता उल्लोखनीय है। इसलिए वैकल्पिक स्रोतों के साथ क्षेत्रीय ग्रिड की रुकावट को संतुलित करने की उसकी क्षमता का सुविचारित मूल्यांकन किए बिना पवन बिजली क्षमता परिवर्द्धन के लक्ष्य स्थापित करने के परिणामस्वरूप ऐसी स्थिति बन सकती है जहां या तो पवन उत्पादन का उपयोग न किया जा सके या जब पवन अचानक बंद हो जाए तो उत्पादन के अभाव में ग्रिड की स्थिरता और उसका संचालन प्रावित हो सकता है। अतः पवन क्षमता परिवर्द्धन को ऊर्जा के अन्य उन स्रोतों द्वारा पूर्ण किया जाना आवश्यक है जिन्हें चालू होने में बहुत कम समय लगता है। इस रुकावट का समाधान करने के लिए अनेक संभव विकल्प हैं – पम्प्ड स्टोरेज हाइड्रो, ओपन–साइकल गैस टर्बाइन, कम्प्रेस्ड एयर और हाई पावर डेन्सिटी बैटरीज। पिछले कुछ ही समय पहले तक इन्हें आवश्यक नहीं समझा जाता था चूंकि कुल पवन क्षमता लगभग 13000 मेगावॉट ही थी। तथापि, भविष्य में यदि पवन क्षमता 100000 मेगावॉट तक या उसके ऊपर तक ले जानी हो तो यह एक जटिल चुनौती होगी। पवन बिजली के लिए लक्ष्य निर्धारित करने के लिए, क्षमता परिवर्द्धन और उत्पादन से संबंधित वास्तविक कार्य निष्पादन में राज्यों में व्यापक विभिन्नता को भी ध्यान में रखना आवश्यक है। ये विभिन्नताएं, पवन संसाधन के साथ जुड़े तकनीकी घटकों के साथ–साथ गैर–तकनीकी घटकों का परिणाम हैं। यदि पवन ऊर्जा की संसाधन सम्भाव्यता को जुटाया जाना है तो इन घटकों का समाधान करना वर्धमान रूप से आवश्यक हो जाएगा।

4.41. संक्षेप में, महत्वाकांक्षी पवन उत्पादन लक्ष्य प्राप्त करने के लिए बहुविध केन्द्रीय तथा राज्य एजेंसियों विशकर संचारण तथा वितरण सुविधाओं, वित्तीय संस्थानों आदि के बीच सुविचारित समन्वय अपेक्षित है। राष्ट्रीय तथा राज्य दोनों स्तरों पर नीतियों के प्रभावी सूत्रीकरण तथा कार्यान्वयन के लिए हमें राष्ट्रीय सौर मिशन की तरह राष्ट्रीय पवन ऊर्जा मिशन स्थापित करने की आवश्यकता है। मिशन के उद्देश्यों में निम्नलिखित सम्मिलित होने चाहिए परंतु उन्हें यह इन्हीं तक सीमित नहीं होना चाहिए :–

- भारत की न्यून पवन गति परिस्थितियों के लिए उपयुक्त टर्बाइनों के घरेलू डिजाइन तथा निर्माण में निवेश करने के लिए उद्योग को प्रोत्साहित करना। इस समय, भारतीय पवन फार्म उन टर्बाइनों को उपयोग करते हैं जो वैश्विक बाजारों के लिए डिजाइन किए गए हैं
- भूमि कास्तकारी नीतियां जिनसे पवन उत्पादन और कृषि के लिए मिश्रित भू–उपयोग को बढ़ावा मिलेगा (वाणिज्यिक भाड़े का भुगतान किए बिना जिससे पवन बिजली की लागत बढ़ जाएगी)। ये शक्तियां स्थानीय उप–विभागीय अधिकारी को प्रत्यायोजित की जानी अनिवार्य हैं
- इस समय जिन बिडिंग मॉडलों का अनुसरण किया जा रहा है उन्हें संशोधित किया जाना आवश्यक है ताकि किसान जहां कहीं इच्छुक हों, मिश्रित भू–उपयोग से लाभ उठाने में समर्थ हो जाएं और लागत वृद्धि दृष्टिकोण का उपयोग पहुंच शुल्क निर्धारित करने के लिए किया जा सके बशर्ते यह किसी स्वतंत्र विनियामक के माध्यम से किया जाए
- राज्य वितरण कंपनियों द्वारा स्थानीय ग्रिडों के विकास का वित्त पोषण करने के लिए राष्ट्रीय स्वच्छ ऊर्जा कोष का उपयोग करने हेतु तंत्र जो पवन बिजली निकासी और आपूर्ति संबंधी लोड कर्व समस्याओं के समाधान में सहायता करेगा
- पम्पड हाइड्रो स्टोरेज के विकास को प्राथमिकता देना जो पवन बिजली के सम्पूरक के रूप में उपयुक्त हो सकता है
- ऊर्जा भण्डारण विकल्पों में अनुसंधान तथा विकास में निवेश जो लंबे समय तक बैक–अप प्रदान कर सकते हैं जैसे कि कम्प्रेस्ड एयर और हाई पावर डेन्सिटी बैटरीज आदि।

4.42. भारत में भी, विशेष रूप से तमिलनाडु और आंध्र प्रदेश में, विचारणीय समुद्री पवन संभावना है। भारतीय परिस्थितियों में समुद्री पवन की आर्थिक व्यवहार्यता और उसके साथ जुड़े जोखिमों की जांच करने के लिए अध्ययन करना भी महत्वपूर्ण है।

सौर बिजली

4.43. जवाहरलाल नेहरू राष्ट्रीय सौर मिशन (जेएनएमएसएम) में 2022 तक सौर बिजली के लिए ग्रिड तुल्यता पर विचार किया गया है और प्रौद्योगिकी नवीनता से युग्मित क्षमता में चरणबद्ध तरीके से वृद्धि के साथ सौर बिजली के लिए 20000 मेगावॉट की स्थापना

का महत्वाकांक्षी लक्ष्य रखा गया है। ग्रिड–इतर सौर बिजली के लिए 2000 मेगावॉट के लक्ष्य के अतिरिक्त उपर्युक्त लक्ष्य में सौर फोटोवोल्टीय तथा सौर ताप प्रत्येक से 50 प्रतिशत सहयोग मिलना प्रत्याशित है। सरकार ने ग्रिड से जुड़े सौर संयंत्रों के लिए पहुंच शुल्क के रूप में, 25 वर्ष तक वैध प्रचुर वित्तीय प्रोत्साहनों की सुविधा प्रदान की है। सरकार ने, 2022 तक 3 प्रतिशत सौर बिजली के लक्ष्य को अनिवार्य बनाते हुए (राष्ट्रीय शुल्क नीति के अधीन) और नवीकरणीय ऊर्जा प्रमाण–पत्र (आरईसी) जैसे दस्तावेजों के माध्यम से अतिरिक्त राजस्व प्रवाह के लिए अवसर प्रदान करते हुए सौर बिजली परिवर्द्धन में तीव्रता लाने के लिए राज्य स्तरीय सुविधाओं को प्रोत्साहित भी किया है।

4.44. पहुंच शुल्क, एक प्रतिस्पर्धात्मक (बोली) प्रक्रिया के माध्यम से निर्धारित किया जाता है। अब तक बोलियों के दो दौर में विकासकों ने केन्द्रीय बिजली विनियामक आयोग (सीईआरसी) द्वारा विनिर्दिष्ट सांकेतिक शुल्क से भी बहुत कम मूल्य पर बोली लगायी है। ऐसे संकेत मिले हैं कि सोलर सैल्स के मूल्य और कम हो सकते हैं। सौर फोटोवोल्टीय प्रौद्योगिकी के अनेक लाभ हैं; यह वितरित बिजली प्रदान कर सकती है, शीघ्र क्षमता परिवर्द्धन में समर्थ बना सकती है और विसारित सौर विकिरण के साथ काम कर सकती हैं। सौर ताप प्रौद्योगिकी उपयोगिता–मान बिजली उत्पादन में सहायक हो सकती है और यह इसमें ऊर्जा भंडारण तथा बत्हत क्षमता उपयोग हासिल करने के लिए बायोमास/गैस के साथ संकरण की सुविधा है। इसका उपयोग आधार लोड बिजली प्रदान करने के लिए किया जा सकता है। तथापि, सौर ताप प्रौद्योगिकी केवल प्रत्यक्ष बीम विकिरण पर काम कर सकती है और उपयोगिता–मान संयंत्रों के लिए बड़ी मात्रा में भूमि और पानी की आवश्यकता होती है जो इसके परिवर्द्धन में संभावित साधन हो सकते हैं।

4.45. बिजली उत्पादन के सभी स्रोतों में से सूर्य, ग्रामीण समुदायों के ग्रिड–इतर स्वच्छ बिजली उपलब्ध कराते हुए समावेशी विकास के लिए विलक्षण अवसर प्रदान करता है। एनएसएम ने 2022 तक 2000 मेगावॉट ग्रिड–इतर सौर बिजली का लक्ष्य निर्धारित किया है। मौजूदा दिशा–निर्देशों में सौर माइक्रो–ग्रिड को प्रति स्थल 100 मेगावॉट तक सीमित रखना और 30 प्रतिशत की पूंजीगत रियायत प्रदान किया जाना निर्धारित है। माइक्रो–ग्रिड की अवधारणा, यद्यपि आकर्षक है, ग्रामीण विद्युत उत्पादन में वृद्धि करने में अभी तक प्रभावी नहीं रही है। ऐसा मुख्यतः इस कारण है कि वे आरंभिक पूंजीगत रियायत के बावजूद संचालन व्यय की पूर्ति करने के लिए पर्याप्त राजस्व एकत्रित करने में असमर्थ हैं।

4.46. चूंकि पूंजीगत रियायत तंत्र, माइक्रो–ग्रिड स्थापित करने का जोखिम उठाने के लिए विकासकों को प्रोत्साहित करने के लिए पर्याप्त नहीं है, इसलिए, इस तथ्य के चलते कि ग्रामीण बिजली आपूर्ति बिजली सुविधाओं को हानि पहुंचानी है और सभी गांवों तक विश्वसनीय ग्रिड बिजली पहुंचाने में अनेक वर्ष लगने की संभावना है, अन्य विकल्पों की जांच करना आवश्यक है। सबसे पहले, कुल तथा स्थल आधारित परियोजना क्षमता पर लगाई गई सीमा में ढील देना आवश्यक है। इससे उन ग्रामीण औद्योगिक उपभोक्ताओं को सहायता मिल सकती है जिनके लिए उच्च लोड की आवश्यकता होती है, लेकिन दिशा–निर्देशों में दिए गए प्रतिबंधों के कारण उन्हें रुकावटों का सामना करना पड़ता है। दूसरा, ग्रिड से जुड़ी प्रणालियों के लिए दिए जाने वाले प्रोत्साहन की तरह उत्पादन आधारित प्रोत्साहन प्रदान करने में भी लाभ है। इससे ग्रिड–इतर सौर परियोजनाएं निर्भरशील बन जाएंगी और विकासक स्थिर राजस्व प्रवाह के प्रति आश्वस्त हो जाएंगे।

4.47. द्रुत गति से विकासशील दूरसंचार क्षेत्र ग्रामीण इलाकों में सौर बिजली में वृद्धि करने के लिए एक उत्कृष्ट सहयोग प्रदान करता है। इस समय दूरसंचार के लगभग 0.2 मिलियन टावर हैं और इनमें से लगभग 40 प्रतिशत ग्रामीण इलाकों में हैं। यह संख्या अगले कुछ वर्षों में दुगुनी होने की संभावना है। ग्रामीण इलाकों में बिजली आपूर्ति की अनियमितता के कारण अधिकांश इलाके बैक–अप बिजली के लिए डीजल पर आश्रित हैं। ग्रामीण माइक्रो–ग्रिडों का उपयोग, न केवल दूरसंचार टावरों की अपेक्षाओं को पूरा करने के लिए बल्कि ग्रामीण समुदायों को रोशनी तथा कृषि योग्य जल निकासी के लिए बिजली प्रदान करने के लिए भी किया जा सकता है।

4.48. इस समय विभिन्न राष्ट्रीय तथा राज्य स्तर की एजेंसियां सौर बिजली परियोजनाओं के कार्यान्वयन में लगी हुई हैं और उनके प्रयासों में समन्वय स्थापित करना और उन्हें समरूप बनाना कठिन है। एक केन्द्रीय नोडल एजेंसी को पर्याप्त विनियामक शक्तियां प्रदान की जा सकती हैं ताकि कार्यान्वयन में आने वाली अड़चनों को दूर किया जा सके। ऐसी एजेंसी को यह सुनिश्चित करने के लिए मानक भी स्थापित करने चाहिएं कि स्वीकृत की जाने वाली परियोजनाएं अपेक्षित गुणवत्ता विनिर्देशनों पर खरा उतरें सौर उद्योग द्वारा आने वाली दशकों में भारी मात्रा में निवेश आकर्षित किया जाना संभावित है और यह महत्वपूण र्ा है कि केवल एक ही नोडल एजेंसी को जेएनएनएसएम की समग्र निगरानी और उसके कार्यान्वयन के लिए उत्तरदायी बनाया जाए।

4.49. ग्रिड–इतर और यहां तक कि राष्ट्रीय सौर मिशन के अधीन ग्रिड से जुड़ी हुई सौर बिजली परियोजनाओं ने वित्तीय समापन के

लिए बहुत लंबा समय ले लिया है। ऐसा नीतियों की स्थिरता के अभाव तथा उपयोगिताओं द्वारा चूक की संभावना के कारण स्थानीय बैंकों द्वारा वित्तपोषण प्रदान करने में आना–कानी के कारण हुआ है। सरकार को सौर बिजली परियोजनाओं को तुरंत 'प्राथमिक ऋण' के रूप में वर्गीकृत करना चाहिए ताकि बैंक उन्हें अपनी ऋण योजनाओं में उचित महत्व देना प्रारंभ कर दें।

4.50. इसके अलावा, विकेन्द्रीकृत ग्रिड–इतर सौर बिजली प्रणालियों के स्वामित्व और संचालन के लिए संस्थागत ढांचे को डिजाइन करने में चर्चा करने की आवश्यकता है। उदाहरणार्थ, स्वामित्व में स्थानीय पंचायतों की भागीदारी को समर्थ बनाने से समुदायी, स्वामित्व के कारण स्थानीय रख–रखाव तथा संचालन सुनिश्चित होगा और साथ–साथ भुगतान एकत्रीकरण प्रणाली में भी सुधार होगा। एक वैकल्पिक मॉडल यह हो सकता है कि उद्यमियों को निकटस्थ क्षेत्रों में ऐसे संयंत्र समूह के रूप में स्थापित करने के लिए बोली लगाने और उसके बाद सामूहिक आधार पर उनका रख–रखाव करने और उन्हें संचालित करने के लिए आमंत्रित किया जाए।

4.51. सौर बिजली उत्पादन में प्रयुक्त कल–पुर्जों के घरेलू निर्माण को बढ़ावा देने के उद्देश्य से भारत सरकार ने 2010–11 में आबंटित सभी परियोजनाओं के लिए यह अधिदेशित किया है कि शत–प्रतिशत पीवी मॉड्यूल्स भारत में निर्मित किए जाने चाहिए। इसके अलावा, यह भी अधिदेशित किया गया है कि 2011–12 से घरेलू मॉड्यूलों में प्रयुक्त शत–प्रतिशत सैल भारत में निर्मित किए जाने चाहिए।

4.52. इन नीतियों की समीक्षा करने की आवश्यकता है। सौर फोटोवोल्टीय प्रणालियों के लिए क्रिस्टलाइन सिलिकॉन तथा थिन फिल्म्स 2 प्रमाणित प्रौद्योगिकियां हैं। इन में से क्रिस्टलाइन सिलिकॉन का वैश्विक बाजार में आधिपत्य है; तथापि, कम लागत की संभावना के चलते थिन फिल्म प्रणालियों में विचारणीय हित है। वैश्विक निर्माण क्षमता भारत से कई गुणा हैं और विश्व भर में अनेक संस्थान आधुनिक अनुसंधान का अनुसरण कर रहे हैं जिसके परिणामस्वरूप सौर सैल की लागत में द्रुत कमी आएगी। भारत को सर्वोत्तम उपलब्ध वैश्विक प्रौद्योगिकी तक सरल पहुंच की आवश्यकता है ताकि सौर बिजली का द्रुत अंगीकरण सुनिश्चित हो सके। साथ ही साथ सौर सैल के निर्माण के लिए घरेलू उद्योग विकसित करना भी महत्वपूर्ण है। विनिर्माण नीति में इन दो उद्देश्यों के बीच संतुलन बनाया जाना चाहिए और सैल तथा मॉड्यूल निर्माण के और अधिक क्रमिक स्वदेशीकरण को अधिदेशित किया जाना चाहिए। निम्नलिखित उपाय किया जाना आवश्यक है:–

1. हमारे सीमा शुल्क ढांचे को सौर उद्योग मूल्य श्रृंखला के साथ पलटा नहीं जाना चाहिए (मूल तथा माध्यमिक आदानों पर तैयार उत्पाद से अधिक शुल्क नहीं लगाया जाना चाहिए)।
2. सरकार की बिजली शुल्क नीति, अनुमोदित परियोजनाओं में नियुक्त की जा रही सौर प्रौद्योगिकी की किस्म के लिए तटस्थ होनी चाहिए।
3. विदेशी निर्माताओं के लिए उपलब्ध निर्यात रियायत (स्पष्ट तथा अस्पष्ट), शुल्क/घरेलू नीति के उस हद तक समान होनी अनिवार्य है जहां तक वह घरेलू सौर निर्माताओं को एक समान मंच प्रदान करे।
4. बजटीय साधनों के माध्यम से अनुसंधान का वित्तपोषण करने के लिए सरकारी प्रयोगशालाओं के साथ प्रतिस्पर्धा करने के लिए अनुमति देकर घरेलू निर्माताओं के अनुसंधान तथा विकास प्रयासों को प्रोत्साहित किया जाना चाहिए।

4.53. उत्सर्जन में कमी के लिए **परमाणु तथा पनबिजली** भी महत्वपूर्ण होते हैं परंतु उनके सम्मुख कुछ जटिल चुनौतियां हैं जिनका संक्षिप्त सार नीचे दिया गया है:–

4.54. न्यून कार्बन तथा आधार–लोड बिजली उत्पादन के लिए न्यूक्लियर (परमाणु) बिजली को एक महत्वपूर्ण स्रोत माना जाता है। लाइट वॉटर रिएक्टर्स, हैवी वॉटर रिएक्टर्स और फास्ट ब्रीडर रिएक्टर्स के संयोजन के माध्यम से परमाणु बिजली में भारत की महत्वाकांक्षी योजनाएं हैं। तथापि, 2011 में फुकुशीमा परमाणु दुर्घटना के बाद परमाणु बिजली की सुरक्षा संबंधी वैश्विक चिंताओं ने परमाणु बिजली क्षमता परिवर्द्धन को मंद कर दिया है। भावी विकास के लिए परमाणु बिजली की सुरक्षा के बारे में जन चिन्ता का समाधान करना और राष्ट्रीय तथा स्थानीय स्तरों पर सामंजस्य निर्माण अपेक्षित होगा। बारहवीं योजना अवधि में परमाणु क्षमता में भारी वृद्धि की जा सकेगी, ऐसी संभावना नहीं है।

4.55. पन–बिजली सम्भाव्यता का द्रुत विकास हमारे देश के लिए महत्वपूर्ण है। कृषि तथा बाढ़ नियंत्रण के लिए देश के जल संसाधनों का उपयोग करने की आवश्यकता के अलावा, पन–बिजली के द्रुत विकास के प्रयोजन के दो लाभ हैं: पहला, यह भारत की चरम बिजली मांग को पूरा करने के लिए अपेक्षित है; और दूसरा, यह सौर तथा पवन क्षमता के बड़े पैमाने पर ग्रिड में एकीकरण के लिए अनिवार्य है। पन–बिजली भंडारण का नवीकरणीय ऊर्जा को सुविधाजनक बनाने में तीव्रकारी प्रभाव पड़ता है क्योंकि यह नवीकरणीय बिजली विशेष रूप से पवन तथा सौर बिजली के आंतरायिक स्रोतों द्वारा उत्पन्न

अस्थिरता में प्रतिक्रिया के लिए आवश्यक लचीलापन प्रदान करता है। इस संसाधन का प्राथमिकता पर विकास तथा कुछ सुविचारित रूप से चयनित जल परियोजनाओं की गहन निगरानी बारहवीं और तेरहवीं पंचवर्षीय योजनाओं के दौरान महत्वपूर्ण है।

उद्योग

4.56. भारतीय औद्योगिक क्षेत्र देश के सशक्त जीडीपी विकास को समर्थ बनाने वाला एक महत्वपूर्ण आर्थिक क्षेत्र है। भारतीय उद्योग विश्व में सबसे बड़े उद्योगों में से है और इसके पास विश्व में उपलब्ध अति–आधुनिक संयंत्र तथा प्रौद्योगिकियां हैं। यह क्षेत्र ऊर्जा के सबसे बड़े उपभोक्ताओं में से भी एक है और ऊर्जा उपयोग की दक्षता में सुधार करना ऊर्जा सुरक्षा, उद्योग की लाभप्रदता तथा प्रतिस्पर्धात्मकता में सुधार करने और जलवायु परिवर्तन पर क्षेत्र के समग्र प्रभाव को कम करने के लिए महत्वपूर्ण है। चूंकि यह क्षेत्र द्रुत गति से विकास कर रहा है इसलिए और अधिक दक्ष प्रौद्योगिकियों को शामिल करने के अवसर बहुत अधिक हैं क्योंकि पूंजीगत स्टॉक अगले 10 वर्षों में दुगुने से भी अधिक हो जाएगा।

औद्योगिक ऊर्जा खपत का सिंहावलोकन

4.57. 2007 में भारत में ऊर्जा का औद्योगिक उपयोग 150 मिलियन टन तेल के समतुल्य (एमटीओई) था जो देश के कुल ऊर्जा उपयोग का 38 प्रतिशत बनता था। यद्यपि भारत वैश्विक औद्योगिक ऊर्जा का चौथा सबसे बड़ा उपभोक्ता है, केवल चीन, अमेरिका और रूस इससे आगे हैं, फिर भी कुल में से इसका हिस्सा केवल 5 प्रतिशत है। 2007 में विश्व भर में उद्योगों में अंततः कुल ऊर्जा उपयोग 3,019 एमटीओई था, कार्बन का प्रत्यक्ष उत्सर्जन[2] 7.6 गीगाटन कार्बन[3] और अप्रत्यक्ष उत्सर्जन 3.9 गीगाटन कार्बन था। अंतरराष्ट्रीय ऊर्जा एजेंसी (ईआईए) द्वारा किया गया विश्लेषण यह सुझाता है कि विश्व भर में उद्योग को अपने प्रत्यक्ष उत्सर्जन को 2007 के स्तर से लगभग 24 प्रतिशत कम करने की आवश्यकता है ताकि 2050 तक वैश्विक उत्सर्जन 2005 के स्तर से आधा रह जाए।

4.58. **औद्योगिक ऊर्जा तथा उत्सर्जन तीव्रताः** लोहा तथा इस्पात, सीमेंट, रसायन तथा पेट्रो–रसायन, लुगदी तथा कागज और एल्युमिनियम भारत में 5 अत्यधिक ऊर्जा तीव्र औद्योगिक क्षेत्र हैं। इनमें 2007 में भारत की औद्योगिक ऊर्जा खपत के 56 प्रतिशत के बराबर ऊर्जा की खपत हुई। भारत में 1990 से 2008 तक विनिर्माण उद्योगों की ऊर्जा खपत की मिश्रित वार्षिक विकास दर (सीएजीआर) 9.8 प्रतिशत थी। 2008 की स्थिति के अनुसार रसायन, धातु और धातु उत्पाद, मशीनरी तथा यातायात उपकरणों ने कुल औद्योगिक उत्पादन में 80 प्रतिशत का योगदान दिया। भारतीय उद्योगों की ऊर्जा तीव्रता ने एक घटती हुई प्रवृत्ति दर्शायी है; तथापि इस प्रवृत्ति में गति लाने की आवश्यकता है और वैश्विक ऊर्जा तथा उत्सर्जन से जुड़ी बाधाओं के परिणामस्वरूप उद्योग के सम्मुख चुनौतियों का सामना करने के लिए नीतिगत हस्तक्षेप अपेक्षित हो सकता है। इनमें से कुछ उपायों में आधुनिक सामग्रियों जैसे यौगिक, खनिज मिश्रण का उपयोग, सीमेंट में धातु–मल का उपयोग आदि शामिल हो सकते हैं। भारत में 2007 में लौह एवं इस्पात तथा सीमेंट क्षेत्र में औद्योगिक जीएचजी कुल उत्सर्जन के लगभग 60 प्रतिशत के समान था। आगे हमने इस पर विस्तार से बताया है:

लौह एवं इस्पात क्षेत्र

4.59. भारत का लौह एवं इस्पात क्षेत्र भारत में औद्योगिक ऊर्जा का सबसे बड़ा उपभोक्ता है जिसने 2007 में 38 मिलियन टन तेल के समतुल्य (एमटीओई) ऊर्जा की खपत की थी। भारत ने 2007 में 53 मिलियन टन इस्पात का उत्पादन किया था जिसमें 2000 के बाद 10 प्रतिशत से अधिक प्रतिवर्ष की वृद्धि हुई थी और जो वैश्विक इस्पात उत्पादन का लगभग 4 प्रतिशत बनता है (भारत अब विश्व का पांचवां सबसे बड़ा इस्पात उत्पादक है)। प्रति व्यक्ति प्रति वर्ष[4] 200 किलोग्राम (2008 में प्रति व्यक्ति 48 किलोग्राम से कहीं अधिक) इस्पात खपत को ध्यान में रखते हुए वैश्विक मानको के तुलनीय आर्थिक विकास की प्राप्ति के लिए भारत को लगभग 280 मिलियन टन इस्पात की आवश्यकता होगी। इसमें से अधिकांश स्वदेश में उत्पादित किया जाएगा क्योंकि भारत को इस्पात उत्पादन में तुलनात्मक लाभ है।

ऊर्जा तथा उत्सर्जन

4.60. लौह एवं इस्पात उद्योग में 2007 में लगभग 29.2 जीजे/टन कच्चे इस्पात की विशिष्ट ऊर्जा खपत[5] होने और उत्सर्जन तीव्रता 2.78 टन कार्बन/टन कच्चा इस्पात रहने का अनुमान लगाया गया था।[6] हमें ज्ञात हुआ है कि जबकि भारत में इस्पात का उत्पादन तेजी से बढ़ा है, ऊर्जा की तीव्रता और विशिष्ट उत्सर्जन अनुपातों में पर्याप्त गिरावट आई है। आकृति 4.2 में पिछले दो दशकों में यह रुझान दर्शाया गया है।

इस्पात उत्पादन प्रक्रियाएं

4.61. ऊर्जा तीव्रता में कमी प्रौद्योगिकी में परिवर्तन तथा किसी विशेष प्रक्रिया की दक्षता में वृद्धि करने से आती है। भारत में इस्पात के निर्माण के लिए चार प्रमुख प्रक्रियाएं हैं।

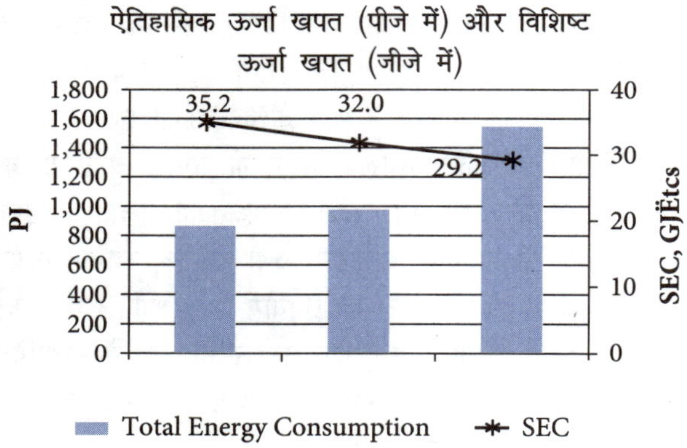

स्रोतः रे एवं रेड्डी 2008; सिंघल 2009।

चित्र 4.2: लौह तथा इस्पात उद्योग

1. बीएफ–बीओएफ : बलास्ट फर्नेस तथा बेसिक ऑक्सीजन फर्नेस रुट।
2. डीआरआई–ईएएफ : कोयला या गैस आधारित डायरेक्ट रिड्यूस्ड आयरन (स्पांज आयरन) तथा इलेक्ट्रिकल आर्क फर्नेस रूट।
3. कोरेक्स–बीओएफ : कोरेक्स प्रक्रिया के बाद लोहे को इस्पात में बदलने के लिए बेसिक ऑक्सीजन फर्नेस।
4. इन्डक्शन फर्नेस : इस्पात को पिघलाने और उसके उत्पादन के लिए इन्डक्शन फर्नेस रूट।

भावी अनुमान

4.62. वर्ष 2007 में 47 प्रतिशत इस्पात बीएफ–बीओएफ प्रक्रिया के उपयोग द्वारा, 27 प्रतिशत आइएफ के उपयोग द्वारा 20 प्रतिशत कोरेक्स/फिनेक्स–बीओएफ के उपयोग द्वारा और शेष 6 प्रतिशत डीआरआई–ईएएफ का उपयोग द्वारा निर्मित किया गया था। डीआरआई अधिकतम ऊर्जा दक्ष प्रक्रिया है परंतु यह रद्दी माल की उपलब्धता पर निर्भर करती है (भारत विश्व में डीआरआई इस्पात का सबसे बड़ा उत्पादक है)। यह प्रत्याशा की जाती है कि भारतीय इस्पात उत्पादन में 2020 तक बीएफ–बीओएफ की प्रमुखता बनी रहेगी; जबकि कोरेक्स–बीओएफ की हिस्सेदारी बढ़ने की प्रत्याशा है।

4.63. 2020 में कुल उत्पादन 8 प्रतिशत जीडीपी विकास परिदृश्य के लिए 200 मिलियन टन और 9 प्रतिशत के लिए 240 मिलियन टन तक पहुंच सकता है और उत्सर्जन तीव्रता निर्धारित तथा सामूहिक प्रयास परिदृश्यों में 2007 के स्तर से 2020 तक क्रमशः 14 प्रतिशत और 17 प्रतिशत तक कम हो सकती है।

नीतिगत उपाय

4.64. नीतिगत आयोजन परिप्रेक्ष्य से अनेक ऐसे उपाय हैं जो लौह तथा इस्पात क्षेत्र में उत्सर्जन तीव्रता कम करने के लिए मार्ग उपलब्ध करा सकते हैं –

1. लौह तथा इस्पात क्षेत्र में प्रक्रिया मिश्रण में बदलाव करके अधिक दक्ष प्रक्रियाओं का उपयोग करना
2. ऊर्जा दक्ष प्रौद्योगिकियों का विभिन्न प्रक्रियाओं की उप–प्रक्रियाओं में विकीर्ण करना
3. आद्रता में कमी करने और बिजली उत्पादन के लिए अपशिष्ट ताप प्रतिप्राप्ति प्रणालियां
4. विशिष्ट प्रक्रियाओं/संयंत्र/उपनिवेश अनुप्रयोगों में नवीकरणीय ऊर्जा का उपयोग
5. वैकल्पिक ईंधनों के रूप में अपशिष्ट का वर्धमान उपयोग
6. रद्दी माल का वर्धमान उपयोग
7. उद्योग में उपयोग किए जाने से पहले कोक तथा कोयले की गुणवत्ता में सुधार करना
8. न्यून कार्बन केप्टिव बिजली उत्पादन

इस्पात मंत्रालय तथा औद्योगिक नीति एवं प्रवर्तन विभाग को मिल कर काम करने और एक उपयुक्त नीतिगत ढांचा विकसित करने की आवश्यकता है ताकि हमारे देश में लौह तथा इस्पत उद्योग की दक्षता में सुधार करने के लिए उपर्युक्त आयामों के साथ प्रगति को प्रोत्साहित किया जा सके।

सीमेन्ट क्षेत्र

4.65. भारत का सीमेंट उद्योग, विश्व में दूसरा सबसे बड़ा सीमेंट उत्पादन है; चीन के बाद दूसरे स्थान है। 2008 में इसकी प्रति व्यक्ति खपत लगभग 150 किलोग्राम थी जो विश्व की औसत खपत का लगभग एक तिहाई है। मार्च, 2009 की स्थिति के अनुसार भारतीय सीमेंट उद्योग में 148 बड़े सीमेंट संयंत्र तथा 365 लघु सीमेंट संयंत्र हैं जिनकी स्थापित क्षमता क्रमशः 219 मिलियन टन और 11 मिलियन टन है। उद्योग में बिजली का सबसे बड़ा उपभोक्ता होने के बावजूद भारतीय सीमेंट उद्योग ने विश्व में श्रेष्ठ के समतुल्य दक्षताएं हासिल करने में सफलता प्राप्त कर ली है।

ऊर्जा तथा उत्सर्जन

4.66. 2007–08 में सीमेंट निर्माण के लिए विशिष्ट ऊर्जा खपत (एसईसी) 75 केडब्ल्यूएच/टी बिजली ऊर्जा खपत के साथ 3.3 जीजे/एमटी थी। इसी वर्ष में उत्सर्जन तीव्रता 0.8 टन कार्बन/टन

थी। सीमेंट का उत्पादन 1995 में 67 मिलियन टन से बढ़कर 2007 में 165 मिलियन टन हो गया जो 146 प्रतिशत की वृद्धि है जबकि इसी अवधि में एसईसी 1995 में 3.89 जीजे/टन से घट कर 2007 में 3.3 जीजे/टन हो गई जिसका अर्थ है ऊर्जा तीव्रता में प्रति वर्ष 1.5 प्रतिशत तक की कमी हुई है। चित्र 4.3 में सीमेंट क्षेत्र के लिए इस ऐतिहासिक प्रवृत्ति का चित्रण किया गया है।

सीमेन्ट उत्पादन प्रक्रियाएं

4.67. सीमेंट उद्योग में ज्यादातर ड्राइ सस्पेंशन प्री–हीटर और ड्राइ–प्री–कैलसाइनर संयंत्र है और कुछ पुराने वैट प्रोसेस तथा सेमी–ड्राइ प्रोसेस संयंत्र है। भारत में प्रति संयंत्र औसत स्थापित क्षमता जापान जैसे विकसित देशों में 2.1 मिलियन टन प्रति वर्ष से अधिक की तुलना में लगभग 1.2 मिलियन टन प्रति वर्ष है। बड़े संयंत्रों (जिनकी क्षमता 1 मिलियन टन प्रति वर्ष से अधिक है) द्वारा किया गया उत्पादन कुल उत्पादन का 88 प्रतिशत होता है।

4.68. भारत में तीन प्रकार के सीमेंट का उत्पादन किया जाता है: पोर्टलैण्ड पोज्जोलाना सीमेंट (पीपीसी) जिसका कुल उत्पादन में अधिकतम हिस्सा (67 प्रतिशत) होता है, उसके बाद साधारण पोर्टलैण्ड सीमेंट (25 प्रतिशत) और पोर्टलैण्ड स्लेग सीमेंट (8 प्रतिशत) का हिस्सा होता है। मिश्रित सीमेंट, सीमेंट की एक अन्य किस्म है जो भारत में बहुत लोकप्रिय है।

4.69. भारतीय सीमेंट उद्योग में उत्पादन मिश्रण की विशेषता है। मिश्रित सीमेंट का बड़ा अनुपात (जिसमें कम ऊर्जा की खपत होती है और जिसकी उत्सर्जन तीव्रता साधारण पोर्टलैण्ड सीमेंट से कम होती है)। यदि भारत में मिश्रित सीमेंट का बाजार हिस्सा (75 प्रतिशत), अमेरिका (4 प्रतिशत), चीन (40 प्रतिशत) और जापान (25 प्रतिशत) से कहीं अधिक है (2005 के आंकड़े); फिर भी मिश्रण सामग्री की प्रतिशतता में और सुधार हो सकता है। अधिकांश पीपीसी संयंत्रों में 20–30 प्रतिशत तक फ्लाई एस का उपयोग किया जाता है जबकि भारतीय मानक ब्यूरो 35 प्रतिशत के उपयोग की अनुमति देता है।

भावी अनुमान

4.70. 8 प्रतिशत औसत आर्थिक विकास दर मानते हुए सीमेंट का कुल उत्पादन 2020 तक 500 मिलियन टन तक पहुंच सकता है। इस क्षेत्र में, ऊर्जा खपत में कमी का श्रेय मुख्य रूप से उत्पादन प्रक्रियाओं की ऊर्जा तीव्रता में कमी को दिया जाता है। विशेषज्ञ दल ने अनुमान लगाया है कि सीमेंट उद्योग में उत्सर्जन तीव्रता 2020 तक 2007 के स्तर से 13 से 16 प्रतिशत तक कम हो सकती है।

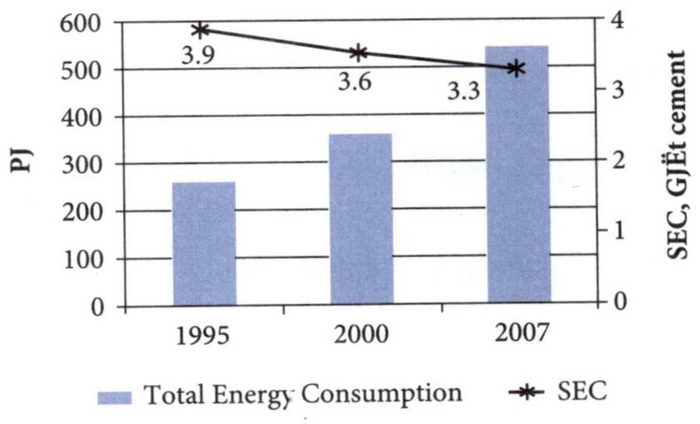

स्रोतः पीसीआरए, 2009; सीएमए, 2006

चित्र 4.3: सीमेंट उद्योग: कुल ऊर्जा (पीजे में) और विशिष्ट ऊर्जा खपत (जीजे/टन में) की ऐतिहासिक प्रवृत्तियां

नीतिगत उपाय

4.71. नीतिगत आयोजना की दृष्टि से ऐसे कई उपाय हैं जिनसे सीमेंट क्षेत्र में उत्सर्जन की मात्रा में और कमी लाई जा सकती है:

1. सीमेंट में विनिर्माण की विभिन्न उप प्रक्रियाओं में ऊर्जा दक्ष प्रौद्योगिकियों का प्रसार।
2. कोयला एवं कच्चे माल में नमी में कमी लाने और विद्युत उत्पादन के लिए अपशिष्ट ताप प्रतिप्राप्ति प्रणालियां।
3. विशिष्ट प्रक्रिया/संयंत्र/कॉलोनी अनुप्रयोगों में अक्षय ऊर्जा का उपयोग।
4. वैकल्पिक ईंधन के रूप में अपशिष्ट के उपयोग में वृद्धि, इस कार्यकलाप का विनियमन करने वाली विभिन्न नीतियों को तर्कसंगत बनाना।
5. ताप विद्युत संयंत्रों से उड़न राख (फ्लाई एश) तथा इस्पात संयंत्रों से धमन भट्ठी के दानेदार लोह–चून (स्लैग) का उपयोग कर मिश्रण में वृद्धि लाना तथा कम्पोजिट सीमेंट के उपयोग को बढ़ाना।
6. उद्योग में उपयोग करने से पूर्व कोक तथा कोयले की गुणवत्ता में सुधार लाना।
7. अल्प कार्बन कैप्टिव विद्युत उत्पादन।
8. सार्वजनिक प्रापण प्रक्रिया में मिश्रित सीमेंट की मात्रा को बढ़ाना।

औद्योगिक नीति और संवर्धन विभाग को सीमेंट उद्योग में उपर्युक्त उपायों के माध्यम से प्रस्तावित क्षमता की पूर्ण प्राप्ति को प्रोत्साहित

करने के लिए एक उपयुक्त नीतिगत ढांचा विकसित करने की आवश्यकता है।

उद्योग में ऊर्जा दक्षता संबंधी हस्तक्षेप

पैट (पीएटी) कार्यतंत्र का पूर्वावलोकन

4.72. निष्पादन–उपलब्धि – आधारित व्यापार (पैट) जलवायु परिवर्तन पर प्रधानमंत्री की राष्ट्रीय कार्ययोजना (एनएपीसीसी) के अंतर्गत राष्ट्रीय वर्धित ऊर्जा दक्षता मिशन (एनएमईईई) के तहत एक बाजार आधारित कार्यतंत्र है। एनएमईईई द्वारा दिए गए अधिदेश के अनुसार पैट का उद्देश्य ऊर्जा बचत के प्रमाणन, जिनका लेन–देन किया जात सकता है, के माध्यम से ऊर्जा सघन बड़े उद्योगों में लागत क्षमता में सुधार लाना और ऊर्जा दक्षता को बढ़ाना है विद्युत मंत्रालय (एमओपी) द्वारा मार्च, 2007 में नौ औद्योगिक क्षेत्रों, नामतः ताप विद्युत संयंत्रों, लोहा और इस्पात, सीमेंट, लुग्दी (पल्प) एवं कागज, वस्त्र, उर्वरक, क्लोरक्षार, एल्युमिनियम और रेलवे में निर्धारित सीमा से अधिक ऊर्जा की खपत करने वाली औद्योगिक इकाइयों एवं अन्य प्रतिष्ठानों को अधिसूचित किया गया है। अधिसूचित किए गए उद्योगों को नामित उपभोक्ता (डीसी) कहा जाता है। इनका ब्यौरा नीचे तालिका 4.1 में दिया गया हैः–

तालिका 4.1
नामित उपभोक्ताओं द्वारा वार्षिक ऊर्जा खपत का क्षेत्र-वार ब्यौरा

क्षेत्र	डीसी के लिए न्यूनतम वार्षिक ऊर्जा खपत (टन तेल के समतुल्य)	संभावित विनिर्दिष्ट उपभोक्ताओं (डीसी) की संख्या
एल्युमिनियम	7500	11
सीमेंट	30,000	83
क्लोर–क्षार	12,000	20
उर्वरक	30,000	23
लोहा और इस्पात	30,000	101
लुग्दी (पल्प) एवं कागज	30,000	51
रेलवे[11] (डीजल लोको कर्मशाला)	—	8
वस्त्र	3,000	128
तापीय विद्युत संयंत्र	30,000	146

स्रोतः बीईई, 2011

पैट की रूपरेखा

4.73. पैट रूपरेखा का विकास ऊर्जा संरक्षण अधिनियम, 2001 के अंतर्गत वैधानिक आवश्यकता के अनुसार तथा नामित उपभोक्ताओं की स्थिति के विश्लेषण के आधार पर किया गया। पैट रूपरेर्खा में निम्नलिखित कारक शामिल हैंः–

1. आधार वर्ष में प्रत्येक डीसी के लिए विशिष्ट ऊर्जा खपत (एसईसी) का निर्धारण करने के लिए प्रणाली
2. आधार वर्ष से लक्ष्य वर्ष तक विशिष्ट ऊर्जा खपत (एसईसी) में कमी लाने का लक्ष्य निर्धारित करने हेतु कार्य–प्रणाली
3. आधार वर्ष से लक्ष्य वर्ष में प्रत्येक नामित उपभोक्ता की विशिष्ट ऊर्जा खपत का सत्यापन किसी प्रत्यायित सत्यापन एजेंसी द्वारा कराने की प्रक्रिया
4. विनिर्दिष्ट मान से कम एसईसी हासिल करने वाले उपभोक्ताओं (डीसी) को ऊर्जा बचत प्रमाणपत्र जारी करने की प्रक्रिया
5. ऊर्जा बचत प्रमाणपत्रों का लेन–देन
6. ऊर्जा बचत प्रमाणपत्रों का अनुपालन एवं समन्वयन
7. ऊर्जा बचत प्रमाणपत्रों का क्षेत्र–बाह्य उपयोग और अक्षय ऊर्जा प्रमाणपत्रों के साथ उनकी संभावित सहक्रिया

4.74. पहले पैट चक्र को 3 वर्षों (2012.15) में पूरा कर लिया जाएगा। पहले चरण में ऊर्जा सघन नामित उपभोक्ताओं (जैसा कि तालिका 4.1 में दर्शाया गया है) के लिए व्यक्तिगत एसईसी लक्ष्य निर्धारित किए जाते हैं और इसे पूरा करने के लिए उन्हें 3 वर्षों का समय दिया जाता है। दूसरे वर्ष से निगरानी एवं सत्यापन (एम एंड वी) का कार्य किया जाता है। एम एंड वी के पूर्ण होने के बाद ऊर्जा बचत प्रमाणपत्र जारी किए जाएंगे और व्यापार करने की अनुमति दी जाएगी।

4.75. पैट योजना के अगले चक्र (चक्रों) में (2015.16 के बाद) डीसी की संख्या को संशोधित किया जा सकता है क्योंकि और अधिक संयंत्र एवं क्षेत्र जोड़े जा सकते हैं। पेट्रोलियम रिफाइनरियां, पेट्रोरसायन, गैस क्रैकर्स/नैफ्था क्रैकर्स, चीनी, रसायन, पत्तन–प्रबंध (पोर्ट ट्रस्ट), परिवहन (उद्योग एवं सेवाएं), विद्युत पारेषण एवं वितरण कंपनियां, और व्यावसायिक भवन एवं प्रतिष्ठान कुछ संभावित नामित उपभोक्ता (डीसी) हैं जिन्हें दूसरे पैट चक्र में शामिल किया जा सकता है।

मूलाधार और लक्ष्य निर्धारण

4.76. 8 क्षेत्रों के नामित उपभोक्ताओं (डीसी) द्वारा वार्षिक रूप से लगभग 231 एमएमटीओई (मिलियन मीट्रिक टन तेल के बराबर) ऊर्जा की खपत की जाती है (वर्ष 2007.08 के आंकड़ों के अनुसार)

जो देश में खपत की जा रही कुल वाणिज्यिक ऊर्जा का लगभग 54 प्रतिशत है। इस योजना के अंतर्गत लक्ष्य का निर्धारण आधार मूल्य से विशिष्ट ऊर्जा खपत (एसईसी) में कमी की प्रतिशतता के रूप में किया जाएगा।

4.77. प्रत्येक नामित उपभोक्ता के लिए एसईसी में कमी का निर्धारण करने की प्रणाली गेट–टू–गेट आधार पर है। 3 वर्षों (2012.15) की प्रथम वचनबद्धता अवधि में लक्षित ऊर्जा बचत 10 मिलियन मीट्रिक टन तेल के समतुल्य होने का अनुमान है जो तीन वर्षों में ऊर्जा सघनता में 4.2 प्रतिशत की कमी के बराबर होगी। इसके अतिरिक्त 10 एमएमटीओई की कमी लाने के समग्र लक्ष्य को पहचान किए गए क्षेत्रों में उनके सापेक्ष ऊर्जा उपयोग के अनुपात में संविभाजित किया जाएगा। प्रत्येक क्षेत्र की ऊर्जा खपत और संविभाजित ऊर्जा कमी का अलग–अलग ब्यौरा नीचे तालिका 4.2 में दिया गया है।

4.78. पैट योजना शीर्ष (कैप) एवं व्यापार स्कीम का एक ऊर्जा की सघनता वाला प्रकार है क्योंकि यह उद्योग में कुल ऊर्जा खपत पर कोई पूर्ण कैप नहीं लगाती है। कुछ व्यक्तियों द्वारा तर्क दिया जाता है कि ऊर्जा दक्षता प्राप्त करने तथा अपेक्षाकृत अधिक सुनिश्चितता के साथ वित्त पोषण को गतिशील बनाने के लिए एक अपेक्षाकृत आसान विकल्प कार्बन कर योजना को कार्यान्वित करना हो सकता है। दोनों ही प्रस्तावों के अपने फायदे और नुकसान हैं। इनकी तुलना नीचे दिए गए खंड में की गई है।

कैप एवं व्यापार बनाम कार्बन कर

4.79. कैप एवं व्यापार कार्यक्रमों का अभिकल्पन प्रायः समय के साथ बड़ी कमी प्राप्त करने के लिए किया जाता है इसलिए बाजार के प्रतिभागियों को धीरे–धीरे उत्सर्जन में कमी हासिल करने में समर्थ बनाने के लिए कैप को बाद के वर्षों में कम किया जा सकता है। कैप्ड उत्सर्जन स्तर के साथ अनुपालन प्राप्त करने के लिए बाजार प्रतिभागियों को कैप के स्तर के योग की अनुज्ञा की कुल संख्या से निकालने के लिए (प्रति अनुज्ञा 1 टन) अनुज्ञा का आवंटन किया जाता है। बाजार प्रतिभागी उत्सर्जन की अधिकता को पूरा करने के लिए दूसरे प्रतिभागियों से अनुज्ञा की खरीद कर सकते हैं अथवा अपने आवंटन की तुलना में कम उत्सर्जन प्राप्त करने पर वे अनुज्ञा की बिक्री कर सकते हैं। ऐसे व्यापार से आर्थिक दक्षता में वृद्धि होती है।

4.80. कार्बन कर कैप एवं व्यापार का एक विकल्प है (देखें: तालिका 4.3) । इसे उपकर, अधिभार और लेवी इत्यादि अन्य नाम भी दिए जा सकते हैं। यद्यपि दोनों ही नीतियां कार्बन मूल्य संकेत का सृजन करती हैं, तथापि कार्बन मूल्य संकेत के स्तर को निर्धारित करने की पद्धति की दृष्टि से इन दोनों प्रणालियों में बुनियादी अंतर है। कार्बन कर में कार्बन का मूल्य निर्धारित किया जाता है और उत्सर्जनों की मात्रा को कर के स्तर के अनुसार समायोजित करने की अनुमति दी जाती है। इसके विपरीत कैप एवं व्यापार प्रणाली में कुल उत्सर्जन की मात्रा निर्धारित की जाती है और उत्सर्जन कैप की पूर्ति सुनिश्चित करने के लिए कार्बन डाईऑक्साइड उत्सर्जन के मूल्य

तालिका 4.2
ऊर्जा खपत और ऊर्जा में कमी के लक्ष्य का आरंभिक अनुमान

क्षेत्र	वर्ष 2007 में ऊर्जा खपत (एमटीओई में)	वर्ष 2007 में खपत का अंश (प्रतिशत)	वर्ष 2007 के स्तरों पर वर्ष 2015 तक संविभाजित ऊर्जा कटौती (एमएमटीओई)	संभावित नामित उपभोक्ताओं (डीसी) की संख्या
एल्युमिनियम	2.42	1.05	0.11	11
सीमेंट	14.47	6.25	0.6	83
क्लोर–क्षार	0.43	0.19	0.02	20
उर्वरक	11.95	5.16	0.51	23
लोहा और इस्पात	36.08	15.58	1.56	101
लुग्दी (पल्प) एवं कागज	1.38	0.60	0.06	51
वस्त्र	4.5	1.94	0.2	128
ताप विद्युत संयत्र	160.3	69.24	6.92	146
कुल	231.53	100	10.00	563

स्रोतः बीईई, 2011

तालिका 4.3
कैप एवं व्यापार बनाम कार्बन कर

कैप एवं व्यापार	कार्बन कर
इसमें कार्बन उत्सर्जनों पर तेजी से ह्रासमान सीलिंग का निर्धारण किया जाता है, और एक ऐसे बाजार का निर्माण कर जो कंपनियों को कार्बन डाईऑक्साइड में कमी लाने के लिए पुरस्कृत करता है (ऐसे निगम जो अपने आबंटन से नीचे उत्सर्जन में कमी लाते हैं उन्हें खुले बाजार में बेच सकते हैं); यह उत्सर्जन में कमी लाने के लिए मुक्त उद्यम प्रणाली का उपयोग करता है।	इसके द्वारा कार्बन उत्सर्जन में कितनी कमी आएगी, जिसके संबंध में अनिश्चितता रहती है। तथापि ऊर्जा के बैंचमार्क अथवा उत्सर्जन की सघनता से जुड़े कर उपशमन के संबंध में निश्चितता को बढ़ाने में सहायक हो सकते हैं।
इसमें लागत की निश्चितता नहीं होती है क्योंकि परमिट के मूल्य में परिवर्तन होता रहता है और यह तत्काल बाजार में अत्यंत परिवर्तनशील हो सकता है।	कार्बन कर में आगे के कई वर्षों तक के लिए कार्बन उत्सजन पर एक स्पष्ट मूल्य निर्धारित कर लागत की निश्चितता उपलब्ध कराई जाती है।
इसमें किराया प्राप्ति, बाजार पर नियंत्रण रखने आदि जैसे मामलों की जांच करने के लिए एक बाजार निगरानी एजेंसी की आवश्यकता होती है।	इसे समझना और कार्यान्वित करना आसान है।
इस प्रणाली में कई लघु और मध्यम संगठन बचे रह जाते हैं। (जो एक साथ मिलकर उत्सर्जन का एक महत्वपूर्ण भाग निर्मुक्ति कर सकते हैं)	कार्बन कर में संपूर्ण अर्थव्यवस्था को शामिल किया जाता है जिसमें ऑटोमोबाइल, घरेलू तथा अन्य ऐसी यूनिटें शामिल हैं जिन्हें कैप एवं व्यापार में शामिल करना असंभव है।
प्रथम व्यापार के घटित होने से काफी पहले से ही राजस्व में मोल–तोल होने की आशंका रहती है।	कार्बन कर में राजस्व की एक स्पष्ट राशि निर्धारित की जाती है जिसका उपयोग लक्षित प्रयोजनों अथवा जनता को छूट प्रदान में किया जा सकता है।
अतिरिक्त उत्सर्जन प्राप्त करने के लिए इसमें अधिक आसानी से हेर–फेर किया जा सकता है; यदि परमिटों का मूल्य बहुत अधिक हो जाता है तो नियंत्रकों द्वारा मूल्य को 'युक्तिसंगत' बनाने के लिए और अधिक परमिट्स को बेचने या वितरित करने की संभावना होती है।	हेर–फेर की संभावना नगण्य होती है। कर संरचना आवधिक विनियामक हस्तक्षेप की अनुमति नहीं देती है।
कैप एवं व्यापार के दीर्घकालिक संकेत अपेक्षाकृत कम प्रभावकारी होते हैं और अनुक्रियात्मक परिवर्तनों (उदाहरण के लिए विद्युत संयंत्र के प्रकार का चयन) की बहुत कम प्राप्ति होने की संभावना हो सकती है।	अनुक्रियात्मक परिवर्तनों के लिए स्पष्ट संकेत और प्रोत्साहन।
राजनीतिक दबावों के कारण अनुज्ञा के आबंटन में भिन्नता हो सकती है, जिसका वितरण पर तो प्रभाव पड़ता है परंतु परिवेशी प्रभावकारिता और लागत क्षमता पर नहीं।	राजनीतिक दबावों के कारण क्षेत्रों और फर्मों की विमुक्ति हो सकती है जिससे परिवेशी प्रभावकारिता में कमी तथा लागत में वृद्धि होती है।
विभिन्न अंतरराष्ट्रीय अनुज्ञा को अपनाना और इसे घरेलू भत्ते के समतुल्य बनाना एक कठिन प्रक्रिया होगी।	कार्बन कर प्रणाली वाले देश आयात मूल्य के अंतरों को 'सीमा कर समायोजन' के द्वारा आसानी से प्रतिपूरित कर सकते हैं।
मूल्य का निर्धारण करना (खुले बाजार में) अत्यंत अपारदर्शी हो सकता है।	यह प्रक्रिया अपेक्षाकृत अधिक पारदर्शी और विश्वसनीय है।
इसके तत्काल परिणामों में वित्तीय एवं कानूनी अभिलेखों का अभिकल्पन शामिल है।	इसमें इंजीनियरी में नवोन्मेष को प्रत्यक्ष लाभ प्राप्त होता है।

को समायोजित करने की अनुमति दी जाती है। यूके की जलवायु परिवर्तन लेवी (सीसीएल) और ऑस्ट्रेलिया के स्वच्छ ऊर्जा पैकेज कार्बन कर के उदाहरण हैं।

भारतीय उद्योग के लिए नई नीतिगत पहल के आधार

4.81. ऊर्जा एवं पर्यावरण के क्षेत्र में वैश्विक रुझानों का भारतीय उद्योग के साथ–साथ ऊर्जा एवं सामरिक सुरक्षा के वृहत्तर लक्ष्य पर भी महत्वपूर्ण प्रभाव पड़ने की संभावना है। मौजूदा राष्ट्रीय वर्धित ऊर्जा दक्षता मिशन (एनएमईईई) को बड़े उद्योगों की एक अपेक्षाकृत छोटी संख्या, जिनका उत्सर्जन में महत्वपूर्ण योगदान रहता है, की ऊर्जा दक्षता एवं उत्सर्जन में कमी से जुड़े मामलों का निष्पादन करने के लिए तैयार किया गया है। एनएमईईई के कई प्रावधानों, जैसे सशक्त आधार, निगरानी एवं सत्यापन, अर्थदण्ड एवं व्यापार तंत्रों को बड़ी संख्या में छोटी एवं मध्यम इकाइयों तक आसानी से लागू नहीं किया जा सकता। हाल के कुछ अध्ययनों द्वारा छोटे एवं मध्यम उद्यमों में जागरूकता में वृद्धि लाने तथा प्रौद्योगिकी के स्तरोन्नयन

को बढ़ावा देने के लिए एक सशक्त रूपरेखा को विकसित करने की आवश्यकता पर जोर दिया गया है।

4.82. भारत द्वारा पैट योजना के रूप में कैप एवं व्यापार तथा कोयले पर उपकर (₹50 प्रति टन) के रूप में कार्बन कर, दोनों प्रणालियों का परीक्षण किया जा रहा है। दोनों ही कार्यान्वयन के आरंभिक चरणों में हैं। कैप एवं व्यापार कार्य तंत्रों में जहां उत्सर्जन में कमी लाने की दृष्टि से काफी सुनिश्चितता है वहीं वित्त पोषण के साधन के रूप में उन्हें भारी अनिश्चितता का सामना करना पड़ता है। दूसरी ओर, कार्बन कर प्रणाली वित्त पोषण के स्रोत के रूप में सुनिश्चितता प्रदान कर सकती है जबकि उत्सर्जन में कमी की अनिश्चितता को ऊर्जा अथवा उत्सर्जन सघनता बैंचमार्क का उपयोग कर कम किया जा सकता है।

4.83. ऊर्जा खपत की मांग पक्ष के अध्ययनों से पता चला है कि ऊर्जा दक्षता उपायों की लागत वसूली (पेबैक) की अवधियां दो से आठ वर्षों के बीच है। तथापि फर्मों द्वारा ऐसे उपाय स्वयं नहीं किए जाते हैं। प्रमुख अवरोध हैं – अनुमानित जोखिम, प्रौद्योगिकी के सबंध में अनिश्चितता, विखंडन की लागत और आरंभिक वित्त पोषण। जोखिम का बीमा करने तथा उचित शर्तों पर वित्त पोषण सुनिश्चित करने के एक कार्य तंत्र की आवश्यकता है। आधार पूंजी के साथ एक विशेष निधि की स्थापना करना समय की मांग है जिसका प्रबंधन सरकार द्वारा समुचित दूरी बनाते हुए निजी उद्योग की भागीदारी से किया जाएगा।

4.84. जबकि पैट का विकास जारी रहना चाहिए तथापि पैट योजना और ऊर्जा संरक्षण कोष को मिलाकर एक संयुक्त ऊर्जा दक्षता पैकेज पर विचार करना उपयोगी होगा जिसका कार्यान्वयन केन्द्र सरकार की एकीकृत एजेंसी, नामतः ऊर्जा दक्षता ब्यूरो (बीईई) द्वारा किया जाएगा। इसके लिए ऊर्जा संरक्षण अधिनियम, 2001 में पहले से ही कानूनी प्रावधान विद्यमान है जिसकी धारा 13 के तहत ऊर्जा दक्षता ब्यूरो को ऊर्जा के प्रभावपूर्ण उपयोग और इसके संरक्षण को बढ़ावा देने के लिए उपलब्ध कराई जाने वाली सेवाओं पर शुल्क की वसूली करने का अधिकार है। ये सेवाएं, जैसे–क्षमता निर्माण, विस्तृत परियोजना रिपोर्ट तैयार करना और ऊर्जा दक्ष प्रौद्योगिकियों के अनुकूलन हेतु वित्त पोषण करना, गैर–पैट औद्योगिक इकाइयों के लिए विशेष रूप से महत्वपूर्ण हैं, जो आकार में छोटी होती हैं और इस प्रकार की सहायता का प्रबंध स्वयं नहीं कर सकतीं।

4.85. कोयला उपकर, जिसे सरकारी खाते में जमा किया जाता है, के विपरीत ऊर्जा दक्षता शुल्क को केन्द्रीय ऊर्जा संरक्षण कोष में जमा किया जाएगा जिसका प्रबंधन ऊर्जा दक्षता ब्यूरो द्वारा किया जाता है (ऊर्जा संरक्षण अधिनियम की धारा 20)। शुल्क से एकत्रित राशि का अनुपूरण अंतरराष्ट्रीय निधिकरण के साथ–साथ केन्द्र सरकार से राष्ट्रीय स्वच्छ ऊर्जा कोष के माध्यम से दिए जाने वाले ब्लॉक अनुदान द्वारा किया जा सकता है।

4.86. ऊर्जा संरक्षण कोष का उपयोग घरेलू उद्योग विशेषकर गैर–पैट उद्योग के ऊर्जा दक्ष प्रौद्योगिकी स्तरोन्नयन को बढ़ावा देने तथा/अथवा वाणिज्यिक ऋण की अपेक्षा आसान शर्तों पर वित्त पोषण करने हेतु किया जा सकता हैं जहां इसमें गैर–पैट उद्योग के लिए भाग लेना अनिवार्य होगा वहीं पैट योजना में भाग लेने वाली औद्योगिक इकाइयों को एक अथवा दो पैट चक्र के पूर्ण होने के बाद शामिल होने की अनुमति दी जाएगी, परंतु यह अनुमति इस प्रकार दी जाएगी जिससे छोटे गैर–पैट उद्योग को कोई असुविधा न हो।

4.87. यूके कार्बन न्यास कोष इस प्रकार के प्रयास के लिए एक व्यवहार्य मॉडल हो सकता है। ऊपर प्रस्तावित प्रकृति के एक समेकित ऊर्जा दक्षता पैकेज को बारहवीं योजना अवधि के दौरान सावधानीपूर्वक विकसित करने की आवश्यकता है, जिसमें पैट तथा गैर–पैट उद्योग, दोनों को शामिल हैं। अल्प कार्बन कार्यनीतियों पर विशेषज्ञों के समूह को भी इस संबंध में और अधिक विस्तार से खोजबीन करनी चाहिए।

परिवहन

वाहन ईंधन दक्षता कार्यक्रम

4.88. भारत में वर्ष 2004 से 2009 के बीच वाहनों की संख्या में प्रतिवर्ष लगभग 10 प्रतिशत की वृद्धि हुई है जिसमें यात्री कारों की संख्या में दुपहिया वाहनों की अपेक्षा थोड़ी अधिक तेजी से वृद्धि हो रही है। सड़क मार्ग द्वारा यात्री एवं माल ढुलाई में भी उसी अनुपात में वृद्धि हुई है और इसमें वर्ष 2001 तथा वर्ष 2005.06, अंतिम वर्ष जिसके लिए आंकड़ा उपलब्ध है, के बीच क्रमशः लगभग 15 और 6 प्रतिशत प्रतिवर्ष की दर से वृद्धि हो रही है। इसके फलस्वरूप ईंधन की खपत में वृद्धि हुई है जैसा कि ग्यारहवीं योजना के दौरान पेट्रोल और डीजल की खपत में प्रतिवर्ष क्रमशः 10 और 8 प्रतिशत की वृद्धि से संकेत मिलता है। यह तथ्य कि वर्ष 2010.11 में भारत का निवल पेट्रोलियम आयात इसकी खपत का लगभग 85 प्रतिशत था, एक चिन्ता का विषय है। परिवहन क्षेत्र से जीएचजी उत्सर्जन में भी 1994 और 2007 के बीच 4.5 प्रतिशत प्रतिवर्ष की वृद्धि हुई है। इसलिए यह सुनिश्चित करने के अतिरिक्त कि ऑटोमोबाइलों को अपनी पूर्ण बाह्यताओं, जैसे संकुलन, प्रदूषण एवं सुरक्षा में गिरावट के लिए

दंड चुकाना चाहिए; भारत द्वारा ऊर्जा तथा जलवायु परिवर्तन, दोनों समस्याओं को हल करने के लिए ऑटोमोबाइल उद्योग के लिए ईंधन दक्षता संबंधी मानकों को तत्काल लागू किए जाने की आवश्यकता है। संयुक्त राज्य अमेरिका, कनाडा, जापान तथा यूरोपीय संघ (ईयू) जैसे देशों ने पहले ही इस प्रकार की ईंधन अर्थव्यवस्था के संबंध में कानून अधिनियमित किए हैं।

ईंधन दक्षता मानकों की रूपरेखा

4.89. ईंधन दक्षता मानकों को 'मानक एवं वर्गीकरण' रूपरेखा के अंतर्गत परिभाषित किया जा सकता है। वाहन का वर्गीकरण उपभोक्ताओं को वाहन की खरीद करते समय एक संसूचित निर्णय लेने में समर्थ बनाने के लिए मांग पक्ष का एक उपाय है जबकि ईंधन दक्षता संबंधी मानक विनिर्माताओं के लिए अनुपालन हेतु आपूर्ति पक्ष के उपाय हैं।

वाहन वर्गीकरण

4.90. वाहनों पर ऊर्जा दक्षता ब्यूरो द्वारा आरंभ की गई उपकरण वर्गीकरण योजना द्वारा लोकप्रिय बनाए गए लेबलों के समान ही प्रमुख लेबल लगे होने चाहिए। इन लेबलों में उपभोक्ता को ज्ञात विकल्प चुनने में समर्थ बनाने के लिए वाहन की सापेक्ष दक्षता के बारे में पर्याप्त जानकारी दी जानी चाहिए। इसमें निम्नलिखित शामिल होना चाहिए:–

- किसी अनुमोदित परीक्षण तंत्र द्वारा यथानिर्धारित वाहन की ईंधन दक्षता (लीटर/100 किमी. में),
- उसी प्रकार के तथा उसी श्रेणी (भार) में अन्य वाहनों की तुलना में 1 से 5 के पैमाने पर इसकी स्टार रेटिंग,
- एक टी श्रेणी के सभी वाहनों में एक बैंड पर प्वाइंटर जिसमें वाहन की ईंधन दक्षता की स्थिति दर्शाई गई हो।

ईंधन दक्षता के मानक

4.91. औसत भारतीय वाहन के अपेक्षाकृत छोटे आकार को देखते हुए भारतीय वाहन समूह विश्व के सर्वाधिक ईंधन–क्षम वाहनों में शामिल हैं। ईंधन दक्षता मानकों द्वारा यह सुनिश्चित किया जाना चाहिए भारतीय वाहनों की इस विशिष्टता को प्रोत्साहित और संरक्षित किया जाए। सुझाए गए कुछ उपाय निम्नलिखित हैं :–

- मानकों को भारत में बेचे जाने वाले सभी वाहनों के लिए लागू होना चाहिए– चाहे उनका निर्माण घरेलू तौर पर हुआ हो अथवा आयातित हों।
- महत्वाकांक्षी दक्षता उन्नयन कार्यक्रम, जैसे – जापान के 'टॉप रनर' कार्यक्रम द्वारा उद्योग में सर्वश्रेष्ठ निष्पादकों पर आधारित दक्षता मानकों की व्याख्या की जाती है। तथापि भारतीय बेड़े की दक्षता के स्तर को देखते हुए; भारतीय मानकों को किसी दिए हुए प्रकार के वैश्विक वाहन बेड़े की औसत दक्षता, सर्वश्रेष्ठ निष्पादक तथा भारतीय बेड़े की औसत दक्षता पर विचार करते हुए प्राप्त किया जा सकता है।
- मानकों को यह सुनिश्चित करना चाहिए कि भारतीय वाहन अपनी वैश्विक ईंधन दक्षता का लाभ प्राप्त कर सकें और अपनी श्रेणी में सर्वाधिक ईंधन–क्षम बने रहें। यह ध्यान देने योग्य है कि वर्ष 2006.07 तथा वर्ष 2009.10 के बीच की अवधि में बेची गई कारों के औसत उपांत (कर्व) भार में प्रतिवर्ष 2 प्रतिशत की वृद्धि के बावजूद उस अवधि में भारत में पैसेंजर कारों की औसत दक्षता में 3 प्रतिशत प्रतिवर्ष की वृद्धि हुई है। यह ईयू तथा दक्षिण कोरिया में प्रस्तावित दक्षता सुधार की दर से तुलनीय है।
- क्षमता में किसी आनुपातिक वृद्धि के बिना ही वाहनों के वजन को भारी बनाने की प्रवृत्ति देखी गई है, जैसा कि भारत में बेची गई कारों के औसत उपांत भार में प्रतिवर्ष 2 प्रतिशत की वृद्धि से देखा जा सकता है। यह कोई वांछनीय प्रवृत्ति नहीं है क्योंकि इसके फलस्वरूप बिना किसी अतिरिक्त लाभ के ईंधन की खपत बढ़ती है। इसलिए मानकों में अत्यधिक वजन वाले वाहनों के विरुद्ध एक स्पष्ट अनुत्साहन व्यवस्था होनी चाहिए। ऐसा मानकों को अनुरेखीय बनाकर नहीं बल्कि वाहन के भार के उप–रेखीय कार्य द्वारा प्राप्त किया जा सकता है। जैसा कि बिंदु रेखाओं से दर्शाया गया है उप–रेखीय स्थिति में उच्चतर भार पर वाहन भार में किसी दी हुई वृद्धि के लिए अनुमेय ईंधन दक्षता की कमी अपेक्षाकृत कम भार वाले स्तरों पर अनुमेय कमी की तुलना में कम है।
- ऊर्जा दक्षता ब्यूरो (बीईई) द्वारा पहले ही पैसेंजर कारों के लिए ईंधन दक्षता योजना का प्रस्ताव किया गया है और 1 नवम्बर, 2011 को सम्पन्न एक सार्वजनिक विचार–विमर्श में इस योजना पर प्रतिक्रिया आमंत्रित की गई। देश में वाहनों की संख्या में वृद्धि की तेज गति को देखते हुए इस प्रक्रिया को शीघ्र पूरा किए जाने की जरूरत है। आगे की कार्रवाई के संबंध में कुछ सुझाव निम्नानुसार है।:–

  – बीईई प्राप्त जानकारी (इनपुट) के आधार पर एक वैकल्पिक प्रस्ताव तैयार करने की प्रक्रिया में है। इसके पश्चात् यह सुनिश्चित करने के लिए कि महत्वपूर्ण समस्याओं का समाधान कर लिया गया है, सार्वजनिक विचार–विमर्श का

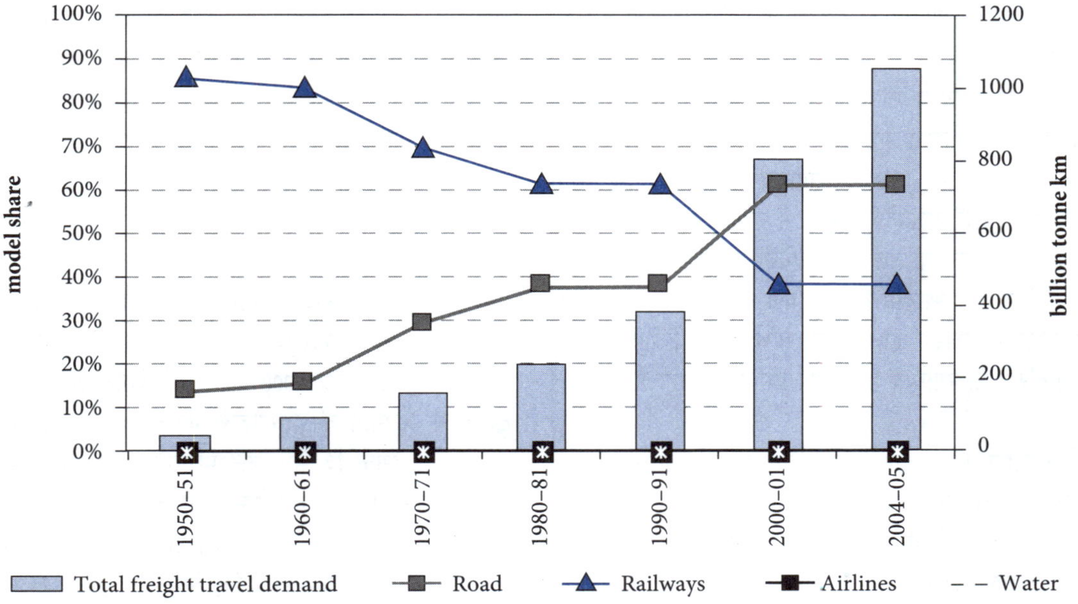

आकृति 4.4: भारत में माल ढुलाई की रूपात्मक (मोडल) भागीदारी[41]

अगला दौर आयोजित किया जाना चाहिए। तत्पश्चात् अर्थात् सितम्बर, 2012 तक इसके द्वारा मानकों को अधिसूचित किया जाना चाहिए।

- भारी व्यावसायिक वाहनों (बस एवं ट्रक) द्वारा डीजल की खपत कारों एवं दुपहिया वाहनों द्वारा की जा रही ईंधन की खपत की तुलना में बहुत ज्यादा है। इसलिए इन वाहनों के लिए भी मानकों का निर्धारण यथाशीघ्र अर्थात् 2012 के अंत तक किया जाना चाहिए।
- दुपहिया वाहनों की बिक्री देश में वाहनों की कुल बिक्री के साथ–साथ वाहनों के बेड़े का लगभग 70 प्रतिशत है। इसलिए उनके भी मानकों का निर्धारण शीघ्र किया जाना चाहिए।
- ईंधन दक्षता संबंधी मानकों का निर्धारण न केवल शीघ्र किया जाना चाहिए बल्कि इसे नागरिक समूहों तथा ऑटोमोबाइल उद्योग सहित सभी पणधारियों के साथ विचार–विमर्श पर आधारित होना चाहिए।
- रिचार्जिंग सुविधाओं सहित विद्युत चालित वाहनों को बढ़ावा देने के लिए एक स्पष्ट नीति लाई जानी चाहिए।

माल ढुलाई की क्षमता में सुधार

4.92. भारत की तेजी से विकसित हो रही अर्थव्यवस्था के परिणामस्वरूप देश में माल ढुलाई की मांग में तेजी से वृद्धि हो रही है जिससे माल के परिवहन संबंधी गतिविधि में सकल घरेलू उत्पाद के अनुपात में ही वृद्धि हो रही है। इसके फलस्वरूप माल ढुलाई से ऊर्जा की खपत और जीएचजी उत्सर्जन में उसी अनुपात में वृद्धि हुई है। माल ढुलाई की क्षमता में सुधार लाने के उद्देश्य से माल ढुलाई के और अधिक दक्ष माध्यमों को अपनाने को प्रोत्साहित करने के लिए नीतिगत साधनों का विकास करना आवश्यक है जैसे रेल। इनमें से सड़क की तुलना में रेल द्वारा ढुलाई महत्वपूर्ण रूप से ऊर्जा दक्ष है तथा भारत में रेल द्वारा ढुलाई की ऊर्जा गहनता 0.18 एमजे/टन–कि.मी. है जबकि सड़क द्वारा माल ढुलाई के लिए सघनता 1.6 एमजे/टन– कि.मी. है– इस प्रकार नौ गुना अंतर है।

4.93. तथापि कुल माल ढुलाई में रेल की भागीदारी में तेजी से कमी आई है जो स्वतंत्रता प्राप्ति के समय 88 प्रतिशत की तुलना में घटकर वर्तमान में लगभग 40 प्रतिशत हो गई है, जबकि सड़क द्वारा ढुलाई में उसी अनुपात में वृद्धि हुई है। नीचे आकृति 4.4 में माल ढुलाई की मोडल भागीदारी के ऐतिहासिक रुझानों को दर्शाया गया है। माल ढुलाई की मोडल भागीदारी में इस प्रकार के परिवर्तन से न केवल उत्सर्जन में वृद्धि हुई है बल्कि और भी प्रतिकूल प्रभाव आगे बताए गए हैं :–

1. इससे देश की ऊर्जा सुरक्षा पर प्रतिकूल प्रभाव पड़ा है क्योंकि सड़क द्वारा माल ढुलाई डीजल द्वारा संचालित होती है और

भारत अपनी पेट्रोलियम आवश्यकताओं के 80 प्रतिशत से अधिक का आयात करता है।

2. इससे तेल के आयात में वृद्धि के कारण भुगतान संतुलन की स्थिति और बिगड़ गई है।
3. चूंकि भारत में डीजल एक राजसहायता प्राप्त (सब्सिडाइज्ड) ईंधन है अतः इससे राजकोषीय घाटे में वृद्धि हुई है।
4. इसके कारण डीजल चालित व्यावसायिक वाहनों से टेल–पाइप उत्सर्जन के कारण स्थानीय वायु प्रदूषण की स्थिति और खराब हुई है जिस के कारण होने वाली सांस की तकलीफ, कैंसर आदि बीमारियों से स्वास्थ्य पर गंभीर प्रभाव पड़ रहा है।

भारत में रेल द्वारा माल ढुलाई के योगदान को बढ़ाना

4.94. सिद्धांत के रूप में रेलवे (जो कि अपेक्षाकृत अधिक पूंजी सघन है) को प्रमुख कॉरिडोरों पर माल ढुलाई का मुख्य साधन होना चाहिए जबकि सड़क (अपनी व्यापक पहुंच एवं नमनीयता के कारण) को 'कठिन रास्ते' से लेकर देश के पिछड़े भागों में माल ढुलाई के लिए वरीयता दी जानी चाहिए। भारत सरकार द्वारा वर्ष 2006 में डेडीकेटेड फ्रेट कोरीडोर कॉर्पोरेशन ऑफ इंडिया लि. (डीएफसीसीआईएल) नामक विशेष उद्देश्य वाहन की स्थापना द्वारा डीएफसी परियोजना की शुरूआत की गई। डीएफसी परियोजना के फलस्वरूप भारत के चार सबसे बड़े नगरों को जोड़ने वाले छः प्रमुख कॉरिडोरों पर 10000 कि.मी. एकनिष्ठ रेलमार्ग बिछाए जाने की संभावना है। दो कॉरिडरों के पहले चरण को वर्ष 2016.17 तक पूरा कर लिए जाने की संभावना है। इन कॉरिडोरों का निर्माण आधुनिक प्रौद्योगिकी से किया जाएगा जिसमें उच्चतर एक्सल भार, अपेक्षाकृत अधिक लंबी रेलगाड़ियां होंगी और इस प्रकार दक्षता में और सुधार होगा तथा जीएचजी उत्सर्जन में कमी आएगी। तथापि इन कॉरिडोरों पर कार्य निर्धारित कार्यक्रम से पीछे चल रहा है। सरकार को इसे जितना शीघ्र संभव हो पूरा करने के लिए पूरा जोर लगाना होगा। डेडीकेटेड फ्रेट कोरीडोर परियोजना के विवरण के लिए अध्याय 13 देखें।

सड़क मार्ग द्वारा माल ढुलाई की क्षमता में सुधार लाना

4.95. रेलवे की ओर रूपात्मक झुकाव होने के बाद भी सड़क द्वारा माल ढुलाई के क्षेत्र में महत्वपूर्ण भूमिका अदा किए जाने की संभावना है। अतः यह सुनिश्चित किए जाने की आवश्यकता है कि सड़क द्वारा माल ढुलाई यथासंभव प्रभावपूर्ण रूप से की जा सके। ऐसा धारणा है कि ट्रकों के पूरी तरह उपयोग न किए जाने, अकुशल रूप से बार्डर क्रॉसिंग, टोल क्षेत्रों, बहु–एक्सल एवं ट्रेक्टर ट्रेलर ट्रकों के अपर्याप्त उपयोग ओर अंतिम बिन्दु तक ले जाने के लिए भारी वजन की चीजों को छोटे ट्रकों पर दक्षतापूर्वक रखने के लिए तात्कालिक व्यवस्थाओं का अभाव जैसे कारणों से वर्तमान में सड़क द्वारा माल ढुलाई की व्यवस्था कारगर नहीं है। परिवहन नीति संबंधी समिति द्वारा इन समस्याओं की आगे जांच की जानी चाहिए और इन्हें दूर करने के समाधान सुझाए जाने चाहिए।

जल मार्ग से माल ढुलाई

4.96. जलमार्ग से माल ढुलाई – अंतर्देशीय एवं तटीय, दोनों–माल ढुलाई की सबसे कारगर प्रणाली है। यद्यपि भारत में एक लंबी तटरेखा और लगभग 15000 कि.मी. अंतर्देशीय जलमार्ग है, परंतु माल ढुलाई में जलमार्ग की हिस्सेदारी केवल लगभग 0.3 प्रतिशत अर्थात् नगण्य है। इसके विपरीत जल परिवहन यूरोप में माल ढुलाई विधि में लगभग 6 प्रतिशत की हिस्सेदारी करता है। इस संबंध में सुधार की पर्याप्त संभावना है और भारत सरकार को इस संबंध में गंभीर अध्ययन की पहल करनी चाहिए कि जल अथवा जलमार्ग के अन्य उपयोगों को प्रभावित किए बिना इस क्षमता का अधिकतम उपयोग किस प्रकार किया जा सकता है।

शहरी सार्वजनिक एवं गैर–मोटरीकृत परिवहन व्यवस्था में सुधार लाना

4.97. गतिशील बने रहने की हमारी आवश्यकता में तेजी से वृद्धि हो रही है। सरकारी आंकड़ों से पता चलता है कि भारत के लोगों द्वारा यात्री किलोमीटर के रूप में की गई यात्रा में प्रतिवर्ष लगभग 15 प्रतिशत की दर से वृद्धि हो रही है। इसी के अनुरूप देश में ऑटोमोबाइल्स की बिक्री में भी प्रतिवर्ष लगभग 10 प्रतिशत की वृद्धि हो रही है। इससे उत्सर्जन की दृष्टि से यह संकेत मिलता है कि यात्री परिवहन क्षेत्र से उत्सर्जन में तेजी से वृद्धि हो रही है क्योंकि अधिकांश परिवहन प्रणालियां पेट्रोलियम उत्पादों से संचालित होती हैं। इसके अलावा परिवहन गतिविधियों में इस प्रकार की वृद्धि होने के कारण आयात में भी वृद्धि होती है क्योंकि पेट्रोलियम उत्पादों के लिए आयात पर भारत की कुल निर्भरता लगभग 80 प्रतिशत है। भारत की ऊर्जा असुरक्षा तथा भुगतान संतुलन की समस्याओं को ध्यान में रखते हुए परिवहन व्यवस्था को एक अपेक्षाकृत अधिक प्रभावपूर्ण दिशा में ले जाने की आवश्यकता है ताकि हमारे नागरिकों की आवागमन संबंधी आवश्यकताओं को जीवाश्म ईंधनों की कम खपत करके पूरा किया जा सके।

4.98. नीचे आकृति 4.5 में वर्ष 2007 में यात्री परिवहन संबंधी कार्यकलाप एवं उत्सर्जन की स्थिति दर्शाई गई है। ध्यान दिए जाने वाले महत्वपूर्ण बिन्दु हैं:

1. नगरों में कुल यात्री परिवहन गतिविधि का केवल 4 प्रतिशत ही निजी वाहनों (ऑटोमोबाइल) द्वारा किया गया है परंतु यात्री परिवहन से होने वाले उत्सर्जन में उनका योगदान लगभग 20 प्रतिशत है।
2. कुल यात्री परिवहन में हवाई परिवहन का योगदान लगभग 0.4 प्रतिशत है लेकिन उत्सर्जन में इसका योगदान 15 प्रतिशत है।
3. यात्री संबंधी गतिविधि में रेल का योगदान 11 प्रतिशत है और यात्री परिवहन से होने वाले उत्सर्जन में इसका योगदान केवल 5 प्रतिशत है।
4. देश में गैर–मोटरीकृत परिवहन से बिना किसी प्रकार के उत्सर्जन के यात्री संबंधी कार्यकलाप को 4 प्रतिशत सहायता मिलती है।

4.99. इसलिए नगरों में सार्वजनिक और गैर–मोटरीकृत परिवहन को तथा अंतरनगरीय यात्री परिवहन के लिए रेल को बढ़ावा देना तथा नगरों में निजी वाहनों के उपयोग के साथ–साथ वायु मार्ग द्वारा अंतर नगरीय यात्रा को निरुत्साहित करना ही एकमात्र उपाय है। इसके कई महत्वपूर्ण सह–लाभ होंगे, जैसे

1. इससे आवागमन और अधिक समावेशी बनाया जाएगा क्योंकि प्रोन्नत की गई प्रणालियां प्रतीकात्मक रूप से अधिक किफायती हैं,
2. देश की ऊर्जा सुरक्षा में वृद्धि
3. देश के नगरों, शहरों और गांवों में वायु प्रदूषण में कमी आएगी
4. नगरों में सड़कों पर भीड़–भाड़ को कम किया जा सकता है,
5. सड़क सुरक्षा में सुधार होगा क्योंकि अध्ययनों से पता चलता है कि सार्वजनिक परिवहन माध्यमों में प्रतियात्री किलोमीटर मृत्यु दर निजी परिवहन माध्यमों की अपेक्षा कम है।

हमें भारत में नगरों एवं शहरों में निजी मोटर वाहनों के उपयोग को निरुत्साहित करते हुए सार्वजनिक तथा गैर–मोटरीकृत परिवहन के वर्धित उपयोग को बढ़ावा देने के लिए नीतिगत साधनों पर ध्यान देना चाहिए। सरकारी अनुमान से पता चलता है कि वर्तमान रूझान इसके ठीक विपरीत है क्योंकि सार्वजनिक और गैर–मोटरीकृत परिवहन की भागीदारी का हिस्सा निजी मोटरीकृत वाहनों के पास आ रहा हैं तथापि शहरी परिवहन के राज्य का विषय होने के कारण केन्द्र सरकार के पास उपलब्ध उपाय सीमित हैं; और ऊपर उल्लिखित परिवर्तनकारी उद्देश्यों को कार्यान्वित करने में राज्य सरकारों तथा शहरी स्थानीय

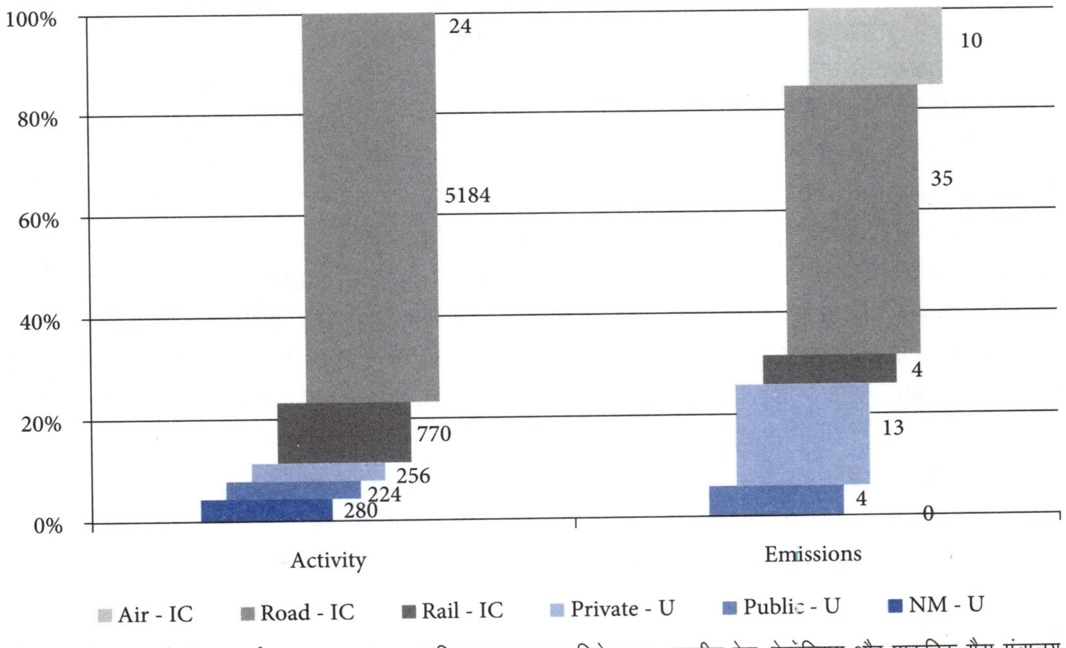

स्रोत: सड़क परिवहन और राजमार्ग मंत्रालय, ईयर बुक 2006.07, नागरिक उड्डयन महानिदेशालय, भारतीय रेल, पेट्रोलियम और प्राकृतिक गैस मंत्रालय तथा भारत के शहरी क्षेत्रों में यातायात और परिवहन नीतियों एवं कार्यनीतियों का अध्ययन, शहरी विकास मंत्रालय, मई, 2008

टिप्पणी: गैर–मोटरीकृत परिवहन (शहरी), सार्वजनिक–यू: सार्वजनिक परिवहन (शहरी), निजी– यू: निजी परिवहन (शहरी), सड़क – आईसी: सड़क परिवहन (अंतर–नगरीय), रेल–आईसी: रेल परिवहन (अंतर–नगरीय), एयर– आई सी; हवाई परिवहन।

चित्र 4.5: वर्ष 2007 में यात्री परिवहन की गतिविधि और उत्सर्जन

निकायों की भूमिका महत्वपूर्ण है। तथापि भारत सरकार इन उद्देश्यों को आगे बढ़ाने के लिए जवाहर लाल नेहरू राष्ट्रीय शहरी नवीकरण मिशन (जेएनएनयूआरएम) के तहत निम्नलिखित नीतिगत माध्यमों को अपना सकती है :–

सार्वजनिक परिवहन को सहयोग

4.100. देश में अधिकांश शहरी बस सेवाएं आर्थिक रूप से अव्यवहार्य हैं उनके वित्तीय बोझ का एक महत्वपूर्ण भाग पूंजीगत व्यय (बसों की खरीद करना) और करों के भुगतान के कारण से है। कुछ अध्ययनों द्वारा यह बताया गया है कि ये व्यय– ईंधन पर विभिन्न करों सहित– किसी बस सेवा के कुल व्यय का लगभग 20 प्रतिशत हैं और ये निजी वाहनों पर करों के साथ तुलनीय अथवा उनसे अधिक हैं। इस प्रकार की कर–निर्धारण नीति सार्वजनिक परिवहन को बढ़ावा देने तथा निजी परिवहन को निरुत्साहित करने के उद्देश्य के स्पष्ट रूप से प्रतिकूल हैं। सरकार द्वारा वाहनों के लिए अपनी कर निर्धारण नीति की समीक्षा करने और यह सुनिश्चित करने की आवश्यकता है कि बस सेवाओं पर कर के बोझ को कम किया जाए। यह बस सेवाओं से एकत्रित ईंधन करों की वापसी पर भी विचार कर सकती है।

शहरी नियोजन एवं शासन

4.101. वर्तमान में भारत में शहरी स्थानीय निकायों (यूएलबी) के पास तेजी से हो रहे नगरीकरण के कारण होने वाली समस्याओं का हल करने की क्षमता नहीं है। इसके परिणामस्वरूप देश में वर्तमान में शहरी आयोजना भूमि के उपयोग से आगे नहीं बढ़ पाती है, और परिवहन सहित विविध सेवाओं पर एक समेकित दृष्टिकोण नहीं अपना पाती है। इसका तत्काल समाधान किए जाने की जरूरत है और यूएसबी (तथा संबंधित निकायों, जैसे– महानगर आयोजन समितियां और क्षेत्रीय विकास प्राधिकरण) की क्षमताओं को सुदृढ़ करने की आवश्यकता है ताकि देश के प्रत्येक शहर के लिए एक समेकित परिवहन योजना तैयार की जा सके।

प्रकाश व्यवस्था, वर्गीकरण और अति–दक्ष उपकरण कार्यक्रम

4.102. भारत में प्रकाश व्यवस्था एवं उपकरणों (जैसे रेफ्रीजरेटर, वातानुकूलन यंत्र, वॉटर हीटर, पंखे आदि) पर कुल विद्युत खपत का लगभग 10 प्रतिशत खर्च होता है जो वर्ष 2010.11 में 68 बिलियन किलोवाट घंटा होने का अनुमान है। आय में हो रही वृद्धि तथा घरों में उपस्करों की संख्या में वृद्धि से प्रकाश व्यवस्था तथा उपस्करों के लिए विद्युत की मांग के बढ़कर वर्ष 2016–17 तक 155 बिलियन यूनिट होने की संभावना है। ग्यारहवीं योजना अवधि के दौरान ऊर्जा दक्षता ब्यूरो (बीईई) के मानक एवं वर्गीकरण (लेबलिंग) कार्यक्रम द्वारा उपभोक्ताओं को अपेक्षाकृत अधिक ऊर्जा दक्ष उपकरणों की पहचान और खरीद करने में समर्थ बनाया गया है। 13 उपकरणों हेतु लेबल पहले ही आरंभ कर दिए गए हैं। इन्हें चार उपकरणों नामतः तुषार रहित रेफ्रिजरेटरों, रूम एयर कंडीशनरों, ट्यूब लाइटों और वितरण ट्रांसफार्मरों के लिए अनिवार्य बनाया गया है। इस कार्यक्रम के परिणामस्वरूप, भारत में बेचे गए एयरकंडीशनरों का औसत ऊर्जा दक्षता अनुपात (ईईआर) वर्ष 2006.07 में 2.2 से वर्ष 2011.12 में 2.8 हो गया है और 300 लीटर वाले तुषार रहित रेफ्रिजरेटरों की औसत खपत वर्ष 2006.07 में 547 कि.वा. घंटा प्रतिदिन से वर्ष 2011.12 में 368 किलो वॉट घंटा प्रतिदिन हो गई है। कुल मिलाकर, मानकों और लेबलिंग कार्यक्रमों के कारण बचत से ग्यारहवीं योजना अवधि के दौरान 7500 मेगावॉट से अधिक की संस्थापित क्षमता का परिहार किया।

4.103. ऊर्जा दक्षता ब्यूरो (बीईई) ने 01 जनवरी, 2012 से रेफ्रीजरेटरों और एयर कंडीशनरों हेतु लेबलिंग मानदंडों को सख्त बनाया है, और मानदंडों की दूसरी सख्ती को अधिसूचित किया है जो 01 जनवरी, 2014 से प्रभावी होगी। इन हस्तक्षेपों के परिणामस्वरूप, वर्ष 2011.12 में बेचे गए की तुलना में वर्ष 2016.17 में बेचे गए रेफ्रीजरेटरों और एयर कंडीशनरों की औसत ऊर्जा खपत में 30 प्रतिशत और कमी होने की संभावना है।

4.104. अनुबंध–4.1 बाजार में विभिन्न उपकरणों से बिजली की बचत के अनुमान को बताता है। जबकि वास्तविक बचत बिक्री अनुमानों के लगाए गए पूर्वानुमानों में बदलाव के कारण भिन्न हो सकती है, शीर्ष पांच उपकरणों की सूची जो कुल बचत का लगभग 85 प्रतिशत बचत करते हैं, में बदलाव नहीं होगा। पांच उपकरणों में से जबकि रेफ्रिजरेटरों और एयर कंडीशनरों ने पहले ही बीईई के मानकों और लेबलिंग कार्यक्रम को प्रभावी रूप से अपना लिया है, लाइटिंग उपकरणों, मोटरों और पंखों की दक्षता को बढ़ाने के लिए अधिक बल दिए जाने की आवश्यकता है।

4.105. रोशनी के क्षेत्र में, कॉम्पैक्ट फ्लोरसेंट लैम्पों (सीएफएल) द्वारा तापदीप्त बल्बों का बड़े पैमाने पर प्रतिस्थापन के कारण पिछले 10 वर्षों के दौरान मुख्य बदलाव हुआ है, जो रोशनी की उतनी ही मात्रा देने के लिए तापदीप्त बल्बों की तुलना में केवल 20 प्रतिशत बिजली की खपत करते हैं। वर्ष 2011.12 के दौरान, भारत में सीएफएल की बिक्री 300 मिलियन हो गई, वर्ष 2002 में बिक्री की तुलना में 15 गुना अधिक। तथापि, तापदीप्त बल्ब उन घरों में अभी मुख्य रूप से प्रयोग हो रहे हैं जहां सीएफएल की उच्चतर पहली लागत अभी भी

एक बाधा है। बचत लैम्प योजना (बीएलवाई) ने तापदीप्त बल्बों की कीमत पर परिवारों को सीएफएल बेचने के लिए एक अभिनव व्यापार मॉडल उपलब्ध कराया, शेष की कार्बन क्रेडिट के रूप में प्राप्ति की जा रही है। तथापि, कार्बन क्रेडिटों की कीमतों में अधिक गिरावट ने इस व्यापार मॉडल को प्रभावी रूप से अव्यवहार्य बना दिया है।

4.106. उसी समय लाइट एमिटिंग डायोड (एलइडी) आधारित सोलिड स्टेट लाइटिंग का निर्गमन रोशनी ऊर्जा दक्षता में अन्य प्रमात्रा वृद्धि का अवसर उपलब्ध कराता है। एलईडी आधारित उपकरण (बल्ब और ट्यूबलाइट) 'परम–दक्ष लाइटें' हैं क्योंकि ये उतनी की रोशनी देने के लिए फ्लोरोसेंट उपकरणों (सीएफएल और ट्यूबलाइट) की तुलना में केवल आधी बिजली का प्रयोग करते हैं। तथापि, इनकी कीमत अभी सीएफएल से काफी अधिक हैं, जबकि 5 वॉट के एलईडी बल्ब (10 वॉट सीएफएल अथवा 50 वॉट तापदीप्त बल्ब के बराबर) की कीमत जून 2010 में लगभग ₹1200 से दिसम्बर, 2011 में ₹550 हो गई है। अधिक बिक्री होने से कीमतों में और अधिक कमी संभव है। बारहवीं योजना अवधि के दौरान एलईडी बल्बों और एलईडी ट्यूबलाइटों की वर्धित अधिप्राप्ति से बिक्री की मात्रा से कीमतों में कमी हो सकती है जहां भारत में एलईडी रोशनियों का बड़े पैमाने पर व्यापन वास्तविकता हो जाएगा।

4.107. इसी प्रकार, 'परम–दक्ष पंखे' जो पारम्परिक पंखों की तुलना में आधी बिजली का प्रयोग करते हैं, देश में व्यापक रूप से प्रयोग किए जाने वाले इस उपकरण से बिजली की मांग में कमी करने में अधिक सहायक हो सकते हैं। भारत में सीलिंग पंखों की वर्तमान बिक्री प्रतिवर्ष लगभग 30 मिलियन है और ये अधिकतम 70 वॉट के होते हैं। पांच सितारा पंखों (जोकि 50 वॉट के हैं) का व्यापन केवल 2 प्रतिशत रहा है, जो इस बाजार की मूल्य संवेदनशील प्रकृति को दर्शाता है। बारहवीं योजना अवधि के दौरान, परम–दक्ष–पंखों, जो 35 अथवा कम वॉट के हैं, के विकास, प्रवेश और बाजार व्यापन का संवर्धन इस प्रकार किया जाएगा जो इन्हें किफायती बनाते हुए इनकी बिक्री को बढ़ाए।

4.108. मोटर पांचवें अनुप्रयोग हैं जहां अधिक ऊर्जा–दक्ष मोटरों के बाजार रूपांतरण से अधिक मात्रा में बचत हो सकती है। तथापि, अधिकांश मोटर व्यवसाय को बेचे जाते है (अंतिम–उपभोक्ता के बजाय), जो इन्हें अन्य उत्पादों में शामिल करते हैं, जैसे पम्पिंग, पंखों, एयर कंडीशनरों आदि के रूप में। फलतः दक्ष मोटरों हेतु प्रत्यक्ष बिक्री प्रोत्साहन इनके उद्ग्रहण संवर्धन का सबसे उपयुक्त अथवा दक्ष तरीका नहीं हो सकता है। ऊर्जा–दक्ष मोटरों के चयन में सहायक अधिक उद्यमशील लेबलिंग कार्यक्रम अधिक प्रभावी हो सकता है। दक्ष मोटरों वाले उत्पादों की ब्रांडिंग (उदाहरणार्थ, 'अंदर ऊर्जा–दक्ष मोटर' है) उनके द्वारा खरीदे जा रहे उत्पादों की ऊर्जा दक्षता के बारे में अंतिम उपभोक्ताओं को बताने में मददगार हो सकती है।

4.109. बारहवीं योजना अवधि के दौरान, परम–दक्ष पंखे, एलईडी बल्बों और ट्यूबलाइटों के लिए परम–दक्ष उपकरण कार्यक्रम द्वारा (एसईईपी) इनको बड़े पैमाने पर अपनाने हेतु इनकी मात्रा को बढ़ाने और इनकी कीमतों को कम करने के लिए इन उत्पादों की बिक्री को प्रोत्साहित करने का पता लगाया जाता है। यह 'विट्रस साइकिल' बेचे गए प्रत्येक परम–दक्ष पंखे अथवा रोशनी हेतु वित्तीय प्रोत्साहन के प्रावधान के माध्यम से तेजी से आरंभ किया जा सकता है जिससे अंतिम उपभोक्ताओं हेतु कीमत में कमी होने और बिक्री की मात्रा बढ़ने में मदद मिलेगी। इससे इन उत्पादों का विकास, विनिर्माण और विपणन मे निवेश करने के लिए विनिर्माताओं का विश्वास बढ़ेगा, वरना इनकी अधिक कीमत होने के कारण बाजार सीमित होगा। जब तक इसकी आवश्यकता न हो, बढ़ती मात्रा और कीमतें कम होने के साध प्रोत्साहन कम होना चाहिए। सम्पादन लागतों के संदर्भ में, बिक्री की मात्रा का तीसरे पक्ष द्वारा सत्यापन किए जाने के पश्चात् विनिर्माताओं को सीधे ही प्रोत्साहन उपलब्ध कराना किफायती रहेगा। तथापि, प्रत्येक परम–दक्ष उपकरणों हेतु कार्य निष्पादन मानकों को कार्यक्रम आरंभ करने से पहले लागू करने की आवश्यकता है, और इन मानकों के अनुपालन की जांच करने के लिए बेचे जा रहे परन–दक्ष उत्पादों की समय–समय पर जांच परीक्षण करने की आवश्यकता है। रोशनियों और पंखों हेतु परम–दक्ष उपकरण कार्यक्रम (एसईईपी) वर्ष 2016.17 तक 6.06 बिलियन यूनिट प्रतिवर्ष की बचत कर सकता है, और बारहवीं योजना के दौरान 1500 मेगावॉट की संस्थापित क्षमता का परिहार करने में मदद कर सकता है।

हरित भवन कोड

प्रस्तावना

4.110. भवन क्षेत्र को हम आवासीय और गैर–औद्योगिक भवनों को शामिल करके परिभाषित करते हैं। बाद वालों को वाणिज्यिक भवन कहा जाता है जिसमें ऑफिस, अस्पताल, होटल, खुदरा बिक्री केन्द्र, शैक्षिक भवन, सरकारी कार्यालय आदि शामिल हैं। यहां हम केवल इन भवनों का प्रयोग करने में उपयोग की गई ऊर्जा की बात करते हैं। इन भवनों और संरच्नाओं के निर्माण में शामिल ऊर्जा पर विचार नहीं किया गया है।

4.111. भवनों में ऊर्जा की खपत दक्षता को सुधारने के लिए अधिक अवसर है। उपरोक्त के लिए उपकरणों और उपस्करों की दक्षता में सुधार के माध्यम से ऊर्जा खपत को कम करने की संभाव्यता का पहले ही परिकलन कर लिया गया है। तथापि, इसके अलावा, डिजाइनों के द्वारा भवनों को अधिक ऊर्जा दक्ष बनाया जा सकता है, जो रोशनी, हीटिंग, वायु–संचालन और एयरकंडीशनिंग की आवश्यकता को कम करता है। हम ऊर्जा की मात्रा में बचत पर ध्यान देते हैं जो कि उपकरणों और उपस्करों में सुधार के माध्यम से संभव होने के अलावा प्राप्त किया जा सकता है।

4.112. भारत में क्षेत्र–वार बिजली की खपत को आकृति 4.6 में दिखाया गया है। आवासीय और वाणिज्यिक भवन बिजली की कुल खपत का 29 प्रतिशत उपयोग करते हैं और यह 8 प्रतिशत प्रतिवर्ष की दर से बढ़ रहा है (सीडब्ल्यूएफ, 2010)। इसका अधिकांश भाग हीटिंग, कूलिंग और रोशनी में चला जाता हैं। उत्सर्जन की मात्रा को कम करने के लिए संभावित अवसरों का पता लगाने के लिए पहले हमें विभिन्न श्रेणी के भवनों में संभावित वृद्धि का अनुमान लगाने की आवश्यकता हैं। सूचना प्रौद्योगिकी समर्थित सेवाएं (आईटीईएस) और आतिथ्य क्षेत्र में वृद्धि होने के साथ भवनों में ऊर्जा की मांग का बढ़ना जारी रहेगा।

4.113. आवासीय और वाणिज्यिक क्षेत्रों द्वारा वर्ष 2030 तक निर्मित क्षेत्र में मुख्य वृद्धि देखी जाएगी, वर्ष 2005 में निर्मित क्षेत्र से 4 से 5 गुना अधिक (सीडब्ल्यूएफ, 2010)। इनका अंशदान अपेक्षाकृत कम होने के कारण आतिथ्य और रिटेल क्षेत्र में वृद्धि की दर अधिक हो सकती है। जबकि आवासीय क्षेत्र का वर्ष 2015 में 16300 मिलियन वर्गफुट से वर्ष 2030 तक 70000 मिलियन वर्गफुट तक बढ़ने का अनुमान लगाया गया है, वाणिज्यिक निर्मित क्षेत्र का वर्ष 2005 में 2900 मिलियन वर्गफुट से वर्ष 2030 तक 20000 मिलियन वर्गफुट तक बढ़ने का अनुमान लगाया गया है।

आवासीय क्षेत्र

4.114. भारतीय आवासीय क्षेत्र में मुख्य रूप से जनसंख्या वृद्धि, आय के स्तर में बढ़ोतरी, बढ़ते शहरीकरण, जीवन शैली में परिवर्तन और अनुकूल सार्वजनिक नीतियों के कारण पिछले पंद्रह वर्षों में अपूर्व वृद्धि हुई है।

4.115. वर्ष 1961 में भारत की शहरी जनसंख्या 78.9 मिलियन अर्थात् कुल जनसंख्या का 18 प्रतिशत थी। वर्ष 2011 तक यह 377.1 मिलियन हो गई जो कि कुल जनसंख्या का 31.2 प्रतिशत है। वर्ष 2031 तक शहरी जनसंख्या 600 मिलियन से अधिक होने का अनुमान लगाया गया है (शहरी अवसंरचना पर उच्चाधिकार विशेषज्ञ समिति (2011)। अर्थव्यवस्था में तेजी से वृद्धि से जुड़ी इस शहरी वृद्धि से आवासीय आवश्यकताओं, शहरी अवसंरचना और अन्य सेवाओं पर बड़ा दबाव पड़ा है। आवासीय क्षेत्र का भारत में कुल ऊर्जा खपत का 21 प्रतिशत परिकलित है।

स्रोतः ऊर्जा दक्षता ब्यूरो, भारत सरकार

4.116. आवासीय भवनों में सीलिंग पंखे और रोशनी ऊर्जा का अधिक उपयोग (62 प्रतिशत) करते हैं। रेफ्रिजरेशन और वातानुकूलन लगभग 20 प्रतिशत का योगदान देता है। इन उपकरणों की ऊर्जा दक्षता को बढ़ाने के लिए घरेलू उपकरणों हेतु बीईई ऊर्जा लेबलिंग कार्यक्रम के आरंभ होने से प्राप्त दक्षता को उपरोक्त के लिए पहले ही परिकलन कर लिया गया है। हीटिंग और एयरकंडीशनिंग के भार को कम करने के लिए भवनों की पुनः डिजाइनिंग से लाभों का परिकलन नहीं किया गया है। तथापि, आवासीय भवनों के लिए यह कम होगा, और इस स्तर पर यहां हम उनका अनुमान नहीं लगाते हैं।

वाणिज्यिक क्षेत्र

4.117. वाणिज्यिक क्षेत्र में ऊर्जा की खपत करने वाले मुख्य उपकरण रोशनी (59 प्रतिशत); हीटिंग, वायु–संचालन और एयरकंडीशनिंग (एचवीएसी) (32 प्रतिशत) और अन्य कार्यालय संबंधी उपकरण (9 प्रतिशत) हैं। वाणिज्यिक भवनों में विंडो एयरकंडीशनरों का भी उपयोग किया जाता है, और उपकरण दक्षता कार्यक्रम में इनकी दक्षता के लाभों का परिकलन कर लिया गया है। तथापि, अनेक

स्रोतः आईईए, 2008

चित्र 4.6: भारत में बिजली की क्षेत्र-वार खपत

वाणिज्यिक भवनों में केन्द्रीय एयरकंडीशनिंग और शीतक हैं, जिनकी दक्षता को काफी बढ़ाया जा सकता है। वास्तुशिल्प डिजाइन, जो दिन की रोशनी को बढ़ाते हैं और दिन के समय रोशनी की आवश्यकता को कम करते हैं, को उपराक्त के लिए परिकलित नहीं किया गया है; न ही बेहतर इन्सुलेशन, लीक की प्लगिंग और भूतापीय ऊर्जा हेतु प्राकृतिक वायु– संचालन से लाभों का परिकलन किया गया है। ऊर्जा संरक्षण भवन कोड (ईसीबीसी) से मुख्य रूप से इस प्रकार के लाभ हैं और हम आधार पर दक्षता लाभों हेतु संभाव्यता का अनुमान लगाते हैं।

वर्तमान कोड और मानक

4.118. नीति द्वारा निर्धारित कोड और मानक भवन क्षेत्र में कार्बन ऑक्साइड के उत्सर्जनों को काफी कम कर सकते हैं। राष्ट्रीय कोड (एनबीसी), ऊर्जा संरक्षण भवन कोड (ईसीबीसी), उपकरणों हेतु ऊर्जा दक्षता ब्यूरो रेटिंग कार्यक्रम और हाल ही में विद्यमान भवनों हेतु ऊर्जा रेटिंग कार्यक्रम जैसे विभिन्न मानकों को तैयार करने में देश ने अच्छा कार्य किया है। बाजार–जनित स्वैच्छिक हरित भवन रेटिंग कार्यक्रमों ने महत्वपूर्ण रूप से भवनों की डिजाइनिंग का तरीका रूपांतरित किया है। हरित भवनों में पारम्परिक पद्धति की तुलना में 40 से 50 प्रतिशत ऊर्जा की बचत करने की संभाव्यता है। भारत में व्यापक रूप से प्रयोग किए जाने वाले कुछ भवन कोडों पर नीचे चर्चा की गई है :–

ऊर्जा संरक्षण भवन कोड

4.119. ऊर्जा संरक्षण भवन कोड, जिसे औपचारिक रूप से मई, 2007 में आरंभ किया गया, में भारत में वाणिज्यिक भवनों की ऊर्जा कार्य निष्पादन आवश्यकताओं का उल्लेख है। ईसीबीसी को ऊर्जा संरक्षण अधिनियम, 2001 के प्रावधानों के तहत ऊर्जा दक्षता ब्यूरो (बीईई) द्वारा विकसित किया गया है। यह कोड 100 किवा. अथवा अधिक के बिजली भार (अथवा 120 केवीए या अधिक की अनुबंध मांग) से जुड़े सभी वाणिज्यिक भवनों के लिए लागू है।

4.120. इस कोड का उद्देश्य ऊर्जा–दक्ष डिजाइन और भवनों के निर्माण हेतु न्यूनतम आवश्यकताएं उपलब्ध कराना है। कोड अभी कार्यान्वियन के स्वैच्छिक चरण में है और बारहवीं योजना के दौरान अनिवार्य होने की संभावना है। तथापि, कुछ राज्यों ने पहले ही पहल कर दी है और अपने अधिकार–क्षेत्र में इसे अधिसूचित कर दिया है। ईसीबीसी के कार्यान्वयन हेतु उत्तरदायी ऊर्जा दक्षता ब्यूरो प्राथमिक निकाय है; और इन कोडो और मानकों के विकास हेतु तकनीकी सहायता के साथ–साथ नीति तैयार करने और साथ ही अनुवृत्ति साधनों तथा प्रावधानों की सहायता करने की ओर कार्य करता है।

हरित भवन रेटिंग प्रणाली

4.121. भारत में वर्तमान में प्रचालित प्रमुख हरित भवन रेटिंग प्रणालियों में भारतीय हरित भवन (आईजीबीपी) कार्यक्रम है। रेटिंग ऊर्जा की खपत सहित अनेक कारकों पर निर्भर करती है। रेटिंग श्रेणियों द्वारा अपने समग्र क्षेत्र को दर्शाने वाले हरित भवनों की संख्या नीचे तालिका–4.4 में दी गई है।

4.122. इस समय, देश में बनने वाले 95 प्रतिशत भवन ईसीबीसी/एएसएचआरएई कोडों के अनुरूप नहीं हैं। ईसीबीसी/एएसएचआरएई कोडों का अनुपालन न करने वाले भवनों की बड़ी प्रतिशतता और कुछ रेटिड भवनों द्वारा प्राप्त की गई अधिक बचत भवन क्षेत्र में ऊर्जा को बचत हेतु बड़ी संभाव्यता को दर्शाती है। भवन क्षेत्र ऊर्जा दक्षता को अधिकतम करने हेतु काफी अवसर उपलब्ध कराता है और इस प्रकार जीएचजी उत्सर्जनों को कम करता है। ये अवसर वाणिज्यिक और आवासीय भवनों, दोनों को शामिल करने वाले विद्यमान (उदाहरणतः बम्बई हाउस की रेट्रोफिटिंग) और नए स्टॉक, दोनों में उपलब्ध है। वाणिज्यिक भवनों का अनुमानित क्षेत्र वर्ष 2005 में 4,580 मिलियन वर्ग मी. से वर्ष 2020 तक 15,200 मिलियन वर्गमीटर तक बढ़ने की संभावना है। पारम्परिक भवनों में विद्यमान खपत की पद्धति (डेटा बीईई से) और हाल ही में निर्मित कुछ ऊर्जा दक्ष भवनों, जो ईसीबीसी के अनुसार होंगे, में खपत की

तालिका 4.4
हरित भवन रेटिंग प्रणाली का कवरेज (2012)

हरित भवन रेटिंग स्तर	ईसीबीसी/एएसएचआरएई की तुलना में ऊर्जा बचत	रेटिड भवनों की संख्या	निर्मित क्षेत्र (वर्ग मीटर में)
प्लेटिनम	40–50	61	11,98,005
गोल्ड	30–40	121	43,42,259
सिल्वर	20–30	39	7,30,944
प्रमाणित	15–20	6	66,781

प्रवृत्तियों का विश्लेषण किया गया है। ईसीबीसी का अनुपालन करने वाले भवनों का पारम्परिक भवनों की तुलना में 20 से 30 प्रतिशत अधिक दक्ष होने का अनुमान है। इन भवनों में अनेक ऊर्जा संरक्षण उपाय हैं जैसे कि फ्लैश ब्लॉकों का उपयोग, दीवार और छतों का इन्सुलेशन, उच्च कार्य निष्पादन कांच, उच्च एसआरआई पेन्ट, निक्रिय छतें, एलपीडी (ढ1 डब्ल्यू/वर्गफुट), उच्च कार्य निष्पादन शीतक, किफायतकर्त्ता, वेरिएबल फ्रीक्वेंसी ड्राइव और कूलिंग टावर। पारम्परिक भवनों हेतु कार्बन ऑक्साइड उत्सर्जनों हेतु वर्तमान आधार रेखा प्रति मिलियन वर्ग फुट कार्बन ऑक्साइड का 40,000 टन अथवा निर्मित क्षेत्र के कार्बन ऑक्साइड प्रति मिलियन वर्गमीटर का 430,570 टन का अनुमान लगाया गया है। अनुमानित कमी की संभाव्यता का पता अपनी अंतिम रिपोर्ट में विशेषज्ञ समिति द्वारा लगाया जाएगा।

नीतिगत उपाय

4.123. चूंकि भवनों के लिए अनुमोदन की योजनाएं शहरी स्थानीय निकायों और/अथवा राज्य सरकार के शहरी विकास प्राधिकरण के अधिकार में आती हैं, केन्द्रीय हस्तक्षेप का क्षेत्र सीमित है, अकेला वास्तविक कानूनी सहायक ऊर्जा संरक्षण अधिनियम 2001 है। तथापि, जेएनएनयूआरएम और वित्त आयोग अब शहरी स्थानीय निकायों के लिए वित्त के बड़े स्रोत हैं। *समूचे देश में हरित भवन कोडों को अपनाने के लिए बारहवीं योजना अवधि में पुनः तैयार किए गए जेएनएनयूआरएम के तहत इन कोडों का कार्यान्वयन एक महत्वपूर्ण प्रतिबंधता बना दिया जाना चाहिए।* अगले वित्त आयोग को अपने क्षेत्राधिकार के अंदर हरित भवन कोडों के कार्यान्वयन के लिए शहरी स्थानीय निकायों को वित्तीय हस्तांतरण से जोड़ने का कार्य भी दिया जाना चाहिए।

वन और पेड़ों का फैलाव (कवर)

4.124. वन और पेड़ों के फैलाव का बढ़ना वातावरण से कार्बन डाइऑक्साइड का अवशोषण करके जलवायु परिवर्तन को कम करता है और इसे बायोमास में परिवर्तित करता है। यह खंड वर्तमान और भविष्य की संभाव्यता कि भारत में वनीय क्षेत्र एक तो प्रत्यक्ष रूप से वन और पेड़ कार्बन सिंक को बढ़ाकर और दूसरे ईंधन–लकड़ी के उपयोग की दक्षता का संवर्धन करके, लकड़ी के प्रतिस्थापन के साथ ऊर्जा गहन भवनों और पारिवारिक उत्पादों को बदलकर जलवायु परिवर्तन कम कर सकता है, का पता लगाने का प्रयास करता है। कहना अनिवार्य है कि घरेलू लकड़ी के उत्पादों की सतत आपूर्ति पर लक्षित कार्रवाई भी न्यूनीकरण और अपनाने के प्रयासों की मदद करेगी, क्योंकि सतत आपूर्ति जब तक संभव नहीं होगी जब तक वन और पेड़ का प्ररोहण अपने आप पहले उचित स्तर पर सुरक्षित नहीं है।

4.125. न्यूनीकरण और अपनाने की कार्रवाई के योगदान के संदर्भ में, वनीय क्षेत्र कार्बन को अलग करके न्यूनीकरण में सहायता करता है और जल रोधन की पारिस्थितिकीय सेवाओं, मिट्टी के कटाव में कमी, अक्षय संसाधनों के वर्धित प्रावधान आदि के माध्यम से प्रणाली के लचीलेपन को बढ़ाकर अपनाने में सहायता करता है। वनीय क्षेत्र वन कार्बन की गिरावट को बढ़ाकर और दूसरे जीडीपी को बढ़ाकर गणक और समानता दोनों में सार्थक योगदान कर सकता है। वनों पर निर्भर स्थानीय जीविका का न केवल जलवायु परिवर्तन के कारण बल्कि विकास और अन्य उद्देश्यों हेतु भूमि उपयोग परिवर्तन के निरंतर दबाव के कारण प्रतिकूल रूप से प्रभावित होने की संभावना है। राष्ट्रीय कार्य योजना का उद्देश्य वन और पेड़ के फैलाव की गुणवत्ता को बढ़ाना और सुधारना है जिससे वन इकोसिस्टम की मात्रा बढ़ेगी जो स्थानीय समुदाय को जाती है।

4.126. न्यूनीकरण और अपनाने में वन क्षेत्र की वर्धित संभाव्यता को पूरा करने की प्रस्तावित कार्य योजना दोतरफा होनी चाहिए– पहली, कार्बन पृथक्करण को बढ़ावा देने पर केन्द्रित कार्रवाई; और दूसरी इकोसिस्टम सामग्रियों और सेवाओं को सुधारने और बढ़ाने पर केन्द्रित कार्रवाई। बचत, रखरखाव और वन कार्बन स्टॉकों को बढ़ाने हेतु वन क्षेत्र में कुछ विकल्पों को नीचे बताया गया है।

- वनों का संरक्षण और सतत प्रबंधन
  - प्राकृतिक वनों और संरक्षित क्षेत्रों का संरक्षण
  - प्राकृतिक वनों का सतत प्रबंधन
  - उन्नत और दक्ष लकड़ी जलाने वाले कुक–स्टोवों का प्रसार

- वन रोपण
  - हरित भारत हेतु राष्ट्रीय मिशन
  - लुग्दी के पेड़ के पौधारोपण सहित कृषि–वनीय प्रक्रियाएं
  - ऊर्जा पौधरोपण, अर्थात् जीवाश्म ईंधन को प्रतिस्थापित करने के लिए बायोऊर्जा के रूप में वनीय उत्पादों का उपयोग

- लकड़ी के उत्पादों के उपयोग का प्रबंधन
  - सीमेंट, लोहा और इमारती लकड़ी के साथ स्टील जैसी ऊर्जा गहन भवन सामग्रियों का आंशिक प्रतिस्थापन आरंभ करना।
  - लकड़ी आधारित फर्नीचर द्वारा मेटल से बने कार्यालय और घरेलू फर्नीचर का आंशिक प्रतिस्थापन आरंभ करना।

4.127. हमारे वर्तमान प्रयास जैसे राष्ट्रीय वनरोपण कार्यक्रम (एनएपी) के साथ कृषि और ग्रामीण विकास जैसे क्षेत्रों में कार्यक्रमों जैसी पहलें शामिल हैं, जो औसतन हमारे देश में वार्षिक रूप से 1 एमएचए वन और पेड़ फैलाव जोड़ रहे हैं अथवा सुधार कर रहे हैं। इससे वार्षिक रूप से 1 मिलियन टन कार्बन की वृद्धि होती है, जिसे यदि हमारे प्रबंध वाले वनों, संरक्षित क्षेत्रों और सरकारी वनों के बाहर पेड़ फैलाव में बायोमास की अभिवृद्धि के साथ शामिल किया जाता है, तो इस समय कुल कार्बन सेवा 138 एमटी कार्बन डाइऑक्साइड ई क्यू प्रतिवर्ष (किशवान ईटी एएल 2011) होने का अनुमान लगाया गया है। पहले की तरह कार्य पुनः वृक्ष लगाने और वनरोपण कार्यकलाप की लागत वार्षिक रूप से ₹5,000 करोड़ होने का अनुमान है।

4.128. **हरित भारत हेतु राष्ट्रीय मिशन** : तथापि, पहले की तरह – कार्य परिदृश्य पर्याप्त नहीं होगा। बारहवीं योजना में राष्ट्रीय वनरोपण कार्यक्रम को अधिक व्यापक 'हरित भारत हेतु राष्ट्रीय मिशन' में पुनः संगठित करने की आवश्यकता है। मिशन को अभी अंतिम रूप दिया जा रहा है, लेकिन वास्तविक उद्देश्य वार्षिक रूप से 2 एमएचए वन और वृक्ष फैलाव को जोड़कर अथवा सुधारकर वर्तमान वनरोपण प्रयासों को दोगुना करना था। दस वर्ष की अवधि में, 2 एमएचए वन और वृक्ष फैलाव की गुणवत्ता को बढ़ाया और/अथवा सुधारा जा सका है; जिसमें कच्छ वनस्पति और गीली भूमि के आर्थिक–पुनरुद्धार के अलावा, 4.0 एमएएचए डिग्रेडिड वनों का पुनः उत्पादन, 2.0 एमएएचए सामान्य घने वनों के कैनोपी कवर में सुधार, 2.0 एमएचए डिग्रेडिड झाड़ी/घास भूमि का सुधार और अन्य 2.0 एमएचए विखंडित/परती कृषि भूमि में कृषि–वनरोपण शामिल है। हरित भारत मिशन में 10 मिलियन ग्रामीण परिवारों में ईंधन–लकड़ी की दक्षता (उन्नत कुक–स्टोव की पहल के माध्यम से) को सुधारने का भी प्रस्ताव किया गया है। इसे पहचानी गई वाणिज्यिक प्रजातियों हेतु काट गिराने और परिवहन के उदारीकरण पर भी बल देना चाहिए ताकि बड़े स्तर पर कृषि–वनरोपण आरंभ करने के लिए किसानों को सही प्रोत्साहन मिले; और जमा की गई लकड़ी घरों के निर्माण में भवन सामग्रियों को प्रतिस्थापित कर सकती हैं। जबकि मेटल और प्लास्टिक आधारित फर्नीचर को लकड़ी आधारित विकल्पों के साथ प्रतिस्थापित किया जा सकता है।

4.129. प्रारंभिक अनुमानों के अनुसार, इस न्यूनीकरण सेवा की लागत वनरोपण कार्यकलाप पर इस समय खर्च की जा रही राशि से दोगुना होगी – बारहवीं योजना में लगभग ₹10,000 करोड़ वार्षिक। विशेषज्ञ समूह द्वारा यह अनुमान लगाया गया था कि यदि उचित रूप से कार्यान्वित किया जाता है, तो हरित भारत मिशन वार्षिक रूप से कार्यान्वित किया जाता है, तो हरित भारत मिशन वार्षिक रूप से भारत का 1.5 प्रतिशत जीएचजी उत्सर्जन को निष्प्रभावित करने में मदद करेगा – जिससे वर्ष 2020 तक भारत के वनों द्वारा कुल ग्रीनहाउस गैस को हटाना 6 प्रतिशत हो जाएगा। तथापि, अकेले सकल बजटीय सहायता से इतने संसाधनों को जुटाना संभव नहीं होगा। सीएएमपीए (क्षतिपूरक वनरोपण निधि प्रबंधन और आयोजना प्राधिकरण) निधियां पहले ही अधिक हैं, का उपयोग इस संसाधन के अनुपूरण हेतु किया जा सकता है। आगे संसाधनों को 'इमिटर पेज़ प्रिंसिपल' का उपयोग करके जुटाया जा सकता है। इसके कार्यान्वयन हेतु संभव तंत्र अनुमत सीमा के अतिरिक्त अपने उत्सर्जनों के बराबर उत्सर्जन करने वाले उद्यमियों द्वारा खरीदे गए अनिवार्य कार्बन क्रेडिट की प्रणाली हो सकता है, अथवा उपलब्ध कराई गई कार्बन सेवा की मात्रा के समानुपात में, राज्य वन विभागों सहित, कार्बन सेवा प्रदाताओं को जाने वाली प्रक्रिया के साथ एक कार्बन कर व्यवस्था हो सकती है। आरईडीडी–प्लस निधियों (विकासशील देशों में वनरोपण और वन विखंडन से उत्सर्जन को कम करने संबंधी संयुक्त राष्ट्र सहायक कार्यक्रम) जब कभी प्राप्त होती हैं, को भी उपलब्ध वित्तीय संसाधनों का अनुपूरण करने हेतु निर्दिष्ट किया जा सकता है।

4.130. पुनः "उत्सर्जक द्वारा भुगतान के सिद्धांत" को अपनाकर संसाधनों की उगाही की जा सकती है। इसे कार्यान्वित करने की संभावित प्रक्रिया यह हो सकती है कि अनुमत सीमा से अधिक उत्सर्जनों के बराबर उत्सर्जक इकाइयों द्वारा अनिवार्य कार्बन क्रेडिट खरीद की प्रणाली या कार्बन कर व्यवस्था बनाए जाए जिसकी प्राप्तियां दी जाने वाली कार्बन सेवाओं के परिमाण के अनुपात में राज्य वन विभाग सहित कार्बन सेवा प्रदाताओं को दी जाए।

सिंहावलोकन

4.131. मानव कार्यकलाप के कारण महत्वपूर्ण पर्यावरणीय परिवर्तन होते हैं जिससे प्रजातियों, इको प्रणाली और पारिस्थितिकीय प्रक्रियाओं को हानि होती है। यह समझते हुए कि ये मानव जीवन हेतु आवश्यक भौतिकीय आधार जैसे जल भूमि, वायु, वन, जैव विविधता आदि उपलब्ध कराते हैं, इन पारिस्थितिकीय संघटकों की सुव्यवस्था को बचाना महत्वपूर्ण है। इनसे संबंधित मुद्दों पर आने वाले अध्यायों में विस्तार से विचार–विमर्श किया जाएगा।

4.132. अपनी वृद्धि की प्रक्रिया की सततता को सुधारने में सम्मिलित वृद्धि के लिए भारत को निम्न कार्बन कार्य योजनाएं अपनाने की आवश्यकता है, जबकि कार्बन न्यूनीकरण एक महत्वपूर्ण सह–लाभ होगा। इस अध्याय में प्रस्तुत बल दिए जाने वाले क्षेत्र पर विशेष ध्यान

देने की आवश्यकता है। बारहवीं योजना के लिए वास्तविक उपलब्ध लक्ष्य निर्धारित करने की आवश्यता है और इनकी सर्वोच्च स्तर पर निगरानी की जाएं। यदि हमें अपने लोगों की बढ़ती आकांक्षाओं को पूरा करना है और एक प्रामाणिक मध्यम आय वाला देश बनना है, जो अपने सभी नागरिकों को संतोषजनक जीवन उपलब्ध कराता है तो हमें अगले बीस वर्षों में 7 प्रतिशत से अधिक वृद्धि को बनाए रखना होगा। इस स्वप्न को प्राप्त करने के लिए, निम्न कार्बन कार्य योजनाओं का अनुसरण करना अनिवार्य है, वरना हमारी वृद्धि की प्रक्रिया में सततता और ऊर्जा की असुरक्षा अपने आप एक बाधा बन जाएंगे।

4.133. वैश्विक रूप से सतत विकास प्राप्त करने की भारत की नीति 'सामान्य लेकिन विशिष्ट दायित्व' (सीबीडीआर) के सिद्धांत द्वारा संचालित है। भारत उन देशों में है जो अनिवार्य अथवा आदेशात्मक दृष्टिकोण के बदले 'आकांक्षावाद' को प्राथमिकता देता है। भारत महसूस करता है कि सतत विकास का मुद्दा समानता के आधार पर प्राप्त किया जाना चाहिए और विकासशील देशों की विकास आकांक्षाए अंतरराष्ट्रीय स्तर पर विकसित किए जा रहे हरित आर्थिक सिद्धांतों में बनाई जानी चाहिए।

4.134. यदि विकास को सतत रखना है तो हमें राष्ट्रीय, राज्य और स्थानीय स्तरों पर हमारी योजना प्रक्रियाओं को अभिनव करने, निवेश करने और सुधार करने की आवश्यकता है। वर्ष 2012 में भारत का अवसर आ गया है जब हम बारहवीं पंचवर्षीय योजना तैयार कर रहे हैं। याद रहे कि पीटर ड्रकर ने क्या कहा था, 'प्रबंधन सब ठीक कर रहा है, नेतृत्व सब ठीक कर रहा है'। पहले हमें अच्छा अग्रणी बनना चाहिए और प्रबंधक बाद में।

अनुबंध 4.1
बारहवीं योजना में इलेक्ट्रिकल उपकरण कार्यक्रम के कारण अनुमानित ऊर्जा बचत

	वर्तमान बाजार आकार (2007)	अनुमानित वार्षिक वृद्धि दर (2007–2020)	समग्र रूप से बेची गई यूनिटें (2014 –2020 के बीच दोनों शामिल हैं)	वर्ष 2014 के बाद वर्ष 2020 में अवशिष्ट स्टॉक	औसत विद्युत खपत (डब्ल्यू)	कुल वार्षिक बिजली खपत (मे.वॉ. घंटा में)	ऊर्जा बचत संभाव्यता (प्रतिशत में)	कुल धर्जा बचत संभाव्यता (जीडब्ल्यूएच में)
रेफ्रिजरेटर	5150000	10.0	95212234	92444456	300	124208520	30	37263
मोटर	2253000	15.0	66323602	64579520	1641	152603989	15	22891
एयर कंडीशनर	13500000	15.0	397411730	328431475	120	86311792	25	21578
कलर टेलीविजन (सीटीवी)	130400000	12.0	2908388221	713996050	29	36235300	40	14494
लाइटिंग* (एलईडी)	195600000	12.0	4362582331	1070994074	29	54352949	15	8153
लाइटिंग* (सीएफएल +टीएफएल)	7182	15.0	211423	205863	98000	40349215	30	12105
चिलर	4000000	11.0	81246576	80387618	65	15675586	50	7838
सीलिंग फैन (परम दक्ष)	6000000	11.0	121869863	120581427	65	23513378	20	4703
सीलिंग फैन # (उच्चतर दक्षता)	86953	10.0	1607571	1560839	8400	26222102	20	5244
सेंट्रल एसी एवं ही पंप	1937817	13.0	47433986	43865644	140	42988331	10	4299
यूपीएस	293233	20.0	13570829	11450034	350	33663100	10	3366
कम्प्यूटर सर्वर	2,93,233	20.0	1,35,70,829	1,14,50,034	350	3,36,63,100	10	3,366

*यह माना गया है कि परम – दक्ष रोशनी उपकरणों की बिक्री में 40 प्रतिशत एलईडी और 60 प्रतिशत उच्चतर दक्षता के सीएफएल+टीएफएल होंगे।

#यह माना गया है कि कुल सीलिंग पंखों की बिक्री में 40 प्रतिशत परम दक्ष पंखे और 60 प्रतिशत उच्चतर दक्षता वाले पंखे होंगे।

अनुबंध 4.2
निम्न कार्बन कार्य योजनाओं हेतु सह-लाभ रूपरेखा

क्र. सं.	बल दिए जाने वाले क्षेत्र	प्राप्त सह – लाभ	सह–लाभ संभाव्यता का संक्षिप्त गुणात्मक मूल्यांकन
		विद्युत	
1.	उन्नत कोयला प्रौद्योगिकियां	वृद्धि	सकारात्मक – यद्यपि लागत थोड़ी अधिक है, कोयला अधिक दक्षतापूर्वक उपयोग किया जाता है। ऊर्जा सुरक्षा और कम आयात निर्भरता
		समावेश	निष्क्रिय अथवा किंचित नकारात्मक, यदि विद्युत की लागत बढ़ती है और निम्न आय वाले उपभोक्ताओं से ली जाती है।
		स्थानीय पर्यावरण	सकारात्मक – सल्फर ऑक्साइड्स, नाइट्रोजन ऑक्साइड्स और विविध पदार्थ का कम उत्सर्जन
		कार्बन न्यूनीकरण	सकारात्मक – अल्ट्रा सुपर क्रिटिकल कोयला संयंत्र का 10 जीडब्ल्यू वर्तमान संयंत्रों की तुलना में 15 प्रतिशत तक उत्सर्जन को कम कर सकता है।
2.	प्राकृतिक पवन ऊर्जा मिशन	वृद्धि	सकारात्मक – जीवाश्म ईंधन आयातों का विकल्प हो सकता है और ऊर्जा सुरक्षा उपलब्ध करा सकता है। बड़ी क्षमताओं हेतु स्वदेशी विनिर्माण से रोजगार का सत्जन और वृद्धि हो सकती है।
		समावेश	निक्रिय – यदि बिजली की औसत लागत बढ़ती है तो थोड़ा नकारात्मक हो सकता है। विकेन्द्रित ऊर्जा उद्योग का सत्जन करकेकिंचित सकारात्मक भी हो सकता है।
		स्थानीय पर्यावरण	सकारात्मक–यद्यपि पवन संस्थापनाओं हेतु भूमि की आवश्यकता है, नीति से मिश्रित भूमि उपयोग सुगम हो सकता है। ध्वनि प्रदूषण एक समस्या हो सकती है।
		कार्बन न्यूनीकरण	सकारात्मक – शून्य उत्सर्जन विद्युत
3.	राष्ट्रीय सौर मिशन	वृद्धि	किंचित सकारात्मक–जीवाश्म ईंधन आयातों हेतु विकल्प हो सकता है। आयात बिल कम करता है और ऊर्जा सुरक्षा उपलब्ध करा रहा है।
		समावेश	निक्रिय–वर्तमान लागतों पर नकारात्मक हो सकता है, जो कि अन्य स्रोतों से अधिक हैं। विकेन्द्रित ऊर्जा उद्योग का सत्जन करके थोड़ा सकारात्मक हो सकता है।
		स्थानीय पर्यावरण	सकारात्मक–विकेन्द्रित ग्रामीण अनुप्रयोग डीजल, कैरोसीन और जलावन लकड़ी को प्रतिस्थापित करते हैं। बड़ी परियोजनाओं के लिए, प्रतिस्पर्धी उपयोग के कारण समर्पित भूमि और जल आवश्यकताएं एक समस्या हो सकती है। तथापि, सौर विद्युत स्थानीय वायु प्रदूषण का उत्सर्जन नहीं करती है।
		कार्बन न्यूनीकरण	सकारात्मक–शून्य उत्सर्जन विद्युत
		उद्योग	
4.	लोहा और स्टील उद्योग में प्रौद्योगिकी सुधार	वृद्धि	सकारात्मक–कम जीवाश्म ईंधन खपत, जीवाश्म ईंधनों के आयात में कमी; उन्नत घरेलू और वैश्विक प्रतिस्पर्धा
		समावेश	निक्रिय–किंचित सकारात्मक, यदि एमएसएमई विशेष रूप से स्पंज लोहा उद्योग को लाभ पहुंचाता है; किंचित नकारात्मक, यदि आउटपुट की लागत बढ़ती है।
		स्थानीय पर्यावरण	सकारात्मक–सामान्यतया उन्नत प्रौद्योगिकियां ध्वनि, विविक्त पदार्थ सल्फर ऑक्साइड्स, नाइट्रोजन ऑक्साइड्स में कमी; लोह–चून और अन्य अपशिष्ट में कमी जैसे वर्धित पर्यावरणीय कार्य निष्पादन उपलब्ध कराती हैं।
		कार्बन न्यूनीकरण	सकारात्मक–उत्पादित लोहा और स्टील की प्रति यूनिट कम उत्सर्जन
5.	सीमेंट उद्योग में प्रौद्योगिकी सुधार	वृद्धि	सकारात्मक–कम जीवाश्म ईंधन खपत; उत्पादित सीमेंट की प्रति यूनिट की कच्ची सामग्री की खपत में कमी।
		समावेश	निक्रिय–किंचित सकारात्मक, यदि सीमेंट का मूल्य अधिक लोकप्रिय प्रतिस्थापन से कम हो जाता है; किंचित नकारात्मक यदि प्रौद्योगिकी लागतों के कारण आउटपुट की लागत बढ़ती है।
		स्थानीय पर्यावरण	सकारात्मक–सामान्यतया उन्नत प्रौद्योगिकियां ध्वनि में कमी, विविक्त पदार्थ सल्फर ऑक्साइड्स, नाइट्रोजन ऑक्साइड्स आदि जैसे वर्धित पर्यावरणीय कार्य निष्पादन उपलब्ध कराती हैं। राख के उड़ने, लोहा–चून और अन्य अपशिष्टों में कमी तथा खत्तों में कमी,
		कार्बन न्यूनीकरण	सकारात्मक–उत्पादित सीमेंट की प्रति यूनिट कम उपलब्धि

क्र. सं.	बल दिए जाने वाले क्षेत्र	प्राप्त सह – लाभ	सह–लाभ संभाव्यता का संक्षिप्त गुणात्मक मूल्यांकन
6.	उद्योग में ऊर्जा दक्षता कार्यक्रम	वृद्धि	सकारात्मक – कम जीवाश्म ईंधन खपत, जीवाश्म ईंधनों के आयात में कमी; उन्नत घरेलू और वैश्विक प्रतिस्पर्द्धा
		समावेश	सकारात्मक – बढ़ी हुई दक्षता के कारण, दीर्घावधि में संभाव्य मूल्य कमी ; कम खपत से पीक विद्युत अथवा ऊर्जा की कमी कम हो सकती है।
		स्थानीय पर्यावरण	सकारात्मक– सामान्यतया उन्नत प्रौद्योगिकियां ध्वनि में कमी विविक्त पदार्थ सल्फर ऑक्साइड्स, नाइट्रोजन ऑक्साइड्स आदि जैसे वर्धित पर्यावरणीय कार्य निष्पादन उपलब्ध कराती हैं। कम अपशिष्ट क्योंकि ऊर्जा फीड स्टॉक के उपोत्पाद का उपयोग किया जाता है।
		कार्बन न्यूनीकरण	सकारात्मक – जीवाश्म ईंधनों की उत्पादन मात्रा में कमी।
7.	वाहन ईंधन दक्षता कार्यक्रम	वृद्धि	किंचित सकारात्मक – कम ईंधन आयात वर्धित ऊर्जा सुरक्षा, ईंधन व्यय पर बचत को घरेलू रूप से निवेश किया जा सकता है।
		समावेश	निक्रिय – जब तक कि बस दक्षताओं में महत्वपूर्ण सुधार नहीं हो जाता जिससे किराया कम किया जा सके।
		स्थानीय पर्यावरण	कम वायु प्रदूषण – क्योंकि टेल–पाइप का उत्सर्जन कम होता है।
		कार्बन न्यूनीकरण	सामान्य सकारात्मक – ईंधन की खपत कम होगी, यदि बड़ी ड्राइविंग पद्धतियों को समाप्त नहीं किया जाता।
8.	माल ढुलाई परिवहन की दक्षता में सुधार	वृद्धि	सकारात्मक – ईंधन व्यय में बचत, कम ईंधन आयात से व्यापार में वृद्धि हो सकती है।
		समावेश	किंचित सकारात्मक – सामानों की परिवहन लागत कम होगी, इस प्रकार समग्र मूल्य प्रभावित होंगे।
		स्थानीय पर्यावरण	सकारात्मक – सड़क परिवहन रूपात्मक में परिवर्तन से अथवा दक्षता में सुधार के माध्यम से कम उत्सर्जन
		कार्बन न्यूनीकरण	माल ढुलाई परिवहन दक्षता में सुधार का कार्बन न्यूनीकरण पर सकारात्मक प्रभाव होगा।
9.	बेहतर शहरी सार्वजनिक और गैर– मोटर वाला परिवहन	वृद्धि	किंचित सकारात्मक–ईंधन आयात में कमी और ईंधन व्यय से बचत को घरेलू रूप से निवेश किया जा सकेगा
		समावेश	सकारात्मक – गरीबों के आने जाने में काफी सुधार होगा।
		स्थानीय पर्यावरण	सकारात्मक – कम स्थानीय उत्सर्जन
		कार्बन न्यूनीकरण	सकारात्मक – जीवाश्म ईंधनों की कम खपत
			अन्य
10.	रोशनी, लेबलिंग और परम–दक्ष उपकरण कार्यक्रम	वृद्धि	किंचित सकारात्मक – ऊर्जा दक्षता नई विद्युत उत्पादन से विशिष्ट रूप से सस्ती है, जिससे बिजली की औसत लागत कम होती है
		समावेश	निक्रिय सकारात्मक – यदि सहायता प्राप्त उपकरणों को अपेक्षाकृत गरीब जनसंख्या द्वारा उपयोग किया जाता है, नकारात्मक, यदि धनी वर्ग द्वारा ही उपयोग किया जाता है।
		स्थानीय पर्यावरण	सकारात्मक – तापीय विद्युत उत्पादन का ऊर्जा दक्षता विकल्प है और स्थानीय वायु प्रदूषण को कम करता है।
		कार्बन न्यूनीकरण	सकारात्मक – कार्बन न्यूनीकरण क्योंकि ऊर्जा दक्ष उपकरण तापीय विद्युत उत्पादन के विकल्प हैं।
11.	हरित भवन कोडों को तेजी से अपनाना	वृद्धि	निक्रिय अथवा किंचित सकारात्मक – ऊर्जा की घटी लागतों से उच्चतर लागत विद्युत अवसंरचना में निवेश की कमी आती है।
		समावेश	निक्रिय – नकारात्मक, यदि हरित भवन कोड से लागत बढ़ती है।
		स्थानीय पर्यावरण	सकारात्मक– तापीय विद्युत उत्पादन हेतु ऊर्जा दक्षता विकल्प और स्थानीय वायु प्रदूषण में कमी आती है।
		कार्बन न्यूनीकरण	सकारात्मक– कार्बन न्यूनीकरण क्योंकि ऊर्जा दक्ष उपकरण तापीय विद्युत उत्पादन का विकल्प हैं।

क्र. सं.	बल दिए जाने वाले क्षेत्र	प्राप्त सह – लाभ	सह–लाभ संभाव्यता का संक्षिप्त गुणात्मक मूल्यांकन
12.	वन और वृक्ष फैलाव (कवर) के स्टॉक को सुधारना	वृद्धि	निक्रिय अथवा किंचित सकारात्मक– वन में वृद्धि से इकोप्रणाली सेवाएं बढ़ सकती हैं।
		समावेश	निक्रिय अथवा नकारात्मक– भूमि के वर्तमान उपयोग पर निर्भर करता है ; और क्या वनरोपण से विस्थापन होता है और आजीविका की हानि होती है।
		स्थानीय पर्यावरण	सकारात्मक अथवा नकारात्मक – वन फैलाव के प्रकार पर निर्भर है।
		कार्बन न्यूनीकरण	सकारात्मक–वन कार्बन को अलग करते हैं।

नोट

1. लोवे 2001 : एडीबी प्रकाशन।
2. प्रत्यक्ष उत्सर्जन में उद्योग के अंदर ईंधन दहन तथा प्रक्रिया संबंधी कार्बन उत्सर्जन सम्मिलित होता है।
3. अप्रत्यक्ष उत्सर्जन, वह उत्सर्जन होता है जो बिजली उत्पादन क्षेत्र में उद्योग में बिजली के उपयोग के कारण उत्पन्न होता है।
4. सीसीआई 2011; सीएसई 2010।
5. विशिष्ट ऊर्जा खपत को उत्पन्न परिणाम की कुल मात्रा में खपत होने वाली ऊर्जा के अनुपात के रूप में परिभाषित किया गया है।
6. विज्ञान प्रौद्योगिकी और नीति अध्ययन केन्द्र (सीएसटीईपी) अनुमान।
7. एसोचेम और एंर्स्ट एण्ड यंग, 2011।
8. आईईए, 2011; सीएसटीईपी अनुमान।
9. फ्लाई एश या स्लैग के साथ खंगर के मिश्रण को मिश्रित सीमेंट कहते हैं।
10. एसोचेम एवं ई एण्ड वाई, 2011।
11. विद्युत मंत्रालय की अधिसूचना के अनुसार रेलवे के पास 8 डीसी हैं। चूंकि अभी बीईई द्वारा क्षेत्रवार ऊर्जा परिदृश्य एवं ऊर्जा उपयोग पद्धति पर अध्ययन किया जा रहा है इसलिए इन विनिर्दिष्ट उपभोक्ताओं को पैट योजना के पहले चक्र में शामिल नहीं किया गया है।
12. विशिष्ट ऊर्जा खपत को उत्पादित आउटपुट की कुल मात्रा में से खपत की गई ऊर्जा के अनुपात के रूप में निर्धारित किया गया है।
13. ऊर्जा दक्षता ब्यूरो (बीईई), 2011।
14. स्टेविन्स, 2008।
15. कृष्णन, 2012।
16. सड़क परिवहन ईयर बुक 2006.07 और 2007.09, सड़क परिवहन और राजमार्ग मंत्रालय।
17. भारत ग्रीन गैस हाउस उत्सर्जन 2007, पर्यावरण और वन मंत्रालय।
18. टॉप रनर कार्यक्रमः विश्व के सर्वेश्रेष्ठ ऊर्जा दक्ष उपकरणों का विकास करना, अर्थव्यवस्था, व्यापार और उद्योग मंत्रालय, जापान सरकार।
19. ऊर्जा दक्षता ब्यूरो, विद्युत मंत्रालय द्वारा प्रकाशित प्रस्तावित ऊर्जा दक्षता मानकों पर परामर्श पत्र।
20. अंतरराष्ट्रीय स्वच्छ परिवहन परिषद।
21. एस सुंदर और सी. ढींगरा : परिवहन और ऊर्जाः जलवायु परिवर्तन की चुनौती, उभरती अर्थव्यवस्थाओं में परिवहन कार्बन डाईऑक्साइड पर अंतरराष्ट्रीय परिवहन फोरम कार्यशाला, लेपजिग, मई 2008।
22. सड़क परिवहन और राजमार्ग मंत्रालय, ईयर बुक 2006.07।
23. पी एस खरोला एवं गीतम तिवारी, 'शहरी सार्वजनिक परिवहन प्रणालियां : क्या कर–निर्धारण प्रणालियां उनके अस्तित्व और विकास के अनुकूल हैं' इकोनोमिक एंड पॉलिटिकल वीकली, 11 अक्तूबर, 2008।
24. उदाहरण के लिए भारत सरकार द्वारा गठित उच्चाधिकार प्राप्त विशेषज्ञ समिति की 'शहरी अवसंरचना एवं सेवाओं पर रिपोर्ट'।
25. टीएफएल, रूम एयरकंडीशनर, तुषार रहित रेफ्रीजरेटरों, वितरण ट्रांसफार्मरों, प्रत्यक्ष कूल रेफ्रीजरेटरों, सीटीवी, भंडारण जल तापकों, कृषि पंपों, इन्डक्शन मोटरों, वाशिंग मशीनों, एलपीजी स्टोवों, लैपटॉप और सीलिंग पंखों हेतु लेबल आरंभ किए गए हैं।
26. कुकिंग को शामिल नहीं किया गया है। इसमें केवल घरों में बिजली की खपत शामिल है।
27. जगदीश किशवान, राजीव पांडे और वीके डघवाल। भारत के वनों की स्थानांतरण क्षमता/वानिकी की समीक्षा/लघु स्तरीय वानिकी/डीओआईः 10.1007/एस 11892.011.9168.9।

5

जल

5.1. भारतीय अर्थव्यवस्था और समाज जल क्षेत्र में भयावह चुनौतियों का सामना करते हैं। तीव्रता से औद्योगिकीकृत हो रही अर्थव्यवस्था और शहरीकृत समाज की मांग ऐसे समय पर आई है जल आपूर्ति बढ़ाने की क्षमता सीमित है, जल स्तर गिरता जा रहा है और जल की गुणवत्ता का मामला तेजी से सामने आया है। जब हम जल को गहराई से निकालते हैं तो हमारा भू–जल फ्लोराइड और आर्सेनिक से संदूषित हो जाता है। हमारी नदियां और हमारा भू–जल दोनों ही इनमें डाले जाने वाले अनुपचारित कचरे और मल प्रणाली से प्रदूषित हो जाते हैं। जलवायु परिवर्तन नई चुनौती उपस्थित करता है तथा जल चक्र पर अपना प्रभाव डालता है। वर्षण और वाष्पोत्सर्जन की अत्यधिक दरें बाढ़ और सूखे का प्रभाव बढ़ाएंगी इसमें आश्चर्य नहीं कि जल के प्रतिस्पर्धी उपयोग और प्रयोक्ता के बीच विवाद दिन–प्रतिदिन बढ़ेंगे। इसी बीच कृषि में लगभग 38 प्रतिशत जल उपयोग क्षमता, जो हमारे जल संसाधनों के लगभग 80 प्रतिशत का उपयोग करती है, वह मलेशिया और मोरक्को में 45 प्रतिशत अथवा इजराइल, जापान, चीन और ताइवान की 50–60 प्रतिशत की तुलना में अधिक है।

भारत में जल की मांग और आपूर्ति

5.2. वाष्–उत्सर्जन हेतु उपयोग के बाद तथा न्यूनतम अपेक्षित पारिस्थितिकीय प्रवाह के बाद मानव उपयोग हेतु उपलब्ध जल के वार्षिक प्रवाह के अनुमान में पर्याप्त रूप से असमानता है। जल संसाधन मंत्रालय के अनुमानों के आधार पर जल बजट 710 बीसीएम के वर्तमान जल उपयोग के मुकाबले 123 बिलियन क्यूबिक मीटर (बीसीएम) का उपयोग योग्य जल प्रदर्शित करता है, जो निश्चित वर्तमान आवश्यकताओं[1] के सकल स्तर पर पर्याप्त उपलब्धता से अधिक का सुझाव देता है। जल संसाधन मंत्रालय की स्थायी उपसमिति यह अनुमान लगाती है कि वर्ष 2025 में जल की कुल मांग बढ़कर 1093 बीसीएम हो जाएंगी जो वर्ष 2025 में भी सकल स्तर पर आसान परिदृश्य की पुनः पुष्टि करती है।

5.3. तथापि वाष्प उत्सर्जन द्वारा वातावरण में खपत की गई जल की मात्रा के अधिक वास्तविक अनुमानों के आधार पर हाल की गणना कम आश्वस्त करने वाली है। चूंकि उपलब्ध जल की मात्रा कमोबेश रूप में स्थिर है, अतः बढ़ती हुई आबादी और आर्थिक विकास के कारण बढ़ती मांग–आपूर्ति संतुलन पर प्रभाव डालेगी। वर्ष 2030 जल संसाधन समूह (2009)[2] अनुनान लगाता है कि यदि मांग का प्रतिमान जारी रहता है तो जल हेतु लगभग आधी मांग वर्ष 2030 तक अपूरित रह जाएगी।

5.4. हम यह भी मानें कि समग्र रूप में देश हेतु जल का संतुलन सीमित महत्व का है क्योंके वे जल की भारी कमी के क्षेत्र के अस्तित्व को छिपा देते हैं गुणवत्ता की तो बात ही नहीं है, और अधिक गैर–समुच्चयित तस्वीर की जरूरत है जो प्रत्येक क्षेत्र द्वारा सामना की जा रही चुनौतियों को वास्तविक रूप से प्रतिबिम्बित करें। वह वास्तविक स्तर, जिस ऱर क्षेत्रों को परिभाषित करने की जरूरत है, वह कार्य के प्रयोजनों तथा साथ ही क्षेत्र की समान विशेषताओं जैसे बेसिन और जलीय सीमाओं पर निर्भर करेगा।

निदर्शनात्मक परिवर्तन की आवश्यकता

5.5. भारत में इन चुनौतियों को जल संसाधनों के प्रबंधन में निदशर्नात्मक परिवर्तनों के जरिए ही पूरा किया जा सकता है। इस परिवर्तन में निम्नलिखित तत्व शामिल है :

- संकीर्ण रूप से इंजीनियरिंग–निर्माण केन्द्रित दृष्टिकोण से जल *उपयोग कुशलता मे सुधार लाने* के लिए कमान क्षेत्र विकास पर मुख्य जोर तथा सतत प्रयास के साथ हमारी वृहत और मध्यम सिंचाई परियोजनाओं पर अधिक बहु–विषयक, सहभागी प्रबंधन दृष्टिकोण की ओर बढ़ना।

- चूंकि *भू–जल* का अंशदान भारत की सिंचाई में लगभग दो तिहाई, तथा जल की घरेलू आवश्यकता में 80 प्रतिशत है अतः हमें जलीय मानचित्रण के नए कार्यक्रम के आधार पर भू–जल के संधारणीय प्रबंधन के लिए सहभागी दृष्टिकोण अपनाने की आवश्यकता है।
- ग्यारहवीं पंचवर्षीय योजना में शुरू किए गए संशोधित समेकित पनधारा प्रबंधन को पुनःनवीकृत ऊर्जा प्रदान करते हुए महात्मा गांधी राष्ट्रीय ग्रामीण रोजगार गारंटी अधिनियम (मनरेगा) को बृहत्तम पनधारा कार्यक्रम[3] में परिवर्तित करके पनधारा सुधार और भू–जल रिचार्ज हेतु एक व्यापक कार्यक्रम हर हालत में शुरू किया जाए तथा जल निकायों की मरम्मत सुधार और बहाली (आरआरआर) पर पूर्ण रूप से नया कार्यक्रम शुरू किया जाए।
- ग्रामीण पेयजल और स्वच्छता पर एक नया दृष्टिकोण[4]
- सभी शहरी जल आपूर्ति परियोजनाओं में आवश्यक रूप से उनके अंदर सीवेज प्रणाली को समाहित किया जाए।
- अंतरराष्ट्रीय मानकों के अनुरूप भारतीय उद्योग द्वारा जल के पुनश्चक्रण और पुनःउपयोग हेतु निश्चित लक्ष्य।
- बाढ़ प्रबंधन हेतु गैर–संरचनात्मक तंत्रों पर पुनःनवीकृत ध्यान।
- जल से संबंधित आंकड़ा संकलन और प्रबंधन की व्यापक उन्नत प्रणाली तथा साथ ही आंकड़ों की उपलब्धता में पारदर्शिता।
- राष्ट्रीय जल मिशन (एनडब्ल्यूएम) के अंतर्गत जलवायु परिवर्तन के संभावित प्रभाव को कम करने के लिए अनुकूल कार्यनीतियों का अनुशीलन किया जाए।
- वर्ष के दौरान र्प्याप्त बहाव वाली बारहमासी नदियां, सड़क और रेल की तुलना में यातायात के पर्यावरण–अनुकूल और किफायती साधन के रूप में अंतरदेशीय जलमार्ग परिवहन को नए सिरे से बढ़ावा देने के लिए ध्यानकेंद्रण बिंदु हो सकता है।[5]
- राज्यों के बीच व्यापक सर्वसम्मति पर आधारित जल हेतु नया विधिक और संस्थागत रूपरेखा।

5.6. इस अध्याय में अब तक के अनुभव की समीक्षा की पृष्ठभूमि में इन पहलों में से प्रत्येक का पूरा विवरण दिया गया है तथा यह अध्याय कार्यकमों और आबंटनों का वर्णन करते हुए बारहवीं योजना अवधि में अनुसरण किए जाने वाले दृष्टिकोण को निर्धारित करता है।

वृहत सिंचाई परियोजनाओं की सीमाएं

5.7. परम्परागत रूप से देश में बड़े बांध वाली परियोजनाएं सिंचाई का मुख्य आधार रही है तथापि अब यह माना गया है कि उस भूमि पर जो वे व्यवहार्य अतिरिक्त बहुत बड़ा जल भंडारण जो आर्थिक रूप से व्यवहार्य हो, प्रदान करने में अदा कर सकती है, की निश्चित सीमाएं हैं।[6] विश्व बैंक अध्ययन ने यह उल्लेख किया है कि ''अधिकतर प्रायद्वीपीय नदी बेसिन (कावेरी, कृष्णा और गोदावरी) और नर्मदा और ताप्ती में अतिरिक्त भंडारण का कम महत्व है।[7] इसी प्रकार, अंतरराष्ट्रीय जल प्रबंधन संस्थान (आईडब्ल्यूएमआई)[8] द्वारा अध्ययन यह प्रदर्शित करता है कि कृष्णा और कावेरी पूर्ण अथवा आंशिक बन्द पर पहुंच गई है। दूसरा आईडब्ल्यूएमआई अध्ययन यह प्रदर्शित करता है कि कृष्णा नदी बेसिन में वृहत और मध्यम जलाशयों की भंडारण क्षमता कुल जल स्तर[9] तक पहुंच गई है, वास्तविक रूप से कम वर्षा वाले वर्षों में जल समुद्र तक नहीं पहुंच रहा है। यह भी चिन्ता जाहिर की गई है कि बेसिन के भीतर इतना अधिक जल रखना और 36 बीसीएम जल के अतिरिक्त वाष्पन ने क्षेत्रीय जलवायु में परिवर्तन ला दिया है, आर्द्रता बढ़ा रही है तथा तापक्रम व्यवस्था में परिवर्तन ला रहा है तथा नाजुक नम भूमि और पारिस्थितिकीय प्रणाली के लिए खतरा पैदा कर रहा है जो न केवल जल में निवास करने वाले और मात्स्यिकी जीवन को बचाने के लिए महत्वपूर्ण बल्कि तटीय अपरदन को भी बचाने के लिए भी महत्वपूर्ण है। कृष्णा नदी में पर्याप्त पर्यावरणीय प्रवाह के अभाव ने शहरों में जल प्रदूषण समस्या को बढ़ा दिया है क्योंकि घरेलू और औद्योगिक कचरों का बहते हुए जल[10] द्वारा पर्याप्त रूप से ज्यादा समय तक विलय करना संभव नहीं हो सकता।

5.8. इन बाधाओं को देखते हुए अपेक्षाकृत समतल स्थलाकृति में नई परियोजनाओं को ढूंढने की प्रवृत्ति बढ़ रही है। यह उन क्षेत्रों को चिन्हित करता है जिसमें बाढ़ आती है और लोगों को जगह खाली करनी पड़ती है। यह दो राज्यों के बीच संबंधों में पहले से ही विवाद पैदा करता रहा है जैसा कि आन्ध्र प्रदेश में पोलाबारम बांध में देखा गया है जिसका उड़ीसा और छत्तीसगढ़ दोनों ही राज्यों द्वारा सख्त रूप से विरोध किया गया है।

5.9. हिमालयी नदियों खासकर गंगा में जल प्रवाह वास्तव में प्रायद्वीपीय नदियों से काफी अधिक है किन्तु यहां भी कुछ बाधाएं हैं। गंगा के समतल मैदानों में स्थलाकृति बिल्कुल सपाट है और यहां भण्डारण का पता नहीं लगाया जा सकता। एशियाई विकास बैंक हेतु अध्ययन में ब्लैकमोर[11] ने यह तर्क दिया था कि गंगा नदी बेसिन में बांधों के जरिए सतही सिंचाई का कम महत्व है क्योंकि जल सरणी पहले से ही अधिक है इसी प्रकार सिन्धु हेतु ब्लैकमार यह प्रदर्शित करते हैं कि ''अगला मुख्य बांध (12 बिलियन यूएस डालर की लागत से) नियमित प्रवाह[12] में 1.5 प्रतिशत से भी कम वृद्धि करेगा''।

5.10. हिमालय के साथ और भी समस्याएं हैं जो विश्व में सर्वाधिक नाजुक पारिस्थितिकियों में से एक है। हिमालय तुलनात्मक रूप से

नया पहाड़ है जिसमें अपरदन की दर अधिक है। उनके उपरी आवाह क्षेत्र में मृदा को बांधने के लिए बहुत कम वनस्पति है। वन कटाई ने इस समस्या को और अधिक बढ़ा दिया है। हिमालय से उतरने वाली नदियों में तलछट का अधिक भार है। 1986 के अध्ययन ने यह निष्कर्ष निकाला कि 1940 के दशक में तिब्बत में निर्मित 40 प्रतिशत जलीय बांध जलाशयों[13] में गाद भराई के कारण अप्रयोजित हो गए। भारतीय भू–विज्ञान सर्वेक्षण के साथ इंजीनियरी भू–गर्भ विद्‌ों द्वारा अध्ययन पावर टरबाइन के कई मामले रिकॉर्ड करता है जो नदी स्कीमों के अपवाह क्षेत्र में भारी गाद भराई के कारण गैर–कार्यात्मक हो गए हैं। जलवायु परिवर्तन नदी के प्रवाह को काफी अनिश्चित होने की संभावना व्यक्त करता है। यह और भी घातांकीय रूप से बढ़ेगा क्योंकि इस क्षेत्र में अधिक से अधिक बांध बनाए जाते हैं। नदियों का दिशा परिवर्तन स्थानीय आजीविका (मात्स्यिकी और कृषि) पर प्रतिकूल प्रभाव के साथ बहुत बड़ा शुष्क क्षेत्र सृजित करेगा। हिमालय का शीघ्रता से बढ़ना (500 से 8000 मीटर तक) पारिस्थितिक प्रणाली को विषम परिसर को जन्म देता है। यह एक ऐसी जैव विविधता है, जो वृहदाकार और नाजुक है।

5.11. भारत का उत्तर–पूर्व विश्व[14] में 25 जैव–विविधता वाले स्थलों में से एक है वालदिया[15] तथा गोस्वामी और दास[16] के अनुसार पूर्वी हिमालयी क्षेत्रों में ब्रह्मपुत्र घाटी और उसके आसपास की उच्च भूमि की नव–वास्तुशिल्पता का अर्थ यह है कि खुदाई द्वारा स्थलाकृति में संशोधन करना अथवा नदी के आसपास के क्षेत्रों में जल और अवसादन भार सृजित करना खतरनाक हो सकता है। नदी प्रणाली में भूकंप से आए परिवर्तन बांधों की व्यवहार्यता पर प्रतिकूल प्रभाव डाल सकते हैं। क्योंकि नदी व्यवस्था के कई मूल पैरामीटर तथा सरणियों का व्यवहार बदल सकता है।

> इस क्षेत्र में पिछले दो बड़े भूकंपों (1897 और 1950) ने पहाड़ी के ढलान पर भूस्खलन पैदा किया है और नदी के बहाव को बाधित किया है तथा एकाएक भूस्खलन के कारण बाढ़ ने अस्थायी बांध पैदा कर दिए है। भारी गाद भराई के कारण नदी के किनारे ऊंचे हो गए हैं। विद्यमान नदियों का तल ऊपर आ गया है तथा भ्रंश के कारण नए जल निकायों और जल प्रपातों का सृजन हुआ है।[17]

5.12. वर्ष 2008 में व्यापक सिचुआन भूकंप हेतु उत्प्रेरक के रूप में जिपींगपू जलाशय प्रेरित भूकंपमापी पर विज्ञान[18] में प्रकाशित हाल का अनुसंधान भूकंपीय रूप से सक्रिय क्षेत्र में व्यापक बांध निर्माण के ज्ञान के बारे में शंकाएं पैदा करता है।

5.13. नदियों को आपस में जोड़ने की महत्वाकांक्षी स्कीम भी बड़ी समस्याएं प्रस्तुत करती है। जबकि कुछ नदियों को जोड़ने हेतु विस्तृत परियोजना रिपोर्ट (डीपीआर) तैयार की गई हैं तथापि पहले से ही कई चिन्ताएं व्यक्त की गई हैं कि किस प्रकार प्रयास किया जा सकता है। जल के अंतःबेसिन स्थानांतरण हेतु प्रायद्वीपीय नदियों के साथ हिमालयी नदियों को जोड़ने के लिए व्यापक प्रस्ताव की लागत लगभग 5,60,000 करोड़ रु. अनुमानित है। भू–जल निमग्नता और आर एण्ड आर पैकेज इस लागत के अलावा है। स्कीम की चालू लागत हेतु कोई निश्चित अनुमान नहीं है जैसे जल को उठाने के लिए अपेक्षित बिजली की लागत। और भी समस्याएं हैं कि मानसून पर हमारी निर्भरता के कारण वह अवधि, जब नदियों में अधिशेष जल रहता है, सामान्यतः उपमहाद्वीप में लगभग समकालीन है।

5.14. अंतः बेसिन स्थानांतरण में मुख्य समस्या यह है कि बेसिन वाले राज्यों की उचित आवश्यकता पर किस प्रकार विचार किया जाए, जो समय के साथ बढ़ रही है। साथ ही भारत की निश्चित स्थलाकृति और जोड़ने के ढंग की परिकल्पना की जाती है। यह मध्य और पश्चिमी भारत के मुख्य शुष्क भूमि के क्षेत्रों की पूर्णतया उपेक्षा करता है जो औसत समुद्र स्तर से ऊपर 300 मीटर से अधिक की ऊंचाई पर स्थित है। यह आशंका है कि नदियों को जोड़ना निम्न प्रवाही क्षेत्रों के बाढ़ को रोक कर पोषक तत्वों को वास्तविक आपूर्ति को प्रभावित कर सकता है। भारत के पूर्वी तट के आसपास सभी मुख्य प्रायद्वीपीय नदियों में काफी अधिक डेल्टा है। जोड़ने के लिए नदियों पर बांध बांधना अवसाद की आपूर्ति को बाधित करेगा और तटीय और डेल्टा अपरदन पैदा करेगा, व नाजुक तटवर्ती पारिस्थितिकी प्रणाली का विनाश करेगा।

5.15. यह भी उल्लेख किया गया है कि यह स्कीम पर्याप्त रूप से मानसून प्रणाली को प्रभावित कर सकती है।[19] निम्न घनत्व के साथ जल का निम्न लवणीय सतह की उपस्थिति बंगाल की खाड़ी में उच्च–समुद्र सतह तापक्रम (28 डिग्री सेल्सियस से अधिक) के अनुरक्षण का कारण है जो निम्न दबाव के क्षेत्र तथा मानसून के कार्य के गहनीकरण का सृजन करता है। निम्न लवणयुक्त जल का इस सतह द्वारा इस उपमहाद्वीप के ऊपर वर्षा का नियंत्रित करता है। इस सतह में बाधा डालने से उपमहाद्वीप में जलवायु और वर्षा हेतु दीर्घकालीन गंभीर परिणान हो सकता है जो बहुत बड़ी आबादी की जीविका को खतरे में डाल सकता है। अतः यह अनिवार्य है कि इस प्रस्ताव को आगे बढ़ाने में काफी सावधानी बरती जाए।

5.16. ऊपर सूचीबद्ध समस्याएं स्पष्ट संकेत देती हैं कि भारत में बड़े पैमाने पर सिंचाई का विकास सरल विकल्प नहीं होगा। इसका अर्थ

यह नहीं है कि बारहवीं योजना भारतीय अर्थव्यवस्था जिस पर करोड़ लोगों की आजीविका निर्भर है, के इस वास्तविक महत्वपूर्ण क्षेत्र के लिए आबंटन कम करें। एकमात्र प्रभाव यह है कि हमें यहां अपनी प्राथमिकताओं पर फिर से गंभीरतापूर्वक विचार करने की आवश्यकता है। स्वतंत्रता के पिछले छह दशकों में हमने भारी सिंचाई क्षमता निर्मित की है। इन क्षमताओं का उन्नत उपयोग सिंचित क्षेत्र में वृद्धि कर सकता है तथा जल उपयोग क्षमता में काफी सुधार कर सकता है। हमारे पास बहुत सी बड़ी परियोजनाएं चल रही है, जिसे तत्काल पूरा किए जाने की आवश्यकता है।

5.17. इस दिशा में विद्यमान क्षमता के पैमाने को पूर्ण रूप से समझने के लिए अब तक के इस क्षेत्र का सर्वेक्षण करना उपयोगी होगा।

भारत में बृहत और मध्यम सिंचाई (एमएमआई) परियोजनाओं की समीक्षा

5.18. पछले 60 वर्षों में सिंचाई और बाढ़ नियंत्रण पर योजना खर्च में काफी वृद्धि हुई है, जैसा कि अनुबंध 5.1 से देखा जा सकता है। एमएमआई परिव्यय प्रथम योजना में 376 करोड़ रुपए से बढ़कर ग्यारहवीं योजना में ₹165000 करोड़ का अनुमानित परिव्यय हो गया, इस अवधि में लगभग 351000 करोड़ रुपए का कुल परिव्यय हुआ।

5.19. इसी बीच यह स्पष्ट है कि ये परियोजनाएं समय सीमा और लागत की सीमा से ग्रस्त हैं। लागत सीमा पर बारहवीं योजना एमएमआई कार्यकारी समूह द्वारा किए गए अध्ययन यह स्पष्ट करते हैं कि सबसे खराब स्थिति बृहत् सिंचाई परियोजनाओं की है जहां औसत लागत सीमा 1382 प्रतिशत बढ़ी हुई है। विश्लेषित 157 बृहत् परियोजनाओं में से 28 में 1000 प्रतिशत से भी अधिक लागत लग चुकी है। इनमें से नौ में 5000 प्रतिशत से भी अधिक लागत लग चुकी है। मध्यम परियोजनाओं हेतु लागत सीमा अपेक्षाकृत कम है, औसत 325 प्रतिशत हैं। 132 मध्यम परियोजनाओं में से 23 में 500 प्रतिशत से भी अधिक लागत लग चुकी हैं और 23 में 1000 प्रतिशत से भी अधिक लागत लग चुकी थी। कार्यकारी समूह द्वारा संकलित समय सीमा पर आंकड़े अनुबंध 5.2 पर है। ग्राफिक सर्वेक्षण आकृति 5.1 में प्रस्तुत है।

5.20. यह देखा जा सकता कि वर्ष 1980 में समाप्ति की प्रतीक्षा करने वाली परियोजनाओं की संख्या–600 पर पहुंच गई, इसके बाद 1992 तक कमी आई (460), उसके बाद फिर से बढ़कर 571 पर पहुंच गई, लगभग पुनः यह आंकड़ा 1980 को छूने लगा। बृहत सिंचाई परियोजनाओं की समाप्ति अवधि 15–20 वर्ष मानी जाती है

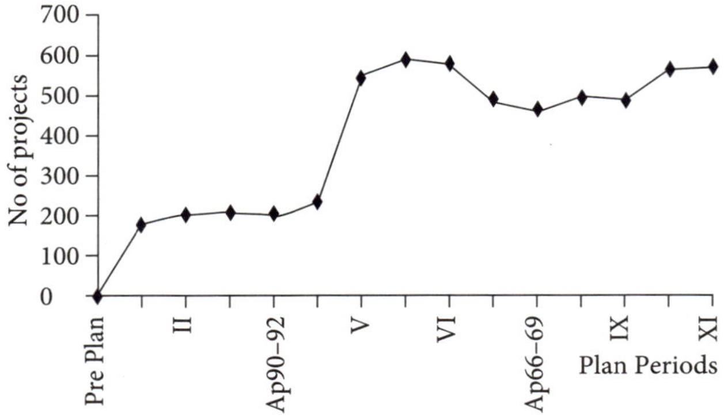

स्रोतः बृहत और मध्यम सिंचाई पर बारहवीं योजना कार्यकारी समूह की रिपोर्ट

चित्र 5.1: योजना अवधियों में अपूर्ण एमएमआई परियोजनाएं

जबकि मध्यम परियोजनाओं की समाप्ति में 5–10 वर्ष लगना चाहिए। इन प्रतिमानों के मुकाबले बृहत् और मध्यम परियोजनाएं 30–40 वर्षों अथवा इसके भी अधिक से चल रही है। यह खराब परियोजना तैयारी और कार्यान्वयन तथा साथ ही उपलब्ध संसाधनों का कम इस्तेमाल प्रदर्शित करता है। जैसा कि अनुबंध 5.3 से देखा जा सकता है। 337 परियोजनाएं 154 बृहत्, 148 मध्यम और 35 विस्तार, नवीनीकरण, आधुनिकीकरण (ईआरएम) परियोजनाएं पिछली योजना अवधि से बारहवीं योजना में चली जाएंगी।[20]

5.21. अतः बारहवीं योजना में यह प्रस्ताव है कि चल रही परियोजनाओं को पूरा करने को उच्चतम प्राथमिकता दी जाए और नई परियोजनाएं वहीं शुरू की जाएं जहां उत्कृष्ट स्वरूप की परियोजनाओं की जरूरत हो। वर्ष 1992 से वापस आना इस संबंध में विशेष राज्य सरकारों की घटती क्षमता का संकेत देता है। त्वरित सिंचाई लाभ कार्यक्रम (एआईबीपी) जैसे कार्यक्रमों के जरिए वित्तीय क्षमताओं पर ध्यान दिया जा रहा है तथापि मानव संसाधनों और अन्य "सरल" पहलुओं के संबंध में क्षमताओं का अभाव नई चुनौती के रूप में सामने आया है जिसका बारहवीं योजना के दौरान समाधान करना प्रस्तावित है। चल रही परियोजना के पिछड़ने के प्रकाश में नई परियोजनाओं को शुरू करने की क्षमता का मूल्यांकन राज्य हेतु नई परियोजना की मंजूरी के पहले किया जाएगा।

5.22. इन समय सीमाओं की विशाल बढ़त पर नियंत्रण पाने के लिए बारहवीं योजना में प्राप्त प्रगति की निगरानी करते समय अनुसूची को बहाल करने के लिए आवश्यक सुझाव देने के लिए एक चरणबद्ध तंत्र की स्थापना करने को तथा राज्यों के योजना संसाधनों के वार्षिक आबंटन के साथ जोड़ने का प्रस्ताव है।

एआईबीपी का अनुभव

5.23. चल रही बृहत् और मध्यम सिंचाई परियोजनाएं, जो समाप्ति के अंतिम चरण पर थी, के कार्यान्वयन में तेजी लाने के लिए वर्ष 1996 में एआईबीपी शुरू किया गया। एआईबीपी के अंतर्गत वर्ष 1996 से 2012 के बीच राज्यों को 54251 करोड़ रुपए की केन्द्रीय सहायता दी गई। एआईबीपी एमएमआई क्षेत्र में अतिरिक्त सिंचाई क्षमता के सृजन की दर बढ़ाने में सफल रहा है, एआईबीपी के शुरू होने के बाद आठवीं योजना तक प्रति योजना 2.2 एमएचए से बढ़कर नौवीं योजना के दौरान 4.10 एमएचए हो गई तथा दसवीं योजना के दौरान 5.30 एमएचए तथा ग्यारहवीं योजना के दौरान 4.28 हो गई। वास्तविक कठिनाई यह है कि जबकि हमने अतिरिक्त सिंचाई क्षमता सृजित करने में अच्छा काम किया है। फिर भी उनका उपयोग काफी संतोषप्रद नहीं रहा है। (अनुबंध 5.4)। कृपया बॉक्स 5.1 का संदर्भ लें।

5.24. पिछले 60 वर्षों में किए गए भारी निवेश का आशय यह है कि एमएमआई परियोजनाओं के जरिए सिंचाई क्षमता में लगभग 5 गुना वृद्धि हुई है। यह योजना पूर्व अवधि में 9.72 मिलियन हैक्टेयर से बढ़कर ग्यारहवीं योजना में लगभग 46 मिलियन हैक्टेयर हो गई है। तथापि समस्या यह है कि इस अवधि के दौरान इस क्षमता की उपयोगिता गति बनाए रखने में सक्षम नहीं रही है। पूर्व योजना अवधि में सृजित क्षमता (9.70 एमएचए) बढ़कर ग्यारहवीं योजना के दौरान लगभग 35 मिलियन हैक्टेयर की क्षमता हो गई है। सृजित सिंचाई क्षमता (आईपीसी) और उपयोग की गई सिंचाई क्षमता (आईपीयू) के योजनावार आंकड़े अनुबंध 5.5 में दिए गए हैं। दोनों के बीच का बढ़ता हुआ अंतराल आकृति 5.2 में प्रस्तुत किया गया है।

5.25. वर्ष 2009 में पूरे किए गए 34 राज्यों और संघ राज्य क्षेत्रों के 4 भारतीय प्रबंध संस्थानों (अहमदाबाद, बैंगलोर, कोलकाता और लखनऊ) द्वारा किए गए अध्ययन यह प्रदर्शित करते है कि आईपीसी–आईपीयू अंतर कार्यान्वयन संबंधी मामले प्रदर्शित करता है जैसे खराब परियोजना डिजइन, खराब लाइनिंग और गाद हटाई तथा वितरण सरणियों का खराब रखरखाव। अन्य कारण यह है कि सिंचाई क्षमता को जलाशय संभावित जल के निश्चित आयतन के आधार पर परिभाषित किया जाता है जिसे पूर्वानुमानित फसल प्रतिमान के लिए अपेक्षित सिंचाई की पूर्व अनुमानित गहराई से भाग दिया जाता है। तथापि इन चरांकों का वास्तविक मान उनके पूर्वानुमानित मांग से अलग होता है। संस्थागत कमजोरियां भी महत्वपूर्ण हैं। संबंधित विभागीय अधिकारियों में समन्वय का अभाव है जिसके परिणामस्वरूप

बॉक्स 5.1

आईआईएम लखनऊ योजना आयोग हेतु एआईबीपी का मूल्यांकन करता है

त्वरित सिंचाई लाभ कार्यक्रम (एआईबीपी) के प्रभाव का मूल्यांकन करने के लिए योजना आयोग के कार्यक्रम मूल्यांकन संगठन ने एआईबीपी का मूल्यांकन शुरू किया। भारतीय प्रबंधन संस्थान, लखनऊ ने यह कार्य किया। उससे 10 सिंचाई परियोजनाओं (4 बृहत्, 4 मध्यम और 2 ईआरएम) को शामिल करते हुए 10 विभिन्न राज्यों का नमूना सर्वेक्षण किया। वर्ष 2011 के उत्तरार्द्ध में संपन्न अध्ययन यह स्पष्ट करता है कि इन परियोजनाओं में सृजित और उपयोग की गई सिंचाई क्षमता में अंतर है। मुख्य कारण हैं कम जल डिस्चार्ज, अपर्याप्त जल वितरण तंत्र, विभिन्न जगहों पर स्थित किसानों के बीच असामान्य जल वितरण, वितरण के दौरान जल की हानि, कमान क्षेत्र में सिंचित क्षेत्र का अशुद्ध रिकॉर्ड तथा कृष्य भूमि का अन्य परियोजनाओं के लिए इस्तेमाल।

राज्य सरकारें सिंचाई की आवर्ती लागत का वित्त पोषण करने तथा किसानों से किफायती जल प्रभार वसूलने में कठिनाई का सामना कर रही है। उत्तर प्रदेश, कर्नाटक, और असम की मुख्य सिंचाई परियाजनाओं में अधिकतर किसान समय पर जल प्रभार का भुगतान नहीं करते हैं। ये बाधाएं न केवल एआईबीपी के तहत परिसंपत्तियों अर्थात जल निकासों और वितरण श्रेणियों के अनुरक्षण को प्रभावित करते हैं अपितु उन सिंचाई प्रणालियों को प्रभावित करते हैं जो जल उपयोग सक्षमता और समानता पर बुरा प्रभाव डालते हैं। बृहत सिंचाई परियोजनाओं में 50 प्रतिशत से भी अधिक किसान सुनिश्चित जल आपूर्ति के लिए अतिरिक्त प्रभार देने के लिए भी तैयार है। उनका मानना है कि जल तक पहुंच इसकी लागत से ज्यादा महत्वपूर्ण हैं।

यदि सिंचाई के कार्य निष्पादन में सुधार लाना है तो बहुत से पारस्परिक रूप से समर्थित कार्यों की आवश्यकता होगी। नहरों की समय पर मरम्मत और रखरखाव के लिए पर्याप्त निधियों का आबंटन किया जाना चाहिए। पूरी नहर प्रणाली का किनारा बनाने को उच्च प्राथमिकता दी जानी चाहिए और नहरों के किनारों पर लिफ्ट सिंचाई प्रणाली स्थापित की जानी चाहिए। जल के इष्टतम उपयोग के लिए उपयुक्त फसल प्रणाली अपनाने के लिए किसानों को राजी किया जाना चाहिए। खेतों पर सिंचाई नहर नेटवर्क के निर्माण के लिए भी एआईबीपी की सहायता दी जानी चाहिए। एआईबीपी के अंतर्गत परियोजना प्रस्तावों के अनुमोदन के पहले भूमि अधिग्रहण पूरा कर लेने की जरूरत है। संस्थागत सुधार जैसे डब्ल्यूयूए सहित सिंचाई एजेंसियों की पुनः संरचना किसानों को सिंचाई प्रबंधन स्थानांतरण तथा सिंचाई स्कीमों के स्व–वित्तपोषण को बढ़ावा दिया जाना भी अपेक्षित है।

स्रोतः योजना आयोग, पीईओ, रिपोर्ट सं. 214, नवंबर, 2010।

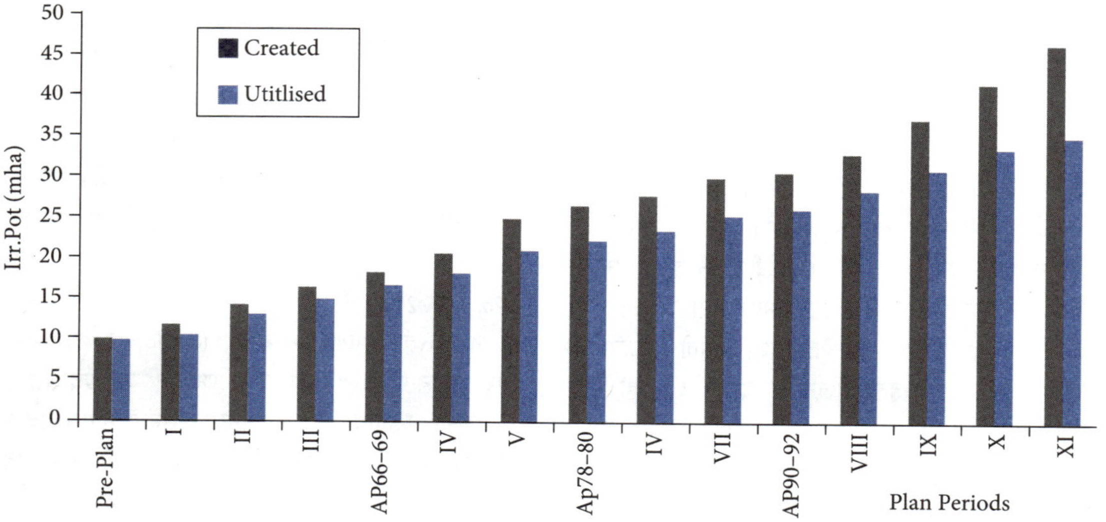

स्रोतः वृहत और मध्यम सिंचाई पर बारहवीं योजना कार्यकारी समूह की रिपोर्ट

चित्र 5.2: सृजित और उपयोग की गई सिंचाई क्षमता के बीच बढ़ता अंतर

उचित तकनीकी मूल्यांकन के बिना कार्यान्वयन में विलंब होता है तथा साथ ही सिंचाई विभाग के कर्मचारियों की अपर्याप्त तकनीकी और प्रबंधकीय क्षमता है। आईपीसी–आईपीयू अंतर के लिए महत्वपूर्ण योग करने वाले के रूप में जल प्रयोक्ता संघों (डब्ल्यूयूए) की अनुपस्थिति अथवा अकुशलता दर्शाई गई हैं।

5.26. आईपीसी और आईपीयू के बीच अंतर पाटने के लिए सर्वाधिक महत्वपूर्ण कार्य कमान क्षेत्र विकास कार्यक्रम सीएडीपी है जो 1974–75 से चल रहा है। अनुबंध 5.6 में पिछले चार दशकों में कार्य निष्पादन का संक्षिप्त सार प्रस्तुत किया गया है।

5.27. कठिनाई यह है कि सीएडीपी को एआईबीपी से अलग कर दिया गया है और इस पर अपेक्षित जोर नहीं दिया गया है। सीएडीपी के कार्यान्वयन का तरीका कार्यक्रम के लिए दिए गए मानव संसाधनों को पूरा करने तथा साथ ही सहभागी और हस्तानांतरणकर्ता दृष्टिकोणों की अपर्याप्त समझ के संबंध में बहुत कुछ करना बाकी है। कभी–कभी सहभागी सिंचाई प्रबंधन (पीआईएम) अधिनियमों के रूप में समर्थक विधायी ढांचे की भी कमी रही है। केवल 15 राज्यों ने पीआईएम अधिनियम बनाए हैं और/अथवा विद्यमान सिंचाई अधिनियमों में संशोधन किए हैं। 13 राज्यों में ऐसा करना बाकी है। सूचना मिली है कि विभिन्न राज्यों में बहुत बड़ी संख्या में जल प्रयोक्ता संघ गठित किए गए हैं तथापि बहुत कम को वास्तव में इस प्रणाली को सौंपा गया है। महाराष्ट्र, गुजरात, आन्ध्र प्रदेश और उड़ीसा में कुछ परियोजनाओं में ही डब्ल्यूयूए के सफल कार्यकरण की सूचना मिली है। बारहवीं योजना पहलों को मजबूत करने के लिए बड़े परिवर्तन का प्रस्ताव करता है।

5.28. संभवतः राष्ट्रीय जल मिशन के पांच लक्ष्यों में से सर्वाधिक महत्वपूर्ण लक्ष्य जल उपयोग कुशलता को 20 प्रतिशत तक बढ़ाना है। यह मानते हुए कि हमारे लगभग 80 प्रतिशत जल संसाधनों का सिंचाई द्वारा खपत की जाती है, 20 प्रतिशत तक सिंचाई परियोजनाओं की जल उपयोग कुशलता बढ़ाने का न केवल कृषि के लिए अपितु अर्थव्यवस्था के अन्य क्षेत्रों के लिए भी जल की समग्र उपलब्धता पर बहुत बड़ा प्रभाव पड़ेगा। केन्द्रीय जल आयोग ने 30 पूर्ण की गई बृहत् और मध्यम सिंचाई परियोजनाओं में जल उपयोग कुशलता का अध्ययन किया है। इन अध्ययनों के परिणाम संक्षेप में अनुबंध 5.7 में दिए गए हैं। नौवीं परियोजनाओं में जल उपयोग कुशलता 30 प्रतिशत से कम है। 30 परियोजनाओं का औसत 38 प्रतिशत है।

5.29. सीडब्ल्यूसी द्वारा पहचान किए गए कम जल उपयोग सक्षमता स्तरों का वर्णन करने वाले कारक हैं : नहरों और वितरण नेटवर्क का खराब रखरखाव जिसके कारण उसमें खरपतवार और वनस्पति उग गए, नहरों में गाद भरना, किनारे वाली नहरों में किनारे का क्षतिग्रस्त होना, गाद भरने अथवा ढलान को गिर जाने के कारण नहर खण्ड खराब हो जाना, दरवाजों और शटर में रिसाव, नहरों,

खेत की नालियों और मृदा की सतह के जरिए गुजरने वाले जल स्रोतों का प्रावधान न होने के कारण रिसाव से भारी क्षति हुई है। छोटी परियोजनाओं के हेड रेगुलेटर पर रेगुलेशन गेट न होने के कारण जल का असमान वितरण हुआ है। वितरण प्रणाली में नियंत्रण संरचनाओं की अनुपलब्धता के कारण अधिक सिंचाई के मामले भी सूचित किए गए हैं। खराब प्रबंधन पद्धति और किसानों के बीच जागरूकता की कमी से समग्र निष्पादन पर खराब प्रभाव पड़ा है।

एमएमआई सुधार : बारहवीं योजना की कार्यसूची

5.30. पिछले अनुभव से सीख लेते हुए बारहवीं योजना में एमएमआई क्षेत्र में चार मुख्य अभिबल क्षेत्रों पर ध्यान देकर विगत से अलग हटने का प्रस्ताव किया गया है :

1. अपवाद के मामले के रूप में ही नई परियेाजनाओं को शुरू करते हुए चल रही परियोजनाओं के लिए निवेश करने योग्य निधियों के आबंटन को प्राथमिकता देकर चल रही एमएमआई परियोजनाओं के भारी बैकलॉग को पूरा करना; चल रही परियोजनाओं को पूरा करने से योजना अवधि के दौरान 7.9 मिलियन हैक्टेयर की नई एमएमआई सिंचाई क्षमता पूरी करने में मदद मिलेगी।
2. कमान क्षेत्र विकास और प्रबंधन (सीएडी एण्ड एम) परियोजनाओं में निवेशों को प्राथमिकता देकर कम से कम 10 मिलियन हैक्टेयर तक आईपीसी और आईपीयू के बीच अंतर को समाप्त करना और पुरानी एमएमआई परियोजनाओं में ईआरएम कार्यों के जरिए खोई हुई अतिरिक्त 2.2 मिलियन हैक्टेयर सिंचित क्षमता प्राप्त करना।
3. मानव संसाधनों को मजबूत करके तथा विस्तृत आधार देकर, संकीर्ण रूप से निर्माण उन्मुखता से प्रबंधन भूमिका की ओर सिविल इंजीनियरों को ले जाकर क्षमता निर्माण द्वारा सिंचाई विभागों में भारी सुधार को तेज करना तथा समर्थन देना और प्रोत्साहन देना (पूरे विश्व में ऐसे कार्य करने वालों द्वारा किया जा रहा है), जल और भूमि प्रबंधन संस्थान (डब्ल्यूएएलएमआई) और अन्य सिंचाई प्रशिक्षण और अनुसंधान संस्थाओं को क्षमता प्रदान करना और सिंचाई सेवा प्रावधान तथा सिंचाई सेवा शुल्क (आईएसएफ) वसूली में प्रोत्साहनों को सुदृढ़ करना।
4. एमएमआई स्तर पर मजबूत प्रबंधन सूचना प्रणाली को बढ़ावा देने तथा समर्थन देने और विभिन्न स्तरों पर उन्नत जल संसाधन प्रबंधन के लिए एमएमआई क्षेत्र की सूचना संरचना को फिर से डिजाइन करना।

5.31. उपर्युक्त उद्देश्यों को प्रतिबिंबित करते हुए बारहवीं पंचवर्षीय योजना में ईएमएमआई क्षेत्र हेतु प्रस्तावित परिव्ययों को निम्नलिखित ढंग से विभाजित किया जाएगा :

- चल रही परियोजनाओं के बैकलॉग को पूरा करने के लिए कुल परिव्यय का 65 प्रतिशत निर्धारित किया जाएगा।
- सीएडी और सीएडी एण्ड एम और ईआरएम परियोजनाओं हेतु 15 प्रतिशत निर्धारित किया जाएगा। आशा की जाती है कि यह सिंचाई क्षमता को जल्द पूरा करेगा। प्राथमिकता के आधार पर सीएडी एण्ड डब्ल्यूएम कार्यों को शुरू करने में राज्यों को बढ़ावा देने के लिए ऐसे निर्माणों हेतु केन्द्रीय सहायता वर्तमान 50 प्रतिशत से परियोजना लागत के 75 प्रतिशत तक बढ़ाया जाएगा।
- खासकर उन राज्यों में जहां सिंचाई अवसंरचना पूरी तरह विकसित नहीं है और जहां भारी क्षमता सृजित करना बाकी है वहां शेष 20 प्रतिशत नई परियोजनाओं के लिए होगा।

5.32. बारहवीं पंचवर्षीय योजना में सिंचाई प्रबंधन और संस्थागत सुधार की मांग को तेज करने और समर्थन देने के लिए राष्ट्रीय सिंचाई प्रबंधन कोष (एनआईएमएफ) की स्थापना का प्रस्ताव है। विगत पद्धतियों में विचलन है। संस्थागत और परंपरागत सुधार आपूर्ति तंत्रों के जरिए पीछे कर दिया गया है। इस प्रकार कई राज्य सरकारों ने यह मानते हुए पीआईएम अधिनियम पारित किया है कि यह पीआईएम कार्य करेगा। पहले की योजनाओं ने सिंचाई प्रबंधन में प्रशिक्षण और अनुसंधान हेतु निधियां दी है किन्तु खास सफलता नहीं मिली है।

5.33. एमएमआई क्षेत्र पिछले दशकों के दौरान निम्न स्तरीय संतुलन से जकड़ा रहा है। इसे हर हालत में मान्यता देना चाहिए कि प्रणाली के विस्तार हेतु योजना परिव्यय के अलावा इसे व्यवहार्य प्रक्षेप पथ पर रखरखाव करना चाहिए। एमएमआई हेतु निवेश बढ़ रहा है। गुणवत्ता सेवा प्रदान करने के लिए कई राज्यों के सिंचाई विभागों की क्षमता घट रही है। राज्य नई एनएमआई परियोजनाओं में पूंजी निवेश करने में आगे बढ़ रहे हैं किन्तु उसे कुशलतापूर्वक प्रबंधन करने में कुछ नहीं करते हैं। एमएमआई कमान क्षेत्रों के किसानों ने भी एमएमआई प्रबंधकों से बेहतर सेवा की मांग करना छोड़ दिया है और लगातार निजी कुंओं पर निर्भर करने लगे हैं। निःशुल्क अथवा रियायती दर पर बिजली देने के कारण कमान क्षेत्रों में भी नलकूप सिंचाई बढ़ गई हैं जिसके कारण भूजल में कमी आ रही है। कई राज्यों में सिंचाई करने वाले से वसूल किए जाने वाले आईएसएफ को भी समाप्त कर दिया गया है; जहां यह है भी आईएसएफ की वास्तविक वसूली मांग का

2–8 प्रतिशत है चूंकि वसूल किए जाने वाले आईएसएफ का सिंचित अथवा दी गई सिचांई सेवा से कोई संबंध नहीं है अतः एमएमआई प्रणालियों के प्रभावी प्रबंधन के लिए आवश्यक सूचना का बिल्कुल अभाव हैं। इसका अर्थ यह है कि किसानों और सिंचाई विभागों के बीच जिम्मेवारी का बंधन टूट चुका है। कई राज्यों में सहभागी सिंचाई प्रबंधन विफल हो गया है क्योंकि वर्तमान परिदृश्य में जल प्रयोक्ता संघ पर दायित्व है किन्तु उनके पास सिंचाई के लिए न तो अधिकार है और न पहुंच हैं।

5.34. इस निम्न स्तरीय संतुलन को तोड़ने का प्रारंभिक बिन्दु प्रणालियों के उचित कार्यात्मक और अनुरक्षण के लिए एमएमआई प्रणालियों के लिए प्रबंधकों के पास उपलब्ध वर्धित संसाधन होना चाहिए। वर्ष 2005 में विश्व बैंक ने अनुमान लगाया कि भारतीय एमएमआई प्रणालियों के आस्थगित अनुरक्षण को न्यूनतम करने के लिए हमें वार्षिक अनुरक्षण पर 19000 करोड़ रु. खर्च करने की आवश्यकता है जो वास्तव में राज्य खर्च करते है उसके लगभग 20 गुणे से अधिक है। नियमित अनुरक्षण के बिना आईपीसी–आईपीयू अंतर बढ़ रहा है। राज्य सिंचाई विभाग अपनी स्थापना लागत को पूरा करने के लिए पर्याप्त राजस्व सृजित करके संतुष्ट है। ऐसा वे उद्योगों को एमएमआई जल का एक छोटा अंश बेचकर पूरा कर लेते हैं। इससे केवल वेतन पूरा होता है तथा प्रणालियों, खासकर नहरों और वितरण प्रणाली के नियमित रखरखाव के लिए कुछ नहीं बचता है। यह औद्योगिक अथवा नगरपालिका के ग्राहकों से अधिक सिंचाई को प्रभावित करता है।

5.35. सिंचाई सेवा शुल्कों में निर्मित जिम्मेवारी तंत्र के साथ इस मामले को जोड़ना होगा। जहां आईएसएफ नियमित रूप से वसूला जाता है वहां सिंचाई कर्मचारी किसानों के प्रति अधिक जिम्मेवार रहते हैं। दोनों के बीच गहरा संबंध है। जल वितरण में अधिक अपेक्षा है और सामान्य रूप से यदि उनमें आईएसएफ की मांग की जाती है तो वे न्यूनतम सेवा की आशा करते हैं। जब सरकारें आईएसएफ समाप्त कर देती है अथवा नाम मात्र दर पर वसूलती है अथवा नियमित वसूली नहीं करती है तो किसान सेवा मांगने का अपना अधिकार खो देते हैं और सिंचाई कर्मचारी सेवा प्रावधान की उपेक्षा करते हैं।

5.36. आईएसएफ को तर्कसंगत बनाना और इसकी पूरी वसूली एमएमआई क्षेत्र में प्रबंधन सुधार के लिए महत्वपूर्ण है। तेरहवें वित्त आयोग ने इस पहलू पर ध्यान दिया तथा आईएसएफ वसूली के संबंध में परिणामों एमएमआई कार्यनिष्पादन और प्रभावों से जुड़े हुए प्रत्येक राज्य के लिए केन्द्रीय सहायता देने हेतु चार वर्षो में ₹5000 करोड़ के अनुदान की सिफारिश की। तथापि यह प्रोत्साहन अनुदान आक्रामक सिंचाई सुधार कार्यसूची शुरू करने के लिए राज्यों को भरपाई करने हेतु बहुत ही कम हैं। साथ ही दसवीं पंचवर्षीय योजना के अंत तक वसूल की गई सकल प्राप्ति और विभिन्न राज्यों की उपयोग की गयी सिंचाई क्षमता के अनुपात में प्रोत्साहन अनुदान आबंटित करने का सूत्र भविष्य में उन्नत सिंचाई परिणाम प्राप्त करने के लिए अभिकल्पित नहीं है। ऐसा खासकर इसलिए है कि कई औद्योगिक रूप से विकसित राज्य जैसे महाराष्ट्र, गुजरात और तमिलनाडु एमएमआई जल का एक छोटा भाग उद्योगों को बेचकर पर्याप्त राजस्व की वसूली कर सकते हैं किन्तु इसे आईएसएफ वसूली की उपेक्षा करने के लिए कारण नहीं होना चाहिए। इसे प्रोत्साहन देने की जरूरत हैं।

राष्ट्रीय सिंचाई प्रबंधन कोष

5.37. अतः भारत सरकार व्यपगत राष्ट्रीय सिंचाई प्रबंधन कोष (एनआईएमएफ) की स्थापना करेगी जो प्रत्येक राज्य के सिंचाई विभाग को सिंचाई करने वालों से अपने स्वयं की आईएसएफ की वसूली के लिए 1:1 का समान अंशदान देगा। यह आवश्यक होगा कि:

1. इस समान अनुदान को प्राप्त करने के इच्छुक राज्य अपने सकल गैर–योजना बजट के विकास की सामन्य दर पर सिंचाई विभागों के लिए अपने स्वयं के गैर–योजना आबंटनों को बनाए रखते हैं सुनिश्चित करते हैं कि भारत सरकार की समान सहायता एमएमआई प्रणालियों हेतु राज्यों की गैर–योजना बजट के अतिरिक्त है जिस से उनके पास अब नियमित अनुरक्षण और रखरखाव हेतु अधिक संसाधन होगा।
2. राज्य प्रत्येक एमएमआई प्रणाली की आईएसएफ वसूली के अनुपात में विभिन्न एमएमआई प्रणालियों को केन्द्रीय अनुदान आबंटित करते हैं। यह एमएमआई कर्मचारियों के बीच आईएसएफ वसूली को प्रोत्साहन देगा तथा भारत सकार के प्रोत्साहन को बढ़ाने में प्रतियोगिता सृजित करेगा।
3. वित्तीय वर्ष के अंत में इस समान अनुदान को प्राप्त करने के इच्छुक राज्य अपने विनियामक के जरिए विभिन्न एमएमआई प्रणालियों, अधिमानतः स्वतंत्र जल विनियामक (अथवा तुलनीय स्वतंत्र एजेंसी) से सिंचाई करने वालों से वसूल किए गए वास्तविक आईएसएफ पर विस्तृत आंकड़े प्रस्तुत करते हुए प्रमाणित लेखा परीक्षित आंकड़े प्रस्तुत करते हैं। केन्द्र सरकार के पास आईएसएफ वसूली पर दावे का स्वतंत्र सत्यापन होगा (वाउचरों के नमूनों की समीक्षा सहित) जिसके आधार पर प्रत्येक वर्ष केन्द्रीय समान अनुदान निर्गत किया जाएगा।

4. पीआईएम को बढ़ावा देने के लिए एनआईएमएफ प्रत्येक राज्य की आईएसएफ वसूली के उस भाग पर बोनस देगा जिसे केन्द्रीय सरकार द्वारा अभिनामित स्वतंत्र एजेंसी द्वारा सत्यापित और राज्य जल विनियामक द्वारा यथा प्रमाणित जल प्रयोक्ता संघों द्वारा वसूल किया गया है। यह इस बोनस की अनुमति तभी दी जाएगी यदि डब्ल्यूयूएफ को उनके द्वारा वसूल किए गए 50 प्रतिशत आईएसएफ को रखने की अनुमति दी जाती है और वितरण स्तर पर उनके संघों को सिंचाई करने वाले व्यक्तियों द्वारा भुगतान किए गए 20 प्रतिशत आईएसएफ को रखने की अनुमति दी जाती है। यह वितरण प्रणालियों की उचित मरम्मत और रखरखाव करने में डब्ल्यूयूए और उनके संघों के संसाधनों को बढ़ाएगा तथा जल प्रबंधन में उनकी भागीदारी में वृद्धि करेगा।
5. इसी प्रकार अनुमापी जल वितरण और आईएसएफ वसूली को बढ़ावा देने के लिए एनआईएमएफ राज्य की आईएसएफ वसूली के उस भाग पर अतिरिक्त बोनस देगा जो प्रत्येक डब्ल्यूयूए के साथ सिंचाई सेवा संविदा के अंतर्गत निकास स्तर पर डब्ल्यूयूए को अनुमापी जल आपूर्ति के जरिए प्राप्त होता है।
6. कुल मिलाकर एनआईएमएफ जल क्षेत्र में सुधार के लिए एक उत्प्रेरक के रूप में कार्य करेगा जैसे जल उपयोग दक्षता में सुधार, जलभृत के प्रतिभागिता पूर्ण समुदाय आधारित प्रबंधन, भू – जल का विनियमन, सिंचाई/जल संसाधन विभागों का नवीकरण।

5.38. यह आशा जाती है कि ऐसा सिंचाई प्रबंधक कोष, जो उचित कार्यान्वयन के साथ आईएसएफ वसूली को प्रोत्साहित करें, काफी लाभप्रद प्रभाव डालेगा। खासकर यह (1) एमएमआई प्रणाली मैनेजर को अपने कर्मचारी को विस्तृत आधार देने तथा उसकी क्षमता बढ़ाने के लिए उपलब्ध संसाधनों को बढ़ाएगा। (2) आईएसएफ वसूली अनुपात में सुधार करेगा (3) उपयोग की गई सिंचाई क्षमता पर अधिक शुद्ध आंकड़े सृजित करेगा (4) पीआईएम को बढ़ावा देगा (5) सीएडी और डब्ल्यूएम में तेजी लाएगा (6) एआईएसएफ स्तरों को तर्कसंगत बनाने में बढ़ावा देगा (7) अनुमापी जल आपूर्ति और मूल्य निर्धारण को बढ़ावा देगा (8) सिंचाई एजेंसियों और डब्ल्यूयूए के बीच सहकारिता बढ़ाएगा; और (9) सामान्य रूप में आईपीसी और आईपीयू के बीच अंतर कम करेगा।

5.39. केन्द्रीय जल संसाधन मंत्रालय जल क्षेत्र के सुधारों तथा सुधार अनुकूलता पर राज्यों के श्रेणीकरण के लिए बेंचमार्क तैयार करने के लिए अध्ययन शुरू कर रहा है। इस अध्ययन के आधार पर राज्यों के सुधार अनुकूलता के निर्धारण हेतु बेंचमार्क की वस्तुपरक प्रणाली निर्धारित करते हुए 'सुधार ढांचा' विकसित करना संभव होना चाहिए जिसके आधार पर प्रोत्साहन प्रणाली का क्रियान्वयन किया जा सकता है।

5.40. एमएमआई क्षेत्र में संस्थागत और प्रबंधन सुधार की सहायता करने के लिए इस क्षेत्र हेतु सिंचाई संरचना को पुनः अभिकल्पित करने के लिए संसाधनों का भी निर्धारण किया जाना चाहिए। जल संसाधन मंत्रालय ने इसके लिए प्रक्रिया शुरू की है। इसे शीघ्र ही पूरा कर लिया जाएगा तथा सार्वजनिक क्षेत्र में पूर्णतया कार्यात्मक बनाया जाएगा। राष्ट्रीय सिंचाई प्रबंधन कोष के कार्यान्वयन हेतु एमएमआई प्रणालियों द्वारा सिंचित क्षेत्र तथा किसानों से वसूले गए आईएसएफ पर शुद्ध आंकड़ा संकलित करना आवश्यक होगा। यह तृतीय पक्ष द्वारा सत्यापन के साथ आईपीसी और आईपीयू पर विश्वसनीय आंकड़ा आधार सृजित करेगा। ऐसा डेटाबेस एमएमआई प्रणालियों के उन्नत प्रबंधन हेतु सूचना नियोजन और नियंत्रण प्रणाली की नींव होगी।

5.41. प्रशिक्षण और अनुसंधान में संस्थागत और प्रबंधन सुधार के लिए भी बड़े प्रयास करने की जरूरत होगी। सिंचित क्षेत्र, आईएसएफ वसूली आदि एमएमआई प्रगाली के कार्य निष्पादन तथा प्रयोक्ताओं द्वारा प्राप्त सिंचाई सेवा के निर्धारण को सुविधाजनक बनाएगा। एमएमआई प्रबंधन सुधारों पर व्यवहारिक समस्या समाधान, अनुसंधान को तेज करने के लिए भारत सरकार प्रख्यात राष्ट्रीय संस्थानों जैसे भारतीय प्रौद्योगिकी संस्थान, भारतीय प्रबंध संस्थान, राष्ट्रीय प्रौद्योगिकी संस्थान, भारतीय व्यापार संस्थान आदि को ₹20 करोड़ तक का अनुदान देगा ताकि वे वरिष्ठ एमएमआई प्रबंधकों के लिए अनुसंधान, शिक्षा और प्रशिक्षण शुरू करने के लिए सिंचाई प्रबंधन में उत्कृष्ट केन्द्रों की स्थापना कर सकें। नियोजन, बजटिंग और निगरानी प्रणालियों के जरिए कार्य निष्पादन प्रबंधन पर ध्यान केन्द्रित करते हुए वरिष्ठ एमएमआई प्रबंधकों को व्यवहारिक प्रबंधन प्रशिक्षण देने के लिए अग्रणी प्रबंधन संस्थानों को आमंत्रित किया जाएगा। ऐसे कार्यकलापों को समर्थन देने के लिए इन प्रणालियों के कार्य और निष्पादन पर वास्तविक समय सूचना सृजित करने के विशिष्ट प्रयोजन से एमएमआई स्कीमों हेतु प्रबंधन सूचना प्रणाली विकसित करने के लिए राज्य सरकारों के साथ कार्य करने के लिए देश के अग्रणी सूचना प्रौद्योगिकी समर्थित सेवाओं की कम्पनियों शामिल करने का प्रावधान किया जा रहा है।

5.42. सिंचाई विभाग निचले स्तर के कर्मियों तथा साथ ही किसानों के प्रशिक्षण तथा प्रशिक्षक की गुणवत्ता में सुधार करने के लिए

भारत सरकार उनके प्रशिक्षण, अनुसंधान और विस्तार कार्य को मजबूत बनाने के लिए 5 वर्षों की अवधि में 14 डब्ल्यूएएलएमआई में से प्रत्येक को ₹5 करोड़ की अनुदान सहायता देगी बशर्ते (1) वे सामाजिक विज्ञान विस्तार, कृषि, पर्यावरण और अन्य विषयों में प्रशिक्षक शामिल करें। (2) अपने प्रशिक्षण कार्यक्रमों का नियमित रूप से मूल्यांकन करें। (3) प्रत्येक वर्ष किसानों और सिंचाई कर्मचारियों के लिए न्यूनतम संख्या में प्रशिक्षण कार्यक्रम संचालित करें, और (4) प्रत्येक वर्ष के अंत में अपने कार्य की स्वतंत्र, तृतीय पक्ष मूल्यांकन रिपोर्ट प्रस्तुत करें।

संशोधित एआईबीपी

5.43. ऊपर वर्णित उद्देश्यों और प्राथमिकताओं में सहायता देने के लिए एआईबीपी के अंतर्गत राज्यों के लिए केन्द्रीय सहायता में निम्न प्रकार से संशोधन किया जाएगा :

1. विशेष श्रेणी के राज्यों में परियोजनाओं, उड़ीसा के केबीके (अविभाजित कालाहांडी, बोलांगीर और कोरापुट) में परियोजनाओं तथा जनजातीय क्षेत्रों, सूखा प्रवण और बाढ़ प्रवण क्षेत्रों में लाभ पहुंचाने वाली परियोजनाओं तथा साथ ही मरूभूमि विकास कार्यक्रम के अधीन शामिल किए गए क्षेत्रों को लाभ पहुंचाने वाली परियोजनाओं के लिए 90 प्रतिशत की दर पर केन्द्रीय सहायता जारी रहेगी।
2. सामान्य श्रेणी के राज्यों के लिए एआईबीपी के अंतर्गत केन्द्रीय सहायता की दर सभी चल रही परियोजनाओं हेतु 25 प्रतिशत के स्थान पर बढ़ाकर 50 प्रतिशत होगी बशर्ते राज्य आवश्यक कार्यवाई शुरू करते हैं तथा बारहवीं योजना के प्रथम दो वर्षों अर्थात 2012–13 और 2013–14 के दौरान राष्ट्रीय सिंचाई प्रबंधन कोष के अंतर्गत निर्धारित कार्यसूची को पूर्णतया कार्यान्वित करते हैं।
3. सामान्य श्रेणी के राज्यों की नई एमएमआई परियोजनाओं को अपवादात्मक मामलों में ही एआईबीपी के अंर्तगत सहायता के लिए शामिल किया जाएगा और ऐसी परियोजना केवल 25 प्रतिशत की दर पर ही केन्द्रीय सहायता का पात्र होगी।
4. परियोजना के कमान क्षेत्र में सूक्ष्म सिंचाई (ड्रिप और स्प्रिंकलर) के कार्यान्वयन की शर्त पर ही लिफ्ट सिंचाई एआईबीपी सहायता के लिए शुरू की जाएगी। सूक्ष्म सिंचाई प्रणाली (एमआईएस) को समूहों में सार्वजनिक – निजी भागीदारी (पीपीपी) के माध्यम से स्थापित करने में नवाचार को आजमाया जा सकता है। ड्रिप एमआईएस के मामले में 90 प्रतिशत और स्प्रिंकलर एमआईएस के मामले में 80 प्रतिशत सिंचाई दक्षता बढ़ने की उम्मीद है।
5. केन्द्रीय सहायता के अंतर्गत सभी स्कीमों की निगरानी में एनआईएमएफ की सुधार कार्यसूची के कार्यान्वयन के संबंध में की गई प्रगति का विशेष उल्लेख शामिल होना चाहिए।

5.44. सभी सिंचाई परियोजनाओं के लिए कमान क्षेत्र विकास (सीएडी) के केन्द्रीय बिन्दु पर जोर देने के लिए निम्नलिखित उपाय शुरू किए जाएंगे :

- सभी सिंचाई परियोजना प्रस्तावों (बृहत, मध्यम अथवा लघु) में शुरू से ही सीएडी निर्माण शामिल होने चाहिए। इस प्रकार प्रत्येक प्रस्ताव जलाशय से फार्म गेट तक सिंचाई जल की योजना बनाएगा न कि फिलहाल निकास तक ही।
- सभी डीपीआर में सीएडी निर्माण शामिल होगा तथा अनुमानित परियोजना लागत और लाभार्थी अनुपात का तदनुसार हिसाब लगाया जाएगा।
- सीएडी समेकन के बिना किसी सिंचाई परियोजना को निवेश की मंजूरी नहीं दी जाएगी।
- प्रत्येक सिंचाई कमान में समान्तर कार्यवाही की जाएगी जिसमें शीर्ष कार्य तथा मुख्य नहर कार्य के साथ साथ वितरण नेटवर्क और सीएडी सॉफ्टवेयर कार्य शुरू किया जाएगा।
- जल वितरण के निकास पर क्षमता सृजन की मान्यता को समाप्त किया जाएगा। क्षमता सृजन को तभी मान्यता दी जाएगी जब जलाशय से फार्म गेट तक पूर्ण जलीय कनेक्टिविटी प्राप्त कर ली जाएगी।
- सीएडी खेत की सरणियों और जल निकास पर ध्यान केन्द्रित करेगा। प्रणाली सुदृढ़ीकरण और जल मग्नता घटकों को हटा दिया जाएगा क्योंकि वे कार्यक्रम के उद्देश्य पर बुरा प्रभाव डालते हैं।
- मरूभूमि और सूखा प्रवण क्षेत्रों में, यदि आवश्यक हो, तो पाईप लाईन आधारित फील्ड सरणियों की अनुमति दी जाएगी।
- सीएडी पर प्रगति का स्पष्ट रूप से निगरानी की जा सके प्रत्येक निवेश मंजूरी में शीर्ष कार्य, नहरों और वितरण प्रणाली के साथ–साथ इन संकर्मों की स्पष्ट सूची होगी।
- जब कभी परियोजनाएं संशोधित निवेश मंजूरी के लिए आए, तो उनके लिए सीएडी घटक शामिल करने की आवश्यकता है। यह उन परियोजनाओं के लिए भी लागू होगा जो पुनर्वास/आधुनिकीकरण प्रस्ताव देते हैं।
- आंशिक घटकों (उदाहरण के लिए, बांए किनारे की नहर, दाएं किनारे की नहर) वाली किसी परियोजना को स्वीकार नहीं किया जाएगा। इसके कारण तदनरूपी परिणामों के परियोजनाओं

का विस्तार हुआ है क्योंकि परियोजना का समग्र सर्वेक्षण अंश नहीं है।

- वर्तमान में जल संसाधन मंत्रालय का सीएडी विंग जल आयोग और सीडब्ल्यूसी के परियोजना विंग से अलग कार्य करता है। बारहवीं योजना के प्रारंभ से मुख्य इंजीनियर (सीएडी) सीडब्ल्यूसी के सदस्य (जल योजना और परियोजना) के अधीन कार्य करेगा ताकि एआईबीपी और सीएडी की अधिक समेकित देखरेख की जा सके।
- सस्य विज्ञानी, जल विज्ञानी और सामाजिक वैज्ञानिक जैसे समाज विज्ञानी/मानव विज्ञानी और सामाजिक कार्यकृर्ताओं जो कमान क्षेत्र में किसानों को संगठित करने के लिए सिविल समाज संगठनों से जुड़े हुए हैं, को शामिल करने के लिए सीडब्ल्यूसी को भी सुदृढ़ किया जाए।

भू-जल : एक उभरता हुआ संकट

5.45. जबकि स्वतंत्रता के बाद सार्वजनिक निवेश सतही जल पर केन्द्रित किया गया है, तथापि पिछले तीन दशकों में पेयजल और सिंचाई दोनों के मुख्य स्रोत के रूप में भूजल सामने आया है। इसकी विकेन्द्रीकृत पहुंच की संगत सुविधा का असर यह है कि भूजल भारत की कृषि और भूजल सुरक्षा का आधार है। भूजल पूरे देश में करोड़ों किसानों द्वारा प्रयोग किया जाने वाला सामान्य पूल संसाधन (सीपीआर) है। यह भारत के अधिकतर ग्रामीण परिवारों में पेयजल का एकमात्र स्रोत है तथा उद्योग भूजल पर निर्भर करते हैं। पिछले चार दशकों में निवल सिंचित क्षेत्र में कुल वृद्धि का लगभग 84 प्रतिशत भूजल से आया है। भारत अब तक विश्व में भूजल का सबसे बड़ा उपभोक्ता रहा है किन्तु भूजल का संधारणीय स्तरों से अधिक इस्तेमाल हो रहा है। भारत भूजल के अतिनिष्कर्षण और गुणवत्ता में कमी के कारण गंभीर संकट की ओर बढ़ रहा है। तालिका 5.1 और चित्र 5.3 का संदर्भ लें।

5.46. योजना आयोग के भूजल प्रबंधन और स्वामित्व पर विशेषज्ञ समिति की रिपोर्ट (2007) में यह दर्शाया गया है कि वर्ष 2004 में भारत के 28 प्रतिशत प्रखण्ड भूजल का बहुत ही उच्च स्तर प्रदर्शित कर रहा था। नासा द्वारा हाल के मूल्यांकन में यह दर्शाया गया है कि वर्ष 2002 से 2008 के दौरान भारत ने 109 घन किलोमीटर जल को समाप्त कर दिया जिसके कारण प्रति वर्ष 0.33 मीटर की कमी जल सारणी में आ गई है।[21] केंद्रीय भू-जल बोर्ड के नवीनतम आकलन[22] के अनुसार अखिल भारतीय स्तर पर भू-जल विकास का चरण अब 61 प्रतिशत है। पंजाब, हरियाणा, राजस्थान और दिल्ली में यह स्तर 100 प्रतिशत को पार कर गया है, जो तमिलनाडु (80 प्रतिशत) और

तालिका 5.1
वर्ष 2010 के अनुसार शीर्ष 10 भूजल निष्कर्षक देश

रैंक	देश	निष्कर्षण (घन किलोमीटर/वर्ष)
1	भारत	251
2	चीन	112
3	संयुक्त राज्य अमेरिका	112
4	पाकिस्तान	64
5	ईरान	60
6	बंगलादेश	35
7	मैक्सिको	29
8	सउदी अरब	23
9	इंडोनेशिया	14
10	इटली	14

स्रोत: ''मैनेजिंग वॉटर अंडर रिस्क एण्ड अनसर्टेनिटी'', द यूनाइटेड नेशन्स वर्ल्ड वॉटर डेवलपमेंट रिपोर्ट 4, वॉल्यूम 1 (2012)

टिप्पणी: लगभग 72 प्रतिशत वैश्विक भूजल निष्कर्षण इन्हीं दस देशों में होता है।

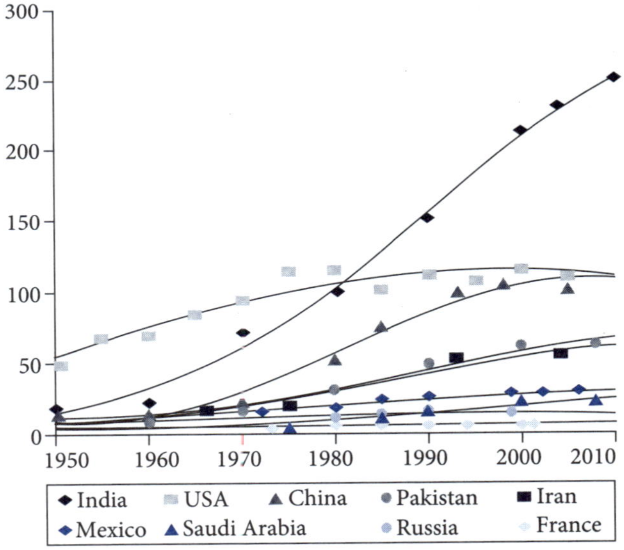

स्रोत: ''मैनेजिंग वाटर अंडर रिस्क एण्ड अनसर्टेनिटी'', द यूनाइटेड नेशन्स वर्ल्ड वॉटर डेवलपमेंट रिपोर्ट 4, वॉल्यूम 1 (2012)

चित्र 5.3: चयनित देशों में भूजल निष्कर्षण प्रवृत्ति
(घन किलोमीटर/वर्ष में)

उत्तर प्रदेश (71 प्रतिशत) के समीप है। जन सारणी में कमी के अलावा भारत के कई भाग खराब गुणवत्ता की समस्या की रिपोर्ट करते हैं जिससे पेयजल में खराबी आ रही है। भारत के लगभग 60 प्रतिशत जिलों में मात्रात्मक उपलब्धता अथवा भूजल की गुणवत्ता

अथवा दोनों से संबंधित समस्याएं हैं। यह एक गंभीर स्थिति है, जिस पर तत्काल ध्यान दिया जाए।

5.47. भूजल प्रबंधन पर कोई समर्पित राष्ट्रीय कार्यक्रम नहीं है। जबकि भूजल को विशिष्ट भू–मानचित्र–पनधारा, लैण्डस्केप, नदी बेसिन, गांव, प्रखण्ड, जिला, राज्य के भाग के रूप में माना जाता है। एक्वाफर पर कभी कभार विचार किया जाता है। एक्वाफर चट्टानों का गठन है जो भूजल को संग्रह करने और संप्रेषण में समर्थ है। ऐसे एक्वाफर को उचित रूप से समझने पर ही भूजल संसाधन का पूर्ण ज्ञान संभव है। वर्तमान दृष्टिकोण भूजल के सामान्य संग्रह प्रकृति की उपेक्षा करते हैं। नोबेल पुरस्कार विजेता अर्थशास्त्री इलिनोरओस्ट्राम का कार्य यह प्रदर्शित करता है कि सीपीआर में डिजाइन का प्रथम सिद्धांत इसकी सीमाओं का स्पष्ट रेखांकन है और अनिवार्य विशेषताओं की समझ भूजल के मामले में इसकी भंडारण और प्रसारण विशेषता है।

भारत के जलभृत (एक्वाफर) का मानचित्रण

5.48. अतः बारहवीं योजना राष्ट्रीय भूजल प्रबंधन कार्यक्रम की पूर्वापेक्षा के रूप में भारत के जलभृतों के मानचित्रण हेतु व्यापक कार्यक्रम शुरू करने का प्रस्ताव करती है जिसे बारहवीं योजना अवधि में शुरू किया जाएगा। यह अनिवार्य है कि जलभृत मानचित्रण के कार्यक्रम की डिजाइन में स्पष्ट भूजल प्रबंधन प्रयोजन हो। यह सुनिश्चित करेगा कि जलभृत मानचित्रण एक शैक्षिक कार्य न रह जाए और यह सहभागी भूजल प्रबंधन कार्यक्रम में अबाध गति से प्रवाहित हो।

5.49. समेकित जलभृत मानचित्रण और भूजल कार्यकम का कार्यान्वयन सरकारी विभागों, अनुसंधान संस्थानों, ग्राम पंचायतों/शहरी स्थानीय निकायों, औद्योगिक यूनिटों, सिविल समाज संगठनों और स्थानीय समुदायों के बीच मजबूत सहभागिता से ही संभव है। भारतीय भूजल बोर्ड इस प्रयास का नेतृत्व करेगा तथा पूरे देश में संगठनात्मक समानता लाने के लिए राज्य भूजल एजेंसी का गठन किया जाए और इनमें सुधार किया जाए। कार्यक्रम के सभी पहलुओं के लिए सिविल समाज और अनुसंधान संस्थानों की सरकार के साथ बातचीत को बढ़ावा दिया जाएगा जिसमें भारत के जलभृत का मानचित्रण विभिन्न स्तरों पर व्यवसायिकों का क्षमता निर्माण, कार्रवाई–अनुसंधान संबंधी बैठक भूजल के आसपास सामाजिक विनियमन प्रतिमानों का विकास और ऐसे प्रतिमान जो विधान और अभिशासन रूपरेखा के संपर्कों को आगे बढ़ा सके, शामिल हैं (इसका अध्याय में आगे वर्णन किया जाएगा)।

5.50. भूजल प्रबंधन अनुक्रिया तभी सर्वाधिक प्रभावी होगी जब देश हेतु जलभृत स्थालाकृति का विकास किया जाएगा। जलभृत स्थलाकृति के अंतर्गत प्रत्येक 'प्रकार' जल विज्ञानीय सेटिंग का कार्य है जो भूजल के सामाजिक पारिस्थितिकी तथा विशेष क्षेत्र के भूजल विकास को परिभाषित करता है। यह स्थलाकृति जलभृतों को रिचार्ज करने पर कार्य सहित भूजल प्रबंधन के संबंध में कार्यों को अभिकल्पित करने और जलभृत मानचित्रण की योजना बनाने हेतु प्रारंभिक बिन्दु होगी।

राष्ट्रीय भू–जल प्रबंधन कार्यक्रम

5.51. भू–जल प्रबंधन की चुनौती इस तथ्य से उपस्थित होती है कि एक क्षणभंगुर सामान्य पूल संसाधन फिलहाल उन व्यक्तियों, खासकर करोड़ों किसानों द्वारा निकाली जा रही है जिसमें यह सुनिश्चित करने के लिए कोई प्रभावी तंत्र नहीं है कि निष्कर्षण की दर संधारणीय है। अच्छा समाचार यह है कि पिछले कुछ वर्षों में देशों ने नवीन दृष्टिकोण पर परीक्षण किया गया है जिससे यह सामने आया है किस प्रकार इस विरोधाभास का समाधान किया जा सकता है। कृपया बॉक्स 5.2 का संदर्भ लें।

5.52. बारहवीं योजना इन विविध अनुभवों के आधार पर तथा पैमाने तक उनके कार्यान्वयन करके राष्ट्रीय भू–जल प्रबंधन कार्यक्रम शुरू करेगी। जल भृत्त मानचित्रण का कार्य निम्नलिखित पहलुओं को समझने तथा उसके अनुसार योजना बनाने के लिए स्थानीय नियोजकों को समर्थ बनाकर इस प्रयास की नींव प्रदान करें :–

- सतही जल विज्ञानीय यूनिटों (जलागमों और नदी बेसिन) और जल विज्ञानीय यूनिटों, अर्थात जल भृत्तों के बीच संबंध;
- जल भृत्त की ज्यामिती–सीमा और मोटाई के बारे में कुछ विचार के साथ जल भृत्त तैयार करने वाली विस्तृत स्थल मण्डलीय ढांचा;
- भू–जल रिचार्ज क्षेत्रों की पहचान जिसमें रक्षण और वृद्धिकारी कार्यनीतियां शामिल हैं;
- गांव अथवा जलागम के पैमाने पर भू–जल संतुलन और फसल जल बजटिंग;
- जल भृत्त भंडारण क्षमता सहित भू–जल भंडारण और संचरण के संबंध में प्रत्येक एक्वाफर के स्तर पर भू–जल मूल्यांकन;
- पंचायत स्तर पर उपर्युक्त विनियामक तंत्रों सहित समुदाय स्तर पर विनियामक विकल्प। इसमें शामिल होंगे ड्रिलिंग की गहराई (क्या नलकूप अथवा बोरवेल की ड्रिलिंग की जाए), कुंओं के बीच दूरी (खासकर पेयजल स्रोतों के संबंध में), फसल प्रतिमान, जो संसाधन (जलभृत) के संधारणीयता सुनिश्चित करें न कि स्रोत

बॉक्स 5.2

भारत में सहभागी भू-जल प्रबंधन

आन्ध्र प्रदेश में खाद्य एवं कृषि संगठन संबंधित एपीएफएएमजीएस कार्यक्रम का लक्ष्य खासकर फसल जल बजटिंग में जल विज्ञानीय आंकड़ा सृजन, विश्लेषण और नीति निर्माण में किसानों को शामिल करना था।

आन्ध्र प्रदेश के भागों में जलागम समर्थन सेवा और कार्यकलाप नेटवर्क (डब्ल्यूएएसएसएएन) को शामिल करते हुए आन्ध्र प्रदेश सूखा अनुकूलन पहल (एपीडीएआई) के अंतर्गत भू-जल शेयर करने में सामाजिक विनियमन।

जल बजटिंग साधन, जिसे जल चित्र के रूप में जाना जाता है, के साथ बेयरफूट कालेज, तिलोनिया से अनुभव।

राजस्थान, मध्य प्रदेश और आन्ध्र प्रदेश समुदायों के साथ–साथ जल संतुलन और नियोजन, भू–जल उपयोग हेतु सूक्ष्म जलागम यूनिटों को मानते हुए पारिस्थितिकीय सुरक्षा हेतु नींव (एफईएस)।

ज्ञान आधारित प्ररूप अनुकूल जल वत्त प्रबंधन कार्यनीतियों पर मध्य प्रदेश में समाज प्रगति सहयोग और महाराष्ट्र में पानी पंचायत के साथ उन्नत जल संसाधन विकास और प्रबंधन केन्द्र (एसीडब्लयूएडीएम) का अनुभव।

उन्नत भू–जल प्रबंधन हेतु खोज में अर्द्ध–व्यावसायिकों के रूप में स्थानीय युवाओं को कच्छ में प्रशिक्षण हेतु एसीटी द्वारा प्रशिक्षण कार्यक्रम और पेयजल पहल।

आईएनआरईएम फाउंडेशन द्वारा सौराष्ट्र और बिहार में भू–जल ज्ञान के प्रलेखन पर अनुसंधान।

महाराष्ट्र में जल संसाधन प्रबंधन के लिए जलागम विकास और सामाजिक विनियमन का हिवरे बाजार मॉडल।

(कुंआ/नलकूप), जल स्रोत समझ, घरेलू जल सुरक्षा, खाद्य और आजीविका सुरक्षा और पारिस्थितिकीय प्रणाली सुरक्षा के आधार पर सहभागी भू–जल प्रबंधन की व्यापक योजना। इसमें सभी पणधारकों के बीच भू–जल के समान वितरण के सिद्धांतों को ध्यान में रखा जाए, जल स्रोत विशेषताओं और दोहन के अंश पर आधारित मुख्यतः बिजली की राशनिंग और/या मीटरिंग के अप्रत्यक्ष तंत्रों के उपयोग हेतु आदान।

केंद्रीय भू–जल बोर्ड (सीजीडब्ल्यूबी) सुधार

5.53. भू–जल के प्रभावी प्रबंधन के लिए भू–जल से संबंधित सरकारी मंत्रालयों (जल संसाधन, सिंचाई, पेयजल, ग्रामीण विकास, कृषि, पर्यावरण और वन, शहरी विकास, प्रदूषण नियंत्रण और औद्योगिक कचरा) के बीच समन्वय के स्वरूप में परिवर्तन की आवश्यकता है। इन एजेंसियों से अपेक्षा की जाती है कि वे भू–जल से संबंधित मुद्दों पर भू–जल पर लिए गए निर्णय के प्रभाव का मूल्यांकन करें तथा सीजीडब्ल्यूबी को सूचित करें। इसे प्रभावी होने के लिए सीडब्ल्यूबी के संस्थागत अधिदेश को सुदृढ़ किया जाना चाहिए तथा भू–जल संसाधन के प्रबंधन के रूप में अपनी भूमिका निभाने में समर्थ बनाया जाना चाहिए। इसमें सामुदायिक संस्थाओं के खेतों से किराए पर लेना, संसाधन का सहभागी प्रबंधन, राजनीतिक अर्थव्यवस्था, जल मंडी के विनियामक प्रणाली, वैकल्पिक उपयोग, भू–जल निष्कर्षण की लागत, ऊर्जा प्रबंधन आदि शामिल हैं।

5.54. पर्यावरण और वन मंत्रालय द्वारा किए गए मूल्यांकन में सीजीडब्ल्यूबी से सामग्री के आधार पर भू–जल पर प्रभाव को शामिल करने की आवश्यकता है। पर्यावरण और वन मंत्रालय से हर हालत में अपेक्षा की जाती है कि भू–जल की कमी वाले क्षेत्र तथा साथ ही उन मामलों में, जहां जल की गुणवत्ता पर नकारात्मक प्रभाव प्रत्यासित है, में सीजीडब्ल्यूबी की राय लेना अपेक्षित है। सीजीडब्ल्यूबी भू–जल पर मुख्य हस्तक्षेपों (औद्योगिक/शहरी/जल विज्ञानीय) प्रभाव के मूल्यांकन हेतु प्रोटोकॉल विकसित करें और कार्य के अपने क्षेत्र का विस्तार करने के लिए अपनी आंतरिक क्षमता को मजबूत बनाएं।

भूजल–ऊर्जा संबंधों को तोड़ना

5.55. कृषि हेतु बिजली राजसहायता की वर्तमान व्यवस्था को भारत के अधिकतर भागों में जल स्तर की कमी में बहुत बड़ी भूमिका निभानी है। यही ऊर्जा संबंधी राजसहायता जिसने भूजल का उपयोग करके हरित क्रांति को तीव्र किया और अनुकूल बनाया वही इसने भू–जल पर ऊर्जा संबंधी दबाव डाला। परिकल्पनात्मक पथ ढूंढने की जरूरत है जो कृषक के हितों पर खराब प्रभाव डाले बिना भूजल–ऊर्जा संबंधों को तोड़े। कई राज्यों ने समाधान ढूंढ लिया है जो बहुत सकारात्मक परिणाम दे रहे हैं।

5.56. एकल सर्वाधिक प्रभावी समाधान ग्रामीण आबादी तथा गैर–फार्म प्रयोक्ताओं को 24×7 बिजली प्रदान करने के लिए पावर

फीडर को भौतिक रूप से अलग करना चाहिए तथा कृषि के लिए 3–फेज आपूर्ति देने के लिए फीडरों को अलग करना रहा है जिसे समान दर पर कुल समय के संबंध में राशनिंग की जा सके। यह कृषि को बिजली राशनीकृत आपूर्ति करते हुए विद्यालयों, अस्पतालों और गैर–फार्म अर्थव्यवस्था को अपेक्षित बिजली देता है। उदाहरणार्थ गुजरात सरकार ने ग्रामीण कनेक्शन को 800,000 नलकूपों से अलग करने के लिए वर्ष 2003–06 के दौरान 1250 मिलियन अमेरिकी डॉलर का निवेश किया और 8 घण्टे/दिन बिजली का राशन अधिरोपित किया किन्तु अच्छी क्वालिटी और पूरे वोल्टेज के साथ। इसे भू–जल विकास हेतु व्यापक जलागम कार्यक्रम से जोड़ा गया। निवल परिणाम रहा है : (1) बिजली पर राजसहायता को आधा करना, (2) स्थिरीकृत भू–जल ड्राफ्ट और (3) ग्रामीण अर्थव्यवस्था में बिजली की उन्नत आपूर्ति।

5.57. उच्च वोल्टेज वितरण प्रणाली (एचवीडीएस), विशेष रूप से अभिकल्पित ट्रांसफार्मरों, ऊर्जा सक्षम पम्प सेटों जैसे अन्य उपायों के साथ बिजली राजसहायता देने का यह बेहतर तरीका हो सकता है जो ऊर्जा संबंधी क्षति को कम करेगा तथा साथ ही जल स्तर को स्थिर करेगा। बारहवीं योजना में इस दिशा में बहुत बड़े निवेश की जरूरत होगी।

पूर्वी भारत में भूजल विकास को बढ़ावा देना

5.58. यह विडंबना है कि जबकि भारत के अधिकांश भाग भूजल के अत्यधिक दोहन के कारण जल सारणी के गिरते स्तर से ग्रस्त है तथापि पूर्वी भारत में इस बहुमूल्य संसाधन का कम उपयोग हो रहा है। बारहवीं योजना सात पूर्वोत्तर राज्यों[23] सहित 11 पूर्वी राज्यों में संधारणीय भूजल सिंचाई विकास हेतु केन्द्रीय प्रायोजित स्कीम शुरू करने का प्रस्ताव करती है ताकि राष्ट्रीय खाद्य सुरक्षा में अंशदान देने के लिए इस क्षेत्र की क्षमता का और अधिक पूर्ण रूप से इस्तेमाल किया जा सके। इसी के साथ इस स्कीम में वे उपाय भी शामिल होंगे जो यह सुनिश्चित करेंगे कि भूजल उपयोग का गहनीकरण जल स्तर और जल की गुणवत्ता में कोई खराबी न लाए जैसा कि भारत के अन्य भागों में अनुभव किया गया है।

5.59. संधारणीयता सुनिश्चित करने के लिए 'इस्तेमाल किए जाने वाले जलभृतों को रेखांकित करने, उनका भंडारण और संचरण क्षमता का मूल्यांकन करने, जल स्तरों में मौसमी उतार–चढ़ाव, प्राकृतिक मानसून रिचार्ज की सीमा और बेस–प्रवाह और अस्वीकृत रिचार्ज की मात्रा निर्धारण हेतु 1:50,000 पैमाने पर विस्तृत जलभृत मानचित्रण कार्य किया जाएगा। ऐसे सर्वेक्षण संभावित भूजल प्रदूषण की समस्या से बचने के लिए जल की गुणवत्ता से संबंधित मामलों का भी समाधान करेंगे। स्कीम के कार्यान्वयन के पहले उचित जल विज्ञानी सर्वेक्षण प्राथमिक आवश्यकता है जिसे पूरा किया जाना है। शुरू की जाने वाली संरचनाओं की संख्या जलभृत की भूजल संभावना के मूल्यांकन के आधार पर कुंओं की जगह हेतु प्रतिमानों पर आधारित है। राज्यों के अतिदोहित, क्रांतिक और अर्द्धक्रांतिक क्षेत्रों में नलकूप/बोरवेल के लिए राजसहायता स्वीकार्य नहीं होगी। इन नलकूपों पर पेयजल स्रोतों से सुरक्षित दूरी सुनिश्चित करने के लिए विशेष ध्यान रखा जाएगा ताकि इन स्रोतों की संधारणीयता पर प्रतिकूल प्रभाव न पड़े। आर्सेनिक अथवा फ्लोराइड संदूषण से प्रभावित जलभृतों से बचा जाए। जोतों के अपेक्षाकृत छोटे आकार को देखते हुए प्रत्येक नए नलकूपों के आसपास जल प्रयोक्ता समूहों (डब्ल्यूयूजी) का गठन किया जाएगा जो बृहत जलभृत संघों (एएमए) में परिणत होगा। एएमए संधारणीय और साम्य भूजल प्रबंधन को सुविधाजनक बनाने में मदद करेगा।

5.60. इस क्षेत्र में अनुभवी और प्रख्यात व्यावसायिक की अध्यक्षता में योजना आयोग और जल संसाधन मंत्रालय के तत्वाधान में एक संचालन समिति विस्तृत परिचालनात्मक दिशानिर्देशों को तैयार करने तथा स्कीम के अंतर्गत परियोजनाओं को मंजूरी देने के लिए जिम्मेवार होगी।

समेकित जलागम प्रबंधन कार्यक्रम (आईडब्ल्यूएमपी)

5.61. ग्यारहवीं योजना में जलागम क्षेत्र में कई अग्रगामी पहलों को देखा गया। कृषि मंत्रालय के वर्षासिंचित क्षेत्र विकास कार्यक्रम के लिए एवम् आईडब्ल्यूएमपी हेतु क्रमशः 3095 करोड़ रु. और 15359 करोड़ रु. (2006–07 मूल्य पर) के परिव्यय अप्रत्याशित थे। इन परिव्ययों से भी अधिक ग्यारहवीं योजना में जलागम कार्यकमों के कार्यान्वयन हेतु मूलभूत रूप से एक नया दृष्टिकोण प्रस्तावित किया गया।

5.62. ग्रामीण विकास मंत्रालय द्वारा स्थापित भारत में जलागम कार्यक्रमों पर तकनीकी समिति (पार्थसारथी समिति) ने जनवरी, 2006 में अपनी रिपोर्ट प्रस्तुत की। पिछले दो दशकों की सीख लेते हुए पार्थसारथी समिति ने जलागम कार्यक्रम में मुख्य सुधारों का प्रस्ताव किया है। इसमें व्यावसायिक रूप से सक्षम व्यक्तियों द्वारा चलाई जाने वाली समर्पित पूर्ण कालिक कार्यान्वयन योजना, विशेषकर जिला स्तर और उससे नीचे, एक त्रिस्तरीय कार्यक्रम जिसमें स्थानीय क्षमता एवं संस्थागत निर्णय पर केन्द्रित दो वर्षीय शुरूआती चरण भी शामिल है, केन्द्रीय स्तर पर जोर देते हुए क्षमता निर्माण जिसमें स्वैच्छिक

क्षेत्र से उपलब्ध विशेषज्ञता; प्रबोधन, आकलन शिक्षण एवं सामाजिक परीक्षा पर भी बल, जीविका के भावी कार्यक्रमों का आयोजन; प्रति हैक्टेयर मानक को वर्तमान ₹6000 से ₹12000 तक बढ़ाना, पिछले 500 हैक्टेयर से सूक्ष्म जलागम की तुलना में 4000 से 10000 हैक्टेयर तक को सूक्ष्म जलागम मानते हुए समूहों पर कार्य करना शामिल है।

5.63. राष्ट्रीय वर्षापोषित क्षेत्र प्राधिकरण की स्थापना नवम्बर, 2006 में की गई थी। प्राधिकरण ने फरवरी, 2008 में योजना आयोग के समन्वय से जलागम विकास परियोजनाओं के लिए सामान्या दिशानिर्देश जारी किए थे, जो सरकार के सभी विभागों/मंत्रालयों में जलागम विकास परियोजनाओं पर लागू होते हैं। मरूभूमि विकास कार्यक्रम (डीडीपी), सूखा प्रवण क्षेत्र कार्यक्रम (डीपीएपी.) तथा अपशिष्ट भूमि विकास कार्यक्रम (आईडब्ल्यूडीपी) को मिलाकर समेकित जलागम प्रबंधन कार्यक्रम (आईडब्ल्यूएमपी) एक ही कार्यक्रम बनाया गया था।

5.64. तथापि, डी.डी.पी., डी.पी.ए.पी. और आईडब्ल्यूडीपी के तहत चल रही अनेक योजनाओं को ग्यारहवीं योजना में रखा गया है। इन कार्यक्रमों के तहत किसी नई परियोजना को स्वीकृति नहीं दी गई है। ग्यारहवीं योजना के अंत तक, 45062 में से 41812 परियोजनाएं या तो बंद कर दी गई हैं या फिर पूर्ण हो चुकी हैं। शेष पुरानी परियोजनाएं 2012–13 के अंत तक पूरी कर ली जाएंगी। (संदर्भ तालिका 5.2)

5.65. समेकित जलागम प्रबंधन परियोजनाओं को 2009–10 के मध्यान्त में स्वीकृति देना आरम्भ किया गया था और जैसा कि तालिका 5.2 में दर्शाया गया है, देश के 23 राज्यों में 15.13 मिलियन हैक्टेयर क्षेत्र की स्वीकृति दी गई है। तथापि, ग्यारहवीं योजना में अनुमोदित 15359 करोड़ रु. के परिव्यय में से 9430 करोड़ रु. का वास्तविक व्यय किया गया।

5.66. ग्रामीण विकास मंत्रालय द्वारा डॉक्टर मिहिर शाह, सदस्य, योजना आयोग की अध्यक्षता में एक समिति का गठन किया गया जो दिशा निर्देशों के अंदर अनिवार्य नम्यता प्रदान करने हेत जलागम विकास परियोजनाओं के लिए सामान्य दिशा निर्देशों पर पुनः विचार करे और नवाचारी विशेषताओं को मजबूत बनाते हुए आईडब्ल्यूएमपी में गति लाए। मिहिर शाह समिति द्वारा प्रस्तावित नए दिशा निर्देशों की मुख्य विशेषताओं को 1 अप्रैल 2013 के प्रभावी जलागम परियोजनाओं पर लागू किया जाना है जिनका सारांश इस प्रकार है :

- अवधि : कार्यक्रम को अधिक गति प्रदान करने और संसाधनों के दुर्बल फैलाव से बचने के लिए यह निर्णय लिया गया है कि आईडब्ल्यूएमपी को पंचवर्षीय कार्यक्रम बनाया जाए। इसका तीन चरणों में किया गया विभाजन जारी रहेगा।
- व्यावसायिकता : कार्यक्रम की एक मुख्य कमी यह पाई गई थी कि सामाजिक और तकनीकी दोनों ही पक्षों में उच्च गुणवत्ता वाले व्यावसायिक मानव संसाधनों की तैनाती के लिए निधि की कमी थी। अतः व्यावसायिक मानव संसाधन की तैनाती के लिए कुल परियोजना लागत की 10 प्रतिशत राशि का विशेष आबंटन प्रस्तावित किया गया है।
- क्षमता निर्माण : क्षमता निर्माण की एक नई राष्ट्रीय कार्यनीति बनाई गई है, चूंकि यह कार्यक्रम की एक प्रमुख आवश्यकता थी, जिसे अधिक दिशा और गति की आवश्यकता थी।

तालिका 5.2
भूमि सुधार विभाग (डीओएलआर) की जलागम परियोजनाओं में हुई भौतिक एवं वित्तीय प्रगति

वर्ष	विकास के लिए लिया गया क्षेत्र (मिलियन हैक्टेयर में)		वित्त (₹ करोड़ में)	
	लक्ष्य	उपलब्धि	लक्ष्य	उपलब्धि
2007–08		–	1114.50	1164.54
2008–09		–	1545.00	1594.40
2009–10	5.41	6.31	1762.98	1762.65
2010–11	8.5	8.82	2458.00	2456.73
2011–12	8.74	–	2549.20	–
कुल	22.65	15.13	9429.68	6978.32
प्रतिशत में	100%	67%	100%	74%

- संस्था निर्माण : इस महत्वपूर्ण तत्व की आवश्यकता कार्यक्रम के तहत लाभों की सम्पोषणीयता को सुनिश्चित करने की लगातार उपेक्षा की गई। अतः इस कार्य के लिए एक विशेष प्रावधान किया गया है और इसकी सुविधा के लिए दिशा निर्देश जारी किए गए हैं।
- नागरिक समाज की भूमिका : जलागम कार्यक्रम की सभी समीक्षाओं में दर्शाया गया कि नागरिक समाज संगठनों द्वारा सर्वोत्तम कार्य किया गया है। नए दिशा निर्देशों में कार्यक्रम के तहत नागरिक समाज सहभागिता का आगे विस्तार और सुविधा प्रदान की गई है।
- शिखर से घाटी मार्ग : जलागम कार्यक्रम में शिखर से घाटी मार्ग का पालन होना चाहिए क्योंकि शिखर निचले स्थानों पर नदियों और जलाशयों का केचमेंट है। यदि हम इन केचमेंट का उपचार नहीं करते हैं तो घाटी में बांधों की क्षमता पर नुकसान होने की संभावना है। जबकि इसे भी ध्यान में रखा जाना चाहिए कि यह एक सहभागिता कार्यक्रम है जिसे समुदाय से जोड़े रखने की आवश्यकता है अत कुछ कार्य ग्राम रिहायशों के पास निचले क्षेत्रों में किया जाए ताकि लोग कार्यक्रम के लाभों को समझ सके और इन पर स्वामित्व की अनुभूति कर सकें। जबकि यह सुनिश्चित किया जाना चाहिए कि प्रत्येक जलाशय के शीर्ष/केचमेंट इसके बाद शीघ्र की पूरी तरह उपचारित किए जाते हैं।
- जलागम का आकार : अनुभव से दर्शाया गया है कि बड़े पैमाने पर किफायतों और उचित योजना के विचार से जलागम परियोजना का आदर्श आकार 3000 और 7000 हैक्टेयर के बीच होना चाहिए। जहां भी संभव हो आस पास के क्षेत्र में अतिरिक्त जलागम बनाए जाएं ताकि इनके बड़े समूह बन सके। जबकि छोटे आकार की परियोजनाओं को पर्वतीय/कठिन तराई क्षेत्रों में मंजूरी दी जा सकती है।
- निधि जारी करने की सुचारु प्रक्रिया : कार्य की प्रगति में टालने योग्य विलंबों से बचने के लिए इन दिशा निर्देशों में शीघ्रता पूर्वक निधि जारी करने की प्रक्रियाओं का नया सेट बनाया गया है।
- केंद्रीय स्तर की नोडल एजेंसी (सीएलएनए) की स्थापना : अनेक राज्यों ने केंद्र से अधिक समर्थन की आवश्यकता व्यक्त की है। अब इन दिशा निर्देशों में बताई गई सुविधा प्रदान करने वाली प्रमुख जिम्मेदारियों के साथ सशक्त व्यावसायिक प्रबंधित सीएलएनए स्थापित किया जा रहा है। एनआरएए की भूमिका को भी बारहवीं पंचवर्षीय योजना के लिए कार्यकारी समूह की सिफारिशों के अनुसार उपयुक्त रूप से पुनः परिभाषित किया जा रहा है, ताकि सीएलएनए और एनआरएए के बीच सहक्रियात्मक पूरक विधि से जलागम कार्यक्रम को आवश्यक समर्थन दिया जा सके।
- संकेद्रण : अनेक राज्यों के अनुभव के आधार पर आईडब्ल्यूएमपी को संबद्ध कार्यक्रमों जैसे मनरेगा, एनआरएमएल, आरकेवीवाय आदि के साथ संकेद्रित करने के लिए एक नई रूपरेखा प्रस्तावित की गई है।
- वन भूमि पर कार्य : जनजाति क्षेत्रों में विशेष रूप से उभरने वाली एक बड़ी चिंता शिखर के क्षेत्रों में कार्य की प्रक्रियागत जटिलताएं है जो वन भूमि के तहत आती है। इन दिशा निर्देशों में एक रूपरेखा प्रस्तावित है, जिसके तहत इस कार्य की सुविधा प्रदान की जा सकती है।
- भौतिक परिणामों और निगरानी योग्य संकेतकों पर फोकस : इन दिशा निर्देशों में निगरानी योग्य संकेतकों और हरित मैट्रिक्स की स्पष्ट सूची दी गई है जिस पर नियमित आधार पर नजर रखते हुए सुनिश्चित किया जाएगा कि बृहत परिव्यय वास्तविकता में टिकाऊ परिणामों में परिवर्तित होते हैं।

जल निकायों का सुधार, नवीकरण एवं जीर्णोद्धार

5.67. भारत में बिहार में 'अहरपैनी', से लेकर राजस्थान में 'टंका', हिमालय में 'धारा', बुंदेलखंड में 'तालाब', तमिलनाडु में 'एइरि' जैसे स्थानीय रूप से जल संग्रहण स्रोत्रों एक ऐतिहासिक और समृद्ध परम्परा रही है। लघु सिंचाई की चौथी गणना (2006–07) के अनुसार, देश में 556 लाख जल निकाय हैं, जिनमें से 302 लाख सीधे ही जनता द्वारा संचालित किए जाते हैं। दुर्योग से, अधिकतर निकाय बदहाल अथवा अनुपयोगी स्थिति में हैं।

5.68. इन जल निकायों के सुधार, नवीकरण एवं जीर्णोद्धार की एक स्कीम वर्ष 2005 में आरम्भ् की गई थी। इन जल निकायों को समेकित जल प्रबंधन कार्यक्रम तथा मनरेगा जैसी स्कीमों में शामिल कर के उद्देश्य से (परन्तु मध्यम तथा वृहद् स्कीमों के तहत सृजित कर) बारहवीं योजना में अब तक प्राप्त अनुभवों के आधार पर, साथ ही देश के कुछ भागों में सिविल सोसायटी के संगठनों, जैसे कि तमिलनाडु में 'धान' के द्वारा मरम्मत कराए जाने का प्रस्ताव है।

5.69. बड़े परिवर्तनों में जल निकायों की केवल भौतिक मरम्मत और गाद निकालने पर जोर देना ही नहीं बल्कि ऐसी चुनौतियों को भी दूर करना होगा जो प्रयोक्ताओं के लाभ को कम करती है :

- जल निकाय की गाद की दर को कम कर उनके प्रवण क्षेत्र की स्थिति का जीर्णोद्धार करना करना जिससे जीवन को विस्तार दिया जा सके तथा
- इन जल निकायों द्वारा सेवित कमान क्षेत्र का विकास करना।

5.70. इनकी क्षमताओं का पूरा उपयोग करने के लिए, इस योजना में दोनों कार्यों को, जो सामान्यत अलग हैं, जलागम उपचार के अलग गृह और कमांड क्षेत्र निकाय एक किया जाए। इसे दोनों योजनाओं से सबक लेने की आवश्यकता है कि यह न केवल इंजीनियरिंग बल्कि संस्थागत निर्माण को भी समान रूप से सेंटर–स्टेज के रूप में लिया जाए। इससे स्कीम की योजना और कार्यान्वयन में लाभार्थी भी भाग लेकर स्वयं को किए गए और सृजित/पुनःस्थापित शक्तियों में हक की भावना को अच्छी तरह से समझ सकेंगे। इस प्रकार की अधिकारिता और सहभागिता के बिना, ये परिणाम नियमित रूप से अस्थायी तथा कम समय के होंगे।

5.71. यह उद्देश्य होना चाहिए कि समेकित जलागम प्रबंधन कार्यक्रम के साथ सुधार नवीकरण एवं जीर्णोद्धार (आरआरआर) परियोजनाओं को इस प्रकार बढ़ाया जाए कि जल निकाय के आवाह क्षेत्र के पहले नहीं तो जल निकाय के सुधार एवं पुनःस्थापन के बाद समरूप ले सके, इसे सम्मिलित संगठनों के लिए सु–परिभाषित त्रि–स्तरीय संरचना कहा जा सकता है।

1. ग्राम पंचायत स्तर पर जल प्रयोक्ता संघ जो नवीकरण, मछलीपालन, वृक्षारोपण और कमान क्षेत्र के विकास कार्यों के कार्यान्वयन के साथ उनके प्रबंधन और अनुरक्षण के साथ–साथ जल वितरण तथा उपयोग और प्रयोक्ता के मध्य वाद निवारण की योजना बनाएगा और भागीदार होगा। संघ अपने सदस्यों से सेवाओं के बदले कुछ पैसा लेकर राजस्व अर्जित कर अपना कोष बना सकेगा जिसका उपयोग समय–समय पर जल स्रोत के रखरखाव और प्रबंध पर व्यय कर सकेगा।
2. झरना संघ जहां कहीं छोटी जलागम किसी चैनल के साथ जुड़ी होती है। पूर्तिकर्ता स्रोत के नवीकरण, सफाई और खुदाई, स्रोत के बदलाव/रेगुलेटर की मरम्मत आदि के लिए संघ ही उत्तरदायी होगा। यह जल प्रयोक्ता संघों के साथ जल बंटवारे और मरम्मरत पर विवाद को दूर करने के लिए भी उत्ततरदायी होगा।
3. ब्लॉक स्तर पर जल प्रयोक्ता संघों का परिव्यय यह परिसंघ विभिन्न क्षेत्रों से जल निकाय के पुनरुद्धार के लिए निधि जमा करेगा, संघ के कार्यक्रमों पर प्रशिक्षण आयोजित करने के साथ–साथ जल संघों तथा झरना संघों के कार्यनिष्पादन तथा पुनर्वास की कार्य प्रणाली की निगरानी भी करेगा।

5.72. बारहवीं योजना के दौरान, 20 हैक्टेयर से 2000 हैक्टेयर तक के जल निकायों को सुधार, नवीकरण और जीर्णोद्धार के लिए शामिल किया जाएगा। योजना की अवधि में, उस स्कीम के लिए ₹5,000 करोड़ आबंटित किए जाएंगे। सकल बुआई क्षेत्र के 40 प्रतिशत अथवा इससे कम सकल सिंचित क्षेत्र वाले जिलों अथवा अनुसूचित जाति + अनुसूचित जनजाति, क्षेत्र जहां सकल बुआई क्षेत्र के 30 प्रतिशत अथवा इससे कम सकल सिंचित क्षेत्र वाले ब्लॉकों के लिए 90 प्रतिशत केंद्रीय सहायता उपलब्ध कराई जाएगी। शेष सभी क्षेत्रों के लिए केंद्रीय सहायता 50 प्रतिशत होगी। शेष राशि राज्यों द्वारा उनके अपने स्रोतों अथवा भारत सरकार की अन्य योजनाओं, जैसे कि आईडब्ल्यूएमपी, मनरेगा, राष्ट्रीय झील संरक्षण योजना, राष्ट्रीय नमी भूमि संरक्षण योजना, जेएनएनयूआरएम अथवा बाहरी सहायता अथवा अन्य अभिकरणों से ऋण के द्वारा जुटाई जाएगी। सभी सुधार नवीकरण एवं जीर्णोद्धार परियोजनाएं लाभभोगियों से 10 प्रतिशत अंशदान प्राप्त करेगी। प्रत्येक परियोजना ₹70,000 से 1,40,000 प्रति हैक्टे. की सहायता प्राप्त करने योग्य होगी।

5.73. प्रत्येक नवीकरण एवं जीर्णोद्धार परियोजना की लागत संरचना निम्न प्रकार होगी :–

- वास्तविक कार्य 80 प्रतिशत,
- सामाजिक संचेतना और संस्थागत निर्माण 8 प्रतिशत,
- क्षमता निर्माण 7 प्रतिशत,
- स्थायी जीविका 3 प्रतिशत,
- प्रबोधन एवं आबंटन 1 प्रतिशत,
- मसौदा परियोजना रिपोर्ट 1 प्रतिशत,

5.74. इस क्षेत्र में अनुभवी तथा जानी मानी हस्ती की अध्यक्षता में योजना आयोग तथा जल संसाधन मंत्रालय के अंतर्गत एक स्थायी समिति सुधार नवीकरण एवं जीर्णोद्धार स्कीम के तहत विस्तृत प्रचालन दिशा–निर्देश तैयार करने तथा परियोजनाओं की स्वीकृति के लिए उत्तरदायी होगी।

शहरी जल एवं अपशिष्ट प्रबंधन

5.75. जन स्वास्थ्य के लिए अशुद्ध जल का कुप्रभाव गंभीर एवं अस्वीकार्य है। पांच वर्ष तक की आयु के बच्चों की डायरिया तथा जलजनित रोगों के कारण मृत्यु होना आम बात है, उसे स्वीकार नहीं किया जाना चाहिए। बारहवीं योजना में मानव आवासीय क्षेत्रों में जल तथा अपशिष्ट प्रबंधन हेतु निवेश की आवश्यकता पर विशेष ध्यान दिया जाएगा, जो किफायती परन्तु टिकाऊ नीतियों पर आधारित होंगी। मानव पुनर्वास की नीति पर स्थायी रूप से ध्यान केंद्रित किया जाएगा।

5.76. शहरों तथा उद्योगों के विकास को रोका नहीं जा सकता। यह विकास जल प्रयोग तथा अवशिष्ट की निकासी पर बुरा प्रभाव डालता है। औद्योगिकीकृत जगत में, औद्योगिकी तथा शहरी क्षेत्रों में जल का उपयोग एक प्राथमिकता है और भारत में इन क्षेत्रों से मांग में वृद्धि निश्चित है। अतः यह आवश्यक हो जाता है कि कृषि से औद्योगिक/शहरी उपयोग के लिए जल का 'पुनः आबंटन' किया जाए। जब तक इसका न्यायसंगत रूप से प्रबंधन नहीं किया जाएगा, तब तक ग्रामीण क्षेत्रों के पारंपरिक उपयोगकर्ताओं, खासकर किसानों के साथ विवाद उत्पन्न होंगे। देश के कुछ भागों में इस तरह के तनाव देखने में आए हैं। भारतीय शहरों तथा उद्योगों को अपने जल की समस्याओं पर पुनः सोचना होगा ताकि उनकी आवश्यकता के अनुरूप जल इस प्रकार सुरक्षित हो जिसमें विवाद की संभावना न्यूनतम हो। भारतीय शहरों तथा उद्योगों को न्यूनतम जल तथा न्यूनतम अपशिष्ट के साथ विकास की राह खोजनी होगी।

5.77. प्रभावी नीति बनाने के लिए जल के उपयोग पर आंकड़ों की आवश्यकता होती है। शहरों में जल की आपूर्ति तथा मांग के आकलन की वर्तमान प्रणाली पुरानी/अल्प विकसित है तथा यह हमारे आकलन एवं योजना निर्माण में कमी का कारण बनती हैं। भारतीय शहरों में जलापूर्ति की मांग के लिए जनसंख्या (जो उपलब्ध है) को प्रति व्यक्ति मांग (जो मानी जाती है) से गुणा करके मांग निकाली जाती है। इससे, शहरों में जल की आवश्यकता के संदर्भ में एक बड़ी भिन्नता पाई जाती है। प्रायः केंद्रीय जन स्वास्थ्य एवं पर्यावरण अभियांत्रिकी संगठन (सीपीएचईईओ) द्वारा उपलब्ध कराए गए दिशा–निर्देश नगर नियोजकों द्वारा प्रयोग किए जाते हैं। परंतु, यह जल की आवश्यकता के बारे में स्पष्टता लाने में असफल सिद्ध होते हैं।[24]

जल प्रबंधन एवं न्याय संगत आपूर्ति

5.78. जलापूर्ति की मात्रा के समान ही जल प्रबंधन एवं, सभी को समान आपूर्ति करना भी एक बड़ी समस्या है। ज्यादातर शहरों में, जलापूर्ति के स्रोत काफी दूर होते हैं। पम्पिंग की लागत सहित योजना की लागत पाइप लाइन की लंबाई तय करती हैं। वर्तमान जलापूर्ति प्रणाली में, वितरण प्रणाली में जल रिसाव और कुप्रबंधन के कारण बहुत अधिक हानियां होती हैं। इसी प्रकार, शहरों में जल का असमान बंटवारा भी एक बड़ी चुनौती है। राष्ट्रीय नमूना सर्वेक्षण के 65वें चक्र के अनुसार, शहरों में केवल 47 प्रतिशत घरों में ही एकल जल कनेक्शन है।

5.79. वर्तमान में, यह अनुमान लगाया गया है कि संवितरण प्रणाली में ही 40–50 प्रतिशत जल हानि हो जाती है। यद्यपि यह मात्र अनुमान है, क्योंकि अधिकतर शहरों में उपभोक्ताओं को की गई जल की आपूर्ति के वास्तविक विवरण उपलब्ध नहीं हैं। नागपुर ने जलहानि का तुलन पत्र तैयार किया है। उनकी गणना के अनुसार शहरों से लगभग 40 कि.मी. दूर पेंच जंगल तथा टाइगर रिजर्व क्षेत्र से लिए गए 765 मिलियन लीटर प्रतिदिन के जल के थे। इसे केवल 200 मिलियन लीटर प्रतिदिन का ही पैसा मिलता है अर्थात् कुल क्षेत्र का 32 प्रतिशत, रिसाव और लीकेज के कारण इसके बजट में राजस्व की हानि होती है। कृपया तालिका 5.3 का संदर्भ लें।

तालिका 5.3
नागपुर जल पथः प्रवाह में हानि मात्रा

नागपुर	क्षति	शेष
यात्रा प्रारंभः जहां से जल लिया गया		765 मिलियन लीटर प्रतिदिन
नहर में क्षति	140 मिलियन लीटर प्रतिदिन	625 मिलियन लीटर प्रतिदिन
कच्चा पानी खरीद के मापन में क्षति	125 मिलियन लीटर प्रतिदिन	500 मिलियन लीटर प्रतिदिन
शोधन में क्षति	20 मिलियन लीटर प्रतिदिन	480 मिलियन लीटर प्रतिदिन
वितरण/चोरी/मीटर से वाणिज्यिक क्षति	235 मिलियन लीटर प्रतिदिन	245 मिलियन लीटर प्रतिदिन
संग्रहण क्षति	45 मिलियन लीटर प्रतिदिन	200 मिलियन लीटर प्रतिदिन

स्रोतः एस. शस्त्क 24×7 नागपुर की जलापूर्ति परियोजना एनईएसएल द्वारा शहरी विकास मंत्रालय, नई दिल्ली, अप्रैल मिमियों में प्रस्तुतिकरण।

5.80. जब किसी नगर के चालू और भावी जल परिदृश्य का नक्शा तैयार किया जाता है, तब प्रायः जलापूर्ति की लागत की गणना नहीं हो पाती, यही नहीं उस समय समझ में भी नहीं आती है। जवाहरलाल नेहरू राष्ट्रीय शहरी संरचना मिशन को प्रस्तुत की गई नगर निकाय योजना सामान्य बढ़ी हुई आपूर्ति वास्तविक तथा वित्तीय दृष्टि से बिना इसकी लागत का अनुमान लगाए ही बता देती है। आंकड़े दर्शाते हैं कि अधिकतर शहर 30–50 प्रतिशत के बीच जलापूर्ति के लिए बिजली की मोटरों का उपयोग करते हैं। जैसे–जैसे दूरी बढ़ती है, निर्माण की लागत और पाइप लाइन के रखरखाव और इसी प्रकार जल वितरण के नेटवर्क में भी वृद्धि होती जाती है। यदि नेटवर्क का ठीक प्रकार से रखरखाव नहीं किया जाए तो जल की हानि में भी वृद्धि होती है। अंत में, परिणामस्वरूप सरकार द्वारा सभी के लिए सब्सिडाइज्ड पानी की आपूर्ति करना मुश्किल हो जाता है। इस प्रकार

वह आवश्यकता के अनुरूप जलापूर्ति नहीं कर पाती है। इससे गरीब तबके के लोग ज्यादा प्रभावित होते हैं। उन्हें पानी के लिए अधिक समय और पैसा खर्च करना पड़ता है क्योंकि उनके घर में जल का कनेक्शन नहीं होता है।

भूजल : शहरी जलापूर्ति के आंकड़ों की अनुपलब्धता

5.81. नगरीय जल अभिकरण भू–जल के सरकारी स्रोत तथा आपूर्ति के अनुमान ही उपलब्ध करा पाती है। उनके पास इसका कोई रिकार्ड नहीं होता है कि कितना भू–जल है, शहरों में निजी तौर पर कुंओं से या फिर टैंकरों द्वारा आपूर्ति कर कितना जल निकाला गया। शहरों में केंद्रीय भूजल बोर्डों का तंत्र नाममात्र का ही है। राज्य भूजल बोर्डों के निगरानी आंकड़े, यदि उपलब्ध भी हों तो भी, नगरी जल अभिकरणों को उनके जलापूर्ति तथा उपयोग के आबंटन करने में प्रभावी नहीं हो पाते हैं। यह स्पष्ट है कि शहरों के वह स्थान जहां सरकारी जलापूर्ति नहीं हो पाती पूर्णतः भूजल पर ही निर्भर करते हैं। अतः शहरों के जल स्रोतों के पुनर्भरण के लिए एक साथ ही नीतियां बनानी होंगी। भूजल के आकलन किए बिना कोई शहर अपने गंदे पानी का भी सही अनुमान नहीं लगा सकता, इससे सीवरेज की योजना सही नहीं बन पाती और परिणामस्वरूप प्रदूषण फैलता है।

5.82. शहर की जलापूर्ति में भूजल की विद्यमान भूमिका की पहचान की कमी, इस बारे में स्थानीय जल निकायों की भूमिका और उनके पुनर्भरण में छूट दिए जाने की आवश्यकता है। इन जल निकायों और उनसे आवाह क्षेत्र पर प्रायः अतिक्रमण कर लिया जाता है। स्थानीय जलापूर्ति के एक स्रोत के रूप में जल निकायों की आवश्यक भूमिका और सीवर के जल के उपचार के लिए भावी स्थानों पर तत्काल विचार किए जाने की आवश्यकता है।

जल एवं अपशिष्ट का संबंध

5.83. हालांकि शहरों को जल की चिंता करने तथा अपशिष्ट पर ध्यान देने की आवश्यकता है। इससे पानी का उत्पादन होगा। बिना किसी संदेह के, यह गंदगी शहर के झरनों, तालाबों या नदियों में बहाकर जल संयंत्रों को प्रदूषित करती है और स्वास्थ्य को खराब करती है। वैकल्पिक रूप से यही गंदगी भूमि में जाकर भूजल को दूषित करती है, जिसे बाद में लोग पीने के लिए इस्तेमाल करते हैं। यह आश्चर्य की बात है कि भूजल पर लिए जा रहे सर्वेक्षणों में यह पता चल रहा है कि भूजल में माइक्रोबायोलॉजिकल प्रदूषण की दर उच्च और उच्चतर होती जा रही है। इससे भयानक और महंगी वृद्धि होती है। जैसे ही सतही जल अथवा भूजल प्रदूषित होता है, इसके अलावा कोई और विकल्प नहीं होता कि वह इसकी आपूर्ति के नए स्रोतों का पता लगाएं। इसकी खोज हावी हो जाती है और शहर से दूरी के वृद्धि के कारण पम्पिंग और आपूर्ति की लागत बढ़ती है।

5.84. हमारे पास मलमूत्र आदि के उत्पादन या उपचार या उपचार के लिए का कोई सरकारी लेखा–जोखा उपलब्ध नहीं है। वास्तव में हमारे शहरों में सीवेज नापने या अनुमान लगाने का कोई वास्तविक पैमाना हमारे पास नहीं है, क्योंकि लोग भिन्न तरीकों से सीवर का निस्तारण करते हैं। वर्तमान में हम नासमझी से सीवर का निस्तारण करते हैं, एक अनुमान के अनुसार नगरपालिकाओं द्वारा आधिकारिक रूप से आपूर्ति किया गया जल 80 प्रतिशत सीवरेज में वापस चला जाता है।

5.85. सभी को स्वच्छता उपलब्ध कराना तथा यह सुनिश्चित करना कि सुविधा स्वच्छ है तथा इससे प्रदूषण नहीं होगा ही मुख्य ध्येय है। वर्तमान में शहरों में रहने वाले लोगों की स्वच्छता स्थिति में बहुत अंतर है। इसमें वे लोग हैं जिनकी स्वच्छता सेवाओं तक पहुंच नहीं है और सबसे ऊपर के लोग हैं, जो अंत में अधिकारिक भू–सीवर नेटवर्क में मिल जाता है। 2001 की जनगणना ने पाया कि 74 प्रतिशत भारतीय शहरों की स्वच्छता तक पहुंच थी और 46 प्रतिशत भारतीय शहरियों के घर में पानी की टंकियां हैं। परंतु यह स्पष्ट नहीं हो पाया कि ये फ्लश सैप्टिक टैंक या भूमि नेटवर्क या खुले नालों से जुड़े हैं। 2011 की जनगणना में इस विसंगति को ठीक कर दिया गया, फिर भी शौचालयों तथा निस्तारण प्रणाली के आंकड़ों में परिवर्तन पाया गया है। जनगणना–2011 दर्शाती है कि 32.7 प्रतिशत शहरी भारतीय ही सीवर पाइप प्रणाली से जुड़े हैं और 12.6 प्रतिशत – मोटे तौर पर 5 करोड़ शहरी लोग आज भी खुले में शौच जाते हैं। चुनौती बहुत बड़ी है और इस पर तत्काल हस्तक्षेप की आवश्यकता है जो स्वच्छता सुविधा और निपटान दोनों प्रदान करती है। कृपया तालिका 5.4 का संदर्भ लें।

5.86. आधुनिक शहरों के अधिकतर भाग सीवेज प्रणाली से नहीं जुड़े हैं क्योंकि ये अनधिकृत या गैर कानूनी क्षेत्रों या मलिन क्षेत्रों में होते हैं, जहां राज्य सेवाओं की पहुंच नहीं है। ऐसी स्थिति में, यहां निवेश करना संकटपूर्ण है। साथ ही यह और भी संकटपूर्ण होगा कि हम यहां वहन करने योग्य भवन और आंकलित सीवेज प्रणाली का निर्माण करें, जिसके लिए सीवेज तथा उसे उपचार की आधुनिक प्रौद्योगिकी पर पुनर्विचार किए जाने की आवश्यकता है। कृपया बॉक्स 5.3 का संदर्भ लें।

अपशिष्ट और प्रदूषण का संबंध

5.87. यदि सीवेज प्रणाली को सभी प्रकार के अपशिष्ट के एकत्रण, निस्तारण को शहर में सघनता से नहीं फैलाया जाता है तो प्रदूषण

तालिका 5.4
शहरी भारत में स्वच्छता सुविधा

संख्या	सुविधा	प्रतिशत
1	**फ्लश/जल प्रवाहित शौचालय जो जुड़े हैं**	**72.6**
क	पाइप सीवर प्रणाली	32.7
ख	सैप्टिक प्रणाली	38.2
ग	अन्य प्रणाली	1.7
2	**शौचालय के गड्ढे जो**	**8.3**
क	स्लैब/सुधरे हुए हवादार गड्ढों सहित	6.4
ख	स्लैब/खुले गड्ढों रहित	0.7
ग	रात्रि में खुले नाले में निस्तारित	1.2
3	**सर्विस शौचालय जो**	**0.5**
क	रात्रि में कर्मियों द्वारा साफ किए जाते हैं	0.3
ख	रात्रि में जानवरों द्वारा साफ किए जाते हैं	0.2
4	**जिन स्थानों में शौचालय नहीं है**	**18.6**
क	जन शौचालय	6.0
ख	खुले में	12.6
	कुल	**100.0**

स्रोतः भारत की जनगणना, 2011 घर, घरेलू सुविधाएं और परिसंपत्तियांः शौचालय सुविधा, महा पंजीयक और जनगणना आयुक्त का कार्यालय, भारत।

को नियंत्रण करना कठिन है। वर्तमान में, केंद्रीय प्रदूषण नियंत्रण बोर्ड के आंकड़ों के अनुसार, देश में उत्पादित उत्सर्ग की लगभग 30 प्रतिशत उपचार क्षमता है। कृपया तालिका 5.5 और बॉक्स 5.4 का संदर्भ लें।

5.88. देश के सीवेज का लगभग 17 प्रतिशत दिल्ली और मुम्बई केवल दो शहर उत्पादन करते हैं तथा देश की संस्थापित क्षमता का 40 प्रतिशत इनके पास है। फिर बुरी बात क्या है– बिजली और रसायनों आदि की उच्च बढ़ती लागत और उपचार के लिए सीवेज की कमी के कारण कई संयंत्र सही काम नहीं कर पा रहे हैं। ज्यादातर शहरों में, थोड़ी मात्रा में (अनुमान उपलब्ध नहीं) सीवेज को उपचार के लिए भेजा जाता है। यदि सरकारी नालों में बहाकर गंदगी को उपचार के लिए भेजा जाता है तो इसके अनुपचारित सीवेज में मिलने और परिणामस्वरूप प्रदूषण फैलता है।

5.89. एक समस्या तंत्र स्थापना की है – सीवेज उपचार संयंत्र इस प्रकार डिजाइन नहीं किए जाते हैं कि वे जल निकाय को वास्तव

तालिका 5.5
भारतीय शहरों में अपशिष्ट उपचार क्षमता

	श्रेणी–। (0.1–1 मिलियन)	श्रेणी–।। शहर (50000–99999)	कुल
उत्पादित गंदा पानी (मिलियन लीटर प्रतिदिन)	35,558	2697	38,255
जलोपचार क्षमता (मिलियन लीटर प्रतिदिन)	11,554	234	11,788
अनुपलब्ध क्षमता (मिलियन लीटर प्रतिदिन)	24,004	2,463	26,467
अनुपचारित अपशिष्ट (प्रतिशत)	**68**	**92**	**70**

स्रोतः केंद्रीय प्रदूषण नियंत्रण बोर्ड–2009: जलापूर्ति की स्थिति, भारत के श्रेणी–। तथा श्रेणी–।। के शहरों में अपशिष्ट जल उत्पादन एवं उपचार, केंद्रीय प्रदूषण नियंत्रण बोर्ड, दिल्ली।

में साफ कर, उपचारित अपशिष्टों का सही निस्तारण कर सकें। ऐसा लगता है कि सीवेज की अवसंरचना का निर्माण करते समय अधिकतर शहर इस पर विचार नहीं करते हैं। जहां कहीं जगह मिली वे सीवर उपचार संयंत्र लगा देते हैं। जितना आसानी से हो सके, साधारणतः नालों में सीवेज का विस्तारण किया जाता है, परंतु नालों में बड़ी संख्या में लोगों की यह गंदगी इकट्ठी होकर प्रदूषण उत्पन्न करती है।

जल और स्वच्छता पर निवेश

5.90. इस क्षेत्र में पर्याप्त निवेश किए जाने की आवश्यकता है। सम्पत्तियों के निर्माण और पुनर्निर्माण में अति आवश्यक सार्वजनिक निधिकरण उपलब्ध कराकर, जवाहर लाल नेहरू राष्ट्रीय शहरी अवसंरचना मिशन एक महत्वपूर्ण परिवर्तक बन गया है। मिशन के तहत ज्यादातर परियोजनाएं जल एवं सीवेज के लिए बनाई गई 60000 करोड़ रु. की स्वीकृत लागत का लगभग 70 प्रतिशत है। कृपया तालिका 5.6 का संदर्भ लें।

5.91. 2005 से 2011 के बीच इन योजनाओं के तहत जल, नाले बनाने तथा सीवेज परियोजनाओं के लिए मोटे तौर पर 42000 करोड़ रु. स्वीकृत किए थे। जबकि इनकी तुलना करें तो देखेंगे कि पिछले 25 वर्षों में इसी उद्देश्य के लिए 3,700 करोड़ रु. तथा नदी संरक्षण कार्यक्रमों पर 5000 करोड़ रु. स्वीकृत किए गए थे। भारतीय शहरी अवसंरचना और सेवाओं पर उच्चाधिकार प्राप्त विशेषज्ञ समिति की

बॉक्स 5.3

बंगलुरूः अति उत्तम?

भारत का कोई भी शहर ऐसा नहीं है जिसमें एक अच्छा और पूर्ण सीवर प्रणाली हो। अधिकतर शहरों में अपूर्ण सीवर प्रणाली की बहुत बड़ी कमी है जिन्हें गम्भीरता से पुनःसुधार की आवश्यकता है। बैंगलुरू एक अति विकसित शहर है जिसमें 3610 कि.मी. सीवर लाइन तथा 14 सीवेज उपचार संयंत्र हैं। मोटे तौर पर शहर में 800–1000 मिलियन लीटर प्रति दिन सीवेज बनता है और इसके उपचार की स्थाापित क्षमता मौटे तौर पर लगभग 721 मिलियन लीटर प्रतिदिन हैं। इसके पास शतप्रतिशत मीटर आपूर्ति, वसूली की उच्च दर, शतप्रतिशत जलापूर्ति तथा सीवेज अवसंरचना में भौतिक निवेश उपलब्ध है। तथापि, उपचार क्षमता का उपयोग नहीं हो पाता है क्योंकि बैंगलुरू सीवेज उपचार संयंत्रों को करीब 300 मि.ली. प्रतिदिन सीवेज उपलब्ध हो पाता है। दूसरे शब्दों में आधे का ही उपचार हो पाता है। इसमें कोई आश्चर्य नहीं है कि इसके जलचक्र की नदियां और झीलें प्रदूषित है और भू–जल में नाइट्रेट का स्तर बढ़ रहा है, जो स्वास्थ्य के खतरनाक है।

स्रोतः शहरी और औद्योगिक जल पर बारहवीं योजना कार्यकारी समूह की रिपोर्ट

बॉक्स 5.4

तिरुचिरापल्ली में परिवर्तन की लहर

ईशर जज अहलूवालिया का प्रकरण अध्ययन

तमिलनाडु के तिरुचिरापल्ली (त्रिची) की जनसंख्या 10 लाख से ज्यादा है जिसका 25 प्रतिशत झुग्गियों में रहता है। वर्ष 1990 के अंत तक त्रिची में, स्वच्छता तथा शौचालयों की स्थिति बदतर होने के कारण देश के शेष भागों से इतर नहीं थी। परंतु 10 वर्ष पहले यहां बदलाव आना शुरू हुआ और उसके बाद त्रिची ने पीछे मुड़कर नहीं देखा। शहरी विकास मंत्रालय ने वर्ष 2009–10 में स्वच्छता के मामले में इस शहर को छठे स्थान पर रखा है।

''ग्रामालय'' नामक एक गैर–संगठन द्वारा चलाई गई एक बड़ी मुहिम के तहत यह वर्ष 2000 में आरंभ हुआ स्व–सहायता ग्रुप में मलिन बस्तियों में महिलाओं में जागतति लाने के लिए मलिन बस्तियों में प्रशिक्षण के माध्यम से स्वच्छता के प्रति अभियान और सामुदायिक शौचालयों और बाल मित्र शौचालयों के निर्माण/नवीकरण के द्वारा जिसमें समुदाय की महिलाओं ने ''पैसा दो और उपयोग करो'' के आधार पर इनका प्रबंधन किया। स्वच्छता के संदेश का प्रचार करने के लिए स्व–सहायता समूहों द्वारा स्वच्छता–प्रशासन शिक्षा दलों का गठन किया गया जो लोगों के आचरण की निगरानी तथा शौचालयों के रख–रखाव का पर्यवेक्षण करते थे। प्रत्येक शौचालय में 24×7 की आपूर्ति के लिए नल है। कुछ लोगों ने स्वच्छता कॉम्पलैक्स और नहाने और कपड़े धोने के लिए अलग कमरों की मानक स्तर पर व्यवस्था की। त्रिची नगर निगम (टीसीसी) ने इन शौचालयों के संचालन के लिए प्रथम कुछ वर्षों के लिए पानी की पम्पिंग के लिए बिजली के प्रभार को माफ कर दिया। इसके बाद सामुदायिक शौचालयों के लिए वाणिज्यिक नहीं, बल्कि कम घरेलू दरें ली गईं। अधिकतर शौचालय सीवेज प्रणाली या फिर सैप्टिक टैंक से जुड़े हैं।

स्व–सहायता समूहों द्वारा चलाए जा रहे शौचालय में स्वच्छता स्वास्थ्य शिक्षा दल का एक सदस्य शौचालय कॉम्पलैक्स के बाहर एक मेज लगाकर बारी–बारी से बैठता है और शौचालय का उपयोग करने के लिए आने वाले लोगों को टोकन बेचता है। दिन में दो से तीन बार कॉम्पलैक्स की सफाई के लिए सफाईकर्मी लगाए गए हैं। मैंने वहां दिल्ली के सिनेमा हॉलों में बने शौचालयों से कहीं अधिक सफाई देखी।

उनके द्वारा शौचालयों के प्रबंधन और रख–रखाव की प्रणाली देखकर यह स्पष्ट है कि वहां की महिलाएं इसके अर्थशास्त्र को समझती हैं। प्रयोगकर्ताओं से लिए गए पैसे का बिजली के बिल, सफाईकर्मी, चौकीदार का भुगतान तथा छोटी–मोटी मरम्मत पर खर्च किया जाता है। विशिष्ट प्रति एक उपयोग के लिए 50 पैसे से एक रु. लिया जाता है जबकि बच्चों, बुजुर्गों तथा विकलांगों के लिए यह निःशुल्क है। इसका लेखा–जोखा ध्यानपूर्वक रखा जाता है, जिसकी टीसीसी द्वारा लेखा परीक्षा की जाती है।

सभी टीमें क्रमशः एक्शन फॉर विलेज एम्पावरमेंट ''वेव'' (नामक एक पंजीकृत समिति) को चंदा देते हैं। ''वेव'' की मासिक बैठकों में उनकी समस्याओं तथा एक दूसरे के अनुभवों पर विचार किया जाता है। इन बैठकों में टीसीसी का भी एक सदस्य आमंत्रित होता है। उन्में कमरा प्रबंधन तथा अन्य सार्वजनिक सेवाओं की बेहतरी में कार्यक्षेत्र का विस्तार कर रहे हैं।

नगर निगम, गैर सरकारी संगठनों और मलिन बस्ती के समुदायों से मिलकर त्रिची के स्वच्छता परिदतश्य को नया रूप दे दिया है।

स्रोतः 'शी क्रिएट ए वेव ऑफ चेंज इन त्रिची' ईशर जज अहलूवालिया, *इंडियन एक्सप्रेस, 27 अप्रैल 2011*।

तालिका 5.6
जेएनएनयूआरएम के राज्यवार आबंटन
(21.9.2011 की स्थिति) 100वीं सीएसएमसी

सेक्टर	करोड़ रुपए में	आबंटित कुल लागत का प्रतिशत
जलापूर्ति परियोजनाएं	19,233	32.09
सीवर परियोजनाएं	14,624	24.40
नाले	8,208	13.69
जल निकायों का संरक्षण	116	0.19
कुल जल क्षेत्र	42,181	70.39
अन्य शहरी क्षेत्र	17,748	29.61
कुल स्वीकृति	**59,929**	**100.00**

स्रोतः जेएनएनयूआरएम 2011 शहरी अवसंरचना के लिए प्रस्तुत क्षेत्रवार विमुक्तियां तथा सरकार, शहरी विकास मंत्रालय, 2011।

रिपोर्ट में उल्लेख किया गया है कि जल सीवरेज और गंदे पानी के समस्याओं पर आगामी 20 वर्षों में 754627 करोड़ रु. का पूंजीगत निवेश किए जाने की आवश्यकता है।

5.92. जेएनएनयूआरएम के तहत सफल जलापूर्ति की औसत लागत लगभग 3 करोड़ रुपए प्रति मिलियन ली. प्रतिदिन होती है। सीवेज परियोजना की औसत लागत 3.33 करोड़ रु. मिलियन ली. प्रतिदिन है जबकि संशोधित गंगा कार्यक्रम के तहत सीवेज उपचार प्रणालियों तथा नेटवर्क की निर्माण लागत लगभग 5 करोड़ रु. प्रति मिलियन ली. प्रतिदिन और बिहार के मुंगेर जैसे छोटे शहरों में यह बढ़कर 7 करोड़ रु. प्रति मिलियन ली. प्रतिदिन आती है। यह स्पष्ट है कि पानी और अपशिष्ट सेवाओं के प्रावधान को पूरा करने के लिए सार्वजनिक निधि की आवश्यकता है। इस निवेश की योजना बनाते समय सावधानीपूर्वक किए जाने की आवश्यकता है ताकि ये सेवाएं आगे भी बनी रहें।

बारहवीं पंचवर्षीय योजना के लिए सुधार कार्यक्रम

5.93. यदि हम शहरी जल और अपशिष्ट प्रबंधन में सतत हल के लिए प्रयास करे तो बारहवीं योजना में निदर्शन परिवर्तन से कम कुछ भी अपेक्षित नहीं है। पहले हमें घरों तक पानी पहुंचाने के लिए पाइप लाइन की लंबाई कम करनी होगी जिससे बिजली पंपिंग लागतों और 'लीकेज' की लागतें कम हों। इसका तात्पर्य है कि, स्थानीय जल निकायो को पुनः प्रयोग में लाने और भूजल के पुनः प्रयोग को उच्च प्राथमिकता देना ताकि हम यथा संभव निकट से पानी प्राप्त कर सकें। दूसरे, हमें अपने घरों में ज्यादा नहीं, कम पानी का उपयोग करना चाहिए ताकि हमें कम पानी को शोधित करना पड़ें और हम उसका निपटान कर सकें। तीसरे, हमें सीवेज की लागतों और ढुलाई में कटौती करनी चाहिए – विकेंद्रीकृत नेटवर्कों का प्रयोग करना चाहिए और यथा संभव स्थानीय रूप से सीवेज शोधन की विभिन्न प्रौद्योगिकियां अपनानी चाहिए। अंत में हमें यह सीखना शुरू करना चाहिए कि हमें अपने सीवेज की एक एक बूंद का पुनः प्रयोग करना होगा। यहां तक कि तकनीकी रूप से इसे पेय जल में बदलना संभव है परंतु कम से कम हमें इसका उपयोग अपने बगीचों, उद्योगों में पुनर्चक्रित और पुनः प्रयोग करने की योजना बनानी चाहिए अथवा इसका उपयोग (शोधन के पश्चात्) प्राकृतिक जल निकायों को पुनः प्रयोग हेतु बनाने में करना चाहिए। इसके लिए मानकों में परिवर्तन करना आवश्यक है होगा ताकि भूजल प्रदूषण बोर्ड रीचार्ज के लिए अपशिष्ट जल के पुनः प्रयोग को प्रोत्साहित करें। इस अपशिष्ट जल कार्यक्रम को सोच समझकर शहरी योजनाओं में शुरू किए जाने की आवश्यकता है।

5.94. जेएनएनयूआरएम के अंतर्गत शहरी परियोजनाओं में किसी भी प्रकार के सहयोग के लिए आवश्यक पूर्व शर्तों के अनुसार शहरी जल और स्वच्छता के लिए योजनाएं बनाई जानी चाहिए। इसमें निम्नलिखित शामिल हैं :

1. सभी के वहन करने योग्य लागतों पर जल आपूर्ति की योजना
2. स्थानीय जल प्रणालियों की सुरक्षा और प्रबंधन में निवेश करना।
3. जल आपूर्ति और स्वच्छता में इंट्रा सिटी असमानता को कम करना।
4. सबसे पहले सीवेज़ और उसके पश्चात जल आपूर्ति के संबंध में निवेश करना
5. सीवेज प्रणाली संबंधी लागतों को कम करना ताकि निवेश सभी को प्राप्त हो सके।
6. सततता बनाए रखने के लिए सीवेज़ प्रबंधन ओर शोधन प्रणालियों को पुनः ईजाद करना।
7. पानी और अपशिष्ट जल की प्रत्येक बूंद के चक्रण और पुनः प्रयोग की योजना बनाना।

5.95. बारहवीं योजना के लिए सुधार कार्यक्रम में पॉच मुख्य प्रबलन क्षेत्र होंगे :

कार्यक्रम 1 : जल आपूर्ति संबंधी निवेश मांग प्रबंधन, इंट्रा सिटी असमानता और आपूर्ति किए गए पानी की गुणवत्ता पर केंद्रित होगा

5.96. आज नगर निगम जल आपूर्ति पर सबसे बड़ा प्रभार पानी को लाने की दूरी से संबंधित है। प्रत्येक शहर के जल आपूर्ति कार्यक्रम

में मांग प्रबंधन और आपूर्ति की लागतों में कमी करने की व्यवस्था करना है। इसके लिए शहरों में स्थानीय जल निकायों हेतु योजना बनाना और बड़ी संख्याओं में मीटर लगाकर और किफायत आंदोलनों के माध्यम से वितरण हानि में कटौती करने की योजना बनाना आवश्यक है।

5.97. जबकि प्रयोग के स्तरों को बढ़ाने के लिए उच्चतर शुल्क दर के साथ निःशुल्क पानी की मात्रा 'लाइफ लाइन' उपलब्ध कराकर साम्यता स्थापित करने के लिए प्रचालन और रखरखाव की बढ़ती लागतों के अनुपात को पूरा करने के लिए प्रयोक्ता प्रभार की योजना बनानी चाहिए।

कार्यक्रम 2 : जल निकायों का संरक्षण

5.98. प्रत्येक शहर को यह विचार करना चाहिए कि आपूर्ति का पहला स्रोत उसके स्थानीय जल निकाय हैं। अतः शहरों को जब वे स्थानीय जल निकायों से जल आपूर्ति जिम्मेदार हैं और उन्होंने स्थानीय जलनिकायों तथा उनके कैचमेंट को संरक्षित किया है तो उन्हें मातृ जल परियोजनाओं के लिए धन अवश्य प्राप्त होना चाहिए। इस पूर्व शर्त से वे उन्हें संरक्षित करने और अवसंरचना तैयार करने के लिए बाध्य होंगे, जो स्थानीय रूप से आपूर्ति करेगी और तब सीवेज का पुनः प्रयोग होगा – पानी का अपशिष्ट से संबंध स्थानीय स्तर पर होगा। इससे पाइपलाइन की लंबाई में दोहरी कमी होगी – एक बार जल आपूर्ति में और दूसरी बार अपशिष्ट को वापस लेने में।

कार्यक्रम 3 : सीवेज घटक जो नदियों और नहरों के प्रदूषण बिंदुओं को जोड़ते हैं, के बिना किसी भी जल योजना को मंजूरी नहीं दी जाएगी।

5.99. सीवेज के लिए किया गया निवेश जल आपूर्ति के निवेश के बराबर होना चाहिए। यह ध्यान रखना भी महत्वपूर्ण है कि सभी लोगों तक पहुंचने और सभी का अपशिष्ट रोकने के लिए व्यापक सीवेज प्रणाली हेतु निवेश किए बिना प्रदूषण नियंत्रण संभव नहीं है। सीवेज सुविधाओं के पिछले बाकी और नए विकसित क्षेत्रों में सीवेज अवसंरचना को ध्यान में रखते हुए शहरों की योजना सावधानी से तैयार की जानी चाहिए। 'पूर्ण कवरेज और लागतों' के लिए यह योजना शहरों के लिए अपशिष्ट शोधन की अपारंपरिक विधियों की तलाश करेगी।

5.100. उदाहरण के लिए, शहरों के लिए तब खुली नालियें में सीवेज के शोधन पर विचार किया जाएगा और अपशिष्ट जल शोधन वैकल्पिक जैविक विधियों का प्रयोग किया जाएगा। अपशिष्ट जल शोधन की जैविक विधियों से बैक्टीरिया (सेल्स) से संपर्क शुरू होगा जो अपशिष्ट जल में जैविक पदार्थों से पोषण प्राप्त करेंगे जिससे इसकी बीओडी मात्रा में कमी आएगी। उनके चयापचय से जैविक पदार्थ सेललुर मास में बदल जाता है जो अधिक समय तक का समाधान नहीं है परंतु इसे सेटलिंग टैंक की तली में अवक्षेपित किया जा सकता है या के रूप में ठोस सतहों पर अथवा प्रणाली में वनस्पति के रूप में बनाए रखा जा सकता है। इस प्रणाली में मौजूद पानी इसमें डाले गए पानी से अधिक शुद्ध होगा। इस सिद्धांत से सीवेज प्रणाली निर्माण की लागत में कमी आएगी, सीवेज नेटवर्क की लंबाई में कमी होगी और एक संसाधन के रूप में अपशिष्ट का शोधन होगा – सिंचाई या उद्योग में उपयोग के लिए सीवेज को पानी में बदला जा सकेगा।

5.101. भारतीय शहरों में मल मूत्र के निपटान के नए तरीकों को काफी आगे बढ़ाने के अवसर हैं, जो प्राप्त करने लायक और सतत हैं, क्योंकि सामान्यतः अभी तक इसके लिए कोई अवसंरचना तैयार नहीं की गई है।

कार्यक्रम 4 : शोधित अपशिष्ट जल के पुनश्चक्रण और पुनः प्रयोग के लिए योजना पर विचार करना

5.102. शहरों के लिए उनके पानी और अपशिष्ट योजना के बारे में बाद में विचार करने के बजाय प्रारंभ में ही अपशिष्ट के पुनः प्रयोग और पुनश्चक्रण के लिए योजना बनानी चाहिए। यह भी स्पष्ट है कि शहरों को प्राप्त करने योग्य और सततता के लिए योजना बनाकर विचार करना चाहिए। पुनः प्रयोग के लिए विविध विकल्पों को अपनाना चाहिए – कृषि में उपयोग, जल निकायों की पुनः प्राप्ति, बागवानी और उद्योग तथा घरेलू उपयोग के लिए। प्रत्येक मामले में शोधन योजना भिन्न होगी। परंतु सभी मामलों में शोधित बहिः स्राव जलीय चक्र को सुधारेगा। यह पर्यावरण को अपशिष्ट नहीं अपितु पानी लौटाएगा। जबकि एक अपेक्षाकृत बड़े सीवेज शोधन संभव के प्रचालन में प्राप्त करने योग्य अर्थव्यवस्था एक पैमाना होगी। लगाए गए संयंत्र का आकार नकानों के समूह संस्थान या यहां तक कि कॉलोनियों से अपशिष्ट एकत्र करने की प्रचालन की लागत अधिक होंगी, परंतु पाइप डालने और पंपिंग की लागत में पर्याप्त कमी होगी।

कार्यक्रम 5 : क्षेत्रीय स्तर पर योजना

5.103. शहरी, अर्धशहरी और ग्रामीण क्षेत्रों में पेयजल और स्वच्छता के मुद्दे एक दूसरे से जुड़े हैं और विकास के पैमाने के रूप में एक दूसरे पर अत्यधिक प्रभाव डालते हैं। अतः ग्रामीण और शहरी क्षेत्रों की आवश्यकताओं को पूरा करने और स्कीमों को दोहराने से बचने के लिए पेयजल आपूर्ति उपलब्ध कराने तथा अपशिष्ट जल शोधन हेतु क्षेत्रीय योजना प्रणाली अनिवार्य है।

औद्योगिक पानी और अपशिष्ट पदार्थ[25]

5.104. जिस तरह अर्थव्यवस्था का औद्योगिकीकरण हो रहा है, यह अत्यंत महत्वपूर्ण है कि उद्योग जल उपयोग दक्षता में सुधार के लिए उत्तम अंतरराष्ट्रीय प्रणालियां अपनाएं, निम्नलिखित दो तरीकों से बड़े पैमाने पर ऐसा किया जा सकता है:

- विभिन्न उत्पादन कार्यकलापों में पानी की वैकल्पिक बचत प्रौद्योगिकियों के माध्यम से ताजे पानी के उपभोग में कमी करना और
- ऐसे जल प्रोत्साहन कार्यकलापों से अपशिष्ट जल का का पुनः प्रयोग और पुनश्चक्रण तथा उद्योग में या उनके बाहर अन्य कार्यकलापों में उपयोग हेतु शुद्ध पानी उपलब्ध कराना।

5.105. ऐसी प्रणाली उपयोग किए गए ताजे पानी तथा पर्यावरण में छोड़े गए प्रदूषित अपशिष्ट जल के संदर्भ में भी भारतीय उद्योग के जल तलछट में कमी करने के लिए अत्यंत महत्वपूर्ण है। इस मुद्दे की तात्कालिक आवश्यकता है क्योंकि प्रयोक्ताओं और उपयोगों के बीच प्रतिस्पर्धा के कारण भारत में चारों ओर जल संघर्ष अत्यधिक बढ़ रहा है। और उद्योग को जल के अपेक्षाकृत नए उपभोक्ता के रूप में यह स्वीकार करना है कि अपने प्रचालनों की सततता सुनिश्चित करने और अपने निजी प्रबुद्ध हित में पानी के उपयोग में मितव्ययिता अब एक आवश्यक उपादन है।

5.106. बारहवीं योजना अवधि के दौरान इस दिशा में पहला कदम व्यापक जल लेखा परीक्षा करना होगा, ताकि हम यह जान सकें कि औद्योगिक कार्यकलाप की आवर्ती रूपरेखा का इस समय औद्योगिक क्षेत्र द्वारा क्या उपयोग किया जा रहा है, ताकि इसमें हुए परिवर्तनों को निगरानी किया जा सके और जल बचान की सर्वाधिक लागत प्रभावी प्रौद्योगिकियों और प्रक्रियाओं को तैयार और कार्यान्वित किया जा सके, जिससे पानी की मांग में कमी हो तथा औद्योगिक मूल्य वर्द्धित प्रति यूनिट जल उपयोग में वृद्धि हो सके। जल लेखा परीक्षा में मात्रा और गुणवत्ता दोनों पहलुओं पर विचार किया जाएगा क्योंकि जलीय पर्यावरण और सीवेज प्रणालियों में प्रदूषण फैलाने वाले बहिःस्राव में कमी करना, पानी को बचाने में मुख्य भूमिका निभाता है। जल सघन उद्योग जैसे कागज और लुगदी, वस्त्रोद्योग, खाद्य, चर्म (टेनिंग), धातु, (सतह शोधन), रसायन/फार्मास्युटिकल, तेल/गैस और खनन की बड़ी इकाइयों में शुरूआत होगी।

5.107. कंपनियों के लिए यह अनिवार्य बनाने के लिए कि वे अपनी वार्षिक रिपोर्ट में प्रतिवर्ष अपने पानी तलछट का ब्यौरा शामिल करें, योजना आयोग, भारतीय उद्योग तथा कॉर्पोरेट मंत्रालय के मुख्य प्रतिनिधियों के साथ काम कर रहा है। इसमें निम्नलिखित शामिल होंगे।

- उनके विभिन्न उत्पादन कार्यकलापों (कार्यकलाप–वार) में उपयोग किए गए ताजे पानी की मात्रा।
- उनके द्वारा उपयोग किए गए पानी जिसका पुनः प्रयोग किया गया या पुनर्चक्रित किया गया (पुनः कार्यकलाप–वार) की मात्रा
- समय सीमा सहित यह प्रतिबद्धता कि कंपनी निश्चित समय अवधि (विनिर्दिष्ट की जानी हैं) में अपने पानी की तलछट में निश्चित मात्रा (विनिर्दिष्ट की जानी हैं) में कमी करेगी।

5.108. इसके साथ साथ, योजना आयोग संबंधित सरकारी संस्थाओं के साथ काम करते हुए विभिन्न उद्योगों में विशिष्ट जल उपयोग के लिए बेंचमार्क विकसित करेगा और औद्योगिक परियोजनाओं को मंजूरी देते समय उनका अनुप्रयोग सुनिश्चित करेगा। राष्ट्रीय जल मिशन के एक भाग के रूप में, जल संसाधन मंत्रालय में बुनियादी अध्ययन करने और कंपनी अधिनियम में संशोधन सहित जल लेखा परीक्षा, जल तलछट आदि के माध्यम से जल उपयोग में दक्षता वृद्धि के लिए औद्योगिक संघों के साथ मिलकर एक समिति का गठन किया है।

5.109. जल उपयोग हेतु शुल्क वसूलने और जल संरक्षण के लिए प्रोत्साहित करने के उपायों की जांच करना, दूसरा कदम होगा। इस समय, औद्योगिक इकाइयों से बहिःस्राव बहाने पर उपकर लगाने के लिए जल (प्रदूषण निवारण एवं नियंत्रण) उपकर अधिनियम, 1977 एक मात्र दस्तावेज है। यह शुल्क, उद्योग से बहाए गए बहिःस्राव की मात्रा पर आधारित है। और इसका प्रयोग केंद्रीय और राज्य प्रदूषण बोर्डों के संसाधन बढ़ाने में होता है। जल उपकर के माध्यम से लगाया गया कर, उद्योगों को उनके पानी के तलक्षट में कमी करने के लिए हतोत्साहित करने हेतु पर्याप्त नहीं है। पानी के उपयोग और बहिःस्रावों पर लगाए गए शुल्क में पर्याप्त वृद्धि करने के लिए इस अधिनियम और अन्य प्रावधानों तथा विकल्पों की जांच करना आवश्यक है। जहां उद्योग भूजल सेवाओं या सिंचाई विभागों को भी भुगतान नहीं करते हैं, वहां यह विशेष रूप से आवश्यक है। परिवर्तन के लिए एक यंत्र के रूप में पानी की कीमत का अत्यधिक महत्व है और उद्योग को प्रोत्साहित करने के लिए सक्रिय रूप से इसका प्रयोग किया जाना चाहिए।

5.110. उद्योगों की लेखा परीक्षा को वैध ठहराना, तीसरा कदम होगा ताकि सर्वोत्तम प्रणालियों का अनुभव और विश्वसनीयता प्राप्त हो। पर्यावरणीय विनियामक संस्थाओं के माध्यम से अनुपालन और लागू

करने के लिए प्रत्येक उद्योग द्वारा पानी के उपयोग में कमी करने की वचनबद्धता का पता लगाया जाएगा।

5.111. जल लेखा परीक्षा से प्रशिक्षण आवश्यकताओं को पहचानने में मदद मिलेगी और यह इस कार्य में व्यावहारिक परिवर्तन लाने का यह एक सर्वोत्तम तरीका है। अंतिम उपभोक्ता द्वारा व्यावहारिक परिवर्तन और कठोर उपाय सफलता पूर्वक अपनाने पर ही अधिकतम जल बचत होगी।

5.112. उद्योगों द्वारा इस मार्ग का अनुसरण और अधिक विश्वसनीयता से किया जाए, इसके लिए केंद्र और राज्य सरकारों का अपने परिसरों में पानी के उपयोग की अपनी लेखा परीक्षा कर और कम पानी का उपयोग सुनिश्चित करने के लिए लक्ष्य निर्धारित कर तथा अपशिष्ट में कमी लाने हेतु प्रौद्योगिकी और व्यवहार में परिवर्तन कर, उदाहरण प्रस्तुत करने की आवश्यकता है।

5.113. एक फोरम तैयार करने के लिए भी यह अत्यंत महत्वपूर्ण है जो

- पानी के बुद्धिमत्तापूर्ण उपयोग के लिए उद्योग विशिष्ट अच्छी पद्धतियों संबंधी सूचना उपलब्ध कराएगा।
- जल लेखा परीक्षा और जल उपयोग परामर्शी सेवाओं में विशेषज्ञता बढ़ाना शुरू करेगा।
- भारत में प्रचलित विभिन्न औद्योगिक क्षेत्रों से संबंधित उदाहरण स्वरूप मामले के अध्ययन का विवरण उपलब्ध कराना।
- वर्षा जल संचयन, पुनश्चक्रण और पुनः प्रयोग, जल संरक्षण और व्यवहार परिवर्तन में सहायता हेतु सहयोग के लिए जल बचत तथा जल दक्षता के बारे में सूचना प्राप्त करने के लिए 'प्रवेश द्वार' उपलब्ध कराना। कृपया बॉक्स 5.5 का संदर्भ लें।

बॉक्स 5.5

यूनाइटेड किंगडम उद्योग में जल उपयोग दक्षता

यूनाइटेड किंगडम में, पानी के कार्यक्षम उपयोग को बढ़ावा देना कंपनियों का संवैधानिक कर्तव्य है, इसके परिणामस्वरूप जल कंपनियां (इंग्लैंड और वेल्स में) अपने उपभोक्ताओं में जल दक्षता को बढ़ावा देने के लिए अनेक जल दक्षता संबंधी कार्य करती हैं। जल उद्योग अधिनियम (डब्ल्यूआईए 91 धारा 93 ए) के अंतर्गत, जल दक्षता कार्यकलाप एक कर्तव्य है। जल बचत के लिए जल कंपनियों द्वारा स्वयं लक्ष्य निर्धारित किए गए हैं। तथापि, 1 अप्रैल, 2010 तक जल कंपनियों द्वारा निर्धारित ऑफवाट (जल नियमन कार्यालय) अनिवार्य जल दक्षता लक्ष्यों की एक पद्धति के अंतर्गत कार्य कर रहे होंगे, जिसे सभी जल कंपनियों को पूरा करना होगा। घरेलू या औद्योगिक उपभोक्ताओं को लक्ष्य बना कर यह लक्ष्य पूरा किया जा सकता है, परंतु इस लक्ष्य को साल दर साल पूरा किया जाना है। जल दक्षता लक्ष्यों के निम्नलिखित तीन घटक हैं :

- वर्ष 2010–11 से 2014–15 की अवधि के दौरान जल दक्षता कार्यकलाप के माध्यम से प्रति कंपनी, प्रतिदिन अनुमानित रूप से एक लीटर पानी बचाने का अनुमानित वार्षिक लक्ष्य।
- पानी का और अधिक बुद्धिमत्तापूर्ण उपयोग कैसे करें, इस बारे में उपभोक्ताओं को न्यूनतम स्तर की सूचना उपलब्ध कराने की शर्त।
- यह शर्त कि प्रत्येक कंपनी जल दक्षता के लिए साक्ष्य आधारित सुधार हेतु सक्रिय रूप से सहयोग करेगी।

लक्ष्य निर्धारित करने के अतिरिक्त, बड़े पैमाने पर जल संरक्षण में सहायता के लिए वॉटरवाइज नामक एक संगठन स्थापित करेगी और उसे वित्त पोषित करेगी। वॉटरवाइज यूनाइटेड किंगडम का एक गैर सरकारी संगठन है जो यूनाइटेड किंगडम में जल उपभोग में कमी लाने पर केंद्रित है, और यूनाइटेड किंगडम में जल दक्षता सूचना और मार्गदर्शन संबंधी केंद्रीय प्राधिकरण है। (http://www.waterwise.org.uk/)

यूनाइटेड किंगडम में परिचालित अन्य गैर सरकारी संगठन, एनवायरोवाइज है, जो व्यवसायियों को और अधिक संगठन दक्ष बनाने में सहायता करने और उनका धन बचाने के लिए निःशुल्क और स्वावलंबी सहयोग देता है। 1994 से एनवायरोवाइज ने यूनाइटेड किंगडम उद्योग को उनकी संघटन प्रक्रियाओं को शुरूआत में अपशिष्ट में कमी से एक बिलियन पाउंड से अधिक की सहायता की है। पानी, इस अपशिष्ट न्यूनीकरण कार्यनीति के भाग के रूप में हैं। (http://envirowise.wrap.org.uk/uk/Topics-and-Issues/Water.html)

राष्ट्रीय सिम्बायोसिस कार्यक्रम यूनाइटेड किंगडम आधारित संस्था है, जो उद्योग में संसाधनों के दक्षतापूर्ण उपयोग को बढ़ावा देती हैं और पहले इसने जल संबंधी क्षेत्र में कार्य किया है। यूनाइटेड किंगडम सरकार जल प्रयोग साधनों को शामिल करते हुए, जल प्रौद्योगिकी सूची प्रकाशित करती हैं जो जल दक्षता में सहायक है। एनवायरोवाइज, औद्योगिक जल उपयोग, जल उपयोग साधनों और जल संरक्षण के बारे में क्रमबद्ध सूचना प्रकाशित करता है। वॉटरमार्क परियोजनाओं ने वर्ष 2003 में भवन की 17 श्रेणियों के लिए जल उपयोग और जल दक्षता बेंचमार्क प्रकाशित किए हैं। खाद्य और पेय उदयोग व्यापार संघ जल उपयोग में उत्तम पद्धतियों संबंधी सूचना और मार्गदर्शन उपलब्ध कराते हैं।

5.114. एक बार ऐसी प्रणाली विद्यमान होने पर जल उपयोग में महत्वपूर्ण अर्थव्यवस्था पूरी होगी, यह दर्शाने के लिए इससे संबंधित पर्याप्त अनुभव है। प्रवाहित पानी की 15 प्रतिशत से 90 प्रतिशत जल बचत की प्राप्त सूचना सीमा औद्योगिक उप – क्षेत्र पर निर्भर मानी जाती हैं, वैयक्तिक प्रक्रिया से जांच या अधिकांशतः पाए जाने वाले आंकड़ों के साथ जल बचत के आंकड़ों को मिलाने पर यह सीमा 30 प्रतिशत से 70 प्रतिशत के भीतर है। स्पेन के कोटालोनिया क्षेत्र में 1992 और 1997 के बीच आईसीएईएन द्वारा किए गए अध्ययन से विभिन्न औद्योगिक क्षेत्रों में 25 से 50 प्रतिशत जल बचत की संभाव्यता दिखाई गई है। (आकृति 5.4 देखें) इसी अध्ययन में यह जोर गया है कि लगभग 35 प्रतिशत बचत उपाय प्रबंधन और नियंत्रण, 32 प्रतिशत प्रक्रिया में और 18 प्रतिशत बहिःस्रावों के पुनः प्रयोग के क्षेत्रों में कार्यान्वित किए गए थे।

5.115. विभिन्न प्रकार के कार्यकलापों के लिए संभावित जल बचत (औसत मान) तालिका 5.7 में दी गई है।

5.116. उद्योगों में जल उपयोग के लिए भी विनियम प्रणाली को सुदृढ़ करने की आवश्यकता है। इस समय, जल स्रोतों के बारे में सूचना उपलब्ध कराने हेतु स्वीकृति मांगने वाली उद्योगों के लिए पर्यावरणीय विनियम, आवश्यक हैं, जो राज्य सरकार के सिंचाई विभागों या भूजल बोर्डों द्वारा उपलब्ध कराए जाते हैं। पानी के लिए यह अनुमति देते समय विशेष रूप से जल दबाव वाले क्षेत्रों में, उपलब्धता को ध्यान में नहीं रखा जाता है। जल मूल्यांकन प्रणाली लागू करने के लिए सुदृढ़ करना सुनिश्चित करने के लिए योजना आयोग, विनियामक संस्थाओं के साथ काम करेगा।

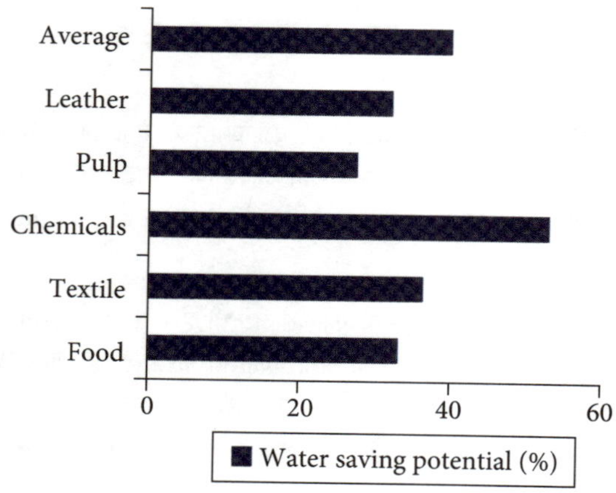

चित्र 5.4: उद्योग में जल बचत की संभावना

तालिका 5.7
उद्योग में विभिन्न उपायों से संभावित जल बचत

दक्षता उपाय	बचाए हुए पानी का प्रतिशत
क्लोज्ड लूप पुनश्चक्रण	90 प्रतिशत
शोधन सहित क्लोज्ड लूप पुनश्चक्रण	60 प्रतिशत
स्वचालित शट – ऑफ	15 प्रतिशत
काउंटर करेंट रिंज़िंग	40 प्रतिशत
स्प्रे / जेट अपग्रेड	20 प्रतिशत
धुलाई के पानी का पुनः उपयोग	50 प्रतिशत
स्क्रेपर्स	30 प्रतिशत
विद्यमान सफाई (सीआईपी)	60 प्रतिशत
दबाव में कमी संबंधी	परिवर्तनशील
कूलिंग टॉवर के ताप भार में कमी	परिवर्तनशील

स्रोतः एनवायरोवाइज (2005): औद्योगिक उपयोग के लिए लागत प्रभावी जल बचत उपाय और पद्धतियां यूनाइटेड किंगडम में।

बाढ़ प्रबंधन

5.117. बारहवीं योजना के बाढ़ प्रबंधन संबंधी कार्य समूह का आकलन है कि 1953 से 2010 की अवधि के दौरान औसतन, प्रतिवर्ष 7.208 मिलियन हेक्टेयर क्षेत्र में भूमि और 3.19 मिलियन लोग बाढ़ से प्रभावित हुए थे। फसलों, मकानों और सार्वजनिक स्थलों को बाढ़ से निरंतर (2010–11) हुई औसत वार्षिक क्षति का मूल्य लगभग ₹6976 करोड़ है। यह निजी निवेश को अलग कर देने के बाद है, जिसका कोई आकलन नहीं किया गया हैं। केंद्र और राज्य सरकार द्वारा विभिन्न योजनाओं (वर्ष 2010–11 की लागतों के अनुसार) किया गया व्यय लगभग ₹1,26,000 करोड़ होने का अनुमान है। औसतन इसमें ₹2100 करोड़ प्रतिवर्ष की लागत है यद्यपि, प्रारंभिक वर्षों की तुलना के बाद के वर्षों में आकलन में वृद्धि की गई है। ब्रह्मपुत्र–मेघना, गंगा और सिंधु नदी बेसिनों के अंतर्गत आने वाले राज्य बाढ़ से सर्वाधिक प्रभावित हैं। देश में बाढ़ संभावित क्षेत्रों का मौजूदा आंकलन 49.815 मिलियन हेक्टेयर है, जो राष्ट्रीय बाढ़ आयोग (आरबीए) द्वारा 1980 में किए गए (40 मिलियन हेक्टेयर) मूल्यांकन से अधिक है। भारत में कुल मिलाकर अत्यधिक बाढ़ प्रभावित क्षेत्रों के रूप में 39 जिलों की पहचान की गई है। व्यवस्थित विकास और बाढ़ग्रस्त मैदानी क्षेत्रों में अतिक्रमण, सड़कों और रेलमार्गों के निर्माण की अनुचित योजना, शहरी क्षेत्रों में अपर्याप्त और अप्रभावी नालियों आदि के कारण बाढ़ से होने वाली क्षति में वृद्धि हुई है।

5.118. मोटे तौर पर, तीन प्रकार की बाढ़ प्रबंधन कार्यनीति अपनाई गई है :

1. वर्षा ऋतु में बहाव को रोक कर और व्यस्ततम समय बीत जाने (उतार) के पश्चात इसे छोड़ने के लिए जलाशयों के निर्माण और नदी पर बांध/बाढ़ दीवारें बनाने सहित इंजीनियरिंग/संरचनात्मक उपाय :
2. बाढ़गत मैदानों को क्षेत्रों में बांटना, बाढ़ की भविष्यवाणी, बाढ़ आने की चेतावनी, बाढ़ के साक्ष्य देने सहित गैर संरचनात्मक उपाय;
3. जलागम प्रबंधन और प्राकृतिक नालियों के पुर्नस्थापन सहित कैचमेंट क्षेत्र उपचार।

5.119. मुख्य रूप से इंजीनियरिंग/संरचनात्मक साधनों पर ध्यान दिया गया है। विशाल बांधों में भारी निवेश करने के अलावा भारत पहले ही 35,000 कि.मी. से अधिक तटबंधो का निर्माण कर चुका है। परंतु ये बड़ी तेजी से अपनी सीमा तक पहुंच रहा है। उदाहरण के लिए हाल ही में हुए अध्ययनों से पता चलता है कि प्रायद्वीपीय नदियों की मौजूदा संग्रहण अवसंरचना अधिकांशतः दक्षिण पश्चिम वर्षा बहाव को निर्धारित करने के लिए बनी हैं जो कि 10 वर्ष में से 9 वर्ष बहाव को निर्धारित करता है, मतलब वहां अब भी 10 वर्ष में एक बार बाढ़ आती हैं जिसके लिए बड़ी मात्रा में, अतिरिक्त अवसंरचना के लिए निवेश करने का कोई आर्थिक औचित्य नहीं है। इसकी बजाय, बाढ़ बीमा और संभवतः बाढ़ दिशापरिर्वतन के निर्देश सहित बेहतर मौसम और बाढ़ की पूर्व सूचना देना आवश्यक है, जिससे किसानों को बाढ़ के बहाव से अस्थाई रूप से (और क्षतिपूर्ति के लिए) तटबधो पर बसा दिया जाए, क्योंकि गंगा समूह के संभावित उपयोज्य पानी के 250 बीसीएम में से लगभग 37 बीसीएम इस समय अधिग्रहीत है और यदि विचाराधीन बांध बना दिया जाए तो कुल में से कम से कम 50 बीसीएम अधिग्रहीत हो जाएगा। इससे इसमें से थोड़े से पानी का उपयोग सिंचाई या बाढ़ रोकने के लिए ही हो सकेगा। खतरे वाली सहायक नदियों पर पहले ही पूर्णरूपेण तटबंध बचाए जा चुके हैं और तब भी वहा बाढ़ आती है जिसका कारण पानी का तटबंधो के उपरसे होकर बह जाना नहीं है बल्कि तटबंधो का खराब रखरखाव (जैसे बिहार में कोसी) या अपर्याप्त बांध प्रबंधन (जैसे उड़ीसा में हीराकुंड) के परिणामस्वरूप तटबंधो में बार बार दरार पड़ जाती हैं।[26]

5.120. घाग्गर नदी बेसिन में 1993 और 2010 के दौरान आई बाढ़ से प्राप्त साक्ष्यों से साफ पता चलता है कि पंजाब व हरियाणा में हुई क्षति, तटबंध में आई दरार और नहरों को प्रयोग न किये जाने, नहरों की घटिया बनावट, रखरखाव, साथ ही बाढ़ ग्रसित मैदानों और नालियों पर निर्माण कार्यों को बढ़ावा दिया जाना भी इसका एक कारण रहा है। 2008 में कोसी नदी के बांध में आई दरार से लगभग एक हजार लोग मारे गए और 3.35 मिलियन लोग[27] विस्थापित हुए। उत्तरी बिहार में लगातार तटबंधों के निर्माण के बावजूद आजादी के बाद से बाढ़ संभावित क्षेत्रों में 200 प्रतिशत तक वृद्धि हुई है। जिसका कारण तटबंधों द्वारा प्राकृतिक नालों के बहाव को रोकना व प्राकृतिक डेल्टा निर्माण एवं मैदानी भागों[28] में रुकावट पैदा करना है।

5.121. बांध बनाने व बड़े पैमाने पर जल संग्रह की सीमाओं को ध्यान में रखते हुए कुछ राज्य सरकारों (जैसे बिहार) ने बाढ़ को नियंत्रित करने के लिए अपनी कार्यनीति को विस्तार देते हुए पारंपरिक पुर्नवास, प्राकृतिक जल निकासी व्यवस्था और मनरेगा के तहत उपलब्ध निधि के समुचित उपयोग पर जोर देने का निर्णय लिया है। चूंकि इसमें सामाजिक प्रेरण, सामाजिक इंजीनियरिंग की जटिल प्रक्रिया शामिल है, अतः इस कार्य में सामाजिक संगठन, सरकार के साथ निकटतम भागीदारी रखेंगे। बारहवीं योजना बाढ़ प्रबंधन के क्षेत्र में इस प्रकार के प्रतिमान का दृढ़ता से समर्थन करता है।

5.122. वास्तव में, विपत्ति को सुयोग में बदलने का, जहां तक संभव हो एक प्रयास तो अवश्य किया जाएगा। जल भराव वाले क्षेत्रों में छोटे–छोटे बहुद्देश्यीय फार्न तालाबों का निर्माण किया जा सकता है। तालाबों के कीचड़ को किनारों पर बांध की तरह ऊंचा कर उन पर केले, पपीता, आम, अरहर, काजू आदि की फसल लगाई जा सकती हैं। तालाब के पानी से जल की कमी वाले, ऊंचाई वाले क्षेत्रों की सिंचाई की जा सकती हैं। प्रयोगों से यह बात सामने आई है कि जल भराव वाले क्षेत्रों में, सिंघाड़े की फसल बहुत ही लाभप्रद हो सकती हैं। अनुसंधानों और क्षेत्र स्तर पर परीक्षण से धान की अतिरिक्त लंबी किस्मों का पता चला है, जो तेजी से विकसित हो सकती हैं और जलभराव को सहन कर सकती हैं। जलभराव प्रायः ऊपरी कैचमेंट की बदइंतजामी से बदतर हो जाती हैं। ऊपरी कैचमेंट में स्व स्थानों वर्षा जल संरक्षण, उथले नलकूपों द्वारा भूजल को उपयोग बढ़ाना, इस समस्या, को कम करने के संभव हस्तक्षेप हैं। भूमि, जल और पोषक तत्वों के एकीकृत प्रबंधन से इसे ऊपरी भूमि की कृषि उत्पादकता को स्थिर किया जा सकता है और बढ़ाया जा सकता है जिसका इस भूमि पर सकारात्मक प्रभाव पड़ेगा।

5.123. इसके अतिरिक्त, बाढ़ग्रस्त मैदानों के दक्षतापूर्ण प्रबंधन, बाढ़ग्रस्त मैदानों को क्षेत्रों में बांटने, आपदा तैयारी और सार्वजनिक स्वास्थ्य उपाय तथा बाढ़ बीमा सहित बाढ़ से निपटने के लिए आपदा

राहत के साथ साथ बाढ़ की पूर्व सूचना एवं चेतावनी जैसे गैर संरचनात्मक उपायों को और अधिक प्राथमिकता दी जाएगी।

5.124. प्रारंभ में अनेक जलाशयों का निर्माण बिना किसी बाढ़ बचाव उपाय के किया गया था लेकिन विकास और जनसंख्या वृद्धि के साथ वासस्थान, इन जलाशयों के अनुप्रवाह के बहुत अधिक निकट आ गए हैं और ऐसे जलाशयों का प्रचालन सावधानीपूर्वक किए जाने की आवश्यकता है। केंद्रीय जल आयोग (सीडब्ल्यूसी) का मौजूदा बाढ़ पूर्वानुमान नेटवर्क, यथेष्ट रूप से संपूर्ण देश को सम्मिलित करने के लिए पर्याप्त नहीं है। बारहवीं योजना, स्वचालित आंकड़ा संग्रह, संचारण और बाढ़ सूचना प्रसार के नेटवर्क के अंतर्गत नदियों के निकट स्थित क, ख 1, ख–2 और ग–श्रेणी के शहरों को सम्मिलित करने के लिए राज्य सरकारों और आईएमडी के परामर्श से सीडब्ल्यूसी के बाढ़ पूर्वानुमान नेटवर्क के विस्तार हेतु मूर्त योजना तैयार करेगी। वर्तमान में, सीडब्ल्यूसी देश के 28 जलाशयों हेतु अंतर्वाह पूर्वानुमान लगाता है। बारहवीं योजना में इसे अतिरिक्त 160 जलाशयों तक विस्तारित किया जाएगा, जिसमें कुल जीवंत भण्डारण क्षमता का 80 – 90 प्रतिशत सम्मिलित होगा।

5.125. इसके अलावा, भारत में अधिकांश बाढ़ चेतावनी प्रणालियां सामयिक नहीं हैं जिसका मुख्य कारण खराब संचारण है। इन विलंबों के कारण प्रत्येक वर्ष संपत्ति और मानव जीवन को बहुत अधिक क्षति पहुंचाती हैं। बाढ़ पूर्वानुमान और इससे प्रभावित क्षेत्रों के लिए प्रयुक्त मॉडल जल विज्ञान और मौसम पूर्वानुमान प्रणालियों के समाकलन की कमी के कारण पर्याप्त परिशुद्ध नहीं होते हैं। बाढ़ पूर्वानुमान के लिए अंतर समय में द्रव चालित और जल वैज्ञानिक मॉडलों के उपयोग को सुधार किया जा सकता है जिन्हें मौसम पूर्वानुमान प्रणाली, वास्तविक समय आंकड़ा अधिग्रहण प्रणाली और जलाशय प्रचालन प्रणाली से जोड़ा जाता है। वर्षा होने और बर्फ पिघलने के बेहतर अनुमानों के लिए उपग्रह आधारित सूचना का उपयोग करते हुए वर्तमान पूर्वानुमान पद्धतियों में सुधार संभव है।

5.126. बेहतर बाढ़ प्रबंधन को सुकर बनाने के लिए सभी जल भण्डारण परियोजनाओं में, जहां भी साध्य हो, पर्याप्त बाढ़ बचाव उपाय मुहैया किए जाने की आवश्यकता है। अत्यधिक बाढ़ प्रभावित क्षेत्रों के लिए जलाशय विनियमन नीति में बाढ़ नियंत्रण को, कुछ सिंचाई अथवा विद्युत लाभों को छोड़ने तक की कीमत पर भी, अधिभावी महत्त्व दिया जाएगा। नीति के अनुसार सभी नए बांधों में जीवंत भण्डारण के 10 प्रतिशत के न्यूनतम बाढ़ बचाव उपाय मुहैया कराए जाएंगे और यदि अन्य प्रयोजनों के संबंध में वहन करने योग्य हो तो बाढ़ बचाव उपाय को 20 प्रतिशत तक बढ़ाने पर विचार किया जा सकता है। बाढ़ नियंत्रण हेतु आबंटित किए गए जलाशय की पूंजीगत लागत का एक भाग सभी लाभभोगी राज्यों द्वारा सहभाजित किया जा सकता है।

5.127. पहले से मौजूद बृहत नेटवर्क तटबंधनों के साथ सर्वाधिक बल, इस प्रक्रिया में मुख्यतः प्राथमिक पणधारियों को शामिल करते हुए वर्षा ऋतु के दौरान उनके समुचित अनुरक्षण और निगरानी पर दिया जाएगा।

5.128. जल संसाधन मंत्रालय ने बाढ़ मैदान मण्डलन पर एक मॉडल विधेयक तैयार किया है। राज्य सरकारों ने बाढ़ मैदानों में पहले से रह रहे लोगों के निष्क्रमण की बाध्यता और भूमि के प्रतिबंध की वजह से अन्यत उनके अधिवास के कारण इस संबंध में आवश्यक विधान के अधिनियमन और कानूनों को लागू करने में कठिनाइयां जताई हैं। तथापि, मॉडल बाढ़ मैदान मण्डलन विधेयक में सीडब्ल्यूसी द्वारा सुझाए गए मानदण्ड के अनुसार संबंधित राज्यों द्वारा बाढ़ मैदान क्षेत्रों के सीमांकन और बाढ़ मैदानों के बारे में क्षेत्र विशिष्ट कार्यनीतियों (प्रेरक और गैर प्रेरक स्कीमों सहित) को कार्यान्वित किए जाने की आवश्यकता है। राज्यों को बाढ़ मैदानों के विभिन्न क्षेत्रों में निर्माण किए जा सकने वाले भवनों के प्रकारों हेतु मानक मापदण्डों को भी तैयार करना चाहिए ताकि बाढ़ प्रवाह के गमन हेतु अपेक्षित जब मार्ग उपलब्ध हो सके।

5.129. वैज्ञानिक रूप से अभिकल्पित व तैयार किए गए प्लेटफॉर्म, पशुधन इकाइयों और स्वास्थ्य इकाइयों सहित सामुदायिकता आवासों, जहां पर बाढ़ के चार महीनों के दौरान लोगों को ठहराया जा सके, की एक प्रणाली अपनाई जाएगी। राष्ट्रीय आपदा प्रबंधन अभिकरण (एनडीएमए), राष्ट्रीय बाढ़ संकट उपशमन परियोजना अथवा अन्य संबंधित कार्यक्रमों के अंतर्गत मॉडल बहुउद्देशीय बाढ़ आश्रयों के विकास हेतु समुचित प्रावधान करेगा।

5.130. कार्यदल ने बाढ़ प्रबंधन से जुड़े कार्य कर रहे संस्थानों को सुदृढ़ बनाने के लिए अनेक सुझाव दिए। एकीकृत बाढ़ प्रबंधन सहित एकीकृत जल संसाधन प्रबंधन के लिए अपेक्षित प्रबंधकीय कौशलों और शक्तियों के समुचित प्रत्यायोजन सहित नदी बेसिन प्राधिकरणों की स्थापना आवश्यक है। जल संसाधन मंत्रालय के अंतर्गत सीडब्ल्यूसी, जीएफसीसी और ब्रहमपुत्र बोर्ड को विशिष्ट नदी बेसिनों हेतु महाआयोजना को तैयार करने में महत्वपूर्ण भूमिकाएं निभाना अपेक्षित है। सीडब्ल्यूसी का सुदृढ़ीकरण, इसके जल विज्ञान संबंधी

एवं बाढ़ आंकड़ा संग्रह नेटवर्क, बाढ़ आंकड़ा संचारण और बाढ़ों के प्रबंधन के प्रस्तावित विस्तार के परिप्रेक्ष्य में अपेक्षित है। पुणे स्थित राष्ट्रीय जल अकादमी (एनडब्ल्यूए) वर्तमान में केंद्र/राज्य सरकारों के इंजीनियरों/अधिकारियों को प्रशिक्षण प्रदान करने में संलग्न है। बारहवीं योजना के दौरान एनडब्ल्यूए बाढ़ उपशमन से संबंधित मामलों पर अंतरराष्ट्रीय प्रशिक्षण कार्यक्रमों हेतु उत्कृष्टता केंद्र के रूप में विकसित हो जाएगा ताकि ऐसे प्रशिक्षण कार्यक्रमों के अंतर्गत अद्यतन वैश्विक रूप से उपलब्ध जानकारी को बांटा जा सकें। एनडब्ल्यूए, पुणे को आपदा संकट न्यूनीकरण कार्यक्रमों से संबंधित प्रशिक्षणों को आयोजित करने हेतु एनडीएमए की अपेक्षाओं को पूरा करने हेतु उपयुक्त रूप से सुदृढ़ भी किया जाएगा। राज्य सरकारों द्वारा परियोजना विशिष्ट आयोजना और कार्यान्वयन को सुनिश्चित किया जाना है। राज्य बाढ़ नियंत्रण विभागों की वर्तमान संरचना का नवीकरण किए जाने की आवश्यकता है ताकि वे राज्य में प्रमुख बाढ़ प्रबंधकों के रूप में अपनी भूमिका निभा सकें। मानव संसाधनों की विशिष्ट आवश्यकताओं और उनके कौशल विकास का निराकरण किया जाना आवश्यक है।

5.131. सभी नदी बेसिनों के लिए 0.5–1 मी. की श्रेणी में बाढ़ प्रभावित क्षेत्र में आने वाले क्षेत्र सहित प्रमुख नदी प्रणालियों के साथ डिजिटल एलिवेशन मॉडल (डीईएम) तैयार किए जाएंगे। एनआरएससी के बाढ़ संकट अनुक्षेत्र वर्गीकरण मानचित्रों, निकटतम रूपरेखा सूचना, नदी संरूपण एवं तट भूक्षरण अध्ययनों, भू – आकाशीय उपकरणों और बाढ़ मानचित्रण तथा बाढ़ क्षति मूल्यांकन को बढ़ावा दिया जाएगा। आपदा प्रबंधन सहायता कार्यक्रम को और अधिक नदी बेसिनों को शामिल करने के लिए विस्तारित किया जाएगा तथा एनडीएमए इस संबंध में एनआरएससी को आवश्यक सहायता प्रदान करेगा। एएलटीएम प्रौद्योगिकी आधारित डिजिटल एलिवेशन मॉडलों, आप्लावन पूर्वानुमान मॉडलों, गहराई मापन संबंधी सर्वेक्षणों और धन फल अध्ययन मॉडलों सहित बेसिनवार बाढ़, प्रबंधन मॉडलों को एनआरएससी, सीडब्ल्यूसी और संबंधित राज्यों द्वारा संयुक्त रूप से प्रारंभ किया जाएगा। मौसम प्राचलों, वर्षा अवलोकन और वर्षा पूर्वानुमान का उपयोग करते हुए बाढ़/बहाव पूर्वानुमान हेतु एकीकृत गणितीय मॉडलों का विकास आईएमडी और सीडब्ल्यूसी द्वारा संयुक्त रूप से किया जाएगा।

जल आंकड़ा संचय विकास और प्रबंधन

5.132. इन चुनौतियों को ध्यान में रखते हुए योजना आयोग ने जल संबंधी आंकड़ों के एकत्रण और प्रभार हेतु वर्तमान प्रणाली की समग्र और आलोचनात्मक समीक्षा करने, आयोजना और नीति हेतु तैयार और उपयोग किए जा रहे आंकड़ों में कमियों की पहचान करने तथा उनसे उभरने के लिए कार्रवाई हेतु कार्यक्रम का सुझाव देने के लिए प्रोफेसर वैद्यनाथन (पूर्व सदस्य, योजना आयोग) की अध्यक्षता में एक कार्य दल के तात्कालिक गठन का निर्णय बारहवीं योजना की तैयारी के एक भाग के रूप में लिया। यह कार्यदल भारत की क्षमता का मूल्यांकन करने हेतु वर्तमान में उपयोग किए जा रहे आंकड़ों के विस्तार, तथापि और गुणवत्ता में गंभीर अंतर और अपर्याप्तता तथा विभिन्न स्रोतों से उपयोगी जल संसाधनों, विभिन्न अंतिम उपयोगों हेतु उनके इस्तेमाल और उनके प्रभाव पर विशेष बल देता है

- आंकड़ों के संग्रहण को विभिन्न अभिकरणों के बीच बांटा गया है। 'वास्तविक आंकड़ों (उदाहरण के लिए वृष्टिपात और धारा मापक) का उपयोग के संग्रहण के लिए उत्तरदायी अभिकरणों का संचालन विभिन्न मंत्रालयों द्वारा किया जाता है जबकि प्रयोक्ता आंकड़ा, जन स्वास्थ्य और स्वच्छता, सिंचाई और शहरी आयोजना जैसे विविध वर्गीकरणों के अंतर्गत आता है। आंकड़ा संग्रहण और मान्यकरण हेतु संसक्त और आंतरिक रूप से संगत संकल्पनात्मक कार्य रूपरेखा और नवाचारों की आनुषंगिक कमी है।
- इस तथ्यानुसार, कि 'जल', 'राज्य' का विषय है, के कारण केंद्र सरकार के अभिकरणों, जो कि राष्ट्रीय आंकड़ों हेतु उत्तरदायी हैं, के पास ऐसे आंकड़ों के लिए राज्य अभिकरणों पर निर्भर होने के अतिरिक्त कोई विकल्प नहीं बचता। केंद्र सरकार के अभिकरण भारतीय मौस्म विभाग (आईएमडी), केंद्रीय जल आयोग (सीडब्ल्यूसी), केंद्रीय भू–जल बोर्ड (सीजीडब्ल्यूबी), केंद्रीय प्रदूषण नियंत्रण बोर्ड (सीपीसीबी) – अधिकांश महत्त्वपूर्ण आंकड़े का संग्रह करते हैं लेकिन क्षेत्रीय और परियोजना स्तरों पर अधिकांश सूचना राज्य अभिकरणों द्वारा एकत्रित की जाती हैं। इसके परिणाम स्वरूप, जल संसाधन विकास से संबंधित सरकारी अभिकरणों के पास भी अधिकांश आंकड़े सरलता से अभिगम्य नहीं होते हैं, अतः इसे सार्वजनिक प्रक्षेत्र में अलग रख दिया जाए।
- जल विज्ञान परियोजना, जिसका प्रथम चरण अब पूर्ण हो पाया है, ने भौतिक अवसंरचना को विस्तारित किया है और इसे उन्नत मापन और अभिलेखन उपकरणों से सुसज्जित किया है विचार यह था कि प्रयोक्ताओं हेतु सरलतम पहुंच को सुविधाजनक बनाने के लिए राष्ट्रीय आंकड़ा नेटवर्क (अर्थात एचआईएस) में उनको समेकित किया जाए। लेकिन राज्यों द्वारा एकत्र की गई सभी सूचना को पूर्ण रूप से और तत्परता से राष्ट्रीय आंकड़ा पूल में भेजने में अनिच्छा के कारण उपलब्धियां, प्रत्याशाओं के मुकाबले बहुत कम रहीं।

5.133. यह कार्यदल, इनमें से प्रत्येक के संबंध में और अधिक समग्र, विस्तत्त और विश्वसनीय आंकड़े तैयार करने के लिए भौतिक सुविधाओं, कार्यपद्धतियों और कार्ययंत्रों में सुधार करने हेतु चरणबद्ध कार्रवाई के लिए एक मूर्त कार्यक्रम तैयार करता है और आंकड़ों के संग्रहण, मान्यकरण और प्रसार हेतु तथा अनुसंधान के माध्यम से तीव्र विश्लेषण को सुविधाजनक बनाने के लिए संस्थागत व्यवस्थाओं में परिवर्तन किए जाने की आवश्यकता पर बल देता है। ये सिफारिशें अनुबंध 5.8 में प्रस्तुत की गई हैं। इस कार्यदल की सिफारिशें बारहवीं योजना अवधि के दौरान कार्यान्वित होना प्रारंभ हो जाएगी।

5.134. आंकड़ों में सुधार करना केंद्र और राज्य सरकार अभिकरणों का एक राष्ट्रीय प्रयास है जिसके लिए विश्वविद्यालयों, अनुसंधान संस्थानों और गैर सरकारी संगठनों में विश्लेषणता प्राप्त सरकारी अभिकरणों और विद्वानों की सक्रिय भागीदारी इस प्रकार से आवश्यक है कि सकेंद्रण और प्रयास का विखण्डन, न्यूनतम किया जा सके। इसके लिए संकल्पनाओं के साझा सहमत कार्यदलों की आवश्यकता होती हैं। अतः कार्यदल द्वारा यह सुझाव दिया गया कि केंद्र सरकार, राज्यों को वित्तीय और तकनीकी सहायता प्रदान करते हुए और सभी अभिकरणों द्वारा विनिर्दिष्ट नवाचारों का अनुसरण किया जाना और केंद्रीय पूल में आंकड़ों का संचारण किया जाना सुनिश्चित करते हुए सर्वेक्षणों का स्वतंत्र और व्यावसायिक आयोजन सुनिश्चित करने के लिए समुचित संस्थागत व्यवस्थाएं सृजित करने में अगुआई करे। इस प्रयोजन के लिए कार्यदल, निम्न परीक्षण करने हेतु सरकार के भीतर और बाहर से संगत विधाओं से जल संबंधित मुद्दों पर जानकार और प्रतिष्ठित विशेषज्ञों सहित सदस्य (जल संसाधन), योजना आयोग की अध्यक्षता में एक संचालन समिति के गठन का सुझाव देता है।

- विभिन्न स्रोतों से संभाव्य और उपायोगी जल पर एक समग्र, तकनीकी और वैज्ञानिक आंकड़ा – संचय तैयार करने हेतु कार्यनीति, कार्य–रीतियां और निधिकरण;
- प्रयोक्ताओं और विशिष्ट परियोजनाओं के नमूनों सर्वेक्षणों के माध्यम से कार्यक्रम के निष्पादन और प्रभाव के मूल्यांकन हेतु सर्वेक्षणों के कार्यक्षेत्र, विषय वस्तु, कार्यपद्धति और कार्यतंत्र के ब्यौरे; और
- सीडब्ल्यूसी में मौजूदा डब्ल्यूआरआईएस का उपयुक्त रूप से विस्तार करने, पुनर्गठन और सुसज्जित करने के द्वारा एक एकीकृत और अंकीकृत राष्ट्रीय जल संसाधन सूचना प्रणाली का अभिकल्प।

5.135. बारहवीं योजना में आंकड़ों में सुधार हेतु कार्यक्रमों के लिए थोक परिव्ययों की आवश्यकता होगी जो संसाधन संभाव्यता और उपयोग के मूल्यांकन हेतु सुविधाओं के विस्तारण और उन्नयन के लिए होगी। आधारिक स्तर पर स्कीमों के वास्तविक कार्य–निष्पादन और प्रभाव का मूल्यांकन करने हेतु नमूना सर्वेक्षण, लघु, किन्तु महत्त्वपूर्ण घटक होंगे। सब मिलकार, ज्ञान संबंधी सूचना में सुधार करने में यह निवेश, जल संसाधन विकास पर कुल परिव्ययों का एक छोटा भाग होगा लेकिन जल उपयोग की दक्षता और सततता में सुधार करने के संबंध में लाभ, बहुत अधिक होंगे।

जल हेतु नई संस्थागत रूपरेखा

राष्ट्रीय जल आयोग

5.136. बारहवीं योजना के दौरान, सिंचाई परियोजनाओं को दिए गए निवेश और पर्यावरणीय स्वीकृतियों की प्रतिबंधताओं के अनुपालन का निगरानी करने के लिए राष्ट्रीय जल आयोग (एनडब्ल्यूसी) की स्थापना का एक प्रस्ताव भी है। वर्तमान में, ऐसी कोई उपयुक्त निकाय नहीं है जो मंजूरी दाता प्राधिकरणों को उनके द्वारा मंजूरी प्रदान करते समय निर्धारित की गई प्रतिबंधताओं के अनुपालन के बारे में यथार्थ, विश्वसनीय और सामायिक प्रतिपुष्टि प्रदान कर सके। जल सुधार को निरीक्षण करने के लिए एक बहु–विधा वाले, व्यावसायिक रूप से सक्षम और स्वतंत्र एनडब्ल्यूसी के पास केंद्र और राज्य दोनों के साथ विश्वसनीयता होगी तथा जो भी प्रयास किए गए हैं उनके अनुरूप कार्य करेगा, भारत में आगे के जल संसाधन विकास हेतु मार्गदर्शक बन जाएगा। एनडब्ल्यूसी पर निर्णय केंद्रीय जल संसाधन मंत्रालय द्वारा राज्यों के साथ गहन परामर्श के बाद लिया जाएगा ऐसा उदाहरण ऑस्ट्रेलिया में है।

प्रत्येक राज्य में जल विनियामक प्राधिकरण

5.137. हमें विधिक व्यवस्था द्वारा समर्थित एक संस्थागत रूपरेखा विकसित करने की आवश्यकता है जो विनियामक निकायों की स्थापना को सुविधाजनक बनाएगा जिससे जल विवादों का समाधान संभव हो सकेगा। सभी के लिए पेय जल के अधिकार को सुरक्षित करने के लिए जल का हकदार बनाने और समुचित मूल्य निर्धारण के अतिरिक्त कोई विकल्प नहीं है। इसके लिए हकदारियों और मूल्यों के निर्धारण की एक पारदर्शी और सहभागी प्रक्रिया की आवश्यकता होती हैं। पुनः, सततता सुनिश्चित करने और पर्यावरणीय आवश्कताओं को पूरा करने के लिए प्रत्येक राज्य में एक विनियामक प्राधिकरण परम आवश्यक है।

5.138. चूंकि, जल क्षेत्र एक प्राकृतिक एकाधिकार है अतः अंतरराष्ट्रीय अनुभव स्पष्ट रूप से इंगित करते हैं कि विनियामक विकास की उच्च अवस्था प्रदान करते हैं जो कि एक गैर प्रतिस्पर्धा वातावरण में

अन्यथा अविद्यमान रहती हैं। विनियामकों ने जल उपयोग दक्षता, जल गुणवत्ता और पर्यावरणी सेवाओं के प्रावधान में प्रमुख सुधारों हेतु योगदान दिया है। अतः, उदाहरण के लिए, जबकि स्कॉटलैंड जल राज्य एकाधिकार है, ऐसा विधिक और विनियामक रूपरेखा जिसमें यह कार्य करता है, सुनिश्चित करता है कि दक्षताएं प्राप्त कर ली गई है, गुणवत्ता मानकों का अनुपालन किया गया और उपभोक्ताओं की प्रत्याशाएं पूर्ण हुई। और यह कि उनके प्रचालनों से जब स्वास्थ्य और पर्यावरण पर प्रभाव पड़ सकता है अतः जल और अपशिष्ट जल उद्योग को अत्यधिक विनियमित किया जाए। एक प्राकृतिक एकाधिकार के उत्तरदायी होने के नाते उपभोक्ताओं के हितों को सुरक्षित किए जाने की आवश्यकता है।

5.139. विनियामक द्वारा स्थापित जल गुणवत्ता, पर्यावरण और स्वास्थ्य मानकों का शुल्कों से संबंध होता है। शुल्कों पर अंतिम निर्णय बेशक राजनीतिक होगा लेकिन शुल्क निर्धारण हेतु उद्देश्य आधार पर सरकारों को सलाह लेने में विनियामकों की अहम भूमिका होती हैं (कुछ कुछ वैसे ही जैसे सीएसीपी, कृषि मूल्य निर्धारण हेतु करता है)।

5.140. पेय जल और पर्यावरण की आधार भूत आवश्यकताओं को एक पारदर्शी रीति से निर्धारित और सुनिश्चित किए जाने की आवश्यकता है तथा ''रिजर्व'' के रूप में रखी जाएं (उदाहरण के लिए जैसे दक्षिण अफ्रीका)। दक्षिण अफ्रीका में, ''रिजर्व'' आधार भूत पारिस्थितिकीय कार्यों (जैसे कि मछली और पौधों हेतु वास स्थल) के रखरखाव हेतु देश की नदियों और आरक्षित अवरोधन में न्यूनतम प्रवाह की मात्रा निर्धारित करने और दक्षिण अफ्रीकी जनसंख्या को घरेलू प्रयोजनों हेतु प्रत्येक व्यक्ति को न्यूनतम 25 लीटर प्रतिदिन की गारंटी सुनिश्चित करने के लिए एक प्रयास का संघटन करता है। अतः, उपयोग की श्रेणियों, जिन पर शायद पर्याप्त रूप से मौखिक सफाई नहीं दी जा सकती, को फिर भी जन हित में गैर परक्राम्य घोषित किया जाए। रिजर्व, 'पर्यावरण' के लिए आवश्यकता का निर्धारण करने के प्रयास के बजाय स्वीकार्य स्तर की हानि का निर्णय लेने का प्रयास है। इस स्तर का निर्धारण करने के लिए एक स्वतंत्र विनियामक की आवश्यकता होती है जोकि इस निर्धारण के लिए अपेक्षित प्रक्रियाओं और पद्धतियों का संचालन पारदर्शी, उत्तरदायी और सहभागी रीति से कर सके।

5.141. बारहवीं योजना तक किए जा रहे कार्यों के एक भाग के रूप में टाटा सामाजिक विज्ञान संस्थान (जल अभिशासन पर कार्य दल के भाग के रूप में) के प्रोफेसर सुबोध वागले की अध्यक्षता में उप दल ने राज्य जल विनियामक प्रणाली[29] हेतु एक मॉडल विधेयक तैयार किया है यह प्रारूप, विनियामक प्रणाली संबंधी नवीनतम अंतरराष्ट्रीय विचार के संपूर्ण अध्ययन और महाराष्ट्र जल संसाधन विनियामक प्राधिकरण (एमडब्ल्यूआरआरयू) के अनुभव पर भी आधारित है। यह प्रारूप विधेयक, महाराष्ट्र के अनुभव द्वारा शीघ्र सहायता में लाई गई स्वायत्तता और जवाबदेही को विवादस्पद मांगों का समाधान करने का प्रयास करता है। ये सब यह, विभिन्न अभिशासन कार्यों को करने वाले अंतर संबंधित किन्तु विभिन्न संस्थानों की एक विनियामक प्रणाली का प्रस्ताव करने के द्वारा करता है, यह विधेयक, 'राजनीतिक, अथवा 'नियामक' निर्णयों को लेने के लिए प्राधिकरण के विभाजन तथा प्राधिकरण द्वारा 'तकनीकी' अथवा 'मुख्य रूप से गैर नियामक' निर्णय लेने का प्रस्ताव करता है। अतः, राज्य जल विनियामक और विकास परिषद् (एससी) से राज्यीय स्वतंत्र जल विशेषज्ञ प्राधिकरण (एसआईडब्ल्यूईए) के तकनीकी – आर्थिक विनियामक निर्णयों हेतु 'नियामक' अथवा 'राजनीतिक' रूपरेखा प्रदान करने के द्वारा जवाबदेही सुनिश्चित करना प्रत्याशित है। एसआईडब्ल्यूए, बदले में, नियमित समकक्ष समीक्षाओं के कार्यतंत्र के माध्यम से तकनीकी विशेषज्ञों के प्रति जवाबदेह होगा।

5.142. एसआईडब्ल्यूईए, सिविल इंजीनियरिंग/पारिस्थितिकी/पर्यावरणीय विज्ञान, अर्थशास्त्र लेखों और लेखापरीक्षण, समाजशास्त्र/राजनीति विज्ञान और भू विज्ञान/जल विज्ञान के स्वतंत्र पेशेवरों की एक बहु विधाओं वाली निकाय होगा। एसआईडब्ल्यूईए, विनियमों, सीबीआर और नानदण्डों की तैयारी हेतु कार्य योजना (एपीपीआरसी), निर्वाह विशिष्ट विनियामक कार्यों, संबंधित अभिकरणों हेतु जारी आदेशों अनुपालन की लागू करने हेतु दिशा निर्देशों, सिद्ध ांतों, नियमों, विनियमों और मानदण्डों को पारदर्शी, जवाबदेही और सहभागिता रीति से तैयार करना। एसआईडब्ल्यूईए, दोषी अभिकरणों को दण्ड देने तथा शासी अभिकरणों, पणधारियों और नागरिकों से प्राप्त याचिकाओं, आवेदनों अथवा प्रस्तावों के संबंध में आदेश जारी करने के लिए भी अधिकार संपन्न होगा।

5.143. जल संसाधन राज्य मंत्री की अध्यक्षता में एससी में राज्य विधानमण्डल से निर्वाचित प्रतिनिधि, जिलों, ब्लॉकों, जीपी और यूएलबी से पीआरआई प्रतिनिधि तथा किसानों सहित पणधारी समूह, उद्योग और नगर समाज संगठन भी समाविष्ट होंगे। एससी, एसआईडब्ल्यूइए द्वारा तैयार किए गए एपीपीआरसी के प्रारूपों पर विचार करेगा तथा विचारित निर्णय और सुझाव प्रदान करेगा, जिन्हें एसआईडब्ल्यूईए द्वारा शामिल किया जाएगा और अंतिम अनुमोदन के लिए एससी को पुनः प्रस्तुत किया जाएगा। एससी, इसके द्वारा प्रदान

किए गए नियामक रूपरेखा हेतु एसआईडब्ल्यूईए के निर्णयों और आदेशों के अनुपालन का मूल्यांकन करने के लिए एससी की आम बैठक में विचार विमर्शों के माध्यम से एसआईडब्ल्यूईए के आदेशों और निर्णयों की आवधिक समीक्षा करेगा।

5.144. सम्मिलित किए जाने वाले विनियमन के क्षेत्रों में शामिल है :

- हकदारियों के आबंटन हेतु मानदण्ड, जल उपयोग की प्राथमिकता, विभिनन गतिधियों के लिए अधिकतम जल उपयोग हेतु मानकों, बहिःस्राव शोाध्न हेतु मानकों, अविनियमित स्थानीय जल स्रोतों से निष्कर्षण की सीमाओं हेतु मानदण्ड सहित जल अभिगम, निष्कर्षण और उपयोग
- एकीकृत राज्य जल योजना के अनुपालन सहित परियोजना और कार्याक्रम अभिकल्प के तकनीकी आर्थिक, सामाजिक सांस्कृतिक, पर्यावरणीय और पारिस्थितिकीय पहलुओं सहित परियोजाओं और कार्यक्रमों का निष्पादन;
- वंचित रहने के विशेष संदर्भ के साथ भी और जल प्रबंधन प्रणाली का बेहतर वित्तीय हित सुनिश्चित करते हुए जल की मात्रा और गुणवत्ता सहित जल सेवा का प्रबंधन,
- घाटों और चोरी को कम करने के लिए मानकों और मानदण्डों, अमीर वर्ग हेतु शुल्क में बढ़ोतरी, सूखा प्रभावित और पिछड़े क्षेत्रों हेतु प्राथमिकता सहित संसाधनों के आर्थिक वितरण हेतु मानदण्डों, प्रतिस्पर्धा मांगों के प्राथमिकीकरण हेतु मानदण्ड आदि सहित वित्तीय और अन्य संसाधनों का आबंटन।
- *पर्यावरणीय सततता*
- *आपदा प्रबंधन*
- निजी जलीय प्रबंधन के मामले में शुल्क वसूली के ब्यौरे निर्धारित करने हेतु मानदण्ड उपकरण, स्थापना और परियोजना प्रबंधन के अन्य पहलुओं से संबंधित परियोजना स्तरीय खरीद हेतु मानकों, निजी पक्षकारों आदि को प्रदान की जाने वाली क्षेत्रीय जिम्मेवारियों के विशिष्टीकरण आदि सहित।
- *एकीकृत राज्य जल योजना (आईएसडब्ल्यूपी) की तैयारी*
- *जलवायु परिवर्तन मुद्दों का निराकरण करना।*

5.145. मॉडल विधेयक, चार स्तरों : (1) राज्य (2) नदी बेसिन (3) उप बेसिन और (4) स्थानीय। इन चारों स्तरों पर जल अभिशासन स्थापित करने के द्वारा सहायताकारिता के सिद्धांत को समाविष्ट करता है। अभिशासन के इन चारों स्तरों पर इस विधेयक में विभिन्न संरचना, संघटनों, कार्यों, प्राधिकारों और भूमिकाओं के साथ संस्थानों का प्रावधान किया गया है। इस आंशका कर, कि ऐसा विकेंद्रीकरण, विशेषकर संस्थागत सोपान के निचले स्तरों पर क्षमताओं और समझ की कमी के कारण दुष्क्रियात्मक अथवा कम इष्टतम साबित होगा, विकेंद्रित संस्थागत संरचना के क्रमिक प्रारंभ हेतु कार्यवाही वार, मार्ग संरक्षित प्रक्रियाओं को प्रदान करने के द्वारा चरणबद्ध संस्थागत परिवर्तन की संकल्पना के माध्यम से विचार में लिए जाने की मांग है।

5.146. यह विधेयक, प्रमापीय संरचना के माध्यम से राज्यों के बीच अंतरों को कम करने के लिए अपने अभिकल्प में पर्याप्त सुनम्यता भी प्रदान करता है जिससे, राज्य सरकार द्वारा विधेयक के अपने अंतिम प्रारूप को तैयार और लागू करते समय राज्य विशिष्ट स्थिति, अपेक्षाओं, जल क्षेत्र अभिशासन की प्राथमिकताओं और अन्य कारकों पर आधारित मापांकों का चयन किया जा सकता है।

नया भूमिगत जल कानून[30]

5.147. चूँकि जलभृत प्रबंध के आधार पर भूमिगत जल का दीर्घकालीन एवं न्यायसंगत प्रबंध मुख्य स्थान लेने वाला है, अतः इस दिशा में प्रयासों के समर्धन में एक नए विधायी रूपरेखा की आवश्यकता है।

भूमिगत जल के वर्तमान विधायी रूपरेखा की सीमाएँ

5.148. 1970 के दशक में ही भारत सरकार ने भूमिगत जल के प्रयोग को विनियमित करने के लिए एक मॉडल विधेयक प्रस्तुत किया था जिसे राज्यों द्वारा अपनाया जाना था। इस विधेयक को कई बार संशोधित किया गया है (1992, 1996 तथा 2005)। लेकिन 1970 के दशक में अपनाई गई मूल योजना को अभी तक जारी रखा गया है। मॉडल भूमिगत जल विकास तथा प्रबंध विनियमन एवं नियंत्रण विधेयक, 2005 में भूमिगत जल में हो रही कमी तथा प्रदूषण के समाधान के लिए केवल एक सीमित विनियामक रूपरेखा ही उपलब्ध कराई गई है और यह विद्यमान प्रयोगों को अनुशासित करने से कुछ अधिक मात्र है।

5.149. भारत में भूमिगत जल के अभिगम एवं प्रयोग से संबंधित नियमों का क्रमिक रूप में विकास न्यायिक निर्णयों के माध्यम से हो रहा है। उल्लेखनीय बात तो यह है कि भूमिगत जल को आज भी अधिशासित करने वाले कुछ अत्यन्त महत्वपूर्ण विधायी सिद्धान्त मध्य उन्नीसवीं शताब्दी के ब्रिटिश कॉमन लॉ मे निर्धारित किए गए थे और उस समय से अभी तक उन्हें अद्यतन नहीं बनाया गया है। ये विधायी सिद्धान्त निम्नलिखित हैं।

- *भूमि के मालिक को भूमिगत जल का पूर्ण नियंत्रण दिया जाना* : भूमिगत जल के अभिगम एवं नियंत्रण के वर्तमान नियम

निरपेक्ष क्षेत्र के कॉमन लॉ सिद्धान्त पर आधारित हैं। यह भूमि के मालिक को अपनी जमीन पर खोदे गए कूप से अपनी आवश्यकता के अनुसार पर्याप्त भूमिगत जल लेने का अधिकार देता है। भू–स्वामी का अधिकार भूमिगत जल पर तो नहीं होता है लेकिन भूमि का मालिक होने के कारण वह उसके एक भाग के रूप में उसका ला उठाता है।

> उक्त कानून में यह कहा गया है कि "जो व्यक्ति भूतल का स्वामी होगा, वह उसमें गड्ढा खोद सकेगा और उसमें जो भी पाया जाए उसका उपयोग अपने प्रयोजन से निःशुल्क रूप में एवं अपनी इच्छानुसार कर सकेगा; और यदि इन अधिकारों का प्रयोग करने के दौरान वह हस्तक्षेप या भूमिगत जल से संग्रहीत पानी को अपने पड़ोसी के कूप में बहा देता है तो वह पड़ोसी को होने वाली असुविधा को चोट पहुँचाए बिना क्षति के विवरण के अन्तर्गत आता है, जो कार्रवाई का कारण नहीं बन सकता है।"[31]

- *निश्चित बनाम अनिश्चित चैनल* रू "भूमिगत जल, जो भूमिगत स्तरों के जरिए नीचे की ओर जाता है, जिसका कोई निश्चित मार्ग नहीं है, की कोई निश्चित सीमा नहीं है, लेकिन जो वर्षा के पानी के मिट्टी के अन्दर जाने की तरह सभी दिशाओं में फैलता रहता है, धाराओं या नदियों में प्रवाहित होने वाले पानी के नियम के अधीन नहीं आता है"।[32] दूसरी ओर, जहाँ भूमिगत जल किन्हीं निश्चित चैनलों में प्रवाहित होता पाया जाए, उसके मामले में केस लॉ यह बताता है कि सतही जल के संबंध में लागू नियम वहाँ भी लागू होंगे। इसकी व्याख्या[33] यह अर्थ लगाने के लिए की गई है कि भू–स्वामी का अधिकार तब घरेलू उपयोग के लिए प्रयोग एवं उपभोग तथा पीने के प्रयोजन, अपने पशुधन को पानी देने तथा जमीन की सिंचाई या विनिर्माण के प्रयोजन तक सीमित होगा, बशर्ते

  – प्रयोग युक्तिसंगत हो
  – भूमि का स्वामी होने के नाते यह उनके प्रयोजनों के लिए आवश्यक है तथा
  – अपने स्वाभाविक अधिकार अथवा सुख भोगाधिकार का प्रयोग करने की प्रक्रिया में धारा के नीचे नदीतटीय स्वामियों द्वारा किए जाने वाले पानी के प्रयोग को नष्ट अथवा अप्रयोज्य अथवा भौतिक रूप से कम अथवा प्रतिकूल रूप से प्रभावित न करे।

5.150. भूमिगत जल के निश्चित एवं अनिश्चित चैनलों के बीच अन्तर को स्पष्ट रूप से बताने के लिए विगत वर्षों में कई कानूनी व्याख्याएँ की गईं।[34] वस्तुतः कठिनाई यह है कि वैज्ञानिक जल भूविज्ञानीय दृष्टि से यह विभेदीकरण पूरी तरह निरर्थक है क्योंकि भूमिगत जल जलभृतों में तैयार होते हैं, जो अनिवार्यतः धारा या नदी के "चैनलों" के रूप में नहीं होते हैं। जलभृत ऐसी चट्टानें या चट्टान सामग्रियाँ हैं जिनमें अलग–अलग विवरों में पानी को भण्डारित करने और पानी को जलभृत के एक स्थान से दूसरे स्थान तक, इन विवरों के बीच अन्तर सम्पर्क रहने के कारण, प्रेषित करने की क्षमता होती है। अतः धारा के जरिए पानी के प्रवाह का प्रश्न आमतौर नहीं उठता है (कार्बोनेट चट्टानों को छोड़कर जिनमें *कार्स्ट* नामक तथ्य के कारण बड़े विवर होते हैं)।

5.151. प्राकृतिक भूमिगत जल का प्रवाह (स्थिर अथवा गैर–पंपिंग स्थितियों के अन्तर्गत) भूमिगत जल की परिरेखा द्वारा निर्धारित दिशा में होता है (भूमिगत जल की दिशा या हलचल को दर्शाने वाली प्रवाह रेखा लेकिन निश्चित अथवा अनिश्चित चैनलों के रूप में नहीं)। इसका अर्थ यह भी है कि किसी भूमि के पार्सल के नीचे से बहने वाला पानी उस विशिष्ट पार्सल पर रिचार्ज होकर तैयार हो सकता है और नहीं भी हो सकता है। वस्तुतः अधिकांश जलभृतों के रिचार्ज क्षेत्र केवल उस भूमि के अंग होते हैं जो समूचे जलभृत के ऊपर रहते हैं। अतः अधिकांश मामलों में, किसी भूमि के पार्सल के नीचे बहने वाला पानी जमीन में प्रवेश किया होगा और अक्सर दूरी पर रहने वाले एक अन्य पार्सल से जलभृत को रिचार्ज किया होगा। जब कई प्रयोक्ता एक साथ भूमिगत जल को निकालते हैं तब विभिन्न फोकाई के बीच जटिल व्यतिकरण पैदा होता है, जो भारत के कई भागों में एक सामान्य घटना है, जहाँ कूप एक दूसरे के बहुत पास स्थित होते हैं। ऐसी परिस्थितियों में, प्राकृतिक भूमिगत जल का प्रवाह बदल जाता है और जलभृत के विभिन्न स्थानों पर पम्प किए गए पानी के स्तर के वितरण के आधार पर भूम्गित जल आगे चलता है, और सतही जल के प्रवाह की तरह पानी की निश्चित धारा के अनुसार नियम तैयार करना फिर कठिन हो जाता है।

- *भारतीय सुख भोगाधिकार अधिनियम* : यह भी नोट किया जाना चाहिए कि भारतीय सुख भोगाधिकार अधिनियम, 1882 प्रत्यक्ष रूप से भूमिगत जल को सम्बोधित करता है, इसे भू–स्वामियों की जमीन के नीचे पाए जाने वाले भूमिगत जल के अधिकार का निर्धारण करने के लिए लागू करने की जरूरत नहीं है। यह इस कारण है कि सुख भोगाधिकार में परिभाषा के द्वारा एक (प्रधान) स्वामी सुखभोगाधिकार का दावा करता है और एक

(सर्वियंट) स्वामी जिसकी जमीन पर सुखभोगाधिकार का प्रयोग किया जाता है, शामिल है। इसके परिणामस्वरूप, 'स्वामित्व और सुखभोग परिवर्तनशील है और एक ही व्यक्ति पर एक साथ नहीं हो सकता है'।[35]

5.152. वर्तमान विधायी रूपरेखा में जलभृतों की समझ के अभाव और भूमि के स्वामित्व को भूमिगत जल के अभिगम से अलग करने की असमर्थता के अलावा, यह समस्या भी है कि इसमें केवल भू–स्वामियों के हितों पर ही विचार किया जाता है और अत्यन्त महत्वपूर्ण तथ्य को नज़रअंदाज़ कर दिया जाता है कि भूमिगत जल कई ऐसे व्यक्तियों के जीवन की मूलभूत आवश्यकताओं को पूरा करता है जिनके पास कोई जमीन नहीं है।

भावी कार्य : भूमिगत जल के लिए एक नई विधायी रूपरेखा

5.153. न्यायशास्त्र की नई व्यवस्थाओं ने भूमिगत जल के लिए विधायी रूपरेखा के आधार तथा इसे पुनःपरिभाषित करने की आवश्यकता को जन्म दिया है। इनमें निम्नलिखित शामिल हैं :

- नया जल कानून सिद्धान्त (उदाहरण के लिए, उच्चतम न्यायालय द्वारा घोषित सार्वजनिक न्यास सिद्धान्त)[36]
- पर्यावरणीय कानून सिद्धान्त (उदाहरण के लिए, एहतियाती सिद्धान्त)
- संविधान के 73वें तथा 74वें संशोधनों में उल्लिखित विकेन्द्रीकरण के सिद्धान्त
- पिछले पन्द्रह वर्षों में प्रति ागी सिंचाई प्रबंध पर ध्यान देते हुए सिंचाई में परिवर्तन जिसे कई राज्यों में लागू किया गया है[37]
- पानी के संबंध में मौलिक अधिकार जो पिछले दो दशकों से भारतीय कानून का एक अंग बना हुआ है।[38]

5.154. भूमिगत जल प्रबंध एवं विनियमन से संबंधित विधायी मुद्दों पर 12वीं योजना के उप–समूह ने (जल शासन कार्यकारी दल के एक भाग के रूप में), एक नया भूमिगत जल सुरक्षा, संरक्षण, प्रबंध एवं विनियमन के लिए मॉडल विधेयक[39] का मसौदा तैयार किया है। यह मॉडल विधेयक ऊपर बताए गए सभी मुद्दों पर विचार करते हुए तैयार किया गया है। यह इस अवधारणा पर आधारित है कि जबकि भूमिगत जल की सुरक्षा इस संसाधन की दीर्घकालीन सम्पोषणीयता के लिए महत्वपूर्ण है, इसपर एक रूपरेखा के अन्तर्गत विचार किया जाना चाहिए जिसमें आजीविका तथा मूलभूत पेयजल की आवश्यकता आदि का महत्व केन्द्रीय है। इस मॉडल विधेयक के समग्र उद्देश्य इस प्रकार हैं :

- भूमिगत जल के अन्यायपूर्ण प्रयोग तथा वितरण को आबंटन की प्राथमिकता के आधार पर विनियमित एवं नियंत्रित करना जिससे विशेष रूप से प्रत्येक व्यक्ति की पेयजल/घरेलू आवश्यकताओं के लिए स्वच्छ एवं सुरक्षित पानी तथा छोटे एवं सीमान्त किसानों की सिंचाई संबंधी आवश्यकताओं को पूरा किया जा सके।
- भूमिगत जल के अधिक व्यय को विनियमित करना जिससे भूमिगत जल संसाधनों की सम्पोषणीयता, उनके प्रयोग एवं वितरण में समानता का सुनिश्चय हो सके और पर्यावरण प्रणाली की आवश्यकताओं को पूरा करने का सुनिश्चय हो सके।
- भूमिगत जल के प्रबंध के लिए समुदाय आधारित, सह ागिता तंत्र को बढ़ावा देना तथा उसका संरक्षण करना जिसे विशिष्ट स्थानों के लिए अपनाया जा सके।
- भूमिगत जल संसाधनों को दूषित होने से रोकना तथा कम करना।
- अच्छे संरक्षण, अभिवृद्धि (रिचार्ज) तथा प्रबंध प्रक्रियाओं को बढ़ावा देना तथा संरक्षण करना।
- भूमि के क्षेत्रों को संरक्षण प्रदान करना जो भूमिगत जल संसाधनों के दीर्घकालीन प्रबंध के लिए महत्वपूर्ण है और यह सुनिश्चित करना कि भूमिगत जल के अधिक उपभोग के कार्यकलाप ऐसे स्थानों पर नहीं हों जो उन्हें समर्थन नहीं दे सकते।

5.155. मॉडल विधेयक में भारत सरकार द्वारा 1970 के दशक में प्रस्तावित मॉडल विधेयक से लेकर विधायी ढाँचे में हुई विभिन्न गतिविधियों को ध्यान में रखा गया है। विशेष रूप से, यह निम्नलिखित को प्रतिष्ठित करता है :

- यह सिद्धान्त कि जल, विशेष रूप से भूमिगत जल, उच्चतम न्यायालय के निर्णय के अनुसार एक सार्वजनिक न्यास है। इसका तात्पर्य यह है कि राज्य सभी स्तरों पर (पंचायत से लेकर राज्य सरकार स्तर तक) इस संसाधन का अभिरक्षक है। यह संसाधन (जलभृत) के रूप में भूमिगत जल पर लागू होता है न कि इसे निकालने के लिए प्रयोग किए जाने वाले माध्यम (कूप/नलकूप)।[40]
- उच्चतम न्यायालय द्वारा जल की मौलिक अधिकार के रूप में स्वीकृति।
- गौणता का सिद्धान्त, जैसा कि संविधान के 73वें तथा 74वें संशोधन में स्पष्ट किया गया है (अनुच्छेद 243 जी तथा 243 डब्ल्यू)।
- अभिरक्षण सिद्धान्त, जैसे कि राष्ट्रीय हरित ट्रिब्यूनल अधिनियम, 2010 (धारा 20) द्वारा हाल ही में संवैधानिक रूप में स्वीकृत अभिरक्षण एवं एहतियात के सिद्धान्त।

- *प्रस्तावित* आंध्र प्रदेश में ग्रामीण क्षेत्रों में भूमिगत जल प्रणाली का सामुदायिक प्रबंध अधिनियम 2011
- *प्रस्तावित* महाराष्ट्र भूमिगत जल (विकास एवं प्रबंध) अधिनियम, 2009

5.156. मॉडल विधेयक को विद्यमान कानूनों तथा योजनाओं के आधार पर भी तैयार किया गया है और उनका संदर्भ भूमिगत जल के साथ लगाया गया है, जिनमें निम्नलिखित शामिल हैं :

- सूचना का अधिकार अधिनियम, 2005
- पर्यावरण (अभिरक्षण) अधिनियम, 1986 के अन्तर्गत पर्यावरणीय प्रभाव मूल्यांकन अधिसूचना, 2006
- सरकार की विभिन्न योजनाओं तथा नीतियों के अन्तर्गत सामाजिक ऑडिट।

राष्ट्रीय जल रूपरेखा कानून (एनडब्ल्यूएफएल)

एक राष्ट्रीय जल रूपरेखा कानून की आवश्यकता

5.157. बारहवीं योजना तैयार करने के लिए पूर्व सचिव, जल संसाधन, प्रो. रामास्वामी आर. अय्यर की अध्यक्षता में एक उप–दल (जल शासन कार्यकारी दल के एक भाग के रूप में) का गठन राष्ट्रीय जल रूपरेखा कानून[41] का मसौदा तैयार करने के लिए किया गया था। उप–दल ने निम्नलिखित दृष्टियों से ऐसा एक कानून तैयार करने का मामला स्पष्ट किया है :

5.158. भारत के संविधान के अन्तर्गत पानी मुख्यतः राज्यों का एक विषय है, लेकिन निम्नलिखित के संदर्भ में यह क्रमशः एक महत्वपूर्ण राष्ट्रीय चिन्ता का विषय बनता जा रहा है :

- पानी का अधिकार जीवन के मौलिक अधिकार का एक अंग है;
- एक निश्चित संसाधन पर बढ़ते दबाव के कारण पानी का संकट पैदा होना;
- इसके कारण होने वाले अन्तर–प्रयोग तथा अन्तर–राज्य विवाद, और जल–साझा सिद्धान्त पर एक राष्ट्रीय सहमति की आवश्यकता, तथा विवादों को न्यूनतम करने की व्यवस्था और न्याय निर्णयन का यथा संभव सहारा लिए बिना उनका शीघ्र निपटारा करना;
- विभिन्न प्रकार के प्रयोग द्वारा बड़े पैमाने पर अपशिष्ट के सृजन द्वारा इस महत्वपूर्ण संसाधन को तथा इसके कारण होने वाले बहुत अधिक प्रदूषण एवं दूषण का खतरा ;
- मानवीय प्रयोग के लिए पानी की उपलब्धता में अभिवृद्धि करने के लिए दीर्घकालीन पर्यावरणीय, पारिस्थितिकीय एवं सामाजिक प्रभावों के प्रयास ;
- पानी के वितरण, उपयोग तथा नियंत्रण में समानता के प्रभाव : उपयोग, प्रयोक्ताओं, क्षेत्रों, सेक्टरों, राज्यों, देशों तथा पीढ़ियों के बीच समानता ;
- भारत की कुछ नदियों का अन्तरराष्ट्रीय विस्तार; तथा
- मौसम में परिवर्तन से पानी पर पड़ने वाले प्रभाव के संबंध में बढ़ती चिन्ता तथा स्थानीय, राष्ट्रीय, क्षेत्रीय एवं वैश्विक स्तरों पर समुचित प्रतिक्रिया की आवश्यकता।

5.159. उपर्युक्त विचार केन्द्र सरकार पर कई दायित्व अधिरोपित करते हैं। इनमें से कुछ का निपटारा विद्यमान कानूनों जैसेकि पर्यावरण (अभिरक्षण) अधिनियम, 1986, जल (संरक्षण एवं प्रदूषण नियंत्रण) अधिनियम, 1974, तथा अन्य के अन्तर्गत आंशिक रूप से किया जा सकता है। अन्तर–राज्य नदी के संबंध में (1) केन्द्रीय सूची में प्रविष्टि 56 जो केन्द्र सरकार को समर्थ बनाता है कि यदि संसद द्वारा इस प्रयोजन से कोई विधान किया जाता है तो वह उस पर कार्रवाई करे, (2) इसके अन्तर्गत अधिनियमित नदी बोर्ड अधिनियम 1956 (जिसको लागू नहीं किया गया है) तथा (3) संविधान के अनुच्छेद 262 के अन्तर्गत अधिनियमित अन्तर–राज्य जल विवाद अधिनियम 1956 तथा 2002 का संशोधन। लेकिन अन्तर–राज्य जल तथा जल घाटी 'जल' नहीं है और मात्र न्याय निर्णयन ही ऐसा कोई समाधान नहीं है जिसका प्रावधान करने की जरूरत है।

5.160. ऊपर बताई गई चिन्ताओं को ध्यान मे रखते हुए, एक राष्ट्रीय जल कानून की आवश्यकता अनिवार्य बन जाती है। ऐसा कानून प्रविष्टि 56 के आगे प्रयोग, या जल बोर्ड अधिनियम को पुनः सक्रिय बनाने, या अन्तर–राज्य जल विवाद अधिनियम को संशोधित करने तथा सुधार करने से प्रतिबाधित नहीं करेगा। कई राज्य जल तथा संबंधित मुद्दों पर कानून अधिनियमित कर रहे हैं। कई परियोजनाओं तथा कार्यक्रमों के अन्तर्गत भी, विभिन्न राज्य 'जल क्षेत्र में सुधार' कर रहे हैं और इसके एक भाग के रूप में उन्होंने राज्य जल नीतियाँ तैयार कर ली हैं या कर रहे हैं। यहाँ भी महत्वपूर्ण विविधताएँ संभव हैं। नीति तथा कानून की दृष्टि से कुछ विविधताएँ अपिरिहार्य तथा स्वीकार्य हें, लेकिन उन्हें कुछ मूलभूत सिद्धान्तों पर व्यापक राष्ट्रीय सहमति द्वारा निर्धारित उपयुक्त सीमाओं के अन्दर रहना पड़ेगा।

5.161. विभिन्न राज्य सरकारें एक से ज्यादा राज्यों में फैली नदी घाटी के पानी पर विभिन्न राज्यों के अधिकारों के मामले में अलग–अलग स्थिति अपनाना चाहती हैं। ऐसी कानूनी विविधताएँ अन्तर–राज्य

नदी–जल विवादों के पहले से ही कठिन समाधान को और अधिक कठिन बना देती हैं। ऐसे मामलों को अधिनियमित करने के लिए सामान्य विधायी स्थितियों तथा सिद्धान्तों पर एक राष्ट्रीय वक्तव्य अपेक्षित प्रतीत होता है।

5.162. हवा की तरह पानी भी जीवन की एक अत्यन्त मूलभूत आवश्यकता है। यदि पर्यावरण, वन, वन्यजीव, जीव–विज्ञानीय विविधता आदि जैसे विषयों पर एक राष्ट्रीय कानून आवश्यक समझा जा सकता है तो पानी पर एक राष्ट्रीय कानून उससे भी ज्यादा आवश्यक है। पानी उतना ही (यदि अधिक नहीं तो) मूल ूत है जितना दूसरे विषय।

5.163. राष्ट्रीय जल कानून का विचार कोई अवास्तविक या अभूतपूर्व विचार नहीं है। कुछ देशों में राष्ट्रीय जल कानून या कोड हैं और उनमें से कुछ (उदाहरण के लिए, दक्षिण अफ्रीकी राष्ट्रीय जल अधिनियम, 1998) को बहुत ज्ञान सम्पन्न समझा जाता है। इसके अलावा, वर्ष 2000 का सुपरिचित यूरोपीय जल रूपरेखा दिशा–निर्देश भी है। ये राष्ट्रीय तथा अति–राष्ट्रीय दस्तावेज भारत के लिए भी प्रासंगिक हैं, हालाँकि भारत के लिए जल कानून का स्वरूप भारतीय संविधान के स्वरूप को ध्यान में रखते हुए तथा हमारी विशिष्ट आवश्यकताओं और परिस्थितियों के अनुसार स्पष्ट रूप से निर्धारित करना होगा।

5.164. कुछ मूलभूत विचारों, संकल्पनाओं तथा सिद्धान्तों पर एक न्यूनतम राष्ट्रीय सहमति की आवश्यकता को स्वीकार किए जाने के कारण ही राष्ट्रीय जल नीति, 1987 तथा 2002 को अपनाया गया है। लेकिन राष्ट्रीय जल नीति का कोई कानूनी दर्जा नहीं है। अतः ऐसे सहमति वाले वक्तव्यों के सिद्धान्तों को कानूनी दर्जा देने के लिए एक राष्ट्रीय जल कानून की आवश्यकता है। एनडब्ल्यूपी 2012 में एनडब्ल्यूएफएल की आवश्यकता को पहचाना गया है।

राष्ट्रीय जल रूपरेखा कानून का स्वरूप एवं कार्यक्षेत्र

5.165. इस प्रकार, एक राष्ट्रीय जल रूपरेखा कानून तैयार करने की आवश्यकता बताने के साथ–साथ इस कानून के स्वरूप तथा कार्यक्षेत्र को स्पष्ट करना महत्वपूर्ण है :

- प्रस्तावित जल कानून का उद्देश्य या तो जल प्रबंध का केन्द्रीयकरण करना है, या केन्द्र–राज्य संबंध मे परिवर्तन करना या फिर जल के संबंध में संवैधानिक स्थिति को बदलना है। किसी केन्द्रीय जल प्रबंध कानून या किसी आदेश–एवं–नियंत्रण कानून का कोई प्रस्ताव नहीं किया गया है, बल्कि एक रूपरेखा कानून का प्रस्ताव किया गया है जो केन्द्र, राज्य तथा स्थानीय सरकार के संस्थानों द्वारा विधायी तथा/अथवा कार्यपालक (अथवा सुपुर्द की गई) शक्तियों का प्रयोग करने के संबंध में सामान्य सिद्धान्तों का एक आच्छादित वक्तव्य होगा।
- केन्द्र के स्तर पर इस रूपरेखा के अन्तर्गत किसी प्रशासनिक तंत्र अथवा सांस्थानिक रूपरेखा (राष्ट्रीय जल सूचना प्रणाली को छोड़कर) की अभिकल्पना नहीं की गई है और इसके फलस्वरूप किसी प्रकार के दण्ड का कोई प्रावधान नहीं है। लेकिन इस रूपरेखा के अन्तर्गत राज्य कानूनों में आवश्यक प्रशासनिक तंत्र, सांस्थानिक संरचना तथा दण्ड के प्रावधान को शामिल रखा जाएगा।
- लेकिन कानून को इस दृष्टि से न्याय योग्य बनाया जाना है कि केन्द्र तथा राज्य सरकारों द्वारा पारित कानूनों और ली गई कार्यकारी कार्रवाई तथा सौंपे गए कार्यों के पीआरआई द्वारा निष्पादन के मामले में रूपरेखा में निर्दिष्ट सामान्य सिद्धान्तों तथा प्राथमिकताओं का अनुपालन करना होगा, तथा इसमें किसी भी प्रकार के विचलन को न्यायालय में चुनौती दी जा सकेगी।
- इस कानून में पानी के संदर्भ में उच्चतम न्यायालय द्वारा दिए गए प्रमुख आदेशों को शामिल किया जाएगा जैसे कि सार्वजनिक न्यास सिद्धान्त तथा पानी के मौलिक अधिकार एवं गौणता के सिद्धान्त की स्वीकृति, जैसा संविधान के 73वें तथा 74वें संशोधन में स्पष्ट किया गया है, हालही में राष्ट्रीय हरित ट्रिब्यूनल अधिनियम, 2010 में संवैधानिक रूप में स्वीकृत रोकथाम एवं एहतियाती सिद्धान्त तथा सूचना का अधिकार अधिनियम, 2005 के पारदर्शिता के सिद्धान्त।

कानून को किस प्रकार लागू किए जाने का प्रस्ताव है

5.166. जल शासन के बारहवीं योजना कार्यकारी समूह के अनुसार केन्द्र तथा राज्यों के बीच विधायी शक्तियों के वर्तमान संवैधानिक विभाजन को ध्यान में रखते हुए, राष्ट्रीय जल रूपरेखा कानून को केवल संविधान के अनुच्छेद 252(1) में उल्लिखित प्रक्रिया का अनुसरण करके लागू किया जा सकता है। अतः ऐसा कानून अधिनियमित करने के संबंध में यदि दो या अधिक राज्य विधानमण्डल संसद के समर्थन में संकल्प पारित करते हैं तो संसद तदनुसार इसे अधिनियमित कर सकती है। जल (नियंत्रण एवं प्रदूषण की रोकथाम) अधिनियम 1974 और हाल ही में बाँध सुरक्षा अधिनियम 2010 के मामले में इस पद्धति को ही अपनाया गया था। इस प्रकार पारित अधिनियम उन राज्यों पर लागू होगा जिन्होंने संकल्प पारित किया था तथा अन्य राज्य जो अधिनियम को अपनाते हैं।

5.167. जल संसाधन मंत्रालय ने राष्ट्रीय जल रूपरेखा कानून तैयार करने के लिए जुलाई 2010 में डॉ. वाई. के. अलग, पूर्व सदस्य, योजना आयोग की अध्यक्षता में एक समिति का गठन किया था। मसौदा तैयार हो जाने पर केन्द्रीय जल संसाधन मंत्री द्वारा राज्यों के साथ इस पर गहन विचार–विमर्श के जरिए सहमति तैयार करने के बाद इस रूपरेखा कानून को अन्तिम रूप दिया जाएगा।

बारहवीं योजना के लिए परिव्यय

5.168. जल संसाधन मंत्रालय की बारहवीं पंचवर्षीय योजना के लिए केन्द्रीय क्षेत्र का परिव्यय ₹18,118 करोड़ है, जिसमें सिंचाई प्रबंध कार्यक्रम, जल संसाधन सूचना प्रणाली का विकास, भूमिगत जल प्रबंध एवं विनियमन (जलभृत मानचित्रण सहित) आदि जैसी योजनाओं की अभिकल्पना है। जल संसाधन क्षेत्र (सिंचाई, बाढ़ प्रबंध एवं कमाण्ड एरिया विकास) के अन्तर्गत बारहवीं पंचवर्षीय योजना के लिए सूचक परिव्यय ₹422012 करोड़ होगा। इस परिव्यय की उपलब्धि राज्यों की संसाधनों की स्थिति तथा इस क्षेत्र के लिए उनकी प्राथमिकता पर निर्भरशील है।

अनुबंध 5.1
सिंचाई और बाढ़ नियंत्रण पर योजनावार व्यय

(करोड़ रु.)

योजना अवधि	बृहत और मध्यम सिंचाई	एमआई और सीएडी	कुल सिंचाई	बाढ़ नियंत्रण स	कुल
पहली योजना (1951–56)	376	66	442	13	1960
दूसरी योजना (1956–61)	380	162	542	48	4672
तीसरी योजना (1961–66)	576	443	1019	82	8577
वार्षिक योजना (1966–69)	430	561	991	42	6625
चौथी योजना (1969–74)	1,242	1,173	2416	162	15779
पांचवीं योजना (1974–78)	2,516	1,410	3926	299	28,653
वार्षिक योजनाएं (1978–80)	2,079	1,345	3424	330	22,950
छठवीं योजना (1980–85)	7,369	4,160	11,529	787	1,09,292
सातवीं योजना (1985–90)	11,107	7,627	18,734	942	2,18,730
वार्षिक योजनाएं (1990–92)	5,459	3,650	9,109	461	1,23,120
आठवीं योजना (1992–97)	21,072	13,885	34,957	1,692	4,83,060
नौवीं योजना (1997–02)	49,289	13,760	83,049	3,038	9,41,041
दसवीं योजना (2002–07)	83,647	16,459	1,00,106	4,344	16,18,460
ग्यारहवीं योजना (2007–12) (प्रक्षेपण)	1,65,350	46,350	2,11,700	20,100	36,44,718
कुल	3,50,892	1,11,051	4,81,944	32,340	72,27,637

अनुबंध 5.2
एमएमआई क्षेत्र में योजनाओं का योजनावार प्रसार

(करोड़ रु.)

	बृहत परियोजना		मध्यम परियोजना		ईआरएम परियोजना		कुल परियोजना	
	लिए गए	पूर्ण	लिए गए	पूर्ण	लिए गए	पूर्ण	लिए गए	पूर्ण
पूर्व योजना	74	74	143	143	0	0	217	217
पहली योजना	44	5	165	34	12	3	221	42
दूसरी योजना	33	20	102	85	5	5	140	110
तीसरी योजना	32	11	44	61	7	7	83	79
वार्षिक योजनाएं (1966–69)	11	5	27	43	1	3	39	51
चौथी योजना	33	15	74	62	7	4	114	81
पांचवीं योजना	68	6	303	70	20	1	391	77
वार्षिक योजनाएं (1978–80)	11	2	55	18	3	2	69	22
छठवीं योजना	31	30	89	138	37	4	157	172
सातवीं योजना	11	14	36	137	24	15	71	166
वार्षिक योजनाएं (1990–92)	2	7	0	12	0	8	2	27
आठवीं योजना	19	9	72	48	30	22	121	79
नौवीं योजना	32	30	38	66	27	13	97	109
बृहत से मध्यम की ओर परियोजना विस्थापित	–2				+2			
नई परियोजना के रूप में आस्थगित	–6		–4		–4			
दसवीं योजना	49	32	84	40	46	30	179	102
ग्यारहवीं योजना	38	45	50	66	42	5	130	116

अनुबंध 5.3
बारहवीं योजना में आगे ले जाई गई बृहत, मध्यम और ईआरएम परियोजनाएं

परियोजना के आरंभ होने की योजना	प्रमुख	मध्यम	ईआरएम	कुल
पहली योजना	0	0	0	0
दूसरी योजना	0	0	0	0
तीसरी योजना	0	0	0	0
1966–69	2	0	0	2
चौथी योजना	7	2	0	9
पांचवीं योजना	11	1	1	13
1978–80	10	2	0	12
छठवीं योजना	14	13	0	27
सातवीं योजना	6	9	0	15
1990–92	1	2	0	3
आठवीं योजना	13	17	0	30
नौवीं योजना	28	28	3	59
दसवीं योजना	30	22	1	53
ग्यारहवीं योजना	32	52	30	114
कुल	154	148	35	337

अनुबंध 5.4
एआईबीपी के माध्यम से सृजित सीएलए/अनुदान और सिंचाई संभाव्यता 1996–2012

वर्ष	सीएलए राशि/जारी अनुदान (करोड़ रु.)*	सृजेत सिंचाई संभाव्यता ('000 हेक्टेयर में)
1996–97	500	72
1997–98	952	200
1998–99	1119	257
1999–00	1440	220
2000–01	1821	531
2001–02	2595	443
2002–03	3062	272
2003–04	3129	357
2004–05	2867	409
2005–06	1900	703
2006–07	2302	938
2007–08	5399	544
2008–09	7598	538
2009–10	6946	लक्ष्य 1050.00 वास्तविक आकलन के अधीन
2010–11	6837	लक्ष्य 950.00 वास्तविक आकलन के अधीन
2011–12	5784	लक्ष्य 1050.00 वास्तविक आकलन के अधीन
कुल	54,251	5,485

*केवल त्वरित सिंचाई लाभ कार्यक्रम के लिए। बृहत और मध्यम सिंचाई और लघु सिंचाई। अन्य जैसे सीएडी, एफएनपी, आरआरआर को शामिल नहीं किया गया है।

अनुबंध 5.5
सृजित और प्रयुक्त योजनावार सिंचाई संभाव्यता

(मिलियन हैक्टेयर)

योजना		सृजित संभाव्यता					प्रयुक्त संभाव्यता				
		बृहत और मध्यम	लघु			कुल	बृहत और मध्यम	लघु			कुल
			एस.डब्ल्यू.	जी. डब्ल्यू.	कुल			एस.डब्ल्यू.	जी. डब्ल्यू.	कुल	
1951 तक (पूर्व योजना)	संचयी	9.70	6.40	6.50	12.90	22.6	9.70	6.40	6.50	12.90	22.60
पहली योजना (1951–56)	दौरान	2.50	0.03	1.13	1.16	3.66	1.28	0.03	1.13	1.16	2.44
	संचयी	12.20	6.43	7.63	14.06	26.26	10.98	6.43	7.63	14.06	25.04
दूसरी योजना (1956–61)	दौरान	2.13	0.02	0.67	0.69	2.82	2.07	0.02	0.67	0.69	2.76
	संचयी	14.33	6.45	8.30	14.75	29.08	13.05	6.45	8.30	14.75	27.80
तीसरी योजना (1961–66)	दौरान	2.24	0.03	2.22	2.25	4.49	2.12	3.03	2.22	2.25	4.37
	संचयी	16.57	6.48	10.52	17.00	33.57	15.17	6.48	10.52	17.00	32.17
वार्षिक योजनाएं (1966–69)	दौरान	1.53	0.02	1.98	2.00	3.53	1.58	0.02	1.98	2.00	3.58
	संचयी	18.10	6.50	12.50	19.00	37.10	16.75	6.50	12.50	19.00	35.75
चौथी योजना (1969–1974)	दौरान	2.60	0.50	4.00	4.50	7.10	1.64	0.50	4.00	4.50	6.14
	संचयी	20.70	7.00	16.50	23.50	44.20	18.39	7.00	16.50	23.50	41.89
पांचवी योजना (1974–1978)	दौरान	4.02	0.50	3.30	3.80	7.82	2.70	0.50	3.30	3.80	6.50
	संचयी	24.72	7.50	19.80	27.30	52.02	21.16	7.50	19.80	27.30	48.46
वार्षिक योजनाएं (1978–1980)	दौरान	1.89	0.50	2.20	2.70	1.59	1.48	0.50	2.20	2.70	4.18
	संचयी	26.61	8.00	22.00	30.00	56.61	22.64	8.00	22.00	30.00	52.64
छठवीं योजना (1980–1985)	दौरान	1.09	1.70	5.82	7.52	8.61	0.93	1.01	4.24	5.25	6.18
	संचयी	27.70	9.70	27.82	37.52	65.22	23.57	9.01	26.24	35.25	58.82
सातवीं योजना (1985–1990)	दौरान	2.22	1.29	7.80	9.09	11.31	1.90	0.96	6.91	7.87	9.77
	संचयी	29.92	10.90	35.62	46.52	76.44	25.47	9.97	33.15	43.12	68.59
वार्षिक योजना (1990–1992)	दौरान	0.82	0.47	3.27	3.74	4.56	0.85	0.32	3.10	3.42	4.27
	संचयी	30.74	11.46	38.89	50.35	81.09	26.31	10.29	36.25	46.54	72.85
आठवीं योजना (1992–1997)	दौरान	2.21	1.05	1.91	2.96	5.17	2.13	0.78	1.45	2.23	4.36
	संचयी	32.95	12.51	40.80	53.31	86.26	28.44	11.07	37.7	48.77	77.21
नौंवीं योजना (1997–2002)	दौरान	4.10	1.09	2.50	3.59	7.69	2.57	0.37	0.85	1.22	3.79
	संचयी	37.05	13.60	43.30	56.90	93.95	31.01	11.44	38.55	49.99	81.00
दसवीं योजना (2002–2007)	दौरान	4.59	0.71	2.81	3.52	8.82	2.73	0.56	2.26	2.82	6.23
	संचयी	41.64	14.31	46.11	60.42	102.77	33.74	12.00	40.81	52.81	87.23
ग्यारहवीं योजना* (2007–2012)	दौरान	5.77	1.41	3.29	4.70	10.47	1.27	0.43	1.01	1.44	2.71
	संचयी	47.41	15.72	49.40	65.12	113.24	35.01	12.43	41.82	54.25	89.94

* अनुमानित

अनुबंध 5.6
सीएडी कार्यक्रम की भौतिक और वित्तीय उपलब्धियां

अवधि	जारी केंद्रीय सहायता (करोड़ रु. में)	उपलब्धि (मिलियन हेक्टेयर में)	
		खेत की नहरें	खेत के नाले
1974–75 से 1996–97	1688.11	13.95	0.77
नौंवीं योजना	751.66	1.80	0.35
दसवीं योजना	818.57	2.31	0.64
ग्यारहवीं योजना			
2007–08	277.14	0.39	0.07
2008–09	324.29	0.43	0.13
2009–10	413.70	0.38*	0.09*
2010–11	456.40	0.41*	0.06*
2011–12	205.00**	0.35 $	0.14 $
कुल	**4934.87**	**20.02**	**2.25**

* अनंतिम **15 जनवरी 2012 तक जारी $ वर्ष 2011–12 के लिए लक्ष्य

अनुबंध 5.7

हानि के क्षेत्र मापन पर आधारित पूरी हो चुकी बृहत/मध्यम सिंचाई परियोजनाओं के पानी के उपयोग की दक्षता

क्र. सं.	परियोजना का नाम	कृषि योग्य कमान क्षेत्र (हेक्टेयर)	वाहन दक्षता (प्रतिशत)	फार्म पर अनुप्रयोग दक्षता (प्रतिशत)	समग्र परियोजना में पानी का दक्षता उपयोग (प्रतिशत)
(1)	(2)	(3)	(4)	(5)	(6)
1.	भैरवनीथिप्पा परियोजना	4,856	86	67	58
2.	गजुलादिन (संजीवैया सागर परियोजना)	10,300	57	45	26
3.	गांडीपालेम परियोजना	6,478	73	38	28
4.	गोदावरी डेल्टा प्रणाली (सर आर्थर कपास बैराज)	4,10,108	83	54	45
5.	कुरनूल – कुडप्पा नहर प्रणाली	65,465	62	45	28
6.	कड्डम परियोजना	27,519	51	36	18
7.	कोइल सागर परियोजना	11,700	83	75	62
8.	कृष्णा डेल्टा प्रणाली (प्रकाशम बैराज)	5,29,000	87	46	40
9.	नार्गाजुन सागर परियोजना	8,89,000	56	39	22
10.	नारायणपुरम परियोजना	15,855	47	32	15
11.	निजाम सागर परियोजना	93,659	87	45	39
12.	श्रीशैलम परियोजना	59,900	50	34	17
13.	राजीली बांदा मार्ग पविर्तन योजना	35,410	82	51	42
14.	सोमासिला परियोजना	54,650	56	32	18
15.	श्री रामसागर परियोजना	3,71,054	78	57	45
16.	तुंगभद्रा उच्च स्तरीय नहर	45,800	81	58	47
17.	तुंगभद्रा निचली नहर	61,163	72	45	32
18.	वामसा धारा परियोजना	82,087	91	58	53
19.	येलुरू परियोजना	27,240	50	28	14
20.	नहर विस्तार परियोजना	85,443	79	72	57
21.	ढोलाबाहा बांध परियोजना	2,600	74	71	53
22.	रंजीतसागर बांध परियोजना	3,00,000	51	65	33
23.	अहरौरा बांध सिंचाई परियोजना	14,964	70	70	49
24.	माताटीला बांध परियोजना	1,79,880	68	80	54
25.	नौगढ़ बांध सिंचाई परियोजना	64,221	71	70	50
26.	पीली बांध परियोजना	4,044	58	65	38
27.	वालमिकी सरोवर परियोजना	6,271	62	62	38
28.	पूर्वी बैगुल रिजरवायर परियोजना	16,605	64	65	42
औसत			69	52	38

अनुबंध 5.8
बारहवीं योजना में जल डेटाबेस विकास एवं प्रबंध

जल डेटाबेस विकास एवं प्रबंध पर बारहवीं योजना के कार्यकारी दल की प्रमुख सिफारिशों का सार नीचे दिया गया है :

1. कृषि–मौसमविज्ञानीय आंकड़ा

कृषि–मौसमविज्ञानीय आंकड़ा के क्षेत्र तथा गुणवत्ता में सुधार करने के लिए बारहवीं योजना के दौरान निम्नलिखित प्रयास आरम्भ किए जाएंगे :

- स्वचालित डेटा अभिलेखन एवं पुनर्प्राप्ति प्रणाली तैयार होने के लिए एक तात्कालिक, मानकीकृत वर्षाजल डेटा निगरानी नेटवर्क की स्थापना, जो मानवीय अशुद्धियों से अपेक्षाकृत मुक्त होगा। आधुनिक प्रौद्योगिकी इस लक्ष्य को डॉप्लर मौसम रेडारों (डीडब्ल्यूआर) की एक संकर प्रणाली के जरिए हासिल कर सकती है। इन रेडारों में लग ग 200 किमी. के अवगम व्यास होते हैं, जिन्हें अंशांकन के लिए आवश्यक पर्याप्त संख्या में दूर–मिति किए हुए स्वाचिलत वर्षाजल मापकों (टीआरजी) द्वारा सहायता प्रदान की जाती है, जो वस्तुतः एक प्रति 50 वर्ग किमी. है।
- ~200 कि. मी के बराबर अवगम व्यास सहित ~60 डीडब्ल्यूआर के अनुकूलतम नेटवर्क के जरिए एक मानकीकृत रूप में पूरे देश के लिए तात्कालिक अवबोधन डेटा का एक विश्वसनीय समुच्चय तैयार किया जा सकता है, बशर्ते उन्हें ~40,000 स्वचालित टेली–मीटरिंग वर्षाजल मापकों द्वारा सावधानीपूर्वक समर्थित एवं अंशांकित किया जाए। उनके मानकीकृत प्रारूप एवं अंशांकन से देशव्यापी वर्षा के आँकड़े तैयार करने तथा उनकी प्रयोक्ता अनुकूल पुनर्प्राप्ति एवं यथार्थ प्रयोक्ताओं को प्रचार–प्रसार करने की सुविधा प्राप्त होगी।
- 40000 एआरजी के प्रस्तावित नेटवर्क का लक्ष्य बारहवीं पंचवर्षीय योजना के दौरान भारतीय मौसम–विज्ञान वि ाग तथा राज्यों के बीच सहयोगात्मक प्रयासों से 30,000 अतिरिक्त ऐसे एआरजी स्थापित करके हासिल किया जा सकता है। ऐसे एक नेटवर्क का उदाहरण कर्नाटक में पहले ही अभिकल्पित है।
- इस प्रक्रिया को प्रोत्साहित करने के लिए, केन्द्र द्वारा राज्य नेटवर्कों का दर्जा बढ़ाने के लिए पूँजीगत एवं प्रचालन लागत का वित्तपोषण किया जाएगा और उनका प्रचालन करने के लिए कार्मिकों की व्यावसायिक कुशलता में प्रशिक्षण की व्यवस्था की जाएगी, लेकिन शर्त यह होगी कि राज्य मौसम विज्ञान वि ाग द्वारा निर्धारित प्रोटोकॉलों का पालन करेंगे, उसके अधिकारियों द्वारा निरीक्षण के लिए तैयार रहेंगे और सभी डेटा राष्ट्रीय डेटाबेस में प्रेषित करने का वचन देंगे।
- वर्तमान पौध–वाष्पण एवं मत्दा आर्द्रता नेटवर्क का परिमापन बहुत ही अपर्याप्त है। विगत में प्रत्यक्ष अवलोकन के आधार पर किए गए अनुमान अब सं वतः अवैध है क्योंकि भूमि–प्रयोग के पैटर्न तथा मौसमविज्ञानीय परिस्थितियों में काफी परिवर्तन हुए हैं। चूँकि वर्तमान लाइसिमीटर बहुत पुराने हो गए हैं, अतः डिजिटल/लोड सेलों से युक्त लाइसिमीटरों के पर्याप्त सेट, तथा डेटा लॉगर एवं जीपीआरएस सम्प्रेषण सुविधा प्रतिष्ठापित करने, और सिंचाई के समय–निर्धारण पर कृषि–मौसम संबंधी सलाह की विश्वसनीयता में वृद्धि करने के लिए आंकड़ा संग्रहण एवं विश्लेषण की आवश्यकता है। विभिन्न कृषि–जलवायु क्षेत्रों के लिए बहुत ही असंकलित अनुमानों के लिए आवश्यक, तथा प्रमुख परियोजनाओं में जल प्रबंध के लिए सूचना उपलब्ध कराने के लिए आवश्यक घनत्व के साथ–साथ डिजाइन एवं लागत वाले चरणबद्ध कार्यक्रमों के घनत्व का आंकलन किए जाने की आवश्यकता है जिससे अगले 10 वर्षों में अनुकूलतम घनत्व हासिल किया जा सके। यहाँ भी, मौसम विज्ञान वि ाग की वित्तीय सहायता से और राज्यों के सहयोग से एक राष्ट्रीय नेटवर्क तैयार करने के ठोस प्रयास किए जाएंगे, लेकिन मौसम विज्ञान वि ाग द्वारा उनके पर्यवेक्षण की शर्त रहेगी।
- 219 केन्द्रों में पीईटी के परिमापनों की तुलना समीपस्थ केन्द्रों में अनु वाश्रित अनुमानों से की जाएगी जिससे उन अनुमानों का प्रयोग प्रचालन के प्रयोजन से करने के लिए आत्मविश्वास का अपेक्षित स्तर स्थापित किया जा सके। यदि इस प्रयास से अनु वाश्रित फार्मूला पर्याप्त रूप में सही स्थापित होता है तो संबद्ध जलवायु परिवर्तन पर आंकड़ा उपलब्ध कराने की सुविधा से सुसज्जित अधिक बड़ी संख्या में केन्द्रों के लिए पीईटी अनुमान प्राप्त करने के उद्देश्य से अनु वाश्रित अनुमानों का प्रयोग किया जा सकता है।
- कुछ प्रोटोकॉल ऐसे होते हैं जिनके द्वारा अवबोधन आकड़ों के साथ लिए गए दैनिक पीईटी अनुमानों को विभिन्न मौसमों की आवश्यकता के अनुसार मत्दा की आर्द्रता की परिस्थितियों का आंकलन करने के लिए परिवर्तित किया जा सकता है। मत्दा आर्द्रता की स्थिति का अनुमान दूरस्थ सेंसिंग तकनीकों से भी लगाया जा सकता है, जिसका मिलान/वैधता वास्तविक रूप में परिमापित डेटा से करने की जरूरत होगी। ग्रिड बनाए गए वर्षा डेटा के इसी प्रकार के पैटन में पीईटी डेटा 1° × 1° ग्रिड पर भी उपलब्ध कराया जाएगा। इससे प्रत्येक मौसम में फसल की सं ावनाओं का आंकलन करने के लिए इन डेटासेटों के मान में भी काफी अभिवृद्धि होगी।
- इन अनुमानों का वैधीकरण उन कृषि शोध केन्द्रों में मौके पर वास्तविक परिमापनों द्वारा किया जाएगा जहाँ प्रयोगात्मक प्लॉट हैं जिनकी निगरानी ऐसे वैज्ञानिकों द्व ारा की जाती है, जिनके पास परिमापन के लिए आवश्यक उपकरण हैं।
- विभिन्न कृषि विश्वविद्यालयों तथा राज्य दूरस्थ संवेदन अनुप्रयोग केन्द्रों के कृषि–मौसम प्र ागों द्वारा (एनआरएससी कृषि–मौसम प्रभाग सहित) मत्दा आर्द्रता निगरानी की दृष्टि से किए जाने वाले प्रयासों को समग्र बनाना चाहिए और इसे केवल 'शोध' डोमेन तक ही सीमित नहीं रखना चाहिए।
- मत्दा की आवश्यकता के संबंध में कृषि की माँग का आंकलन मासिक औसत के आधार पर करना उपयुक्त है और तदनुरूपी रैखिक घनत्व लग ग 100 किमी. है। दूसरी ओर, रन ऑफ का अनुमान लगाते समय प्रत्येक घटना का महत्व होता है और रैखिक घनत्व 5–10 किमी. होना चाहिए। इसके साथ ही साथ वाष्पन एवं पौध–वाष्पण वर्षा से कम परिवर्तनशील है और इस कारण लग ग 50 किमी. के रैखिक घनत्व की आवश्यकता होती है।
- उपग्रहों तथा रेडारों से बादल निदान समर्थन द्वारा सहायता प्राप्त मौसम पूर्वाभास मॉडल मात्रात्मक प्रेसिपिटेशन पूर्वाभास के साधन हैं। लेकिन अब तक नियोजित पारम्परिक पद्धतियाँ मुख्यतः पिछली घटनाओं के जलवायुविद्या के सदृश तथा मौसम पैटर्न मिलान पर निर्भर करती हैं। यमुना, महानदी तथा नर्मदा नदी की घाटियों

के लिए हाल ही में पारम्परिक पद्धतियों का प्रयोग करके तीन प्रमुख अध्ययन किए गए हैं। प्रेक्षण एवं विष्यसूचक क्षमताओं में बारहवीं योजना की अभिवृद्धि से अन्य नदी घाटियों के लिए आगामी अध्ययनों को और अधिक शुद्ध एवं विश्वसनीय बनाएगा।

2. जल संसाधन की संभावना

देश के लिए (690 बीसीएम) तथा प्रमुख नदी घाटियों के लिए उपयोग किए जाने योग्य सतही प्रवाह का वर्तमान अनुमान अधिकतर पहले जैसा ही है (1976, 1988 तथा 2001 में किए गए)। कार्यकारी दल इन अनुमानों के आधार को स्पष्ट करने के किसी दस्तावेज का पता नहीं लगा सका। इन पहलुओं पर ज्ञान की वर्तमान स्थिति को ध्यान में रखते हुए, अनुमान लगाने के लिए जिस आंकड़ा तथा धारणाओं का प्रयोग किया गया है उनका सत्यापन एवं वैधीकरण असम्‍ व है। केन्द्रीय जल आयोग द्वारा समग्र एवं उपयोग किए जाने योग्य जल संसाधनों की सं ावना में सुधार करने के लिए 12वीं योजना के लिए निम्नलिखित प्रस्ताव किए गए हैं :

- वर्तमान 878 जलविज्ञानीय पर्यवेक्षण (एचओ) केन्द्रों का विस्तार एवं ग्रेड उन्नयन तथा मरम्मत एवं अनुरक्षण के लिए इन–साइट कार्यालयों की मूलसंरचना को समर्थन प्रदान करना।
- एचओ की न्यूनतम आवश्यकता को पूरा करने के लिए 1917 अतिरिक्त एचओ केन्द्र खोले जाएंगे जिससे विभिन्न लक्ष्यों को हासिल किया जा सके जैसे कि नदी घाटी में पानी की उपलब्धत का आकलन, जलवायु परिवर्तन का अध्ययन, बेहतर बाढ़ पूर्वाभास, बाढ़ की रोकथाम, जलाशय इनफ्लो पूर्वाभास, जल की गुणवत्ता तथा अवसाद मूल्यांकन, आकृतिमूलक अध्ययन, जल संसाधन परियोजनाओं की आयोजना एवं डिजाइन, देशीय जलमार्गों की नौसंचालन सं ावना का मूल्यांकन आदि।
- ऐसे आठ सौ दस स्थलों को गाद ार एवं जल की गुणवत्ता की निगरानी करने के लिए परिमापन प्रणालियों से सुसज्जित किया जाएगा।
- हिमालय क्षेत्र में बर्फीले झीलों/जल कुण्डों की निगरानी करने तथा हिम–पिघलन पूर्वाभास की सुविधाएँ।
- जलाशय जल स्तर एवं सीधे भण्डारण की टेलिमेट्रिक निगरानी के लिए सुसज्जित जलाशयों की संख्या का विस्तार।
- समुद्र तटीय क्षेत्रों में घटने वाली विभिन्न प्राकृतिक घटनाओं पर आंकड़ों का संग्रह करने, तथा उनके संरक्षण के मूल्यांकन एवं निगरानी परियोजनाओं के लिए एक समुद्रतट प्रबंध सूचना प्रणाली (सीएमआईएस) तैयार करना।
- राष्ट्रीय जल संसाधन सूचना केन्द्र (एनडब्ल्यूआर–आईसी) नामक एक नए संगठन की स्थापना करना, जिसमें जल संसाधनों, जीआईएस, दूरस्थ संवेदन, कम्प्यूटर विज्ञान तथा अन्य संबद्ध विषयों में विशिष्ट विशेषज्ञता रखने वाले प्रोफेशनल शामिल होंगे जिससे भारत–डब्ल्यूआरआईएस परियोजना के अन्तर्गत जल संसाधन तथा संबद्ध क्षेत्रों में बड़ी मात्रा के आंकड़ों का प्रबंध किया जा सके तथा समुचित निर्णय लेने के लिए उन्हें आवधिक रूप में अद्यतन भी बनाया जा सके।
- डेटा के अंकीयकृत प्रबंध एवं प्रचार–प्रसार की क्षमता का दर्जा बढ़ाने के लिए अपने ही संगठन की सुविधाओं को सुदृढ़ करना।

3. स्रोत द्वारा पानी का उपयोग एवं प्रयोग

जल संसाधन विकास नीति तथा कार्यक्रमों की आयोजना के लिए सभी सं ावित उपयोग योग्य स्रोतों पर विश्वसनीय आंकड़ों की आवश्यकता होती है और साथ ही यह भी जानने की जरूरत होती है कि इनका प्रयोग किस स्रोत से कितना, कहाँ, और किस प्रयोजन से किया जा रहा है तथा उसका क्या प्रभाव पड़ता है; और समय के अनुसार इनमें किस प्रकार परिवर्तन हो रहा है। इन पहलुओं पर डेटा तथा ज्ञान की वर्तमान स्थिति विभिन्न कारणों से बहुत ही असंतोषजनक है :

- प्रकाशित अनुमान केवल भूतल प्रवाह तथा भूमिगत जल पर ही ध्यान देते हैं। वर्षा जल के योगदान पर बहुत कम ध्यान दिया जाता है, जो गैर–सिंचाई वाले सभी क्षेत्रों में सभी प्रकार के प्रयोग के लिए पानी का एक मात्र स्रोत है और सिंचाई वाले क्षेत्रों के मामले में भी यह एक महत्वपूर्ण स्रोत है। वर्षा के पानी पर आधारित कृषि की उत्पादकता मे वृद्धि करने के लिए वर्षा जल का अधिक कुशल उपयोग तथा वर्षा पर आश्रित क्षेत्रों में घरेलू उपयोग के लिए जल की आपूर्ति वस्तुतः एकीकृत जलागम प्रबंध कार्यक्रम का मुख्य आधार है। सिंचाई के मामले में भी, मत्दा की आर्द्रता में सुधार की मात्रा विभिन्न कृषि जलवायु क्षेत्रों में अलग–अलग होती है जो पूरे मौसम के दौरान सिंचाई की आपूर्तियों को समायोजित करने की क्षमता पर निर्भर करता है;
- भूतल एवं भूमिगत जल के उपयोग के अनुमान कुछ वर्षों के लिए तथा प्रमुख नदीघाटियों के मामले में ही उपलब्ध हैं। वे किसी विशिष्ट वर्ष के वास्तविक उपयोग के परिमापन पर आधारित नहीं हैं, बल्कि ये एक अनिर्दिष्ट 'सामान्य' या 'औसत' वर्ष में उपयोग के अनुमान हैं, जो अपर्याप्त, असत्यापित डेटा तथा कल्पनाओं पर आधारित हैं;
- प्रमुख एवं मझोली सिंचाई प्रणालियों के मामले में भी, जिनसे उनके कनाल नेटवर्कों में उपलब्ध कराए गए जल के अभिलेख निरन्तर रूप से रखने की अपेक्षा है, अभिलिखित आंकड़ों का विस्तार तथा गुणवत्ता ज्ञात नहीं है; न उनका समेकन एवं मिलान ही किसी एजेंसी द्वारा किया जाता है;
- भूमिगत जल के कर्षण के अनुमान भी विभिन्न क्षेत्रों में अलग–अलग प्रकार के कूपों के लिए प्रति कूप वास्तविक मसौदा के अनुसार किसी व्यवस्थित परिमापन पर आधारित नहीं है;
- लघु सतही कार्यों से पानी के समग्र उपयोग पर कोई आंकड़ा उपलब्ध नहीं है;
- अनुमानों में गैर–कृषि प्रयोग के लिए निजी कूपों तथा नलकूपों से लिया गया पानी, तथा नदियों या धाराओं से पानी के अनधिकृत दिकपरिवर्तन/पम्पिंग शामिल नहीं है;
- उपयोग के उपलब्ध आंकड़ों में कमाण्ड क्षेत्र के बाहर प्रयुक्त कनाल पानी, नदियों तथा धाराओं मे प्रवाहित होने वाले पानी से निकाला गया पानी और नदी तल से भूमिगत जल शामिल नहीं है। इनमें से अधिकांश अनधिकृत हैं तथा सरकारी सांख्यिकी में उन्हें दर्ज नहीं किया जाता है।

- अतः इन कमियों का समाधान करने लिए ठोस एवं सतत कार्रवाई बहुत महत्वपूर्ण है। इस प्रयोजन से, कार्यकारी समूह ने निम्नलिखित सलाहें दी हैं :
- स्थानीय वर्षाजल के वर्तमान उपयोग तथा विभिन्न कृषि जलवायु व्यवस्था के चुने गए जलागम में इसके सम्पूर्ण, अधिक प्रभावी प्रयोग की संभावना पर योजनाबद्ध एवं वैज्ञानिक दृष्टि से यथार्थ अध्ययन आरम्भ किया जाए;
- विद्यमान डेटा स्रोतों का अधिक प्रभावी प्रयोग, जिसमें बृहत एवं मध्यम सतही प्रणालियों के प्रबंधकों द्वारा रखे गए जल प्रदायगी के रिकार्ड तथा सभी प्रकार के लघु सिंचाई कार्यों के विस्तत्त आंकड़े और उनके द्वारा सिंचाई किए गए क्षेत्र/फसल शामिल नहीं है। राज्य एजेंसियों को अपने रिकार्डों से वर्तमान एवं विगत श्रृंखला के आंकड़ों का मिलान करने के लिए कहना/प्रोत्साहित करना और वैज्ञानिक विश्लेषण तथा नीति उन्मुखी शोध के लिए राष्ट्रीय डेटा पूल में उनका उपलब्ध होना अनिवार्य है;
- सभी प्रमुख जल आपूर्ति प्रणालियों में जल प्रदायगी के परिमापन के लिए वास्तविक मूलसंरचना का दर्जा बढ़ाना;
- इन आंकड़ों के अभिलेखन एवं सत्यापन तथा केन्द्रीय पूल को रिपोर्ट करने की प्रणाली को तर्कसंगत बनाना;
- जल के उपयोग की तकनीकी कुशलता का मूल्यांकन करने के लिए विभिन्न प्रकार की चुनिन्दा प्रणालियों में व्यवस्थित क्षेत्रीय अध्ययन;
- कमाण्ड क्षेत्र में वास्तविक रूप में उगाई जाने वाली फसल के पौध–वाष्पण के सापेक्ष जल प्रदायगी के मौसम संबंधी पैटर्न की सीमा का चुनिन्दा रूप में मूल्यांकन अकुशलता का स्रोत हो सकता है;
- विभिन्न क्षेत्रों के नमूने के कूपों/नलकूपों में वास्तव में पम्प किए गए जल का मानीटर किया गया परिमापन।

4. जल का वास्तविक प्रयोग

घरेलू तथा वाणिज्यिक प्रतिष्ठानों द्वारा पानी की वास्तविक कुल एलं स्रोत–वार खपत के सर्वेक्षण के अभाव में, पानी की वास्तविक खपत के वर्तमान स्तर तथा अनुमानित भावी आवश्यकता के बारे में उपलब्ध अनुमानों का आधार बहुत ही असंतोषजनक है। अनुमानों का आधार ग्रामीण तथा शहरी क्षेत्रों में प्रति व्यक्ति अपेक्षित स्तर के उपयोग का मानदण्ड होता है, जो यह मानकर होता है कि इसे सार्वजनिक प्रणालियों से उपलब्ध कराया जाएगा। उद्योगों तथा विद्युत के लिए भी अनुमान उनके विभिन्न खण्डों में प्रति इकाई वर्तमान एवं अनुमानित उत्पादन की आवश्यकता पर कच्चे आंकड़ों के आधार पर होते हैं। जहाँ तक कृषि का संबंध है, ग्राम स्तर के रिकार्डों के आधार पर विभिन्न स्रोतों द्वारा सिंचाई किए गए विविध फसलों के क्षेत्र में आंकड़ों के समेकन की प्रणाली तथा नमूने के तौर पर फसल कटाई सर्वेक्षण के जरिए राज्य स्तर पर प्रमुख रूप में सिंचाई किए गए फसलों के उत्पादन का अनुमान लगाना विभिन्न कारणों से असंभव हो गया है और उन पर आधारित अनुमानों पर गम्भीर प्रश्न चिह्न लग जाता है।

इन कमियों का समाधान करने के लिए निम्नलिखित उपाय करने की आवश्यकता है :

- कृषि मंत्रालय के हाल ही के एक विशेषज्ञ दल की सिफारिशों से सिंचाई के प्रभाव का मूल्यांकन करने के लिए आवश्यक आंकड़ों की गुणवत्ता में काफी सुधार होगा;
- इसे जल उपयोग की सभी महत्वपूर्ण तकनीकी एवं प्रचालनात्मक पहलुओं और विभिन्न क्षेत्रों तथा नदी घाटियों में विभिन्न प्रकार की परियोजनाओं के सामाजिक–आर्थिक एवं पर्यावरणीय प्रभाव पर विस्तत्त आंकड़े एकत्रित करने के लिए वर्षा पर निर्भरशील जमीनों तथा सिंचाई वाले क्षेत्रों का अधिक विस्तत्त एवं गहन सर्वेक्षण द्वारा समर्थन प्रदान किए जाने की आवश्यकता है।
- वास्तविक भूमिगत जल कर्षण एवं प्रयोग के विश्वसनीय अनुमान प्राप्त करने का एक मात्र तरीका ग्रामीण तथा शहरी क्षेत्रों में सभी प्रकार के कूपों का नमूना सर्वेक्षण ऐसे कूपों में प्रभेद करने के जरिए है, जो एक मात्र स्रोत के रूप में मुख्यतः सिंचाई के प्रयोजन से हैं और जिनका प्रयोग भूतल जल के साथ किया जाता है, और जिनका प्रयोग घरेलू, वाणिज्यिक एवं विभिन्न गैर–कृषि कार्यों के लिए होता है।
- चूँकि सभी मानव निर्मित प्रणालियों से वास्तविक परिस्थिति, जल की उपलब्धता एवं उपयोग में समय के साथ महत्वपूर्ण एवं तीव्र परिवर्तन हो सकता है, अतः ऐसे सर्वेक्षणों को आवधिक रूप में दोहराया जाना अनिवार्य है।
- ये सर्वेक्षण सरकारी तथा गैर–सरकारी अनुसंधान संस्थानों के एक कंसोर्शियम को सौंपे जाएंगे, जिनके पास ऐसे अध्ययन के अनुभव हैं और जो सभी क्षेत्रों तथा समय के साथ तुलनात्मकता सुनिश्चित करने के लिए सुनिर्धारित सामान्य संकल्पनाओं एवं कार्यपद्धतियों का प्रयोग करेंगे।

नोट

1. यह भारत की जल संसाधन क्षमता के केन्द्रीय जल आयोग के अनुमान पर आधारित है जो 1869 बीसीएम है।
2. वर्ष 2030 जल संसाधन समूह (2009) : चार्टिंग अवर वॉटर फ्यूचर।
3. ग्रामीण विकास पर अध्याय 17 में इस पहल का पूरा ब्यौरा देखें।
4. ग्रामीण विकास पर अध्याय 17 में इस पहल का पूरा ब्यौरा देखें।
5. इस पहल का पूरा विवरण 'परिवहन' संबंधी अध्याय 15 में देखें।
6. आर. एकरमैन (2011) : न्यू डायरेक्शन फॉर वॉटर मैनेजमेण्ट इन इण्डियन एग्रीकल्चर
7. जे. ब्रिस्को और आरपीएस मलिक (2006): इण्डियाज वॉटर इकोनॉमी, ब्रासिंग फार अ टरबुलेंट फ्यूचर, द वर्ल्ड बैंक
8. यूए अमसिंघीत एएल (2007): इण्डियाज वॉटर फ्यूचर टू 2025–2050 : बिसनेस–एस–यूजवल सिनेरियो एण्ड डेवीऐशन आईडब्ल्यूएमआई
9. जेपी वेनोटेड एएल (2007): शिफ्टिंग वाटरस्कैप्स : एक्सप्लेनिंग बेसिन क्लोसर इन द लोवर कृष्णा बेसिन आईडब्ल्यूएमआई
10. आर. एकरमैन (2011) : न्यू डायरेक्शन फॉर वॉटर मैनेजमेण्ट इन इण्डियन एग्रीकल्चर

11. डी ब्लैकमोर (2010) रिवर बेसिन मैनेजमेण्ट : एपॉर्चुनिटी एण्ड रिस्क, एशियन डेवलपमेंट बैंक
12. डी ब्लैकमोर (2010) रिवर बेसिन मैनेजमेण्ट : एपॉर्चुनिटी एण्ड रिस्क, एशियन डेवलपमेंट बैंक
13. के. पोमेरांज (2009): 'द ग्रेट हिमालयन वॉटरशेड : एग्रेरियन क्राइसेस, मेगा–डेम एण्ड द एन्वायरनमेंट, न्यू लेफ्ट रिव्यू, संख्या 58, जुलाई– अगस्त 2009
14. एन मेयर ईटी एएल (2000) : 'बायोडायवर्सिटी हॉटस्पाट फॉर कंसरवेशन पेरिओरिटिस', नेचर, 403
15. केएस वालडिया (1999) : 'ए जियोडायनामिक प्रॉसपेक्टिव ऑफ अरुणाचल प्रदेश', की–नोट एड्रेस एट वर्कशाप आर्गनाज्ड बाई द जीबी पंत इंस्टीट्यूट ऑफ हिमालयन एनवायरोनमेण्ट एण्ड डेवपलेमेण्ट
16. डीसी गोस्वामी एण्ड पी जे दास (2002): हाइड्रोलोजिकल इम्पैक्ट ऑफ अर्थक्वैक आन द ब्रम्हपुत्रा रिवर रिजीम', प्रोसिडिंग ऑफ द 18वां नेशनल कनवेंशन आफ सिविल इंजीनियरस, गुवाहाटी
17. एम. मेनोनेट एएल (2003) : लार्ज डेम इन द नार्थ ईस्ट : ए ब्राइट फ्यूचर 'द इकोलाजिस्ट एशिया, वॉल 11, नं. 1
18. आर.ए. केरर एण्ड आर. स्टोन (2009) : 'ए ह्यूमन ट्रिगर फार द ग्रेट क्वेक ऑफ सिचुआन' साईंस, 16 जनवरी 2009, वाल्यूम 323 नं. 5912
19. वी. राजमणि, यू.सी, मोहंती, आर रमेश, जी.एस. भट, पी.एन. विनयचन्द्रम, डी. सेनगुप्ता, प्रसन्ना कुमार एण्ड आर.के. कोहली (2006) 'लिंकिंग इण्डियन रिवर वीएस बे ऑफ बंगाल मानसून एक्टिविटी', करेण्ट साईंस, वॉल्यूम 90, 12–13
20. 337 परियोजनाओं में से लगभग 56 प्रतिशत पर योजना आयोग द्वारा अनुमोदन नहीं किया गया है तथा ये केन्द्रीय सहायता के पात्र नहीं है।
21. वी एम तिवारी आदि (2009) डिवाइडिंग ग्राउण्डवाटर रिसोर्सेज इन नार्थन इंडियन रीजन, फ्रॉम सेटेलाइट ग्रेविटी ऑब्सरवेशन" *गोफ रेस लिट,* 36 एल18401, डुई : 10.1029/2009जीएल039401
22. केंद्रीय भू–जल बोर्ड (2009) : डायनेमिक ग्राउंडवाटर रिर्सोसेज ऑफ इंडिया।
23. राज्य हैं – असम, त्रिपुरा, मणिपुर, मेघालय, मिजोरम, नागालैण्ड, अरूणाचल प्रदेश, छत्तीसगढ़, झारखण्ड, उड़ीसा और पश्चिम बंगाल
24. उदाहरणार्थ दिशानिर्देश सीवरेज सहित और सीवरेजरहित (70 एलपीसीडी से कम तथा 135 एलपीसीडी सीवरेज प्रणाली सहित) शहरों में भी अंतर करते हैं परन्तु यह दर्शाते हैं कि किसी शहर को अधिक जल के मानकों की आवश्यकता बताने से पहले सीवर प्रणाली के तहत कितना क्षेत्र रखना होगा। यह दिशानिर्देश स्पष्ट नहीं है – इनमें बताया गया है कि अभी शहर में अस्पताल, स्कूल, हवाई अड्डा और संस्थागत क्षेत्र है तो उसे एक महत्वपूर्ण मात्रा में जल की अतिरिक्त आपूर्ति की जानी चाहिए।
25. पाद टिप्पणी : यह खंड आंशिक रूप से योजना आयोग के लिए ऊर्जा, पर्यावरण और जल केंद्र द्वारा तैयार किए गए उद्योग के लिए जल संरक्षण कार्यनीति' वर्किंग पेपर पर तैयार किया गया है।
26. आर (ओंकरमेन, 2011) : भारतीय कृषि में जल प्रबंधन हेतु नए दिशानिर्देश
27. बिहार सरकार (2008) कोसी बाढ़, मूल्यांकन रिपोर्ट, आपदा में कमी और पुनर्स्थापन हेतु वैश्विक सुविधा।
28. समाज प्रगति सहयोग और मेघ – पायने अभियान (2012) : बाढ़ नियंत्रण हेतु मनरेगा लिवरेजिंग – बिहर में नीतिगत सुधार हेतु मामला, मनरेगा के संबंध में सिविल सोसाइटी संगठनों का राष्ट्रीय संघ।
29. प्रारूप मॉडल विधेयक योजना आयोग की वेबसाइट पर उपलब्ध है।
30. यह खण्ड जल शासन कार्यकारी दल के एक ाग के रूप में भूमिगत जल प्रबंध एवं विनियम से संबंधित विधायी मुद्दों पर 12वीं. योजना उप–समूह द्वारा किए गए कार्य पर आधारित है।
31. *एक्टन बनाम ब्लण्डेल* (1843) 12 मीसन एवं वेलसबी 324 (एक्सचेकर चेम्बर न्यायालय, 1 जनवरी 1943)। इसकी पुष्टि *चेज़मोर बनाम रिचाड्र्स* (फुटनोट 21) में की गई, जिसने यह पाया कि झरने के पानी का उपयोग करने वाले एक मिल के स्वामी का दूसरे ऐसे भू–स्वामियों के खिलाफ कार्रवाई करने का कोई अधिकार नहीं है जो पानी के अपने उपयोग की सीमा तक भूमिगत जल का कर्षण करते हैं। यह इसलिए था क्योंकि न्यायाधीशों ने यह निर्णय दिया कि ऐसा अधिकार 'स्वामी द्वारा भूमि की जल निकासी पर, बाधा नहीं डाले तो, हस्तक्षेप होगा"
32. *जार्ज चेज़मोर बनाम हेनरी रिचाड्र्स* (1859) टप्प हाउस ऑफ लॉर्ड्स मामले 349 (हाउस ऑप लॉर्ड्स, 27 जुलाई 1859)
33. बी.बी. कटियार, *सुखभोगाधिकार एवं लाइसेंस कानून* (नई दिल्ली : यूनिवर्सल लॉ पब्लिशिंग, 13वाँ संस्करण 2010)
34. इस प्रकार, उदाहरण के लिए, न्यायमूर्ति शेषगिरि अय्यर के शब्दों में, ष्इसका पर्याप्त रूप में निश्चित मार्ग होना चाहिए। इसे आगे बढ़ना है। इसका पानी पहचान योग्य होना चाहिए। इसे हमेशा तटों के बीच सीमित रहने की जरूरत नहीं है। इसका निरन्तर प्रवाह होने की जरूरत नहीं है। इसकी चौड़ाई एक निश्चित आयाम की होने की जरूरत नहीं है। अण्डे राजा श्री राज वेलुगोटी श्री राजगोपाल कृष्ण यचेन्द्रला वारुबहादुर, वेंकटगिरि के के.सी. आई.ई. महाराजा बनाम भारत के सेक्रेटरी ऑफ स्टेट इन काउंसिल (1915) 28 एमएलजे 98 (मद्रास उच्च न्यायालय, 19 अक्तूबर 1914)
35. एम एस वानी, 'भारत मे भूमिगत जल कानून : एक नया दृष्टिकोण', रामस्वामी अय्यर संस्करण में, *भारत में जल एवं कानून* 435, 444 (नई दिल्ली : सेज, 2009)
36. *एमसी मेहता बनाम कमल नाथ* (1997) 1 एसएससी 388 (उच्चतम न्यायालय, 1996); *पश्चिम बंगाल राज्य बनाम केशोराम इण्डस्ट्रीज़* (2004) 10 एसएससी 201 (उच्चतम न्यायालय, 2004)
37. उदाहरण के लिए, आंध्र प्रदेश कृषक सिंचाई प्रणाली प्रबंध अधिनियम, 1997; गुजरात जल प्रयोक्ता प्रतिभागी सिंचाई प्रबंध अधिनियम, 2007; महाराष्ट्र कृषकों द्वारा सिंचाई प्रणाली प्रबंध अधिनियम, 2005 तथा तमिलनाडु कृषक सिंचाई प्रणाली प्रबंध अधिनियम, 2000
38. उदाहरण के लिए, सुभाष कुमार बनाम बिहार राज्य, एआईआर 1991 एससी 420 (उच्चतम न्यायालय, 1991)
39. मसौदा योजना आयोग की वेबसाइट पर उपलब्ध है
40. मॉडल विधेयक जलभृत को खतरा पहुँचाने वाले भूमिगत जल संसाधनों के अनुचित उपयोग को विनियमित करने की आवश्यकता पर तैयार किया गया है जो जिससे यह सुनिश्चत हो सके कि संसाधन (जलभृत) को ही सुरक्षित किया जाए और आगामी कई दशकों तक प्रत्येक व्यक्ति की मूलभूत आवश्यकता को पूरा करने के लिए एक निरन्तर आधार उपलब्ध कराया जाए।
41. यह मसौदा योजना आयोग की वेबसाइट पर उपलब्ध है।

6

भूमि के मुद्दे

6.1. भारत में सामाजिक भेदभाव का लंबा इतिहास रहा है, जो भूमि तक अधिगम्यता अस्वीकार करने से गहराई से जुड़ा है। स्वतंत्रता के समय प्रचलित विशिष्ट भूमि स्वामित्व की प्रणालियों से भी अपनी तरह की समस्याएं पैदा हुई हैं। पिछले चार दशकों में भूमि अभिलेख प्रशासन की गिरती गुणवत्ता से निर्धनों की कठिनाई और भी बढ़ गई हैं। और हाल के समय में विकास के लिए भूमि के अधिग्रहण के अभियान से नई चुनौतियां सामने आई हैं, खास तौर पर अधिकांशतः अनुसूचित जनजातियों के लिए। हिन्दु उत्तराधिकार (संशोधन) अधिनियम, 2005 और अनुसूचित जाति तथा अन्य पारंपरिक वन निवासी (वन अधिकारों की मान्यता) अधिनियम, 2006 सहित पिछले कुछ वर्षों के दौरान अनेक नए सरकारी प्रयास आरंभ किए गए हैं, जो ऐतिहासिक अन्याय और ताजा चुनौतियों के प्रत्युत्तर हैं। जनवरी 2008 में प्रधानमंत्री द्वारा दो उच्च स्तरीय निकायों के गठन को अनुमोदन दिया गया – प्रधानमंत्री की अध्यक्षता में राष्ट्रीय भूमि सुधार परिषद और राज्य कृषिकर्मी संबंधों पर एक समिति तथा केन्द्रीय ग्रामीण विकास मंत्री की अध्यक्षता में भूमि सुधारों के लिए अब तक पूरे न किए गए कार्य। केन्द्र सरकार ने उचित मुआवजा अधिकार, पुनर्स्थापना, पुनर्वास तथा भूमि अधिग्रहण में पारदर्शिता विधेयक का प्रारूप तैयार किया है।

6.2. भूमि द्वारा प्रस्तुत बाधा वृद्धि प्रक्रिया के समावेश और स्थायित्व को सुनिश्चित करने में एक मुख्य चुनौती के रूप में उभर रही है। भूमिहीन, छोटे और उपेक्षित किसान कृषि के अंदर एक बाधा का सामना करते हैं, क्योंकि शहरीकरण और औद्योगिकीकरण की प्रक्रिया के लिए भूमि की बढ़ती जरूरत को भी बाधा का सामना करना पड़ता है।

कृषि के लिए भूमि

भूमि सुधारः अपूर्ण कार्य सूची

6.3. स्वतंत्रता के समय से भूमि सुधार समानता और कृषि संवेदी निवेश दोनों को बढ़ावा देने की राज्य नीति में एक प्रमुख कारक रहे हैं। दुर्भाग्य से भूमि सुधारों की प्रगति धीमी रही है, जिससे अधिकार की संरचनाओं में लचीलापन दर्शाया जाता है, जिससे प्रथम स्थान में समस्या उत्पन्न हुई।

6.4. भूमि के अधिक समान वितरण को साकार बनाने का मुख्य साधन भूमि परिसीमन कानून हैं। इन कानूनों को अनेक राज्यों द्वारा पचास और साठ के दशकों के अंत में लागू किया गया तथा 1970 की शुरूआत में पिछले कानूनों की कमियों को दूर करने के लिए कानूनों में अधिक कठोर संशोधन किए गए थे। परन्तु कार्यान्वयन के अभिलेख संतोषजनक नहीं रहे हैं। भूमि के लगभग 3 मिलियन हेक्टेयर क्षेत्रफल को अब तक अधिशेष घोषित किया गया है, जो भारत में कृषि योग्य भूमि के निवल का मुश्किल से दो प्रतिशत है। इस भूमि का लगभग 30 प्रतिशत भाग अब तक वितरित नहीं किया गया है, क्योंकि यह कानूनी विवादों में उलझा हुआ है। इसके अलावा बेनामी और गुप्त लेन देनो की बड़ी संख्या से परिसीमन की सीमाओं से ऊपर भूमि की महत्वपूर्ण मात्रा गैर कानूनी कब्जे में है। निम्न स्तरीय, अनुत्पादक, बंजर और खाली पड़ी जमीन के आबंटन की व्यापक रिपोर्ट हैं, जिन्हें भूमिहीन परिवारों को दिया गया, जिनमें से अनेक इसे बेचने के लिए मजबूर हैं, क्योंकि इनके पास इसे उत्पादक बनाने के संसाधन नहीं है। अनेक दृष्टांतों में परिसीमन कानूनों के तहत ग्रामीण निर्धनों को आबंटित की गई भूमि उनके स्वामित्व में नहीं है। कुछ मामलों में लाभार्थियों को पट्टे जारी किए गए थे, किन्तु पट्टों में दर्शाई गई भूमि का स्वामित्व नहीं दिया गया था या अधिकारों के अभिलेख में संगत बदलाव नहीं किए गए थे।

6.5. ग्रामीण भारत में भूमिहीन और निर्धनों की तुलना में अधिकारों का संतुलन इतना अधिक भारी है कि भूमि परिसीमन के कानूनों का कार्यान्वयन कठिन है। यह स्पष्ट है कि ग्रामीण निर्धनों को बड़े पैमाने पर प्रेरित किए बिना और ग्रामीण भारत में लोकतांत्रिक शासन

को गहराई से लाए बिना इसे दिशा में बहुत कम कार्य संभव है। पश्चिम बंगाल में भारत की आधे से अधिक भूमि परिसीमन अधिशेष के लाभार्थी है, जो इसका उदाहरण देते हैं कि क्या प्राप्त किया जा सकता है।

6.6. जबकि भारत की आधी से अधिक आबादी अपनी आजीविका के प्राथमिक स्रोत के रूप में कृषि पर निर्भर बनी हुई है। 83 प्रतिशत किसान दो हेक्टेयर से कम भूमि पर खेती करते हैं और उनके खेत का औसत आकार केवल 1.23 हेक्टेयर है। आम तौर पर यह टुकड़ों में और असिंचित है। ऐसे लोग भी हैं जो पूरी तरह भूमिहीन हैं, जबकि कृषि उनकी आजीविका का मुख्य स्रोत है। उनके पास खरीदने के लिए अपर्याप्त वित्तीय संसाधन हैं और वे आम तौर पर छोटे भूखंडों के पट्टों पर, असुरक्षित शर्तों पर, अल्पावधियों के लिए, कई बार केवल एक मौसम के लिए निर्भर करते हैं। अतः इनमें से अनेक को कार्यकाल की असुरक्षा और भूमि हस्तांतरण के बढ़ते जोखिम और शहरीकरण, औद्योगिकीकरण तथा सशक्त हितों के दबाव का सामना करते हैं।

6.7. वे बड़े पैमाने की अर्थव्यवस्था का लाभ लेने या बड़े निवेशों में धनराशि लगाने में अक्षम हैं जैसे सिंचाई, प्रौद्योगिकी या मशीनरी। औपचारिक ऋण तक उनकी पहुंच सीमित है। अतः इनके पास भूमि सुधार या फसल बीमा या पर्याप्त निवेशों (बीज, उर्वरक आदि) के लिए कुछ संसाधन हैं। इन्हें विस्तार एजेंसियों द्वारा आम तौर पर उपेक्षित किया जाता है और इन्हें नई प्रौद्योगिकियों या कौशल सघन कृषि प्रथाओं में प्रशिक्षण पर जानकारी कभी कभार मिल पाती है।

6.8. कानूनी तौर पर अधिकांश राज्यों में भूमि को पट्टे देने के कानून क्षेत्रफल को बढ़ाने पर या तो उपेक्षित और छोटे किसानों पर रोक लगाते हैं, जिस पर वे भूमि को पट्टे पर देकर फसल उगाते हैं या अनौपचारिक काश्तकारों/हिस्से पर फसल उगाने वालों के लिए कार्यकाल संबंधी असुरक्षा पैदा करते हैं। छोटे और उपेक्षित किसानों द्वारा अधिकांशतः अभिलेख के बिना काश्तकारी चलाई जाती हैं। इसी के साथ कुछ क्षेत्रों में अनुपस्थित भूमि स्वामित्व बहुत अधिक होता है (विशेष रूप से पर्वतीय राज्यों और वर्षा सिंचित क्षेत्रों में), जिससे से फसल उगाने योग्य विशाल क्षेत्रफल निष्क्रिय पड़े रहे जाते हैं। दुर्भाग्य से अधिकांश काश्तकारी नियमों द्वारा काश्तकारी को भूमिगत बनाया दिया गया है या इसे अधिक अनौपचारिक बना दिया है। विभिन्न राज्यों के सूक्ष्म अध्ययन दर्शाते हैं कि पट्टे पर दी गई भूमि का अनुपात एनएसएस और जनगणना, दोनों द्वारा बताए गए आंकड़ों से उल्लेखनीय रूप से अधिक है। कुछ मामलों में यह सकल कृषि के क्षेत्र का 20–25 प्रतिशत तक उच्च है। काश्तकारी की संविदाएं मौखिक होती हैं और छोटी अवधि की होती हैं। पट्टे पर दी गई भूमि का अनुपात पिछड़े क्षेत्रों की तुलना में कृषि की दृष्टि से विकसित क्षेत्रों में अधिक होता है। अधिकांश परिवार वर्ग पट्टा बाजार में पट्टादाता और पट्टेदार के रूप में भाग लेते हैं। जबकि पिछड़े कृषि क्षेत्रों में पारंपरिक पैटर्न अधिक सामान्य है, जिनमें छोटे और उपेक्षित किसान पट्टेदार के रूप में तथा बड़े और मध्यम स्तर के किसान कृषि की दृष्टि से उन्नत क्षेत्रों में पट्टादाता के रूप में पट्टा बाजार पर प्रभुत्व बनाते हैं, पट्टा बाजार एक संक्रमण की स्थिति में है, जहां सभी वर्गों के परिवार भाग लेते हैं। विपरीत काश्तकारी का रुझान इन क्षेत्रों में अधिक प्रबलित है।

6.9. अतः काश्तकारी को कानूनी बनाने और भूमि को पट्टे पर लेने और पट्टे पर देने की अनुमति के साथ छोटे और उपेक्षित किसानों के हितों को सुरक्षित करने के पर्याप्त रक्षोपाय का सशक्त प्रकरण है। पट्टा बाजार के उदारीकरण का अर्थ मौजूदा काश्तकारी विधानों का अभिनिषेध है। इन्हें स्वामित्व के अधिकार को गैर हस्तांतरणीय तथा सुरक्षित बनाकर, कार्यकाल निर्धारित करते हुए, पट्टे का अभिलेख बनाकर और पट्टे की समाप्ति के बाद फसल उगाने के लिए भूमि को वापस भू–स्वामियों के पास भेजते हुए भूमि को पट्टे पर लेने और पट्टे पर देने की अनुमति में उपयुक्त परिवर्तन करने चाहिए।

6.10. काश्तकारी के कानूनों में सुधार से सभी वर्गों को उनके संसाधन एंडोवमेंट पर निर्भर करते हुए पट्टा बाजार में उपयुक्त रूप से भागीदारी की अनुमति दी जाएगी। अध्ययनों में दर्शाया गया है कि पंजाब और हरियाणा जैसे राज्यों में बड़े और मध्यम किसान जो आधुनिक निवेशों में निवेश करते हैं वे छोटे और उपेक्षित किसानों से भूमि पट्टे पर लेते हैं, बड़े पैमाने की अर्थव्यवस्था में कटौती करते हैं और खेत की उत्पादकता बढ़ाते हैं। छोटे और उपेक्षित किसान जो अपनी भूमि को पट्टे पर देते हैं, उन्हें व्यावसायिक उगाही और उच्च आय के संदर्भ में भी लाभ मिलता है। बिहार और उड़ीसा जैसे अन्य राज्यों में, जहां पारिश्रमिक कम और रोजगार के अवसर भी कम हैं, छोटे और उपेक्षित किसान भूमि को पट्टे पर लेते हैं और अपनी कृषि भूमि का आकार बढ़ाते हैं तथा इस प्रकार काश्तकारी के सभी परिचर लाभों के साथ जीवन का एक उपयुक्त स्तर वहन करते हैं, जैसे वित्तीय संस्थानों से ऋण लेना। इन राज्यों के मध्यम और बड़े किसान शहरी क्षेत्रों में प्रवास करते हैं और अपनी भूमि खोने के जोखिम के बिना गैर कृषि रोजगार के अवसर अपनाते हैं। जब उनकी आजीविका गैर कृषि क्षेत्र में सुरक्षित हो जाती है तो वे अपनी भूमि बेच सकते हैं। काश्तकारी में उदारीकरण से कृषि योग्य भूमि के समेकन में भी

सहायता मिलती है, क्योंकि किसान अपनी भूमि के टुकड़े को बेचने के स्थान पर उसे पट्टे पर देना अधिक पसंद करते हैं, क्योंकि इसमें असुविधा नहीं है। दीर्घ अवधि की काश्तकारी संविदाओं से कृषि उत्पादकता बढ़ाने में भी सहायता मिलती है।

6.11. ये बाधाएं आदिवासियों और महिला किसानों के लिए और भी अधिक बढ़ जाती हैं। लगातार जैसे जैसे महिलाओं की तुलना में अधिक पुरुष कृषि के लिए बाहर आते हैं, कृषि के महिलाकरण की ओर एक विस्थापन होता है। अधिकांश महिलाएं वस्तुतः गृह प्रमुख के रूप में भी कार्य करती हैं। जबकि प्रारूपिक तौर पर महिला किसानों की कुछ प्रत्यक्ष पहुंच भूमि तक होती है और निवेशों एवं अन्य सेवाओं तक उनकी पहुंच अत्यंत असामान होती है।

6.12. पर्यावरण संबंधी कारकों से पुनः निर्धन किसानों को नुकसान होता है। भू–जल स्तर में गिरावट आई है और मिट्टी का क्षरण हुआ है। यह सभी कुछ मौसम बदलाव की पृष्ठभूमि में हुआ है। अब मुख्य प्रश्न हैः *इन बाधाओं को अवसरों में किस प्रकार रूपांतरित किया जा सकता है?* क्या लाभवंचित किसानों को स्थायी आजीविका मिल सकती है और वे उच्चतर वृद्धि तथा अधिक समावेशी विकास के लिए भारत के लिए लाभकारी बन सकते हैं?

भावी मार्ग

6.13. बारहवें योजना कार्य समूह ने लाभवंचित किसानों सहित महिलाओं पर भूमिहीन और कम भूमि वाले किसानों के सामने आने वाली भूमि संबंधी बाधाओं को सरल बनाने की कुछ प्रक्रियाओं का प्रस्ताव किया हैः

लाभवंचित और महिला (डी एंड डब्ल्यू) किसानों के लिए सरकार द्वारा भूमि का हस्तांतरण

6.14. परिसीमन अधिदेश भूमि, गैर कृषि योग्य बंजर भूमि आदि सहित सरकार के पास उपलब्ध सभी भूमियों का एक व्यापक आकलन होना चाहिए। एकता परिषद जैसे संगठनों द्वारा अनाधिकारिक आकलनों से सुझाव मिलता है कि आधिकारिक अनुमानों में दर्शाई गई वितरण के लिए उपलब्ध से कहीं अधिक भूमि उपलब्ध है।

6.15. यह सभी उपलब्ध भूमि वैयक्तिक परिवारों के स्थान पर लाभवंचित और महिला किसानों को वितरित की जानी चाहिए। इस प्रकार वितरित की गई भूमि या तो समूह के नाम पर पंजीकृत की जानी चाहिए या उन्हें अत्यंत लंबी अवधि के पट्टे की व्यवस्था के तहत उन्हें दी जा सकती है।

6.16. गृहविहीन सभी ग्रामीण परिवारों में महिला के नाम पर भूमि का आबंटन करने के विषय में ग्यारहवीं योजना की सिफारिश को सभी राज्यों द्वारा कार्यान्वित करने की जरूरत है, जिसे आवास और पूरक आजीविका के लिए उपयोग किया जाए, जबकि आबंटित मात्रा उपलब्धता के अधीन हो सकती है। कुछ राज्यों ने इस दिशा में महत्वपूर्ण प्रयास किए हैं। केरल में इसके भूमि सुधार कार्यक्रम में उस भूमि पर स्वामित्व का अधिकार देने का लंबे समय से रुका हुआ कार्यक्रम है, जिसे पर एक घर बनाया गया है। लगभग 4.46 लाख कृषि श्रमिक घरों को इससे लाभ हुआ है, भूमिहीन परिवारों का प्रतिशत 1971–72 में 15.7 प्रतिशत से घट कर 2002–03 में 4.8 प्रतिशत हो गया है। इन योजनाओं में आवास के लिए तथा पूरक आजीविका के लिए भी भूमि दी गई (उदाहरण के लिए रसोई से जुड़े बागीचे, बकरी और मुर्गीपालन)। पश्चिम बंगाल और उड़ीसा सरकारों ने भी भूमिहीन परिवारों के घर बनाने के भूखण्डों का आबंटन किया है। उड़ीसा द्वारा 4 से 10 प्रतिशत और पश्चिम बंगाल ने 16 प्रतिशत तक आबंटन किए हैं।

भूमि खरीद की सुविधा

6.17. सरकार के पास उपलब्ध सभी अधिशेष भूमि का वितरण लाभवंचित और महिला किसानों को करने के अलावा योजनाओं में भूमिहीन और कम भूमिवाले व्यक्तियों को भूमि खरीदने में सक्षम बनाने की सुविधा दी जा सकती है। लाभवंचित किसानों सहित महिलाओं पर बारहवें योजना कार्य समूह द्वारा एक ऋण सह अनुदान योजना की सिफारिश की गई है जिसमें 50 प्रतिशत राशि कम ब्याज पर दी जाती है और 50 प्रतिशत राशि अनुदान के रूप में भूमिहीन या लगभग भूमिहीन महिलाओं और पुरुषों के समूहों को सामूहिक रूप से भूमि खरीदने में सहायता देने के लिए दी जाती है। खरीदी गई भूमि प्रत्येक समूह सदस्य के नाम पर बराबर भागों में पंजीकृत की जा सकती है, किन्तु समूह को सुधार में और यहां तक कि एक समूह के रूप में इस पर फसल उगाने के लिए सहायता की जरूरत होती है।

6.18. इस मामले का एक बिन्दु है कि इस योजना को आंध्र प्रदेश सरकार द्वारा 1980 में आरंभ किया गया, जिसके तहत गरीब दलित महिलाओं ने गैर सरकारी संगठन डेक्कन डेवलपमेंट सोसाइटी के समर्थन से संयुक्त रूप से खेती करने के लिए सामूहिक रूप से भूमि खरीदने हेतु छोटे समूह बनाए थे। मेडक जिले के अनेक महिला समूहों ने इस योजना का लाभ उठाया। यह भूमि समान भागों में बांटी गई थी और प्रत्येक महिला के नाम पर इसका पंजीकरण किया गया था। परन्तु वे इसे मिलाकर संयुक्त रूप से इस पर खेती करती हैं। जबकि अनुभव से दर्शाया गया है कि सरकार को लाभ

वंचित और महिला किसानों को पट्टे पर देने के लिए भूमि खरीदनी नहीं चाहिए, जैसा आंध्र प्रदेश में प्रयास किया गया। भूमि बाजार में सरकार के प्रवेश से कीमतें बढ़ सकती हैं और यह योजना अस्थायी हो सकती है। इससे उन निर्धन किसानों पर भी प्रतिकूल प्रभाव पड़ता है जो योजना से बाहर हैं, जब उन्हें अपने नाम पर भूमि खरीदने या पट्टे पर लेने की आवश्यकता है।

भूमि को पट्टे पर देने की सुविधा

6.19. भूमि को पट्टे पर देना ऊसर या कृषि के अधीन कम प्रयुक्त भूमि को लाने और भूमिहीन निर्धनों को भूमि तक पहुंच प्रदान करने के लिए एक महत्वपूर्ण प्रक्रिया है। इसके लिए कानूनी बदलावों और संस्थागत नवाचारों की आवश्यकता होगी।

6.20. *कानूनी बदलावः* काश्तकारी को भू–स्वामियों के अधिकार सुरक्षित रखते हुए काश्तकार को सुरक्षा प्रदान करने के लिए कानूनी बनाया और विनियमित किया जाना चाहिए। संविदात्मक अवधि इतनी लंबी होनी चाहिए कि इससे भूमि में निवेश को बढ़ावा मिले। इसे कानूनी बनाने से भू–स्वामियों के अधिकारों की सुरक्षा भूमि होनी चाहिए, ताकि उसे भूमि को पट्टे पर देने का प्रोत्साहन मिले, जो अन्यथा अप्रयुक्त बनी रहती है। भूमि को पट्टे पर देने और उपयोग का एक सामूहिक मार्ग प्रणाली में निर्मित किया जाना चाहिए, क्योंकि यह उक्त कृषि के लिए वित्तीय और संस्थागत समर्थन भी है। अन्य शब्दों में महिलाओं के स्वयं सहायता समूहों (एसएचजी) या लाभवंचित किसान परिवारों के पुरुषों या महिलाओं के नेतृत्व में गठित समूहों या उत्पादन सहकारियों या अन्य प्रकार के सामूहिक खेतों द्वारा पट्टे पर देने की अनुमति होनी चाहिए। अलग अलग सदस्यों को समूह के अंदर उप पट्टा देने पर प्रतिबंध होना चाहिए। समूह कृषि के लिए भी वित्तीय और संस्थागत समर्थन दिया जाना चाहिए।

6.21. वर्ष 2009 में आंध्र प्रदेश द्वारा विधान सभा में एक विधेयक लाया गया (स्वयं सहायता समूह काश्तकारी विधेयक, 2009), जो महिलाओं के स्वयं सहायता समूहों द्वारा पट्टे पर देने के लिए कानूनी अनुमति प्रदान करेगा। भू–स्वामियों को आश्वासन दिया जाता है कि उनके भू–स्वामित्व पर कोई खतरा नहीं है। जबकि आंध्र प्रदेश 2009 के विधेयक में एक कमी यह है कि भूमि को समूह द्वारा सामूहिक रूप से पट्टे पर दिया जाएगा, परन्तु इसे पट्टे का दायित्व वहन करते हुए समूह के साथ समूह के सदस्यों को उप पट्टे पर दिया जा सकता है। यह उन्नति रोधक है, क्योंकि एक सदस्य द्वारा चूक होने से पूरा समूह ऋण ग्रस्त हो जाएगा। साथ ही उप पट्टा करने से भूमि की धारिता विखंडित होगी और बड़े पैमाने की संभाव्यता कमजारे हो जाएगी। साथ ही रिपोर्ट से संकेत मिलता है कि इस संभावित विधान की खबर से ही भूमि के पट्टे का बाजार थम गया है।

6.22. सार्वजनिक भूमि बैंकः भू–स्वामियों द्वारा अपनी भूमि के स्वामित्व के खो जाने के डर के शमन के लिए कानूनी गारंटी भी अपर्याप्त है, खास तौर पर जब अनेक पट्टादाता स्वयं छोटे और उपेक्षित किसान हैं। काश्तकारियों को मान्यता देने का कानून लागू करने से कम अवधि में अनौपचारिक भूमि पट्टा बाजार पर रोक लग सकती है। इसके विरुद्ध सुरक्षा प्रदान करने हेतु महिलाओं सहित लाभवंचित किसानों पर बारहवें योजना कार्य समूह ने पंचायत स्तर पर एक सार्वजनिक भूमि बैंक (पीएलबी) के सृजन का प्रस्ताव किया है। इससे भूमि की मांग और आपूर्ति का विनियमन होगा और उसे युक्ति संगत बनाया जाएगा। ये पीएलबी उन भू–स्वामियों से भूमि 'जमा' कराएंगे जो अपनी भूमि को पट्टे पर देने के इच्छुक हैं, इसके साथ उन्हें प्रतिभूति देनी होगी जो वे अपनी जमा भूमि वापस लेते समय पुनः प्राप्त कर सकेंगे। यह भूमि जमा करने की अवधि एक मौसम, एक वर्ष या तीन वर्ष और अधिक हो सकती हैं। इस जमा भूमि पर किसानों को प्रोत्साहन के रूप में एक छोटा भुगतान मिलेगा, जिसकी राशि जमा करने की अवधि के अनुसार अलग अलग होगी (एक वित्तीय बैंक में चालू खाते, बचत खाते और नियत खाते के समजात)। यह प्रोत्साहन राशि पंचायत में प्रचलित औसत भूमि किराए के प्रतिशत के अनुसार अंशांकित की जाएगी। भू–स्वामियों को भूमि पट्टे पर देने पर अतिरिक्त शुल्क प्राप्त होगा।

6.23. ये पीएलबी भूमि को अपने नियंत्रण क्षेत्र में विशेष रूप से लाभवंचित किसानों की नाम निर्दिष्ट श्रेणियां, जैसे उपेक्षित किसान, महिलाओं, दलितों और आदिवासियों को पट्टे पर देंगे, चाहे यह पट्टे पर अलग अलग या समूहों में देना हो। ये पट्टादाता भूमि की गुणवत्ता के आकलन के बाद और जहां संभव हो, एक समेकित भूखण्ड में एक गारंटी प्राप्त पट्टा प्राप्त करेंगे। संस्थागत निधि और अन्य समर्थन दिए जा सकते हैं।

6.24. किसानों के लिए अपनी भूमि पीएलबी में जमा करने पर अनेक प्रोत्साहन हो सकते हैं: 1) बंजर भूमि के लिए भी पीएलबी से न्यूनतम किराया, 2) उसे भूमि के लिए अतिरिक्त 'टॉपिंग अप' किराया जो पट्टे पर निकल जाती है, 3) मृदा संरक्षण आदि के संदर्भों में मनरेगा या अन्य साधनों द्वारा भूमि का विकास, 4) मालिक को सुरक्षा देने के लिए सुरक्षा की गारंटी के साथ मालिक को उचित सूचना सहित बैंक से अपनी भूमि वापस लेने की स्वतंत्रता। पट्टादाताओं के लिए यह लाभवंचित और महिला किसानों को उस भूमि तक पहुंच प्रदान करेंगे,

जिसके लिए वे हमेशा खुले बाजार में प्रतिस्पर्द्धा में नहीं जा सकते। पीएलबी द्वारा एक गारंटी शुदा पट्टा और, जहां संभव हो उपयुक्त आकार का समेकित भूखण्ड प्रदान किया जाना चाहिए। इससे अपने आप ही मूल्य श्रृंखला को आगे बढ़ाने और नए अवसरों का लाभ उठाने की क्षमता में सुधार आएगा।

6.25. पीएलबी द्वारा केन्द्र और राज्य सरकार से उदाहरण के लिए 80: 20 या यहां तक कि केन्द्र द्वारा 100 प्रतिशत आरंभिक बीज पूंजी तीन वर्ष के लिए प्रायोगिक चरण में दी जानी चाहिए। यह पीएलबी एक संस्था के रूप में पंजीकृत किया जाएगा।

समूह खेतीः एकाधिक बाधाओं को आसान बनाने के लिए एक एकीकृत दृष्टिकोण

6.26. लाभवंचित और महिला किसानों द्वारा भूमि तथा अन्य निवेशों तक पहुंच में आने वाली बाधाओं को आसान बनाने के लिए और उन्हें बाजार के नए अवसरों का लाभ लेने में सक्षम बनाने के लिए हमें समस्या के समाधान के एक एकीकृत दृष्टिकोण की जरूरत है। सर्वाधिक व्यापक समाधान यह होगा कि अलग अलग भूमि के स्वामित्व सहित सामूहिक खेती की जाएगी। भारत में सामूहिक कृषि के अनेक सफल उदाहरण है, जिनसे पाठ सीखे जा सकते हैं और कार्यक्रम को अन्य राज्यों में विस्तारित किया जा सकता है। इसका सबसे अच्छा ज्ञात उदाहरण कदम्ब श्री परियोजना है जिसे केरल सरकार द्वारा 2007 में आरंभ किया गया, किन्तु आंध्र प्रदेश में किए गए प्रयास भी उल्लेखनीय हैं।

6.27. महिलाओं के छोटे समूहों, प्रारूपिक तौर पर महिला स्वयं समूहों द्वारा भूमि को पट्टे पर देने की सुविधा के साथ कदम्ब श्री परियोजना आरंभ की गई थी। मार्च 2010 में एक और कदम उठाया गया, जिसके तहत सामूहिक खेती करने वाले स्वयं सहायता समूहों को संयुक्त देयता समूह (जेएनजी) के रूप में पंजीकृत किया जा सकता था, राष्ट्रीय कृषि और ग्रामीण विकास बैंक (नाबार्ड) योजना – और उन्हें वित्तीय तथा तकनीकी समर्थन दिया गया। राज्य सरकार भूमि को तैयार करने और सुधारने के लिए भी समर्थन दिया जाता है (कुछ जिलों में इसे एमजीएनआरईजीएस के साथ जोड़ा गया)। आज केरल में लगभग 38,000 जेएलजी हैं जो 2.5 लाख महिलाओं को कवर करते हैं। उक्त सामूहिक/समूह खेती केरल के सभी 14 जिलों में की जा रही है जिसमें 2010–11 के दौरान लगभग 24,000 हेक्टेयर क्षेत्रफल शामिल है। इसमें से 30 प्रतिशत बंजर भूमि है, जो राज्य की लगभग कुल वर्तमान बंजर भूमि का 9 प्रतिशत है। प्रत्येक जेएलजी में निर्धन परिवारों की 4 से 10 महिलाएं हैं जो भूमि पट्टे पर देती हैं और साथ ही स्दस्यों के स्वामित्व वाले छोटे भूखण्डों को आपस में भी मिलाती हैं। पट्टे की परास 1 से 3 वर्ष के बीच होती है। बंजर भूमि का किराया कम है। यहां उगाई जाने वाली फसलें हैं धान (क्षेत्रफल का लगभग एक तिहाई) टेपियोका, सब्जियां, केले और अन्नानास संयुक्त पट्टे पर देने के माध्यम से समूह खेती द्वारा पर्याप्त गैर कृषि भूमि को कृषि के तहत लाया गया है, कृषि को पुनः जीवित किया गया है और रोजगार उत्पन्न हुए हैं।

6.28. *आंध्र प्रदेश महिला समस्त सोसाइटी (एपीएमएसएस)* महिलाओं द्वारा सफल समूह खेती का एक अन्य महत्वपूर्ण प्रकरण है। वर्ष 2001 में एपीएमएसएस ने पांच जिलों में महिला संघों द्वारा संयुक्त राष्ट्र विकास कार्यक्रम (यूएनडीपी) – भारत सरकार द्वारा समर्थित शुष्क भूमि कृषि पांचवर्षीय परियोजना का कार्यान्वयन आरंभ किया। इस परियोजना में 500 गांवों को शामिल किया गया, जिनमें संयुक्त रूप से पट्टे पर या व्यक्तिगत भूमि को मिलाकर खेती करने वाले महिलाओं के समूह थे। वर्ष 2005 में यूएनडीपी की संलग्नता समाप्त हो गई किन्तु एपीएमएसएस के तहत कार्यक्रम जारी रहा। इनमें से अनेक समूह आज भी जीवित हैं। ऐसे पांच जिलों में लगभग 175 महिला समूह हैं, जिनमें 4,376 महिला किसान शामिल हैं, जो छोटे और उपेक्षित किसान तथा भूमिहीन श्रमिक हैं। ये समूह मुख्यतः कम सिंचाई तथा रसायन रहित खेती की प्रथाओं से धान उगाते हैं। खेती के सभी प्रचालन बांटे जाते हैं और इनकी उपज महिलाओं के बीच बांटी जाती है।

6.29. समूह खेती से प्रतिभागी परिवारों के बीच खाद्य सुरक्षा बहुत अधिक बढ़ गई है, जो वैयक्तिक आधार पर संभव नहीं होती। जबकि इन समूहों को क्षेत्र स्तर पर तकनीकी समर्थन की आवश्यकता है, जो यूएनडीपी निधिकरण के साथ परियोजना अवधि के दौरान दिया जाता है।

6.30. कदम्ब श्री और एपीएमएसएस मॉडलों को स्थानीय संदर्भों में अपनाकर अन्य राज्यों में प्रायोगिक आधार पर अपनाया जा सकता है। समूह उद्यम मॉडल को अन्य कृषि क्षेत्रों के लिए दोहराया जाना चाहिए, जैसे मछलीपालन (उदाहरण के लिए सामूहिक मछलीपालन), मुर्गीपालन या मवेशी पालन। समूह खेती को कृषि भूमि में सुधार के लिए एमजीएनआरईजीएस के साथ भी जोड़ा जा सकता है। उदाहरण के लिए एमजीएनआरईजीएस का उपयोग केरल में समूह खेती को समर्थन देने के लिए भूमि तैयार करने या सुधारने के लिए उत्पादकतापूर्ण रूप से उपयोग किया गया है (कदम्ब श्री परियोजना के तहत)। एमजीएनआरईजीएस के साथ समूह खेती को जोड़ने के

उक्त प्रयासों को बढ़ावा देने की जरूरत है ताकि इन योजनाओं से कृषि के लिए भूमि संसाधनों में सुधार लाने हेतु बेहतर लाभ मिल सकें।

6.31. समूह उद्यमों की स्थापना में समय और संसाधन लगते हैं। उन सभी संगठनों को पांच वर्षों के लिए निधिकरण दिया जा सकता है जो स्वयं स्थायी बनने तक समूह बनाने और मेंटर समूहों की सहायता करने के इच्छुक हैं। गैर सरकारी संगठन या अन्य एजेंसियां यह भूमिका निभा सकती हैं।

गैर कृषि उपयोग के लिए भूमि अधिग्रहण

6.32. तीव्र औद्योगिकीकरण, इसी प्रकार तीव्र शहरीकरण भी वांछित और अपरिहार्य है। इन संरचनात्मक बदलावों के लिए भूमि एक अनिवार्य आवश्यकता है ताकि अबाधित रूप से आगे बढ़ा जाए। सरकार को भी अनेक सार्वजनिक प्रयोजनों सहित मानव विकास और मूल संरचना परियोजनाओं के लिए भूमि अधिग्रहण की आवश्यकता होती है। इसे पहचानते हुए कि विकास के लिए आवश्यक सभी भूमि एक पूरी तरह स्वैच्छिक रूप से प्राप्त नहीं की जा सकती, निष्पक्ष भूमि अधिग्रहण कानून की आवश्यकता है जो अनिवार्य अधिग्रहण का सहारा केवल तभी लें जब इसे टाला संभव नहीं है और इस प्रकार लें कि इसमें जहां तक संभव हो प्रतिभागिता पूर्ण रूप से सामाजिक प्रभाव के आकलन को ध्यान में रखा जाए और ये भी सुनिश्चित किया जाए कि विस्थापित व्यक्तियों के पुनर्वास और पुनःस्थापन का उचित मुआवज़ा उन्हें मिल सके।

6.33. स्वतंत्र आकलनों के अनुसार पिछले साठ वर्षों में भारत में विकास परियोजनाओं के कारण विस्थापित होने वाले लोगों की संख्या 60 मिलियन और इनमें से केवल एक तिहाई को चरण गत रूप में पुनः स्थापित करने का अनुमान लगाया गया है। इनमें से अधिकांश लोग संपत्ति रहित ग्रामीण निर्धन, उपेक्षित किसान, गरीब मछुआरे और खान मजदूर हैं। विस्थापित होने वाले व्यक्तियों में से लगभग 40 प्रतिशत आदिवासी और 20 प्रतिशत दलित हैं। यह मानते हुए कि हमारे कोयले की 90 प्रतिशत मात्रा, अधिकांश खनिजों की 50 प्रतिशत से अधिक मात्रा और सर्वाधिक संभावना वाले बांध स्थल अधिवासी क्षेत्रों में हैं, इन क्षेत्रों में भूमि अधिग्रहण के मुद्दों पर तनाव बने रहने की संभावना है।

6.34. ये समस्याएं एक बड़े हिस्से में उठी हैं, क्योंकि एक कानूनी रूपरेखा है, जिसके तहत भूमि का अधिग्रहण पुराना हो गया है। यह 'सर्वोपरि अधिकार', जिसके तहत राज्य उन मूल्यों पर सार्वजनिक प्रयोजन हेतु बल पूर्वक भूमि का अधिग्रहण कर सकता है जो बाजार में दिखाई नहीं देते हैं और ना ही इन से इस तथ्य को दर्शाने के लिए कोई प्रीमियम दिया जाता है कि भूमि का अधिग्रहण बल पूर्वक किया गया है।

6.35. आगे का रास्ता लोगों को 'व्यक्ति' के रूप में लेने के उपनिवेश दृष्टिकोण से दूर जाने का है, जो सर्वोपरि अधिकार के सिद्धांत में, नागरिकों की दूरदृष्टि की ओर निहित हैं, जिनके अधिकारों की गारंटी संविधान में दी गई है। अंततः हमें व्यापक वैधता पाने के लिए संकीर्ण वैधता से परे जाना होगा।

6.36. पुनः स्थापना और पुनर्वास (आर एण्ड आर) के प्रावधान अनिवार्य बनाए जाने चाहिए और इन्हें कम नहीं किया जाना चाहिए, जो वे आम तौर पर बन जाते हैं – परिणामों के बिना शर्तें। विकास परियोजनाओं से प्रतिकूल रूप से प्रभावित लोगों की आजीविका के पुनः निर्माण के मार्गों को काल्पनिक रूप से खोजने के लिए एक स्वर में वचनबद्ध होने की आवश्यकता भी है।

6.37. इन मुद्दों को नहीं सुलझाने का अर्थ कि चाहे ऐसे प्रयोजन, जिनके लिए भूमि को वैध तरीके से राष्ट्रीय हित में अधिग्रहण किया गया है और/या एक महत्वपूर्ण प्रयोजन को आगे बढ़ाने के लिए, ये भूमि अधिग्रहण पर कटौती पूर्ण और ना सुलझाने योग्य विवाद बन गए हैं।

6.38. दूसरी ओर भूमि के बाजार में सूचना और अधिकार की विशाल असामानता को देखते हुए किसानों द्वारा दबाव के अधीन अधिक शक्तिशाली लोगों के हाथों औने पौने दामों में ज़मीन के बिक्री कर देने के अनेक उदाहरण है। कई दृष्टांतों में इन बिक्रियों में भूमि के उपयोग मूल रूप से बताए गए प्रयोजन से पूरी तरह विपरीत कार्यों में किए गए हैं, और इनसे भूमि और रियल एस्टेट माफिया को भारी लाभ मिले हैं। यही कारण है कि इसमें सरकार की भूमिका होनी चाहिए– जो इसे नियमों और विनियमों के पारदर्शी और लचीले सेट तैयार कराए और इन्हें लागू करना सुनिश्चित करे।

6.39. सरकार उचित मुआवजा अधिकार, पुनर्स्थापना, पुनर्वास तथा भूमि अधिग्रहण में पारदर्शिता विधेयकों के प्रारूप को अंतिम रूप देने के चरण पर हैं। इन विधेयकों में विभिन्न सार्वजनिक प्रयोजनों के लिए मूलसंरचना विकास, औद्योगिकीकरण तथा शहरीकरण के लिए भूमि अधिग्रहण की सुविधा प्रदान करने, इसके साथ किसानों और उन लोगों की चिंताओं को सार्थक रूप से संबोधित करने हेतु संतुलन

पाने का प्रयास किया गया है जिनकी आजीविका अधिग्रहण की जाने वाली भूमि पर निर्भर करती है।

6.40. इन दोनों को एक विधान में जोड़ने का कारण यह है कि भूमि अधिग्रहण और पुनर्स्थापना तथा पुनर्वास (आर और आर) एक ही सिक्के के दो पहलू हैं। पुनर्स्थापना तथा पुनर्वास हमेशा प्रत्येक दृष्टांत में अनिवार्य रूप से भूमि के उल्लेखनीय अधिग्रहण के बाद होने चाहिए। इन दोनों को एक साथ ना जोड़ने से पुनर्स्थापना तथा पुनर्वास की उपेक्षा के जोखिम हैं, जिन्हें अब तक अनुभव किया गया है।

6.41. चाहे यह भूमि और आजीविका खो देने वालों के हितों को सुरक्षित रखता है। और इसके लिए उन्हें उचित मुआवज़ा और पर्याप्त पुनर्स्थापना तथा पुनर्वास दिया जाता है, विधेयक में यह सुनिश्चित किया जाना है कि महत्वपूर्ण सार्वजनिक प्रयोजनों के लिए भूमि अधिग्रहण एक विवेक पूर्ण, पारदर्शी और समयबद्ध रूप में किया जाए, ताकि यह शीघ्रतापूर्वक और दक्ष विधि द्वारा किया जाए।

6.42. यह विधेयक विधानों में एक पड़ाव है जिससे तथा कथित अन्याय में कमी होने चाहिए जिससे माओवाद को ऊर्जा देने में प्रमुख भूमिका निभाई हैं। दूसरी ओर भूमि के बाजार की कार्यशैली में सुधार लाकर इससे देश में समग्र निवेश के परिवेश को उन्नत बनाया जाना चाहिए।

6.43. श्रेणी आठ की विधेयक सूची में सार्वजनिक उद्देश्य हैं जिसके लिए सरकार जमीन का अधिग्रहण कर सकती है:

1. संघ के सशस्त्र बलों, राष्ट्रीय सुरक्षा या रक्षा, पुलिस, लोगों की सुरक्षा के लिए संबंधित कार्यनीतिक उद्देश्यों के लिए भूमि;
2. सरकार और सार्वजनिक क्षेत्र की कंपनियों या निगमों द्वारा उपयोग के लिए रेलवे, राजमार्गों, बंदरगाहों, बिजली और सिंचाई के उद्देश्यों के लिए भूमि;
3. परियोजना से प्रभावित लोगों के लिए भूमि;
4. गांव के नियोजित विकास या सुधार या शहरी स्थलों या ग्रामीण या शहरी क्षेत्रों में कमजोर वर्गों के लिए आवासीय प्रयोजन के लिए भूमि;
5. सरकार द्वारा प्रशासित शिक्षा, कृषि स्वास्थ्य और अनुसंधान योजनाओं या संस्थानों के लिए भूमि;
6. प्राकृतिक आपदाओं से प्रभावित क्षेत्रों में रहने वाले व्यक्तियों के लिए भूमि;
7. सरकार द्वारा निम्नलिखित हेतु अधिग्रहीत भूमि –
   (क) उपरोक्त के अलावा अन्य प्रयोजनों के लिए सरकार द्वारा उपयोग;
   (ख) सार्वजनिक क्षेत्र कंपनियां; या
   (ग) सार्वजनिक वस्तुओं के उत्पादन या इन उद्देश्यों के लिए मध्यवर्ती माल और सेवाओं के उत्पादन से जुड़े उन सहित भौतिक अवसंरचना, सामाजिक अवसंरचना और मानव विकास परियोजनाओ के लिए सार्वजनिक सेवाओं के प्रावधान के लिए पीपीपी परियोजनाएं।
8. सार्वजनिक वस्तुओं के उत्पादन के लिए निजी कंपनियों या इन उद्देश्यों के लिए मध्यवर्ती वस्तुओं और सेवाओं के उत्पादन से जुड़े लोगों सहित भौतिक अवसंरचना, सामाजिक अवसंरचना और मानव विकास परियोजनाओं के लिए सार्वजनिक सेवाओं के प्रावधान के लिए भूमि

6.44. श्रेणी (7) और (8) के तहत भूमि के स्वामित्व में परियोजना प्रभावित परिवारों (पीएएफ) की कम से कम 80 प्रतिशत संख्या की स्वीकृति एक सूचित प्रक्रिया के माध्यम से ली जानी चाहिए, जैसा कि विधेयक में बताया गया है पीपीपी परियोजनाओं के तहत भूमि का स्वामित्व सरकार के पास बना रहना चाहिए, ताकि पीपीपी रूपरेखा लागू की जा सके।

6.45. भूमि अधिग्रहण के प्रत्येक मामले में जैसा कि विधेयक में बताया गया है, उचित मुआवजे और पुनर्स्थापना तथा पुनर्वास के प्रावधान होने चाहिए। ये मुआवजे शहरी क्षेत्रों में (सोलेटिनम सहित) बाजार दर से दो गुणा अधिक और ग्रामीण क्षेत्रों में (सोलेटिनम सहित) बाजार दर से 2–4 गुणा अधिक होने चाहिए (यह शहरी क्षेत्रों से परियोजना की दूरी दर्शाने वाले एक स्लाइडिंग पैमाने पर आधारित होने चाहिए)। इस स्लाइडिंग पैमाने का निर्धारण राज्य सरकार या राज्य भूमि मूल्य निर्धारण आयोग/प्राधिकरण द्वारा किया जाएगा। भूमि के मुआवजे की गणना को अगले अधिग्रहणों के लिए सर्किल रेट के निर्धारण हेतु आधार के रूप में नहीं लिया जाना चाहिए, ताकि इसमें मूल्य के अनुमान में कोई घुमाव नहीं हो।

6.46. खाद्य सुरक्षा के हितों में अनेक फसलों वाली कृषि भूमि के अधिग्रहण पर उचित प्रतिबंध इन सीमाओं के साथ लगाए जाने चाहिए कि प्रत्येक मामले को राज्य द्वारा तय करने के लिए छोड़ दिया जाए। ये प्रतिबंध रेखीय परियोजनाओं (रेलवे, राजमार्ग, प्रमुख जिला सड़कों, विद्युत और टेलीग्राफ लाइनें तथा सिंचाई की नहरें) पर लागू नहीं होंगे।

6.47. जमीन के मालिकों और आजीविका की हानि के लिए व्यापक पुनर्स्थापना तथा पुनर्वास पैकेज में शामिल हैं:

1. 12 माह के लिए प्रति माह प्रति परिवार 3,000 रु. का निर्वाह भत्ता।
2. प्रभावित परिवारों के लिए हकदार होंगे –
   (1) जहां प्रति प्रभावित परिवार के एक सदस्य के लिए परियोजना, अनिवार्य रोजगार के माध्यम से नौकरियां का सृजन, या (2) प्रति परिवार 5 लाख रु., या (3) मुद्रास्फीति के लिए उपयुक्त सूचकांक सहित 20 वर्षों के लिए वार्षिकी के रूप में प्रति परिवार प्रति माह 2,000 रु.। लाभ के विकल्प (1) या (2) या (3) प्रभावित परिवार का होगा।
3. यदि ग्रामीण क्षेत्रों में एक घर नष्ट हो जाता है तो निर्मित घर इंदिरा आवास योजना विशिष्टियों के अनुसार प्रदान किया जाएगा। यदि शहरी क्षेत्र में घर नष्ट हो जाता है तो एक निर्मित घर दिया जाएगा जो कम से कम 50 वर्ग मीटर के प्लिंथ क्षेत्रफल में होगा। दोनों ही मामलों में घर की समकक्ष घर के स्थान पर लागत परियोजना प्रभावित परिवार की वरीयता के अनुसार प्रदान की जाएगी।
4. कमान क्षेत्र में प्रत्येक परिवार के लिए एक एकड़ भूमि, यदि एक सिंचाई परियोजना के लिए भूमि अधिग्रहण किया गया।
5. परिवहन के लिए 50,000 रु.
6. एक मुश्त 50,000 रु. का 'पुनर्वास भत्ता'

6.48. अनुसूचित जाति/अनुसूचित जनजाति के परिवारों के लिए अतिरिक्त लाभ प्रदान किया गया है। इस विधेयक में जहां बिक्री/खरीद एक निश्चित सीमा से अधिक होती है, वहां प्रभावित परिवारों के लिए एक समान पुनर्स्थापना तथा पुनर्वास पैकेज भूमि की बिक्री/खरीद पर प्रदान किया जाएगा। यह सीमा भूमि की उपलब्धता और आबादी के घनत्व को ध्यान में रखते हुए संबंधित राज्यों द्वारा तय किया जाएगा।

6.49. पुनर्स्थापना क्षेत्र में 25 अव संरचनात्मक सुविधाएं दी जानी है, जिसमें विद्यालय और खेल के मैदान, स्वास्थ्य केन्द्र, सड़कें और बिजली के कनेक्शन, प्रत्येक परिवार के लिए पानी के सुरक्षित स्रोतों का आश्वासन, पंचायत घर, आंगनवाड़ी, पूजा के स्थल और श्मशान और/या कब्रगाह, ग्राम स्तरीय डाकखाने शामिल हैं, जैसा उपयुक्त हो, इसके साथ बचत खाता खोलने की सुविधा, उचित मूल्य की दुकानें, बीज सह उर्वरक भंडारण सुविधाएं आदि दी जानी है।

6.50. विलंब से बचने के लिए कठोर समय सीमाएं तय की गई हैं। मुआवज़े प्रदान करने की तिथि के तीन माह के अंदर प्रदान किए जाएंगे। मौद्रिक पुनर्स्थापना और पुनर्वास पात्रताएं प्रदान करने की छः माह की अवधि के अंदर दी जाएंगी। अवसंरचना पुनर्स्थापना एवं पुनर्वास पात्रताएं प्रदान करने की तिथि से अठारह माह की अवधि के अंदर दी जाएंगी। पुनर्स्थापना और पुनर्वास पूरा किए बिना कोई अवांछित विस्थापन नहीं होगा। सिंचाई या हाइडल परियोजनाओं में पुनर्स्थापना और पुनर्वास डूबने के छः माह पहले पूरा कर लिया जाएगा।

शहरीकरण के लिए भूमि का नवाचार

6.51. बारहवीं योजना तैयार करने के दौरान शहरीकरण से संबंधित मुद्दों पर कार्य करने से इस क्षेत्र में भूमि की बाधा को सहज बनाने के लिए अनेक नवाचारी विचार लाए गए हैं:

6.52. **भूमि पुनः समायोजन** (एलआर) भूमि अधिग्रहण के एक विकल्प के रूप में स्वीकार्यता पा रहा है, क्योंकि इसके भूमि समुच्चय के लिए अनेक लाभ हैं। इस प्रकार के तहत शहरी विस्तार/नवीकरण के लिए भू–स्वामियों के परामर्श से एक सुगठित क्षेत्र चुना गया है। नगर निगम प्राधिकरण अवसंरचना प्रदान करते हैं, जिसका निधिकरण भूमि के एक भाग के इस्तेमाल द्वारा किया जाता है। शेष भूमि, जिसका मूल्य अवसंरचना के प्रावधान के कारण बढ़ गया है, उसे प्रतिभागी निजी भूस्वामी को पुनः आबंटित कर दिया जाता है। प्रतिभागिता साधन के सार के रूप में एलआर द्वारा जनता के असंतोष और विरोध को काफी हद तक टाला जा सकता है। इससे भूमि के अधिग्रहण के लिए धन की एक बड़ी राशि की उगाही की जरूरत भी कम हो जाती है।

6.53. भारत में गुजरात की टाउन प्लानिंग योजनाओं (टीपीएस) के भिन्न रूप के साथ पहले ही प्रयोग किए गए हैं। एक अन्य जारी प्रयोग मुम्बई के सी–वॉर्ड में सुधार का है, जो शहरी नवीकरण में प्रतिभागिता प्रक्रियाओं के वचनों का प्रदर्शन करता है। उक्त प्रयोगों को उन्नत बनाने की जरूरत है। जबकि सफल एलआर तीन मुख्य समर्थनकारियों पर आधारित हैः

- काफी अच्छी तरह से परिभाषित संपत्ति अधिकार
- सुव्यवस्थित, स्वतंत्र और पारदर्शी मूल्यांकन प्रक्रियाएं
- सार्वजनिक चिंताओं को संबोधित करने के लिए सुदृढ़ न्यायिक प्रणाली

6.54. **मिश्रित भूमि उपयोग** को अपनाते हुए और भूमि के उपयोग का शासन करने वाले विनियमों को संशोधित करने तथा **शहरी भूमि बाजार में कमियों को दूर करने** को उच्च प्राथमिकता देने की जरूरत है। देश के अनेक भागों में शहरी भूमि योजना से पुनः विकास, पुराने अपर्याप्त क्षेत्रों का आधुनिकीकरण और पुनः प्रयोजन निर्धारण सीमित हो जाता है। दुर्बल संस्थागत और सूचना की नींव अब भी भूमि के बाजार का अभिशासन करती हैं। कई मामलों में शहरी योजनाओं में भूमि समुच्चय को सीमित करने तथा अत्यंत कम फर्शी स्थान सूचकांकों (एफएसआई) तथा अवसंरचना विकास के साथ सीमित समन्वय का उपयोग करते हुए विकास के घनत्व को रोकने के जरिए यथा स्थिति को संरक्षित किया जाता है। जेएनएनयूआरएम द्वारा ग्यारहवीं योजना के तहत अनेक शहरी सुधारों को प्रोत्साहन देकर इन मुद्दों को संबोधित करने का प्रयास किया जाता है।

6.55. **भूमि उपयोग के रूपांतरण** और भवन उप नियमों में परिवर्तन **के लिए प्रक्रियाओं का सरलीकरण** जेएनएनयूआरएम के तहत अनिवार्य किया गया है। इन सुधारों को तत्काल पूरा किया जाना चाहिए।

6.56. **स्लम निवासियों के अधिकारः** राजीव आवास योजना (आरएवाय) के द्वितीय चरण को बारहवीं पंचवर्षीय योजना के दौरान आरंभ किया जाना है। आरएवाय में स्लम निवासियों को स्वीकृत की जाने वाली परियोजना के लागू होने एक वर्ष के अंदर 'संपत्ति अधिकार' देने का अधिदेश है। इसके अलावा इस अवधि के दौरान विधान के लागू होने का अधिदेश है कि आर्थिक रूप से दुर्बल वर्गों (ईडब्ल्यूएस)/अल्प आय समूह (एलआईजी) श्रेणी की आवास परियोजनाओं के लिए 10–15 प्रतिशत भूमि या 20–25 प्रतिशत रिहायशी इकाइयों को उद्दिष्ट किया जाए तथा शहरी निर्धनों के लिए नगर निगम का कम से कम 25 प्रतिशत बजट उद्दिष्ट किया जाए। इसमें भाग लेने वाले राज्यों के लिए किराया नियंत्रण अधिनियम में संशोधन जैसे विधानों के लिए विशिष्ट समय सीमा भी बनानी आवश्यक है।

भूमि अभिलेखों के आधुनिकीकरण

6.57. पिछले चार दशकों में भूमि अभिलेख प्रशासन की गिरती गुणवत्ता चिंता का मुख्य कारण रही है। शुद्ध और अद्यतन भूमि अभिलेख भारत के लाखों छोटे और उपेक्षित किसानों के लिए एक वास्तविक समय रेखा हैं। ये इन्हें अनेक सुभेद्यताओं के विरुद्ध जाकर प्राप्त करते हैं और उन्हें ऋण तथा कृषि निवेशों तक पहुंच की अनुमति मिलती है और साथ ही विभिन्न निर्धनता विरोधी कार्यक्रमों के लाभ भी प्राप्त होती है। भूमि के अधिकारों के असंदिग्ध अभिलेख, कानूनी दृष्टि से मजबूत उच्च खेत उपज में निवेश की नींव हैं। दूसरी ओर अराजकतापूर्ण भूमि प्रबंधन के परिणाम स्वरूप छोटे मोटे अतिक्रमण और व्यर्थ मुकदमेबाजी होती है, जिसकी बड़ी कीमत गरीबों को चुकानी होती है। इससे एक ऐसी शासकीय व्यवस्था का निर्माण भी होता है, जिसके अंदर दुर्बल वर्ग का शोषण और किराया लेने की अनियंत्रित गतिविधि होती है।

6.58. एक बार जब राजस्व में गिरावट महत्वपूर्ण रूप से राज्य की आय में एक तत्व के रूप में आनी शुरू हो गई, खासतौर पर 1970 में, तब भूमि अभिलेख प्रशासन अत्यंत उपेक्षित हो गया। भूमि अभिलेख को अद्यतन बनाने की सर्वाधिक महत्वपूर्ण गतिविधि – भूकर मानचित्रण के लिए मूल सर्वेक्षण – कई राज्यों में उपेक्षित किया गया है। अनेक क्षेत्रों में, खास तौर पर आदिवासी दूरदराज के क्षेत्रों के भूमि अभिलेख दशकों से अद्यतन नहीं किए गए हैं। अभिलेखों में भूमि के कब्जे के हस्तांतरण और स्वामित्व में बदलाव पर नाम का परिवर्तन नहीं होता है (जैसा कि होना चाहिए)। पूरे देश में नाम परिवर्तन और मापन के लाखों मामले अब भी लंबित हैं।

6.59. अधिकांश राज्यों में अनेक विभाग भूमि अभिलेख प्रबंधन में शामिल होते हैं। लोगों को संपूर्ण भूमि अभिलेख पाने के लिए अनेक एजेंसियों से संपर्क करना होता है – कर संबंधी अभिलेख और नाम परिवर्तन के लिए राजस्व विभाग, मानचित्रों के लिए सर्वेक्षण और स्थापना (या समेकन) विभाग, ऋणग्रस्तता के सत्यापन और हस्तांतरण, गिरवी आदि के पंजीकरण हेतु विभाग और नाम परिवर्तन के लिए पंचायतें। उन्हें जिस उत्पीड़न का सामना करना पड़ता है उसकी कल्पना की जा सकती है। साथ ही क्योंकि ये विभाग आपस में एक दूसरे से सापेक्ष पृथक रहकर कार्य करते हैं, अतः किसी एक द्वारा अद्यतन करने से अन्य के अभिलेख पुराने हो जाते हैं। शाब्दिक और स्थानिक अभिलेखों के समेकन की अनुपस्थिति से इन मानचित्रों को अधिकारों के अभिलेख (आरओआर) के साथ मिलान करना कठिन होता है।

6.60. भारत में भूमि पंजीकरण की वर्तमान प्रणाली पंजीकरण अधिनियम, 1908 पर आधरित है, जिसमें विलेखों और दस्तावेजों का पंजीकरण किया जाता है और शीर्षकों का नहीं। केवल लेन देन दर्ज किया जाता है। स्वामित्व शीर्षक के हस्तांतरण केवल प्रकल्पित बने रहते हैं। पंजीकरण और नाम परिवर्तन के बीच विशाल समय अंतराल से भूमि के धोखाधड़ी पूर्ण लेनदेन, मुकदमेबाजी आदि की संभावना बनती है।

6.61. अन्य अनेक देशों (जैसे यूएस, यूके, ऑस्ट्रेलिया, न्यूजीलैंड, कनाडा, स्विट्जरलैंड, सिंगापुर, केन्या और मलेशिया) में एक वैकल्पिक तथा अधिक प्रत्यक्ष प्रणाली इस्तेमाल की जाती है जो "निष्कर्षणात्मक शीर्षक" (टॉरेंस प्रणाली) जो भूमि के धारक को कानूनी तौर पर अपरिहार्य शीर्षक प्रदान करती है। निष्कर्षणात्मक शीर्षक की यह प्रणाली चार मूलभूत सिद्धांतों पर आधारित है: 1) विभिन्न स्रोतों के बीच एकरूपता सुनिश्चित करने और विवादों को घटाने के लिए भूमि अभिलेखों को संभालने हेतु एक अकेली एजेंसी, 2) 'दर्पण' सिद्धांत, जिसके जरिए भूकर अभिलेख वास्तविकता के आधार पर सच्चाई को दर्शाते हैं, 3) 'परदा' सिद्धांत, जो संकेत देता है कि शीर्षक का अभिलेख स्वामित्व की स्थिति का एक सच्चा चित्रण है, ताकि पंजीकरण के बाद अपने आप नाम का परिवर्तन किया जाए, जिसमें पिछले लेन देनों का संदर्भ अनिवार्य नहीं है और यह शीर्षक स्वामित्व के मात्र काल्पनिक प्रमाण होने के बजाए एक निष्कर्षणात्मक शीर्षक है, 4) शीर्षक का बीमा, जो इस विषय में किसी अशुद्धता के मामले में होने वाली हानि के विरुद्ध शीर्षक धारक को क्षतिपूर्ति प्रदान करता है और शीर्षक की शुद्धता की गारंटी देता है। वर्तमान में भारत में भूमि अभिलेख इनमें से किसी सिद्धांत को नहीं दर्शाते हैं।

6.62. भारत में भूमि अभिलेख को टॉरेंस प्रणाली की दिशा में अधिक निर्णायक रूप से जाने के लिए राष्ट्रीय भूमि अभिलेख आधुनिकीकरण कार्यक्रम (एनएलआरएमपी) 2008 में आरंभ किया गया था। दो पहले से मौजूदा सीएसएस – राजस्व प्रशासन का सुदृढ़ीकरण और भूमि अभिलेखों का अद्यतनीकरण (1987–88 में आरंभ) और भूमि अभिलेखों का कंप्यूटरीकरण (1988–89 में आरंभ) के विलय से एनएलआरएमपी का गठन किया गया है। एनएलआरएमपी के मुख्य उद्देश्य हैं:

- वास्तविक समय भूमि अभिलेखों में प्रवेश करना
- स्वचालित और स्वतः नाम परिवर्तन
- शाब्दिक और स्थानिक रिकॉर्ड के बीच एकीकरण
- अंततः शीर्षक गारंटी सहित वर्तमान विलेख पंजीकरण और प्रकल्पित शीर्षक प्रणाली के स्थान पर निष्कर्षणात्मक शीर्षक लाना

6.63. वास्तविक समय अभिलेख उपलब्ध होंगे, जिनमें छेड़छाड़ नहीं हो सकेगी। स्वचालित और स्वतः नाम परिवर्तन से कपटपूर्ण सौदों की संभावना उल्लेखनीय रूप से घटेगी। चूंकि ये अभिलेख उचित सुरक्षा आईडी के साथ वेबसाइट पर डाले जाएंगे, अतः भूमि के स्वामी गोपनीयता बनाए रखते हुए इन अभिलेखों तक स्वतंत्र रूप से पहुंच सकेंगे। एकल बिन्दु सेवा या वेब समर्थित किसी भी समय – कहीं से भी पहुंच बनाने से समय और प्रयास की बचत होगी। आईटी इंटर लिंकेज के कारण आरओआर तथा मानचित्र प्राप्त करने में लगने वाले समय में भारी कमी आएगी। मुक्त पहुंच से अधिकारियों के साथ मिले जुलने के अवसर कम होंगे और इस प्रकार भ्रष्टाचार तथा उत्पीड़न में कमी आएगी।

6.64. स्टाम्प पेपर की समाप्ति और स्टाम्प ड्यूटी तथा पंजीकरण शुल्क के भुगतान बैंकों के माध्यम से करने पर पंजीकरण की नौकरशाही से भी मेलजोल में कमी आएगी।

6.65. निष्कर्षणात्मक शीर्षक से भूमि के विवादों और मुकदमेबाजी में कमी आएगी। ऋण सुविधाओं के ई–सह संबंध संभव होंगे। भूमि के आंकड़ों पर आधारित प्रमाणपत्र (अधिवास, जाति, आय आदि) वेब के माध्यम से उपलब्ध होंगे। भूमि की बचत पुस्तिका जारी करवाना आसान बनेगा।

6.66. एक जिले को कार्यान्वयन की इकाई माना जाएगा, जहां कार्यक्रम के तहत सभी गतिविधियां संकेन्द्रित होंगी। एनएलआरएमपी का कार्यान्वयन समयबद्ध रूप से किया जाएगा और देश के सभी जिलों को बारहवीं योजना के अंत तक इसमें शामिल कर लेने की आशा है। देश 13वीं पंचवर्षीय योजना के दौरान टॉरेंस प्रणाली में जा सकेगा।

6.67. 16 राज्यों में आरओआर का मैनुअल वितरण रोक दिया गया है। 21 राज्यों में आरओआर की कम्प्यूटरीकृत प्रतियों को कानूनी वैधता प्रदान की गई। 16 राज्यों में आरओआर वेबसाइट पर डाले गए हैं। 26 राज्यों द्वारा भूकर मानचित्रों का डिजिटल रूप बनाया गया है, जबकि 18 ने कम्प्यूटरों का उपयोग करते हुए नाम परिवर्तन का कार्य आरंभ किया है। 4,434 तहसीलों/तालुकों में, 1,045 उप–संभागों, 392 जिलों और 17 राज्य मुख्यालय निगरानी प्रकोष्ठों में कम्प्यूटर केन्द्र स्थापित किए गए हैं। लगभग 1,366 भूमि अभिलेख कक्षों का निर्माण कार्य 16 राज्यों पूरा कर लिया गया है, जबकि 15 राज्यों द्वारा लगभग 4,311 पटवारियों/तलाथी कार्यालय सह निवासों का निर्माण पूरा हो गया है। 20 राज्यों में राजस्व/सर्वेक्षण प्रशिक्षण संस्थानों को निर्माण, जीर्णोद्धार, उन्नयन और आधुनिक उपकरण लगाकर सुदृढ़ बनाया गया है।

6.68. ऐसी अनेक चुनौतियां हैं जिन्हें आने वाले वर्षों में निपटाने की जरूरत है। अब तक 2.16 मिलियन वर्ग किलो मीटर कृषि योग्य भूमि का सर्वेक्षण किया गया है। अभी 430 मिलियन अभिलेखों के साथ 140 मिलियन भू–स्वामियों के लिए सर्वेक्षण और व्यवस्थापन

का कार्य किया जाना है। भूमि के 4–6 पार्सल के साथ 92 मिलियन स्वामित्व धारिताएं हैं। लगभग 42 मिलियन क्षेत्र मापन ब्लॉक और लगभग 1 मिलियन ग्रामीण मानचित्रों का डिजिटल रूप तैयार किया जाना है।

6.69. पूरे भारत में 3.29 मिलियन वर्ग किलो मीटर में भूमि नियंत्रण बिन्दु (जीसीपी) की स्थापना एक बड़ी चुनौती होगी। अब तक 200–300 कि.मी. के अंतराल पर 300 जीसीपी (उप ग्रह), दूसरे चरण में 30 से 40 कि. मी. (वायु) की दूरी पर 2,220 बिन्दुओं पर स्थापित किए गए हैं, तीसरे चरण में 8 से 10 कि.मी. (भूकर) के अंतराल पर जीसीपी होंगे। लगभग 42 मिलियन क्षेत्र मापन ब्लॉक और लगभग 1 मिलियन ग्रामीण मानचित्रों का डिजिटल रूप तैयार किया जाना है।

6.70. देश के 4,018 पंजीकरण कार्यालयों में से 1,896 का कम्प्यूटरीकरण अभी किया जाना शेष है। इनमें से लगभग सभी को राज्य राजस्व विभागों के साथ जोड़ा जाना है। लगभग 1.5 लाख पटवारियों, 5,000 तहसीलों के कर्मचारियों, 4,000 पंजीकरण कार्यालयों और 50,000 सर्वेक्षण कर्मचारियों को प्रशिक्षित करने की आवश्यकता है।

6.71. इन चुनौतियों से भूमि संसाधन विभाग और राज्यों के पक्ष पर तैयारी को बहुत अधिक आगे बढ़ाने की जरूरत है। इसमें सबसे बड़ी कठिनाई यह है जो मानव संसाधन के क्षमता निर्माण से उठने की संभवना है। तैनात किए जाने वाले कार्मिकों की रूपरेखा को मजबूत बनाने तथा वर्तमान में सेवारत कर्मियों को भी प्रशिक्षण देने की आवश्यकता है, जिनके कौशल समूह वर्तमान में एनएलआरएमपी हेतु संकल्पित आमूल चूल रूप से नई वास्तु संरचना द्वारा रखी गई मांगों के साथ पूरी तरह तुल्यकालिक नहीं है।

नोट

1. उच्चतम न्यायालय ने ह्यूगो ग्रोशियस (डी ज्यूर बेली एट पेसिस, 1925) का सिद्धांत बताया है: राज्य के सर्वोपरि अधिकार के तहत व्यक्ति की संपत्ति, इस प्रकार राज्य या वह जो इसके उपयोग और यहां तक कि उक्त संपत्ति ये स्वत्वाधिकार के लिए कार्य करते हैं और नष्ट कर देते हैं ..... सार्वजनिक उपयोगिता के लिए, उन उपयोगों के लिए, निजी उपयोगों के लिए प्रदान कर देते हैं,.... राज्य उन लोगों के लिए उत्तम कार्य करने हेतु बाध्य है जो अपनी संपत्ति खो देते हैं।
2. इस गुणक कारक बाजार मूल्य के रूप में वर्षों में औसत पंजीकृत बिक्री लेनदेन के आधार पर निर्धारित किया गया है।
3. उनकी सटीक संख्या प्रत्येक परियोजना में एक कठोर पारदर्शी और भागीदारी सामाजिक प्रभाव आकलन के माध्यम से निर्धारित किया जाएगा।

7

पर्यावरण, वानिकी और वन्यजीवन

प्रस्तावना

7.1. पर्यावरण वैश्विक रूप से शासन के एक मुख्य क्षेत्र के रूप में उभरकर आया है जिसमें वैज्ञानिक, सामाजिक, आर्थिक और राजनीतिक आयामों को एक ही स्थान पर लाया गया है। आर्थिक विकास की संपोषणीयता स्वयं में निर्णायक रूप से पर्यावरण के संरक्षण पर निर्भर रहती है। भारत के लिए पर्यावरण की अधोगति को थामने की चुनौतियाँ शहरीकरण की बढ़ती हुई प्रवृत्तियों, जनसंख्या वृद्धि, औद्योगिकीकरण, अप्राप्त मूल आवश्यकताओं, जीवन शैली में परिवर्तन और जैव दबावों के कारण उच्च आर्थिक वृद्धि को बनाए रखने के आदेशों के कारण दुर्जेय हैं। जहाँ ये चुनौतियाँ दुर्जेय हैं, कुछ सकारात्मक घटक भी हैं जैसे विज्ञान और प्रौद्योगिकी में हमारा सशक्त आधार, हमारा संस्थागत अवसंरचना जो आज के पर्यावरणात्मक शासन की जाने वाली समग्र मार्ग है और जिससे नए प्रतिमान स्थापित हो सकते हैं। पर्यावरण पर प्रभाव बहु हितधारियों जैसे सरकार उद्योग और नागरिकों की भूमिकाओं का समामेलन है। गतिशील चुनौतियों की भिन्न श्रृंखला के प्रत्युत्तर में पर्यावरणात्मक शासन अब अनुकूल और फुर्तीली प्रणाली पर आधारित किया जाना चाहिए जो सभी पणधारियों की भूमिकाओं के अनुकूलतम होगी और उन्हें सशक्त बनाएगी। बारहवीं योजना का उद्देश्य ऐसे समग्र मार्ग के प्रति पर्यावरणात्मक शासन प्रणाली का रूपांतरण करना है (बॉक्स 7.1 देखें)।

7.2. वैश्विक अंतरापृष्ठों का पर्यावरण के क्षेत्र में महत्व बढ़ रहा है। पर्यावरण की विशेषता अन्तः सम्बद्धता द्वारा चिन्हित होती है जो राष्ट्रीय/अंतरराष्ट्रीय सीमाओं से बढ़कर है और इसलिए अंतरराष्ट्रीय सहयोग और राष्ट्रीय प्रयास हवा और पानी को साफ करने, जलवायु परिवर्तन के अनुकूलन और न्यूनीकरण, जैव–विविधता के संरक्षण, संपोषणीय वन प्रबंधन, रसायनों के प्रबंधन में सुरक्षा, अपशिष्ट और खतरनाक तत्वों तक साम्यिक पहुंच के उद्देश्यों को प्राप्त करने के लिए प्रारंभिक रूप से महत्वपूर्ण हैं।

7.3. संसाधन नियंत्रण भी हमारे पर्यावरणात्मक और वन संसाधनों का प्रबंधन करने की प्रभावात्मकता तक सीमित था। इस समय पर्यावरण और वन मंत्रालय (एमओईएफ) का वार्षिक बजट लगभग ₹2,000

बॉक्स 7.1
दृष्टिकोण

जहाँ लोगों की सहभागिता के संस्थागतकरण के माध्यम से सभी पर्यावरणात्मक वस्तुओं और पारिस्थितिकी तंत्र की सेवाओं तक पहुंच में साम्यता, संपोषणीयता के लिए पारिस्थितिकीय सुरक्षा और समामेलन को पुनः स्थापित किया जाता है, वहीं अपेक्षाकृत द्रुत और साम्यिक वृद्धि के लिए जलवायु परिवर्तन के कारण पर्यावरण, वनों, वन्यजीवों और चुनौतियों का प्रबंधन भी करना है।

और

एक भविष्य जिसमें राष्ट्र अपने पर्यावरण, वनों और अपनी जैवविविधता की समतद्धि की गुणवत्ता में गर्व महसूस करता है और स्थानीय तथा सार्वभौमिक समुदाय के कल्याण और अंतरा और अंतर–प्रजननात्मक साम्यता के लिए उसके संरक्षण, विस्तार और इसे समत्द्ध बनाने के लिए राज्यों और इसके लोगों द्वारा प्रयास किए जाते हैं।

करोड़ है जो सकल घरेलू उत्पाद (जीडीपी) का मात्र 0.012 प्रतिशत है और वार्षिक राष्ट्रीय बजट के 0.25 प्रतिशत से कम है। राज्यों और शहरी स्तर पर स्थिति सचमुच चिन्ता का विषय है। प्राकृतिक संसाधनों के संपोषणीय प्रबंधन और पर्यावरण संरक्षण के प्रति निवेश में महत्वपूर्ण वृद्धि की आवश्यकता है।

7.4. संवैधानिक रूप से, पर्यावरण एक अवशिष्ट विषय है जिसके लिए विनियम और प्रवर्तन हेतु केन्द्र और राज्य सरकार दोनों जिम्मेदार होते हैं। अतः पर्यावरण को संविधान में एक समवर्ती विषय के रूप में शामिल करने की आवश्यकता है। संगत पर्यावरणात्मक मानदण्डों के अनुपालन को सुनिश्चित करने के लिए उनके अपने प्रवर्तन कानूनों और नियमों को अधिनियमित और अधिसूचित करने के लिए यह राज्य सरकारों और स्थानीय प्राधिकारियों की सहायता करेगा। यह मुद्दा जिसे इसी प्रकार पिछली योजना में उजागर किया गया है, न केवल संगत रहा है बल्कि प्राथमिकता के आधार पर इसका अनुसरण करने की आवश्यकता है। यह पहल सभी क्षेत्रों में योजना और विकासात्मक कार्यकलापों में पर्यावरणात्मक मुद्दों को एकीकृत करने के लिए भी महत्वपूर्ण होगी। पर्यावरण और वन मंत्रालय देश में पर्यावरण के प्रबंधन और संरक्षण से संबंधित है। इसे विभिन्न पर्यावरणात्मक और वानिकी स्कीमों/कार्यक्रमों की योजना, संवर्धन, सहयोग और उनके कार्यान्वयन का निरीक्षण करने की जिम्मेदारी सौंपी गई है। पर्यावरण और वन मंत्रालय के मुख्य उद्देश्यों में शामिल हैं– पर्यावरण का संरक्षण, वनस्पति और जीव–जंतुओं, वनों और वन्य जीवों का संरक्षण और सर्वेक्षण, प्रदूषण की रोकथाम और नियंत्रण, अवनत क्षेत्रों में वनरोपण और पुनः प्रजनन, पशुओं के कल्याण को सुनिश्चित करना और वानिकी और पर्यावरण में अंतरराष्ट्रीय सहयोग करना। पर्यावरण और वन मंत्रालय भी पर्यावरणात्मक प्रबंधन, स्वास्थ्य संबंधी परिचर्चाओं का संवर्धन करने, आजीविका के लिए प्राकृतिक संसाधनों की निर्धनों तक पहुंच को बढ़ाकर गरीबी उपशमन पर ध्यान केन्द्रित करने, जन्मजात सहक्रिया पर ध्यान केन्द्रित करके जीवन को सुदृढ़ करने से संबंधित है। पर्यावरण और वन मंत्रालय भी संयुक्त राष्ट्र पर्यावरण कार्यक्रम (यूएनईपी) और अंतरराष्ट्रीय एकीकृत पर्वत विकास केन्द्र के लिए नोडल एजेंसी के रूप में पदनामित है तथा पर्यावरण और विकास पर संयुक्त राष्ट्र सम्मेलन (यूएनसीईडी) पर अनुवर्ती कार्रवाई पर विचार करता है।

7.5. बहुत से मंत्रालय, मुख्यतः शहरी विकास मंत्रालय (एमओयूडी) लघु और मध्यम नगरों के लिए शहरी आधार ढांचा विकास स्कीम (यूआईडीएसएसएमटी) और जवाहरलाल नेहरु राष्ट्रीय शहरी नवीकरण मिशन (जेएनएनयूआरएम) जैसे मुख्य कार्यक्रम चलाता है, जो पर्यावरण और वन मंत्रालय के उद्देश्यों पर सीधा प्रभाव डालते हैं। राष्ट्रीय शहरी नवीकरण मिशन और राष्ट्रीय नदी संरक्षण कार्यक्रम (एनआरसीपी) जैसे कार्यक्रमों को नदियों की सफाई के लक्ष्य को प्राप्त करने के लिए प्रभावी रूप से जुड़ने की आवश्यकता है। शहरी विकास मंत्रालय को सभी शहरी स्थानीय निकायों में अपेक्षित अपशिष्ट प्रबंधन प्रणाली का सृजन करने को भी सुनिश्चित करना चाहिए। इसी प्रकार पुनर्वास और आजीविका सुधार कार्यकलापों सहित वनरोपण कार्य ग्रामीण विकास, कृषि, जनजातीय कार्य, पंचायती राज, नवीकरणीय ऊर्जा मंत्रालयों की स्कीमों के अन्तर्गत शुरु किया जा सकता है। अतः विभिन्न मंत्रालयों की स्कीमों के साथ संसाधनों का समन्वय लाने की पर्याप्त संभावना है और देश में पर्यावरण और हरियाली में निवेश करने के लिए इन मंत्रालयों के अधीन संसाधनों का चिंतन करने हेतु भी प्रयत्न किया जा सकता है।

7.6. कार्यक्रमों के साथ–साथ, कई मंत्रालयों की कानूनी पहलों ने भी पर्यावरण संबंधी कानूनों के कार्यकरण के महत्व और प्रभाव को वहन किया है। विभिन्न क्षेत्रों में अंतरराष्ट्रीय वचनबद्धताओं और नए कानूनों के माध्यम से उनके अनुपालन में पर्यावरणात्मक अभिशासन पर प्रभाव पड़ा है। इसके अतिरिक्त, राष्ट्रीय पर्यावरणात्मक नीति का यह सुनिश्चित करने का उद्देश्य है कि सभी विकासात्मक निर्णय यथाविधि मान्य हों और संरक्षण और संपोषणीय विकास के पर्यावरण ात्मक आदेशों को ध्यान नें रखा जाए।

ग्यारहवीं योजना की समीक्षा

7.7. ग्यारहवीं योजना में सभी स्तरों पर विकास योजनाओं पर्यावरणात्मक मुद्दों को शामिल करते हुए विकास करते समय पर्यावरणात्मक संपोषणीयता पर जोर दिया गया है। प्रदूषण में कमी लाने, जैवविविधता के संरक्षण और आवास प्रबंधन संबंधी अनेक स्कीमें कार्यान्वित की गई थीं।

अब तक की प्रगति

7.8. चार पर्यावरणात्मक संबंधी लक्ष्यों और उनके प्रति की गई प्रगति पर ग्यारहवीं योजना में बल दिया गया जिसे नीचे सारांशीकृत किया गया है:

5 प्रतिशतता अंकों द्वारा वन और वृक्ष आवरण को बढ़ाना

7.9. वन रिपोर्ट 2009 की स्थिति में यथाप्रतिवेदित वन और वृक्ष कवर (एफटीसी) 23.84 प्रतिशत है। 5 प्रतिशत वृद्धि के योजना लक्ष्य

बॉक्स 7.2

पीपीपी तरीके से अपशिष्ट का निपटान

कुछ वर्षों पहले तक कानपुर में ठोस अपशिष्ट प्रबंधन की स्थिति अधिकांश अन्य भारतीय शहरों से भिन्न नहीं थी। कानपुर नगर निगम (केएनएन) के पास शहर में निकले लगभग 1,500 टन प्रतिदिन के ठोस अपशिष्ट का संग्रहण करने, लाने–ले–जाने और उसका निपटान करने की जिम्मेदारी थी।

जून, 2008 में, केएनएन ने एक निजी कंपनी 'ए2 जैड आधार ढांचा' को ठोस अपशिष्ट का प्रक्रियान्वयन, निपटान, संग्रहण और जाने ले जाने के लिए छूट (बिल्ड, ओन, ऑपरेटर ट्रांसफर) ठेका दिया है जिसका चयन तुलनात्मक बोली के माध्यम से किया गया। इस परियोजना के लिए 30 वर्षों के लम्बे पट्टे पर भूमि (46 एकड़) निःशुल्क दी गई। टिपिंग प्लेटफार्म, एक पूर्व पत्थक्करण यूनिट, एक खाद यूनिट, एक आरडीएफ यूनिट (रिफ्यूज्ड डिराइव्ड फ्यूल) यूनिट, एक प्लास्टिक पत्थक्करण यूनिट, एक ब्रिकेट मैन्यूफैक्चरिंग यूनिट, एक उचित सुरक्षित कमरे सहित 1,500 टन प्रति दिन पात्रता के ठोस अपशिष्ट को प्रक्रियान्वित करने की पात्रता वाले संयंत्र की स्थापना की गई। ₹110 करोड़ की कुल परियोजना लागत में से ₹56.6 करोड़ जेएनएनयूआरएम से आए और शेष राशि निजी सहभागी से ली गई।

हाथ के दस्ताने और संरक्षणात्मक मास्क का प्रयोग करते हुए सफाई कर्मचारियों द्वारा रिक्शों से जुड़े कूड़ेदानों में घर–घर जाकर कूड़ा इकट्ठा किया जा रहा है। कूड़े को लाते–ले जाते समय दबा दिया जाता है। कूड़ा लाने–ले जाने वाला वाहन ग्लोबल पोजिशनिंग सिस्टम (जीपीएस) उपकरण सहित होता है और कूड़ा इकट्ठा करने, संविदाकार की ओर से किसी रुकाव (काम्पैक्ट हाल्ट) की प्रत्येक घटना की निगरानी की जाती है और रिकार्ड किया जाता है। फटे–पुराने कपड़े उठाने वालों (रैग पिकर्स) को नया जीवन शुरु करने का अवसर दिया जाता है। "कुछ पूर्व रैग पिकर्स" (130 सुस्पष्ट रूप से) अब सफाई कर्मचारियों के रूप में नियमित वेतन प्राप्त करते हैं, बैंक एटीएम प्रदर्शित करते हैं, सामाजिक सुरक्षा और स्वास्थ्य लाभ ले रहे हैं और उनके छोटे बच्चों ने विद्यालय में जाना शुरु कर दिया है।

कूड़ा–करकट एक केन्द्रीय स्थल पर ले जाया जाता है, जहां इसे छांटा जाता है, अलग – अलग किया जाता है और इसे कई मूल्य उत्पादों के रूप में परिवर्तित किया जाता है। उदाहरणार्थ प्रीमियम गुणवत्ता वाली खाद, रिफ्यूज डिराइव्ड फ्यूल (आरडीएफ), निर्माण संबंधी मलबे से टाइलों को आपस में जोड़ा जाता है जिससे फुटपाथ का रास्ता तैयार किया जाता है, आदि। कानपुर अपशिष्ट प्रबंधन संयंत्र आर्गनिक अपशिष्ट से खाद तैयार करने वाला सबसे बड़ा उत्पादक है। संयंत्र आर्गनिक उर्वरक के लिए बदली हुई मांग को पूरा करने के योग्य नहीं है।

2010 में, एक निजी कंपनी 'ए2 जैड आधार ढांचा', ने, एशिया में ठोस अपशिष्ट प्रबंधन में सबसे बड़ी एकीकृत परियोजना का सत्जन करते हुए अपशिष्ट से ऊर्जा संयंत्र की स्थापना की जो देश में उत्पादित आरडीएफ का प्रयोग करते हुए 15 मेगावॉट विद्युत का उत्पाद करती है। यह संयंत्र क्योटो प्रोटोकॉल के अन्तर्गत स्वच्छ विकास प्रक्रिया (सीडीएम) परियोजनाओं द्वारा प्राप्त किए गए प्रमाणित कार्बन छूटों का दावा करते हुए कार्बन क्रेडिटों के लिए यूनाइटिड नेशन्स फ्रेमवर्क कन्वेंशन ऑन क्लाइमेट चेंज (यूएनएफसीसीसी) में पंजीकृत किया गया है। केएनएन ने 2011 में प्रधानमंत्री से ठोस अपशिष्ट प्रबंधन में सुधार के लिए सर्वोत्तम सिटी अवार्ड (जेएनएनयूआरएम) प्राप्त किया। एक प्रमुख स्तम्भ लेखक डॉ. इशेर जज अहलुवालिया ने अपने दौरे और चर्चा के बाद इस लेख को प्रिंट और इलेक्ट्रानिक मीडिया में प्रकाशित किया जिसका व्यापक स्तर पर स्वागत किया गया। अहमदाबाद और सूरत नगर निगम ने भी एकीकृत नगर ठोस अपशिष्ट संग्रहण और निपटान तंत्र की स्थापना की है। बारहवीं पंचवर्षीय योजना में देश में अधिकतम शहरों में इसी आदर्श को दोहराने का हर संभव प्रयास किया जाएगा।

को प्राप्त करने के लिए अतिरिक्त 16 मिलियन हैक्टेयर एफटीसी 2012 तक अपेक्षित थी लेकिन सम्पूर्ण योजना अवधि के दौरान हरियाली आच्छादान (ग्रीन कवर) में वास्तविक वृद्धि 5.0 मिलियन हैक्टेयर से अधिक होने की संभावना नहीं है।

2011–12 तक संपूर्ण शहरी अपशिष्ट जल को स्वच्छ नदी जल में शोधित करना

7.10. नदी के जल में गिरावट मुख्य रूप से बेकार/आंशिक रूप से शोधित सीवेज के नदियों में डालने की वजह से होती है। नदियों की सफाई एक विशालकाय कार्य है जिसमें सभी हितधारकों की भागीदारी आवश्यक है। केन्द्रीय प्रदूषण नियंत्रण बोर्ड (सीपीसीबी) के अनुसार, वर्ग–1 के 498 शहरों तथा वर्ग–2 के 410 शहरों मे अनुमानित अपशिष्ट जल उत्सर्जन 38,000 मिलियन लीटर्स प्रति दिन (एमएलडी) अनुमानित किया गया है, जबकि अब केवल 12,000 एमएलडी की परिशोधन क्षमता ही उपलब्ध है। लगभग 4,418 एमएलडी की सीवेज परिशोधन क्षमता एनआरसीपी और गंगा कार्ययोजना–1 (जीएपी–1) के तहत शुरु की गई है। सीवेज उत्सर्जन और उपलब्ध परिशोधन क्षमता में बड़े अंतर को देखते हुए, बारहवीं योजनावधि में आबंटन में महत्वपूर्ण बढ़ोतरी अपेक्षित है (पीपीपी विधि द्वारा अपशिष्ट निपटान के लिए बॉक्स 7.2 भी देखें)।

2011–12 तक सभी मुख्य शहरों में वायु गुणवत्ता के विश्व स्वास्थ्य संगठन (डब्ल्यूएचओ) के मानकों की प्राप्ति करना

7.11. पर्यावरण और वन मंत्रालय अनुभव करता है कि विश्व स्वास्थ्य संगठन के दिशा–निर्देशों के स्थान पर अधिसूचित राष्ट्रीय परिवेशी वायु गुणवत्ता मानक (एनएएक्यूएस) भारत में बेहतर वायु गुणवत्ता को प्राप्त करने के लिए एक अधिक व्यवहार्य और उपयुक्त लक्ष्य हैं। एनएएक्यूएस को ग्यारहवीं योजना में संशोधित किया गया था और नए मानकों जैसे ओजोन, आर्सेनिक निकिल, बेंजीन और बेंजो (ए) पायरीन सहित 12 प्रदूषकों के लिए सीमाएं अधिसूचित की गई थीं।

पर्यावरण और वानिकी क्षेत्र में 2016–17 तक ऊर्जा दक्षता को 20 प्रतिशत तक बढ़ाना

7.12. ऊर्जा मंत्रालय द्वारा जलवायु परिवर्तन पर राष्ट्रीय कार्य योजना (एनएपीसीसी) के तहत संवर्धित ऊर्जा दक्षता पर एक राष्ट्रीय मिशन (एनएमईईई) की शुरुआत 23 एमटीओई (9 क्षेत्रों में खपत किए गए 24 एमटीओई के बदले) की ईंधन बचत को प्राप्त करने के लिए; 19,000 मेगावॉट के क्षमता परिवर्धन को टालना; पांच वर्ष की अवधि के लिए वार्षिक रूप से कार्बन डाइऑक्साइड समतुल्य की 98.55 मीट्रिक टन को कम करने के लिए शुरु की गई थी। भारत ने 2005 की तुलना में 2020 तक 20–25 प्रतिशत तक जीडीपी उत्सर्जन क्षमता को कम करने घरेलू न्यूनीकरण लक्ष्य की घोषणा की है। योजना आयोग द्वारा गठित एक विशेषज्ञ समूह बारहवीं पंचवर्षीय योजना के लिए भारत के लिए एक न्यून कार्बन समावेशी वृद्धि कार्यनीति का मसौदा तैयार करने की प्रक्रिया में है।

मुख्य नीतिगत परिवर्धन

7.13. निगरानी योग्य चार लक्ष्यों में प्राप्त विकास के अलावा, ग्यारहवीं योजना के तहत बहुत सी योजनाएं बनाई गई।

- सभी विकासात्मक गतिविधियों में पर्यावरण संबंधी चिंताओं को ध्यान में रखते हुए दीर्घकालिक विकास लक्ष्यों को प्राप्त करने के लिए 2006 में राष्ट्रीय पर्यावरण नीति की शुरुआत की गई।
- मौजूदा पर्यावरण प्रक्रिया और इसके पर्यावरण संबंधी आकलन (ईआईए) अधिसूचना 2006 और इसके बाद के संशोधन के माध्यम से पुर्नगठन की समग्र पुनरीक्षा पर आधारित ईआईए प्रक्रिया को अधिक दक्ष, विकेंद्रीकृत और पारदर्शी बनाया गया है। परियोजना प्रस्तावकों द्वारा सौंपी गई प्रभाव आकलन रिपोर्ट की गुणवत्ता सुधारने के लिए ईआईए/पर्यावरण प्रबंधन योजना (ईएमपी) परामर्शदाताओं की एक आवश्यक प्रमाणन प्रणाली की शुरुआत की गई है।
- तटीय विनियमन क्षेत्र (सीआरजेड) अधिसूचना 2011 का पुनर्गठन मत्स्यपालन और अन्य स्थानीय समुदायों को आजीविका सुरक्षा प्रदान करना, तटीय फैलाव को संरक्षित और सुरक्षा करना और वैज्ञानिक सिद्धांतों पर आधारित विकास से प्रोत्साहित करने के लिए सुनिश्चित करने हेतु किया गया था। द्वीप संरक्षा मण्डल पर एक अन्य अधिसूचना अंडमान और निकोबार और लक्षद्वीप समूहों के लिए इन्हीं उद्देश्यों को लेकर जारी किया गया था।
- जलवायु परिवर्तन पर एक राष्ट्रीय कार्य योजना (एनएपीसीसी) जलवायु परिवर्तन की चुनौती का सामना करने के लिए भारत से कार्यनीति को रेखांकित करते हुए जून, 2008 में जारी की गई थी। जलवायु परिवर्तन आकलन पर भारतीय नेटवर्क (आईएनसीसीए) एक नेटवर्क आधारित कार्यक्रम जो कि जलवायु परिवर्तन के मामले में विज्ञान को हमारी नीति निर्माण का आवश्यक हिस्सा बनाने हेतु शुरु किया गया था।
- जैवविविधता के संरक्ष्ण के लिए एक राष्ट्रीय जैवविविधता कार्य योजना नवम्बर, 2008 में निर्मुक्त की गई। इससे योजना जैवविविधता कर सामना करते हुए मुख्य आशंकाओं और निकायों का पता लगाया गया है और इसका समाधान करते हुए/सुरक्षित करते कार्य बिन्दुओं की सूची तैयार की गई है।
- योजना के यूनिट के रूप में नदी बेसिन के साथ समग्र दृष्टिकोण को अपनाते हुए गंगा नदी के प्रदूषण का प्रभावी उपशमन करने और उसके संरक्षण को सुनिश्चित करने के लिए राष्ट्रीय गंगा नदी बेसिन प्राधिकरण (एनजीआरबीए) की स्थापना की गई है।
- राष्ट्रीय परिवेशी हवाई गुणवत्ता मानक (एनएएक्यूएस) में संशोधन किया गया है और 12 प्रदूषकों के लिए सीमाएं अधिसूचित की गई है। संशोधित मानक वैश्विक सर्वोत्तम प्रक्रियाएं स्थानीय भारतीय परिस्थितियों और प्रौद्योगिकी तथा अनुसंधान में उन्नति को ध्यान में रखते हुए बनाई गई है।
- पर्यावरणात्मक संरक्षण और वनों तथा अन्य प्राकृतिक संसाधनों के संरक्षण से संबंधित मामलों के प्रभावी और शीघ्र निपटान के लिए 18 अक्तूबर 2010 को नेशनल ग्रीन ट्रिब्यूनल (एनजीटी) की स्थापना की गई।
- आगे और पर्यावरणात्मक सुधार करने और पर्यावरणात्मक अभिशासन में सुधार करने के लिए राष्ट्रीय पर्यावरण मूल्यांकन और निगरानी प्राधिकरण (एनईएएमए) पर विचार करने और उसके गठन के लिए एक प्रक्रिया शुरु की गई है।

- प्रतिपूरक वनरोपण निधि प्रबंधन और योजना प्राधिकरण (सीएएमपीए) के गतिरोध का समाधान करने के लिए वनरोपण, पुनः प्रजनन, संरक्षण और वनों के संरक्षण से संबंधित कार्यकलापों और निधिकरण के बहुस्रोतों के उपयोग के लिए एक एकीकृत रूपरेखा प्रदान करते हुए राज्य स्तरीय 'सीएएमपीए' का सृजन किया गया है। वन कवर में वृद्धि करने के लिए हस्तक्षेप किए गए हैं। एनएपीसीसी के अधीन ग्रीन इंडिया मिशन 2012–13 में शुरु होने जा रहा है।
- राष्ट्रीय बाघ संरक्षण प्राधिकरण और अन्य संकटापन्न प्रजाति अपराध नियंत्रण ब्यूरो के गठन को सक्षम बनाने के लिए वन्यजीव (संरक्षण) अधिनियम, 1972 में संशोधन किया गया।

7.14. प्रदूषण उपशमन स्कीम और जैवविविधता संरक्षण और ग्रामीण आजीविका सुधार परियोजना के अन्तर्गत औद्योगिक प्रदूषण प्रबंधन परियोजना के लिए क्षमता निर्माण (सीवीआईपीएम) राष्ट्रीय तटीय प्रबंधन कार्यक्रम सहित ग्यारहवीं, योजना में अनेक बाह्य रूप से सहायता प्राप्त परियोजनाएं भी शुरु की गई। प्रदूषण के प्रभावी उपशमन के लिए और गंगा नदी के संरक्षण के लिए विश्व बैंक से बाह्य रूप से सहायता और बजटीय समर्थन दोनों के अन्तर्गत ऊपर उल्लिखित "राष्ट्रीय गंगा नदी बेसिन प्राधिकरण" का निधिकरण किया गया।

ग्यारहवीं योजना के दौरान स्कीमों की तर्क संगतता

7.15. ग्यारहवीं योजना में कार्यान्वयन के लिए 22 विषयक स्कीमों में इसकी 68 लघुता स्कीमों का उपयुक्त रूप से विलीन/सम्मिलित करने के लिए पर्यावरण और वन मंत्रालय की योजना स्कीमों को युक्तियुक्त बनाया गया। इन 22 अनुमोदित विषयक स्कीमों में से, 2008–09 में बहु बांस स्कीम को सफलतापूर्वक पूर्ण किया गया। और

तालिका 7.1
ग्यारहवीं योजना के अंत में कार्यान्वयन के अन्तर्गत संबंधित विषय से संबंधी स्कीमें

पर्यावरण और पारिस्थितिकी	स्कीम का प्रकार
पर्यावरण निगरानी और अभिशासन	सीएस
प्रदूषण उपशमन	सीएस
संरक्षण और विकास हेतु अनुसंधान और विकास	सीएस
पर्यावरणात्मक सूचना, शिक्षा और जागरुकता	सीएस
अंतरराष्ट्रीय सहयोग कार्यकलाप	सीएस
राष्ट्रीय तटीय प्रबंधन कार्यक्रम	सीएस
राष्ट्रीय नदी संरक्षण योजना	सीएसएस
प्राकृतिक संसाधन और पारिस्थितिकी तंत्र का संरक्षण	सीएसएस
ताज संरक्षण सहित विरासत संपत्ति में पर्यावरण प्रबंधन	सीएसएस
वानिकी	**स्कीम का प्रकार**
वानिकी और वन्य जीव संस्थानों को सहायता अनुदान	सीएस
राष्ट्रीय वनरोपण और पारिस्थितिकी विकास बोर्ड (एनएईबी)	सीएस
वानिकी क्षेत्र में क्षमता निर्माण	सीएस
वानिकी प्रभाग को सुदृढ़ करना	सीएस
वनरोपण और वन प्रबंधन	सीएसएस
राष्ट्रीय वनरोपण कार्यक्रम	सीएसएस
वनरोपण जिसमें गिरावट आ रही है– पीआरआई (पंचायती वन योजना के माध्यम से वनरोपण	सीएसएस
वन्य जीव	**योजना का प्रकार**
वन्य जीव प्रभाग को सुदृढ़ करना	सीएस
पशु कल्याण	सीएस
वन्य जीव आवासों का एकीकृत विकास	सीएस एस
परियोजना टाइगर	सीएस एस
परियोजना हाथी	सीएस एस

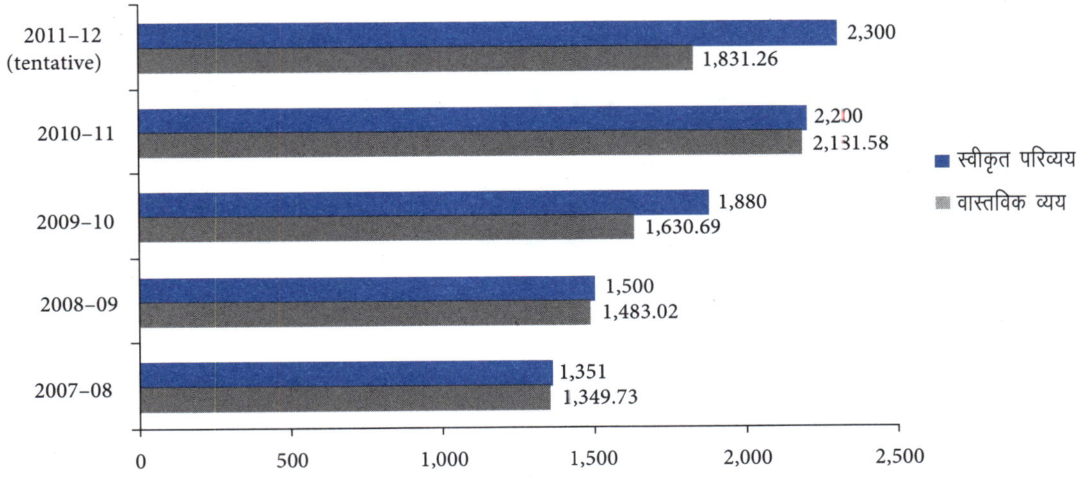

चित्र 7.1: ग्यारहवीं योजना में स्वीकृत परिव्यय बनाम वास्तविक व्यय (₹ करोड़)

अधिक उच्चतर पैमाने पर इसी उद्देश्य के साथ 'नेशनल मिशन फॉर ग्रीन इंडिया' के निरूपण के अनुसरण में, पंचायती राज संस्थाओं के माध्यम से वनरोपण की नई स्कीम, जिसमें गैर–वन क्षेत्रों में बड़े पैमाने पर हस्तक्षेप का प्रस्ताव है, समाप्त कर दी गई है। ताज संरक्षण की स्कीम नेशनल एनवार्यनमेंटल इंजीनियरिंग रिसर्च इंस्टीट्यूट (नीरी), नागपुर द्वारा स्कीम के मूल्यांकन पर स्थगित कर रखी गई है। मूल्यांकन रिपोर्ट अभी स्वीकार की गई है और बारहवीं पंचवर्षीय योजना में स्कीम को दोबारा चालू करने का प्रस्ताव है। अतः आगे और संघटकों/कार्यक्रमों के साथ प्रत्येक स्कीम के साथ ग्यारहवीं योजना के अंत तक 20 विषयक योजनाओं का कार्यान्वयन किया जाना है। 20 विषयक शीर्षों में से बारह केन्द्रीय क्षेत्र (सीएस) की स्कीमें हैं और शेष केन्द्रीय प्रायोजित स्कीमें हैं।

7.16. योजना के दौरान अब तक शामिल किए गए अन्य घटनाक्रम हैं – अंतरराष्ट्रीय सहयोग कार्यकलाप स्कीम के अन्तर्गत सिविल निर्माण यूनिट का गैर योजना बजट में अंतरण; पर्यावरण सूचना के अन्तर्गत "स्टेट ऑफ एनवायर्नमेंट" संघटक का पर्यावरण सूचना प्रणाली (ईएनवीआईएस) संघटक के साथ विलय करना। शिक्षा और जागरुकता स्कीम; और वानिकी क्षेत्र के लिए क्षमता निर्माण की स्कीम के अन्तर्गत वन प्रबंधन और कार्मिकों को प्रशिक्षण के लिए क्षमता निर्माण पर बाह्य रूप से सहायता प्राप्त नए संघटक को जोड़ना।

ग्यारहवीं योजना का वित्तीय कार्यनिष्पादन

7.17. पर्यावरण और वन मंत्रालय ने ग्यारहवीं पंचवर्षीय योजना 2007–12 के लिए 10,000 करोड़ रूपए के परिव्यय का अनुमोदन दिया था। चित्र 7.1 में ग्यारहवीं योजना के प्रत्येक वर्ष के लिए वास्तविक व्यय के साथ स्वीकृत परिव्यय दिया गया है।

7.18. वर्तमान वित्तीय वर्ष 2011–12 के लिए पर्यावरण और वन मंत्रालय को ₹2,300 करोड़ का व्यय आबंटित किया गया है जिसकी तुलना में संभावित व्यय अस्थायी रूप से ₹1,831.26 करोड़ बैठता है।

7.19. अतः ग्यारहवीं पंचवर्षीय योजना में पर्यावरण और वन मंत्रालय को व्यय (बीई) के रूप में ₹9,231.00 करोड़ का आबंटन किया गया है, जिसकी तुलना में संभावित्र व्यय ₹8,476.28 करोड़ है, जिससे इस अवधि के दौरान लगभग 95 प्रतिशत का उपयोगिता अनुपात ध्वनित होता है। ग्यारहवीं योजना में किया गया कुल आबंटन पर्यावरण और वन मंत्रालय को स्वीकृत/अनुमोदित परिव्यय के लगभग 92 प्रतिशत के बराबर है।

7.20. ग्यारहवीं योजना के दौरान आबंटन/व्यय की क्षेत्रवार स्थिति चित्र 7.2 में सारांशीकृत है।

7.21. ग्यारहवीं योजना के दौरान देश ने सभी नीति निर्माण को केन्द्र में रखते हुए पर्यावरणात्मक संरक्षण पर विचार करते हुए अपनी विकास कार्यसूची के अनुसार कार्य किया। बारहवीं योजना में यह महसूस किया गया कि देश को न केवल प्राकृतिक संसाधनों के संरक्षण और उनको बनाए रखने के लिए बल्कि जो उन्हें इस समय स्वीकार नहीं कर रहे हैं उन तक एक समान पहुंच प्रदान करने के लिए और अधिक केन्द्रित प्रयास करने की आवश्यकता है।

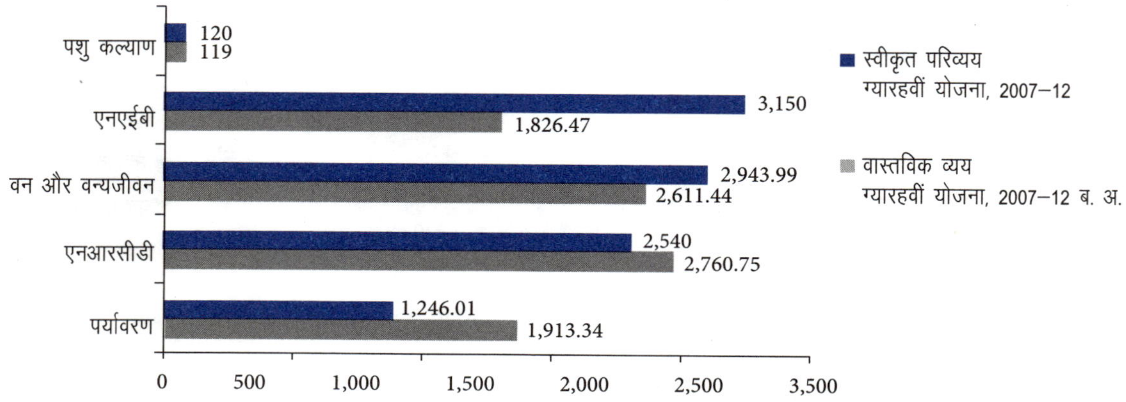

चित्र 7.2: ग्यारहवीं योजना के दौरान क्षेत्रवार आबंटन/व्यय (₹ करोड़)

बारहवीं योजना के लिए लक्ष्य और कार्य

7.22. पर्यावरण, वानिकी, जैवविविधता, वन्यजीवन और पशु कल्याण क्षेत्रों में नीतियों और कार्यक्रमों का गहराई से विश्लेषण करने के बाद, बारहवीं योजना के लिए 12 निगरानी योग्य लक्ष्य (बॉक्स 7.3 और आकृति 7.3) निर्धारित किए गए हैं। इनमें पर्यावरण और जलवायु परिवर्तन के क्षेत्र में तीन लक्ष्य, वानिकी में चार लक्ष्य, वन्यजीव, पारिस्थितिकी और पशु कल्याण के अन्तर्गत तीन लक्ष्य और पारिस्थितिकी तंत्र और जैवविविधता के अन्तर्गत दो लक्ष्य शामिल किए गए हैं।

7.23. इसके अतिरिक्त, बारहवीं योजना के लिए 15 क्षेत्रों की पहचान की गई है जिनपर विशेष ध्यान दिया जाना चाहिए (निम्नलिखित बॉक्स–7.4 और चित्र 7.4 में प्रस्तुत):–

बारहवीं योजना की कार्यनीति एवं कार्रवाई

7.24. पर्यावरणीय अभिशासन के अन्योन्य स्वरूप और व्यापक स्थानीय और वैश्विक पणधारक आधार के कारण इसे कार्यनीतिक होना चाहिए। एक आदर्श स्वरूप को अनुमानात्मक, तकनीकी रूप से अभिमुख, कानूनी मुद्दों से अवगत, भू–राजनीतिक रूप से संगत और आशावादी, राष्ट्रीय हित को अधिकतम करने में सक्षम तथा सामाजिक प्रभाव छोड़ने के लिए पर्याप्त रूप से प्रगतिशील होना चाहिए। सर्वाधिक महत्वपूर्ण यह है कि पर्यावरण के प्रबंधन में प्रगामी रूप से अनुकूलन/परिवर्तनशील कार्रवाई होनी चाहिए जो ठोस वैज्ञानिक, तकनीकी, मानव–संज्ञान युक्त और सहयोगात्मक सिद्धातों पर आधारित हो। अतः पर्यावरणीय प्रबंधन निम्नलिखित पर आधारित होना चाहिए:

- आंकड़े और तथ्य (महत्वपूर्ण पर्यावरणीय मानदंडों की एक ठोस पैमाने की व्यवस्था)
- विश्लेषण और मॉडलिंग (वैज्ञानिक और अनुमानित आंकड़ा एकीकरण/मॉडलिंग पर आधारित)
- अनुक्रमणिका और अवसीमन (पर्यावरणीय स्थिति के सतत परिवर्तनशील सूचकांकों को निर्धारित करने के लिए समय – रूपरेखा के आंकड़े के वैज्ञानिक समीकरण पर आधारित)
- सामूहिक रूप से प्रबंधन को सशक्त बनाना और पर्यावरण को संरक्षित करना तथा राष्ट्रीय नीति और कानूनी आधार भी तैयार करना।

7.25. इस प्रकार, बारहवीं योजना भारत में पर्यावरण का प्रबंधन करने के लिए ऐसी कार्यनीतिक दिशाओं की ओर अभिमुख है। निम्नलिखित खंडों में कार्यक्रम, संस्थागत, विनियामक, अनुसंधान एवं क्षमता निर्माण तत्वों से संबंधित ब्यौरे दिए गए हैं जो विगत अनुभव और योजना के समग्र लक्ष्यों को ध्यान में रखते हुए एक समग्र नीति में शामिल हैं।

योजना कार्यनीतियां

7.26. पर्यावरण, वन, वन्यप्राणी और जलवायु परिवर्तन के लिए बारहवीं योजना के प्रस्ताव दस्तावेज में निम्नलिखित पर विशेष ध्यान दिया गया:–

- जल विभाजक और आवाह–क्षेत्रों की पारिस्थितिकी सुरक्षित करना;
- संवेदनशील क्षेत्रों के लिए संचयी पर्यावरणीय प्रभाव मूल्यांकन;
- चुनिंदा नदी बेसिनों में क्षमता का अध्ययन करना;
- जल संसाधनों के प्रदूषण नियंत्रण के द्वारा स्वीकार्य जल गुणवत्ता और मात्रा बनाए रखना;
- नमभूमि/झीलों का पुनरुद्धार करना; और

बॉक्स 7.3
बारहवीं योजना के लिए निगरानी योग्य लक्ष्य

पर्यावरण और जलवायु परिवर्तन

1. 2017 तक भूमिगत जल संदूषण के लिए संभावना सहित 12 अभिज्ञात संदूषित स्थलों (खतरनाक रसायन और अपशिष्ट) का निर्धारण करना और उनमें सुधार करना।
2. 2017 तक नदियों में महत्वपूर्ण प्रदूषित फैलाव के 80औ की और 2020 तक 100 प्रतिशत सफाई करना।
3. राज्यों को 2017 तक शहरी क्षेत्रों में राष्ट्रीय परिवेशी हवा गुणवत्ता मानकों को पूरा करना है।
4. 2005 के स्तरों की तुलना में 20 से 25 प्रतिशत के लक्ष्य के समनुरूप सकल घरेलू उत्पाद की उत्सर्जन सफलता को 2020 तक कम करना।

वन और आजीविका

5. अवनत भूमि के 1.5 मिलियन हैक्टेयर को पारिस्थितिकीय रूप से संवेदी क्षेत्रों में 0.9 मिलियन हैक्टेयर के वनरोपण और पारिस्थितिकी बहाली को शामिल करते हुए ग्रीन इंडिया मिशन के अन्तर्गत 5 मिलियन हैक्टेयर को हरियाली प्रदान करना।
6. 2017 तक समर्पित सेटेलाइट के माध्यम से आवधिक आधार पर परिवर्तन निगरानी सहित वन कवर, जैवविविधता, बढ़ते हुए स्टॉक की प्रौद्योगिकी आधारित निगरानी और अनुसंधान तथा सार्वजनिक अभिगम्यता के लिए ओपन वैब आधारित राष्ट्रीय वानिकी और पर्यावरणात्मक सूचना तंत्र की 2015 तक स्थापना करना।
7. प्रत्येक संयुक्त वन प्रबंधन (जेएफएम) ग्राम के लिए 2016 तक विलेज ग्रीन गार्डों/सामुदायिक वनरक्षकों की नियुक्ति करना।
8. सार्वजनिक पोर्टल पर सूचना सहित प्रत्येक जिले में 2014 तक वन सर्किलों और मॉडल नर्सरी में वानिकी बीज बैंक की स्थापना करना।

वन्यजीव पारिस्थितिकी पर्यटन और पषु कल्याण

9. वन्य जीवों का उपचार करने के लिए देश में 20 प्रतिशत पशुचिकित्सा व्यावसायिकों को प्रशिक्षित किया जाएगा।
10. 2017 तक सभी संभावित संरक्षित क्षेत्र (पीए) के 10 प्रतिशत को शामिल करते हुए एकीकृत पारिस्थितिकी पर्यटन जिला योजनाएं बनाना।
11. पशु कल्याण में निजी क्षेत्र, सिविल सोसायटियों, एनजीओ और मानवप्रेमियों की भागीदारी को बढ़ावा देना।

पारिस्थितिकी तंत्र और जैवविविधता

12. वर्ष 2017 तक 0.1 मिलियन हैक्टेयर नमभूमि/अन्तः स्थलीय झीलों/जल निकायों को पुनः स्थापित करना।
13. 2017 तक रेगिस्तानों (शीत और बंजर) तटीय क्षेत्रों, महत्वपूर्ण प्रवाल क्षेत्रों, नमभूमि, आम्रवनों आदि के लिए जैव विविधता प्रबंधन योजनाओं का मानचित्रण करना और उसे तैयार करना।

- औद्योगिक और वाणिज्यिक स्थापनाओं से प्रमुख जल स्रोतों में अपजल बहाव का प्रबंधन।

7.27. इसने राष्ट्रीय आयोजना प्रक्रिया में आजीविका सुरक्षा में वृद्धि करने, पारिस्थितिकी सेवाओं का संवर्धन और मूल्यांकन करने के लिए जैव विविधता का स्व स्थाने संरक्षण और दीर्घकालिक उपयोग पर बल दिया। इसमें पारिस्थितिकी और जैव विविधता की आर्थिकी का अध्ययन; समुद्री प्रदूषण में कमी और समुद्री संसाधनों में आवागमन की रोकथाम; जोखम युक्त अपशिष्ट के लिए सुरक्षित भंडारण और निपटान की सुविधाओं तथा ऊर्जा के स्रोत के रूप में इसके उपयोग तथा कच्ची सामग्री की आवश्यकता; वन विस्तार में सुधार; हमलावर अपतृणों का प्रबंधन; शहरी ठोस अपशिष्ट का प्रबंधन; खनित क्षेत्रों का पुनरुद्धार; सामुदायिक अधिकार और एनटीएफपी; शहरी परिवेश के लिए राष्ट्रीय परिवेशी वायु गुणवत्ता मानकों के स्तर तक वायु गुणवत्ता प्राप्त करना; और वन प्रबंधन तथा जलवायु परिवर्तन के मुद्दों पर सामुदायिक भागीदारी शामिल हैं।

7.28. इन पहलुओं के साथ–साथ ग्यारहवीं योजना में की गई प्रगति को ध्यान में रखते हुए, बारहवीं योजना के लिए दूरदर्शिता, उद्देश्य, लक्ष्य, कार्यनीति तैयार किए गए हैं।

7.29. बारहवीं पंचवर्षीय योजना वनस्पति, जीव जन्तु, वन और वन्यप्राणी के संरक्षण और मूल्यांकन से जुड़ी उत्पन्न हो रही चुनौतियों का सामना करने; प्रदूषण की रोकथाम और नियंत्रण करने; अवक्रमित

बॉक्स 7.4
लक्ष्य

पर्यावरण

1. पर्यावरण और पारिस्थितिकी के बेहतर प्रबंधन के कारण स्वास्थ्य की स्थिति में सुधार का मूल्यांकन करने हेतु जानपादिक–रोग विज्ञान संबंधी अध्ययन।
2. पर्यावरण शासन के लिए स्वच्छ प्रौद्योगिकी को बढ़ावा देना और अपनाना, तथा विनियमनों और नीति निर्धारण एवं प्रवर्तन संस्थानों को सुदत्ढ़ बनाना तथा उनमें सुधार लाना।
3. संचयी और कार्यनीतिक पर्यावरणीय प्रभाव मूल्यांकन की ओर अग्रसर होना।
4. पत्थक्करण को विनियमित करके सभी नदियों में पारिस्थितिकीय प्रवाह सुनिश्चित करना ताकि नदी बेसिन के संरक्षण के लिए एक कानूनी ढांचा और प्रबंधन कार्यनीति के विकास द्वारा तटीय पारिस्थितिकी के संरक्षण की अनुमति दी जा सके।
5. स्वच्छता, भू–दत्श्य मानचित्रण, केन्द्रीय वातानुकूलन आदि जैसी शहरी परियोजनाओं में पुनर्चक्रण को बढ़ावा देना तथा शोधित जल मल का पुनः प्रयोग करना।

वन एवं आजीविका

6. वन उत्पादकता, उत्पादन और जैव विविधता के दीर्घकालिक प्रबंधन में सुधान लाना (स्थानीय लोगों के साथ लाभ में समान भागीदारी)।
7. वन क्षेत्र की भूमि/चरागाह–भूमि प्रबंधन का पुनरुद्धार तथा तीव्रीकरण और वन के किनारे के गांवों के आसपास सामुदायिक चरागाह भूमि स्थापित करना।
8. पारिस्थितिकी–पर्यटन सहित वन संसाधनों के प्रबंधन के लिए ग्राम वन समितियों/संयुक्त वन क्षेत्र प्रबंधन समितियों की क्षमता में वृद्धि करना।
9. क्लोनल बागानों के आनुवंशिक सुधार तथा संस्थापन सहित लघु वन उत्पाद/गैर काष्ठ वनोपज (एमपीएफ/एनटीएफपी) के तहत देश के विभिन्न वन प्रकारों तथा सूचीबद्ध प्रजातियों के लिए बीज बागानों, वन–वर्धन भूखंडों को पुनर्जीवित करना।

वन्य जीवन, पारिस्थितिकी पर्यटन और पषु कल्याण

10. मानव–वन्य प्राणी संघर्ष को कम करना और प्रबंधित करना।
11. बहु असंतत्प्त वसा अम्लों (पीयूएफए), विटामिनों आदि से भरपूर अनुमेय समुद्री उत्पादों का वाणिज्यीकरण।
12. पारिस्थितिकी–पर्यटन को बढ़ावा देना तथा स्थानीय आबादी के भागीदारी पूर्ण पारिस्थितिकीय –विकास समर्थित आजीविका को बढ़ावा देना।

पारिस्थितिकी और जैव विविधता

13. जैव विविधता से जुड़े राष्ट्रीय लक्ष्यों और संकेतकों को विकसित करना तथा जैव विविधता अधिनियम, 2002 के कार्यान्वयन को सुदत्ढ़ करने हेतु कार्रवाई का समर्थन करना एवं स्थानीय समुदायों के आर्थिक और सामाजिक विकास के लिए जैव सुरक्षा सुनिश्चित करना।
14. तटीय जैव विविधता संसाधनों का मूल्यांकन करना, कच्छ वनस्पति, प्रवाल भित्ति और आर्द्र भूमि का दीर्घकालिक प्रबंधन, पुनरुद्धार सुनिश्चित करना तथा आजीविका का समर्थन करना।

क्षेत्रों के वनरोपण और पुनः उत्पति; पर्यावरण संरक्षण; और पशु कल्याण से जुड़े मुद्दों के लिए विशिष्ट कार्यनीतियां अपनाती है (चित्र 7.3 देखें)।

संगठनात्मक कार्यनीतियां

7.30. बारहवीं योजना में, अन्तर क्षेत्रीय मुद्दों को निपटाने के लिए पर्यावरणीय प्रबंधन हेतु राज्यों में पर्यावरण विभाग की स्थापना जैसे संस्थागत तंत्रों को प्राथमिकता आधार पर निपटाए जाने की आवश्यकता है। वायु गुणवत्ता प्रबंधन और अपशिष्ट प्रबंधन जैसे विस्तृत क्षेत्रों के भीतर विशिष्ट क्षेत्रों में अन्तर–मंत्रालयी स्थायी समितियों और कार्यदलों की स्थापना केन्द्र और राज्य सरकार दोनों स्तरों पर किए जाने की आवश्यकता है।

7.31. राष्ट्रीय पर्यावरण एवं वानिकी परिषद (एनईएफसी) नामक एक उच्चाधिकार प्राप्त निकाय विशेषज्ञों के एक दल के सहयोग और परामर्श से स्थापित किए जाने का प्रस्ताव है जिसके अध्यक्ष प्रधानमंत्री और उपाध्यक्ष पर्यावरण एवं वनमंत्री होंगे। इस निकाय में विदेश, विज्ञान और प्रौद्योगिकी, कृषि, वाणिज्य, शहरी एवं ग्रामीण विकास, जन–जातीय कार्य आदि मंत्रालयों का प्रतिनिधित्व होगा। इसका प्रमुख कार्य विभिन्न मंत्रालयों के कार्यकरण में सामंजस्य

बनाने तथा यह सुनिश्चित करने का होगा कि सभी नीतियों का निर्माण, कानून और प्रत्येक तरह के विकास से जुड़ा उनका कार्यान्वयन राष्ट्रीय पर्यावरण नीति (एनईपी) रेखांकित लक्ष्यों के अनुरूप हों।

7.32. राष्ट्रीय पर्यावरण एवं वानिकी परिषद की तर्ज पर प्रत्येक राज्य के पर्यावरण एवं वन विभाग के कार्यकरण का अन्य विभागों के कार्यकरण के साथ सम्मिलित करने के लिए राज्य पर्यावरण एवं वन परिषद (एसईएफसी) नामक एक उच्चाधिकार प्राप्त निकाय गठित किए जाने की आवश्यकता है। इसके अलावा केन्द्र और राज्य स्तरों पर संबंधित मंत्रालयों और विभागों में पर्यावरण प्रकोष्ठ गठित किया जाना है ताकि उनके कार्यकलापों और कार्यक्रमों में पर्यावरणीय समस्याओं को मुख्यधारा में लाया जा सके।

विनियामक कार्यनीतियां

7.33. बारहवीं योजना में पर्यावरण, वन, वन्यप्राणी और जैवविविधता से संबंधित कानूनों की व्यापक समीक्षा और सुधार का कार्य किया जाएगा ताकि उन्हें और अधिक प्रभावी, एक–दूसरे के सामंजस्य के साथ कार्य करने और नई चुनौतियों का सामना करने के योग्य बनाया जा सके। यह विशेष तौर पर निम्नलिखित क्षेत्रों में किया जाएगा:

1. प्रदूषण नियंत्रण और अपशिष्ट प्रबंधन व्यवस्था: मौजूदा प्राधिकारियों की शक्तियों और अधिकारों के घातांकी विस्तार की पृष्ठभूमि में सुधार किए जाएंगे। अन्य लक्ष्यों के साथ–साथ सुधार का लक्ष्य गैर–बिन्दु स्रोत प्रदूषण मुद्दों (जैसे कृषि अपवाह आदि) और मिट्टी तथा अन्य प्राकृतिक संसाधनों के पोषक भरण में खतरनाक वृद्धि से निपटना है। एक राष्ट्रीय पर्यावरण संरक्षण प्राधिकरण (एनईपीए) गठित किए जाने का भी प्रस्ताव है। मौजूदा पर्यावरणीय प्रबंधन व्यवस्था को पुनर्गठित करने के लिए पूरी तरह अधिकृत होगा।
2. ईपीए और इसके अधीन अधिसूचनाएं जैसे ईआईए और सीआरजेड: निम्नलिखित हेतु इस पद्धति को और प्रभावशाली बनाने तथा बेहतर सकारात्मक विधायी और प्रशासनिक उपायों को तैयार करने के लिए सुधार के प्रयास किए जाएंगे
   - कार्बन गहन अर्थव्यवस्था से कार्बन निष्क्रिय अर्थव्यवस्था में परिवर्तन में करना;
   - वैकल्पिक ऊर्जा विकल्पों को बढ़ावा देना;
   - एसईजेड के सृजन से उत्पन्न चुनौतियों से निपटना;
   - स्थानीय प्राधिकारी को और जिम्मेवार तथा उत्तरदायी बनाकर प्रभावी मूल्यांकन कानून तथा तटीय कानूनों को मजबूत करना;
   - उन खामियों को दूर करना जो पद्धति के प्रभाव को कमजोर और हल्का करते हैं;
   - नई देयता व्यवस्था जिसे भारत ने अपनाया है, को लागू करना (देयता, पर्यावरणीय रूप से हानिकर कार्यकलापों के लिए प्रत्युत्तर कार्रवाई और मुआवजा संबंधी 2010 यूएनईपी दिशानिर्देश – एक नई कानूनी व्यवस्था जिसका सभी महसूस करने योग्य विकास कार्यकलापों तथा अपवाद के बिना उनमें लगे कार्यकर्ताओं पर काफी गंभीर प्रभाव पड़ेगा); और
   - घरेलू स्तर पर 'जनसाधारण' के विचार को केन्द्र में रखना तथा उसे प्राप्त करना।
3. वन, वन्यप्राणी और जैव विविधता व्यवस्था: अन्य मंत्रालयों द्वारा आरंभ किए गए संबंधित क्षेत्रों में विधायी प्रगति के परिप्रेक्ष्य में निम्नलिखित के लिए सुधार किए जाएंगे (जैसे पौध प्रजातियों का संरक्षण और किसान का अधिकार अधिनियम, वन अधिकार अधिनियम, बीज संशोधन विधेयक, जैव प्रौद्योगिकी विनियामक प्राधिकरण विधेयक आदि):
   - 'जैव सुरक्षा' मुद्दे से निपटने के लिए प्रभावशाली और मजबूत कानूनी सुरक्षोपाय विकसित करना;
   - पहुंच एवं लाभ साझेदारी व्यवस्था (नगोया प्रोटोकॉल) से संबंधित अंतरराष्ट्रीय प्रतिबद्धता को स्वदेशी बनाना;
   - जैव विविधता से जुड़े परम्परागत ज्ञान (टीके) और लोक कला के संरक्षण के लिए पर्याप्त और प्रभावी सुरक्षोपायों की व्यवस्था करना;
   - यह सुनिश्चित करना कि भारत को जैवविविधता मुद्दों (मुख्य रूप से जैव–सुरक्षा, परम्परागत ज्ञान का संरक्षण, इक्विटी और लाभ – साझेदारी आदि) पर अपनी अंतरराष्ट्रीय प्रतिबद्धताओं के अनुपालन में वर्ष 2012 से आरंभ हो रहे जैविक विविधता संबंधी कन्वेन्शन (सीबीडी) के सीओपी के अध्यक्ष के रूप में अंतरराष्ट्रीय मान्यता मिले; और
   - अनुसूचित क्षेत्र संबंधी पंचायत विस्तार अधिनियम, 1996 के साथ क्षेत्र में कानून के कार्यकरण में सामंजस्य स्थापित करना।

7.34. मौजूदा संस्थाओं के क्षमता निर्माण, संशोधित डेटाबेस, प्रबंधन, पर्यावरणीय मंजूरी प्रणाली के व्यावसायीकरण तथ विनियमन की

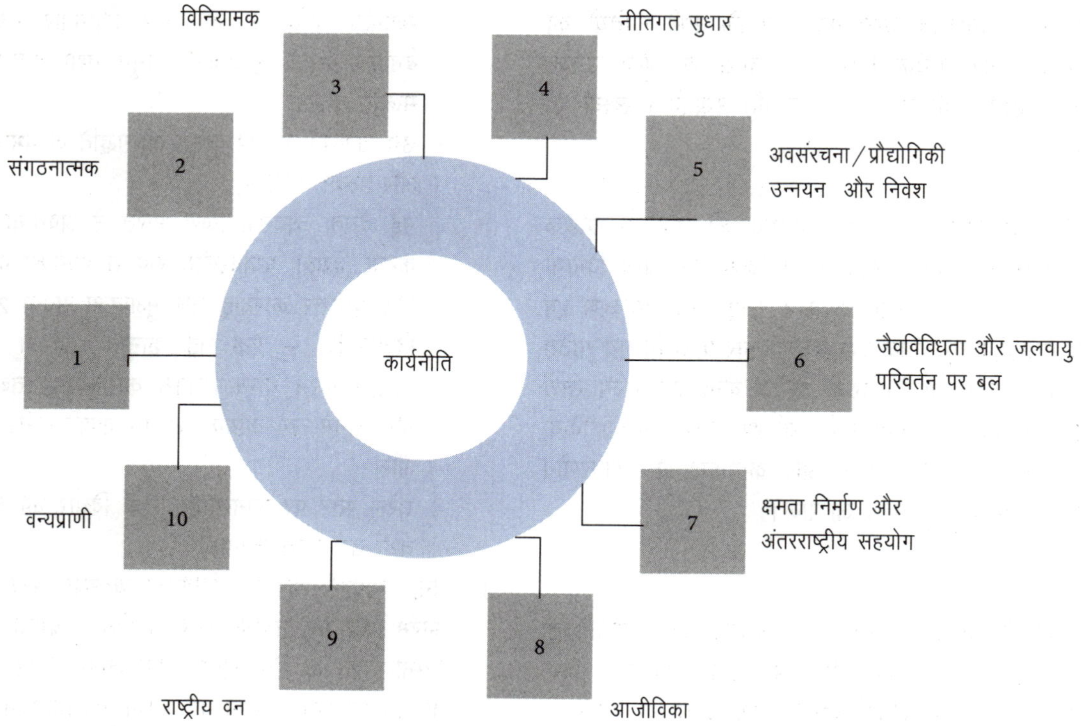

चित्र 7.3: बारहवीं योजना की कार्यनीतियां

वैकल्पिक प्रणाली लागू किए जाने के संबंध में पर्यावरणीय विनियमन के लिए एक बहुआयामी दृष्टिकोण विकसित किए जाने की आवश्यकता है।

7.35. पर्यावरणीय प्रदूषण के प्रभावी विनियमन के लिए यह सुझाव दिया जाता है कि दंडों की मात्रा में उपरिगामी वृद्धि करने तथा दंड लगाए जाने में तेजी लाए हेतु सिविल प्रशासनिक न्यायनिर्णय के लिए समर्थकारी प्रावधान शामिल करने के लिए भी पर्यावरण (संरक्षण) अधिनियम, 1986 में संशोधन किया जा सकता है।

नीतिगत सुधार और माप आधारित प्रबंधन

7.36. निम्नलिखित को बढ़ावा देने के लिए अनेक पहलें आरंभ करने की आवश्यकता है:

- क्षमता आधारित संचयी ईआईए को सुसाध्य बनाने के लिए भार आधारित मानकों का कार्यान्वयन, विशेषकर उन क्षेत्रों के लिए जहां खान और तापीय विद्युत संयंत्रों जैसे विकासात्मक कार्यकलापों की प्रचूरता है;
- प्रदूषणकर्ता को चुकाना पड़ता है के सिद्धान्त के अनुप्रयोग को प्रभावी रूप से लागू करना;
- सूक्ष्म, लघु और मध्यम उद्यम (एमएसएमई) क्षेत्र में विशेषकर अत्यन्त प्रदूषण फैलाने वाले उद्योगों की 17 श्रेणियों के लिए स्वच्छ प्रौद्योगिकियों का विकास और नियोजन;
- राष्ट्रीय जल गुणवत्ता निगरानी नेटवर्क को सुदृढ़ करना;
- तटीय जल गुणवत्ता, समुद्र में आक्सीजन क्षेत्र, कृषि से नदियों में नाइट्रोजन और फॉस्फोरस के प्रवाह संबंधित मौलिक आंकड़ों का संग्रहण एवं निगरानी;
- उपशमन कार्यनीतियां तैयार करने तथा नए उत्सर्जन मानकों को लागू करने के लिए मौजूदा नीतियों की समीक्षा; और
- उद्योगों और सतत निःस्रावी शोधन संयंत्रों (सीईटीपी) में सतत निःस्सारी निगरानी प्रणालियों का कार्यान्वयन।

7.37. स्थानीय से लेकर राष्ट्रीय स्तरों तक के वास्तविक आंकड़ों की साझेदारी के साथ वन, वायु और जल गुणवत्ता, नदी एवं समुद्र प्रदूषण, शोर आदि की निगरानी के लिए राष्ट्रीय पर्यावरणीय निगरानी कार्यक्रम (एनईएमपी) गठित किए जाने का प्रस्ताव है जिससे परिवर्तन की निगरानी करने में भी सहायता मिलेगी।

7.38. पर्यावरणीय मंजूरी प्रदान करने और उसकी निगरानी की प्रक्रियाओं को सुदृढ़ करने हेतु राष्ट्रीय पर्यावरण मूल्यांकन एवं अनुवीक्षण प्राधिकरण (एनईएएमए) नामक एक बहु–विधा स्वायत्त निकाय गठित किए जाने का प्रस्ताव है। राष्ट्रीय पर्यावरण मूल्यांकन एवं अनुवीक्षण प्राधिकरण भी तटीय क्षेत्र विनियमों और समुद्री मत्स्य विनियमों सहित पर्यावरण (संरक्षण) अधिनियम, 1986 के तहत मंजूरी प्रदान कर सकता है।

7.39. बारहवीं पंचवर्षीय योजना में, केन्द्र और राज्य सरकारों को भी सीआरजेड अधिसूचना और समुद्री मत्स्य–ग्रहण विनियम अधिनियम सहित पर्यावरण (संरक्षण) अधिनियम, 1986 के तहत अधिसूचित नियमों को कार्यान्वित करने के लिए तंत्रों को सुदृढ़ करने हेतु निवेश करने की आवश्यकता है।

अवसंरचना/प्रौद्योगिकी उन्नयन एवं निवेश नीतियां

7.40. अवसंरचना/प्रौद्योगिकी उन्नयन प्राप्त करने तथा पर्यावरण, वन और वन्यप्राणी क्षेत्रों में निवेश करने के लिए अनेक पहलें की जा सकती हैं। इनमें शामिल हैं:

- लगातार 24×7 ऑनलाइन वायु गुणवत्ता निगरानी को बढ़ावा देना जिसमें सतत परिवेशी वायु गुणवत्ता निगरानी केन्द्र (सीएएक्यूएमएस) और सतत उत्सर्जन निगरानी प्रणाली (सीईएमएस) शामिल हैं;
- जल निकायों के प्रदूषण को दूर करने के लिए बायोरिमेडिएशन जैसी किफायती प्रौद्योगिकियों को लागू किए जाने का प्रस्ताव है;
- सीमेन्ट भट्टों, विद्युत अथवा इस्पात संयंत्रों में भस्मीकरण के सुरक्षित विकल्प के रूप में उच्च कैलोरी की मात्रा वाली खतरनाक अपशिष्ट के उपयोग को बढ़ावा देना;
- संसाधनों के अधिक कुशल आबंटन को प्रोत्साहित करने के लिए सार्वजनिक निवेश निर्णय करते समय पर्यावरणीय विशेषताओं को लागत–लाभ विश्लेषण में एकीकरण;
- इस क्षेत्र के आबंटन में वृद्धि करने के उद्देश्य से निधि के सृजन को समर्थ बनाने के लिए प्रदूषण शुल्क और अन्य आर्थिक साधनों को लागू करने के लिए पर्यावरणीय कानूनों में संशोधन करना;
- स्वैच्छिक अंशदानों और विनिर्दिष्ट प्राकृतिक संसाधनों तक पहुंच के लिए उपयोगकर्ता शुल्क जैसे प्रस्तावित आर्थिक साधनों के निवल लाभ से राष्ट्रीय पर्यावरण पुनरुद्धार कोष (एनईआरएफ) का सृजन। इस कोष का पर्यावरणीय संसाधनों के पुनरुद्धार तथा जहरीले और खतरनाक अपशिष्ट से संदूषित स्थलों की सफाई के लिए उपयोग किया जा सकता है;
- भारतीय वानस्पतिक सर्वेक्षण (बीएसआई) और भारतीय प्राणीविज्ञान सर्वेक्षण (जेडएसआई) को देश की वनस्पति और जीव–जन्तु की सूची बनाने के अपने अधिदेशित कार्य में तेजी लाने हेतु जनशक्ति और अवसंरचना के अनुसार सुदृढ़ीकरण किए जाने की आवश्यकता है;
- भारतीय जैवविविधता सूचना पद्धति (आईबीआईएस), भारतीय जैव–संसाधन सूचना पद्धति (आईबीआईएन), भारतीय जैव–विविधता पोर्टल (आईबीपी) और भारतीय समुद्री जीवन सागर जनगणना (आईओसीएमएल) की वैधीकरण और अद्यतन का कार्य कराए जाने की आवश्यकता है जिसके लिए अनुसंधान संगठनों के संघ गठित किए जाने की आवश्यकता है;
- वर्गिकी संकलन को डिजीटाइज करने तथा मौजूदा संकलनों को उपलब्ध कराने का प्रयास प्रायोगिक रूप से शुरू किया जाना चाहिए।
- सहयोगात्मक बहुविधा अनुसंधान की उभरती हुई जरूरतों को पूरा करने के लिए वानिकी, जैवविविधता और वन्यप्राणी अनुसंधान में लगे विभिन्न संस्थानों के अधिदेश को व्यापक बनाए जाने की आवश्यकता है।

जैव विविधता

7.41. पारिस्थितिकीय प्रक्रियाएं जो पारिस्थितिकी वस्तुओं और सेवाओं का सृजन करती हैं, पारिस्थितिकीय दीर्घकालिकता की केन्द्रबिन्दु है। पारिस्थितिकी, जैवविविधता और दीर्घकालिक विकास में अनुसंधान करने के लिए पर्यावरण एवं वन मंत्रालय के तहत पारिस्थितिकी अनुसंधान संस्थान (ईआरआई) स्थापित किए जाने का प्रस्ताव है।

7.42. जैविक विविधता अधिनियम, 2002 को देश भर में सभी स्तरों पर कार्यान्वित किया जाना है। ग्राम पंचायत, तालुका पंचायत, जिला पंचायत के साथ–साथ नगरपालिका और महानगरपालिका में जैव–विविधता प्रबंधन समितियों (बीएमसी) का गठन करने के लिए तत्काल कदम उठाए जाने की आवश्यकता है। इसके अलावा, जैव–विविधता प्रबंधन समितियों को जैविक विविधता अधिनियम में किए गए प्रावधान के अनुसार 'संग्रहण शुल्क' वसूलने की जिम्मेवारी सौंपे जाने की आवश्यकता है।

7.43. प्राकृतिक संसाधनों की निगरानी और प्रबंधन हेतु जैव–विविधता, पारिस्थितिकी और पर्यावरणीय आंकड़ों के लिए एक राष्ट्रीय सूचना ग्रिड विकसित किए जाने का प्रस्ताव है। इसे एक खुली, पारदर्शी और व्यापक वेब–आधारित सूचना प्रणाली होनी चाहिए जिसमें वन, तटीय विस्तार जैसे विभिन्न भू–दृश्य और देश के अनन्य आर्थिक

क्षेत्रों (ईईजेड) के सीमान्तर्गत जल–क्षेत्र, पहाड़ और मरूभूमि क्षेत्र शामिल हैं।

क्षमता निर्माण एवं अंतरराष्ट्रीय सहयोग कार्यनीति

7.44. बारहवीं योजना में अंतरराष्ट्रीय सहयोग के क्षेत्र में पर्यावरण एवं वन मंत्रालय नीतियों, कानूनों और कार्य योजनाओं को तैयार करने और कार्यान्वित करने के लिए दक्षिण एशिया क्षेत्रीय सहयोग संघ (सार्क) के क्षेत्रीय साझेदारी हेतु संस्थागत तंत्र स्थापित में अग्रणी की भूमिका निभाएगा। इसके अलावा, यह तंत्र वानिकी, वन्यप्राणी और जैवविविधता से जुड़े वैज्ञानिक और अनुसंधान संस्थानों तथा उत्कृष्ट केन्द्रों (सीओई) को जोड़कर क्षमता संवर्धन को भी बढ़ावा दे सकती है। इसमें अनेक प्रकार के उपाय जैसे दक्षिण एशिया सहकारी पर्यावरण कार्यकम (एसएसीईपी) को सुदृढ़ करना, तकनीकी सहयोग, जैव संसाधनों के संरक्षण और दीर्घकालिक उपयोग हेतु प्रबंधन व्यवस्था, प्रशासन में कानूनी क्षमता का दोहन करना, सूचना साझेदारी और इसका प्रसार तथा न्याय–प्रदायगी में क्षमता निर्माण शामिल हैं।

आजीविका

7.45. गैर–इमारती वन उपज (एनटीएफपी) का समग्र रूप में विकास करने तथा दीर्घकालिक प्रबंधन एवं आजीविका के लिए विभिन्न कार्यकलापों का समन्वय करने के लिए सभी राज्यों में शाखाओं के साथ स्वायत्त एजेन्सी स्थापित किए जाने की आवश्यकता है। अनुमानित 6 लाख हेक्टेयर के संरक्षण और विकास तथा मूल्य संवर्धन और विपणन सहायता सहित एनटीएफपी संसाधन के समग्र प्रबंधन के लिए बांस सहित एनटीएफपी प्रबंधन के द्वारा दीर्घकालिक आजीविका हेतु नई योजना तैयार किए जाने की आवश्यकता है।

7.46. राष्ट्रीय स्तर पर चरागाह प्रबंधन और चराई नीति के प्रतिपादन पर ध्यान केन्द्रित करने की तत्काल आवश्यकता है जो वन के आसपास के निवासियों की आजीविका, पोषण और जीवन की गुणवत्ता में वृद्धि करेगा। वन क्षेत्रों के आसपास सामान्य/राजस्व भूमि पर मैदान भूमि, परम्परागत घास के मैदान के पुनर्वास और उत्पादकता वृद्धि के लिए मैदान भूमि एवं वन–संवर्धन प्रबंधन संबंधी नई योजना आवश्यक है। बारहवीं योजना अवधि के दौरान चारा भंडारण, मूल्य संवर्धन सुविधाओं, जनन–द्रव्य बैंकों और नर्सरियों के अनुरक्षण के लिए ढांचागत और संस्थागत तंत्र विकसित करने की आवश्यकता है।

वन प्रबंधन कार्यनीति

7.47. सैटेलाइट आधारित वन संसाधन मूल्यांकन संबंधी प्रस्तावित योजना से वन अधिकार अधिनियम, 2006 के तहत बेसलाइन आंकड़ा के प्रौद्योगिकी आधारित संग्रहण तथा क्षेत्रों के भौगोलिक सूचना प्रणाली (जीआईएस) मानचित्रण के साथ वानिकी स्कीमों के मूल्यांकन के लिए एक पद्धति स्थापित होगी।

7.48. वानिकी मामलों पर राष्ट्रीय सहमति बनाने तथा नई चुनौतियों का सामना करने के लिए यह प्रस्तावित है कि राष्ट्रीय वन्य प्राणी बोर्ड की तर्ज पर 'राष्ट्रीय वानिकी बोर्ड' (सीबीएफ) को पुनर्जीवित किया जाए जिसमें अध्यक्ष के रूप में प्रधानमंत्री तथा उपाध्यक्ष के रूप में पर्यावरण एवं वन मंत्री हों। यह देश में नीतिगत विकास और परामर्श के लिए शीर्ष निकाय हो सकता है।

7.49. बारहवीं पंचवर्षीय योजना के दौरान वित्तपोषण में वृद्धि के साथ भारतीय कृषि अनुसंधान परिषद (आईसीएआर) की तर्ज पर भारतीय वानिकी अनुसंधान एवं शिक्षण परिषद (आईसीएफआरई) का पुनः अभिमुखीकरण किया जाना आवश्यक है।

7.50. उत्कृष्ट स्तर के कामगारों को विशिष्ट जिम्मेवारी सौंपने तथा उचित प्रलेखन समेत क्षेत्र के अधिकारों को हस्तांतरित करने सहित नए आयामों को शामिल करने के लिए कार्यकरण योजना कोड जिसके आधार पर वन कार्यकरण योजनाएं तैयार की जाती है और पालन किया जाता है, में संशोधन किए जाने की आवश्यकता है।

7.51. वन उत्पाद की बिक्री पर वन विकास कर तथा पेट्रोलियम उत्पाद और कोयला खनन की बिक्री पर वन संरक्षण कर/उप कर लगाकर वानिकी कार्यकलापों के लिए 'हरित कोष' के सृजन की आवश्यकता है। इसी प्रकार हिमाचल प्रदेश, उत्तराखंड और अन्य राज्यों में पारिस्थितिकी कर जैसे अन्य समान तरह के कर भी इस प्रयोजनार्थ लगाए जा सकते हैं।

वन्यप्राणी एवं पशु कल्याण

7.52. समेकित वन्य जीवन अधिवास विकास (आईडीडब्ल्यूएच) बाघ के सिवाय सभी प्रजातियों पर फोकस करते हुए वन्य प्राणी के संरक्षण और प्रबंधन के लिए व्यापक योजना के रूप में जारी रहेगा। राष्ट्रीय बाघ संरक्षण प्राधिकरण के नेतृत्व में बाघ संरक्षण को पर्यावरण एवं वन मंत्रालय के एक अग्रणी कार्यक्रम के रूप में जारी रहेगा। विगत अनुभव के आधार पर कार्यान्वयन हेतु अनेक नए महत्वपूर्ण क्षेत्रों की पहचान की गई है। इसमें बाघ की आबादी और उनके वास–स्थान की नियमित निगरानी सहित संरक्षण को सुदृढ़ करना और बाघ आरक्षित क्षेत्र के मध्यवर्ती क्षेत्रों में सहातित्व कार्यसूची को आगे बढ़ाना तथा पुनर्वास शामिल है।

7.53. पर्यावरण (संरक्षण) अधिनियम, 1986 के तहत राष्ट्रीय हाथी संरक्षण प्राधिकरण (एनईसीए) के सृजन और पारिस्थितिकीय संवेदनशील क्षेत्रों के रूप में बाघ आरक्षित क्षेत्रों के महत्वपूर्ण क्षेत्रों की अधिसूचना के द्वारा योजना के तहत हाथी परियोजना पर विशेष ध्यान देने की आवश्यकता है। मानव–हाथी विवाद को कम करने हेतु मौजूदा हाथी–स्कीम परियोजना के जरिए विशेष ध्यान देने की आवश्यकता है।

7.54. यह योजना चिंता के निम्नलिखित पहलुओं पर विशेष ध्यान देगाः

- वन्य जीवों के लिए पशुचिकित्सा सुविधाओं को बढ़ाने के साथ वन्य जीव संरक्षण से संबंधित वैज्ञानिक एवं सामाजिक आर्थिक मामले।
- संरक्षी क्षेत्रों और मानव–वन्य जीव विवाद के अल्पीकरण से परे घने वन्य जीव क्षेत्रों का वैज्ञानिक प्रबंधन।
- स्थानीय समुदायों के जीविका में वृद्धि से जुड़े किफायती पर्यटन का संचालन।
- देश में पशु कल्याण संरचना के नवीकरण के लिए समन्वित पहुँच।

7.55. उपरोक्त उद्देश्यों को प्राप्त करने के लिए 'समेकित वन्य जीवन अधिवास विकास' और 'हाथी परियोजना' स्कीमों को सुदृढ़ करने की आवश्यकता है। इसके अतिरिक्त, दो नई स्कीमें जो हैं – 'स्थानीय आजीविका हेतु किफायती पर्यटन को सुदृढ़ करने और संचालन' तथा 'निजी क्षेत्र की भागीदारी और पशु कल्याण में लोकोपकार के संवर्धन' को भी बढ़ाने के लिए प्रस्तावित की गई हैं।

7.56. सभी राज्यों में पशु कल्याण बोर्डों की स्थापना करने के आवश्यकता है जिसमें सभी राज्यों में सभी जिलों में क्रूरता निवारण (पशुओं के प्रति क्रूरता निवारण हेतु सोसाइटी की स्थापना) नियमों के अधीन पशुओं के प्रति क्रूरता निवारण हेतु सोसाइटी की स्थापना शामिल है।

7.57. वन्य जीवों के बेहतर सुरक्षा और संरक्षण के लिए, शैक्षिक प्रणाली को सुदृढ़ करने, के लिए, वन्य सीमांत निवासियों की जीविका में सुधार के लिए, स्थानीय स्तर की प्रबंधन समितियों की क्षमता बढ़ाने के लिए निवेश में महत्वपूर्ण बढ़ोत्तरी पर ध्यान देने की आवश्यकता है।

स्कीमों को तर्क संगत बनाना

7.58. केन्द्र द्वारा प्रवर्तित स्कीमों (सीएसएस) पर बी के चतुर्वेदी रिपोर्ट (सितम्बर, 2011) की सिफारिशों के अनुसरण में पर्यावरण एवं वन मंत्रालय ने चित्र 7.4 में दर्शाए अनुसार उपयुक्त रूप से सम्मिलित/जोड़ कर ग्यारहवीं पंचवर्षीय योजना में मौजूदा आठ स्कीमों को तर्कसंगत बनाकर बारहवीं पंचवर्षीय योजना में इसे पांच कर दिया है।

7.59. बारहवीं पंचवर्षीय योजना में विषयक स्कीमों की कुल संख्या कम करके अठारह कर दी गई है जिसमें जलवायु परिवर्तन पर एक स्कीम सहित पांच सीएसएस और तेरह सीएस स्कीमें हैं जो योजना आयोग द्वारा अनुमोदित हैं। उप स्कीमों में, रोकथाम कार्यनीतियों तथा स्वच्छ तकनीकों के जरिए औद्योगिक प्रदूषण में कमी की स्कीमों को 'प्रदूषण में कमी' स्कीम के तहत एकल स्कीम बना दिया गया है। इसी तरह, राष्ट्रीय झील संरक्षण योजना (एनएलसीपी) और नमभूमि को सम्मिलित कर एक स्कीम बना दिया गया है नामतः 'जलचर पारिस्थितिकी तंत्र के संरक्षण हेतु राष्ट्रीय योजना' जो 'प्राकृतिक संसाधनों और पारिस्थितिक तंत्र' के विषयक स्कीम के अधीन है। इस स्कीम के अधीन ताज सुरक्षा की स्कीम को भी जोड़ दिया गया है। अंतरराष्ट्रीय सहयोग कार्यकलापों के विषयक स्कीम के अधीन गैर प्रमाणन प्रकोष्ठ पर एक नई उप स्कीम प्रस्तावित की गई है। नागरिक विनिर्माण इकाई स्कीम एक गैर योजना स्कीम है तथा यह वन एवं पर्यावरण मंत्रालय के नए भवन के निर्माण पर योजना खर्च हेतु खाते में डाला गया है जिसे 2012–13 में पूरा होने की संभावना है।

बारहवीं योजना के लिए नई पहलें

सीईटीपी की स्कीम को नया रूप देना

7.60. सीईटीपी के मौजूदा स्कीमों में प्रचालन कमियों के परिदृश्य में, बारहवीं योजना अवधि के दौरान लागू करने के लिए सीईटीपी के दिशा निर्देशों को संशोधित करना प्रस्तावित है। सीपीसीबी ने देश में 'औद्योगिक समूहों की सम्पत्तिसूची बनाने और सीईटीपी के लिए अपूर्ण माँग के मूल्यांकन' के लिए अध्ययन शुरू किया है। अध्ययन की सिफारिशों के आधार पर अपेक्षित सीईटीपी की एक वरीयता सूची तैयार की जाएगी तथा मौजूदा स्कीम के पुनः निक्षेपण के लिए एक कार्यनीति तैयार की जाएगी। पर्यावरण संरक्षण के लिए ग्यारहवीं योजना में औद्योगिक नीति और संवर्धन विभाग (डीआईपीपी) द्वारा चर्म क्षेत्रों में सीईटीपी के उन्नयन हेतु एक उप स्कीम प्रस्तुत की गई थी, जिसे बारहवीं योजना के दौरान सुदृढ़ बनाया जाना है।

सीवेज परिशोधन क्षमता को बढ़ाना

7.61. राष्ट्रीय नदी संरक्षण योजना (एनआरसीपी)/राष्ट्रीय गंगा नदी घाटी अधिकरण (एनजीआरबीए)/राष्ट्रीय झील संरक्षण योजना

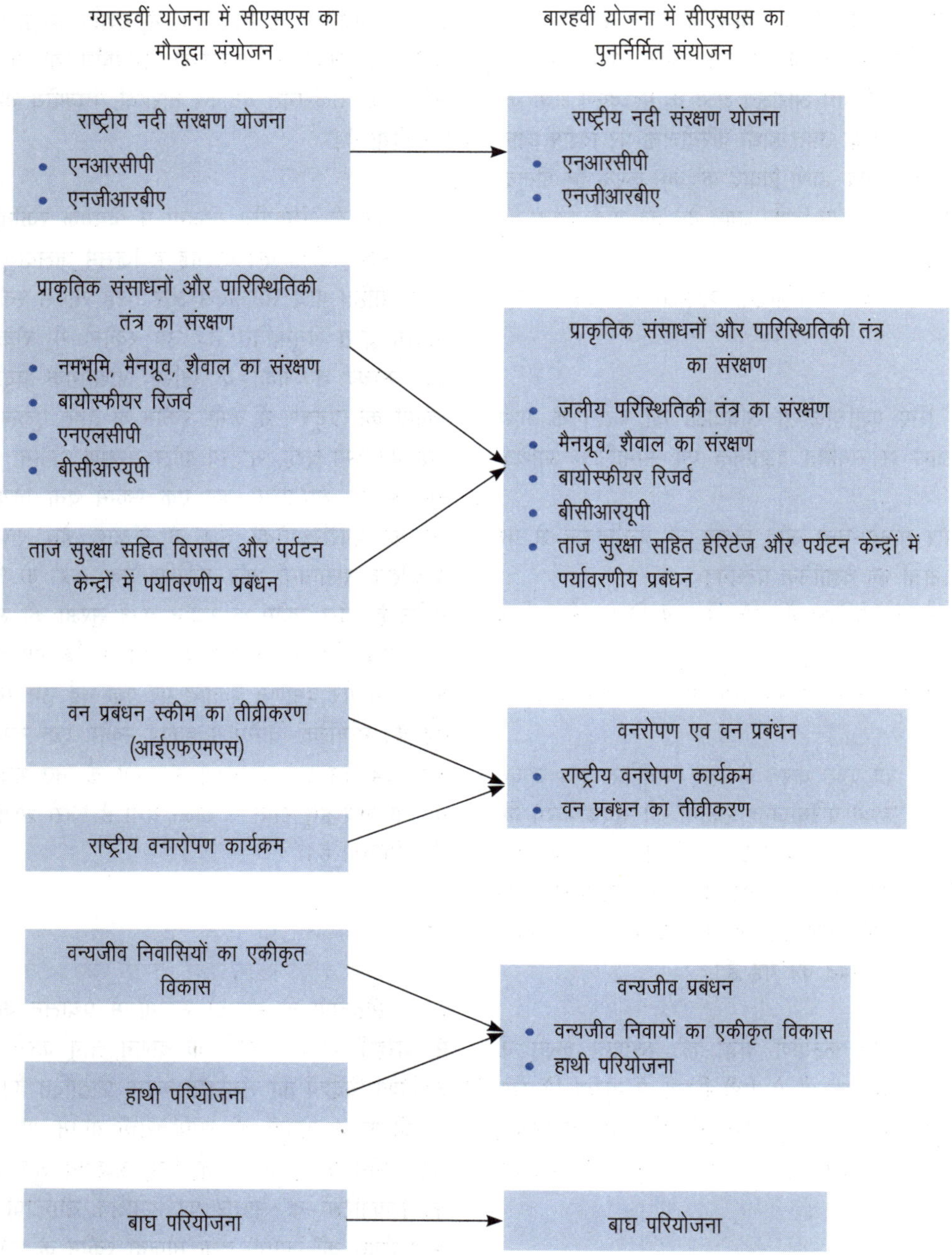

चित्र 7.4: ग्यारहवीं से बारहवीं पंचवर्षीय स्कीम को युक्तिसंगत बनाना

(एनएलसीपी) के अधीन ग्यारहवीं योजना के वर्तमान कार्य को पूरा करने के लिए संगठित प्रयास किए जाएंगे। सीवेज परिशोधन क्षमता को बढ़ाने के लिए जेएनएनयूआरएम/यूआईडीएसएसएमटी और/या राष्ट्रीय नदी संरक्षण योजना के अन्तर्गत अतिरिक्त निधि की आवश्यकता को उपलब्ध कराना होगा। सीवेज उपचार संयंत्रों (एसटीपी) की पूँजी एवं प्रचालन और अनुरक्षण (ओ एण्ड एम) दोनों की अपेक्षाओं को पूरा करने के लिए यूएलबी की तकनीकी तथा वित्तीय क्षमता को भी उचित रूप से बढ़ाना होगा। सीवेज की अवसंरचना तथा इसके रखरखाव के वित्तीयन हेतु राज्यों को भी आवश्यक संसाधनों को आबंटित तथा संचारित करना होगा।

जलीय पारिस्थितिकीय तंत्र (एनपीसीए) के संरक्षण हेतु राष्ट्रीय योजना

7.62. व्यय वित्त समिति द्वारा सिफारिश की गई राष्ट्रीय नमभूमि संरक्षण कार्यक्रम (एनडब्ल्यूसीपी) और एनएलसीपी स्कीमों को मिलाकर बनाई गई एक एकीकृत एनपीसीए स्कीम बारहवीं योजना अवधि से प्रस्तावित है। इस विलय की सिफारिश जलीय पारिस्थितिकी तंत्रों को संरक्षित करने के उद्देश्य से की गई है नामतः संपोषित संरक्षण योजना के कार्यान्वयन के जरिए झील और नमभूमि। मिलायी गई स्कीम को लक्ष्योन्मुख कार्यान्वयन सहित मिशन पद्धति में पर्यावरण एवं वन मंत्रालय में राष्ट्रीय नदी संरक्षण निदेशालय द्वारा कार्यान्वित किया जाना प्रस्तावित है।

7.63. गंगा नदी जिसे राष्ट्रीय नदी के रूप में घोषित किया गया है, देश के बृहद भाग में आर्थिक गतिविधियों को सहायता देती है। एनजीआरबीए ने नदी घाटी परिशोधन कार्यनीति प्रस्तावित किया है जिसमें नदी और इसके सहायक नदियों का संवर्धन तथा पारिस्थितिकीय प्रवाह का सम्पोषण शामिल है। इसमें लोकभागीदारी और सार्वजनिक निजी साझेदारी के साथ शून्य निष्पादन और प्रदूषण के स्रोत के नियंत्रण पर की गई पहलें शामिल हैं।

7.64. नदी घाटियों में, सीवेज का रिसाइकल और पुनः प्रयोग संभव नहीं है जब सीवेज परिशोधन संयंत्र (एसटीपी) केन्द्रीयकृत प्रणाली है जिससे सीवेज को अन्तवर्ती पंपिंग स्टेशनों और बाहरी सीवर्स के जरिए लम्बी दूरियों पर भेजा जाता है। एक गैर केन्द्रीयकृत सीवेज प्रणाली परिशोधित सीवेज को कुशलतापूर्वक प्रयोग करने का अवसर प्रदान करती है और इसलिए इसकी सिफारिश की जाती है।

राष्ट्रीय पर्यावरण निगरानी कार्यक्रम

7.65. स्थिति की निगरानी और सामाजिक तौर पर संगत जैव भौतिकी मानदण्डों में परिवर्तन तथा इनके प्रभाव पर ध्यान केंद्रित करने के लिए एक एकीकृत राष्ट्रीय पर्यावरण निगरानी कार्यक्रम की स्थापना करने की आवश्यकता है। इससे पर्यावरण मानदण्डों पर वास्तविक आँकड़े एकत्र करने में सहायता मिलेगी जिससे निगरानी और मूल्यांकन हेतु सूचना को व्यापक रूप से प्राप्त किया जा सकता है।

राष्ट्रीय वानिकी सूचना प्रणाली

7.66. वन अधिकार अधिनियम के अन्तर्गत मालिकाना और अधिकारों के मामले में विशेष ध्यान देने के साथ वन विकास, पैदावार, व्यापार और उपयोग परिदृश्य में परिवर्तन को मापने के लिए राष्ट्रीय वानिकी सूचना प्रणाली से राज्य के साथ जुड़ने में सहायता मिलेगी।

आक्रामक प्रजाति प्रबंधन

7.67. विशेष आक्रामक प्रजातियों के लिए एक राष्ट्रीय कार्यक्रम शुरू करने की आवश्यकता है। इसके उद्देश्यों में से एक आक्रामक प्रजातियों के राष्ट्रीय सूची को समेकित करना है। जीआईएस तथा सुदूर सेंसिंग तकनीक का प्रयोग करके आक्रामक प्रजातियों की पहचान हेतु एक मानक नयाचार को विकसित करने की आवश्यकता है। आक्रामक प्रजातियों की पहचान को केवल वन में आक्रमण तक सीमित नहीं होना चाहिए– इसमें जलचर तथा समुद्री पारिस्थितकी तंत्र, घास के मैदान, नम भूमि आदि में आक्रमण को शामिल करना चाहिए। आक्रमण की शुरूआत तथा इसके विस्तार की जानकारी हेतु एक राष्ट्रीय आक्रामक प्रजाति निगरानी प्रणाली की आवश्यकता है। ऐसी प्रणाली राज्य वन विभाग से जुड़ी होनी चाहिए तथा फील्ड स्टाफ को आक्रामक प्रजात्यिों के बारे में सूचना एकत्र करने के लिए प्रशिक्षण दिया जाना चाहिए।

तटीय और समुद्री सरक्षण

7.68. भारत में तटीय तथा समुद्री संरक्षण को सीआरजेड दिशा निर्देशों के अन्तर्गत बढ़ाना और प्रबंधित करना अपेक्षित है। इन निवासियों के प्रभावी प्रबंधन को पारंपरिक ज्ञान प्रणाली के साथ विज्ञान के एकीकरण और संसाधन के प्रयोग, स्तर, इतिहास और वर्तमान परिवर्तनों की निगरानी में समुदायों/समुदाय आधारित संगठनों के समावेश की ज्यादा सुविधा प्रदान करना है। समुदायों/संसाधन प्रबंधकों को संरक्षण में प्रभावी भूमिका अदा करने के लिए अधिकार दिया गया है। निम्नलिखित गतिविधियों पर सूचना के लिए संगठित प्रयास की आवश्यकता है

- पारिस्थितिकी तंत्र की दीर्घावधि निगरानी शुरू करके मानव और जलवायु प्रेरित परिवर्तन को पारिस्थितिकी तंत्र/प्रजाति के प्रतिक्रिया के सार्वभौमिक प्रवृत्ति पर महत्वपूर्ण सूचना की उत्पत्ति तथा मूल्यवान आधारभूत सूचना विकसित करना जो सूचित प्रबंधन निर्णयों को लेने में महत्वपूर्ण होगी।
- महत्वपूर्ण पारिस्थितिकी तंत्र प्रक्रियाओं को समझना, जलवायु और मानव निर्मित अव्यवस्था से पारिस्थितिकी तंत्रों के अंतर्निहित लचीलेपन को पहचानना तथा उसे संभालना।
- तटीय और समुद्री पारिस्थितिकी तंत्र के कार्यकलाप पर संसाधन उपयोग (विशेष रूप से मत्स्य उत्पाद) के प्रभाव का आकलन करना तथा विभिन्न प्रबंधन कार्यों की क्षमता का आकलन करना।
- तटीय जैवविविधता की सतत निगरानी और समुद्री जैव संसाधनों के संपोषित प्रयोग का डिजिटाइजेशन जिसके लिए तटीय और

समुद्री जैव विविधता संसाधनों के मूल्यांकन के लिए संबंधित मंत्रालय के जरिए राष्ट्रीय समन्वित परियोजना के कार्यान्वयन हेतु संस्थानों की पहचान करने की जरूरत है ताकि इसके दीर्घकालिक प्रयोग की योजना बन सके।

- ग्यारहवीं योजना के उपलब्धियों को मैनग्रूव वनारोपण की सफलता पर निर्धारित करना और संरक्षण तथा शैवाल और इसके जैवविविधता दोनों को बढ़ाने हेतु राज्यों द्वारा उठाए गए कदमों सहित अनुभव की गई कठिनाइयां तथा बारहवीं योजना के दौरान इसके लिए लक्ष्य निर्धारित करना।
- पूफा, विटामिन, आवश्यक एमिनो एसिड के व्यवसायीकरण के लिए समुद्री जैव–संसाधनों की संभावना को लोकप्रिय तथा व्यवसायिक बनाने की आवश्यकता है। समुद्री जैव–संसाधनों से औषधि विकास को समुद्री साँप जैसे संभावित समुद्री आर्गेनिज्म के अध्ययन द्वारा तेज करने की जरूरत है। समुद्री जीव उत्पादन, क्लाउन और डेमसेल जैसी समुद्री सजावटी मत्स्य उत्पादन, आर्गेनिक उर्वरक के लिए शैवाल और समुद्री खरपतवार तथा जैव ईंधन आदि हेतु ग्रोथ प्रमोटर्स, सूक्ष्म–शैवाल के प्रोत्साहन, अतिरिक्त तथा वैकल्पिक जीविका का विकल्प प्रदान करने की महत्वपूर्ण सम्भावना है।

पारिस्थितिकी तंत्र सेवाओं और जैव विविधता का मूल्यांकन

7.69. सफल और कुशल पारिस्थितिकी तंत्र का मूल्यांकन वित्त आयोग, योजना आयोग, पर्यावरणीय अर्थशास्त्र में उत्कृष्ट केन्द्र तथा पर्यावरण एवं वन मंत्रालय द्वारा अधिमानतः उचित संस्थागत प्रणाली के विकास पर निर्भर करता है। इस संस्थागत प्रणाली को क्षतिपूर्ति के प्रभावी कार्यान्वयन और हरित बोनस स्कीम को अनुमत करना चाहिए जिसका प्रयोजन भुगतान का निर्धारण, निगरानी, लेनदेन तथा बाँटना है। हरित बोनस के मद्दे किसी राज्य या संगठन को किया गया भुगतान पणधारकों के बीच बात–चीत पर निर्भर करेगा। पारिस्थितिकी तंत्र और जैवविविधता के रखरखाव की धारणीयता सुनिश्चित करने के लिए पारिस्थितिकी तंत्र, जैवविविधता और दीर्घकालिक विकास पर अनुसंधान हेतु संस्थागत प्रणाली महत्वपूर्ण है और इसलिए इसे प्राप्त करने के लिए एक संस्था का होना आवश्यक है।

पर्यावरणीय निष्पादन निर्देशिका (ईपीआई)

7.70. योजना आयोग बजटीय आबंटन के जरिए पर्यावरणीय निष्पादन हेतु राज्यों को प्रोत्साहित करने के लिए एक पर्यावरणीय निष्पादन निर्देशिका (ईपीआई) विकसित करने जा रहा है। पीसी–ईपीआई राज्यों और केन्द्र शासित क्षेत्रों द्वारा किए गए प्रयासों के लिए एक सकारात्मक प्रोत्साहन हो सकता है जो प्रदूषण की रोकथाम, संरक्षण, प्राकृतिक संसाधनों के दीर्घकालिक प्रबंधन तथा जलवायु परिवर्तन से निपटने के लिए है। प्रस्तावित ईपीआई मानदण्ड और इनके सूचक तालिका–7.2 में प्रस्तुत किए गए हैं।

पर्वत भूमि और सिल्वी चारागाह विकास स्कीम

7.71. पर्वत भूमि और सिल्वी चारागाह विकास स्कीम हेतु एक नई स्कीम प्रस्तावित की गई है। यह स्कीम स्थानीय आबादी के पशुओं के लिए चारे की आवश्यकता का ध्यान रखेगी। स्कीम का मुख्य केन्द्र मौजूदा पर्वत भूमि का पुनर्वास और उत्पादन बढ़ाना है तथा वन क्षेत्र के चारों तरफ सामान्य/राजस्व भूमि में संभावित घास के मैदान, चारा बैंक और भण्डारण, मूल्य संवर्धन तकनीकों और सुविधाओं, चारा और चारागाह प्रबंधन पर मौजूदा संस्थान/उत्कृष्ट केन्द्र से संयोजन स्थापित करना, चारा अनुसंधान का आयोजन करना, पर्वत भूमि और सिल्वी–चारागाह मॉडलों का विकास करना, जर्म प्लाज्म बैंक और चारा नर्सरियां होंगी (कृषि भूमि उत्पादकता वृद्धि के बुंदेलखण्ड मॉडल के लिए बॉक्स 7.6 देखें)।

उपग्रह आधारित वन संसाधन मूल्यांकन

7.72. सुदूर सेंसिंग आधारित वन आवरण फॉरेस्ट सर्वे आफ इंडिया के निकट सहयोग में निगरानी करता है। नेशनल रिमोट सेंसिंग एजेंसी और इंडियन इंस्टीट्यूट ऑफ रिमोट सेंसिंग को प्रस्तावित किया गया है। ऊंचे विघटन सेटेलाइट प्रतिबिम्ब (एलआईएसएस 4, कार्टोसेट) के देश व्यापी मोजेक विकसित करने तथा हस्तक्षेप हेतु लिए गए क्षेत्र में पालीगॉन्स/ग्रिड्स के विस्तार के लिए यह पहल की गई है। जीआईएस क्षेत्र में यह केन्द्रीकृत आकाशीय आकड़ा आधार मध्यावधि संशोधन के लिए एक नीति तंत्र की तरह प्रयोग किया जा सकता है। निगरानी और मूल्यांकन प्रणाली में ऊँचे स्तर की परिशुद्धता प्राप्त करने के लिए परिवर्तन निगरानी के साथ वन आवरण,एनटीएफपी संसाधन, आवधिक आधार पर जैवविविधता की निगरानी के लिए एक समर्पित वन उपग्रह प्रस्तावित किया गया है। इस स्कीम के अधीन संशोधित वास्तविक वेब आधारित निगरानी की प्रणाली फॉरेस्ट सर्वे आफ इंडिया और राज्यों में रिमोट सेंसिंग/जीओमैटिक्स इकाइयों को मजबूत कर अन्य स्कीमों के लिए बढ़ाया जाएगा।

हरित भारत मिशन

7.73. भारत सरकार ने जलवायु परिवर्तन पर राष्ट्रीय कार्ययोजना के तहत 8 मिशनों में से एक हरित भारत के लिए राष्ट्रीय मिशन बनाकर एक नई पहल की शुरूआत की है। जलवायु परिवर्तन पर

तालिका 7.2

योजना आयोग-ईपीआई हेतु चयनित सूचकों के साथ श्रेणियां

क्रम सं. मानदण्ड	मानदण्ड	सूचक	परिवर्तो की सं.
1	वायु प्रदूषण	• नाइट्रोजन ऑक्साइड (एनओएक्स) • सल्फर ऑक्साइड (एसओएक्स) • एसपीएम/आरएसपीएम	3
2	वन	• राज्य जीए के प्रतिशत के रूप में टीएफसी और राष्ट्रीय औसत में योगदान • वनावरण में वृद्धि/कमी • बढ़ते स्टाक • वनारोपण स्टाक	4
3	जल–गुणवत्ता	• प्रतिशत अवशिष्ट जल (डीओएम) • सतह पर जल गुणवत्ता (घुली हुई ऑक्सीजन (डीओ), जैव रासायनिक ऑक्सीजन मांग (बीओडी), टीएफसी) • प्रतिशत भूमिगत जल निष्कर्षण	3
4	अवशिष्ट प्रबंधन	• नगर पालिका ठोस अपशिष्ट • जैव–चिकित्सीय अवशिष्ट • औद्योगिक अवशिष्ट–खतरनाक	3
5	जलवायु परिवर्तन	• मौसम परिवर्तन पर राज्य कार्य योजना (एसएपीसीसी) की तैयारी • मिनी हाइड्रो सहित आरई वृद्धि दर • एसजीडीपी की विद्युत तीव्रता	3
	कुल		16

बॉक्स 7.5

दीर्घकालिक जीविका के लिए डेढ़ दशक तक आँध्र प्रदेश के नेल्लोर जिले के आदिवासी परिवार 'येपुरू' वन का प्रबंधन करते रहे हैं।

नेल्लोर वन विभाग के रेपुर रेंज में येपुरू वन संरक्षण समिति (वन सुरक्षा समिति) 12 मार्च 1997 को बनाई गई थी। वन संरक्षण समिति (वीएसएस) 37 आदिवासी परिवारों के 64 आदिवासी सदस्यों द्वारा बनाई गई थी। नेल्लोर डिवीजन के येपुरा खण्ड (टुमाया बीट) में नेल्लपल्ली रिजर्व फारेस्ट के कम्पार्टमेंट सं. 300, 301 में वीएसएस को 310 हे. तक भूमि आबंटित की गई है। वीएसएस को आबंटित 310 हे. में 198 हे. तक में 2010–11 तक यूकेलिप्टस और गैर टिम्बर वन्य उत्पादों का बागान लगाया गया। 110 हे. तक यूकेलिप्टस क्लोनल बागान लगाया गया तथा शेष 83 हे. में एनटीएफपी प्रजातियां निरूपित की गईं।

वर्ष 2010–11 में 80 हे. यूकेलिप्टस क्लोनल बागानों की डिविजन के वानिकी कार्य योजना के आदेशानुसार अंतिम रूप से पैदावार की गई। वीएसएस द्वारा यूकेलिप्टस बागान के आन्तरायिक और अंतिम पैदावार से वर्ष 2010 तक ₹29,48,562 के निवल राजस्व की प्राप्ति की गई।

निवल राजस्व के 15 प्रतिशत अर्थात ₹14,74,281 को 37 परिवारों के बीच वीएसएस सदस्यों को ₹39,845 प्रति परिवार की दर से वितरित किया गया। शेष 50 प्रतिशत से "पुनर्निवेश निधि" का निर्माण किया गया। पुनर्निवेश निधि का प्रयोग वीएसएस सदस्यों द्वारा फसल के बाद के कार्यों तथा पुनः उत्पादन कार्यों पर भी किया गया। इस ₹14,74,281 में से ₹12,75,946 की रकम को 35 हे. यूकेलिप्टस बागान तथा फसल बाद के कार्यों पर खर्च किया गया, जबकि शेष रकम ₹1,98,335 की रकम को भविष्य में किए जाने वाले बगान के रखरखाव के काम के लिए उद्दिष्ट किया गया है।

'येपुरू' के अनुभव का अनोखापन समुदाय के उत्सुकता का प्रदर्शन है जो वन प्रबंधन से प्राप्त राजस्व को दीर्घकालिक वन प्रबंधन को जारी रखने के लिए पुनर्निवेश करना है। यह संयुक्त वन प्रबंधन के जरिए आदिवासी खेड़ा के आर्थिक समावेश हेतु "भावी प्राकृतिक संसाधन उपकरण" का एक उदाहरण है। देश में लगभग 60 प्रतिशत वन आवरण आदिवासी जिलों में पड़ता है जहाँ बारहवीं योजना में सम्मिलित विकास प्राप्त करने के लिए निश्चित भोगाधिकार अंश सहित भागीदारी वन रोपण मुख्य कारक है।

यह मिशन प्रधानमंत्री के परिषद द्वारा 2012–13 से आरम्भ कर 10 वर्षों के लिए ₹46,000 करोड़ की प्रस्तावित मूल्य पर अनुमोदित कर दिया गया है। हरित भारत मिशन को बहु पणधारक, बहु क्षेत्रीय तथा बहु विभागीय मिशन के रूप में कल्पना की गई है जिसके माध्यम से जलवायु परिवर्तन प्रक्रिया देश के प्राकृतिक संसाधनों तथा लोगों की संबद्ध जीविका के वितरण, किस्म और गुणवत्ता को प्रभावित तथा बदलाव करेगी। हरित भारत मिशन 'हरित' को जलवायु परिवर्तन अनुकूलन और अल्पीकरण के प्रसंग में रखता है तथा कृषि और खेती वानिकी तथा एनटीएफपी के जरिए यह ईंधन, चारा, लघु इमारती लकड़ी जैसी प्रबंध सेवाओं के साथ कार्बन पृथक्करण और भण्डारण (वन तथा अन्य पारिस्थितिकी तंत्र में), जलीय सेवाएं और जैव विविधता जैसे पारिस्थितिकी तंत्र सेवाओं को बढ़ाने के लिए बनाया गया है। बारहवीं पंचवर्षीय योजना के दौरान, वन और वृक्ष आवरण 2.5 एम हे. क्षेत्र (कृषि/सामाजिक/खेती वानिकी के जरिए गैर वन) तक बढ़ाने, अन्य 2.5 एम हे. क्षेत्र तक वन आवरण की गुणवत्ता को सुधारने, पारिस्थितिकी तंत्र सेवाओं को सुधारने और वन्य आधारित जीविका आमदनी तथा बढ़े हुए वार्षिक कार्बन डाइ ऑक्साइड पृथक्करण को बढ़ाने का प्रावधान भारत हरित मिशन के लिए रखा गया है (आंध्र प्रदेश के उदाहरण के लिए बॉक्स सं. 7.5 देखें)।

योजना परिव्यय

7.74. बारहवीं पंचवर्षीय योजना के लिए मौजूदा मूल्य पर ₹17,899 करोड़ की संभावित योजना लागत को पर्यावरण एवं वन मंत्रालय के लिए रखा गया है।

जलवायु परिवर्तन

7.75. जलवायु परिवर्तन का खतरा एक गंभीर वैश्विक चिंता है। वैज्ञानिकों में लगभग एकमत है कि जलवायु परिवर्तन असंदिग्ध है। 18वीं शताब्दी के मध्य में औद्योगीकरण की शुरूआत से मानव केंद्रित कार्यकलापों में बढ़ोत्तरी से पृथ्वी के वातावरण में ग्रीन हाउस गैसों (जैसे कार्बन डाइ ऑक्साइड, मेथेन, नाइट्रस ऑक्साइड आदि) का सृजन हुआ है। ग्रीन हाउस गैसों ने पृथ्वी द्वारा परिवर्तित इंफ्रारेड विकिरण को रोका है जिससे वैश्विक तापमान बढ़ता है, फलतः वर्षों की प्रकृति में बदलाव देखा जाता है, जलीय चक्र में बाधा पहुँचती है, हिमावरण और हिमनद पिघलने लगते हैं, समुद्र का स्तर बढ़ जाता है तथा परम घटनाओं जैसे भारी वर्षण अथवा चक्रवात की तीव्रता में तेजी आती है। ये घटनाएं जल संसाधनों के संपोषण, कृषि, वन और पारिस्थितिकी तंत्र पर गंभीर प्रभाव डालती है जिससे भूमंडल पर लाखों लोगों का जीवन प्रभावित होता है। जलवायु परिवर्तन विकास की गति को या तो प्राकृतिक पारिस्थितिकी तंत्र पर प्रतिकूल

बॉक्स 7.6
बुंदेलखण्ड मॉडल – वाटर हारवेस्टिंग के जरिए देश के वर्षा वाले क्षेत्रों में खेतों में पैदावार बढ़ाना।

मध्यप्रदेश के लिए बुंदेलखंड विशेष पैकेज के अन्तर्गत परियोजना क्षेत्र, पानी की बहुत कमी, चारा और अल्प कृषि पैदावार की वजह से बाधित था। अपर्याप्त वर्षों के साथ–साथ सिंचाई सुविधाओं की कमी ने कम उत्पाद और अनाज उत्पादन की अनिश्चितता पैदा कर दी है। 2009–10 और 2010–11 के दौरान 49,678 हे. वन भूमि में 150 चेक बाँध, 192 परिरेखा खाइयां, 177 परिस्रवण टैंक, 53 जलाशय बनाए गए थे और अन्य मिट्टी में नमी संरक्षण (एसएमसी) कार्य किए गए। आवाह क्षेत्र को उसके बाद से महुआ, बेर, स्टाइलोसेंटस, हमाटा, थिमिडा क्वाड्रीवालीविस, सेंच्रस, सिलियारिस, गुनेर और दीनानाथ घास के कृत्रिम खेती के द्वारा पुनर्जीवित किया गया है। पेड़ पौधों के बढ़ते आवरण ने वर्षों के पानी के परिस्रवण और अन्तरावरोधन के द्वारा भूमि जल का रीचार्ज सुगम कर दिया है।

क्षेत्र के अवलोकन पर आधारित उन्नति का अध्ययन यह दर्शाता है कि छतरपुर और टीकमगढ़ जिलों में परियोजना क्षेत्र में वर्षासिंचित मक्का से सोयाबीन फसल (उच्च प्रोटीन और पौष्टिक फसल) की तरफ लोगों का झुकाव शुरू हो गया है। उसी तरह, खुदे हुए परिरेखा खाई, गल्ली प्लग, मिट्टी चेक बाँध, बैंडिंग इत्यादि जैसे एसएमसी कार्य और उत्तर प्रदेश के बाँदा, चित्रकूट, झाँसी और महोबा जिलों में पौधा रोपण कार्य से गैर वन क्षेत्र विशेष रूप से कृषि भूमि के पास में भूमि के जल की रीचार्जिंग हो गई है।

ऊंचे क्षेत्रों में जल संचयन के परिणामस्वरूप, इलाके के अधिकतर वन क्षेत्रों और परिणामतः जल स्तर के बढ़ने से खरीफ और रबी फसल और उसके उत्पादन में वृद्धि हुई है। मध्य प्रदेश के बुंदेलखंड क्षेत्र के 6 जिलों में आवरण क्षेत्र 2007–08 में 23.39 लाख हे. से 2009–10 में 27.61 हे. की बढ़त दर्ज की गई। इसी तरह 2009–10 में उत्पादन 15.51 लाख टन से 26.7 लाख टन तथा पैदावार 743.65 किग्रा/हे. से 996.52 किग्रा/हे. हो गई है।

यह परियोजना राज्य के वन विभाग द्वारा कार्यान्वित की गयी थी और बुंदेलखंड विशेष पैकेज के तहत वित्तपोषित किया गया। इससे न केवल क्षेत्र के खाद्य सुरक्षा बल्कि किसानों के सामाजिक आर्थिक स्थिति में भी सुधार हुआ है। एमएससी कार्यकलाप के बुंदेलखंड मॉडल को अधिकतर वर्षाकृत क्षेत्रों में पलायन, लचीले कृषि तरीकों और जलवायु परिवर्तन अनुकूलन से लड़ने में एक कार्यनीति की तरह इस्तेमाल किया जा सकता है।

तालिका 7.3
पूर्व औद्योगिक स्तर के ऊपर वैश्विक औसत तापमान बढ़ोत्तरी के विभिन्न स्तर

श्रेणी	कार्बन ऑक्साइड सान्द्रण (पीपीएम)	कार्बन ऑक्साइड समान सान्द्रण (पीपीएम)	पूर्व औद्योगिक स्तर के ऊपर वैश्विक औसत तापमान बढ़ोत्तरी (डिग्री सें.)	उच्चतम कार्बन ऑक्साइड उत्सर्जन का वर्ष	2050 में वैश्विक उत्सर्जन में परिवर्तन (2000 के उत्सर्जन का प्रतिशत)
I	350–400	445–490	2.0–2.4	2000–2015	–85 to –50
II	400–440	490–535	2.4–2.8	2000–2020	–60 to –30
III	440–485	535–590	2.8–3.2	2010–2030	–30 to +5
IV	485–570	590–710	3.2–4.0	2020–2060	+10 to +60
V	570–660	710–855	4.0–4.9	2050–2080	+25 to +85
VI	660–790	855–1130	4.9–6.1	2060–2090	+90 to +140

प्रभाव डालकर या विशेष रूप से सामाजिक और आर्थिक रूप से संवेदनशील लोगों के अनुकूलन क्षमता के क्षरण के जरिए धीमा कर सकता है। जलवायु परिवर्तन पर अन्तः सरकारी पैनल द्वारा यथा अनुमानित तापमान परिवर्तन का अनुमान आगे तालिका 7.3 में दिया गया है।

7.76. भारत जलवायु परिवर्तन के प्रति अति–संवेदनशील है। अभिलेखित अवलोकनों के अनुसार, भारत में पिछली शताब्दी (1901–2000) में औसत सतही वायु तापक्रम में 0.4 डिग्री सेंटीग्रेड की बढ़ोतरी दर्ज की गई है। औसत तापक्रम और अवक्षेप में परिवर्तन से फसलों के प्रतिरूप में बदलाव होगा। यह अनुमान लगाया गया है कि तापक्रम में 2.0 से 3.5 डिग्री सेंटीग्रेड का बदलाव और अवक्षेप में संबद्ध बढ़ोतरी कृषि जीडीपी को 9 से 28 प्रतिशत तक कम कर सकता है। आने वाले समय में अधिकतर फसलों की उपज में गिरावट आएगी। अल्प काल में प्रभाव कमतर हो सकता है परंतु गर्मी के प्रभाव से पशुओं की उत्पादकता प्रभावित होगी और दुग्ध उत्पादन भी मौजूदा स्तरों से कम हो सकता है। कृषि प्रौद्योगिकी जल–संरक्षण पद्धतियों को अपनाने से विपरीत प्रभाव को आंशिक रूप से कम करके, फसल प्रारूप और पद्धति को बदलते हुए और नई किस्में को विकसित करते हुए जोकि मौसम के प्रारूपों में लघु अवधि की परिवर्तनीयता को रोक सके, इन परिवर्तनों के प्रति अनुकूल बना सकती है।

7.77. जलवायु परिवर्तन जल–संतुलन को भी, विशेष रूप से बहते तथा संरक्षित जल की मात्रा को प्रभावित करता है, जोकि पारिस्थितकी में उपलब्ध कुल जल संसाधनों को निर्धारित करता है। यह वानस्पतिक आवरण को बदल देगा, चारे, ईंधन की लकड़ी और लघु वन्य उत्पाद की उपलब्धता को प्रभावित करेगा। जलवायु परिवर्तन से समुद्र का स्तर भी बढ़ सकता है जोकि कुछ इलाकों में तटीय भूमि को डुबो सकता है, जिससे कि तटीय शहरों और निवास–स्थलों को खतरा पैदा हो सकता है। भूमि और संपत्ति के नुकसान के अलावा, लाखों लोग विस्थापित हो सकते हैं। समुद्र और नदी के जल तापमान में बढ़ोतरी मत्स्य प्रजनन, स्थानांतरण और फसल को प्रभावित कर सकती है। हमें इन चुनौतियों को समझने और पहले ही अग्रिम कदम उठाने की आवश्यकता है।

7.78. भारत विश्व में प्रति–व्यक्ति आधार पर न्यूनतम ग्रीन हाउस गैस उत्सर्जक देश हैं और रहा है। भारत का 2008 में प्रति व्यक्ति कार्बन डाइ ऑक्साइड का उत्सर्जन 1.18 टन था जोकि 4.38 टन की वैश्विक औसत (यूरोप का दसवाँ और अमेरिका का अठारहवाँ) का लगभग एक चौथाई था। चूँकि यह संचयी उत्सर्जन होते हैं जो जलवायु परिवर्तनीयता को प्रभावित करते हैं, यह विकसित देशों के ऐतिहासिक निःस्राव हैं जोकि जलवायु परिवर्तन में मुख्य सहायक रहे हैं। तथापि, भारत जलवायु परिवर्तनीयता और बदलाव दोनों के विपरीत प्रभावों के प्रति संवेदनशील है, की चुनौती और नुकसान को कम करने के लिए वैश्विक कार्रवाई की त्वरित आवश्यकता है।

7.79. एक उत्तरदायी राष्ट्रीय के रूप में, वैश्विक जलवायु चुनौती से निपटने में मदद करने के लिए भारत ने अपनी प्रतिबद्धता पहले ही जाहिर कर दी है। भारत जलवायु परिवर्तन पर संयुक्त राष्ट्रीय संघ की रूपरेखा अभिसमय के तहत साझी परंतु विशिष्ट जिम्मेवारी के साथ सिद्धांत के अनुसरण में घरेलू और अंतरराष्ट्रीय दोनों स्तरों पर कार्य करने के लिए दृढ़–निश्चय है। प्रधानमंत्री 8 जून, 2007 को पहले ही हेलीजेंड्म में जी+8 की बैठक में भारत के दृढ़–निश्चय को दर्शा चुके हैं कि कभी भी भारत का प्रति व्यक्ति उत्सर्जन स्तरों में विश्व (सिंह समेकन सिद्धांत) के विकसित देशों के प्रति व्यक्ति

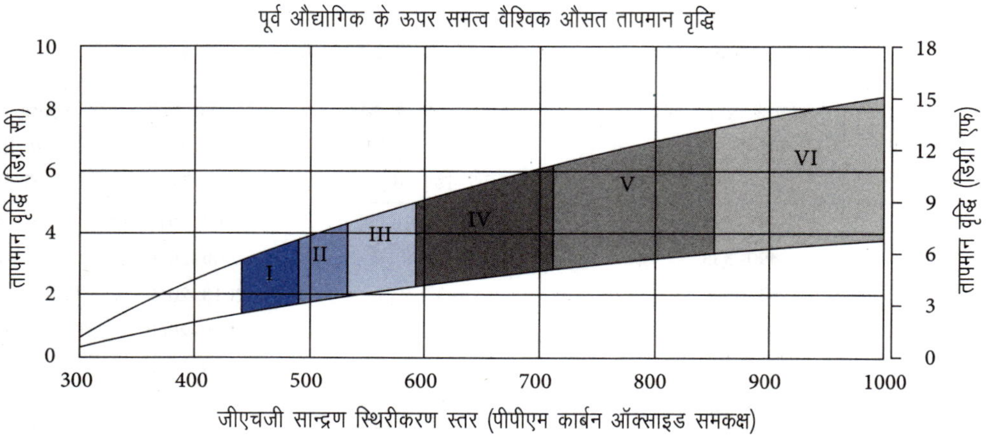

स्रोत: आईपीसीसी एआर4 (समूह 3: जलवायु परिवर्तन का अल्पीकरण)

चित्र 7.5: वैश्विक तापमान वृद्धि–जीएचजी सान्द्रण में वृद्धि का प्रभाव

उत्सर्जन स्तरों की सीमा का उल्लंघन नहीं करेगा। किसी भी देश के लिए पंजीकृत परियोजनाओं के लिए दूसरी उच्चतम संख्या के तहत स्वच्छ विकास प्रक्रिया (सीडीएम) में एक सक्रिय भागीदार है और इनमें भारत के प्रति व्यक्ति उत्सर्जन को प्रतिवर्ष लगभग 10 प्रतिशत तक कम करने की शक्ति है। इसके अतिरिक्त, दिसम्बर, 2009 में भारत ने यह घोषणा की कि उसका 2005 के स्तरों से 2020 तक अपनी जीडीपी की उत्सर्जन तीव्रता को 20–25 प्रतिशत कम करने का लक्ष्य है। भारत की स्वैच्छिक कार्रवाई आशाजनक रूप से अन्य राष्ट्रों को अपने उत्सर्जन कम करने और एक प्रभावकारी और उपयुक्त वैश्विक समझौते तक पहुँचने में मार्गदर्शन करेगी।

7.80. भारत ने जलवायु परिवर्तन पर एक राष्ट्रीय कार्य योजना (एनएपीसीसी) बनाई है जिसमें अल्पीकरण और अनुकूलन कार्ययोजनाओं का मिश्रण है। जलवायु परिवर्तन पर प्रधानमंत्री के तत्वावधान में बनाई गई योजना ने आठ मिशन और अन्य कई पहलें रेखांकित की हैं। इन मिशनों में से चार जलवायु परिवर्तन पर अनुकूलन के समाधान, जबकि तीन अल्पीकरण के समाधान से संबंधित हैं और एक ज्ञान से संबंधित है।

7.81. चूँकि वैश्विक तापन ग्रीन हाउस गैसों के कुल केन्द्रीकरण पर निर्भर करता है, जलवायु परिवर्तन के खतरे को न्यूनतम करने में सभी देशों के संगठित कार्य अपेक्षित हैं। तथापि, विश्व समुदाय चाहे जो भी कुछ करे, इस अवस्था में जलवायु परिवर्तन पर कुछ प्रभाव अपरिहार्य हैं। इसलिए भारत के लिए विविध क्षेत्रों की संवेदनशीलता को कम करना और अपनी अर्थव्यवस्था, समाज और पर्यावरण को जलवायु परिवर्तन के प्रति अनुकूल बनाना महत्वपूर्ण है हालांकि भारत अपने विकास के रास्त की धारणीयता को बढ़ाने के लिए मजबूत कदम उठा रहा है।

7.82. बारहवीं योजना में इस उद्देश्य को प्राप्त करने के लिए एक त्रि–विमीय दृष्टिकोण अपनाया गया है। प्रथम, यह योजना के विविध क्षेत्रों के माध्यम से एनएपीसीसी के उद्देश्यों को विस्तारित और स्पष्ट करती है। यह सुनिश्चित करती है कि जलवायु परिवर्तन के प्रति सभी क्षेत्रों की योजनाएँ अपनी संवेदनशीलता का आकलन करती हैं और लंबी अवधि के लिए विशिष्ट अनुकूलन उपायों की पहचान की गई है और उन्हें कार्यान्वित किया गया है। दूसरा, निम्न कार्बन सहित वृद्धि को प्राप्त करने के लिए और जीडीपी में उत्सर्जन तीव्रता में कमी लाने का घरेलू लक्ष्य प्राप्त करने के लिए राष्ट्रीय सहमति प्राप्त योजना बनाई जाएगी। योजना विविध क्षेत्रों में इस उद्देश्य को प्राप्त करने के लिए अपेक्षित नीतिगत उपायों के साथ–साथ ऐसी कमी के लिए संभावना का रेखांकित करेगी। अपेक्षित वित्तीय परिव्यय और संबद्ध सुपुर्दगी प्रणाली इस योजना का हिस्सा होंगे। अंत में, नियमित जलवायु परिवर्तन आकलन, ग्रीन हाउस गैस माप, प्रौद्योगिकी विश्लेषण के लिए क्षमता निर्माण, विविध स्तरों ऐसी जटिल प्रणालियों की निगरानी और प्रबंधन हेतु बारहवीं योजना में वैज्ञानिक और संस्थागत पहलें की गई हैं।

भारत की उत्सर्जन संरचना

7.83. विद्युत–उत्पादन (38 प्रतिशत), कृषि (18 प्रतिशत) और अन्य ऊर्जा उद्योगों (12 प्रतिशत) से प्राप्त बड़े हिस्सों के साथ, 2007 में,

भारत ग्रीन हाउस गैस उत्सर्जन स्रोत और सिंक द्वारा निष्कासन के द्वारा कार्बन डाइऑक्साइड समतुल्यकों (अथवा भूमि उपयोग, भूमि उपयोग परिवर्तन अथवा वानिकी के बगैर कार्बन डाइ ऑक्साइड समतुल्यकों के 1,904.73 मिलियन टन) का 1,727.7 मिलियन टन था। तथापि, 2007 में भारत का ईंधन उपयोग से कार्बन डाइ ऑक्साइड के उत्सर्जन विश्व के कुल के 5 प्रतिशत से कम था। (अंतरराष्ट्रीय ऊर्जा एजेंसी, 2009) हाल के वर्षों में भारत ने अपनी जीडीपी की ऊर्जा प्रबलता को कम करने के लिए ऊर्जा सघन उद्योगों के लिए उपायों जैसे ऊर्जा दक्षता मानक, उपस्करों और उपकरणों को लेबल लगाना, कोड बनाना और बाजार प्रणाली की शुरूआत करने जैसी महत्वपूर्ण पहलें उठाई हैं। तथापि, आने वाले समय में आर्थिक वृद्धि, बढ़ते शहरीकरण, प्रति व्यक्ति उपभोग में बढ़ोत्तरी और ऊर्जा पहुँच का फैलाव भारत की ऊर्जा माँग को पर्याप्त रूप से बढ़ा सकते हैं।

अतिसंवेदनशीलता का आकलन और अनुकूलन

कृषि

7.84. कृषि हमारी लगभग आधी आबादी के लिए आजीविका प्रदायक है। भारतीय कृषि अनुसंधान संस्थान में किए गए अध्ययन दर्शाते हैं कि वृद्धि अवधि के दौरान तापमान में प्रत्येक 10 सें. की बढ़ोतरी होने पर 4–5 मिलियन टन गेहूँ की हानि होने की आशंका होती है। अन्य फसलों के लिए हानि अनिश्चित है, परंतु खरीफ फसलों के लिए कम रहने का अनुमान है। कृषि क्षेत्र भारत से कुल ग्रीन हाउस गैसों के उत्सर्जनों के 18 प्रतिशत के लिए उत्तरदायी है। उत्सर्जन मुख्य रूप से धान से मिथेन, जुगाली करने वाले पशुओं से आंत्र किण्वन और खान और उर्वरकों के प्रयोग से नाइट्रस ऑक्साइड के कारण होता है। हालांकि भारत में कृषि से उत्सर्जनों का सापेक्षिक अनुपात भविष्य में अन्य क्षेत्रों में बृहत उत्सर्जन वृद्धि, के कारण विचारणीय कमी को दर्शा सकता है, कृषि करने वाले समुदायों के लिए एक मुख्य चिंता का विषय रहेगा।

7.85. कुछ नीतिगत और कार्यक्रम संबंधी हस्तक्षेप किसानों और पणधारकों के जलवायु परिवर्तन के प्रति और हानियों को कम करने के लिए अनुकूल बना सकते हैं। उदाहरणतया फसल पद्धति में परिवर्तन औसत तापमान और अवक्षेप में परिवर्तनों के प्रति सामंजस्य में मदद कर सकती है। जलवायु परिवर्तन के प्रति भारतीय कृषि को अनुकूल बनाने वाले मुख्य कार्यों में उन्नत भूमि–प्रबंधन प्रक्रियाएँ, संसाधन संरक्षण प्रौद्योगिकियों का विकास; फसल किस्मों का विकास है जोकि जलवायु दबाव को रोक सकता है, पूर्व चेतावनी के माध्यम से प्रभावकारी जोखिम प्रबंधन, किसानों को क्रेडिट – निवेश सहायता और डेयरी के पशुओं में गर्मी के दबाव का प्रबंध करने के लिए पोषण युक्त कार्यनीतियाँ/मिथेन उत्पत्ति को कम करने के लिए, खुराक में सुधार करते हुए जुगाली करने वाले पशुओं में उत्सर्जन और धान में पानी द्वारा उत्सर्जन और पोषक प्रबंधन के लिए लागत–अवसरों की पहचान के अनुसरण में पूरक कार्य अनुकूलन उपायों को दीर्घकालिक बनाने में मदद करेगा। नई नीतियों को नए भूमि प्रबंधों को बढ़ावा देने, जल–भंडारण में निवेश बढ़ाने, लघु–जोत मशीनीकरण और दक्ष जल उपयोग प्रौद्योगिकियों में सहायता करनी चाहिए। संसाधन संरक्षण (जल, कार्बन, ऊर्जा) और संतुलित उर्वरक उपयोग सहित उन्नत भूमि प्रबंध के लिए वित्तीय प्रोत्साहनों का एक पैकेज इन उपायों के त्वरित प्रयोग को बढ़ावा दे सकता है।

जल

7.86. ग्लेशियर और बर्फ के आवरणों पर दबाव के चलते और हिमालयी नदी तंत्र में गर्मी और पतझड़ के मौसम में आई कमी को देखते हुए, जल – संसाधनों पर जलवायु परिवर्तनों के संभावित प्रभाव का समग्र विश्लेषण आवश्यक हो जाता है। ऐसे आकलन में बेसिन/उप–बेसिन स्तर पर आर्द्रता–चक्र के संघटकों पर जलवायु परिवर्तन के संभावित प्रभावों का आकलन शामिल है।

7.87. 2008 में शुरू किया गया राष्ट्रीय जल मिशन 1. समग्र जल डाटाबेस का विकास और जल संसाधनों पर जलवायु परिवर्तन के प्रभाव का आकलन, 2. जल–संसाधन, संवर्धन और संरक्षण के लिए लोगों और राज्य के कार्यों में बढ़ोतरी, 3. अति दोहित–क्षेत्रों सहित संवेदनशील क्षेत्रों पर केंद्रित ध्यान, 4. जल–उपयोग दक्षता को 20 प्रतिशत तक बढ़ाना, और 5. बेसिन स्तर समेकित जल संसाधन प्रबंधन का संवर्धन पर लक्ष्य करते हुए इस आवश्यकता का आंशिक रूप से समाधान करता है।

7.88. बारहवीं योजना के दौरान, एक रूपरेखा बनाने पर हमारा प्रयत्न होना चाहिए जिससे कि मध्यवर्ती स्तर पर उच्चतर स्तर से आवाह–क्षेत्र पर नदी–बेसन के क्रम के साथ जल–विज्ञान ईकाइयों और निम्नस्तर पर जलाग्म के मानचित्रण में सहायता करता है। मौजूदा और भविष्य के परिदृश्य में विकास सहित ऐसे ढाँचे का निर्माण इस क्षेत्र में काम करने वाले शैक्षिक और अनुसंधान संगठनों के साथ विचार–विमर्श के द्वारा संबंधित विभाग (विभागों) द्वारा किए जा सकते हैं। अनुकूलन उपायों का समाधान निकालने के लिए स्रोतों से संबंधित विभिन्न उद्देश्यों के लिए जल उपयोग का आकलन एक मूलभूत आवश्यकता है। ऐसी प्रक्रिया जल के लिए अन्तर–क्षेत्रीय

प्रतिस्पर्धा के मामलों का समाधान करने के लिए भी आवश्यक है। बारहवीं योजना के दौरान राष्ट्रीय जल मिशन का भू और सतही जल संसाधनों का समेकित प्रबंधन सुनिश्चित करने के लिए पुनर्गठन किया जाएगा।

वन और अन्य प्राकृतिक पारिस्थिति तंत्र

7.89. जलवायु वन्य वनस्पति प्रारूपों के एक महत्वपूर्ण निर्धारकों में से एक है। तथापि, जलवायु परिवर्तन पारिस्थितकी में स्वयं को अनुकूल बनाने और पुनः स्थापित करने की दर से अधिक तेजी से होता है। भारत के लिए अभिकल्पित प्रभाव दर्शाते हैं कि विभिन्न राज्यों में 40 से 70 प्रतिशत तक जंगल के ग्रिड जलवायु परिवर्तन का शिकार हो सकते हैं जिससे कि जंगल पुनः विनाश की कगार पर पहुँच सकते हैं और उनकी जैव विविधता खतरे में पड़ सकती है।

7.90. वनों की संवेदनशीलता के चलते ग्यारहवीं योजना के दौरान शुरू किए गए हरित भारत के लिए राष्ट्रीय मिशन ने 1) दीर्घकालिक रूप से प्रबंध किए गए वन और अन्य पारिस्थितकी में कार्बन सिंक को बढ़ाना, 2) परिवर्तनीय जलवायु प्रारूपों का संवेदनशील प्रजातियों/पारिस्थितकी का अनुकूलन और 3) वन्य–आश्रित समुदायों के अनुकूलन को लक्ष्य करते हुए अनुकूलन और अल्पीकरण का युग्म परिलक्षित करता है। मिशन द्वारा अपनाए गए विशिष्ट लक्ष्य (क) मध्यम गहरे वनों (1.5 मी. हैक्टे), खुले अवक्रमित वन (3 मी. हैक्टे), अवक्रमित घास–भूमि (0.4 मी. हैक्टे) और नमभूमि (0.1 मी. हैक्टे) में वन आवरण/पारिस्थितिकी में गुणात्मक सुधार (ख) झाड़ी, स्थानांतरी कृषि के क्षेत्रों, ठंडे मरुस्थलों, मैनग्रूव्स, नालों और परित्यक्त खनन क्षेत्रों (2 मी. हैक्टे) का पारिस्थितिकी का जीर्णोद्धार/वनीकरण, (ग) शहरी/उप–शहरी भूमियों का वन और वन आवरण के तहत लाना (0.20 मी. हैक्टे) (घ) कृषि वन्य/सामाजिक वानिकी (3 मी. हैक्टे) के माध्यम से वन/गैर – वन भूमियों के वन और वृक्ष–आवरण को 10 मीटर हैक्टे बढ़ाना है।

7.91. सामान्य से संरक्षी कार्बन संचयन दरों का प्रयोग करते हुए मिशन कार्यक्रमों की बढ़ी हुई वार्षिक शमन क्षमता 2020 में 55 मीट्रिक कार्बन डाइ ऑक्साइड हो जाने का अनुमान है। हरित भारत मिशन को वनों की कटाई और वन अपक्षय (रेड+) से कमतर उत्सर्जनों का कार्यक्रम कार्यान्वित करने का ध्यान देना चाहिए जिससे कि वनों के प्रबंधन का दीर्घकालिक प्रबंधन सुनिश्चित हो सके।

7.92. वनीकरण कार्यक्रमों के लिए मौजूदा केन्द्रीय सहायता केवल 350 करोड़ प्रति वर्ष के आसपास है। जबकि बजटीय सहायता को बढ़ाए जाने की आवश्यकता है, इस अभियान की सफलता के मुख्य बिंदु मनरेगा, पूरक पुनः वनरोपण निधि प्रबंधन और योजना प्राधिकरण (कैम्पा) और राष्ट्रीय कार्य योजना (नैप) जैसे अन्य अग्रणी कार्यक्रमों के साथ समेकन; और प्रभावकारी विनियामक सुधार स्थापित करने पर होंगे जोकि स्थानीय समुदायों को स्थानीय वन्य संसाधनों तक पहुँच और लाभ लेने में मदद करेंगे। इस कार्य के लिए मनरेगा और जीआईएम का सुसंगत कार्यान्वयन और इस कार्य के लिए कैम्पा की निधियों को जारी करना न केवल संसाधनों की उपलब्धता को बढ़ाएगा, परंतु मजबूत अन्तर–क्षेत्रीय संबंधों को प्राप्त करेगा। पर्यावरण एवं वन मंत्रालय और ग्रामीण विकास मंत्रालय ने पहले एनआरईजीएस और एनएपी के बीच में समेकन के लिए दिशा–निर्देश बना लिए हैं। इन्हें राज्य स्तर पर बिना किसी देरी के प्रचालित किए जाने की आवश्यकता है।

तटीय क्षेत्र

7.93. भारतीय तट रेखा जलवायु से प्रभावित उत्कट घटनाओं जैसे चक्रवात, तूफानी लहरों, उच्च ज्वार ओर समुद्री तल में बढ़ोतरी की बढ़ती घटनाओं से आशंकित क्षेत्र है। तटीय रेखा के साथ लगती जनसंख्या का अधिकतर हिस्सा जलवायु पर आधारित गतिविधियों जैसे समुद्री मत्स्य–पालन और कृषि से आजीविका चलाता है। मैनग्रूव जैसा संवेदनशील पारिस्थितीकीय भी जलवायु परिवर्तन से खतरे में है। तटीय संवेदनशीलता की पहचान और तटीय जल भराव के परिणामों के आकलन को इसलिए बारहवीं पंचवर्षीय योजना में अति महत्ता दी जानी चाहिए।

7.94. किसी भी मौजूदा कार्यक्रम के तहत तटीय क्षेत्रों की सुरक्षा और प्रबंधन को विशिष्ट रूप से शामिल नहीं किया गया है। बारहवीं योजना के दौरान, इस अंतर को समेकित तटीय मण्डल प्रबंधन (आईसीजेडएम) की प्राथमिकता के अनुसार पूरा किया जाना अपेक्षित है। आइ सी जेड एम नीतियों को तटीय संवेदनशीलताओं के अधीन संरक्षण में सामंजस्य बनाने के लिए बनाया जाना चाहिए। निर्माण गतिविधियों से संबंधित तटीय मण्डल विनियमनों को समुद्री–स्तरों में दीर्घावधि बढ़ोतरी के संभावित परिप्रेक्ष्य को ध्यान में रखते हुए अभी हाल ही में संशोधित किया गया है। तट के नजदीक संरचनात्मक विकास को भी इन खतरों को ध्यान में रखे जाने की आवश्यकता है। जलवायु परिवर्तन प्रभाव आकलन को पर्यावरण पर मौजूदा संचयी प्रभाव आकलन के साथ समेकित करने की आवश्यकता है। सभी आवश्यक मानकों सहित तटीय प्रक्रियाओं की समग्र मॉडलिंग योजनागत न्यूनीकरण और अनुकूलन कार्यनीतियों के लिए आवश्यक है। इसे सक्षम बनाने के लिए भू–विभाग मंत्रालय और भारतीय

अंतरिक्ष अनुसंधान संगठन (इसरो) (रिमोट सैसिंग) की मौजूदा क्षमताएँ भी बारहवीं पंचवर्षीय योजना के दौरान मजबूत किए जाने की आवश्यकता है।

स्वास्थ्य

7.95. चिकित्सा और जलवायु विज्ञान दोनों से संबंधित व्यक्तियों में यह चिंता बलवती हो रही है कि वैश्विक जलवायु परिवर्तन मानव स्वास्थ्य पर प्रभाव डाल सकता है। जलवायु परिवर्तन सामान्य तापन के माध्यम से मृत्यु और अस्वस्थता दर को विपरीत तरीके से प्रभावित कर सकता है। बीमारियाँ जैसे कि मलेरिया, यैलो फीवर, डेंगू और हैजा आदि सभी जलवायु परिवर्तन के प्रति संवेदनशील हैं। बहुत–सी बीमारियाँ मच्छर जैसे कीटों से फैलती हैं जिन्हें एक आर्द्र और गर्म मौसम चाहिए। लू के मौसम में हृदय और श्वसन संबंधित बीमारियाँ समस्या को और बढ़ा देती हैं। भारत जैसे विकासशील देश में जनसंख्या वृद्धि, औद्योगिकीकरण, बढ़ती ऊर्जा खपत और दूषित होती वायु और जल की गुणवत्ता आदि जलवायु परिवर्तन के स्वास्थ्य प्रभावों को विपरीत रूप से बढ़ा सकती हैं।

7.96. भारतीय चिकित्सा अनुसंधान परिषद (आईसीएमआर) ने जलवायु परिवर्तन से होने वाले चार प्रकार को खतरों की पहचान की है जैसे कि (क) जलवायु परिवर्तन और रोगवाहक जीवाणुओं से जनित बीमारियाँ, (ख) एरोसोल और श्वसन संबंधी बीमारियाँ, (ग) यूवी–ए और यूवी–बी कोरोनल क्षति और मोतियाबिंद और (घ) पर्यावरण और हृदय संबंधी बीमारियाँ। इस आकलन के पश्चात्, आईसीएमआर ने कार्यदल समूह जैसे कि (क) रोगवाहक जीवाणु जनित बीमारियाँ और जलवायु परिवर्तन और (ख) श्वसन संबंधी बीमारियाँ और वायु प्रदूषक और (ग) नेत्र ज्योति स्वास्थ्य और पर्यावरण बनाए हैं।

7.97. बारहवीं योजनावधि के दौरान, जलवायु परिवर्तनीयता और अतिसार और कीटाणु संबंधी बीमारियों पर इसका प्रभाव, गर्मी लगना और कुछ प्रकार के कैंसर जैसे कि त्वचा का कैंसर आदि के क्षेत्र में अनुसंधान में अतिरिक्त प्राथमिकता दिए जाने की आवश्यकता है। भारतीय मौसम विभाग, केन्द्रीय प्रदूषण नियंत्रण बोर्ड और भारतीय अंतरिक्ष अनुसंधान संगठन की सहभागिता में अन्य बहु आयामी दीर्घावधि अध्ययन भी शुरू किए जाएँगे।

अवसंरचना

7.98. अवसरंचना विकास में एक महत्वपूर्ण भूमका निभाती है। इसलिए भविष्य के लिए योजनाबद्ध बड़े निवेशों को जलवायु परिवर्तन से उत्पन्न खतरों से सुरक्षित किया जाना चाहिए। इसमें ऊर्जा संसाधनों से संबंधित अवसंरचना शामिल है। अवसंरचना के लिए एक समेकित जलवायु परिवर्तन खतरा प्रबंधन ढाँचे में बाजार और नीति संबंधित प्रत्यावर्तनों और अनुकूलन कार्यनीतियों को शामिल किया जाना चाहिए। खतरों से निपटने की सफलता उन्हें पहचानने और उपयुक्त खतरा प्रबंधन और अनुकूलन पहलों की शुरूआत करने में निहित है।

7.99. विशिष्ट क्षेत्रों और अवस्थितियों के लिए कुछ पूर्व आकलन दर्शाते हैं कि नई अवसंरचनाओं के लिए अनुकूलन लागतें कुल निवेश की 3–10 प्रतिशत के मध्य हो सकती हैं यद्यपि कुछ क्षेत्रों और अवस्थितियों के लिए यह अधिक हो सकता है। इसमें हालांकि जलवायु परिवर्तन की वजह से भविष्य की संभावित हानियों की लागत शामिल नहीं है। मौजूदा परिसंपत्तियों के लिए, अनुकूलन लागतें ऐसी परिसंपतियों को बनाने की मौजूदा लागतों का लगभग 25 प्रतिशत हो सकती है।

7.100. बारहवीं योजना के दौरान, जलवायु परिवर्तन विशेष रूप से आपदा कार्यों और लागतों को स्थापित करने के कारण भारतीय अवसंरचना को खतरे के आकलन के लिए विस्तृत अंचलीय, क्षेत्रीय और समेकित अध्ययन किए जाने की आवश्यकता है। ऐसी सभी आगामी परियोजनाओं के लिए तटस्थ अन्य पार्टियों द्वारा आकलन किए जाने चाहिए। नई अवसंरचना परियोजनाओं के पर्यावरण संबंधी प्रभावों के आकलन को नजदीक, मध्यम और दीर्घावधि में जलवायु परिवर्तन पर प्रभावों को भी शामिल करना चाहिए।

उद्योग

7.101. उद्योग ने जलवायु परिवर्तन से उभरती हुई अंतरराष्ट्रीय चुनौतियों के अनुसार स्वयं को ढालने के लिए बहुत–सी स्वैच्छिक पहलें उठाई हैं। इसमें विनिर्माण और सेवा दोनों क्षेत्र शामिल हैं। कुछ कॉर्पोरेट इकाइयों ने दीर्घकालिक निष्पादन से संबंधित स्वैच्छिक सार्वजनिक प्रकटीकरण करने की प्रक्रिया को अपनाया है। ऐसे मामलों में, कॉर्पोरेट अथवा सिविल सोसायटी इकाइयों द्वारा जारी दिशा–निर्देशों का प्रयोग करते हुए, इकाइयाँ दीर्घकालिक रिपोर्ट तैयार करती हैं। इनमें से कुछ इकाइयों ने तो आईएसओ 14,064, डब्ल्यूआरआई–डब्ल्यूबीसीएसडी ग्रीन हाउस गैस प्रोटोकॉल अथवा आईपीसीसी दिशानिर्देशों आदि का प्रयोग करते हुए कार्बन फुट प्रिंटिंग के लिए स्वैच्छिक प्रक्रियाओं को अपना लिया है। तथापि, राष्ट्रीय नीति उद्देश्यों के लिए ऐसे निजी कार्यों की प्रासंगिकता पूर्ण रूप से दृष्टिगोचर नहीं होती है।

7.102. उद्योगों का एक अधिक ऊर्जा दक्ष और न्यून कार्बन ऊर्जा आधारित कार्य की तरफ झुकाव दीर्घकालिक विकास के लिए महत्वपूर्ण है। तथापि, इसे प्रौद्योगिकीय और वित्तीय संसाधनों की उपलबधता के द्वारा समर्पित किए जाने की आवश्यकता है। इस संबंध में महत्वपूर्ण मुद्दा उपयुक्त प्रौद्योगिकियों को अपनाने का है जोकि औद्योगिक इकायों की उनकी प्रतिस्पर्धात्मकता को प्रभावित किए बगैर ऊर्जा, ऊर्जा दक्षता को सुधारते हुए और प्राकृतिक संसाधनों को संरक्षित करते हुए मदद कर सकता है। इसका समावेशी विकास के लिए भली–भाँति विचार की गई न्यून कार्बन कार्यनीति के माध्यम से समाधान किए जाने की आवश्यकता है।

जलवायु परिवर्तन पर राष्ट्रीय कार्य योजना

7.103. सौर ऊर्जा, ऊर्जा दक्षता, निवास, कृषि, हिमालयी पारिस्थितकी, वानिकी और कार्यनीतिक जानकारी के क्षेत्रों को शामिल करते हुए ग्यारहवीं योजना में आठ राष्ट्रीय मिशन शुरू किए गए थे। मिशन के दस्तावेजों को जलवायु परिवर्तन पर प्रधानमंत्री की परिषद् द्वारा अंतिम रूप प्रदान कर दिया गया है और यह कार्यान्वयन के विविधि स्तरों पर है। यद्यपि नोडल मंत्रालय के क्रियान्वयन को सौंपने के लिए संभावित लागतों का पूर्ण रूप से आकलन किया जाना है, प्राथमिक अनुमान ₹2,30,000 करोड़ की राशि मिशन के उद्देश्यों को पूरा करने के लिए दर्शाते है। इस मात्रा की निधियाँ केवल बजटीय प्रावधानों से ही नहीं जुटाई जा सकती हैं।

7.104. सौर मिशन नई सौर प्रौद्योगिकियों, फोटोवोल्टिक और सौर तापीय दोनों के विकास के माध्यम से कोयला ऊर्जा और मिश्रित ऊर्जा के सौर ऊर्जा के बढ़ते हिस्से के लिए सौर बिजली को लागत प्रतिस्पर्धाएँ बनाने पर ध्यान केंद्रित करता है। मिशन 2022 में तेरहवीं पंचवर्षीय योजना के अंत तक 20,000 मेगावॉट की स्थापित क्षमता तक तीन चरणों में कार्यान्वयन की सिफारिश करता है। प्रथम चरण के दौरान कुल वित्तीय परिव्यय ₹4,337 करोड़ रहने का अनुमान है। दूसरे चरण के लिए आवश्यकता प्रथम चरण की समीक्षा के बाद की जाएगी।

7.105. **ऊर्जा दक्षता मिशन**, ऊर्जा दक्षता के लिए बाजार तैयार करने के लिए प्रयासों को बढ़ाने की चर्चा करता है। इसमें चार पहलें नामतः निष्पादन प्राप्त करना और व्यापार, ऊर्जा दक्षता के लिए बाजार रूपांतरण (एमटीईई), ऊर्जा, दक्षता वित्त–पोषण प्लेटफार्म (ईईएफपी) और ऊर्जा दक्षता आर्थिक विकास के लिए रूपरेखा (एफईईईडी) शामिल हैं। आगामी पाँच वर्षों में इस मिशन के कार्यान्वियन के परिणामस्वरूप, यह अनुमान लगाया गया है कि 2015 तक, कोयला, गैस और पैट्रोलियम उत्पादों में ईंधन–बचत के तेल–समतुल्यक का 23 मिलियन टन, 19,000 मेगावॉट से अधिक के अतिरिक्त क्षमता परिवर्धन के साथ प्रत्येक वर्ष प्राप्त कर लिया जाएगा। ग्यारहवीं योजना के दौरान मिशन को शुरू करने की प्रारंभिक लागत लगभग ₹425 करोड़ (निजी निवेशकों द्वारा किए गए निवेश को छोड़कर) थी, बारहवीं योजनावधि के दौरान मिशन को क्रियान्वित करने की लागत ₹3,400 करोड़ (निजी क्षेत्र के द्वारा किए गए निवेश को छोड़कर) रहने का अनुमान लगाया गया है। आगामी अवधियों के लिए लागत का अनुमान लगाया जाना शेष है।

7.106. **दीर्घकालिक निवास मिशन** भवनों में ऊर्जा दक्षता, ठोस अपशिष्ट का प्रबंधन और बायो–डीजल और हाइड्रोजन पर आधारित यातायात विकल्पों सहित सार्वजनिक यातायात की ओर रूपात्मक झुकाव को बढ़ाने की कोशिश करता है। मिशन के मुख्य संघटक हैं: 1) राष्ट्रीय दीर्घकालिक निवास मानकों (विधिक/विनियामक) उपायों का विकास 2) शहरी विकास और योजना में दीर्घकालिक निवास में सिद्धांतों का शामिल किया जाना 3) उपभोक्ता जागरूकता पैदा करने के लिए हरित निरूपण परियोजनाओं और आउटरीच कार्यक्रमों के लिए सहायता जैसे पूरक कार्य। मिशन दस्तावेज में कुल अनुमानित लागत ₹1,000 करोड़ है। ग्यारहवीं योजना के दौरान ₹50 करोड़ का व्यय किया जाना है और शेष ₹950 करोड़ बारहवीं पंचवर्षीय योजना के दौरान व्यय किया जाना है।

7.107. **दीर्घकालिक कृषि मिशन** जलवायु परिवर्तन प्रतिरोध फसलों की नई किस्में, नई साख और निवेश प्रणाली और वर्ष–सिंचित कृषि की उत्पादकता में सुधार के माध्यम से भारतीय कृषि को जलवायु परिवर्तन के प्रति अधिक लोचशील बनाने पर जोर देता है। मिशन का मुख्य फोकस खाद्य के दीर्घकालिक उत्पादन के लिए खाद्य सुरक्षा और भूमि को संरक्षा, जल, बायो विविधता और जेनेटिक संसाधनों के लिए सुनिश्चित करना है। बारहवीं पंचवर्षीय योजना के दौरान इस मिशन के लिए ₹12 से 15 हजार करोड़ का परिव्यय उपलब्ध हो सकता है।

7.108. **जल मिशन** राज्यों के बाहर और अंदर जल–संरक्षण, बर्बादी को न्यूनतम करना और अधिक न्यायसंगत वितरण पर ध्यान देता है। मिशन 1) ग्यारहवीं योजना के दौरान 1,120 संवेदनशील ब्लॉकों बारहवीं योजना (मार्च, 2017) के दौरान शेष ब्लॉकों की आवश्यकता को पूरा करने हेतु सघन वर्षजल संग्रहण और भू–जल का संग्रहण करना। 2) 2012 तक कम से कम 20 प्रतिशत तक जल उपयोग दक्षता बढ़ाना पर फोकस करता है। बारहवीं पंचवर्षीय योजना के लिए जल को दीर्घकालिक विकास के लिए मुख्य चुनौती के रूप में पहचाना

गया है। देश में जल संसाधनों के दीर्घकालिक प्रबंधन के लिए एक राष्ट्रीय कार्यक्रम शुरू किया जाएगा। चूंकि यह मुद्दा जलवायु परिवर्तन से बड़ा है, इसे बारहवीं पंचवर्षीय योजना के लिए शुरू किए जाने वाले बड़े मिशन में सम्मिलित किया जाना बेहतर होगा।

7.109. **दीर्घकालिक हिमालयी पारिस्थितकी पर मिशन** हिमालयी ग्लेशियर और पर्वत पारिस्थितिकी को बरकरार और सुरक्षित रखने के लिए प्रबंधन उपायों को शुरू करने पर जोर देता है। मिशन द्वारा समाधान किए जाने वाले चार मुख्य मुद्दे हैं 1) हिमालयी ग्लेशियर और संबंधित आर्द्रता संबंधी परिणाम 2) जैव–विविधता संरक्षण और सुरक्षा, 3) वन्य जीव संरक्षण और सुरक्षा, और 4) पारंपरिक ज्ञान आधारित समाज और उनकी आजीविका। अपनी गतिविधियों को क्रियान्वित करने के लिए बारहवीं पंचवर्षीय योजना के दौरान कुल ₹900 करोड़ का प्रावधान किए जाने की आवश्यकता है।

7.110. **हरित भारत मिशन** देश में वनों और वृक्ष आवरण और जंगलों की गुणवत्ता सुधारने के विस्तार की राष्ट्रीय नीति के अनुसरण में खराब वन्य भूमि पर वनीकरण के माध्यम से पारिस्थितकी तंत्र सेवाओं और कार्बन सिंक को बढ़ाने पर फोकस करता है। अगले दस वर्षों में 10 मिलियन हैक्टेयर वनों को शामिल करने के लिए इस मिशन के तहत कुल ₹46,000 करोड़ का व्यय अनुमानित है। बारहवीं पंचवर्षीय योजना के दौरान इस मिशन के लिए ₹12,500 करोड़ का कुल परिव्यय उपलब्ध रहने की संभावना है।

7.111. **कार्यनीतिक ज्ञान मिशन** अनुसंधान और प्रौद्योगिकी विकास के माध्यम से जलवायु परिवर्तन की चुनौतियों और प्रतिक्रियाओं की पहचान करने और जलवायु परिवर्तन के विविध पहलुओं में उच्च गुणवत्ता और फोकस युक्त अनुसंधान के लिए वित्तपोषण सुनिश्चित करने के लिए जोर देता है।

7.112. एक मिशन की सफलता के लिए इसके पास वियोज्य उद्देश्य, समर्पित क्रियान्वयन मशीनरी और पर्याप्त वित्तपोषण होना चाहिए। उद्देश्य जो कि अन्य अग्रगामी कार्यक्रमों की परिधि में आते हैं अथवा पूर्णतया अन्तः क्षेत्रीय हैं, कुछ नीति प्रधान क्षेत्रों की पहचान किया जाना बेहतर होगा, जोकि जलवायु परिवर्तन पर राष्ट्रीय कार्य योजना का हिस्सा होगा और प्रधानमंत्री की परिषद् द्वारा नियमित रूप से निगरानी के अधीन होगा।

7.113. प्रभावकारी परिणाम प्राप्त करने के लिए, ऊपर वर्णित मिशनों को अद्यतन प्राथमिकताओं के अनुसरण में पुनर्गठित किए जाने की आवश्यकता है। हमें जलवायु परिवर्तन पर राष्ट्रीय कार्य योजना के तहत पुनर्गठित मिशनों की छाँटी गई सूची और कुछ नीतिगत प्रधान क्षेत्रों की तरफ ध्यान देना होगा जोकि बारहवीं पंचवर्षीय योजना में अधिक फोकस युक्त और वास्तविक परिणाम प्राप्त करने में मददगार होंगे। एनएपीसीसी को पुनर्गठित करने के लिए कुछ सुझाव निम्नवत हैं:–

1. जल मिशन को नए राष्ट्रीय जल मिशन के साथ मिलाए जाने की आवश्यकता है जोकि बारहवीं पंचवर्षीय योजना के लिए बनाया जा रहा है। यह सुनिश्चित करेगा कि जल से संबंधित मामलों को एक समग्र रूप से सुना जाए क्योंकि जलवायु परिवर्तन भी अनुमोदन के लिए रखी जाने वाली नई जल नीति के तहत एक महत्वपूर्ण विषय है। तथापि, महत्वपूर्ण कार्यों जैसे जलाशय में छोड़े जाने वाले सभी सीवेज का परिशोधन, जिनका जलवायु परिवर्तन के प्रति हमारी अनुकूलन क्षमता पर प्रभाव पड़ता है की जलवायु परिवर्तन पर प्रधानमंत्री की परिषद् के तहत एक अलग नीतिप्रधान क्षेत्र के रूप में निगरानी की जानी चाहिए।
2. कार्यनीतिक ज्ञान मिशन के सतही रहने का अनुमान है और इस स्रोत के माध्यम से पर्याप्त वित्तपोषण नहीं जुटा पाएगा। पृथ्वी विज्ञान, अंतरिक्ष विज्ञान एवं प्रौद्योगिकी, कृषि, स्वास्थ्य, जैव तकनीकी और अन्य जैसे हमारे वैज्ञानिक विभागों के मुख्य कार्यक्रमों में जलवायु परिवर्तन के विविध पहलुओं पर हरित प्रौद्योगिकी और अनुसंधान के विकास पर जोर देना बेहतर होगा क्योंकि ये बारहवीं पंचवर्षीय योजना के दौरान पर्याप्त वित्तपोषण को आकर्षित कर सकते हैं। इसकी निगरानी जलवायु परिवर्तन पर प्रधानमंत्री की परिषद् के तहत एक नीतिप्रधान क्षेत्र के रूप में की जा सकती है।
3. दीर्घकालिक निवास मिशन के पास अब मुश्किल उद्देश्य हैं, उनमें से कुछ उपलब्ध सीमित वित्तपोषण के चलते सीमा से बाहर हैं। ठोस उपशिष्ट प्रबंधन एक क्षेत्र है जिसे एक अलग केन्द्रीय कार्यक्रम नानतः जवाहरलाल नेहरू शहरी नवीकरणीय मिशन के द्वारा वित्तपोषण मिलता है। यह विषय, अति महत्व का है। इसकी प्रधानमंत्री की परिषद् के द्वारा नीति प्रधान क्षेत्र के रूप में निगरानी की जानी चाहिए; जबकि एनएपीसीसी के तहत निवास मिशन को महत्वपूर्ण विषयों जैसे हरित भवन कोड, शहरी भवन योजना और विकास आदि का विकास अपनाया जाना और कार्यान्वयन पर फोकस किया जाना चाहिए।
4. पवन ऊर्जा के विकास के लिए हमारे प्रयास, सौर ऊर्जा की तरह अलग मिशन की आवश्यकताओं को पूरा करते हैं। इस क्षेत्र में तेजी लाने तथा बारहवीं योजना के लिए निर्धारित लक्ष्यों

को पूरा करने के लिए, एनएपीसीसी के तहत एक नए राष्ट्रीय पवन ऊर्जा मिशन आरंभ करने की आवश्यकता है। इस क्षेत्र में भारत ने पर्याप्त तकनीकी क्षमता का निर्माण कर लिया है, जिसका देश में पवन ऊर्जा क्षमता के अधिकतम उपयोग हेतु दोहन किए जाने की आवश्यकता है।

5. उद्योग में ऊर्जा दक्षता एक महत्वपूर्ण नीतिगत बल क्षेत्र है। पीएटी योजना सिर्फ कुछ बड़े उद्योगों (ऊर्जा संरक्षण अधिनियम के तहत जिन्हें 'नामित उपभोक्ता' कहा जाता है) के लिए उपयुक्त है। उद्योग में बड़े पैमाने पर दक्षता सुधारने की प्रौद्योगिकी लाने के लिए, ऊर्जा दक्षता ब्यूरो के तत्वावधान के तहत एक ऊर्जा संरक्षण निधि बनाने की आवश्यकता है। इसी प्रकार, विकसित कोयला प्रौद्योगिकी, समर्पित मालभाड़ा गलियारा और विकसित शहरी सार्वजनिक परिवहन ऐसे महत्वपूर्ण नीतिगत बल क्षेत्र हैं जोकि देश के दुर्लभ जैव ईंधनों को बचाने में महत्वपूर्ण हो सकते हैं और इसलिए उच्चतम स्तर पर इस पर ध्यान दिए जाने की आवश्यकता है।

7.114. तद्नुसार जलवायु परिवर्तन पर राष्ट्रीय कार्य योजना के लिए एक पुनर्गठित रूपरेखा नीचे दिए बॉक्स 7.7 में सुझाई गई है। *ये सुझाव जलवायु परिवर्तन पर प्रधानमंत्री की परिषद के समक्ष प्रस्तुत किए जाएँगे और एक औपचारिक निर्णय पर पहुँचने से पूर्व इन पर चर्चा होगी।*

बॉक्स 7.7

जलवायु परिवर्तन पर राष्ट्रीय कार्ययोजना पर सुझाया गया पुनर्गठन

(क) राष्ट्रीय मिशन

1. राष्ट्रीय सौर मिशन
2. राष्ट्रीय पवन ऊर्जा मिशन
3. ऊर्जा दक्षता मिशन
4. धारणीय निवास मिशन
5. धारणीय कृषि मिशन
6. धारणीय हिमालयी पारिस्थितिकी मिशन
7. हरित भारत हेतु राष्ट्रीय मिशन

(ख) नीतिगत बल क्षेत्र

1. विकसित कोयला प्रौद्योगिकी
2. प्रमुख उद्योगों में ऊर्जा दक्षता सुधार
3. कस्बों और शहरों में ठोस कचरा प्रबंधन व्यवस्था
4. जलाशयों में छोड़ने से पूर्व सभी प्रकार के सीवेज को उपचारित करना
5. उन्नत शहरी सार्वजनिक परिवहन
6. प्रमुख मार्गों पर समर्पित मालभाड़ा गलियारा
7. वैज्ञानिक विभागों के माध्यम से जलवायु संबंधी अनुसंधान2

जलवायु परिवर्तन पर राज्य कार्ययोजना

7.115. जलवायु परिवर्तन से स्थानीय स्तर पर निपटने की क्षमता के निर्माण करने तथा स्थानीय समुदायों, जोकि संवेदनशील हैं, को सुरक्षित करने में राज्यों की महत्वपूर्ण भागीदारी होती है। बारहवीं योजनावधि के दौरान, राज्य स्तर पर क्षमता के निर्माण तथा अनुकूलन और अल्पीकरण के क्षेत्र में राज्य की कार्ययोजना को प्रोत्साहित करने के लिए कुछ संसाधन प्रदान करने के प्रयास किए जाएँगे। जलवायु परिवर्तन पर राज्य कार्ययोजना तैयार करने की प्रक्रिया पर्यावरण और वन मंत्रालय ने पहले ही आरंभ कर दी है। विशेषज्ञों की सहायता तथा परामर्श की प्रक्रिया के माध्यम से जलवायु परिवर्तन पर राज्य कार्ययोजना को अन्तिम रूप दिया जाएगा। यह संवेदनशील क्षेत्रों तथा समुदायों की पहचान करेगा जिन्हें जलवायु परिवर्तन के दुष्प्रभावों से बचाने की आवश्यकता है। कुछ प्रभावी अनुकूलन कार्यनीतियाँ नीचे सूचीबद्ध हैं:–

1. कृषिः भूमि उपयोग प्रबंधन में परिवर्तन, संसाधन संरक्षण प्रौद्योगिकी का विकास, जलवायु के दबाव को सहन करने में सक्षम रहने वाली फसलों की किस्मों का विकास, पूर्वसूचना के माध्यम से प्रभावी जोखिम प्रबंधन, कृषकों को साख–बीमा सहायता तथा दुधारू पशुओं को बेहतर पौष्टिकता प्रबंधन।
2. जलः जलीय इकाइयों के मानचित्रण का ढाँचा अन्तर्क्षेत्रीय प्रतियोगिता को हल करने के लिए जल के उपयोग का मापन, जल उपयोग प्रबंधन में नीतिगत सुधारों को सहयोग तथा पारिस्थितिकी तंत्र के अन्तःसंबंध की समझ को सुधारना।
3. वनः जलवायु की संवेदनशीलता और परिवर्तन के दुष्प्रभाव को न्यूनतम करने के लिए वन संबंधी योजना तथा कार्यक्रमों का विकास, निर्वनीकरण तथा वन क्षरण से उत्सर्जन में कमी (आरईडीडी+) लाने से संबंधित कार्यक्रमों का क्रियान्वयन।
4. तटीय क्षेत्रः तटीय क्षेत्र में आए महत्वपूर्ण बदलावों का वैज्ञानिक मूल्यांकन, संवेदनशील क्षेत्रों में प्लावन का अनुमान, तटीय क्षेत्रों में आधारभूत ढाँचे तथा बड़ी संख्या में लोगों के विस्थापन के लिए योजना।
5. स्वास्थ्यः वायु जनित श्वास संबंधी, हृदय तथा कॉर्नियल रोगों से संबंधित अनुसंधान और विकास तथा चिकित्सीय प्रबंधन।

7.116. राज्य कार्ययोजना में एक कार्यनीति तथा संभव क्षेत्रीय कार्रवाइयों की सूची होगी जो उनके अनुकूलन व कमी लाने के

उद्देश्यों को प्राप्त करने में राज्यों की सहायता करें। अधिकतर राज्यों ने पहले ही केन्द्र सरकार द्वारा दी गई प्रणाली में कार्य करना आरंभ कर दिया है। वन और पर्यावरण मंत्रालय ने मसौदा कार्ययोजना की तकनीकी दृष्टि से जाँच के लिए एक विशेषज्ञ समिति का गठन किया है। राज्य सरकारों द्वारा प्रस्तुत परिव्ययों तथा कार्यनीतियों के साथ–साथ एसएपीसीसी को पृष्ठांकित करने के लिए एक राष्ट्रीय संचालन समिति बनाई गई है।

7.117. राज्य कार्य योजना के तहत क्षेत्रीय कार्रवाइयों के लिए आवश्यक अधिकतम संसाधन, राज्य सरकारों द्वारा उनके संबंधित योजना परिव्ययों द्वारा प्रदान किए जाने की आवश्यकता है। तथापि, कुछ संसाधन सकल बजटीय सहयोग के माध्यम से राज्य की योजनाओं को केन्द्रीय सहायता के तौर पर प्रदान किए जा सकते हैं। अंत में, बारहवीं योजना के दौरान 'जलवायु परिवर्तन संबंधी कार्ययोजना' पर एक व्यापक स्कीम आरंभ करने का प्रस्ताव है। राज्य सरकारों को दिए जाने वाले सहयोग एक पारदर्शी तथा तर्कसंगत मानदण्ड पर आधारित हो सकते हैं जिनकी पर्यावरण और वन मंत्रालय की संचालन समिति द्वारा निगरानी की जाए। इसके अतिरिक्त, राज्य सरकार एस के पी सी सी के तहत क्रियान्वयन कार्यक्रमों के लिए प्रावधान निर्धारित करती है। तेरहवें वित्त आयोग ने पर्यावरण कार्यक्रम हेतु राज्य सरकारों को अनुदान देने की सिफारिश की है, जिसमें एनएपीसीसी के तहत आने वाले कुछ कार्यक्रम भी शामिल हैं। इसके बाद भी, संसाधन आवश्यकता से कम पड़ सकते हैं तथा द्विपक्षीय और बहुपक्षीय माध्यमों से अंतरराष्ट्रीय सहायता की आवश्यकता होगी।

जलवायु परिवर्तन विज्ञान और आकलन

7.118. विभिन्न मंत्रालयों के मौजूदा संस्थानों ने वैज्ञानिक दृष्टिकोण से जलवायु के प्रतिरूप और व्यवहार का अध्ययन किया है। तथापि, हाल के वर्षों में जलवायु परिवर्तन का अध्ययन तथा आकलन करने वाले विज्ञान ने अधिक महत्व हासिल किया है। जलवायु परिवर्तन के 'विज्ञान', तथा सामाजिक – आर्थिक व्यवस्था पर इसके प्रभावों की समझ में महत्वपूर्ण वृद्धि हुई है, जोकि जलवायु परिवर्तन पर अन्तर–सरकारी पैनल द्वारा इसकी तीसरी आकलन रिपोर्ट में किए गए कार्यों से स्पष्ट है।

7.119. पर्यावरण और वन मंत्रालय पिछले दो दशकों में जलवायु परिवर्तन का मूल्यांकन करने तथा इसके परिणामों को प्रस्तुत करने में संलग्न है। इसने 2004 में प्रथम राष्ट्रीय संचार तैयार किया। 2007 के आंकड़ों के आधार पर दूसरा राष्ट्रीय संचार तैयार किया और 2012 में इसे अंतरराष्ट्रीय समुदाय को प्रस्तुत किया। जलवायु परिवर्तन के क्षेत्र में अनुसंधान को एक व्यवस्थित आधार प्रदान करने के लिए, मंत्रालय ने एक नेटवर्क आधारित वैज्ञानिक कार्यक्रम के तौर पर जलवायु परिवर्तन निर्धारण के लिए एक भारतीय नेटवर्क (आईएनसीसीए) स्थापित किया है। आईएनसीसीए को नए संस्थानों के निर्माण के साथ–साथ सरकार के साथ कार्य कर रहे मौजूदा ज्ञान संस्थानों को काम में लगाए रखने के एक तंत्र के रूप में देखा जा रहा है।

7.120. नीति निर्माण में वैज्ञानिक सहायता के महत्व को ध्यान में रखते हुए, हमें एक अधिक व्यवस्थित और विश्वसनीय संस्थागत व्यवस्था के निर्माण की आवश्कता है जो जलवायु परिवर्तन के 'विज्ञान' की समझ को निरंतर बढ़ाने में हमें सक्षम बना सके। इसे जलवायु व्यवस्था में होने वाले परिवर्तनों से पड़ने वाले प्रभावों का निरंतर मूल्यांकन करना चाहिए तथा मुख्य संवेदनशील मुद्दों के प्रभाव और प्रकृति का भी मूल्यांकन करना चाहिए। इसमें अंतरराष्ट्रीय दायित्वों के अनुसार जीएचजी विवरणी व्यवस्थित रूप से तैयार करना और उनका प्रकाशन, राष्ट्रीय संचार (नैटकॉम) तैयार करना शामिल होना चाहिए और जलवायु परिवर्तन संबंधी अध्ययनों को मुख्यधारा में लाना चाहिए। इसके अन्त में, विशेषकर जलवायु परिवर्तन के निम्नलिखित क्षेत्रों में वैज्ञानिक अनुसंधान, मूल्यांकन करने, योजना बनाने तथा प्रबंधन क्षमताओं को बढ़ावा देने के लिए नए अनुसंधान कार्यक्रम आरंभ करने का प्रस्ताव है।

1. **जलवायु परिवर्तन के मूल्यांकन का अध्ययन (सीसीएएस)** और मंत्रालय के आवश्यक व वैज्ञानिक कार्य को संस्थागत करने के उद्देश्य से एक विशिष्ट कार्यक्रम तत्काल बनाया गया है। इस कार्यक्रम के द्वारा एक व्यवस्थित तरीके से संग्रहित तकनीकी, आर्थिक तथा वैज्ञानिक आंकड़ों की मदद से जलवायु परिवर्तन के प्रभावों की प्रतिकृति (मॉडल) बनाने की क्षमता प्राप्त करने की आवश्यकता है इस कार्यक्रम को आरंभिक स्तर पर वन और पर्यावरण मंत्रालय के भीतर ही एक निदेशक तथा विभिन्न क्षेत्रों के कम से कन 10 वैज्ञानिकों और विशेषज्ञों और संबंधित सहयोगी कर्मचारियें के साथ शुरू किया जा सकता है। समय के साथ, जलवायु परिवर्तन पर अध्ययन और अनुसंधान हेतु स्वायत्त संस्थान के रूप में एक समर्पित केन्द्र की स्थापना की जानी चाहिए जो बजटीय उद्देश्यों के लिए वन और पर्यावरण मंत्रालय से संबद्ध हो। इस केन्द्र को राष्ट्रीय संचार के लिए योजना बनाने, विन्तार पूर्वक तुलना करने तथा समन्वय का कार्य करना चाहिए, जो मंत्रालय द्वारा पूरा किया जाने वाला एक नियमित तथा अनिवार्य अंतरराष्ट्रीय दायित्व है। बारहवीं योजना

में इस केन्द्र के लिए पांच वर्षों की अवधि में एक उपयुक्त संस्थागत व्यवस्था के जरिए कम से कम ₹25 करोड़ सहायता का प्रावधान करना चाहिए।

2. **जीएचजी विवरणी प्रबंधन व्यवस्था (जीएचजी-आईएमएस)** को संस्थागत बनाने की आवश्यकता है क्योंकि भारत को प्रत्येक दो वर्षों में अपनी ग्रीनहाउस गैसों (जीएचजी) की विवरणी प्रकाशित करनी होगी। इस कार्यक्रम को आरंभ में जलवायु परिवर्तन मूल्यांकन केन्द्र की तरह नियोजित किया जा सकता है जो कि आईएनसीसीए में स्थित हो तथा वन और पर्यावरण मंत्रालय से संचालित हो। इस कार्यक्रम को जीएचजी विवरणी के आकलन तथा नियमित प्रकाशन के लिए नेटवर्क एजेंसियों से समन्वय करना चाहिए। वन और पर्यावरण मंत्रालय में स्थित नोडल केन्द्र जीएचजी विवरणी के लिए आँकड़ों के एक सुरक्षा कोष के रूप में भी कार्य करेगा और नीति निर्माण में सहायता हेतु विश्लेषण करेगा। इस कार्य हेतु आरंभिक पांच वर्षों में प्रति वर्ष ₹20 करोड़ की बजटीय सहायता और इसके बाद इसे जारी रखने के लिए नियमित बजटीय सहायता की आवश्यकता होगी।

वित्त पोषण हेतु कार्यनीति

7.121. अनुकूलन और अल्पीकरण की लागत का मूल्यांकन एक कठिन कार्य है, वैसे यह स्पष्ट है कि यह लागत काफी अधिक होगी और इसके भविष्य में बढ़ने के आसार हैं क्योंकि हमें अल्पीकरण तथा अनुकूलन हेतु अपनी राष्ट्रीय नीतियों में निर्धारित लक्ष्यों को प्राप्त करने की पहल करनी होगी। हालाँकि कोई तैयार अनुमान उपलब्ध नहीं है किन्तु अनेक अध्ययन[1] बताते हैं कि उत्सर्जन के अनुकूलन और अल्पीकरण के लिए वृद्धिगत आर्थिक या निवेश लागत काफी बड़ी होगी और हमारी अर्थव्यवस्था के अन्य प्रमुख क्षेत्रों से संसाधनों को विमुख करेगी।

7.122. बारहवीं योजना में, जलवायु परिवर्तन से संबंधित कार्यों का वित्त पोषण एक प्रमुख चुनौती होगी। न्यून कार्बन कार्यनीति के लिए विशेष रूप से नवीकरणीय तथा स्वच्छ ऊर्जा प्रौद्योगिकी लगाने तथा प्रौद्योगिकी में उन्नयन के लिए पूँजीगत वित्त की आवश्यकता होगी। इनमें से कुछ उद्देश्य नियामक हस्तक्षेप और बाजार तंत्र के उपयोग से प्राप्त किए जा सकते हैं, इस मामले में आवश्यक बजटीय सहायता छोटी हो सकती है लेकिन अर्थव्यवस्था के लिए अप्रत्यक्ष और गैर निर्धारित लागत अधिक हो सकती है। अन्य मामलों में, नीतियों और उपायों को लागू करने के लिए पर्याप्त वित्तीय परिव्यय की आवश्यकता होगी जिनसे अलग-अलग क्षेत्रों में विशिष्ट अल्पीकरण परिणाम प्राप्त किए जा सकते हैं। वित्तीय कार्यनीतियों को समझने के लिए एक रूपरेखा बॉक्स 7.8 में रेखांकित की गयी है।

बॉक्स 7.8
वित्तीय कार्यनीतियों को समझने के लिए रूपरेखा

क. लागत चक्र में परिवर्तन (उत्पादक की ओर से कार्यनीतियाँ)
- पूँजीगत लागतः पूँजीगत सब्सिडी, ब्याज सब्सिडी, अवमूल्यन का नियम
- परिवर्तनीय लागतः उत्पादन आधारित प्रोत्साहन (प्रशुल्क में शामिल करना, पण्य करों से छूट/वापसी)

ख. पूर्ति चक्र में परिवर्तन (उपभोक्ता की ओर से कार्यनीतियाँ)
- खरीद आधारित प्रोत्साहन (खरीदार छूटें)
- खरीद कोटा (नवीकरणीय खरीद दायित्व)
- गारंटीकृत प्रापण (सार्वजनिक प्रापण नीति)

7.123. सर्वोत्तम कार्यनीति पर निर्णय लेने से पूर्व, ऐसे प्रश्नों के उत्तर देना आवश्यक है जैसे कि क्या प्रोत्साहन वास्तव में उपभोक्ता तक हस्तांतरित होगा, क्या उपभोक्ता तक हस्तांतरित आय बढ़ी हुई माँग में फलित होगी, जोखिम की हिस्सेदारी, सूचना में भिन्नता, नैतिक खतरे आदि पर क्या प्रभाव पड़ेगा। जहाँ बाजार मौजूद है, कीमत या मात्रा के माध्यम से संकेत दिया जा सकता है। जहाँ बाजार मौजूद नहीं है, और बाह्य कारक अत्यंत महत्वपूर्ण हैं; वहाँ बाजारों को खोलने और उनकी पहुँच बढ़ाने की आवश्यकता है। इस संदर्भ में, आर्थिक लागत को कम करने के संभव उपाय के तौर पर बाह्य कारकों तथा व्यापार के उपयुक्त कारक के रूप में नियामक उपायों की उपयुक्तता की जाँच की आवश्यकता होगी।

7.124. ऊर्जा आपूर्ति तथा अन्तिम उपयोग से संबंधित प्रौद्योगिकी तेजी से उभर रही है और इस बात को ध्यान में रखते हुए, नीतियों में समकालीन प्रौद्योगिकी की झलक होनी चाहिए। क्या कोई प्रौद्योगिकी व्यवहार्य है, और स्वीकार्य है, यह व्यापक रूप से निजी छूट दर, सामाजिक छूट दर और निवल अतिरिक्त लाभ के मुद्रीकरण पर निर्भर करता है। किस प्रौद्योगिकी के लिए कौन सा नीति हस्तक्षेप सर्वोत्तम होगा इसका एक उदाहरण नीचे तालिका – 7.4 में उदाहरणों सहित दिया गया है:

घरेलू संसाधन

7.125. जलवायु परिवर्तन की कार्ययोजना के लिए वित्त पोषण का सबसे स्वाभाविक स्रोत सरकारी बजटीय सहायता है। इसका ज्यादातर हिस्सा क्षेत्रीय वित्त के तौर पर आएगा क्योंकि अनुकूलन और

तालिका 7.4

विभिन्न प्रौद्योगिकियों के लिए नीति में सर्वोत्तम हस्तक्षेप

प्रौद्योगिकी उदाहरण	निजी छूट दरों के उपयोग की व्यवहार्यता	सामाजिक छूट दरों की व्यवहार्यता	सामाजिक छूट दरों + मुद्रीकृत अल्पीकरण लभ	नीतिगत दृष्टिकोण
ईसीबीसी, सीएफएल, सुपरक्रिटिकल कोल प्रौद्योगिकी	व्यवहार्य	व्यवहार्य	व्यवहार्य	अनिवार्य मानक + सूचना की जानकारी देना
अति – सक्षम उपकरण	अव्यवहार्य	व्यवहार्य	व्यवहार्य	विनिर्माता को प्रोत्साहन और/या उपभोक्ता को प्रोत्साहन
एलईडी और अल्ट्रा – सुपर क्रिटिकल कोल टेक	अव्यवहार्य	अव्यवहार्य	व्यवहार्य	घरेलू या अंतरराष्ट्रीय कार्बन वित्त (अनुदान/ऋण)
कार्बन ग्रहण और भण्डारण	अव्यवहार्य	अव्यवहार्य	अव्यवहार्य	100 प्रतिशत अनुदान आधार पर अग्रगामी परियोजना

अल्पीकरण के लिए कुछ संसाधनों का निर्माण संबंधित मंत्रालयों की चालू स्कीमों और कार्यक्रमों से होना है। हालाँकि कार्बन अल्पीकरण से कई बार अतिरिक्त लाभ होता है, लेकिन ऐसे उद्देश्यों के लिए संसाधनों को लगाना, मुख्यतः संबंधित मंत्रालयों के पास संसाधनों की कुल उपलब्धता से निर्धारित होता है। अति संवेदनशील ताप ऊर्जा संयंत्र, समर्पित मालभाड़ा गलियारा, शहरी सार्वजनिक परिवहन आदि के लिए बजटीय सहायता इसके कुछ महत्वपूर्ण उदाहरण हैं। इसकी पूर्ति आंतरिक और एनटीपीसी, रेल मंत्रालय, मेट्रो रेल कार्पोरेशन आदि जैसे सार्वजनिक उद्यमों के अतिरिक्त बजटीय संसाधनों से होती है। अतिरिक्त आबंटन तेरहवें वित्त आयोग की सिफारिशों पर केन्द्र सरकार से अनुदान के रूप में प्राप्त होते हैं। राज्य सरकारों को नामतः वनावरण, नवीकरणीय ऊर्जा तथा जल क्षेत्र में से प्रत्येक के लिए ₹5,000 करोड़ के तीन अनुदानों की सिफारिश की गई है।

7.126. यद्यपि ऊपर दिए गए बजटीय संसाधनों का प्रवाह समेकित निधि से होता है, भारत सरकार ने लोक लेखा के माध्यम से जलवायु परिवर्तन के लिए एक अलग मार्ग बनाया है। अतिरिक्त संसाधन जुटाने के लिए, 2009 के बजट में प्रति टन कोयले पर ₹0.50 की दर से उपकर लगाया गया था। यह उपकर चालू हो गया है और इसका राजस्व (प्रतिवर्ष लगभग ₹3,000 करोड़) नवनिर्मित राष्ट्रीय स्वच्छ ऊर्जा निधि (एनईसीएफ) को जाएगा, जिसका उपयोग स्वच्छ ऊर्जा प्रौद्योगिकी से संबंधित नवीन परियोजनाओं को वित्त प्रदान करने तथा जैव ईंधनों पर निर्भरता कम करने के लिए नवीकरणीय ऊर्जा स्रोतों के दोहन हेतु किया जाएगा। इस निधि से, ₹200 करोड़ का आबंटन पहले ही पर्यावरण उपचारात्मक कार्यक्रमों के लिए और दूसरे ₹200 करोड़ हरित भारत मिशन के लिए प्रस्तावित हैं।

7.127. निधियाँ सरकार के बाहर भी स्थापित की जा सकती हैं। यह विशेषकर निजी क्षेत्र के उद्योग के लिए महत्वपूर्ण है, और उनसे भी अधिक लघु और मध्यम उद्यमों हेतु जिनके लिए सरकारी लोक लेखा में राष्ट्रीय स्वच्छ ऊर्जा निधि तक पहुँचना कठिन है। यह और भी आसान तथा अधिक उपयोगी होगा कि ऊर्जा दक्षता ब्यूरो की भांति एक स्वायत्त निकाय द्वारा प्रबंधित एक 'कार्बन ट्रस्ट' या एक 'कार्बन न्यूनता निधि' बनाई जाए, जिसमें कि उद्योग क्षेत्र में दिए गए सुझाव के अनुसार एकत्रित किए गए "ऊर्जा दक्षता उपकर या लेवी" जमा किया जा सकें। एकत्र निधि, हालांकि कम है, पर सरकार के तहत राष्ट्रीय स्वच्छ ऊर्जा निधि से, तथा वित्त के कुछ अंतरराष्ट्रीय स्रोतों से अनुदान द्वारा इसकी पूर्ति की जा सकती है। इसके द्वारा निजी उद्योग की माँगों को पूरा करने के लिए एक लंबा रास्ता तय करना होगा।

7.128. स्वच्छ ऊर्जा प्रौद्योगिकी के विकास के सहयोग को महत्व को देखते हुए, निधि का एक अलग मार्ग खोला जा सकता है जो प्रारंभिक स्तर की प्रौद्योगिकी का विकास तथा/या सहयोगी विस्तार करने, वाणिज्यिक रूप से उपलब्ध लेकिन उच्च लागत जलवायु अनुकूल प्रौद्योगिकी को लगाने तथा अंगीकृत करने में सहयोग दे। ऐसे उपायों को सार्वजनिक – निजी भागीदारी के तौर पर अपनाया जा सकता है। हम अधिसूचित वाणिज्यिक बैंकों के माध्यम से एक 'प्राथमिकता' साख सुविधा का निर्माण भी कर सकते हैं जो कार्बन न्यूनता के प्रयासों को वित्त प्रदान करने में मदद करे, जबकि ब्याज सहायता को ऊपर सुझाए गए न्यास निधि के साथ समन्वित किया जा सकता है। संक्षेप में, बारहवीं योजना में जलवायु अनुकूल प्रौद्योगिकी के लिए एक स्पष्ट नियोजित कार्यनीति तथा उसका विस्तार करने, निर्माण करने और अंगीकृत करने हेतु तंत्र आरंभ किया जाना चाहिए।

अंतरराष्ट्रीय स्रोत

7.129. घरेलू अल्पीकरण प्रतिक्रिया की तीव्रता जलवायु परिवर्तन के बहुस्तरीय प्रतिक्रिया पर अत्यधिक निर्भर करती है। यूएनएफसीसीसी के अनुसार अल्पीकरण और अनुकूलन के लिए स्वैच्छिक कार्रवाई करने हेतु विकसित देशों को सक्षम बनाने के लिए अंतरराष्ट्रीय वित्त सहयोग प्रदान किया जाएगा। संसाधनों की कमी के बावजूद भारत जलवायु परिवर्तन की चुनौती से निपटने के लिए विशिष्ट बजटीय परिव्यय कर रहा है। तथापि, घरेलू संसाधन वास्तविक आवश्यकता को पूरा नहीं कर पा रहे हैं। न्यून कार्बन कार्यनीतियों पर विशेषज्ञ समूह ने अपनी अंतरिम रिपोर्ट में स्पष्ट रूप से कहा है कि वित्तीय संसाधन और प्रौद्योगिकी हस्तांतरण के तौर पर पर्याप्त अंतरराष्ट्रीय मदद के बिना तीव्र अल्पीकरण के लक्ष्य को प्राप्त नहीं किया जा सकता।

7.130. विकसित देशों को निधियाँ हस्तांतरित करने का एक प्रमुख मार्ग हरित जलवायु निधि हो सकती है जोकि अभी निर्माणाधीन है। इसके साथ ही, विश्व बैंक (जलवायु निवेश निधि) और अन्य बहुपक्षीय एजेंसियाँ, शर्तों के आधार पर जलवायु कार्ययोजना में प्रयोग करने के लिए अपनी निधियों का प्रस्ताव दे रही हैं। हरित जलवायु निधि तथा अन्य द्विपक्षीय और बहुपक्षीय मार्गों के माध्यम से होने वाले संभावित निधियों के प्रवाह से जलवायु की चुनौती से निपटने की भारत की क्षमता बढ़ेगी। यह सुनिश्चित करना आवश्यक है कि इन स्रोतों के माध्यम से होने वाली निधियों का प्रवाह सदैव 'नए और अतिरिक्त संसाधनों' का हो, तथा वित्त की शर्तें जलवायु परिवर्तन के बहुपक्षीय नियमों के अनुकूल हों। दुर्भाग्यवश, दलों के सम्मेलन के माध्यम से किए गए वादों तथा जलवायु परिवर्तन वित्त पर उच्च स्तरीय पैनल की सिफारिशों का क्रियान्वित होना अभी शेष है।

7.131. वित्त के घरेलू तथा अंतरराष्ट्रीय स्रोतों के मध्य अंतर करने का एक तरीका ऊपर उल्लिखित अतिरिक्त लाभ का ढाँचा है। वे नीतिगत उपाय जो पर्याप्त विकास सह–लाभ का सृजन करते हैं घरेलू स्रोतों से वित्तपोषित होने चाहिए, जबकि वे नीतियाँ जो प्रमुखतः जलवायु लाभ प्रदान करती हैं, अंतरराष्ट्रीय स्रोतों द्वारा वित्त पोषित होनी चाहिए। पर्याप्त सह–लाभ के उपायों के लिए भी अंतरराष्ट्रीय निधि की आवश्यकता हो सकती है, यदि आरंभिक निवेश अत्यधिक बड़ा हो। अतः विकास के साथ अतिरिक्त लाभ सहित जलवायु लाभ का सृजन करने वाली कार्रवाई को उनमें से एक होना चाहिए जिसे राष्ट्रीय विशिष्ट अल्पीकरण कार्रवाई (एनएएमए) के तौर पर श्रेणीकृत होना चाहिए।

कार्बन बाजार और स्वच्छ विकास तंत्र

7.132. स्वच्छ विकास तंत्र उत्सर्जन व्यापार का एक अंतरराष्ट्रीय तंत्र है जिसमें कि विकसित देशों को उत्सर्जन कटौती प्रमाणपत्र की बिक्री द्वारा विकासशील देश कुछ वित्तीय संसाधनों की मदद प्राप्त कर लेते है और इससे विकसित देश अपने उत्सर्जन कटौती लक्ष्यों को प्राप्त कर पाते हैं। ऐसे व्यापार का बाजार या तो अनुपालन पर आधारित होता है जैसा कि एक क्योटो प्रोटोकोल के तहत बनाया गया था या स्वैच्छिक प्रकृति का होता है। स्वच्छ विकास तंत्र में भारत एक सक्रिय भागीदार रहा है तथा पर्यावरण और वन मंत्रालय के राष्ट्रीय सीडीएम प्राधिकरण (एनसीडीएमए) को अब तक 2000 से अधिक परियोजनाओं का मेजबान देश होने का अनुमोदन प्राप्त हो चुका है। इन परियोजनाओं में वर्ष 2012 में लगभग 7.07 बिलियन अमरीकी डॉलर प्राप्त करने की क्षमता है, बशर्ते कि ये सभी पंजीकृत हो जाएँ। रोचक तथ्य यह है कि, भारत की अधिकतर परियोजनाएँ एकपक्षीय प्रकृति की हैं, जहाँ परियोजना की इकाई आरंभिक निवेश स्वयं करती है और उसका लक्ष्य प्रमाणित उत्सर्जन कटौती (सीईआर) इकाइयों को दूसरे बाजारों की अपेक्षा स्थानीय बाजारों में बेचने का होता है।

7.133. स्वैच्छिक परियोजना में वित्त पोषण हेतु वित्तीय संस्थानों/बैंकों की भागीदारी बढ़ाने के प्रयास किए जा रहे हैं तथा छोटी परियोजनाओं को भी एकत्रित किया जा रहा है जिससे सौदा लागत में कमी आए और परियोजना का औसत आकार बढ़ जाए। नई और अधिक दक्षता पूर्ण पद्धतियों का प्रयोग करने में उद्योगों की मदद करने के लिए क्षमता निर्माण के एक कार्यक्रम पर भी विचार किया जा रहा है जैसी कि प्रोग्रामेटिक सीडीएम परियोजनाएँ हैं। तथापि, विकासशील देशों में घरेलू अल्पीकरण कार्रवाइयों के लिए पर्याप्त वित्त के एक स्थाई स्रोत के रूप में कार्य करने में अंतरराष्ट्रीय कार्बन बाजारों की क्षमता सीमित है, क्योंकि क्योटा प्रोटोकॉल के तहत दूसरी प्रतिबद्धता अवधि में उत्सर्जन कटौती के मापक के संबंध में अनिश्चय की स्थिति है। इसके अतिरिक्त, यूरोपीय संघ जैसे कुछ प्रमुख बाजारों में, पात्रता, अतिरिक्त मानक, क्षेत्रीय अधिकतम सीमा आदि के संदर्भ में प्रमुख विकासशील देशों से सीईआर की बिक्री पर एकपक्षीय प्रतिबंध लगाए जा रहे हैं। संक्षेप में, वास्तविक प्रौद्योगिकी हस्तांतरण में सीडीएम का योगदान समिति है, और चूंकि बाजार की कीमतों में कमी तथा उतार–चढ़ाव आते रहते हैं इसलिए भविष्य में इस पर बड़ी अनिश्चय की स्थिति रहेगी।

7.134. कार्यनिष्पादन, प्राप्ति और व्यापार (पीएटी) के तहत नए घरेलू बाजार तंत्र का विकास हो रहा है, जिसे ऊर्जा संरक्षण अधिनियम, 2010 के प्रावधानों के तहत नामित उद्योगों के लिए ऊर्जा दक्षता

ब्यूरो द्वारा क्रियान्वित किया जा रहा है। वैश्विक पर्यावरण सुविधा की मदद से एक आंशिक जोखिम गारंटी निधि बना कर इस योजना को सहायता देने का प्रयास किया जा रहा है। तथापि, यह योजना उन लघु और मध्यम उद्योगों के लिए उपयुक्त नहीं है जिन्हें नए प्रकार के वित्तीय सहयोग तथा क्षमता निर्माण की आवश्यकता है।

7.135. नवीकरणीय ऊर्जा प्रमाणपत्र, राज्य स्तर पर विनियामक हस्तक्षेप द्वारा घरेलू बाजार बनाने का एक दूसरा प्रयास है। तथापि, ऊर्जा क्षेत्र के मौजूदा अर्द्ध–बाजारों की पहुँच बढ़ाना आसान हो सकता है ताकि नवीकरणीय ऊर्जा ग्रिड क्षमता को जल्दी प्राप्त कर सके।

7.136. इन घरेलू उपायों को वैश्विक कार्बन बाजारों से जोड़ने की क्षमता स्पष्ट नहीं है, मुख्यतः ऐसा इसलिए है क्योंकि अंतरराष्ट्रीय बातचीत प्रक्रिया में पारदर्शिता नहीं है। जब तक कि ऐसी पारदर्शिता नहीं आती, अधिक से अधिक असंगठित रूप से जुड़े क्षेत्रीय बाजारों की उम्मीद ही की जा सकती है। हमें उन्हें जोड़ने के लिए तैयार रहना चाहिए, लेकिन हम अल्पावधि में इस स्रोत से महत्वपूर्ण संसाधन प्रवाह की उम्मीद नहीं कर सकते। अतः जलवायु परिवर्तन पर भारत की कार्रवाइयों को घरेलू संसाधनों, अंतरराष्ट्रीय कार्बन वित्त तथा भारत में उपलब्ध बहुपक्षीय निधियों, जो जलवायु परिवर्तन पर संयुक्त राष्ट्रीय रूपरेखा सम्मेलन के स्वीकृत बहुपक्षीय नियमों के अनुरूप हों, के एक पूल से वित्त प्रदान करने की आवश्यकता होगी।

भावी मार्ग

7.137. भारत अनुकूलन और अल्पीकरण की दोहरी चुनौती का सामना करता है। अनेक संवेदनशील क्षेत्रों और प्रदेशों जो अत्यधिक जलवायु–संवेदनशील हैं, का देश होने के कारण, जलवायु परिवर्तनीयता और बदलाव के प्रभाव से निपटने की लागत काफी अधिक है। इसके साथ ही, जलवायु परितर्वन पर संयुक्त राष्ट्रीय रूपरेखा सम्मेलन में हस्ताक्षरकर्त्ता होने के कारण, भारत से बहुपक्षीय ढाँचे के साथ निरंतर अल्पीकरण कार्रवाई की उम्मीद की जाती है।

7.138. भारत ने पहले ही इस संबंध में निर्णायक कदम उठाए हैं। ग्यारहवीं योजनावधि में, जलवायु परिवर्तन पर राष्ट्रीय कार्य योजना आरंभ की गई, जिसकी निगरानी जलवायु परिवर्तन हेतु प्रधानमंत्री परिषद स्तर के निकाय द्वारा की जाती है। भारत ने स्वैच्छिक रूप से अपने सकल घरेलू उत्पाद के उत्सर्जन तीव्रता को कम करने के घरेलू लक्ष्यों की घोषणा की है। जलवायु परिवर्तन के निर्धारण के लिए एक भारतीय नेटवर्क स्थापित किया गया है ताकि जलवायु परिवर्तनीयता तथा बदलाव का आवधिक मूल्यांकन किया जा सके। समावेशी वृद्धि के लिए न्यून कार्बन कार्यनीतियों के विकास हेतु विशेषज्ञ समूह का गठन किया गया है, जिसने ऊर्जा, उद्योग, परिवहन, निर्माण और वानिकी क्षेत्रों हेतु महत्वपूर्ण सिफारिशें की हैं।

7.139. चूंकि जलवायु परिवर्तन के प्रति संवेदनशील समुदायों के लिए अनुकूलन तत्काल आवश्यक है, अतः विभिन्न क्षेत्रों में संवेदनशीलता का नियमित व आवधिक निर्धारण तथा अनुकूलन कार्यनीतियों की तैयारी, संबंधित मंत्रालयों की क्षेत्रीय योजना का हिस्सा होना चाहिए। जलवायु परिवर्तन की समस्या दीर्घावधि योजनाओं की सभी प्रक्रियाओं में शामिल होनी चाहिए और कुछ ऐसे क्षेत्र जिनकी आवश्यकता तात्कालिक प्रवृति की है, ऐसे निर्धारण तत्काल तैयार किए जाने चाहिए और उन्हें क्षेत्रीय कार्यनीति में शामिल किया जाना चाहिए।

7.140. जैसे कि हम बारहवीं योजना की ओर बढ़ रहे हैं, सभी प्रमुख अग्रणी कार्यक्रमों की भाँति, जलवायु परिवर्तन हेतु राष्ट्रीय कार्ययोजना को भी अद्यतन प्राथमिकताओं के अनुसार पुनर्गठित करने की आवश्यकता है। जैसा कि पहले ही उल्लेख किया गया है कि किसी भी मिशन की सफलता के लिए, स्पष्ट लक्ष्यों, समर्पित क्रियान्वयन तंत्र तथा पर्याप्त वित्तपोषण होना चाहिए। जो उद्देश्य इस परीक्षा पर खरा न उतरे, उनके लिए यह बेहतर होगा कि "नीतिगत बल क्षेत्रों" को पहचान कर एक सूची बनाई जाए जो जलवायु परिवर्तन पर राष्ट्रीय कार्ययोजना के तहत अलग से सूचीबद्ध हो और उसकी नियमित रूप से प्रधानमंत्री परिषद द्वारा निगरानी की जाए। तदनुसार, एनएपीसीसी के लिए एक पुनर्गठित ढाँचा बॉक्स 7.7 में प्रस्तुत किया गया है।

नोट

1. "एनर्जी एण्ड इन्वायर्नमेंटल सस्टेनेबिलिटीः एन एप्रोच फॉर इण्डिया" मैकिन्से एण्ड कं., नई दिल्ली, 2009 "नेशनल एनर्जी मैप फॉर इण्डिया, टेक्नोलॉजी विजन, 2030", द एनर्जी रिसोर्सेज इंस्टीट्यूट, नई दिल्ली, 2006।

8

विज्ञान और प्रौद्योगिकी

परिचय

8.1. भारत की विकास योजनाओं में अनुसंधान तथा संबंधित क्रियाकलापों में स्थायी निवेश की आवश्यकता पर निरंतर बल दिया गया है जो विज्ञान एवं प्रौद्योगिकी (वि. एवं प्रौ.) में पर्याप्त क्षमता तथा सक्षमताओं के सृजन में परिणामी हुए हैं। इस प्रयास के फल भारत के नाभिकीय तथा अंतरिक्ष कार्यक्रमों, सूचना एवं संचार प्रौद्योगिकी सेवाओं, ऑटोमोटिक तथा भेषज उद्योगों तथा अन्य क्षेत्रों में स्पष्टतया परिलक्षित हैं। जैसे जैसे भारतीय अर्थव्यवस्था तीव्र, अधिक समावेशी तथा स्थायी संवृद्धि के पथ पर अग्रसर होती है, यह सुनिश्चित करना आवश्यक होगा कि विज्ञान तथा प्रौद्योगिकी में भारत की सक्षमताओं की सुदृढ़ता में वृद्धि हों यह विशेष रूप से महत्वपूर्ण है यदि भारत को अगले 20 वर्षों में विश्व की प्रमुख अर्थव्यवस्थाओं में से एक बनना है।

8.2. हाल के वर्षों में विज्ञान एवं प्रौद्योगिकी प्रयासों को बढ़ावा देने के लिए अनेक सकारात्मक कदम उठाए गए है तथा इन का सुस्थिर वर्धनात्मक प्रभाव पड़ रहा है। भारतीय विज्ञान क्षेत्र ने पिछले तीन वर्षों के दौरान संवृद्धि संवेग हासिल किया है, वैज्ञानिक प्रकाशनों के संबंध में भारत की सापेक्ष स्थिति वर्ष 2003 में 15वें स्थान से सुधर कर वर्ष 2010 में नौवें स्थान पर पहुंच गई है। हमारा विज्ञान उत्पादन 2010 में वैश्विक उत्पादन के 3 प्रतिशत पर पहुंच गया है। हालांकि यह उत्साहवर्धक है, सुधार की वर्तमान दर धीमी है तथा अनेक क्षेत्रों में वैश्विक स्तरों से कम है। यह इस तथ्य से निर्दिष्ट होता है कि वर्ष 2006 की स्थिति के अनुसार शीर्ष 1 प्रतिशत प्रकाशनों में भारत का हिस्सा मात्र 0.5 प्रतिशत है जो चीन तथा दक्षिण कोरिया जैसे अन्य एशियाई देशों की तुलना में कम हैं तथा बौद्धिक संपत्ति के सृजन द्वारा यथा निर्दिष्ट हमारे बुनियादी विज्ञान में आविष्कार क्षमता निम्न है तथा भारत की नवाचार प्रणाली का क्रम निर्धारण राष्ट्रों में 50 तथा 60 के बीच है। देश में समक्ष स्वास्थ्य, भोजन, ऊर्जा तथा पर्यावरण में निवारण करने हेतु प्रमुख चुनौतियां है तथा इन्हें विज्ञान में उत्कृष्ट निष्पादन द्वारा अपेक्षाकृत अधिक आविष्कार क्षमता का प्रदर्शन करके तथा उत्पाद नवाचार में उत्कृष्टता हासिल करके पूरा किया जा सकता है। एक मजबूत अर्थ व्यवस्था की चुनौतियों को ज्ञान प्रणालियों में पर्याप्त निवेश करके तथा अगले दो दशकों में कुछ क्षेत्रों में वैश्विक नेतृत्व स्थान हासिल कर के पूरा किया जा सकता है।

8.3. भारत के आकार वाले किसी देश के लिए जिसके पास मजबूत वैज्ञानिक अवसंरचना है तथा प्रशिक्षित वैज्ञानिक मानवशक्ति का विशाल समूह है, अनुसंधान तथा विकास पर व्यय में बढ़ोतरी से उत्पादकता लाभ अत्यधिक हो सकते है। देश को अनुसंधान एवं विकास क्षेत्र में सकल घरेलू उत्पाद (जीडीपी) के एक प्रतिशत के निवेश को बढ़ाकर जीडीपी का 2 प्रतिशत तथा अधिक करने की आवश्यकता है जैसाकि अब काफी समय से अनेक विकसित तथा उदीयमान अर्थव्यवस्थाओं में किया जा रहा है ऐसा अतिरिक्त सरकारी प्रयास के माध्यम से हासिल किया जाना चाहिए किंतु इसके लिए काफी अधिक वर्धित निजी क्षेत्रक प्रयास की भी आवश्यकता है।

बारहवीं योजना के प्रति दृष्टिकोण

8.4. भारत ने ग्यारहवीं योजना अवधि के दौरान अनुसंधान एवं विकास क्षेत्र में पर्याप्त निवेश कर देश में एक उत्साहजनक तथा गत्यात्मक विज्ञान एवं प्रौद्योगिकी क्षेत्र का निर्माण करने हेतु ठोस नींव रखी। वैज्ञानिक पत्रिकाओं में भारत से प्रकाशनों की औसत संवृद्धि दर ग्यारहवीं योजना अवधि के विगत तीन वर्षों के दौरान लगभग 14 प्रतिशत है जबकि यह इसी अवधि के दौरान वैश्विक औसत की तुलना में 4.1 प्रतिशत है। विश्वविद्यालयों से उद्भूत होने वाले वैज्ञानिक प्रकाशनों का हिस्सा वर्ष 2003 में 15 प्रतिशत से बढ़कर वर्ष 2012 में 31 प्रतिशत हो गया। जहां तक देश के अनुसंधान

एवं विकास आधार का विस्तार करने का संबंध हैं, ये स्वागत योग्य परिवर्तन हैं। तथापि ये वर्धनात्मक परिवर्तन बने हुए हैं। इस समय देश को वस्तुतः जिसकी आवश्यकता है, वह हैं प्रमात्रात्मक उछाल ताकि वह अगले दो दशकों में विकसित अर्थव्यवस्थाओं के समस्तर अपनी स्थिति बना सके।

8.5. नवीन विश्व व्यवस्था में बढ़ती चुनौतियों का सामना करने के लिए, भारतीय विज्ञान तथा प्रौद्योगिकीय परिदृश्य में निदर्शनात्मक बदलाव लाना आवश्यक है। इसे प्रौद्योगिकियों के अभिनव नियोजन के लिए परिदाय तंत्रों का नवाचारों के नियोजन तथा वित्त पोषित करने के लिए व्यवसाय मॉडलों की आवश्यकता है। इसके लिए एक भली भांति प्रतिपादित विज्ञान, प्रौद्योगिकी तथा नवाचार नीति आवश्यक है। अतः बारहवीं योजना को एक ऐसी पारिस्थितिकी प्रणाली का विकास करने की दिशा में कार्य करना होगा जो शिक्षा, अनुसंधान तथा नैगम क्षेत्रों को समावेशित करते हुए स्थायी, समावेशी तथा त्वरित संवृद्धि की राष्ट्रीय प्राथमिकता पर ध्यान दें। नैगम क्षेत्र को विशेष रूप से अनुसंधान सक्षमता निर्माण में अपेक्षाकृत काफी अधिक भूमिका का निर्वहन करना होगा जैसा कि अन्य देशों में होता है।

8.6. एक प्रतिस्पर्धी ज्ञान अर्थव्यवस्था का निर्माण निम्न स्तम्भों पर किया जाना होगा; (1) एक शैक्षणिक प्रणाली जो नियोजन योग्य तथा वैश्विक स्तरीय मानव संसाधन उत्पादित करें; (2) दीर्घावधिक उपयोग के लिए ज्ञान सृजन हेतु व्यापक पैमाने पर परिशीलन की गई विज्ञान तथा प्रौद्योगिकी तथा (3) राष्ट्रीय आवश्यकताओं तथा वैश्विक अवसरों द्वारा अभिप्रेरित सामरिक ट्रांसलेशनल अनुसंधान। इन उद्देश्यों के परिशीलन में बारहवीं योजना को निम्न की उपलब्धि हेतु तत्पर होना होगाः–

- वहनीय तथा स्थायी नवाचारों पर सकेंद्रण वाली सामाजिक तथा सामरिक रूप से संगत परियोजनाओं तथा मुख्य धारा नवाचार संबंधित क्रियाकलापों के लिए अनुसंधान एवं विकास हेतु सरकारी तथा निजी, दोनों क्षेत्रों में अधिक संसाधन सन्निविष्ट करने हेतु एक नवीकृत विज्ञान, प्रौद्योगिकी तथा नवाचार नीति का विकास करना;
- नामनिर्दिष्ट विभागों/एजेंसियों के प्रयास निम्न पर पुनः फोकस द्वारा भारतीय विज्ञान एवं प्रौद्योगिकी प्रणाली को आमूल किन्तु भागीदारीपूर्ण रूपांतरण उत्प्रेरित करनाः
  - राष्ट्रीय फोकसः– देश के लिए वैज्ञानिक, प्रौद्योगिकीय तथा मानव संसाधन निर्मित करने के लिए राष्ट्रीय नवाचार प्रणाली के अभिज्ञात प्रतिभागियों के साथ भागीदारी निर्माण;
  - संगठनात्मक फोकस – राष्ट्रीय फोकस में लक्ष्यों की प्राप्ति हेतु प्रत्येक विभाग/अभिकरण की आवश्यकताओं पर ध्यान देना और चल रही परियोजनाओं/कार्यक्रमों की कठोरता से समीक्षा करना ताकि उन परियोजनाओं/कार्यक्रमों को समाप्त किया जाए जिन्होंने कुल मिलाकर अपने लक्ष्य पूरे कर लिए हैं, तथा
  - नेतृत्व फोकसः– विज्ञान, प्रौद्योगिकी तथा मानव संसाधन विकास के अभिज्ञात अधिक्षेत्रों में विभाग/एजेंसी के नेतृत्व को अभिप्रेरित करना।
- यह सुनिश्चित करना कि सक्षमताओं तथा अनुसंधान संसाधनों को अंतर संयोजन द्वारा विज्ञान एवं प्रौद्योगिकी को राष्ट्रीय विकासात्मक प्रक्रियाओं का एक अखण्ड संघटक बन जाए तथा अनुसंधान एवं विकास उत्पादनों के साथ निर्बलता से संयोजित पणधारकों के साथ अंतर संयोजन सुदृढ़ करना;
- बारहवीं योजना के अंत तक पूर्णकालिक अनुसंधानकर्ताओं/वैज्ञानिकों की संख्या को 1.54 लाख के वर्तमान स्तर से बढ़ाकर 2.50 लाख करना, बुनियादी अनुसंधान में प्रकाशन उत्पादनों की प्रमात्रा को 3 प्रतिशत के वैश्विक अंश से बढ़ाकर लगभग 5 प्रतिशत करना, वैश्विक क्रम निर्धारण को नौवें स्थान से सुधार का छठवें स्थान पर लाना तथा पेटेंटों की संख्या को दोगुना करने पर फोकस करना और पेटेंट पोर्टफोलियो के वाणिज्यीकरण को 2 प्रतिशत से कम के स्तर से बढ़ाकर 5–6 प्रतिशत करना
- अनुसंधान एवं विकास व्यय को बढ़ाकर जीडीपी. को 2 प्रतिशत करना तथा निवेश आकृष्ट करके तथा नीति एवं सुधार प्रक्रियाओं के माध्यम से अनुसंधान एवं विकास में नैगम क्षेत्र को रत करके नैगम क्षेत्र के अनुसंधान एवं विकास व्यय को महत्वपूर्ण रूप से बढ़ाकर जीडीपी का क्रम से कम एक प्रतिशत करना; 10–15 प्रतिशत सरकारी निवेश को प्रतिस्पर्धी अनुदान प्रक्रिया के माध्यम से अनन्य रूप से निजी क्षेत्र को सरकारी निजी क्षेत्रक भागीदारी (पीपीपी) के द्वारा अनुसंधान और विकास के लिए इस शर्त के साथ नामनिर्दिष्ट करना कि समतुलनीय प्रावधान सरकारी निजी भागीदारी मॉडल के तहत निजी क्षेत्रक द्वारा किए जाएंगे।
- वैज्ञानिकों की युवा पीढ़ी को अपने विचारों का परिशीलन करने के लिए अधिक नम्यता तथा उद्योग, अकादमी क्षेत्र तथा अनुसंधान एवं विकास संस्थाओं के बीच अपेक्षाकृत अधिक गतिशीलता उपलब्ध कराना, गत्यात्मकता तथा महिला पुनः प्रवेश कार्यक्रमों के द्वारा अनुसंधान एवं विकास में स्त्री पुरुष समानता को सुदृढ़ करना; कैरियर के रूप में विज्ञान का परिशीलन करने के लिए विद्यार्थियों का पोषण करने में ग्यारहवीं योजना के दौरान हासिल लाभों के आधार पर सुदृढ़ता प्राप्त करना;

- प्रौद्योगिकीय समाधानों, अभिकल्प, विकास तथा परिदाय के नवीन मॉडलों के जरिए राज्यों के साथ प्रौद्योगिकी भागीदारियों का निर्माण करना;
- सरकारी तथा निजी क्षेत्रों में व्याप्त संस्थाओं तथा अभिकरणों के संघ के माध्यम से विशेष रूप से स्वास्थ्य, जल, ऊर्जा तथा खाद्य पदार्थों के क्षेत्रों में नीचे से ऊपर की ओर के दृष्टिकोण के माध्यम से विभिन्न विकासात्मक क्षेत्रों में राष्ट्रीय प्राथमिकताओं पर ध्यान देने के लिए महाचुनौती कार्यक्रमों की शुरूआत करना तथा पैन–इण्डिया मिशन आरंभ करना; बारहवीं पंचवर्षीय योजना के दौरान तत्काल फोकस वाले दो प्रमुख क्षेत्र ऊर्जा तथा जल है;
- बहुराष्ट्रीय कंपनियों (एमएनसी) द्वारा स्थापित अनुसंधान एवं विकास केंद्रों की रूपरेखा पर वैश्विक स्तरीय अनुसंधान एवं विकास केंद्र स्थापित करने के लिए बड़े भारतीय उद्योगों को प्रोत्साहित करना;
- एक अपेक्षाकृत बड़े खण्ड में नागर लाभों हेतु रक्षा, अंतरिक्ष तथा परमाणु ऊर्जा से सामरिक अनुसंधान स्पिन–ऑफ के बड़े पैमाने के अभिनव संघटक को उत्तोलित करना;
- विज्ञान तथा इंजीनियरी के चयनित क्षेत्रों में नवीन अंतर–विश्वविद्यालय केंद्रों (आईयूसी) तथा अंतर सांस्थानिक केंद्रों (आईआईसी) का सृजन करना जो विश्वविद्यालयों तथा अकादमिक संस्थाओं में अनुसंधाताओं के लिए आधुनिकतम सुविधाओं तथा अकादमिक परिवेश उपलब्ध कराएंगे;
- अग्रणी स्थितियां हासिल करने के लिए अंतर विधात्मक विज्ञान तथा इंजीनियरी में नवीन अनुसंधान और विकास संस्थाओं का सृजन करना;
- विभिन्न अनुप्रयोगों जैसे जलवायु मॉडलिंग, मौसम पूर्वानुमान, हवाई अंतरिक्ष इंजीनियरी, संगणनात्मक जीव विज्ञान, नाभिकीय अनुप्रयोगों, भूकम्प अनुरूपण, फिल्मों में एनीमेशन, राष्ट्रीय सुरक्षा तथा वित्त के लिए पेटा–स्केल सुपरकंडक्टिंग सुविधाओं का सृजन करना तथा उच्च निष्पादन परिकलन उपलब्ध कराना;
- प्रौद्योगिकी निर्धारण क्षमता के लिए एक स्वतंत्र सांस्थानिक व्यवस्था का सृजन करना;
- विज्ञान एवं प्रौद्योगिकी कार्मिकों की अबाध गतिशीलता के साथ जुड़ी सर्वोत्तम वैश्विक पद्धतियों पर आधारित एक नवीन कार्मिक नीति तथा नवीन वित्तीय निर्धारण तथा लेखापरीक्षा तंत्रों का सृजन कर विज्ञान एवं प्रौद्योगिकी क्षेत्र में संरचनात्मक सुधार लाना;
- समकालिक वैज्ञानिक रुचि तथा प्रौद्योगिकीय संगतता के क्षेत्रों में उच्च मूल्य वैश्विक मेगा परियोजनाओं में भागीदारी करना तथा वैश्विक मेगा परियोजनाओं यथा भारत आधारित न्यूट्रिनो ऑब्ज़र्वेटरी, थर्टी मीटर टेलीस्कोप, स्क्वेयर किलोमीटर एरे, तथा नेक्स्ट जेनरेशन सिंक्रोट्रोन, इत्यादि में भारत की भूमिका का वर्धन करना; तथा
- सामान्य हित तथा वैश्विक स्वरूप के वैज्ञानिक पहलुओं पर ध्यान देने के लिए विख्यात विदेशी विश्वविद्यालयों/एजेंसियों के साथ सहयोग बढ़ाना

बारहवीं योजना के लिए विशिष्ट संकेन्द्रण क्षेत्र

ज्ञानाधार का संवर्धन/समृद्धिकरण

8.7. वर्ष 1985 में, भारत में उत्पादित पीएचडी की संख्या 4,500 की सीमा में थी तथा देश का नाम विज्ञान क्षेत्र में विकासशील देशों के समूह में सबसे ऊपर था। तथापि, 1985 के बाद से अन्य आविर्भावी एशियाई अर्थव्यवस्थाओं ने अनुसंधान एवं विकास में भारी निवेश करके विज्ञान एवं प्रौद्योगिकी के क्षेत्र में भारत की प्रतिस्पर्धात्मकता को खंडित कर दिया। विश्व के शीर्ष 100 में किसी भी भारतीय संस्था का नाम नहीं है। भारत में पूर्णकालिक समतुल्य (एफटीई) अनुसंधान एवं विकास व्यावसायी काफी समय से प्रगतिरुद्ध हो गए हैं; जहां तक अनुसंधान एवं विकास व्यावसायियों के एफटीई का संबंध है, भारत का स्थान नौवां है। वैज्ञानिक प्रकाशनों में भी भारत का स्थान नौवां हैं, अधिकांश उद्धृत शोधपत्रों में भारतीय प्रकाशनों का वैश्विक हिस्सा कम रहा है।

8.8. जहां तक इनमें से कुछ प्राचलों का संबंध है, विगत कुछ वर्षों में सुधार परिलक्षित हुआ है किन्तु यदि देश का लक्ष्य अपनी अनुसंधान एवं विकास संस्थाओं को शीर्ष 50 में अवस्थित करने का है, या इसे वैज्ञानिक प्रकाशनों के संबंध में शीर्ष तीन स्थान प्राप्त करने है; अथवा एफटीई के संबंध में इसे छठा स्थान प्राप्त करने का लक्ष्य बनाना है तो इसे अपने अनुसंधान एवं विकास आधार को चार गुना करना होगा, अनुसंधान को प्रोत्साहित करना होगा जहां अनुसंधान एवं विकास की उत्पादकता सापेक्षतया निम्नतर है, बौद्धिक संपत्ति (आईपी) उत्पादन सहित वैश्विक अवस्थितिकरण के लिए संस्थानों को चुनौतियां देना होगा, नई अकादमियों और संस्थाओं की स्थापना करनी होगी, अनुसंधानकर्ताओं की सहायता करने के लिए बड़ी सार्वजनिक वित्तपोषित तथा निजी रूप से प्रबंधित सुविधाओं का निर्माण करना होगा और अनुसंधान तथा विकास स्थितियों के लिए भारतीय जनसाधारण को आकृष्ट करने के लिए आक्रमण प्रक्रम अपनाने होंगे, विश्वविद्यालयों, अनुसंधान एवं विकास संस्थाओं, विज्ञान अकादमियों तथा उद्योग के बीच संबंधों के सुदृढ़ीकरण पर भी जोर दिया जाना चाहिए।

8.9. अनुसंधान एवं विकास उत्पादकों को बढ़ावा देने के लिए भारत के स्थापित अनुसंधान केंद्रों, जहां से अनुसंधान एवं विकास उत्पादन सृजित होते हैं, को अपनी कार्मिक संख्या का विस्तार करने की आवश्यकता है, बारहवीं योजना की अवधि में अनुसंधान एवं विकास के स्थापित क्षेत्रों में अनुसंधान एवं विकास कार्मिकों की संख्या में लगभग 10,000 की बढ़ोतरी करना व्यवहार्य समझा जाना चाहिए। यह भी अनिवार्य है कि महाविद्यालयों, विश्वविद्यालयों तथा कुछ अकादमिक केंद्रों में भारी अंतर्हित संभाव्यता का प्रयास किया जाए। अनुसंधान उत्पादन की गुणवत्ता सुनिश्चित करने के लिए पर्याप्त उपायों की भी जांच की जानी चाहिए।

8.10. भारत में बुनियादी अनुसंधान का लक्ष्य आधुनिक उत्कृष्ट विज्ञान होना चाहिए जो खोजकारी प्रभावों में परिणामी हो। बारहवीं योजनावधि के दौरान बुनियादी अनुसंधान में निवेश का आकार निर्धारक अनुसंधान समुदाय के आकांक्षी लक्ष्यों को पूरा करने के अनुरूप होना चाहिए। महा चुनौतियों संबंधी बुनियादी अनुसंधान समर्थन समूह तथा अंतर विधात्मक प्रयासों के लिए अनुसंधान एवं विकास निधियन के एक नए निदर्श की आवश्यकता होगी। वैज्ञानिक अनुसंधान में स्पार्क तथा योग्यता को ढूंढने, पोषित करने तथा प्रोत्साहित करने के लिए दृष्टिकोण बुनियादी अनुसंधान के संवर्धन हेतु एक स्थापित कार्यनीति का निर्माण करेंगे। विज्ञान की विभिन्न विधाओं में उभरते क्षेत्रों के लिए सहायता के अतिरिक्त, राष्ट्रीय हित के क्षेत्रों तथा अंतरों को अभिज्ञात करने तथा ऐसे क्षेत्रों में बुनियादी अनुसंधान को संवर्धित करने का समानांतर प्रयास भी किया जाना चाहिए। उत्कृष्टता के साथ प्रासंगिकता को संयोजित करने के लिए बुनियादी अनुसंधान में कुछ अभिमुखीकरण किया जा सकता है। राष्ट्रीय प्रासंगिकता के अनुसंधान क्षेत्रों जैसे ऊर्जा एवं खाद्य सुरक्षा, वहनीय स्वास्थ्य देखभाल तथा जल संबद्ध क्षेत्रों पर सकेंद्रण को उच्च प्राथमिकता दी जानी आवश्यक है।

विज्ञान एवं प्रौद्योगिकी मानव संसाधन विकास तथा विश्वविद्यालय परस्परक्रिया

8.11. विज्ञान एवं प्रौद्योगिकी में मानव संसाधनों तथा आर्थिक वृद्धि के बीच अति घनिष्ठ संबंध है। परन्तु देश में राष्ट्रीय संस्थानों तथा भारतीय प्रौद्योगिकी संस्थान (आईआईटी) के अलावा विद्यालयों, महाविद्यालयों तथा विश्वविद्यालयों का एक विशाल नेटवर्क है जिन्होंने विश्व में वैज्ञानिक मानव शक्ति के सबसे बड़े समूहों में से एक का उत्पादन किया है, विज्ञान एवं प्रौद्योगिकी क्षेत्र में वैश्विक प्रतिस्पर्धात्मकता हासिल करने के लिए कहीं बेहतर उत्कृष्टता की आवश्यकता है। इसके लिए आज की स्थिति के अनुसार विज्ञान शिक्षा प्रणाली में आमूल रूपांतरण किया जाना आवश्यक है।

8.12. एक पेशे के रूप में विज्ञान अध्ययन को प्रोत्साहन दिया जाना तथा उसे उसके योग्य सम्मान दिया जाना और एक बार पुनः उच्च पद पर आसीन किया जाना आवश्यक है। समान रूप से यह भी महत्वपूर्ण होगा कि इन अध्यापकों को देश में सभी स्तरों पर सर्वोत्तम वैश्विक पद्धतियों तथा शिक्षा शास्त्र नवाचारों के प्रति उद्भासित किया जाए ताकि वे अध्यापन तथा अनुसंधान की उत्कृष्ट विधियों को प्रयोग में ला सकें तथा उनका विस्तार कर सके। मानव संसाधन विकास मंत्रालय तथा विज्ञान और प्रौद्योगिकी मंत्रालय द्वारा संयुक्त रूप से इस प्रयोजनार्थ एक योजना का अभिकल्पन तथा विकास किया जाना आवश्यक है।

8.13. महाविद्यालय तथा विश्व विद्यालय स्तर पर विज्ञान एवं प्रौद्योगिकी शिक्षा तथा अनुसंधान की उत्कृष्टता में सुधार लाया जाना आवश्यक है ताकि अधिगम के इन स्थानों से निकलने वाले वैज्ञानिक कृत्तिक बल को अतिरिक्त साधन/लाभ प्राप्त हो सके। अब वैज्ञानिक उत्पादन तथा उद्धरण प्रायिकताओं में महत्वपूर्ण लाभ हेतु पर्याप्त साक्ष्य हैं जब विश्वविद्यालय क्षेत्र देश के भीतर तथा विदेशों में विज्ञान एवं प्रौद्योगिकी सहयोग में रत होता है। एक कार्यनीति के रूप में, नियोजन हेतु अंतरराष्ट्रीय सहयोग को कई गुणा बढ़ावा दिया जाना आवश्यक है ताकि विश्वविद्यालय क्षेत्र में अनुसंधान की गुणता को समृद्ध बनाया जा सके। सावधानी पूर्वक चयनित अनेक नवीन आईयूसी बारहवीं योजना के दौरान अपेक्षाकृत नवीन क्षेत्रों में स्थापित किए जाने चाहिए यथा जैव विविधता तथा आनुवंशिक रोग विज्ञान, गणितीय मॉडलिंग, कंप्यूटर विज्ञान तथा साइबर सुरक्षा; संज्ञानात्मक विज्ञान; उन्नत सामग्री, विनिर्माण तथा संरचना; प्रौद्योगिकी प्रबंधन; तथा मानविकी, समाज विज्ञान और प्राकृतिक विज्ञान में अंतरविधात्मक दृष्टिकोण/उपाय।

विज्ञान एवं प्रौद्योगिकी को विकासात्मक आवश्यकताओं के प्रति संरेखित करना

8.14. उच्च विज्ञान तथा सामरिक प्रौद्योगिकी क्षेत्रों में अनुसंधान एवं विकास के अतिरिक्त जो देश को अपनी स्थिति विश्वस्तरीय बनाने में समर्थ बनाएंगे, ऐसे अनेक क्षेत्र है जिनमें औद्योगिक विकास तथा ग्रामीण विकास, दोनों के संदर्भ में देश के विकास लक्ष्यों के लिए महत्वपूर्ण मुद्दों के समाधान सृजन हेतु महत्वपूर्ण विज्ञान एवं प्रौद्योगिकी निविष्टियां आवश्यक हैं। इनमें ऊर्जा, जल एवं स्वच्छता,

फार्म उत्पादन, स्वास्थ्य देखभाल, अपशिष्ट निपटान, संगणना एवं संचार, ई–अवसंरचना, साइबर सुरक्षा इत्यादि शामिल हैं।

8.15. निम्न के लिए सामाजिक और सार्वजनिक हितों पर केंद्रित अनुसंधान एवं विकास कार्यक्रमों के क्रियान्वयन हेतु एक कार्यनीति विकसित की जानी आवश्यक हैः– 1) उन्नयन एवं प्रभाव के लिए सक्षमताओं तथा अनुसंधान संसाधनों को संयोजित करना; 2) राष्ट्रीय हित के विषयों पर महाचुनौती कार्यक्रम तैयार करना; 3) बाह्य अनुसंधान कार्यों के तहत बुनियादी तथा ट्रांसलेशनल अनुसंधान हेतु विभिन्न निधियन कार्यनीतियां अपनाना; 4) सार्वजनिक तथा सामाजिक लाभों के लिए वैज्ञानिक तथा औद्योगिक अनुसंधान परिषद (सीएसआईआर) जैसी एजेंसियों के लिए आंतरिक अनुसंधान प्रक्रमों को सुदृढ़ करना; 5) अनुसंधान एवं विकास अभिकरणों में राज्य केंद्र प्रौद्योगिकी भागीदारियां तथा प्रौद्योगिकी गठबंधनों को प्रेरित करना, तथा 6) नए मॉडल विकसित करके सार्वजनिक एवं सामाजिक लाभ के लिए सरकारी निजी भागीदारियों को संवर्धित करना।

8.16. बारहवीं योजना में अनुसंधान एवं विकास परिणामों के साथ राज्यों और सामाजिक आर्थिक मंत्रालयों को संयोजित करने के तरीके ढूंढे जाने चाहिए जो एक प्राथमिकता के रूप में सार्वजनिक तथा सामाजिक हितों में परिणामी हों। राज्यों में सहजतः उपलब्ध प्रौद्योगिकियों के नियोजन के लिए निम्न का विकास किया जाना आवश्यक हैः– (1) विज्ञान एवं प्रौद्योगिकी तथा सामाजिक – आर्थिक क्षेत्र के बीच सहचालन, (2) सामाजिक – आर्थिक मंत्रालयों द्वारा अपने समग्र बजट की एक कुछ न्यूनतम प्रतिशतता (मान लें 1 से 2 प्रतिशत) का आबंटन अनुसंधान एवं विकास के समर्थन हेतु करने का नीतिगत निर्णय; (3) अनुसंधान एवं विकास संस्थाओं तथा विश्वविद्यालयों में सामाजिक आर्थिक मंत्रालयों द्वारा संयुक्त केंद्र स्थापित किया जाना, (4) विज्ञान क्षेत्र द्वारा समर्थित सरकारी निजी भागीदारी परियोजनाओं (पीपीपी परियोजनाओं) में सामाजिक आर्थिक मंत्रालयों की प्रतिभागिता; तथा (5) विज्ञान क्षेत्र तथा सामाजिक – आर्थिक मंत्रालयों के बीच सह चालनों से प्रत्युत्पन्न अनुसंधान एवं विकास समाधानों के प्रभावी क्रियान्वयन हेतु उद्यमों को निहित करना। शुरूआती उपायों का सृजन करने तथा लाभप्रद ज्ञानाधार का प्रयोग करने पर भी फोकस होना चाहिए।

8.17. देश में अनुसंधान तथा विकास में राज्यों की संलग्नता वर्तमान में सापेक्षतया निम्न है। अधिकांश राज्यों ने देश में सार्वजनिक वित्तपोषित अनुसंधान से उद्भूत प्रौद्योगिकियों के पूर्ण उपयोग हेतु उपयुक्त प्रक्रमों की स्थापना नहीं की है। अनेक राज्यों में विज्ञान एवं प्रौद्योगिकी हेतु राज्य परिषदें राष्ट्रीय विज्ञान क्षेत्र तथा राज्य सरकारों के बीच कमज़ोर कड़ियां बनी हुई हैं। राज्यों के अपने स्वयं के बजट में विज्ञान तथा प्रौद्योगिकी के लिए आबंटन सापेक्षतया नगण्य बना हुआ है। केंद्र तथा राज्यों के बीच प्रौद्योगिकी संबंधों का संवर्धन करने के लिए विशेष प्रक्रमों का विकास किया जाना आवश्यक है। स्वदेशी प्रौद्योगिकियों के समावेशन हेतु राज्यों के लिए विशेष प्रतिस्पर्धी कोष की स्थापना राज्यों में प्रौद्योगिकियों के लिए मांग प्रेरण हेतु एक कार्यनीति बन सकती है। विज्ञान और प्रौद्योगिकी हेतु राज्य परिषदों को सीएसआईआर, भारतीय चिकित्सा अनुसंधान परिषद (आईसीएमआर) तथा रक्षा अनुसंधान और विकास संगठन (डीआरडीओ) इत्यादि जैसे अनुसंधान एवं विकास संगठनों के साथ संयोजित करने पर जोर दिया जाना चाहिए।

8.18. भारतीय अनुसंधान एवं विकास प्रबल रूप से सरकार द्वारा वित्तपोषित है। यह महत्वपूर्ण है कि कॉर्पोरेट क्षेत्र (सरकारी तथा निजी दोनों) राष्ट्रीय विकासात्मक लक्ष्यों की ओर निदेशित अनुसंधान एवं विकास कार्यक्रमों को वित्तपोषित करने के लिए आगे आए। अनुसंधान एवं विकास में कुल व्यय को बारहवीं योजना के अंत तक बढ़ाकर जीडीपी का 2 प्रतिशत करने का लक्ष्य सरकारी क्षेत्र में लगभग 1 प्रतिशत तथा कॉर्पोरेट क्षेत्र में 1 प्रतिशत की संवृद्धि द्वारा हासिल किया जा सकता है जिनमें सरकारी क्षेत्र के उपक्रम (पीएसयू) भी शामिल हैं। वर्तमान में, बड़े सरकारी क्षेत्रक संगठनों द्वारा अनुसंधान एवं विकास में नियोजित संसाधन दयनीय रूप से लघु हैं। आंतरिक अनुसंधान एवं विकास तथा साथ ही अनुसंधान संस्थाओं तथा विश्वविद्यालयों, सरकारी तथा निजी दोनों, में अनुसंधान एवं विकास के लिए अपेक्षाकृत बृहतर प्रावधान करने के लिए उन्हें प्रोत्साहन दिया जाना आवश्यक है। सरकार के साथ किसी सरकारी क्षेत्रक उपक्रम के समझौता ज्ञापन (एमओयू) में अनुसंधान एवं विकास को शामिल करने के लिए लोक उद्यम ब्यूरो द्वारा ग्यारहवीं योजना के दौरान उठाया गया कदम सही दिशा में किया गया एक उपाय है। इन क्षेत्रों को संस्थाओं एवं विश्वविद्यालयों को अनुसंधान संविदाकृत करते हुए अनुसंधान एवं विकास पर अपनी कुल बिक्री कारोबार का 2 से 3 प्रतिशत व्यय करना चाहिए। अनुसंधान तथा विकास एवं विनिर्माणकारी क्षेत्रों के बीच जुड़ाव के वर्तमान स्तर निर्बल हैं। इस प्रकार औद्योगिक विनिर्माण में नवाचार का प्रवाह सुनिश्चित करने वाली सरकारी निजी भागीदारियों के सृजन परिणामी होगा, उच्च प्राथमिकता दी जानी है। उद्योग में महत्वपूर्ण प्रौद्योगिकी क्षेत्रों को अभिज्ञात किया जाना आवश्यक है जहां सार्वजनिक रूप से वित्तपोषित अनुसंधान एवं विकास प्रणाली के साथ भागीदारी के जरिए वे वैश्विक नेता बन सकते हैं।

8.19. सरकारी तथा निजी क्षेत्रक, दोनों से कॉर्पोरेट क्षेत्र को भी अनुसंधान एवं विकास केंद्रों की उसी प्रकार स्थापना करने के लिए प्रोत्साहन तथा लाभ दिए जाने आवश्यक है जैसे विश्व की कुछ अग्रणी अनुसंधान संस्थाओं द्वारा भारत में अनुसंधान एवं विकास केंद्र स्थापित किए है क्योंकि बहुराष्ट्रीय कंपनियों द्वारा अनुसंधान एवं विकास क्रियाकलापों ने विश्वस्तरीय प्रौद्योगिकीय विकास के लिए स्थलों का सृजन किया है तथा भारत में अपने अनुसंधान एवं विकास केंद्रों की स्थापना के जरिए उच्च कौशल प्राप्त वैज्ञानिकों तथा प्रौद्योगिकीविदों के समूह के सृजन में सहायता की है। उद्योग द्वारा निवेश को प्रणोदित करने के लिए नवीन कार्यनीतियों तथा प्रक्रमों के विकास हेतु यह आवश्यक है यदि इस क्षेत्र द्वारा अनुसंधान एवं विकास पर निवेश के लिए जीडीपी के 1 प्रतिशत का लक्ष्य निर्धारित किया जाना है।

8.20. महत्वपूर्ण अनुसंधान क्षेत्र गैर–महत्वपूर्ण क्षेत्रों में राष्ट्रीय विकासात्मक लक्ष्यों को पूरा करने में प्रभावी भूमिका निभा सकता है चाहे वह अंतरिक्ष प्रौद्योगिकी हो, नाभिकीय प्रौद्योगिकी हो या रक्षा अनुसंधान हो। महत्वपूर्ण क्षेत्र द्वारा विकसित अनेक प्रौद्योगिकियां सामाजिक तथा औद्योगिक क्षेत्र के लिए सफल स्पिन–ऑफ अभिप्रेरित कर सकती हैं। सामाजिक तथा औद्योगिक क्षेत्रों के लिए महत्वपूर्ण अनुसंधान के परिणामों का उपयोग करने के लिए बल देने हेतु एक उपयुक्त प्रक्रम का परिकलन तथा सृजन किया जाना आवश्यक है।

राष्ट्रीय मिशनों का क्रियान्वयन

8.21. यह स्वीकारते हुए कि राष्ट्रीय चुनौतियों का समाधान अंतर–विभागीय तथा अंतर–मंत्रालयीन सहयोग को शामिल करने वाले राष्ट्रीय रूप से समन्वित मिशन मोड कार्यक्रमों के बिना नहीं किया जा सकता है, चयनित क्षेत्रों जैसे 1) कृषि, 2) जल, 3) ऊर्जा 4) पर्यावरण तथा 5) स्वास्थ्य में पैन–इण्डिया विज्ञान एवं प्रौद्योगिकी मिशनों को प्राथमिकता दिया जाना आवश्यक है।

कृषि क्षेत्र

8.22. जैव प्रौद्योगिकी विभाग (डीबीटी) का प्रस्ताव सार्वजनिक तथा सामाजिक कल्याण के लिए कृषि संबंधी अनुसंधान और विकास का संवर्धन करने के लिए दीर्घावधिक अनुसंधान एवं विकास अनुदानों के माध्यम से दस कृषि विश्वविद्यालयों को समर्थित करने का है। छः विज्ञान विभागों द्वारा समर्थित अनुसंधान कार्यक्रमों के साथ भारतीय कृषि अनुसंधान परिषद (आईसीएआर) के तहत संस्थाओं का सहचालन तथा सक्षमता संयोजन कृषि संबंधी अनुसंधान एवं विकास के लिए चयनित दृष्टिकोण (रूपरेखा) का निर्माण करेगा। उदाहरण के रूप में, पृथ्वीविज्ञान मंत्रालय (एमओईएस) की कृषि मौसम विज्ञानी सेवाओं से अनुसंधान एवं विकास उत्पादनों, राज्य सुदूरवर्ती संवेदी केंद्रों की परामर्शी सेवाओं तथा अंतरिक्ष विभाग (डीओएस), राष्ट्रीय स्थानिक डेटा अवसंरचना तथा राष्ट्रीय भौगोलिक सूचना प्रणाली (जीआईएस) की राज्याधारित स्थानिक डेटा अवसंरचना पहलों, सीएसआईआर से उर्वरक तथा अन्य कृषि रसायनी प्रौद्योगिकी समाधान, सीएसआईआर तथा परमाणु ऊर्जा विभाग (डीएई), दोनों में खाद्य प्रसंस्करण प्रौद्योगिकियों, जैव प्रौद्योगिकी विभाग के प्रयासों से प्रत्युत्पन्न आणविक प्रजनन में ट्रांसलेशन अनुसंधान तथा विज्ञान एवं प्रौद्योगिकी विभाग द्वारा प्रौद्योगिकियों तथा सेवाओं के क्रियान्वयन के लिए राज्यों को प्रौद्योगिकी नियोजन सहायता को संश्लिष्ट करने का सशक्त प्रभाव पड़ेगा। द्वितीय कृषि, जलवायु समुत्थानशील कृषि, जल रक्षी कृषि, खाद्य अपशिष्ट अपचयन के साथ साथ उर्वरकों के स्वदेशी विनिर्माण हेतु प्रौद्योगिकियां, जलाल्पता वाले कृषि जलवायु क्षेत्रों के लिए परिशुद्ध कृषि तथा जल एवं भूमि उत्पादकता वर्धन हेतु अंतरराष्ट्रीय विज्ञान एवं प्रौद्योगिकी सहयोग छः विभागों के प्राथमिकता क्षेत्रों का निर्माण करेंगे। आनुवंशिक रूपांतरण (जीएम) संबंधित फसलों के लिए विनियामक पहलुओं पर भी यथेष्ट जोर दिया जाएगा। भारतीय जैव प्रौद्योगिकी विनियामक प्राधिकरण (बीआरएआई) विधेयक सभी आधुनिक जैव प्रौद्योगिकी उत्पादों के विनियम सुप्रवाही बनाने के लिए अनिवार्य समझ जाता है।

जल क्षेत्र

8.23. जल संबंधित चुनौतियों का प्रबंधन करने के लिए प्रौद्योगिकियों के विकास हेतु अनुसंधान एवं विकास लगभग सभी छः विज्ञान विभागों द्वारा केंद्र एवं राज्य सरकारों के संबद्ध विभागों के सहयोग से किया जा रहा है। जबकि अंतरिक्ष विभाग जल के संसाधन मानचित्रण में लगा हुआ है, पृथ्वी विज्ञान मंत्रालय ने निम्न तापमान तापीय अप लवणता (एलटीटीडी) के लिए प्रौद्योगिकियां प्रदर्शित की है तथा परमाणु ऊर्जा विभाग अनेक प्रौद्योगिकियों का विकास तथा प्रदर्शन करता रहा है जिनमें समुद्री जल अलवणीयकरण के लिए रिवर्स ओसमोसिस (आरओर) तथा बहु चरण फ्लैश शामिल हैं। सीएसआईआर ने जल संबंधी महत्वपूर्ण ज्ञानाधार का विकास किया है जो स्रोत अन्वेषण से लेकर जल संसाधनों के मानचित्रण, गुणता निर्धारण से लेकर जल की पेयशीलता तथा पुनः चक्रण से लेकर अपशिष्ट जल उपचार के बीच विस्तारित है। वर्तमान में प्रचलित फ्लोकुलेशन तथा क्लोरिनीकरण संबंधी प्रौद्योगिकियां उपचारित पेय जल में अवशिष्ट जीवाणुओं, धातुओं तथा रोगाणुओं को दूर नहीं करती इसलिए आयोन एक्सचेंज तकनीक तथा नैनो निस्यंदन प्रक्रियाओं में अनुसंधान एवं विकास किया जाना आवश्यक

है। विज्ञान एवं प्रौद्योगिकी विभाग जल प्राप्ति, वर्धन तथा नवीनीकरण संबंधी एवं प्रौद्योगिकी मिशन को क्रियान्वित कर रहा है जहां जल संबंधित चुनौतियों के समाधान क्रियान्वित किए जा रहे हैं तथा अनेक अवस्थलों में उन्हें प्रदर्शित किया जा रहा है। इसलिए बारहवीं योजना कार्यक्रमों के अभिकल्पन, विकास तथा परिदाय में छः विज्ञान विभागों के अनुसंधान एवं विकास प्रयासों को केंद्र तथा राज्य, दोनों के संबद्ध विभागों के साथ एकीकृत कर जल संबंधित चुनौतियों के एक सिरे से दूसरे सिरे तक (संपूर्ण) समाधानों पर जोर दिया जाना है।

ऊर्जा क्षेत्र

8.24. राष्ट्रीय सौर ऊर्जा मिशन के पूर्ण उद्देश्यों की प्राप्ति के लिए रूपांतरण दक्षताओं को बढ़ाने तथा परिदत्त विद्युत की लागतों को कम करने के लिए प्रौद्योगिकी उपलब्धियां अपेक्षित है जिसके लिए देश के संपूर्ण विज्ञान एवं प्रौद्योगिकी क्षेत्र से संगत क्षेत्रों में विशेषज्ञता वाले मुख्य धारा वाले वैज्ञानिकों को नियोजित करना आवश्यक होगा। स्वच्छ ऊर्जा प्रणालियों के लिए अनुसंधान एवं विकास अत्यधिक महत्वपूर्ण है। ऊर्जा अनुसंधान एवं विकास के संबंध में लगभग सभी छः विज्ञान विभाग या तो अनुसंधान का विकास करने अथवा अनुसंधान एवं विकास को समर्थित करने अथवा दोनों में रत हैं। इसी प्रकार, स्वच्छ कोयला प्रौद्योगिकी, ईंधन प्रकोष्ठों, जलविद्युत ऊर्जा, प्रकाश एवं ताप, दोनों के संचयन हेतु सामग्रियों, कोयले को तरल ईंधनों में रूपांतरित करने के लिए नवीन अजैव रसायन शास्त्र, ऊर्जा स्रोतों के रूप में कृषि अपशिष्ट पदार्थों के लिए जैव परिशोधन शाला तथा कृत्रिम प्रकाश संश्लेषण के लिए जैव प्रेरित अजैव सामग्रियों पर भी ध्यान केन्द्रित किया जाना आवश्यक है, चूंकि ऊर्जा क्षेत्र विनियमित महौल में कार्य करता है, अनुसंधान एवं विकास क्षेत्र के लिए यह आवश्यक है कि वह ऊर्जा कुशलता ब्यूरो तथा संबंधित विभागों के साथ पर्याप्त सहचालन का विकास करे। पृथ्वी विज्ञान मंत्रालय गैस हाइड्रेट अन्वेषण सहित नवीकरणीय ऊर्जा का दोहन करने के भाग के रूप में पवन, लहर तथा ज्वारीय ऊर्जा संभाव्यता के निर्धारण में रत है। इस प्रकार, बारहवीं पंचवर्षीय योजनावधि के दौरान प्रौद्योगिकी के उन्नयन के क्षेत्रों में, जहां सहचालन से अनुसंधान एवं विकास प्रणालियां लाभान्वित हो सकती हैं, सहयोग तथा सहकार्य को संवर्धित करने की आवश्यकता है जिसमें रक्षा अनुसंधान प्रणाली भी शामिल है।

पर्यावरण क्षेत्र

8.25. स्थानीय पर्यावरणों के प्रदूषण नियंत्रण तथा वैश्विक जलवायु परिवर्तन के प्रशमन हेतु हरित गृह गैसों का निःस्राव हेतु अनुसंधान एवं विकास के लिए भिन्न दृष्टिकोण आवश्यक होते है। जबकि, प्रदूषण प्रशमन के लिए अनुसंधान एवं विकास का सर्वाधिक संवर्धन अधिक्षेत्र क्षेत्र संगठनों में आंतरिक अनुसंधान के जरिए होता है, जलवायु परिवर्तन विज्ञान संबंधी राष्ट्रीय क्षमता का विकास वैज्ञानिकों और अनुसंधान एवं विकास व्यावसायिकों के व्यापक अनुप्रस्थ विभाजन में किया जाना आवश्यक है। तदनुसार, जलवायु परिवर्तन हेतु राष्ट्रीय कार्य योजना के तहत विज्ञान और प्रौद्योगिकी विभाग दो मिशनों को समन्वित करेगा जिनके तहत विज्ञान एवं प्रौद्योगिकी विभाग द्वारा ज्ञान नेटवर्कों के गठन तथा सार विषयक केंद्रों के निर्माण का प्रस्ताव किया गया है। ये कार्य विश्वविद्यालयों तथा अनुसंधान संस्थाओं की अंतर्हित तथा छिपी क्षमताओं को प्रेरित करने पर केन्द्रित है। जलवायु परिवर्तन के अनुकूलन तथा प्रशमन हेतु अनुसंधान और विकास के लिए सरकारी निजी भागदारी प्रयुक्त किया जाने वाला एक अन्य साधन होगा। अनुसंधान एवं विकास क्षेत्र को संगत संबद्ध मंत्रालय के साथ मिलकर ऐसे क्षेत्रों की पर्यावरण संबंधित चुनौतियों का समाधान करने के लिए प्रौद्योगिकी योजनाओं का विकास करने की आवश्यकता होगी तथा तदनुसार सभी प्रतिभागियों के प्रयासों को बारहवीं योजना अवधि के दौरान पर्यावरण संबंधी अनुसंधान एवं विकास के क्षेत्र में महत्वपूर्ण रूप से सहचालित करने की आवश्यकता है। पृथ्वी विज्ञान मंत्रालय भारत में तटीय जलों की सुस्वस्थता की निगरानी करता है जो समुद्री पर्यावरण के वैश्विक निर्धारण संबंधी संयुक्त राष्ट्र के प्रयास के लिए अत्यंत महत्वपूर्ण होगा।

स्वास्थ्य क्षेत्र

8.26. वहनीय मानव स्वास्थ्य देखभाल देश के लिए एक उच्च प्राथमिकता क्षेत्र है। उच्च महत्व के अनेक समानांतर प्रयास किए गए हैं। भारतीय आयुर्विज्ञान अनुसंधान परिषद् मानव स्वास्थ्य देखभाल संबंधी अनुसंधान और विकास के लिए महत्वपूर्ण राष्ट्रीय अभिकरण है। अभिकरण का केंद्रण इस समय मानव स्वास्थ्य देखभाल माध्यमों तथा जन स्वास्थ्य संबंधित अनुसंधान एवं विकास पर है। एजेंसी अनुसंधान एवं उत्पादन बहिर्विष्टियों के परिदाय के लिए भी भलीभांति तत्पर है। जैव प्रौद्योगिकी विभाग आंतरिक तथा बाह्य अनुसंधान प्रक्रमों, दोनों के माध्यम से तथा पीपीपी मॉडलों के जरिए भी मानव स्वास्थ्य देखभाल क्षेत्र में अनुसंधान का आक्रामक रूप से संवर्धन कर रहा है। सीएसआईआर ने मुक्त स्रोत औषध अन्वेषण (ओएसडीडी) तथा मानव स्वास्थ्य देखभाल संबंधी अनुसंधान एवं विकास से जुड़े काफी संख्या में कार्यक्रमों के बारे में एक प्रमुख पहल आरंभ की है। देश के लिए अनुसंधान और विकास प्रयासों की उच्च प्रासंगिकता के मद्दे नज़र, छः विज्ञान विभाग की इनमें से कुछ पहलों को बारहवीं योजना के लिए एक कार्यनीति के रूप में अभिप्रेरित किया जाना होगा। मानव स्वास्थ्य देखभाल एक ऐसा क्षेत्र है जहां विनियामक प्रक्रियाओं के लिए प्रगत

वैज्ञानिक जानकारी तथा तकनीकी विशेषज्ञता की आवश्यकता होती है। निर्णयों की यथार्थता को प्रभावित किए बिना विनियामक प्रक्रियाओं में गति के लिए अनेक आधुनिक प्रौद्योगिकियों तथा अनुसंधान एवं विकास बहिर्विष्टियों तथा साधनों की आवश्यकता है। विनियम के वर्तमान प्रक्रमों पर पुनर्विचार किया जाना आवश्यक है। जैव चिकित्सा विनियामक प्राधिकार विधेयक अनिवार्य समझा जाता है यदि जैवचिकित्सा युक्तियों के स्वदेशी विनिर्माण को संवेग हासिल करना है तथा वहनीय स्वास्थ्य देखभाल प्रणाली तक अभिगम को विस्तारित किया जाना है। यह औषध तथा भेषज संबंधी अनुसंधान और विकास के लिए सरकारी निजी भागीदारी के संवर्धन हेतु एक सशक्त आधार है। विशेषकर औषध अन्वेषण के लिए निवेश अपेक्षाएं काफी अधिक है। चरण 3 नैदानिक परीक्षणों के लिए औषध अन्वेषण तथा सहायता के संवर्धन हेतु विशेष योजनाओं की आवश्यकता राष्ट्रीय हित के रोगों में हो सकती है। भारत समुद्री जीवाणुओं से औषधों समाहित औषध अन्वेषण के लिए नवीन जानकारियां प्राप्त करने के लिए रोग जीवन विज्ञान संबंधी बुनियादी अनुसंधान कर सकता है।

8.27. उपर्युक्त सामाजिक रूप से संगत मिशनों के संबंध में कार्य सहचालन निर्माण तथा क्रियान्वयन के लिए एक विशेष कृतिक बल का सृजन करने की आवश्यकता है। प्रत्येक विभाग में एक पृथक पैन–इण्डिया मिशन कोष को अंतः निर्मित किया जाना आवश्यक है ताकि इस कोष का नियोजन विभिन्न विभागों द्वारा प्रस्तावित कार्यक्रमों में सहचालनों का निर्माण करने तथा कमी वाले क्षेत्रों पर ध्यान देने के लिए किया जा सके। बारहवीं योजना में जोर दिया गया है कि राष्ट्रीय आवश्यकताओं तथा प्राथमिकताओं पर ध्यान देने वाली पैन–इण्डिया मिशन मोड परियोजनाओं की शुरूआत पणधारकों की व्यापक भागीदारी के जरिए की जाए ताकि एक निर्धारित समय सीमा में उद्देश्यों तथा लक्ष्यों को हासिल किया जा सके।

मेगा विज्ञान परियोजनाएं

8.28. हालांकि पैन–इण्डिया मिशनों के माध्यम से राष्ट्रीय स्तर पर अनुसंधान एवं विकास कार्यक्रमों में सहचालन लाया जा सकता है, भारतीय अनुसंधानकर्ताओं को वैश्विक स्तर पर अवस्थित करने के प्रयास किए जाने आवश्यक हैं। इसमें यूरोपियन ऑर्गनाइजेशन फॉर न्यूक्लियर रिसर्च (सीईआरएन) तथा इंटरनेशनल थर्मोन्यूक्लियर एक्सपेरीमेंटल रिएक्टर (आईटीईआर) जैसे उत्साहशील प्रयोगों में अंतरराष्ट्रीय स्तर पर भागीदारी शामिल है। बारहवीं पंचवर्षीय योजना के दौरान, भारत को निम्न प्रमुख/बृहत् मेगा सुविधाओं का विकास करने में निवेश करने की आवश्यकता है:– 1) गुरुत्वाकर्षण लहर लेजर इंटरफेरोमीटर गुरुत्वाकर्षण लहर वेधशाला (एलआईजीओ) प्रयोग; भारत आधारित न्यूट्रिनो वेधशाला (आईएनओ); 3) तीस मीटर टेलीस्कोप (टीएमटी); 4) वर्ग किलोमीटर एरे (एसकेए); 5) राष्ट्रीय विशाल सौर टेलीस्कोप; तथा 6) नेक्स्ट जेनरेशन सिंक्रोट्रोन।

8.29. इन मेगा विज्ञान परियोजनाओं का समन्वयन समुचित निधियन साझेदारी प्रक्रम के माध्यम से परमाणु ऊर्जा विभाग तथा विज्ञान एवं प्रौद्योगिकी विभाग द्वारा किया जाएगा। उपर्युक्त मेगा विज्ञान परियोजनाओं के अतिरिक्त, प्रत्येक विभाग में उनके बजट में पहले से ही अंतः निर्मित मेगा परियोजनाएं भी होंगी।

8.30. वैज्ञानिक अनुसंधान के लिए प्रमात्रात्मक उछाल उपलब्ध कराने के अतिरिक्त उपयुक्त अंरराष्ट्रीय सहयोगों में से अनेक सहयोग भारत के लिए प्रौद्योगिकीय सक्षमताओं का सृजन करने की संभावनाओं को खोल देंगे। यह देश की आवश्यकताओं के लिए पेटा स्केल सुपर कंप्यूटर क्षमताओं तथा सक्षमताओं का निर्माण करने के लिए स्वदेशी प्रयासों को क्रियान्वित करने का भी है जो भारत को विश्व में शीर्ष पांच सुपर कम्प्यूटिंग शक्ति की श्रेणी में ला देंगे।

8.31. जबकि बॉक्स 8.1 में सहयोगात्मक अनुसंधान की एक झलक दी गई है जिसके माध्यम से वैश्विक अनुसंधान कार्यसूची पर वस्तु प्रदायगी में भारत की क्षमता प्रदर्शित की गई है, बॉक्स 8.3 में अंतरराष्ट्रीय सहयोग के जरिए सहयोगात्मक प्रौद्योगिकी नवाचार और इसके द्वारा राष्ट्रीय कार्यक्रमों के सुदृढ़ीकरण हेतु राष्ट्रीय बायोडिजाइन संबद्धता आरंभ करने का मार्ग प्रदान किया गया है।

रूपांतरणीय परिवर्तनों के लिए कार्यनीतियां

8.32. विज्ञान तथा प्रौद्योगिकी क्षेत्र के अंतर्गत रूपांतरणीय परिवर्तनों को संवर्धित करने तथा विज्ञान एवं प्रौद्योगिकी उत्पादन संकेतकों के संबंध में वैश्विक प्रतिस्पर्धात्मकता हासिल करने के उद्देश्य से यह आवश्यक है कि बारहवीं पंचवर्षीय योजनावधि के दौरान महत्वपूर्ण उपाय किए जाए। इनमें निम्न शामिल हैं, 1) वैज्ञानिक सघनता में लगभग 60 प्रतिशत की वृद्धि करना, 2) सक्षमताओं को अंतर संयोजित करना, 3) अनुसंधान संसाधन का सहचालन विकास, 4) निष्पादन–पुरस्कार संबंधों की स्थापन, 5) लाभप्रद तथा पारस्परिक अंतरराष्ट्रीय भागीदारियों में रत होना, 6) निधियन के अनुदान मॉडल के जरिए निष्पादनकारी इकाइयों में अपेक्षाकृत अधिक संसाधनों का निवेश करना, 7) अनुसंधान एवं विकास के लिए सरकारी निजी भागीदारी के साधन को अधिक प्रभावपूर्ण रूप से नियोजित करना तथा 8) सम्पोषणीय अभिनव पारिस्थितिकी प्रणाली के लिए एक समर्थकारी नीतिगत माहौल का सृजन करना।

बॉक्स 8.1

हिग्स - बोसोन का अन्वेषण - भारतीय योगदान

दसवीं तथा ग्यारहवीं पंचवर्षीय योजना के दौरान, भारत ने अंतरराष्ट्रीय भागीदारों के साथ सहयोग द्वारा मेगा विज्ञान कार्यक्रमों से जुड़ी प्रमुख पहले की है। इनमें उच्च ऊर्जा भौतिकी, खगोलशास्त्र, थर्मोन्यूक्लियर (ताप नाभिकीय) फ्यूज़न तथा सिक्रोंट्रोन समर्थित महत्वपूर्ण सामग्री विज्ञान अनुसंधान शामिल है। यह मॉडल अग्र विज्ञान अनुसंधान में भारत की संलग्नता, उच्च प्रौद्योगिकी में सक्षमताओं के विकास तथा पीएचडी के साथ साथ पोस्ट–डॉक्टरल वैज्ञानिक अनुसंधान के लिए कार्य कर रहे वैज्ञानिकों की नई पीढ़ी का सृजन सुकर बनाने में काफी लाभप्रद सिद्ध हो रहा है। विज्ञान सहयोग की इस कार्यनीति का सर्वाधिक हाल के उदाहरण विशाल हैड्रॉन कोलाइजर (एलएचसी) में भारतीय भागीदारी से संबंधित है। भारतीय संस्थाएं 1994 से शुरू करते हुए काफी आरम्भिक चरण पर ही विशाल एलएचसी प्रयोग में शामिल हो गई थी।

भारत ने कॉम्पेक्ट म्योन सोलेनायड (सीएमएस) प्रयोग के लिए उच्च प्रौद्योगिकी मदों का योगदान किया जो उच्च ऊर्जा भौतिकी, दि हिग्स बोसोन में संभवतः सर्वाधिक महत्वपूर्ण अणु का अन्वेषण सुकर बनाने वाला प्रमुख अभिसूचक हैं। इसके अतिरिक्त भारत ने क्वार्क–ग्लूओन प्लाज्मा की खोज करने वाले एक विशाल आयोन कोलाईडर प्रयोग (एलिस) के अभिकल्पन तथा विकास में भी योगदान दिया जो मानक मॉडल में आगे मूलभूत भौतिकी में कुछ प्रमुख प्रश्नों का उत्तर देने के लिए महत्वपूर्ण है। इन दोनों प्रयोगों ने विशाल मात्राओं में डेटा का सृजन किया जिसे शीघ्र प्रक्रियान्वित करने की आवश्यकता है। इसके लिए एक वितरित कंप्यूटर माहौल का सृजन करने की आवश्यकता हुई तथा एक नवीन कंप्यूटिंग व्यवस्था, जिसे ग्रिड कंप्यूटिंग कहा जाता है, खुल गई। भारतीय ने सॉफ्टवेयर का विकास कर न केवल इस क्षेत्र के विकास में योगदान दिया बल्कि एक सीएमएस कंप्यूटिंग केंद्र की स्थापना भी की जो प्रयोगों के लिए समग्र कंप्यूटिंग अवसंरचना में परिणामी हुआ। सीएमएस प्रयोग में भाग लेने वाले वैज्ञानिक दल में भारत से 33 पीएचडी भौतिकविद् शामिल थे। इसके अतिरिक्त एलिस प्रयोग में अनेक भारतीय विश्वविद्यालयों तथा अन्य संस्थाओं की 36 संकाय, 22 इंजीनियरों तथा 30 विद्यार्थियों के साथ प्रतिभागिता थी। इन दोनों प्रयोगों सीएमएस तथा एलिस में भारत से अनेक उच्च प्रौद्योगिकी मदों को शामिल करने लगभग ₹300 करोड़ के जिंस योगदान के अलावा इकट्ठे मिलाकर लगभग ₹150 करोड़ का कुल व्यय शामिल था।

सहयोगात्मक अनुसंधान के इस उदाहरण ने वैश्विक अनुसंधान कार्यसूची में योगदान करने की भारत की सक्षमता को प्रदर्शित किया है तथा यह बारहवीं पंचवर्षीय योजना में समरूप मॉडल पर कार्य करने का अवसर उपलब्ध कराता हैं। बारहवीं योजना में विचार की जा रही कुछ मेगा परियोजनाएं चल रहे इंटरनेशनल थर्मोन्यूक्लियर एक्सपेरीमेंटल रिएक्टर (आईटीईआर) के अलावा लेज़र इंटरफेरोमीटर ग्रेवीटेशनल वेव ऑब्सर्वेटरी, नेशनल लार्ज सोलर टेली स्कोप तथा भारत में स्थित न्यूट्रिनो ऑब्जर्वेटी है। इन में वैज्ञानिक अनुसंधान, उच्च प्रौद्योगिकी सक्षमता विकास, अभिनव कंप्यूटरिंग तकनीकों तथा विशेषीकृत मानव संसाधन आधार के सृजन में भारत को अग्रणी रखने के समरूप मॉडल अपनाने की परिकल्पना है।

8.33. इस प्रयोजनार्थ राष्ट्रीय विज्ञान संकल्पना के तहत पीएम के एसएसी ने सुझाव दिया है कि वैश्विक सर्वोत्तम पद्धतियों पर आधारित एक नवीन व्यापक कार्मिक नीति का विकास अनुसंधान एवं विकास क्षेत्र के लिए किया जाए। राष्ट्रीय संकल्पना में त्वरित तथा रूपांतरणीय परिवर्तनों के लिए तथा युवा नेतृत्व अवसरों को समर्थकारी बनाने के लिए नियमों तथा प्रक्रियाओं से समझौता किए बिना निर्णयन की गति में तेजी लाने के लिए विज्ञान क्षेत्र हेतु प्रक्रियाओं की पुनः इंजीनियरी तथा यौक्तिकीकरण की अनुशंसा भी की गई है। एसएसी – पीएम ने यह सुझाव भी दिया है कि लेखा परीक्षा विधा का आशोधन प्रक्रियाविधि या प्रक्रिया आधारित से निष्पादन तथा उद्देश्याधारित प्रणाली में किया जाना आवश्यक है। बारहवीं योजना में, विज्ञान एवं प्रौद्योगिकी क्षेत्र के लिए सुझाए गए संरचनात्मक सुधारों का परिशीलन किया जाना आवश्यक होगा ताकि उससे सर्वोत्तम परिणाम हासिल किए जा सकें। अभी हाल ही में पीएम के एसएसी ने महत्वपूर्ण उल्लेखनीय राष्ट्रीय समस्याओं के लिए विज्ञान एवं प्रौद्योगिकी निविष्टियों पर कार्रवाई हेतु एक कार्यसूची की रूपरेखा भी तैयार की है जिसका क्रियान्वयन हेतु परिशीलन किया जाएगा।

निष्पादन माप प्रणालियां

8.34. भारतीय विज्ञान द्वारा इसके सभी आयामों में वैश्विक प्रतिस्पर्धात्मकता हासिल करने के लिए यह अनिवार्य है कि भारत के लिए विज्ञान, प्रौद्योगिकी और नवाचार उत्पादन संकेतकों हेतु उपयुक्त माप प्रणालियां विकसित की जाएं। अन्य उदीयमान अर्थव्यवस्थाओं की तुलना में भारत की समुचित माप प्रणालियां तथा तुलनात्मक विश्लेषण को परिणाम आधारित निष्पादन के लिए एक आधार बनने की आवश्यकता है। तदनुसार, एक व्यापक सप्तक दृष्टिकोण के जरिए निवेश करने के बजाए तुलनात्मक क्षमता के क्षेत्रों में आला स्थितियों में भारत को अवस्थित करने के लिए सामरिक आयोजना को अपनाना वांछनीय होगा।

ग्यारहवीं योजना कार्यक्रमों की समीक्षा

8.35. समाज के लिए अधिकतम लाभ प्राप्त करने तथा क्षमता निर्माण हेतु ज्ञान सृजन के लिए विज्ञान एवं प्रौद्योगिकी में निवेश को ग्यारहवीं योजना अवधि के दौरान सरकार द्वारा उच्च प्राथमिकता प्रदान की गई थी। ग्यारहवीं योजना की विज्ञान एवं प्रौद्योगिकी क्षेत्र हेतु प्रमुख प्राथमिकताएं निम्न होती हैं:–

- नीतियों का विकास करने तथा बुनियादी अनुसंधान को दिशा प्रदान करने के लिए राष्ट्रीय स्तर के प्रक्रम स्थापित करना।
- वैज्ञानिक मानव शक्ति के पूल को विशाल बनाना तथा विज्ञान और प्रौद्योगिकी अवसंरचना को सुदृढ़ करना और विज्ञान में आजीविका हेतु युवा लोगों को आकृष्ट तथा प्रतिधारित करना
- चयनित राष्ट्रीय फ्लैगशिप (महत्वपूर्ण) कार्यक्रमों को मिशन मोड में क्रियान्वित करना जिनका देश की प्रौद्योगिकीय प्रतिस्पर्धात्मकता पर सीधा प्रभाव है।
- वैश्विक रूप से प्रतिस्पर्धी अनुसंधान सुविधाएं तथा उत्कृष्टता केंद्र स्थापित करना।
- उच्चतर शिक्षा में विशेषतया विश्वविद्यालयों तथा उच्च प्रौद्योगिकी क्षेत्रों में सरकारी निजी भागीदारी के नवीन मॉडल विकसित करना।
- उद्योग अकादमी सहयोगों को उत्प्रेरित करने के नवीन अर्थोपाय
- उन्नत देशों के साथ सशक्त सहयोगों का संवर्धन करना जिनमें मेगा अंतरराष्ट्रीय विज्ञान में प्रतिभागिता शामिल है।

8.36. इन में से प्रत्येक प्राथमिकता क्षेत्र के लिए महत्वपूर्ण पहलें/योगदान किए गए है। इनका ब्यौरेवार विवरण विज्ञान एवं प्रौद्योगिकी विभागों के संबंधित अनुभाग में दिया गया है।

बारहवीं योजना के लिए कार्यनीति

8.37. कुछ सकारात्मक संकेतों के बावजूद, विज्ञान में भारत का निष्पादन अभी उसकी संभाव्यता के अनुरूप नहीं है। बारहवीं योजना के दौरान छः विज्ञान विभागों तथा अभिकरणों द्वारा ग्यारहवीं योजना अवधिक के लाभों को समेकित करने तथा भारतीय अनुसंधान एवं विकास प्रणाली की वैश्विक प्रतिस्पर्धात्मकता को बढ़ाने के उद्देश्य से नवीन पहलें करने पर बल दिया गया है। सभी विभागों तथा अभिकरणों ने मन से बाज़ार श्रृंखला में अपनी स्वयं की क्षमता तथा स्थिति के आधार पर कार्यक्रम विकसित किए हैं।

8.38. विज्ञान क्षेत्र के सभी छः विभागों को अपने पणधारकों की आकांक्षाओं को पूरा करने के लिए व्यापक प्रयास करने चाहिए। यहां नीचे दिया गया अनुभाग बारहवीं योजना कार्यक्रमों के लिए प्रत्येक विभाग के प्रस्तावों का सारांश प्रस्तुत करता है। समग्र रूप से विज्ञान एवं प्रौद्योगिकी क्षेत्र के परिदेय परिणाम तथा लक्ष्य तथा विभागों के परिदेय परिणाम तथा लक्ष्य अध्याय के अंत में अनुबंध 8.1 में दिए गए हैं।

विज्ञान एवं प्रौद्योगिकी विभाग

बारहवीं योजना के उद्देश्य/प्रबलन

8.39. बाहय अनुसंधान योजनाओं के माध्यम से विज्ञान एवं प्रौद्योगिकी से संबंधित नीतियों के निरूपण तथा अनुसंधान और विकास के संवर्धन में रत विज्ञान और प्रौद्योगिकी विभाग ने ग्यारहवीं योजना अवधि के दौरान काफी अधिक संख्या में सक्रिय योजनाएं तथा उपाय शुरू किए हैं। भारतीय विज्ञान क्षेत्र के विज्ञान एवं प्रौद्योगिकी उत्पादनों में कुछ वर्धमान सुधार हुए है। विभाग वैश्विक नेतृत्वशीलता की ओर भारतीय विज्ञान, प्रौद्योगिकी और नवाचार क्षेत्र की समग्र योजना को समर्थित करने के लिए अपनी बारहवीं योजना के कार्यक्रमों तथा पहलों को संरेखित करने के लिए प्रतिबद्ध है। भारतीय विज्ञान क्षेत्र की बारहवीं योजना प्रस्तावों के क्रियान्वयन के लिए विकसित एक कार्यनीति सक्षमताओं तथा अनुसंधान संसाधनों को संयोजित करने की है। राष्ट्रीय आवश्यकताओं तथा संभावित प्रभाव को ध्यान में रखते हुए बारहवीं योजना अवधि के लिए विज्ञान और प्रौद्योगिकी विभाग की अनेक नई पहलें तैयार की गई है। तथापि, इन प्रयासों से पूर्व समस्त चल रहे कार्यक्रमों की सावधानी पूर्वक संवेदी समीक्षा तथा सफल योजनाओं के साथ साथ ग्यारहवीं योजना की नवीन पहलों के समेकन की भी संवेदी समीक्षा की जानी चाहिए। बारहवीं योजना कार्यक्रम निरूपित करते समय, विभाग ने एक उत्पादन निदेशित विकास पथ को अपनाया है तथा निविष्टियों को प्रत्याशित तथा लक्षित लक्ष्यों के साथ साथ संभावित प्रभावों के साथ संबद्ध किया है।

8.40. ग्यारहवीं योजना के दौरान विज्ञान और प्रौद्योगिकी विभाग की महत्वपूर्ण उपलब्धियां बॉक्स 8.2 में दी गई है।

बारहवीं पंचवर्षीय योजना कार्यक्रम

8.41. अनुसंधान एवं विकास क्षेत्र में विज्ञान और प्रौद्योगिकी के अग्रवर्ती क्षेत्रों में बुनियादी अनुसंधान एक प्राथमिकता बना रहेगा। चूंकि बुनियादी अनुसंधान द्वारा दीर्घावधिक क्षैतिज (समय) में अनुप्रयोगों को शुरू किए जाने की संभावना होती है, बुनियादी अनुसंधान में निवेश सामान्यतः एक्स्ट्रा म्यूरल अनुसंधान निधियन की प्रतिस्पर्धी अनुदान मॉडल नियोजनकारी संकल्पनाओं के आधार पर

बॉक्स 8.2

ग्यारहवीं योजना अवधि के दौरान विज्ञान और प्रौद्योगिकी विभाग की महत्वपूर्ण उपलब्धियां/विकास

संगठनात्मक

- राष्ट्रीय विज्ञान और अभियांत्रिकी अनुसंधान बोर्ड (एसईआरबी) की स्थापना एक स्वायत निधियन निकाय के रूप में की गई है तथा इसने भूतपूर्व विज्ञान और अभियांत्रिकी अनुसंधान परिषद (एसईआरसी) से प्रमुख भूमिका का अधिग्रहण किया है।
- विज्ञान और प्रौद्योगिकी विभाग ने नवीन संस्थानों की स्थापना भी की है। नामतः राष्ट्रीय नवाचार फाउंडेशन (एनआईएफ), अहमदाबाद तथा विज्ञान एवं प्रौद्योगिकी उच्च अध्ययन संस्थान, गुवाहाटी, राष्ट्रीय आण्विक सामग्री केंद्र, तिरुवनंतपुरम तथा नैनो विज्ञान एवं प्रौद्योगिकी संस्थान, मोहाली।

संवर्धनात्मक

- देश में बुनियादी अनुसंधान को संवर्धित करने के लिए एक सबसे बड़ी योजना विज्ञान और अभियांत्रिकी अनुसंधान परिषद (एसईआरसी) ने वार्षिक रूप से लगभग 1800–2000 नई परियोजनाओं को समर्थित किया जिसके परिणाम स्वरूप 7500 से अधिक वैज्ञानिक प्रकाशन प्रकाशित किए गए हैं, विश्वविद्यालयों तथा उच्चतर शैक्षिक संस्थानों में आधुनिकतम अनुसंधान एवं विकास सुविधाओं के रूप में विज्ञान और प्रौद्योगिकी अवसंरचना सुधार हेतु निधि के तहत पांच सौ विभागों की सहायता की गई थी।
- विश्वविद्यालयों में अनुसंधान एवं विकास में सुधार लाने तथा उसे समर्थित करने के लिए विश्वविद्यालय अनुसंधान एवं वैज्ञानिक उत्कृष्टता का संवर्धन (पीयूआरएसई) तथा विश्वविद्यालय अनुसंधान, नवाचार तथा उत्कृष्टता का सुदृढ़ीकरण (सीयूआरआईई) शुरू किया गया है।
- अनुसंधान में उत्कृष्टता को समर्थित करने के लिए दो सा सात जेसी बोस राष्ट्रीय फैलोशिप, 155 रामानुजन फैलोशिप, तथा 323 बॉयकास्ट फैलोशिप प्रदान किए गए। विज्ञान में योग्य व्यक्तियों को आकृष्ट करने तथा विद्यालय स्तर से ही शुरू करते हुए विद्यार्थियों को पोषित करने के लिए इन्स्पायर नाम प्रमुख योजना की शुरूआत की गई है तथा लगभग 14000 विद्यार्थियों को एसएचई छात्रवृत्तियां दी गई है, कक्षा 6 से 10 तक की कक्षाओं में विद्यार्थियों के लिए 6 लाख से अधिक अवार्ड तथा डाक्टरेट उपाधियों का परिशीलन करने हेतु 1200 इन्स्पायर फैलोशिप प्रदान किए गए है तथा इन्स्पायर फैकल्टी (संकाय) अवार्ड 74 पोस्ट–डॉक्टरल छात्रों को दिए गए हैं।

विज्ञान और प्रौद्योगिकी की झलकें

- विशिष्ट अंत प्रयोग पर लक्षित अनेक प्रौद्योगिकियां विकसित की गई हैं जिनमें निम्न शामिल हैं:– अंगोरा ऊन के लिए वातावरणिक प्लाज़्मा प्रक्रियान्वयन प्रणाली, जीवाणु सह एडसोर्बेंट मार्ग का प्रयोग करते हुए आर्सेनिक रिमूवल प्रौद्योगिकी तथा पेय जल में लौह तथा खारेपन को हटाने के लिए सीरेमिक मेम्ब्रेन–रिवर्स ओस्मोसिस आधारित लौह बहिष्करण सयंत्र; स्पेस ऑप्टिक्स अनुप्रयोगों के लिए विशाल कैमिकल वैपोर डिपॉजिशन (सीवीडी) लेपित सिलीकॉन कार्बाइड सबस्ट्रेट्स का विकास।
- श्री चित्रतिरुनल आयुर्विज्ञान तथा प्रौद्योगिकी संस्थान, तिरुवनंतपुरम ने सफलतापूर्वक स्वदेशी प्रौद्योगिकियों का वाणिज्यीकरण किया है जैसे चित्रा हार्ट वाल्व, बायोसेरा मिक बोन ग्राफ्ट, ओपथाल्मिक स्पांज इत्यादि। अंतरराष्ट्रीय चूर्ण धातुकर्म और नवीन पदार्थ उन्नत अनुसंधान केन्द्र (एआरसीआई), हैदराबाद ने मिसाईल कार्यक्रम के लिए आईआर ट्रांसपेरेंट जेडएनएस डोम्स का विकास तथा आपूर्ति डीआरडीओ को की है, भारतीय अंतरक्षि अनुसंधान संगठन (इसरो) के लिए उपग्रह शीशों के लिए हल्के भार वाले एसआईसी सबस्ट्रेटों का विकास तथा आपूर्ति की हैं तथा फास्ट ब्रीडर रिएक्टर (एफबीआर) क्लैट टयूबों के लिए आक्साईड डिसपर्सन सुदृढीकृत स्टील (ओडीएस) का विकास तथा आपूर्ति की है। रमन अनुसंधान संस्थान (आरआरआई) बंगलौर ने आरम्भिक ब्रह्मांड के पुनः आयोनीकरण युग का अध्ययन किया तथा नैनो स्केल ताप कंडक्टरों के सृजन पर शोध पत्र भी प्रकाशित किए जिसका कंप्यूटर कनेक्टरों में ताप विसारण को न्यूनतम करने में व्यावहारिक अनुप्रयोग किया जाता है।
- औषध तथा भेषज अनुसंधान कार्यक्रम के तहत स्टेम कोशिका प्रौद्योगिकियों तथा पुनः सर्जक औषधि का विकास करने के लिए 25 सहयोगात्मक अनुसंधान एवं विकास परियोजनाएं तथा नैदानिक अनुसंधान सुविधा जैसी 15 नवीन सुविधाओं को अग्रणी उद्योगों के साथ क्रियान्वित किया गया है। कार्यक्रम 10 उत्पाद पेटेंटों को दायर करने में परिणामी हुआ है। विकसित किए गए कुछ महत्वपूर्ण उत्पादों में ये शामिल हैं: (1) ओस्टेयोपोरोसिस के लिए बोनिस्टा; (2) एचआईवी/एड्स प्रबंधन के लिए रिसेप्टोल; तथा (3) नवजात के हेमोलिटिक रोग (एचडीएन) के लिए रोक्लोन। सोरेसिस, माइग्रेन, मलेरिया तथा ग्लूकोमा रोग संबंधित अनेक औद्योगिक अग्र उपाय नैदानिक परीक्षण के विभिन्न चरणों (चरण 1 तथा 3) के लिए किए जा रहे हैं। सरकारी निजी भागीदारी के जरिए मलेरिया प्रतिरोध हेतु एक औषध का विकास किया गया है।

प्रमुख सुविधाएं

- अनेक प्रगत अनुसंधान एवं विकास सुविधाएं स्थापित की गई है। इनमें से उल्लेखनीय कुछ सुविधाएं हैं, आईआईएससी, बंगलौर में स्वच्छ कक्ष सुविधाएं, जवाहरलाल नेहरु उच्च वैज्ञानिक अनुसंधान केंद्र (जेएनसीएएसआर), बंगलौर में अल्ट्रा हाइ रेज़ोल्यूशन एबेरेशन करेक्टिड ट्रांसमिशन इलेक्ट्रॉन माइक्रोस्कोप (टीईएम); तथा एआरसीआई, हैदराबाद में सेंटर फॉर नॉलेज मैनेजमेंट ऑफ नैनो साइंस एण्ड टेक्नोलॉजी (सीकेएमएनटी)। आईआईटी, खड़गपुर, कुरूक्षेत्र विश्वविद्यालय तथा इलाहाबाद विश्वविद्यालय में तीन एक्सेलेटर आधारित अनुसंधान सुविधाओं को भी स्थानित किया गया है। इसके अतिरिक्त केईके, सकुबा, जापान में फोटोन में नैनो सामग्री अनुसंधान के लिए एक भारत–जापान बीम लाइन की स्थापना भी की गई है। भारत ने भारतीय वैज्ञानिक द्वारा अभिगम हेतु डीईएसवाई, नैनो आकारित एक्सरे स्रोत में पेट्रा 3 सिंक्रोट्रॉन विकिरण सुविधा में समतुल्य टाइम्स 13 बीम लाइन को भी लीज़ पर दिया है।
- निम्न वातावरणिक ऑब्ज़र्वेटरी सुविधाएं स्थापित की गई हैं/सृजित की जा रही हैं:– 1) 1.3 मी. आप्टीकल टेलीस्कोप; 2) 3.6 मी. देवस्थल ऑप्टिकल टेलीस्कोप; 3) उच्च एनर्जी पल्स एलआईडीए प्रणाली; 4) समर्पित भारतीय खगोलशास्त्रीय मिशन एस्ट्रोस्टेट के लिए पेलोड के रूप में एक अल्ट्रावायलेट छविकरण टेलीस्कोप (यूवीआईटी) की निर्मिति तथा विकास; 5) पूर्ण सौर ग्रहणों के जरिए सौर कोरोना का अध्ययन करने के लिए प्रयोगों का अभिकल्पन विकास तथा निष्पादन; 6) भारतीय खगोलशास्त्रीय ऑब्जर्वेटरी हानले में उच्च अल्टीट्यूड गामा रे – (एचएजीएआर) टेलीस्कोप प्रणाली।

किए जाते हैं। सरकार के विभिन्न विभागों तथा सहायों में से विज्ञान और प्रौद्योगिकी विभाग देश में बाह्य अनुसंधान निधियन के प्रमुख स्रोत के रूप में उभरा है। हाल के समय में, विभाग ने भारत में बुनियादी अनुसंधान के समर्थन के लिए एक स्वायतः अभिकरण तथा वैकल्पिक प्रक्रम के रूप में विज्ञान और अभियांत्रिकी अनुसंधान बोर्ड की स्थापना भी की है।

बुनियादी अनुसंधान में परिदृश्य – भारत की वैश्विक स्थिति निर्धारण हेतु कार्यनीतियां

8.42. विज्ञान और प्रौद्योगिकी विभाग (डीएसटी) ने बुनियादी अनुसंधान को समर्थित करने के लिए बारहवीं योजना के दौरान निवेशों के लिए अपने प्रस्ताव करने के लिए यथा संभव सीमा तक साक्ष्याधारित दृष्टिकोणों को अपनाया है। विज्ञान और प्रौद्योगिकी विभाग ने वैज्ञानिक प्रकाशनों के अर्थ में बुनियादी अनुसंधान में भारतीय वैज्ञानिकों के प्रति व्यक्ति उत्पादनों की तुलना करने का प्रयास किया है। तथा वैश्विक क्रम निर्धारण में भारत की सापेक्ष स्थिति को सुधारने के लिए राष्ट्रीय कार्यनीतियों का विकास किया है। वैयक्तिक प्रकाशनों की वृद्धि दर पिछले तीन वर्षों के दौरान 14 प्रतिशत से अधिक रही है। यदि भारतीय क्रम को प्रमात्रा पर आधारित बुनियादी अनुसंधान में बारहवीं योजना अवधि के दौरान वर्तमान नौवें क्रम से सुधार कर छठे क्रम पर आना है, तो वैज्ञानिक प्रकाशनों की कुल संख्या वर्तमान स्तर से बढ़कर कम से कम 62,500 प्रति वर्ष हो जानी चाहिए।

8.43. विज्ञान और इंजीनियरी अनुसंधान बोर्ड (एसईआरबी) योजना को बारहवीं योजना के दौरान सुदृढ़ किया जाएगा। परियोजना निधियन के वर्तमान मॉडलों के अतिरिक्त, एसईआरबी का प्रस्ताव सिद्ध रिकॉर्ड के अनुसंधानकर्ताओं में निवेश करने तथा नियत बजट एवं पुरस्कार निष्पादन संबंधों वाले अनुदान मॉडल पर आधारित लगभग 200–250 केंद्रों की स्थापना करने का है। व्यक्तियों के एक समूह के आसपास 'उत्कृष्टता केंद्र' भी स्थापित किए जाएंगे। देश के भीतर विज्ञान के संगत प्रगत क्षेत्रों में निष्पादनकारी वैज्ञानिको के आस पास वैज्ञानिक अनुसंधान में उन्नत केंद्रों का प्रस्ताव है।

8.44. *विश्वविद्यालय क्षेत्र में अनुसंधान में नवजीवन संचारः* विगत तीन वर्षों के दौरान, विज्ञान और प्रौद्योगिकी विभाग इन विश्वविद्यालयों के एच–सूचकांकों तथा वैज्ञानिक प्रकाशनों की प्रमात्रा पर आधारित विश्वविद्यालय अनुसंधान तथा वैज्ञानिक उत्कृष्टता संवर्धन (पर्स) के जरिए विश्वविद्यालय क्षेत्र में निवेश करता रहा है। पर्स योजना की सफलता इस बात से स्पष्ट है कि सहायता के लिए पात्र विश्वविद्यालयों की संख्या 2008 में 14 से बढ़कर 2010 में 44 हो गई है। पर्स के माध्यम से सहायता प्राप्त कर रहे विश्वविद्यालयों के प्रकाशनों का सामूहिक हिस्सा 15 प्रतिशत से भी कम से बढ़कर 2010 की स्थिति के अनुसार 25 प्रतिशत हो गया है। डेटा का विश्लेषण दर्शाता है कि वैज्ञानिक प्रकाशनों में रत शीर्ष 50 भारतीय संस्थाओ में से 23 संस्थाएं विश्वविद्यालय क्षेत्र से है। विश्वविद्यालय क्षेत्र से उद्भूत प्रकाशनों के लिए प्रति शोध पत्र उद्धरणों का आगे और विश्लेषण निर्दिष्ट करता है कि कुल मिलाकर सात विश्वविद्यालय 2004–09 की अवधि के सदृश डेटा के लिए प्रति शोध पत्र उद्धरण 3.47 प्रति शोध पत्र के राष्ट्रीय औसत से उच्च स्तर पर दर्ज करते है। सभी 25 विश्वविद्यालयों की स्थिति अन्य अंतरराष्ट्रीय अनुसंधान एव विकास केंद्रों के साथ सहयोग करने पर प्रति शोध पत्र उद्धरणों के मामले में उच्चतर है। बारहवीं योजना के दौरान निष्पादनकारी विश्वविद्यालयों के लिए अंतरराष्ट्रीय विज्ञान एवं प्रौद्योगिकी सहयोग का संवर्धन करने के लिए नई योजनाएं प्रस्तावित हे।

8.45. *विज्ञान क्षेत्र में निष्पादन अवलोकनः* समग्र रूप से, विज्ञान एवं प्रौद्योगिकी विभाग में सहायता प्राप्त करने वाली विभिन्न संस्थाओं तथा व्यक्तियों से उद्‌भूत वैज्ञानिक प्रकाशनों का प्रतिशत हिस्सा (समान अनुसंधानकर्ताओं तथा संस्थाओं को अन्य स्रोतो द्वारा निधियन से योगदानों को कम किए बिना) वर्तमान में विज्ञान उद्धरण सूचकांक (एससीआई) सूचकांकित जरनलों में भारतीय प्रकाशनों के 40–42 प्रतिशत पर उच्च निर्धारित किया जा सकता है। तथापि, वैयक्तिक तथा संस्थाओं की अनुसंधान एवं विकास बहिर्विष्टियां पूर्णरूपेण बुनियादी अनुसंधान हेतु विज्ञान और प्रौद्योगिकी विभाग द्वारा प्रदत्त सहायता पर अधिरोपित नहीं की जा सकती। विज्ञान एवं प्रौद्योगिकी विभाग का प्रस्ताव कारण अधिरोपित किए बिना भारतीय अनुसंधान और विकास प्रणाली के विज्ञान एवं प्रौद्योगिकी बहिर्विष्टि संकेतकों की निगरानी करने के लिए विज्ञान ऑब्ज़र्वेटरी के साथ साथ प्रौद्योगिकी ऑब्जर्वेटरी भी स्थापित करने का है। ऐसे उपाय आयोजना साधनों तथा निर्णय सहायता प्रणालियों के रूप में आवश्यक समझे जाते हैं।

8.46. *राष्ट्रीय विज्ञान और इंजीनियरी अनुसंधान बोर्ड (एसईआरबी): बुनियादी अनुसंधान के निधियन का नया माध्यमः* एसईआरबी देश में बुनियादी अनुसंधान का संवर्धन करने के लिए एक नवीन संगठन तथा प्रक्रम के रूप में उभर रही है। विज्ञान एवं इंजीनियरी अनुसंधान परिषद् (एसईआरसी) बाह्य अनुसंधान सहायता हेतु एक राष्ट्रीय फ्लैगशिप है। अन्वेषक आधारित अनुसंधान अनुदान मॉडलों के लिए एसईआरसी के चल रहे कार्यक्रमों तथा ट्रैक रिकॉर्डों पर आधारित वैयक्तिक वैज्ञानिकों पर निवेश संबंधी कार्रवाई एसईआरबी द्वारा की जाएगी। नए संगठन द्वारा निम्न लाभ प्रदान किए जाने की आशा हैः– 1) निधियन अभिकरणों के स्वरूप तथा दक्षता के समनुरूप अभिशासन प्रक्रियाओं की पुनः इंजीनियरी तथा यौक्तीकरण 2) सरकार के अन्य सहायक संगठनों तथा निजी क्षेत्र को अनुसंधान एवं विकास निधियन में नामांकित करना तथा 3) अनुसंधान निधियन में नम्यता तथा गति। व्यष्टियों में निवेश करने के लिए विज्ञान और प्रौद्योगिकी विभाग द्वारा प्रस्तावित कुछ नवीन पहलें एसईआरबी द्वारा क्रियान्वित की जाएंगी। विज्ञान और प्रौद्योगिकी विभाग का प्रस्ताव विज्ञान और प्रौद्योगिकी विभाग की चल रही तथा कुछ नवीन पहलों की सहायतार्थ बारहवीं योजनावधि के दौरान एसईआरबी के माध्यम से अपने बजटीय संसाधनों के 35 प्रतिशत तक का निवेश करने का है।

8.47. *विज्ञान एवं प्रौद्योगिकी क्षेत्र में शीर्षस्थ छः वैश्विक शक्तियों में से एक के रूप में उभरने की सामरिक कार्यनीतिः* विज्ञान एवं प्रौद्योगिकी क्षेत्र में शीर्षस्थ छः वैश्विक शक्तियों में से एक के रूप में उभरने की भारतीय आकांक्षा को पूरा होने के लिए दोहरी कार्यनीतियों की आवश्यकता होगी। विश्व में शीर्षस्थ छः राष्ट्रों में पहुंचने के लिए भारत से वैज्ञानिक प्रकाशनों की प्रमात्रा अंश को बढ़ाने के लिए पूर्ण कालिक समतुल्य (एफटीई) अनुसंधान एवं विकास कार्मिकों की संख्या को बढ़ाना लगभग 2,50,000 करने की आवश्यकता होगी। यह अंशतः निम्न द्वारा हासिल किया जा सकता हैः– 1) निष्पादनकारी संस्थाओं में वैज्ञानिकों की सघनता को बढ़ाकर, तथा 2) महाविद्यालयों तथा विश्वविद्यालयों में अकादमिक क्षेत्र को उपलब्ध अंतर्हित संभाव्यताओं में बाहर लाकर। विज्ञान और प्रौद्योगिकी विभाग ने विश्वविद्यालय क्षेत्र में अनुसंधानकर्ताओं को सूचीबद्ध करके अनुसंधान एवं विकास व्यावसायिकों की प्रमात्रा तथा सघनता को बढ़ाने के लिए योजनाएं प्रस्तावित की हैं।

अनुसंधान एवं विकास आधार के सुदृढ़ीकरण तथा विस्तार हेतु दृष्टिकोण

8.48. *कार्यक्रमोन्मुखी दृष्टिकोणः* बारहवीं योजना अवधि के दौरान, विज्ञान और प्रौद्योगिकी विभाग ने अनेक नई पहलें प्रस्तावित की हैं। वे हैंः– 1) 1,000 विदेशी डॉक्टरल छात्रवृत्तियां, 2) 250 विदेशी पोस्ट डॉक्टरल अध्येतावृत्तियां, 3) नियोजित वैज्ञानिकों के लिए महिला प्रेरण योजना 4) महाविद्यालयों तथा विश्वविद्यालयों से लगभग 500 अध्यापकों को शामिल करने के लिए पीआई आधार को बढ़ाना, 5) भारतीय अकादमिक क्षेत्र में संकाय समनुदेशन ग्रहण करने के लिए भारतीय जनता के लिए शुरूआती अनुसंधान अनुदान, 6) विज्ञान कार्यक्रम में महिलाओं के लिए 'दिशा, 7) विज्ञान अध्यापन के लिए अध्यापकों की नियुक्ति, 8) वैश्विक स्थितिनिर्धारण हेतु संस्थाओं के लिए चुनौती अवार्ड तथा 9) राष्ट्रीय उन्नत अनुसंधान केंद्र।

8.49. *प्रौद्योगिकी विकास और नियोजनः* विज्ञान और प्रौद्योगिकी विकास और नियोजन कार्यक्रमों के संबंध में बदलती पणधारक आकांक्षाओं के प्रति अनुक्रिया व्यक्त की है। जबकि विगत योजनाओं में प्रौद्योगिकी विकास और नियोजन के तहत विज्ञान और प्रौद्योगिकी विभाग के कार्यक्रम सामान्यतः सार्वजनिक निधिपोषित संस्थाओं द्वारा विकसित प्रौद्योगिकियों की व्यवहार्यताओं का प्रदर्शित करने पर केन्द्रित थे, इस उद्देश्य के तहत बारहवीं योजना के लिए प्रस्तावों का विकास एक भिन्न निदर्शन के तहत किया गया है। प्रौद्योगिकियों के लिए प्रयोक्ता आवश्यकताओं को प्रौद्योगिकी लक्ष्यों का चयन करने में उच्च प्राथमिकता प्रदान की गई हैं। नवीन दृष्टिकोण वास्तविक जीवन चुनौतियों का समाधान करने के लिए एक प्रौद्योगिकी मंच प्रस्तावित किया गया है। प्रौद्योगिकी मंचों द्वारा प्रौद्योगिकी क्षेत्र में विज्ञान एवं प्रौद्योगिकी विभाग के कार्य क्षेत्र को बड़ा किए जाने की

आशा है। विभाग ने कुल आठ मंचों का प्रस्ताव किया है। जलवायु परिवर्तन कार्यक्रम, भारत के सर्वेक्षण (एसओआई) का आधुनिकीकरण तथा राष्ट्रीय एटलस और विषय क्षेत्र संगठन (एनएटीएमओ) तथा प्रतिव्यक्ति आय में वृद्धि के लिए जिला स्तरीय प्रौद्योगिकी उपाय बारहवीं योजना कार्यक्रमों के नए उद्देश्य हैं। प्रौद्योगिकी नियोजन संवर्धन पर उतना ही ध्यान दिया जाएगा जितना प्रौद्योगिकी विकास पर दिया जाता है। कृषि, रसायन, जल, ऊर्जा आवश्यकता, पर्यावरणीय स्थायित्व तथा वहनीय मानक स्वास्थ्य देखभाल महत्ता के क्षेत्र होंगे। जैव चिकित्सीय युक्तियों इंजीनियरी तथा प्रौद्योगिकी के लिए प्रौद्योगिकी मिशन को बारहवीं योजना अवधि के दौरान क्रियान्वित करने का प्रस्ताव है।

8.50. *विज्ञान एवं प्रौद्योगिकी विभाग को शामिल करने वाली भागीदारियों तथा गठबंधन और विज्ञान एवं प्रौद्योगिकी की समाज संविदा के शोधन हेतु कार्यक्रम:* प्रौद्योगिकी विकास तथा नियोजन हेतु भागीदारियां तथा गठबंधन अनिवार्य संबंध पूंजियों का निर्माण करते हैं। भागीदारियों और गठबंधनों के तहत कार्यक्रमों के उद्देश्य राष्ट्रीय संबंधों के तहत सामान्यतः सरकारी निधिपोषित अनुसंधान से अनुसंधान एवं विकास बहिर्विष्टियों के मूल्य सृजन हेतु पारस्परिकता और समानता के सिद्धांत पर आधारित होते हैं। सरकारी निजी भागीदारियों तथा केंद्र राज्य प्रौद्योगिकी भागीदारियों के लिए नवीन प्रक्रम प्रस्तावित किए गए हैं। द्विपक्षीय तथा बहुपक्षीय विज्ञान और प्रौद्योगिकी सहयोग के लिए स्थापित प्रक्रमों को नियोजित करने का प्रस्ताव है। संयुक्त (आभासी) केंद्रों तथा प्रौद्योगिकी अनुप्रयोगों तथा पहुंच हेतु पूर्वोत्तर केंद्र जैसे पैन–इण्डिया मिशनों में योगदान नई योजनाओं का निर्माण करते हैं। विज्ञान एवं प्रौद्योगिकी की सामाजिक संविदा विभाग का एक महत्वपूर्ण कार्यक्रम रही हैं। विज्ञान और प्रौद्योगिकी कार्यक्रम के हाल ही में ग्रामीण भारत को प्रौद्योगिकियों का परिदाय करने के लिए नवीन प्रक्रम उपलब्ध कराने हेतु ग्रामीण भारत के लिए विज्ञान और प्रौद्योगिकी परिषद् (सीएसटीआरआई) का गठन किया है। समाज के कमज़ोर वर्गों के लिए विशेष योजनाओं का क्रियान्वयन सीएसटीआरआई के माध्यम से किया जाएगा।

8.51. *सुपर कम्प्यूटिंग में क्षमता निर्माण और क्षमता:* पेटा स्तर पर सुपर कम्प्यूटिंग क्षमताओं के सृजन और स्कैलिंग क्षमताओं पर एक राष्ट्रीय कार्यक्रम की संकल्पना की गई है, जिसके लिए डीएसटी को समन्वय दायित्व सौंपे गए हैं। बारहवीं योजना अवधि के दौरान मानव संसाधन विकास मंत्रालय के साथ विज्ञान अध्यापन की गुणवत्ता बढ़ाने के लिए तथा मेगा विज्ञान हेतु विशाल अनुसंधान और विकास कार्यालय संरचना के सृजन हेतु परमाणु ऊर्जा विभाग के साथ गठनबंधन और भागीदारी के कार्यक्रमों को और भी विकसित किया जाएगा।

8.52. *मौजूदा स्वायत्त सहायता अनुदान अनुसंधान संस्थानों का सुदृढ़ीकरण:* डीएसटी की ओर से देश भर के कुल 13 अनुसंधान संस्थानों को सहायता दी जाती है। इन संस्थानों की स्थापना जाने माने वैज्ञानिक और नागरिकों द्वारा की गई है। इनमें से कुछ संस्थान यहां नियुक्त वैज्ञानिक कार्मिकों की संख्या के संदर्भ में कम है, इसके बावजूद ये उच्च प्रभाव डालने वाले प्रकाशनों की राष्ट्रीय हिस्सेदारी में योगदान सहित वैज्ञानिक परिणामों के प्रमुख स्रोतों के रूप में उभरे हैं। इनमें से कुछ संस्थानों ने उच्च प्रभाव डालने वाले प्रकाशनों में भारत की हिस्सेदारी बढ़ाने में महत्वपूर्ण भूमिकाएं निभाने में स्वयं को संलग्न किया है। बारहवीं योजना के दौरान इन संस्थानों के लिए एक सामरिक निधिकरण समर्थन उच्च प्रभाव डालने वाले वैज्ञानिक प्रकाशनों की राष्ट्रीय हिस्सेदारी में इनके योगदान पर आधारित हैं और इनके उद्धरण की आवृत्तियां कार्यान्वित करने का प्रस्ताव है। यह प्रस्तावित है कि बारहवी योजना अवधि के दौरान अंतरराष्ट्रीय या राष्ट्रीय विशेषज्ञों द्वारा इन मौजूदा सहायता अनुदान संस्थानो के निष्पादन की समीक्षा की जाए। यदि आवश्यक हो तो प्रस्तावित समीक्षा दलों के विचारार्थ विषयों में दिशात्मक बदलावों तथा शासन मॉडल के लिए सिफारिशों हेतु सुझाव शामिल होंगे।

8.53. *डीएसटी के अधीन अनुसंधान और विकास समर्थन एवं ज्ञान सेवा संगठनों का सुदृढ़ीकरण:* डीएसटी द्वारा प्रौद्योगिकी विकास बोर्ड (टीडीबी), प्रौद्योगिकी सूचना पूर्वानुमान और आकलन परिषद (टाइफैक), विज्ञान प्रसार (वीपी), राष्ट्रीय परीक्षण प्रयोगशाला प्रत्यायन बोर्ड (एनएबीएल), उत्तम प्रयोगशाला प्रथा (जीएलपी), भारतीय सर्वेक्षण और राष्ट्रीय एटलस तथा विषय क्षेत्र संगठन (एनएटीएमओ) तथा नेशनल स्पेटियल डेटा इंफ्रास्ट्रक्चर को समर्थन जारी रहेगा। ये संगठन अपने प्रक्षेत्र में विशेष और महत्वपूर्ण जरूरतों के लिए सेवाएं देते हैं। अनुसंधान और विकास के लिए टीडीबी की भूमिका बारहवीं योजना के दौरान उल्लेखनीय रूप से विस्तारित करने का प्रभाव है। टाइफैक की ओर से इसके कार्यक्रमों पर पुनः फोकस और भारत के लिए प्रौद्योगिकीय संकल्पना 2035 के विकास में भाग लेने तथा अधिदेशित लक्ष्यों को बेहतर रूप से पूरा करने का प्रस्ताव है। विज्ञान प्रसार विज्ञान के संप्रेषण में एक अनोखे स्थान पर कार्य करता है। विशेष रूप से यह सामग्री और नए संचार साधनों तथा तकनीकों के विकास हेतु कार्य करता है। विज्ञान

प्रसार के अनुसंधान और विकास परिणामों की बड़ी आउटरीच हेतु गठबंधन और भागीदारी का प्रस्ताव है। एनएबीएल विश्व मंच पर एक प्रमुख राष्ट्रीय प्रत्यायन निकाय के रूप में उभरा है। इस निकाय को सरकारी अनुदान प्राप्त नहीं होता है और यह विशेष स्थान में संलग्न है। इस संगठन को क्षेत्रीय केन्द्रों की स्थापना तथा इसके कार्य के विस्तार द्वारा पहुंच बढ़ाने का प्रस्ताव है। सह प्रस्तावित है कि भारतीय सर्वेक्षण को आधुनिक बनाया जाए तथा एसओआई एवं एनएटीएमओ के लिए नई प्रशासनिक शासन प्रणालियां लाने का भी प्रस्ताव है।

8.54. **राष्ट्रीय भौगोलिक सूचना प्रणाली (एनजीआईएस):** देश के तीव्र विकास एवं विकासात्मक कार्यकलापों को पूरा करने के लिए एनजीआईएस कार्यक्रम के अंतर्गत राष्ट्रीय भौगोलिक संगठन (आईएनजीओ) की स्थापना के माध्यम से यथा परिकल्पित एक सुदृढ़ सूचना एवं निर्णय सहायता प्रणाली स्थापित करने का प्रस्ताव है। इस प्रयास को इसरो, डीआईटी, एनआईसी, डीएसटी, एसओआई, एमओईएस आदि जैसी एजेंसियों के नेटवर्क के माध्यम से पूरा किया जाएगा। इस प्रक्रिया से सरकारी, औद्योगिक, शैक्षणिक तथा नागरिक सहित शिक्षा एवं अनुसंधान जैसे क्षेत्रकों के विभिन्न विकासात्मक कार्यकलापों को बढ़ावा मिलेगा।

8.55. विज्ञान और प्रौद्योगिकी विभाग के लिए बारहवीं पंचवर्षीय योजना के लिए वर्तमान मूल्यों पर ₹21,596 करोड़ का सांकेतिक योजना परिव्यय किया गया है।

जैव प्रौद्योगिकी विभाग

बारहवीं योजना के उद्देश्य/प्रबलन

8.56. बारहवीं योजना के दौरान क्षेत्र के लिए जैव प्रौद्योगिकी विभाग की समग्र कार्यनीति है "मूलभूत विज्ञानों में भारत की शक्ति को सामरिक क्षेत्र के रूप में लेकर जैव प्रौद्योगिकी को आगे बढ़ाने के

बॉक्स 8.3

राष्ट्रीय कार्यक्रमों के सुदृढ़ीकरण हेतु अंतरराष्ट्रीय सहयोग स्टेनफोर्ड - इंडिया बायोडिजाइन कार्यक्रम से यात्रा - राष्ट्रीय बायोडिजाइन गठबंधन के शुभारंभ हेतु एक नवीन सहयोगात्मक प्रौद्योगिकी नवाचार

जैव इंजीनियरी और जैव डिजाइन में भौतिक, रासायनिक या गणित विज्ञान और अभियांत्रिकी को जीव विज्ञान, काय चिकित्सा, व्यवहार या स्वास्थ्य के अध्ययनों के लिए समेकित किया जाता है। यह मूलभूत संकल्पनाओं को उन्नत बनाता है, आण्विक से लेकर अंग प्रणाली स्तरों तक ज्ञान का सृजन करता है और नवाचारी जैविक पदार्थों, सामग्रियों, प्रक्रियाओं, इम्प्लांट, युक्तियों का विकास करता है तथा रोग की रोकथाम, निदान और इसके इलाज, रोगी पुनर्वास के लिए तथा स्वास्थ्य में सुधार के लिए सूचना विज्ञान के मार्ग अपनाता है।

मानव संसाधनों और जैव डिजाइन तथा चिकित्सा प्रौद्योगिकी विकास के संदर्भ में क्षमता निर्माण की जरूरतों को पहचानते हुए जैव प्रौद्योगिकी विभाग ने पांच वर्ष की अवधि के लिए स्टेनफोर्ड यूनिवर्सिटी, यूएसए के साथ एक सहयोगात्मक उद्यम के रूप में वर्ष 2008 – 09 में "स्टेनफोर्ड इंडिया बायोडिजाइन इंटर्नशिप" कार्यक्रम का प्रायोजन किया। भारत में इस कार्यक्रम का केन्द्र राष्ट्रीय प्राथमिकताओं के अनुरूप इम्प्लांट, चिकित्सा युक्तियों तथा जैव इंस्ट्रुमेंटेशन के विकास पर फोकस सहित अखिल भारतीय आयुर्विज्ञान संस्थान (एम्स) और भारतीय प्रौद्योगिकी संस्थान (आईआईटी), दिल्ली में है।

अब तक प्राप्त उपलब्धियों में शामिल हैं 1. कुल 20 अध्येताओं और 28 इंटर्न का प्रशिक्षण, 2. इस कार्यक्रम के प्रथम बैच (2008) के अध्येताओं द्वारा "कंसूर" नामक आरंभिक कंपनी का गठन, 3. अन्य अनेक प्रौद्योगिकियों/आदिरूपों का विकास जैसे इंट्राऑसियस युक्ति जो सीमित संसाधन के परिवेश की सीमाओं से उबरने के लिए किसी आपातकालीन स्थिति में इंट्रा ऑसियस इंफ्यूजन के लिए उपयोगी है, रोगी स्थानांतरण युक्ति – रोगी को एक स्थान से दूसरे स्थान तक ले जाना और अंग स्थिरीकरण युक्ति – एक चोट ग्रस्त शरीर के भाग को स्थिर बनाना और समर्थन देना, और 4. सभी देखभाल सुविधाओं में चलने फिरने में अक्षम रोगियों में मल के असंयम के प्रबंधन हेतु कम लागत पर एक बार उपयोग में आने वाली युक्ति का प्रौद्योगिकी अंतरण।

इस कार्यक्रम का दूसरा चरण विकसित आदि रूपों/प्रौद्योगिकियों के वाणिज्यीकरण के लिए परिष्करण, सत्यापन, परीक्षण, व्यापार मॉडल के विकास आरंभ किए गए हैं।

राष्ट्रीय स्तर पर उन्नयनः बारहवीं योजना के दौरान एक कार्यक्रम "राष्ट्रीय बायोडिजाइन गठबंधन" विभिन्न भागीदारों के साथ स्थापित किया गया है जैसे क्षेत्रीय जैव प्रौद्योगिकी केन्द्र, गुड़गांव, ट्रांसलेशनल हेल्थ साइंस एण्ड टेक्नोलॉजी इंस्टीट्यूट, गुड़गांव, इंटरनेशनल सेंटर फॉर जेनेटिक इंजीनियरी एण्ड बायोटेक्नोलॉजी, दिल्ली, आईआईटी दिल्ली, एम्स, दिल्ली और क्रिश्चियन मेडिकल कॉलेज, वेल्लोर। ट्रांसलेशनल हेल्थ साइंस एण्ड टेक्नोलॉजी इंस्टीट्यूट, गुड़गांव, राष्ट्रीय राजधानी क्षेत्र में एक बायोडिजाइन तथा पात्रे नैदानिकी केन्द्र स्थापित किया गया है। अन्य आईआईटी, मेडिकल स्कूलों तथा अन्य संबंधित संस्थानों में बायोडिजाइन की संकल्पना के विस्तार के प्रयास किए जा रहे हैं।

लिए अनुसंधान, नवाचार और विकास में तेजी लाकर इसे वैश्विक प्रतिस्पर्द्धी स्तरों तक ले जाना और समावेशी विकास की रूपरेखा के अंदर जैव अर्थव्यवस्था की समग्र वृद्धि हेतु जैव प्रौद्योगिकियों के अनुप्रयोग का विस्तार करना।"

8.57. ग्यारहवीं योजना के दौरान जैव प्रौद्योगिकी विभाग की उल्लेखनीय उपलब्धियां बॉक्स 8.4 में दी गई हैं।

बारहवीं पंचवर्षीय योजना के कार्यक्रम

8.58. ग्यारहवीं योजना के दौरान जो आधारशिलाएं रखी गई, उन्हें बारहवीं योजना की कार्यनीति के अंतर्गत निवेश, नीतिगत समर्थन, शासन में सुधार तथा निम्नांकित कार्यनीतिक लक्ष्यों के इर्द–गिर्द परियोजनाओं के प्रबंधन पर अधिक ध्यान देकर प्राप्त किया जाएगा:

1. **जैविक तथा अंतर-विषयक स्थान में सभी स्तरों (पीएचडी, पीडीएफ, युवा संकाय) अनुसंधान शोध-छात्र तथा वैज्ञानिकों के उपलब्ध पूल का विस्तार:** विश्वविद्यालयों में जैविक/जीवन विज्ञान विभागों तथा क्लस्टरों, आईआईटी, मेडिकल, पशुचिकित्सा तथा कृषि और फार्मास्युटिकल विश्वविद्यालयों/विभागों, उत्कृष्टता केंद्रों के विस्तार हेतु कार्यक्रम आधारित व्यापक बढ़ावा दिया जाएगा। इसमें अंतर–विषयक जैव–आधारित विज्ञान को मात्रात्मक विज्ञान (रसायन, अभियांत्रिकी तथा भौतिकी) से जोड़ना होगा तथा मानव, प्राणी तथा पादप

बॉक्स 8.4
ग्यारहवीं योजनावधि के दौरान डीबीटी की उल्लेखनीय उपलब्धियां/विकास

- मानव संसाधन विकास संबंधी प्रयासों के तहत अनुसंधान और विकास परियोजनाओं में कुल 5887 अनुसंधान कर्मियों को सहायता दी गई थी जिसमें 1768 कनिष्ठ अनुसंधान फेलो, 1844 वरिष्ठ अनुसंधान फेलो, 1060 अनुसंधान एसोसिएट तथा 70 प्रोफेसरशिप शामिल हैं। इसके अलावा, जीवन विज्ञान तथा बायोटेक्नोलॉजी के 2142 स्नातकोत्तर छात्रों को जैव–प्रौद्योगिकी उद्योग प्रशिक्षण फेलोशिप दी गई जिसमें 200 उद्योग शामिल हैं। विभिन्न अनुसंधान तथा विकास स्कीमों के अंतर्गत लगभग 2410 परियोजनाओं को कार्यान्वित किया गया है जिनकी लागत लगभग 1600 करोड़ रूपए है जिसमें से 26 प्रतिशत (535) परियोजनाएं चिकित्सा जैव–प्रौद्योगिकी तथा संबद्ध क्षेत्रों में, 22 प्रतिशत कृषि तथा जैव–प्रौद्योगिकी के संबद्ध क्षेत्रों में, 21 प्रतिशत बुनियादी अनुसंधान तथा उभरते क्षेत्रों में, 19 प्रतिशत जैव संसाधनों तथा बायो–प्रोस्पेक्टिंग में तथा 12 प्रतिशत क्षमता निर्माण में हैं।
- डीबीटी सहायता के जरिए, प्रभाव कारक 5 और इससे अधिक के कुल 1104 प्रकाशन प्रकाशित हुए; 312 पेटेंट (राष्ट्रीय/अंतरराष्ट्रीय) दायर किए गए तथा 110 पेटेंट प्रदान किए गए, 105 प्रौद्योगिकियां विकसित की गई, 21 प्रौद्योगिकियां उद्योग को हस्तांतरित की गईं और 5 का वाणिज्यीकरण किया गया। कई प्रौद्योगिकियों के हस्तांतरण की प्रक्रिया चल रही है। कृषि की तुलना में, स्वास्थ्य सेवा में प्रौद्योगिकी विकास अधिक हुआ।
- प्रगतिशील मार्गदर्शकों तथा संस्थाओं के इर्द–गिर्द उत्कृष्टता केंद्रो के क्रियाकलापों के अंतर्गत 35 कार्यक्रम समर्थनों तथा 11 व्यक्तिगत परियोजनाओं के परिणामस्वरूप प्रभाव कारक >5 वाले 200 प्रकाशन प्रकाशित हुए; 33 राष्ट्रीय पेटेंट दायर हुए तथा 24 को मंजूरी प्रदान की गई, 37 अंतरराष्ट्रीय पेटेंट दायर हुए और 26 मंजूर किए गए, 10 अनुसंधान सूचनाएं (लीड्स) प्राप्त हुईं तथा 1 प्रौद्योगिकी हस्तांतरित की गई।
- क्लिनिकल विकास सेवा, जीएम फसल ट्रांसलेशनल अनुसंधान, ऊर्जा जैव–विज्ञान, इम्प्लांट्स तथा चिकित्सा उपकरणों हेतु बायो–डिजाइन, स्टेम सेल अनुसंधान, औषधि अनुसंधान, प्राइमैट अनुसंधान तथा पशु–चिकित्सा बायोलॉजिकल्स हेतु दस ट्रांसलेशनल अनुसंधान केंद्र तथा प्लेटफॉर्म स्थापित किए गए। कृषि और स्वास्थ्य सेवा के क्षेत्रों में महाचुनौती स्कीमों तथा नेटवर्क कार्यक्रमों के जरिए बड़ी ट्रांसलेशनल पहलों के फलस्वरूप कई प्रौद्योगिकीय विकास हुए। मलेरिया, डेंगू, हैजा तथा रोटा–वायरस के लिए टीकाओं का चिकित्सकीय परीक्षण विभिन्न चरणों में है। रोटावायरल टीके का परीक्षण तीसरे चरण में है और इसे शीघ्र ही वाणिज्यिकृत किया जा सकता है।
- अनुसंधान और विकास हेतु सात नए संस्थान स्थापित किए गए। ये हैं: (1) ट्रांसलेशनल स्वास्थ्य विज्ञान तथा प्रौद्योगिकी संस्थान, फरीदाबाद; (2) क्षेत्रीय जैव–प्रौद्योगिकी केंद्र, फरीदाबाद; (3) राष्ट्रीय एग्रीफूड जैव–प्रौद्योगिकी संस्थान, मोहाली; (4) राष्ट्रीय जैव–चिकित्सीय जीनोमिक्स संस्थान, कल्याणी; (5) स्टेम सैल बायोलॉजी एंड रीजेनेरेटिव मेडिसिन, बेंगलूर; (6) राष्ट्रीय प्राणी जैव–प्रौद्योगिकी संस्थान, हैदराबाद।
- लघु व्यापार नवप्रवर्तनकारी अनुसंधान पहल (एसबीआईआरआई) तथा जैव–प्रौद्योगिकी उद्योग साझेदारी कार्यक्रम (बीआईपीपी) के अंतर्गत, अब तक 100 पीपीपी परियोजनाएं शुरू की गई हैं जिनके परिणामस्वरूप कृषि, स्वास्थ्य सेवा तथा इंस्ट्रूमेंटेशन में 6 भारतीय पेटेंट हुए हैं तथा 16 प्रौद्योगिकियों का विकास किया गया है। बीआईपीपी के अंतर्गत सहायता–प्राप्त 60 परियोजनाओं से 51 कंपनियों (27 छोटी, 12 मंझोली तथा 12 बड़ी कंपनियां) को लाभ हुआ।
- सार्वजनिक क्षेत्रक द्वारा विकसित जीएम फसलें, जैसे–कीटरोधी काबुली चना, चावल, बैंगन, सूखारोधी मूंग, सूर्यमुखी तथा हाइब्रिड सत्व (वाइगर) युक्त सरसों विनियामक प्रक्रिया में हैं। चावल, गेहूं, कॉर्न और सरसों के लिए संवर्द्धित मॉलिक्युलर ब्रीडिंग कार्यक्रम शुरू किया गया है तथा प्रोटीन–समृद्ध मक्का का पहले ही वाणिज्यीकरण किया जा चुका है।

विज्ञान प्रणालियों में जैविक और अंतर–विषयक विज्ञानों का विस्तार करना होगा ताकि व्यवहार्य प्रतिरूप प्रणाली के साथ ज्ञान की वृहत्तर रूपांतरणीयता हासिल की जा सके।

2. **जैव-आर्थिकी तथा सामाजिक प्रभाव के लिए संस्थानों तथा विश्वविद्यालयों में मौजूदा दक्षताओं का सहयोजन तथा संवर्द्धनः** मौजूदा दक्षता को परस्पर संबद्ध करने के लिए डीबीटी संस्थाओं के अंतर–विभागीय तथा सांस्थानिक केंद्रों और प्राकारबाह्य (एक्सट्राम्यूरल) केंद्रों से, जिसमें संकाय तथा मापक्रमनीयता के लिए उपयुक्त अनुबंधगत कैरियर हो, अंतर–विषयक विज्ञान समृद्ध होगा जिसमें प्रेरित तथा कार्यरूप देने वाले अनुसंधान का प्रयोग हो। ऐसे कुछ एक प्रस्तावित सहयोजन हैंः जैव–विज्ञान के साथ रसायन विज्ञान तथा अगली पीढ़ी के जैव–ईंधन के लिए सिंथेटिक जीव–विज्ञान; नैनो विज्ञान; उत्तम औषधि उपलब्धता, उत्तम जांच तथा चिकित्सा इमेजिंग, अभियांत्रिकी–मेडिसिन–जीवविज्ञान के लिए रसायन विज्ञान तथा फार्मास्युटिकल विज्ञान के साथ नैदानिक अनुसंधान और इम्प्लान्ट्स तथा उपकरणों, रासायनिक जीवविज्ञान और प्राकृतिक जीवविज्ञान के लिए चिकित्सा विज्ञान।
3. **उच्च अंतर-विषयक विज्ञानों, नवप्रवर्तन, ट्रांसलेशन तथा उद्यमिता से संबद्ध कैरियर का विस्तार, विविधीकरणः** उत्कृष्टता केंद्रों, उद्भावकों को समर्थन देने, सापेक्षिक शक्ति के वर्तमान क्षेत्रों, यथा–आणविक तथा कोशिका जीवविज्ञान, संरचनात्मक जीवविज्ञान, प्रतिरक्षा विज्ञान, न्यूरोबायोलॉजी, जैव–अभियांत्रिकी में तीन गुना वृद्धि कर वर्तमान अनुसंधान और मानव संसाधन क्षमता के विस्तार हेतु कार्यक्रम करने, नैदानिक तथा ट्रांसलेशनल अनुसंधान, विनियामक विज्ञानों, बौद्धिक संपदा (आईपी) प्रौद्योगिकी हस्तांतरण तथा ज्ञान प्रबंधन, उद्यमिता और शिक्षा आदि में कैरियर को बढ़ावा देने के प्रस्ताव हैं। मौजूदा सर्वश्रेष्ठ लोगों और कुछेक अतिरिक्त युवा लोगों का उपयोग कर, संवर्द्धन की सस्ती प्रक्रिया के रूप में, प्राकारबाह्य तथा अंतर–सांस्थानिक केंद्रों का विस्तार तथा उनकी पुनर्रचना करने का प्रस्ताव भी है। आईआईटी प्रणाली अत्यन्त वृहद् अंतर्संबद्ध तथा प्रभावी जैव–विज्ञान, अंतर–विषयक विज्ञान, जैव तथा प्रौद्योगिकी नवप्रवर्तन से संबद्ध अन्य अभियांत्रिकी विज्ञान देश के लिए प्रासंगिक जैव–प्रौद्योगिकी के लगभग सभी क्षेत्रों में अनूठा अवसर प्रदान करती है। इसे शीर्ष प्राथमिकता दी जाएगी तथा सहयोजन और रूपांतरण हेतु ऊपर उल्लिखित साधनों के उपयोग से सार्थक समाधान तथा उत्पाद प्राप्त होते हैं।
4. **विनियामक विज्ञान तथा अवसंरचना का सुदृढीकरणः** इसमें भारतीय जैव–प्रौद्योगिकी विनियामक प्राधिकरण, कुछेक कोर क्रियाकलापों तथा सार्वजनिक क्षेत्रक प्रयोगशालाओं में जांच सुविधाओं के साथ विनियामक जांच तथा प्रमाणन प्रयोगशालाओं हेतु केंद्रीय एजेंसी की स्थापना, विनियामक विज्ञान अनुसंधान इकाइयों तथा मानव संसाधन विकास का संवर्द्धन शामिल हैं।
5. **मौजूदा स्वायत्त अनुसंधान तथा विकास संस्थानों का विस्तारः** इस विस्तार का उद्देश्य अनुसंधानकर्ताओं तथा वैज्ञानिकों की मौजूदा संख्या को सभी स्तरों पर बढ़ाकर तीन गुना करने के लिए ऑनसाइट विस्तार करना अथवा द्वितीय अनुसंधान परिसर की स्थापना करना; ट्रांसलेशनल विज्ञान के प्रसार हेतु ऑन अथवा ऑफसाइट पर प्राकारबाह्य अनुसंधान केंद्रों की स्थापना करना, मिशन कार्यक्रम शुरू करना अथवा अंतर–विषयक विज्ञान क्षेत्र को बढ़ावा देना तथा प्रौद्योगिकी प्लेटफार्म सहित वास्तविक अवसंरचना का विस्तार करना। डीबीटी के सभी 13 स्वायत्त संस्थानों के लिए इन्ट्राम्यूरल संस्थान तथा प्राकारबाह्य केंद्र प्रणाली स्थापित करने का प्रस्ताव है। ये प्राकारबाह्य केंद्र चिकित्सा विद्यालयों, राज्य कृषि विश्वविद्यालयों, अभियांत्रिकी विद्यालयों में स्थापित किए जाएंगे जिनमें से प्रत्येक प्राकारबाह्य केंद्र में लगभग 10–12 प्रदान अन्वेषक होंगे। लगभग 500 अतिरिक्त वैज्ञानिकों को, मौजूदा नेतृत्व तथा स्वायत्त संस्थानों की एंकर भूमिका के जरिए समर्थन दिया जा सकता है।
6. **फरीदाबाद, मोहाली, कल्याणी और हैदराबाद में जैव-क्लस्टरों का विस्तार तथा प्रारंभः** इसके अंतर्गत प्रत्येक क्लस्टर में नए कार्यक्रम आधारित केंद्र जोड़े जाएंगे, जैसे–अकादमिक केंद्र, चिकित्सा केंद्र, जैव–अभियांत्रिकी केंद्र, कांट्रैक्ट लैब, जेनेटिकली मोडीफाइड उत्पाद (जीएमपी) इकाई, प्राणी प्रारूप संसाधन, एसएमई द्वारा शेयरिंग के लिए थेराप्यूटिक्स हेतु नवीन प्लेटफार्म, प्रौद्योगिकी इनक्यूबेटर तथा उद्यमिता प्रशिक्षण केंद्रों के उद्यान और प्रौद्योगिकी हस्तांतरण व प्रबंधन हेतु कार्यालय तथा नव–प्रवर्तन हेतु संयोजकता।
7. **रूचि के न्यूनतम 10 क्षेत्रों में 10 सर्वोत्तम विश्वविद्यालयों/संस्थाओं में दीर्घावधिक समर्थन के ज़रिए डीबीटी अनुदान सहायता अथवा सहभागिता अनुसंधान तथा ट्रांसलेशनल केंद्रों की स्थापना।** उदाहरण के लिए, कृषि विज्ञान तथा जनन–पूर्व नव–प्रवर्तन, जेनेटिक मोडीफिकेशन (जीएम) प्रौद्योगिकी तथा आणविक ब्रीडिंग, पशु उत्पादकता और स्वास्थ्य हेतु पशु–चिकित्सा विज्ञान तथा प्रौद्योगिकी; बायोफार्मास्युटिक विज्ञान तथा स्वास्थ्य प्रौद्योगिकी; रासायनिक जीवविज्ञान तथा सिंथेटिक जीवविज्ञान।
8. **विभिन्न विकास क्षेत्रकों में बॉटम-अप दृष्टिकोण के माध्यम से राष्ट्रीय प्राथमिकताओं के समाधान हेतु ग्यारहवीं**

योजना के "महाचुनौती कार्यक्रम" को पुनराभिमुख करना तथा खोज–आधारित नवप्रवर्तक विचारों को प्रोत्साहित करना। ये 8 मिशन मोड वाले कार्यक्रम हैं जिनमें अलग शासन, प्रबंधन और उपलब्धियां हैं और जिनमें विभागीय तथा वैश्विक भागीदारी तथा अनुसंधान और नवप्रवर्तन हेतु बॉटम–अप–विचार आधारित प्रतिस्पर्द्धात्मक अनुदान अथवा जैव–प्रौद्योगिकी मूल्य–श्रृंखला के साथ कई भागीदारों वाली नेटवर्क परियोजनाओं की व्यवस्था है।

9. **नए अनुसंधान संसाधनों, सुविधाओं तथा सेवाओं की स्थापना करना तथा ऐसे वर्तमान केंद्रों को पुनर्जीवित करनाः** विशेषज्ञता–प्राप्त अनुसंधान कर्मचारियों वाला एक राष्ट्रीय जीवन विज्ञान संसाधन केंद्र की स्थापना, कौशल विकास क्रियाकलापों हेतु प्रशिक्षण तथा जीवविज्ञान अनुसंधान समुदाय की सहूलियत के लिए एक व्यवस्थित सूचना उपलब्धता प्रबंधन को संगठित करने का प्रस्ताव है। प्रस्तावित नई सुविधाओं तथा संसाधनों में शामिल हैं: छोटे संगठनों के लिए कम क़ीमत वाली वर्चुअल आपूर्तियां, जैसे–माइक्रो ऐरे, नॉकआउट माइस, वैलिडेशन और प्रोटोटाइपिंग, सुरक्षा जांच प्रौद्योगिकी प्लेटफार्म/इम्प्लान्ट केंद्र, उपकरण, सेल थैरेपीज, बड़े प्राणी संसाधन केंद्र, वाइरल जांच सुविधाएं; जीनोमिक तथा प्रोटिओमिक सुविधाएं; नई पीढ़ी की सीक्वेंसिंग सेवा इकाइयां आदि।

10. **अनुसंधान, शिक्षा तथा प्रौद्योगिकी विकास, पहुंच तथा अधिग्रहण के क्षेत्रों में सहभागिता हेतु लाभकारी अंतरराष्ट्रीय सहयोगः** देशों तथा अंतरराष्ट्रीय एजेंसियों के साथ मौजूदा वैश्विक साझेदारी के अनुभव का लाभ लिया जाएगा ताकि साझेदारी की कार्यनीतियों में निर्दिष्ट परिवर्तन लाया जा सके। इस लक्ष्य की प्राप्ति के लिए, संयुक्त उत्कृष्टता केंद्रों, विश्वविद्यालयों में ग्रैजुएट स्कूलों की स्थापना, उद्योग और अकादमिक– दोनों का सहयोग लेकर 2×2 अंतरराष्ट्रीय सहभागिता क़ायम करने, एसएमई के बीच 1×1 सहभागिता, डीबीटी स्वायत्त संस्थानों के साथ अंतरराष्ट्रीय संस्थानों तथा विश्वविद्यालयों को जोड़ने वाली परियोजनाओं तथा औद्योगिक जैव–प्रौद्योगिकियों के साथ वैश्विक संगठनों के संयुक्त विकास पर ज़ोर दिया जाएगा। अन्य क्षेत्रों में, उद्योगों तथा सार्वजनिक संस्थानों के अंतरराष्ट्रीय संघ को भारत–अमरीका जैव–ऊर्जा पहल की ही तरह बढ़ावा दिया जाएगा, जैसे–आणविक ब्रीडिंग, सैल थैरेपी तथा पुनरूत्पादक दवाएं आदि।

11. **नवीन नवप्रवर्तनीय वित्तपोषण स्कीमों के साथ सार्वजनिक-निजी साझेदारी को अनवरत तथा संधारणीय समर्थनः** एसबीआईआरआई तथा बीआईपीपी स्कीमों के प्रचालनों में कुछ एक सुधारों को जारी रखने के अलावा, जैसे–निजी निवेश एजेंसियों के साथ साझेदारी से व्यक्तिशः अथवा व्यक्ति समूह के लिए ज्वलन अनुदान स्कीम; शुरूआती चरण की प्रौद्योगिकियों के लिए स्टार्ट अप का सृजन तथा उसका विकास; उत्तरवर्ती निजी इक्विटी वित्तपोषण अथवा आईपीओ के लिए आयोजना के बीच के कार्य के लिए "ब्रिज वित्तपोषण" प्रतिष्ठानों का प्रावधान; प्रौद्योगिकी पहुंच तथा अधिग्रहण और लाइसेंस प्रदान करना एवं अधिक जैव–प्रौद्योगिकी/फार्मा विशेष आर्थिक जोनों के निर्माण हेतु उद्योग को विशेष निवेश प्रोत्साहन देना। बारहवीं योजना में जैव–प्रौद्योगिकी उद्योग अनुसंधान सहायता परिषद् को पूरी तरह कार्यान्वित किया जाएगा ताकि वह अपने अधिदेश के अनुसार जैव उद्योग तक उपलब्धता बना सके और उसे सुविधा प्रदान कर सके तथा पीपीपी स्कीमों के माध्यम से वित्तपोषण को प्रबंधित कर सके। वेलकम ट्रस्ट के साथ सस्ती स्वास्थ्य प्रौद्योगिकी पहल शुरू की जाएगी। यह गरीबों के लिए अनुकूल होगी, इसमें जन स्वास्थ्य प्रभावों पर विशेष ध्यान दिया जाएगा तथा यह देश के अलावा विदेश से भी प्रौद्योगिकी हासिल करने की हनारी क्षमता बढ़ाएगा।

12. **निजी क्षेत्रकों में शोधपरक नवप्रवर्तन तथा कार्यनीतिक निवेशों को बढ़ावा देनाः** विभाग बुनियादी कृषि, स्वास्थ्य सेवा, पर्यावरण, पशु स्वास्थ्य तथा पुनरूत्पादन, जैव संसाधन उपयोग तथा खाद्य विज्ञान और प्रौद्योगिकी आदि के क्षेत्रों में अन्वेषक आधारित अनुसंधान तथा विकास परियोजनाओं को वित्तपोषित करता रहा है। बारहवीं योजना के दौरान, क्षेत्रकवार कार्यनीति की इस प्रकार पुनर्रचना करने का प्रस्ताव है कि प्रत्येक क्षेत्रक एक से अधिक व्यवस्था अथवा प्ररूप, सम्पर्कों, साझेदारियों तथा संबंधों तथा प्लेटफार्मों का उपयोग करे जो विज्ञान और प्रौद्योगिकी दोनों के सफल विकास के लिए अपेक्षित है।

13. **नई पीढ़ी के जैव-प्रौद्योगिकी उद्योगों को बढ़ावाः** मौजूदा व्यवस्था के दायरे में ही, नवप्रवर्तनकारी वित्तपोषण स्कीमों तथा प्रोत्साहनों को नए जैव उद्योगों की स्थापना के लिए क्षमता विकास हेतु विस्तारित किया जाएगा, जैसे–थोक/विशिष्ट रसायन/जैव–रसायन; खाद्य तथा पोषण प्रौद्योगिकी; जैव–प्रौद्योगिकी आधारित/समर्थित सर्विसेज इंजीनियरिंग, उपकरण तथा उपकरण विनिर्माण; नैनो–जैवउद्योग आदि। जैव–प्रौद्योगिकी/उद्योग के विकास हेतु आर्थिक मॉडल को नया रूप देने के प्रयास भी किए जाएंगे।

14. **उत्पाद विकास हेतु प्रौद्योगिकी अधिग्रहण, हस्तांतरण तथा उनकी अनुज्ञप्तिः** बारहवीं योजना में, कई बड़े क़दम उठाए जाएंगे, जैसे–आसूचना नवप्रवर्तन तथा विचार इकाइयों की स्थापना ताकि वे जीवन विज्ञान तथा जैव–प्रौद्योगिकी में

"थिंक टैंक" की तरह काम कर सकें जिससे भविष्य का अनुमान लगाया जा सके और भविष्य की ज़रूरतों और अवसरों के लिए तैयारी की जा सके और उत्पादों की प्रोफाइल तैयार हो सके जो उपयोगी और विपणन–योग्य हो, प्रौद्योगिकी अधिग्रहण निधि के साथ विधिक प्रक्रिया और व्यवस्था प्रौद्योगिकी तथा आईपी प्रबंधन केंद्रों–ख़ासकर डीबीटी के साझेदार विश्वविद्यालय और संस्थान।

15. **जैव-प्रौद्योगिकी के प्रति जागरूकता सृजन तथा सार्वजनिक समझ के लिए संचार प्लेटफार्म/प्रणाली:** इस मुद्दे के समाधान के लिए, जैव–प्रौद्योगिकी संचार केंद्र स्थापित करने का प्रस्ताव है ताकि विषय–वस्तु का सृजन एवं समन्वयन हो सके; विश्वविद्यालयों तथा संस्थानों में संचार इकाइयां तथा इलेक्ट्रॉनिक और मुद्रित समाचार माध्यमों में नियमित कार्यक्रमों और प्रकाशनों की शुरूआत हो सके तथा आपदा प्रबंधन और प्रत्युत्तर हेतु प्राधिकृत संचार विशेषज्ञ समूहों का गठन किया जा सके।
16. **विधिक ढांचे तथा विधानों में तेज़ी:** भारतीय जैव–प्रौद्योगिकी विनियामक प्राधिकरण विधेयक संसद में पुरःस्थापित किया जा चुका है। सार्वजनिक क्षेत्रक प्रबंधन, डीएनए प्रोफाइलिंग और जैव–प्रौद्योगिकी हेतु क्षेत्रीय केंद्र से जुड़े अन्य विधेयकों को लाने का प्रस्ताव है।
17. **ग्यारहवीं योजना की प्रमुख पहलों का सुदृढ़ीकरण और समेकन:** जेडबीबी कार्रवाई को ध्यान में रखते हुए, कुछ परियोजनाओं और कार्यक्रमों, जिनकी प्रासंगिकता की अवधि पूरी हो चुकी है, को चरणबद्ध रूप से समाप्त कर दिया जाएगा। इसी के साथ–साथ, कड़े परियोजना प्रबंधन और पैमाने को बढ़ा कर सफल स्कीमों का सुदृढ़ीकरण किया जाएगा। इस श्रेणी के तहत आने वाली स्कीमें नवप्रवर्तनों और उत्कृष्टता को बढ़ावा देने; सार्वजनिक निजी भागीदारी, अनुसंधान संसाधनों के सुविज्ञ केन्द्रों, ट्रांसलेशन मंचों और सेवा सुविधाओं; नवप्रवर्तनकारी मानव संसाधन विकास कार्यक्रमों तथा प्रौद्योगिकी विकास के लिए प्रमुख अनुसंधान एवं विकास कार्यक्रमों और नेटवर्कों से संबंधित हैं।
18. **जैव-प्रौद्योगिकी में नीतिगत अनुसंधान और विश्लेषण को बढ़ावा देना:** आईपीआर, विनियमनों, सार्वजनिक मामलों, प्रौद्योगिकीय विकल्पों, वहनीयता, सुलभता और व्यापार मुद्दों की वजह से नीतिगत अनुसंधान और विश्लेषण, जैव–प्रौद्योगिकी विकास का एक अनिवार्य घटक बन गया है। इसके अतिरिक्त, विशेष बैठकों और गोष्ठियों के माध्यम से पणधारियों के बीच नियमित, नीतिगत चर्चा के साथ–साथ कार्यशालाओं, प्रशिक्षण और अनुसंधान, स्वास्थ्य और कृषि जैव–प्रौद्योगिकी नीतिगत अनुसंधान हेतु केन्द्रों/इकाइयों के माध्यम से सामान्य क्षमता निर्माण को समर्थित किया जाएगा।
19. **उभरते क्षेत्रों में नए स्वायत्तशासी राष्ट्रीय अनुसंधान केन्द्रों/संस्थानों की स्थापना:** ट्रांसलेशनल अनुसंधान जैसे जैव–सूचना विज्ञान और कॉम्प्यूटेशनल बायोलॉजी; समुद्रीय और जीवाणु संबंधी जैव–प्रौद्योगिकी; बायोडिजाइन, जैवविज्ञान और बायोइंजीनियरिंग; पुराने रोग संबंधी विज्ञान और जैव–प्रौद्योगिकी के उभरते क्षेत्रों में कुछ संस्थानों/अनुसंधान केन्द्रों तथा पूर्वोत्तर में संक्रामक विज्ञान और जैव–प्रौद्योगिकी संस्थान (प्रशिक्षण और शिक्षा के लिए भागीदार के रूप में ट्रांसलेशनल हैल्थ साइंस एण्ड टेक्नोलॉजी इंस्टीच्यूट टीएचएसटीआइ से जोड़ना) की स्थापना करने का प्रस्ताव है।

8.59. बारहवीं पंचवर्षीय योजना में जैव प्रौद्योगिकी विभाग के लिए वर्तमान कीमतों पर **11,804 करोड़ रु.** का सांकेतिक योजना परिव्यय रखा गया है।

पृथ्वी विज्ञान मंत्रालय

बारहवीं योजना के उद्देश्य/मुख्य क्षेत्र

8.60. पृथ्वी तंत्र की परिवर्तनशीलता को समझने तथा मौसम, जलवायु और आपदाओं के पूर्वानुमान को सुधारने के लिए भू–प्रक्रियाओं से संबंधित विभिन्न पहलुओं का समग्र रूप से समाधान करने के लिए भारत सरकार ने 2006 में पृथ्वी विज्ञान मंत्रालय (एमओईएस)/पृथ्वी तंत्र विज्ञान संगठन (ईएसएसओ) की स्थापना की थी। भारतीय उपमहाद्वीप और हिंद महासागर क्षेत्र के समाजार्थिक लाभों की दिशा में पृथ्वी तंत्र विज्ञान से संबंधित सर्वश्रेष्ठ संभव सेवाएं प्रदान करने की दृष्टि से इस मंत्रालय के कार्यक्रमों को सुदृढ़ बनाया गया है और उनकी पुनर्संरचना की गई है। इस मंत्रालय द्वारा प्रदान की जा रही विभिन्न सेवाएं, 25 से भी अधिक क्षेत्रकों की जरूरतों को पूरा करती हैं और अनुमानित आर्थिक लाभ से देश की जीडीपी में संभवतः पर्याप्त योगदान मिल रहा है। बारहवीं योजना प्रस्तावों के प्रमुख ध्यानकेंद्रण क्षेत्र इस प्रकार हैं – नई अद्भुत घटनाओं की खोज करने हेतु अनुसंधान करना, अनन्वेषित क्षेत्रों विशेषकर समुद्र–तल और अंटार्कटिका का गवेषण करना, भू–प्रक्रियाओं को समझना तथा सामाजिक, पर्यावरणीय और आर्थिक लाभ हेतु नई सेवाएं विकसित करने के साथ–साथ मौजूदा सेवाओं में सुधार करना। पृथ्वी विज्ञान मंत्रालय/ईएसएसओ के कार्यक्रमों को प्रमुख स्कीमों में समूहित किया गया है अर्थात् (1) प्रेक्षण प्रणाली, (2) वायुमंडलीय प्रक्रियाएं, प्रतिरूपण तथा सेवाएं, (3) जलवायु परिवर्तन संबंधी अनुसंधान, (4) वायुमंडलीय

अनुसंधान हेतु एयरबोर्न प्लेटफार्म, (5) महासागर संबंधी प्रेक्षण, (6) महासागर विज्ञान तथा सेवाएं, (7) महासागर सर्वेक्षण और खनिज संसाधन, (8) महासागर संबंधी प्रौद्योगिकी, (9) महासागर अनुसंधान पोत, (10) ध्रुवीय विज्ञान और क्राओस्फियर, (11) समुद्रीय भू–वैज्ञानिक अध्ययन, (12) भूकम्प–विज्ञान संबंधी अनुसंधान, (13) पृथ्वी तंत्र विज्ञान अनुसंधान हेतु हाई परफोर्मेंस कम्प्यूटिंग (एचपीसी), (14) अनुसंधान, शिक्षा, प्रशिक्षण एवं पहुंच, और (15) पृथ्वी संबंधी उद्यम।

8.61. ग्यारहवीं योजना के दौरान ईएसएसओ की महत्वपूर्ण उपलब्धियां बॉक्स 8.5 में दी गई हैं।

बॉक्स 8.5
ग्यारहवीं योजना अवधि के दौरान एमओईएस/ईएसएसओ की महत्वपूर्ण उपलब्धियां/विकास

- भारत मौसम विभाग (आईएमडी) के आधुनिकीकरण के पहले चरण के तहत प्राप्त की गई उपलब्धियों में शामिल हैः (1) दस ग्लोबल पोजीशनिंग सिस्टम (जीपीएस) स्टेशनों को चालू करना; (2) 9 डोप्लर वैदर राडारों (डीडब्ल्यूआर) की स्थापना जिनमें से दिल्ली, नागपुर, पटना, पटियाला, अगरतला, लखनऊ, और हैदराबाद में प्रत्येक में एक–एक डीडब्ल्यूआर की स्थापना की गई और इनके अलावा 5 डीडब्ल्यूआर पहले से ही मौजूद हैं जिससे अब मौसम अनुमान सेवाओं में सुधार हुआ है; (3) मुम्बई, हैदराबाद, बंगलौर, जयपुर और दिल्ली विमानपत्तनों पर एकीकृत विमानपत्तन मौसम–विज्ञान संबंधी उपकरणों (एएमआई) की स्थापना; (4) 689 ऑटोमेटिक रेन गेजिस (एआरजी) की स्थापना के अतिरिक्त, 550 ऑटोमेटिक वैदर स्टेशनों (एडब्ल्यूएस) की स्थापना जो 125 मौजूदा एडब्ल्यूएस के अतिरिक्त हैं; (5) मौसम पूर्वानुमान सेवाओं हेतु वैश्विक डेटा प्रक्रमण और संख्यात्मक मौसम पूर्वानुमान (एनडब्ल्यूपी) के लिए कुल 124 टेराफ्लॉप्स की संस्थापित क्षमता के साथ चार उच्च निष्पादन वाली कॉम्प्यूटिंग प्रणालियों (एचपीसी) के सैट को चालू करना। केन्द्र सरकार के अनेक मंत्रालयों और संगठनों, राज्य–स्तरीय संस्थानों, निजी एजेंसियो, गैर–सरकारी संगठनों, प्रगतिशील किसानों और मीडिया के साथ भागीदारी में किसानों के लिए सभी 555 जिलों को कवर करने वाली जिला स्तरीय, पांच–दिवस–पूर्व मौसम पूर्वानुमान प्रणाली के साथ–साथ जिला–स्तरीय कृषि–मौसम–विज्ञान संबंधी सलाहकार सेवा आरंभ की गई। मोबाइल फोन के माध्यम से इस सूचना को प्राप्त करने हेतु 3 मिलियन से अधिक किसान इसके ग्राहक बन गए हैं।
- "राष्ट्रीय मॉनसून मिशन" संबंधी कार्यक्रम आरंभ किया गया जिसे अत्याधुनिक अवसंरचना अर्थात उन्नत कम्प्यूटरों, राडारों और वैज्ञानिक जनशक्ति से सज्जित किया जाएगा ताकि अधिक विस्तृत और सटीक पूर्वानुमान लगाए जा सकें।
- "हाई रेजॉल्यूशन ग्लोबल सर्कुलेशन मॉडलों" की व्यापक श्रेणी का प्रचालन करके वायुमंडलीय मॉडलिंग के क्षमता में असाधारण सुधार हुआ है। टी574 जैसे इन मॉडलों का उपयोग शुरू करने से मॉडलों के स्थानिक रेजॉल्यूशन को धारणीय रूप से, 50 कि.मी. से बढ़ाकर लगभग 22 वर्ग कि.मी. कर दिया गया है।
- महासागर विज्ञान तथा सेवाओं के तहत, सुदूर संवेदी प्रौद्योगिकी के उपयोग से, मछली पकड़ने के संभावित क्षेत्रों (पीएफजेड) की पहचान पर आधारित मत्स्य–उद्योग हेतु एकीकृत विशिष्ट सलाहकार प्रणाली शुरू की गई है। विशेष रूप से गहरे समुद्र संबंधी मत्स्य–उद्योग के लिए टूना मत्स्य–उद्योग पूर्वानुमान सेवा शुरू की गई है।
- विभिन्न प्रकार के महासागर मॉडलों के उपयोग से हिंद–महासागर के लिए विभिन्न प्राचलों अर्थात धाराओं, समुद्र सतह तापमान और मिश्रित परत गहराई के संबंध में हाई रेजॉल्यूशन हिंद–महासागर पूर्वानुमान सेवा भी आरंभ की गई थी। महासागर निगरानी तंत्रों को सुदृढ़ करने की दिशा में ओशियन सैट–2, ओशियन कलर मॉनीटर (ओसीएम) डेटा के लिए भू–केन्द्र भी स्थापित किया गया है। हिंद महासागर में 160 से अधिक आर्गो फलोट्स (ऑक्सीजन संवेदकों के साथ दस फ्लोट्स) तथा 66 "ड्रिफ्टिंग बॉय" भी लगाए गए। इसके अतिरिक्त, प्रचालनात्मक मौसम पूर्वानुमान हेतु भारत के आसपास के समुद्रों से डेटा की निरंतर प्राप्ति हेतु 16–मूअर्ड बॉय नेटवर्क को भी चालू किया गया है। इसके अतिरिक्त, महासागर सूचना सेवाओं को सुधारने के लिए 25 से अधिक ज्वार–भाटा मापक केन्द्रों तथा 10 तटीय राडारों की भी संस्थापना की गई।
- दक्षिण ध्रुव के लिए प्रथम भारतीय वैज्ञानिक अभियान दिसम्बर 2010 में आयोजित किया गया जिससे अंटार्कटिक में भारत की वैज्ञानिक क्षमता में काफी सुधार हुआ। उत्तरध्रुव प्रदेश अनुसंधान के लिए, नॉर्वे के स्पिट्स्बर्जन द्वीप में नी–एलीसंड स्थित अंतरराष्ट्रीय अनुसंधान सुविधा के उपयोग से वैज्ञानिक अभियान आरंभ किया गया है। भारत ने अंटार्कटिक अनुसंधान करने हेतु लार्समन्न हिल्स में अत्याधुनिक सुविधाओं के साथ तीसरे स्थायी अंटार्कटिक केन्द्र 'भारती' को सफलतापूर्वक चालू कर दिया है।
- लो टेम्परेचर थर्मल डिसैलीनेशन (एलटीटीडी) प्रौद्योगिकी पर आधारित, 1 लाख लीटर की क्षमता वाले दो डिसैलीनेशन संयंत्र लक्षद्वीप के मिनिकॉय और अगत्ती द्वीपों (प्रत्येक में एक) पर स्थापित किए गए हैं। विद्युत संयंत्रों से फालतू ऊष्मा का उपयोग करके, 1 लाख लीटर प्रतिदिन की क्षमता वाले एलटीटीडी संयंत्र का प्रदर्शन किया गया जो उत्तर चेन्नै विद्युत संयंत्र में प्रचालनरत है।
- चूंकि जलवायु परिवर्तन विज्ञान की ओर विशेष ध्यानकेंद्रण किया जा रहा है, इसलिए स्वास्थ्य, कृषि और जल जैसे क्षेत्रकों पर जलवायु परिवर्तन के प्रभाव सहित, इससे संबंधित वैज्ञानिक मुद्दों का समाधान करने के लिए पुणे में जलवायु परिवर्तन अनुसंधान हेतु एक समर्पित केन्द्र स्थापित किया गया है।

- महासागर संसाधनों के तहत कार्यकलापों के लिए 5,200 मीटर की गहराई पर समुद्र तल मृदा की विशेषताओं का स्वस्थाने मापन करने के लिए रूस के सहयोग से सम्पूर्ण हार्डवेयर और सॉफ्टवेयर के साथ एक उपकरण विकसित किया गया है। रिमोट–चालित व्हीकल का आदि प्ररूप भी विकसित किया गया और 5,284 मीटर की गहराई पर उसका सफल परीक्षण किया जा चुका है। भारत उन मुट्ठी–भर राष्ट्रों की सूची में शामिल हो गया है जिनके पास गहरे समुद्र में खनन करने की क्षमता है। इसके अतिरिक्त, कृत्रिम नोड्यूल स्थापन प्रणाली के विकास और परीक्षण के साथ ही चुनिंदा खण्डों के लिए 6.25 कि.मी. के निकटवर्ती ग्रिड में पॉलीमेटाल्लिक नोड्यूल्स का सर्वेक्षण और गवेषण किया गया है।
- आपदा संबंधी कार्यकलापों के तहत, विश्व की सर्वश्रेष्ठ अवसंरचना और संचार प्रणाली के साथ अत्याधुनिक सुनामी चेतावनी प्रणाली को आईएनसीओआईएस, हैदराबाद में 24×7 आधार पर पूर्णतया प्रचालित किया गया। प्रायद्वीपीय भारत में 17 ब्रॉडबैंड भूकम्पीय प्रेक्षणात्मक नेटवर्कों के सैट को तथा अरब सागर और बंगाल की खाड़ी में 6 बॉटम प्रैशर रिकॉडरों का भी क्रमोन्नयन किया गया। इस दिशा में, अत्यधिक रेजॉल्यूशन पर भूकम्पीय खतरों का मूल्यांकन करने के लिए नई दिल्ली में भूकम्प जोखिम मूल्यांकन केन्द्र स्थापित किया गया। भारतीय सुनामी चेतावनी केन्द्र, हिंद महासागर में भूकम्प के आने के दस मिनट के अंदर बुलेटिन जारी करने में समर्थ है और इसे हिंद महासागर में सर्वश्रेष्ठ केन्द्र माना गया है।

बारहवीं पंचवर्षीय योजना के कार्यक्रम

8.62. **वायुमंडलीय प्रेक्षण प्रणाली नेटवर्कः** आधुनिकीकरण की योजना का लक्ष्य पूरे देश में अत्याधुनिक प्रेक्षण प्रणालियां चालू करना है। आधुनिकीकरण के चरण–II को आरंभ करने का प्रस्ताव है जिसमें प्रेक्षण प्रणालियों की दृष्टि से, आधुनिकीकरण के चरण–I के दौरान स्थापित की गई मौजूदा अवसंरचना की बढ़ोतरी करने तथा इसे शेष नेटवर्क अर्थात् जमीन पर स्थापित रेडीयोमीटरों, जो तापमान और आर्द्रता की रूपरेखा प्रस्तुत करते हैं, के साथ एकीकृत करने तथा प्राथमिकता के साथ विकसित किए जाने वाले सोनडे प्रेक्षणों की अनुपूर्ति करने पर ध्यानकेन्द्रण किया जाएगा। उपकरणों के विकास का समन्वय करने, उपग्रह–आधारित उपकरणों सहित उपकरणों का अंशांकन करने तथा उपग्रह डेटा के वैधीकरण के अतिरिक्त वायुमंडलीय विज्ञान को समग्र प्रौद्योगिकी सहायता प्रदान करने हेतु वायुमंडलीय प्रौद्योगिकी केन्द्र (सीएटी) की भी योजना है। मौसम संबंधी सेवाओं को एकीकृत करने और इनका सुधार करने के अत्यधिक ध्यानकेंद्रित उद्देश्य से सम्पूर्ण हिमालयाई क्षेत्र के लिए समर्पित पूर्वानुमान प्रणाली स्थापित करने का प्रस्ताव है।

8.63. **वायुमंडलीय प्रक्रियाएं और प्रतिरूपण तथा सेवाः** इस कार्यक्रम का एकमात्र उद्देश्य सभी प्रक्रिया अध्ययनों और मॉडलों को एकीकृत करके विभिन्न क्षेत्रकों को मौसम और जलवायु संबंधी पूर्वानुमान सेवाएं प्रदान करने के लिए विभिन्न प्रकार के वायुमंडलीय मॉडलों का विकास करना है। कृषि, विमानन, महानगर, पर्वतीय क्षेत्र, रक्षा, खेल और विपदाएं प्रमुख क्षेत्रक होंगे। किसानों को फसल और स्थान–विशिष्ट एएएस मुहैया कराने हेतु मौजूदा जिला–स्तरीय एग्रोमेट सलाहकार सेवाओं (एएएस) का ग्राम स्तरीय परामर्श के साथ ब्लॉक स्तर तक क्रमबद्ध विकास किया जाएगा। देश में लगभग 100 विमानपत्तनों की सुविधाओं का क्रमोन्नयन आरंभ किया जाएगा। सभी महानगरों में मौसम और वायु गुणवत्ता का अनुमान लगाने के साथ–साथ वास्तविक मौसम की जानकारी प्रदान करने हेतु महानगर वायु गुणवत्ता और मौसम सेवा प्रस्तावित हैं। एक मॉडलिंग फ्रेमवर्क तैयार करना तथा अल्प और मध्यम अवधियों से लेकर मौसमी औसत तक के विभिन्न समय पैमानों पर भारत में मॉनसून मौसम और जलवायु का पूर्वानुमान लगाने हेतु इसका उपयोग करना अनिवार्य है। और अधिक विस्तृत और सटीक पूर्वानुमान लगाने के लिए अत्याधुनिक मौसम अवसंरचनाओं अर्थात् अत्याधुनिक कम्प्यूटरों, राडारों तथा वैज्ञानिकों के साथ राष्ट्रीय मॉनसून मिशन की स्थापना की जाएगी। बादल भौतिकी तथा अत्यंत खराब मौसम चेतावनी प्रणाली अन्य प्रदेय हैं।

8.64. **जलवायु परिवर्तन संबंधी अनुसंधानः** जलवायु परिवर्तन संबंधी अनुसंधान के लिए एचपीसी सिस्टम अपग्रेड के चालू होने पर 'मिश्रित महासागर–वायुमंडलीय' मॉडलों के उपयोग से मॉनसून के दीर्घकालिक (बहु–दशकीय) अनुकरण विकसित करने का प्रस्ताव है। संयोजित मॉडल के माध्यम से मॉनसून के मौसमी और अंतर–मौसमी पूर्वानुमान का विकास आरंभ किया जाएगा। ग्लोबल वार्मिंग का उपशमन करने में जियो–इंजीनियरिंग स्कीमों की उपयोगिता का पता लगाना होगा। भारत में इन स्कीमों के लाभ और जोखिमों का मूल्यांकन करने की सुविज्ञता विकसित करने की जरूरत है। बदलते जल चक्र के बारे में अपनी समझ को बढ़ाने के लिए अनुसंधान परियोजनाएं आरंभ की जाएंगी। इसके अतिरिक्त, जलवायु परिदृश्यों के संभावित अनुमान लगाने के लिए विगत जलवायु परिवर्तनों को समझने हेतु पुराजलवायु–विषयक अध्ययन किए जाएंगे।

8.65. **एयरबोर्न प्लेटफार्मः** एयरबोर्न प्लेटफार्म का प्रयोग करते हुए विशाल मात्रा में वायुमंडलीय, एयरोसोल तथा क्लाउड माइक्रोफिजिक्स आंकड़े प्राप्त होंगे जो उष्णता तथा बादल स्कीमों एवं मॉडल भौतिक शास्त्र में सुधार हेतु लाभप्रद होंगे। प्रस्तावित कार्यक्रम वायु प्रदूषण

आकलन तथा भारत पर (स्वास्थ्य, दृश्यता, जलवायु) उससे जुड़े प्रभाव, हाइड्रोलाजिकल तथा जल संसाधन अध्ययनों तथा अनुसंधान अवसंरचना में वृद्धि के लिए उपयोगी होगा।

8.66. **महासागर प्रेक्षण प्रणाली (ओओएस):** इसका उद्देश्य भारत के इर्द–गिर्द महासागर से टाइम–सीरीज आंकड़े हासिल करना तथा सेवाओं में वृद्धि करने हेतु व्यापक समुद्री वायुमंडलीय मॉडल विकसित करना है। एग्रोफ्लोट्स, ड्रिफ्ट्र्स, करंट मीटर एरेज के माध्यम से हासिल आंकड़ों का प्रयोग तूफानों के पूर्वानुमान एवं जलवायु विविधता समझने सहित विभिन्न प्रचालनीय एवं अनुसंधान कार्यों के लिए किया जा रहा है।

8.67. **महासागर विज्ञान एवं सेवाएं (ओएसएस):** महासागर विज्ञान एवं सेवाओं (ओएसएस) को बारहवीं योजना के दौरान सभी सेवाभिमुख महासागर परियोजनाओं को एक छत के नीचे एकीकृत कर एक प्रमुख कार्यक्रम बना दिया गया है। ये सभी महासागर सूचना सेवाएं, समुद्री जीवन–यापन संसाधन के आकलन, भारत के तटीय जल स्वास्थ्य की समय–समय पर मॉनीटरिंग, तटीय समुद्री क्षेत्र प्रबंधन तथा भारत और हिन्द महासागर क्षेत्र के देशों में बुलेटिन जारी करने हेतु 24×7 आधार पर सुनामी चेतावनी प्रणाली का प्रचालन आदि उपलब्ध कराते हैं। बारहवीं योजना में, एक इंटरनेशल सेन्टर फार आपरेशनल ओसियनोग्राफी की योजना बनाई गई है। स्कीम के अंतर्गत प्रमुख प्रदेयताएं हैं हाई– रिजाल्यूशन ओसियन माडलिंग तथा माइक्रोबियल ओसियनोग्राफी।

8.68. **महासागर सर्वेक्षण एवं खनिज संसाधनः** इस कार्यक्रम का प्रमुख उद्देश्य उपयुक्त तरीके से ईईजेड तथा हिन्द महासागर के गहरे समुद्री क्षेत्रों में उपलब्ध समुद्री नान–लिविंग संसाधनों को हासिल करने हेतु सर्वेक्षण कराना है। इनमें गैस आइड्रेट्स, पॉली मेटलिक नोड्यूल्स, हाइड्रोथर्मल सल्फाइड मिनरल्स, कोबाल्ट क्रस्ट शामिल है। गैस हाइड्रेट तथा पीएमएन जैसी चल रही कुछ स्कीमों के कार्यकलापों के अलावा हाइड्रोथर्मल से संबंधित अनुसंधान कार्यकलापों पर प्रमुख बल होगा।

8.69. **महासागर प्रौद्योगिकीः** हिन्द महासागर प्रौद्योगिकी कार्यक्रम के चार प्रमुख मिशन है, जैसे महासागर ऊर्जा, गहरी समुद्री खनन, तटीय छोर पर्यावरणीय इंजीनियरिंग तथा मरीन इंस्ट्रूमेंटेशन राष्ट्रीय महासागर प्रौद्योगिकी संस्थान की महासागर से संबंधित कार्यकलापों, महासागर विज्ञान एवं प्रौद्योगिकी तथा समुद्री जीव संसाधनों में वृद्धि, तथा प्रारंभ में अंडमान व निकोवार द्वीपसमूह के लिए झिंगा मछली के प्रजनन, पोषण एवं मोटा–ताजा बनाने हेतु विकास में प्रमुख भूमिका है। समुद्री सेंसर्स तथा अंतर्जलीय उपस्कर विकसित करने के अलावा एकीकृत गहरे समुद्री खनन प्रणाली, मृदा टेस्टर आरओवी तथा मैन्ड सबमर्सिबल जैसे गहरे समुद्री खनन प्रौद्योगिकी का समेकन किया जाएगा। महासागर प्रौद्योगिकी के अंतर्गत ऊर्जा, महासागर ध्वनिकी, मरीन सेंसर, आफशोर स्ट्रक्चर्स एनआईओटी की इन्टर–ईस्टिच्यूशनल आर एण्ड डी जैसे 8 इन–हाउस आर एण्ड डी कार्यक्रम होंगे। लक्षद्वीप के सभी प्रमुख द्वीपसमूहों मे डिसेलिनेशन प्लांट लगाए जाएंगे।

8.70. **महासागर अनुसंधान नौकाः** दो नई नौकाएं प्रस्तावित है जो 100 मीटर से लम्बी आईसश्रेणी तथा 20 नॉट की गति सहित गहरे समुद्र में जीवित संसाधनों का पता लगाने हेतु प्रणाली व घिरनी (विंचेज) से युक्त होगी। सागर सम्पदा की सीमा मात्र 1,000 मी. से 1,500 मी. की गहराई तक अध्ययन करने की थी। इन नौकाओं से भारतीय महासागर क्षेत्र में खनिज सर्वेक्षण एवं महासागर अनुसंधान में पर्याप्त वृद्धि होगी।

8.71. **पोलर साइंस एण्ड क्रायोस्फेयरः** पोलर विज्ञान एवं क्रायोस्फेयर कार्यक्रम में अंटार्कटिक, आर्कटिक एवं हिमालय के ग्लेशियरों का अध्ययन किया जाता है जो कि भारतीय क्षेत्र में जलवायु परिवर्तन तथा जलवायु विविधता को समझने के लिए आवश्यक है। स्कीम के अंतर्गत प्रदेयता मैत्री स्टेशन का प्रतिस्थापन होगा।

8.72. **भूकम्प-विज्ञान अनुसंधानः** यह प्रस्ताव किया जाता है कि भूकम्प से संबंधित अध्ययनों पर बल दिया जाए तथा भूकम्प की रोकथाम हेतु प्रयास किए जाएं। प्रारंभिक कार्यकलापों में निम्नलिखित शामिल होंगेः (1) भारतीय महाद्वीपीय मार्जिन एवं इंटीरियर में डीप क्रस्टल अध्ययन (2) पेलियो सिस्मोलाजिकल अध्ययन एण्ड काइनेमेटिक्स आफ हिमालयन रीजन, (3) अंडमान सबडक्शन जोन, तथा (4) एक्टीव फाल्ट्स आफ इंडिया। इसके अलावा, इस कार्यक्रम में कोयना, वार्ना क्षेत्र, एवं मरीन जियो वैज्ञानिक अध्ययन में डीप बोर होल अन्वेषण संबंधी अध्ययन कराने हेतु भारतीय लिथेस्फेयर मॉडल के अनुरूप भारतीय प्रायद्वीप में श्रृंखलाबद्ध विच्छेदनों के उपलब्ध भू–भौतिकी एवं भूगर्भ आंकड़ों के अवरोधों को दूर करने की परिकल्पना भी की गई है। भूकम्प से संबंधित इन मुद्दों का समग्र तरीके से समाधान करने के लिए एक राष्ट्रीय भूकम्प विज्ञान केन्द्र की स्थापना की जा रही है।

8.73. **भू-विज्ञानः** एकीकृत सागर ड्रिलिंग कार्यक्रम के माध्यम से अरबसागर में गहराई तक ड्रिलिंग का कार्य शुरू करना प्रस्तावित है।

अज्ञात टेक्टोनिक जलवायु की खोज के लिए अरबसागर में गहराई तक ड्रिलिंग करने के वैज्ञानिक प्रस्ताव पर विचार किया जाएगा। सभी वैज्ञानिक तथा प्रचालनीय निकायों को एकीकृत करने तथा मेरिट के आधार पर नए पहलों को शुरू करने जैसे कि ग्लोबल वार्मिंग जैसी गंभीर समस्या के भू–प्रौद्योगिकी समाधान के लिए एक भू–प्रौद्योगिकी संस्थान स्थापित की जाएगी। स्कीम के अंतर्गत प्रदेयताएं होगी–पृथ्वी पर सबसे बड़े जियोइड लो के स्रोत का पता लगाना तथा मानसून का स्रोत और हिमालय के उत्पत्ति विकास का पता लगाना। पृथ्वी से संबंधित आइसोटोप जियो–रासायन तथा जियो–क्रोनोलाजी में आधुनिक अनुसंधान के लिए, वायुमंडलीय एवं सागर विज्ञान, एक उच्च स्तरीय माध्यमिक आयोनिजेशन मास स्पेक्ट्रोमेट्री अध्ययन कराया जाएगा।

8.74. **उच्च निष्पादन संगणन प्रणालीः** जलवायु परिवर्तन अनुसंधान केन्द्र (सीसीसीआर) हेतु सुविधा की संगणना की मांग को पूरा करने के लिए, मानसून का मौसमी अनुमान, सक्रिय ब्रेक दौर के विस्तारित पूर्वानुमान, राष्ट्रीय मानसून मिशन, पृथ्वी प्रणाली विज्ञान एवं जलवायु में अग्रिम प्रशिक्षण हेतु कार्यक्रम तथा सीसीसीआर के कार्यकलापों के लिए बारहवीं पंचवर्षीय योजना के दौरान वर्तमान 124 टेरा–फ्लाप से 2.5 पेटा फ्लाप तक संगणन क्षमता में वृद्धि करने का प्रस्ताव है।

8.75. **अनुसंधान, शिक्षा, प्रशिक्षण और आउटरीचः** आवश्यक अवसंरचना के लिए सुविधाएं सृजित की जाएंगी। अन्य गतिविधियों में शामिल हैं– प्रचालनात्मक दृष्टि से मौसम विज्ञान केन्द्र और यूनेस्कों के प्रयासों के रूप में क्षमता निर्माण के लिए समुद्र विज्ञान पर अन्तरराष्ट्रीय प्रशिक्षण केन्द्र और मध्यश्रेणी के मौसम की भविष्यवाणी के लिए इंडो–अफ्रीकन केंद्र ताकि अफ्रीका क्षेत्र में मौसम की भविष्यवाणी की जा सके। प्रस्तावित है कि आई.आई.टी(ज) और आई.एस.ई.आर्स में एम.ओ.ई.एस चेयर प्रौफेशरशिप की स्थापना के माध्यम और आई.आई.एस.ई.आर्स में शैक्षणिक कार्यक्रमों की पहलों द्वारा मानव संसाधन विकास को सहयोग दिया जाए।

8.76. **पृथ्वी उद्यमः** मौसम और जलवायु उत्पाद तथा महासागर प्रौद्योगिकी एवं संबंधित उत्पादों के क्षेत्रकीय उपयोग में काफी वृद्धि हुई है जिसके परिणामस्वरूप उत्पादों एवं सूचना की विश्वसनीय एवं समयानुसार उपलब्धता हेतु अप्रत्याशित मांग बढ़ी है। स्वायत्त निकायों/संबद्ध तथा अधीनस्थ कार्यालयों द्वारा विकसित व्यावसायिक आधार पर आंकड़े/प्रौद्योगिकियां प्रदान करने हेतु मंत्रालय के प्रशासनिक नियंत्रणाधीन कंपनी अधिनियम के अंतर्गत एक सार्वजनिक उपक्रम, पृथ्वी प्रणाली उद्यम स्थापित की जाएगी।

8.77. पृथ्वी विज्ञान मंत्रालय के लिए मौजूदा मूल्यों पर बारहवीं योजना हेतु **9,506 करोड़ रूपए** के सांकेतिक योजना परिव्यय का प्रावधान किया गया है।

वैज्ञानिक एवं औद्योगिक अनुसंधान विभाग (सीएसआईआर सहित)

बारहवीं योजना के उद्देश्य/बल

8.78. वैज्ञानिक एवं औद्योगिक अनुसंधान विभाग (डीएसआईआर) का जोर, औद्योगिक अनुसंधान, भारत को वैश्विक औद्योगिक अनुसंधान एवं नवप्रवर्तन केन्द्र के रूप में उभरने में समर्थ बनाने हेतु प्रौद्योगिकी विकास तथा अंतरण को प्रोत्साहित करने पर रहा। उद्योग एवं संस्थान केन्द्रिक प्रेरणात्मक उपायोग एवं प्रोत्साहनों के माध्यम से लोगों को लाभ पहुंचाने के लिए नए नवप्रवर्तनों के विकास के लिए सही परिवेश का सृजन करते हुए देश में औद्योगिक अनुसंधान को आकर्षित करने पर जोर दिया गया है।

8.79. सीएसआईआर ने एक दस्तावेज की अवधारणा की और इसे विकसित किया है जिसका शीर्षक है–सीएसआईआर@80: दृष्टिकोण एवं कार्यनीति, 2022 के लिए रूपरेखा। यह दस्तावेज इस प्रेरणा पर आधारित है कि वर्ष 2022 हमें इंडिया@75–भारतीय स्वतंत्रता की प्लैटिनम जुबली पर लाएगा। इंडिया@75 सीएसआईआर@80 के साथ मिला–जुला होगा जो किसी भी अनुसंधान एवं विकास संस्थान के जीवन में एक विशिष्ट अवस्था है। उस समय तक विभिन्न अनुमानों के अनुसार भारत विश्व के तीसरे देश के रूप में अपनी छवि को विश्व के तीसरे सबसे शक्तिशाली देश के रूप में बदल चुका होगा। भारत के सबसे बड़े और सबसे विविध एस एंड टी संगठन के रूप में सीएसआईआर इस लक्ष्य को प्राप्त करनें में भारत की सहायता करने की आकांक्षा कर रहा है। 2022 तक के परिदृश्य को ध्यान में रखते हुए सीएसआईआर का विजन नए भारत के लिए नए सीएसआईआर का निर्माण करना होगा और सीएसआईआर का मिशन विज्ञान का अनुसंरण करना होगा जो वैश्विक प्रभाव, प्रौद्योगिकी के लिए संघर्षरत है जिससे नवप्रवर्तनकारी उद्योग को बढ़ावा मिलेगा तथा भारत के लोगों का समावेशी आर्थिक विकास कर ट्रांस अनुशासनात्मक नेतृत्व को बढ़ावा मिलेगा। विज्ञान, प्रौद्योगिकी और सामाजिक कार्यों के लिए लोगों तथा राष्ट्र का केन्द्रिक बल सीएसआईआर का मुख्य उद्देश्य होगा।

8.80. सीएसआईआर की बारहवीं पंचवर्षीय योजना निम्नलिखित पर ध्यानकेंद्रण करती है: विज्ञान और इंजीनियरिंग नेतृत्व हासिल करना, नवप्रवर्तनकारी प्रौद्योगिकीय समाधान विकसित करना, मुक्त नवप्रवर्तन पहलें करना, ट्रांस अनुशासनात्मक क्षेत्रों में मानव संसाधन विकसित

करना तथा बढ़ावा देना, विज्ञान आधारित उद्यमशीलता की सुविधा प्रदान करना तथा उचित विज्ञान एवं प्रौद्योगिकी हस्तक्षेप के माध्यम से समाजार्थिक परिवर्तन लाना। उपर्युक्त ध्यानकेंद्रण बिन्दुओं को प्राप्त करने के दृष्टि से सीएसआईआर अनेक नई पहलों का प्रस्ताव करती है तथा लक्ष्य केन्द्रित कार्यनीतियां अपनाने की परिकल्पना करती है–चिह्नित लक्ष्यों को प्राप्त करना, प्रक्रिया पर ध्यानकेंद्रण करना–संगठनात्मक प्रक्रियाओं का निर्माण तथा सरलीकरण, विकास पर ध्यानकेंद्रण करना–संगठनात्मक विकास हासिल करना तथा प्रतिस्पर्धात्मक लाभ पर ध्यानकेंद्रण करना–प्रतिस्पर्धात्मक लाभ प्राप्त करना।

8.81. सीएसआईआर सहित विज्ञान एवं औद्योगिक अनुसंधान की ग्यारहवीं योजना के दौरान महत्वपूर्ण उपलब्धियां बॉक्स 8.6 में दी गई है।

बॉक्स 8.6

ग्यारहवीं योजना अवधि के दौरान डीएसआईआर/सीएसआईआर की महत्वपूर्ण उपलब्धियां

- सीएसआईआर ने उच्च विज्ञान में भारत को काफी आगे बढ़ाया है तथा देश की बौद्धिक सम्पदा को आगे बढ़ाने मे अग्रणी रहा है। इसका प्रति पेपर दो से अधिक औसत संघट्टन कारक सहित राष्ट्रीय एससीआई प्रकाशन का औसत 12 प्रतिशत योगदान रहा है। इसने वर्ष 2007–10 के दौरान राष्ट्रीय एवं अंतर्राष्ट्रीय ख्याति प्राप्त एससीआई पत्रिकाओं में 16664 अनुसंधान पेपर प्रकाशित किया है। विभिन्न क्षेत्रों में उच्च गुणवत्ता प्राप्त एस एण्ड टी जनशक्ति के विकास में भी इसका योगदान है तथा 8396 अनुसंधान विद्यार्थी; सीएसआईआर की विभिन्न प्रयोगशालाओं में पीएचडी कर रहे 4000 छात्रों की सहायता की है। यहां से प्रतिवर्ष 500 पीएचडी तथा 2000 स्नातकोत्तर डिग्रीधारी और अनुसंधान प्रशिक्षु तैयार होते हैं। बौद्धिक सम्पदा के सृजन में आगे रहने के कारण, इसे 1282 विदेशी तथा 1507 भारतीय पेटेंट प्राप्त हुए थे तथा आज की स्थिति के अनुसार इसके पास 3250 विदेशी तथा 2350 भारतीय पेटेंट हैं और 222 पेटेंट का लाइसेंस प्राप्त है। पेटेंट का उपयोगिता प्रतिशत 8.67 प्रतिशत है जोकि विश्व औसत 3–5 प्रतिशत से काफी अधिक है। सीएसआईआर की प्रति पेटेंट लागत विश्व में राज्य निधिकृत आर एण्ड डी संगठनों में सबसे कम है।
- सीएसआईआर ने सार्वजनिक–निजी भागीदारी के माध्यम से सीएनएम5, एक 5–सीट वाला पूरी तरह धातु का बना हुआ सिविल एयरक्राफ्ट की डिजाइन व विकास किया है जिसकी सफलतापूर्वक परीक्षण उड़ान हो चुकी है। कार्बन फाइबर प्रौद्योगिकी का लाइसेंस मेसर्स केमरॉक को दिया गया था। बिटर्न से सीएसआईआर – सीएसएमसीआरआई (सीएसआईआर–केंद्रीय नमक एवं मरीन केमिकल अनुसंधान संस्थान) द्वारा विकसित पोटास सल्फेट (एसओपी) की रिकवरी हेतु प्रौद्योगिकी मेसर्स अर्चना केमिकल इंडस्ट्रीज को अंतरित कर दी गई है। एलसीए के लिए हेड–अप डिस्प्ले (एचयूडी) हेतु प्रौद्योगिकी बीईएल, पंचकूला को अंतरित कर दी गई है। सीएसआईआर–एनसीएल द्वारा विकसित एटीबीएस प्रणाली को एमआईडीसी, लोट परसुराम, चिपलन में मेसर्स विनाटी आरगैनिक्स लिमिटेड (वीओएल) द्वारा व्यावसायिक कर दिया गया है।
- सीएसआईआर ने आधुनिक थ्रोम्बोलाइटिक कणों के विश्वव्यापी व्यावसायीकरण हेतु सीएसआईआर ने नोस्ट्रम फार्मास्यूटिकल को लाइसेंस दिया है तथा इसे 150 मिलियन अमरीकी डालर प्राप्त होंगे। प्लास्मीनोजन एक्टीवेशन प्रापर्टी डिस्पले करने वाली नई क्लॉट विशिष्ट प्रोटीन 19.60 करोड़ रूपए+ 5 प्रतिशत रायल्टी के साथ मेसर्स नोस्ट्रम फार्मास्यूटिकल, अमरीका को अंतरित की गई है। सेरूलोमाइसिन–ए तथा इसके स्वामित्व वाली व्युत्पत्तियों और इम्यूनो–सप्रेसन के नवीन संकेतों हेतु समानान्तर तत्व – किडनी एवं हृदय में टिस्यू ट्रांसप्लांटेशन में अत्यधिक महत्वपूर्ण खोज के संबंध में मेसर्स नोस्ट्रम फार्मास्यूटिकल, अमरीका को 14.70 करोड़ रूपए+ 2 प्रतिशत रायल्टी के साथ लाइसेंस दिया गया था। मेसर्स ल्यूपिन फार्मास्यूटिकल एवं मेसर्स एलेम्बिक केमिकल्स के माध्यम से मेसर्स शासुन ड्रग्स एंड केमिकल्स द्वारा 1 करोड़ रूपए+ 3.5 प्रतिशत रायल्टी सहित ई.कोली से उत्पन्न रिकम्बीनेंट स्ट्रेप्टोकिनास लांच किया गया था। इससे क्लॉट बस्टर्स के मूल्यों में काफी कमी आएगी! गैस्ट्रोइन्टेस्टिनल टोक्सिसिटी के उपचार तथा इससे जुड़े लक्षण एवं अल्सर के उपचार हेतु प्राकृतिक एजेंट के संबंध में सीएसआईआर के पेटेंट जानकारी–एक नई अल्सर औषधि – 2.5 करोड़ रूपए+रायल्टी सहित मेसर्स आईपीसीए लेबोरेरटीज लिमिटेड, मुंबई को लाइसेंस दिया गया था।
- सीएसआईआर ने 10 हार्स पावर का ट्रैक्टर 'कृषि शक्ति' विकसित किया है जो छोटे एवं सीमान्तक किसानों के लिए निम्न लागत (1 लाख रूपए) का है। अग्निशमन प्रणाली में प्रयोग होने वाले हैलोन के बदले हेप्टाफ्लूरोप्रोपेन (एफएम 200) हेतु एक सरल प्रक्रिया व्यावसायिक उत्पादन हेतु मेसर्स मेक्वाक फैब्रिकेटर्स लिमिटेड, मुम्बई को अंतरित की गई थी। उन्नत और पेटेंट प्रक्रिया पर आधारित एलाईल क्लोराइड से इपिक्लोरोहाइड्रिन के निर्माण हेतु आदित्य बिड़ला समूह से एक 3000 टीपीए संयंत्र को रियांग, थाइलैंड में कारगर किया गया। सेल्यूलॉस, हेमी–सेल्यूलॉस तथा लिग्निन की रिकवरी हेतु गन्ना खोई प्रसंस्करण प्रौद्योगिकी के लिए 6.5 करोड़ रूपए+ 3 प्रतिशत रायल्टी सहित मेसर्स गोदावरी शुगर को लाइसेंस दिया गया था।
- सीएसआईआर लेबोरेरटीज ने जल तथा जल आधारित प्रौद्योगिकियों के संबंध में महत्वपूर्ण ज्ञान आधार विकसित किया है। सीएसआईआर ने जल को कीटाणुरहित करने तथा शुद्धिकरण हेतु प्रौद्योगिकी आधारित एक उच्च फ्लक्स हालो–फाइबर मेम्ब्रेन विकसित किया है। टेराफिल वाटर फिल्टर नामक रिफाइंड एवं पोर्टेबल यंत्र विकसित किया गया है जो केमिकल्स के प्रयोग के बगैर पेयजल प्रदान करता है। आरओ डिसैलिनेशन हेतु प्रौद्योगिकी के साथ इसका आपदा प्रभावित क्षेत्रों में ताजा पेयजल उपलब्ध कराने में व्यापक रूप से प्रयोग किया गया है। आरओ संयंत्रों का निर्यात अफगानिस्तान तथा कीनिया को किया जा रहा है।

- किसानों के लिए उच्च जड़ उपज सहित बढ़िया किस्म का अश्वगंधा विकसित एवं जारी किया जा रहा है। इस पौधे में उपयोगी जलन–रोधी, स्ट्रोक रोधी एवं गठिया रोधी गुण है।
- वहनीय स्वास्थ्य देखभाल के क्षेत्र में, भारतीय आबादी के अनुवांशिक ढ़ांचे का प्रथम व्यापक अध्ययन पूरा कर लिया गया है, फलस्वरूप एक भारतीय जेनोम वैरिएशन डाटाबेस (आईजीवीडीवी) सृजित किया गया है। इससे रिपीट्स एवं सिंगल न्यूक्लियोटाइड पॉलीमारफिस्म का प्रयोग करते हुए भविष्यसूचक औषधियां विकसित करने हेतु नए द्वार खुलेंगे। जेनोमिक दुनिया में भारत के प्रवेश, जोकि अन्य के साथ एक सीएसआईआर पहल है, से भारतीय आबादी के इतिहास की पुनर्सरचना हुई है। पहली बार कैडिला फार्मास्यूटिकल के सहयोग से सीएसआईआर ने ट्यूबक्यूलोसिस के लिए एक महान औषधि 'रिसोरिन' का आविष्कार किया है। इस महान औषधि के लिए सूत्र आयुर्वेद से प्राप्त किए गए हैं। रिसोरिन के व्यावसायीकरण से रिफाम्पीसिन – 23 प्रति प्रतिपदान सहित आईसोनियाजाइड की लागत घटी है। प्रोस्टालीन, एक कैंसररोधी दवा जोकि प्रोस्टेट कैंसर के उपचार हेतु एम. किओनजी तथा ट्राइबुलस टेरेस्टाइस से प्राप्त एक हर्बल दवा है, बाजार में जारी की गई थी। सीएसआईआर ने बीकोसाइड्स एनरिच्ड स्टैण्डर्डाइज एक्सट्राक्ट बीईएसईबी ("बीकोसाइड्स एनरिच्ड स्टैण्डर्डाइज एक्सट्राक्ट आफ बोकोपा") भी विकसित किया है जोकि एकल प्लांट आधारित विशिष्ट प्राकृतिक याददाश्त बढ़ाने वाला प्रतिपादन एवं पेटेंट शुरुआत है। बीईएसईबी का सफलतापूर्वक व्यावसायीकरण किया जा रहा है।
- सीएसआईआर द्वारा विकसित चमेलिया (लेवेण्डर) की उच्च उपज जम्मू व कश्मीर राज्य के किसानों द्वारा पैदावार हेतु एक उत्कृष्ट विकल्प है। सीएसआईआर ने मिजोरम (आइजाल) तथा अरुणाचल प्रदेश (पाशीघाट) में फसलोत्तर केंद्र स्थापित किया है! पूर्वोत्तर क्षेत्र के 10,000 से अधिक किसान इन प्रसंस्करण केंद्रों पर अपने उत्पादों को 20–25 प्रतिशत अधिक दामों पर बेच सकेंगे।
- सीएसआईआर ने सीएसआईआर 800 नामक एक कार्यक्रम शुरू किया है जो एक महत्वाकांक्षी तथा सामाजिक रूप से प्रासंगिक कार्यक्रम है। इस कार्यक्रम का उद्देश्य अभिनव अनुसंधान तथा विकास आधारित उत्पादों प्रक्रमों का विकास तथा उन्हें उपलब्ध कराना है, जो आम लोगों के लिए सस्ती हों। यह नीरसता को समाप्त करने में तो उपयोगी होगा ही, लघु उद्यमों को सफलतापूर्वक शुरू करने से भारतीय लोगों का आर्थिक उत्थान भी संभव हो सकेगा। सीएसआईआर सोलेक्शा नामक दोहरी शक्ति वाले पर्यावरण–अनुकूल रिक्शे की रूपरेखा भी तैयार और विकसित की है। सोलेक्शा का वाणिज्यिक उत्पादन हो रहा है।
- सीएसआईआर द्वारा शुरू किया गया ओपन सोर्स ड्रग डिस्कवरी कार्यक्रम स्वास्थ्य सेवा के क्षेत्र में नवप्रवर्तन के एक नए प्लेटफार्म के रूप में उभरा है। सीएसआईआर के नेतृत्व में, वैश्विक साझेदारी वाली इस टीम इंडिया कंजोर्टियम में 100 देशों के 4500 से ज्यादा अनुसंधानकर्ता पंजीकृत भागीदार के रूप में हैं।
- आयुर्वेद, योग, नेचुरोपैथी, यूनानी, सिद्धा तथा होम्योपैथी विभाग (आयुष) के सहयोग से, सीएसआईआर की पारम्परिक ज्ञान डिजिटल लाइब्रेरी आईपी फाइलिंग के माध्यम से शोषण के खिलाफ़ पारम्परिक भारतीय ज्ञान के संरक्षण का अनूठा स्रोत है। पारम्परिक ज्ञान डिजिटल लाइब्रेरी ने यूरोपीय पेटेंट कार्यालय (ईपीओ), अमरीकी पेटेंट तथा ट्रेडमार्क कार्यालय (यूएसपीटीओ), जर्मन पेटेंट कार्यालय, जापान पेटेंट कार्यालय आदि के साथ समझौते पर दस्तखत किए हैं।
- सीएसआईआर ने सरकारी गजट अधिसूचना के माध्यम से वैज्ञानिक तथा अभिनव अनुसंधान अकादमी स्थापित की है जिसका उद्देश्य नवीन पाठ्यक्रम, अध्यापन तथा मूल्यांकन को बढ़ावा देना है ताकि विभिन्न विधाओं में उच्च गुणवत्ता वाले कार्मिक तैयार किए जा सकें।
- सीएसआईआर ने सीएसआईआर टेक प्राईवेट लिमिटेड की स्थापना की है जो पुणे में पंजीकृत है। इसका उद्देश्य सीएसआईआर प्रौद्योगिकियों के वेलोराइजेशन को उत्प्रेरित करना है। सीएसआईआर टेक का मुख्य प्रयोजन प्रौद्योगिकी सृजन तथा हस्तांतरण की इक्विटी को धारण करना तथा फीडबैक देना है।
- डीएसआईआर ने उद्योग के 1600 से अधिक आंतरिक अनुसंधान तथा विकास को मान्यता प्रदान की है अथवा उनकी मान्यता को नवीनीकृत किया है। आयकर अधिनियम की धारा 35 (2कख) के अंतर्गत, आंतरिक अनुसंधान और विकास इकाइयों द्वारा भारित कर कटौती के लिए, आयकर (छूट) महानिदेशालय को 10000 करोड़ रूपए से अधिक के निवेश की सूचना दी गई। 400 नवप्रवर्तक परियोजनाओं, 34 नवप्रवर्तक आउटरीच केंद्रों तथा 70 नई प्रौद्योगिकी विकास तथा प्रदर्शन परियोजनाओं को भी सहायता प्रदान की गई।

बारहवीं पंचवर्षीय योजना के कार्यक्रम

8.82. डीएसआईआर के कार्यक्रमः बारहवीं पंचवर्षीय योजना के लिए डीएसआईआर की प्रमुख योजनाओं और कार्यक्रमों में शामिल हैं: (1) व्यक्तियों, स्टार्ट अप तथा एमएसएमई में नवप्रवर्तनों को प्रोत्साहित करना जहां एमएसएमई के नवप्रवर्तनकारी प्रस्तावों का समर्थन किया जाएगा, राष्ट्रीय नवप्रवर्तन परिषद द्वारा प्रोन्नत सीएसआईआर–कलस्टर नवप्रवर्तन केन्द्र (सीआईसी) को नवप्रवर्तनकारी समाधान मुहैया कराने हेतु सहायता दी जाएगी, तकनीकी उद्यमी कार्यक्रम आउटरीच केन्द्रों के मौजूदा नेटवर्क का विस्तार किया जाएगा, व्यक्तिगत नवप्रवर्तकों/इनक्यूबेट्स के प्रस्तावों का समर्थन किया जाएगा और 11वीं पंचवर्षीय योजना की शेष अनुमोदित तकनीकी उद्यमी संवर्धन कार्यक्रम (टीईपीपी) के लिए सहायता दी जाएगी, (2) पेटेन्ट अधिग्रहण तथा सहयोगात्मक अनुसंधान एवं प्रौद्योगिकी विकास (पीएसीई) संबंधी स्कीम जहां भारतीय उद्योगों को विदेशों से या देश के अंदर ही एक प्रारंभिक स्तर पर बौद्धिक सम्पदा प्राप्त करने के लिए सहायता मुहैया करायी जाएगी और अधिग्रहित बौद्धिक सम्पदा के लिए महत्व

दिया जाएगा तथा ध्यानकेंद्रण उद्योग तथा विश्वविद्यालय/सार्वजनिक निधि प्राप्त अनुसंधान संस्थानों के बीच सहयोगात्मक अनुसंधान के लिए सक्षम परिवेश सृजित करने के लिए सार्वजनिक निजी भागीदारी (पीपीपी) पर किया जाएगा, (3) औद्योगिक अनुसंधान एवं विकास तथा सामान्य अनुसंधान सुविधाओं का निर्माण (बीआईआरडी) जिसमें उद्योग में अनुसंधान एवं विकास को बढ़ावा दिया जाएगा और सहायता दी जाएगी, तथा लघु एवं सूक्ष्म उद्योगों के लिए सामान्य अनुसंधान सुविधाओं के सृजन के लिए सहायता मुहैया करायी जाएगी, (4) प्रौद्योगिकी विकास तथा प्रसार के लिए ज्ञान की पहुंच (ए2के+) – जहां देश में औद्योगिक स्थिति के संबंध में अध्ययन/सम्मेलनों का आयोजन करने के अतिरिक्त उद्योग की 1,500 आंतरिक आर एंड डी यूनिटों तथा 600 वैज्ञानिक एवं औद्योगिक अनुसंधान संगठनों (एसआईआरओ) और तकनीकी उद्यमियों के लिए प्रमुख प्रकाशकों से अंतरराष्ट्रीय अखबारों से संबंधित विज्ञान, प्रौद्योगिकी तथा नवप्रवर्तन की पहुंच होगी, महिलाओं के प्रौद्योगिकीय सशक्तिकरण से संबंधित परियोजनाओं के लिए सहायता दी जाएगी जिनमें 11वीं पंचवर्षीय योजना की परियोजनाएं भी शामिल होंगी और 11वीं पंचवर्षीय योजना की प्रौद्योगिकी विकास और प्रदर्शन कार्यक्रम (टीडीडीपी) परियोजनाओं के लिए सहायता दी जाएगी।

परामर्श विकास केन्द्र

8.83. बारहवीं पंचवर्षीय योजना अवधि के दौरान परिकल्पित महत्वपूर्ण कार्यकलापों में परामर्श संवर्धन, सेवाएं अनुसंधान एवं विश्लेषण, कार्यनीतिक ध्यानकेंद्रण केन्द्रों में राष्ट्रीय सक्षमता विकास कार्यक्रम, प्रौद्योगिकी प्रदायगी अंतरण तथा वाणिज्यीकरण, राष्ट्रीय ज्ञान डिपोजिटरी, प्रशिक्षण एवं विकास, निर्यात संवर्धन अंतरराष्ट्रीय सहयोग शामिल हैं।

केन्द्रीय इलेक्ट्रोनिक्स लिमिटेड (सीईएल)

8.84. बारहवीं पंचवर्षीय योजना अवधि के दौरान अपनी प्रौद्योगिकी शक्ति का लाभ उठाकर सीईएल रंग संवेदनशील सौर सेलों (अथवा ग्रैजेल सेल) के विनिर्माण की क्षमताओं का विकास करने की योजना बना रहा है जो सिलिकॉन फोटोवोल्टैक के लिए अधिक विश्वसनीय विकल्पों के रूप में उभर रहा है तथा हाल ही में थिन फिल्म प्रौद्योगिकियों को विकसित किया है। सीईल ने सौर तंत्र की कार्यकुशलता के अधिकाधिक उपयोग के लिए तुलनात्मक रूप से नए दृष्टिकोण के लिए प्रणालियों का डिजाइन विकसित करने तथा वैयक्तिक सौर पैनलों से जोड़े जाने वाले सूक्ष्म इनवर्टरों के डिजाइन एवं विनिर्माण की विश्वसनीयता में सुधार करने का प्रस्ताव किया है। सीईएल आर एंड डी प्रभाग स्थापित करेगा जो उन्नत कार्यनीतिक इलेक्ट्रोनिक, एसपीवी, निगरानी, सुरक्षा उत्पादों के डिजाइन विकास परीक्षण तथा वैद्यता की आवश्यकताओं का ध्यान रखेगा। प्रौद्योगिकी विकास तथा विनिर्माण तकनीकियों में सुधार करते हुए सक्रिय विपणन प्रयासों तथा व्यापार विस्तार के साथ विनिर्माण क्षमता में संवर्धन करने की आवश्यकता को महसूस करते हुए सीईएल द्वारा यह सुनिश्चित करने के लिए कदम उठाए जा रहे हैं कि एसपीवी उत्पादों के लिए 10 मेगा वॉट की वर्तमान योजना क्षमता को बढ़ाकर 80 मेगा वॉट किया जाए। सीईएल ने संयुक्त प्रयास से राष्ट्रीय सिलिकॉन वैफर उत्पादन सुविधा स्थापित करने का भी प्रस्ताव किया है जिससे कि अन्य देशों से आयात के माध्यम से सिलिकॉन सामग्रियों के इस महत्वपूर्ण संसाधन की उपलब्धता पर देश की निर्भरता को कम कर 1,000 मेगावॉट/वर्ष क्षमत के सिलिकॉन वैफरों का उत्पादन किया जा सके।

राष्ट्रीय अनुसंधान विकास निगम

8.85. एनआरडीसी को देश में विभिन्न आर एंड डी संस्थानों द्वारा 270 से अधिक प्रौद्योगिकियों का कार्य सौंपा गया और इसने ग्यारहवीं पंचवर्षीय योजना अवधि के दौरान वाणिज्यीकरण के लिए उद्योग से 175 से अधिक लाइसेंस करारों पर हस्ताक्षर किए। बारहवीं पंचवर्षीय योजना अवधि के दौरान एनआरडीसी का ध्यानकेंद्रण (1) इनवेंटर एवं नवप्रवर्तक प्रेरक कार्यक्रम (पीआईआईआई) तथा (2) वाणिज्यीकरण के लिए प्रौद्योगिकी विकास कार्यक्रम शुरू करने पर होगा

वैज्ञानिक एवं औद्योगिक अनुसंधान परिषद्

8.86. सीएसआईआर बारहवीं योजना के दौरान 10 स्कीमें शुरू करने का प्रस्ताव करती है। पहलों का सार नीचे दिया गया है।

8.87. **नये संस्थान स्थापित करनाः** सीएसआईआर बारहवीं पंचवर्षीय योजना के दौरान दोनों भौतिक और आभासी मोड में पांच नए संस्थान स्थापित करने की परिकल्पना करती है। इन संस्थानों में शामिल हैंः सीएसआईआर कृत्रिम तथा प्रणाली बायोलॉजी संस्थान (सीएसआईआर–आईएसएसबी), सीएसआईआर चतुर्थ प्रतिमान संस्थान (सीएसआईआर–4 पीआई) बायोमिमेटिक सामग्री संस्थान (सीएसआईआर–आईबीएमएम), सीएसआईआर सौर ऊर्जा नेटवर्क संस्थान (सीएसआईआर–एनआईएसई) तथा सीएसआईआर विनिर्माण प्रौद्योगिकी नेटवर्क संस्थान (सीएसआईआर–एनआईएमटी)।

8.88. **राष्ट्रीय प्रयोगशालाओं के माध्यम से कलस्टरों में आर एंड डीः** 11वीं योजना के दौरान सीएसआईआर ने 7 कलस्टरों में अपने आर एंड डी कार्यक्रमों को श्रेणीबद्ध किया है। बारहवीं

पंचवर्षीय योजना कलस्टर दृष्टिकोण के अत्यधिक सुदृढ़ीकरण और सरलीकरण की परिकल्पना करती है। बारहवीं पंचवर्षीय योजना में राष्ट्रीय प्रयोगशाला कार्यक्रम 5 कलस्टरों में किए जाएंगे जैसे जीव विज्ञान, रसायन विज्ञान, इंजीनियरिंग विज्ञान, सूचना विज्ञान तथा भौतिक विज्ञान। कलस्टर मोड में मानव संसाधन विकास पर विशेष ध्यान दिया गया है। परियोजनाएं इंट्राकलस्टर, इंटरकलस्टर तथा ट्रांसकलस्टर संस्थाओं की माप के लिए बनायी गई है जो संस्थाएं बड़ी परियोजनाओं, बड़ी मिशन परियोजनाओं, सुपर संस्थागत नेटवर्क परियोजनाओं, क्रॉस कलस्टर परियोजनाओं सुविधा सृजन/संवर्धन परियोजनाओं तथा अन्य लघु परियोजनाओं के डोमेन को कवर करती है।

8.89. **सीएसआईआर आउटरीच केन्द्रः** बारहवीं पंचवर्षीय योजना के दौरान सीएसआईआर आउटरीच केन्द्र स्थापित करने का विचार रखती है जो अनवार्य रूप से पणधारियों के साथ कार्य करेंगे। ध्यानकेंद्रण नए राज्यों तथा अन्य ऐसे राज्यों पर है जहां सीएसआईआर नहीं है। सीएसआईआर व्यक्ति भागीदारी मोड (सीपीपी) के माध्यम से सीएसआईआर आउटरीच केन्द्रों को प्रचालित करने तथा उनके प्रबंधन और चिह्नित स्थानों पर रखे गए मोबाइल किओस्क अथवा पूर्व में निर्मित किए गए स्व कंटेनरों के माध्यम से कार्यान्वित करने की परिकल्पना की गई है। इन केन्द्रों में एनआईएनसी–सीएसआईआर पहल के कलस्टर नवप्रवर्तन केन्द्रों के साथ घनिष्ठ समन्वय और नेटवर्किंग भी होगा।

8.90. **व्याप्ति हेतु पहल और सकारात्मक सांकेतिक परिणामों की वैधताः** यह सुनिश्चित करने के लिए कि सीएसआईआर लैबों में आर एंड डी के परिणामस्वरूप विभिन्न अगुवाइयों का फल मिले, इसके लिए सीएसआईआर ने उत्पाद/विकास प्रक्रिया को एक स्वतंत्र पहल में परिवर्तित करने के लिए व्याप्ति नेतृत्व और वैधता के कार्यकलाप को अपग्रेड करने के लिए प्रस्ताव किया है।

8.91. **पूर्वोत्तर राज्यों, लक्षद्वीप तथा अंडमान व निकोबार द्वीप समूह के लिए विशेष सीएसआईआर केन्द्रः** देश के तेज संधारणीय और अधिक समावेशी विकास करने के लिए राष्ट्रीय दृष्टिकोण के अपने प्रयास के रूप में सीएसआईआर बारहवीं योजना के दौरान देश के विशेष पारिस्थितकीय क्षेत्रों पर ध्यानकेंद्रण करेगा तथा विज्ञान एवं प्रौद्योगिकी हस्तक्षेप के माध्यम से उनका संधारणीय विकास करेगा। इस संबंध में पूर्वोत्तर क्षेत्र तथा लक्षद्वीप, अंडमान व निकोबार द्वीप समूहों को चुना गया है। सीएसआईआर के प्रयासों में पूर्वोत्तर राज्यों के लिए नवप्रवर्तन तथा सीएसआईआर प्रौद्योगिकियों को बढ़ावा देने तथा आपदा कम करने तथा लक्षद्वीप, अंडमान व निकोबार द्वीप समूहों में मूंगा चट्टानों के संधारणीय विकास के लिए विज्ञान एवं प्रौद्योगिकी हस्तक्षेप करना शामिल होगा।

8.92. **आर एंड डी अवसंरचना सृजन तथा नवीकरणः** आर एंड डी अवसंरचना में वृद्धि ध्यान में रखते हुए अनुसंधान कार्यक्रम तथा वैज्ञानिक मांगों में वृद्धि करना। इसमें नयी सुविधाओं का निर्माण, उन्नत कार्यस्थल डिजाइन, पशुगृह, परीक्षण रेंज, निर्माण प्रयोगशालाओं आदि जैसी सहायक सुविधाओं का निर्माण करना शामिल है।

8.93. **ऊर्जा–कुशल हरित परिसर विकासः** बारहवीं पंचवर्षीय योजना के दौरान इस पहल को जारी रखना प्रस्तावित है जिससे कि सीएसआईआर प्रयोगशालाओं को हरित निर्माण जैसे उच्च मानकों के लिए अत्यधिक रूप से संवारा जा सके। सिविल अवसंरचना का निर्माण बढ़ते हुए स्टाफ क्वार्टरों, छात्रावासों, अतिथि गृहों तथा अन्य फ्रिंज सुविधाओं को भी कवर करेगा। ये पहलें मौजूदा स्टाफ क्वार्टरों, छात्रावासों, अतिथि गृहों आदि के पुनरूद्धार तथा उनमें सुधार करने के लिए की जाएंगी।

8.94. **उत्कृष्टता निर्माणः** बारहवीं योजना के दौरान सीएसआईआर श्रेष्ठता निर्माण की परिकल्पना करती है। नवप्रवर्तनकारी विचारों के लिए सुध्यानकेंद्रित पहल तथा अधिक जोखिम तथा अधिक प्रभाव वाली परियोजनाओं को पारगमन मार्गों पर किया जाएगा तथा ये नए परिदृश्य खोलेंगी। इस श्रेणी के तहत आने वाले कार्यक्रमों में एम्पावर (विश्व स्तरीय अन्वेषण अनुसंधान को प्रोत्साहित तथा प्रेरित करना), रिस्क (नए ज्ञान आधार के विस्तार के लिए अनुसंधान पहल) तथा यू एक्सेल (श्रेष्ठता यूनिट) शामिल हैं जिनके लक्ष्य बिन्दु क्रमशः प्रारंभिक कॅरियर वाले वैज्ञानिक, मध्यम कॅरियर वाले वैज्ञानिक और लेट कॅरियर वाले वैज्ञानिक हैं।

8.95. *नवाचार परिसरः* वैज्ञानिक एवं औद्योगिक अनुसंधान परिषद (सीएसआईआर) ने ग्यारहवीं पंचवर्षीय योजना के मध्यावधि मूल्यांकन के दौरान पूरे देश में चुनिन्दा स्थानों पर नवाचार परिसरों की स्थापना करके अपनी स्थानान्तरीय अनुसंधान क्षमताओं को समर्थन देने का संकल्प किया था। नवाचार परिसरों द्वारा सीएसआईआर के अन्दर अनुसंधान एवं विकास की मूल्य श्रृंखला को संघटित एवं सम्पोषित किए जाने; सीएसआईआर ब्रांड को सुदृढ़ करने तथा सीएसआईआर अनुसंधान एवं विकास की सुविधाओं का लाभ समाज तक पहुँचाने; क्षेत्रीय रूप में संतुलित आर्थिक विकास को प्रेरित करने; तथा

वैज्ञानिक समुदाय में उद्यमशीलता की संस्कृति को बढ़ावा देने की अभिकल्पना है। बारहवीं पंचवर्षीय योजना के दौरान सीएसआईआर पूरे देश में बारह ऐसे परिसरों का प्रचालन करने का प्रयास करेगा जिनमें ग्यारहवीं योजना के दौरान आरम्भ किए गए तीन परिसर शामिल हैं।

8.96. *सीएसआईआर 800:* अर्थव्यवस्था पिरामिड के आधार स्तर पर रहने वाले लोगों के जीवन स्तर में सुधार लाने तथा उनकी आजीविका में वृद्धि करने के उद्देश्य से ग्यारहवीं पंचवर्षीय योजना के दौरान आरम्भ किए गए सीएसआईआर 800 कार्यक्रम का विस्तार बारहवीं पंचवर्षीय योजना के दौरान किया जा रहा है। इस कार्यक्रम के एक भागके रूप में, सीएसआईआर पूरे देश में चुने गए 24 सीएसआईआर प्रौद्योगिकी समर्थित ग्राम (टेकविल्स) के कार्यान्वयन के जरिए ग्रामीण समुदायों की जरूरतों को पूरा करेगा। इस कार्यक्रम का कार्यान्वयन तीन चरणों में किया जाएगा अर्थात रीच–टेक (तत्काल हस्तान्तरित किया जाना), डेमो–टेक (योजना के मध्यवर्ती स्तर पर हस्तांतरण किया जाना) तथा इनो–टेक (योजनावधि के अन्त तक हस्तान्तरित किया जाना)।

8.97. *मुक्त नवाचार:* सीएसआईआर जन साधारण को विज्ञान और प्रौद्योगिकी के लाभ उपलब्ध कराने के लिए मुक्त नवाचार को एक मुख्य माध्यम के रूप में तैयार कर रहा है। ग्यारहवीं योजना के दौरान सीएसआईआर ने अपने मुक्त स्रोत औषधि अन्वेषण (ओएसडीडी) के माध्यम के महत्वपूर्ण सफलता हासिल की है। बारहवीं योजना के दौरान मुक्त नवाचार को एक प्रमुख प्लेटफार्म के रूप में चुना गया है। इसमें ओएसडीडी कार्यक्रम का विस्तारित कार्यक्रम (जिसमें मुक्त स्रोत औषधि अन्वेषण, मुक्त स्रोत औषधि वितरण, मुक्त स्रोत औषधि विकास तथा मुक्त स्रोत रोग निदान शामिल होंगे); तथा वितरित आर्गनिक रासायनिक संश्लेषण (डीओसीएस) कार्यक्रम शामिल होगा जिसका उद्देश्य योजना के अन्त तक 400,000 छोटे अणुओं का एक राष्ट्रीय ण्डार मुक्त स्रोत के माध्यम से तैयार किया जाना है। इनके अलावा, क्राउड सोर्सिंग के जरिए विकसित मुक्त नवाचार एवं ज्ञान के लिए साइंस 3.0 नामक प्रयास में बड़ी संख्या में इंजीनियरी संस्थानों को शामिल किया जाएगा जिससे अत्यधिक कष्टदायक समस्याओं का पता लगाया जा सके और ऊर्जा कुशलता प्राप्त करने, सामग्रियों के प्रयोग में कमी करने, अपशिष्ट के सृजन को न्यूनतम करने तथा इकाइयों की उत्पादकता और लाभ कारिता बढ़ाने के लिए व्यवसाय एवं वित्तीय मॉडलों का विकास करने जैसी समस्याओं का समाधान उपलब्ध कराया जा सके।

8.98. *समग्र, प्रतिभागी एवं सहयोगात्मक अनुसंधान एवं विकास पर आईएसआईआर के प्रयास:* बारहवीं योजना के दौरान सीएसआईआर के इस नए प्रयास में चार उप घटक शामिल होंगे अर्थात महत्वपूर्ण चुनौती प्रयास, प्रतिलोमित नवाचार, प्रतिभागी विज्ञान एवं प्रति ागी प्रौद्योगिकी विकास तथा सहयोगात्मक अनुसंधान केन्द्र।

- *महत्वपूर्ण चुनौती प्रयास–* समाधान प्राप्त नहीं होने वाली समस्याओं के समाधान या किसी चली आ रही राष्ट्रीय समस्या के लिए एक व्यापक समाधान उपलब्ध कराने पर ध्यान देगा। यह सीएसआईआर प्रणाली नें नई मुख्य सक्षमता का सृजन करने या अन्तर–विषयी/अन्तरा–विषयी विज्ञान के एक नए क्षेत्र में नेतृत्व का सृजन करने में सहायता करेगा जो सीएसआईएस को एक वैश्विक स्तर पर ले जाएगा।
- *प्रतिलोमित नवाचार के लिए सीएसआईआर के प्रयास–* एक अनूठा प्रतिमान जहाँ बच्चे/युवा इंजीनियर अन्वेषण करें, सीएसआईआर को प्रयोगशालाएँ परामर्श दें तथा उद्योग व्यवसायीकरण करें।
- *प्रतिभागी विज्ञान एवं प्रतिभागी प्रौद्योगिकी विकास के लिए सीएसआईआर के प्रयास–* ऐसे अनुसंधान एवं विकास का एक प्रयास जो योजना में भाग लेने वाले सभी पणधारियों को आपसी लाभ उपलब्ध कराएगा; समग्र नवाचार हासिल किया जा सकेगा, हस्तान्तरणीय अनुसंधान को आगे बढ़ाया जा सकेगा, समान चिन्ताधारा वाले व्यक्तियों के एक गतिशील दल को शामिल किया जा सकेगा, तथा वैज्ञानिक उपलब्धियों का लाभ कुशलतापुर्वक उठाया जा सकेगा।
- *सहयोगात्मक अनुसंधान केन्द्र – सीएसआईआर–शैक्षिक संस्थान, सीएसआईआर–अनुसंधान एवं विकास संस्थान तथा सीएसआईआर–उद्योग:* यह केन्द्र चुने गए क्षेत्रों में अपेक्षित नेटवर्किंग के जरिए सहयोगात्मक अनुसंधान एवं विकास पर ध्यान केन्द्रित करेगा। वे अद्यतन तकनीकी जानकारी युक्त स्थल होंगे और एक गतिशील नेटवर्कित संगठन मोड में कार्य करेंगे। ऐसे केन्द्रों में अनुसंधान एवं विकास के कार्य स्वास्थ्य, द्वितीयक कृषि, नागर विमानन तथा हरित परिवहन, सम्पोषणीय ऊर्जा तथा मूलसंरचना इंजीनियरी के क्षेत्रों में होंगे। यह आशा की जाती है कि ये केन्द्र सीएसआईआर तथा शैक्षिक संस्थानों, सीएसआईआर तथा अनुसंधान एवं विकास संस्थानों और सीएसआईआर तथा उद्योग के बीच अविच्छिन्न सम्पर्क का विकास करेंगे।

8.99. *राष्ट्रीय विज्ञान और प्रौद्योगिकी मानव संसाधन विकासः* सीएसआईआर विभिन्न स्तरों पर फेलोशिप के जरिए देश में विज्ञान और प्रौद्योगिकी मानव संसाधनों को सुदृढ़ करने के प्रयासों को जारी रखने की अभिकल्पना करता है। इसके अतिरिक्त, बारहवीं योजना के दौरान नए फेलोशिप कार्यक्रम लागू करने की योजना है, जैसे कि मंदबुद्धि वाले बच्चों के लिए हैण्ड–होल्डिंग सहायता; विश्लेषणात्मक क्षमता आधारित फेलोशिप का प्रावधान; तथा पी.सी. रे नवाचार पोस्ट–डॉक्टोरल फेलोशिप भी लागू करना।

8.100. *बौद्धिक सम्पदा तथा प्रौद्योगिकी प्रबंधः* सीएसआईआर बड़ी संख्या में पेटेंटों के स्वामित्व के माध्यम से नवाचार के शीर्ष पर बना हुआ है। बारहवीं योजना के दौरान, इस बौद्धिक सम्पदा पोर्टफोलियो को और अधिक समृद्ध करने के प्रयास को जारी रखा जाएगा।

8.101. *अनुसंधान एवं विकास प्रबंध सहायताः* अनुसंधान एवं विकास प्रबंध सहायता कार्यक्रम में चार घटक शामिल हैं अर्थात अन्तरराष्ट्रीय सहयोग, आयोजना तथा अनुसंधान एवं विकास प्रबंध, राष्ट्रीय नवाचार फाउण्डेशन के साथ मिलकर सहयोगात्मक कार्यकलाप, तथा विज्ञान का प्रचार–प्रसार। बारहवीं योजना के दौरान समूचे कार्यक्रम को पर्याप्त रूप से सुदृढ़ करने और नई ऊँचाइयों पर ले जाने का प्रस्ताव है।

8.102. *नई सहस्राब्दि भारतीय प्रौद्योगिकी नेतृत्व प्रयास (एनएमआईटीएलआई):* ग्यारहवीं योजना के दौरान सीएसआईआर के कार्यक्रमों में एनएमआईटीएलआई एक सफल कार्यक्रम रहा है। इस कार्यक्रम को बारहवीं योजना के दौरान निम्नलिखित दृष्टिकोणों से और अधिक सुदृढ़ तथा व्यापक बनाने की योजना है।

- एनएमआईटीएलआई पश्चात की परियोजनाएँ
- उद्योग के साथ मिलकर वित्तपोषण (50–50 प्रयास)
- उद्यम पूँजी निधियों के साथ सह–वित्तपोषण
- एनएमआईटीएलआई नवाचार केन्द्र
- पोर्टफोलियो निर्माण के लिए आरम्भिक स्तर संगत ज्ञान/बौद्धिक सम्पदा का अधिग्रहण

8.103. *राष्ट्रीय नागरिक वायुयान विकास कार्यक्रमः* सीएसआईआर देश में प्रथम नागरिक वायुयान का विकास करने के लिए राष्ट्रीय नागरिक वायुयान विकास कार्यक्रम (एनसीएडी) का एक हिस्सा बनने की भी योजना बना रहा है।

8.104. सीएसआईआर सहित वैज्ञानिक एवं औद्योगिक अनुसंधान विभाग के लिए बारहवीं पंचवर्षीय योजना में वर्तमान मूल्यों पर ₹17,896 करोड़ का एक निर्देशात्मक योजनागत परिव्यय रखा गया है।

अन्तरिक्ष विभाग

बारहवीं योजना के लक्ष्य/प्रमुख क्षेत्र

8.105. अन्तरिक्ष संबंधी कार्यक्रम दशक की रूपरेखा तथा वर्ष 2025 की दिशा द्वारा चालित हैं। अगले दशक के लिए अन्तरिक्ष कार्यक्रम की व्यापक दिशाओं में ये शामिल हैंः 1) संचार एवं मार्गनिर्देशन में प्रचालन सेवाओं का सुदृढ़ीकरण/विस्तार करना; 2) प्राकृतिक सम्पदा प्रबंध, मौसम एवं जलवायु परिवर्तन अध्ययनों के लिए संवर्धित चित्रण क्षमता का विकास करना; 3) सौर मण्डल तथा ब्रह्माण्ड की बेहतर समझ के लिए अन्तरिक्ष विज्ञान मिशन; 4) भूमंडलीय खोज मिशन; 5) भार उत्तोलन प्रक्षेपक, पुनःप्रयोग योग्य प्रक्षेपण यानों का विकास; तथा 6) मानव अन्तरिक्ष फ्लाइट कार्यक्रम। अन्तरिक्ष आधारित संचार तथा पृथ्वी अवलोकन में नवाचार को जारी रखा जाएगा जिससे दूर–दराज के क्षेत्रों में सूचना की प्रदायगी तेजी से हो सके और पृथ्वी का अवलोकन शुद्ध रूप में हो सके। बारहवीं योजना अवधि में कुल 58 मिशन हासिल किए जाने की योजना है जिनमें 33 उपग्रह मिशन तथा 25 प्रक्षेपण यान मिशन शामिल हैं।

8.106. ग्यारहवीं योजना के दौरान अन्तरिक्ष विभाग की महत्वपूर्ण उपलब्धियाँ बॉक्स 8.7 में दी गई हैं।

बारहवीं पंचवर्षीय योजना के कार्यक्रम

8.107. *उपग्रह संचार कार्यक्रमः* उपग्रह संचार के क्षेत्र में भारतीय राष्ट्रीय उपग्रह प्रणाली (इनसैट) की क्षमता में अभिवृद्धि करने का प्रस्ताव है जिससे देश में सभी आवश्यकताओं को पूरा करने के लिए माँग और आपूर्ति के बीच अनतराल को पूरा किया जा सके और साथ ही आकस्मिक परिस्थितियों को पूरा करने के लिए पर्याप्त अतिरिक्त क्षमता भी रखी जा सके। अद्यतन तकनीकी जानकारी की प्रौद्योगिकियों के विकास तथा अद्यतन अनुप्रयोग के क्षेत्रों में भी कार्य किया जाएगा। ग्यारहवीं पंचवर्षीय योजना के अन्त में इनसैट/जीसैट उपग्रहों से प्रचालनात्मक ट्रांसपोंडर क्षमता लगभग 198 ट्रांसपोंडरों की माँग को पूरा कर रही है।

8.108. माँग के आधार पर, लगभग 400 ट्रांसपोंडर बारहवीं योजना अवधि के अन्त तक हासिल किए जाने की योजना है। इस प्रयोजन

बॉक्स 8.7
ग्यारहवीं योजनावधि के दौरान अन्तरिक्ष विभाग की महत्वपूर्ण उपलब्धियाँ/विकास कार्य

- ग्यारहवीं योजना अवधि के दौरान, 29 प्रमुख अन्तरिक्ष मिशन सफलतापूर्वक हासिल किए गए, जिनमें ध्रुवीय उपग्रह प्रक्षेपण यान (पीएसएलवी) तथा जियोसिंक्रॉनस उपग्रह प्रक्षेपण यान (जीएसएलवी) सहित तेरह प्रक्षेपण यान मिशन तथा 16 उपग्रह मिशन शामिल हैं। ग्यारहवीं योजना की अत्यन्त महत्वपूर्ण उपलब्धि में 22 अक्तूबर 2008 को भारत के प्रथम मानव रहित चन्द्र मिशन का सफल प्रक्षेपण रही जिसके द्वारा 14 नवम्बर 2008 को भारतीय तिरंगे को चन्द्रमा के सतह पर फहराने का असाधारण ऐतिहासिक कार्य हासिल किया गया। मिशन के लिए दूरमिति, खोज एवं क्रमादेश (टीटीसी) सहायता प्रदान करने के प्रयोजन से दो बड़े एन्टीना (18 मीटर तथा 32 मीटर व्यास) तथा संबद्ध भूमि खण्ड द्वारा गहन अन्तरिक्ष नेटवर्क बंगलौर के पास ब्यालालू में स्थापित किए गए चन्द्रयान–1 पर अवस्थित भारतीय वैज्ञानिक उपकरणों से उत्कृष्ट गुणवत्ता के उच्च स्पष्टता डेटा के कारण चन्द्रमा के आसपास की नए चान्द्रेय अभिलक्षण तथा विशेषताओं का पता लगा है। अन्तरराष्ट्रीय एजेंसियों के साथ मिलकर वैज्ञानिक डेटा के संयुक्त रूप से किए गए विश्लेषण से चन्द्रमा की सतह पर जल अणुओं का पता लगा है।
- अन्य महत्वपूर्ण उपलब्धियों में इन्हें छोड़ना शामिल है 1) 10 उपग्रहों सहित कार्टोसैट–2ए और आईएमएस–1 और पीएसएलवी–सी9 के एकल अवतरण में, 2) माइक्रोवेव राडार उपग्रह आरआईएसएटी – 2 और लघु उपग्रह अन्ना विश्वविद्यालय (अनुसैट) ऑनबोर्ड पीएसएलवी–सी12, 3) उच्च शक्ति वाले उपग्रह इनसैट – 4 सीआर को ऑनबोर्ड जीएसएलवी–एफ04, 4) ओशन सैट–2 उपग्रह के साथ 6 नैनो उपग्रह (वाणिज्यिक) ऑनबोर्ड भारत का पीएसएलवी–सी14, 5 कार्टोसैट–2बी के साथ तीन नैनो उपग्रह और छात्र उपग्रह (स्टुड सैट) ऑनबोर्ड पीएसएलवी –सी15, 6) रिसोर्स सैट–2, यूथसैट और सिंगापुरियन उपग्रह, एक्स – सैट ऑनबोर्ड पीएसएलवी – 16, 7) जीसैट–12 ऑनबोर्ड पीएसएलवी – सी17, 8) भारत–फ्रैंच संयुक्त अभियान में मेघा–ट्रॉपिक ऑनबोर्ड पीएसएलवी –सी18, 9) जीसैट–8 प्राप्त अवतरण सेवाओं द्वारा। इन अवतरणों के अलावा उपलब्धियों में शामिल हैं। 10) स्वदेशी रूप से विकसित क्रायोजेनिक चरण की गुणात्मक जांच आयोजित करना, 11) दो आधुनिकतम संचार उपग्रहों (डब्ल्यू2एम और हाइलास) अंतरराष्ट्रीय ग्राहकों के लिए निर्मित, 12) पीएसएलवी–सी8 और पीएसएलवी–सी10 द्वारा वाणिज्यिक आधार पर अंतरराष्ट्रीय ग्राहकों के लिए दो उपग्रहों (एजाइल और टैकसार) की अवतरण सेवाएं प्रदान करना और 13) जीईओ और जीटीएस प्रवर्धित नेवीगेशन प्रणाली (गगन) की स्थापना।
- अगली पीढ़ी के उन्नत प्रक्षेपण यान, जीएसएलवी मेक 3 के विकास की दिशा में महत्वपूर्ण प्रगति हुई है। जेएसएलवी मेक 3 यानों के लिए बड़े ठोस चरण बूस्टर खण्डों (एस–200) के विनिर्माण के प्रयोजन से सतीश धवन अन्तरिक्ष केन्द्र, एसएचएआर (एसडीएससी–एसएचएआर), श्रीहरिकोटा में एक विश्व–स्तरीय सॉलिड प्रोपेलेंट संयंत्र को सफलतापूर्वक चालू किया गया है। सॉलिड प्रोपेलेंट रॉकेट बूस्टर स्टेज (एस–200), विश्व का तीसरा सबसे बड़ा बूस्टर, के दो स्थिर परीक्षण सफलतापूर्वक पूरे किए गए जिससे निर्धारित सीमाओं के अन्दर एस200 मोटर के कार्यनिष्पादन की बारम्बारता का प्रदर्शन हो सके और इसके फलस्वरूप इसकी डिजाइन की पर्याप्तता पुनः पुष्टि हुई है। सी25 क्रायोजेनिक स्टेज विकास के एक भाग के रूप में, थ्रस्ट चेम्बर टेस्ट आर्टिकल का अभिप्राप्ति तथा थ्रस्ट चेम्बर परिक्षण सुविधा में इसके परीक्षण की उपयुक्तता सफलतापूर्वक पूरी की गई है। जीएलएलवी एमके 3 यान के एल110 चरण का दूसरा स्थिर परीक्षण इसके उड़ान के 200 सेकंड के लिए सफलतापूर्वक किया गया।
- ग्यारहवीं योजना के दौरान 2 जियो–सिंक्रोनस उपग्रह प्रक्षेपण यान (जीएसएलवी) के उड़ानों की असफलताएँ हुईं अर्थात अप्रैल, 2010 में स्वदेशी क्रायोजेनिक स्टेज सहित जीएसएलवी–डी3 तथा दिसम्बर, 2010 में रूसी क्रायोजेनिक स्टेज सहित जीएसएलवी–एफ06। जीएसएलवी–डी3 मिशन असफल हुआ क्योंकि स्वदेशी क्रायोजेनिक इंजन इसके प्रज्वलन के पश्चात 1 सेकंड के बाद दहन को जारी नहीं रख पाया। असफलता विश्लेषण समिति की सिफारिशों के आधार पर सुधारात्मक प्रयास किए जा रहे हैं जिससे विष्य में प्रक्षेपण किए जा सकें।
- एक नई दूरस्थ संवेदन डेटा नीति (आरएसडीपी 2011), जिसमें विकासात्मक कार्यकलापों के समर्थन के लिए दूरस्थ संवेदन डेटा के अधिग्रहण/प्रचार–प्रसार के प्रबंध तथा/अथवा अनुमति की कार्यविधियाँ शामिल की गई हैं, अनुमोदित की गई है जिससे विभाग को संबंधित प्रयोक्ताओं को समय पर उच्च स्पष्टता वाले डेटा उपलब्ध कराने में सहायता मिलेगी।
- अन्तरिक्ष विज्ञान एवं प्रौद्योगिकी में महत्वपूर्ण मानव संसाधनों का विकास करने के लिए एक भारतीय अन्तरिक्ष विज्ञान और प्रौद्योगिकी संस्थान (आईआईएसटी) की स्थापना की गई और संस्थान से तैयार हुए नए स्नातकों के प्रथम बैच को इसरो प्रणाली में नियुक्त किया गया है।
- अन्तरिक्ष प्रौद्योगिकी के सामाजिक अनुप्रयोगों के क्षेत्र में उल्लेखनीय उपलब्धियाँ हासिल हुई हैं। इसमें से महत्वपूर्ण इस प्रकार है: 1) दूर–शिक्षण नेटवर्क का 55,000 से ज्यादा क्लासरूमों तक विस्तार; 2) 382 अस्पतालों में दूर–औषधि की सुविधा; 3) 473 ग्राम स्रोत केन्द्रों (वीआरसी) की स्थापना; 4) भारतीय सुदूर संवेदन (आईआरएस) उपग्रह चित्रों का प्रयोग करके पेय जल स्रोत स्थल का पता लगाया जाना जिसमें 10 राज्यों के 2 लाख से ज्यादा निवासी शामिल हैं; 5) आईआरएस डेटा का प्रयोग करके पूरे देश में बंजर भूमि मानचित्रण एवं निगरानी; 6) अन्तरिक्ष आधारित संभावित मत्स्य क्षेत्र मानचित्रण जिसका लाभ तटीय क्षेत्रों के मछुवारा समुदाय को मिला है; 7) देश के जैव–समृद्ध क्षेत्रों का जैव–विविधता लक्षण–निरूपण; 8) पूरे देश का वेटलैण्ड मानचित्रण; तथा 9) पृथ्वी पर्यवेक्षण डेटा दृश्यीकरण पोर्टल **भुवन** का प्रचालन।

से, 14 संचार उपग्रहों की योजना है जिससे (1) ट्रांसपोंडर की क्षमता बढ़ाई जा सके, (2) नई पीढ़ी की ब्रॉडबैण्ड वैरी स्मॉल एपर्चर टर्मिनल (वीसैट) प्रणालियाँ लागू की जा सकें, (3) केए बैण्ड प्रणालियाँ लागू की जा सकें, (4) उच्च शक्ति एस–बैण्ड उपग्रह मोबाइल संचार तैयार किए जा सकें तथा (5) नई पीढ़ी के जियो–इमेजिंग उपग्रह लागू किया जा सके।

8.109. अंतरिक्ष यान प्लेटफार्म की दृष्टि से, संचार उपग्रहों के लिए आई–2 के, आई–3 क तथा आई–4 क बसों को अपनाने की योजना है। आई–3 क तथा आई–4 क बसों का प्रक्षेपण खरीदे गए विदेशी प्रक्षेपकों का प्रयोग करके करने की योजना है। केए/केयू जैसे उच्च आवृत्ति बैण्डों तथा इससे सम्बद्ध प्रौद्योगिकियों में उच्च थ्रूपुट आई–6 के 12 कि. वा. बस का विकास कार्य आरम्भ करने की भी योजना है।

8.110. देश के सैटकॉम कार्यकलापों के लिए पर्याप्त कक्षा–स्पेक्ट्रम स्रोत प्राप्त करना तथा उसे बनाए रखना बारहवीं योजना का प्रमुख क्षेत्र होगा। 100 अतिरिक्त केयू–बैण्ड ट्रांसपोंडरों तथा नए कक्षा स्थलों में लगभग 50 सी–बैण्ड/एक्स्ट सी बैण्ड ट्रांसपोंडरों के लिए स्पेक्ट्रम प्राप्त करने का जोरदार प्रयास करने की योजना बनाई गई है।

8.111. *उपग्रह आधारित संचालनः* उपग्रह आधारित संचालन सेवा एक उदीयमान उपग्रह आधारित प्रणाली है जिसके व्यावसायिक अनुप्रयोग हैं। नागर विमानन की आवश्यकताओं को पूरा करने के लिए, भारतीय विमानपत्तन प्राधिकरण (एएआई) साथ मिलकर इसरो जीपीएस–आधारित जियो संवर्धित संचालन (गगन) प्रणाली संयुक्त रूप से स्थापित करने की दिशा में कार्य कर रहा है। प्रयोक्ताओं की अवस्थिति, संचालन एवं समय की आवश्यकताओं को पूरा करने के लिए, इसरो भारतीय क्षेत्रीय उपग्रह संचालन प्रणाली (आईआरएनएसएस) नामक एक क्षेत्रीय उपग्रह संचालन प्रणाली स्थापित कर रहा है।

8.112. उपग्रह संचालन कार्यक्रम (एसएनपी) का मुख्य उद्देश्य एक अन्तरिक्ष आधारित मूलसंरचना, उपग्रह आधारित अवस्थिति के लिए भूमि खण्ड, संचालन एवं समय सेवाएँ स्थापित करना है। एसएनपी का एक उद्देश्य प्रयोक्ता खण्ड के लिए भी है, भारतीय उद्योग की प्रति ागिता से वैश्विक नेवीगेशन उपग्रह प्रणाली (जीएनएसएस) सहित आईआरएनएसएस के लिए स्वदेशी रूप में रिसीवरों के विकास का कार्य।

8.113. बारहवीं योजना के प्रमुख कार्यक्रमों के लक्ष्य इस प्रकार हैं:

1. भारतीय आकाश पर उपग्रह आधारित अभिवर्धन प्रणाली (एसबीएएस) गगन के लिए भारतीय विमानपत्तन प्राधिकरण के साथ मिलकर संयुक्त रूप में अन्तिम प्रचालन चरण का कार्यान्वयन करना तथा एक एकीकृत रिसीवर के जरिए अवस्थिति, संचालन एवं समय सेवाएँ प्रदान करना।
2. भारतीय क्षेत्र पर एक स्वतंत्र भारतीय क्षेत्रीय संचालन उपग्रह प्रणाली (आईआरएनएसएस) कार्यान्वित करना तथा भारतीय बाजार में प्रयोक्ता खण्ड के विकास को प्रोत्साहित करना।
3. महत्वपूर्ण राष्ट्रीय अनुप्रयोगों के लिए वैश्विक संचालन उपग्रह प्रणाली (जीएनएसएस) के अनुप्रयोगों के क्षेत्र में स्वदेशी विशेषज्ञता का विकास करना, विशिष्ट अनुप्रयोग सॉफ्टवेयर विकास के क्षेत्रों का पता लगाना तथा भारतीय उद्योग की प्रति ागिता से वैश्विक संचालन उपग्रह प्रणाली (जीएनएसएस) सहित आईआरएनएसएस के लिए रिसीवरों के विकास की दिशा में कार्य करना।
4. देश के उपग्रह संचालन कार्यक्रम कार्यकलापों के लिए पर्याप्त कक्षा–स्पेक्ट्रम स्रोत प्राप्त करना।
5. भारतीय उपग्रह संचालन नीति तैयार करने की आवश्यकता है क्योंकि इसरो भारत में उपग्रह आधारित संचालन सेवाओं का कार्यान्वयन कर रहा है तथा उपलब्ध कराने जा रहा है।

8.114. भारतीय क्षेत्रीय उपग्रह संचालन प्रणाली (आईआरएनएसएस) महत्वपूर्ण राष्ट्रीय अनुप्रयोगों के लिए एक स्वतंत्र एवं स्वदेश में विकसित उपग्रह आधारित अवस्थिति प्रणाली है। इसका मुख्य उद्देश्य भारत तथा इसके पड़ोसी स्थानों पर विश्वसनीय अवस्थिति, संचालन एवं समय सेवाएँ उपलब्ध कराना, प्रयोक्ता को पर्याप्त अच्छी शुद्धता प्रदान करना तथा प्रयोक्ता को सत्यनिष्ठा एवं इनेसफीयर शुद्धीकरण संदेश प्रदान करना है। आईआरएलएसएस मुख्यतः दो प्रकार की सेवाएँ प्रदान करेगा अर्थात, 1) मानक अवस्थिति सेवा (एसपीएस); 2) प्रतिबंधित सेवा (आरएस)। अन्तरिक्ष खण्ड में सात उपग्रह होते हैं, तीन उपग्रह जीयो सिंक्रोनस पृथ्वी कक्षा (जीईआ) में तथा चार उपग्रह जीयो स्टेशनरी पृथ्वी कक्षा (जीएसओ) में। तीन जीईओ को उपयुक्त कक्षा खण्डों में अवस्थित किया जाएगा तथा 4 जीएसओ के अपने देशान्तर रेखा क्रासिंग दो उपयुक्त कक्षा खण्डों में हैं (प्रत्येक समतल पर दो)। सभी उपग्रह भारतीय क्षेत्र में हमेशा दृश्यमान होंगे। भूमि खण्ड आईआरएनएसएस समूह के अनुरक्षण एवं प्रचालन के लिए जिम्मेदार है। यह समूह की स्थिति की निगरानी उपलब्ध

कराता है, कक्षा संबंधी तथा घड़ी मापदण्डों का अभिकलन और संचालन डेटा की अपलोडिंग करता है। भूमि खण्ड में टीटीसी तथा अप–लिंकिंग स्टेशन, अन्तरिक्ष यान नियंत्रण केनद्र, आईआरएनएसएस टाइमिंग केन्द्र, कोड डिविजन मल्टीपल एक्सेस (सीडीएमए) रेंजिंग स्टेशन, संचालन नियंत्रण केन्द्र तथा डिटा संचार सम्पर्क होते हैं। प्रयोक्ता खण्ड में मुख्यतः मानक अवस्थिति सेवा (एसपीएस) के लिए एक एकल आवृत्ति रिसीवर, एसपीएस तथा आरएस दोनो ही सेवाओं के लिए दोहरी आवृत्ति आईआरएनएसएस रिसीवर तथा अन्य जीएनएसएस प्रदाताओं के अनुरूपी मल्टी–मोड रिसीवर होते हैं। प्रथम आईआरएनएसएस उपग्रह का प्रक्षेपण वर्ष 2012–13 में करने की योजना है। तत्पश्चात, प्रत्येक वर्ष दो उपग्रह का प्रक्षेपण करके वर्ष 2015–16 तक समूह को पूरा करने की योजना है।

8.115. *पृथ्वी पर्यवेक्षण (ईओ) प्रणालियाँ तथा वायुमण्डलीय विज्ञान कार्यक्रमः* राष्ट्रीय प्राकृतिक संसाधन प्रबंधन प्रणाली (एनएनआरएमएस) के तत्वावधान में प्रयोक्ताओं के साथ गहन परामर्श करने के आधार पर तथा इसरो की अन्तर–केन्द्र समिति में विस्तृत विचार–विमर्श करने के उपरान्त बारहवीं पंचवर्षीय योजना के लिए ईओ के महत्वपूर्ण क्षेत्रों का पता लगा लिया गया है। जहाँ तक अन्तरिक्ष यान मिशन का संबंध है, बारहवीं पंचवर्षीय योजना के लिए आठ पृथ्वी पर्यवेक्षण मिशनों की योजना है (विशेष परियोजना सहित) जिसमें प्राकृतिक संसाधनों, महासागर तथा वायुमण्डल, जलवायु एवं पर्यावरण का पर्यवेक्षण, सभी मौसम तथा उच्च स्पष्टता चित्रण शामिल है। ये मिशन हासिल हो जाने पर, अल्पावधि मौसम एवं महासागर की स्थिति का पूर्वानुमान लगाने, प्राकृतिक संसाधन प्रबंध, उच्च स्पष्टता कार्टोग्राफी, बड़े पैमाने पर चित्रण, अभिवर्धित आकाशीय, स्पेक्ट्रल, रेडियोमेट्रिक तथा टेम्पोरल स्पष्टता सहित अन्तरिक्ष आधारित अनिवार्य जलवायु विरिएबल (ईसीवी) के क्षेत्रों में पर्याप्त सुधार आएगा। अनुप्रयोग के क्षेत्र में, प्राकृतिक संसाधनों की गणना (1:50000 तथा 1:250000 मापक), भूमि जल क्षमता चित्रण, बर्फ एवं ग्लेशियर अध्ययन, तटीय परिक्षेत्र प्रबंध, पीएफज़ेड, महासागर स्थिति पूर्वानुमान, मौसम का पूर्वानुमान, विकेन्द्रित आयोजना के लिए अन्तरिक्ष आधारित सूचना समर्थन (एसआईएस–डीपी), त्वरित सिंचाई लाभ कार्यक्रम (एआईबीपी), भारत–जलसंसाधन सूचना प्रणाली (भारत–डब्ल्यूआरआईएस), राष्ट्रीय शहरी सूचना प्रणाली (एनयूआईएस) के क्षेत्रों में सेवाओं की निरन्तरता सुनिश्चित करने पर ध्यान दिया जाएगा और साथ ही दूरस्थ संवेदन आधारित सेवाओं के लिए सांस्थानीकरण की प्रक्रिया में प्रयोक्ता मंत्रालयों को सहायता प्रदान करने का प्रयास किया जाएगा (जिसमें पर्यावरण एवं वन मंत्रालय, पृथ्वी विज्ञान मंत्रालय, कृषि मंत्रालय, जल संसाधन मंत्रालय पहले ही अग्रणी हैं)।

8.116. *आपदा प्रबंध सहायता (डीएमएस):* इसरो के आपदा प्रबंध सहायता (डीएमएस) कार्यक्रन का उद्देश्य देश में आपदाओं के कुशल प्रबंध के लिए चित्रण एवं संचार उपग्रहों से लगभग तात्कालिक समर्थन एवं सेवाएँ उपलब्ध कराना है। बारहवीं पंचवर्षीय योजना में डीएमएस कार्यक्रम के प्रमुख लक्ष्य इस प्रकार हैं:

1. आपातकालीन प्रबंध के लिए राष्ट्रीय डेटाबेस (एनडीईएम) का प्रचालन करना।
2. नई क्षमताओं से युक्त उन्नत समग्र सुधार समय के साथ प्राकृतिक आपदाओं का प्र ाव चित्रण एवं निगरानी जारी रखना।
3. जोखिम मूल्यांकन एवं कम करना।
4. वायु जनित लेजर स्थलाकृति मानचित्रक (एएलटीएम) के माध्यम से घनिष्ठ परिरेखा डेटा का अधिग्रहण।
5. जिला आपातकालीन प्रचालन केन्द्रों को संचार नेटवर्क का विस्तार करना।
6. भौगोलिक स्थिति आधारित सेवाएँ जैसे कि खोज एवं बचाव तथा विपत्ति चेतावनी।
7. सूचना तथा उत्पादों का प्रभावी क्षेत्रों में सीधे प्रचालनात्मक प्रचार–प्रसार।
8. आरम्भिक चेतावनी प्रणालियों का प्रचालनात्मक उपयोग।
9. हाइड्रो–मेटिरियोलॉजिकल नेटवर्क का विस्तार।
10. अनुसंधान एवं विकास के प्रमुख क्षेत्र।
11. अन्तरराष्ट्रीय प्रयासों नें निरन्तर प्रति ागिता।

8.117. *अन्तरिक्ष परिवहन प्रणालीः* बारहवीं योजनावधि के दौरान अन्तरिक्ष परिवहन प्रणाली का मुख्य ध्यान हमारे उपग्रहों के प्रक्षेपण में आत्मनिर्भरता हासिल करने, संवर्धित नीतिभार क्षमता के लिए प्रक्षेपण यान का विकास करने, प्रक्षेपण यानों का उत्पादन आश्वस्त करने के लिए समुचित आउटसोर्सिंग कार्यनीतियों को अपनाने, प्रक्षेपण यानों के लिए मूलसंरचनात्मक सुविधाओं में अभिवृद्धि करने तथा इसरो के भावी कार्यक्रमों के लिए प्रौद्योगिकियों के विकास पर होगा। बारहवीं योजना के दौरान अन्तरिक्ष परिवहन प्रणाली के प्रमुख महत्वपूर्ण क्षेत्रों में निम्नलिखित शामिल होंगेः

1. प्रक्षेपण की लक्षित आवश्यकताओं को पूरा करने के लिए उद्योग की पूरी सहभागिता से पीएसएलवी प्रणालियों के उत्पादन के स्तर में अभिवृद्धि करना।
2. विकास उड़ानों को पूरा करना तथा स्वदेशी क्रायोजेनिक अपर स्टेज द्वारा जीएसएलवी मेक 3 का प्रचालन आरम्भ करना।
3. सी25 इंजन एवं स्टेज का विकास कार्य एवं अर्हता पूरा करना।

4. जीएसएलवी मेक 3 की उड़ानों के विकास का कार्य 4.0 टी जीयो स्टेशनरी अंतरण कक्षा (जीटीओ) क्षमता से पूरा करना।
5. परीक्षण सुविधाओं की स्थापना के जरिए अर्ध क्रायोजेनिक इंजन के विकास में प्रगति करना।
6. प्रक्षेपण यान की आवश्यकताओं तथा उन्नत मिशन की आवश्यकताओं को पूरा करने के लिए मूलसंरचनात्मक सुविधाओं में अभिवृद्धि करना।
7. प्रौद्योगिकी प्रदर्शन के जरिए पुनः उपयोग योग्य अवतरण वाहन (आरएलवी) तथा दोहरे मोड वाले रैम जैट (डीएमआरजे) से संबंधित महत्वपूर्ण प्रौद्योगिकी का प्रदर्शन करना।
8. मानव अन्तरिक्ष उड़ान कार्यक्रम से संबंधित महत्वपूर्ण प्रौद्योगिकी तथा उप प्रणालियों का विकास करना।
9. ऐसी महत्वपूर्ण प्रौद्योगिकियों का विकास एवं प्रदर्शन करना जो इसरो के प्रक्षेपण यान को और अधिक कम खर्चीले तथा ज्यादा क्षमताशील बनाएँगे।
10. वर्तमान क्षमताओं में सुधार करने तथा दीर्घावधि अन्तरिक्ष अनुसंधान में योगदान देने के लिए प्रौद्योगिकी विकास के प्रयासों को जारी रखना।
11. उपग्रह प्रक्षेपण की माँग को पूरा करने से संबंधित मिशन प्रोफाइल में 17 पीएसएलवी मिशन, 6 जीएसएलवी एमके–2 मिशन तथा 2 जीएसएलवी एमके–3 मिशन (इसमें एक प्रयोगात्मक मिशन भी शामिल है) सम्मलित हैं। इसमें चरण तथा प्रणाली उत्पादन दर में वृद्धि करने, मानव मूलसंरचना तथा परीक्षण सुविधाओं का विस्तार करने तथा क्रायोजेनिक स्टेज एलिमेंट में पर्याप्त प्रौद्योगिकीय उपलब्धियाँ हासिल करने की जरूरत होगी।

8.118. *अन्तरिक्ष विज्ञान एवं ग्रहीय अन्वेषण:* अन्तरिक्ष विज्ञान एवं ग्रहीय अन्वेषण मिशन ब्रह्माण्ड के रहस्यों, हमारे अस्तित्व को समझने में महत्वपूर्ण योगदान देता है तथा अग्रणी स्तर की प्रौद्योगिकियों का विकास करने का एक अवसर प्रदान करता है। अन्तरिक्ष विज्ञान की गवेषणाओं के माध्यम से हम सौर विकिरण, तारामण्डल की उत्पत्ति, आकाशगंगा की संरचना, तारकीय प्रणालियों तथा ब्रह्माण्ड की उत्पत्ति को संचालित करने की प्रक्रियाओं को समझने का प्रयास करते हैं। चन्द्रयान–1, वर्ष 2008 में भारत का प्रथम चन्द्रमा अभियान, का सफल प्रक्षेपण भारतीय अन्तरिक्ष कार्यक्रम की एक अत्यन्त महत्वपूर्ण उल्लेखनीय उपलब्धि रही है। चन्द्रयान–1 के प्रमुख योगदान चन्द्रमा की सतह तथा बहिर्मण्डल पर जल की खोज, ऊर्जा स्वतंत्र अणुओं के उत्पादन के लिए स्पष्ट साक्ष्य तथा इसके स्टीरियोग्राफिक कैमरा द्वारा चित्रित क्षेत्रों के विस्तृत डिजिटल एलिवेशन मॉडल के विकास के क्षेत्र मे मिला है। ग्यारहवीं योजना के दौरान आरम्भ किए गए चन्द्रयान–2, एस्ट्रोसैट–1 तथा आदित्य–1 पर कार्य में प्रगति हो रही है और इन सभी मिशनों को बारहवीं योजना में हासिल कर लिया जाएगा। चन्द्रयान–2, एस्ट्रोसैट–1 तथा आदित्य–1 के शेष बचे मिशनों के अलावा, बारहवीं योजना के दौरान जिन नए मिशनों की योजना बनाई गई है उनमें मंगल का मिशन शामिल है। इसके अतिरिक्त, पोलिक्स (उज्ज्वल एक्स–रे उत्सर्जन पदार्थों से एक्स–रे ध्रुवीकरण) का अध्ययन भी किया जाएगा।

8.119. *मंगल ग्रह का मिशन (नवम्बर 2013 के दौरान प्रक्षेपण अवसर):* सौर प्रणाली के मूल एवं उत्पत्ति को समझने के लिए मंगल एक महत्वपूर्ण ग्रह है क्योंकि पृथ्वी के साथ इसकी कई समानताएँ हैं। लाल ग्रह की अपनी स्वतंत्र गवेषणा में भारत निश्चय ही पीछे नहीं रह सकता है। वर्ष 2013 के दौरान भारत का प्रथम मंगल मिशन प्रौद्योगिकीय अर्थात मिशन के सम्पूर्ण डिजाइन, आयोजना, प्रबंध एवं प्रचालन तथा लगभग 400 मिलियन किलोमीटर की दूरी से संचार के दृष्टिकोण से ज्यादा महत्वपूर्ण होगा। यह मिशन गहन अन्तरिक्ष में ग्रहीय मिशन पर कार्य करने में इसरो की क्षमता को प्रदर्शित करेगा, जिसमें पृथ्वी से मंगल ग्रह तक की यात्रा का समय लगभग 300 दिन है। मंगल ग्रह तक भारत का मिशन वैज्ञानिक समुदाय को मार्टियन विज्ञान को और अधिक समझने का अवसर प्रदान कराएगा। वर्तमान योजना नवम्बर 2013 प्रक्षेपण अवसर के दौरान पोलर सेटेलाइट प्रक्षेपण यान (पीएसएलवी–एक्सएल) का प्रयोग करके एक मार्स–ऑर्बिटर का प्रक्षेपण करना है। मार्स–ऑर्बिटर को मंगल ग्रह के 500×80,000 कि. मी. परिक्रमा पथ पर स्थापित किया जाएगा और इसमें लगभग 25 कि. ग्रा. वैज्ञानिकी पे–लोड को वहन करने का प्रावधान होगा।

8.120. अन्तरिक्ष विभाग के लिए बारहवीं पंचवर्षीय योजना में वर्तमान मूल्यों पर *₹39,750 करोड़* का एक सांकेतिक योजनागत परिव्यय रखा गया है।

परमाणु ऊर्जा विभाग (अनुसंधान एवं विकास क्षेत्र)

8.121. परमाणु ऊर्जा विभाग नाभिकीय विज्ञान और इंजीनियरी तथा उन्नत गणित के क्षेत्र में अनुसंधान एवं विकास के कार्य कर रहा है। विभाग के कई बहुविषयी अनुसंधान एवं विकास केन्द्र, सहायता प्राप्त संस्थान तथा घनिष्ठ रूप से सम्बद्ध औद्योगिक इकाइयाँ है जो प्रौद्योगिकियों के मूलभूत अनुसंधान एवं विकास में योगदान देते हैं जिससे देश के विकास के लिए नाभिकीय विज्ञान के लाभ उठाए जा सकें। परमाणु ऊर्जा विभाग की अनुसंधान एवं विकास इकाइयों द्वारा

अनुसंधान एवं विकास स्वदेशी नाभिकीय विद्युत कार्यक्रम का विस्तार करने में मूल्यवान सहयोग देते हैं और साथ ही उद्योग, कृषि, स्वास्थ्य की देख ाल एवं अनुसंधान में प्रयोग के लिए नाभिकीय प्रौद्योगिकी के गैर–विद्युत अनुप्रयोगों का भी विकास करते हैं। परमाणु ऊर्जा विभाग के कार्यक्रम शैक्षिक संगठनों के साथ सम्पर्क स्थापित करने के अपने प्रयासों के एक भाग के रूप में सहयोगात्मक अनुसधान, उत्तमता केन्द्रों की स्थापना को भी समर्थन प्रदान करते हैं।

8.122. *परमाणु ऊर्जा विभाग के कार्यक्रम संबंधी कार्यकलापः* विभाग की जिम्मेदारी नाभिकीय ऊर्जा का उत्पादन करने के लिए प्रौद्योगिकियों का विकास एवं नियोजन करना तथा सामाजिक लाभ हासिल करने के लिए विकिरण एवं आइसोटोप प्रौद्योगिकियों के अनुप्रयोगों का अधिक से अधिक प्रयोग करना है। इस जिम्मेदारी को पूरा करने के लिए कई प्रौद्योगिकियों का विकास करने की जरूरत है तथा चल रहे विकास कार्यों को एक मजबूत आधार प्रदान करने तथा नए विकास कार्यों को प्रेरित करने के लिए मूलभूत अनुसंधान करने की आवश्यकता है। इन सभी उद्देश्यों को प्राप्त करने के लिए मानव संसाधन विकास एक अत्यन्त महत्वपूर्ण आवश्यकता है। पिछली दो योजनाओं में परमाणु ऊर्जा विभाग के अनुसंधान एवं विकास संबंधी कार्यकलापों को सात प्रमुख कार्यक्रमों एमपी–1 से एमपी–7 में श्रेणीबद्ध किया गया था और इसे बारहवीं योजना में भी जारी रखा जाएगा। प्रमुख कार्यक्रम तीन चरण वाले एमपी–1 – एमपी–3 भारतीय नाभिकीय विद्युत कार्यक्रमों की अनुसंधान एवं विकास आवश्यकताओं को पूरा करने के लिए सहायता प्रदान करते हैं; एमपी–4 त्वरकों, लेसर आदि जैसी उन्नत प्रौद्योगिकियों तथा विकिरण प्रौद्योगिकियों और उनके अनुप्रयोगों के विकास की आवश्यकता को पूरा करता है; एमपी–5 में विज्ञान से संबंधित सभी शाखाओं में मूलभूत अनुसंधान शामिल है; एमपी–6 अनुसंधान और शिक्षा के बीच सम्पर्क को सुदृढ़ करने की सुविधा प्रदान करता है और एमपी–7 का उदेस्य सभी अनुसंधान एवं विकास कार्यकलापों के लिए मूलसंरचनात्मक सुविधाओं का विकास करना है।

बारहवीं योजना के उद्देश्य/प्रमुख क्षेत्र

8.123. परमाणु ऊर्जा विभाग के स्थापना के समय से ही, भारतीय नाभिकीय विद्युत का नियोजन तीन चरण के एक कार्यक्रम पर आधारित है। पहला चरण सुस्थापित है और पहले ही वाणिज्यिक क्षेत्र में है। प्रोटोटाइप फास्ट ब्रीडर रिएक्टर (पीएफबीआर) शीघ्र ही प्रचालन में आने के फलस्वरूप दूसरा चरण भी आरम्भ होने के लिए तैयार है। नाभिकीय कार्यक्रम का तीसरा चरण अनुसंधान एवं विकास के स्तर पर है। बारहवीं योजना में परमाणु ऊर्जा विभाग के मुख्य बल में प्रचालनरत सभी नाभिकीय संयंत्रों का वयस्कता प्रबंध तथा सुरक्षा अपग्रेड, और नए तैयार होने वाले संयंत्रों में संवर्धित सुरक्षा विशेषताओं को शामिल किया जाना सम्मिलित है। एक अन्य महत्वपूर्ण क्षेत्र अर्थात तीव्र रिएक्टर में धात्विक ईंधन तथा इससे संबद्ध ईंधन चक्र क नियोजन, समय को दोहरा हो से कम करने और इस प्रकार नाभिकीय विद्युत के नियोजन की गति के तेज करने के लिए प्रमुख है। संक्षेप में, प्रमुख क्षेत्र बहुविध रिएक्टर प्रौद्योगिकियों का अनुसरण करने की आवश्यकताओं को पूरा करने, डिजाइन आधार से बाहर बाह्य घटनाओं की आवश्यकताओं को पूरा करने के लिए सुरक्षा अपग्रेड, सामाजिक लाभ के लिए नाभिकीय प्रौद्योगिकी के अनुप्रयोगों के विकास पर अधिक जोर देने, सार्वजनिक जागरूकता एवं स्वीकार्यता बढ़ाने के लिए आउटरीच कार्यक्रम, तथा विश्वविद्यालयों एवं राष्ट्रीय प्रयोगशालाओं के साथ सम्पर्क को मजबूत करने से संबंधित है।

8.124. ग्यारहवीं योजना के दौरान अनुसंधान एवं विकास क्षेत्र के अन्तर्गत परमाणु ऊर्जा विभाग की महत्वपूर्ण उपलब्धियाँ बॉक्स 8.8 में दी गई हैं।

बारहवीं पंचवर्षीय योजना के कार्यक्रम

8.125. जिन परियोजनाओ तथा कार्यक्रमों पर कार्रवाई करने की योजना बनाई गई है उनके विवरण नीचे दिए गए हैं। एमपी–1 – एमपी–3 के अन्तर्गत कार्यक्रम में सुरक्षा से संबंधित मुद्दों का प्रयोगात्मक सत्यापन, वयस्कता एवं अवनति अध्ययन, जीवन काल विस्तार मूल्यांकन और अत्यन्त बाह्य घटनाओं के समाधान के लिए नाभिकीय विद्युत संयंत्रों में शामिल किए जाने के प्रयोजन से सुरक्षा संबंधी नई अवधारणाएँ शामिल हैं। नई तकनीकों के विकास पर जोर दिया जाएगा जिससे प्रतिष्ठापित नाभिकीय विद्युत क्षमता में अभिवृद्धि करने के लिए यूरेनियम की और अधिक खोज की जा सके। लाइट वाटर रिएक्टर (एलडब्ल्यूआर) कार्यक्रम के मामले में, स्वदेशी एलडब्ल्यूआर अवधारणाओं का विकास, डिजाइन एवं सत्यापन और उपस्करों के विकास के लिए अनुसंधान एवं विकास की योजना है। पीएफबीआर का सिविल निर्माण कार्य उन्नत चरण पर है और 2012–2013 तक पूरा हो जाने की सं ावना है। दो 500 एमडब्ल्यूई एमओएक्स ईंधन युक्त फास्ट रिएक्टर स्थापित किए जाने की योजना है। ईंधन उप–संयोजन के डिजाइन के वैधीकरण के लिए और धात्विक ईंधनों की संविरचना तथा किरणन परीक्षण में बड़े पैमाने पर अनु व प्राप्त करने के लिए, बारहवीं योजना में आईजीसीएआर में एक 120 एमडब्ल्यूई धातु ईंधन युक्त फास्ट रिएक्टर का डिजाइन किया जाएगा जिसके लिए निर्माण कार्य तेरहवीं योजना में प्रस्तावित है।

बॉक्स 8.8
ग्यारहवीं योजनावधि में परमाणु ऊर्जा विभाग की महत्वपूर्ण उपलब्धियाँ/विकास कार्य

- भाभा परमाणु अनुसंधान केन्द्र (बार्क) तथा इंदिरा गांधी परमाणु अनुसंधान केन्द्र (आईजीसीएआर) ने गहरे स्थानों पर स्थित यूरेनियम खानों का पता लगाने के प्रयोजन से वायुवाही सर्वेक्षण के लिए स्वदेशी टाइम डोमेन इलेक्ट्रोमैग्नेटिक (टीडीईएम) प्रणालियों का विकास किया है। अन्य उपलब्धियों में निम्नलिखित शामिल हैंः तारापुर स्थित 540 एमडब्ल्यूई दाबीकृत भारी जल रिएक्टर (पीएचडब्ल्यूआर) के बार्क कन्टेनमेंट मॉडल (बारकॉम) का विकास, जो उच्चतम भार क्षमता मूल्यांकन के लिए विश्व का सबसे बड़ा नाभिकीय कन्टेनमेंट मॉडल है; तापीय डेनिट्रेशन प्रायगिक संयंत्र का प्रतिष्ठापन तथा चालू किया जाना; ताप विद्युत संयंत्रों में बॉयलर ट्यूबों के सेवाकालीन निरीक्षण के लिए प्रोटोटाइप मैगनेटिक क्रॉलर रोबोट का नियोजन; तथा विकिरण स्तर के बारे ऑनलाइन सूचना उपलब्ध कराने के लिए 115 नए स्थानों पर देश व्यापी भारतीय पर्यावरणीय विकिरण निगरानी नेटवर्क (आईईआरएमओएन) की स्थापना।
- कलपक्कम में 500 एमडब्ल्यूई क्षमता के प्रोटोटाइप फास्ट ब्रीडर रिएक्टर का निर्माण पूरा होने की स्थिति में है। फास्ट रिएक्टर कार्यक्रम के अन्य कार्यकलापों में पीएफबीआर के लिए उन्नत ईंधन संविरचना सुविधा में मिश्रित ऑक्साइड ईंधन पिनों का उत्पादन, फास्ट रिएक्टर ईंधनों के लिए मिश्रधातु लक्षण–निरूपण, पाइरो–रासायनिक पुनःसंसाधन तथा सोडियम अग्नि सुविधाएँ, सोडियम रसायन के अध्ययन के लिए ईंधन प्रकोष्ठ एवं ऑर्गन ग्लोव बॉक्स, स्ट्रोंशियम, सीसियम, लैन्थनाइडों तथा एक्टिनाइडों का अनुकारित अपशिष्ट से पृथक्करण के लिए अल्ट्रा फिल्टरेशन यूनिट शामिल हैं। सेवाकालीन निरीक्षण के लिए रोबोटिक युक्तियाँ तथा वाष्प जनरेटर ट्यूब की जाँच के लिए स्वदेशी स्पाइडर रोबोट का भी विकास किया गया है।
- भावी रिएक्टरों, जिनमें थोरियम आधारित ईंधन का इस्तेमाल होता है, के लिए अनुसंधान एवं विकास के अन्तर्गत (थोरियम ऑक्साइड – 1 प्रतिशत – प्लूटोनियम ऑक्साइड) और (थोरियम ऑक्साइड – 1 प्रतिशत$_{235}$यूरेनियम ऑक्साइड) मिश्रित ऑक्साइड (एमओएक्स) ईंधन पिनों की संविरचना एएचडब्ल्यूआर महत्वपूर्ण सुविधा में प्रयोगात्मक कार्यों में प्रयोग के लिए की गई है। एएचडब्ल्यूआर ईंधन मशीन का विनिर्माण, संयोजन तथा परीक्षण किया गया गया है। एक एएचडब्ल्यूआर कैलन्ड्रिया परीक्षण सुविधा चालू की गई है। कैलन्ड्रिया के लिए एक स्तरीय अर्ध–पारदर्शी प्रयोगात्मक सेट अप का डिजाइन, संविरचना की गई है और अपने ही संगठन में प्रतिष्ठापित की गई है। यू–233 क्लीन–अप परियोजना के लिए, ताँबा वाष्प लेसर प्रणालियों तथा समस्वरण योग्य लेसरों की संविरचना स्वदेशी रूप में की गई है।
- कच्ची सामग्रियों, प्रौद्योगिकियों तथा प्रक्रियाओं और उसके फलस्वरूप नायोबियम–टाइटेनियम आधारित सुपर कण्डक्टिंग केबल–इन–कन्ड्यूइट–कण्डक्टर (सीआईसीसी) की लम्बाई की संविरचना हासिल की गई है। ये केबल 5 टेसला पर 30 केए करंट ले जाने के लिए सक्षम हैं। स्वदेशी रूप में विनिर्मित इन केबलों का अनुप्रयोग त्वरक कार्यक्रम में होता है और साथ ही सुस्थिर अवस्था सुपरकण्डक्टिंग तोकामक में भी इसका प्रयोग होता है।
- भारतीय सिंक्रोट्रॉन इण्डस–2 प्रचालनशील हो गया है और इण्डस–2 में किरण–पुंज का जीवन काल 2 जीईवी तथा 100 एमए पर 22 घंटे में पहुँच गया है। छह किरण–पुंज लाइनों को प्रचालनात्मक बनाया गया है, और इनका प्रयोग विभाग तथा देश के अन्य विश्वविद्यालयों के शोधकर्ताओं द्वारा किया जा रहा है। 6 दिसम्बर 2011 इण्डस–2 ने 2.5 जीईवी की डिजाइन ऊर्जा में 100 एमए करंट की एक प्रमुख उपलब्धि हासिल की है। राजा रमन्ना उन्नत प्रौद्योगिकी केन्द्र (आरआरसीएटी) ने नायोबियम सुपरकण्डक्टिंग रेडियो आवृत्ति (आरएफ) कैविटियों की लेसर वेल्डिंग की एक नई तकनीक का विकास किया है, जो निम्न ऊर्जा जमा होने का लाभ प्रदान करता है और इस कारण सिकुड़न तथा अवकृति बहुत कम पूँजीगत लागत पर होता है।
- नाभिकीय कृषि के क्षेत्र में अनुसंधान के फलस्वरूप दस नई उत्परिवर्ती फसल प्रकारों का विकास हुआ है। एक सौ बीस निसारग्रुना बायोगैस संयंत्र देश के भिन्न भागों में प्रतिष्ठापित किए गए हैं। टाटा मेमोरियल अस्पताल में कैंसर अनुसंधान के फलस्वरूप स्तन कैंसर में कम खर्चीली स्क्रीनिंग पद्धति (₹100 से कम लागत) तैयार हुई है।
- आरआरसीएटी द्वारा विकसित तंतु प्रकाशिक प्रदायगी प्रणाली तथा रिमोट कंट्रोल प्रचालन सहित उच्च शक्ति एनडीः जीवाय लेसरों को कटिंग एवं वेल्डिंग प्रचालनों के लिए पीएचडब्ल्यूआर की विभिन्न इकाइयों में तथा एन–मास कूलेंट चैनल रिप्लेसमेंट (ईएमसीसीआर) के दौरान 612 बेलो लिप वेल्ड जोड़ की कटाई के लिए प्रतिष्ठापित किए है। समय की भारी बचत होने के अलावा, इस तकनीक से कामगारों में व्यावसायिक विकिरण प्र ाव भी पारम्परिक तकनीक की तुलना में लगभग 40 के गुणक तक कम हो जाता है।
- नाभिकीय विज्ञान अनुसंधान बोर्ड (बीआरएनएस) तथा वैज्ञानिक अनुसंधान के लिए विश्वविद्यालय अनुदान आयोग–परमाणु ऊर्जा विभाग कंसोर्शियम अनुसंधान तथा शिक्षा को आपस में जोड़ने की दिशा में परमाणु ऊर्जा विभाग का एक महत्वपूर्ण प्रयास है। होमी भाभा राष्ट्रीय संस्थान (एचबीएनआई) पूरी तरह कार्यशील है और इसके तत्वावधान में शैक्षिक कार्यक्रम आयोजित करने और साथ ही परमाणु ऊर्जा विभाग को देश तथा विदेशों के अन्य शैक्षिक संस्थानों के साथ जोड़ने में एक महत्वपूर्ण भूमिका निभाता है।
- मूलभूत अनुसंधान की सुविधा प्रदान करने के लिए परमाणु ऊर्जा विभाग द्वारा ग्यारहवीं योजनावधि में स्थापित बड़ी प्रयोगात्मक सुविधाओं में भू आधारित गामा ऐरे खगोलविज्ञान के लिए अधिक ऊँचाई (4300 मीटर) स्टेशन हानले (लद्दाख में) में सात टेलीस्कोप सहित हाइ एल्टीट्यूड गामा रे (एचएजीएआर) को चालू किया जाना, तथा पेलेट्रॉन लाइनैक सुविधा टाटा मूल भूत अनुसंधान संस्थान (टीआईएफआर) में जर्मेनियम क्लोवर संसूचकों सहित उच्च स्पष्टता स्पेक्ट्रोमीटर भारतीय गामा किरण ऐरे शामिल हैं। समानान्तर सुपरकम्प्यूटर (अनुपम आध्या) के पहले चरण का विकास कर लिया गया है जो 47 टेराफ्लॉप का दीर्घकालीन लिनपैक अभिकलनात्मक कार्यनिष्पादन प्रदान करता है, तथा प्रयोक्ताओं को जारी कर दिया गया है। हैदराबाद स्थित टीआईएफआर का

नया परिसर और मूलभूत अनुसंधान के लिए दो प्रमुख नए केन्द्र जैसे–बैंगलोर में अन्तरराष्ट्रीय व्यावहारिक विज्ञान केन्द्र तथा हैदराबाद में टीआईएफआर बहुविषयी विज्ञान केन्द्र की स्थापना की जा रही है। आईटीईआर–भारत के अन्तर्गत, टीआईएफआर को सामग्री के रूप में योगदान के लिए न्यूट्रॉन शील्डिंग प्लेट, क्रायोस्टैट, आरएफ तथा स्वतंत्र किरण–पुंज प्रणालियाँ आदि के डिजाइन कार्यकलाप पूरे कर लिए गए हैं। मूलभूत अनुसंधान के जिन अन्य क्षेत्रों से महत्वपूर्ण निष्कर्ष प्राप्त हुए हैं उनमें विकिरण तथा अन्य एबिओटिक दाब के प्रत्युत्तर में शामिल मेकेनिज्म की प्रक्रियाओं को समझने की दिशा में विकिरण जीवविज्ञान, रेडियोएक्टिव अपशिष्ट के जैवसुधार के लिए माइक्रोबों का प्रयोग, दाब प्रतिरोधी फसल पौधों क विकास, कैंसर में निदान, उपचार एवं शोध, उच्च स्तर प्राकृतिक पृष्ठभूमि विकिरण क्षेत्रों (एचएलएनआरए) में रहने वाले लोगों के स्वास्थ्य पर पड़ने वाले दुष्प्र ाव तथा जैविक प्र ाव को कम करने की सुविधा की स्थापना शामिल है।

- वर्ष 2007–2010 के दौरान परमाणु ऊर्जा विभाग के 13 प्रमुख संस्थानों द्वारा जर्नलों में कुल 11206 शोध–पत्र प्रकाशित किए गए। इन प्रकाशनों को इस अवधि के दौरान कुल 49578 प्रशस्तियाँ प्राप्त हुई हैं। प्रतिवर्ष प्रकाशित प्रकाशनों की औसत संख्या 2801.50 रही और इस अवधि के दौरान प्रति प्रकाशन औसत प्रशस्तियों की संख्या 4.42 रही।
- राष्ट्रीय विज्ञान शिक्षा अनुसंधान संस्थान (एनआईएसईआर) में एकीकृत एम.एस.सी पाठ्यक्रम के पहले बैच के विद्यार्थी सितम्बर 2007 में शामिल हुए। एनआईएसईआर ने वर्ष 2009 से पी.एच.डी कार्यक्रम भी आरम्भ किए हैं।

8.126. थोरियम आधारित रिएक्टरों के संबंध में अनुसंधान एवं विकासः थोरियम के उपयोग के लिए तथा तृतीय चरण के नाभिकीय विद्युत कार्यक्रम के लिए थोरियम ईंधन युक्त उन्नत भारी पानी रिएक्टर (एएचडब्ल्यूआर) का विकास एवं प्रदर्शन एक महत्वपूर्ण प्रयास है। इस रिएक्टर में अभिनव निष्क्रिय सुरक्षा विशिष्टियाँ भी पहले ही शामिल हैं जिस कारण फुकुशिमा – दाइची दुर्घटना के बाद इसे अतिरिक्त अन्तरराष्ट्रीय महत्व प्राप्त हुआ है। अत्यन्त आन्तरिक एवं बाह्य घटनाओं की स्थिति में उपलब्ध मार्जिन का प्रयोगात्मक रूप में प्रदर्शन करने का एक प्रमुख कार्यक्रम बारहवीं योजनावधि में ले जाया जाएगा जिससे इन उन्नत सुरक्षा उपायों के वैधीकरण को और संवर्धित किया जा सके, जिनमें से अधिकांश सामान्य स्वरूप के हैं।

8.127. *कम्पैक्ट उच्च तापमान रिएक्टर (सीएचटीआर) प्रौद्योगिकियाँः* एएचडब्ल्यूआर के अतिरिक्त, एक कम्पैक्ट उच्च तापमान रिएक्टर की आयोजना हाइड्रोजन के उत्पादन के लिए आवश्यक उन्नत रिएक्टर प्रौद्योगिकियों के विकास की दिशा में एक महत्वपूर्ण कदम है। सीएचटीआर का डिजाइन करने के लिए सामग्रियों के व्यवहार पर विचार करना तथा उच्च तापमान पर ताप के प्रयोग के लिए प्रौद्योगिकियों की जाँच करना आवश्यक हो जाता है जिससे तरल धातुओं तथा मोल्टन साल्ट कूलेंट के क्षयकारी वातावरण में अवसंरचना सामग्री के कार्यनिष्पादन का मूल्यांकन किया जा सके। मोल्टन सॉल्ट उच्चच तापमान के अनुप्रयोगों के लिए एक अत्यन्त सं ावनामय उदीयमान कूलेंट है क्योंकि यह थोरियम आधारित तापीय ब्रीडर रिएक्टर की संभावनाएँ भी प्रस्तुत करता है जिसका डिजाइन उच्च स्तरीय निष्क्रिय सुरक्षा सहित भारतीय संदर्भ में उपयुक्त है। फ्यूजन रिएक्टर सिस्टम सहित उन्नत रिएक्टर प्रणालयों में विशेष रूप से विकसित, लक्षण निरूपित तथा अनुकूलता संबंधी मुद्दों का समाधान करते हुए समुचित सामग्रियों की आवश्यकता होती है। इसके अलावा, ऐसे कठिन परिवेश में प्रक्रिया मापदण्डों के परिमापन के लिए विशेष उपकरणों तथा सेंसरों का विकास करने की भी आवश्यकता होती है। बारहवीं योजना में सभी आवश्यक अध्ययन किए जाएंगे।

8.128. *अनुसंधान रिएक्टरः* साइरस रिएक्टर को दिसम्बर 2010 में स्थायी रूप से बन्द कर दिया गया और इस समय अनुसंधान रिएक्टर आधारित सुविधाओं के लिए केवल ध्रुव रिएक्टर ही उपलब्ध है जो 25 वर्षों से भी ज्यादा समय से चल रहा है। इसके अलावा, मेडिकल आइसोटोपों की आवश्यकता में वृद्धि होने की संभावना है। औषधि, उद्योग तथा कृषि के क्षेत्र में प्रयोग के लिए विभिन्न रेडियो आइसोटोपों की बढ़ती आवश्यकता को पूरा करने, और विशेष सामग्रियों की आवश्यकता, तथा मूलभूत एवं अनुप्रयुक्त अनुसंधान के लिए विभिन्न सुविधाओं के प्रयोजन से, बारहवीं योजना के दौरान बार्क परिसर, वाइजैग में एक 125 मेगावाट (थर्मल) अनुसंधान रिएक्टर तथा एक 30 मेगावाट हाई फ्लक्स अनुसंधान रिएक्टर (एचएफआरआर) का प्रस्ताव किया गया है। ये नए रिएक्टर विज्ञान के अग्रणई क्षेत्रों में अनुसंधान तथा नाभिकीय ईंधनों एवं रिएक्टर सामग्रियों के विकास एवं परीक्षण से संबंधित अनुप्रयुक्त अनुसंधान के लिए उन्नत सुविधाएँ भी उपलब्ध कराएंगे। एक सम्बद्ध आइसोटोप संसाधन प्रयोगशाला का भी प्रस्ताव है।

8.129. *विकिरण प्रौद्योगिकी के अनुप्रयोगों का विकासः* स्वास्थ्य की देखभाल, उद्योग, खाद्य सुरक्षा कृषि, जल संसाधन प्रबंध एवं अनुसंधान के क्षेत्र में नाभिकीय अनुप्रयोगों के लिए रेडियो आइसोटोपों तथा उनके प्रतिपादनों (रेडियो रसायन, लेबल किए गए सम्मिश्र तथा रेडियोफार्मास्यूटिकल्स) और विकिरण स्रोतों (आइसोटोप

स्रोत, गामा संयंत्र तथा इलेक्ट्रॉन त्वरकों) की आवश्यकता है। टाटा मेमोरियल सेंटर में उन्नत उपचार, अनुसंधान और शिक्षा केन्द्र (एसीटीआरसी–टीएमसी) में कैंसर की चिकित्सा के लिए एक राष्ट्रीय हैड्रॉन चिकित्सा सुविधा की स्थापना की जाएगी। त्वरक तथा लेसर मूलभूत एवं अनुप्रयुक्त अनुसंधान के लिए बहुत ही शक्तिशाली उपकरण हैं। इण्डस–2 में कई नई किरण–पुंज लाइनें प्रतिष्ठापित की जाएंगी तथा विद्यमान का दर्जा आधुनिक उपकरणों में बढ़ाया जाएगा जिससे उच्च गुणवत्ता के अनुसंधान की सहायता की जा सके।

8.130. *त्वरक भौतिकी एवं खगोल विज्ञान में अन्तरराष्ट्रीय सहयोगः* परमाणु ऊर्जा विभाग अन्तरराष्ट्रीय सहयोगात्मक उपक्रमों में अधिक से अधिक हिस्सा ले रहा है। एलएचसी, सर्न, जेनेवा के कार्यकलापों में भागलेने के कारण भारत को 'पर्यवेक्षक राष्ट्र' का दर्जा मिला है। बारहवीं योजना के दौरान 7 सदस्यीय आईटीईआर परियोजना में भारतीय प्रति ागिता जारी रहेगी। आईटीईआर में परीक्षण के लिए टेस्ट ब्लैंकेट मॉड्यूल (टीबीएम) का विकास एक अन्य प्रमुख कार्यकलाप होगा। आईटीईआर में भारत की प्रति ागिता से बृहत वैज्ञानिक परियोजनाओं में ागीदार बनने के लिए हमारी वैज्ञानिक एवं प्रौद्योगिकीय क्षमता का प्रदर्शन हुआ है। भारत बहुराष्ट्रीय तथा बहु–संगठनात्मक परियोजनाओं में शामिल हुआ है। एन्टी–प्रोटॉन एवं ऑयन अनुसंधान सुविधा (एफएआईआर) की स्थापना जर्मनी में की जा रही है।

8.131. *बृहत विज्ञान परियोजनाओं में प्रतिभागिताः* परमाणु ऊर्जा विभाग कई बृहत विज्ञान परियोजनाओं में भागले रहा है। विभाग में विज्ञान और प्रौद्योगिकी के क्षेत्र में विशेषज्ञता का लाभ इन परियोजनाओं में योगदान देने के उद्देश्य से उठाया जाएगा। एन्टी–प्रोटॉन एवं ऑयन अनुसंधान सुविधा (एफएआईआर) तथा भारत–आधारित न्यूट्रिनो वेधशाला (आईएनओ) अन्य चल रही परियोजनाएँ हैं। कई नई परियोजनाओं का प्रस्ताव है जैसे कि एलआईजीओ, तीस मीटर टेलीस्कोप, तथा वर्ग किलोमीटर ऐरे। इनके अलावा, सामग्री एवं ऊर्जा अनुसंधान भारतीय सिंक्रॉट्रॉन की स्थापना का भी प्रस्ताव है। इन परियोजनाओं में बार्क, आईजीसीएआर, आरआरसीएटी, परिवर्ती ऊर्जा साइक्लोट्रॉन सेंटर (वीईसीसी), टीआईएफआर, आईपीआर सहित परमाणु ऊर्जा विभाग के संस्थान तथा विश्वविद्यालय शामिल होंगे और तैयार की जाने वाली अनुसंधान सुविधा का प्रयोग राष्ट्र के अनुसंधान समुदाय द्वारा किया जाएगा।

8.132. *मानव संसाधन एवं विशेषज्ञता निर्माण के क्षेत्र में परमाणु ऊर्जा विभागः* अनुसंधान केन्द्र तथा सहायता प्राप्त संस्थान अपने कार्मिकों के लिए अग्रणी अनुसंधान तथा मानव संसाधन विकास पर बहुत जोर देते हैं और साथ ही देश की मानव संसाधन विकास की आवश्यकता में भी योगदान करते हैं। विभाग की इकाइयाँ देश के शैक्षिक एवं अनुसंधान समुदाय के साथ घनिष्ठ सम्पर्क भी रखती हैं। राष्ट्रीय होमी भाभा संस्थान की स्थापना एक मान्य विश्वविद्यालय के रूप में करने की दिशा में विभाग का प्रयास परमाणु ऊर्जा विभाग के संस्थानों के बीच और देश के शैक्षिक एवं अनुसंधान समुदाय के साथ सम्पर्क को मजबूत करने की दिशा में एक और कदम है। इससे परमाणु ऊर्जा विभाग को देश के लिए मानव संसाधन विकास के लिए अपनी अनुसंधान की विशाल मूलसंरचना तथा शिक्षक वर्ग का उपयोग करने में भी सहायता करेगा। इसी प्रकार, टाटा मौलिक अनुसंधान संस्थान को मान्य विश्वविद्यालय घोषित करने के बाद इसने शोध विद्यार्थियों की र्ती की संख्या बढ़ा दी है। बीआरएनएस के माध्यम से और चुनिन्दा शैक्षिक संस्थानों के साथ सहमति ज्ञापन के जरिए सहयोग की वर्तमान पद्धति को समर्थन दिया जाना तथा और अधिक सुदृढ़ किया जाना जारी रखा जाएगा। परमाणु ऊर्जा विभाग तथा बाहर के सक्षम विशेषज्ञों को प्रोत्साहित करने के लिए डीएई एसआरसी पुरस्कार योजना को जारी रखा जाएगा। राष्ट्रीय उच्चतर शिक्षण संस्थानों (विश्वविद्यालय, भारतीय प्रौद्योगिकी संस्थान तथा राष्ट्रीय प्रौद्योगिकी संस्थान आदि) के साथ बढ़ते सम्पर्क को जारी रखा जाएगा जिससे परमाणु ऊर्जा विभाग के कार्यक्रमों तथा परियोजनाओं के लिए अच्छी क्वालिटी की जनशक्ति की उपलब्धता सुनिश्चित हो सके।

8.133. वैश्विक नाभिकीय ऊर्जा भागीदारी केन्द्र (जीसीएनईपी), परमाणु ऊर्जा विभाग के छठे अनुसंधान एवं विकास केन्द्र, की स्थापना दिल्ली के पास हरियाणा में की जा रही है। वैश्विक नाभिकीय ऊर्जा भागीदारी केन्द्र (जीसीएनईपी) की स्थापना का मुख्य उद्देश्य भारत को अनुसंधान तथा प्रशिक्षण के जरिए नाभिकीय ऊर्जा के क्षेत्र में नेतृत्व का स्थान दिलाने की सुविधा प्रदान करना तथा भारतीय एवं अन्तरराष्ट्रीय वैज्ञानिकों/विशेषज्ञों द्वारा विषय से संबंधित मुद्दों पर कार्यशालाएं, स्कूल एवं सेमीनार आयोजित करना है। जीसीएनईपी के अन्तर्गत, निम्नलिखित स्कूल स्थापित किए जा रहे हैं।

- रेडियोआइसोटोप एवं विकिरण प्रौद्योगिकी अनुप्रयोग अद्यतन स्कूल
- उन्नत नाभिकीय ऊर्जा प्रणाली अध्ययन स्कूल
- नाभिकीय सुरक्षा अध्ययन स्कूल
- रेडियोलॉजिकल सुरक्षा अध्ययन स्कूल
- नाभिकीय सामग्री लक्षण–निरूपण अध्ययन स्कूल

8.134. *अनुसंधान एवं विकास अवसंरचना का सुदृढ़ीकरणः* हरित क्षेत्र स्थापना स्थलों सहित बढ़ती संख्या में कार्यक्रमों तथा परियोजनाओं की आवश्यकताओं को पूरा करने के लिए अवसंरचना को सुदृढ़ करना तथा पूँजीनिवेश का विस्तार करना आवश्यक है। विद्यमान सुरक्षा प्रणालियों को सुदृढ़ करने तथा दर्जा बढ़ाने की दिशा मे चल रही परियोजनाओं को भी जारी रखे जाने की आवश्यकता है। तैयार हो रहे नए परिसरों, उदाहरण के लिए वाइजैग में बार्क तथा हैदराबाद में टीआईएफआर, में काफी प्रयासों एवं संसाधनों की जरूरत होगी। टीआईएफआर अन्तर्विषयी विज्ञान केन्द्र (टीसीआईएस), हैदराबाद ने मध्य जून 2011 से एक ट्रांजिट परिसर से कार्य करना आरम्भ कर दिया है। रसायन, जीव विज्ञान, लेसर एवं प्रकाशिकी, चुम्बकीय रेजोनेन्स, तथा कंडेंस्ड मैटर पर अनुसंधान प्रयोगशालाएँ बारहवीं योजना के दौरान इस ट्रांजिट परिसर में स्थापित की जाएंगी। बेंगलुरू में नव निर्मित अन्तरराष्ट्रीय व्यावहारिक विज्ञान केन्द्र (आईसीटीएस, टीआईएफआर) एक बहु एवं अन्तर्विषयी प्रयास है जिसमें मानव संसाधन विकास का एक मजबूत घटक है। जैब–ौतिकी, अभिकलनात्मक विज्ञान, जटिल प्रणालियों, तरल गतिकी, कॉस्मोलॉजी, कण भौतिकी तथा स्ट्रिंग सिद्धान्त के बीच इंटरफेस, जीव विज्ञान आदि में अनुप्रयोग सहित गणित के तात्कालिक क्षेत्र जैसे अनुसंधान क्षेत्रों पर बल दिया जाएगा।

8.135. अनुसंधान एवं विकास क्षेत्र के अन्तर्गत परमाणु ऊर्जा विभाग के लिए बारहवीं पंचवर्षीय योजना में वर्तमान मूल्यों पर *₹19,878 करोड़* का एक निर्देशात्मक योजनागत परिव्यय रखा गया है।

वित्तीय आवश्यकता

8.136. बारहवीं पंचवर्षीय योजना में छह वैज्ञानिक विभागों/एजेंसियों के लिए *₹1,20,430 करोड़* के कुल योजनागत परिव्यय का अनुमोदन किया गया है। नीचे तालिका 8.1 में ग्यारहवीं पंचवर्षीय योजना के लिए विभागवार आबंटन एवं व्यय तथा बारहवीं पंचवर्षीय योजना के लिए परिव्यय के ब्यौरे दिए गए हैं।

तालिका 8.1

ग्यारहवीं पंचवर्षीय योजना के दौरान केन्द्रीय वैज्ञानिक मंत्रालयों/विभागों/एजेंसियों के योजनागत परिव्यय तथा व्यय और बारहवीं पंचवर्षीय योजना के लिए निर्देशात्मक परिव्यय

(₹ करोड़)

क्र.सं.	वैज्ञानिक एवं तकनीकी विभाग/एजेंसियाँ	ग्यारहवीं योजना (2007–12)		बारहवीं योजना (2012–17)
		परिव्यय	अनुमानित व्यय	परिव्यय
1.	परमाणु ऊर्जा विभाग (अनुसंधान एवं विकास क्षेत्र	11,000.00	8,068.26	19,878
2.	पृथ्वी विज्ञान मंत्रालय	7,004.00	3,202.30	9,506
3.	विज्ञान और प्रौद्योगिकी विभाग	11,028.00	8,636.61	21,596
4.	जैव प्रौद्योगिकी विभाग	6,389.00	4,832.24	11,804
5.	सीएसआईआर सहित वैज्ञानिक एवं औद्योगिक अनुसंधान विभाग	9,000.00	6,940.61	17,896
6.	अन्तरिक्ष विभाग	30,883.00	15,834.79	39,750
	योग	75,304.00	47,514.81	1,20,430

अनुबंध 8.1
बारहवीं योजना में विज्ञान और प्रौद्योगिकी क्षेत्र के लिए राष्ट्रीय लक्ष्य

प्रकाशनों का वैश्विक अंश	:	>5 प्रतिशतः
एससीआई प्रकाशन में वैश्विक स्थान	:	छठे से बेहतर
नम्बर पेटेंट को–ऑपरेशन ट्रीटी (पीसीटी) में वैश्विक स्थान	:	दसवें से बेहतर
अनुसंधान एवं विकास कार्मिकों में एफटीई	:	2,50,000
सम्पूर्ण विज्ञान क्षेत्र में पी.एच.डी आउटपुट	:	प्रतिवर्ष 12,500
पूँजीनिवेश में सार्वजनिकः निजी अंश	:	50:50
ईएमआर वित्तपोषण में लिंग संबंधी समानता (पीआई अनुपात)	:	60:40 से बेहतर
पेटेंट पोर्टफोलियो में आपेक्षिक वैश्विक स्थान	:	नौवें से बेहतर
पेटेंटों का व्यवसायीकरण	:	5 प्रतिशत स्तर से बेहतर
निर्यात में उच्च प्रौद्योगिकी का अंश	:	20 प्रतिशत से बेहतर
नवाचार सूची में वैश्विक स्थान	:	25वें से बेहतर
धारा 25 कम्पनियों की स्थापना	:	चुनिन्दा क्षेत्रों में

बारहवीं योजना के लिए विभाग आधारित परिणाम एवं लक्ष्य

विज्ञान और प्रौद्योगिकी विभाग

- मानव क्षमताओं को सुदृढ़ करना, उच्चतर शिक्षा में छात्रवृत्ति के लिए 30,000 नए छात्रों का लक्ष्य, विदेशी डॉक्टोरल छात्रवृत्ति प्रदान किया जाना – 3,000 मानव वर्ष, विदेशों में पोस्ट डॉक्टोरल छात्रवृत्ति – 500 मानव वर्ष, नियोजित वैज्ञानिकों के लिए 1,000 जगह महिला मोबिलिटी योजना, भारतीय शैक्षिक संस्थानों में फैकल्टी के क्षेत्र में कार्य करने के तहत के लिए 1,000 मानव वर्ष भारतीय डायस्पोरा को आरम्भि क अनुसंधान, प्रिंसिपल इंवेस्टीगेटर (पी.आई.) आधार का विस्तार – 1,500 मानव वर्ष (पीआई), इन्सपायर पुरस्कार योजना 2 मिलियन पुरस्कार।
- विज्ञान और प्रौद्योगिकी अवसंरचना में सुधार के लिए निधि के तहत समर्थन (एफआईएसटी)–1,200–1,500 विभागों तथा 500 महाविद्यालयों, पीयूआरएसई–50 विश्वविद्यालयों, सीयूआरआईई–6 विश्वविद्यालयों तथा 50 महिला महाविद्यालयों, आईआरएचपीए–15 अनुसंधान क्षेत्रों, एसएआईएफ–25 नए केन्द्रों तथा 10 चुनिन्दा केन्द्रों को सहायता। सांस्थानिक क्षमताओं पर एआई का फोकस, जल प्रौद्योगिकी समाधान – कम से कम 15 समूहों में कार्यान्वयन योग्य 20 समाधानों का प्रदर्शन, नैनो विज्ञान एवं प्रौद्योगिकी मिशन के लिए 20 केन्द्रों का सृजन, उन्नत अनुसंधान के क्षेत्र में 5 राष्ट्रीय केन्द्र।
- केन्द्र–राज्य प्रौद्योगिकी भागीदारी – कार्यक्रम सहायता के जरिए कम से कम पाँच व्यवहार्य भागीदारी, अनुसंधान एवं विकास के लिए सार्वजनिक निजी भागीदारी। राष्ट्रीय चुनौती क्षेत्र के लिए एक बृहत पीपीपी, बड़ी चुनौती क्षेत्र के लिए पाँच पीपीपी, प्रौद्योगिकी समाधानों के लिए 25 पीपीपी अवधारणा का प्रमाण।
- 200 प्रौद्योगिकी का प्रदर्शन आईडीपी का प्रौद्योगिकी विकास एवं हस्तान्तरण, चल रहे कार्यक्रमों के जरिए आईएस–एसटीएसी, 150 अवधारणाओं का प्रमाण, अन्य सामाजिक एवं आर्थिक मंत्रालयों के साथ मिलकर 25 सहकारी पूँजीनिवेश।
- सुरक्षा प्रौद्योगिकी अनुसंधान एवं विकास के अन्तर्गत पांच उत्पाद डिजाइन एवं प्रोटोटाइप।
- सौर ऊर्जा अनुसंधान प्रयास – 10 संस्थानों से 250 डॉक्टोरल स्तर के अनुसंधान
- प्राकृतिक संसाधन डेटा प्रबंधन प्रणाली (एनआरडीएमएस) तथा राष्ट्रीय स्थानिक डेटा अवसंरचना (एनएसडीआई) के अन्तर्गत राज्य स्थानिक डेटा अवसंरचना का लक्ष्य बनाया गया है।
- चार चुने गए क्षेत्रों के लिए प्रौद्योगिकी प्लेटफार्म।
- एसओआई तथा एनएटीएमओ के आधुनिकीकरण के अन्तर्गत, 1:10,000 के माप में मानचित्र का लक्ष्य बनाया गया है।
- नैनो विज्ञान एवं प्रौद्योगिकी मिशन के अन्तर्गत पीपीपी मॉडल में 25 नई कम्पनियों की स्थापना की जाएगी।
- अनुसंधान एवं विकास के लिए पीपीपी – राष्ट्रीय चुनौती क्षेत्र के लिए एक बृहत पीपीपी तथा बड़े स्तर की चुनौती के लिए पाँच पीपीपी और प्रौद्योगिकी समाधानों की अवधारणा के प्रमाण के लिए 25 पीपीपी।
- इक्विटी, रोजगार एवं विकास के लिए विज्ञान पर सौ परियोजनाएँ तथा 50 आदर्श प्रदर्शन परियोजनाएँ।
- 15 अध्ययन रिपोर्टें, 10 नीति अनुसंधान रिपोर्टें, भारत के लिए प्रौद्योगिकी और नवाचार (एसटीआई) सूचकों के 3 विकास कार्य, 5 अन्तर–देशीय नीति तुलना अध्ययन, 12 बाह्य परामर्श एवं अन्तर–देशीय तथा 10 (एसटीआई) सूचक रिपोर्टें चालू करने की योजना बनाई गई है।

जैव प्रौद्योगिकी विभाग

- मानव संसाधन विकास के अन्तर्गत 100 स्टार स्नातकपूर्व महाविद्यालय स्थापित करने का प्रस्ताव है, विदेशों से वापस आने वाले वैज्ञानिकों के लिए 100 रामास्वामी अध्येतावृत्ति, उद्योग के लिए तैयार स्नातकों के लिए 10 फिनिशिंग स्कूल, 200 वेलकम ट्रस्ट–डीबीटी जैवचिकित्सा अध्येतावृत्ति, जीवन विज्ञान में जूनियर रिसर्च फेलो तथा 250 पोस्ट डॉक्टोरल अध्येतावृत्ति।

- उत्तमता एवं नवाचार के संवर्धन के अन्तर्गत पौध विज्ञान, जीवन विज्ञान, मानव जीवविज्ञान प्रणालियों तथा औद्योगिक अनुसंधान के 25 उत्कृष्टता केन्द्र, मेडिकल स्कूलों में स्थानान्तरीय विज्ञान शिक्षण एवं अभिनव अनुसंधान के लिए 10 नए केन्द्र, मूलभूत विज्ञान को स्थानान्तरीय अनुसंधान एवं विकास के साथ जोड़ते हुए 20 अन्तर–सांस्थानक केन्द्रों तथा कृषि एवं स्वास्थ्य की देखभाल के लिए दो जैवप्रौद्योगिकी केन्द्र स्थापित करने का लक्ष्य है।
- जैवप्रौद्योगिकी सुविधाओं एवं अनुसंधान स्रोतों के लिए पांच अनुसंधान स्रोत एवं सेवा सुविधाएँ स्थापित करने, 38 विश्वविद्यालयों में जीवन विज्ञान अनुसंधान एवं शिक्षण का दर्जा बढ़ाने तथा पुनः डिजाइन करने का लक्ष्य है।
- नीचे से ऊपर के दृष्टिकोण के माध्यम से विकास क्षेत्र में राष्ट्रीय प्राथमिकताओं पर मिशन मोड में स्वास्थ्य की देखभाल तथा कृषि के क्षेत्र में आठ महा चुनौती कार्यक्रम आरम्भ किया जाना तथा खोज आधारित नवाचार अन्तर–विभागीय प्रति ागिता और अलग सरकार एवं प्रबंध ढाँचा।
- फरीदाबाद, मोहाली तथा बेंगलुरू में चल रहे तीन जैवसमूहों को स्थापित एवं चालू किया जाना; दो नए बायोक्लस्टर तथा प्रबंध के क्लस्टर बोर्ड, और एसएमई, उत्तम विनिर्माण प्रथा (जीएमपी) सुविधाओं, अनुसंधान अस्पतालों आदि के लिए इन्क्यूबेटरों, सामान्य प्रौद्योगिकी प्लेटफार्मों, अनुबंध प्रयोगशालाओं की स्थापना करना।
- जैव–सूचना विज्ञान तथा अभिकलनात्मक जीवविज्ञान; समुद्री एवं सूक्ष्म जैविक जैवप्रौद्योगिकी; जैव–डिजाइन; जैवविज्ञान एवं जैवप्रौद्योगिकी; चिरकालिक रोग विज्ञान एवं जैवप्रौद्योगिकी; तथा पूर्वोत्तर में संक्रामक विज्ञान एवं जैवप्रौद्योगिकी के क्षेत्रों में पांच राष्ट्रीय अनुसंधान केन्द्रों/संस्थानों की स्थापना करना।
- संसद के अधिनियम के अन्तर्गत भारतीय जैवप्रौद्योगिकी विनियामक प्राधिकरण की स्थापना के जरिए जैवप्रौद्योगिकी के लिए विनियामक प्रणाली को सुदृढ़ किया जाना तथा उत्तम प्रयोगशाला प्रथा (जीएलपी) मानक पर 10 विनियामक परीक्षण प्रयोगशालाओं की स्थापना/सुदृढ़ीकरण।
- मानव संसाधन की दृष्टि विद्यमान एआई का तीन गुना विस्तार से करना, स्थानान्तरण विज्ञान के संवर्धन के लिए ऑन अथवा ऑफ साइट एक्स्ट्रा म्यूरल शोध केन्द्रों की स्थापना; रोग विशिष्ट कई नेटवर्क कार्यक्रम आरम्भ करना; तथा वास्तविक मूलसंरचना।
- जैवप्रौद्योगिकी उद्योग अनुसंधान सहायता परिषद (बीआईआरएसी) स्थापित तथा चालू करना तथा दो से तीन नए सार्वजनिक निजी योजनाएँ जैसे कि इग्निशन ग्रांट्स, स्टार्टअप ग्रांट्स, शेयर्ड टेक्नोलॉजी इंक्यूबेटर तथा बायो–पार्क आरम्भ करना।
- कृषि, स्वास्थ्य तथा पर्यावरण के क्षेत्र मे स्थानान्तरण एवं सामरिक अनुसंधान के लिए 50 परियोजनाएँ/नेटवर्क प्रणाली जीवविज्ञान, सिंथेटिक जीवविज्ञान, अभिकलनात्मक विज्ञान, नैनो–जीवविज्ञान, फसलों की प्री–ब्रीडिंग, फोटॉनिकी, आण्विक इमेजिंग एवं टिशू इंजीनियरी, बायो फार्मास्यूटिकल्स एवं औषधि विकास तथा अन्य उदीयमान क्षेत्रों में आरम्भ की जाएंगी।

पृथ्वी विज्ञान मंत्रालय

- एग्रोइटेरोलॉजिकल परामर्श सेवा (एएएस) का जिला स्तर से ब्लॉक स्तर में संवर्धन। किसानों के लिए कृषि–मौसम सेवाओं को 10 प्रतिशत (2.5 मिलियन) के वर्तमान स्तर से बढ़ाकर 30–40 प्रतिशत ;10 मिलियन) करने की योजना।
- एचपीसी सुविधा को वर्तमान 124 टेरा फ्लॉप से बढ़ाकर 2.5 पीटा फ्लॉप में सुदृढ़ करना।
- देश में लगभग 100 हवाई अड्डों की सुविधाओं का ग्रेड उन्नयन।
- प्रचालनात्मक समुद्रविज्ञान के लिए एक अन्तरराष्ट्रीय प्रशिक्षण केन्द्र की स्थापना।
- विश्वसनीय, एकीकृत महासागर सूचना सेवाएँ उपलब्ध कराने के लिए 13 किमी के उच्च स्पष्टता मॉडल का विकास।
- 10 एमएलडी के उच्च स्तर अपतटीय लवणमुक्तीकरण का विकास एवं प्रदर्शन।
- तीन अद्यतन तकनीकी जानकारी के महासागर अनुसंधान जहाजों का अधिग्रहण।
- ध्रुवीय क्षेत्रों में अनुसंधान कार्यकलापों को मजबूत करने के लिए अन्टार्कटिका में तीसरा केन्द्र चालू किया जाना।
- महाद्वीप क्षेत्र में भूकम्प की बेहतर समझ तथा रिजर्वायर ट्रिगर्ड सीस्मिसिटी के लिए कोयना–वारना क्षेत्र में बोर होल की ड्रिलिंग।

वैज्ञानिक एवं औद्योगिक अनुसंधान विभाग

- 40 क्लस्टर नवाचार केन्द्रों (सीआईसी) की स्थापना, एमएसएमई समूहों के 1,200 से ज्यादा अभिनव प्रस्तावों की सहायता, भारतीय उद्योगों द्वारा वैश्विक स्तर पर पेटेंट की गई लगभग 20 प्रौद्योगिकियों का अधिग्रहण एवं मूल्य संवर्धन।
- सीईएल में सौर फोटोवोल्टाइक (एसपीवी) तथा सौर थर्मल (एसटी) के लिए अनुसंधान एवं विकास की सुविधाओं की स्थापना।

वैज्ञानिक तथा औद्योगिक अनुसंधान परिषद

- लाखों लोगों के जीवन के प्रभावित करने वाली पाँच परिवर्तनशील प्रौद्योगिकियों का विकास
- वैश्विक प्र ाव के तीस असाधारण प्रकाशन।
- 50 उन्नत उत्पादों/प्रौद्योगिकियों का विकास एवं हस्तान्तरण
- 15 स्पिन–ऑफ कम्पनियों की स्थापना।
- एसीएसआईआर के माध्यम से विज्ञान एवं इंजीनियरी के अन्तर–विषयी क्षेत्रों में 3,000 पीएचडी का प्रशिक्षण।
- पाँच नए संस्थानों की स्थापना अर्थात सीएसआईआर सिंथेटिक एवं प्रणाली जीवविज्ञान संस्थान; सीएसआईआर चौथा प्रतिमान संस्थान; सीएसआईआर बायोमेट्रिक सामग्री संस्थान; सीएसआईआर सौर ऊर्जा नेटवर्क संस्थान; तथा सीएसआईआर विनिर्माण प्रौद्योगिकी नेटवर्क संस्थान।
- 10 सीएसआईआर आउटरीच केन्द्रों की स्थापना।

- 1,000 पेटेंटों के आवेदन भारत में किए जाएंगे, 1,000 पेटेंटों के आवेदन विदेशों में किए जाएंगे तथा 75–150 गैर–पेटेंट आईपीआर प्राप्त किए जाएंगे तथा उनपर कार्रवाई की जाएगी।
- जेआरएफ–एनईटी के अन्तर्गत 1,500 फेलोशिप प्रदान किया जाना, 1,000 श्यामाप्रसाद मुखर्जी फेलोशिप प्रदान किया जाना, अन्तर–विषयी फेलोशिप योजना के अन्तर्गत 100 वार्षिक पुरस्कार, सीएसआईआर नेहरू विज्ञान पोस्ट–डॉक्टोरल फेलोशिप योजना के अन्तर्गत 100 पुरस्कार, मंदबुद्धि विद्यार्थियों के लिए 250 अध्येतावृत्ति।
- पूरे देश में 24 सीएसआईआर प्रौद्योगिकी समर्थित ग्रामों (टेकविल) की स्थापना। प्रौद्योगिकी के लाभ देने के लिए निकटवर्ती समुदाय के 1 मिलियन नागरिकों को शामिल करने के लिए टेकविल का प्रदर्शन।
- मलेशिया, स्वीडन तथा संयुक्त राज्य अमेरिका में सीएसआईआर अपतटीय संयुक्त उत्तमता केन्द्रों की स्थापना। पूरे भारत के चुने गए स्थानों पर 12 विश्वस्तरीय नवाचार परिसरों की स्थापना।
- एनएमआईटीएलआई के अन्तर्गत प्रति वर्ष पांच से सात नई परियोजनाएँ आरम्भ करने का लक्ष्य है। माइक्रो पीसीआर (नैदानिक अनुप्रयोगों के लिए एक प्रौद्योगिकी प्लेटफार्म); भारतीय जनसामान्य को लाभ पहुँचाने वाले डेन्टल इम्प्लान्ट; अगली पीढ़ी के क्लच प्लेट आदि जैसे कुछ अनूठे उत्पाद आरम्भ करना।
- ओएसडीडी का विस्तार ओएस औषधि खोज, ओएस औषधि विकास, ओएस औषधि प्रदायगी तथा एमटीबी ओएस रोग निदान के लिए।
- ओएसडीडी कार्यक्रम का मलेरिया निवारण के लिए विस्तार।
- वैश्विक प्रतिभागिता से तीन महाचुनौती चालित परियोजनाएँ आरंभ करना। प्रतिभागिता मोड में कम से कम पांच प्रौद्योगिकियों का विकास करना तथा पणधारियों को उसका हस्तान्तरण करना। शैक्षिक संस्थानों, अनुसंधान एवं विकास संस्थानों तथा उद्योग के साथ मिलकर कम से कम पांच सीएसआईआर सहयोगात्मक अनुसंधान केन्द्रों की स्थापना।

अन्तरिक्ष विभाग

- कुल 25 प्रक्षेपण यान उड़ानों का कार्यान्वय करना – 17 पीएसएलवी + 6 जीएसएलवी + एक प्रयोगात्मक मिशन सहित 2 जिएसएलवी एमके 3 (ग्यारहवीं योजना में 14 उड़ानों की तुलना में)। जीएसएलवी एमके 3 अगली पीढ़ी के प्रक्षेपण यान का प्रथम विकासात्मक उड़ान।
- सात उपग्रहों के समूह में भारतीय क्षेत्रीय संचालन उपग्रह प्रणाली (आईआरएनएसएस) की स्थापना।
- गगन के पूर्णतः प्रचालन आधार का कार्यान्वयन।
- सी, केयू, केए, एमएसएस और बीएसएस बैंड में इनसैट/जीसैट की लगभग 500 ट्रांसपोंडर क्षमता का वर्धन
- जीसैट –11 – उन्नत संचार उपग्रह का कार्यान्वयन करना।
- 0.25 मीटर स्पष्टता के लिए उन्नत सुदूर संवेदन प्रौद्योगिकी का कार्यान्वयन।
- आपदा प्रबंध सहायता के लिए जियो इमेजिंग उपग्रह (जीआईसैट) का कार्यान्वयन।
- विकेन्द्रित आयोजना के लिए अन्तरिक्ष आधारित सूचना सहायता का कार्यान्वयन।
- बहु–वेवलेंग्थ खगोल विज्ञान वेधशाला उपग्रह – एस्ट्रोसैट।
- चुनौतीपूर्ण मंगल परिक्रमा मिशन आरम्भ करना।
- रोवर एण्ड लैण्डर सहित चन्द्रयान–2 का कार्यान्वयन। बहु विषयक, बहु–मात्रा डेटाबेस तथा संबद्ध निर्णय समर्थन प्रणालियों के साथ राष्ट्रीय आपदा प्रबंध डेटाबेस (एनडीईएम) का प्रचालन।

परमाणु ऊर्जा विभाग

- स्वदेशी रूप में विकसित ईंधन द्वारा अप्सरा रिएक्टर का ग्रेड उन्नयन।
- एएचडब्ल्यूआर थर्मल हाइड्रॉलिक टेस्ट फेसिलिटी (एटीटीएफ) तथा एएचडब्ल्यूआर फ्यूअलिंग मशीन टेस्ट फेसिलिटी (एफएमटीएफ) का निर्माण तथा चालू किया जाना।
- एडीएस ड्राइवर के फ्रंट एण्ड के एक भाग के रूप में निम्न ऊर्जा (20 एमईवी) सरल प्रोटॉन त्वरक (एलईएचआईपीए) का प्रौद्योगिकी विकास एवं चालू किया जाना।
- अतिरिक्त 500 आईईआरएमओएन (विकिरण निगरानी केन्द्र) की स्थापना।
- प्रयोगात्मक सौर परीक्षण सुविधा (एसओटीईएफ) की स्थापना।
- इलेक्ट्रॉन एवं ऑयन त्वरकों के लिए प्रौद्योगिकी विकास।
- फास्ट रिएक्टर फ्यूल रिप्रोसेसिंग की सुविधाओं का अभिवर्धन।
- 30 एमईवी चिकित्सकीय साइक्लोट्रॉन की स्थापना
- हानले में एमएसीई को चालू किया जाना।
- प्रोटोटाइप गुरुत्वाकर्षण तरंग संसूचक के रूप में 3–मीटर मात्रा के प्रकाशिक इंटरफेरोमीटर
- इण्डस सिंक्रोट्रॉन प्रयोक्ता सुविधा का अभिवर्धन।

नोट

1. एसएसी–पीएम (प्रधानमंत्री की वैज्ञानिक सलाहकार परिषद) विज्ञान में वैश्विक अग्रणी के रूप में भारत 2010।

9

नवाचार

9.1. भारत विश्व की दूसरी सबसे तेजी से आगे बढ़ती अर्थव्यवस्था है, परन्तु जैसे जैसे विकास की गति तेजी से बढ़ती है, देश के सामने यह सुनिश्चित करने की चुनौती बढ़ जाती है कि भावी वृद्धि स्थायी और समावेशी हो। नवाचार न केवल प्रेरक वृद्धि और प्रतिस्पर्द्धी लाभ में एक मुख्य भूमिका निभा सकता है, बल्कि यह भी सुनिश्चित करता है कि इस विकास में लोगों का एक बड़ा वर्ग शामिल है और यह सामाजिक, आर्थिक और पर्यावरण की दृष्टि से स्थायी है। यह मानते हुए कि नवाचार 21वीं शताब्दी में रोजगार, प्रतिस्पर्द्धात्मकता और अवसरों को बांटने के लिए राष्ट्रीय और वैश्विक वृद्धि का इंजन है। भारत सरकार ने 2010–20 को "नवाचार का दशक" घोषित किया है।

9.2. भारत में स्वास्थ्य, शिक्षा, कौशलों, कृषि, ग्रामीण और शहरी विकास, ऊर्जा आदि जैसे विविध क्षेत्रों में विशिष्ट चुनौतियां और विशाल अपूरित जरूरतें हैं। हमारे पास वर्ग, जाति और लिंग की अनेक हानियों के कारण अपवर्जना और असमान पहुंच की उल्लेखनीय चुनौतियां भी हैं – जिनमें से सबके लिए नवाचारी मार्गों और समाधानों तथा कार्य करने के पारंपरिक तरीकों से आगे बढ़ कर देखने की जरूरत होती है। नवाचार सर्वाधिक दबाव पैदा करने वाली चुनौतियों के उत्तर प्रदान करने तथा उभरती हुई ज्ञान अर्थव्यवस्था के लाभ बांटने के लिए अवसरों की संरचनाओं के सृजन के लिए केन्द्रीय है। वहनीय समाधान, नवाचारी व्यापार, व्यापार मॉडल या ऐसे प्रक्रम जो नागरिकों को सेवाओं की प्रदायगी सहज बनाते हैं, विकास की प्रक्रिया में अधिक से अधिक लोगों को शामिल करने में सक्षम बना सकते हैं।

9.3. इस संदर्भ में नवाचार के एक भारतीय मॉडल की आवश्यकता है जो वहनीयता और समावेशी वृद्धि पर केन्द्रित है, जो विश्व भर में देशों के लिए अनुकरण का एक मॉडल हो सकती है जहां स्थायी विकास की समान चुनौतियों का सामना किया जाता है। भारतीय उद्यमी और नीति निर्माता नवाचार के इस समावेशी मॉडल की ओर पहले से बढ़ रहे हैं तथा इस उभरते हुए भारतीय मार्ग की तीन विशिष्टताएं उल्लेखनीय हैं। सबसे पहली, यह लोगों की स्वास्थ्य, पानी, परिवहन आदि की जरूरतों का पता लगाने पर गुणवत्ता में समझौता किए बिना केन्द्रित है। उदाहरण के लिए अत्यंत कम लागत वाली आंख की शल्य क्रिया, जिसमें शल्य क्रिया के मानकों में कोई समझौता नहीं किया जाता, इसकी लागत अमेरिका में 1,650 अमेरिकी डॉलर की तुलना में 50 अमेरिकी डॉलर है। दूसरी, नवाचार के इस भारतीय मार्ग में वांछित परिणाम ऐसे संगठनात्मक और प्रक्रम मॉडलों में नवाचार द्वारा उत्पन्न किए जाते हैं जो लोगों को इन प्रौद्योगिकियों का लाभ दे सकें और जिनका विकास वैज्ञानिक प्रयोगशालाओं में किया जा सके। मोबाइल टेलीफोनी सेवाओं का प्रदायगी मॉडल इसका एक उदाहरण है जिसने दुनिया भर में सबसे सस्ती कॉल सेवाओं के साथ टेलीफोनी के विस्तार को बढ़ाया। तीसरी, नवाचारों के विकास की लागत कम लाने के लिए नवाचार की प्रक्रिया में अनेक नवाचार है। इसका उदाहरण है वैज्ञानिक तथा औद्योगिक अनुसंधान परिषद (सीएसआईआर) द्वारा एक सीमेंटिक खोज के आधार पर तपेदिक के इलाज के लिए दवाओं का विकास करने में लागू की जा रही खुले स्रोत की औषधि प्रदायगी खोज (ओएसडीडी), इनफोसिस द्वारा विकसित सहयोग के लिए वेब आधारित मंच, एक ऐसा नवाचारी मार्ग जिसने औषधि विकास के लिए लागत और समय में कटौती की है।

9.4. नवाचार का यह नय प्रतिमान 'मितव्ययी' लागत समाधानों के साथ नवाचार की 'मितव्ययी' लागतों के उत्पादन पर केन्द्रित है, जिसमें भारत पारंपरिक मार्ग से सर्वथा विपरीत एक वैश्विक अग्रणी के रूप में उभर सकता है, जो अधिकांशतः विज्ञान और प्रौद्योगिकी (एस एण्ड टी) तथा अनुसंधान और विकास के निवेशों एवं शोधपत्रों की संख्या के मापन तथा तैयार किए गए पेटेंटों पर केन्द्रित है। मितव्ययी

नवाचार दरअसल नवाचार की दक्षता और ऐसे परिणामों पर केन्द्रित है जिनसे लोगों को लाभ मिलता है, खास तौर पर निर्धनों को। औद्योगिक दृष्टि से उन्नत देश भी अनुसंधान और विकास प्रतिमान से परे आगे जाने वाली नवाचार की इस व्यापक संकल्पना को निहित करने के लिए अपनी नवाचार नीतियों की जांच कर रहे हैं।

9.5. भारत 800 मिलियन से अधिक मोबाइल फोनों के साथ एक ऐसा राष्ट्र है जो करोड़ों लोगों के आपस में संपर्क, और सूचना तथा संचार प्रौद्योगिकी (आईसीटी) और सॉफ्टवेयर में वैश्विक नेतृत्व का लाभ पाने की ओर अग्रसर है। यह संपर्क और आईसीटी प्रतिभा प्रक्रमों, व्यापार, उद्योग, शासन, शिक्षा और प्रदायगी प्रणालियों के प्रकार में बदलाव ला रहा है, और हमारी नवाचारी विचारधारा से भी संपर्क और सहयोग के इस बदलते परिवेश में असाधारण लाभ पाने की शक्ति मिली है।

एक नवाचारी परिवेश की ओरः एनआईएनसी की भूमिका

9.6. लोगों के लिए परिणाम देने वाले अनुसंधान और विकास के रूपांतरण हेतु इनके संयोजन में कार्यरत उद्यमियों के एक परिवेश की आवश्यकता हैः उद्यमी, अनुसंधानकर्ता, वित्त प्रदाता, व्यापार उद्यमी और नीति निर्माता। अतः नवाचार की राष्ट्रीय कार्यनीतियों को एक परिवेश में विभिन्न प्रकार के संस्थानों पर केन्द्रित करने की आवश्यकता है और इसका लक्ष्य इनके अधिक प्रभावी सहयोगों पर है। यदि भारत नवाचार के माध्यम से समावेशी वृद्धि में तेजी लाना चाहता है तो यही भारत की कार्यसूची भी होनी चाहिए।

9.7. नवाचार परिवेश को सुदृढ़ बनाने में सरकार एक महत्वपूर्ण भूमिका निभाती है। इसे समर्थनकारी नीति हस्तक्षेप प्रदान करने चाहिए, ज्ञान अवसंरचना को सुदृढ़ बनाना चाहिए, अंतर संस्थागत सहयोगों में सुधार लाना चाहिए, सभी स्तरों, विशेष रूप से लघु और मध्यम उद्यमों (एसएमई) पर व्यापार नवाचारों के निधिकरण की एक प्रक्रिया प्रदान करना और नवाचारों के लिए एक राष्ट्रीय स्तर के रोडमैप के माध्यम से दूरदृष्टि प्रदान करनी चाहिए। इस आवश्यकता को पहचानते हुए प्रधानमंत्री ने समावेशी वृद्धि पर फोकस सहित 2010–20 के लिए नवाचारों हेतु एक रोड मैप तैयार करने के अधिदेश सहित एनआईएनसी का गठन किया है।

9.8. एनआईएनसी पांच मुख्य पैरामीटरों पर विचार करते हुए एक नवाचार के भारतीय मॉडल के सृजन को बढ़ावा देने और सुविधा प्रदान करने पर केन्द्रित हैः मंच, समावेश, परिवेश, प्रेरक और वार्तालाप। इसका लक्ष्य औपचारिक अनुसंधान और विकास पैरामीटरों के परे जाने के लिए नवाचारों को पुनः परिभाषित करना और एक ऐसी व्यापक संकल्पना के रूप में नवाचार पर विचार करना जो क्षेत्रगत बाधाओं को तोड़ती है और संगठनात्मक, प्रक्रम और सेवा नवाचारों को निहित करने के लिए एक हाइ टेक, उत्पाद आधारित मार्ग से परे जाती है, जहां अनेक कारक इस मंच पर जुड़ सकते हैं। केन्द्रीय विचार ऐसे वहनीय और गुणात्मक समाधान तैयार करने का है जो पिरामिड के निचले स्तर के लोगों की जरूरतों का समाधान कर सकें, असमानता को हटा सकें और समावेशी वृद्धि मॉडल पर ध्यान केन्द्रित कर सकें। एनआईएनसी के प्रयास उद्यमियों और वृद्धि को सुदृढ़ बनाने के लिए प्रक्षेत्रों तथा क्षेत्रों में नवाचारी परिवेश के पोषण पर भी लक्षित हैं ताकि नए विचारों के जन्म की सुविधा दी जा सके। इन प्रयासों की संकल्पना करते हुए मुख्य प्रेरक स्थायित्व, वहनीयता, टिकाऊपन, गुणवत्ता, वैश्विक प्रतिस्पर्द्धात्मकता और स्थानीय जरूरतों के पैरामीटर होंगे। अंत में इन विभिन्न प्रयासों के माध्यम से एनआईएनसी का लक्ष्य नवाचार पर हानिकारक सोच, वार्ता और विचार विमर्श के स्थान का विस्तार करना होगा।

9.9. परिषद द्वारा नवाचार को प्रेरित करने तथा देश में निम्नलिखित विवरण के एक नवाचारी परिवेश के सृजन द्वारा प्रधान उपाय पहले ही किए गए हैं।

वित्तीय प्रणाली और सलाह को समर्थनः भारतीय समावेशी नवाचार निधि (आईआईआईएफ)

9.10. नवाचारियों को विकास के लिए शुरूआती चरण पर वित्तीय समर्थन और बाजार में अपने विचारों को परखने की जरूरत होती है। उद्यम निधियां विश्व भर में मान्यता प्राप्त हैं, क्योंकि ये नवाचारी प्रौद्योगिकियों तथा सफल विचारों की वृद्धि हेतु जोखिम पूंजी प्रदान करने के सर्वाधिक उपयुक्त रूप हैं। जबकि भारत उद्यम निधियां और निजी इक्विटी निधियां पाने के लिए एशिया में सबसे बड़ा ग्राही है, ये निवेश अपेक्षाकृत बड़े और 'अपेक्षाकृत सुरक्षित' निवेशों पर केन्द्रित हैं। इस प्रकार भारत में उद्यम पूंजी उद्योग और समर्थनकारी उद्यमियों के लिए कुछ सरकारी योजनाओं की वृद्धि नवाचार में बीज निधिकरण चरण अभी भविष्य के गर्त में है, जहां आवश्यक राशियां छोटी हो सकती हैं किन्तु जोखिम बहुत अधिक है। अतः गंभीर रूप से संकीर्ण हैं।

9.11. इस अंतराल को भरने और समाज के निचले वर्गों के लोगों की जरूरतों पर केन्द्रित समावेशी नवाचार और उद्यमशीलता को बढ़ावा देने के लिए एनआईएनसी द्वारा भारतीय समावेशी नवाचार निधि (आईआईआईएफ) का सृजन किया गया है। इस निधि द्वारा

स्वास्थ्य, शिक्षा, कृषि, हथकरघा, हस्तशिल्प और अन्य छोटे व्यापार उद्यमों जैसे मुख्य क्षेत्रों में समाधान विकसित करने हेतु संलग्न उद्यमों को बढ़ावा दिया जाना है। इस निधि में वाणिज्यिक और सामाजिक क्षेत्र शामिल होंगे। इस निधि का पूंजीकरण चरणों में प्राप्त करने हेतु ₹5,000 करोड़ तक के अंतिम लक्ष्य आकार तक किया जा सकेगा। यह सरकार और द्विपार्श्वीय/बहुपार्श्वीय संस्थानों से बीज निवेश सहित की जाने वाली शुरूआत होगी और यह निजी पूंजी तक जाएगी। यह निधि स्वायत्त, व्यावासयिक दृष्टि से प्रबंधित इकाई होगी जिसमें सामाजिक निवेश पर फोकस होगा। भारत सरकार ने निधि की शुरूआत के लिए ₹100 करोड़ की बीज पूंजी प्रदान करने की प्रतिबद्धता की है और एनआईएनसी का लक्ष्य ₹500 करोड़ के आरंभिक समापन सहित वर्ष 2013 तक इस निधि को प्रचालनरत बनाना होगा।

नवाचार के माध्यम से सूक्ष्म, लघु और मध्यम उद्यमों (एमएसएमई) में कौशल, उत्पादकता और प्रतिस्पर्धात्मकता में वृद्धि

9.12. सूक्ष्म, लघु और मध्यम उद्यम (एमएसएमई) देश में सबसे बड़े रोजगार सर्जकों में से एक हैं। ये निर्यात में 40 प्रतिशत तक का योगदान देते हैं और इन्हें आर्थिक वृद्धि के प्रेरक के रूप में मान्यता दी गई है। जबकि सशक्त आर्थिक वृद्धि की गति बनाए रखने और वैश्विक प्रतिस्पर्द्धी बने रहने के लिए एमएसएमई को व्यापार के सभी पक्षों में नवाचार की जरूरत है। इस जरूरत को पहचानते हुए एनआईएनसी ने उद्योग नवाचार क्लस्टर प्रयास की संकल्पना की है।

9.13. इस प्रयास का फोकस बिन्दु क्लस्टर नवाचार केन्द्र (सीआईसी) का सृजन होगा। ये सीआईसी क्लस्टर की जरूरतों को पूरा करने के संबंध सक्रिय रूप से बनाएंगे और ज्ञान की रूपरेखा की स्थापना सहित सर्वोत्तम प्रथाओं का आदान प्रदान करेंगे। अभिकारकों और पणधारियों को निहित करते हुए स्थानीय परिवेश के सृजन और संपर्क द्वारा, जो प्रौद्योगिकी, निधिकरण, कौशल और मेंटर ला सकते हैं, सीआईसी उत्पादकता, वृद्धि और रोजगारपरकता को बढ़ाने में सहायता देंगे। नवाचार क्लस्टर प्रयास का प्रायोगिक चरण आरंभ हो गया है और नौ क्लस्टरों (उद्योग में सात और विश्वविद्यालय में दो) को इस चरण के भाग के रूप में चुना गया है। प्रायोगिक गतिविधियां त्रिसूर, केरल में आयुर्वेद क्लस्टर में, कृष्णागिरी तमिलनाडु में खाद्य प्रसंस्करण क्लस्टर में, अगरतला, त्रिपुरा में बांस क्लस्टर में, फरीदाबाद, हरियाणा में ऑटो के पुर्जों के क्लस्टर, मुरादाबाद में पीतल के बर्तनों का क्लस्टर, एर्नाकुलम, केरल में फर्नीचर का क्लस्टर, अहमदाबाद, गुजरात में जीवन विज्ञान क्लस्टर, दिल्ली विश्वविद्यालय, दिल्ली और महाराजा सायाजीराव विश्वविद्यालय, बड़ौदा, गुजरात में आरंभ की गई हैं। एनआईएनसी राज्य सरकारों सूक्ष्म, लघु, मध्यम उद्यम मंत्रालय और वैज्ञानिक तथा औद्योगिक अनुसंधान विभाग के साथ इस प्रयास में सहयोग कर रहा है।

शिक्षा के माध्यम से नवचार पोषण

9.14. विद्यालय नवाचार की भावना को पोषित करने के सबसे अच्छे स्थान है। शिक्षा प्रणाली में रचनात्मकता को बढ़ावा देने और नवाचार को पोषण देने के लिए एनआईएनसी ने मानव संसाधन विकास मंत्रालय (एमएचआरडी) को निम्नलिखित सहित प्रस्ताव भेजा हैः

1. राष्ट्रीय प्रतिभा खोज योजना के संचार राष्ट्रीय नवाचार छात्रवृत्ति की एक पृथक छात्रवृत्ति की धारा का सृजन। इससे विद्यालय स्तर पर ऐसे प्रतिभावान बच्चों को पहचानने में सहायता मिलेगी जो ऐसे मुद्दों पर रचनात्मक, पार्श्वीय और नवाचारी तरीके से सोच सकेंगे जिसे वे अपने स्थानीय परिवेश में महत्वपूर्ण मानते हैं। यह अपेक्षित है कि माता पिता, अध्यापकों और अधिगम प्रणाली द्वारा रचनात्मकता और नवाचार के महत्व का बहुगुणा प्रभाव मिल सके।
2. अध्यापक प्रशिक्षण को बढ़ावा देने और उन्हें रचनात्मकता तथा नवाचारी सोच के सुविधा प्रदानकर्ता बनने में सक्षम बनाने हेतु प्रत्येक डाइट (जिला शिक्षा और प्रशिक्षण संस्थान) में नवाचारी केन्द्र की स्थापना।
3. देश के प्रत्येक हाइ स्कूल द्वारा स्थानीय इतिहास, पारिस्थितिकी और सांस्कृतिक विरासत का मानचित्रण ताकि छात्रों द्वारा उनके स्थानीय परिवेश पर महत्वपूर्ण सोच का सृजन किया जाए।
4. महाविद्यालयों में राष्ट्रीय सेवा योजना के स्थान पर राष्ट्रीय नवाचार संवर्धन सेवा को लाना/जोड़ना और स्थानीय नवाचारों को अभिज्ञात करने में महाविद्यालय के छात्रों की सहायता लेना। यह युवा कार्य और खेल मंत्रालय की योजना है जिसे मानव संसाधन विकास (एचआरडी) मंत्रालय के साथ इसकी व्यवहार्यता की जांच का अनुरोध किया गया है।
5. 21वीं शताब्दी में विश्वविद्यालय मॉडल की पुनः परिभाषा के रूप में भारत के राष्ट्रीय ज्ञान नेटवर्क द्वारा बहु विषयक अधिगम और सहयोगात्मक ज्ञान सृजन की सक्षमता के लिए मेटा विश्वविद्यालय की स्थापना।
6. राष्ट्रीय महत्व के संस्थानों में 20 डिजाइन नवाचार केन्द्रों की सह स्थापना करना। राष्ट्रीय प्रतिष्ठा वाले परिसरों जैसे भारतीय प्रौद्योगिकी संस्थान (आईआईटी)/राष्ट्रीय प्रौद्योगिकी संस्थान (एनआईटी) में सह स्थापना से शैक्षिक और औद्योगिक संसाधनों

का लाभ मिल सकेगा और देश में डिजाइन क्षमता को बढ़ावा मिलेगा। साथ ही खुले डिजाइन स्कूल की स्थापना, डिजाइन में प्रशिक्षकों के प्रशिक्षण की सुविधा देने हेतु संस्थान का गठन और विद्यालय स्तर पर डिजाइन के विचार की शुरूआत करना।

7. देश भर में 20 विश्वविद्यालय नवाचार क्लस्टरों के विकास को अभिज्ञात करना और सुविधा प्रदान करना, जहां सीआईसी के माध्यम से नवाचार का बीज रोपा जाएगा, जैसा पहले उल्लेख किया गया है। सीआईसी द्वारा विश्वविद्यालय और इसके भागीदारों को उद्योग तथा शिक्षा जगत के विभिन्न पणधारियों के बीच सह संबंध बनाने का एक मंच प्रदान किया जाएगा, नवाचारी गतिविधियों में पहल और सहायता, पाठ्यचर्या में नवाचार को प्रोत्साहन दिया जाएगा तथा यह एक उत्प्रेरक और सुविधा प्रदानकर्ता के रूप में कार्य करेगा। यह अपने क्षेत्र के अन्य औद्योगिक क्लस्टरों के साथ भी नजदीकी से मिलकर कार्य करेगा। जैसा कि पहले उल्लेख किया गया है, दिल्ली विश्वविद्यालय और बड़ौदा के महाराजा सायाजी राव विश्वविद्यालय के साथ प्रायोगिक कार्य आरंभ हो चुका है और इसे छात्र समुदाय से उत्साहवर्धक प्रतिक्रिया प्राप्त हुई है।

9.15. मानव संसाधन विकास मंत्रालय ने विद्यालय स्तर (कक्षा 9–12) पर 1,000 नवाचार अध्येतावृत्तियां प्रदान करने से संबंधित प्रस्तावों, स्थानीय इतिहास, स्थानीय पारिस्थितिकी और स्थानीय संस्कृति तथा विरासत के मानचित्रण को सभी हाइ स्कूलों द्वारा आरंभ किया गया है और बहुविषयक अधिगम और सहयोगात्मक अधिगम के लिए दुनिया के प्रथम मेटा विश्वविद्यालय की स्थापना को अनुमोदन दिया है। एमएचआरडी ने शिक्षक प्रशिक्षण संबंधी केन्द्रीय प्रायोजित स्कीम के लिए नए दिशानिर्देशों में देश में डीआइईटीएस के पुनः स्थापन के उपायों को भी शामिल किया है। एमएचआरडी, परिषद और योजना आयोग के साथ परामर्श से, डिजाइन एजुकेशन पर संकल्पना नोट भी तैयार कर रहा है।

नवाचार के लिए भारत में संपर्कः ग्रामीण ब्रॉडबैंड और अनुप्रयोग

9.16. सरकार ने ऑप्टिकल फाइबर और ग्रामीण ब्रॉडबैंड योजना के माध्यम से सभी पंचायतों के बीच संपर्क बनाने के प्रस्ताव को 25 अक्तूबर 2011 को अनुमोदन दिया है। वर्तमान में एनआईएनसी ग्रामीण विकास मंत्रालय, पंचायती राज, मानव संसाधन विकास, स्वास्थ्य और प्रधानमंत्री राष्ट्रीय कौशल विकास परिषद के सहयोग से अनुप्रयोग पर कार्यरत है ताकि हार्डवेयर के संपर्क में प्रगतिशील होने के बावजूद अनुप्रयोगों को भी उपयोग किया जा सके। इसकी संकल्पना स्वास्थ्य, शिक्षा और कृषि जैसे क्षेत्रों में शासन, सेवा प्रदायगी का रूपांतरण करना तथा ग्रामीण ब्रॉडबैंड के माध्यम से स्थानीय नवाचार क्षमता का विकास करना है।

सर्वोत्तम प्रथाओं और नवाचारों के लिए मंच

9.17. वर्तमान में देश भर में ऐसे अनेक उद्यम हैं जो नागरिकों को लाभ प्रदान करते हैं तथा स्वास्थ्य, शिक्षा, ऊर्जा, अल्प लागत के आवास और स्वच्छता जैसे क्षेत्रों में समावेश की चुनौतियों को नवाचार के समाधानों के माध्यम से पूरा करते हैं। यह कई बार कहा जाता है कि भारत एक ऐसा देश है जहां अनेक सफल प्रयोग होते हैं, किन्तु जिन्हें उन्नत नहीं बनाया जाता। इन नवाचारों के प्रभाव को उन्नत बनाने की आवश्यकता है ताकि इन विचारों को तेजी से चारों ओर फैलाया जा सके, ताकि अन्य लोग इनका अनुकरण कर सकें। साथ ही यह भी आवश्यक है कि बड़े व्यापार संगठन और उद्यम निधियां इनसे अवगत हों और इन्हें समर्थन दें। हमारे पास हनी बी नेटवर्क के रूप में इन प्रथाओं के प्रलेखन के दृष्टांत हैं। किन्तु इसके लिए कोई आभासी मंच मौजूद नहीं हैं। अतः नवाचारी पारिस्थितिकी तंत्र सुदृढ़ बनाने के लिए सूचना के आदान प्रदान और प्रसार के एक मंच की आवश्यकता है, जबकि विशिष्ट क्षेत्रों में नवाचार के लिए कुछ ज्ञान पोर्टल पहले से मौजूद हैं जैसे कि एनआईएनसी ने भारतीय नवाचार पोर्टल का विकास किया है ताकि इन तक आसान पहुंच बन सके और साथ ही नवाचार का व्यापक सूचना भंडार और सहयोग का मंच भी उपलब्ध कराया जा सके। (www.innovation.gov.in)

नवाचार के लिए संस्थागत रूपरेखा का विकास

9.18. एक विस्तृत नवाचार परिवेश के लिए अनेक पार्श्वीय संपर्कों की जरूरत होती है, बहुधा स्थानीय स्तरों पर, उत्पादकों, विक्रेताओं और निधिकर्ताओं के बीच और सरकारी मशीनरी की सुविधा की जरूरत होती है। स्वीडन में नवाचार कार्यसूची के सूत्रण में नागरिकों और उद्यमियों की भागीदारी की क्षेत्रवार प्रक्रिया है। एक बहुत अधिक बड़े और विविध देश में, जैसा कि भारत है, नवाचारी परिवेश का विकास और भी अधिक व्यापक रूप से किया जाना चाहिए।

9.19. देश में नवाचार निष्पादन को बढ़ावा देने के लिए एक क्रॉस कटिंग प्रणाली के सृजन की आवश्यकता है, एनआईएनसी द्वारा प्रत्येक राज्य में राज्य नवाचार परिषदों की स्थापना की सुविधा दी जाती है। इन परिषदों में गैर सरकारी विशेषज्ञता की सूची बनाई जाएगी और राज्यों में इनसे नवाचार कार्यसूची को आगे बढ़ाया जाएगा। एनआईसी द्वारा सुझाए गए व्यापक टेम्पलेट का इस्तेमाल करते हुए ये अपने राज्य की विशिष्ट जरूरतों के अनुरूप

हस्तक्षेपों का विकास करेंगे। इस प्रकार, राष्ट्रीय नवाचार कार्यसूची में शासन और सेवा प्रदायगी के सुधार के लिए अन्य प्रबलनों को जोड़ा जाएगा, जिसका वर्णन योजना में अन्यत्र किया गया है, ताकि केन्द्रीय प्रायोजित योजनाओं में अधिक लचीलापन और नवाचार लाया जा सके और, इस प्रकार, वृद्धि प्रक्रिया की दक्षता और समावेश में सुधार लाया जा सके। वर्तमान में 22 राज्यों ने राज्य नवाचार परिषदों का गठन किया है।

9.20. एनआईएनसी द्वारा संघ सरकार के मंत्रालयों में क्षेत्रों और प्रक्षेत्रों के बीच नवाचारी परिवेश को बढ़ावा देने के लिए क्षेत्रगत नवाचार परिषदों के गठन को भी बढ़ावा दिया जाता है। वर्तमान में 24 मंत्रालयों द्वारा क्षेत्रगत नवाचार परिषदों की स्थापना की गई है।

नवाचार के लिए चुनौती निधि

9.21. देश में नवाचार की संस्कृति को प्रेरित करने के लिए पुरस्कारों और चुनौतियों के माध्यम से बढ़ावा प्रस्तावित करने की जरूरत है, जिससे लोगों को उपेक्षित सामाजिक चुनौतियों पर ध्यान केन्द्रित करने और संलग्न होने तथा रचनात्मक प्रतिक्रिया देने की प्रेरणा दी जा सके। डीएपीआरए महाचुनौतियों को एक्स पुरस्कार तथा विश्व बैंक विकास बाजार स्थल के अंतरराष्ट्रीय उदाहरण हैं। राष्ट्रीय नवाचार परिषद समाधानों के साथ नागरिकों को प्रोत्साहन देने के लिए भारतीय कल्पना हेतु चुनौतियां तय करना चाहती हैं, खास तौर पर उनके लिए जो समावेशी नवाचार से संबंध रखते हैं। एनआईएनसी ने कार्य साधनों में सुधार लाने, उत्पादों और प्रक्रमों पर ऐसे नवाचार के लिए पुरस्कारों की पहले ही घोषणा की है, जो कामकाजी वर्ग आबादी के कठोर परिश्रम में कमी लाते हैं।

नवाचार के लिए साझेदारीः सहयोग और नेटवर्क

9.22. एक बढ़ती हुए वैश्विक दुनिया में साझेदारी और ज्ञान को बांटना महत्वपूर्ण है और इससे आपसी वृद्धि और विकास हो सकता है। एनआईएनसी नवाचार और बहु विषयक अनुसंधान के लिए अंतरराष्ट्रीय सहयोग हेतु सुविधा प्रदान करने और लाभ के मंच पर भी ध्यान केन्द्रित करती है। नवाचार हेतु अंतरराष्ट्रीय सहयोगों के पोषण पर विचारों के आदान प्रदान के लिए एनआईएनसी ने नई दिल्ली में 14–15 नवम्बर 2011 को नवाचार पर एक वैश्विक गोलमेज सम्मेलन की मेजबानी की, जहां दुनिया भर की 15 सरकारों के नवाचार नीति प्रमुखों ने आपस में देशों के बीच अनुभवों और सर्वोत्तम प्रथाओं की जानकारी को बांटा। एक दूसरे वैश्विक गोलमेज द्वारा इस नवाचार पर 2012 में पालन किया गया जहां कई सहयोगी पहल को रेखांकित किया गया।

विज्ञान संग्रहालयों में नवीनता लाना

9.23. देश में विज्ञान संग्रहालय और केन्द्र देश के अंदर नवाचार की भावना को रचनात्मक पोषण और बढ़ावा देने के महत्वपूर्ण संसाधन हो सकते हैं परन्तु इनकी संभाव्यता अल्प प्रयुक्त बनी रहती है। एनआईएनसी राष्ट्रीय विज्ञान संग्रहालय परिषद (एनसीएसएम), राष्ट्रीय प्राकृतिक इतिहास संग्रहालय (एनएमएनएच) और अन्य के साथ मिलकर देश के मौजूदा विज्ञान केन्द्रों के प्रभाव को बढ़ाने और इन्हें नवाचार आउटरीच के माध्यम के रूप में उपयोग करने की साझेदारी कर रहा है। एनआईएनसी का लक्ष्य देश में अधिक से अधिक अंतःक्रियात्मक निदर्शों के जरिए मौजूदा विज्ञान केन्द्रों को मजबूत बनाना होगा, जबकि स्थानीय रूप से उपलब्ध संस्थानों द्वारा स्वयं करने की विधि से विज्ञान के प्रदर्शन का लाभ दिया जाएगा। यह नियमित आधार पर नवाचारों के प्रदर्शन और आउटरीच में सुधार हेतु भी विज्ञान केन्द्रों क उपयोग करेगा।

9.24. वर्तमान में एनआईसी अहमदाबाद, बैंगलोर, दिल्ली, कोलकाता, मुम्बई, सवाई माधोपुर मे सात और पूर्वोत्तर में एक विज्ञान केन्द्रों/संग्रहालयों में नवाचार स्थलों के प्रायोगिक कार्यों पर कार्यरत है।

9.25. इन प्रयासों के अलावा एनआईएनसी अन्य अनेक विचारों पर भी कार्यरत है जैसे महत्वपूर्ण क्षेत्रों में नवाचारी समाधानों के लिए सार्वजनिक कल्पना के लाभ हेतु 10 महा चुनौती पुरस्कारों की घोषणा। यह उन परियोजनाओं के संवर्धन पर विचार करती है जिनसे नवाचार के लाभांश का सृजन होता है जैसे कि केरल में एक ज्ञान शहर की स्थापना करना। एनआईएनसी ई–न्यायालय मिशन मोड परियोजना में बताई गई व्यापक कम्प्यूटरीकरण योजना को प्रभावी बनाने के लिए 'भविष्य के न्यायालय' प्रयास पर भी कार्यरत है। इस प्रयास से न्यायाधीशों और रजिस्ट्रारों के पास सर्वोत्तम आईसीटी साधन होंगे और वे न्याय प्रदान करने की गति में इनसे सहायता ले सकेंगे। पुनः, एनआइएनसी नवाचार और उद्यमशीलता पर प्रारूप नीतियों के सृजन की दिशा में भी कार्यशील है, जिनसे केन्द्र सरकार की ओर से अपेक्षित प्रोत्साहन प्रदान करने हेतु नीति निर्माण में नवाचारी सोच को स्थापित किया जा सके।

9.26. एनआईएनसी के प्रयास देश में एक नवाचारी परिवेश के सृजन के मात्र आरंभिक बिन्दु हैं। नवाचार के लिए निधि को प्रेरित करने पर पूर्व उल्लिखित प्रयासों के अलावा उद्योग क्लस्टरों में नवाचार को प्रेरित करने या राज्यों और केन्द्र के मंत्रालयों के साथ समन्वय द्वारा नवाचार को संस्थागत बनाने में, उद्यम के नए मॉडलों के उद्दीपन पर भी फोकस होना चाहिए, जहां उत्पादक इसके मालिक भी हों,

ताकि वे न केवल इससे आय प्राप्त कर सके बल्कि उद्यम द्वारा सृजित संपत्ति में भी हिस्सेदार बन सकें। सेल्फ इम्प्लॉइड विमेन्स एसोसिएशन (सेवा) जैसे संगठन और मध्य प्रदेश में चंदेरी बुनकरों द्वारा बनाई गई कंपनियां ऐसे कुछ उदाहरण हैं। इस प्रकार के उद्यमों के लिए संगठनात्मक और कानूनी रूप में नवाचारों की आवश्यकता होती है। योजना आयोग उन बदलावों की जांच भी करता है जिन से ऐसे और अधिक उद्यमों की संख्या बढ़ाने की सुविधा दी जा सके। उक्त नवाचारों के माध्यम से वे व्यापार जो लोगों के हैं (वे इनके मालिक हैं) और लोगों द्वारा व्यापार (जिसमें लोग उत्पादन और वितरण के प्रधान संसाधन हैं) से पिरामिड के निचले स्तर पर मौजूद लोगों के लिए उत्पादों और सेवाओं को लागत प्रभावी रूप से तैयार किया जा सकता है।

9.27. एक मजबूत नवाचार परिवेश के सृजन के लिए बौद्धिक संपत्ति अधिकारों (आईपीआर) मुद्दों पर भी फोकस की आवश्यकता है। बौद्धिक संपत्ति अधिकारों का प्रबंधन वैश्विक प्रतिस्पर्द्धा के साथ नई ज्ञान अर्थव्यवस्था में अत्यंत महत्वपूर्ण बन गया है। एक नवाचारी द्वारा उत्पन्न बौद्धिक उत्पत्ति के पर्याप्त अधिकारों से उसे अपने निवेशों संभालने और लाभ पाने में सक्षमता मिलती हैः इस प्रकार आईपीआर से नवाचार को बढ़ावा मिलता है। उत्तम राष्ट्रीय आईपीआर प्रणालियों से अन्य लोगों को पेटेंट प्रणाली के माध्यम से पहुंच योग्य प्रौद्योगिकियों से उन्नतियों के ज्ञान का लाभ मिलता है, जो इस पर आगे निर्माण कर सकते हैं। इन दोनों लाभों को पाने के लिए भारत को अपने आईपीआर के प्रबंधन में अवश्य सुधार लाना चाहिए। आईपीआर प्रबंधन के लिए प्रशासनिक मशीनरी को पर्याप्त सुदृढ़ और व्यावसायिक बनाया जाना चाहिए तथा औद्योगिक नीति और संवर्धन (डीआईपीपी) ने यह कार्य लिया है।

9.28. आईपीआर के धारकों के पास इसे सुदृढ़ बनाने के लिए प्रोत्साहन और अपने एकाधिकार को बढ़ाने की क्षमता होती है। जबकि एकाधिकारों से प्रतिस्पर्द्धा पर दबाव पड़ सकता है और आगे चलकर नवाचार पर, और इस प्रकार ग्राहकों के लिए इसकी कीमतें बढ़ सकती हैं। यह भय पश्चिम में भी है, उदाहरण के लिए दवाओं के संबंध में। ज्ञान के एकाधिकार की संकल्पना चाहे यह एक सीमित अवधि के लिए हो, इससे आईपीआर के प्रचलित मॉडल को कायम रखा जा सकता है और इसके विकृत प्रभाव हो सकते हैं, जब इसे पारंपरिक ज्ञान के क्षेत्रों में विस्तारित किया जाता है, इससे निर्धन लोगों को भुगतान के बिना अपने ही ज्ञान का उपयोग जारी रखने पर रोक लगाई जाती है, जिन्होंने इसे आईपीआर के तहत "पेटेंट" कराया है। इसके साथ सहयोगात्मक नवाचार के नए मॉडल भी उभर रहे हैं, जैसे खुले स्रोत की दवाओं की खोज (ओएसडीडी), जैसा पहले उल्लेख किया गया है। आईपीआर की संकल्पनाओं का विकास नवाचार के ऐसे नए मॉडलों के उपयुक्त रूप में किया जाएगा जिसमें संयोग से भारत की बड़ी भागीदारी है, क्योंकि यहां समावेशी वृद्धि के लिए 'किफायती' नवाचारों को उत्पन्न करने की संभाव्यता है। अतः नवाचार में वैश्विक अग्रणियों के बीच अपना स्थान बनाने का भारत का लक्ष्य है, यह आईपीआर के प्रबंधन और आईपीआर संकल्पनाओं तथा नीतियों में नवाचारों के बीच भी अग्रणी होगा।

सरकार में प्रौद्योगिकी नवाचार

9.29. एनआईएनसी द्वारा नवाचार को सुदृढ़ बनाने तथा प्रणाली के अंदर नवाचार को पोषण देने के लिए नीति निर्देश के प्रयास के अलावा सरकारी संरचनाओं के अंदर अनेक नवाचारी प्रयास हैं, जिनका लक्ष्य प्रक्रमों और सेवा प्रदायगी में सुधार लाना, सहयोग बढ़ाना और अधिक पारदर्शिता तथा जवाबदेही लाना है।

9.30. आधार या विशिष्ट पहचान कार्यक्रम प्रथम 'ऑनलाइन' पहचान प्रणाली है जिसमें दुनिया के किसी भी स्थान के निवासी की पहचान को 'वास्तविक समय में' अभिप्रमाणित किया जा सकता है, भारत में किसी भी जगह, यहां तक कि मोबाइल पर भी। इस कार्यक्रम से दक्ष सार्वजनिक सेवा प्रदायगी और अधिक पारदर्शिता की नींव बनाई जाएगी और इसे अंतरराष्ट्रीय रूप से समावेश के एक बड़े बदलाव का मार्ग माना गया है। पहचान के एक स्पष्ट प्रमाण को देकर आधार द्वारा भारत के निर्धन नागरिकों को सेवाओं तक पहुंच पाने का अधिकार मिलेगा, जैसे कि औपचारिक बैंकिंग प्रणाली और उन्हें सरकार और निजी क्षेत्र द्वारा दी जाने वाली अन्य विभिन्न सेवाओं का लाभ आसानी से उठाने का अवसर मिलेगा। इसमें 2014 तक भारत के साठ करोड़ निवासियों और अंततः पूरे देश को पहचान प्रदान करने का लक्ष्य है। मार्च 2012 तक प्रणाली में बीस करोड़ निवासियों का नामांकन हो चुका है।

9.31. आगे चलते हुए आधार द्वारा बैंक खाता और भुगतान अवसंरचना में सरकार की सामाजिक कल्याण योजनाओं के लिए लाभार्थी के बैंक खातों में ई–भुगतान की क्षमता प्रदान की जाएगी, जैसे महात्मा गांधी राष्ट्रीय ग्रामीण रोजगार गारंटी अधिनियम (मनरेगा) और इससे विलंब तथा हानि का शमन किया जाएगा। विभिन्न सरकारी योजनाओं के लिए आधार समर्थित भुगतानों को आजमाने के लिए वित्त मंत्रालय में कार्यक्रमों की शुरूआत के लिए देश के 50 जिलों की एक सूची प्रस्तावित की गई है। सरकार भी पीडीएस के लिए आधार मंच का उपयोग करने तथा उर्वरक,

तरल पेट्रोलियम गैस (एलपीजी) और कैरोसिन जैसे क्षेत्रों में होने वाले सब्सिडी के खर्च में पर्याप्त किफायत पर विचार कर रही है। उपरोक्त पर वर्तमान में प्रायोगिक परियोजनाएं जारी हैं। सामूहिक रूप से इससे देश में सार्वजनिक सेवाओं की प्रदायगी पर एक रूपांतरकारी प्रभाव होगा।

9.32. सरकार कानूनी प्रणाली में विलंब को कम करने, ई–शासन के प्रति कदम बढ़ने का प्रोत्साहन, ई–प्रापण, ई–निविदाकरण तथा ई–कार्यालय में आईसीटी का लाभ पाना चाहती है। यह 250,000 पंचायतों को अंतिम बिन्दु तक शासन और सेवा प्रदायगी में सुधार लाने के लिए फाइबर आधारित ब्रॉड बैंड से जोड़ने का एक महत्वाकांक्षी प्रयास भी कर रही है। राष्ट्रीय भौगोलिक सूचना प्रणाली (एनजीआईएस) संगठन को सूचना, परिसंपत्तियों तथा डेटा को शुद्धतापूर्वक मानचित्रित करने का कार्य सौंपा गया है, जो नीति और कार्य योजना में सहायता देगा और शहरी तथा ग्रामीण क्षेत्रों में सेवाओं की प्रदायगी में सुधार लाएगा।

9.33. भारत सरकार का राष्ट्रीय ज्ञान नेटवर्क जो उच्च गति मल्टी गीगा बाइट नेटवर्क है, यह न केवल देश के शैक्षिक और अनुसंधान संस्थानों को जोड़ता है बल्कि वास्तविक समय सहयोग और अनुसंधान की सक्षमता हेतु अनुसंधान के वैश्विक नेटवर्क के साथ भी संपर्क बनाता है। एनकेएन छात्रों और अनुसंधानकर्ताओं को शिक्षा तथा आभासी प्लेटफॉर्म पर आधारित अनुसंधान के एक नए प्रतिमान की ओर ले जाता है जो भूगोल तथा सीमाओं के बंधनों को तोड़ता है।

9.34. सरकारी मंत्रालयों के निष्पादन के प्रवर्धन में अन्य नवाचार किए गए हैं। सरकार ने एक निष्पादन प्रबंधन प्रणाली आरंभ की है जिसके लिए प्रत्येक मंत्रालय और विभाग को इसके पणधारियों की अपेक्षाओं और इसकी वास्तविक प्रदायगी के बीच अंतरालों के आकलन के लिए पणधारियों के साथ परामर्श करना होता है। मंत्रालयों को इन अंतरालों को पाटने के लिए नवाचारी कार्यनीतियों का विकास करना चाहिए और तदनुसार इनके निष्पादन के उपायों को निर्दिष्ट भी करना चाहिए, जिनके जरिए इन्हें परखा जाना चाहिए। शुरूआती परीक्षण प्रचालन और इसकी डिजाइन में समायोजनों के बाद आम तौर पर इस प्रणाली को अब केन्द्र के लगभग सभी मंत्रालयों द्वारा अपना लिया गया है जिसे परिणाम रूपरेखा दस्तावेज (आरएफडी) कहते हैं। कुछ राज्य सरकारों जैसे केरल और हिमाचल प्रदेश ने भी इस मार्ग को अपनाना आरंभ कर दिया है।

9.35. सरकार की कई एजेंसियां द्वारा अन्य अनेक पूरक कार्य भी किए जा रहे हैं ताकि सार्वजनिक प्रणालियों में नवाचार की सुविधा दी जा सके। उदाहरण के लिए प्रधानमंत्री कार्यालय की पहल पर कैबिनेट सचिवालय ने कैबिनेट के सभी प्रस्तावों में नवाचार कार्यसूची निहित करने के आदेश जारी किए हैं, जिनमें कैबिनेट के प्रत्येक प्रस्ताव पर विशिष्ट रूप से नवाचार की रिपोर्ट की जाए। तेरहवें वित्तीय आयोग ने पूर्व दिनांक पर एनआईएनसी को देश में नवाचार को प्रोत्साहन देने के लिए जिला नवाचार न्धिि के रूप में 600 से अधिक जिलों में से प्रत्येक के लिए ₹1 करोड़ (₹10 मिलियन) प्रदान किए। पुनः 13वें वित्तीय आयोग द्वारा "सार्वजनिक प्रणालियों में नवाचार के त्वरण और विसरण के लिए माहौल और संस्कृति के पोषण" के लिए एक नए संस्थान को बनाने के सुझाव पर हैदराबाद में प्रशासनिक स्टाफ कॉलेज ऑफ इंडिया (एएससीआई) में सार्वजनिक सेवा नवाचार केन्द्र की स्थापना की गई है। साथ ही, जैसा ऊपर उल्लेख किया गया है सीएसआईआर, ओएएसडीडी के लिए पोर्टल का सृजन रोगों से प्रभावित निर्धन लोगों को वहनीय स्वास्थ्य देखभाल प्रदान करने की वैश्विक भागीदारी के लिए एक मंच के रूप में किया गया है।

9.36. उपरोक्त के अलावा विज्ञान और प्रौद्योगिकी विभाग ने हाइ स्कूल, विज्ञान स्नातकों, विज्ञान स्नातकोत्तर स्तरों के छात्रों तथा विज्ञान में युवा प्रतिभाओं को अभिज्ञात और पुरस्कृत करने के लिए इंस्पायर नामक कार्यक्रम आरंभ किया है। अंत में स्थानीय समस्याओं के प्रति क्रियाशील होने और स्थानीय समस्याओं को सुलझाने का बढ़ावा देने के लिए प्रमुख फ्लैगशिप कार्यक्रमों जैसे सर्वशिक्षा अभियान (आरंभिक शिक्षा) और राष्ट्रीय ग्रामीण स्वास्थ्य मिशन (मूलभूत स्वास्थ्य) के अविभाज्य भाग के रूप में फ्लेक्सी निधि लाई गई है। राष्ट्रीय ग्रामीण रोजगार गारंटी अधिनियम (नरेगा), सबसे बड़ा फ्लैगशिप कार्यक्रम पंचायतों को सीधे दी जाने वाली निधि के साथ व्यापक योजना प्रदान करते हुए स्थानीय नवाचार को बढ़ावा देता है।

9.37. *सारांश* के रूप में नवाचार विकास के विचार विमर्श में एक अत्यंत महत्वपूर्ण भूमिका निभा सकता है, क्योंकि यह एक ऐसी प्रणाली का एक नया मार्ग प्रस्तावित कर सकता है जो वर्तमान में कई मांगों के भार से दबा हुआ है और इसके सामने सीमित संसाधन हैं। नवाचार पर उन्नत फोकस का प्रभाव विविध क्षेत्रों जैसे स्वास्थ्य और शिक्षा प्रदायगी, शासन, उद्यमशीलता विकास तथा अन्य विविध क्षेत्रों पर हो सकता है। सामूहिक रूप से यह देश में पीढ़ी गत बदलाव का सूत्रपात हो सकता है और यह अधिक स्थायी और समावेशी वृद्धि प्रतिमान की रूपरेखा बना सकता है।

10

शासन

10.1. सुशासन को एक अच्छी तरह से कार्यशील समाज के अनिवार्य तत्व के रूप में बढ़–चढ़कर देखा जाता है। यह संसाधनों का प्रभावकारी उपयोग और नागरिकों को सेवा प्रदायगी सुनिश्चित करता है तथा व्यवस्था को सामाजिक वैधता प्रदान करता है। प्रजातंत्र में आय का स्तर बढ़ने से प्रत्याशाएं भी बढ़ने लगती हैं और केंद्र एवं राज्य दोनों स्तरों पर तथा त्रिस्तरीय सरकार में न्यूनतर स्तर भी सुशासन की मांग बढ़ जाती है।

10.2. सुशासन योजना परिव्ययों से जमीनी आधार पर महत्वपूर्ण परिणाम मुहैय्या कराने के लिए आवश्यक है। यह आवश्यक इसलिए है क्योंकि सुशासन के बिना, आबंटित संसाधनों का कुशलतापूर्वक उपयोग नहीं होता है, जनसेवा सुपुर्दगी का प्रबंधन इष्टतम नहीं रहता है, सार्वजनिक व्यय की कार्यकुशलता प्रभावित होती है और अंततः, यह प्राकृतिक संसाधनों के कारगर प्रबंधन को प्रभावित करता है जो सम्प्रभु स्वामित्व के अधीन सम्प्रभु संपत्ति है।

10.3. शासन की समस्या का हल तीन तरह से निकाला जा सकता है। पहला व्यवस्थित सुधार से संबंधित है जो नए कार्यक्रमों पर सरकार के योजना व्यय की कारगरता में संवृद्धि करता है। दूसरे का संबंध सरकारी एजेंसियों द्वारा प्रदान कराई जा रही सेवाओं की ग्राहक संतुष्टि में सुधार से है। तीसरे का संबंध भ्रष्टाचार और उस समझ से है जो हम इससे निपटने के लिए ला सकते हैं।

योजना कार्यक्रमों की प्रभावकारिता में सुधार करना

10.4. पिछले कुछ वर्षों में सार्वजनिक व्यय की गति में नाटकीय ढंग से वृद्धि हुई है और इस व्यय के अधिकांश भाग का उद्देश्य आबादी के कमजोर एवं अधिक सुभेद्य भाग का कल्याण करना होता है। ग्यारहवीं पंचवर्षीय योजना के दौरान 15 बड़े प्रमुख कार्यक्रमों में लगभग ₹7 लाख करोड़ व्यय किए गए हैं। यह वृद्धि की तीव्र दर है जो अभूतपूर्व है। आम जनता के अधिकारों को सुरक्षित रखने के लिए कई विधायी कदम भी उठाए गए जैसे सूचना का अधिकार अधिनियम, महात्मा गांधी राष्ट्रीय ग्रामीण रोजगार गारंटी अधिनियम, वन अधिकार और शिक्षा का अधिकार अधिनियम। इसके बावजूद भी यह प्रश्न बना रहता है कि क्या ये कार्यक्रम जिनमें संसाधनों की भारी मात्रा शामिल होती है वास्तव में यथाप्रत्याशित लाभ प्रदान कर रहे हैं। दूसरे शब्दों में, निधियां निर्धारित की गईं, अधिकारों की संवैधानिक रूप से गारंटी दी गई, और कई उपलब्धियां भी दर्ज की गईं, परंतु इन पहलों में किए गए वादों को वास्तविकता में परिवर्तित करने के लिए अभी भी बहुत कुछ करने की जरूरत है।

10.5. विभिन्न स्तरों पर प्रशासनिक प्रक्रियाओं की गहराई से समीक्षा की जरूरत है जिससे शीघ्र निर्णय लेना सुनिश्चित हो सके जो देश की विकास संबंधी प्राथमिकताओं को आगे बढ़ाया जा सके। प्रशासनिक प्रणाली को शासन में कार्यकुशलता को बढ़ावा देने और जहां बड़ी विकास परियोजनाओं का संबंध है, लागत को बढ़ने से रोकने के लिए अविलंब निर्णय लेने को बढ़ावा और प्रोत्साहन दिया जाना चाहिए। इसके लिए यह सुनिश्चित करने की आवश्यकता है कि प्रशासनिक प्रणाली और लोकाचार, लोक सेवकों को संरक्षण देते हैं जो नेकनीयती और विश्वास में काम करते हैं।

10.6. एक प्रमुख कमी यह है कि इनका कार्यान्वयन अभी भी यथावत कार्य के रूप में जारी है जबकि ये नए कार्यक्रम, पिछले कार्यक्रमों से नाता तोड़कर नई पहलों पर आधारित नए तौर–तरीकों की मांग करते हैं। बारहवीं पंचवर्षीय योजना में बिना गुणवत्ता के सार्वभौमीकरण ("क्यू के बिना यू") समष्टि पर विजय प्राप्त करने के लिए योजना कार्यक्रमों के कार्यान्वयन की संरचना में कई परिवर्तन प्रतिष्ठापित किए जा रहे हैं।

स्थानीय संस्थाओं का सुदृढ़ीकरण

10.7. योजना कार्यक्रमों की सफलता की अपेक्षित कमी से संबंधित एक मुख्य नैदानिक निष्कर्ष यह है कि इसे सर्वोच्च स्तर से नियंत्रित किए जाने के आधार पर तैयार किया जाता है और यह स्थानीय लोगों और विशेष रूप से सर्वाधिक कमजोर लोगों की जरूरतों और आकांक्षाओं को प्रभावी ढंग से पूरा नहीं करता है। 73वें संवैधानिक संशोधन किए जाने पर कई कार्य, पंचायती राज संस्थाओं (पीआरआई) को सौंपे गए थे। वर्ष 2004 से निधियों में अत्यधिक अंतरण, विशेष रूप से यह अंतरण महात्मा गांधी राष्ट्रीय ग्रामीण रोजगान गारंटी योजना (मनरेगा) के बाद भी हुआ है। लेकिन संस्थागत तौर पर पीआरआई कमजोर ही रहा और उनके पास कार्यक्रमों की प्रभावी ढंग से योजना बनाने या उन्हें कार्यान्वित करने की क्षमता नहीं है। कई अध्ययनों से यह पता चलता है कि स्वर्ण जयंती ग्राम स्वरोजगार योजना (एसजीएसवाई) के तहत गठित स्वयं सहायता समूहों (एसएचजी) के गठन संबंधी प्रभावी आंकड़ों में काम की काफी अधिक खराब स्थिति छिपा दी गई है। राष्ट्रीय ग्रामीण आजीविका मिशन (एनआरएलएम) की संभावित शक्ति, एसएचजी संघों द्वारा सृजित पैमानों की अर्थव्यवस्था पर निर्भर करती है (प्रत्येक में 150–200 एसएचजी)। यह इस उदाहरण से स्पष्ट होता है कि निविष्टियों (बीज, उर्वरक आदि) की बहुतायत खरीदारी और उत्पादों का विपणन (फसलें, सब्जियां, दूध, एसटीएफपी आदि) किया गया। वे भी बड़ी सेवा या ऋण प्रदाताओं के साथ जुड़ कर उनके सदस्यों को आवास और स्वास्थ्य सुविधाओं के लिए बड़े ऋण दे सकते हैं। जीवन, स्वास्थ्य, पशुधन और मौसम बीमा सहित इस माध्यम से कई प्रकार की बीमा सेवाएं उपलब्ध कराई जा सकती हैं। यह भी दर्शाया गया है कि एसएचजी संघों के साथ कारोबार, कैसे दूर दराज के ग्रामीण क्षेत्रों में स्थित सार्वजनिक क्षेत्र की बैंक शाखाओं को सक्षम इकाई बनाने में सहायता कर सकता है। तथापि, ऐसा सब कुछ करने के लिए इन संस्थाओं को सुदृढ़ बनाने के लिए निरंतर रूप से प्रयासों की जरूरत है। जलागम समितियों और जल प्रयोक्ता संगठनों को भी सुदृढ़ बनाए जाने की जरूरत है जैसा कि वन संरक्षण समितियां करती हैं। जब ये स्थानीय संस्थाएं और सुदृढ़ हो जाएंगी तो उनके सक्रिय रूप से शामिल होने से सृजित आस्तियों की सावधानीपूर्वक देखभाल और रखरखाव करने से योजना कार्यक्रमों का संपोषित प्रभाव सुनिश्चित हो सकता है। ये संस्थाएं मूल स्तर पर भारतीय प्रजातंत्र के ढांचे को भी सुदृढ़ बनाती हैं। मजबूत पीआरआई ही पंचायत (अनुसूचित क्षेत्रों का विस्तार) अधिनियिम, 1996 (पीईएसए) और वन अधिकार अधिनियम (एफआरए) का प्रभावी कार्यान्वयन सुनिश्चित कर सकती हैं।

10.8. इसलिए बारहवीं योजना में विगत स्थिति को पूरी तरह अलग रखने और पंचायत राज मंत्रालय को काफी संसाधन प्रदान किए जाने का प्रस्ताव किया गया है। ग्यारहवीं योजना के ₹636 करोड़ के आबंटन से लेकर बारहवीं योजना के ₹6,437 करोड़ के परिव्यय, बारहवीं योजना के दूसरे वर्ष से की गई वृद्धि तक पहला वर्ष राज्यों और मंत्रालय की क्षमताओं को सुदृढ़ बनाने के लिए समर्पित किया जा रहा है ताकि इन अतिरिक्त निधियों को मानव संसाधन और पीआरआई की व्यवस्था क्षमताओं को सुदृढ़ बनाने के लिए गठित राजीव गांधी पंचायत सशक्तीकरण अभियान में नियोजित किया जा सके।

सामाजिक गतिशीलता

10.9. योजना कार्यक्रमों के अनुभव ने सफलता के निर्णायक अवधारक के रूप में सामाजिक गतिशीलता और जागरूक समुदाय की केंद्रीय भूमिका को स्पष्ट रूप से स्थापित किया है। तथापि, यह भी स्पष्ट है कि सामुदायिक कार्रवाई को रोमानी रंग देना और यह मानना कि यह अद्वितीय होगा, उस मिथ्क को चिरस्थायी बनाने के समान होगा जो वस्तुतः गरीब को चोट पहुंचाता है। स्थानीय समुदाय, जो अपने आप में व्यवस्त रहते हैं, उनके लिए यह जरूरी नहीं है कि वे गरीब, दलित, आदिवासी और महिलाओं को अपने विचार प्रकट करने दें। जिन राज्यों ने सामाजिक संचालकों द्वारा निभाई गई भूमिका पर जोर दिया है और जिन्होंने विशेष वित्तीय और मानव संसाधन के प्रावधान किए हैं वे निश्चित तौर पर सफल हुए हैं। योजना बनाने और कार्यान्वयन में प्रयोक्ताओं की भागीदारी और इन कार्यक्रमों की लेखा परीक्षा ने उनकी सफलता में महत्वपूर्ण भूमिका निभाई है। जब हम जागरूकता बढ़ाने में सामाजिक संचालकों की महत्वपूर्ण भूमिका को मान्यता प्रदान करते हैं और स्थानीय लोगों, विशेष रूप से महिलाओं की सक्रिय भागीदारी को उत्पन्न करते हैं तो मनरेगा, टीएससी और एनआरएलएम जैसे मांग संचालित और मूलभूत कार्यक्रमों की सच्ची क्षमता को प्रभावी ढंग से लागू करते हैं।

10.10. इस पृष्ठभूमि में सामाजिक गतिशीलता, जागरूकता पैदा करने और सामाजिक लेखा परीक्षा के लिए समर्पित समय और मानव तथा वित्तीय संसाधनों के लिए प्रत्येक फ्लैगशिप कार्यक्रम में बारहवीं योजना के दौरान विशिष्ट प्रावधान किए जा रहे हैं। उदाहरणार्थ मनरेगा के लिए नए परिचालनात्मक दिशानिर्देशों में यह प्रावधान किया गया है कि देश के वे ब्लॉक जहां या तो अनुसूचित जातियों और अनुसूचित जनजातियों की जनसंख्या का जोड़ कुल जनसंख्या का >30 प्रतिशत हो या कार्यक्रम शुरू होने से लेकर किसी भी वर्ष में वार्षिक मनरेगा का व्यय ₹12 करोड़ से अधिक

था, वहां अनिवार्य रूप से कम से कम 3 क्लस्टर फेसिलिटेशन टीम (सीएफटी) होंगी। प्रत्येक सीएफटी, ग्राम पंचायतों के क्लस्टर (सीजीपी) की सेवा करेंगी जो अपने क्लस्टर के अंतर्गत प्रत्येक जीपी के प्रति जवाबदेह है। प्रत्येक सीजीपी, लगभग 15,000 जॉब कार्ड या लगभग 15,000 हैक्टेयर कवर करेगा जो मोटे तौर पर लघु–जलागम और स्थानीय जलाभृत की सीमाओं के तदनुरूप होते हैं। सीएफटी में मनरेगा के लिए पूर्ण रूप से समर्पित 3 सदस्यीय पेशेवर समर्थन दल शामिल होगा। सहायक कार्यक्रम अधिकारी के नेतृत्व में सीएफटी एक बहु–अनुशासनिक टीम होगी और इसमें मृत्तिका इंजीनियरिंग, सामुदायिक गतिशीलता, हाइड्रोजियोलॉजी, कृषि/संबंधित आजीविका के विशेषज्ञ शामिल होंगे।

10.11. पीआरआई को सौंपे गए कार्य करने में उनकी सहायता करने के लिए सिविल सोसायटी को सामाजिक गतिशीलता और क्षमता निर्माण करने में महत्वपूर्ण भूमिका निभानी है। सरकार को न केवल गैर सरकारी संगठन बल्कि शैक्षणिक संस्थाओं, स्थानीय कालेजों और विश्वविद्यालयों को भी सिविल सोसायटी के साथ साझेदारी करने के लिए पुरजोर ढंग से प्रोत्साहित करना चाहिए। विद्यार्थी और अध्यापक विशेष तौर पर दूर दराज के क्षेत्रों की दुर्लभ लेकिन महत्वपूर्ण सूचना प्रदान कर विकास कार्यों की सहायता करने में महत्वपूर्ण भूमिका निभाते हैं। संक्षिप्त संस्थागत व्यवस्था, जिनके अंतर्गत इन्हें शामिल किया जा सकता है, अलग–अलग हो सकती है जो जरूरत और संदर्भ पर निर्भर करती है लेकिन इन अंतरों को अधिदेशित किए जाने की जरूरत तो है। उदाहरणार्थ, वे संबंधों की या तो इन – सोर्सिंग या आउट सोर्सिंग किस्म, इनमें से जो भी उचित हो, में हो सकते हैं, ताकि राज्य और सिविल सोसायटी की सहक्रिया को सही ढंग से काम में लाया जा सके। इन दोनों ही संबंधों को काफी सफलता के साथ पहले ही आजमाया जा चुका है। उदाहरणार्थ राष्ट्रीय सेवा योजना (एनएसएस) के तहत स्वयंसेवकों का नेटवर्क बनाया गया है। इन उदाहरणों को सुदृढ़ बनाया जाना चाहिए और इसे बड़े पैमाने पर किया जाना चाहिए।

10.12. बारहवीं योजना में राज्य–सिविल सोसायटी भागीदारी को मजबूत बनाने के लिए एक समर्पित संस्थान स्थापित किए जाने का प्रस्ताव है। मध्य भारत आदिवासी जैसे क्षेत्रों में लोगों की आजीविका और जीवन में परिवर्तन लाने के लिए सरकारों की भागीदारी में सिविल सोसायटी की कार्रवाई को प्रोत्साहित और सुकर बनाने के लिए भारत ग्रामीण आजीविका प्रतिष्ठान (बीआरएलएफ) स्थापित किए जाने का प्रस्ताव है। सिविल सोसायटी साझेदारों को शुरूआती बीआरएलएफ सहायता "प्रवर्तित निधिकरण" के रूप में प्रदान की जाएगी अर्थात ऐसे प्रस्तावों का विकास करना जिनमें राज्य सरकारों/पीआरआई/बैंकों के साथ यह साझेदारी परिलक्षित होती हो। बीआरएलएफ, अपने सिविल सोसायटी साझेदारों को यह सुनिश्चित में सहायता करेगा कि उनके प्रस्तावों की शैली में सरकारों/पीआरआई/बैंकों के साथ सहयोगात्मक ढंग से काम करने की रूप रेखा दी गई है। इसका उद्देश्य लोगों को और विशेष रूप से आदिवासी लोगों को सशक्त बनाने की दिशा में मूल स्तर पर सहायता प्रदान करना और कार्यक्रम की विषयवस्तु और कार्यनीति, दोनों के संदर्भ में उन दृष्टिकोणों को स्थापित करना है जो नवोन्मेषी हों। यह नवोन्मेष कई दिशाओं में हो सकता है – प्रौद्योगिकी, सामाजिक गतिशीलता के प्रति दृष्टिकोण, स्थानीय संस्थान निर्माण, साझेदारी वास्तुकला, प्रबंधन तकनीक आदि। बीआरएलएफ द्वारा सहायता प्राप्त प्रत्येक परियोजना, बैंकों और सरकार द्वारा मनरेगा, एनआरएलएम, आईडब्ल्यूएमपी, बीआरजीएफ, आईएपी, आरकेवीवाई, आरएडीपी, एनएचएम, आईएवाई, एनआरडीडब्ल्यूपी, टीएससी आदि जैसे कई कार्यक्रमों के लिए उपलब्ध कराए जा रहे व्यापक संसाधनों का विकास करने की कोशिश करेगी। इसका उद्देश्य उन परियोजनाओं को बीआरएलएफ के माध्यम से सहायता प्रदान करना है जो सरकारी कार्यक्रमों का विकास करने की काफी हद तक मांग करते हैं और मूल स्तर पर राशि पहले ही उपलब्ध है।

10.13. भारत सरकार ₹200 करोड़ की राशि से शुरू कर, सुस्पष्ट लक्ष्यों को प्राप्त किए जाने के आधार पर बीआरएलएफ को अगले तीन वर्षों के दौरान तीन हिस्सों में ₹500 करोड़ का कॉरपस प्रदान करेगी। संबंधित राज्य सरकारों और भारत तथा विदेश के लोकोपकारी प्रतिष्ठानों के साथ–साथ धनवान लोगों तथा भारतीय मूल के विदेशी नागरिकों से भी निधियां जुटाई जाएंगी।

स्वैच्छिक क्षेत्र

10.14. जिला योजना बोर्ड के महत्वपूर्ण स्तर पर विशेष ध्यान देते हुए पंचायत, ब्लॉक, जिला, राज्य और केंद्रीय स्तरों पर शासन को सुदृढ़ बनाने के लिए ऐसे तंत्र का निर्माण करना आवश्यक है जो परामर्शी योजना को संस्थागत बनाए ताकि पणधारियों का और अधिक प्रतिनिधित्व हो। इसे प्राप्त करने का एक मार्ग यह है कि स्वैच्छिक क्षेत्र के साथ परामर्शों को संस्थागत बनाए जाए। स्वैच्छिक क्षेत्र, लोगों और लोगों के समूहों को प्रजातांत्रिक प्रक्रिया में भाग लेने में सक्षम बनाकर और हकदार बनाकर आत्मनिर्भर, प्रेरित और सौहार्दपूर्ण सामाजिक व्यवस्था का निर्माण करने में सहायता कर सकता है जिससे सशक्तिकरण का मार्ग प्रशस्त होता है। यह लोगों के कार्यकरण का आलोचनात्मक ब्यौरा भी प्रस्तुत कर सकता है और

विकल्प प्रदान कर सकता है। इसका विद्यमान उद्देश्य यह सुनिश्चित करना है कि लोगों की अधिक से अधिक भागीदारी हो और राज्य द्वारा शक्ति का अत्यधिक प्रयोग किए जाने और गरीब लोगों तक विपणन संस्थाओं के न पहुंचने के प्रति सहमति या उसके विरुद्ध असहमति में सामंजस्य स्थापित करना है। इस प्रकार स्वैच्छिक क्षेत्र निम्नलिखित में अपना योगदान कर सकता है:

1. बेहतर भागीदारी प्रतिनिधित्व के माध्यम से प्रजातंत्र और शासन को सुदृढ़ बनाना। अधिकारों के प्रति जागरूकता और स्थानीय संस्थाओं का क्षमता निर्माण
2. मूल स्तर पर नवोन्मेष और मानव संसाधन तथा प्रतिभा प्रबंधन के माध्यम से ग्रामीण और शहरी विकास को आगे बढ़ाना
3. जागरूकता पैदा करने और सुग्राही बनाकर अंतर–व्यक्तिगत, पारिवारिक और सामुदायिक अंतरों को दूर करना
4. बातचीत करने और मतभेदों तथा संबद्धताओं के प्रति अपनी असहमति प्रकट करने या उन्हें स्वीकार करने के लिए मंच प्रदान करना और
5. कला, संस्कृति, पर्यावरण संरक्षण और लोगों की दूसरी प्रकार की रुचियों को बढ़ावा देना; दूसरे शब्दों में यह कहा जा सकता है कि इस क्षेत्र को सामाजिक रक्षा, सामाजिक सुरक्षा, सामाजिक सेवा और सामाजिक परिवर्तन के अंतरों को दूर करना चाहिए।

10.15. बारहवीं योजना को मूल स्तर से लेकर केंद्र सरकार के मंत्रालयों के स्तर तक योजना के सभी रूपों में परामर्शी समूहों/मंचों/संयुक्त तंत्रों को संस्थागत बनाना चाहिए जिसकी सिफारिश स्वैच्छिक क्षेत्र संबंधी राष्ट्रीय नीति द्वारा की गई है। संयुक्त परामर्शी समूहों/मंचों/संयुक्त तंत्रों के ढांचे के अंतर्गत स्वैच्छिक क्षेत्र सहित सिविल सोसायटी के सदस्यों को बहसों में भागीदार बनाया जाएगा जो नीतियां/कार्यक्रम/योजनाएं तैयार करने और विकास करने के बाद आयोजित की जाती हैं तथा क्षेत्रीय सांस्कृतिक विशेषताओं को शामिल करने और सुधारों के मार्ग का सृजन करने हेतु मध्यकालिक सुधारात्मक उपायों में भी उन्हें शामिल किया जाएगा। इसके अलावा, उन नवोन्मेषों का पता लगाने और बढ़ावा देने के लिए तंत्र स्थापित किए जाएंगे जो लाभार्थी समुदायों के जीवन में प्रत्यक्ष परिवर्तन लाए हैं। स्वास्थ्य, महिला सशक्तीकरण और जलागम प्रबंधन में किए गए परीक्षणों से विशेष रूप से प्रभावी परिणाम मिले हैं। इस दृष्टिकोण को अब शासन के अन्य क्षेत्रों तक बढ़ाया जाना चाहिए।

10.16. राज्यों को स्वैच्छिक क्षेत्र संबंधी राष्ट्रीय नीति के आधार पर राज्य स्वैच्छिक क्षेत्र की नीतियां तैयार करने के लिए प्रोत्साहित किया जाएगा ताकि प्रत्येक राज्य में सक्षम और सशक्त तथा स्वतंत्र, सृजनात्मक और प्रभावी स्वैच्छिक क्षेत्र हो जो इसके लोगों के सामाजिक, सांस्कृतिक और आर्थिक विकास में सहयोग कर सके।

क्षेत्र का वित्तपोषण

10.17. स्वैच्छिक क्षेत्र संबंधी राष्ट्रीय नीति की मूल भावना को ध्यान में रखते हुए स्वैच्छिक संगठनों के निधिकरण को सुकर बनाए रखने की जरूरत है ताकि वे सामाजिक परिवर्तन के एजेंटों के रूप में लोगों को जुटा सकें।

आंकड़े एकत्र करने और प्रबंधन प्रणालियों का सुदृढ़ीकरण

10.18. भारत में स्वयंसेवी संगठनों की संख्या बढ़ने से उनके पंजीकरण, विशेषज्ञता, आकार और क्रियाकलापों आदि के आधार पर संगठनों की पहचान करने और सूची बनाने की तत्काल जरूरत है। एक राष्ट्रीय डेटा बैंक, जो पंजीकरण (न्यास/संस्था/अलाभप्रद कंपनी), विशेषज्ञता के विषय परक क्षेत्र (महिला सशक्तीकरण/स्वास्थ्य/पर्यावरण आदि) और कार्य के स्वरूप (अनुसंधान/कार्यान्वयन/मूल्यांकन/डिजाइनिंग) आदि के आधार पर वी ओ की सूची बनाता है, उसे विकसित किया जाएगा ताकि विनियोजन की वर्तमान प्रणाली को और अधिक लाभप्रद और कुशल बनाया जा सके।

प्रत्यायन और प्रमाणन

10.19. स्वैच्छिक एजेंसियों की विश्वसनीयता, पारदर्शिता और जवाबदेही बढ़ाने के साथ–साथ कुछ क्रियाकलापों में कार्यनिष्पादन की उनकी क्षमता सुनिश्चित करने के लिए प्रत्यायन और प्रमाणन, मानकों में सुधार करने में सहायता करेगा। एक ऐसी प्रणाली, जो सभी स्वयंसेवी संगठनों और अन्य पणधारियों को स्वीकार्य होगी, स्थापित की जाएगी ताकि वी ओ के लिए कुछ न्यूनतम मानक बनाए जा सकें। राष्ट्रीय प्रत्यायन प्राधिकरण और इसका तंत्र तैयार किया जाएगा।

सार्वजनिक, निजी और स्वैच्छिक क्षेत्रों के बीच भागीदारी

10.20. यद्यपि स्वैच्छिक, निजी और सार्वजनिक क्षेत्रों की अपेक्षित भूमिकाओं को अच्छी तरह से समझा जाता है लेकिन एक क्षेत्र ने दूसरे क्षेत्र में योगदान किया है। अनेक लोगों द्वारा बनाई गई बहु–राष्ट्रीय भारतीय कंपनियां, कमोबेश स्व–प्रबंधित स्वयंसेवी संगठन को वित्तीय और मानव संसाधन सहायता आबंटित करने में बढ़–चढ़कर भाग ले रही हैं। अधिक कुशल नैगम सामाजिक दायित्व (सीएसआर) पहलों

और कॉर्पोरेट का नेतृत्व करने के अलावा स्वयंसेवी संगठन भागीदारी में समानता सुनिश्चित करने, नृजातीय और सामाजिक संघर्ष कम करने और विविधता तथा सामाजिक न्याय के प्रति सार्वजनिक/निजी दूरियों को और अधिक संवेदनशील बनाने के लिए सकारात्मक कार्रवाई शामिल की जानी चाहिए। ऐसे व्यावसायिकों को संवर्ग बनाने की भी जरूरत है जो स्वैच्छिक क्षेत्र के अंतर्गत शासन के मुद्दों का निपटान कर सकें। स्वैच्छिक कार्रवाई में शामिल लोगों का क्षमता निर्माण सभी स्तरों पर शासन में सुधार के लिए अनिवार्य है।

केंद्रीय स्तर पर प्रायोजित योजनाओं का पुनर्गठन

10.21. कई योजना अवधियों के दौरान केंद्रीय स्तर पर प्रायोजित योजनाओं (सीएसएस) की संख्या बढ़ती रही है। इन योजनाओं के तहत राज्यों को बड़ी मात्रा में निधियां अंतरित की जा रही हैं। राज्यों में भौतिक और आर्थिक अवसंरचना में व्यापक विविधता, विकास के लिए उनकी संभावना और निवेश की जरूरतों को देखते हुए योजनाओं को उनके डिजाइन में और अधिक लचीलापन दिए जाने की जरूरत है। योजना आयोग ने केंद्रीय स्तर पर प्रायोजित योजनाओं (सीएसएस) के पुनर्गठन में अपेक्षित उपायों का सुझाव देने और परिवर्तनों का पता लगाने के लिए योजना आयोग के सदस्य श्री बी. के. चतुर्वेदी की अध्यक्षता में एक समिति नियुक्त की थी। समिति ने सुझाव दिए कि:

1. सीएसएस की संख्या समिति होनी चाहिए और केवल उन्हीं योजनाओं के पास बड़े परिव्यय होने चाहिए जिनकी जरूरत व्यापक योजना के रूप में अभिमुखी प्रक्रिया के एक भाग के रूप में है ताकि कार्यान्वयन किए जाने के लिए पूरे राज्य में इसका प्रभाव हो सके, बाकी को समाप्त किया जाना चाहिए और दूसरी योजनाओं में मिला देना चाहिए।
2. वर्तमान सीएसएस को व्यापक परिव्यय वाली फ्लैगशिप योजनाओं के रूप में वर्गीकृत किया जाना चाहिए और मुख्य राष्ट्रीय मुद्दों को हल करना चाहिए; कृषि, शिक्षा और स्वास्थ्य जैसे प्रमुख क्षेत्रों की विकासात्मक समस्याओं को दूर करने के लिए प्रमुख उप-क्षेत्रीय योजनाएं और संबंधित क्षेत्र की कई प्रकार की समस्याओं को हल करने के लिए सेक्टर अम्ब्रैला योजनाएं होनी चाहिए।
3. राज्यों में सी एस एस निधियों का वितरण पारदर्शी अधिसूचित दिशानिर्देशों के आधार पर होना चाहिए जिन्हें संबंधित मंत्रालयों की वेबसाइट पर डाला जाना चाहिए। स्वास्थ्य, शिक्षा, कौशल विकास और ग्रामीण अवसंरचना जैसे कुछ क्षेत्रों में अधिक परिव्यय प्रदान किए जाने के लिए राज्य को प्रोत्साहित किया जा सकता है। यह प्रोत्साहन, क्षेत्र के लिए परिव्यय बढ़ाने हेतु राज्य के उसके प्रयासों के आधार पर अतिरिक्त निधियों का प्रावधान करके हो सकता है।
4. योजनाओं के लिए भौतिक और वित्तीय मानदंड अलग-अलग हो सकते हैं जो राज्य की जरूरत पर निर्भर करते हैं। सामान्य सीएसएस विवरण की तुलना में ऐसे मानदंडों में लचीलेपन का विकास करने हेतु एक तंत्र का सुझाव दिया गया है। इसे पूर्वोत्तर राज्यों या केरल, राजस्थान, उत्तराखंड, हिमाचल प्रदेश जैसे राज्यों, जिनकी विशेष जरूरतें हैं, द्वारा अक्सर किए गए व्यापक अंतर के अनुरोधों पर ध्यान देना चाहिए।
5. सभी सीएसएस के पास 20 प्रतिशत फ्लेक्सी फंड (फ्लैगशिप योजनाओं के लिए 10 प्रतिशत) होने चाहिए। राज्यों द्वारा इनका उपयोग उन योजनाओं को तैयार करने के लिए करना चाहिए जो विशेष रूप से उस राज्य की जरूरत के अनुकूल है।
6. प्रत्येक फ्लैगशिप कार्यक्रम, वित्तीय संसाधनों का एक लचीला पूल प्रदान करेगा जिसका उपयोग उन नवोन्मेषी प्रक्रियाओं को सुकर बनाने और प्रोत्साहित करने के लिए किया जाएगा जो दूसरों के लिए मार्ग प्रशस्त करेंगी जिनका अनुपालन बारहवीं योजना के दौरान किया जाना है।
7. सीएसएस का समवर्ती मूल्यांकन और निगरानी होनी चाहिए। इसे निष्पक्ष मॉनीटरों द्वारा किया जाना चाहिए और इसे संबंधित मंत्रालय तथा योजना आयोग की वेबसाइट पर डाला जाना चाहिए। यह मूल्यांकन, व्यावसायिक संस्थानों द्वारा किया जा सकता, विशेषज्ञों का बड़ी परियोजनाओं – कार्यान्वयन करने वाले राज्यों का दौरा या फील्ड का दौरा करके व्यक्तिगत विशेषज्ञों द्वारा मूल्यांकन हो सकता है।

10.22. बारहवीं योजना, केंद्रीय स्तर पर प्रायोजित योजनाओं (सीएसएस) का पुनर्गठन करेंगी और बीकेसी समिति द्वारा की गई सिफारिशों के आधार पर लचीलापन प्रदान करेगी।

अभिसरण

10.23. योजना कार्यक्रमों की एक मुख्य कमी यह है कि वे अपेक्षित अभिसरण के बगैर विभागीय साइलो और कार्यों के अत्यधिक दोहरेपन के प्रयास में निरंतर कार्य करते रहते हैं। बारहवीं योजना में लक्ष्य समूह को लाभ प्रदान करने के लिए सहक्रिया प्राप्त करने हेतु सभी क्षेत्रों में वित्तीय और भौतिक संसाधन पूल बनाने के वास्ते सभी कार्यक्रमों के कार्यान्वयन के लिए अभिसरण का प्रस्ताव है। उदाहरणार्थ, ग्रामीण पेयजल और साफ सफाई कार्यक्रमों का इस तरह अभिसरण किया जाना चाहिए कि दोनों उद्देश्य आपसी सहमति

से प्राप्त किए जा सकें। इसी प्रकार, यह प्रस्ताव किया गया है कि जेएनएनयूआरएम के तहत प्रत्येक जल आपूर्ति परियोजनाओं के लिए भी यह आवश्यक है कि वह एक जल मल निकासी परियोजना भी हो और ऊर्जा क्षेत्र के साथ अपेक्षित संबंध बनाने के लिए हरियाली का निर्माण करना होगा। आईडब्ल्यूएमपी और आरकेबी वाई कार्यक्रमों के लिए जिलों के अंदर साझा मंजूरकर्ता प्राधिकारियों का सृजन करना ताकि आईडब्ल्यूएमपी, आजीविका पर ध्यान केंद्रित कर सके और जलागम सिद्धांतों पर आधारित आरकेवीवाई, इस दिशा में एक और कदम है। इसी प्रकार महिला और बाल विकास कार्यक्रमों, लोक स्वास्थ्य और पेय जल; स्कूलों में पोषक आहार, मध्याह्न भोजन (एमडीएम) और शारीरिक शिक्षा; और उद्योग तथा उन अन्य सेवा क्षेत्रों के बीच संबंध बढ़ाने के लिए अभिसरण अपेक्षित है जो कुशल मानवशक्ति के संभावित नियोक्ता हों।

कारगर डिजाइन और कार्यान्वयन

10.24. योजनाएं तैयार करते समय यह सुनिश्चित करना महत्वपूर्ण है कि इस समय निश्चित किए गए लक्ष्य के लिए उन्हें अच्छी तरह तैयार किया जाए तथा साथ ही दिशानिर्देश और प्रक्रियाएं, कारगर कार्यान्वयन में सहायक हों। यह सुनिश्चित करने के लिए कि योजनाओं को ठीक तरह से तैयार किया जाए, जिन क्षेत्रों पर ध्यान दिए जाने की जरूरत है वे इस प्रकार हैं:

1. योजनाएं तैयार करते समय केंद्रीय मंत्रालयों की यह भूमिका होगी कि वे जानकार सहयोगी के रूप में कार्य करें और सक्षम परियोजना कार्यान्वयनकर्ता हों जो राज्यों में विशिष्ट प्रकार का हो। इसके लिए मंत्रालय, योजना तैयार करने और शिक्षा ग्रहण करने की उन प्रणालियों और नेटवर्क का सृजन करने के लिए क्षमता का निर्माण करेंगे जिससे राज्य और स्थानीय कार्यान्वयन सीख सकते हैं।
2. इन योजनाओं के विशिष्ट कार्यनीतिक परिणाम निकलेंगे। उदाहरणार्थ इससे पेटेंटों की संख्या में सुधार होगा, रोजगार उत्पन्न होगा, अशक्त लोगों को शिक्षा ग्रहण करने में सहायता मिलेगी या ऊर्जा कार्यकुशलता में सुधार होगा।
3. यद्यपि मंत्रालयों में क्षमताएं तैयार की जाएंगी, लेकिन जैसा कि पहले उल्लेख किया गया है अच्छी योजना तैयार करने के लिए पूरा समय दिया जाना चाहिए। मंत्रालय उन योजनाओं को तैयार करने के लिए निधियों का प्रयोग करेगा जिनमें विशेषज्ञों का उच्च स्तर का परामर्श/विशेषज्ञता अपेक्षित हो या जिसे कई पणधारियों के पास पहुंचना हो। इस क्षेत्र में अब तक बहुत कम निवेश किया गया है। अक्सर इसे पर्याप्त समय और ऊर्जा नहीं दी जाती है। अपेक्षित परिगाम देने के अच्छे अवसर देने पर योजनाओं का प्रस्ताव किया जाता है।
4. यह सुनिश्चित करने के लिए कि उद्देश्य प्राप्त करने के लिए इन योजनाओं की संरचना हो, पणधारियों के साथ परामर्श करना एक मुख्य जरूरत है। अक्सर, परामर्शी प्रक्रिया अनिवार्य नहीं होती है। जिन योजनाओं के लिए कानून या दिशानिर्देश बनाए जाने की जरूरत हो, उनके लिए व्यापक परामर्श तंत्र बनाए जाने की जरूरत होगी। परामर्शों की गुणवत्ता में सुधार करने के लिए संसाधन प्रदान किए जाने की जरूरत होगी।
5. इस योजना के रचनाकार के पास मूल्यांकन और प्रति सूचना तंत्र होना चाहिए। खर्च की जा रही धनराशि का प्रभावी उपयोग सुनिश्चित करने के लिए कार्यनीतिक परिणाम प्राप्त करने के वास्ते योजनाओं का मूल्य कन करना महत्वपूर्ण है। इस पहलू पर पर्याप्त ध्यान नहीं दिया जाता है। अक्सर इसे लेखापरीक्षा कार्य पर छोड़ दिया जाता है। यह जनता के पैसे और संसाधन का अच्छा उपयोग नहीं है। प्रभावी मूल्यांकन किए जाने से इन योजनाओं का बेहतर रूपांतरण हो सकता है, बेहतर परिणाम मिल सकते हैं और जनता के संसाधनों का और अधिक कुशल उपयोग हो सकता है।

10.25. कारगर कार्यान्वयन के लिए जिन क्षेत्रों पर ध्यान दिए जाने की जरूरत है उनमें से कुछ ये हैं:

1. इनके परिणामों में सुधार करने के लिए इनके कार्यान्वयन के दौरान लचीलापन और इसके कारगर उपयोग का विकास करने हेतु संचयन की जरूरत होगी। यह सुनिश्चित करने के लिए कि कार्यान्वयन प्रभावकारिता में सुधार हो, शिक्षा ग्रहण करने और प्रति सूचना तंत्र को स्थापित करना महत्वपूर्ण है। यह कार्यान्यन के दौरान मुद्दों की पहचान करेगा और योजना के लचीले घटकों का उपयोग करते हुए पता लगाई गई समस्याओं को दूर करेगा।
2. यह महत्वपूर्ण है कि परिणामों के माध्यम से प्राथमिकताएं निश्चित की जाएं, उन्हें क्रमबद्ध किया जाए और गतिशीलता का सृजन किया जाए। यह सुनिश्चित करने के लिए कि कार्यान्वयन प्रक्रिया की गतिशीलता में कोई रुकावट न आए, इसके लिए यह महत्वपूर्ण है कुछ परिणाम प्राप्त कर लिए जाएं। इससे विश्वास निर्माण में सहायता मिलेगी और नीति के प्रति प्रतिबद्ध ता बढ़ेगी।
3. सार्वजनिक कार्यक्रमों के स्पष्ट परिणाम होने चाहिए। यह आवश्यक है कि परिणाम प्राप्त करने के लिए पणधारियों के

साथ परामर्श करने के लिए पर्याप्त समय दिया जाए। ऐसा न करने पर प्रणाली में लक्ष्यों की तुलना में कार्यनिष्पादन के सरल उपाय अपनाए जाते हैं।

कार्यान्वयन के लिए क्षमता निर्माण

10.26. बारहवीं योजना में परिणामों में सुधार करने के लिए एक महत्वपूर्ण आधार के रूप में स्थानीय स्तर पर क्षमता का निर्माण किया जाना चाहिए। इसके लिए अपेक्षित कुछ विशिष्ट उपाय नीचे दिए गए हैं:

1. यद्यपि पीआरआई/यूएलबी को कार्य सौंपे गए हैं, लेकिन निचले स्तर पर कार्यकर्ताओं और निधियों या मानव क्षमता के निर्माण के प्रयास का तदनुरूपी हस्तांतरण नहीं हुआ है। जब तक पीआरआई/यूएलबी को अच्छे कार्मिक नहीं मिलते हैं, उन्हें सौंपे गए कार्यों को वे ठीक ढंग से नहीं कर सकते। समूचे कार्यक्रमों के लिए निधि का एक पूल बनाया जाना चाहिए जहां से क्षमता निर्माण के लिए संसाधन प्राप्त किए जा सकते हैं। इस बात को मानते हुए कि प्रशिक्षित किए जाने वाले लोगों और मुद्दों, दोनों में काफी अतिव्याप्ति होगी, समूचे कार्यक्रमों के लिए उनकी क्षमता का निर्माण किए जाने की जरूरत है।
2. जिन सरकारी संस्थानों को क्षमता निर्माण का काम सौंपा गया है उन्होंने कमोवेश पूरा काम नहीं किया है और उनमें सुधार की तत्काल जरूरत है। उन्हें पूरी तरह से पेशेवर बनाए जाने की आवश्यकता है और सावधानीपूर्वक चुने गए उन सिविल सोसायटी संगठनों के साथ मजबूत भागीदारी विकसित किए जाने की भी जरूरत है जिनका इस क्षेत्र में प्रशंसनीय ट्रैक रिकार्ड है। ऐसे कई सरकारी संस्थान हैं जिनमें वैसे सीमित स्टाफ है, उन्हें सार्वजनिक और निजी भागीदारी में शामिल करके उनका उन्नयन किया जा सकता है और इस प्रकार संकाय की उत्कृष्टता और प्रदान किए गए प्रशिक्षण की गुणवत्ता को सुदृढ़ किया जा सकता है। इससे समूचे राज्यों की क्षमता निर्माण करने की क्षमता में सुधार होगा।
3. अल्पावधि से मध्यावधि में कार्मिकों की कमी को दूर करने के लिए प्राइवेट क्षेत्र से भर्ती करके और किराए पर लेने की उचित नीति द्वारा फास्ट ट्रैक प्रक्रिया के माध्यम से बाहरी परामर्श दाताओं को किराए पर लेने की जरूरत है। भर्ती प्रक्रिया को सरल बनाने के लिए पैनल में रखे गए पेशेवर संस्थानों की सूची बनाई जाए ताकि समय रहते पीआरआई/यूएलबी, बाहरी प्रतिभा तक पहुंच सकें।

10.27. यूएलबी/पीआरआई, दोनों के लिए क्षमता निर्माण की जरूरतों को ध्यान में रखते हुए बारहवीं योजना, प्रत्येक योजना कार्यक्रम में पर्याप्त प्रावधान करेगी जो कार्यान्वयन के कटिंग एज लेवल पर क्षमता निर्माण की जरूरतों को पूरा करेगी।

10.28. योजना कार्यक्रमों की पारदर्शिता, पहुंच और कार्यकुशलता में सुधार करने के लिए ग्यारहवीं योजना ने आधुनिक प्रौद्योगिकी के प्रयोग के कई उदाहरण देखे हैं। लक्ष्य लाभार्थियों को अविमर्शित और सामयिक ढंग से निधियों के अंतरण से अत्यधिक सुधार देखे गए हैं। तथापि, ऐसी अच्छी प्रक्रिया का फैलाव समूचे राज्यों में असमान रहा। बारहवीं योजना में समूचे देश में विशिष्ट पहचान (यूआईडी) प्लेटफार्म के रोल आउट पर विचार किया जाएगा जिससे बिना किसी नुकसान के अंतिम लाभार्थी को निधियों का कुशल और शीघ्र अंतरण होगा।

स्वतंत्र मूल्यांकन कार्यालय

10.29. सरकारी कार्यक्रम, स्वतंत्र मूल्यांकन से अत्यधिक लाभ पहुंचा सकते हैं। इस समय संबंधित मंत्रालय द्वारा निरंतर चल रही समानांतर प्रक्रिया द्वारा समवर्ती मूल्यांकन किया जाता है, जो कार्यक्रम चल रहे हैं उनका विशेषज्ञ मूल्यांकन, योजना आयोग के कार्यक्रम मूल्यांकन संगठन (पीईओ) द्वारा किया जाता है। मूल्यांकन के इस कार्य को योजना आयोग के तत्वावधान में स्वतंत्र मूल्यांकन कार्यालय (आईईओ) गठित करके सुदृढ़ बनाया जा रहा है। नया आईईओ, कुछ कार्यक्रमों का मूल्यांकन करने के लिए महत्वपूर्ण स्तर होगा और यह ऐसी सिफारिशें कर सकता है जिसमें उन सुधारों और कार्यक्रमों का विशेष उल्लेख किया गया हो, जो सफल रहे हैं।

लोक सेवा प्रदायगी में सुधार

10.30. आज राज्य सरकारों और केंद्रीय मंत्रालयों द्वारा कई प्रकार की सेवाएं प्रदान की जाती हैं। इनमें राशन कार्ड, जाति प्रमाणपत्र, आय प्रमाणपत्र, आवास प्रमाणपत्र, पासपोर्ट और इसी प्रकार की अन्य सेवाएं शामिल हैं। निर्धारित समय में इनका उपलब्ध होना महत्वपूर्ण है। यदि ये सेवाएं समय पर नहीं मिलती हैं तो यही सरकार से असंतुष्ट होने का कारण होता है और इससे भ्रष्टाचार बढ़ता है।

10.31. कई राज्यों ने सेवाओं और समय–सीमाओं को अधिसूचित करने की पहल की है जिनके अंदर नागरिकों को वे सेवाएं उपलब्ध की जानी हैं। इसी प्रकार सरकार के अंदर आवश्यक सरलीकृत प्रक्रियाएं भी बनाई जानी चाहिए ताकि ये सेवाएं उपलब्ध हो सकें। यदि ऐसा नहीं होता है तो तत्काल दंडात्मक कार्रवाई की जानी चाहिए। बिहार, मध्य प्रदेश, दिल्ली और अन्य कई राज्यों द्वारा पारित

विधान, लोक सेवाएं तत्काल प्रदान किए जाने के प्रयासों के उत्कृष्ट उदाहरण हैं।

10.32. सेवाएं प्रदान करने के महत्वपूर्ण सहायक माध्यम के लिए ई–शासन और प्रौद्योगिकी का उपयोग किया जा सकता है। इन सुधारों को नैगम कार्य मंत्रालय में शामिल किया गया है और ई–प्रौद्योगिकी तथा सुधारों को शुरू करने के 27 क्षेत्र हैं। इससे पहले रेलवे में आरक्षण में प्राप्त अनुभव और उत्पाद शुल्क विभाग द्वारा आयकर की वापसी अत्यधिक सकारात्मक रही है। ग्यारहवीं योजना के अंत तक समूचे देश में लोक सेवाएं प्रदान करने के लिए 60,000 सामान्य सेवा केंद्र बनाए गए हैं। आईटी भी अब ऑप्टिकल फाइबर नेटवर्क और ब्रॉडबैंड कनैक्टिविटी का विस्तार करने की योजना बना रहा है ताकि पंचायत स्तरों तक पहुंचा जा सके। इससे वे सभी सेवाएं प्रदान करने में सहायता मिलेगी जो नागरिकों को ई–मोड के माध्यम से पंचायत स्तर पर उपलब्ध होती है।

10.33. एक और क्षेत्र जिसमें प्रौद्योगिकी का पूरा उपयोग किया जा सकता है वह है आवास की विशिष्ट पहचान का विकास करना। राष्ट्रीय जनसंख्या रजिस्टर के साथ बारहवीं योजना में यूआईडी का विस्तार करने से बारहवीं योजना के अंत तक प्रत्येक निवासी को विशिष्ट पहचान संख्या प्रदान कर दी जानी चाहिए। इससे विभिन्न प्रयोक्ताओं को सेवाएं प्रदान करने में सहायता मिलेगी और जाली कार्डों को रोका जा सकेगा तथा इससे अत्यधिक बचत होगी। यूआईडी का प्रयोग करके वित्तीय समावेशी सेवाएं और टेलीकॉम सेवाएं भी संभव हैं। बैंकिंग पत्राचार का विस्तार करने के लिए प्रौद्योगिकी का उपयोग भी संभव है जिससे बैंकिंग सेवाओं की सीमा का विस्तार होगा। विलंब कम करने और नागरिकों के हित के लिए प्रयुक्त विवेक के लिए लोक सेवाएं प्रदान करने हेतु प्रौद्योगिकी के प्रयोग में तेजी से विस्तार किए जाने की जरूरत होगी।

सूचना का प्रसार

10.34. सरकार, नागरिकों के साथ और प्रभावी ढंग से संपर्क करना चाहती है। नागरिकों के हित के लिए केंद्र और राज्य सरकारों द्वारा बनाई गई कई योजनाओं के बारे में उन्हें पता नहीं है। जो पणधारी सरकार की नई नीतियों से प्रभावित होंगे उन्हें तभी पता चलता है जब नीतियां घोषित की जाती हैं और उनका उनसे बहुत अधिक संबंध होता है जबकि सरकारी विभाग दावा करते हैं कि उनकी वेबसाइट पर नीतियां डाल दी गई थीं और विचार आमंत्रित किए गए थे। इसके अलावा, वर्तमान नीतियों से संबंधित सूचना, दस्तावेजों की उपलब्धता, इलेक्ट्रॉनिक मीडिया तथा समाचारपत्रों में लिखित पत्राचार से नागरिकों को सरकारी योजनाओं से लाभ प्राप्त करने में सहायता मिल सकती है। यदि प्रिंट मीडिया और इलेक्ट्रानिक, सामाजिक मीडिया, सार्वजनिक स्थलों पर इलेक्ट्रानिक बोर्डों सहित संचार के सभी माध्यमों, वेबसाइट, इंटरनेट और अन्य पद्धतियों का व्यापक उपयोग किया जाए जिनका व्यापक क्षेत्र है तो शासन कहीं अधिक संवाद कर सकता है और जो संदेश को सीधे और तत्काल भेज सकते हैं।

10.35. सरकार को जनता के साथ और अधिक प्रभावी ढंग से संबंध स्थापित करना चाहिए। केंद्र और राज्य सरकारों द्वारा नागरिकों के हितों के लिए बनाई गई योजनाओं की जानकारी उन्हें नहीं होती है। जो पणधारी, सरकार की नई नीतियों से प्रभावित होंगे, उन्हें तभी महसूस होता है जब नीतियां घोषित की जाती हैं कि उनका इससे गहरा संबंध है जबकि सरकारी विभाग दावा करते हैं कि नीतियां उनकी वेबसाइट पर डाल दी गई हैं और विचार आमंत्रित किए गए हैं। इसके अलावा, 24×7 टीवी समाचार और सामाजिक मीडिया के अवतरण सहित इलेक्ट्रानिक संचार की सर्वव्यापकता से सरकार की संचार प्रक्रिया को आधुनिक बनाया जाना चाहिए, इसे अधिक पूर्व उपचारी और नागरिकों तक इसे अधिक प्रभावी ढंग से पहुंचना चाहिए।

भ्रष्टाचार से निपटना

10.36. उत्तम शासन प्राप्त करन में सरोकार का तीसरा बड़ा क्षेत्र भ्रष्टाचार का उन्मूलन है। भ्रष्टाचार एक ऐसी समस्या है जो सभी देशों में उठती है, चाहे विकसित हों या विकासशील, और यह अपने आप में सिद्ध हो चुका है कि भ्रष्टाचार न केवल नैतिक दृष्टि से आपत्तिजनक है, बल्कि इससे गंभीर आर्थिक विकृतियां भी पैदा होती हैं। कोई भी देश भ्रष्टाचार समस्या की उपेक्षा सहन नहीं कर सकता और सभी को इससे निपटने के रास्ते खोजने होंगे। शासन सुधार का उद्देश्य, विभिन्न सरकारी विभागों में कार्यकुशलता के स्तरों में प्रभावी ढंग से सुधार करना और यह सुनिश्चित करने के लिए तंत्र प्रदान करना है कि लोक सेवाएं प्रभावी ढंग से प्रदान की जाएं, पारदर्शिता हो और सरकारी पदाधिकारी जबावदेह हों तथा कुशल सिविल सेवा हो। लोक सेवा प्रदान करना एक ऐसा बिंदु है जिसके माध्यम से सरकार की समीक्षा की जाती है और उसकी कमियां बताई जाती हैं तथा खराब सेवाएं प्रदान किए जाने से भ्रष्टाचार का जन्म होता है।

10.37. भ्रष्टाचार का सरोकार खुली सरकार और पारदर्शिता के लिए वचनबद्ध लोकतंत्र में अनिवार्य रूप से बढ़ा है और यह आश्चर्यजनक नहीं है कि हमारे समाज में भ्रष्टाचार की सीमा के बारे में सरोकार

बढ़ गया है। विश्व बैंक और ट्रांसपेरेंसी इंटरनेशनल द्वारा प्रस्तुत भ्रष्टाचार संबंधी सूचकांकों द्वारा इस विचार का समर्थन नहीं किया जाता है कि भ्रष्टाचार में वृद्धि हुई है। इन दोनों सूचकांकों के अनुसार पिछले दशक में भ्रष्टाचार का स्तर काफी अधिक रहा है, परन्तु लगभग उसी स्तर पर बना हुआ है। तथ्य यह है कि भ्रष्टाचार बढ़ने की अवधारणा एक अलग मुद्दा है और इससे अधिक पारदर्शिता तथा जागरूकता के परिणाम प्रदर्शित होते हैं। बिन्दु यह है कि इन सूचकांकों द्वारा कुछ भी दर्शाया गया है किन्तु यह विवाद योग्य नहीं है, अतः भ्रष्टाचार से निपटने के कठोर उपायों की जरूरत है।

10.38. भ्रष्टाचार रोकने का सबसे अच्छा तरीका यह है कि एक ऐसी क्रियाविधि हो जिससे ऐसे कदाचारों की गुंजाइश न्यूनतम हो। इसके लिए बड़े पैमाने पर ई–शासन और प्रौद्योगिकी का इस्तेमाल किए जाने की जरूरत होगी। इसके साथ ही साथ क्रियाविधियों की व्यापक समीक्षा किए जाने की भी जरूरत होगी ताकि नियमों को सरल बनाया जा सके और व्याख्या तथा परिणामी भ्रष्टाचार के लिए अधिक अवसर न दिए जाएं। इसके साथ ही साथ यदि ई–मोड के माध्यम से लोक सेवा प्रदान की जाती है और तथ्यों द्वारा प्रस्तुत तथ्यों के आधार पर निर्णय लेने में स्वाभाविकता लाई जाती है तो रिश्वत देने की गुंजाइश को काफी हद तक कम किया जा सकता है। योजना के दौरान ई–शासन का और विस्तार किए जाने का प्रस्ताव है। ग्राम पंचायत स्तर तक कनेक्टिविटी का विस्तार करने की एक योजना पहले ही कार्यान्वित की जा रही है। ई–सेवाएं प्रदान करने के लिए पहले ही साझा सेवा केंद्र खोले गए हैं। इन प्रयासों को जारी रखने की जरूरत होगी।

10.39. भ्रष्टाचार का एक अन्य पहलू खनन या अन्य प्राकृतिक संसाधनों के उपयोग किए जाने सहित विभिन्न प्रकार के क्रियाकलापों की अनुमति देने के लिए सरकारी संविदा, सरकारी प्रापण और लाइसेंस प्रदान करने में पारदर्शी क्रियाविधि का विकास करना है। ई–निविदा का प्रयोग करना वेबसाइटों पर सभी प्रमुख प्रापणों को अनिवार्य रूप से डालना और सभी प्रमुख प्रापणों के लिए पारदर्शी क्रियाविधि को अपनाना महत्वपूर्ण है। इसी प्रकार संविदाएं प्रदान करने, संविदाओं और बोलियों का चयन करने में पारदर्शिता आवश्यक है। ई–प्रौद्योगिकी का व्यापक रूप से प्रयोग करके इसे सुदृढ़ बनाया जा सकता है। निजी एजेंसियों को प्राकृतिक संसाधन प्रदान करने में यद्यपि पारदर्शिता आवश्यक है, लेकिन सार्वजनिक नीति में यह सुनिश्चित किया जाना चाहिए कि कीमत निर्धारित करने वाली नीतियों से सेवाओं की कीमत में अत्यधिक वृद्धि हो जाए जो सामान्य उपभोक्ताओं के लिए इन निविष्टियों का प्रयोग करते हैं। यह बात मानी जानी चाहिए कि सभी नागरिकों के लिए संचार, बिजली और पानी, आज की बुनियादी जरूरतें हैं। इन प्राकृतिक संसाधनों के आबंटन की प्रक्रिया में इसको ध्यान में रखे जाने की आवश्यकता है।

10.40. आर्थिक सुधारों में औद्योगिक लाइसेंस और आयात लाइसेंस जैसे क्षेत्रों में स्व निर्णय के आधार पर निर्णय लेने की प्रक्रिया सफलतापूर्वक समाप्त की गई। प्रशुल्कों में कमी और लाइसेंस तथा परमिटों को समाप्त कर दिए जाने से लेन देन लागतों में नाटकीय ढंग से कम हो गई और इससे भ्रष्टाचार में काफी कमी आई। अर्थव्यवस्था में तेज गति से वृद्धि होने से नए क्षेत्र उभर कर आए। यह महत्वपूर्ण है कि यह सुनिश्चित किया जाए कि सरकार द्वारा दी जाने वाली सेवाएं, अन्य कई प्रतिस्पर्धी स्रोतों से उपलब्ध हैं।

10.41. जबकि भ्रष्टाचार की संभावना में कमी लाने के कदम बहुत महत्वपूर्ण हैं, अतः यह अनिवार्य हैं कि ऐसी प्रणाली लाई जाए जिसमें भ्रष्टाचार के आरोपों की जांच पड़ताल की जाए और दोषी व्यक्ति को शीघ्र ही दंडित किया जाए। जांच की वर्तमान पद्धतियां काफी पहले तैयार की गई हैं और न्याय की प्रदायगी में विलंब से केवल भ्रष्टाचार को आगे बढ़ाने का प्रोत्साहन मिलता है। इन ममालों पर शीघ्रतापूर्वक विचार करने के लिए विशेष अदालतें स्थापित की जाएं। सरकार ने हाल ही में उच्च स्तर पर भ्रष्टाचार की जांच के लिए एक संस्थान के रूप में लोकपाल के सृजन का विधान बनाया है।

सिविल सेवाओं में सुधार

10.42. पिछले कुछ वर्षों में सिविल सेवाओं ने विकास और विनियामक, दोनों कार्यों को कवर करने में बहुत बड़ी भूमिका अर्जित कर दी है। इन भूमिकाओं को बेहतर ढंग से करने के लिए सुधार आवश्यक हैं। लोक सेवाएं संतोषजनक ढंग से प्रदान न किए जाने के कारण लोक सेवा की हाल में आलोचना भी हुई है। प्रशासनिक सुधार आयोग (एआरसी) ने अपनी दूसरी रिपोर्ट में कई सिफारिशें की हैं। यद्यपि इन्हें कार्यान्वित किया जाने की जरूरत है लेकिन तीन विशिष्ट क्षेत्रों पर विशेष ध्यान दिए जाने की जरूरत है। पहला, सेवा में युवा होने चाहिए और इसलिए भर्ती लगभग 21 वर्ष की आयु में होनी चाहिए। दूसरे, विभिन्न प्रकार की व्यापक आर्थिक और प्रबंधन संबंधी समस्याओं से निपटने के लिए सेवाएं सक्षम हों। इसके वास्ते व्यापक और आवधिक रूप से प्रशिक्षण प्रदान किया जाना चाहिए। तीसरे, अधिकारियों का लंबी अवधि का कार्यकाल होना चाहिए ताकि वे सौंपे गए कार्य की जटिलताओं को समझ सकें और अपना प्रभावी सहयोग दे सकें। दुर्भाग्यवश पिछले कुछ वर्षों में जिन सेवाओं को जिम्मेदारी के साथ बिना भेदभाव के पूरा किया जाना था उन्हें पूरा

नहीं किया गया। ईमानदारी, विश्वसनीयता और निष्पक्षता के इन मूल्यों को सिविल सेवाओं में और राजनीतिक कार्यपालकों दोनों द्वारा सुदृढ़ बनाए जाने, इन मूल्यों को मानने और समर्थन दिए जाने की जरूरत है।

10.43. दूसरे प्रशासनिक सुधार आयोग ने कई महत्वपूर्ण सिफारिशें की हैं जिसमें सिविल सेवा में सुधार करने के लिए व्यापक उपायों की जरूरत को व्यक्त किया गया है। इसने (*कार्मिक प्रशासन में सुधार – नई ऊंचाइयों तक पहुंच* संबंधी एआरसी रिपोर्ट) प्रशासनिक सेवाओं के कैरियर ढांचे में परिवर्तनों की सिफारिश की है जो यह सुनिश्चित करेंगे कि वरिष्ठ तैनातियों का पर्याप्त कार्यकाल हो। इसने "अप या आउट" मूल्यांकन प्रणाली की भी सिफारिश की है ताकि बेहतर अधिकारी ही सेवा में रहें और उच्च पद पर उनकी तैनाती हो। ऐसे उच्च पदों के लिए उपयुक्त रूप से अर्हताप्राप्त सरकार के बाहर से पार्श्विक प्रविष्टि का भी इसमें प्रावधान किया गया है। ये महत्वपूर्ण क्षेत्र हैं और इन्हें शीघ्र कार्यान्वित किए जाने की जरूरत है।

10.44. सुधार का एक महत्वपूर्ण क्षेत्र, अधिक जवाबदेही विकसित करने, बेहतर प्रबंधन, प्रभावी सेवा प्रदान करने और फ्रंट लाइन स्टाफ को सशक्त बनाए जाने की जरूरत है। इस उद्देश्य के साथ एआरसी ने अपनी (भारत सरकार का संगठनात्मक ढांचा) रिपोर्ट में सुझाव दिया कि सरकार के नीति बनाने के कार्य और निष्पादन कार्य अलग–अलग किए जाने चाहिए और इन्हें उचित ढंग से आयोजित किया जाना चाहिए। "निष्पादन" कार्यों के लिए "एजेंसी" ढांचे की पुरजोर "एजेंसीकरण" की अवधारणा को सरकारी विभागों से अलग किया जाना चाहिए और "कार्यपालक एजेंसियों" को जारी रहना चाहिए जिन्हें नीति और संसाधनों के ढांचे के अंतर्गत विशिष्ट कार्यपालक कार्यों के अंतर्गत किया जाना चाहिए। ऐसी प्रत्येक एजेंसी को दस्तावेजी ढांचे में संस्थागत बनाया जाता है जिसमें इसके अधिदेश, मिशन और उद्देश्य, ढांचे, जबाबदेही, मानक और लक्ष्य, वित्तीय व्यवस्थाओं आदि का उल्लेख किया जाता है और इसे वार्षिक कार्यनिष्पादन रिपोर्ट और लेखे जारी करने का अधिदेश प्राप्त होता है। एजेंसी को यह स्वतंत्रता होती है कि वह अपनी प्रबंधन शैली, कार्यनीति, परिचालन, प्रणाली, कार्यबल आदि में सरकार के व्यापक दिशानिर्देशों के अंदर परिवर्तन कर सकती है। "एजेंसी" ढांचे का लाभ यह है कि इससे परिणामों की स्पष्टता मिलती है। यह सेवा प्रदान करने की व्यवस्थित संस्कृति, फ्रंटलाइन स्टाफ का सशक्तीकरण, अधिक जवाबदेही और खुलेपन, बेहतर प्रबंधन, पारदर्शिता आदि की भी अनुमति देती है। जब यह नीति अपनाई जाती है तो केंद्र और राज्य सरकार, दोनों में मंत्रालयों के लिए यह आवश्यक होगा कि वे अपने कार्यों की संवीक्षा करें और केवल उन्हें ही अपने पास रखें जो नीति विश्लेषण, कार्यनीतिक निर्णय और उन अन्य प्रमुख क्षेत्रों से संबंधित हों जिन्हें केवल उनके द्वारा ही किया जाना है। नीतियों को प्रभावी ढंग से निष्पादित करने के लिए कार्यपालक स्तंभ को सशक्त बनाया जा सकता है। संस्थागत एजेंसियों का ढांचा तैयार करते समय स्वायत्तता और जवाबदेही के बीच सही संतुलन बनाए जाने की जरूरत है।

जबावदेही

10.45. इसे व्यापक रूप से स्वीकार किया जाता है कि सरकार की जवाबदेही चिंता का मूल विषय है जिसे भारत में तात्कालिक आधार पर हल किए जाने की जरूरत है। हमें सरकारी कार्यक्रमों में व्यय लक्ष्यों को पूरा करने के उद्देश्य से लेकर भौतिक लक्ष्यों और इससे भी अधिक उद्देश्यों को पूरा करने की दिशा में बढ़ने की जरूरत है ताकि सरकारी नीति के पणधारियों की संतुष्टि की रेंज को बढ़ाया जा सके।

10.46. सरकार और निजी संगठनों से संबंधित जवाबदेही के बीच अंतर स्पष्ट करना उपयोगी हो सकता है। निजी, लाभ प्रेरित संगठन, परिणाम प्रदान करने में सामान्यतया काफी कुशल होते हैं जबकि इक्विटी प्रबंधन में वे अक्सर कुशल नहीं होते हैं। निजी संगठनों के पास अपेक्षाकृत संकीर्ण पणधारियों का समूह होता है जिनके प्रति वे सिद्धांत रूप से अपने शेयरधारकों और अपने विशिष्ट उत्पादों, सेवाओं के अपने ग्राहकों के प्रति जबावदेह होते हैं। दूसरी ओर सरकारों को काफी हद तक नागरिकों और पणधारियों के कहीं व्यापक समूह के प्रति जवाब देने के लिए बाध्य किया गया है। यद्यपि निजी संगठनों को "व्यापक जवाबदेही" द्वारा वर्गीकृत किया गया है अर्थात कहीं अधिक केंद्रित ढंग से मालिकों के अपेक्षाकृत संकीर्ण समूह के प्रति उत्तरदायी बनाया जा रहा है लेकिन सरकार "विस्तारित जवाबदेही" चाहती है।

10.47. क्योंकि सरकार की जबावदेही व्यापक है इसलिए सार्वजनिक कार्यक्रमों के प्रबंधन में जबावदेही की परिभाषा और माप पर और अधिक ध्यान दिए जाने की जरूरत है। हाल की सुधार पहलों में कई केंद्रीय मंत्रालयों ने परिणाम ढांचा दस्तावेज अपनाया है जो सर्वाधिक महत्वपूर्ण परिणामों को प्रदान करता है जिन्हें संबंधित विभागों और मंत्रालयों द्वारा प्राप्त किए जाने की आशा की जाती है। इसका मुख्य प्रयोजन विभाग का ध्यान वर्तमान संसाधन आबटन मोड से बदलकर परिणाम उन्मुख मोड में करना

है और मंत्रालयों या विभागों का समग्र कार्यनिष्पादन का मूल्यांकन, वस्तुपरक और निष्पक्ष ढंग से करना है। पहले दौर में आरएफडी लक्ष्यों में वित्तीय और भौतिक लक्ष्यों पर जोर दिया गया था। यह महसूस किया गया कि नागरिकों और पणधारियों के परिप्रेक्ष्य में "परिणाम" सामान्य रूप से गायब थे। इसलिए बाद के दौर में पणधारी के साथ परामर्श और प्रतिसूचना का निर्माण, आरएफडी ढांचे में किया गया है। लक्ष्य निर्धारित करने के लिए सुनियोजित परामर्शों की व्यापक रेंज सुनिश्चित करके "व्यापक जबावदेही" को लाया जा सकता है।

10.48. यद्यपि आरएफडी के अंतर्गत जवाबदेह की उक्त प्रणाली से कुछ अत्यधिक रोचक परिणाम मिले हैं और जबावदेह में सुधार करने के लिए इसमें महत्वपूर्ण विकास हुआ है लेकिन वार्षिक योजनाएं तैयार करते समय संबंधित मंत्रालयों द्वारा अक्सर बहुत कम भौतिक लक्ष्य रखने की प्रवृत्ति रही है। इससे एक ऐसे दस्तावेज को विकसित करने का नियत प्रयोजन असफल हो जाता है जो अर्थव्यवस्था की जरूरतों के अनुरूप भौतिक प्रगति सुनिश्चित कर सके। जब तक लक्ष्यों को चुनौतीपूर्ण स्तर पर नहीं रखा जाता है तब तक इस बात की संभावना रहती है कि दस्तावेज, विभागों और उनकी जबावदेही की गलत तस्वीर देंगे। आरएफडी तैयार करते समय इसके विरुद्ध रक्षोपाय बनाए जाने की स्पष्ट जरूरत है।

10.49. नागरिकों और अर्थव्यवस्था को जिन परिणामों की जरूरत होती है उनमें से अधिकांश परिणाम एक ही मंत्रालय के अंतर्गत नहीं आते हैं। कई मंत्रालयों और विभागों के बीच सहयोग अपेक्षित होता है, इन परिणामों को प्राप्त करने के लिए विभागों और मंत्रालयों की भूमिका का उन मुद्दों के साथ योजनाबद्ध विश्लेषण किए जाने की जरूरत है जिनसे विभिन्न विभागों/मंत्रालयों की अपेक्षित कार्रवाइयां निर्धारित की जा सकती हैं और उनके लक्ष्य विकसित किए जा सकते हैं। कुल मिलाकर आरएफडी प्रक्रिया का यह महत्वपूर्ण सिस्टम इनपुट, योजना आयोग द्वारा प्रदान किया जा सकता है।

नियामक संरचनाएं

10.50. निजी एजेंसियों और सरकारी संगठनों द्वारा कई सेवाएं प्रदान की जा रही हैं। विद्युत, तेल और गैस, हवाई अड्डे, टेलीकॉम और वेयरहाउसिंग सहित कई क्षेत्रों में विनियामक प्राधिकरण स्थापित किए गए हैं। कई राज्यों में पानी के क्षेत्र में भी इनका प्रस्ताव किया गया है। व्यक्तिगत विनियामकों के कार्यकरण का कोई स्पष्ट मूल्यांकन नही है। यह भी बहुत स्पष्ट नहीं है कि वे किस सीमा तक और किसके प्रति उत्तरदायी और जबावदेह हैं। जबावदेही के बगैर विनियामक प्राधिकरण लंबे समय में ऐसी सरकारी संस्था का कार्य करने लगेगी जो किसी के प्रति उत्तरदायी नहीं है और इसलिए हो सकता है इससे सरकारी नीति के समग्र उद्देश्य पूरे न हों। यह आवश्यक है कि इन विनियामक प्राधिकारियों को जबावदेह बनाया जाए और उनके कार्यनिष्पादन का आकलन किया जाए। इस संबंध में आवश्यक विधान को शीघ्र अंतिम रूप दिया जाना चाहिए।

काम कराना

10.51. बहु–स्तरीय क्षेत्रों में नीतियों और परियोजनाओं के कार्यान्वयन की गुणवत्ता और समयावधि में सुधार करने के लिए जिन देशों ने प्रभावी प्रणाली बनाई है उनकी सफलता पर किए गए अनुसंधान, कुछ सिद्धांत प्रस्तुत करता है जिसमें बेहतर कार्यान्वयन प्रक्रिया दी गई है।

- *कार्यान्वयन प्रणाली बनाएं, केवल कार्य न करें:* नीतिगत विकास और कार्यान्वयन प्रक्रिया पर भारतीय संदर्भ में काफी हद तक विशेष ध्यान नहीं दिया जा रहा है। किसी एक पहल की सफलता के लिए कोई एक प्रभावी कार्यान्वयन प्रणाली सीमित नहीं है। यह समूचे उद्योगों के लिए व्यापकता पर आधारित क्षमताएं बनाती हैं।
- *योजनाबद्ध प्रयोग और लगातार सीखने में सहायता मिलती है और कार्यान्वयन में तेजी से सुधार होता है:* सावधानीपूर्वक तैयार किए गए कार्यक्रमों को भी पर्यावरण में अदृश्य परिवर्तनों से चुनौतियों का सामना करना पड़ सकता है। इसलिए क्रमिक चक्रों में यह सुनिश्चित करने के लिए कि कार्यान्वयन की प्रभावकारिता में सुधार हो, शिक्षा ग्रहण करने और प्रति सूचना तंत्र स्थापित करना महत्वपूर्ण है। अच्छी नीति के विकास के लिए (और कार्यान्वयन) पीडीसीए चक्र (योजना कार्यनीति विकसित करना; कार्य करना: कार्यनीति कार्यान्वित करना; जांच कार्यनीति और इसके कार्यान्वयन में मुद्दों का पता लगाना; कार्रवाई – पता लगाए गए मुद्दों को दूर करना) अपनाया जाना चाहिए।
- *परिणामों के माध्यम से प्राथमिकता, क्रम और संवेग का निर्धारण करना:* अक्सर नीतिगत सिफारिशों के परिणाम दिखाई देने में समय लगता है, जब परिणाम न दिखाई दें तो कार्यान्वयन प्रक्रिया अपनी लय खो देती है। इसलिए गति बनाने के लिए कुछ छोटे लक्ष्य रखे जाने चाहिए। वे प्रक्रिया के लिए विश्वास और प्रतिबद्धता का निर्माण करते हैं।

- *सरकारी कार्यक्रमों के कार्यनिष्पादन उपाय परामर्शी आधार पर परिभाषित किए जाने चाहिएः* प्रबंधन की पुरानी कहावतः "जिसके उपाय आप नहीं करते आप उसका प्रबंधन नहीं कर सकते" – यह विशेष रूप से जटिल सरकारी कार्यक्रमों के संबंध में सही है। कार्यनिष्पादन उपायों को स्वीकार किए जाने की जरूरत है। तथापि, इन उपायों को उचित ढंग से परिभाषित करना भी अत्यंत महत्वपूर्ण है। सार्वजनिक सेक्टर और निजी सेक्टर के कार्यक्रमों के बीच मुख्य अंतर यह है कि सार्वजनिक कार्यक्रमों द्वारा प्रस्तुत किए जाने वाले अपेक्षित मूल्य, निजी कार्यक्रमों की तुलना में अधिक अस्पष्ट होता है जहां शेयरधारक मूल्य और लाभ अच्छे उपाय हो सकते हैं। सार्वजनिक कार्यक्रमों के परिणाम, विविध सार्वजनिक पणधारियों की अपेक्षाओं के अनुरूप होने चाहिए।

  इसलिए यह आवश्यक है कि प्रमुख पणधारियों के साथ परामर्श करके कुछ समय लगाकर परिणामों को स्पष्ट किया जाए। ऐसा न करने पर प्रणाली, लक्ष्य व्यय की तुलना में कार्यनिष्पादन के सरलीकृत उपाय अपनाएगी जो वांछित परिणामों के अच्छे संकेत नहीं हैं।
- *सरकारी विभागों के बीच समन्वय महत्वपूर्ण हैः* विनिर्माण से संबंधित नीतिगत मुद्दों की जटिलता को देखते हुए अधिकांश समाधानों के लिए कई सरकारी विभागों के बीच समन्वित कार्रवाई की आवश्यकता होती है। यदि गलत हल निकाला जाता है तो इससे एक और एजेंसी/समिति का सृजन होता है जो इस समन्वय पर निगरानी रखती है, यह हमेशा ही इष्टतम हल नहीं होता है। ऐसी एजेंसी/समिति का गठन किए जाने से पहले ऐसी एजेंसी/समिति द्वारा किए जाने वालो अपेक्षित कार्यों का विश्लेषण किया जाना चाहिए और एजेंसी/समितियों की वर्तमान प्रणाली का आकलन किया जाना चाहिए ताकि किसी भी प्रकार की अतिव्याप्ति और निरर्थकता को दूर किया जा सके।

  अतिरिक्त एजेंसियां/समितियां, इसके कार्यनिष्पादन में सुधार करने के बजाए प्रणाली में अव्यवस्था बढ़ा सकती हैं। चूंकि प्रणाली के कार्यनिष्पादन में सुधार करने के लिए समन्वय, आवश्यक कार्य है इसलिए इसके कार्य करने के लिए समन्वय/निरीक्षण को जबावदेह बनाया जाना चाहिए और इसके कार्यनिष्पादन की भी माप की जानी चाहिए।
- *नीतिगत विकास और कार्यान्वयन की गुणवत्ता में सुधार करने के लिए पणधारियों के साथ परामर्श महत्वपूर्ण हैः* अननुमेय वातावरण में पहले से तैयार की गई विस्तृत योजना प्राप्त करने की बजाए यह बेहतर है कि समस्याओं का पता लगाने के लिए प्रभावी मंचों का सृजन किया जाए और उनसे निपटने के लिए संयुक्त टीमों का गठन किया जाए। ये मंच व्यापकता पर आधारित और समावेशी हों ताकि यह सुनिश्चत हो कि सभी पणधारी इस प्रक्रिया में योगदान दे सकें।

सहयोग और कार्यान्वयन

10.52. खराब कार्यान्वयन के लिए इसकी अवसंरचना निर्माण में भारत की खराब निष्पादन की स्थिति और विनिर्माण में इसका बढ़ता क्षेत्र भी मुख्य कारण है। चीन, जापान और जर्मनी जैसे देशों ने अत्यंत प्रतिस्पर्धी विनिर्माण क्षेत्र और अच्छी अवसंरचनाओं के विकास द्वारा कार्य करवाए हैं। इसके विपरीत भारत में निश्चित तौर पर इस तरह कार्य नहीं करवाया गया है। खराब कार्यान्वयन के लिए दो मुख्य कारणों का पता लगाया गया हैः नीतिगत परिवर्तनों के लिए पणधारियों में अपर्याप्त आम सहमति और निष्पादन में एजेंसियों के बीच अत्यंत खराब समन्वय। भारत में ये चुनौतियां केवल अवसंरचना और विनिर्माण क्षेत्रों तक ही सीमित नहीं है। निश्चित ही ये सभी क्षेत्रों में हैं। इसलिए इन मुख्य कारणों का समाधान निकाल लिए जाने से कई क्षेत्रों के परिणामों में सुधार हो सकता है।

10.53. भारत में असफल समन्वय और कार्यान्वयन की समस्या को दूर करने के लिए इस समय प्रयुक्त कार्यनीति में (1) समन्वय के लिए एक और समिति की नियुक्ति करना और (2) अधिक निगरानी एजेंसियां स्थापित करना है। इस प्रकार यह प्रणाली, समन्वय के लिए समितियों का गढ़ बन गई है और उनके बीच समन्वय एक और समस्या बन गई है। निगरानी यह उल्लेख किया जा सकता है कि कार्य नहीं है जो एक उपयोगी सूचना है। लेकिन इससे अधिक उपयोगी, कार्य करवाने की क्षमता है।

10.54. अतः योजनाओं के सफल कार्यान्वयन को सुनिश्चित करने के लिए व्यापक आधारित आम सहमति को संस्थागत बनाए जाने की जरूरत है। इसके लिए नियोजक यूनियनों, नियोक्ता संघों और सिविल सोसायटी संगठनों (सीएसओ) जैसे संस्थागत प्रतिनिधित्व को अधिक पेशेवर अधिक प्रजातांत्रिक और सहमति प्रकट करने के लिए अधिक सक्षम होना चाहिए ताकि सभी पणधारियों के प्रति निष्पक्षता सुनिश्चित हो सके। यहां पर यह नोट करना आवश्यक है कि प्रतिनिधित्व के ऐसे संगठनों की शक्ति और उनके बीच परामर्श की प्रक्रिया, जर्मन और जापानी विनिर्माण पारिस्थतिकी प्रणालियों की निरंतर शक्ति को स्प्ष्ट कर सकती है चाहे इन देशों की मजदूरी विश्व के सर्वाधिक मजदूरियों में से है और उनकी मुद्राएं

भी अत्यधिक मजबूत हैं। दूसरे शब्दों में यह आवश्यक नहीं है कि विनिर्माण में कम मजदूरी और सस्ती मुद्रा, प्रतिस्पर्धात्मक लाभ का एकमात्र स्रोत है। मिलकर काम करने की लोगों की क्षमता अधिक संपोषणीय है और अधिक संतोषप्रद है, राष्ट्रीय प्रतिस्पर्धा के लाभ का स्रोत है।

10.55. एक लोकतांत्रिक संदर्भ में अंतरराष्ट्रीय स्तर पर ऐसी महत्वाकांक्षी और परिवर्तन की जटिल योजनाओं के सफल कार्यान्वयन के उदाहरण मौजूद हैं – और इनसे बहु–पणधारी सहयोग और कार्यान्वयन में सुधार के लिए विचार विमर्श सहित सृजित प्रक्रियाओं के दृष्टांत हैं। मलेशिया और ब्राजील की अर्थव्यवस्था में जिस प्रकार विविधता है, यह भूमिका अक्सर छोटे संगठनों द्वारा निभाई जाती है जिससे सामान्य दृष्टिकोण सुकर बनाया जाता है; सामान्य समस्याओं का समाधान ढूंढ़ने के लिए तटस्थ पक्ष के रूप में कार्य करते हैं; पारदर्शी निगरानी और मूल्यांकन के माध्यम से गतिशीलता बनाए रखते हैं; शिक्षा का संग्रहण और वितरण करते हैं; और कारगर पणधारी परामर्श को बढ़ावा देते हैं। ऐसी भूमिका अक्सर संतुलित और सतर्क होती है लेकिन यह कार्यान्वयन और वृद्धि के लिए महत्वपूर्ण होती है।

10.56. भारत जैसे अत्यधिक विविध और प्रजातांत्रिक देशों में साथ–साथ तेज गति से आगे बढ़ने के लिए सभी पणधारियों के लिए आम सहमति अपेक्षित है। ऐसी आम सहमति की सिफारिश नहीं की जाती है। हमें विभिन्न परिप्रेक्ष्य वाले लोगों को साथ लाने के लिए विशेष रूप से तैयार किए गए एक और तंत्र की जरूरत है ताकि एक दूसरे को सुन सकें, देश के लिए उनकी आकांक्षाओं को साझा कर सकें और चल रहे कार्यों में भागीदारी के रूप में जिन कार्यों को मिलकर करना है उनमें अपनाए जाने वाले महत्वपूर्ण सिद्धांतों को साझा कर सकें।

10.57. वार्ता की एक तकनीक के साथ आयोजित पब्लिक रीजनिंग की चल रही प्रक्रिया में जीवन के विभिन्न क्षेत्रों के लोगों और विभिन्न आदर्श वाले लोगों ने भाग लिया और उन्होंने एक दूसरे को सुना और वे हमें आवश्यक जुड़ाव प्रदान कर सकते हैं। हम क्योंकि प्रजातांत्रिक हैं इसलिए यह होता है, बशर्ते कि हम परिणाम प्रदान करने के लिए अपनी क्षमताओं में सुधार करें और प्रजातांत्रिक और प्रभावी ढंग से निर्णय लें।

10.58. इस प्रकार, एक ऐसी "अवलंब" प्रभावी क्षमता को स्थापित किए जाने की जरूरत है जो बहु– पणधारी नीति और कार्यान्वयन प्रक्रियाओं को मजबूती प्रदान करे। एजेंसियों के बीच और अधिक प्रभावी समन्वय तथा पणधारियों में और अधिक प्रभावी परामर्श के माध्यम से साहचर्य लाया जा सकता है। देशों में और विशेष रूप से उन प्रजातांत्रिक देशों में जो बहुआयामी एजेंसियों को स्वतंत्र कार्रवाई की स्वतंत्रता प्रदान करते हैं, नई नीति के कार्यान्वयन के सफल मामलों की मुख्य विशेषता, संस्थानों, प्रक्रियाओं और तंत्रों के लिए वेब का सृजन करता रहा है। इस वेब को प्रभावी बनाने के लिए इसकी सुदृढ़ "अवलंब" क्षमता होनी चाहिए ताकि इसे संबद्धता और निर्देश दिए जा सकें। इसके लिए सरकार को इस प्रक्रिया के प्रबंधन के लिए आम सहमति का निर्माण करने और कार्यक्रम प्रबंधन जैसे विशेषज्ञ कौशलों की जरूरत होगी।

10.59. "अवलंब" क्षमता के लिए किसी संगठन के वास्ते यह आवश्यक नहीं है कि उसके पास अत्यधिक संसाधन और मानवशक्ति हो और न ही ऐसी शक्ति हो जो टॉप डाउन को कमांड करें। "संगठन" शब्द से एक ऐसी यूनिट के सृजन का संकेत मिल सकता है जो स्वयं अपना काम करे। तथापि, समूचे देश में कई परियोजनाएं और कार्यान्वयन चुनौतियां हैं। इसलिए "अवलंब" क्षमता में प्रणाली के विभिन्न भागों में स्थित छोटी उत्प्रेरक यूनिटें होनी आवश्यक हैं जो इस कार्यक्रम का प्रभावी समन्वय करने, डिजाइन करने और कार्यान्वयन करने के लिए विभिन्न राज्यों और मंत्रालयों को "उपकरण और तकनीक" प्रदान कर सकते हैं।

10.60. हमें इस देश में स्थापित राजनीतिक व्यवस्था का लाभ उठाना चाहिए जिसने इन चुनौतियों को नियंत्रित करने और उनका प्रबंधन करने के लिए कई संस्थाओं की स्थापना की है जिन्हें उनकी जिम्मेदारियों के लिए प्राधिकार और वित्तीय संसाधन प्रदान किए जाते हैं। "अवलंब" क्षमता को संस्थाओं को इस तरह से समर्थ बनाना चाहिए कि वे समन्वय और कार्यान्वयन की अपनी भूमिका को अधिक प्रभावी ढंग से पूरा करें बजाए इस उद्देश्य के कि उनके ऊपर मास्टर समन्वयक हों। यदि अवलंब संगठन की स्थापना एक नए ओवर आर्चिंग प्राधिकरण के रूप में होती है, जो नए विचार बनाने की कोशिश कर रहा है तो यह वर्तमान प्राधिकारियों के साथ प्रतिस्पर्धा शुरू करेगा और यह समन्वय की समस्या को और भी जटिल बना देगा।

10.61. समूचे देश में फैली अवलंब यूनिटों के नेटवर्क से अवलंब क्षमताएं प्रदान की जानी चाहिए। दूसरी एजेंसियों के ऊपर तैनात किए गए उच्च प्राधिकरणों के जैसे अवलंब यूनिटों की तैनाती नहीं की जानी चाहिए। इसके बजाए, उन्हें मंत्रालयों और विभागों को

इतना सक्षम बनाना चाहिए कि वे उन रुकावटों को दूर कर सकें जो उन्हें सफलतापूर्वक योजना बनाने, समन्वय करने और कार्यान्वित करने में बाधा पहुंचा रही है।

सीखने और सुधार करने का आंदोलन

10.62. एक और "संगठन" का सृजन किए जाने और "आंदोलन" चलाने के बीच विभेद महत्वपूर्ण है। एक बड़ी विविध और प्रजातांत्रिक प्रणाली में क्षमताओं को व्यापक रूप से ग्रहण करने के लिए सीखने और परिवर्तन लाने हेतु आंदोलन चलाना आवश्यक है।

10.63. 1970 के दशक में समूचे जापान में गुणवत्ता में सुधार होना सफल राष्ट्रीय आंदोलन का एक अच्छा उदाहरण है जिसने राष्ट्र की अर्थव्यवस्था में सुधार किया है। 1950 और 1960 के दशक में जापान में कम गुणवत्ता, सस्ते माल के उत्पादक की ख्याति थी। 1980 तक जापान कई उद्योगों की गुणवत्ता का हॉल मार्क बन गया तथा रेल और सड़क परिवहन की इसकी अवसंरचना कार्यकुशलता और समय की पाबंदी के लिए बैंचमार्क बन गई। समग्र गुणवत्ता प्रबंधन (टीक्यूएम) के माध्यम से गुणवत्ता में व्यापक सुधार लाया गया जहां समूचे जापान में गुणवत्ता और अन्य तकनीकों के सात सामान्य उपकरणों का व्यापक रूप से प्रसार किया गया। यह प्रचार कई एजेंसियों ने किया। इसके नेताओं में जापान के वैज्ञानिकों और इंजीनियरों की एक यूनियन थी और इसमें कई व्यापारिक संघों, सरकारी एजेंसियों और स्वयंसेवी संगठनों ने मिलकर समूचे देश में गुणवत्ता को बढ़ा दिया। पब्लिक रेडियो, दैनिक समाचार पत्र और पेशेवर पत्रकारों सहित कई प्रकार के माध्यमों का प्रयोग किया गया ताकि हर जगह गुणवत्ता में सुधार करने की चुनौती से देश को प्रभावित किया जा सके और उपयोगी तकनीकों को प्रसारित किया जा सके।

10.64. जापान में टीक्यूएम आंदोलन का विषय "गुणवत्ता" था। कई व्यक्तियों और संगठनों द्वारा संगत सिद्धांत, तकनीक और उपकरण प्रदान किए गए जिनमें प्रोफेसर डेमिंग और इशिकावा तथा टोयोटा के ताइची ओहनो प्रमुख थे। आंदोलन द्वारा इन सिद्धांतों और उपकरणों का प्रयोग किया गया। कई देशों में बहु–पणधारी सहयोगात्मक प्रक्रिया के प्रजातांत्रिक प्रबंधन की जरूरत महसूस की गई। इसके लिए कई देशों में पिछले तीन दशकों में कई पहले की गईं ताकि इस प्रक्रिया को सुकर बनाया जा सके। इन हस्तक्षेपों से अनुभव प्राप्त किया गया और स्थापित सिद्धांतों और उपकरणों से अभ्यास की एक व्यवस्था उभर कर आई। मामलों का अध्ययन करने से कई संगठनों द्वारा इन सिद्धांतों और उपकरणों को रिकार्ड किया गया। ऐसे उपकरणों और प्रक्रियाओं का प्रचार और उपयोग करने के "आंदोलन" से कार्यान्वयन और वृद्धि में तेजी आएगी।

आपदा प्रबंधन

10.65. योजना प्रक्रिया के तहत विकास कार्यनीति का जोखिम प्रबंधन, इसका एक मुख्य घटक है वैश्विक दृष्टि से इस बात की मान्यता बढ़ती जा रही है कि आपदा से विकास प्रभावित होता है और इससे समाज के अपेक्षाकृत कमजोर वर्ग अधिक प्रभावित होते हैं। इसलिए इस बात पर आम सहमति है कि राहत और पुनर्वास पर व्यय करने की तुलना में निवारण और प्रशमन पर व्यय करना आर्थिक और सामाजिक दृष्टि से अधिक लाभप्रद है। हाल में विश्व बैंक द्वारा किए गए अध्ययन से यह स्थापित हुआ कि निवारण पर व्यय किया गया एक डॉलर, वर्तमान निवल मूल्य में राहत पर किए गए एक डालर के व्यय से दस गुणा या अधिक मूल्यवान है।

10.66. भारतीय महाद्वीप के बड़े आकार, विविध भौगोलिक स्थिति, राष्ट्रीय विशेषताएं, जलवायु और आर्थिक विकास और वृद्धि की प्रक्रिया के प्रभाव में कई जोखिम निहित हैं। ये स्पष्ट रूप से प्राकृतिक आपदा और प्रकृति पर मानव विकास की प्रक्रिया, दोनों के कारण हैं। आपदा से हमारे देश में होने वाली मानव और आर्थिक हानियां, संसार के दूसरे विकासशील देशों की तुलना में आर्थिक दृष्टि से अधिक होती हैं। "राष्ट्रीय आपदा, अप्राकृतिक विपत्ति" शीर्षक से किए गए विश्व बैंक के अध्ययन के अनुसार भारत को प्राकृतिक आपदाओं के कारण इसकी जीडीपी का 2 प्रतिशत की हानि होती है। आपदाओं से विशेष तौर पर समाज के कमजोर और सुभेद्य वर्ग प्रभावित होते हैं। नीचे दी गई तालिका–10.1 में वर्ष 2001–10 के दशक के दौरान प्राकृतिक आपदाओं के कारण हुई हानियों का ब्यौरा दिया गया है।

10.67. योजना प्रक्रिया के शुरूआती वर्षों में बाढ़ और सूखे के विरुद्ध वाटर प्रूफिंग जैसी कुछ प्राकृति आपदाओं से ही निपटने की कार्यनीति रही है। तथापि, धीरे–धीरे यह महसूस किया गया कि इसके लिए अधिक विस्तृत दृष्टिकोण की जरूरत है। इससे आपदा के बुरे प्रभावों को दूर करने, और एक विकास प्रक्रिया तैयार करने में मदद मिलेगी, जो इसके अंदर ही होगी, मानव की मुसीबतों और आपदा के प्रतिफल प्रभावों को दूर करने की कार्यनीति होगी।

10.68. दसवीं पंचवर्षीय योजना में राहत और कार्रवाई केंद्रित आपदा प्रबंधन को आपदाओं को रोकने या उनसे और अधिक प्रभावी ढंग से

तालिका 10.1
भारत में विगत 10 वर्षों के दौरान बाढ़, चक्रवर्ती वृष्टि, भू-स्खलन आदि के कारण हुई वर्ष-वार क्षति

वर्ष	जनजीवन के क्षति (संख्या में)	मवेशियों की क्षति (संख्या में)	क्षतिग्रस्त मकान (संख्या में)	प्रभावित फसली क्षेत्र (लाख हेक्टेयर में)
2001–02	834	21,269	3,46,878	18.72
2002–03	898	3,729	4,62,700	21.00
2003–04	1,992	25,393	6,82,209	31.98
2004–05	1,995	12,393	16,03,300	32.53
2005–06	2,698	1,10,997	21,20,012	35.52
2006–07	2,402	4,55,619	19,34,680	70.87
2007–08	3,764	1,19,218	35,27,041	85.13
2008–09	3,405	53,833	16,46,905	35.56
2009–10	1,677	1,28,452	13,59,726	47.13
2010–11	2,310	48,778	13,38,619	46.25

स्रोतः गृह मंत्रालय

निपटने के माध्यम के रूप में निवारण, प्रशमन और तैयारी करने की प्रक्रिया के रूप में बदला गया। योजना में आपदा प्रबंधन की एक कार्यनीति निर्धारित की गई जिसमें तीन महत्वपूर्ण घटक शामिल हैं: पहला, आपदा प्रबंधन को विकासात्मक योजना में मिलाने के लिए समूचे क्षेत्रों के लिए विकासात्मक योजनाएं और एक विशिष्ट योजना तैयार करने के लिए नीतिगत दिशानिर्देश; दूसरे, समग्र जोखिम प्रबंधन के लिए बहु–आयामी कार्यनीति और तीसरे, आपदा राहत निधि के अलावा आपदा प्रबंधन और निवारक उपायों संबंधी योजना व्यय की जरूरत को मान्यता। इस नीति के अनुसरण में राष्ट्रीय आपदा प्रबंधन अधिनियम, 2005 के तहत राष्ट्रीय आपदा प्राधिकरण का प्रस्ताव किया गया था। आपदा की तैयारी को सुदृढ़ बनाने की प्रक्रिया ग्यारहवीं योजना में और सुदृढ़ बनाई गई। राष्ट्रीय स्तर पर आपदा प्रबंधन प्राधिकरण की स्थापना की गई। इसने व्यापक दिशानिर्देश और आपदा प्रबंधन पर राष्ट्रीय नीति तैयार की। उपर्युक्त के समान ही धीरे–धीरे राज्य और जिला स्तरीय प्राधिकरण भी स्थापित किए गए।

10.69. पिछले कुछ वर्षों की गतिविधियों और विशेष रूप से कई क्षेत्रों में शुरू किए गए कार्यक्रमों के आधार पर बारहवीं योजना इसे और सुदृढ़ बनाएगी। प्रथमतः देश के सभी आपदा संभावित क्षेत्रों में पूर्व सूचना प्रणाली स्थापित करना। इस पर विशेष ध्यान दिए जाने की जरूरत है। विशेष रूप से जान–माल की रक्षा करने के लिए काफी पहले आपदा जोखिम और चेतावनी देने के लिए विज्ञान और प्रौद्योगिकी का उपयोग करने की जरूरत होगी। सभी स्तरों पर प्रभावी संचार प्रणाली स्थापित की जानी है ताकि प्रभावित होने वाले समुदायों को समय पर और सही चेतावनी संकेत भेजे जा सकें। यह प्रस्ताव किया गया है कि भूकम्प, बाढ़, सूखा, सूनामी, तूफान, दावानल, रासायनिक, नाभिकीय और जैविक आपदाओं के जोखिम को कम करने के लिए प्रणाली स्थापित की जाए। आवश्यक नवोन्मेषी प्रौद्योगिकी और उन्हें लागू करने के लिए योजना में तदनुसार प्रावधान किए जाने की जरूरत है।

10.70. दूसरे, सभी प्रमुख योजनाओं में आपदा जोखिम को कम करने पर विशेष ध्यान दिए जाने की जरूरत होगी। विकास कार्यक्रमों और नीतियों में आपदा जोखिम को कम करने पर विशेष रूप से ध्यान दिए जाने की जरूरत होगी। इसलिए कार्यक्रम तैयार करते समय बढ़ते आपदा जोखिम के प्रभाव और संबंधित योजनाओं में इसके प्रशमन का कैसे प्रस्ताव किया जाता है, इस पर ध्यान केंद्रित करना होगा। देश के आपदा संभावित क्षेत्रों में संभाव्यता कम करने के लिए सभी प्रमुख योजनाओं और विशेष रूप से फ्लैगशिप योजनाओं में आपदा जोखिम को कम करने की नीति को शामिल किए जाने की जरूरत होगी। उदाहरणार्थ स्कूल भवनों की सुरक्षा, विशेष रूप से भूकंप संभावित क्षेत्रों में इसे सुनिश्चित किया जाना चाहिए।

10.71. योजना के दौरान विकास के लिए क्षमता का निर्माण करना महत्वपूर्ण प्रस्तावित क्षेत्र होगा। प्राधिकरणों के पास वर्तमान अनुभव मुख्य रूप से राष्ट्रीय आपदाएं आने पर उनसे निपटने का है। यह महत्वपूर्ण है कि समुदाय और सरकार के अंदर सामुदायिक जागरूकता और क्षमता निर्माण, सभी तीन स्तरों, गांव सहित राष्ट्रीय,

राज्य और जिला स्तरों पर शुरू किया जाए। इनमें शिक्षा और अनुसंधान, लोगों को सुग्राही बनाया जाना और जागरूकता तथा संस्थागत सुदृढ़ीकरण और विकास शामिल किए जाने की जरूरत होगी।

10.72. शासन संबंधी मुद्दों का कार्य करने वाले मंत्रालयों/विभागों के लिए बारहवीं योजना के लिए सकल बजट संबंधी सहायता तालिका 10.2 में दी गई है:

तालिका 10.2
बारहवीं पंचवर्षीय योजना के लिए सकल बजट संबंधी सहायता

क्रम सं.	मंत्रालय/विभाग	₹ करोड़
1	गृह मंत्रालय	52,839
2	पंचायती राज मंत्रालय	6,437
3	विधि, न्याय और कंपनी कार्य मंत्रालय	5,802
4	कार्मिक, लोक शिकायत और पेंशन मंत्रालय	1,385

स्रोत: योजना आयोग

11

क्षेत्रीय समानता

प्रस्तावना

11.1. भारत की व्यापक विविधताएं सामाजिक आर्थिक विकास में केवल राज्यों के बीच भौगोलिक–रचना, इतिहास, जनसांख्यिकी, समाज शास्त्र की क्षेत्रीय असमानताओं में ही नहीं है, बल्कि यह किसी एक ही राज्य के भिन्न जिलों, और जिलों के अंदर क्षेत्रों तथा सामाजिक वर्गों के बीच भी हैं। अतः पंचवर्षीय योजनाओं का एक मुख्य उद्देश्य क्षेत्रीय असंतुलनों की समस्या को सुलझाना है। इसका मुख्य साधन निर्धनता उन्मूलन हेतु राज्यों, विशेष क्षेत्र कार्यक्रमों तथा विभिन्न केन्द्रीय प्रायोजित योजनाओं (सीएसएस) के लिए वितरण का सूत्र हैं।

11.2. दसवीं योजना से पहले एक सामान्य दृष्टिकोण यह था कि किसी क्षेत्र की योजना तथा विकास और निधि का आबंटन मुख्यतः संबंधित राज्य सरकार की जिम्मेवारी थी। भारत सरकार, केवल अतिरिक्त निधि के मांग करने वाली राज्य सरकारों, विशेष क्षेत्र के कार्यक्रमों के लिए, उनके प्रयासों में कुछ क्षेत्रों को लक्ष्य करते हुए सहायता प्रदान करती थी। ऐसे अनुपूरक कार्यक्रमों के उदाहरण पर्वतीय क्षेत्र विकास कार्यक्रम (एचएडीपी), पश्चिमी घाट विकास कार्यक्रम (डब्ल्यूजीडीपी) तथा सीमावर्ती क्षेत्र विकास कार्यक्रम (बीएडीपी) हैं।

11.3. दसवीं योजना के दौरान पहली बार भारत सरकार ने पिछड़े क्षेत्रों को लक्ष्य करते हुए एक विकास योजना लेकर आरंभ की। राष्ट्रीय सम विकास योजना (आरएसवीवाय) को 2003–04 में पिछड़े क्षेत्रों में व्याप्त असंतुलन कम करने तथा विकास में तीव्रता लाने की दृष्टि से गतिविधियाँ शुरू करने हेतु इसे 147 जिलों में आरंभ किया गया। वर्ष 2006–07 में इस कार्यक्रम का स्थान पिछड़े क्षेत्र अनुदान राशि कार्यक्रम ने ले लिया। पिछड़े क्षेत्र अनुदान राशि के अंतर्गत 250 जिलों को शामिल किया गया। वर्ष 2010–11 में एक नया घटक जोड़ा गया अर्थात, चुने गए आदिवासी तथा पिछड़े जिलों के लिए एकीकृत कार्रवाई योजना (आईएपी)। इसके अंतर्गत, 82 जिले शामिल हैं जिनमें से 76 जिलों को पहले ही पिछड़े क्षेत्र अनुदान राशि कार्यक्रम के अंतर्गत शामिल कर लिया गया है।

11.4. इस अध्याय में भारत में अंतर–क्षेत्रीय असमानता के संबंध में उपलब्ध अद्यतन साक्ष्यों का सार है, अंतर–क्षेत्रीय समानता को बढ़ावा देने वाले विभिन्न कार्यक्रमों के कार्यनिष्पादन की समीक्षा तथा बारहवीं योजना के अंतर्गत इन कार्यक्रमों के प्रस्तावित परिवर्तनों का विवरण है।

अंतर-राज्य असमानताएं

11.5. अंतर–राज्य असमानता के संबंध में प्रति व्यक्ति आय (पीसीआई) एक चिंता का कारण बना हुआ है। यह पिछले तीन दशकों में दो कारणों से बढ़ी है। प्रथम, दक्षिण, पश्चिम तथा उत्तरी क्षेत्रों के कई राज्यों जैसे कि पंजाब, हिमाचल प्रदेश, गुजरात, कर्नाटक तथा त्रिपुरा में राज्य घरेलू उत्पाद (एसडीपी) में बढ़ोतरी की दर का अन्य राज्यों जैसे कि उत्तर प्रदेश (उ. प्र.), बिहार तथा राजस्थान की तुलना में बहुत अधिक होना। दूसरा, कुछ कम प्रति व्यक्ति आय वाले राज्यों में आबादी में बढ़ोतरी की दर अधिक होना है, इसके परिणाम स्वरूप विभिन्न राज्यों के बीच प्रति व्यक्ति आय तथा खपत का अंतर बढ़ गया है।

11.6. असमानता की दूसरी प्रकृति स्वयं राज्यों के अंदर है। संघ भारत के कई ऐसे राज्य हैं जिनका क्षेत्रफल अधिक है और उनकी वृद्धि असमान है। यहां तक कि कम क्षेत्रफल वाले कुछ राज्यों में विकास के स्तर में भी असमानता है, विशेषकर, नागालैंड, मिजोरम, अरुणाचल प्रदेश, जम्मू तथा कश्मीर (जे एण्ड के), हिमाचल प्रदेश तथा उत्तराखंड। बड़े राज्यों, जिनमें महाराष्ट्र का विदर्भ क्षेत्र, उड़ीसा

के कोरापुट, बोलांगिर और कालाहांडी (जिन्हें केबीके जिलों के नाम से जाना जाता है), पूर्वी उत्तर प्रदेश का बुंदेलखंड तथा मध्य उत्तर प्रदेश के भाग, उत्तरी बिहार, झारखंड तथा छत्तीसगढ़ के जनजातीय क्षेत्र, आंध्र प्रदेश, महाराष्ट्र, उत्तर प्रदेश और उत्तरी कर्नाटक इसके कुछ उदाहरण हैं।

11.7. असमानता की तीसरी प्रकृति शहरी तथा ग्रामीण क्षेत्रों के बीच तथा शहरी समाज तथा ग्रामीण समाज के बीच है। जबकि, शहरी तथा ग्रामीण समाज विकास के असमानता को इस योजना में अलग से संबोधित किया गया है, इस अध्याय में अंतर–राज्य तथा राज्यों के भीतर क्षेत्रीय असमानताओं के लिए नीति निर्माण के कार्य को सम्बोधित किया गया है।

11.8. राज्यों के बीच तथा राज्यों के अंदर, क्षेत्रीय असमानताएं भारतीय अर्थव्यवस्था में विकास के लिए एक गंभीर चुनौती उत्पन्न कर रही हैं। मौजूदा विवरण भारत में इस बढ़ती हुई क्षेत्रीय असमानता के पीछे सामाजिक तथा भौतिक अवसंरचना के बीच के अंतर को समझाता है। हाल ही के अध्ययन दर्शाते हैं कि निजी क्षेत्र का निवेश योग्य परिवेश के स्थानों की ओर बढ़ता है, अर्थात् जहां निवेश वातावरण बेहतर हो (अवसंरचना उपलब्ध हो तथा उन्नति को बेहतर विनियम सुलभ बनाते हों)। प्योरफील्ड[1] ने 30 वर्षों की अवधि में प्रति व्यक्ति आय को प्रभावित करने वाले कुछ परिवेश पहलुओं का अनुमान लगाया है तथा यह पाया है कि औद्योगिक विवादों के कारण क्षतिग्रस्त कार्यदिवस, सरकारी व्यय का पारस्परिक आकार तथा अर्थव्यवस्था में कृषि पर अधिक निर्भरता, निवेश में कमी, वृद्धि दर को प्रतिकूल रूप से प्रभावित करती है। एक अन्य तथ्य जो क्षेत्रीय असमानता को अस्पष्ट करता है वह प्रति व्यक्ति पूंजी की गुणवत्ता है, जो कि आबादी की शिक्षा तथा स्वास्थ्य पर निर्भर करती है। अंततः संस्थानों की योग्यता की अहम भूमिका होती है तथा ऐसे क्षेत्र जहां पर बेहतर कानून तथा व्यवस्था तथा सुशासन हो, वहां उच्च तथा संवहनीय वृद्धि होती है। कोचर आदि[2] ने पाया है कि कमजोर संस्थानों तथा दुर्बल अवसंरचना वाले राज्यों औद्योगिक तथा सकल घरेलू उत्पाद (जीडीपी) बढ़ोतरी, कम होती है। बेसली आदि[3] ने पाया है कि संपत्ति अधिकार (भूमि अधिकार के रूप में मुख्य रूप से परिभाषित, ऋण की उपलब्धता, श्रमिक लचीलापन तथा संचार साधनों की मौजूदगी जो, सरकार को जिम्मेवार बनाती हो, और साक्षरता प्रति व्यक्ति पूंजी अंतर राज्य असमानताओं के अंतर को स्पष्ट करता है।

11.9. ग्यारहवीं योजना का एक मुख्य उद्देश्य प्रति व्यक्ति आय के संबंध में अंतर राज्य असमानताओं में कमी लाना था। यह तभी संभव है जब वृद्धि दर की दर में तो बढ़ोतरी हो लेकिन आबादी की दर तथा अन्य संबंधित सूचकों की दर में कमी आयी। पिछले 2 दशकों में यह अनुभव रहा है कि ऐसे राज्य जिनकी विकास दर कम रही है, जैसे कि उत्तर प्रदेश, बिहार, राजस्थान, उड़ीसा तथा मध्य प्रदेश (म. प्र.) वहां, आबादी की दर में भी अधिक बढ़ोतरी हुई है। तथापि, ग्यारहवीं योजना के दौरान सकल घरेलू उत्पाद की यह प्रवृत्ति विपरीत हो गई है। आठवीं, नौवीं तथा दसवीं योजना के दौरान कम औसत प्रति व्यक्ति आय वाले राज्य तथा उनकी वृद्धि दर तालिका–11.1 में दी गई है।

11.10. उपर्युक्त आंकड़े एक स्पष्ट प्रवृत्ति को दर्शाते हैं आठवीं योजना में पांच राज्यों, अर्थात् बिहार, उड़ीसा, उत्तर प्रदेश, मध्य प्रदेश तथा राजस्थान की सबसे कम प्रति व्यक्ति आय थी। इन सब ने विशेष कर ग्यारहवीं योजना में अपनी वृद्धि दर में धीरे–धीरे

तालिका 11.1
चुने हुए कम आय वाले राज्यों हेतु सकल राज्य घरेलू उत्पाद में तुलनात्मक वृद्धि दरें

आठवीं योजना 1992–97	नौवीं योजना 1997–2002	दसवीं योजना 2002–2007	ग्यारहवीं योजना 2007–2012
बिहार (3.9)	बिहार (3.7)	बिहार (6.9)	बिहार (9.9)
ओडिशा (2.3)	उत्तर प्रदेश (2.5)	उत्तर प्रदेश (5.8)	उत्तर प्रदेश (7.1)
उत्तर प्रदेश (5.0)	उड़ीसा (5.1)	मध्य प्रदेश (5.0)	मध्य प्रदेश (9.2)
मध्य प्रदेश (6.6)	मध्य प्रदेश (4.5)	झारखंड (5.0)	झारखंड (9.3)
राजस्थान (8.0)	राजस्थान (5.3)	ओडिशा (9.2)	राजस्थान (8.5)
औसत (5.16)[a]	औसत (4.22)[a]	औसत (6.38)[a]	औसत (8.80)[a]

स्रोतः योजना आयोग
टिप्पणीः [a]सामान्य श्रेणी के राज्यों के बीच सबसे कम प्रति व्यक्ति आय वाले पांच राज्यों की औसत सकल घरेलू उत्पाद वृद्धि दर।

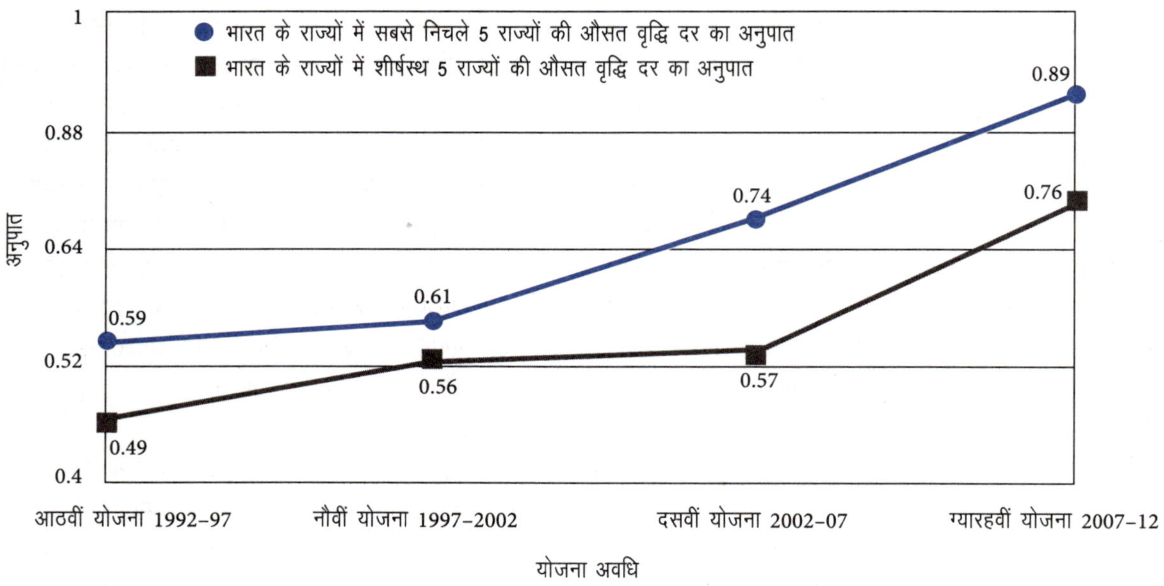

चित्र 11.1: उत्तरोत्तर योजना के दौरान सकल घरेलू उत्पाद वृद्धि दर का अभिसरण

सुधार किया। इन राज्यों की औसत सकल घरेलू उत्पाद दर आठवीं योजना में 5.16 प्रतिशत से बढ़ कर दसवीं योजना में 6.38 प्रतिशत तथा ग्यारहवीं योजना में 8.80 प्रतिशत हो गई। साथ ही इनमें से कई राज्यों ने एक उत्कृष्ट वृद्धि दर दर्ज की। बिहार जो विगत कई वर्षों से योजना बनाने वालों के लिए एक चिंता का कारण बना हुआ था उसने ग्यारहवीं योजना में एक रिकार्ड 9.9 प्रतिशत की वृद्धि दर हासिल की। इसी तरह, मध्य प्रदेश, उत्तर प्रदेश तथा राजस्थान ने भी ग्यारहवीं योजना में 7 प्रतिशत अथवा उससे अधिक रिकार्ड वृद्धि दर हासिल की है। यह एक प्रोत्साहित करने वाली सकारात्मक प्रवृत्ति है। चित्र 11.1 और तालिका 11.3 का संदर्भ लें।

11.11. तालिका 11.2 विभिन्न राज्यों के राज्य घरेलू उत्पाद की वृद्धि दर दर्शाती है।

11.12. राज्य घरेलू उत्पाद की वृद्धि दर कई अन्य दिलचस्प समरूपी प्रवृत्तियों को दर्शाती है। प्रथम, पिछली तीन योजनाओं में सबसे कम प्रति व्यक्ति आय वाले राज्यों की औसत सकल घरेलू उत्पाद वृद्धि दर में लगातार बढ़ोतरी हो रही है तथा ग्यारहवीं योजना के दौरान यह सामान्य श्रेणी के राज्यों की औसत वृद्धि के दर से अधिक हो गई है। दूसरा, ग्यारहवीं योजना के दौरान, यह सभी राज्यों की वृद्धि दर (विशेष श्रेणी के राज्यों सहित) से भी अधिक हो गई है। तीसरा, सबसे उच्च प्रति व्यक्ति आय वाले पांच राज्यों की तुलना में सबसे कम प्रति व्यक्ति आय वाले राज्यों की औसत वृद्धि दर का अनुपात 49 प्रतिशत (आठवीं योजना) से बढ़ कर 76 प्रतिशत (ग्यारहवीं योजना) हो गया। चौथा, विभिन्न राज्यों के बीच वृद्धि दर में असमानता की सीमा को दर्शाने वाला गुणांक उत्तरोत्तर (ग्यारहवीं योजना के दौरान 22.8 प्रतिशत की वृद्धि सहित सिक्किम को बाहर मानते हुए) योजना अवधियों में सकल राज्य घरेलू उत्पाद (जीएसडीपी) वृद्धि दर के बढ़ते हुए अभिसरण को भी दर्शाता है।

प्रति व्यक्ति आय में असमानता

11.13. जबकि राज्य घरेलू उत्पाद वृद्धि दर में वृद्धि एक सकारात्मक प्रवृत्ति है, फिर भी आय में असमानता की दृष्टि से प्रति व्यक्ति आय में कोई विशेष सुधार नहीं दर्शाती। प्रति व्यक्ति आय के स्तर में क्षेत्रीय असमानता, राज्य सकल घरेलू उत्पाद के 1981 से 2008 तक के चित्र के अध्ययन में और बेहतर प्रकार से प्रदर्शित होता है, जिसके परिणाम स्वरूप द गिनी गुणांक[4] की संगणना संभव हो सकी, जिसे अद्यतन करते हुए वर्ष 2010–11 के गिनी गुणांक में शामिल कर लिया गया। चित्र–11.2 इस गुणांक के अंतर राज्य असमानता[5] में एक निरंतर बढ़ती हुई प्रवृत्ति को दर्शाता है। वर्ष 1981 से 1990 के दौरान यह औसत गुणांक 0.15 था जबकि 1991 से 2000 के दौरान यह बढ़कर 0.19 हो गया। वर्ष 2000–10 की अवधि के लिए औसत गिनी गुणांक 0.224 था, जो वर्ष 2010–11 के लिए एक सामान बना रहा। यह भारत में बढ़ती हुई आय की असमानता को दर्शाता है। संयुक्त राष्ट्र विकास कार्यक्रम (यूएनडीपी) की मानव विकास रिपोर्ट (एचडीआर) के अनुसार वर्ष 2005 के लिए अंतर–राज्य गिनी 0.22 है जो समग्र भारत के लिए गिनी (वर्ष 2005 के लिए 0.36) से काफी कम है जो यह दर्शाता है कि

तालिका 11.2
विभिन्न राज्यों में सकल राज्य घरेलू उत्पाद की वृद्धि दर

क्र.सं.	राज्य/संघ राज्य क्षेत्र	योजना अवधियों के लिए औसत (प्रतिशत प्रति वर्ष)			
		आठवीं योजना 1992-97	नौवीं योजना 1997-2002	दसवीं योजना 2002-2007	ग्यारहवीं योजना 2007-2012
1.	आन्ध्र प्रदेश	5.4	5.5	8.2	8.2
2.	बिहार	3.9	3.7	6.9	9.9
3.	छत्तीसगढ़*	...	...	8.8	7.7
4.	गोवा	9.0	5.7	8.5	9.1
5.	गुजरात	12.9	2.8	11.0	9.5
6.	हरियाणा	5.2	6.1	9.0	9.0
7.	झारखंड*	...	...	5.0	9.3
8.	कर्नाटक	6.2	5.8	7.7	7.2
9.	केरल	6.5	5.2	8.3	8.2
10.	मध्य प्रदेश	6.6	4.5	5.0	9.2
11.	महाराष्ट्र	8.9	4.1	10.1	8.6
12.	ओडिशा	2.3	5.1	9.2	7.1
13.	पंजाब	4.8	4.0	6.0	6.7
14.	राजस्थान	8.0	5.3	7.1	8.5
15.	तमिलनाडु	7.0	4.7	9.7	7.7
16.	उत्तर प्रदेश	5.0	2.5	5.8	7.1
17.	पश्चिम बंगाल	6.3	6.5	6.2	7.3
	विशेष श्रेणी राज्य				
18.	अरुणाचल प्रदेश	5.0	6.6	6.2	8.5
19.	असम	2.8	1.8	5.0	6.8
20.	हिमाचल प्रदेश	6.5	6.3	7.6	8.0
21.	जम्मू और कश्मीर	5.0	4.2	5.5	5.9
22.	मणिपुर	3.7	4.7	5.7	6.2
23.	मेघालय	4.0	7.2	6.7	7.8
24.	मिजोरम	...	5.7	5.9	10.8
25.	नागालैंड	7.2	6.5	7.4	6.2
26.	सिक्किम	4.6	6.6	7.7	22.8
27.	त्रिपुरा	6.7	9.4	6.9	8.9
28.	उत्तराखण्ड*	...	...	11.7	12.8

स्रोतः 1. आठवीं, नौवीं और दसवीं योजना उपलब्धि अत्यंत नवीनतम आधार वर्ष श्रृंखला (सीएसओ) से
2. ग्यारहवीं योजना उपलब्धि 2004-05 श्रृंखला (सीएसओ) से.
* इन राज्यों का गठन हाल ही हुआ है ।

तालिका 11.3
उत्तरोत्तर योजनाओं में सकल राज्य घरेलू उत्पाद वृद्धि दर का अभिसरण

	आठवीं योजना 1992–97	नौवीं योजना 1997–2002	दसवीं योजना 2002–2007	ग्यारहवीं योजना 2007–2012
सामान्य श्रेणी के बीच शीर्षस्थ पांच राज्यों की औसत सकल घरेलू उत्पाद वृद्धि	9.03	5.96	9.98	9.42
सम्पूर्ण भारत सबसे निचले पांच राज्यों का औसत वृद्धि अनुपात	0.59	0.61	0.74	0.89
गैर–विशेष श्रेणी राज्यों में सबसे निचले पांच राज्यों का औसत वृद्धि अनुपात	0.67	0.75	0.72	0.88
शीर्षस्थ पांच राज्यों (सामान्य श्रेणी राज्य) में औसत वृद्धि अनुपात की तुलना में सबसे निचले पांच राज्यों का औसत वृद्धि अनुपात	0.49	0.56	0.57	0.76

स्रोतः योजना आयोग

आय में भौगौलिक असमानता देश में सबसे अमीर और सबसे गरीब के बीच सामाजिक असमानता से काफी कम है।

11.14. यद्यपि, तालिका 11.4, 2004–05 में प्रति व्यक्ति आय में असमानता को दर्शाती है।

11.15. विभिन्न राज्यों के बीच प्रति व्यक्ति आय की असमानता पिछले दो दशकों से बिगड़ रही है। इसका भिन्नता गुणांक 34 प्रतिशत (1993–94) से बढ़ कर 36 प्रतिशत (2004–05) हो गया तथा जैसे कि उपरोक्त उल्लेखित किया गया है, इसके आगे बढ़कर 2011–12 में 42 प्रतिशत हो गया है जैसाकि तालिका 11.4 में दर्शाया गया है। सबसे कम से लेकर सबसे अधिक प्रति व्यक्ति आय का अनुपात वर्ष 2004–05 में 21 प्रतिशत से मामूली बदल कर वर्ष 2011–12 में 20 प्रतिशत हो गया है।

11.16. विभिन्न राज्यों में प्रति व्यक्ति आय में बढ़ती असमानता दर्शाती है कि वृद्धि दर का अभिसरण राज्यों की आय के स्तर में

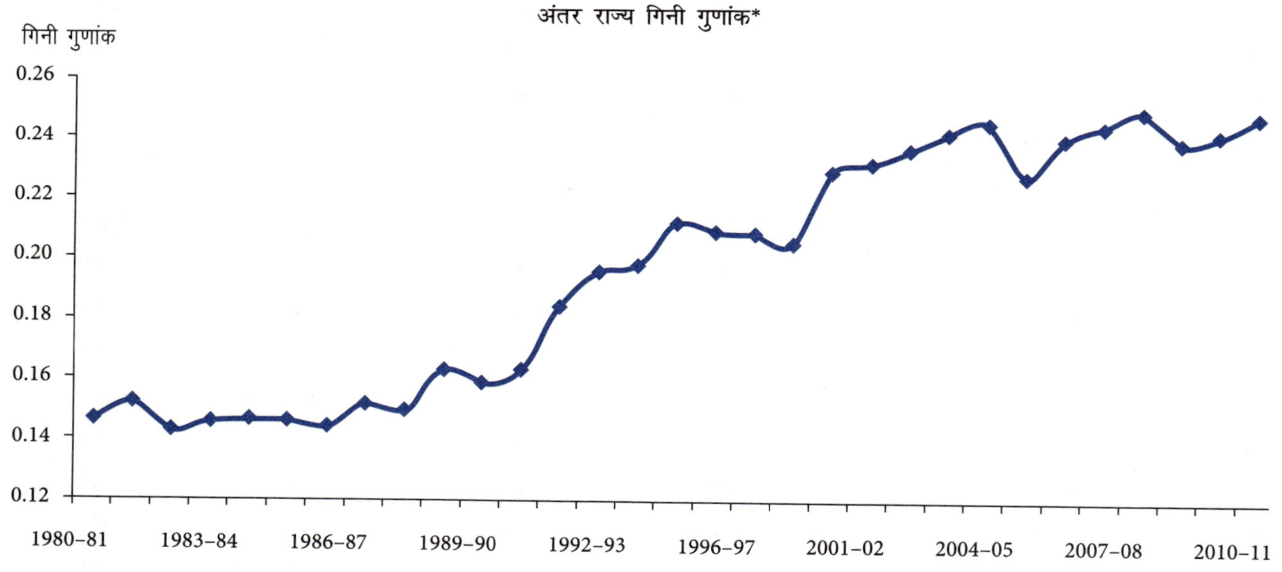

गिनी गुणांक की गणना यह मानकर की जाती है कि प्रत्येक कार्य के अंदर रहने वाले सभी व्यक्तियों की आय प्रति व्यक्ति जीएसडीपी के समकक्ष है। इस विधि में प्रत्येक राज्य के अंदर असमान वितरण से उत्पन्न होने वाली असमानता को विचार में नहीं लिया जाता है और केवल प्रति व्यक्ति जीएसडीपी में अंतर राज्य अंतरों से उत्पन्न असमानता पर विचार किया जाता है।

स्रोतः एमएस अहलूवालियाः "प्रोस्पेक्ट्स एण्ड पॉलिसी चेंजिस इन द ट्वेल्थ प्लान्स इकोनॉमिक एण्ड पॉलिटिकल वीकली ऑफ इंडिया XLVI, सं. 21, (21 मई 2011)

चित्र 11.2: अंतर राज्य असमानता की प्रवृत्तियां

तालिका 11.4
प्रति व्यक्ति आय में असमानता (प्रति व्यक्ति एनएसडीपी) 2004–05 के मूल्यों पर

वर्ष	सबसे कम प्रति व्यक्ति आय वाला राज्य	प्रति व्यक्ति आय (₹)	सबसे अधिक प्रति व्यक्ति आय वाला राज्य	प्रति व्यक्ति आय (₹)	सबसे कम से लेकर सबसे अधिक प्रति व्यक्ति आय का अनुपात (प्रतिशत)	प्रति व्यक्ति आय में भिन्नता गुणांक (प्रतिशत)
2004–05	बिहार	7,914	हरियाणा	37,972	21	36
2005–06	बिहार	7,749	महाराष्ट्र	40,671	19	39
2006–07	बिहार	8,900	महाराष्ट्र	45,582	20	40
2007–08	बिहार	9,233	महाराष्ट्र	50,138	18	40
2008–09	बिहार	10,241	महाराष्ट्र	50,183	20	40
2009–10	बिहार	10,771	हरियाणा	55,044	20	41
2010–11	बिहार	11,792	महाराष्ट्र	59,735	20	42
2011–12	बिहार	13,178	महाराष्ट्र	64,951	20	42

स्रोतः संबंधित राज्य सरकारों के आर्थिक तथा सांख्यिकी निदेशालय

अभिसरित होती नहीं प्रतीत होती है। चित्र–11.4 राज्यों की वर्ष 2001–10 के लिए वृद्धि दर को वर्ष 2001 में प्रति व्यक्ति आय की तुलना में दर्शाता है। यदि आय के स्तर में अभिसरण था तो इसका आपसी संबद्ध नीचे की ओर जाने वाली रेखा की तरह होता, परन्तु, चित्र–3 ऊपर की ओर जाने वाली रेखा का संबंध दर्शाता है। उच्च प्रारंभिक आय (प्रति व्यक्ति निवल राज्य घरेलू उत्पाद (एसएनडीपी)) वाले राज्य औसतन अधिक तेजी से आगे बढ़े, जिससे यह प्रतीत होता है कि राज्यों के बीच असमानता वस्तुतः बढ़ रही है। अतः विगत में, पिछड़े राज्यों (बिहार, मध्य प्रदेश, राजस्थान और उत्तर प्रदेश (बीआईएमएआरयू) राज्य) की तेज प्रगति के बावजूद, हम भारतीय राज्यों के बीच अभिसरण का सिद्धांत नहीं देखते, जिससे गरीब राज्य, अमीर राज्य की तुलना में अधिक तेजी से प्रगति करने के कारण उनकी आय के स्तर को प्राप्त करते हुए नजर नहीं आते। हालांकि, यह स्पष्ट करना महत्वपूर्ण है कि यद्यपि हम कोई अप्रतिबंधित अभिसरण नहीं देखते फिर भी उसमें एक प्रतिबंधित अभिसरण हो सकता है। प्रतिबंधित अभिसरण कुछ समय अवधि में,

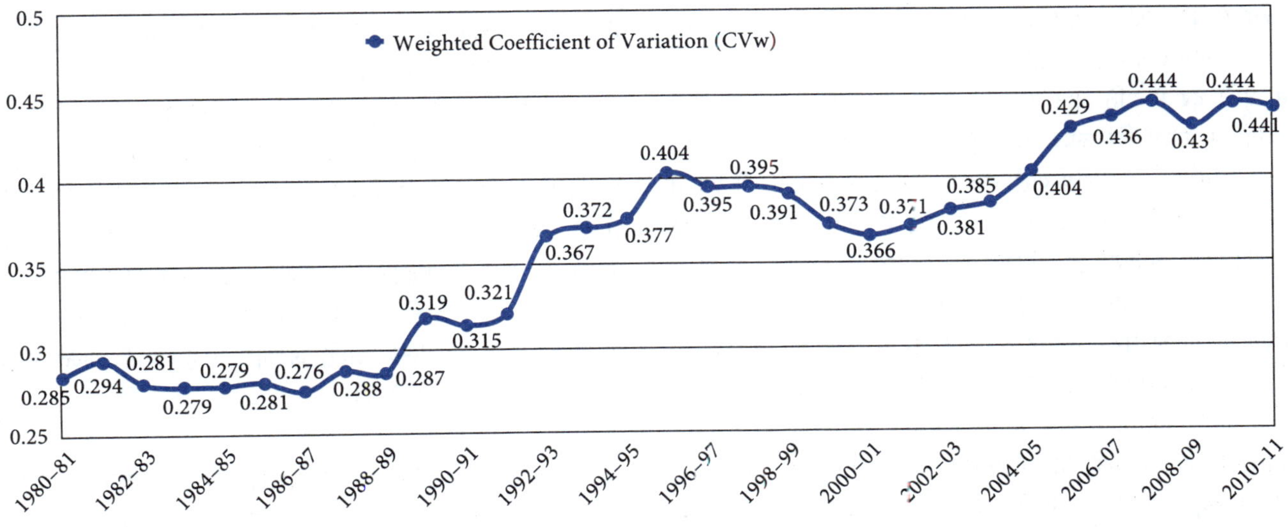

चित्र 11.3: अंतर राज्य आय की असमानता (वर्तमान मूल्य पर राज्य के जीएसडीपी प्रति व्यक्ति के आधार पर)

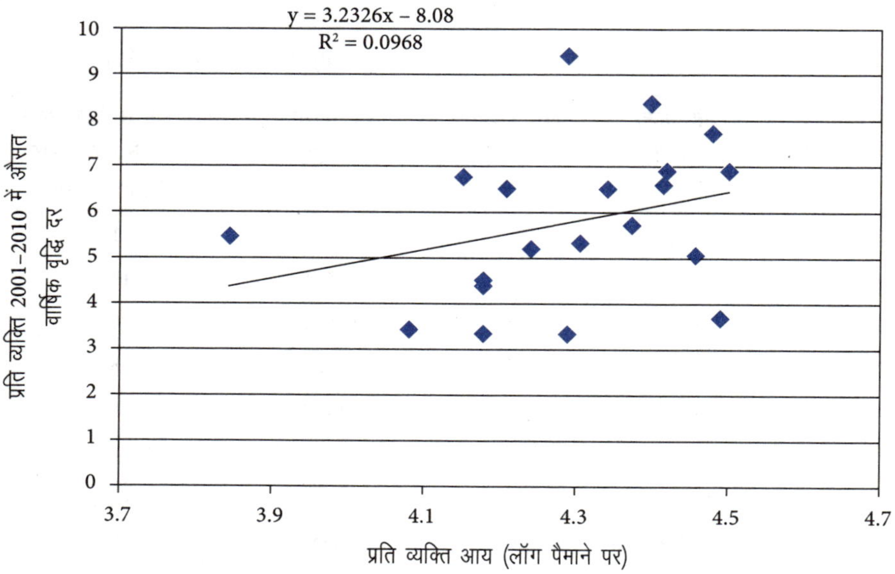

चित्र 11.4: 2001–2010 के दौरान वृद्धि तथा 2001 में आय

प्रति व्यक्ति आय में भिन्नता के सुसंगत हो सकती है। यह संभव है कि भारतीय राज्य[6] निरंतर प्रगति के भिन्न–भिन्न स्तरों की ओर बढ़ रहे हों।

11.17. हाल ही में, कुछ सकारात्मक प्रवृत्तियां देखी गई हैं। जैसा कि, उपर्युक्त चित्र से पता चलता है। उच्चतम तथा न्यूनतम प्रति व्यक्ति आय वाले राज्य के बीच की दूरी हाल ही की वर्षों में कम हुई है। दसवीं योजना के दौरान यह प्रवृत्ति इतनी स्पष्ट नहीं थी। सबसे कम प्रति व्यक्ति आय वाले राज्य की आय 1996–07 में उच्चतम प्रति व्यक्ति आय के 27.586 प्रतिशत थी। वर्ष 2004–05 में, यह बिगड़ कर 21 प्रतिशत हो गई। तथापि, हाल ही के वर्षों में, वृद्धि दर में गति आने के साथ–साथ, विशेषकर कम आय वाले राज्यों में, जैसा कि ऊपर उल्लिखित किया गया है, उच्चतम तथा न्यूनतम प्रति व्यक्ति आय वाले राज्यों के बीच असमानता की प्रकृति को कुछ हद तक अवरुद्ध कर दिया गया है क्योंकि वर्ष 2011–12 में तदनुरूपी आंकड़ा 20 प्रतिशत था । हाल ही के इस सुधार में दो तत्वों ने योगदान किया है। पहला, कम प्रति व्यक्ति आय वाले राज्य के सकल घरेलू उत्पाद की वृद्धि दर में तेजी आई है। दूसरा, आबादी की बढ़ोतरी की दर में धीरे–धीरे कमी आई है तथा यह उच्च प्रति व्यक्ति आय वाले राज्य के बराबर पहुंच रही है। ये दोनों प्रवृत्तियां, यदि अगली दो योजनाओं में भी बनी रही तो इसके, परिणामस्वरूप अभिसरण में एक उच्च स्तर आएगा तथा अगले दो दशकों में अंतर–राज्यों की असमानता में और कमी आएगी।

मानव विकास कार्य निष्पादक सूचक

11.18. क्षेत्रीय कार्य निष्पादन में असमानता न केवल आय सूचक के संबंध में, बल्कि, मानव विकास सूचकों के संबंध में भी एक चिंता का विषय है। मानव विकास सूचकों[7] के संबंध में राज्य वार आंकड़े राज्यों के बीच कार्य निष्पादकता में पर्याप्त असमानता को दर्शाते है। केरल की सबसे अधिक 93.91 प्रतिशत की साक्षरता, 1084 की महिला पुरुष दर तथा 12 प्रति हजार की बाल मृत्यु दर के साथ वह सबसे आगे था। जबकि, इसके विपरीत इन सूचकों पर बिहार का कार्यनिष्पादन सबसे अधिक खराब था (साक्षरता दर 63.82 प्रतिशत), हरियाणा (महिला पुरुष 877 का अनुपात) तथा मध्य प्रदेश (67 की शिशु मृत्यु दर (आईएमआर))। इससे अधिक महत्वपूर्ण यह है कि बेहतर वृद्धि दर हासिल करने के बावजूद बीआईएमएआरयू राज्य मानव विकास सूचकों के आधार पर कार्यनिष्पादन के वितरण में सबसे नीचे बने हुए है। फिर भी, समृद्ध राज्य भी इन सूचकों पर खराब कार्य निष्पादकता से बच नहीं पाए हैं। भारत के दो सबसे समृद्ध राज्य, हरियाणा तथा पंजाब का कार्य निष्पादकता भी महिला पुरुष अनुपात तथा महिला साक्षरता दर जैसे सूचकों के संबंध में औसत से भी नीचे होना समाज में आर्थिक तथा सामाजिक प्रगति के परिमाप हेतु प्रति व्यक्ति आय की अपर्याप्तता को दर्शाती है।

11.19. भारत मानव विकास रिपोर्ट 2011, जो इस दर्शक के प्रारंभ में तथा वर्ष 2007–08 के लिए राज्यों में मानव विकास सूचकों के अनुमान को दर्शाते है, के आधार पर हम, कालातीत, में राज्यों के

तालिका 11.5
मानव विकास सूचकों में असमानताएं

राज्य	साक्षरता दर (2011)	महिला साक्षरता (2011)	महिला पुरुष अनुपात (2011)	आईएमआर (2011)
आन्ध्र प्रदेश	67.66	59.74	992	49
असम	73.18	67.27	954	61
बिहार	63.82	53.33	916	52
झारखंड	67.63	56.21	947	44
गुजरात	79.31	70.73	918	48
हरियाणा	76.64	66.77	877	51
हिमाचल प्रदेश	83.78	76.6	974	45
जम्मू और कश्मीर	68.74	58.01	883	45
कर्नाटक	75.6	68.13	968	41
केरल	93.91	91.98	1084	12
मध्य प्रदेश	70.63	60.02	930	67
छत्तीसगढ़	71.04	60.59	991	54
महाराष्ट्र	82.91	75.48	925	31
उड़ीसा	73.45	64.36	978	65
पंजाब	76.68	71.34	893	38
राजस्थान	67.06	52.66	926	59
तमिलनाडु	80.33	73.86	995	28
उत्तर प्रदेश	69.72	59.26	908	63
उत्तराखंड	79.63	70.7	963	41
पश्चिम बंगाल	77.08	71.16	947	33

स्रोतः साक्षरता आंकड़े तथा महिला पुरुष अनुपात को भारत जनगणना (2011) से तथा आईएमआर आंकड़े एसआरएस बुलेटिन, जनवरी, 2011 से लिए गए है।

बीच मानव विकास सूचकों की तुलना कर सकते है। मानव विकास सूचकों (एचडीआई) में उच्चतम 5 रैंक इन दोनों ही वर्षों में केरल, दिल्ली, हिमाचल प्रदेश, गोवा तथा पंजाब द्वारा प्राप्त किए गए थे। दूसरी ओर, इसके विपरीत छत्तीसगढ़, उड़ीसा, बिहार, मध्य प्रदेश, झारखंड, उत्तर प्रदेश और राजस्थान हैं। विगत वर्षों में, इन राज्यों में उनके मानव विकास सूचकों तथा इसके घटकों में तेज प्रगति दर्शायी है। जिसके परिणाम इन राज्यों[8] के बीच मानव विकास सूचकों में एक अभिसरण आया है। वर्ष 2000 में राज्यों के लिए मानव विकास सूचकों में असमानता का गुणांक 0.313 था तथा वर्ष 2008 में, इसमें 0.235 की तेज गिरावट आयी। इसके अतिरिक्त मानव विकास रिपोर्ट 2011 छत्तीसगढ़, झारखंड, मध्य प्रदेश, उड़ीसा जैसे कम प्रति व्यक्ति आय वाले राज्यों में स्वास्थ्य तथा शिक्षा सूचकांकों में अखिल भारतीय स्तर की तुलना में बेहतर प्रगति को दर्शाती है। कम (एचडीआई) वाले 6 राज्यों में –बिहार, आंध्र प्रदेश, छत्तीसगढ़, मध्य प्रदेश, उड़ीसा तथा असम–एचडीआई में राष्ट्रीय औसत (परम संदर्भ में) की तुलना में अधिक सुधार आया है। वास्तव में, यदि हम पिछले दशक में (तालिका 11.6) एचडीआई मे आए समग्र परिवर्तनों को ध्यान में रखे तो यह निष्कर्ष निकाला जा सकता है कि, गरीब राज्य राष्ट्रीय औसत की ओर बढ़ रहे हैं। उदाहरण के लिए, 0.080 अंकों की राष्ट्रीय औसत की तुलना में, उत्तराखंड में, 1999–2000 तथा 2007–08 के बीच एचडीआई में 0.151 अंकों की बढ़ोतरी आयी है। अन्य विपन्न राज्य, जहां अखिल भारतीय औसत से अधिक एचडीआई में सुधार देखा गया है उनमें असम (0.108 अंक), झारखंड (0.108 अंक), मध्य प्रदेश (0.090 अंक) उड़ीसा (0.087 अंक) हैं। छत्तीसगढ़ 0.080 अंक के सुधार

तालिका 11.6
मानव विकास सूचकांक (वर्ष 1999–2000 और 2007–08)

राज्य	एचडीआई (2007–08)	एचडीआई (1999–2000)	एचडीआई में परिवर्तन	प्रतिशत परिवर्तन
उत्तराखंड	0.49	0.339	0.151	44.54
केरल	0.79	0.677	0.113	16.69
असम	0.444	0.336	0.108	32.14
झारखंड	0.376	0.268	0.108	32.14
आंध्र प्रदेश	0.473	0.368	0.105	28.53
पूर्वोत्तर (असम सहित)	0.573	0.473	0.100	21.14
मध्य प्रदेश	0.375	0.285	0.090	31.58
तमिलनाडु	0.57	0.48	0.090	18.75
कर्नाटक	0.519	0.432	0.087	31.64
उड़ीसा	0.362	0.275	0.087	31.64
अखिल भारत	0.467	0.387	0.080	20.72
छत्तीसगढ़	0.358	0.278	0.080	28.72
बिहार	0.367	0.292	0.075	25.68
हिमाचल प्रदेश	0.652	0.581	0.071	12.22
महाराष्ट्र	0.572	0.501	0.071	14.77
पश्चिम बंगाल	0.492	0.422	0.070	16.59
जम्मू और कश्मीर	0.529	0.465	0.064	13.76
उत्तर प्रदेश	0.38	0.316	0.064	20.25
पंजाब	0.605	0.543	0.062	11.42
गुजरात	0.527	0.466	0.061	13.09
हरियाणा	0.555	0.501	0.051	10.18
राजस्थान	0.434	0.387	0.047	12.14
गोवा	0.617	0.595	0.022	3.70
दिल्ली	0.75	0.783	–0.033	–4.21

स्रोतः भारत मानव विकास रिपोर्ट, 2011

के साथ एचडीआई के राष्ट्रीय औसत के बराबर आ गया है। फिर भी, अधिक विपन्न राज्यों के बीच बिहार में एचडीआई (0.075 अंक) तथा उत्तर प्रदेश में एचडीआई (0.064 अंक) की बढ़ोतरी राष्ट्रीय औसत से कम थी। परंतु, एचडीआई में तुलनात्मक सुधार (अर्थात् प्रतिशतता परिवर्तन) बिहार में राष्ट्रीय औसत से अधिक थी। जैसा कि, तालिका 11.6 में दर्शाया गया है एचडीआई में प्रतिशतता परिवर्तन अधिकांश कम प्रति व्यक्ति आय वाले राज्यों की तुलना में भारत में एचडीआई सुधार से अधिक है। इस परिप्रेक्ष्य में 21वीं शताब्दी में प्रथम दशक में, प्रति व्यक्ति एनएसडीपी आधार पर क्षेत्रीय असमानता में बढ़ोतरी, एचडीआई में अभिसरण की दृष्टि से उत्साहजनक है।

जिला स्तरीय विश्लेषण

11.20. सामाजिक–आर्थिक दृष्टि से अंतर–राज्य और अन्तरा–राज्य स्तर पर पर्याप्त क्षेत्रीय असमानता विद्यमान है। आर्थिक प्रगति/पिछड़ेपन के संबंध में निर्णय करने के लिए किसी राज्य को एक इकाई के रूप में लेने की भूल से हम वर्षों से परिचित है। विभिन्न

राज्यों की मानव विकास रिपोर्ट अन्तरा– क्षेत्रीय असमानता का सबसे अधिक प्रगतिशील राज्य में भी विद्यमान होने की कड़वी सच्चाई को दर्शाती है। उदाहरण के लिए, हालांकि महाराष्ट्र, कर्नाटक तथा आंध्र प्रदेश तेजी से प्रगति करने वाले राज्यों के रूप में जाने जाते हैं फिर भी, यह सच है कि इन राज्यों में कुछ क्षेत्र ऐसे है जहां बेहतर भौतिक सामाजिक अवसंरचना के कारण बड़ी मात्रा में निवेश आकर्षित हुआ है तथा आर्थिक वृद्धि की एक तीव्र दर दर्ज की गई है। राज्य स्तरीय विश्लेषण से राज्यों के भीतर, विभिन्न क्षेत्रों में होने वाली वृद्धि के बारे में कुछ ज्ञात नहीं होता। वास्तव में, अन्तर–राज्य असमानता भी अन्तरा–राज्य असमानता के समान चिंता का विषय है।

सकल जिला घरेलू उत्पाद (जीडीडीपी) में असमानताएं

11.21. हम, सकल जिला घरेलू उत्पाद (जीडीडीपी) की जांच करते हुए जिला स्तर पर अपने विश्लेषण का आरंभ करते है। इसके आंकड़े 1999 से उपलब्ध है। तालिका–11.7 1999–2000 से लेकर हाल ही की स्थिति के लिए प्रति व्यक्ति (जीडीडीपी) की असमानता के गुणांक की संगणना करती है। यह एक दिलचस्प बात है कि जबकि, कुछ राज्यों में प्रति व्यक्ति (जीडीडीपी) के संबंध में व्यापकता आयी है, वहीं कई राज्यों में इसकी कमी भी देखी गई है। कई राज्यों में प्रति व्यक्ति (जीडीडीपी) भिन्नता के गुणांक में बढ़ोतरी हुई है। जो 1999–2000 में बिहार में 0.671 से बढ़ कर यह 2004–05 में 0.823 हो गयी है जो कि, सबसे बड़ी बढ़ोतरी है। कर्नाटक, उड़ीसा तथा पश्चिम बंगाल में भी प्रति व्यक्ति (जीडीडीपी) में बढ़ोतरी हुई हैं। राजस्थान को छोड़कर, सभी बीआईएमएआरयू राज्यों में प्रति व्यक्ति (जीडीडीपी) में बढ़ोतरी हुई है। ऐसा लगता है कि हालांकि, बीआईएमएआरयू राज्यों की प्रभावी वृद्धि दर की प्रशंसा की जाती है फिर भी, इन राज्यों के अंदर भी असमानताओं में बढ़ोतरी हो रही है जिससे ज्ञात होता है कि विकास और वृद्धि केवल कुछ क्षेत्रों तक ही सीमित होती है। यह भी महत्वपूर्ण है कि महाराष्ट्र, असम तथा छत्तीसगढ़ जैसे कुछ राज्यों में प्रति व्यक्ति जीडीडीपी में कमी भी हुई है।

11.22. हम किसी एक राज्य के अमीर जिलों से गरीब जिलों में प्रति व्यक्ति जीडीडीपी के अनुपात की तुलना करते हुए अन्तरा–राज्य असमानता की सीमा को जान सकते हैं (तालिका 11.8)। बिहार, बढ़ी हुई अन्तरा–राज्य असमानता से त्रस्त है। पटना जिले की प्रति व्यक्ति जीडीडीपी राज्य के अन्य जिलों की तुलना में बहुत अधिक है। हाल ही के वर्षों में पटना जिले में, शिवहरा जिले, जिसकी बिहार में सबसे कम आय है कि तुलना में 1999–2000 में 6.68 से 2006–07 में यह बढ़कर 8.65 प्रति व्यक्ति जीडीडीपी अनुपात हो गया है। उत्तर प्रदेश में गौतमबुद्ध नगर जिले में प्रति व्यक्ति जीडीडीपी अनुपात श्रावस्ती जिले की तुलना में 1999–2000 के 6.80 से बढ़कर 2005–06 में 9.20 हो गया है। हरियाणा के मामले में इस अन्तर–राज्य असमानता में सबसे अधिक बढ़ोतरी देखी गई है, जबकि राज्य के सबसे समृद्ध जिले (गुड़गांव में) प्रते व्यक्ति जीडीडीपी में (1999–2000 में महेन्द्रागढ़ तथा 2005–06 नें मेवात) की तुलना में 1999–2000 के 3.47 से यह बढ़कर 2005–06 में 9.87 हो गई है। कर्नाटक में राज्य के सबसे अमीर जिले की तुलना में सबसे गरीब जिले में प्रति व्यक्ति जीडीडीपी 1999–2000 में 2.76 से बढ़ कर 2005–06 में 4.42 हो गया। उड़ीसा में भी समृद्ध जिले की आय गरीब जिले की आय के चार गुणा बनी हुई है। उदाहरण के लिए, महाराष्ट्र के मामले में इस अनुपात में कटौती के बावजूद सबसे अमीर जिले (मुम्बई) की प्रति व्यक्ति जीडीडीपी गरीबी जिले की तुलना में 3.4 गुणा है। इसी तरह, मध्य प्रदेश तथा छत्तीसगढ़ के मामले में समृद्ध जिले की आय अभी भी गरीब जिले की आय के चार से पांच गुणा बनी हुई है।

तालिका 11.7
जिला स्तर घरेलू उत्पाद में असमानता का गुणांक

राज्य	1999–2000	हाल ही का वह समय जब से आंकड़े उपलब्ध हैं
आंध्र प्रदेश	0.239	0.235 (2005–06)
असम	0.444	0.357 (2007–08)
बिहार	0.671	0.823 (2004–05)
झारखंड	0.283	0.296 (2005–06)
हरियाणा	0.326	0.764 (2005–06)
हिमाचल प्रदेश	0.358	0.321 (2005–06)
कर्नाटक	0.359	0.539 (2005–06)
केरल	0.181	0.211 (2006–07)
मध्य प्रदेश	0.380	0.426 (2007–08)
छत्तीसगढ़	0.622	0.521 (2006–07)
महाराष्ट्र	0.434	0.396 (2006–07)
उड़ीसा	0.377	0.434 (2004–05)
पंजाब	0.100	0.149 (2005–06)
राजस्थान	0.251	0.232 (2005–06)
तमिलनाडु	0.229	0.239 (2005–06)
उत्तर प्रदेश	0.414	0.452 (2005–06)
उत्तरांचल	0.218	0.238 (2008–09)
पश्चिम बंगाल	0.197	0.302 (2006–07)

स्रोतः आर्थिक तथा सांख्यिकी निदेशालय, संबंधित राज्य सरकारें

तालिका 11.8
सबसे धनवान जिले से लेकर सबसे निर्धन जिले में प्रति व्यक्ति जीडीडीपी का अनुपात

राज्य	1999–2000	हाल ही का वह समय जब से आंकड़े उपलब्ध हैं
आंध्र प्रदेश	2.33	2.23 (2005–06)
असम	3.37	3.66 (2007–08)
बिहार	6.68	8.65 (2004–05)
झारखंड	2.72	2.83 (2005–06)
हरियाणा	3.47	9.87 (2005–06)
हिमाचल प्रदेश	3.72	3.10 (2005–06)
कर्नाटक	2.76	4.42 (2005–06)
केरल	1.97	2.23 (2006–07)
मध्य प्रदेश	4.17	3.92 (2007–08)
छत्तीसगढ़	5.42	5.20 (2006–07)
महाराष्ट्र	4.31	3.41 (2006–07)
उड़ीसा	4.02	4.55 (2004–05)
पंजाब	1.51	1.59 (2005–06)
राजस्थान	2.48	2.22 (2005–06)
तमिलनाडु	2.31	3.30 (2005–06)
उत्तर प्रदेश	6.8	9.20 (2005–06)
उत्तरांचल	1.91	2.27 (2008–09)
पश्चिम बंगाल	2.37	3.27 (2006–07)

स्रोतः आर्थिक तथा सांख्यिकी निदेशालय, संबंधित राज्य सरकारें

11.23. अतः यह हमें उस प्रश्न पर लेकर आता है, जिसमें कई राज्यों में 21वीं शताब्दी के प्रथम दशक के दौरान विभिन्न जिलों में प्रति व्यक्ति आय में अभिसरण (या विचलन) आया है। यह कार्य को समझने की दृष्टि से भी महत्वपूर्ण है कि प्रारंभ में उच्च आय वाले जिले अधिक तेजी से प्रगति कर सके और उस राज्य के बकाया जिलों की तुलना में एक संकलित लाभ उठा सके। परन्तु, अभिसरण का जिला स्तरीय विश्लेषण कठिन है, क्योंकि जिला स्तर पर, गंभीर आंकड़ों का अभाव होता है। अतः हम, प्रारंभिक प्रति व्यक्ति आय (का लॉग) की तुलना में इस अध्ययन अवधि के दौरान औसत वृद्धि दर को रेखांकित करके इस प्रश्न का प्रारंभिक उत्तर देने का प्रयास करेंगे।

11.24. वर्ष 1999 से हाल ही के समय तक आय में हुई बढ़ोतरी के हाल के अध्ययन (जिनके संबंध में आंकड़े उपलब्ध है) बिहार, कर्नाटक, पश्चिम बंगाल, हरियाणा, झारखंड तथा केरल राज्यों के संबंध में एक दिलचस्प प्रवृत्ति जिसमें रेखा का झुकाव ऊपर की ओर है, को दर्शाते है। यह उन जिलों में वृद्धि कार्य निष्पादकता की भिन्नता इंगित करते हैं, जो प्रारंभ से ही समृद्ध जिले में तेजी से हुई प्रगति इससे प्रतीत होता है कि इन राज्यों के जिलों के बीच असमानता बढ़ती चली गई। इन प्रत्येक राज्यों में 21वीं शताब्दी के प्रथम दशक में वृद्धि की उच्च दर हासिल की गई तथा वहां बढ़ती हुई अन्तरा–राज्य असमानता के कारण यह कुछ क्षेत्रों में ही सीमित रही। इसके कारण, राज्य में समग्र रूप से असमानता बढ़ी जो दर्शाता है कि रिकॉर्ड वृद्धि दर हासिल करने के बावजूद बिहार जैसे राज्य ने गरीबी उन्मूलन की दृष्टि से अच्छा कार्य निष्पादन नहीं किया।

11.25. मध्य प्रदेश, उत्तर प्रदेश, तमिलनाडु, उड़ीसा तथा उत्तराखंड राज्यों में, इस संबंध में पारस्परिक बढ़ोतरी हुई है परन्तु, प्रवृत्ति रेखाएं पर्याप्त रूप से समरूप हैं। तथा भिन्नता के आधार पर कोई विशेष स्पष्ट पैटर्न उभर कर सामने नहीं आता। यह भी दिलचस्प है कि महाराष्ट्र, राजस्थान, हिमाचल प्रदेश तथा आंध्र प्रदेश में यह संबंध पारस्परिक रूप से कम हुआ है, जो दर्शाता है कि प्रारंभिक रूप से कम आय वाले जिलों को तेजी से प्रगति पर ले जाना अधिक अपेक्षित था।

गरीबी अनुपात तथा मानव विकास सूचकों में असमानता

11.26. भारत में क्षेत्रीय असमानता का एक प्रमुख लक्षण राज्यों के भीतर पिछड़े क्षेत्रों की मौजूदगी है जहां कहीं तेजी से तथा कहीं औसत स्तर की आय प्राप्त की गई है। एक अध्ययन में देवराय तथा भंडारी[9] ने उन सबसे अधिक पिछड़े जिले की पहचान की है जो विभिन्न श्रेणियों की जैसे कि शीर्ष गणना अनुपात (एचसीआर), खाद्य पर्याप्तता तथा आईएमआर और साक्षरता दर[10] की दृष्टि से 25 प्रतिशत तलहटी में आते हैं। इन आंकड़े की जांच से हमें पता चलता है कि इन मानदंडों के आधार पर सबसे अधिक पिछड़े जिले न केवल अविभाजित बीआईएमएआरयू राज्यों में होते है बल्कि, तेजी से बढ़ रहे तथा औसत से उच्च स्तर की आय वाले राज्यों में होते है। यही अन्तरा–राज्य असमानता को दर्शाता है। उदाहरण के लिए, जिला स्तरीय गरीबी आकलन दर्शाते हैं कि भारत में सबसे अधिक गरीब जिले केवल अविभाजित बीआईएमएआरयू राज्यों तथा उड़ीसा में ही नहीं है बल्कि महाराष्ट्र कर्नाटक तथा तमिलनाडु राज्यों में भी मौजूद है। जिला स्तरीय एचसीआर में असमानता महाराष्ट्र के मामले में सबसे अधिक स्पष्ट है। दूसरी ओर, कुछ जिले ऐसे हैं जहां एचसीआर गरीबी 40 प्रतिशत से भी अधिक है जैसे कि वर्धा

(44.9 प्रतिशत) वासिम (43.1 प्रतिशत) अकोला (43.1 प्रतिशत) अमरावती (47.6 प्रतिशत) भंडारा (44.7 प्रतिशत) बुलदाना (46.6 प्रतिशत) धूले (40 प्रतिशत) गोंदिया (44.7 प्रतिशत) नांदेड़ (43.9 प्रतिशत) तथा नंदुबार (40 प्रतिशत)। वही दूसरी ओर इसके विपरीत ऐसे जिले भी है जैसे कि मुम्बई तथा पुणे जहां एचसीआर क्रमशः 11.3 प्रतिशत तथा 14.1 प्रतिशत है। इसी तरह से कर्नाटक के मामले में, जहां के जिले एचसीआरएस अत्यधिक उच्च गरीबी वाले है, उदाहरण के लिए बिलारी (43.3 प्रतिशत), गुलबर्गा (42.2 प्रतिशत) कोपल (48.8 प्रतिशत) तथा रायचूर (48.8 प्रतिशत), जबकि ऐसे जिले भी है जहां पर गरीबों की सबसे कम प्रतिशतता है उदाहरण के लिए कोदागु (6.7 प्रतिशत) बंगलोर (8.6 प्रतिशत)। तमिलनाडु में भी हम जिला स्तरीय एचसीआर की एक व्यापक सीमा पाते हैं जहां कि 60.2 प्रतिशत की एचसीआर वाला तिरुवनामलाई तथा 3.3 प्रतिशत की एचसीआर वाला थुकुंडी है। यह तथ्य इन तीनों राज्यों में राष्ट्र औसत की तुलना में कम गरीबी एचसीआर है फिर भी भारत ने सबसे गरीब जिला अन्तरा–राज्य असमानता की सीमा का एक सूचक है।

11.27. इन आंकड़ों की अधिक जांच करने पर हमें पता चलता है कि असामानता न केवल आय के आधार पर है बल्कि गैर–आय संबंधित सूचकों के आधार पर भी होती है। यह महत्वपूर्ण है कि गैर आय सूचक जैसे कि भूख (जिसे राष्ट्रीय नमूना सर्वेक्षण (एनएसएस) के आधार पर परिभाषित किया गया है) भी स्थान संवितरकों को दर्शाती है। यहां तक कि सबसे अधिक प्रति व्यक्ति आय वाले अमीर राज्यों में भी कुछ सबसे अधिक भूख से पीड़ित जिले होते हैं। इनमें आंध्र प्रदेश (पूर्वी गोदावरी, खम्मम्, महबूब नगर), हरियाणा (फतेहाबाद, हिसार), कर्नाटक (गुलबर्गा) केरल (मल्लापरम, पाल्लकर, तिरुवनंतपुरम, त्रिसूर), महाराष्ट्र (कोलापुर, रत्नागिरी, सतारा, सिंधुवर्ग) शामिल है। बाल मृत्यु के आधार पर सबसे अधिक बदतर जिले न केवल उत्तर प्रदेश, उड़ीसा, मध्य प्रदेश, छत्तीसगढ़ तथा राजस्थान के बीआईएमएआरयू राज्यों में होते है बल्कि कर्नाटक तथा आंध्र प्रदेश के कुछ पड़ोसी जिलों में भी होते है। इसके अतिरिक्त हालांकि देश में महाराष्ट्र की सबसे बेहतर आईएमआर है फिर भी उसके सबसे बदतर जिलों में आईएमआर कम रैंक वाले राज्यों के उच्च आईएमआर से बदतर होती है। साक्षरता मानदंड के अंतर्गत आने वाले पिछड़े जिलों में उड़ीसा तथा अविभाजित बीएमआईआरएयू में मौजूद होने के साथ–साथ कर्नाटक (गुलबर्गा, कोपल, रायचूर, कामराजनगर) आंध्र प्रदेश (अदिलाबाद, करीम नगर, कुरनूल, महबूब नगर, मेडक, निजामाबाद, सिरीकाकुलम, विजयानगरम), गुजरात (बानसकाथा दोहद, कच्छ), हिमाचल प्रदेश (किन्नौर) तथा पंजाब (मनसा) में भी मौजूद है। आंध्र प्रदेश को छोड़कर इन सभी राज्यों में साक्षरता दर राष्ट्रीय औसत से अधिक है। यह तथ्य कि ऐसे राज्यों में उन जिलों को शामिल किया गया है जो 25 प्रतिशत की न्यूनतम श्रेणी के जिलों में आते हैं अन्तरा –राज्य असमानता की सीमा को रेखांकित करता है। इसके अलावा एक राज्य के जिलों के बीच को असमानता की सीमा दर्शाने के लिए यह वास्तविकता है कि भारत में सबसे धनवान राज्यों में ऐसे जिले हैं जहां उच्चतम गरीबी, उच्चतम आईएमआर और न्यूनतम साक्षरता दरें भी समाज की आर्थिक और सामाजिक प्रगति के मापन में पीसीआई की सीमाएं प्रदर्शित करती हैं।

अन्तरा-जिला असमानताएं

11.28. भारत में क्षेत्रीय असामानताओं पर कोई परिचर्चा तब तक अधूरी रहेगी जब तक कि अन्तरा–राज्य असमानता, जिसमें अन्य की तुलना में किसी जिले विशेष में कुछ क्षेत्र ज्यादा प्रगतिशील होते हैं, का पर्याप्त उल्लेख न हो। ब्लॉक स्तर पर किसी भी विश्लेषण में आंकड़ों के अभाव के कारण कठिनाई आती है। एक इंडिया डेवलपमेंट फाउंडेशन अध्ययन[11], जिसमें लोक स्तर पर गरीबी के अनुपात का आकलन किया गया है, हमें अंतर– जिला असमानता को बेहतर रूप से समझने में मदद करता है। उदाहरण के लिए बिहार के मेघापुर जिले में गरीबी एचसीआर उसके बिहारी गंज ब्लॉक के 19.83 से पुरैनी ब्लॉक में भिन्न होकर 71.01 प्रतिशत है। दरभंगा जिले में गरीबी एचसीआर 42.63 से 88.16 प्रतिशत तक है। महाराष्ट्र के उस्मानाबाद जिले में गरीबी एचसीआर की सीमा 36 प्रतिशत से 62 प्रतिशत है। इस अध्ययन के अंतर्गत शामिल किए गए 4,869 ब्लॉकों में से 2,445 ब्लॉकों में (50 प्रतिशत) गरीबी एचसीआर 50 प्रतिशत से अधिक है। इन आंकड़ों से अन्य दिलचस्प तथ्य यह निकलता है कि किसी जिले विशेष में, जो सबसे गरीब ब्लॉक है, वहां पर अनुसूचित आदिवासियों की आबादी की अधिक प्रतिशतता पायी जाती है। उदाहरण के लिए, महाराष्ट्र के यवतमाल जिले में गरीबी एचसीआर 38.37 प्रतिशत से नेर ब्लॉक में 73.79 प्रतिशत की सीमा में है। जबकि पहले वाले में आदिवासी की आबादी 7.19 प्रतिशत है और बाद वाले में इस आबादी का 36.88 प्रतिशत है। उड़ीसा के कालाहांडी जिले में, गरीबी एचसीआर की सीमा कोकसारस से 99.99 प्रतिशत (जहां की आदिवासी आबादी 32.59 है) थुआमूल रामपुर (जहां की आदिवासी आबादी 57.55 है) की तुलना में 38.1 है। इसी तरह, से किंडुझार जिले में नंदा ब्लॉक में, जहां की आदिवासी आबादी 5 प्रतिशत है वहां गरीबी 32.31 प्रतिशत है जबकि, कंझीपाणी ब्लॉक, जहां की आदिवासी आबादी 84.69 प्रतिशत है वहां यह 89.84 प्रतिशत है। मध्य प्रदेश के बेतूल जिले में भी हम देखते है कि

शाहपुर के सबसे गरीब ब्लॉक में (97.49 प्रतिशत गरीबी एचसीआर) की आदिवासी आबादी 64.4 प्रतिशत है, जबकि, मुलताई ब्लॉक में (गरीबी एचसीआर 64.5 प्रतिशत) की आदिवासी आबादी 17.14 प्रतिशत है। इन आंकड़े समूह में 897 ब्लॉक की आदिवासी ब्लॉकों के रूप में वर्गीकृत किया जा सकता है। अर्थात् जहां की आदिवासी आबादी 20 प्रतिशत से अधिक हो। इन 897 आदिवासी ब्लॉकों में से 649 ब्लॉकों (72 प्रतिशत) में गरीबी एचसीआर 50 प्रतिशत से अधिक है तथा 577 आदिवासी ब्लॉक (64 प्रतिशत) वर्षा सिंचित हैं। ऐसा प्रतीत होता है कि, आदिवासी, वर्षा सिंचित क्षेत्रों तथा अधिक गरीबी के उदाहरण के बीच उच्च पारस्परिक संबंध है। यह तथ्य कि, जिन ब्लॉकों में आदिवासी आबादी अधिक है वहां पर गरीबी भी ज्यादा है, एक चिंता का विषय है। जब स्थानीय असमानता विभिन्न समूहों में आपसी अंतर के समतुल्य हो तो इससे राष्ट्रीय एकता तथा शांति को खतरा उत्पन्न होता है और इसे माओवादी हिंसा के लिए जिम्मेवार पहलू माना जा सकता है।

अवसंरचना विकास

11.29. वृद्धि के लिए एक प्रमुख कार्यनीति, अवसंरचना का विकास करना है। जैसे, कम आय वाले राज्य केन्द्र सरकार की तथा निजी निवेश की सहायता से अवसंरचना में निवेश करते है तो वहां की वृद्धि क्षमता में सुधार दर्ज होता है। ग्यारहवीं योजना के दौरान, इस प्रक्रिया पर अधिक बल दिया गया था। इसमें लोक–निजी भागीदारी ने निवेश हेतु विशेष सहायता प्रदान की थी। इससे बुनियादी क्षेत्र में 5.6 प्रतिशत (2006–07) के निवेश स्तर में बढ़ोतरी करके 7.27 (2011–12) करने में मदद मिली। इन राज्यों ने कृषि, संचार, ऊर्जा तथा परिवहन विकास में भी निवेश किया ग्यारहवें वित्त आयोग द्वारा पूर्व में एक अंतर–राज्य बुनियादी सूचकांक विकसित किया था। आयोग द्वारा विकसित इस सूचकांक में संयुक्त रूप से सामाजिक तथा आर्थिक बुनियादी सूचकांक इसके अंतर्गत भौतिक अवसंरचना को पांच क्षेत्रों में वर्गीकृत किया गया है: कृषि, संचार, बैंकिंग, विद्युत तथा परिवहन। इन भिन्न–भिन्न विभेदियों का इस सूचकांक विकास हेतु अध्ययन किया गया। भारतीय अर्थव्यवस्था मॉनीटरिंग केन्द्र (सीएमआईई) ने 13 सूचकों के आधार पर 'सीएमआईई 2000' नामक एक अवसंरचना विकास सूचकांक विकसित किया था। जिसमें, सात प्रमुख बुनियादी क्षेत्र शामिल थे। इनमें परिवहन, ऊर्जा, सिंचाई, बैकिंग, संचार, शिक्षा तथा स्वास्थ्य सेवाएं शामिल थी। बाद में अन्य विश्लेषकों द्वारा, प्रमुख घटक विश्लेषण आधार पर एक सूचकांक विकसित करने का प्रयास किया गया। ये सभी सूचकांक बुनियादी ढांचे, प्रति व्यक्ति आय तथा गरीबी अनुपात के बीच एक प्रबल पारस्परिक संबंध इंगित करते हैं।

11.30. पिछले अध्ययनों के आधार पर योजना आयोग द्वारा गठित कार्यदल समूह ने एक अधिक व्यापक सूचकांक विकसित किया है। इसमें 6 क्षेत्रों की पहचान की गई तथा अवसंरचना विकास सूचकांक के लिए 12 सूचकों को ध्यान में रखा गया। इन क्षेत्रों में मौटे तौर पर कृषि, संचार, बैकिंग, विद्युत, सड़क तथा रेल परिवहन शामिल थे। इसमें चार वैकल्पिक प्रणालियों का प्रयोग तथा अवसंरचना सूचकांक के विकास के लिए प्रमुख घटक विश्लेषणों के प्रयोग की सिफारिश की गई। तालिका 11.9 में तुलनात्मक परिदृश्य दिया गया है।

11.31. अवसंरचना सूचकांक का प्रति व्यक्ति आय तथा गरीबी के साथ एक प्रबल पारस्परिक संबंध है (तालिका 11.10)।

11.32. अवसंरचना विकास तथा गरीबी के स्तर के बीच एक सीधा नकारात्मक संबंध होता है, तथा इसकी, पारस्परिक मजबूती गरीबी पर अवसंरचना के प्रभाव की पारस्परिकता को इंगित करती है जो, मुख्यतः प्रति व्यक्ति आय के रूप में बदलने वाली आर्थिक गतिविधियों के कारण मुख्यतः होता है। इस परिप्रेक्ष्य में राज्यों का विश्लेषण इंगित करता है कि केरल में अपनी 7 (वित्तीय आयोग) रैंक में सुधार करते हुए उसे 2 कर लिया है। इसका मुख्य कारण सड़क, रेल यातायात, विद्युत या दूरभाष–घनत्व में सुधार है। उत्तर प्रदेश में भी अपनी 18 (वित्तीय आयोग) रैंक में सुधार करते हुए उसे 13 कर लिया है। इसका मुख्य कारण सड़क, रेल, ग्रामीण विद्युतकरण तथा सबसे महत्वपूर्ण सिंचाई में सुधार द्वारा किया गया है। गुजरात, हिमाचल प्रदेश, कर्नाटक तथा तमिलनाडु में भी मामूली सुधार दर्शाए हैं।

11.33. हालांकि, महाराष्ट्र की रैंकिंग में 3 (वित्तीय आयोग) से कमी आकर 10 आ गयी है इसका कारण खराब सड़क यातायात, रेल मार्ग लम्बाई तथा सिंचाई है। हरियाणा ने भी खराब प्रदर्शन किया है। बिहार, मध्य प्रदेश तथा पश्चिम बंगाल ने यद्यपि, अपनी रैंकिंग में सुधार किया है।

बारहवीं योजना की लक्षित वृद्धि दरें

11.34. विभिन्न राज्यों के लिए जीएसडीपी की बारहवीं योजना वृद्धि दरों की संगणना की गई है। इस संगणना के लिए सकल घरेलू उत्पाद की राष्ट्रीय वृद्धि दर 2004–05 से विशिष्ट आर्थिक कार्य निष्पादन का राज्य–वार ब्यौरा, प्रत्येक राज्य की क्षमताओं तथा सीमाओं को तथा योजना आयोग के भीतर वृद्धि की सीमा के मूल्यांकन के आधार को मध्य नजर रखा गया है। इस उद्देश्य के लिए, प्रत्येक राज्य की औसत कार्य निष्पादन क्षमता को क्षेत्रीय घटकों में विभाजित किया गया है। अर्थव्यवस्था के तीन प्रमुख क्षेत्रों – कृषि,

तालिका 11.9
अवसंरचना सूचकांक

क्रसं.	राज्य	1999–2000 (वित्त आयोग)		2008–09 (योजना आयोग का कार्य दल समूह)	
		सूचकांक	रैंक (प्रति व्यक्ति आय)	सूचकांक	रैंक
1	आन्ध्र प्रदेश	103.3	11	112.84	11
2	अरुणाचल प्रदेश	69.71	13	लागू नहीं	लागू नहीं
3	असम	77.72	16	62.02	19
4	बिहार	81.33	19	78.79	20
5	छत्तीसगढ़	लागू नहीं	लागू नहीं	70.14	18
6	गोवा	200.57	1	215.11	1
7	गुजरात	124.31	8	124.72	7
8	हरियाणा	137.54	4	136.43	6
9	हिमाचल प्रदेश	95.03	5	164.20	4
10	झारखंड	लागू नहीं	लागू नहीं	52.09	21
11	जम्मू और कश्मीर	लागू नहीं	लागू नहीं	81.40	16
12	कर्नाटक	104.88	9	124.35	8
13	केरल	178.68	7	197.36	2
14	मध्य प्रदेश	76.79	15	78.91	17
15	महाराष्ट्र	112.80	3	115.56	10
16	उड़ीसा	81.00	17	81.83	15
17	पंजाब	187.57	2	175.81	3
18	राजस्थान	75.86	14	84.11	14
19	सिक्किम	108.99	12	लागू नहीं	लागू नहीं
20	तमिलनाडु	149.1	6	152.24	5
21	उत्तर प्रदेश	101.23	18	86.99	13
22	उत्तराखंड	लागू नहीं	लागू नहीं	118.38	9
23	पश्चिम बंगाल	111.23	10	97.01	12

स्रोतः ग्यारहवें वित्त आयोग की रिपोर्ट, राज्यों की प्रति व्यक्ति आय–सीएसओ।

तालिका 11.10
राज्यों की अवसंरचना सूचकांक, गरीबी अनुपात तथा प्रति व्यक्ति आय के बीच रैंक पारस्परिकता

	1999–2000	2007–08[a]	2008–09[a]
बुनियादी सूचकांक तथा प्रति व्यक्ति आय के बीच	0.7895	0.8623	0.8506
बुनियादी सूचकांक तथा गरीबी अनुपात के बीच	0.6386	0.8727	0.8208
प्रति व्यक्ति आय तथा गरीबी अनुपात के बीच	0.8193	0.7390	0.7481

स्रोतः 'उप–राष्ट्र स्तर पर वृद्धि विकास से संबंधित मसलों' के संबंध में योजना आयोग के कार्यदल समूह की रिपोर्ट

नोटः पीसीआई – प्रति व्यक्ति आय

[a] गरीबी अनुपात (2009–10) तथा राज्यों की प्रति व्यक्ति आय (2007–08)

[b] प्रति व्यक्ति आय (2008–09) तथा गरीबी अनुपात (2009–10)

उद्योग तथा सेवाओं के बीच राष्ट्रीय वृद्धि दर के संवितरण को राज्यों की अनुमानित वृद्धि दर के साथ क्षेत्रीय सुसंगतता स्थापित किया जाना भी ध्यान में रखा गया है। राज्यों के प्रत्येक क्षेत्र में विशिष्ट वृद्धि दरों को राष्ट्रीय वृद्धि दर के साथ तुलना करते हुए प्रत्येक राज्य का क्षेत्र विशिष्ट की वृद्धि में अखिल भारतीय स्तर में दिए गए योगदान को 2004–05 से 2009–10 तक की अवधि के दौरान बनाये रखने हेतु उसका प्रो–रेटिड पूर्ण क्षमता किया गया है। इसका प्रत्येक राज्य की क्षमताओं तथा सीमाओं के मद्देनजर बारहवीं योजना में समायोजन तथा उसमें सुधार की अपेक्षा की दृष्टि से कर लिया गया है ताकि, विगत में कम प्रगतिशील राज्य अपनी पूर्ण क्षमता प्राप्त कर सकें। उपर्युक्त पद्धति के आधार पर जीएसडीपी वृद्धि दरों को तालिका 11.11 में दर्शाया गया है।

क्षेत्रीय असमानताओं को सुलझाने की कार्यनीति

11.35. अन्तर–राज्य अन्तरा–राज्य असमानताएं राष्ट्र स्तर पर तीव्र तथा अधिक समाविष्ट कारक विकास के लिए विकास के लिए चिंता का मुख्य स्रोत है, देश के भिन्न–भिन्न राज्य द्वारा यदि समकक्ष रूप से विकास के फलों का लाभ नहीं उठा पाए, ताकि उनको मिलने वाली सेवाओं तथा लाभ का स्तर समुचित और न्यायोचित बन सके, तो राष्ट्र नीति में निरंतर अवरोध उत्पन्न होगा। यह विभिन्न राष्ट्रीय मुद्दों से संबंधित कार्यों में स्पष्ट रूप से ज्ञात होता है तथा इससे देश की समग्र आर्थिक वृद्धि में रुकावट पैदा होती है।

11.36. अतः इन समस्याओं को सुलझाने के लिए सरकार के भीतर, वित्त आयोग के संवैधानिक हस्ताक्षेप के अलावा, कई तरह की नीतिगत उपाय मौजूद होते है। राज्यों के लिए वित्तीय हस्तक्षेप के दो प्रमुख स्रोत वित्त आयोग अवार्ड तथा योजना अंतरण के अंतर्गत अंतरण होते हैं। उत्तरवर्ती वित्त आयोग ने इन्हें अधिक समतुल्य बनाने का प्रयास किया है। विशेषकर योजना अंतरण के लिए बनाया गया सूत्र प्रति व्यक्ति आय, आबादी, भौगोलिक क्षेत्र तथा इसी तरह के अन्य क्षेत्रों पर आधारित है। जो कम प्रति व्यक्ति आय वाले राज्यों को दर्शाता है। तेरहवां वित्त आयोग अवार्ड के अंतरण को तालिका 11.12 में दर्शाया गया है।

11.37. तेरहवें वित्तीय आयोग में क्षैतिज भागीदारी के लिए मापदंड का सिद्धांत तालिका 11.13 में दर्शाया गया है।

11.38. उपरोक्त में, राज्यों की मुख्य अक्षमता शामिल की गई है अर्थात्, राज्यों में सीमित निवेश के कारण तथा इन राज्यों ने वृद्धि दर कम प्रति व्यक्ति आय के कारण प्रभावित होती है। क्षैतिज अंतरण हेतु भी किसी तरह के प्रगतिशील दृष्टिकोण के संबंध में अन्य मापदंड अपनाए गए हैं। इसके कारण केन्द्र द्वारा स्रोतों की अधिक समतुल्य भागीदारी प्राप्त होती है। चूंकि राज्यों के कुल अंतरण में वित्त आयोग की प्रमुख भागीदारी होती है, अतः राज्यों को इस क्षैतिज अंतरण सूत्र के कारण अपनी अपेक्षाओं को पूरा करने तथा अधिक समतुल्य वृद्धि हासिल करने में मदद मिलती है।

11.39. अंतरण की दूसरी नीति योजना आयोग की है, जो योजना अंतरणों पर आधारित है। इनसे भी पुनः प्रगतिशील प्रकृति प्राप्त होती है तथा कम आय के लिए ये राज्यों के लिए सहायक सिद्ध होते है। कुल अंतरण में सामान्य केन्द्रीय सहायता, केन्द्र द्वारा प्रायोजित परियोजनाओं के अंतर्गत अंतरण तथा विशेष योजना के अंतर्गत अतिरिक्त केन्द्रीय सहायता अंतरण शामिल होते हैं। ये एनसीए अंतरण गाडगिल–मुखर्जी सूत्र के अंतर्गत तालिका 11.14 में दर्शाए गए हैं।

11.40. राज्यों के समग्र अंतरण में हालांकि एनसीए की भागीदारी तुलनात्मक दृष्टि से बहुत कम है। वर्ष 2011–12 के दौरान यह राज्यों के कुल योजना अंतरण का 4.5 प्रतिशत थी।

11.41. सीएसएस के अंतर्गत अंतरण समुचित रूप से बढ़ रहे हैं और ये सामाजिक तथा आर्थिक विकास के मुख्य क्षेत्र में केन्द्रित रहे हैं। ग्यारहवीं योजना में, 14 फ्लैगशिप योजना पर फोकस था, जिसमें कृषि, शिक्षा, स्वास्थ्य, रोजगार, शहरी विकास, ग्रामीण तथा शहरी अवसंरचना तथा ऊर्जा क्षेत्र शामिल थे। इसके परिणाम स्वरूप राज्यों को पर्याप्त अंतरण हुआ जिससे वहां समग्र विकास तथा अवसंरचना स्तर दोनों प्रभावी हुए। इन फ्लैगशिप योजनाओं के अंतर्गत केन्द्रीय योजना अंतरण तालिका 11.15 में दिया गया है।

विशेष क्षेत्र कार्यक्रम

11.42. संघ सरकार द्वारा क्षेत्रीय असमानताएं की समस्या से निपटने के लिए किया गया हस्तक्षेप दो श्रेणियों में आता है। पहली, केन्द्रीय प्रायोजित योजना के अंतर्गत सहायता के संवितरण के लिए अधिक पक्षीय मापदंडों के माध्यम से कम विकसित राज्यों में सीधा निवेश। उदाहरण के लिए इंदिरा विकास योजना के अंतर्गत राज्यों को राज्य आधार पर मकानों की कमी तथा गरीबी रेखा के नीचे आबादी के आधार पर निधि आबंटन। इसके परिणामस्वरूप 2010–11 में, बिहार को इस कार्यक्रम के अंतर्गत 25 प्रतिशत आबंटन प्राप्त हुआ। इसी तरह से, राष्ट्रीय ग्रामीण स्वास्थ्य मिशन (एनआरएचएम) के मामले में केन्द्रित ध्यान हेतु 17 राज्यों की पहचान की गई। तथापि, केन्द्रीय सरकार का सबसे अधिक महत्वपूर्ण अंतरण उन विशेष क्षेत्र विकास

तालिका 11.11
बारहवीं पंचवर्षीय योजना (2012–2017) के लिए राज्यवार तथा क्षेत्र-वार प्रत्याशित वृद्धि दरें

(प्रतिशत में)

क्र.सं.	राज्य/संघ राज्य क्षेत्र	योजना आयोग द्वारा प्रत्याशित क्षेत्रवार वृद्धि दरें				राज्य सरकार द्वारा प्रस्तावित वृद्धि लक्ष्य
		कृषि	उद्योग	सेवाएं	कुल	
1.	आन्ध्र प्रदेश	5.0	8.3	9.4	8.3	10.0
2.	बिहार	6.0	12.0	11.0	10.0	13.0
3.	छत्तीसगढ़	6.0	7.5	9.5	8.0	10.0
4.	गोवा	0.5	7.2	9.9	8.5	15.0
5.	गुजरात	4.0	9.2	10.5	9.2	10.8
6.	हरियाणा	4.2	7.3	11.5	9.0	10.2
7.	झारखंड	6.0	7.0	10.5	8.5	10.0
8.	कर्नाटक	5.0	5.5	9.2	7.5	8.0
9.	केरल	1.0	6.0	9.6	8.0	9.0
10.	मध्य प्रदेश	6.5	9.3	9.6	8.8	12.0
11.	महाराष्ट्र	3.0	8.2	9.5	8.6	10.5
12.	ओडिशा	3.2	8.2	9.5	8.0	9.0
13.	पंजाब	1.6	8.0	8.0	6.5	6.5
14.	राजस्थान	5.5	5.5	9.0	7.2	7.7
15.	तमिलनाडु	3.4	7.4	8.5	7.7	11.0
16.	उत्तर प्रदेश	3.2	5.8	9.6	7.2	8.5
17.	पश्चिम बंगाल	2.5	5.5	8.8	7.0	8.0
	विशेष श्रेणी राज्य					
18.	अरुणाचल प्रदेश	5.7	10.3	9.0	8.5	9.02
19.	असम	4.8	4.6	8.9	7.0	8.33
20.	हिमाचल प्रदेश	2.0	8.2	10.0	8.0	8.2
21.	जम्मू और कश्मीर	1.5	4.3	9.5	6.5	7.5
22.	मणिपुर	6.0	4.5	8.4	6.5	6.6
23.	मेघालय	2.8	8.5	9.2	8.0	11.0
24.	मिजोरम	6.9	9.3	9.8	9.0	11.0
25.	नागालैंड	4.8	9.0	7.5	7.0	8.0
26.	सिक्किम	4.0	8.3	9.8	8.5	8.5
27.	त्रिपुरा	5.0	8.0	9.7	8.2	8.5
28.	उत्तराखण्ड	3.0	9.0	11.2	9.5	10.5
	संपूर्ण भारत	4.0	7.6	9.0	8.0	

स्रोतः योजना आयोग

तालिका 11.12
सामान्य केन्द्रीय सहायता (योजना) के तहत वित्तीय अंतरण और तेरहवां वित्त आयोग

क्र. सं.	राज्य	2004–05 पर प्रति व्यक्ति जीएसडीपी 2011–12 मूल्य (₹)	आबादी (2011 जनगणना)	ग्यारहवीं योजना (2007–12) के दौरान एनसीए[a] में भागीदारी	तेरहवें वित्त आयोग के अनुसार प्रतिशतता में भागीदारी
	गैर-विशेष श्रेणी राज्य			समूह के भीतर (प्रतिशत)	
1	आन्ध्र प्रदेश	47,547	7.60	6.260	7.642
2	बिहार	14,647	9.30	11.320	11.578
3	छत्तीसगढ़	33,206	2.30	2.832	2.812
4	गोवा	1,28,917	0.13	0.475	0.293
5	गुजरात	67,056	5.43	3.918	3.601
6	हरियाणा	69,726	2.28	1.848	1.303
7	झारखंड	28,815	2.84	3.409	3.205
8	कर्नाटक	47,911	5.42	4.386	4.979
9	केरल	60,535	3.00	3.217	2.699
10	मध्य प्रदेश	27,620	6.56	7.131	7.806
11	महाराष्ट्र	70,885	10.10	6.883	6.139
12	उड़ीसा	30,946	3.78	5.983	5.287
13	पंजाब	52,908	2.48	2.238	1.719
14	राजस्थान	33,274	6.18	5.885	6.550
15	तमिलनाडु	61,530	6.48	20.134	5.586
16	उत्तर प्रदेश	20,868	17.89	20.134	20.897
17	पश्चिम बंगाल	37,765	8.23	8.144	7.899
			100	100	100
	विशेष श्रेणी राज्य			समूह के अंदर (प्रतिशत)	
1	अरुणाचल प्रदेश	40,556	1.84	7.929	4.274
2	असम	26,037	41.49	19.535	27.153
3	हिमाचल प्रदेश	60,772	9.13	9.659	10.184
4	जम्मू और कश्मीर	34,533	16.72	19.137	18.986
5	मणिपुर	26,687	3.63	5.840	6.370
6	मेघालय	42,003	3.94	4.852	4.621
7	मिजोरम	43,187	1.45	5.590	4.134
8	नागालैंड	46,548	2.63	5.910	6.453
9	सिक्किम	83,568	0.82	3.770	2.125
10	त्रिपुरा	42,970	4.88	8.244	6.164
11	उत्तराखंड	58,404	13.47	9.536	9.535
			100	100	100

स्रोतः योजना आयोग

[a]इस गणना में सांकेतिक ऋण घटक शामिल है।

तालिका 11.13
कर अंतरण के लिए मानदंड तथा प्रभाव

क्र. सं.	मानदंड	प्रभाव (प्रतिशत)
1	आबादी (1971)	25.0
2	क्षेत्र	10.0
3	वित्त क्षमता दूरी	47.5
4	वित्तीय अनुशासन	17.5

स्रोतः तेरहवें वित्त आयोग रिपोर्ट, दिसम्बर, 2009

तालिका 11.14
गाडगिल-मुखर्जी सूत्र के अंतर्गत मानदंड तथा प्रभाव

क्र. सं.	मापदंड	प्रभाव (प्रतिशत)
1	आबादी (1971)	60
2	प्रति व्यक्ति आय	
	(1) राष्ट्रीय औसत की तुलना में कम आय वाले राज्य	20
	(2) सभी राज्यों के लिए	5
3	कार्यनिष्पादन (कर प्रयास, वित्त प्रबंध, राष्ट्रीय उद्देश्य)	7.5
4	विशेष समस्याएं	7.5

स्रोतः योजना आयोग

कार्यक्रमों के लिए हुआ जो चुने गए पिछड़े क्षेत्रों में विकास के कुछ पहलुओं पर स्पष्ट रूप से केन्द्रित थे। ये कार्यक्रम इस प्रकार हैं:

1. पिछड़े क्षेत्र अनुदान निधि
   क. जिला घटक
   ख. चुने गए आदिवासी तथा पिछड़े जिले के लिए एकीकृत कार्रवाई योजना
   ग. बुंदेलखंड क्षेत्र के लिए विशेष पैकेज
   घ. पश्चिम बंगाल के लिए विशिष्ट योजना
   ङ उड़ीसा के केबीके जिलों के लिए विशिष्ट योजना
2. पर्वतीय क्षेत्र विकास कार्यक्रम/पश्चिमी घाट विकास कार्यक्रम
3. सीमावर्ती क्षेत्र विकास कार्यक्रम

पिछड़े क्षेत्र अनुदान निधि (बीआरजीएफ)

11.43. पिछड़े क्षेत्र अनुदान निधि (बीआरजीएफ) को दसवीं योजना के अंत में उत्तरोत्तर, 2006 में आरंभ किया गया था, जिसे विकास में क्षेत्रीय असंतुलनों के निपटान कार्य की दृष्टि से बनाया गया था। इसका लक्ष्य पिछते क्षेत्रों में अभिसरण द्वारा, अनुपूरक अवसंरचना के माध्यम से और क्षमता निर्माण करके विकास करना था। मौजूदा विकास के लिए इन जिलों को मिलने वाली धन राशि प्रतिभागिता जिला योजना के अंतर्गत पर्याप्त अंश के रूप में प्रदान की जाती हैं।

पिछड़े क्षेत्र अनुदान निधि के जिला घटक

11.44. पिछड़े क्षेत्र अनुदान निधि चुने गए जिलों में मौजूदा विकास के लिए अनुपूरक तथा अभिसरण हेतु वित्त संसाधन मुहैया कराती है, ताकि वे:

1. उनके द्वारा स्थानीय अवसंरचना में रखे गए रिक्त स्थानों को तथा ऐसी विकास अपेक्षाओं को पूरा किया जा सके हेतु जिन्हें मौजूदा वित्तीय सहायता से पूरा नहीं किया सकता है।
2. इस उद्देश्य से पंचायत तथा नगर स्तरीय शासन को उपयुक्त क्षमता निर्माण के साथ निर्माण, तथा निर्णय लेने, तथा स्थानीय अपेक्षाओं की मॉनीटरिंग और कार्यान्वयन हेतु योजना प्रतिभागिता सुलभ बनाते हुए उसे अधिक सुदृढ़ करना।
3. स्थानीय निकायों को योजना, कार्यान्वयन तथा उनकी योजनाओं की मॉनीटरिंग के लिए व्यवसायिक सहायता मुहैया कराना।
4. पंचायत को सौंपे गये महत्वपूर्ण कार्यों हेतु उसकी क्षमता निर्माण और उसकी प्रदायगी में सुधार करना तथा अपर्याप्त स्थान क्षमता में क्षति के कारण से हुई संभावित प्रतिभूति हानि को पूरा करना।

11.45. पिछड़े क्षेत्र अनुदान निधि जिला घटक में इस समय चल रही राष्ट्रीय सम विकास योजना शामिल की गई है इस योजना का प्रबंध कार्य योजना आयोग से परिवर्तित होकर पंचायत राज मंत्रालय (एमओपीआर) में चला गया है। क्योंकि यह योजना पीआरआई के माध्यम से कार्यान्वित की जानी थी, जो जिला योजना समिति (डीपीसी) द्वारा तैयार की गई प्रारूप विकास योजना में पूर्ण होती है। आशा की गई थी कि इस योजना के लिए कार्यान्वयन की विकेन्द्रीकृत प्रतिभागिता जिला योजना समितियों के संवैधानिक कार्यों में उत्प्रेरक बनेगी, जो एक ऐसी व्यवस्था थी जिसे अब तक अधिकांश राज्यों में अनदेखा किया गया था।

11.46. इस कार्यक्रम के अंतर्गत पंचायती राज मंत्रालय द्वारा अनुमोदित धनराशि संबंधित राज्य सरकारों की समेकित निधि को स्थानांतरित कर दी जाती है। इस निधि को पंचायतों, नगर

तालिका 11.15
महत्वपूर्ण फ्लैगशिप स्कीमों के अंतर्गत राज्यवार जारी की गई केन्द्रीय राशि–कुलके प्रतिशत के रूप में

राज्य	आबादी (2011) (प्रतिशत भागीदारी)	सर्व शिक्षा अभियान	राष्ट्रीय ग्रामीण स्वास्थ्य मिशन	एकीकृत बाल विकास सेवाएं	प्रधान मंत्री ग्राम सड़क योजना	राष्ट्रीय ग्रामीण रोजगार गारंटी योजना	मध्याह्न भोजन स्कीम	पिछड़ा क्षेत्र अनुदान निधि	कुल
गैर-विशेष श्रेणी राज्य									
आन्ध्र प्रदेश	7.11	8.87	6.35	6.56	3.87	5.07	8.69	9.36	6.48
बिहार	8.72	8.94	5.35	5.78	21.27	4.46	8.35	10.431	8.62
छत्तीसगढ़	2.15	3.38	2.87	2.72	5.11	5.62	4.84	6.64	4.33
गोवा	0.12	0.05	0.14	0.09	0	0.01	0.08	0	0.05
गुजरात	5.07	4.25	4.22	5.70	0.42	1.11	3.60	2.80	2.92
हरियाणा	2.13	1.96	2.02	1.61	0.38	0.94	1.71	0.48	1.34
झारखंड	2.77	2.80	3.18	2.31	5.37	4.24	5.33	4.69	3.85
कर्नाटक	5.14	3.03	4.57	5.42	0	2.27	5.77	2.37	3.13
केरल	2.81	0.82	3.96	2.62	1.28	3.26	1.46	0.88	2.27
मध्य प्रदेश	6.10	9.20	6.53	6.56	7.26	10.18	7.83	10.3	8.39
महाराष्ट्र	9.44	5.70	8.90	10.10	5.04	3.57	7.07	6.51	6.19
उड़ीसा	3.53	4.48	4.72	4.83	12.53	3.35	3.79	8.32	5.50
पंजाब	2.33	2.32	2.29	1.85	1.05	0.39	1.79	0.40	1.43
राजस्थान	5.77	7.18	7.11	4.18	4.26	5.55	5.40	7.31	5.76
तमिलनाडु	6.06	3.29	5.27	3.83	1.02	9.65	4.12	2.71	5.07
उत्तर प्रदेश	16.77	12.74	12.67	15.66	1.30	14.54	10.98	13.81	11.82
पश्चिम बंगाल	7.68	8.58	6.33	8.20	5.25	8.90	7.88	5.23	7.65
विशेष श्रेणी राज्य									
अरुणाचल प्रदेश	0.12	1.15	0.52	0.69	1.36	0.21	0.21	0.27	0.66
असम	2.62	5.17	5.97	4.85	10.73	1.46	5.43	1.52	4.93
हिमाचल प्रदेश	0.58	0.69	1.34	1.04	1.95	1.07	0.75	0.60	1.11
जम्मू और कश्मीर	1.05	1.45	1.72	1.20	4.83	2.68	1.37	0.78	2.24
मणिपुर	0.23	0.19	0.42	0.58	1.12	2.14	0.19	0.82	0.96
मेघालय	0.25	0.70	0.42	0.67	0.24	0.98	0.36	0.63	0.63
मिजोरम	0.09	0.52	0.46	0.32	0.60	1.13	0.34	0.64	0.65
नागालैंड	0.17	0.47	0.60	0.76	0.06	2.31	0.25	1.06	0.96
सिक्किम	0.05	0.19	0.18	0.09	0.51	0.35	0.11	0.36	0.26
त्रिपुरा	0.03	0.85	0.47	0.93	1.32	3.29	0.86	0.35	1.52
उत्तराखंड	0.85	1.01	1.42	0.83	1.88	1.28	1.45	0.75	1.27
कुल (करोड़ ₹ में) (प्रतिशत भागीदारी)	119 (100)	29,171 (100)	20,695 (100)	9,801 (100)	15,685 (100)	14,703 (100)	3,917 (100)	14,159.80 (100)	1,08,133 (100)

स्रोत: योजना आयोग

पालिकाओं तथा अन्य क्रियान्वयन प्राधिकारियों को बारहवें वित्त आयोग अनुदान के अंतरण के मामले में दिये गए मतादेश की तरह 15 दिन के भीतर समेकित निधि में स्थांतरित किया जाना अपेक्षित होता है। राज्यों से कोर बैकिंग व्यवस्था के माध्यम से स्थानीय सरकारों को एक बैंक अंतरण तंत्र अपनाए जाने का अनुरोध किया गया है।

11.47. पिछड़े क्षेत्र अनुदान निधि के अंतर्गत अवसंरचना में रह गए रिक्त स्थानों का प्रत्येक पंचायत तथा नगर पालिका द्वारा उसके कार्य क्षेत्र के लिए अपेक्षित प्रतिभागी योजना तैयार द्वारा भरा जाना अपेक्षित है। इन योजनाओं में पिछड़े क्षेत्र विकास निधि के अंतर्गत प्राप्त होने वाली अन्य निधि को छोड़कर सभी प्रकार की निधियों को डीपीसी द्वारा जिला योजनाओं में समेकित करना अपेक्षित होता है। पिछड़े क्षेत्र विकास निधि के अंतर्गत प्रदान की गई धन राशि एकीकृत होती है तथा इसका पंचायत तथा नगर पालिका के साथ समुदायों से मेल मिलाप हेतु चुने गये सभी प्रकार के विकास कार्यों को किया जा सकता है।

भौतिक कार्य निष्पादकता

11.48. जहां तक इन कार्यक्रमों के अंतर्गत भौतिक उपलब्धियों का संबंध है जिला योजनाओं तथा विभिन्न राज्यों से इस मंत्रालय को अब तक प्राप्त होने वाली प्रगति रिपोर्टो का विश्लेषण दर्शाता है कि इन जिलों को आबंटित एकीकृत धनराशि का पेयजल, स्वास्थ्य, शिक्षा, सामाजिक क्षेत्र, विद्युतीकरण आदि में अवसंरचना पूर्ण करने के लिए आम तौर पर किया जाता है। इनमें शामिल विभिन्न प्रकार के कार्यों में स्कूल भवन निर्माण/कक्षा कक्ष, शौचालय, क्रीड़ा स्थल, स्वास्थ्य केन्द्र, कुंए, पेय जल सुविधा स्वच्छता तथा स्वास्थ्य संबंधी सुविधाओं, आंगनबाड़ी भवन, पंचायत भवन, सिंचाई के तालाब/नहरों, कृषि तथा पशु पालन सुविधाओं, विद्युतीकरण, सड़कों की लाइटिंग, लिंक रोड, बड़े बाजार, हाट बाजार, बाढ़ नियंत्रण केन्द्रों, भूमि तथा जल संरक्षण उपायों, श्मशान गृह, गरीबी रेखा से नीचे (बीपीएल) के परिवारों के लिए मकानों, स्वयं सहायता समूहों (एसएचजी) के लिए प्रशिक्षण तथा बाजार सुविधाओं, पुलिया, अस्थायी पुल आदि के निर्माण में प्रयोग शामिल हैं।

11.49. मंत्रालय ने 'रोलिंग प्लान तथा चक्रानुक्रम फंड' के सिद्धांत को अपनाया है जिसके अंतर्गत अगले वर्ष के लिए कार्रवाई योजना में मौजूदा वर्ष के अधूरे कार्यो को शामिल किया जाता है।

वित्तीय कार्य निष्पादकता

11.50. 2010–11 तक ग्यारहवीं योजना के वित्त लक्ष्यों की उपलब्धि का ब्यौरा निम्न अनुसार है (तालिका–11.16):

कार्यक्रम का मूल्यांकन

11.51. वर्ष 2009 में पंचायती राज मंत्रालय के अनुरोध पर विश्व बैंक मिशन, जिसने जुलाई, 2009 में 8 राज्यों में से प्रत्येक के दो जिलों का दौरा किया था, इन कार्यक्रमों का मूल्यांकन किया। पंचायती राज मंत्रालय ने पिछड़े क्षेत्र अनुदान निधि के लिए एक राष्ट्रीय सलाहकार एवं समीक्षा समिति भी गठित की। इन कार्यक्रमों की सफलताओं में मूल्यांकन अध्ययन में इस तथ्य की पहचान की है कि इन कार्यक्रमों के द्वारा विकेन्द्रीकृत योजनाओं को अधिक महत्वपूर्ण बनाते हुए पंचायतों, नगरपालिकाओं, जिला योजना समितियों के माध्यम से कार्यान्वयन कार्यों का शुभारंभ हुआ। इसने यह भी पाया कि स्थान निकार्यों के क्षमता निर्माण के कारण उनके चुने गये प्रतिनिधियों तथा पदाधिकारियों के विश्वास, जागरूकता तथा कार्यनिष्पादन क्षमता बढ़ी है। बीआरजीएफ विकास निधे की विवेकाधिकार प्रवृत्ति को स्थान

तालिका 11.16
ग्यारहवीं योजना व्यय

वित्त वर्ष	आबंटन (₹ करोड़)		व्यय उप्लब्धि		
	बजट अनुमान	संशोधित अनुमान	₹ करोड़	बजट अनुमान का प्रतिशत	संशोधित अनुमान का प्रतिशत
2007–2008	4670.00	3600.00	3600.00	77.09	100.00
2008–2009	4670.00	3890.00	3889.75	83.29	99.99
2009–2010	4670.00	3670.00	3669.97	78.59	100.00
2010–2011	5050.00	5050.00	5050.00	100.00	100.00
2011–2012	5,050.00	3,717.00	3,917.00	77.56	105.38

स्रोत: योजना आयोग

टिप्पणी: 2010–11 तक के व्यय हैं और इसमें योजना का अंतिम वर्ष शामिल नहीं है।

निकायों द्वारा इन कार्यक्रमों के सबसे महत्वपूर्ण पहलू के रूप में सराहा गया है।

11.52. चुनी गई बढ़ी कमजोरियों में बीआरजीएफ जिलों को चुनने के मापदंड, प्रति पंचायत के लिए बहुत कम अनुदान मात्रा, जिसमें प्रति वर्ष ₹2 से 3 लाख का औसत शामिल है तथा जिसे किसी भी प्रकार के प्रभाव के लिए बहुत कम माना जाता है। निधि प्राप्ति के लिए भारी भरकम प्रक्रियाओं की अपेक्षाओं तथा यह तथ्य कि बीआरआई/शहरी स्थानीय निकाय (यूएलबी) अभी भी अपर्याप्त मानव संसाधन तथा अवसंरचना की गुणवत्ता के अभाव से ग्रस्त हैं।

11.53. पिछड़े क्षेत्र अनुदान निधि की समीक्षा से प्राप्त हुई जानकारियों के आधार पर तथा अन्य बातों पर विचार करने के बाद, हम बारहवीं योजना के दूसरे वर्ष से एक पूर्णतः नयी पद्धति प्रस्तावित कर रहे हैं। (निम्नलिखित देखें)।

बिहार के लिए विशेष योजना

11.54. पिछड़े क्षेत्र अनुदान निधि के एक घटक के रूप में बिहार हेतु एक विशेष योजना है, जिसे कि इस क्षेत्र में क्षेत्रीय अंसतुलन कम करने की दृष्टि से बनाया गया है। यह विशेष योजना विद्युत सड़क, सिंचाई, वन तथा जलागम विकास जैसे क्षेत्रों में सुधार लाने की दृष्टि से बनाई गई है।

11.55. दसवीं योजना अवधि के दौरान, इस विशेष योजना के लिए ₹1,000 करोड़ प्रति वर्ष की दर से आबंटन किया गया था। ग्यारहवीं योजना अवधि के लिए भी यही आबंटन अनुमोदित था। तथापि वर्ष 2010–11 के लिए इस आबंटन को बढ़ाकर ₹2,000 करोड़ तथा वर्ष 2011–12 के लिए ₹1,468 करोड़ कर दिया गया है। योजना आयोग इस विशेष योजना को शासित कर रहा है तथा धन राशि 100 प्रतिशत अनुदान आधार पर प्रदान की जा रही है।

11.56. इस योजना के अंतर्गत आरंभ की गई अधिकांश योजनाएं अभी भी अधूरी हैं तथा उनके लिए बारहवीं योजना अवधि में वित्त पोषण अपेक्षित है। इसके अतिरिक्त, पटना के नजदीक दिघा में एक रेल रोड पुल तथा राज्य राजमार्ग के लिए संशोधित लागत अनुमान प्राप्त हो गए हैं। बिहार के लिए यह विशेष योजना जारी रखना अपेक्षित है क्योंकि बिहार तथा अन्य राज्यों के बीच अभी तक अवसंरचना और विकास में एक बड़ा अंतर है तथा बिहार पुनगर्ठन अधिनियम की प्रस्तावना के परिणाम स्वरूप कुछ दायित्वों को पूरा करना अपेक्षित है। इसके अतिरिक्त, बिहार के लिए विशेष श्रेणी का दर्जा देने के लिए एक ज्ञापन पर विचार करने के लिए अंतर मंत्रालयी समूह (आईएमजी) ने बारहवीं योजना में बिहार के लिए विशेष योजना जारी रखने की सिफारिश भी की है।

उड़ीसा के केबीके जिलों हेतु विशेष योजना

11.57. कालाहांडी, बोलनगीर, कोरापुट अविभाजित जिलों (जिन्हें आम तौर पर केबीके जिलों के रूप में जाना जाता है तथा जिन्हें 1992–93 से आठ जिलों के रूप में बाद में पुनगर्ठित किया गया है) में 47,646 वर्ग किलोमीटर का क्षेत्रफल शामिल है तथा उनमें 14 उप प्रभाग, 37 तहसील, 80 सीडी ब्लॉक, 1,437 ग्राम पंचायतें तथा 12,293 ग्राम है। इन केबीके जिलों की आबादी 72.87 लाख है, यहां 2001 की जनगणना के अनुसार, 89.95 प्रतिशत ग्रामीण (राज्य की कुल आबादी 19.80 प्रतिशत) तथा 54.66 प्रतिशत आदिवासी (38.41 प्रतिशत) तथा अनुसूचित जाति (16.25 प्रतिशत) की आबादी है। आबादी की दृष्टि से, आदिवासी समुदायों का आधिपत्य है।

11.58. केबीके क्षेत्र के पिछड़ेपन की जड़ें इतिहास से जुड़ी हैं। इन जिलों में बार–बार पड़ने वाले अकाल तथा बाढ़ के कारण इनकी अर्थव्यवस्थाओं पर तथा यहां के लोगों पर प्रतिकूल प्रभाव पड़ा है इस क्षेत्र में कृषि विरोधी वातावरण तथा खराब परिवहन व्यवस्था और अवसंरचना के पिछड़ेपन ने इसे अलग–थलग कर रखा है।

11.59. इन जिलों के 50 प्रतिशत से अधिक वन क्षेत्र पूरी तरह समाप्त हो गए हैं। ये अधिकांशतः वे पर्वतीय घाटियां हैं जिन्हें सर्वेक्षणों में राजस्व वन कहा गया है। जबकि केबीके जिलों के अंतर्गत कुल वन क्षेत्रफल रिकार्ड के अनुसार 15,957 वर्ग किलोमीटर (अर्थात् 33.5 प्रतिशत), है, वन क्षेत्र वास्तविक रूप से केवल 12,690 किलोमीटर में ही है। इसमें 5,703 किलोमीटर में घने जंगल, 6,987 वर्ग किलोमीटर खुले जंगल तथा 3,267 वर्ग किलोमीटर में उजाड़ वन शामिल हैं। वनों की समाप्ति की इस सतत प्रक्रिया से गरीबों का जीवन यापन प्रतिकूल रूप से प्रभावित हुआ है।

11.60. सन् 1980 से, केबीके जिले ध्यान के केंद्र में रहे हैं। वर्ष 1995–1996 में सात वर्ष के लिए एक दीर्घकालिक कार्रवाई योजना आरंभ की गई थी। इस योजना को 1998–99 में आगे संशोधित किया गया तथा इसके स्थान पर 9 वर्षों की अवधि के लिए एक दीर्घकालिक कार्रवाई योजना बनायी गई। इस दीर्घकालिक कार्रवाई योजना में वास्तव में केन्द्रीकृत रूप से प्रायोजित योजना के लिए विभिन्न केन्द्रीय मंत्रालयों द्वारा तथा योजना आयोग द्वारा अतिरिक्त केन्द्रीय सहायता का कुल आबंटन महत्वपूर्ण अंतर्गत को भरने के

लिए किया गया था। यह अतिरिक्त केन्द्रीय सहायता 70 प्रतिशत ऋण और 30 प्रतिशत अनुदान के रूप में जारी की गई थी।

11.61. योजना आयोग की सलाह पर राज्य सरकार ने वर्ष 2002–03 से, केबीके जिलों के लिए एक विशेष योजना बनाना आरंभ किया था। वर्ष 2002–03 के लिए इस विशेष योजना में ₹200 करोड़ आबंटित किये गये थे जिन्हें बाद में 2003–04 में योजना को अनुमोदन मिलने के बाद बढ़ाकर ₹250 करोड़ कर दिया गया। अतः दसवीं पंचवर्षीय योजना के दौरान, 2003–04 से 2006–07 तक इस विशेष योजना के लिए ₹250 करोड़ राष्ट्रीय सम विकास योजना के अंतर्गत 100 प्रतिशत अनुदान आधार पर आबंटित किए गए। 2006–07 से, राष्ट्रीय श्रम विकास योजना का स्थान पिछड़े क्षेत्र अनुदान निधि ने ले लिया। पिछले क्षेत्र अनुदान निधि के जिला घटक में उड़ीसा के 19 जिले आते हैं। उड़ीसा के इन 19 जिलों को सभी आठ केबीके जिलों को जिला घटक के अंतर्गत शामिल किया गया है।

11.62. 2006–07 में, यह निर्णय किया गया था कि इन आठ केबीके जिलों को पिछड़े क्षेत्र अनुदान निधि जिला मानदंडों के अंतर्गत वित्तपोषित किया जाएगा तथा बकाया धन राशि केबीके विशेष योजना के अंतर्गत मुहैया करायी जायेगी तदनुसार इन आठ केबीके जिलों के लिए पिछड़े क्षेत्र अनुदान निधि के जिला घटक के अंतर्गत ₹120 करोड़ का वार्षिक आबंटन तथा ₹130 करोड़ का तथा बकाया आबंटन वर्ष 2007–08 से केबीके जिलों के लिए विशेष योजना के माध्यम से किया जाएगा। कुल मिलाकर वर्ष 1995–96 से 2010–11 की अवधि के लिए उपयुक्त कार्यक्रमों के अंतर्गत इस क्षेत्र को प्रति व्यक्ति दृष्टि से ₹3,080.06 की धनराशि प्रदान की गई। इसके अतिरिक्त इस क्षेत्र को हाल ही में महात्मा गांधी राष्ट्रीय ग्रामीण रोजगार गारंटी योजना (एमजीएनआईईजीएस), प्रधानमंत्री ग्राम सड़क योजना (पीएमजीएसवाई), एसएसए, एनआरएचएम तथा अन्य विकास कार्यक्रमों के अंतर्गत विकास निधि प्रदान की गई है। राज्य की वित्तीय हालत में सुधार होने के साथ, हाल ही के वर्षों में इस क्षेत्र को मिलने वाली राज्य निधि में सुधार हुआ है।

11.63. प्रभावः

- राष्ट्रीय नमूना सर्वेक्षण आंकड़ों का प्रारंभिक विश्लेषण दर्शाता है कि एमआरपी पद्धति के अनुसार वर्ष 2004–05 के 62.5 प्रतिशत की तुलना में गरीबी में 1999–2000 के 87.1 प्रतिशत से प्रतिशतता अंक कम होकर 24.6 हो गए।
- केबीके जिलों में प्राथमिक विद्यालयों में प्रविष्टि की दर 1996–97 में 75.89 प्रतिशत से बढ़ कर 2008–09 में 94.11 प्रतिशत हो गई इसी तरह केबीके जिलों में उच्च प्राथमिक विद्यालयों में प्रविष्टि दर 1996–97 में 56.39 प्रतिशत से बढ़कर 2008–09 में 95.29 प्रतिशत हो गई।
- केबीके जिलों में प्राथमिक विद्यालयों से इसे छोड़ने की दर भी 1996–97 में 57.13 से घटकर 2008–09 में 6.79 हो गई।
- महिला साक्षरता दर जो 1991 में 15.87 थी वह 2001 में बढ़कर 29.10 हो गई। इसी अवधि में 1991 में 29.24 से बढ़कर समग्र साक्षरता अनुपात 2001 में 43.30 हो गया। वर्ष 2011 में साक्षरता स्तर में भी 57.56 प्रतिशत का पर्याप्त सुधार हुआ (अर्थात् पुरुष साक्षरता – 69.5 प्रतिशत महिला साक्षरता– 45.9 प्रतिशत)।

11.64. केबीके क्षेत्र के लिए विशेष योजना को विशेष केन्द्रीय सहायता में बढ़ोतरी के साथ ग्यारहवीं पंचवर्षीय योजना से आगे की अवधि के लिए भी बढ़ाए जाने के पर्याप्त कारण हैं। इनका संक्षिप्त विवरण निम्न प्रकार हैः

- *भौगोलिक तथा आबादी परिलक्षणों का अर्थ निम्नतर विकास हैः* इस क्षेत्र के भौगोलिक तथा आबादी परिलक्षण दर्शाते हैं कि इस क्षेत्र में अंतर–निवास तथा अंतर–ग्राम संबद्धता की स्थिति अभी भी खराब है। विद्यालय, आंगनबाड़ी केन्द्र स्वास्थ्य संस्थानों जैसे लोक अवसंरचना की संख्या पर्याप्त नहीं है। प्रधान मंत्री ग्राम सड़क योजना (पीएमजीएसवाय) जैसी रास्ते फ्लैगशिप योजनाओं के क्रियान्वयन से इस अंतर में अभी तक सुधारा नहीं लाया जा सका है क्योंकि इस क्षेत्र में आबादी अलग थलग स्थानों पर बसी है।
- *मानव विकास में अभी तक अंतर मौजूद हैः* हालांकि मानक विकास सूचकों में सुधार आया है, परंतु वे अभी तक वांछनीय स्तर से नीचे है। उदाहरण के लिए साक्षरता दर अभी भी राज्य के 73.4 औसत से कम है (पुरुष साक्षरता – 82.4 प्रतिशत महिला साक्षरता– 64.3 प्रतिशत)। महिला आदिवासी साक्षरता दर्ज राज्य के औसत दर से बहुत कम है। यद्यपि 2004–05 में गरीबी की प्रतिशतता कम होकर 62.5 प्रतिशत हो गई फिर भी यह अभी बहुत अधिक है
- *विकास निधियों की प्राप्ति से अभी तक विगत की अपर्याप्त निधि का अंतर समाप्त नहीं हुआ हैः* यद्यपि हाल ही में, सार्वजनिक निवेश में पर्याप्त सुधार आया है परंतु विगत वर्षों में क्षेत्र की अनदेखी किए जाने के कारण उसमें विकास निधियों के निवेश की पर्याप्त प्राप्ति नहीं हुई है।

चुने गए आदिवासी तथा पिछड़े जिलों के लिए एकीकृत कार्रवाई योजना

11.65. सरकार द्वारा 25 नवम्बर, 2010 को 2010–11 तथा 2011–12 के लिए क्रमशः ₹25 करोड़ तथा ₹30 करोड़ प्रति जिला के एक ब्लॉक अनुदान को राज्य के नौ जिलों में चुने गए 60 आदिवासी तथा पिछड़े जिलों के लिए एक एकीकृत कार्रवाई योजना अनुमोदित की गई थी।

11.66. एकीकृत कार्रवाई योजना को रेखांकित करने वाला मुख्य सिद्धांत लचीलेपन तथा स्थान स्वयत्ता की दृष्टि से जिम्मेदारी, संचार, समाधान हेतु आपसी मेल मिलाप तथा वीडियो वार्तालाप तथा शीघ्र लेखा परीक्षा के माध्यम से स्पष्ट रूप में निधारित करता है। इन सिद्धांतों को आगे बढ़ाने की दृष्टि से इस योजना के अंतर्गत प्रदान की गई धन राशि को जिलाधीश की अध्यक्षता तथा जिले के पुलिस अधीक्षक तथा जिला वन अधिकारी से बनी समिति को सौंपा गया है। इस जिला स्तरीय समिति को उसके द्वारा मूल्यांकित की गई अपेक्षाओं के अनुसार इस विकास योजना की धन राशि को व्यय करने के लिए लचीलापन प्रदान किया गया है। एकीकृत कार्रवाई योजना के अंतर्गत शुरू की जाने वाली योजनाओं के लिए राज्य सरकारों तथा जिलाधीश/जिला मजिस्ट्रेट को संसद के स्थानीय सदस्य के साथ परामर्श करते हुए उपयुक्त रूप प्रदान करने की सलाह दी जाती है। इस जिला स्तरीय समिति ने विद्यालयों भवनों, आंगनवाड़ी केन्द्रों, प्राथमिक स्वास्थ्य केन्द्रों (पीएचसी), पेयजल आपूर्ति, ग्राम सड़कों, सार्वजनिक स्थानों जैसे विद्यालय तथा प्राथमिक स्वास्थ्य केन्द्र आदि में विद्युतीय प्रकाश जैसे सार्वजनिक अवसंरचना तथा सेवाओं के लिए ठोस प्रस्तावों वाली एक योजना बनाई है। इस एकीकृत कार्रवाई योजना के व्यय की जांच का दायित्व तथा उसकी मॉनिटरिंग के कार्य का प्रभाव विकास आयुक्त/राज्य में समकक्ष विकास अधिकारी को दिया गया है। एकीकृत कार्रवाई योजना के अंतर्गत ₹5,100 करोड़ की कुल राशि प्रदान की गई है।

11.67. समीक्षाओं तथा विशेष समीक्षाओं को करने के लिए एक ऑनलाइन एमआईएस प्रणाली स्थापित की गई है। इसके अतिरिक्त 21 मार्च, तथा 8 सितम्बर, 2011 को वीडियो वार्तालाप के माध्यम से नौ राज्यों के मुख्य सचिवों के साथ इस एकीकृत कार्रवाई योजना की प्रगति की समीक्षा मंत्रिमंडल सचिव की अध्यक्षता में समूह द्वारा की गई है।

11.68. उपर्युक्त उल्लिखित विशेष योजनाओं के अतिरिक्त भारत सरकार मौजूदा कार्यक्रमों से निधि को प्रवाहित करने पर ध्यान रखने के साथ–साथ एकीकृत कार्रवाई योजना जिलों में अखिल भारतीय योजनाओं की बेहतर मॉनीटरिंग तथा प्रभावी कार्यान्वयन सुनिश्चित करने का कार्य कर रही है। इस संबंध में हाल ही में इस उद्देश्य हेतु अधिकारियों का एक प्राधिकृत समूह गठित किया गया है। जिसमें योजना आयोग का सदस्य सचिव अध्यक्ष के रूप में, ग्रामीण विकास मंत्रालय, सचिव, पंचायती राज मंत्रालय, सचिव तथा आदिवासी कल्याण मंत्रालय, सचिव, सदस्यों के रूप में तथा गृह मंत्रालय, सचिव विशेष सचिव के रूप में कार्य देखेंगे। अन्य बातों के साथ–साथ प्राधिकृत समूह को विभिन्न विकास कार्यक्रमों तथा फ्लैगशिप योजनाओं के मौजूदा मानदंडों/दिशानिर्देशों को संबंधित विभाग के परामर्श से संशोधित करने का अधिकार है। जैसा कि प्राधिकृत समूह द्वारा निर्णय किया गया है, एकीकृत कार्रवाई योजना के 60 जिलों के लिए मानदंडों में निम्न छूट प्रदान की गई है:

1. प्रधानमंत्री ग्राम सड़क योजना के अंतर्गत पुलों की अधिकतम लम्बाई के मापदंडों में 75 मीटर से 50 मीटर की छूट तथा निवास स्थल के मानदंडों में 500 की आबादी के स्थान पर 250 की आबादी की छूट दी गई है। प्रधानमंत्री ग्राम सड़क योजना के अंतर्गत न्यूनतम पैकेज राशि को घटाकर ₹50 लाख कर दिया गया है।
2. इंदिरा आवास योजना के अंतर्गत इंदिरा आवास योजना मकान की प्रति इकाई लागत की सीमा C 45,000 से बढ़ाकर ₹48,500 कर दी गई है।
3. प्राधिकृत समूह में वन तथा पर्यावरण मंत्रालयों को वन (संरक्षण) अधिनियम, 1980 की धारा 2 के अंतर्गत विद्यालय, डिस्पेंसरी/अस्पताल, विद्युत तथा दूर संचार लाइन, पेय जल, पानी/वर्षा जल संचय, लघु सिंचाई नहरों, ऊर्जा के गैर पारम्परिक स्रोतों, कौशल उन्नयन/व्यवसायिक प्रशिक्षण केन्द्र विद्युत सब स्टेशनों, ग्रामीण सड़कों, संचार पोस्ट तथा पुलिस स्टेशनों/आउट पोस्ट/सीमावर्ती पोस्ट/संवेदनशील क्षेत्रों में रखवाली टावर तथा ऑप्टिकल फाइबर केबल, टेलीफोन लाइन तथा पेय जल आपूर्ति लाइन जैसी स्थापनाओं के लिए मांग के संबंध में सामान्य अनुमोदन प्रदान कर दिया है। पर्यावरण तथा वन मंत्रालय, ने 60 आईएपी जिलों द्वारा उपर्युक्त सामान्य अनुमोदन प्राप्त करने की अनुसार वन भूमि में पेड़ पौधे रोपित करने के लिए भी सहमति प्रदान की है।
4. पिछड़े क्षेत्र के अंतर्गत आगे और धनराशि प्रदान करने के लिए 80 प्रतिशत उपयोगिता की शर्त भी संशोधित करके 60 प्रतिशत कर दी गई है। पिछड़े क्षेत्र अनुदान निधि के अंतर्गत राज्यों के द्वारा स्थान निकायों के यथाशीघ्र धनराशि प्रदान करने

संबंधित परिवर्तन भी सुनिश्चित कर लिए गए हैं। साथ ही पिछड़े क्षेत्र विकास निधि के अंतर्गत जिलों को जिला योजनाओं के अनुमोदन हेतु बीपीसी प्राधिकार दे दिया गया है तथा इनमें तथा एचपीसी द्वारा एक सर्वेक्षक समिति के रूप में इन निकायों को अनुमोदन नहीं रोका जायेगा तथा इस संबंध में सामान्य दिशा निर्देश जारी किए जाएंगे।

5. 60 आईएपी जिलों में विद्युतीकरण परियोजनाओं के प्रभावी कार्यान्वयन हेतु, प्राधिकृत समूह ने इस योजना के कार्यान्वयन के लिए ग्रिड की अनुपलब्धता के संबंध में विकेन्द्रित वितरित उत्पादन (डीडीजी) की शर्तों में रियायत देने का अनुरोध विद्युत मंत्रालय से किया है। विद्युत मंत्रालय इससे सहमत हो गया है।
6. प्राधिकृत समूह ने सोलर चार्जिंग स्टेशनों के लिए योजना हेतु आर्थिक सहायता की सीमा को 30 प्रतिशत से बढ़ाकर कर 90 प्रतिशत कर दिया है। तदनुसार, नवीन और नवीकरणीय ऊर्जा मंत्रालय ने सोलर पैनल हेतु ग्रामों/60 आईएपी जिलों में चार्जिंग स्टेशनों के लिए में 50 एलईडी सौर ऊर्जा लालटेन प्रस्तावित किए हैं।

11.69. विशेष क्षेत्र कार्यक्रम संबंधी बारहवीं योजना कार्यसमूह ने टिप्पणी की है कि हालांकि

> 'योजना आयोग प्रत्येक पंचायत स्तर पर विकेन्द्रीकृत योजना की तरफदारी कर रहा है, फिर भी आईएपी ने इसके विपरीत दृष्टिकोण बना रखा है। इस कार्यक्रम के अंतर्गत की जाने वाली योजनाओं/कार्य का कार्य जिलाधीश की अध्यक्षता में एक 3 सदस्य समिति द्वारा किया जाता है जिसमें जिले का पुलिस अधीक्षक तथा जिला वन अधिकारी शामिल होते है। यह पद्धति 73वें तथा 74वें संशोधनों की भावना के बिल्कुल विपरीत है तथा इससे विकेन्द्रीकृत प्रतिभागी योजना के पक्ष में योजना आयोग के मत को कमजोर करती है। हम यह सुझाव देते हैं कि इस योजना के अंतर्गत कार्यान्वयन तंत्र किसी भी प्रकार से योजना आयोग द्वारा निर्धारित मत से अलग नहीं हों। इस 3 सदस्य समिति के मौजूदा तंत्र का जिला योजना प्रक्रियाओं से हट कर कार्य करना संवैधानिक प्रणाली को अव्यवस्थित करने वाला होगा। इस संबंध में, लघु अवधि में किसी प्रकार का भी प्रभावी मत स्थान रूप से स्वीकृत नहीं होगा तथा अतः वह संवहनीय नहीं है।'

11.70. बारहवीं योजना के द्वितीय वर्ष से एकीकृत कार्रवाई योजना को तदनुसार आशोधित किया जा रहा है।

बुंदेलखंड क्षेत्र

11.71. बुंदेलखंड क्षेत्र में उत्तर प्रदेश के सात जिले–बांदा, चित्रकूट, मीरपुर, जालोन, झांसी, ललितपुर तथा महोबा तथा मध्य प्रदेश के छः जिले– छत्तरपुर, दमोह, दतिया, पन्ना, सागर तथा टीकमगढ़ आते हैं। दिनांक 19 नवम्बर 2009 को इस क्षेत्र में 2004–05 से निरंतर वर्षा अभाव के अनुभव के मद्देनजर संघ सरकार ने ₹7,266 करोड़ की लागत से बुंदेलखंड क्षेत्र के लिए, जिसमें उत्तर प्रदेश हेतु ₹3,506 करोड़ तथा मध्य प्रदेश हेतु F 3,760 करोड़ की लागत से वर्ष 2009–10 से आरंभ करते हुए तीन वर्षों की अवधि में कार्यान्वित किये जाने हेतु बाढ़ नियंत्रण कार्यान्वयन पैकेज का अनुमोदन किया है। इस सम्पूर्ण पैकेज में एक एसीए के माध्यम से (जिसमें पेय जल की क्षेत्र में व्यवस्था करवाने हेतु 19 मई 2011 को अनुमोदित, उत्तर प्रदेश के लिए और मध्य प्रदेश के लिए प्रत्येक हेतु ₹100 करोड़ शामिल है) ₹3,650 करोड़ का (उत्तर प्रदेश ₹1,696 करोड़ तथा मध्य प्रदेश के लिए ₹1,954 करोड़) एक अतिरिक्त आबंटन है। बकाया राशि की आपूर्ति केन्द्रीय क्षेत्र तथा सीएसएस द्वारा विनिर्दिष्ट राशि समर्पित करते हुए संयुक्त स्रोत से की जायेगी। विशेष पैकेज के अंतर्गत इस परियोजना के कार्यान्वयन का दायित्व उत्तर प्रदेश तथा मध्य प्रदेश सरकारों का है। अब तक एसीए के रूप में कुल ₹1,921. 43 करोड़ की राशि प्रदान की गई है। कुल ₹630.81 करोड़ का व्यय होने के कारण इन गतिविधियों में तीव्रता आने में समय लग गया है।

11.72. योजना आयोग तथा राष्ट्रीय वर्षा सिंचित क्षेत्र प्राधिकरण द्वारा इस योजना के कार्यान्वयन की प्रवृत्ति की मॉनीटरिंग की जा रही है। योजना आयोग ने उत्तर प्रदेश तथा मध्य प्रदेश के योजना आयोग प्रभारियों को इस मॉनीटरिंग समिति के अध्यक्ष तथा सह अध्यक्ष के रूप में, तथा दोनों राज्यों के और संबंधित विभागों के मुख्य सचिवों को इसके सचिव के रूप में नियुक्त किया है। योजना आयोग के उपाध्यक्ष की अध्यक्षता के अंतर्गत सलाहकार समिति द्वारा जिसमें बुंदेलखंड से सभी लोक सभा सदस्य, सदस्य के रूप में होते हैं, इस परियोजना के कार्यान्वयन की समीक्षा भी की जाती है।

11.73. अल्पावधि की दृष्टि से, इस परियोजना के समग्र परिणाम अभी आने हैं। इसे जारी रखना तथा एसीए का निवेश बढ़ाना अपेक्षित है।

पश्चिम बंगाल के लिए विशेष योजना

11.74. वर्ष 2011–12 और बारहवीं योजना अवधि के दौरान पश्चिम बंगाल के लिए राज्य के पिछड़े क्षेत्रों की विकास संबंधी जरूरतों को पूरा करने के लिए परियोजनाओं पर केन्द्रित अतिरिक्त केन्द्रीय

सहायता प्रदान की जाती है। पश्चिम बंगाल के लिए विशेष योजना 7 दिसम्बर 2011 को ₹8,750 करोड़ के आबंटन सहित मंजूर की गई थी। विद्युत, स्वास्थ्य, सड़क संपर्क, जलापूर्ति और स्वच्छता, शिक्षा, सूक्ष्म और लघु स्तर के उद्यम, सिंचाई, ग्रामीण आवास, कौशल विकास आदि जैसे क्षेत्रों के लिए ₹8,791.97 करोड़ के आबंटन सहित योजनाओं को मंजूरी दी गई है। राज्यसरकार को ₹2,903.66 करोड़ की राशि जारी की गई है।

पर्वतीय क्षेत्र विकास कार्यक्रम/पश्चिमी घाट विकास कार्यक्रम (एचएडीपी/डब्ल्यूजीडीपी)

11.75. पर्वतीय क्षेत्र विकास कार्यक्रम पश्चिमी घाट विकास कार्यक्रम चुने हुए पर्वतीय क्षेत्रों में पांचवीं पंचवर्षीय योजना से चल रहा है। इसका मुख्य उद्देश्य लोगों की मूलभूत आवश्यकताओं को ध्यान में रखते हुए पर्वतीय क्षेत्र में सामाजिक आर्थिक दृष्टि से संवहनीय इकोलॉजी सुनिश्चित करता है। इन दोनों ही कार्यक्रमों का मुख्य उद्देश्य जैव विविधता को केन्द्रित करते हुए भू–संरक्षण तथा प्राणी संरक्षण करना है। ये स्थान समुदायों की अपेक्षाओं तथा उनकी इच्छाओं को भी केन्द्रित करती है, विशेषकर जैव विविधता तथा संवहनीय जीवन यापन संरक्षण के लिए नीति निर्माण तथा उसके कार्यान्वयन में उनकी प्रतिभागिता बनाये रखते हुए।

11.76. पर्वतीय क्षेत्र विकास कार्यक्रम के अंतर्गत शामिल विनिर्दिष्ट पर्वतीय क्षेत्रों को राष्ट्रीय विकास परिषद की समिति द्वारा 1965 में चुना गया था। इनमें उत्तर प्रदेश के आठ जिले शामिल है (जिन्हें बाद में विभाजित करके बारह कर दिया गया है)। यद्यपि उत्तराखंड को एक अलग राज्य बनाए जाने के परिणामस्वरूप, पर्वतीय क्षेत्र विकास कार्यक्रम पूर्ववर्ती उत्तर प्रदेश की पर्वतीय जिलों में अब नहीं चल रहे हैं। इस समय, पर्वतीय क्षेत्र विकास कार्यक्रम के अंतर्गत विनिर्दिष्ट पर्वतीय क्षेत्रों में असम–उत्तरी छाछर तथा करबी अंगलोन के दो पर्वतीय जिले शामिल हैं जो पश्चिम बंगाल के दार्जिलिंग जिले का तथा तमिलनाडु के नीलगिरी जिले का प्रमुख अंश है।

11.77. इस कार्यक्रम के अंतर्गत कुल एससीए परिव्यय में, 90 प्रतिशत अनुदान राशि है तथा बकाया 10 प्रतिशत राज्य की हिस्सेदारी है। पर्वतीय क्षेत्र विकास कार्यक्रम के अंतर्गत चुने गए पर्वतीय क्षेत्रों को तथा पश्चिमी घाट विकास कार्यक्रम के अंतर्गत ब्लॉक/तालुकों को धनराशि आबंटित की जाती है। एसीए के अंतर्गत दी जाने वाली राशि को पर्वतीय क्षेत्र विकास कार्यक्रम तथा पश्चिमी घाट विकास कार्यक्रम के लिए 60:40 के अनुपात में विभाजित किया जाता है। पर्वतीय क्षेत्र विकास कार्यक्रम के अंतर्गत उन राज्यों को धनराशि संवितरित की जाती है जो क्षेत्रफल तथा आबादी को समान आधार बनाकर इस कार्यक्रम का कार्यान्वयन करते हैं। पश्चिमी घाट विकास कार्यक्रम के अंतर्गत, क्षेत्रफल के लिए 75 प्रतिशत तथा आबादी के लिए 25 प्रतिशत धनराशि आबंटित की जाती है। इस संगणना हेतु 1981 की जनगणना को आधार माना जाता है।

11.78. पर्वतीय क्षेत्र विकास कार्यक्रम/पश्चिमी घाट विकास कार्यक्रम के अंतर्गत कार्यान्वित की जाने वाली योजना मुख्यतः कृषि तथा भू–संरक्षण, वन, सामाजिक वानकीय, पशुपालन उद्यान विज्ञान, मधुमखी पालन लघु सिंचाई, मत्स्य पालन, लिंक रोड तथा फुट ब्रिज, जीवन यापन गतिविधियों, लघु उद्योग, जलागम विकास, अनुसूचित जाति/अनुसूचित जन जाति कल्याण, ग्रामीण उर्जा संरक्षण, प्रशासन तथा प्रशिक्षण संबंधी क्षेत्रों में कार्यान्वित की जाती है।

पश्चिमी घाट विकास कार्यक्रम (डब्ल्यूजीडीपी)

11.79. पश्चिमी घाट क्षेत्र की मुख्य समस्या भूमि तथा खान पान की दृष्टि से आबादी का दबाव है। इन तथ्यों ने इस क्षेत्र पर भौगोलिक तथा पर्यावरण समस्याओं में योगदान दिया है। पर्वतीय क्षेत्र की संवेदनशील वन जीव जन्तु व्यवस्था, नदी घाटी परियोजना के अंतर्गत बड़े भू–भाग के डूब जाने के कारण, खनन के कारण क्षेत्र को हुई क्षति, वन कटाई, व्यवसायिक फसल उगाने के लिए प्राकृतिक वन की कटाई, भू प्रदूषण के कारण क्षतिग्रस्त हुई है, जिससे वन तथा वन जीवन, बाढ़ तथा भू–स्खलन के प्रतिकूल प्रभावों से स्थान औसत आयु प्रभावित हुई है।

11.80. पश्चिमी घाट विकास कार्यक्रम को घाट के साथ बसे हुए ऐसे तालुक/ब्लॉकों में, जो समुद्री तल (एमएसएल) से 600 मीटर की ऊंचाई पर 20 प्रतिशत क्षेत्रफल वाले हो, 1974–75 में आरंभ किया गया था। इस समय यह कार्यक्रम 175 तालुकों में कार्यान्वित किया जा रहा है (महाराष्ट्र–63, कर्नाटक–40, केरल–36, तमिलनाडु–33 तथा गोवा–3)। इस कार्यक्रम के अंतर्गत ग्यारहवीं योजना के दौरान ₹594 करोड़ आबंटित किए गए थे जिसमें ₹59.60 करोड़ राज्य की हिस्सेदारी थी।

11.81. इस समय अवसंरचना में एक अल्प अंतर के साथ जलागम विकास पर बल दिया जा रहा है। उपर्युक्त एसीए का प्रयोग ऐसी जीवन यापन योजनाओं के लिए किया जा सकता है जो छोटे–छोटे वन उत्पादों, वानकीय व्यवस्था, उद्यान विज्ञान आदि को क्षति पहुंचाए बिना उत्पादकता में बढ़ोतरी तथा उसका संरक्षण करती हो। जलागम योजना के मामले में राष्ट्रीय रेनफेड क्षेत्र प्राधिकरण/

ग्रामीण विकास मंत्रालय के दिशा निदेशों के लागत मानदंडों को अपनाया जा सकता है।

11.82. इन कार्यक्रमों की दीर्घ अवधि तथा भू–स्थल पर किसी ठोस परिणाम के अभाव में प्रस्तावित किया जाता है कि पर्वतीय क्षेत्र विकास कार्यक्रम और पश्चिमी घाट विकास कार्यक्रम को बारहवीं योजना को पिछड़े क्षेत्र अनुदान निधि में सम्मिलित कर दिया जाए।

सीमा क्षेत्र विकास कार्यक्रम (बीएडीपी)

11.83. सीमा क्षेत्र विकास कार्यक्रम (बीएडीपी) 100 प्रतिशत रूप से वित्त पोषित है, जिसे अवसंरचना के विकास तथा सीमावर्ती क्षेत्र की आबादी के लिए सुरक्षा मुहैया कराने की दृष्टि से एक संतुलित विकास सुनिश्चित करने के लिए सातवीं पंचवर्षीय योजना अवधि के दौरान पश्चिम क्षेत्र के सीमावर्ती क्षेत्रों में आरंभ किया गया था। तब से भारत सरकार द्वारा राज्य सरकारों के साथ सीमावर्ती प्रबंध के लिए एक व्यापक दृष्टिकोण के अंश के रूप में सीमा क्षेत्र विकास कार्यक्रम (बीएडीपी) कार्यान्वित किया जा रहा है। इस कार्यक्रम में अब 17 राज्यों के 94 सीमावर्ती जिले तथा 358 सीमावर्ती ब्लॉक शामिल है जो अंतर–राष्ट्रीय सीमावर्ती क्षेत्र के पास स्थित है (अरुणाचल प्रदेश, असम, बिहार, हिमाचल प्रदेश, जम्मू और कश्मीर, मणिपुर, मेघालय, मिजोरम, नागालैंड, पंजाब, राजस्थान, सिक्किम, त्रिपुरा, उत्तर प्रदेश, उत्तराखंड और पश्चिम बंगाल)। सीमा क्षेत्र विकास कार्यक्रम (बीएडीपी) के अंतर्गत सीमावर्ती क्षेत्रों को प्राथमिकता दी गई है। सीमा क्षेत्र विकास कार्यक्रम (बीएडीपी) के अंतर्गत कार्य, सामाजिक तथा आर्थिक ढांचा सुदृढ़ीकरण, रोड नेटवर्क, विशेषकर लिंक रोड, पुलों, पुलिया आदि, रोजगार सृजित करने की योजनाओं, शिक्षा, स्वास्थ्य, कृषि तथा ऐसे संबद्ध क्षेत्रों और योजना के लिए राज्यों द्वारा चलाया जा रहा है।

11.84. बारहवीं पंचवर्षीय योजना के लिए सीमा क्षेत्र विकास कार्यक्रम (बीएडीपी) पर कार्यकारी समूह की रिपोर्ट के अनुसार सीमावर्ती क्षेत्रों में आर्थिक गतिविधियां आरंभ करने हेतु एक बेहतर परिवेश सृजित करने में योगदान कर रहा है तथा इससे सीमावर्ती क्षेत्र की आबादी के जीवन यापन में सुधार किया जा सकता है। इसके अतिरिक्त, इस कार्यक्रम ने वहां की आबादी में एक आत्मविश्वास जागृत किया है तथा सुरक्षा बलों की शांति पूर्ण कार्रवाई में स्थानीय आबादी के सहयोग में सहायता प्रदान की है।

11.85. इस कार्यक्रम के संबंध में सूचित कमजोरियां बड़ी बुनियादी परियोजनाओं के लिए सहायता में इसकी एक अनुपूरक प्रकृति का होना है। अतः धन राशि का उपयोग छोटी योजना तथा कार्यक्रमों के लिए किया जाता है। इस कार्यक्रम के अंतर्गत आबंटित की गई धन राशि से जीवन यापन तथा सामाजिक आर्थिक मसलों को संबोधित नहीं किया जा सकता। इस कार्यक्रम के छोटे–छोटे विभाजनों के कारण इस पर कार्यान्वयन अभिकरणों का ध्यान नहीं जाता। सीमा क्षेत्र विकास कार्यक्रम (बीएडीपी) के साथ विभिन्न केन्द्र/राज्य की योजनाओं को विलीन करने में भी कठिनाई हो रही हैं।

11.86. इन मसलों के समाधान हेतु, संशोधित मार्गनिर्देशों की सहायता से भी कार्यान्वयन नें लचीलापन लाया गया है जिससे स्थानीय सरकारों, समुदायों, गैर सरकारी संगठनों (एनजीओ) तथा स्वयं सहायता समूहों को शामिल किया जा सकता है, जिन्हें विदेशी सहायता प्राप्त नहीं होती। इन उपायों को गृह मंत्रालय को सूचित करते हुए राज्य स्तरीय जांच समिति द्वारा अपनाया जा सकता है। ₹5 लाख की राशि से अधिक राशि की परियोजनाओं को केवल स्थान सरकार द्वारा ही सख्ती से कार्यान्वित किया जाए। स्थानीय सरकारों को जहां कहीं संभव हो सामाजिक अवसंरचना के 10 से 15 प्रतिशत अंश में समुदाय की भागीदारी शामिल करने के लिए प्रोत्साहित किया जाए। सीमा क्षेत्र विकास कार्यक्रम (बीएडीपी) के अंतर्गत किसी वर्ष विशेष में कुल आबंटन राशि का 10 प्रतिशत सुरक्षा संबंधी कार्यों में भी उपयोग किया जा सकता है।

11.87. सीमावर्ती क्षेत्रों में जीवनयापन के मापदंड उच्च श्रेणी के होनी चाहिए ताकि वे एक जनसांख्यिकी बफर के रूप में कारगर बन सके। अवसंरचना न केवल इस क्षेत्र की अपेक्षाओं की पूर्ति करें बल्कि उसमें आगे और विस्तार किया जा सके। जिला योजनाओं की तैयारी के संबंध में योजना आयोग के अनुदेशों के आधार पर सीमावर्ती गांवों तथा ब्लॉकों के लिए एक प्रतिभागी योजना तैयार की जाए। ये ग्राम तथा ब्लॉक स्तरीय योजनाएं व्यापक जिला योजना का भाग हो। इन योजनाओं की तैयारी से पूर्व भौतिक तथा सामाजिक अवसंरचना के मूल्यांकन हेतु सीमावर्ती ब्लॉकों में सभी गांवों में बेस लाइन सर्वेक्षण किया जाए। ये जिला योजनाएं सीमा क्षेत्र विकास कार्यक्रम (बीएडीपी) के साथ केन्द्रीय योजनाओं का संविलयन सुनिश्चित करेगा। यह भी महत्वपूर्ण है कि राज्य, सीमावर्ती क्षेत्रों के लिए केन्द्रीय रूप से प्रायोजित तथा राज्य योजना परियोजनाओं के संसाधन के लिए भागीदारी सुनिश्चित करें।

11.88. हालांकि सीमा क्षेत्र विकास कार्यक्रम (बीएडीपी) ने सीमावर्ती क्षेत्रों के अवसंरचना के विकास तथा वहां के आबादी के लिए

सामाजिक आर्थिक स्थिति को सुलझाया है, फिर भी इस कार्यक्रम के अंतर्गत आबंटित धन राशि बहुत कम होने के कारण राज्य सरकार का ध्यान इसकी ओर नहीं जाता। अतः इन क्षेत्रों के विकास के लिए और अधिक प्रयास किए जाने अपेक्षित हैं, न केवल वहां पर अवसंरचना का विकास करके बल्कि ऐसी नीतियों की पुनः जांच करते हुए जो सीमावर्ती क्षेत्र की आबादी की विकास प्रक्रिया में रुकावट बनती हो।

11.89. बीएडीपी के लिए निधिकरण का वर्तमान स्तर अपर्याप्त है। बारहवीं योजना के लिए ₹7,230 करोड़ का परिव्यय प्रस्तावित है।

बारहवीं योजना में पिछड़े क्षेत्र अनुदान निधि के लिए नया दृष्टिकोण

11.90. विशेष क्षेत्र कार्यक्रमों के अनुभव द्वारा यह पर्याप्त रूप से स्पष्ट हो गया है कि पिछड़ेपन के बने रहने की समस्या कोई ऐसी समस्या नहीं है जिसे पर्याप्त धन राशि प्रदान करके समाप्त नही किया जा सकता हो। यह स्पष्ट होता जा रहा है कि विकास की समस्या के समाधान हेतु इन क्षेत्रों को शासन की संस्थानात्मक अवसंरचना मजबूत होना अपेक्षित है। अधिक विकास निधि हेतु एक मुख्य कारक ऐसी निधि के प्रयोग के संबंध में क्षमता है।

11.91. विश्व भर[12] के विकास संबंधी साहित्य में आर्थिक सहायता का सिद्धांत अब सुःस्थापित हो चुका है। मूल भूत सेवाओं के लिए एक कुशल का जिम्मेवार स्थानीय शासन की भूमिका सुस्थापित हो चुकी है। भारत के राज्यों में विकास संबंधी अनुभव दर्शाते हैं कि कार्यान्वयन का सर्वोत्कृष्ट उदाहरण वहां होता है जहां के लोग इन कार्यक्रमों में अपना स्वामित्व रखते हों। कार्य–निष्पादन में लोगों की भागीदारी से कार्यक्रमों में बेहतर दायित्व सुनिश्चित होता है। तमिलनाडु में मध्य–दिवस भोजन, महाराष्ट्र के स्वास्थ्य, मध्य प्रदेश में जलागम तथा मनरेगा, हरियाणा में पेयजल तथा स्वच्छता, छत्तीसगढ़ में सार्वजनिक वितरण प्रणाली (पीडीएस), आंध्र प्रदेश में लघु, वन उत्पादों के लिए भूमिगत जल प्रबंध, सामाजिक लेखा परीक्षा और गिरिजन सहकारी निगम, कर्नाटक में प्रतिभागिता सिंचाई प्रबंधन (पीआईएम), गुजरात में विद्युत तथा कृषि सुधार, केरल में कुदुम्बशिरि तथा उड़ीसा में आईएपी के उदाहरणों में यही अनुभव किया गया है। तथापि, यह उदाहरण यह भी दर्शाते हैं कि यह प्रतिभागिता दृष्टिकोण केवल तभी कारगर होता है जब अपेक्षित शर्ते पूरी की जाती है। बारहवीं योजना के दौरान बीआरजीएफ के लिए इस नए दृष्टिकोण में इन सभी बातों को ध्यान में रखा गया है ताकि अंतरण की वास्तविक क्षमता हासिल की जा सके।

11.92. इन जिलों के लिए बीआरजीएफ के माध्यम से, बारहवीं योजना में प्रदान की गई सहायता राशि का क्षमता निर्माण और प्रतिभागिता के द्वारा, योजना के विकास तथा कार्यान्वयन सुदृढ़ करने हेतु प्रयुक्त किया जाएगा। केन्द्र, इसके आगे, इस धन राशि के व्यय के संबंध में अन्य कोई शर्त नहीं रखेगा, जब तक कि जिले एक अभिसारित पद्धति से कार्यक्रम तैयार करने हेतु विकेन्द्रीकृत प्रक्रिया का पालन करते रहते हैं। विशेष क्षेत्र कार्यक्रम संबंधी बारहवीं योजना कार्य समूह द्वारा बॉक्स 11.1 में गैर–अभिसरण के खतरों के निम्न उदाहरण प्रस्तुत किए हैं।

बॉक्स 11.1
विशेष क्षेत्र संबंधी बारहवीं योजना कार्य समूह की रिपोर्ट से

इस समय, केबी के जिलों को बीआरजीएफ के तीन घटकों के अंतर्गत धन राशि प्रदान की जाती है–विशेष योजना के अंतर्गत ₹130 करोड़, जिला घटक के अंतर्गत ₹120 करोड़ तथा आईएपी के अंतर्गत ₹240 करोड़ फिर भी, प्रयोग की विधि अलग–अलग है तथा योजना का चुनाव करने वाले प्राधिकारी अलग–अलग है। विशेष योजना के अंतर्गत योजना के बारे में राज्य सरकारें, जिला घटक के अंतर्गत पीआरआई तथा आईएपी के अंतर्गत, अध्यक्ष, एसपी तथा डीएफओ की एक तीन सदस्य समिति निर्णय लेती है। यह कहना आवश्यक नहीं होगा कि जिले में बहुत सारा धन आता है, परन्तु कोई जिला योजना नहीं है, एक स्वास्थ्य योजना एक शिक्षा योजना, एक बीआरजीएफ योजना, एक आईएपी योजना मात्र है।

11.93. इस समझ के मद्देनजर ही, बारहवीं योजना मसलों के संबोधन हेतु 'योजना के अंतर्गत योजना' सृजित करना प्रस्तावित करती है। इस दस्तावेज में बारहवीं योजना के अगले वे वर्षों के लिए एक विशेष व्यवस्था का सुझाव है जिससे कि निम्न सुलभ बनाने की दृष्टि से विशेष क्षेत्र कार्यक्रमों के लिए बिना शर्त धन राशि मुहैया कराई जाएः

- मानव संसाधन क्षमता और कार्यान्वयन की पद्धति, दोनों के लिए, पीआरआई का क्षमता निर्माण।
- फ्लैगशिप कार्यक्रमों के कार्यान्वयन में सुधार।
- आदिवासी क्षेत्रों में पंचायत (अनुसूचित क्षेत्रों का विस्तार) अधिनियम (पीईएसए) का तीव्र गति से कार्यान्वयन।
- आदिवासी क्षेत्रों[13] में वन अधिकार अधिनियम (एफआरए) का तीव्र गति से कार्यान्वयन।

11.94. इससे इन जिलों के लिए विभिन्न योजनाओं के अंतर्गत मुहैया कराए गए परिव्यय की संविलयन क्षमता तथा उन जिलों जहां इस

योजना के अगले दो वर्षों में विनिर्दिष्ट अनुदेशों की दृष्टि से प्रदान की गई अतिरिक्त धन राशि के प्रयोग में भी सुधार होगा। योजना आयोग द्वारा सूचकों की सूची के अनुसार तथा इन सूचकों के आधार पर जिलों के लिए अगले दो वर्षों के लिए मुहैया कराई गई धनराशि के उपयोग की मॉनीटरिंग की जाएगी।

11.95. पुनर्निर्मित बीआरजीएफ निम्न पर आधारित होगी:

1. *सभी तीन स्तरों पर केन्द्रित जिला, उप–जिला तथा अन्तरा–जिला:* बीआरजीएफ के कार्यान्वयन के अनुभव से प्राप्त सीख, जिसे संघ सरकार के पंचायती राज, आदिवासी कार्य तथा ग्रामीण विकास मंत्रालयों के साथ–साथ कई राज्य सरकारों ने उल्लिखित किया है कि प्रभावी परिणामों की प्राप्ति हेतु उप–जिला स्तर पर ध्यान केन्द्रित करने की आवश्यकता है। अतः पुनर्निर्मित बीआरजीएफ उप–जिला स्तर पर बल देती है। हालांकि बीआरजीएफ के अन्य अनुभव यह भी रहा है कि ऐसी कई गतिविधियां है जिनके लिए जिला स्तरीय ध्यान तथा कहीं कहीं पर आन्तर जिला बल की भी आवश्यकता है, विशेषकर जब हम महत्वपूर्ण बुनियादी योजनाओं पर विचार करते हैं।

   अतः पुनर्निर्मित बीआरजीएफ सभी तीनों स्तरों–जिला, उप–जिला तथा अन्तरा जिला–पर केन्द्रित होगी। योजना आयोग द्वारा बिहार तथा पश्चिम बंगाल विशेष योजना के साथ–साथ केबीके के जिलों के आन्तर जिला घटकों तथा बुन्देलखंड पैकेज का कार्य किया जाता रहेगा। आईएपी जैसे जिला–स्तरीय कार्यक्रमों तथा मौजूदा बीआरजीएफ के जिले घटकों को एक नए कार्यक्रम में पुन–संगठित किया जाएगा जिनमें महत्वपूर्ण अंतर को भरने की दृष्टि से जिला प्रशासन द्वारा कुछ लचीली प्रकृति की निधि मुहैया कराई जायेगी, जबकि पंचायती राज मंत्रालय द्वारा ही अधिकांश कार्यक्रम कार्यान्वत किए जायेंगे।

2. *चयन हेतु मानदंड:* बीआरजीएफ के अंतर्गत क्षेत्रों के चयन के मानदंडों की निंदा की गई है। बारहवीं योजना में केवल जिलों तथा उप–जिलों के चयन के लिए जनगणना, 2011 के द्वारा उपलब्ध आंकड़ों पर ही निर्भर करना प्रस्तावित किया गया है। नई बीआरजीएफ के अंतर्गत जिलों तथा उप–जिलों को शामिल करने के मानदंड निम्न प्रकार है:

   क. प्रतिशत कृषि श्रमिक/कुल श्रमिक प्रतिशत (आर्थिक पिछड़ापन)

   ख. प्रतिशत अनुसूचित जाति–अनुसूचित जनजाति प्रतिशत (सामाजिक पिछड़ापन)।

   ग. महिला साक्षरता दर (शैक्षणिक पिछड़ापन)

   घ. प्रतिशत विद्युत के बिना रहने वाले परिवार (अवसंरचना पिछड़ापन)

   उपर्युक्त मानदंडों के आधार पर पुनः संरचना बीआरजीएफ के अंतर्गत 200 सबसे अधिक पिछड़े जिलों तथा 1,500 सबसे अधिक पिछड़े उप–जिलों[14] को शामिल करने का प्रस्ताव है।

3. *वित्तीय आबंटन:* हम इस आलोचना से बचने के लिए प्रस्तावित करते हैं कि बीआरजीएफ में वित्तीय आबंटन पर्याप्त रूप से बढ़ाए जाएं और इसमें वास्तविक आधार पर उल्लेखनीय परिवर्तन लाने के लिए क्रांतिक जनसमूह की कमी है। इसके अतिरिक्त, अधिक महत्वपूर्ण यह बात है कि कोई जिला अथवा उप–जिला जितना भी पिछड़ा होगा उसे उतना ही अधिक आबंटन किया जायेगा। अतः एक वर्षा सिंचित जिले को उच्च आबंटन होगा तथा अनुसूचित जनजाति की अधिक आबादी वाले उप–जिले को अधिक आबंटन किया जाएगा। ऐसा इसलिए है क्योंकि विभिन्न आयामों में वर्षा सिंचित क्षेत्र तथा आदिवासी आबादी का गरीबी तथा पिछड़ेपन के साथ पारस्परिक संबंध होता है।

4. *योजना परिव्यय:* बारहवीं योजना में सुप्रा जिला (राज्य) घटक के लिए सांकेतिक आबंटन ₹30,000 करोड़ होने की संभावना है, जिसमें बिहार और पश्चिम बंगाल के लिए विशेष योजनाएं शामिल हैं, और साथ ही केबीके और बुंदेलखंड के लिए भी पैकेज हैं। नवगठित जिलों/उप जिलों के लिए आबंटन ₹46,500 करोड़ होने की संभावना है। इस प्रकार बारहवीं योजना के दौरान बीआरजीएफ के लिए कुल सांकेतिक आबंटन ₹76,500 करोड़ है, जिसमें राज्य और जिला दोनों घटक शामिल हैं।

राजीव गांधी पंचायत सशक्तीकरण अभियान (आरजीपीएसए)

11.96. बीआरजीएफ की पुन संरचना करते हुए हम साथ ही नई बीआरजीएफ की सफलता हेतु पंचायती राज मंत्रालय द्वारा एक महत्वपूर्ण पहल को आरंभ भी किया जा रहा है, जैसा कि इस कार्यक्रम के सभी मूल्यांकनों से ज्ञात होता है। यह राजीव गांधी पंचायत सशक्तीकरण अभियान है, जिसमें न केवल पंचायती राज मंत्रालय की मौजूदा छोटी योजनाओं को मिला दिया गया है, बल्कि पंचायती राज संस्थान को मजबूत भी करता है। आरजीपीएसए द्वारा बारहवीं योजना में पंचायती राज मंत्रालय के संसाधनों में ग्यारहवीं योजना की तुलना में दस गुना बढ़ोतरी की गई है। आरजीपीएसए पीआरई के सुदृढ़ीकरण हेतु निर्णायक सिद्ध होगा,

जो अन्य कार्यक्रमों के कार्यान्वयन को मजबूती प्रदान करेगा। आरजीपीएसए का उद्देश्य अपेक्षित मानव संसाधन तथा अवसंरचना मुहैया कराते हुए ज्ञान सृजन तथा क्षमता निर्माण हेतु संस्थानों को मजबूत करते हुए ग्राम पंचायतों तथा ग्राम सभाओं की क्षमता तथा प्रभाविता बढ़ाना है। आरजीपीएसए 2014–15 से कार्यनिष्पादकता आधार पर निधि प्रदान करेगा। राज्य योजना के लिए चुने गए कार्यो के संबंध में 20 प्रतिशत योजना निधि को दिया जाएगा। पंचायती राज प्रणाली को मजबूत करने के लिए न केवल भवनों, प्रशिक्षण, तकनीकी विशेषज्ञतः आदि जैसे कार्यों हेतु पूंजी तथा मानव संसाधन प्रावधानों की आवश्यकता है बल्कि पर्याप्त अंतरण न्यूनतम स्तर के लिए बनाई योजना, अभिसरण जिम्मेवारी तथा विमुक्त तथा न्यायोचित चुनाव व्यवस्था भी अपेक्षित है। आरजीपीएसए के अंतर्गत, राज्यों को इस योजना के अंतर्गत निधि प्राप्ति हेतु एक शर्त के रूप में इन सभी मंचों पर प्रगति दर्शानी होगी।

11.97. बीआरजीएफ के लिए बारहवीं योजना में इंगित आबंटन राशि ₹76,500 करोड़ है जिसमें राज्य तथा जिला घटक दोनों शामिल है।

पूर्वोत्तर क्षेत्र विकास

11.98. पूर्वोत्तर– क्षेत्र में पूर्वोत्तर के आठ राज्य शामिल है, जिनमें असम, अरुणाचल प्रदेश, मणिपुर, मेघालय, मिजोरम, नागालैंड, त्रिपुरा तथा सिक्किम हैं। पूर्वोत्तर की विशेष अपेक्षाओं के लिए, निवेश का उच्च स्तर आवश्यक है। तद्नुसार, योजना प्रक्रिया आरंभ करने से अब तक विशेष कार्यक्रमों तथा वित्तीय प्रावधानों के साथ विकास के महत्वपूर्ण क्षेत्रों की समस्या संबोधन के लिए प्रयास किए जा रहे हैं। पूर्वोत्तर के विशेष श्रेणी राज्य होने के नाते केन्द्र द्वारा अनुपूरक विकास हेतु केन्द्रीय योजना सहायता के अंतर्गत निरंतर प्रयास किया जा रहा है। बीएडीपी तथा एचएडीपी जैसे कुछ कार्यक्रमों के लिए अनुच्छेद 275 (1) तथा बीआरजीएफ के अंतर्गत अनुदान प्रदान करते हुए इन विशिष्ट समस्याओं को सीमित रूप से संबोधित किया जा रहा है। पूर्वोत्तर परिषद अधिनियम, 1971 के अंतर्गत पूर्वोत्तर परिषद का एक क्षेत्रीय योजना निकाय के रूप में गठन, इस क्षेत्र के संतुलित विकास की ओर एक गंभीर पहल है। नौवीं योजना के अंतिम भाग में अक्तूबर, 1996 में 'पूर्वोत्तर क्षेत्र के लिए नई पहल' की उद्घोषणा से इस विकास प्रक्रिया को और अधिक बल मिला है। केन्द्रीय मंत्रालयों/विभागों के योजना बजट में से कम से कम 10 प्रतिशत पूर्वोत्तर क्षेत्र के लिए प्रदान किए लाना तथा गैर – व्यपगत केन्द्रीय संसाधन पूल (एनएलसीपीआर) का सृजन इस उद्घोषणा के परिणाम स्वरूप हुआ। इन दोनों ही से क्षेत्र के संसाधनों के अंतरण में सहायता मिली।

योजना परिव्यय

11.99. विकास निधि के निवेश से एक सकारात्मक प्रभाव पड़ा जो पूर्वोत्तर के लिए विभागों हेतु 10 प्रतिशत की सकल बजट समर्थन (जीबीएस) नीति निर्णय के बाद देखने में आया। इस समय 50 गैर छूट प्राप्त केन्द्रीय मंत्रालय पूर्वोत्तर के लिए 10 प्रतिशत की जीबीएस रखते हैं। 17 मंत्रालयों/विभागों को उनके कार्यों की प्रकृति के मद्देनजर आदेशात्मक 10 प्रतिशत आबंटन से छूट प्राप्त है। पूर्वोत्तर क्षेत्र विकास मंत्रालय द्वारा किए गए मूल्यांकन के अनुसार दसवीं योजना (2002–07) के अंत तक 1998–1999 से ₹53,293.86 करोड़ की कुल उद्दिष्ट निधि में से केन्द्रीय मंत्रालयों/विभागों द्वारा ₹44,909.36 करोड़ का व्यय किया गया। ग्यारहवीं योजना के दौरान पूर्वोत्तर क्षेत्र के लिए केन्द्रीय मंत्रालय द्वारा ₹59,072.95 करोड़ का व्यय किया गया (मार्च, 2010–11) इस योजना के अंत तक यह ₹75,000 करोड़ होना संभावित है। यह इस योजना के लिए कुल उद्दिष्ट ₹87,502.97 करोड़ के परिव्यय की तुलना में है।

11.100. केन्द्रीय मंत्रालयों द्वारा 10 प्रतिशत आदेशात्मक आबंटन का प्रयोग ग्यारहवीं योजना के प्रथम चार वर्षों में दसवीं योजना तक के 80.8 प्रतिशत से बढ़कर 89.7 प्रतिशत हो गया। वर्ष 2010–11 के अंत तक एनएलसीपीआर को ₹19,364.03 करोड़ की राशि दी गई, जिसमें से पूर्वोत्तर राज्य में विशिष्ट योजनाओं हेतु पूर्वोत्तर क्षेत्र विकास मंत्रालय की एनएलसीपीआर योजना के अंतर्गत इन राज्यों को ₹9,595.11 करोड़ की राशि प्रदान की गई।

11.101. एनएलसीपीआर तथा एनईसी की योजनाओं तथा केन्द्र द्वारा प्रायोजित योजनाओं आदि के अंतर्गत राज्यों को केन्द्रीय सहायता सहित) वित्त के विभिन्न घटकों के माध्यम से ग्यारहवीं योजना (मार्च, 2011) के प्रथम चार वर्षों के दौरान, एनईसी सहित, केन्द्र तथा पूर्वोत्तर के राज्यों द्वारा लगभग ₹1,23,756 करोड़ का कुल योजना व्यय किया गया। तथापि, इसमें सार्वजनिक क्षेत्र के उपक्रमों द्वारा किया गया व्यय सम्मिलित नहीं है। (कृपया तालिका 11.17 का संदर्भ लें)

तालिका 11.17

एनईसी सहित, केन्द्र तथा पूर्वोत्तर के राज्यों का कुल योजना व्यय

	निवेश प्रवाह का स्रोत	₹ करोड़
1	राज्य योजना	57,258.84
2	केन्द्रीय मंत्रालय	59,072.95
3	पूर्वोत्तर क्षेत्र विकास मंत्रालय, एनईसी	7,424.71
	कुल	1,23,756.50

स्रोतः योजना आयोग

11.102. इसके इस योजना के अंत तक ₹1.50 लाख करोड़ हो जाने की संभावना है।

अवसंरचना क्षेत्र में प्रमुख विकास

11.103. नौवीं योजना के अंतिम भाग के दौरान, प्रमुख क्षेत्र में अवसंरचना के अभाव की पहचान तथा प्रमुख अवसंरचना हेतु वित्तीय व्यवस्था के कार्यों के परिणामस्वरूप रेल, सड़क, हवाई यातायात, विद्युत विकास, मानव संसाधन विकास में निवेश, वन तथा पर्यावरण अनापत्ति, विस्तृत परियोजना रिपोर्ट (डीपीआर) निर्माण तथा कई परियोजनाओं के लिए भूमि अधिग्रहण को प्राथमिकता प्रदान की गई इनमें से कई परियोजनाएं दसवीं योजना अवधि के दौरान प्रथमतः आरंभ हुई थी। इससे ग्यारहवीं योजना को गति मिली। कार्यान्वित की जाने वाली कई प्रमुख परियोजनाएं निम्नानुसार हैं:

सड़कें

1. भारतीय राष्ट्रीय राजमार्ग प्राधिकरण (एनएचएआई) द्वारा 2005–06 में आरंभ पूर्व पश्चिम कोरिडोर (असम में 670 कि. मी.)
2. पूर्वोत्तर क्षेत्र के लिए विशेष त्वरित सड़क विकास कार्यक्रम (एसएआरडीपी) – एनई जो राज्य राजधानियों, जिला मुख्यालयों तथा कार्यनीति गत सीमा सड़कों को 2/4 लाइन की सड़कों द्वारा जोड़ती है (2005–06 में अनुमोदित)–जो चरण क तथा ख में कार्यान्वित की जानी है–10,141 कि. मी. (राष्ट्रीय राजमार्ग 4,798 कि.मी. तथा राज्य राजमार्ग 343 कि.मी.) इसमें ब्रह्मपुत्र पर दोला–साडिया जैसा महत्वपूर्ण पुल शामिल है।
3. जिलों को जोड़ने वाली सड़कों सहित–ट्रांस–अरुणाचल राजमार्ग (जिसे बाद में एसएआरडीपी के अंतर्गत शामिल कर लिया गया)– कुल लम्बाई 2,319 कि.मी.।

रेलवे

1. ब्रॉड गेज (लाइन परिवर्तन)– ब्रहमपुत्र पर बोगिभिल में गुवाहटी–डिबरूगढ़–तिनसुकिया–रागिया– मुरकोगसलेक पुल (रेल–सह–सड़क) को जोड़ते हुए।
2. वैकल्पिक बीजी लाइन–जोगिगोपा–गोलपाड़ा–डुदनोई को होते हुए नई जलपाईगुड़ी–गुवाहटी (चालू हो गई है)
3. नई मोनागुडी से जोगिगोपा के लिए तीसरा वैकल्पिक बीजी मार्ग
4. लुमडिंग–सिलचर तथा कुम्हार घाट–अगरतला–समभोम से बीजी मार्ग
5. नई लाइनः अगरतला–अखुडा, तेतिलया–बुरनीहट–शिलांग, हरमूति–इटानगर, सिलचर –जिरिबम– इम्फाल (तुपुल)

हवाई

11.104. हवाई अड्डों के उन्नयन हेतु कार्यान्वयन अधीन मुख्य कार्य निम्न प्रकार है:

- गुवाहटी (कार्य पूर्ण, मुख्य कार्य बारहवीं योजना के लिए) डिबरूगढ़, सिलचर, अरतला, शिलांग, इम्फाल, दिमापुर
- नए हवाई अड्डे–इटा नगर, सितू (कोहिमा), पाकयंत्र (गैंगटोक) में।
- अरुणाचल प्रदेश में छोटे हवाई अड्डों और उन्नत लैंडिंग भूमि (एएलजी) का उन्नयन

विद्युत

1. प्रमुख हाइड्रो परियोजना–निम्न शुभांसिरी (200 मेगावॉट), पेरे, कमांग, दिभंग।
2. थर्मल पावर पालताना गैस–आधारित (726 मेगावॉट) बोंगईगांव (750 मेगावॉट) कोयला आधारित।
3. ग्रिड को जोड़ने/ट्रांसमिशन लाइन के मूल्यांकन हेतु भी कई परियोजना को चुना गया है।

11.105. उपर्युक्त परियोजनाओं के अतिरिक्त, केन्द्रीय दूरभाष संबद्धता में भी पर्याप्त सुधार हुआ है। ग्यारहवीं योजना के दौरान अपने संबंधित राज्यों में प्रमुख क्षेत्रों के विकास में राज्य की भूमिका प्रोत्साहित करने वाली रही।

राज्य घरेलू उत्पाद (एसडीपी) में वृद्धि

11.106. योजना के बड़े निवेश तथा बुनियादी विकास को केन्द्रित करने के कारण इस क्षेत्र में वृद्धि में बढ़ोतरी हुई है। यह उत्साहजनक है कि पूर्वोत्तर राज्यों में वृद्धि दर में पर्याप्त सुधार हुआ है, विशेषकर, ग्यारहवीं योजना में। नौवीं योजना में 6.1 प्रतिशत की वृद्धि दर दसवीं योजना में बढ़कर 6.4 प्रतिशत हो गई, हालांकि यह 7.8 प्रतिशत की राष्ट्रीय औसत से कम है। ग्यारहवीं योजना के दौरान इन राज्यों की औसत जीएसडीपी राष्ट्रीय स्तर के 8 प्रतिशत के विरुद्ध बढ़कर 9.8 प्रतिशत हो गई। ग्यारहवीं योजना में पूर्वोत्तर के राज्य की औसत वृद्धि राष्ट्रीय औसत से अधिक थी। यदि सिक्किम की असाधारण वृद्धि को छोड़ देया जाए तो सात राज्यों के औसत 7.9 प्रतिशत थी। वृद्धि में यह सुधार केन्द्र तथा राज्य सरकार के भरसक प्रयासों के कारण हुई है। यह तालिका आठवीं योजना से ग्यारहवीं योजना तक वृद्धि दर्शाती है:

11.107. ग्यारहवीं योजना में असम की वृद्धि 'कृषि तथा संबद्ध' तथा 'सेवा' क्षेत्र के सहयोग के कारण है। उद्योग की वृद्धि चौथे तथा

पांचवें वर्ष में तीव्र हो गई। यातायात एवं संचार, बैकिंग तथा बीमा, व्यापार तथा वाणिज्य, होटल तथा रेस्तरां, संपत्ति तथा व्यावसायिक सेवाओं जैसे क्षेत्रों में बेहतर कार्य निष्पादन से सार्वजनिक तथा निजी क्षेत्र दोनों में ही रोजगार सृजित हुए हैं। मेघालय राज्य में उद्योग क्षेत्र का कार्य निष्पादन उल्लेखनीय है। तथापि, इस सुधार में मुख्यतः मिटनयू लेक्सा हाइडल परियोजना (एमएलएचईपी) का हाथ है। सेवा क्षेत्र ने भी बेहतर प्रदर्शन किया। त्रिपुरा ने कृषि में अच्छा प्रदर्शन किया और उसके बाद सेवा का स्थान है। कृषि क्षेत्र में मणिपुर ने भी अच्छी वृद्धि दर्ज की परंतु उद्योग तथा सेवा क्षेत्र औसत से कम रहे।

11.108. मिजोरम ने 10.8 प्रतिशत की उल्लेखनीय वृद्धि प्राप्त की। यह दसवीं योजना के 5.9 प्रतिशत से बहुत बड़ा सुधार है। इस वृद्धि में कृषि तथा संबद्ध सेवाओं तथा निर्माण क्षेत्र का भारी मांगदान है। राज्य के नई भूमि उपयोग नीति (एनएलयूपी) फ्लैगशिप कार्यक्रम ने प्रभाव डालना आरंभ कर दिया है।

11.109. पूर्वोत्तर राज्यों में से, नागालैंड 9.3 प्रतिशत की लक्ष्य वृद्धि हासिल नहीं कर सका। उसकी उपलब्धि 6.2 प्रतिशत थी। दसवीं योजना की तुलना में कृषि की कार्य–निष्पादकता कुछ कम रही।

11.110. सिक्किम की असाधारण वृद्धि ग्यारहवीं योजना के दौरान दो विद्युत परियोजनाओं के आरंभ होने के कारण हुई। इस अवधि के दौरान उद्यान–विज्ञान तथा फ्लोरीकल्चर ने भी तुलनात्मक दृष्टि से बेहतर कार्य–निष्पादकता दर्शायी। अरुणाचल प्रदेश में, उद्योग क्षेत्र में उच्च वृद्धि निर्माण संबंधी गतिविधियों के कारण है। सेवा क्षेत्र में, बैकिंग तथा बीमा, व्यापार तथा वाणिज्य में गतिविधियों में बढ़ोतरी हुई।

विकास संबंधी चिंताएं

11.111. पूर्वोत्तर के राज्य, उपर्युक्त सूचित चल रही अधूरी केन्द्रीय परियोजनाओं में अधिकांश को यथाशीघ्र पूरा करने का सुझाव दे रहे

तालिका 11.18
पूर्वोत्तर राज्यों में राज्य घरेलू उत्पाद में वृद्धि दर

(प्रतिशत में)

क्र.सं.	राज्य/संघ राज्य क्षेत्र	आठवीं योजना की उपलब्धि	नौवीं योजना की उपलब्धि	दसवीं योजना की उपलब्धि	ग्यारहवीं योजना की उपलब्धि	
					लक्ष्य	उपलब्धि
1	अरुणाचल प्रदेश	5.0	6.6	6.2	6.4	8.5
2	असम	2.8	1.8	5.0	6.5	6.8
3	मणिपुर	3.7	4.7	5.7	5.9	6.2
4	मेघालय	4.0	7.2	6.7	7.3	7.8
5	मिजोरम	N.A	5.7	5.9	7.1	10.8
6	नागालैंड	7.2	6.5	7.4	9.3	6.2
7	सिक्किम	4.6	6.6	7.7	6.7	22.8
8	त्रिपुरा	6.7	9.4	6.9	6.9	8.9
	औसत पूर्वोत्तर	4.9[a]	6.1	6.4	7.0[b]	9.8[c]
	अखिल भारत जीडीपी	7.5	5.5	7.8	9.0	8.0

स्रोतः 1. आठवीं, नौवीं और दसवीं योजना उपलब्धि अत्यंत नवीनतम आधार वर्ष श्रंखला (सीएसओ) से
2. ग्यारहवीं योजना उपलब्धि 2004.05 श्रंखला (सीएसओ) से.

नोटः [a] आठवीं योजना के लिए सात पूर्वोत्तर राज्यों का औसत ।
[b] केवल सांकेतिक (अंकगणितीय) औसत क्योंकि पूर्वोत्तर क्षेत्र के लिए अलग से कोई वृद्धि लक्ष्य नहीं है।
[c] यह उच्चतर है क्योंकि सिक्किम की वृद्धि (22.8 प्रतिशत) इससे बाहर है।

है। राज्य ने सीएसएस के लचीलेपन पर जोर दिया है, विशेषकर प्रधान मंत्री, ग्राम सड़क योजना के अंतर्गत 250 से कम की आबादी वाले गांवों तथा एसएसए के अंतर्गत पुलों की लम्बाई संशोधित करने से हॉस्टल सुविधाओं तथा दूर दराज के क्षेत्रों में दूरभाष कनेक्टविटी में सुधार करने पर। इस क्षेत्र की मुख्य चिंता यह है कि कई परियोजनाएं लम्बे अरसे से चल रही है। हालांकि, परियोजनाओं की शीर्ष स्तर पर समीक्षा की जा रही है, फिर भी, कार्य की प्रगति धीमी है। यह ध्यान में रखने योग्य है कि ग्यारहवीं योजना में, सुरक्षा की दृष्टि से परिवेश में सुधार हुआ है। क्षेत्र विशिष्ट की समस्याओं को समझौतों/शांति वार्ता के माध्यम से भी संबोधित किया गया है। पहली बार पर्वतीय जिला परिषद के मणिपुर में चुनाव कराए जा सकें। इस क्षेत्र की आर्थिक गतिविधियों के कारण एक सकारात्मक परिवेश सृजित हुआ है, विशेषकर नव युवकों के मन में।

11.112. कई अन्य मसले जिन पर केन्द्र का ध्यान अपेक्षित है, वे हैं बाढ़ के कारण भूमि कटाव, शोषित समूह/क्षेत्र (जिला परिषद) आदिवासी विशेष स्वायत्त परिषद, चाय के बगानों की आबादी वाले क्षेत्र, अल्पसंख्यक क्षेत्र हैं। म्यांमार के साथ सड़क लिंक को तत्काल जोड़ने की अपेक्षा है। पूर्वी नागालैंड के लिए विशेष पैकेज, भारत बंगलादेश के संयुक्त हस्तक्षेप के लेख पत्र के अनुसार चिटगौंगे द्वारा अगरतला तथा ढाका के बीच हवाई यात्रा फेनी नदी के ऊपर पुल निर्माण, मिजोरम तथा म्यांमार में सितवे मल्टी–मॉडल ट्रांजिट कलादान परियोजना।

वित्तीय संसाधनों के अभाव की समस्या

11.113. इस क्षेत्र के राज्यों का वित्तीय आधार कमजोर है तथा अतिरिक्त संसाधनों के लिए सीमित सीमा है। जबकि व्यय नियंत्रण उपायों तथा वित्तीय सुधारों के कारण वित्त प्रबंध में कुछ सुधार आवश्यक हुआ है, परंतु राज्य सरकार के कर्मचारियों के वेतन संशोधन के कारण व्यय में बढ़ोतरी से प्रतिकूल प्रभाव पड़ा है तथा इससे योजना कार्यक्रमों के लिए संसाधनों की उपलब्धता प्रभावित हुई है। हालांकि योजना आयोग ने विशेष केन्द्रीय सहायता देकर संसाधनों में मदद की है, विशेषकर, ग्यारहवीं योजना के दो अंतिम वर्षों के दौरान, फिर भी यह चिंता का विषय बना हुआ है।

निवेश अवसर

11.114. हाइड्रो पावर, अवसंरचना, प्राकृतिक गैस, स्वास्थ्य, वस्त्र उद्योग, शिल्पकारी, पर्यटन, उद्यान–विज्ञान तथा कृषि आधारित उद्योग, मिनरल आदि जैसे क्षेत्रों में भारी निवेश के बावजूद, इन क्षेत्रों में पूर्वोत्तर राज्य में अभी तक निजी निवेश नहीं आया है। एनईआईपी के अंतर्गत विशेष वित्तीय पैकेज से इस क्षेत्र में उस प्रकार अभी निवेश नहीं आया है जिसकी परिकल्पना की गई थी। पूर्वोत्तर औद्योगिक नीति (एनईआईपी) से चाय, कोयला, प्लास्टिक सीमेंट, सौन्दर्य–प्रसाधन आदि में गुवाहटी के आस पास अवश्य कुछ निवेश हुआ, परंतु अन्य क्षेत्रों में इसका कोई विशेष प्रभाव नहीं पड़ा। निजी/सार्वजनिक क्षेत्र द्वारा दर्शायी गई मंशा के अनुरूप ग्यारहवीं योजना अवधि में 336 इकाई ने लगभग ₹38,892 करोड़ का निवेश किया। तथापि, इससे क्षेत्र में निवेश प्रवाह की वास्तविक स्थिति ज्ञात नहीं होती। ऐसी अधिकांश इकाइयां असम (133) सिक्किम (70) मेघालय (62) में है। बाकी राज्य में इनकी संख्या 10 से कम थी। यह उल्लेखनीय है कि सूचक निवेश में असम में गैस क्रेकर (भारत पेट्रोलियम कॉर्पोरेशन लि. (बीपीसीएल)) परियोजना, आईओसी की गुवाहटी तथा डिबरूगढ़ परियोजना का विस्तार है, जिनकी सबसे अधिक भागीदारी है। राष्ट्रीय स्तर के आशयित कुल निवेश की तुलना में पूर्वोत्तर में (आशय पत्र) के आधार पर निवेश केवल 0.58 प्रतिशत था।

वित्तीय संस्थान तथा क्रेडिट उपलब्धता

11.115. पूर्वोत्तर में आर्थिक गतिविधियों के विकास की अहम कमजोरी क्रेडिट उपलब्धता का अभाव है। पूर्वोत्तर के विभिन्न सूचक दर्शाते हैं कि पिछले पांच वर्षों में बैंकिंग सुविधा में आए सुधार के बावजूद वित्तीय क्षमता का स्तर बहुत कम है। बैंकिंग तथा वित्तीय विकास में पिछड़ापन इस क्षेत्र के भूगोल, दूर दराज आबादी, बुनियादी सुविधाओं का अभाव, बाजार का अपेक्षाकृत कम आकार, उद्यमिता की कमी तथा पूर्वोत्तर कई भागों में कानून एवं व्यवस्था की स्थिति के कारण है। पूर्वोत्तर में बैंकिंग सुविधा का अभाव है विशेषकर, ग्रामीण क्षेत्रों में तो यह नहीं के समान है। समग्र रूप से तथा अलग–अलग राज्यों के रूप में पूर्वोत्तर का क्रेडिट–डिपोजिट (सीडी) अनुपात राष्ट्रीय औसत से बहुत कम है।

11.116. उपलब्ध जानकारी के अनुसार, मार्च, 2011 में पूर्वोत्तर राज्य का सीडी अनुपात 33.8 प्रतिशत (अनुमोदित अनुसार) तथा प्रयुक्तता अनुसार 36.3 प्रतिशत था। अखिल भारतीय स्तर पर सीडी अनुपात अनुमोदित तथा प्रयुक्तता अनुसार 75.6 प्रतिशत है।

बारहवीं योजना में हस्तक्षेप हेतु संवेदनशील क्षेत्र

11.117. राज्य की कार्य निष्पादकता विश्लेषण से क्षेत्रीय परामर्श में पूर्वोत्तर राज्य द्वारा दिए गए सुझावों योजना आयोग तथा एनईसी में की गई बैठकों में परिचर्चा से यह तथ्य उभरता है कि इस क्षेत्र के भौतिक तथा सामाजिक अवसंरचना पर निरंतर बल दिया जाता रहे

ताकि यह क्षेत्र बाह्य बाजार के साथ मजबूती तथा आत्म विश्वास से कार्य कर सके। बारहवीं योजना के दौरान विशेष ध्यान की अपेक्षा वाले कुछ क्षेत्र निम्नानुसार हैं:

सड़कें

1. एनएचएआई द्वारा 2005–06 में आरंभ पूर्व पश्चिम कोरिडोर (असम में 670 कि.मी.)
2. एसएआरडीपी– एनई जो राज्य राजधानियों, जिला मुख्यालयों को जोड़ने वाले भाग (राष्ट्रीय राजमार्ग 39 और राष्ट्रीय राजमार्ग 53 मणिपुर में और राष्ट्रीय राजमार्ग 31 सिक्किम में)
3. कार्यनीति गत सीमा सड़कें
4. जिलों को जोड़ने वाली सड़कों सहित–ट्रांस–अरुणाचल राजमार्ग।
5. कलादान मल्टी–मॉडल ट्रांजिट परिवहन परियोजना को जोड़ने वाली सड़क
6. महत्वपूर्ण पुलों में ब्रह्मपुत्र पर दोहला साडिया तथा प्रमुख सड़क परियोजनाओं पर अन्य महत्वपूर्ण पुल
7. उत्तर में तिजित से 4 लेन का तुली जालूकी–खेलमा से गुजरता हुआ दीमापुर जाने वाला राजमार्ग (जांच तथा डीपीआर बनाने में सर्वेक्षण हेतु राज्य सरकार द्वारा प्रस्तावित)

रेलवे

1. ब्रॉड गेज (लाइन परिवर्तन)–ब्रहमपुत्र पर बोगिभिल में गुवाहटी–डिबरूगढ़–तिनसुकिया–रागिया–मुरकोगसलेक पुल (रेल–सह–सड़क) को जोड़ते हुए।
2. नई मोनागुडी से जोगिगोपा के लिए बी जी मार्ग
3. लुमडिंग–सिलचर तथा कुम्हार घाट–अगरतला–समभोम से बी जी मार्ग
4. नई लाइनः अगरतला–अखुडा, तेतिलया–बुरनीहट–शिलांग, हरमूति–इटानगर, सिलचर–जिरिबम– इम्फाल (तुपुल)

हवाई

11.118. हवाई अड्डों के उन्नयन हेतु कार्यान्वयन अधीन मुख्य कार्य निम्न प्रकार हैं:

- गुवाहटी, डिबरूगढ़, सिलचर, अगरतला, शिलांग, इम्फाल और दिमापुर और
- नए हवाई अड्डे–इटा नगर, सितू (कोहिमा प्रस्तावित) पाकयंत्र (गंगटोक) में। इसके अतिरिक्त कई छोटे हवाई अड्डे हैं, अरुणाचल प्रदेश में एएलजी का उन्नयन किया जा रहा है।

अंतरदेशीय जल परिवहन (आईडब्ल्यूटी)

11.119. ब्रह्मपुत्र तथा बराक राष्ट्रीय जलमार्ग पर आईडब्ल्यूटी का विकास।

विद्युत

1. विद्युत क्षेत्र के दीर्घावधि स्थिति की गंभीर अनदेखी की जा रही है (प्रति वर्ष) ₹70,000 करोड़ की हानि)। तथापि, ए टी एंड सी हानि में धीरे–धीरे गिरावट आ रही है। राज्य सरकार के लिए संवितरण सुधार लाना आवश्यक है।
2. हाइड्रो पावर विकास में, पर्यावरण तथा वन अनापत्ति की प्रक्रियाओं के कारण बाधा आ रही है। इन राज्यों के लिए, विशेषकर, अरुणाचल प्रदेश हेतु विशेष आवश्यकताओं की जांच की जानी अपेक्षित है।
3. पूर्वोत्तर क्षेत्र में हाइड्रो पावर के विकास के लिए एक समयबद्ध योजना लाई जानी अपेक्षित है। परियोजनाओं के शीघ्र पूरा होने में सड़क मार्गो का अभाव चिंता का विषय है।
4. पूर्वोत्तर क्षेत्र की सीमित कनेक्टिविटी के मद्देनजर (सिलिगुड़ी कोरिडोर के द्वारा) बंगला देश के लिए मार्ग संभावनाओं की तलाश की जानी चाहिए।
5. बढ़ती हुई लागत इंगित करते हुए विद्युत टैरिफ संशोधित नहीं किए जा रहे हैं। विनियामकों को टैरिफ में समुचित बढ़ोतरी करने से रोका जा रहा है।

कृषि/उद्यान–विज्ञान/संबद्ध क्षेत्र

1. वृद्धि तीव्र और इसमें समाविष्ट होनी चाहिए और कृषि, सिंचाई, पेय जल स्वास्थ्य सेवा, ग्रामों में तथा दूर दराज के क्षेत्रों में बेहतर शिक्षा, ग्रामीण सड़कों, प्रदायगी प्रणाली तथा शासन में सुधार पर ध्यान केन्द्रित किया जाना चाहिए।
2. अवसंरचना के अंतर को पूर्ण करने हेतु केन्द्रीय मंत्रालयों/राज्य सरकारो के बीच कार्यक्रमों/योजनाओं का अंतरण करते हुए कटाई के बाद प्रबंध तथा विपणन के अवसंरचना की ओर ध्यान दिया जाना चाहिए।
3. रोजगार के अवसर सृजित करने हेतु सतत प्रयास किए जाने चाहिए। ग्यारहवीं योजना के दौरान सुरक्षा तथा कानून और व्यवस्था परिदृश्य में सुधार की एक आम भावना बनी है। इस परिदृश्य में निरंतर सुधार हेतु प्रयास जारी रखने अपेक्षित है। अब तक किए गए उपायों के कारण विकास में कुछ गति प्राप्त की गई है जैसा कि उपर्युक्त विश्लेषण से ज्ञात होता है। केन्द्र से सभी संभव सहायता के साथ इस जारी रखना होगा।

निजी निवेश प्रोत्साहन

11.120. पूर्वोत्तर की औद्योगिक नीति के अंतर्गत अब तक कोई प्रभावी परिणाम प्राप्त नहीं किए गए हैं। सड़क मार्ग, विद्युत तथा क्षेत्र में विशिष्ट रूप से त्रस्त क्षेत्र संबंधी मसलों सहित इसके कई कारण है। फिर भी, इस नीति के अंतर्गत प्रोत्साहन पैकेज की समीक्षा की मांग की जा रही है जिस पर निवेशकों के लिए बेहतर परिवेश सृजित करते हुए और स्थानीय संसाधनों का समुचित उपयोग सुनिश्चित करते हुए बारहवीं योजना के दौरान जांच की जा सकती है। औद्योगिक नीति तथा प्रोन्नयन विकास से कुछ कार्रवाई आरंभ हुई है। संशोधित नीति में उपयुक्त अशोधन के लिए उद्योग से जुड़ी हुई समस्याओं को समझने में उद्योग संघों तथा बैंकों के बीच बैठक सहायक सिद्ध होगी।

जल प्रबंध/बाढ़ नियंत्रण

11.121. बाढ़ नियंत्रण हेतु उत्तर पूर्व जल संसाधन प्राधिकरण सृजित करने का मुद्दा अरसे से लम्बित है। भूमि प्रदूषण विशेषकर ब्रह्मपुत्र तथा बराक घाटी में एक मुख्य चिंता है जिसे असम सरकार ने विभिन्न मंचों पर उठाया है। भारी मात्रा में भूमि कटाव के प्रभाव के संबंध में कोई योजना नहीं है जो राज्य में बार–बार उत्पन्न होने वाली समस्या है। इस पर गंभीरता पूर्वक विचार करना अपेक्षित है।

शिक्षा/कौशल विकास/स्वास्थ्य

1. गुणवत्तापूर्ण शिक्षा पर ध्यान दिया जाए। शिक्षकों के प्रशिक्षण तथा मूल्यांकन पर निवेश। पूर्वोत्तर में यथाशीघ्र पूर्ण किए जाने हेतु दूरस्थ शिक्षा की अवसंरचना का उपयोग।
2. शिक्षा में सामाजिक तथा लिंग भेदी अंतर के ऊपर विशेष ध्यान दिया जाना अपेक्षित है। पाठ्यक्रम को केन्द्रित करते हुए क्षमता निर्माण और कौशल विकास पर विशेष ध्यान दिया जाना चाहिए। रोजगार सृजन हेतु एक राज्य–विशिष्ट दृष्टिकोण अपनाया जाए। बदलते हुए बाजार परिवेश में रोजगार सुनिश्चित करने हेतु व्यवसायिक शिक्षा में सुधारों से मदद मिलेगी।
3. विद्यालयों तथा उच्च शिक्षा में पीपीपी मॉडल विकसित करने तथा चिकित्सीय कालेजों, नर्सिंग कॉलेजों तथा अन्य अधि प्रमाणित स्वास्थ्य व्यवसायियों के लिए स्थानों में बढ़ोतरी हेतु विशेष ध्यान देना अपेक्षित है।
4. एनआरएचएम सेवाओं की गुणवत्ता में सुधार, मानव संसाधन अपेक्षा में वास्तविकता तथा स्वास्थ्य सेवा की बेहतरी हेतु पीआरआई/समुदायों की भागीदारों महत्वपूर्ण है। अवसंरचना के विकास तथा डाक्टरों, पैरा मैडिक और नर्सो की उपलब्धता पर विशेष ध्यान देना अपेक्षित है। द्वितीय तथा तृतीय चरण की स्वास्थ्य सेवाओं में पीपीपी की भूमिका का प्रोत्साहन अपेक्षित है।

पूर्व दर्शन

1. यातायात के भिन्न साधनों के माध्यम से बंगलादेश के साथ प्रभावी कनेक्टीविटी सुनिश्चित करने हेतु बेहतर संबंध बनाने अपेक्षित है। चिटगौंग बंदरगाह पर आवाजावी अशुगंज (बंगलादेश) को पोर्ट ऑफ कॉल उद्घोषित करना, कोलकाता–अगरतला–ढाका बस सेवा।
2. पूर्वोत्तर को सड़क द्वारा त्रिपाशर्वीय हाई–वे के माध्यम से दक्षिण पूर्व एशिया से जोड़ना मुरे– (मणिपुर)–मांडले/बागान (म्यांमार)–में सोत/चियांग माई (थाईलैंड)।
3. सीमावर्ती व्यापार तथा व्यावसायिक संचार सुदृढ़ करने हेतु भूमि सीमा शुल्क स्टेशन (एल सो एस) के विकास पर ध्यान।
4. पूर्वोत्तर के वैकल्पिक मार्ग हेतु कलादान नदी का प्रयोग करते हुए मल्टी मॉडल परिवहन व्यवस्था का शीघ्र कार्यान्वयन।

परिसंपत्ति प्रबंध

11.122. परिसंपत्तियों, विशेषकर सड़कों का अनुरक्षण, एक महत्वपूर्ण पहलू है तथा इसके लिए एक अलग वित्तीय प्रबंध अपेक्षित है। यहां तक कि प्रधानमंत्री ग्राम सड़क योजना के अंतर्गत सड़कों का रख–रखाव एक बड़ी समस्या है।

निरंतर सहायता की आवश्यकता

11.123. पिछले दो योजना अवधि के दौरान पूर्वोत्तर क्षेत्र में उत्साहजनक वृद्धि हुई है। इसका मुख्य कारण केन्द्र द्वारा प्रमुख परियोजनाओं तथा राज्य द्वारा किए जाने वाले विकास कार्यक्रमों में निवेश है। जैसा कि पहले उल्लिखित किया गया है कनेक्टिविटी संबंधी प्रमुख परियोजनाएं अभी पूरी की जानी है और एनईआईपी प्रोत्साहन पैकेज अभी तक निवेश आकर्षित नहीं कर सका है। सभी प्रमुख परियोजनाओं को पूर्ण करने में और अधिक समय लग सकता है (10–15 वर्ष)। पूर्व दर्शन नीति की सफलता पड़ोसी देशों से सहयोग पर भी निर्भर होगी। अभी भी कई दूर दराज के क्षेत्र है, जो विकास अवसरों से वंचित है। इन क्षेत्रों की अपेक्षाओं को विशेष योजना निवेश द्वारा पूरा करना अपेक्षित होगा।

11.124. एनईसी, एनएलसीपीआर, बीटीसी और केन्द्रीय राज्य सहायता योजना के अलावा पूर्वोत्तर क्षेत्र (एनईआर) विकास मंत्रालय के लिए सांकेतिक सकल बजट समर्थन 955 करोड़ रु. है।

नोट

1. सी प्योरफील्ड "माइंड द गैपः इकोनॉमिक ग्रोथ इन **इंडिया** लीविंग द पूअर स्टेट्स बिहाइंड? आईएमएफ कार्य शोधपत्र संख्या डब्ल्यूपी 206/103, वॉशिंगटन, डीसी, 2006
2. के. कोचर, यू. कुमार, आर. राजन, और ए. सुब्रामणियन "इंडियाज़ पैटर्न्स ऑफ डेवलपमेंटः वॉट हैप्पंड, वॉट फॉलोज़" एनबीईआर कार्य शोधपत्र संख्या 12,023, नेशनल ब्यूरो ऑफ इकोनॉमिक रिसर्च, कैम्ब्रिज, एमए, 2006
3. टी. बेसली, आर बरगेस, और बी. एस्टेव – वोलार्ट "ऑपरेशनलाइजिंग प्रो पुअर ग्रोथः इंडिया केस स्टडी" अर्थशास्त्र विभाग, लंदन स्कूल ऑफ इकोनॉमिक्स, 2005
4. एमएस अहलूवालियाः "प्रोस्पेक्ट्स एन पॉलिसी चेंजिस इन द ट्वेल्थ प्लान्स इकोनॉमिक एण्ड पॉलिटिकल वीकली ऑफ इंडिया XLVI, 21, (21 मई 2011)
5. इस गिनी गुणांक की गणना यह मानकर की गई थी कि प्रत्येक राज्य के अंदर सभी व्यक्तियों की आय प्रति व्यक्ति जीएसडीपी के बराबर है। इसमें प्रत्येक राज्य के अंदर असामान्य वितरण से उत्पन्न असामानता को उपेक्षित किया जाता है।
6. इस बिन्दु पर हमारे पास इस विश्लेषण को आगे बढ़ाने के लिए वृद्धि सूत्र के आकलन हेतु पूंजी और अन्य संगत परिवर्ती पर राज्य स्तरीय डेटा नहीं है।
7. अनंतिम जनगणना आंकड़े, 2011
8. मेहरोत्रा, एस और गांधी, ए (2012): 'इंडियाज़ ह्यूमन डेवलपमेंट इन 2000': टुवड्र्स सोशल इंक्लुजन' इकोनॉमिक एण्ड पॉलिटिकल वीकली ऑफ इंडिया खण्ड XLVIL संख्या 14, 17 अप्रैल 2012
9. बी देवराय, तथा एल भंडारी 2003: 'डिस्ट्रिक्ट लेवल्स डीप्राइवेशन इन द न्यू मिलेनियम' आरजीआईसीएस एण्ड इंडेक्स एनालाइटिक्स
10. प्रयुक्त आंकड़े 2001 के लिए आकलन हैं
11. इंडिया डेवलपमेंट फाउंडेशनः 'पावर्टी मैपिंग इन इंडिया यूजिंग द स्मॉल एरिया एस्टीमेशन मैथड, 2010
12. हंस पी. बिन्सवेंगर – मखीजे, जेटोमिना पी. डे रेग्ट, और स्टीफन स्पेक्टर (2009): स्केलिंग अप लोकल एण्ड कम्युनिटी ड्रिवेन डेवलपमेंट (एलसीडीडी): ए रीयल वर्ल्ड गाइड टू इट्स थ्योरी एण्ड प्रेक्टिस, द वर्ल्ड बैंक
13. सामाजिक न्याय और अधिकारिता के अध्याय 24 में पीईएसए और एफआरए से संबंधित मुद्दों पर विस्तार से चर्चा की गई है
14. उप जिला जनगणना में प्रयुक्त वह श्रेणी है जिससे हमें ब्लॉक, तालिका, तहसील, मंडल आदि अलग अलग श्रेणियों द्वारा उत्पन्न अस्पष्टता से निपटने में सहायता मिलती है जिन्हें विभिन्न राज्यों द्वारा इस्तेमाल किया जाता है।